Le Guide de l'auto

······ le numéro *1* depuis *38* ans

2 0 0 4

La quasi-totalité des photos d'auteurs du
Guide de l'Auto 2004 a été réalisée avec
du film AGFA-Agfachrome.
Nos remerciements à Denis Desbois.

Coordonnatrice à la production: Diane Denoncourt
Coordonnatrice : Brigitte Duval
Conception graphique : Christine Hébert
Infographie : Johanne Lemay
Révision et correction : Nicole Raymond, Sylvie Tremblay
Traitement des images : Mélanie Sabourin
Technicien support informatique : Mario Paquin

Photographes : Denis Duquet , Jacques Duval, Michel Fyen-Gagnon, Jean-François Guay,
Umberto Guizzardi, Jean-François Coulombe, Alain Mc Kenna.
Collaborateurs : Jacques Deshaies, Jean-François Guay, Jean-Georges Laliberté,
Éric LeFrançois, Alain Mc Kenna, Alain Morin, Jean-Paul Pérusse et Alain Raymond

Photos de la couverture: Michel Fyen-Gagnon

DISTRIBUTEURS EXCLUSIFS :

• Pour le Canada et les États-Unis :
MESSAGERIES ADP*
955, rue Amherst
Montréal, Québec
H2L 3K4
Tél.: (514) 523-1182
Télécopieur: (514) 939-0406
* Filiale de Sogides ltée

Pour en savoir davantage sur nos publications,
visitez notre site : **www.edhomme.com**
Autres sites à visiter : www.edjour.com • www.edtypo.com
www.edvlb.com • www.edhexagone.com

Catalogage avant publication de la Bibliothèque nationale du Canada

Duval, Jacques
    Le Guide de l'auto
    1. Automobiles - Achat I. Titre.
TL62.D88   629.222'029'6 C75-031963-1

Gouvernement du Québec – Programme de crédit d'impôt pour l'édition
de livres – Gestion SODEC – www.sodec.gouv.qc.ca

L'Éditeur bénéficie du soutien de la Société de développement des entreprises
culturelles du Québec pour son programme d'édition.

Nous reconnaissons l'aide financière du gouvernement du Canada par
l'entremise du Programme d'aide au développement de l'industrie de l'édition
(PADIÉ) pour nos activités d'édition.

Dépôt légal: 4e trimestre 2003
Bibliothèque nationale du Québec

ISBN 2-7619-1838-X

Jacques DUVAL

et Denis Duquet

Le Guide de l'auto 2004

•••••• *le numéro 1 depuis 38 ans*

LES ÉDITIONS DE L'HOMME

Le Guide de l'auto tient à remercier les personnes et les organisations dont les noms suivent et qui ont apporté leur précieuse collaboration à la réalisation de l'édition 2004. D'abord et avant tout, mon bras droit et directrice générale du *Guide de l'auto*, ma très chère fille, Brigitte Duval.

Marc Bouchard
Larry Boulet
Claude Bourbonnais
Mathieu Bouthillette
Claude Carrière
Suzanne Charest (pour sa patience)
Frédéric Couture
Jean Desautels
Jean-Claude Deshaies
Paul Deslauriers, Autodrôme Saint-Eustache
Alexandre Doré
François Duval
Jacques Gravel, Canada Tire
Hugo Grenier
Jacques Guertin, Sanair
Mike Lee
Jean Lemieux
Richard Petit, KébecSon
Sylvain Raymond, Netgraphe
L'équipe des Éditions de l'Homme
Un merci éternel à Monique pour m'avoir dit un jour:
« Pourquoi pas un Guide de l'auto ? »

Participants aux matchs comparatifs :
André Beaudoin, Mathieu Bouthillette, Luca Carpinteri, Claude Carrière, Jacques et Jean-Claude Deshaies, Alexandre Doré, Daniel et David Duquet, Frédéric Fortin, Yvan Fournier, Robert Gariépy, André Lalanne, Mario Marinoni, Tom Matichuk, Jean-François Ouimet, Anthony Perreault, Richard Petit, Hélène-Manon Poudrette, Alain Rémillard, Christian Rochon, François-Claude Savoie, Pierre Tanguay.

Pour leur collaboration, merci à :
Bob Austin (Rolls Royce), Denis Bellemarre (Mercedes-Benz du Canada), Umberto Bonfa (Saleen Canada), Barbara Bryson (Cohn Wolfe), Jo Anne Caza (Mercedes-Benz/Maybach Canada), John Crawford (Bentley Motors), Alexandra Cygnal (Aston Martin, Jaguar, Land Rover Canada), Sandy DiFelice (Mitsubishi Motors), Jean Desjardins (Kia Canada), Alain Desrochers (Mazda Canada), Maxime Ducharme (Remorquage Mirabel), Gaven Dumont (Suzuki), Susan Elliott (Nissan Canada), Rania Guirguis (Mazda Canada), Cristina Guizzardi (Lamborghini), Christine Hollander (Ford Canada), Bernice Holman (Volkswagen-Audi Canada), Richard James (General Motors du Canada), Mike Kurnik (Suzuki Canada), Jules Lacasse (DaimlerChrysler), Denis Leclerc (Albi Mazda), Kevin Marcotte (BMW Canada), Gilles Marleau (PMG Technologies), Richard Marsan (Subaru Canada), Tom McPherson (DaimlerChrysler), Doug Mepham (Volvo Canada), Nadia Mereb (Honda Canada), Michel Merette (Hyundai Canada), Cort Nielsen (BMW Canada), Michael Nye (Ferrari Québec), Roberto Oruna (Audi Canada), Robert Pagé (General Motors du Canada), John Scotti, Annie St-Louis (Promutuel), F. David Stone (Toyota Canada), François Viau (Groupe Beverly Hills), Greg Young (Mazda Canada).

Et les concessionnaires suivants pour leur aide précieuse dans la compilation des statistiques :
BMW Laval – DesSources Chrysler – GS Auto Suzuki/Subaru – John Scotti – Lauzon Porsche – Pépin Mazda – Saturn Isuzu Trois-Rivières – Trois-Rivières Acura/Honda – Trois-Rivières Chevrolet – Trois-Rivières Ford/Lincoln – Trois-Rivières Mitsubishi – Trois-Rivières Toyota – Spinelli Lexus – St-Onge Kia – Tradition Volvo

Dans son jeune âge, Brigitte Duval ne voulait rien savoir de l'automobile, même pas de la célèbre Porsche 904 de son père. Aujourd'hui, elle est directrice générale du Guide de l'auto...

L'objectivité
fout le camp

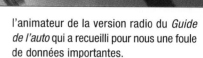

Si *Le Guide de l'auto* a battu l'an dernier des records de vente en devenant le livre le plus vendu au Québec, il doit bien y avoir une raison. Tout en vous remerciant de votre appui, je pense qu'une large part de ce succès repose sur la crédibilité de cet ouvrage. La crédibilité, on le sait, va de pair avec l'objectivité, une objectivité souvent bafouée de nos jours et cela tant par certaines publications automobiles que par des émissions de télévision consacrées au même sujet qui tiennent du publireportage.

Je pense qu'il y a des limites qu'il ne faut pas franchir quand notre travail est d'informer le public sur divers produits de consommation exigeant un investissement aussi substantiel que l'automobile. Il appartient aux lecteurs de savoir faire la différence entre ceux qui font leur travail en toute impartialité et ceux (ou celles) que j'appellerais les lèche-bottines.

Qui plus est, l'industrie automobile et principalement ses concessionnaires tentent actuellement de faire taire ceux qui, comme nous, ont décidé de dire les choses telles qu'elles sont, sans détours ou faux-fuyants. En apportant leur appui financier à des émissions de télé et à des publications automobiles, ils se sont donné un instrument pour faire mieux paraître leurs produits et riposter au *Guide de l'auto*. En ce sens, ils sont appuyés par les constructeurs qui se font tirer l'oreille pour nous fournir l'information et les voitures d'essai nécessaires à la réalisation de cet ouvrage, une attitude qu'ils n'oseraient jamais adopter pour des publications anglophones.

C'est là un affront aux très nombreux lecteurs de cet ouvrage qui sont vus comme des citoyens de second ordre. Parmi les compagnies qui pratiquent une telle discrimination, je citerai : Volvo et Aston Martin (du groupe PAG) ; Bentley du groupe Volkswagen (qui réserve l'essai de sa Continental GT à des journalistes anglophones) ; Mercedes-Benz (qui a laissé conduire sa McLaren SLR uniquement

à un collègue de Toronto). Audi et Volkswagen ne sont guère plus coopératifs, si bien qu'on aurait besoin d'un psychologue pour comprendre leur mode d'opération.

D'avoir à faire face à une telle situation est une honte pour nous qui dirigeons la publication automobile la plus lue au Canada.

Porsche coupable

Le cas de Porsche est encore plus flagrant. De tous les constructeurs automobiles, c'est curieusement le moins coopératif. Nous avions caressé le projet de faire la page couverture avec la nouvelle Carrera en l'accompagnant d'un texte approprié. Si nous y avons renoncé, c'est en grande partie à cause du manque de collaboration du directeur des relations publiques de la marque pour l'Amérique, Bob Carlson. Mis au courant dès le mois de mai de notre démarche, ce monsieur a laissé traîner le dossier sans jamais répondre spécifiquement à notre demande. Il s'agit d'un manque de respect pour les lecteurs de cet ouvrage et c'est un affront à l'auteur de ces lignes qui a remporté de nombreuses victoires en course au volant de voitures Porsche. J'aurais souhaité un peu plus de considération. Le moins que l'on puisse dire c'est que le directeur des relations publiques ne travaille pas pour les meilleurs intérêts de la marque qui l'emploie.

Fort heureusement, nous avons gagné au change en mettant la main sur une voiture encore plus extraordinaire, la Ferrari Enzo.

Et de 38...

Pour cette 38e édition du *Guide de l'auto*, les nouveautés ne manquent pas. Deux nouveaux noms s'ajoutent aux sept collaborateurs déjà existants. Il s'agit de Jean-François Guay et de Jacques Deshaies,

l'animateur de la version radio du *Guide de l'auto* qui a recueilli pour nous une foule de données importantes.

Nos lecteurs constateront aussi que *Le Guide de l'auto* continue de mettre l'accent sur une écriture vivante et souvent drôle qui nous vaut chaque année de nombreuses accolades. Nous avons aussi replacé la fiche technique là où elle était auparavant pour répondre au souhait de plusieurs.

Par ailleurs, Alain Morin a abandonné un peu ses « vieux chars » pour nous dresser un dossier sur la fiabilité des voitures. Indispensable si vous voulez éviter de mauvaises surprises à l'achat de votre prochain véhicule. Nous avons aussi multiplié les matchs comparatifs tout en accordant leur place aux voitures dites exotiques.

Un de nos matchs revêt un aspect particulièrement intéressant puisqu'il entend trancher le débat entre les protagonistes de la traction intégrale, de la propulsion ou de la traction avant pour affronter l'hiver. Denis Duquet y va d'ailleurs de quelques commentaires particulièrement révélateurs à ce sujet. Les passionnés liront avec délice (enfin, j'espère !) notre tentative de record de vitesse sur l'anneau de vitesse de PMG Technologies à Blainville avec une Dodge Viper Competition Coupe en compagnie de Claude Bourbonnais. Et pour nous amuser tout en semant la discorde chez nos lecteurs, nous avons dressé des palmarès (Top 10) sur diverses facettes de l'industrie automobile.

Finalement, pour une 38e année, bonne route et, envers et contre tous, merci de votre appui chaleureux.

Jacques Duval

Le Guide de l'auto 2004

•••••• *le numéro* **1** *depuis* **38** *ans*

72

78

102

114

5   **Avant-propos**
Jacques Duval vide son sac

8   **Index**
Il n'est pas défendu de le lire !

9   **La liste des prix**
Pour vous permettre de mieux marchander

14   **L'explication des fiches techniques et des statistiques à la carte**

16   **Les statistiques à la carte**
Une compilation quelquefois surprenante

LES MEILLEURS ACHATS DU
GUIDE DE L'AUTO 2004

20   **L'avis de neuf experts**

LES PROTOTYPES

30   **Concepts et nouveautés à venir**

LES DOSSIERS DU GUIDE

66   **Les essais à long terme du *Guide de l'auto***
Nous jouons les cobayes

72   **Dodge Viper Competition Coupe**
On a failli « y goûter »

78   **Hy-Wire**
Au volant du futur

82   **Les « top 10 »**
Pour alimenter les conversations de salon !

84   **Dossier fiabilité**
Celles qui ne vont jamais au garage et celles qui y sont toujours !

138

596

122

30

LES MATCHS COMPARATIFS

96 **Glisse**
Pour dire « merde » à l'hiver

102 **Duel Nissan 350Z / Subaru Impreza WRX STi**
La belle et la moins belle

108 **Duel Mercedes-Benz E55 AMG /
Jaguar XJR**
Filer à l'anglaise ou à l'allemande

114 **Économiques**
Rouler sans vous faire dépouiller

122 **Coupés sport**
Flash et plaisir

130 **Intermédiaires**
Le match des « best-sellers »

LES ESSAIS ET ANALYSES

138 **Tout ce que vous voulez savoir
sur plus de 200 modèles**

LES CAMIONNETTES

596 **Denis Duquet a fait
ses devoirs et les vôtres**

Acura 1,7EL 140
Acura 3,5RL 142
Acura MDX 144
Acura NSX 146
Acura RSX 148
Acura TL 150
Acura TSX 154
Aston Martin DB7/Vantage 158
Aston Martin Vanquish.............160
Audi A4 / S4 164
Audi A4 cabriolet 166
Audi A6 / S6 168
Audi A8 170
Audi Allroad 172
Audi TT...................................174
Bentley...................................176
BMW M3..................................178
BMW Série 3 ....122/180
BMW Série 5 182
BMW Série 7 186
BMW X3 188
BMW X5 190
BMW Z4 192
Buick Century..........................194
Buick LeSabre.........................488
Buick Park Avenue 196
Buick Rainier...........................286
Buick Regal.............................194
Buick Rendez-Vous 198
Cadillac CTS............................200
Cadillac DeVille 202
Cadillac Escalade 204
Cadillac Seville 206
Cadillac SRX............................208
Cadillac XLR 212
Chevrolet Astro........................216
Chevrolet Avalanche 598
Chevrolet Aveo 218
Chevrolet Blazer......................220
Chevrolet Cavalier 222
Chevrolet Colorado 600
Chevrolet Corvette....................224
Chevrolet Epica 218
Chevrolet Impala 226
Chevrolet Malibu 228
Chevrolet Monte Carlo 232
Chevrolet Optra........................218
Chevrolet Silverado 602
Chevrolet SSR..........................234
Chevrolet Suburban..................236
Chevrolet Tahoe.......................236
Chevrolet Tracker 534
Chevrolet TrailBlazer.................286
Chevrolet Venture.....................238
Chrysler 300M 240
Chrysler Concorde....................242
Chrysler Crossfire.............122/244
Chrysler Intrepid......................242
Chrysler Pacifica 246
Chrysler PT Cruiser 250
Chrysler Sebring 130/252

Chrysler Town & Country 254
Dodge Caravan.........................254
Dodge Dakota 604
Dodge Durango 256
Dodge Ram 606
Dodge SX 258
Dodge Viper 72/260
Ferrari 360 268
Ferrari 456 262
Ferrari 575 264
Ferrari Enzo.............................268
Ford Escape 272
Ford Expedition 392
Ford Explorer 274
Ford Explorer Sport Trac 608
Ford F-150 610
Ford Focus 276
Ford Freestar 278
Ford Mustang 280
Ford Ranger 612
Ford Taurus 282
Ford Thunderbird......................284
GM Hy-Wire..............................78
GMC Canyon 600
GMC Envoy...............................286
GMC Jimmy 220
GMC Safari 216
GMC Sierra 602
GMC Yukon 236
Honda Accord 66/130/288
Honda Civic 290
Honda Civic Hybrid 292
Honda CR-V..............................294
Honda Element.........................296
Honda Insight 292
Honda Odyssey 298
Honda Pilot..............................300
Honda S2000 302
Hummer...................................304
Hyundai Accent 114/306
Hyundai Elantra 308
Hyundai Santa Fe 310
Hyundai Sonata...............130/312
Hyundai Tiburon 314
Hyundai XG350 316
Infiniti FX35/FX45 318
Infiniti G35 berline............ 96/322
Infiniti G35 coupé 122/324
Infiniti I35 326
Infiniti M45 328
Infiniti Q45 330
Isuzu Ascender 332
Isuzu Rodeo 332
Jaguar S-Type..........................334
Jaguar XJ.......................108/336
Jaguar XK 338
Jaguar X-Type..........................340
Jeep Grand Cherokee................342
Jeep Liberty 344
Jeep TJ 346
Kia Amanti...............................348

Kia Magentis 130/352
Kia Rio 114/354
Kia Sedona 356
Kia Sorento 66/358
Kia Spectra 360
Lamborghini Gallardo 362
Lamborghini Murciélago...........366
Land Rover Discovery II...........368
Land Rover Freelander 370
Land Rover Range Rover 372
Lexus ES 330 374
Lexus GS 300/430 376
Lexus IS 300 378
Lexus LS 430 380
Lexus LX 470 382
Lexus RX 330 384
Lexus SC 430 388
Lincoln Aviator 274
Lincoln LS 390
Lincoln Navigator 392
Lincoln Town Car......................394
Maserati 396
Maybach 398
Mazda3 402
Mazda6.......................66/130/406
Mazda Miata 408
Mazda MPV 410
Mazda RX-8 ....122/412
Mazda Série B 614
Mazda Tribute...........................416
Mercedes-Benz CL....................418
Mercedes-Benz Classe C 96/420
Mercedes-Benz Classe C coupé
    sport 422
Mercedes-Benz Classe E...108/424
Mercedes-Benz Classe G..........426
Mercedes-Benz Classe M.........428
Mercedes-Benz Classe S..........430
Mercedes-Benz CLK..................432
Mercedes-Benz SL....................434
Mercedes-Benz SLK..................436
Mercedes-Benz SLR..................438
Mercury Grand Marquis...........440
Mercury Marauder 440
MINI Cooper 442
Mitsubishi Diamante.................444
Mitsubishi Eclipse....................446
Mitsubishi Endeavor 448
Mitsubishi Galant.....................452
Mitsubishi Lancer 454
Mitsubishi Montero...................456
Mitsubishi Outlander 458
Nissan 350Z.....................102/460
Nissan Altima...............96/130/462
Nissan Frontier 616
Nissan Maxima.........................464
Nissan Murano 468
Nissan Pathfinder 472
Nissan Pathfinder Armada 474
Nissan Quest...........................476
Nissan Sentra..........................480

Nissan Titan 618
Nissan Xterra...........................482
Oldsmobile Alero 484
Oldsmobile Silhouette..............238
Pontiac Aztek...........................486
Pontiac Bonneville 488
Pontiac Grand Am.....................490
Pontiac Grand Prix....................492
Pontiac Montana 238
Pontiac Sunfire........................494
Pontiac Vibe.............................496
Porsche 911 498
Porsche Boxster.......................502
Porsche Carrera GT 504
Porsche Cayenne 506
Rolls Royce Phantom................508
Saab 9^3 510
Saab 9^5 512
Saturn ION 514
Saturn Série L 516
Saturn VUE 518
Smart 114
Subaru Baja 520
Subaru Forester.......................522
Subaru Impreza........................524
Subaru Impreza WRX STi.........102
Subaru Legacy 526
Suzuki Aerio 528
Suzuki Grand Vitara 534
Suzuki Swift$^+$ 530
Suzuki Verona 532
Suzuki Vitara 534
Suzuki XL-7..............................536
Toyota 4Runner.............66/96/538
Toyota Avalon 540
Toyota Camry 130/542
Toyota Celica............................544
Toyota Corolla 546
Toyota Echo 114/548
Toyota Highlander.....................552
Toyota Matrix 554
Toyota Prius 556
Toyota RAV4 560
Toyota Sequoia 562
Toyota Sienna..........................564
Toyota Solara 568
Toyota Tacoma 620
Toyota Tundra 622
Volkswagen Golf.......................570
Volkswagen Jetta 572
Volkswagen New Beetle 574
Volkswagen Passat...................576
Volkswagen Phaeton 578
Volkswagen Touareg.................580
Volvo C70................................584
Volvo S40/V40 586
Volvo S60................................588
Volvo S80................................590
Volvo V70/XC70 592
Volvo XC90..............................594

LA LISTE DES PRIX

ACURA
1,7EL
Premium auto/man ....25 200/24 200 $
Touring auto/man................23 200/22 200 $
3,5RL ....55 800 $
RSX
auto/man ....25 400/24 400 $
Premium auto/man ....28 400/27 400 $
Type S..31 400 $
MDX...50 300 $
NSX-T..142 000 $
TL..41 800 $
TSX..34 800 $

ASTON MARTIN
DB7 GT ....160 000 $
DB7 Vantage coupe ....145 000 $
DB7 Vantage Volante.........................155 000 $
Vanquish.....................................234 260 $

AUDI
A4 berline
1,8T CVT ....33 600 $
1,8T Quattro auto/man........38 650/37 310 $
3,0 V6 Quattro auto/man......45 995/44 805 $
A4 cabriolet
1,8T CVT ....50 900 $
3,0 V6 CVT ....61 200 $
A4 familiale
1,8T CVT ....35 050 $
1,8T Quattro auto/man........40 100/38 760 $
3,0 V6 Quattro
auto/man ....47 445/46 255 $
A6 berline
2,7T V6 Quattro auto/man....59 900/59 900 $
3,0 V6 Quattro...............................54 640 $
4,2 V8 Quattro ....67 900 $
A8 4,2 V8 Quattro ....86 500 $
A8 L 4,2 V8 Quattro ....95 450 $
Allroad 2,7T V6 Quattro
auto/man ....59 990/58 800 $
S6 fam. 4,2 V8 Quattro ....88 500 $
S8 4,2 V8 Quattro ....102 500 $
TT Coupe 1,8T ....48 650 $
TT Coupe 1,8T Quattro ....54 900 $
TT Roadster 1,8T ....51 650 $
TT Roadster 1,8T Quattro ....59 000 $

BENTLEY
Arnage ....n.d.
Continental GT............................149 000 US $

BMW
M3 cabriolet ....83 950 $
M3 coupé ....73 950 $
Série 3
320i ....34 950 $
325Ci ....42 250 $
325Ci cabriolet..............................53 950 $
325i ....39 450 $
325i Touring ....40 950 $
325Xi ....42 450 $
325Xi Touring ....43 950 $
330Ci ....42 450 $
330Ci cabriolet..............................63 950 $
330i ....46 950 $
330Xi ....49 950 $
Série 5
530i ....66 500 $
545i ....77 700 $
Série 6 ....n.d.
Série 7
745i ....96 800 $
745Li ....103 200 $
760Li ....169 000 $

X3 ....n.d.
X5 3,0i......................................58 500 $
X5 4,4i......................................71 400 $
X5 4,8i...n.d.
Z4 2,5i......................................51 800 $
Z4 3,0i......................................59 900 $

BUICK
Century.......................................26 000 $
LeSabre Custom ....33 360 $
LeSabre Limited ....39 635 $
Park Avenue..................................46 800 $
Park Avenue Ultra ....52 355 $
Rainier CXL..................................49 245 $
Regal GS.....................................34 440 $
Regal LS.....................................30 350 $
RendezVous traction
CX ....31 965 $
CX Plus ....33 230 $
CXL..39 620 $
CXL Plus ....40 795 $
RendezVous intégrale
CX ....35 940 $
CX Plus ....37 155 $
CXL..41 150 $
CXL Plus ....42 325 $

CADILLAC
CTS ....39 000 $
CTS-V ....49 995 $
DeVille ....55 435 $
DeVille DHS ....65 055 $
DeVille DTS..................................67 080 $
Escalade......................................76 230 $
Escalade ESV ....69 850 $
Escalade EXT ....78 915 $
Seville SLS...................................63 100 $
Seville STS...................................70 325 $
SRX V6 ....52 250 $
SRX V8 ....60 930 $
XLR ....110 000 $

CHEVROLET
Astro
2RM ....28 015 $
2RM LS ....29 585 $
2RM LT ....33 960 $
intégrale.....................................30 945 $
intégrale LS..................................32 515 $
intégrale LT..................................36 980 $
Avalanche ½ t 2RM ....38 420 $
Avalanche ½ t 4RM ....41 665 $
Aveo
4P base......................................13 480 $
4P LS ....14 050 $
5P base......................................13 820 $
5P LS ....14 385 $
Blazer 2P LS ....29 350 $
Blazer 4P LS ....35 465 $
Cavalier
VL berline ....15 935 $
VL coupé ....15 935 $
VLX berline..................................18 925 $
VLX coupé ....19 155 $
Z24 berline ....21 730 $
Z24 coupé ....21 935 $
Colorado ....n.d.
Corvette
cabriolet.....................................75 515 $
coupé.......................................69 515 $
coupé Z06 toit rigide ....77 015 $
Epica
4P LS ....24 595 $
4P LT ....26 760 $
Impala ....26 575 $

Impala LS ....30 365 $
Impala SS ....36 265 $
Malibu base ....22 160 $
Malibu LS ....24 695 $
Malibu LT ....29 220 $
Malibu Maxx ....n.d.
Monte Carlo LS ....27 900 $
Monte Carlo SS..............................30 865 $
Monte Carlo SS à compresseur. ....36 465 $
Optra
4P base......................................16 190 $
4P LT ....17 465 $
Silverado 1500 (man.)
2RM cabine all...............................24 750 $
2RM cabine rég. ....19 995 $
2RM LS cabine all. ....27 025 $
2RM LS cabine rég. ....24 465 $
2RM LT cabine all. ....32 235 $
4RM cabine all...............................28 450 $
4RM cabine rég. ....23 095 $
4RM LS cabine all. ....29 925 $
4RM LS cabine rég. ....27 515 $
4RM LT cabine all. ....35 245 $
4RM SS ....39 380 $
4RM Z71 cabine all. ....31 082 $
4RM Z71 cabine rég. ....29 115 $
SSR ....69 995 $ *
Suburban ½ tonne
2RM LS ....47 490 $
2RM LT ....55 220 $
4RM LS ....50 745 $
4RM LT ....58 470 $
4RM Z71 ....56 730 $
Tahoe
2RM LS ....43 325 $
2RM LT ....52 180 $
4RM LS ....46 580 $
4RM LT ....55 430 $
4RM Z71 ....53 695 $
Tracker
LT ....27 575 $
LX ....25 605 $
ZR2 ....27 320 $
TrailBlazer 2RM
EXT édition North Face...................48 510 $
EXT LS ....39 390 $
EXT LT ....41 450 $
TrailBlazer 4RM
édition North Face..........................49 375 $
EXT édition North Face...................51 825 $
EXT LS ....42 965 $
EXT LT ....44 765 $
LS ....39 550 $
LT ....42 260 $
Venture 2RM
emp. rég. «Value Van» ....26 255 $
emp. rég. LS ....31 530 $
emp. long «Maxi Valeur Plus».........27 445 $
emp. long LS.................................33 935 $
emp. long LT.................................37 295 $
Venture traction intégrale
emp. long LS.................................38 325 $
emp. long LT ....41 095 $

CHRYSLER
300M ....40 910 $
300M Special ....44 385 $
Concorde Limited.............................38 235 $
Concorde LX ....30 775 $
Concorde LXi ....32 105 $
Crossfire ....47 745 $
Intrepid ES ....27 570 $
Intrepid SE ....25 815 $
Pacifica AWD ....45 995 $
Pacifica FWD ....43 395 $

PT Cruiser
base...24 360 $
GT...31 350 $
Limited..28 800 $
Touring..25 065 $
Sebring
base...24 115 $
cabriolet...35 195 $
cabriolet GTC.................................35 855 $
Limited..28 415 $
Limited cabriolet............................39 755 $
Touring..25 895 $
Touring cabriolet............................36 905 $
Town & Country
Limited..48 405 $
Limited 4RM....................................51 420 $
Touring..44 095 $

DODGE
Caravan
base...27 620 $
SXT...29 460 $
Gr Caravan
base...30 190 $
SXT...34 080 $
Dakota 4X2
SLT Quad Cab.................................27 520 $
SLT R/C...23 020 $
Sport Quad Cab..............................28 705 $
Sport R/C..22 885 $
SXT...25 090 $
Dakota 4X4
SLT Quad Cab.................................31 230 $
SLT R/C...27 115 $
Sport Quad Cab..............................30 420 $
Sport R/C..26 780 $
SXT...28 985 $
Durango...n.d.
Ram SLT 4X2
1500 Quad Cab caisse courte.........31 410 $
1500 Quad Cab caisse longue........31 725 $
1500 R/C caisse courte...................27 885 $
1500 R/C caisse longue..................28 205 $
2500 Quad Cab caisse courte.........36 150 $
2500 Quad Cab caisse longue........36 385 $
2500 R/C caisse courte...................33 115 $
3500 Quad Cab caisse courte.........44 135 $
3500 Quad Cab caisse longue........37 540 $
3500 R/C caisse courte...................34 290 $
Ram SLT 4X4
1500 Quad Cab caisse courte.........34 815 $
1500 Quad Cab caisse longue........35 420 $
1500 R/C caisse courte...................31 350 $
1500 R/C caisse longue..................31 985 $
2500 Quad Cab caisse courte.........39 435 $
2500 Quad Cab caisse longue........39 980 $
2500 R/C caisse courte...................36 435 $
3500 Quad Cab caisse courte.........48 080 $
3500 Quad Cab caisse longue........41 580 $
3500 R/C caisse courte...................38 085 $
Ram SRT-4.....................................27 495 $
SX 2,0...15 195 $
SX 2,0 R/T......................................20 995 $
SX 2,0 Sport..................................18 195 $
Viper SRT-10................................127 000 $

FERRARI
360 Modena.......................236 240 $*
360 Modena F1..................252 825 $*
360 Spider..........................272 200 $*
360 Spider F1.....................288 863 $*
456M GT.............................367 712 $*
456M GTA...........................373 474 $*
575M Maranello.................356 365 $*
575M Maranello F1............373 105 $*

Enzo ....2 000 000 $**

FORD
Escape 4X2 XLS Zetec man.................21 895 $
Escape 4X4 XLT auto.........................30 625 $
Expedition Eddie Bauer......................53 845 $
Expedition XLT...................................45 960 $
Explorer 4X4
Eddie Bauer V6 ....46 670 $
Limited Edition V8 ....48 450 $
XLS...38 600 $
XLT...40 195 $
Explorer Sport Trac 4X2......................33 395 $
Explorer Sport Trac 4X4......................37 285 $
F-150 (- de 8500 lb)
4X2 XL R/C 126.................................27 135 $
4X2 XLT R/C 126...............................29 690 $
4X2 XL S/C 145.................................30 525 $
4X2 XLT S/C 133...............................33 515 $
4X4 XL R/C 126.................................31 200 $
4X4 XL S/C 145.................................34 590 $
4X4 XLT R/C 126...............................33 755 $
4X4 XLT S/C 133...............................37 580 $
F-150 SuperCrew
4X2 Lariat...41 295 $
4X2 XLT..35 140 $
4X4 Lariat...41 295 $
4X4 XLT..39 205 $
F-150 SVT Lightning ....n.d.
Focus
LX...16 475 $
SE berline ....18 315 $
SE familiale ....19 365 $
SVT 3P...27 595 $
SVT 5P...28 095 $
ZTS...21 560 $
ZTW familiale ....22 405 $
ZX3...17 750 $
ZX5...21 560 $
Freestar
base...27 195 $
Limited...43 695 $
LX...29 595 $
SEL..37 695 $
Sport..34 295 $
Mustang
cabriolet...28 045 $
coupé..23 445 $
GT cabriolet ....35 760 $
GT coupé..31 760 $
Mach I coupé....................................37 860 $
SVT Cobra cabriolet.........................46 655 $
SVT Cobra coupé ....46 655 $
Ranger
4X2 EDGE R/C..................................19 385 $
4X2 EDGE S/C..................................21 185 $
4X2 XL R/C 2,3 L..............................16 775 $
4X2 XLT R/C......................................20 485 $
4X2 XLT S/C......................................22 285 $
4X4 EDGE S/C..................................26 720 $
4X4 XLT R/C......................................24 925 $
4X4 XLT S/C......................................26 785 $
Taurus
LX berline...24 995 $
SE berline ....26 715 $
SE familiale ....28 355 $
SEL berline.......................................28 440 $
SEL familiale ....29 510 $
Thunderbird
cabriolet...56 775 $
cabriolet (toit rigide).........................61 775 $
Roadster Pacific Coast ....64 275 $

GMC
Canyon..n.d.

Envoy 2RM
XL SLE..41 020 $
XL SLT..46 860 $
XUV SLE...41 555 $
XUV SLT...47 395 $
Envoy 4RM
SLE...41 110 $
SLT...47 550 $
XL SLE..44 340 $
XL SLT..50 185 $
XUV SLE...44 875 $
XUV SLT...50 720 $
Jimmy SLS 2P...................................29 350 $
Jimmy SLS 4P...................................35 465 $
Safari
2RM SL...28 015 $
2RM SLE...29 585 $
2RM SLT...33 960 $
intégrale SL......................................30 945 $
intégrale SLE....................................32 515 $
intégrale SLT....................................36 890 $
Sierra 1500 (man.)
2RM cabine all..................................26 197 $
2RM cabine rég.................................20 652 $
2RM SLE cabine all. ....27 872 $
2RM SLE cabine rég..........................24 055 $
2RM SLT cabine all. ....32 560 $
4RM cabine all..................................29 202 $
4RM cabine rég.................................25 542 $
4RM SLE cabine all. ....30 967 $
4RM SLE cabine rég..........................28 405 $
4RM SLT cabine all. ....35 665 $
4RM Denali.......................................41 180 $
Yukon ½ tonne
Denali intégrale................................65 260 $
SLE 2RM...43 940 $
SLE 4RM...47 145 $
SLT 2RM...52 360 $
SLT 4RM...55 560 $
Yukon XL ½ tonne
Denali intégrale................................67 625 $
SLE 2RM...48 085 $
SLE 4RM...51 290 $
SLT 2RM...55 375 $
SLT 4RM...58 580 $

HONDA
Accord berline
DX auto/man.......................24 900/23 900 $
EX-L auto/man....................29 600/28 600 $
EX V6 auto ....32 700 $
LX-G auto/man....................26 100/25 100 $
LX V6 auto ....29 100 $
Accord coupé..
EX-L auto/man....................26 300/25 300 $
EX V6 auto/man ....32 900/33 800 $
LX-G auto/man....................26 300/25 300 $
Civic berline
DX auto/man.......................17 100/16 100 $
DX-G auto/man...................18 700/17 700 $
LX auto/man.......................20 500/19 500 $
Si auto/man ....22 500/21 500 $
Civic coupé
DX auto/man.......................17 100/16 100 $
LX auto/man.......................19 500/18 500 $
Si auto/man ....21 800/20 800 $
Si-G auto/man ....23 300/22 300 $
Civic Hybrid.......................................28 500 $*
Civic SiR..25 500 $*
CR-V
EX auto/man ....30 000/29 000 $
EX avec cuir auto..............................32 500 $
LX auto/man.......................28 200/27 200 $
Element
4RM auto...28 900 $*

auto/man...........................24 900/23 900 $*
Insight man............................26 000 $*
Odyssey
    EX auto............................35 200 $*
    EX-L auto..........................37 200 $*
    LX auto............................32 200 $*
Pilot EX................................41 000 $
Pilot EX-L............................43 000 $
S2000 ....49 000 $

HUMMER
    H1 ....n.d.
    H2 ....73 000 $

HYUNDAI
Accent
    GL auto/man........................14 995/14 195 $
    GS auto/man........................14 045/12 895 $
    GSi auto/man.......................15 795/14 995 $
Elantra
    GL auto/man........................16 625/15 625 $
    GT auto/man........................20 025/19 025 $
    VE auto/man........................18 525/17 525 $
Santa Fe
    GL...................................22 595 $
    GL V6................................24 995 $
    GL V6 4RM...........................27 395 $
    GLS 2,7 V6 4RM.....................30 195 $
    GLS 3,5 V6 4RM.....................33 695 $
Sonata
    GL...................................22 395 $
    GL V6................................23 795 $
    GLX..................................27 395 $
Tiburon
    auto/man............................21 595/20 495 $
    SE auto/man........................23 995/22 895 $
    Tuscani auto/man...................28 295/27 195 $
    Tuscani man 6 rap. ....28 795 $
XG350 ....32 995 $

INFINITI
    FX35 base..........................52 700 $
    FX35 Technologie...................60 200 $
    FX45 base..........................60 200 $
    FX45 Technologie...................67 700 $
G35 berline
    AWD...................................n.d.
    De luxe auto/man ....39 600/42 700 $
    De luxe ens. Privilège.............42 100 $
    De luxe ens. Privilège et Aéro.....43 600 $
    De luxe ens. Privilège et Nav......45 500 $
    De luxe ens. Privilège, Nav et Aéro.....47 000 $
G35 coupé
    auto/man............................45 000/47 000 $*
    ens. Performance...................46 000 $*
I35 De luxe auto......................39 700 $*
I35 Sport auto ....42 700 $*
M45 Sport.............................62 000 $*
Q45 Privilège.........................85 899 $*
Q45 Sport.............................74 900 $*
QX4 ....48 800 $*

ISUZU
Ascender................................n.d.
Rodeo S................................32 885 $*
Rodeo SE ....35 415 $*
Rodeo LS..............................37 850 $*
Rodeo LSE.............................42 785 $*

JAGUAR
S-Type 3,0............................61 950 $
S-Type 4,2............................72 950 $
S-Type R..............................89 950 $
XJ8 ....87 500 $
XJR ....105 000 $

XJ Vanden Plas ....96 000 $
XK8 cabriolet ....105 000 $
XK8 coupé ....96 000 $
XKR cabriolet ....117 000 $
XKR cabriolet Portfolio ....130 000 $
XKR coupé ....108 000 $
X-Type 2,5............................41 195 $
X-Type 3,0............................44 995 $

JEEP
Grand Cherokee
    Laredo..............................38 775 $
    Limited.............................45 835 $
    Overland............................53 270 $
Liberty
    Limited Edition ....30 675 $
    Renegade............................31 305 $
    Sport...............................25 855 $
TJ
    Rubicon.............................30 415 $
    Sahara..............................29 950 $
    SE..................................21 885 $
    Sport...............................25 285 $

KIA
Amanti ....35 000 $**
Magentis
    EX V6...............................28 750 $
    LX..................................22 250 $
    LX V6...............................25 750 $
Rio
    LS auto.............................16 750 $
    RS auto/man.........................14 550/13 550 $
    S man...............................12 650 $
    RX-V auto/man ....17 250/16 250 $
Sedona
    EX..................................28 995 $
    EX LP...............................31 195 $
    LX..................................25 595 $
    LXE.................................27 395 $
Sorento
    EX 4X4 auto.........................34 545 $
    EX 4X4 auto LP......................36 745 $
    LX 4X4 auto/man.....................30 745/29 845 $
Spectra
    GSX auto/man........................18 995/17 995 $
    LS auto/man.........................17 995/16 995 $
    RS auto/man.........................15 995/14 995 $

LAMBORGHINI
Gallardo ....249 900 $
Murciélago............................384 600 $

LAND ROVER
Discovery S............................49 000 $
Freelander HSE ....44 400 $*
Freelander S..........................35 400 $*
Freelander SE.........................39 400 $*
Range Rover HSE.......................104 000 $

LEXUS
ES 330 base ....43 800 $
    Luxe................................46 100 $
    Premium.............................48 800 $
GS 300 ....61 700 $
GS 430 ....69 500 $
GS 430 Premium ....77 000 $
GS 430 Sport ....71 200 $
IS 300
    auto/man............................39 450/37 775 $
    Premium auto/man ....47 270/44 860 $
    Sport Design auto/man ....40 845/39 170 $
    SportCross ....44 585 $
    SportCross Premium ....47 980 $
LS 430 ....82 800 $*

LS 430 Gr. Premium ....88 300 $*
LS 430 Gr. Ultra Premium..............98 900 $*
LX 470................................99 950 $
RX 330 (cuir).........................49 900 $
RX 330 Premium ....54 785 $
RX 330 Sport..........................56 180 $
RX 330 Ultra Premium ....62 190 $
SC 430................................86 800 $

LINCOLN
Aviator AWD Ult.......................59 240 $
LS V6 Luxe ....43 750 $
LS V6 Sport...........................48 710 $
LS V8 Sport...........................51 710 $
LS V8 Ult.............................57 105 $
Navigator 4X4 Ult.....................72 125 $
Town Car Ult..........................57 345 $
Town Car Ult. L.......................64 895 $

MASERATI
coupé 6...............................125 735 $*
coupé Cambiocorsa.....................132 180 $*
spyder................................134 050 $*
spyder Cambiocorsa....................141 220 $*

MAYBACH
5,7...................................308 000 $ US
6,2...................................357 000 $ US

MAZDA
Mazda3 berline
    GS man..............................17 695 $
    GT man..............................21 345 $
    GX man..............................16 195 $
Mazda3 Sport
    GS..................................20 185 $
    GT..................................21 385 $
Mazda6
    GS..................................24 295 $
    GT..................................28 195 $
    GS V6...............................28 195 $
    GT V6...............................31 995 $
Miata
    GX auto/man.........................28 970/27 895 $
    GS man 6 rap. ....30 100 $
    GT auto/man.........................34 150/33 165 $
MPV
    GS ....29 765 $
    GT ....33 995 $
    GX ....26 315 $
RX-8 GS...............................36 795 $
RX-8 GT...............................39 595 $
Série B
    cab. all. DS 3L.....................21 895 $
    cab. all. DS 4L 4X2.................24 845 $
    cab. all. SE 4L 4X4.................28 495 $
    cab. simple SX 2,3L 4X2 ....17 395 $
    cab. simple SX 3L 4X2 ....18 395 $
Tribute 2RM
    DX 2L man...........................22 795 $
    DX-V6 3L auto ....24 774 $
    LX-V6 3L auto ....27 750 $
Tribute 4RM
    DX 2L man...........................25 445 $
    DX-V6 3L auto ....27 425 $
    ES-V6 3L auto ....34 240 $
    LX-V6 3L auto ....30 400 $

MERCEDES-BENZ
CL
    CL55 AMG............................166 300 $
    CL500...............................135 550 $
    CL600...............................187 500 $
Classe C
    C32 AMG.............................67 850 $

C230 coupé sport ....34 950 $
C230 Classique ....36 950 $
C240 Élégance ....45 650 $
C240 4MATIC Classique ....43 900 $
C240 4MATIC Élégance ....48 650 $
C240 familiale Classique ....43 200 $
C240 familiale Élégance...................47 950 $
C240 familiale 4MATIC Classique .....46 200 $
C240 familiale 4MATIC Élégance......50 950 $
C320 coupé sport ....40 100 $
C320 4MATIC ....54 950 $
C320 familiale ....54 200 $
C320 familiale 4MATIC....................57 200 $
Classe E
E55 AMG ....113 000 $
E320 ....71 350 $
E320 4MATIC ....75 300 $
E320 familiale 4MATIC ....76 300 $
E500 ....82 600 $
E500 4MATIC ....86 550 $
E500 familiale 4MATIC ....89 700 $
Classe G
G55 AMG ....137 500 $
G500 ....109 400 $
Classe M
ML320 Classique ....51 100 $
ML320 Élégance ....57 450 $
ML500 ....67 400 $
Classe S
S55 AMG emp. long ....158 400 $
S430 4MATIC emp. standard.........102 000 $
S430 4MATIC emp. long................108 650 $
S430 emp. long ....104 500 $
S500 4MATIC emp. long ....124 150 $
S430 emp. standard.......................97 850 $
S500 emp. long ....120 000 $
S600 emp. long ....183 400 $
CLK
CLK55 AMG cabriolet ....109 500 $
CLK55 AMG coupé ....100 950 $
CLK320 cabriolet ....73 800 $
CLK320 coupé ....62 850 $
CLK500 cabriolet ....84 900 $
CLK500 coupé ....76 950 $
SL
SL55 AMG.......................................168 900 $
SL500 ....127 500 $
SL600 ....179 000 $
SLK
SLK32 AMG ....77 500 $
SLK230 Kompressor ....55 950 $
SLK320 ....61 950 $
SLR ....400 000 US $**

MERCURY
Grand Marquis GS............................36 125 $
Grand Marquis LS Premium ....38 915 $
Marauder...47 140 $

MINI
Cooper...25 550 $
Cooper Classic................................22 700 $
Cooper S..29 950 $

MITSUBISHI
Diamante ....n.d.
Eclipse
RS auto/man.....................25 018/23 998 $
GS auto/man.....................29 318/27 998 $
GT auto/man.....................33 308/31 998 $
GT Premium auto/man.......36 238/34 488 $
Spyder base.....................................34 887 $
Spyder Premium ....42 737 $
Endeavor
Limited 4RM V6 ....42 698 $

LS 2RM V6 ....33 998 $
LS 4RM V6 ....36 998 $
XLS 2RM V6 ....36 498 $
XLS 4RM V6 ....38 998 $
Galant ....23 000 $**
Lancer
ES ....16 000 $**
Ralliart ....24 000 $**
Sportback LS ....21 000 $**
Sportback Ralliart...........................25 000 $**
Montero ....n.d.
Montero Sport ....n.d.
Outlander LS 2WD ....25 000 $**
Outlander XLS AWD ....30 000 $**

NISSAN
350Z
Performance man 6 rap. ....45 400 $
Pulsion man 6 rap...........................47 000 $
Roadster auto/man ....56 300/52 900 $
Tourisme auto 5 rap.........................45 400 $
Altima
S auto/man ....27 798/23 798 $*
SE auto/man ....33 498/29 098 $*
SL auto..29 498 $*
Frontier
SC-V6 4X4 Cab. double auto...........36 498 $*
SE-V6 4X4 Cab. double auto...........32 998 $*
XE 4X2 King Cab auto/man 24 498/23 498 $*
XE-V6 4X2 Cab. double auto/man.................
....28 498/27 498 $*
XE-V6 4X2 King Cab auto/man.................
....25 398/24 398 $*
XE-V6 4X4 Cab. double auto/man.................
....30 798/29 598 $*
XE-V6 4X4 King Cab auto/man ....
....28 598/27 398 $*
Maxima
3,5 SE (5 pl.) man 6 rap. ....34 500 $
3,5 SE (4 pl.) man 6 rap.................38 700 $
3,5 SL auto 4 rap. ....39 300 $
Murano
SE 4RM...44 900 $
SE AWD...46 900 $
SE AWD + Navi ....50 300 $
SL 4RM...37 700 $
SL AWD...40 700 $
Pathfinder
Armada LE ....n.d.
Armada SE ....n.d.
Chilkoot V6 auto ....36 200 $*
LE V6 auto ....45 500 $*
SE V6 auto/man................40 900/38 500 $*
Quest
3,5 S...32 900 $
3,5 SE ....43 400 $
3,5 SL ....36 600 $
Sentra
1,8 auto/man ....16 598/15 598 $
1,8 S auto/man...................18 998/17 998 $
SE-R auto...21 498 $
SE-R Spec V ....21 998 $
TITAN ....n.d.
Xterra
SE V6 auto......................................34 298 $*
SE-SC V6 auto/man...........35 498/34 298 $*
SE-SC V6 Ens. Dynamique auto ......37 498 $*
XE V6 auto/man................30 998/29 798 $*

OLDSMOBILE
Alero
GL berline ....24 050 $
GL coupé ....24 050 $
GX berline ....22 095 $
GX coupé ....22 095 $

Bravada..46 625 $
Silhouette
GL ....35 990 $
GLS ....38 820 $
GLS intégrale ....42 840 $
Premiere Edition ....42 815 $
Premiere Edition intégrale ....45 930 $

PONTIAC
Aztek
intégrale..30 895 $
intégrale GT ....35 110 $
traction ....27 770 $
traction GT ....33 655 $
Bonneville
SE ....33 770 $
SLE ....37 910 $
Grand Am
GT berline/coupé ....27 550 $
SE berline ....21 635 $
SE1 berline ....23 930 $
Grand Prix
GT1 ....27 995 $
GT2 ....30 735 $
GTP...34 475 $
Montana 2RM
emp. long ....32 210 $
emp. long GT ....38 200 $
emp. long SE...................................34 625 $
emp. rég. ....28 955 $
emp. rég. GT ....35 290 $
emp. rég. SE ....32 215 $
Montana intégrale
emp. long GT ....41 685 $
emp. long SE...................................39 080 $
Sunfire
GT coupé ....19 255 $
SL berline ....15 935 $
SL coupé ....15 935 $
SLX berline ....18 925 $
Vibe ....20 985 $
Vibe GT ....26 975 $
Vibe TI ....27 000 $

PORSCHE
911 Carrera 4 cabriolet..................123 200 $
911 Carrera 4S cabriolet................136 700 $
911 Carrera 40e ....131 450 $
911 Carrera cabriolet ....114 650 $
911 Carrera coupé ....100 400 $
911 GT2 ....269 600 $
911 GT3 ....139 000 $
911 Targa ....110 200 $
911 Turbo cabriolet ....187 800 $
911 Turbo coupé ....173 400 $
Boxster..60 650 $
Boxster S...73 450 $
Carrera GT ....500 000 $**
Cayenne S ....78 250 $
Cayenne Turbo................................125 100 $

ROLLS ROYCE
Phantom...470 000 $

SAAB
9³ Arc ....40 900 $
9⁵ Aero berline.................................53 000 $
9⁵ Aero familiale ....54 000 $
9⁵ Arc berline ....43 000 $
9⁵ Arc familiale ....44 000 $
9³ cabriolet......................................n.d.
9³ Linear ....34 900 S
9⁵ Linear familiale ....41 000 S

SATURN

ION 1 berline	14 590 $
ION 2 berline	17 015 $
ION 3 berline	19 445 $
ION 2 coupé	17 245 $
ION 3 coupé	20 770 $
L300 berline	22 745 $
L300 familiale	22 745 $
VUE 4 cylindres	22 280 $
VUE 6 cylindres	22 800 $

SUBARU

Baja auto/man	36 595/35 595 $*
Forester	
2,5 X auto/man	29 095/27 995 $
2,5 XS auto/man	33 495/32 395 $
2,5 XS ens. Luxe auto/man	35 195/34 095 $
2,5 XT auto/man	37 195/35 995 $
2,5 XT ens. Luxe auto/man	38 795/37 595 $
Impreza	
2,5 RS auto/man	28 095/26 995 $
2,5 RS Outback Sport auto/man	28 095/26 995 $
2,5 TS Sport familiale auto/man	24 095/22 995 $
Impreza WRX	
man 5 rap berline	35 495 $
auto/man familiale	36 495/35 495 $
Sti	46 995 $
Legacy berline	
2,5 GT auto/man	31 995/30 595 $
L auto	27 795 $
L ens. luxe auto	28 395 $
Legacy familiale	
2,5 GT ens. luxe auto	35 495 $
L auto/man	28 395/27 295 $
L ens. luxe auto/man	28 995/27 895 $
Outback	
2,5 auto/man	33 095/31 995 $
2,5 ens. Luxe auto/man	33 695/32 595 $
2,5 Limited auto	36 995 $
3,0 H6	39 995 $
3,0 H6 éd. anniversaire	35 995 $

SUZUKI

Aerio berline	
GL auto/man	17 095/15 995 $
GLX auto/man	20 495/19 395 $
GLX auto AWD	22 895 $
Aerio fastback	
S auto/man	17 595/16 495 $
S auto AWD	20 495 $
SX auto/man	21 495/20 395 $
SX auto AWD	23 395 $
Grand Vitara	
JLX auto	28 595 $
JX auto/man	26 195/24 995 $
Swift+	
auto/man	14 595/13 495 $
S auto/man	16 595/15 495 $
Verona GL	22 995 $
Verona GLX	25 695 $
Vitara JX auto/man	23 195/21 995 $
XL-7	
JLX auto	30 595 $
JLX PLUS auto	31 595 $
JX auto/man	28 995/27 495 $
LTD auto	34 095 $

TOYOTA

4Runner	
Limited V6	48 700 $
Limited V8	50 830 $
SR5 V6 base	39 220 $
SR5 V6 Sport	43 855 $
SR5 V8 base	40 620 $
SR5 V8 Sport	45 255 $
Avalon XLS	45 830 $
Camry	
LE auto	24 800 $
LE V6 auto	27 070 $
SE auto/man	26 450/25 405 $
SE V6	32 000 $
XLE auto	30 385 $
XLE V6 auto	32 615 $
Celica	
GT auto/man	25 640/24 640 $
GT-S auto/man	34 400/33 575 $
Corolla	
CE auto/man	16 410/15 410 $
LE auto/man	20 965/19 965 $
Sport auto/man	20 750/19 750 $
Echo berline	
auto/man	15 080/14 080 $
Groupe C auto/man	16 575/15 575 $
Echo *hatchback*	
3p CE auto/man	13 995/12 995 $
3p LE auto/man	14 965/13 965 $
5p LE auto/man	15 600/14 600 $
5p RS auto/man	17 300/16 300 $
Highlander	
4RM V6	36 900 $
4RM V6 Limited	46 500 $
traction	32 900 $
Matrix	
4WD auto	22 220 $
auto/man	17 745/16 745 $
XR 4WD man	24 210 $
XR auto/man	22 025/21 025 $
XRS man	24 640 $
Prius base	29 990 $
Prius + groupe d'option	34 055 $
RAV4	
base auto/man	25 685/24 485 $
Chili auto/man	28 990/27 790 $
Limited auto/man	33 550/32 350 $
Sequoia Limited	63 500 $
Sequoia SR5	53 650 $
Sienna	
CE	30 000 $
LE	34 750 $
XLE	43 600 $
XLE AWD	39 160 $
XLE Limited	52 070 $
Solara	
SE base	26 800 $
SE Sport	29 200 $
SE V6 base	30 900 $
SE V6 Sport	32 700 $
SLE V6	35 800 $
Tacoma	
4X2 PreRunner auto	31 380 $
4X2 Xtracab auto/man	23 570/22 570 $
4X4 double cab V6 auto	35 200 $
4X4 Xtracab man	29 400 $
4X4 Xtracab V6 auto/man	33 445/32 445 $
Tundra	
4X2 Cab. accès V8	33 510 $
4X2 Cab. rég. V6	24 565 $
4X4 Cab. rég. V8	30 320 $
4X4 Cab. accès V8 auto	35 800 $
4X4 Limited V8	41 410 $

VOLKSWAGEN

Golf	
CL auto/man	19 050/17 950 $
GL auto/man	20 980/19 880 $
GL TDI auto/man	23 305/21 780 $
GLS auto/man	23 760/22 660 $
GLS TDI auto/man	25 735/24 210 $
GTI 1,8T 20e anniv. man 6 rap.	34 150 $
GTI 1,8T Tiptronic	27 730 $
GTI VR6 man 6 rap.	29 950 $
GTI 1,8T man	26 330 $
Jetta berline	
GLI 2,8L man	31 150 $
GLS auto/man	25 360/24 260 $
GLS 1,8L man	26 370 $
GLS 1,8L Tiptronic	27 770 $
GLS 1,9L TDI auto/man	27 385/25 860 $
GLX 2,8L auto	37 890 $
Wolfsburg 1,8T man	27 595 $
Wolfsburg 1,8T Tiptronic	28 995 $
Jetta familiale	
GLS auto/man	26 535/25 435 $
GLS 1,8T auto/man	28 945/27 545 $
GLS TDI auto/man	28 560/27 035 $
New Beetle	
GLS auto/man	24 310/23 210 $
GLS TDI auto/man	25 850/24 750 $
GLX 1,8L auto/man	31 300/30 200 $
New Beetle cabriolet	
GLS man 5 rap.	29 250 $
GLS Tiptronic	30 800 $
GLX 1,8T man 5 rap.	35 950 $
GLX 1,8T Tiptronic	37 500 $
Passat berline	
GLS 1,8T man	29 550 $
GLS 1,8T Tiptronic	30 950 $
GLS V6 man	33 050 $
GLS V6 Tiptronic	34 450 $
GLX man	39 175 $
GLX Tiptronic	40 575 $
GLX Tiptronic 4MOTION	43 475 $
W8 Tiptronic 4MOTION	53 400 $
Passat familiale	
GLS 1,8T man	30 725 $
GLS 1,8T Tiptronic	32 125 $
GLS V6 man	34 225 $
GLS V6 Tiptronic	35 625 $
GLX man	40 350 $
GLX Tiptronic	41 750 $
GLX Tiptronic 4MOTION	44 650 $
W8 Tiptronic 4MOTION	54 575 $
Phaeton	n.d.
Touareg	
V6 3,2L 4MOTION	52 100 $
V8 4,2L 4MOTION	60 550 $
V8X 4,2L 4MOTION	67 800 $

VOLVO

C70 auto/man	65 495/63 995 $
S40 A	31 495 $
S40 SR	32 495 $
S60 2,4 auto/man	37 995/36 495 $
S60 SR 2,4 auto/man	39 495/37 995 $
S60 SR 2,5T auto	41 495 $
S60 SR 2,5T AWD auto	43 995 $
S60 T5 SR auto/man	47 995/46 495 $
S60R SR auto/man	60 495/58 995 $
S80 2,9 SR auto	54 895 $
S80 T6 SR auto	62 895 $
V40 A	32 495 $
V40 SR	33 495 $
V70 2,4 auto/man	39 495/37 995 $
V70 2,4 SR auto/man	40 995/39 495 $
V70 2,5T SR auto	42 995 $
V70 2,5T SR AWD auto	45 495 $
V70 T5 SR auto/man	49 495/47 995 $
V70R SR auto/man	61 495/59 995 $
XC70 SR auto	49 495 $
XC90 2,5T SR auto	54 995 $
XC90 T6 SR auto	61 995 $

* : Prix des modèles 2003
** : Prix estimé

CARACTÉRISTIQUES

Prix du modèle à l'essai	Premium 24 200 $
Échelle de prix	22 200 $ à 25 200 $
Garanties	3 ans 60 000 km / 5 ans 100 000 km
Emp. / Long. / Larg. / Haut. (cm)	262 / 448,5 / 171,5 / 144
Poids	1199 kg
Coffre / Réservoir	365 litres / 50 litres
Coussins de sécurité	frontaux et latéraux
Suspension avant	indépendante, jambes de force
Suspension arrière	indépendante, triangles obliques
Freins av. / arr.	disque ABS
Antipatinage / Contrôle de stabilité	non
Direction	à crémaillère, assistée
Diamètre de braquage	10,4 mètres
Pneus av. / arr.	185/65R15

MOTORISATION ET PERFORMANCES

Moteur	4L 1,7 litre
Transmission	traction, manuelle 5 rapports
Puissance	127 ch à 6300 tr/min
Couple	114 lb-pi à 4800 tr/min
Autre(s) moteur(s)	aucun
Autre(s) transmission(s)	automatique 4 rapports
Accélération 0-100 km/h	9,3 secondes
Reprises 80-120 km/h	9,5 secondes (4e)
Vitesse maximale	195 km/h
Freinage 100-0 km/h	41,7 mètres
Consommation (100 km)	8,0 litres (ordinaire)

MODÈLES CONCURRENTS

- Hyundai Sonata • Kia Magentis • Saturn L
- Toyota Corolla • VW Jetta 2,0

QUOI DE NEUF ?

- Parties avant et arrière redessinées • Légères modifications intérieures • Suspension avant révisée • Climatiseur automatique de série sur Touring • Trois nouvelles couleurs

Renouvellement du modèle	n.d.

VERDICT

Agrément de conduite	★★★☆☆
Fiabilité	★★★★★
Sécurité	★★★★½☆
Qualités hivernales	★★★☆☆
Espace intérieur	★★★☆☆
Confort	★★★★½☆

VERSION RECOMMANDÉE

Premium

LA FICHE TECHNIQUE

Voici l'explication de certains éléments de la fiche technique qui accompagne les essais, afin de vous faciliter la lecture du *Guide de l'auto*.

Précisons que pour les nouveaux modèles dont l'essai est présenté sur quatre pages, la fiche comporte un plus grand nombre de renseignements, notamment Niveau sonore, Équipement de série et Équipement en option.

Modèle à l'essai

Modèle qui a fait l'objet de l'essai présenté et dont les caractéristiques sont présentées dans la fiche.

Prix du modèle à l'essai

Le prix du modèle qui a fait l'objet de l'essai. À noter que ce prix, à cause des options qui sont parfois nombreuses, peut dépasser l'échelle de prix figurant dans la fiche. Les prix suivis de (2003) sont ceux qui n'étaient pas encore disponibles au moment de mettre sous presse.

Échelle de prix

Prix de vente suggéré du modèle de base et prix de vente du modèle le plus haut de gamme (sans options ni taxes). Les options peuvent évidemment faire varier ces prix. À noter qu'il n'y a pas d'échelle de prix pour certains modèles.

Garanties

Un exemple pour illustrer : 3 ans 60 000 km / 5 ans 100 000 km. Le modèle en question est garanti « pare-chocs à pare-chocs » pour 3 ans ou 60 000 km, selon la première de ces éventualités. C'est ce qu'on appelle la garantie de base. En outre, le groupe motopropulseur est garanti pour 5 ans ou 100 000 km, selon la première de ces éventualités, cette garantie couvrant le moteur, la transmission et certains autres éléments mécaniques importants. La plupart des constructeurs offrent aussi, moyennant supplément, une garantie prolongée qu'il faut se procurer lors de l'achat.

Transmission

Outre le type de boîte de vitesses (manuelle/automatique), cette donnée comprend le type de rouage d'entraînement, c'est-à-dire traction, propulsion, intégrale...

Reprises 80-120 km/h

Mesure du temps (en secondes) qu'il faut pour accélérer de 80 à 120 km/h sur une route plane et droite. Dans un modèle à boîte de vitesses manuelle, cette mesure est effectuée lorsque la boîte est en 4e vitesse, ce qui permet d'évaluer de façon uniforme « les reprises », c'est-à-dire l'aptitude du véhicule à accélérer comme lors d'un dépassement ou de l'engagement sur l'autoroute. Dans un tel cas, la mesure en secondes est suivie de (4e).

Dans un modèle à boîte de vitesses automatique, lorsque vous enfoncez l'accélérateur à fond, la boîte va rétrograder en 3e ou en 2e et les reprises seront donc meilleures qu'avec une boîte manuelle qui reste en 4e. La qualité des reprises dépend essentiellement du couple développé par le moteur, contrairement à l'accélération de 0-100 km/h qui dépend de la puissance au régime maximal du moteur. Dans la vie de tous les jours, il est évident que les reprises revêtent plus d'importance que l'accélération 0-100 km/h.

Niveau sonore (100 km/h)

Cette valeur, qui ne figure que pour les nouveaux modèles, mesure en décibels le bruit que l'on entend dans l'habitacle au ralenti, à 100 km/h et à régime maximal du moteur.

Verdict

Agrément de conduite

Réponse à la question : prend-on plaisir à conduire ce véhicule?

Fiabilité

Ce véhicule roule-t-il sans problèmes ou, au contraire, a-t-il besoin de visites fréquentes au garage?

Sécurité

Note accordée en fonction de la sécurité passive (nombre de coussins de sécurité et cote obtenue lors des essais de collision) et de la sécurité active (freins efficaces et endurants, bonne tenue de route, facilité de conduite, bonne visibilité, etc.).

Qualités hivernales

Évaluation du comportement en hiver. Les modèles à transmission intégrale reçoivent généralement une meilleure cote, car ils permettent de mieux affronter les conditions routières en hiver, tandis que les modèles à propulsion reçoivent généralement une cote moindre à cause du manque de tenue de route sur surface glissante.

Espace intérieur

Volume intérieur de l'habitacle, là où prennent place les occupants.

Confort

Confort des sièges de la suspension, ces deux éléments se conjuguant pour déterminer le confort général. Ainsi, si le véhicule est doté d'une suspension confortable (qui absorbe bien les inégalités de la route) mais que les sièges sont inconfortables, la note accordée à cette rubrique sera moindre.

Les coups de poing et coups de cœur reflètent l'opinion de l'auteur du texte du modèle en question. Conséquemment, ils peuvent quelquefois être en contradiction avec les meilleurs achats qui, eux, sont établis selon l'opinion des neuf membres de notre équipe.

Pour les données qui suivent nous nous sommes basés sur le modèle essayé tel qu'indiqué dans les fiches techniques de chacun des essais et analyses. Certains modèles ne figurent pas dans le tableau puisqu'ils sont nouveaux sur le marché ou alors qu'il s'agit de modèles trop exclusifs. Les données n'étaient donc pas disponibles.

Assurances

Les coûts moyens d'assurance mentionnés à chacune des rubriques sont établis selon les critères suivants :

- conducteur mâle de 30 ans ;
- qui détient un permis de conduire sans infraction ;
- qui a une expérience de conduite d'au moins 5 ans ;
- qui a un dossier d'assurance sans réclamation ;
- qui se déplace à son travail dans un rayon de moins de 5 km ;
- il n'y a pas de jeune conducteur résidant avec l'assuré.

Les couvertures d'assurance sont les suivantes :

- responsabilité civile : 2 000 000 $;
- frais médicaux : 10 000 $;
- tous risques éprouvés par le véhicule assuré : franchise de 500 $.

La prime peut varier selon la région où vous habitez. Pour une couverture et une prime personnalisées, consultez votre agent ou votre courtier en assurance de dommages.

- La franchise peut varier s'il s'agit de voitures de grand luxe.
- Un système de repérage peut être exigé.

Dépréciation de 3 et 4 ans

Le pourcentage de dépréciation est basé sur les données suivantes :

- La valeur approximative de revente du modèle actuellement par

rapport au prix payé initialement il y a 3 et 4 ans.

ex. : Un Toyota RAV4 2001 payé 23 260 $ neuf vaut aujourd'hui 15 900 $ selon les critères établis.

- Tous les véhicules ont accumulé un kilométrage moyen de 20 000 km par année.
- Tous les véhicules sont dans un état d'utilisation et d'entretien normal, sans aucune réparation majeure.

Ce tableau est établi à titre comparatif seulement afin de vous aider dans votre processus d'achat.

Prix des pièces de remplacement

Une autre partie importante des frais à assumer pour posséder une auto est le coût de remplacement de certaines pièces importantes de votre véhicule dans quelques années. Pour vous donner un aperçu des coûts d'entretien, nous avons établi une liste de cinq pièces couramment remplacées chez les concessionnaires. Cette dernière colonne est aussi conçue à titre comparatif.

1. bandes de freins avant
2. disques de freins
3. échappement à partir du catalyseur
4. alternateur
5. pare-brise

Toutes les pièces proviennent du concessionnaire et sont calculées au prix de détail suggéré du manufacturier.

Marque / Modèle	Assurances	% de dépréciation 3 ans / 4 ans	Prix des pièces de remplacement
ACURA			
1,7EL	710 $	32 % / 34 %	1273 $
3,5RL	1047 $ *#	35 % / 41 %	2893 $
MDX	1022 $ *#	34 % / n.d.	1864 $
RSX	864 $	n.d. / n.d.	2150 $
TL	873 $	36 % / 40 %	1932 $
TSX	788 $	n.d. / n.d.	2414 $
AUDI			
A4 / S4	964 $ *#	41 % / 41 %	2134 $
A4 cabriolet	1027 $ *#	n.d. / n.d.	2257 $
A6 / S6	1263 $ *#	39 % / 45%	3641 $
A8	1561 $	31 % / 41%	4954 $
Allroad	1108 $ *#	36 % / n.d.	2551 $
TT	1167 $ *#	25 % / 34%	2776 $
BMW			
M3	1720 $ *#	27 % / n.d.	2778 $
Série 3	1023 $ *#	29 % / 40 %	1476 $
Série 5	1171 $ *#	32 % / 36 %	1643 $
Série 7	1990 $ *#	31 % / 34 %	2813 $
X5	1078 $ *#	n.d. / n.d.	1668 $
Z4	1150 $ #	n.d. / n.d.	2089 $
BUICK			
Park Avenue	816 $	39 % / 50 %	4035
Regal / Century	658 $	38 % / 48 %	1846
RendezVous	899 $	n.d. / n.d.	2497
CADILLAC			
CTS	820 $	n.d. / n.d.	3683 $
DeVille	1020 $	40 % / 46 %	4135 $
Escalade	1466 $ *#	28 % / 34 %	2797 $
Seville	1167 $ *#	40 % / 49 %	4169 $
CHEVROLET			
Astro / GMC Safari	728 $	32 % / 43 %	1714 $
Blazer / GMC Jimmy	903 $	36 % / 41 %	1493 $
Cavalier	601 $	45 % / 56 %	1284 $
Corvette	1399 $ *#	22 % / 27 %	4042 $
Impala	665 $	39 % / 43 %	1921 $
Malibu	697 $	41 % / 50 %	1405 $
Monte Carlo	747 $	42 % / 50 %	1792 $
Tahoe / Suburban / GMC Yukon	980 $	29 % / 32 %	2162 $
TrailBlazer / GMC Envoy / Buick Rainier	905 $	n.d. / n.d.	2029 $
Venture / Pontiac Montana / Oldsmobile Silhouette	768 $	35 % / 39 %	2578 $
CHRYSLER			
300M	871 $	40 % / 45 %	2551 $
Concorde / Intrepid	782 / 700 $	44 % / 51 %	2119 $
Pacifica	983 $	n.d. / n.d.	2276 $
PT Cruiser	824 $	40 % / n.d.	n.d.
Sebring	747 $	44 % / 51 %	1669 $
DODGE			
Caravan / Chrysler Town & Country	690 $	40 % / 46 %	1650 $
Durango	870 $	36 % / 43 %	n.d.
SX	665 $	44 % / 56 %	1553 $
FORD			
Escape	865 $	29 % / n.d.	1849 $
Focus	601 $	n.d. / n.d.	2159 $
Freestar	728 $	n.d. / n.d.	n.d.
Mustang	1244 $ *#	n.d. / n.d.	1783 $
Taurus	638 $	36 % / 47 %	2006 $
Thunderbird	1574 $ #	n.d. / n.d.	3462 $

Marque / Modèle	Assurances	% de dépréciation 3 ans / 4 ans	Prix des pièces de remplacement
HONDA			
Accord	717 $	33 % / 33 %	1159 $
Civic	747 $	29 % / 36 %	1502 $
Civic Hybride / Insight	768 $	n.d. / n.d.	1269 $
CR-V	777 $	28 % / 32 %	1789 $
Element	855 $	n.d. / n.d.	1307 $
Odyssey	719 $	30 % / 36 %	1441 $
Pilot	948 $	n.d. / n.d.	1779 $
S2000	997 $ *#	20 % / 25 %	2168 $
HUMMER	1780 $ *	n.d. / n.d.	2542 $
HYUNDAI			
Accent	574 $	32 % / 39 %	1482 $
Elantra	593 $	37 % / 46 %	1333 $
Santa Fe	809 $	35 % / n.d.	1328 $
Sonata	659 $	36 % / 46 %	1683 $
Tiburon	733 $	n.d. / n.d.	1381 $
XG350	764 $ *	33 % / n.d.	1941 $
INFINITI			
FX35 / FX45	1036 $	n.d. / n.d.	2357 $
G35 berline	942 $ *#	n.d. / n.d.	2146 $
G35 coupé	960 $ #	n.d. / n.d.	3042 $
I35	936 $ *#	n.d. / n.d.	2026 $
M45	1219 $ *#	n.d. / n.d.	2359 $
Q45	1302 $	33 % / 40 %	2705 $
ISUZU			
Rodeo / Ascender	827 $	32 % / 39 %	n.d.
JAGUAR			
S-Type	1190 $ *#	37 % / 48 %	3536 $
XJ	1607 $ *#	32 % / 43 %	3147 $
XK	1821 $ *#	30 % / 34 %	3973 $
X-Type	955 $ *#	n.d. / n.d.	2369 $
JEEP			
Grand Cherokee	937 $ #	34 % / 42 %	1795 $
Liberty	747 $	n.d. / n.d.	1685 $
TJ	841 $	31 % / 40 %	1314 $
KIA			
Magentis	686 $	n.d. / n.d.	1956 $
Rio	637 $	n.d. / n.d.	1631 $
Sedona	841 $	n.d. / n.d.	2238 $
Sorento	841 $	n.d. / n.d.	2093 $
Spectra	637 $	n.d. / n.d.	1658 $
LAND ROVER			
Discovery	1221 $ *#	33 % / 41 %	2586 $
Freelander	1108 $ *#	n.d. / n.d.	2895 $
Range Rover	1825 $1*#	32 % / 37 %	3213 $
LEXUS			
ES 330	923 $ #	35 % / 39 %	1776 $
GS 300 / 430	1190 $ *#	32 % / n.d.	2337 $
IS 300	936 $ *#	36 % / n.d.	2037 $
LS 430	1530 $1*#	31 % / n.d.	2822 $
LX 470	1493 $ *#	30 % / 36 %	2305 $
RX 330	1080 $	n.d. / n.d.	3292 $
SC 430	2393 $ *#	n.d. / n.d.	2378 $

1. *Valeur estimée*
* *Franchise (peut varier selon valeur du véhicule)*
# *Système de repérage (peut être requis selon la région)*

LES STATISTIQUES À LA CARTE

Marque / Modèle	Assurances	% de dépréciation 3 ans / 4 ans	Prix des pièces de remplacement
LINCOLN			
Aviator / Ford Explorer	1062 $ #	n.d. / n.d.	2023 $
LS	749 $ #	38 % / 45 %	2430 $
Navigator / Ford Expedition	1165 $ #	29 % / 34 %	2116 $
Town Car	1017 $ #	35 % / 43 %	2531 $
MAZDA			
6	731 $	n.d. / n.d.	1376 $
Miata	916 $	29 % / 33 %	1666 $
MPV	809 $	37 % / 40 %	1548 $
Tribute	779 $	24 % / n.d.	1827 $
MERCEDES-BENZ			
CL	860 $ #	35 % / 44 %	3446 $
Classe C	932 $ *#	n.d. / n.d.	2308 $
Classe C coupé sport	912 $ *#	n.d. / n.d.	1900 $
Classe E	1373 $ *#	35 % / 35 %	3216 $
Classe G	1868 $ *#	n.d. / n.d.	3740 $
Classe M	1236 $ *#	29 % / 30 %	2522 $
Classe S	2011 $ *#	36 % / 45 %	2869 $
CLK	1287 $ *#	26 % / 29 %	2321 $
SL	1920 $ *#	39 % / 45 %	3488 $
SLK	1167 $ *#	27 % / 32 %	2553 $
MERCURY			
Grand Marquis	673 $	39 % / 44 %	n.d.
MINI COOPER	773 $	n.d. / n.d.	2012 $
MITSUBISHI			
Eclipse	994 $	n.d. / n.d.	1874 $
Galant	800 $	n.d. / n.d.	1525 $
Lancer	742 $	n.d. / n.d.	1686 $
Montero	1018 $	n.d. / n.d.	1902 $
Outlander	867 $	n.d. / n.d.	1945 $
NISSAN			
350Z	1001 $ #	n.d. / n.d.	2220 $
Altima	673 $	34 % / 36 %	1282 $
Maxima	779 $	34 % / 38 %	2037 $
Murano	954 $ #	n.d. / n.d.	n.d.
Pathfinder	954 $	33 % / 38 %	2146 $
Quest	695 $	35 % / 43 %	1635 $
Sentra	624 $	37 % / n.d.	1191 $
Xterra	880 $	31 % / n.d.	1166 $
OLDSMOBILE			
Alero	686 $	37 % / 42 %	1904 $
PONTIAC			
Aztek	854 $	37 % / n.d.	2494 $
Bonneville / Buick LeSabre	746 $	26 % / 44 %	n.d.
Grand Am	715 $	41 % / 47 %	2042 $
Grand Prix	667 $	38 % / 42 %	1998 $
Sunfire	758 $	41 % / 44 %	1596 $
Vibe	654 $	n.d. / n.d.	2244 $
PORSCHE			
911	2019 $ *#	n.d. / n.d.	4896 $
Boxster	1320 $ *#	21 % / 25 %	3439 $
Cayenne	1898 $ *#	n.d. / n.d.	3602 $
SAAB			
9³	1435 $	33 % / 41 %	2066 $
9⁵	1011 $	31 % / 37 %	3842 $

Marque / Modèle	Assurances	% de dépréciation 3 ans / 4 ans		Prix des pièces de remplacement
SATURN				
ION	620 $	n.d. /	n.d.	1972 $
Série L	653 $ #	33 % /	40 %	1995 $
VUE	768 $ #	n.d. /	n.d.	2273 $
SUBARU				
Baja	765 $	n.d. /	n.d.	1840 $
Forester	723 $	33 % /	37 %	1840 $
Impreza	667 $	36 % /	39 %	1840 $
Legacy	746 $	32 % /	33 %	n.d.
SUZUKI				
Aerio	591 $	n.d. /	n.d.	1390 $
Grand Vitara / Chevrolet Tracker	912 $	33 % /	43 %	1366 $
XL-7	868 $	38 % /	n.d.	1366 $
TOYOTA				
4Runner	1081 $	33 % /	34 %	1143 $
Avalon	781 $	32 % /	41 %	2119 $
Camry	667 $	29 % /	36 %	1619 $
Celica	822 $	30 % /	34 %	1206 $
Corolla	587 $	26 % /	29 %	1194 $
Echo	583 $	n.d. /	n.d.	1180 $
Highlander	868 $	30 % /	n.d.	1736 $
Matrix	620 $	n.d. /	n.d.	1215 $
Prius	691 $	33 % /	n.d.	n.d.
RAV4	948 $	32 % /	39 %	1474 $
Sequoia	864 $	32 % /	n.d.	1823 $
Sienna	665 $	n.d. /	n.d.	1449 $
Solara	686 $	30 % /	33 %	1701 $
VOLKSWAGEN				
Golf	1044 $ #	30 % /	39 %	2073 $
Jetta	675 $	n.d. /	n.d.	2131 $
New Beetle	935 $	n.d. /	n.d.	2217 $
Passat	730 $	32 % /	35 %	2821 $
VOLVO				
C70	1325 $ #	28 % /	31 %	1485 $
S40 / V40	755 $	32 % /	n.d.	1732 $
S60	839 $	31 % /	n.d.	2005 $
S80	909 $	29 % /	36 %	1992 $
V70 / XC70	723 $	31 % /	37 %	n.d.
XC90	1039 $ #	n.d. /	n.d.	2011 $
CAMIONNETTES				
Chevrolet				
Avalanche	672 $	n.d. /	n.d.	2191 $
Silverado	733 $	31 % /	39 %	2381 $
Dodge				
Dakota	714 $	39 % /	39 %	n.d.
Ram	686 $	43 % /	48 %	n.d.
Ford				
Explorer Sport Trac	723 $	35 % /	n.d.	1758 $
F-150	549 $	34 % /	35 %	1752 $
Ranger	772 $	29 % /	40 %	1634 $
Mazda				
Série B	715 $	34 % /	37 %	1639 $
Nissan				
Frontier	743 $	35 % /	42 %	1024 $
Toyota				
Tacoma	841 $	33 % /	35 %	1300 $
Tundra	676 $	29 % /	34 %	1371 $

Système de repérage (peut être requis selon la région)

Les meilleurs achats
du Guide
2004

Sous-compactes

1 Meilleur achat
Mazda3

Nominations

- Chevrolet Aveo • Chevrolet Cavalier / Sunfire • Dodge SX
- Ford Focus • Honda Civic • Hyundai Accent
- Hyundai Elantra • Kia Rio • Kia Spectra
- Mazda3 / 3 Sport • Mitsubishi Lancer • Nissan Sentra
- Saturn ION • Suzuki Aerio • Suzuki Swift⁺
- Toyota Echo Hatchback • Volkswagen Golf / New Beetle

2 **Toyota** Echo Hatchback

3 *ex aequo* **Honda** Civic / **Ford** Focus

Compactes

1 Meilleur achat
Toyota Corolla

Nominations

- Acura 1,7EL • Audi A4 CVT • Chevrolet Epica
- Chevrolet Optra • Chrysler PT Cruiser
- Hyundai Sonata • Oldsmobile Alero
- Pontiac Grand Am • Pontiac Vibe • Saturn L
- Subaru Impreza TS • Suzuki Verona • Toyota Corolla
- Toyota Matrix • Volkswagen Jetta • Volvo S40

2 *ex aequo* **Toyota** Matrix / **Pontiac** Vibe

3 **Volkswagen** Jetta

Les intermédiaires

1 **Meilleur achat**
Honda Accord

2 **Mazda**6

3 **Toyota** Camry

Nominations

- Chevrolet Malibu • Chrysler Sebring • Honda Accord
- Hyundai Sonata • Kia Magentis • Mazda6
- Mitsubishi Galant • Nissan Altima • Subaru Legacy
- Toyota Camry • Volkswagen Passat

Berlines grand format

1 **Meilleur achat**
Nissan Maxima

2 **Pontiac** Grand Prix

3 **Toyota** Avalon

Nominations

- Buick LeSabre • Chevrolet Impala
- Chrysler Concorde • Chrysler Intrepid
- Hyundai XG350 • Kia Amanti
- Mercury Grand Marquis • Nissan Maxima
- Pontiac Bonneville • Pontiac Grand Prix
- Toyota Avalon

Berlines sport de plus de 35 000 $

1 Meilleur achat
Infiniti G35

2 Acura TL

3 BMW 330i

Nominations

• Acura TL • Audi A4 3 litres Quattro • BMW 325 et 330i
• Cadillac CTS • Chrysler 300M • Infiniti G35
• Jaguar X-Type • Lexus IS 300 • Lincoln LS
• Mercedes-Benz C240 et C320 • Saab 9³

Berlines de luxe de moins de 70 000 $

1 Meilleur achat
Audi A6 2,7T

2 Volkswagen Passat 4motion

3 Volvo S60 AWD

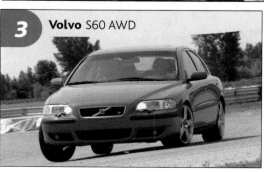

Nominations

• Acura RL • Audi A6 2,7T • BMW 530i
• Buick Park Avenue • Cadillac SLS • Infiniti I35 / M45
• Jaguar S-Type 3,0 • Lexus ES 330
• Lincoln LS • Lincoln Town Car • Saab 9⁵
• Volkswagen Passat 4Motion et W8
• Volvo S60 / S60 AWD / S60R • Volvo S80

Voitures de grand luxe de plus de 70 000 $

1 **Meilleur achat**
BMW 545i

2 **Mercedes-Benz** Classe E

3 **Audi** A8 L

Nominations

- Audi A6 4,2 Quattro • Audi A8 L • BMW 545i
- BMW Série 7 • Cadillac DeVille • Cadillac Seville STS
- Infiniti Q45 • Jaguar S-Type 4,2 • Jaguar XJ
- Lexus GS 430 • Lexus LS 430 • Mercedes-Benz Classe E
- Mercedes-Benz Classe S • Volkswagen Phaeton

Berlines et coupés sport de moins de 35 000 $

1 **Meilleur achat**
Acura RSX

2 **Ford** Focus SVT

3 **Subaru** Impreza WRX

Nominations

- Acura RSX • Ford Focus SVT • Honda Civic SiR
- Hyundai Tiburon • Mercedes-Benz C230
- MINI Cooper • Mitsubishi Eclipse
- Nissan Sentra SE-R • Subaru Impreza WRX
- Toyota Celica • Volkswagen Golf GTI
- Volkswagen Jetta 1,8T

Cabriolets, roadsters et GT de moins de 65 000 $

1 Meilleur achat
Mazda RX-8

2 Infiniti G35 Coupé

3 Nissan 350Z

Nominations

- Audi A4 Cabriolet • Audi TT • BMW Z4
- Chrysler Crossfire • Ford Mustang • Ford Thunderbird
- Honda S2000 • Infiniti G35 coupé • Mazda Miata
- Mazda RX-8 • Mercedes-Benz SLK • Nissan 350Z
- Saab 9^3 cabrio • Subaru WRX STi • Toyota Solara
- Volkswagen New Beetle cabrio • Volvo C70

Voitures sport et cabriolets de 65 000 $ à 200 000 $

1 ex aequo Meilleur achat
BMW Série M

Mercedes-Benz SL500

2 Cadillac XLR

3 ex aequo **Porsche** Boxster / **Porsche** 911

Nominations

- Acura NSX • BMW Série M • Cadillac XLR
- Chevrolet Corvette Z06 • Dodge Viper • Jaguar XK8
- Lexus SC 430 • Mercedes-Benz CLK430
- Mercedes-Benz CL500 • Mercedes-Benz SL500
- Porsche Boxster • Porsche 911 / Targa / Carrera 4S / Turbo

Utilitaires sport compacts

1 Meilleur achat
Toyota Highlander

2 **Subaru** Forester

3 **Honda** Element

Nominations

- Chevrolet Tracker • Ford Escape • Honda CR-V
- Honda Element • Hyundai Santa Fe • Jeep Liberty
- Kia Sorento • Land Rover Freelander • Mazda Tribute
- Mitsubishi Outlander • Nissan Xterra • Subaru Forester
- Subaru Outback • Suzuki Vitara / Grand Vitara
- Suzuki XL-7 • Toyota Highlander • Toyota RAV4

Utilitaires sport moyen et grand formats

1 Meilleur achat
Nissan Murano

2 **Lexus** RX 330

3 **Volkswagen** Touareg

Nominations

- Acura MDX • BMW X3 / X5 • Buick Rainier • Chevrolet TrailBlazer
- Dodge Durango • Ford Explorer / Lincoln Aviator • GMC Envoy
- Honda Pilot • Infiniti QX4 • Jeep Grand Cherokee • Land Rover Discovery
- Lexus RX 330 • Mercedes-Benz ML350 • Mitsubishi Endeavor / Montero
- Nissan Murano / Pathfinder • Porsche Cayenne S • Saturn VUE
- Toyota 4Runner • Volkswagen Touareg • Volvo XC90

Fourgonnettes

1 **Meilleur achat**
Nissan Quest

2 **Toyota** Sienna

3 **Honda** Odyssey

Nominations

- Chevrolet Venture • Chrysler Town & Country
- Dodge Caravan / Grand Caravan • Ford Freestar
- Honda Odyssey • Kia Sedona • Mazda MPV
- Nissan Quest • Pontiac Montana • Toyota Sienna

Multisegment

1 **Meilleur achat**
Cadillac SRX

2 **Infiniti** FX45

3 **Audi** Allroad

Nominations

- Audi Allroad • Cadillac SRX • Chrysler Pacifica
- Infiniti FX35 / FX45 • Volvo XC70

Les choix de l'équipe

Voiture de l'année

Mazda RX-8

Nominations

- Acura TL • Acura TSX • Audi A8 L • Audi S4 • BMW Série 5 • Cadillac XLR • Chevrolet Aveo • Chevrolet Epica
- Chevrolet Malibu / Malibu Maxx • Chevrolet Optra • Chrysler Crossfire • Ford Freestar • Honda S2000 • Jaguar XJ8
- Kia Amanti • Lamborghini Gallardo • Maybach • Mazda3 • Mazda RX-8 • Mercedes-Benz CLK cabriolet
- Mercedes-Benz SLR • Mitsubishi Galant • Nissan Maxima • Nissan Quest • Pontiac Grand Prix • Porsche GT3
- Rolls Royce Phantom • Saab 9³ cabriolet • Saturn ION coupé • Subaru WRX STi • Suzuki Swift⁺ • Suzuki Verona
- Toyota Echo Hatchback • Toyota Prius • Toyota Sienna • Toyota Solara • Volkswagen Phaeton
- Volkswagen New Beetle cabriolet • Volvo S60R

Utilitaire sport de l'année

Infiniti FX35

Nominations

- BMW X3 • Buick Rainier • Cadillac SRX • Chevrolet SSR • Dodge Durango • Honda Element • Infiniti FX35 / FX45
- Lexus RX 330 • Mitsubishi Endeavor • Nissan Murano • Nissan Pathfinder Armada • Porsche Cayenne
- Subaru Forester XT • Volkswagen Touareg

Nouveauté de l'année
La voiture la plus significative

Toyota Prius

Alfa Romeo

Audi

Bertone

Buick

Cadillac

Chevrolet

Chrysler

DC Design

Dodge

Ford

Hyundai

Infiniti

Italdesign

Kia

Koenigsegg

Laraki

Maserati

Mazda

Nissan

Peugeot

Pininfarina

Pontiac

Renault

Rindspeed

Spyker

Subaru

Suzuki

Toyota

Volkswagen

Volvo

Les prototypes 2004

ALFA ROMEO 8C

Réalisée par le centre de style Alfa Romeo, la 8C Competizione est un concept qui se veut une double évocation historique du glorieux passé en compétition de la marque italienne. Elle prend le nom de 8C en hommage au modèle éponyme des années 1930 qui gagna entre autres deux victoires aux 24 Heures du Mans (1931 et 1934). Le mot Competizione fait référence pour sa part à la 6C 2500 qui s'illustra dans des années 1950 aux mains de Fangio au Mille Miglia. Construit en fibre de carbone, ce concept hérite d'un V8 de 4,2 litres de 400 chevaux et abat le 0-100 km/h en 4,5 secondes.

AUDI LE MANS QUATTRO

Dans la lignée des voitures-concept Nuvolari et Pikes Peak, Audi a dévoilé au récent Salon de Francfort cet intéressant coupé qui préfigure sans doute la prochaine Audi TT. Coiffé du nom d'une course que la marque allemande a dominée ces dernières années, ce coupé reçoit dans sa forme actuelle un généreux moteur V10 biturbo de 610 chevaux. Rien de tel pour faire de l'esbroufe, mais on peut douter de sa capacité à «tenir par terre» avec une puissance semblable. La voiture utilise une cage en aluminium (Audi Space Frame), une spécialité Audi, la traction Quattro et peut boucler le 0-100 km/h en 3,8 secondes. On peut rêver...

En plus de rendre hommage au légendaire pilote italien Tazio Nuvolari, le bureau de stylisme d'Audi a voulu illustrer la direction dans laquelle la carrosserie et l'habitacle Audi vont se développer au cours des prochaines années. Ce coupé 2+2 est de dimensions traditionnelles pour un GT et son empattement est de 289 cm. Le Nuvolari est doté du moteur le plus puissant jamais développé par Audi pour un véhicule routier : un moteur V10 biturbo de 5 litres dérivé de celui de la Lamborghini Gallardo produisant 600 chevaux. Il est couplé à une boîte automatique à six rapports et au rouage intégral Quattro.

AUDI **PIKES PEAK**

L'Audi Allroad présentement commercialisée est une voiture polyvalente et impressionnante avec sa suspension réglable et son comportement routier supérieur. Par contre, ses dimensions sont vraiment un peu trop justes pour répondre aux besoins de plusieurs. Voici donc le concept « Pikes Peak » qui permet à six adultes assis sur trois rangées de sièges de se déplacer partout et n'importe quand.

Si l'habitacle est très sophistiqué avec ses sièges arrière escamotables par commande électrique, la motorisation ne fait pas défaut non plus avec la présence du moteur V8 4,2 litres de la RS4. Cette fois, sa puissance a étéportée à 500 chevaux. Ce qui permet de boucler le 0-100 km/h en 5 secondes pile.

BERTONE **BIRUSA**

Dans le patois de la ville de Turin, le mot «Birusa» est utilisé pour identifier une personne astucieuse, jamais prise au dépourvu. Cette BMW Z8 a été revue et corrigée par les stylistes de Bertone afin d'en améliorer la silhouette. Mais ce n'est pas le style qui prévaut, mais les multiples astuces technologiques dont cette voiture est équipée.

Parmi les éléments techniques les plus intéressants de la Birusa, il faut mentionner la commande vocale, un toit ouvrant en matière synthétique, une chaîne audio ambiophonique et un promeneur Segway dans le coffre à bagages. Et il ne faut pas oublier la présence d'un moteur V8 de 400 chevaux couplé à une boîte manuelle à six rapports.

BUICK CENTIEME

Pour souligner son centenaire, la division Buick a choisi de planifier en fonction de l'avenir avec ce véhicule multisegment adapté à la sauce Buick. Comme tous les modèles du genre, le Centieme adopte une carrosserie de familiale pourvue de trois rangées de sièges. Il est équipé d'un moteur V6 3,6 litres biturbo d'une puissance de 400 chevaux.

Comme il se doit dans une Buick, l'habitacle est très confortable avec ses sièges en sellerie de cuir, l'utilisation de bois exotique, un système d'éclairage tamisé de même que des commandes de passage des vitesses au volant. Ce cocon de luxe et de silence devrait théoriquement passer partout grâce à la présence de la transmission intégrale Versatrak.

CADILLAC **SIXTEEN**

Pour donner plus de poids à son intention de devenir à nouveau une grande marque de luxe, Cadillac a concocté le modèle Sixteen dont la silhouette est vraiment à part tout en mettant en évidence ses origines nord-américaines. Ses dimensions imposantes, un habitacle ultrasophistiqué où les bois les plus rares et les cuirs les plus fins cohabitent, voilà autant d'éléments qui placent la Sixteen parmi les grandes voitures de luxe de la planète.

Cette Cadillac Sixteen doit son nom au gargantuesque moteur V16 13,6 litres d'une puissance de 1000 chevaux. Une fois encore, les ingénieurs ont joué la carte américaine en utilisant des culasses à soupapes en tête. Si la direction de GM a déjà annoncé que ce 16 cylindres ne sera jamais fabriqué en série, elle a en revanche admis qu'un V12 était une possibilité.

L'an dernier, ce modèle SS n'était qu'une illustration. Cette année, il existe et plusieurs ont apprécié cette silhouette qui tente de concilier les sportives des années 1950 avec les canons esthétiques de demain. Cette berline quatre places présente le caractère pratique des automobiles familiales avec… les performances d'une Corvette. À souligner, les roues de 21 pouces à l'avant et de 22 pouces à l'arrière.

Cette Chevrolet SS ne se contente pas d'avoir une silhouette sportive avec son béquet arrière intégral, ses prises d'air verticales derrière les roues avant et un capot allongé. Elle a le muscle nécessaire pour offrir des accélérations foudroyantes en raison de son moteur V8 6 litres d'une puissance de 430 chevaux.

CHRYSLER 300C

Oubliez les lignes élégantes des Chrysler Concorde et Intrepid ! Ces deux grosses berlines seront bientôt remplacées par des modèles d'une tout autre mouture à l'exemple de la 300C. Leur nez plat, leur partie arrière tronquée et une ceinture de caisse élevée leur donnent un air quasiment brutal. Prévues pour être commercialisées au début de 2004, ces nouvelles venues ont été dessinées par le styliste d'origine montréalaise Ralph Gilles. Contrairement aux modèles qu'elle remplace, la 300C est une propulsion et ses performances ne seront pas à dédaigner, car il est prévu que le moteur V8 Hemi sera au catalogue. De plus, si la silhouette est controversée, l'habitacle fait l'unanimité par son élégance.

CHRYSLER **AIRFLITE**

La silhouette de la Chrysler Airflite a un air de déjà vu ? Vous avez raison, car cette berline semble être une version quatre portes du coupé Crossfire. Il s'agit pour l'instant d'une voiture-concept, mais les chances sont bonnes pour qu'elle devienne la grande sœur du Crossfire. Si ce dernier se vend bien, naturellement.

L'esthétique de cette propulsion est inspirée des nombreux gratte-ciel de la ville de New York. De plus, son hayon est ancré plus loin que d'habitude afin d'augmenter son ouverture et d'ajouter à sa polyvalence en lui permettant d'accepter des colis plus gros que la moyenne.

DC DESIGN GAIA

Dilib Chabria est un styliste indien qui avait causé une agréable surprise en 2003 avec le modèle Infidel. Cette fois, il récidive avec la GAIA. Ce concept dérivé de la Mitsubishi Lancer ressemble un peu aux véhicules-concepts récemment dévoilés par Chrysler.

DODGE AVENGER

Comme le veut la tendance actuelle, l'Avenger tente de concilier l'élégance des berlines européennes avec le caractère tout-aller des VUS américains. Ce cinq portes à hayon n'est pas vilain sur le plan esthétique et sa personnalité sportive est trahie par la présence d'une partie arrière profilée. La grille de calandre de la marque est toujours à poutre centrale verticale, mais se veut plus subtile que celle de certains autres Dodge.

Les roues avant et arrière de 20 pouces sont l'un des secrets des stylistes pour donner plus de caractère à la voiture. La transmission intégrale est couplée à un moteur V6 3,5 litres. Le levier de vitesses est remplacé par des palettes d'activation sous le volant.

FORD MODÈLE U

Si le modèle T de Ford a marqué le xxᵉ siècle, la direction de la marque a voulu faire du Modèle U le prototype de la voiture Ford du xxiᵉ siècle. Ce véhicule est à la fois écologique, pratique et polyvalent. La disposition de l'habitacle est modulaire et il est même possible de remplacer les panneaux extérieurs. La plupart des composantes de cette voiture sont faites de matériaux recyclables.

Le groupe propulseur du Modèle U est le premier moteur à combustion interne utilisant de l'hydrogène comme combustible. Il est de plus suralimenté afin d'assurer des performances adéquates. La transmission hybride électrique permet d'améliorer le rendement du moteur.

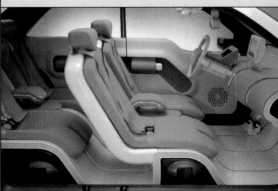

HYUNDAI **HCD-6**

Le premier constructeur coréen nous a habitués à de nombreux prototypes issus de son centre de design californien. D'ailleurs, les lettres HCD signifient «Hyundai California Design Center». Ce roadster deux places a été conçu pour être une voiture sport exotique de prix abordable. Parmi les éléments les plus significatifs de cette voiture-concept, il faut souligner les arceaux jumelés et les parois latérales sculptées.

Le HCD-6 est une propulsion à moteur central. Son moteur V6 2,7 litres développe 215 chevaux et est relié à une boîte manuelle à six rapports Les pneus sont de taille 245/45R18 et de type «Run-flat».

HYUNDAI **OLV**

L'OLV est un véhicule multi-activités conçu au centre coréen de Namyang, l'immense centre de recherche et de développement de la compagnie. Ses concepteurs avaient pour mission de donner un caractère ludique à ce VUS au profil pour le moins original.

Ciblant une clientèle jeune à la recherche d'un VUS économique, l'OLV est propulsé par un moteur quatre cylindres. Toutefois, il produit plus de 200 chevaux grâce à l'utilisation d'un turbocompresseur. Parmi les autres caractéristiques, il faut noter un toit modulaire et un espace de chargement transformable.

INFINITI TRIANT

Poussant encore plus loin le développement du VUS à caractère sportif, les stylistes de chez Infiniti ont concocté une version coupé deux portes du FX45. Le nez est encore plus proéminent tandis que la partie arrière est très tronquée. Comme dans plusieurs grandes sportives, les portières sont à ouverture verticale.

Malgré ses allures de coupé sport, le Triant est un vrai 4X4 avec sa suspension à hauteur réglable et sa transmission intégrale ATTESA ET-S. Bien entendu, le moteur est l'incontournable V6 3,5 litres qui est vraiment utilisé à toutes les sauces par ce constructeur. Heureusement, c'est l'un des meilleurs au monde.

LES PROTOTYPES 2004

ITALDESIGN MORAY

Giorgetto Giugiaro se tourne vers l'Amérique pour célébrer le 50ᵉ anniversaire de la Corvette à sa façon. Cette création a laissé plusieurs Européens songeurs à cause de l'utilisation exagérée du chrome dans l'habitacle et du choix de roues à ailettes jugées trop voyantes.

Le célèbre styliste italien a rendu hommage à la Corvette Sting Ray des années 1960 dont la vitre arrière était séparée en deux. D'ailleurs, ce concept regorge de détails inspirés des «Vettes» du passé. La prochaine Corvette ne sera pas inspirée de la Moray et ressemblera d'assez près au modèle actuel.

KIA SLICE

Même Kia ne peut résister à l'attrait du multisegment. Le Slice est une autre tentative de la part des stylistes de donner un peu plus d'attrait aux VUS. Ceux-ci privilégient un arrière tronqué, des vitres latérales sans poutre médiane visible, des portes suicide et un nez sans grille de calandre ou presque.

Ce prototype est bâti sur un châssis de berline Magentis, et il en utilise le moteur V6 2,7 litres dont la puissance dans ce modèle-concept n'a pas été divulguée. La suspension indépendante aux quatre roues est calibrée afin d'assurer une tenue de route sportive.

KOENIGSEGG CC8S

Il ne faut pas confondre ce petit constructeur suédois avec la firme allemande Koenig, spécialisée dans les accessoires de haute performance. Koenigsegg est établie en Suède depuis 1995 et elle a entrepris le développement du CC8S, une voiture ultrasportive dotée d'une suspension de Formule 1.

La CC8S est propulsée par un moteur V8 de 4,7 litres suralimenté produisant 655 chevaux, ce qui permet de boucler le 0-100 km/h en 3,5 secondes et d'avoir une vitesse de pointe de 590 km/h! Le châssis est en fibre de carbone tandis que la carrosserie est en carbone-kevlar.

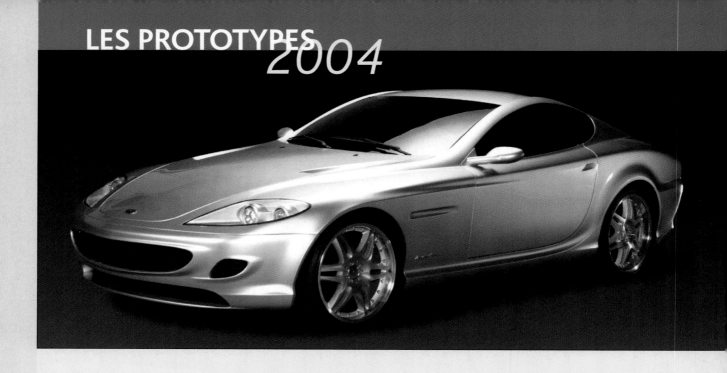

LARAKI **BORAC**

Avec la Borac, le styliste marocain Laraki Abdesasalam donne une sœur à son émouvante Fulgura dévoilée dans *Le Guide de l'auto 2003*. Cette fois, la silhouette est moins spectaculaire, mais tout aussi élégante. Voilà une voiture-concept qui pourrait être mise en production demain.

La Borac est propulsée par un moteur V8 5,5 litres suralimenté produisant plus de 500 chevaux. La plate-forme est en aluminium et la carrosserie en fibre de carbone.

MASERATI **KUBANG**

Une Maserati familiale ! C'est presque aussi étonnant que l'intrusion de Porsche dans le domaine des VUS. Cette fois, Giugiaro avait pour mission de redéfinir la catégorie. Il a voulu délaisser les recettes de tout le monde, mais nous livre ce concept tout de même assez étudié.

Comme dans tout bon véhicule multifonction qui se respecte, la transmission intégrale est de série mais la garde au sol est 10 cm plus basse que dans les VUS traditionnels, ce qui restreint la possibilité d'aller hors route. Cette Maserati à vocation pratique est équipée d'un moteur V8 4,2 litres d'une puissance de 390 chevaux.

MAZDA **KUSABI**

En japonais, le mot «kusabi» sert à décrire des angles aigus et il correspond tout à fait au style de cette voiture-concept dévoilée à Francfort. Avec une légère inspiration de RX-8, ce prototype veut redéfinir la silhouette trop souvent ennuyeuse des petites voitures. «Celles-ci doivent redevenir attirantes», a souligné le concepteur de la voiture. La Kusabi se distingue aussi par des innovations tel un hayon arrière s'ouvrant traditionnellement ou en deux sections latérales. Basé sur la Mazda2, ce coupé utilise un moteur 1,6 litre diesel à rampe commune et innove par ses sièges pivotants pour faciliter l'accès aux deux places arrière.

MAZDA WASHU

Il ne faudrait pas se contenter de définir le Mazda Washu comme un autre monospace stylisé. En plus de l'utilisation de matériaux exotiques, ses concepteurs ont travaillé à rendre l'habitacle plus ludique et à favoriser l'accès à bord à l'aide de portières de type aviation.

NISSAN EVALIA

Les stylistes de Nissan semblent s'essouffler quelque peu. Du moins à en juger par l'Evalia, un prototype tentant de combiner le comportement routier d'une berline et le caractère pratique d'une fourgonnette. Ce qui explique l'allure assez verticale de la carrosserie.

La caractéristique la plus particulière du Nissan Evalia est la présence de portières arrière qui se replient le long de la carrosserie à l'aide d'un levier articulé. C'est beaucoup d'ingénierie pour remplacer les portières latérales coulissantes qui sont plus qu'adéquates.

PEUGEOT **4002**

Ce concept dessiné par le designer d'origine allemande Stephan Schulze a remporté le deuxième concours de design parrainé par Peugeot. Cet amateur d'automobile de 32 ans s'est inspiré de la Peugeot 4002 1936 dont la calandre chromée était si caractéristique. Il s'agit d'un concept unique en son genre qui fait l'envie de bien des concepteurs des grandes marques.

PEUGEOT HOGGAR

Inspirés par les «Buggies» du Paris-Dakar, les stylistes de Peugeot ont dessiné le Hoggar. Ils lui ont donné la robustesse nécessaire pour franchir des obstacles majeurs. Ce biplace se présente sans porte-à-faux et est constitué d'une coque autoporteuse en carbone et nid-d'abeilles.

Le Hoggar est pourvu de deux moteurs montés transversalement et positionnés à chaque extrémité. Il s'agit de deux moteurs diesel HI de 2,1 litres chacun d'une puissance cumulée de 360 chevaux.

PININFARINA ENVOY

Une année bien moyenne pour Pininfarina dont le concept Envoy montre un air de déjà vu. Il s'agit d'un roadster de petites dimensions destiné à une clientèle jeune et peu fortunée. D'ailleurs, Pininfarina avait effectué le même exercice en 1992 avec l'Ethos, une barquette deux places à moteur central.

Le châssis de l'Envoy est dérivé de celui de la Lotus Elise. Comme cette dernière, il est réalisé en aluminium extrudé et collé. L'Envoy est équipée d'un moteur « lotusifié ». Ce quatre cylindres 1,8 litre développe 135 chevaux. Comme le véhicule ne pèse que 750 kilos, les performances sont impressionnantes.

PONTIAC G6

Trop fardées, les Pontiac? Trop outrancière, leur silhouette? C'était certainement avant le dévoilement de cette voiture-concept, la G6. Cette berline aux formes épurées reprend les credo esthétiques de la marque, mais avec beaucoup de subtilité. Si la partie avant est pénalisée par la présence de deux orifices grillagés, l'arrière est bien réussi.

Les Pontiac sont supposées vous procurer des sensations fortes. Auparavant, c'était par l'entremise d'un tableau de bord transformé en arbre de Noël. Cette fois, les émotions sont fournies par un moteur V6 3,5 litres à compresseur de 285 chevaux. D'ailleurs, ce moteur est appelé à être fabriqué en série d'ici peu.

LES PROTOTYPES 2004

RENAULT BE BOP

Même si son nom rappelle une musique rétro, la Be Bop est axée sur l'avenir qui entend démontrer l'expertise du bureau d'études du constructeur français. Cette Be Bop sport (il existe aussi hélas une version VUS) se caractérise par ses portes-suicide (ouverture opposée), sa vaste fenestration et un aérodynamisme poussé pour ce type de véhicule. Elle hérite d'un moteur à essence, un quatre cylindres 2 litres turbo de 225 chevaux et d'une boîte à six rapports robotisée. Sympathique sans doute mais peu réalisable. Rappelez-vous la Pacer !

RINDSPEED BEDOUIN

Si jamais des producteurs décidaient de tourner une version européenne de l'émission *Monster Garage*, c'est probablement à Rindspeed qu'ils s'adresseraient. Sous la direction du président Frank M. Rinderknecht, les mécanos ont modifié une Porsche 911 en camionnette. Avouez qu'il fallait le faire !

Cette Porsche pour le moins spéciale respecte la tradition de la marque de Stuttgart en fait de performances. Son moteur biturbo développe 420 chevaux, ce qui lui permet de boucler le 0-100 km/h en 5,9 secondes. Ce bolide est aussi écologique, car son moteur est alimenté au gaz naturel.

La compagnie Spyker a été créée en 1998 à Amsterdam, aux Pays-Bas, et elle était considérée comme l'une des meilleures voitures de luxe de son époque. On a cessé de la produire, puis on l'a remise sur le marché en 2000. Parmi une palette de modèles spectaculaires, la C8 Double 12 est propulsée par un moteur V8 4 litres de 500 chevaux. Une version course est également fabriquée.

Chez Spyker, l'aluminium est omniprésent comme il est possible de le constater. Il s'agit du tableau de bord de la C8 Double 12. Remarquez les branches du volant en forme d'hélice d'avion, le logo de la marque. La Spyker C8 Spyder est une voiture tout aluminium fabriquée à la main selon les demandes de l'acheteur. Plus confortable que la Double 12, elle est équipée d'un moteur Audi V8 4,2 litres qui permet de boucler le 0-100 km/h en 4,5 secondes.

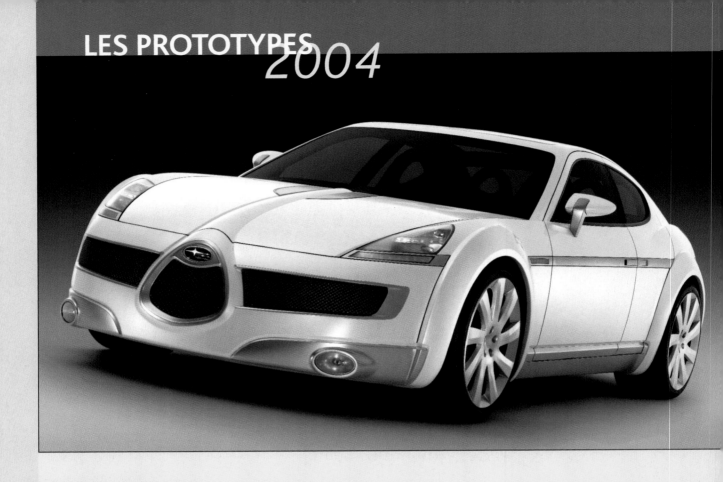

SUBARU B11S

Depuis sa fondation, Subaru a toujours projeté une image passablement «pépère» en fait de stylisme. Cette fois, la direction veut se débarrasser de cette réputation une fois pour toutes en dévoilant la voiture-concept B11S, un «coupé quatre portes» selon la documentation de la compagnie. Le projet ne manque pas d'audace même si certains critiques lui reprochent de ressembler à une voiture de bande dessinée.

La B11S se démarque sérieusement du stylisme du passé, mais elle maintient la tradition Subaru en conservant le moteur horizontal à plat. Cette fois, il s'agit d'un six cylindres à plat de 400 chevaux couplé à une transmission intégrale.

SUZUKI **CONCEPT S**

Ce constructeur nippon s'y connaît mieux que quiconque dans la conception et la fabrication de minivoitures. La Concept S est interprétée en quelque sorte comme une réplique de Suzuki à la MINI de BMW. Comme les stylistes ne devaient pas respecter un concept d'une autre époque, ils ont concocté une silhouette à la fois dynamique et futuriste.

La Concept S ne se contente pas d'avoir des lignes sportives, sa mécanique l'est également. En fait, ce véhicule emprunte la plupart de ses composantes à des voitures de rallyes. Le moteur 1,6 litre relié à une boîte à six rapports est capable de vous donner des sensations fortes. Les roues de 18 pouces assurent l'adhérence en courbe tandis que les puissants freins Brembo se chargent du freinage.

TOYOTA **FINE S**

Cette voiture à pile à combustible de Toyota est la preuve qu'on n'a pas à sacrifier le stylisme de tels véhicules. Reprenant quelque peu les lignes de la voiture-concept Minority Report du film du même nom, les designers ont réussi à équilibrer la silhouette de la voiture malgré une longueur hors tout de 441 cm.

En plus d'avoir un groupe propulseur écologique, cette Toyota du futur permet à quatre adultes de prendre place dans l'habitacle en tout confort. Un mécanisme répartit le couple automatiquement à chaque roue, ce qui laisse entrevoir la possibilité de doter cette automobile d'un moteur électrique dans chaque roue.

VOLKSWAGEN CONCEPT R

Loin des feux de la rampe au dernier Salon de Francfort, on trouvait ce roadster Volkswagen Concept R doté d'un moteur V6 de 3,2 litres implanté au centre (le même que le Cayenne de Porsche et le Touareg). La puissance de 265 chevaux est transmise aux roues arrière par une boîte robotisée à 6 rapports empruntée à l'Audi TT. Si jamais, le Concept R voit la lumière du jour au lieu de celle d'un simple salon automobile, il pourrait rivaliser avec la Porsche Boxster.

VOLVO VCC

Après l'ACC de Volvo, voici le VCC ou Versatility Concept Car. Cet exercice de style tente de démontrer qu'il est possible de développer des voitures de grand gabarit qui sont à la fois élégantes et pratiques. La silhouette est le résultat du travail conjoint des bureaux de style de Volvo à Barcelone, en Espagne, et à Göteborg, en Suède.

En plus de son plancher de chargement coulissant, de son cache-bagages motorisé et de plusieurs astuces du genre, le VCC est doté en première mondiale du système VAC ou Volvo Ambiant Air Cleaner. Ce mécanisme filtre les hydrocarbures et les oxydes d'azote dans l'air environnant. Que la voiture roule ou non !

Les modèles
2004 ½ et 2005

BMW 645i

Nos dates de tombée ne nous ont pas permis de prendre le volant de la nouvelle BMW de Série 6 avant publication. On peut toutefois vous dire que sa ligne reste controversée d'après les réactions qu'elle a suscitées lors de son dévoilement au Salon de Francfort. Le coup de crayon de Chris Bangle a encore une fois raté son coup du côté de la poupe où le coffre semble rapporté comme dans les Séries 7 et 5. Plus long de 18 cm qu'un coupé CLK, ce modèle offre espace et confort sur une haute échelle. La Série 6 fait le pont entre la 5 et la 7, réunissant les meilleurs éléments des deux. Son V8 de 4,4 litres chipé à la 745i propose 333 chevaux bien costauds tandis que la nouvelle direction active de BMW est au rendez-vous (voir BMW Série 5 dans Essais et Analyses).

CHEVROLET EQUINOX

Oubliez la tristounette Chevrolet Tracker. Sa remplaçante, l'Equinox, n'est plus une fade interprétation d'un VUS compact. Non seulement son empattement de 286 cm est le plus long de la catégorie, mais sa largeur assure une excellente habitabilité. Comme dans plusieurs modèles concurrents, la suspension est indépendante aux quatre roues. Il sera possible de commander l'Equinox en version à transmission intégrale ou à traction. Le moteur V6 3,4 litres de 185 chevaux a déjà fait ses preuves et est couplé à une boîte de vitesses automatique Aisin à cinq rapports. En plus d'une silhouette moderne et d'un intérieur plus design que la moyenne, il faut souligner que la banquette arrière est montée sur des rails et peut être avancée ou reculée de 20 cm. Appelé Multi-Flex, ce système ajoute à la polyvalence de ce véhicule déjà fort bien nanti à ce chapitre.

FORD **FREESTYLE**

Selon Ford, le Freestyle est le premier véhicule multifonctions spécifiquement conçu pour cette tâche et non pas un produit actuel converti. Ce véhicule qui sera lancé en 2005 permettra à Ford de s'implanter dans ce marché. Le moteur 3 litres Duratec a été choisi et il est relié à une transmission à rapports continuellement variables ou CVT.

Le Freestyle s'adapte en un tournemain aux besoins du moment. La partie arrière peut être pratiquement transformée en camionnette ou en familiale. Il est également possible de modifier à volonté la disposition des sièges arrière.

FORD **GT**

Rebaptisée GT plutôt que GT40, cette superbe voiture sport n'en évoque pas moins les Ford qui balayèrent à quelques reprises la célèbre course des 24 Heures du Mans. Dotée d'une mécanique moderne avec un moteur central (un V8 de 5,4 litres et 500 ch), elle est aussi puissante que les modèles d'antan avec leurs gros blocs de 427 pouces cubes. Produite en petite série, elle coûtera quelques centaines de milliers de dollars.

FORD **MUSTANG**

Le plus populaire coupé sport en Amérique fera peau neuve en 2005. Curieusement, les stylistes chargés de concevoir sa silhouette se sont étroitement inspirés des modèles originaux, notamment le *hatchback* 1968. Même si tous ne sont pas d'accord avec cette approche rétro, le résultat est réussi et la voiture a été fort bien accueillie par le public.

Une Mustang, ça doit être sportif et la nouvelle venue sera propulsée, entre autres, par une version suralimentée du moteur V8 4,6 litres. La puissance sera de 390 chevaux. En plus de la suspension arrière indépendante et de roues de 20 pouces, le coupé est équipé d'une boîte manuelle à six rapports. Il faut souligner les arceaux jumelés et les parois latérales sculptées.

LES MODÈLES 2004 ½ ET 2005

MASERATI QUATTROPORTE

Héritière directe d'un modèle du même nom présenté en 1963, la Maserati Quattroporte est, vous vous en doutez bien, une berline quatre portes offrant tout le luxe et les qualités sportives rattachés à la marque italienne. Dans le giron de Ferrari, Maserati a toutefois du mal à retrouver ses origines et les coupés et spider présentés l'an dernier se sont avérés décevants. Dessinée par Pininfarina, la carrosserie n'est pas particulièrement originale et le moteur qui loge sous le capot avant est le V8 4,2 litres de 400 chevaux utilisé dans les modèles précités. Mis au point par Ferrari, c'est sans doute le meilleur élément de la voiture. Le V8 a été placé en position centrale avant alors que la transmission automatique est rattachée à l'essieu arrière pour une meilleure répartition du poids. On dit que la Quattroporte est capable de 275 km/h et d'un 0-100 km/h en 5,2 secondes.

MERCEDES-BENZ CLS

Non, ne vous précipitez pas chez votre concessionnaire Mercedes pour acheter une CLS. Du moins pas tout de suite puisque ce modèle dévoilé à Francfort est paraît-il une étude de style. Il n'était pas difficile d'assumer toutefois qu'il s'agit bel et bien d'une voiture qui verra le jour dans un proche avenir, disons 2005 et demi ou 2006. Dans sa version actuelle, le concept CLS est un croisement entre une berline et un coupé deux portes. Afin de démontrer jusqu'à quel point les moteurs diesels ont fait des progrès au cours des récentes années, Mercedes a doté cette voiture à l'étiquette sportive d'un 6 cylindres diesel de 265 chevaux qui sait se satisfaire de 7,5 litres aux 100 km. Oui, vous pouvez aller donner un dépôt à votre concessionnaire Mercedes.

SALEEN S7

Saleen, le préparateur américain spécialisé dans le produit Ford, a maintenant pignon sur rue au Québec. La firme produira des versions à moteur suralimenté de la populaire Mustang, la S281. Saleen construit aussi le premier *super car* nord-américain, la S7 à moteur central, un V8 de 7 litres développant 550 chevaux pour un poids de 1250 kg.

VOLKSWAGEN **GOLF GTI**

La Volkswagen Golf vient d'entrer dans sa 5e génération sur le marché européen avec un modèle entièrement remanié. Il nous faudra toutefois attendre encore près d'un an avant de la voir apparaître sur nos routes. En attendant, admirez ces photos de la version GTI qui sera toujours au programme. Elle différera peut-être de l'étude que vous voyez ici mais très légèrement. Le moteur développera, dit-on, au moins 200 chevaux et la voiture bénéficiera largement de la nouvelle suspension arrière multibras et d'un train avant à jambes de force optimisé. Sachez aussi qu'une boîte de vitesses 6 rapports à double débrayage appelée DSG sera également au catalogue. Celle-ci est empruntée au coupé TT de la marque sœur de VW, Audi. Finalement, ceux qui apprécient les versions TDI (diesel) seront ravis d'apprendre qu'un nouveau moteur de 140 chevaux sera également offert dans les nouvelles Golf 2005 ou 2006.

VOLVO **S40**

Inutile d'insister, mais la S40 a été un échec total aussi bien au Canada qu'aux États-Unis. Chez Volvo, on espère que cette édition 2005 utilisant un tout nouveau châssis, gracieuseté de la future Ford Focus européenne, permettra à ce constructeur suédois d'augmenter ses parts de marché. La silhouette totalement anonyme de cette berline compacte a été remplacée par un design qui s'inspire plus étroitement de la S60, la berline sport de la marque. Et l'habitacle ultraconservateur fait place à une présentation davantage de notre époque. Deux nouveaux moteurs cinq cylindres seront offerts : une version atmosphérique de 2,4 litres et une autre turbocompressée de 2,5 litres produisant 218 chevaux. Ce dernier moteur sera couplé à une boîte manuelle à six rapports ou à une automatique à cinq rapports. Les prix devraient être similaires au modèle actuel.

**Essais
à long terme**

**Dodge Viper
Competition Coupe**

Hy-Wire

Top 10

Fiabilité

Les dossiers du Guide

Honda Accord,
Mazda6,
Toyota 4Runner,
Kia Sorento

Des essais
à long terme
révélateurs

Chaque publication automobile qui se respecte effectue des essais à long terme afin d'en apprendre un peu plus sur le rendement de modèles nouveaux et principalement sur leur fiabilité au fil des kilomètres. Et soyons francs, cela nous permet d'avoir toujours un véhicule sous la main quand un de nos essais hebdomadaires tombe à l'eau pour diverses raisons. Certains rédacteurs de magazines procèdent à de tels essais pour flatter leur vanité, limitant leurs expériences à des voitures sport ou de luxe fort coûteuses. Et certains constructeurs tombent dans le panneau! Ces essais, incidemment, étaient encore plus valables à la lointaine époque où les acheteurs d'un nouveau modèle devaient souvent jouer les cobayes ou essuyer les plâtres, ayant fait l'acquisition d'un véhicule dont la fiabilité s'avérait très précaire. Aujourd'hui, on peut généralement faire confiance à des produits non éprouvés pour la simple raison que leurs composantes sont rarement entièrement nouvelles. Les véhicules résultent d'un partage aussi bien de plates-formes que de mécaniques. Et c'est tant mieux pour le consommateur. Tout cela pour vous inviter à lire le bref compte rendu de nos milliers de kilomètres parcourus en hiver et en été avec quatre véhicules immensément populaires: les berlines Honda Accord et Mazda6 ainsi que les VUS Toyota 4Runner et Kia Sorento.

Honda Accord
Tous en Accord,
pas nécessairement d'accord

I est des tâches plus ardues que celle de faire la compilation des notes laissées par les conducteurs d'une Honda Accord, une voiture réputée de tout repos. Deux modèles ont fait l'objet de cet essai à long terme, une à moteur quatre cylindres et l'autre dotée d'un V6 jumelé à la transmission automatique. La V6 est celle qui a vu défiler une bonne demi-douzaine de conducteurs à son volant. Les impressions recueillies au fil des quelque 10 000 km tendent à renforcer l'image de compétence qu'elle projette déjà depuis quelques années.

Et pourtant, ses premiers tours de roues effectués à la fin de février 2003 avec une Accord quatre cylindres ont laissé notre patron, Jacques Duval, un peu perplexe quant à l'enviable réputation de motoriste du constructeur nippon. Il ressentait parfois des vibrations du moteur inopportunes au ralenti, et d'autres de même origine qui se répercutaient dans le volant en roulant, confirmant ainsi la remarque déjà faite par un propriétaire. Pendant la même période, notre coordonnatrice Brigitte Duval notait que le fait que le ralenti soit trop élevé pendant les basses températures faisait en sorte que la voiture avait tendance à rouler trop rapidement lorsqu'elle relâchait la pédale de frein. Il semble que notre mulet avait besoin d'une certaine période de rodage ou que le moteur n'appréciait pas notre hiver. Quoi qu'il en soit, Honda Canada a voulu se pencher sur le problème des vibrations et, ayant trouvé le remède, nous a demandé de ramener la voiture pour de petites modifications. On nous a alors confié une version à moteur V6. Le confrère Denis Duquet n'a pas tardé à se rallier à la cause du V6 en vantant la douceur et la puissance de ce moteur.

Une des révélations les plus surprenantes apparues au terme de cet essai est la faible consommation de notre monture. Au fil des mois, la moyenne s'est établie à un peu moins de 9 litres aux 100 km, valeur tout simplement remarquable pour une voiture de ce gabarit disposant d'une telle puissance (240 chevaux).

En ce qui concerne le châssis, tous soulignent les nets progrès enregistrés à cet égard par rapport à la précédente version.

Aucun bruit de caisse n'a fait son apparition, et cela même si les sifflements de l'air étaient bien présents, surtout à haute vitesse lorsque le toit ouvrant était ouvert (dixit Pierre Duval). Dans la même veine, les essayeurs semblent faire front commun en ce qui concerne les suspensions. Elles réagissaient fort bien lorsque la route présentait des défauts importants, mais filtraient mal les petites imperfections.

Des lacunes

L'ergonomie semble avoir satisfait la plupart des essayeurs, même si Denis, homme pratique s'il en est, a trouvé matière à améliorations. Il mentionne entre autres que la prise 12 volts installée dans le vide-poches central était difficile d'accès, qu'il n'y avait pas de témoin lumineux pour indiquer le fonctionnement de l'air climatisé, que la tirette placée sous le volant pour l'ajuster est une solution bas de gamme, que le levier de vitesses lorsqu'il est à la position P empêche d'atteindre un casier de rangement au centre, et j'en passe quelques-unes du même ordre. Avertissement à ceux qui pourraient penser qu'il est un peu chipoteur : il a raison sur toute la ligne, même si ces détails ne sont pas rédhibitoires. Par contre, notre ami a bien apprécié le fonctionnement du gros bouton central pour la radio, alors que je l'ai trouvé incommode. Allez savoir…

Certains considèrent que les sièges avant offrent un bon confort et un support latéral appréciable, tandis que d'autres assurent qu'ils manquent de fermeté pour soutenir le dos lors de longs voyages. Un peu plus loin dans les notes, une essayeuse

concluait qu'ils étaient « hyperconfortables ». Il faudrait peut-être y voir la confirmation des différences de gabarit parmi les collaborateurs du *Guide*.

Bizarrement, personne n'a formulé de commentaire sur les lignes de cette Accord. Personne, sauf Denis qui, encore une fois, ne semble pas du même avis que le mien, car il affirmait s'être habitué à la partie arrière qu'il trouve de plus en plus « in » (à moins que j'aie mal déchiffré ses hiéroglyphes), alors que je la considère complètement ratée.

Vers la fin de mai 2003, une collaboratrice remarquait que la climatisation commençait déjà à donner certains signes de détresse et j'ai effectivement constaté les mêmes symptômes au fur et à mesure que l'été avançait. Comprenons-nous bien, le système automatique à thermostat était en parfait état, seulement, il ne semblait pas suffire à la tâche et il passait trop souvent en mode « recirculation ». Pour le reste, la vie au volant de cette Accord s'est écoulée sans histoire. Routière confortable, puissante et sobre, bien construite, il lui manque cependant un petit quelque chose qui la rendrait excitante, comme une carrosserie plus suggestive. Deux essayeurs lui ont d'ailleurs préféré la Mazda6 qui faisait l'objet d'un essai à long terme pendant la même période.

Mais pour certains, dont l'ineffable Denis, son moteur à lui seul vaut le prix d'entrée. Tant et si bien d'ailleurs qu'il est d'opinion que cette version V6 apparaît tellement différente de la quatre cylindres déjà bien cotée qu'elle mériterait de porter un autre nom. Entièrement d'Accord pour cette fois, mon cher…

Jean-Georges Laliberté

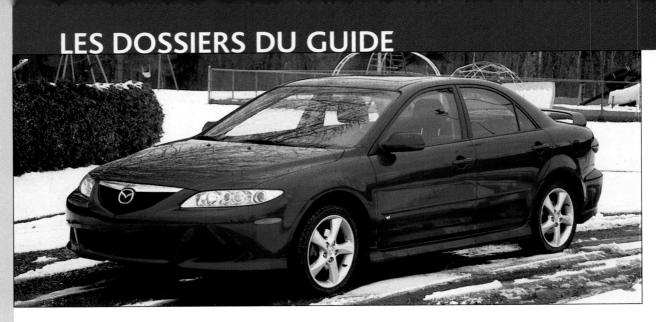

Mazda6
« Je vais m'ennuyer »

Notre Mazda 6 bleu électrique à moteur V6 et boîte automatique (avec mode manuel) a franchi allègrement plus de 12 000 km sans coup férir. Au chapitre des ennuis mécaniques, c'est la page blanche, à moins que l'on considère la vibration d'une roue (avant droite) comme un problème. Pour illustrer ce que j'écrivais plus haut, cette berline de format moyen reçoit un moteur Ford V6 3 litres de 220 chevaux qui a été remanié par les ingénieurs de Mazda. De la douzaine d'essayeurs qui se sont relayés au volant, quelques-uns lui ont reproché sa forte consommation variant entre 11,7 et 13,8 litres aux 100 km. En revanche, j'ai personnellement mesuré 10,5 litres aux 100 km lors d'un trajet d'environ 450 km incluant un aller-retour Knowlton-Lachute-Knowlton. Un autre trajet mi-ville, mi-route s'est soldé par une moyenne de 11 litres aux 100 km, ce qui me semble correct, surtout en hiver.

Les secrets du carnet de bord
Les deux remarques les plus fréquentes dans le carnet de bord portent sur les sièges avant et la tenue de route. Autant on a détesté les sièges, autant on a adoré la tenue de route. Il est vrai que les sièges ont la fermeté d'un banc de parc, que l'assise est trop courte (dixit Denis Duquet) et que le tissu qui les recouvre est un vrai désastre (dixit Jean-Georges qui trouve que le tissu vieillit prématurément

et qu'il attire la poussière). Brigitte, notre coordonnatrice, a quant à elle bien aimé les sièges malgré son dos fragile. Par ailleurs, tout le monde a apprécié la tenue de route et l'agrément de conduite de cette Mazda6, quoique le même Jean-Georges s'inquiète de la longévité des pneus à indice d'usure 300 (des Michelin Pilot XST). Autres mentions fréquentes : la voiture est très belle ; son petit volant, fort agréable. Moins «complimenteux», un essayeur a souligné que le plastique imitant l'alu au tableau de bord ressemble à du plastique peinturé avec une bonbonne aérosol aluminium.

Lors d'une utilisation hivernale, quelqu'un a noté que les portes ont tendance à geler et qu'elles deviennent difficiles à fermer. Les conducteurs plus grands se plaignent aussi de

se cogner la tête en entrant dans la voiture. Pour l'épouse d'Alain Morin, le même problème s'est manifesté côté passager même si elle est de taille normale (la sainte femme en a profité pour réciter un bout de chapelet).

Au tableau noir, j'ajouterai un diamètre de braquage exagéré qui complique le stationnement et un vide-poche sur le tableau de bord dont le bouton d'ouverture est une horreur.

Parmi les autres remarques écrites en vrac, précisons que l'antipatinage s'est avéré très efficace pour prévenir les dérapages en hiver, qu'au moins deux essayeurs ont trouvé que la sélection manuelle des rapports (pousser vers l'avant pour rétrograder et faire l'inverse pour passer à une vitesse supérieure) était contraire à la logique, que la grille de sélection des rapports en zigzag était une horreur, que la climatisation en été et le chauffage en hiver étaient très efficaces, que le bouchon de la servodirection pouvait être confondu avec celui du radiateur et finalement que le confort n'était pas handicapé par la tenue de route. La dernière citation appartient à Alain Morin qui, après plusieurs centaines de kilomètres au volant, a écrit : «Bye-bye! Mazda6, je vais m'ennuyer.» Cela dit tout.

Jacques Duval

Toyota 4Runner
Solide comme le roc

Les Toyota profitent d'une réputation sans pareille en fait de durabilité et de fiabilité. Nous ne nous attendions pas à éprouver des ennuis mécaniques au cours de ce test et nous avions raison. Aucun pépin, aucun hoquet, rien à signaler. Il a fallu que l'ineffable Jean-Georges charcute la boîte de jonction électrique de la remorque pour que nous ayons à déplorer un bris quelconque.

Ce qui n'a pas empêché le carnet de bord d'être truffé de remarques. La plus fréquente est celle concernant la consommation de carburant de ce moteur V8 qui a souvent exigé plus de 19 litres aux 100 km pour nous emmener à destination. David Duquet, c'est le fils de l'autre, en avait long à dire à ce sujet chaque fois qu'il ne pouvait refiler le remplissage du réservoir à son paternel. Mais tous ceux qui ont souffert à la pompe y sont allés de leurs commentaires.

Parmi les autres points négatifs, plusieurs ont pesté contre le faible dégagement pour la tête en raison de la présence du toit ouvrant. D'autres ont fait remarquer que le levier d'ouverture de la trappe à essence est placé à côté de celui du capot et qu'il est donc facile de confondre l'un avec l'autre. Ce qui est d'ailleurs arrivé à plus d'une reprise. Les commandes servant à régler la ventilation et le chauffage se sont attiré des commentaires divisés. Certains ont bien aimé cette présentation inspirée de

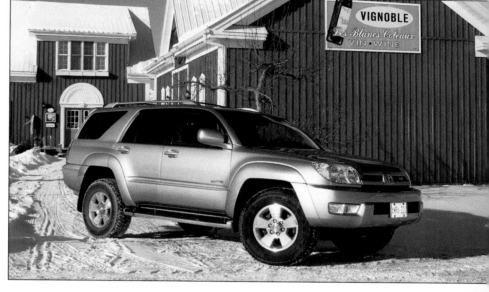

l'audio, d'autres ont écrit que c'était « une cris… de patente à gos… ». Je vous laisse deviner qui est l'auteur de cette remarque. Par contre, même si ses commandes sont difficiles à décrypter, nous pouvons certifier que le chauffage est puissant.

Le manque de support latéral des sièges a été mentionné à deux reprises tandis que la majorité a apprécié la rapidité avec laquelle les sièges chauffants devenaient confortables en hiver. Puisque la majeure partie de cet essai a été effectuée pendant la saison froide, c'est un témoignage crédible.

Cette utilisation hivernale a permis de mettre la transmission intégrale à l'épreuve à plusieurs reprises et elle a fait l'unanimité en raison de son efficacité sous toutes les conditions. La suspension relativement souple s'est également attiré des commentaires positifs. Il est impossible de dire la même chose du système de réglage en hauteur de la suspension pneumatique. Plusieurs ont été incapables de le faire fonctionner correctement. Une phrase lapidaire traversait une page du carnet de bord en bord : « Ça marche pas, cib… ». Encore une fois, je vous laisse deviner de qui elle origine.

Malgré un caractère plus douillet que la version précédente, le 4Runner n'a rien perdu de sa robustesse. Ses dimensions imposantes ont par ailleurs intimidé certains essayeurs d'un jour qui se sont retrouvés pris dans la circulation.

Malgré quelques petits irritants et une consommation élevée, le nouveau 4Runner nous a prouvé hors de tout doute qu'il s'était raffiné sans perdre de sa solidité. Et Alain Morin a bien apprécié de jouer les « toffs » au volant de cette version Limited tout équipée afin d'impressionner ses relations anglophones.

Denis Duquet

Kia Sorento
Unanimement solide

L'an dernier, nous avions vraiment soumis une fourgonnette Sedona à la torture. Elle avait été rendue au manufacturier avec un pare-brise brisé, de nombreuses éraflures et un pare-chocs arrière marqué d'une empreinte indélébile à la suite de la rencontre du véhicule avec une borne de stationnement. Cette fois, le coupable n'était pas Jean-Georges, mais une petite madame qui avait oublié de consulter ses rétroviseurs. Malgré ces quelques cicatrices, la Sedona avait révélé une surprenante et rassurante fiabilité pour un nouveau modèle et pour une Kia en particulier.

Cette année, ce fut au tour du Sorento de passer dans le laminoir d'un essai prolongé. Puisqu'il s'agit de la même mécanique et que de nombreux autres éléments sont identiques d'un véhicule à l'autre, il est facile de témoigner que cette méca-

nique est sans problème. J'ai eu beau feuilleter le calepin de bord à plusieurs reprises, aucun commentaire portant sur une quelconque défaillance mécanique n'a été découvert. Pourtant, le véhicule a affronté coup sur coup l'hiver, le dégel du printemps et la canicule estivale. Et malgré les nombreux déluges que dame Météo nous a envoyés, il n'y a eu aucune infiltration d'eau.

Une fois encore, la consommation d'essence a été un sujet de plainte de la part de plusieurs essayeurs. C'est moins douloureux que dans le

en tabarouette » et sa fille Alyssia aurait bien aimé la présence d'une poignée sur le tableau de bord afin de faciliter sa montée à bord.

À plusieurs reprises, les essayeurs du moment ont écrit que les gens les complimentaient sur la silhouette de leur véhicule. David Duquet, qui s'est promené passablement à son volant, a bien aimé sa position de conduite de même que l'excellente visibilité. Par contre, la fermeté de la suspension était son autre principale critique après la consommation de carburant.

Somme toute, cet essai de plus de 15 000 km s'est révélé concluant une fois de plus pour un véhicule de marque Kia. Et malgré la suspension parfois sèche, aucun bruit de caisse ne s'est fait entendre. Enfin, même Jacques Duval, monsieur anti-VUS en personne, a été obligé de reconnaître au Sorento de belles qualités dans la tempête. Mais une fois n'est pas coutume.

Denis Duquet

cas du Toyota 4Runner, mais la consommation était plus élevée que celle de la Sedona l'an dernier, même si les deux partagent le même moteur. Le coupable cette fois est le rouage intégral qui vient prendre son dû en fait de consommation. Parlant de transmission intégrale, même si le carnet n'en fait pas mention, Jacques Duval a dû avoir recours au Sorento un jour de tempête de neige en novembre 2002 alors qu'il a laissé son cabriolet BMW M3 dans la cour de Denis Duquet pour se rendre à Knowlton au volant de la Kia. Curieusement, il n'a pas vilipendé ce bon samaritain à quatre roues. Il ne lui a même pas trouvé de différences avec le Mercedes ML qu'il avait conduit la semaine précédente.

Il aurait pu inscrire au carnet de bord que la suspension est assez ferme sur mauvaise route. D'autres l'ont fait. Pour citer un auteur anonyme, « la suspension sèche et trépidante sur mauvaise route bosselée est très désagréable ». Ce même critique n'a pas apprécié les commandes au volant qu'il accuse d'être trop faciles à confondre (radio et régulateur de vitesse). D'autres ont trouvé le véhicule sensible au vent latéral. Pour sa part, Brigitte Duval a écrit que « ça cognait fort

Avant...

PAR **JACQUES DUVAL**

PHOTOS **MICHEL FYEN-GAGNON
ET DENIS DUQUET**

En quête d'un nouveau record de vitesse à Blainville

À 287 km/h, un pneu de la Viper explose !

Les dangers du métier

Claude Bourbonnais, mon partenaire pour la circonstance, venait de passer devant nous à 287 km/h et était disparu dans la première courbe parabolique de l'anneau de vitesse de Blainville sans même lever le pied. En principe, nous devions le voir repasser dans moins de 90 secondes, le temps approximatif pour couvrir les 7,5 km de cette piste d'essai. Quelques secondes après ce délai, Jacques Gravel, des pneus Hankook, qui assistait à l'événement comme technicien, a commencé à s'inquiéter. Puis, ce fut le silence total, ce silence lourd et inquiétant qui dit qu'il s'est passé quelque chose. Je suis monté dans une voiture de service et 30 secondes plus tard, mon cœur a pratiquement cessé de battre. Éparpillés un peu partout dans le virage incliné, des débris de pneus déchiquetés et des pièces de carrosserie en composite de couleur rouge, celle de la Dodge Viper Competition Coupe qui devait nous permettre de battre notre précédent record de vitesse réalisé au même endroit en août 1997 (voir *Le Guide de l'auto 1998*). De la voiture, aucune trace... Je voyais déjà les manchettes des journaux et j'étais convaincu que notre longue histoire d'essais de voitures sans accidents majeurs venait de prendre fin. Je commençais à penser que nous faisions un métier dangereux et que nous avions épuisé notre bonne fortune.

...Pendant

Près d'un demi-kilomètre plus loin, je me suis senti départi d'un poids immense quand j'ai aperçu Claude Bourbonnais en bordure de la piste avec ce qui restait de la Viper. Le réputé pilote québécois venait de sortir indemne de ce qui aurait pu être le plus sérieux accident de sa carrière. Bref, Claude venait de l'échapper belle. Mon premier geste a été de lui faire une chaleureuse accolade avant de lui demander ce qui s'était passé... « J'ai entendu un gros bang et en regardant à droite, j'ai vu que la portière avait disparu, emportée par des débris du pneu arrière gauche qui avait littéralement explosé à environ 275 km/h en plein virage. À la lumière de ce que l'on peut voir, il y a eu séparation de la semelle et les morceaux projetés à très grande vitesse ont détruit une partie du système électrique et le quart du capot arrière. » Le choc a été tel que certaines pièces du châssis étaient pliées.

Comme je devais prendre le volant de ladite voiture avant Claude jusqu'à ce que des contraintes d'horaire nous obligent à faire l'inverse, je devais me compter chan-

Après...

L'inspection technique chez PMG Technologies

ceux, moi aussi, d'être encore de ce monde. Interrogé sur le fait que l'incident n'ait pas eu de conséquences plus désastreuses, Claude a vanté la grande stabilité de la Viper et son appui aérodynamique remarquable. «La voiture était d'une facilité déconcertante à conduire... Je n'avais qu'à bouger légèrement le volant et elle suivait sa trajectoire sans aucun effet de vitesse indésirable. Évidemment, l'expérience de Claude lui a été profitable et il n'a pas cherché à freiner brusquement comme l'auraient fait des conducteurs moins aguerris. Il a laissé la voiture rouler et a freiné très légèrement en essayant de la maintenir en ligne droite jusqu'à un arrêt complet.

En entrevue pour la version télévisée du *Guide de l'auto*, Claude a d'abord dit qu'il n'avait pas eu peur quand il a entendu le « big bang ». Plus tard, toutefois, il a avoué s'être senti inquiet que la Viper se dirige vers les rails de protection ou à l'intérieur de la piste avec ses fossés et ses multiples bosses dissimulés par une herbe haute.

Il a ensuite fallu prévenir le propriétaire de la voiture, Mike Lee, qui avait aimablement accepté de nous prêter cette Viper très spéciale. Celle-ci n'était pas belle à voir mais nous avions tous la consolation de savoir que personne n'avait été blessé dans cette mésaventure. De toute évidence, il faut blâmer les pneus Hoosier qui sont montés de série dans les 32

Dodge Viper Competition Coupe sorties des ateliers de PVO (Performance Vehicle Operation), la division haute performance de Chrysler.

En dernière heure, nous apprenions à notre grand soulagement qu'une expérience semblable à la nôtre s'était produite à deux reprises aux États-Unis avec des Dodge Viper Competition Coupe. Suite à nos mésaventures, la compagnie Hoosier a déterminé que ses pneus étaient fautifs et a immédiatement procédé à un rappel. Ce sont les pneus de série A installés sur quelques-unes des Viper Competition Coupe qui sont en cause. N'empêche que leur négligence aurait très bien pu coûter la vie à l'un d'entre nous.

Si Mike Lee a réussi à mettre la main sur ce précieux engin pour 155 000 $ (un montant raisonnable compte tenu des performances et de la qualité de la voiture), c'est qu'il a promis de ne jamais l'utiliser sur la route et de l'inscrire en compétition.

Une initiative du Club Viper

Toute cette aventure a commencé lorsque Larry Boulet, un des directeurs du Club Viper du Québec, m'a informé de l'existence d'une Viper Competition Coupe chez l'un des membres du club. J'ai tout de suite cru qu'il serait intéressant d'essayer de battre notre record de vitesse (299,7 km/h) établi en 1997 avec une Viper GTS de série. Ses caractéristiques étaient prometteuses, à commencer par un moteur V10 de 8,3 litres légèrement modifié pour en extraire 520 chevaux au lieu des 500 du modèle de série. De l'avis de plusieurs mécanos, Chrysler s'est montrée très conservatrice dans l'estimation de la puissance qui serait plutôt d'environ 540 chevaux. Dans sa version course, ce moteur au couple impressionnant de 540 lb-pi à 4600 tr/min doit ses exceptionnelles performances à sa légèreté comme en témoigne un poids de 1360 kilos par rapport aux 1540 d'une Viper SRT-10 de série. L'utilisation de matériaux composites pour la carrosserie (un mélange de fibre de carbone et de Kevlar) est partiellement à l'origine du poids restreint de la voiture. L'absence de glaces latérales (un handicap en vitesse de pointe), de tous les matériaux insonorisants et des accessoires que l'on

trouve habituellement dans la voiture vient compenser pour le poids ajouté par la cage de protection et les nombreuses entretoises du compartiment moteur afin de rendre la voiture 200 % plus rigide qu'un modèle de série.

Les accessoires

Après avoir obtenu le feu vert de Gilles Marleau, de PMG Technologies, pour l'utilisation de la piste, il nous fallait un technicien pour vérifier le plus souvent possible l'état des pneumatiques après quelques

minutes à plus de 270 km/h. Jacques Gravel, de Hankook, a accepté de bonne grâce de venir surveiller les choses de près. Il fallait ensuite trouver un radar pouvant enregistrer des vitesses supérieures à 300 km/h, compte tenu que celui du centre d'essais de Blainville est plafonné à 300 km/h. Même la police n'a pu nous aider puisque les appareils de radar qu'elle utilise sont limités à 250 km/h. C'est du moins ce que l'on nous a dit. Devant nos insuccès, nous avons conclu qu'il faudrait nous en remettre au capteur de données MOTEC embarqué dans la Viper et affichant de nombreuses informations dont la vitesse maximale atteinte, les temps pour chaque tour de piste ou même la force d'accélération latérale (G force). Par la suite, ce fut l'inspection technique et un léger rodage de la voiture qui était absolument neuve et dont le moteur n'avait pas tourné plus d'une heure. Celui-ci, précisons-le, est scellé et

Claude Bourbonnais

Fiche technique

	LA DODGE VIPER EN CHIFFRES
Voiture	Dodge Viper Competition Coupe 2003/2004
Prix	2003 154 000 $ 2004 185 000 $ (estimé)
Type	Coupé monoplace, voiture de compétition illégale pour la route
Garantie	aucune
Carrosserie	fibre de carbone et kevlar
Empattement / Longueur / largeur / hauteur	251 cm / 468 cm / 196 cm / 119 cm
Poids / Répartition	1360 kg / 50-50
Réservoir à essence	105 litres
Suspensions avant et arrière	indépendante, levier triangulé
Freins	disque ventilé, Brembo ABS
Direction	à crémaillère, assistée
Pneus avant et arrière	P305/35ZR18 / P345/30ZR19 (slicks Hoosier)
Moteur	V10 à 90 degrés, 2 soupapes par cylindre, 8,3 litres
Puissance	520 ch à 5600 tr/min
Couple	540 lb-pi à 4600 tr/min
Transmission	propulsion, manuelle 6 rapports

Pas facile de s'insérer dans la Viper.

Le volant escamotable aide un peu.

Gentleman, start your engine

Comme il fallait roder le moteur pendant une bonne heure, il a été convenu que Claude Bourbonnais et moi assumerions le travail. Claude ayant piloté une Jaguar XKR modifiée au Grand Prix de Trois-Rivières, il était le partenaire idéal pour nous aider à analyser le comportement de la voiture et à la pousser dans ses derniers retranchements. Je fus le premier à conduire la Viper Competition Coupe, non sans avoir eu à jouer les acrobates pour accéder à son cockpit. Le poste de pilotage est en effet protégé par une cage tubulaire composée de tuyaux qui se prolongent pour former un X dans la partie inférieure des portières. Il faut se faire souple et tout petit pour s'engouffrer dans l'unique siège baquet très enveloppant, particulièrement au niveau de la tête. Heureusement, le volant peut être enlevé pour faciliter l'accès à la voiture. Une fois solidement ficelé au siège par une ceinture à six points d'ancrage, je n'arrivais pas à rejoindre les pédales. *No problemo*, comme dirait l'autre, puisqu'il suffit d'actionner le bouton contrôlant le pédalier à réglage électrique. Ce dernier s'avance au maximum et je n'aurai pas à être assis sur les genoux de mon père pour atteindre les pédales. Vient ensuite le temps de se familiariser avec le tableau de bord qui n'a absolument rien à voir avec celui d'une voiture conventionnelle. Un bloc rectangulaire au-dessus du volant contient l'écran affichant les données de

ceux qui veulent courir en Grand Am ou dans le Viper Racing League ne peuvent d'aucune façon modifier le moteur.

Après coup, c'était le temps d'enfiler la combinaison de course, les bottillons, les bas et bien sûr le casque protecteur certifié. Et de passer aux choses sérieuses.

fonctionnement dès que l'on touche au bouton où il est écrit «Display». Deux autres contacts portant les inscriptions «Ignition» et «Battery» doivent aussi être poussés vers le haut avant de lancer le moteur en appuyant sur le bouton «Gentleman start your engine» ou l'équivalent. Au lieu d'un infernal déchaînement de bruit, on a droit à un simple murmure du moteur qui, malgré ses échappements libres, n'est pas terriblement bruyant. L'embrayage est remarquablement léger, plus même que celui de la Honda Civic de ma blonde. Et contrairement à beaucoup de voitures de course, on s'élance du premier coup sans caler le moteur dont les seules véritables modifications ont porté sur l'arbre à cames et des échappements moins restrictifs.

Pour le rodage du moteur, on m'a demandé de ne pas excéder 4500 tr/min, soit 1600 tours en dessous de la limite de 6100 tr/min. Or, cette Viper possède des rapports de boîte très longs et au régime maxi, on arrive à 96 km/h en première, à 154 km/h en deuxième, à près de 200 km/h en troisième, à 255 km/h en quatrième et à 308 km/h aussi bien en cinquième qu'en sixième. Je profite de ces tours de reconnaissance pour me familiariser avec la boîte de vitesses dont le levier a une course très serrée. Qu'importe les freins puisque nous n'en aurons absolument pas besoin, à moins qu'un orignal décide de nous rendre visite

Nos remerciements à Mike Lee et au club Viper.

sur la longue ligne droite arrière. Je me hasarde au-dessus de 160 km/h pour découvrir une immense bosse sur cette même partie du circuit. Il faudra en tenir compte à grande vitesse.

La voiture fait preuve d'un équilibre exceptionnel avec une répartition du poids de 50-50. Elle bénéficie d'un tel appui aérodynamique, toutefois, que je commence à me demander si nous pourrons battre notre précédent record de vitesse. Mon copilote du jour se montre du même avis: l'aileron arrière et les diffuseurs sous la voiture pourraient bien la ralentir à très haute vitesse, car cette Viper n'a pas été construite pour briser des records de vitesse en ligne droite mais plutôt pour évoluer sur un circuit sinueux. Une autre note discordante a trait aux pneus: Claude Bourbonnais et moi avons fait la grimace quand on nous a informés que la Viper Competition

Coupe était dotée de pneus de course «slicks» (sans rainures) de marque Hoosier.

Retour à la case départ

Les événements devaient confirmer nos craintes. Claude Bourbonnais avait fait un demi-tour à vitesse moyenne et en sortant de la parabolique nord, il avait accéléré à fond. Et c'est au début de son second tour que l'incident relaté plus haut s'est déroulé. Un incident qui aurait pu se terminer en tragédie et qui s'est plutôt soldé par une Viper avec 40 000 $ de dégâts. «C'est la course», a laissé tomber stoïquement Claude Bourbonnais. Il se pourrait toutefois que ce ne soit que partie remise avec une voiture de série. Chose certaine, elle ne sera pas chaussée de Hoosier mais de Michelin comme lorsque nous avons établi notre dernier record de vitesse. À l'an prochain sans doute!

Performances mesurées

DODGE VIPER COMPETITION COUPE	
0-100 km/h	3,85 secondes
0-160 km/h	7,90 secondes
¼ mille	11,60 secondes à 198 km/h
Vitesse maximale	308 km/h (donnée de l'usine, non vérifiée)
Consommation (100 km)	40,0 litres
Niveau sonore	
Ralenti	79 dB
Accélération	93 dB
Vitesse constante (100 km/h)	83 dB

La Hy-Wire de GM

PAR **JACQUES DUVAL**

« J'ai conduit la voiture d'après-demain »

J'ai beau avoir fait l'essai d'environ 1500 voitures dans ma vie, rien ne m'avait préparé à une expérience aussi insolite que la conduite de la Hy-Wire de General Motors, la première automobile au monde à combiner la double technologie d'un système de propulsion par piles à combustible alimentées à l'hydrogène et d'un guidage électronique drive by wire.

Cela se passait à Fréjus, dans le sud de la France, sur les pistes d'un petit aéroport aménagé pour l'occasion en circuit routier. En ce 2 décembre 2002, j'ai été le témoin privilégié d'un moment historique dans l'histoire de l'automobile. J'ai aussi eu l'impression d'avoir fait un gigantesque saut dans l'avenir et de me retrouver quelque part entre 2010 et 2020. C'est, en effet, dans une décennie ou même un peu plus que GM compte pouvoir commercialiser les premières voitures qui seront les héritières directes du véhicule expérimental Hy-Wire. Et si jamais celles-ci ressemblent au prototype, préparez-vous à tout un choc.

Wow !

Je n'ai pu retenir un grand cri d'étonnement en m'installant pour la première fois dans ce laboratoire roulant. Du jamais vu, rien de moins. Il y a d'abord cette immense surface vitrée, dont le pare-brise qui se prolonge pratiquement jusqu'au pare-chocs avant et qui vous donne la sensation de voir défiler le paysage comme sur un écran panoramique à 360°. Devant moi, rien d'autre que mes jambes reposant au niveau des roues avant : pas de volant, pas de pédalier, pas de levier de vitesses. Heureusement, un technicien de GM est assis à ma droite et une fois la portière refermée, le module de contrôle qui se trouvait devant lui se déplace latéralement

et s'arrête en face de moi. Qu'est-ce que je fais avec ces deux poignées qui s'y rattachent ? Il suffit de les empoigner à deux mains, de tourner les manchons à la manière d'un guidon de moto pour accélérer et d'appuyer sur une sorte d'arête pour freiner. Ensuite, il ne reste plus qu'à les incliner vers la droite ou la gauche pour diriger la voiture. Rien de plus simple… en théorie. En pratique, c'est moins évident. Je jette un coup d'œil sur l'écran central relié à une caméra qui tient lieu de rétroviseur, j'enclenche la position D sur la console centrale et me voilà parti. La voiture s'élance vivement en raison du couple exceptionnel des moteurs électriques à faible régime ; après, c'est plus calme. Pas facile toutefois de coordonner les deux mains dans un même mouvement, si bien que les freinages sont trop brusques et les changements de direction plus prononcés qu'on le voudrait. Cela s'explique facilement puisque les poignées qui servent de

volant pivotent sur seulement 40° en tout comparativement aux trois tours nécessaires pour braquer un volant normal d'une butée à l'autre. Les badauds qui nous regardent en faisant une promenade n'imaginent sans doute pas le danger qu'ils courent. La prudence est de mise au début. Après un tour, je découvre, comme plusieurs de mes collègues, qu'il vaut mieux utiliser une seule main pour accélérer et l'autre pour freiner. Au deuxième passage, je me hasarde à un petit slalom et je commence à m'habituer aux réactions subites des commandes.

Mais j'oubliais le moteur! Où est-il donc passé? À part un léger sifflement, il se fait complètement oublier. Son pot d'échappement ne restitue qu'une légère vapeur qui se traduit par la présence de minces gouttes d'eau au sol. C'est la voiture ultrapropre que tout le monde souhaite. Comme tout le reste des composantes électroniques, le petit moteur électrique, ses piles à combustible et tous ses systèmes sophistiqués sont logés dans le plancher qui sert de plate-forme à la Hy-Wire.

GM aux commandes de l'avenir

C'est d'ailleurs là que réside toute la force de ce qui est sans doute la voiture la plus innovatrice de ce début de siècle. En regroupant toute la « mécanique » dans une sorte de « skate-board », on pourra utiliser cette plate-

forme et y greffer divers types de carrosserie afin de réaliser une véritable voiture modulable. À ce propos, Larry Burns, vice-président à la recherche, au développement et à la planification de GM, précise que les deux objectifs de son groupe de travail sont de réduire à 15 cm la hauteur du « skate-board » et de profiter des derniers progrès en matière de haute technologie afin de diminuer d'au moins 10 fois le coût de production d'un tel véhicule. Un objectif qui, selon lui, n'est pas impossible à atteindre. À l'heure où j'écris ces lignes, une voiture comme la Hy-Wire produite en petite série coûterait au bas mot 300 000 $ l'unité, ce

qui signifie qu'elle pourrait être vendue aux alentours de 30 000 $ le jour (où elle fera son apparition sur le marché.

L'aquarium sur roues

Dans sa forme actuelle, la voiture dessinée par Bertone n'a pas de pilier central et ses portes arrière s'ouvrent à contresens, un peu comme celles de la Mazda RX-8. Ajoutons que cet aquarium de la route peut atteindre 160 km/h et possède une autonomie d'environ 400 km avec une puissance variant entre 94 et 129 kW. Elle offre des performances modestes, mais sans doute équivalentes à celles d'une Toyota

Prius à motorisation hybride. En ce sens, son comportement n'est pas très différent de celui de la plupart des voitures électriques et c'est principalement son guidage électronique drive by wire qui la rend doublement révolutionnaire. Bien que de tels systèmes soient couramment employés en aéronautique, ils sont pour l'instant interdits sur la voie publique, que ce soit en Amérique ou en Europe. C'est d'ailleurs la raison pour laquelle mon essai s'est déroulé sur les pistes d'un petit aérodrome privé. La particularité de ce type de guidage est d'éliminer tous les liens mécaniques ou hydrauliques entre les diverses commandes et les organes mécaniques qu'elles servent à contrôler. Ainsi, il n'y a pas de timonerie de direction entre les roues avant et le module servant à les faire tourner. Tom Johnstone, vice-président de la firme suédoise SKF qui a mis au point un tel système, admet que l'on a volontairement voulu épater la galerie en éliminant le volant et le pédalier. « Il fallait faire quelque chose d'inédit pour frapper l'imagination et démontrer toute la latitude dont on dispose avec de tels systèmes », m'a-t-il précisé. Le guidage électronique pourrait donc faire appel à un poste de conduite normal afin de faciliter son adaptation à la voiture de monsieur-tout-le-monde. En plus de ses 200 piles à combustible, la voiture d'après-demain est dotée de deux batteries : une de 12 volts pour l'ordinateur de bord et les commandes et une de 42 volts pour les freins, la direction et le système de feed-back qui sert à donner une certaine sensation de la route, autrement presque inexistante.

La Hy-Wire n'est bien sûr qu'une vitrine technologique pour l'instant et même GM ignore encore dans quel type de véhicule ses composantes pourraient se retrouver. On croit cependant qu'une fourgonnette serait la plus grande bénéficiaire de ce genre de technologie. Cela n'empêche pas les gens de GM d'affirmer que dès 2020, la moitié de la production automobile sera composée de voitures à piles à combustible et l'autre moitié de motorisations plus conventionnelles.

Il reste toutefois des obstacles majeurs à franchir, dont toute l'infrastructure qui permettra aux utilisateurs de pouvoir faire

le plein d'hydrogène. De grandes pétrolières comme Exxon et Mobil endossent le projet mais d'autres, comme Shell, se font tirer l'oreille.

Accusée trop souvent d'être atteinte de conservatisme et d'une vision à court terme, General Motors vient de démontrer qu'elle est prête à affronter l'avenir et à assumer pleinement ses responsabilités de leader mondial de l'industrie automobile. On pourrait même ajouter qu'avec la Hy-Wire, elle possède une bonne longueur d'avance sur la concurrence.

Comment ça marche ?

Tel que mentionné ci-contre, toutes les composantes de la Hy-Wire sont renfermées dans un châssis tubulaire de 28 cm de hauteur appelé « skate-board ». Tout est là… Réservoirs d'hydrogène, moteur électrique, direction et freins, tous électriques, les suspensions, etc.

La pile à combustible mélange l'hydrogène à l'oxygène de l'air et les transforme en vapeur d'eau. Cette mutation génère un courant électrique d'une tension variant entre 250 et 380 volts qui alimente le moteur relié aux roues avant par un train de pignons démultiplicateurs. De leur côté, les moteurs électriques de la direction et des étriers de freins sont alimentés par une batterie de 42 volts.

Pour ce qui est de la carrosserie, celle-ci est fixée au châssis à l'aide de boulons, ce qui en fait en réalité la première voiture modulable au monde. Cela signifie que l'on pourrait éventuellement changer la carrosserie elle-même pour une autre d'un type différent en une dizaine de minutes. La berline ou le coupé sport peuvent donc devenir une camionnette ou une fourgonnette en criant ciseaux.

Fiche technique

LA HY-WIRE EN CHIFFRES

Type	berline traction, 5 places
Réservoirs	3 réservoirs haute pression de forme cylindrique en composite de carbone
Longueur / diamètre	116 cm / 24,1 cm
Poids	75 kg
Groupe à piles combustibles	200 piles reliées en série
Voltage	125-200 volts
Longueur / largeur / hauteur	47 cm / 25 cm / 49 cm
Pression	1,5 à 2,7 bars
Cote continue	94 kW, courbe à 129 kW
Densité de la puissance	1,60 kW/l, 0,94 kW/kg
Système de traction électrique	
Voltage d'opération	250-380 volts
Couple maximum	159 lb-pi
Régime maximal	12 000 tr/min
Poids de l'ensemble	92 kg
« Skate board » (Châssis)	
Longueur / largeur / hauteur	435,7 cm / 167 cm / 27,9 cm
Carrosserie	acier et fibre de verre
Longueur totale	5 mètres
Poids du véhicule	1900 kg
Empattement	311,4 cm
Prix en 2004	300 000 $
Prix estimé entre 2015 et 2020	30 000 $

Les
« TOP TEN »

Dans le simple but de semer la zizanie et surtout de provoquer des discussions aussi animées qu'à *110 %*, nous reprenons cette année ce que plusieurs lecteurs souhaitaient revoir dans le *Guide de l'auto,* soit notre liste des « Top Ten ». Bien sûr qu'elle sera controversée puisque tout le monde ne partage pas nos opinions. Tout ce que nous souhaitons, c'est votre approbation ou votre désaccord. Entre-temps, amusez-vous à fustiger les experts et à créer vos propres listes. C'est moins nocif que de fumer un joint (enfin, c'est ce que l'on dit) et plus le fun que de regarder un Grand Prix de Formule 1.

LES 10 VOITURES QUE VOUS DEVEZ CONDUIRE AVANT DE MOURIR

- Aston Martin Vanquish
- BMW Série 3
- Chevrolet Corvette
- Dodge Viper
- Ferrari Enzo
- Hummer H2
- Lamborghini Murciélago
- Mercedes-Benz SL55
- Porsche 911 pré-1998
- Smart

LES 10 PLUS BELLES VOITURES

- Aston Martin Vanquish
- Chrysler Crossfire
- Ferrari 456 GT
- Infiniti G35 coupé
- Lamborghini Gallardo
- Mazda RX-8
- Mercedes-Benz SL500
- MINI Cooper
- Nissan 350Z
- Porsche 911

LES 10 VOITURES LES PLUS LAIDES

- BMW Z4
- Chevrolet Monte Carlo
- Hyundai Santa Fe
- Infiniti M45
- Kia Amanti
- Pontiac Aztek
- Porsche Cayenne
- Rolls Royce Phantom
- Saturn Série L familiale
- Suzuki Aerio

Porsche 911

LES 10 MEILLEURES VOITURES

- Acura RSX
- Acura TL 2004
- BMW 330i
- Ford Focus
- Honda Accord
- Infiniti G35
- Mazda3
- Mercedes-Benz Classe E
- Toyota Corolla
- Toyota Echo Hatchback

Rolls Royce Phantom

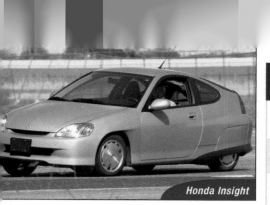

Honda Insight

LES 10 VOITURES LE PLUS SOUVENT EN PANNE
(selon Remorquage Mirabel par ordre de fréquence)

Chrysler Town & Country / Dodge Caravan
Raison : problèmes de transmission et de courroie de serpentin

Dodge Neon
Raison : la liste est trop longue !

Jeep Grand Cherokee
Raison : problèmes électriques intermittents

Chevrolet Venture / Pontiac Montana
Raison : joints de culasse et collecteur d'admission

Volkswagen Golf / Jetta
Raison : le moteur ne démarre pas et le voyant «check engine» s'allume

Ford Focus
Raison : contact d'allumage, le boîtier fond

GMC Van 3500
Raison : pompe à essence et à carburant diesel

Ford Escape
Raison : pompe à essence et pompe électrique

Ford F-150
Raison : problèmes de direction

Honda Accord
Raison : bris du joint de rotule avant droit

LES 10 VOITURES À ÉVITER

Chevrolet Cavalier
les japonaises font mieux

Honda Insight
2 places et aucun plaisir

Hummer H2
à moins d'avoir des actions de Petro Canada

Infiniti I35, *d'un ennui mortel*

Kia Spectra, *en attente de chirurgie*

Land Rover Discovery II, *voir essai*

Mitsubishi Lancer
en retard sur la concurrence

Oldsmobile Alero, *future orpheline*

Saturn Série L, *à moins d'être en brouille avec vos concessionnaires Honda et Mazda*

Volvo S40, *ce n'est pas une Volvo*

LES 10 MEILLEURS SYSTÈMES AUDIO

Aston Martin Vanquish

Audi A8

Cadillac (tous)

Daimler Chrysler (Infinity HP)

Ford Mustang (système Mach 1)

Honda Element

Lexus (tous)

Mercedes-Benz E55

Volvo (option)

Le moteur d'une Ferrari !

Dodge Viper

MES 10 ESSAIS LES PLUS MÉMORABLES
(Jacques Duval)

Honda S600	Guide 1967	Lamborghini Miura	Guide 1972
10 000 tours/minute		*278 km/h sur l'autoroute 30*	
Porsche 911 Turbo 1967	Guide 1967	Ferrari 512 BB	Guide 1981
la première d'une longue lignée		*307 km/h non homologué à Blainville*	
BMW 2002	Guide 1970	Mercedes-Benz	Guide 1985
j'en ai acheté une		190 2.3-16	
Plymouth Duster 340	Guide 1971	*la réplique à BMW… avec Senna au volant*	
l'ancêtre de la M5			
Citroën SM	Guide 1972	Dodge Viper GTS 1997	Guide 1998
tellement différente des autres		*nouveau record de piste à Blainville 299,7 km/h et un pneu transformé en table à café*	
Ferrari Daytona	Guide 1972		
vous auriez dû entendre chanter son V12 à Mont-Tremblant			

Dossier fiabilité : du meilleur au pire
Les marques à choisir et à éviter

PAR **ALAIN MORIN**

La vie est déjà assez compliquée comme ça... sans, en plus, devoir se casser la tête avec des problèmes de véhicules ! L'équipe du *Guide de l'auto* a à cœur le bien-être de ses lecteurs et des automobilistes en général (avec une préférence pour les lecteurs, bien entendu !) et c'est pour cette raison que nous avons préparé pour vous ce dossier sur la fiabilité (ou plutôt sur l'absence de fiabilité) des voitures actuellement sur le marché.

Non contents d'investiguer sur la fiabilité des marques les plus importantes, nous avons aussi tenté de chercher des bibittes du côté de la qualité générale. Dans quelques cas, elles nous sautaient quasiment dessus ! Puis, nous avons dressé un bilan et le résultat d'une très rapide étude du marché de l'occasion. Enfin, le nombre d'étoiles accordé devrait vous permettre de bien situer la marque sur l'échiquier de la fiabilité et de la qualité. Même si vous nous sentez sévères à l'occasion, nous sommes justes. Et bons, inutile de le mentionner.

Dans cette section fiabilité, nous avons mentionné les problèmes graves, ceux qui empêchent le véhicule de rouler et/ou qui peuvent s'avérer dangereux pour la sécurité du conducteur ou des autres usagers de la route. Comme des freins qui refusent de ralentir une automobile ou qui doivent être changés à tous les deux coins de rues.

Quant à la section consacrée à la qualité, elle englobe les petits (et à l'occasion gros) bobos qui ne nuisent sans doute pas à la sécurité du conducteur mais qui pourraient facilement mettre en péril la sécurité de l'imbécile qui a conçu la pièce défectueuse s'il se trouvait devant vous. Des freins qui se lamentent chaque fois que vous appuyez sur la pédale, ça tombe rapidement sur les nerfs, mais ce n'est pas dangereux.

Notre but est de vous aider à trouver la meilleure voiture possible malgré tous les impondérables.

Comme vous le remarquerez dans les pages suivantes, nous parlerons de marques en général. Si aucun modèle n'est mentionné, c'est donc que ce problème affecte tous les modèles de la marque en question.

Vous aussi pouvez vous créer une fiche sur un modèle en particulier. Faites comme nous : consultez la revue *Protégez-vous* d'avril 2003, le *Consumer's Guide*, le *Consumer's Report*, les différents forums sur Internet (ce n'est pas compliqué, sur le moteur de recherche de votre choix, tapez le nom de la marque qui vous intéresse, Hyundai, par exemple, suivi de «forum». Parlez à des amis, à des connaissances ou à des inconnus qui possèdent la voiture qui vous intéresse. Discutez-en avec votre mécanicien. Évitez les boules de cristal, ça fonctionne rarement pour ce genre de truc. Avouons toutefois que nous possédions un avantage : tous les courriels reçus sur notre site du *Guide de l'auto* (www.leguidedelauto.com) ont été religieusement lus. Pas moins de 26,8 % des 97 courriels qui référaient à des problèmes de fiabilité portaient le nom Volkswagen... La médaille d'argent revient, curieusement, à Mazda avec 21,7 % et la troisième place échoit à Ford qui a récolté 7,2 % des plaintes. Il s'agit d'un petit échantillonnage, certes, mais qui reflète sans doute très bien la réalité. Lâchez pas, continuez à nous faire parvenir vos impressions et commentaires toujours pertinents. Vous êtes une précieuse source de renseignements pour nous.

En passant, vous êtes-vous déjà demandé pourquoi certains manufacturiers sont deve-

nus synonymes de fiabilité tandis que d'autres provoquent l'hilarité à la seule mention de leur nom ? Eh bien, cela tient à plusieurs petites choses comme des employés dévoués et motivés, des méthodes d'assemblage bien rodées et un contrôle de la qualité sévère. Mais il y a bien plus. Les meilleurs chassent les problèmes comme un loup flairant une belle petite poule tandis que les autres se contentent d'attendre «pour voir si ça va s'arranger tout seul». Quelques constructeurs semblent s'amuser à tenter de réinventer la roue en partant toujours d'une feuille blanche. Erreur. Les meilleurs, eux, ne partent jamais d'une feuille vraiment blanche. Ils ne font qu'améliorer ce qui existait déjà. Quelquefois sous une carrosserie bien différente, créant ainsi une impression de nouveauté ! Finalement, les fournisseurs de pièces représentent un élément crucial du processus. Pour sauver quelques sous, certains manufacturiers n'hésitent pas à faire affaire avec Ti-Jos Connaissant au risque d'obtenir une pièce plus ou moins conforme.

Sur ces précieuses et ô combien utiles informations, je vous souhaite le meilleur achat possible. Ah oui, n'oubliez pas de bien essayer la voiture convoitée avant de l'acheter. Faites-la inspecter par votre mécanicien (pas par le beau-frère du vendeur !). Consultez le RDPRM, le registre des droits personnels et réels mobilier à http://si1.rdprm.gouv.qc.ca qui vous informera sur le passé «financier» de votre voiture. Si elle n'est pas libre de toute attache, vous pourriez devoir payer les dettes de l'ancien propriétaire. Aussi, demandez donc à voir les factures d'entretien et étudiez-les. Les garanties aussi méritent une étude approfondie. Il n'est pas garanti qu'elles garantissent tout ce que le vendeur vous dit qu'elles garantissent... Sur ce, bon achat !

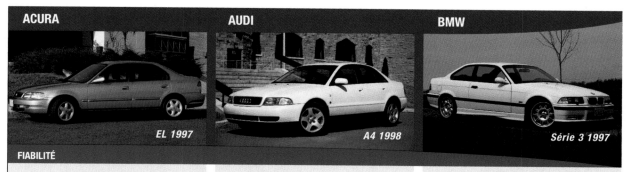

ACURA	AUDI	BMW
EL 1997	*A4 1998*	*Série 3 1997*

FIABILITÉ

ACURA

Tout comme la Mère dans La sœur volante, elle est supérieure…
- Transmission (certaines 3,5RL) s'adonne aux plaisirs hivernaux : elle glisse !
- Quelques TL ont reconnu avoir eu des relations peu recommandables avec une servodirection fautive (1996).
- Plusieurs récriminations contre la rapidité d'usure des freins

AUDI

Oublions le passé…
- Suspensions avant d'une faiblesse déprimante (A4)
- Bobines d'allumage défaillantes (1,8T)
- Moteur 2,8 de l'A4 très ricaneur. Tellement qu'il s'étouffe…
- Coussins gonflables suivent la règle du tout ou rien : ils se déploient inutilement ou ne se déploient pas du tout lors d'un impact (A6 2001).
- Quelques rares cas de transmissions automatiques brisées avec seulement quelques kilomètres au compteur.

BMW

Des jours ensoleillés, des jours de pluie…
- Transmission automatique quelquefois paresseuse le matin (je la comprends) (Série 3 1992 à 1998)
- Pédale d'embrayage au comportement erratique (Série 3)
- Moteur peut étouffer sans raison. Réparé gratuitement sur rappel (Série 7)
- Jauge d'essence canaille (M3 2000 à 2002)

QUALITÉ

ACURA

Exemplaire, rien de moins !
- Siège en cuir du conducteur (1,6EL 1997-2000) se détériore facilement.
- Amortisseurs avant d'une fiabilité absolument inexistante (EL 2001)
- Échappement à la durabilité quelquefois douteuse (EL, Integra)
- Ailes arrière qui ont tendance à pourrir
- Problème récurrent chez Acura et Honda : des vitres qui laissent filtrer le bruit

AUDI

Des fois oui, des fois non
- Problème de toit ouvrant dans certains modèles 1996
- Télécommande à distance devrait être rebaptisée « télécommande à peu de distance ». Elle ne fonctionne qu'à moins de 1 mètre de la voiture !
- Accessoires électriques au fonctionnement aléatoire (allume-cigarette, bouton d'ouverture du coffre arrière, etc.)
- Jauge à essence imprécise (TT 2000)

BMW

Du gros calibre
- Toit en toile peu étanche (Z3)
- Clignotants avant refusent de clignoter
- Plusieurs campagnes de rappel (Série 3, toutes les années)
- Qualité de construction moins noble des X5, fabriqués aux É.-U.

BILAN

ACURA

Depuis plusieurs années, la qualité de construction ne semble pas s'améliorer… ni se détériorer. Voitures bien fignolées, raffinées même, mais souvent perçues comme plus accessibles que les Infiniti et Lexus, les autres marques de prestige japonaises. Perception justifiée.

AUDI

Il y a peu de temps encore, les malheurs d'Audi faisaient la joie de BMW, Saab et Volvo. D'après un récent sondage J.D. Powers, Audi ne serait pas sorti du bois. Non seulement la qualité des voitures est prise en défaut, mais la qualité du service à la clientèle aussi tandis que les coûts d'entretien et de réparation sont en train de redéfinir les normes comptables…

BMW

D'un enfant doué, on attend beaucoup. Beaucoup trop quelquefois… Si les moteurs se montrent d'une belle fiabilité, il faut savoir investir pas mal de sous, lorsque la garantie de base est terminée, pour qu'une BMW demeure agréable à vivre. Les modèles les plus puissants sont généralement difficiles à conduire en hiver.

SUR LE MARCHÉ DE L'OCCASION

ACURA

Toutes les Acura conservent bien leur valeur. La 1,6EL étant la plus en demande, elle se transige assez cher merci. Ne payez pas trop cher quand même. La moins en demande ? La 3,5RL.

AUDI

Le modèle A4 se montre le plus accessible et le plus facile à trouver sur le marché de l'occasion (65 % des Audi sont des A4). Les lignes restent à la mode, mais la mécanique ne suit pas toujours. Exigez le programme Audi Assured et, en cas de pépins, exigez qu'on le respecte…

BMW

Au Scrabble, BMW peut donner jusqu'à 45 points. On retrouve des BMW vendues à un prix directement proportionnel… La BMW est symbole de rêve pour plusieurs, mais les coûts d'entretien et de réparation pourraient devenir cauchemardesques. Garantie prolongée très fortement recommandée.

ÉTOILES

 ★★★★½   ★★★☆☆   ★★★½☆

CADILLAC	DAIMLERCHRYSLER	FERRARI
Seville 1998	Cirrus 1998	F355 1998

FIABILITÉ

Le soleil se lève en retard

- Pompe de transmission automatique cause des bruits de moteur (DeVille, Eldorado, Seville 1992 et 1993).
- Freins mal informés sur le concept de la longévité
- Quelques propriétaires aux prises avec un module électronique gérant l'ABS et le contrôle de traction possédant un code d'éthique très peu professionnel
- Jauge à essence farfelue (Seville 1998).

Bon, par où on commence… ?

- Système électrique merdique
- Transmission automatique à 4 rapports pourrie (Caravan, Grand Caravan, Town & Country)
- Moteur 2 litres notoirement non fiable
- Freins fondent aussi vite que la réputation de Britney Spears (au moins, les carrosseries sont aussi belles…).

Comme les performances : indomptable

- Embrayages robotisés prodigieusement fragiles
- Tubulures d'échappement craquées (F355)
- Moteurs peu performants lorsque le frein à main est levé au maximum (Je le sais qu'elle est plate, ma farce…)

QUALITÉ

Nuageux, quelques passages ensoleillés à l'horizon

- Certains modules de coussins gonflables irritent les fils du klaxon qui part tout seul (DeVille 2000).
- Poignées de portes blanches jaunissent avec le temps (Seville 1998 et 1999).
- Le système électrique représente, à l'occasion, un cas fascinant de dégénérescence exponentielle.

Quand l'erreur devient inhumaine…

- Climatiseur particulièrement incompétent
- Solidité du châssis très moyenne
- Roulements à billes des roues avant et arrière désolants
- Dommage que le tendeur de courroie des accessoires ne soit pas catholique. On pourrait l'excommunier.
- Assemblage habituellement effectué par une bande d'adolescents peu motivés
- La rouille est une dépendante affective. Elle s'attache rapidement aux DaimlerChrysler…

Très, très surévaluée

- Usure prématurée des cuirs des sièges
- Lunette arrière des cabriolets se prend pour un « popsicle » aux bananes. Elle devient jaune.
- Qualité des plastiques indigne du prix de la bagnole
- Boîtier des fusibles fond tellement il devient chaud (308).

BILAN

Cadillac tente désespérément de rajeunir sa clientèle. Pour ce faire, elle a eu recours par le passé aux très belles Eldorado et Seville. La Catera fut un échec total sur le plan des ventes. La CTS fera-t-elle mieux ? Les Caddy représentent une certaine vision du confort et du prestige. Qualité de construction et fiabilité moyennes.

Les produits DaimlerChrysler s'améliorent indéniablement avec les années. Mais on est encore loin de ce que Mercedes peut faire de mieux. Les pièces sont généralement moins dispendieuses que la moyenne et faciles à trouver.

Si vous achetez une Ferrari, c'est que vous ne détestez pas montrer votre fortune. Votre belle italienne pourrait vous la réduire à zéro rapidement tellement l'entretien est dispendieux. Honte pour quiconque aime afficher son rang social, les trop nombreuses pièces provenant de vulgaires Fiat… Quant à la fiabilité, elle s'améliore avec les années.

SUR LE MARCHÉ DE L'OCCASION

Les Cadillac se déprécient généralement aussi vite qu'une brosse à dents usagée. Si vous pouviez vous procurer une garantie prolongée, ce serait bien.

La valeur de revente plongeant relativement facilement, surtout dans le cas présent, les produits DaimlerChrysler sont abordables. Mais ils rouillent facilement. Le service après-vente se montre souvent peu coopératif et la garantie 7 ans/115 000 km cache de tout petits caractères…

Si l'idée d'attendre une Ferrari neuve pendant plus de deux ans ne vous intéresse pas, il vous en faut une d'occasion ! Généralement disponible à petit kilométrage malgré, souvent, un âge respectable. Pour les modèles les plus récents, une garantie supplémentaire ne serait pas inutile. À moins que lancer vos billets bruns à un mécanicien fasse partie de vos temps libres…

ÉTOILES

FORD	GENERAL MOTORS	HONDA

Focus 2000

Pontiac Sunfire 1997

Odyssey 1998

FIABILITÉ

L'apothéose du générique

- Ralenti très irrégulier du moteur (Focus 2 litres)
- Transmission automatique aussi solide qu'un bébé apprenant à marcher
- Moteur V6 4 litres SAC aussi fiable que la parole d'un député en campagne électorale
- Servodirection très peu crédible
- Système électronique risible (Focus)

La théorie de la relativité…

- Freins arrière à disque (et avant aussi, à l'occasion) moins durables que les pieds de Fred Caillou…
- Moteurs 4L 2,4 Twin Cam et 6L 3,4 DACT affectés du syndrome MPFED3AE (moteurs peu fiables et dispendieux au cube à entretenir)
- Système électrique d'une inefficacité régulièrement prouvée
- Transmission automatique fragile en cas de patinage des roues motrices
- Suspensions d'une inénarrable faiblesse

Mot inventé par Soichiro Honda 1906-1991

- Quelques cas de tubulures d'échappement craquées
- Bagues de synchronisation (boîte manuelle) «feluettes»
- Transmission automatique indigne d'une Honda (Odyssey)
- Différentiel arrière démentiel (CR-V)

QUALITÉ

Un sapin, pas beaucoup de cadeaux…

- Peinture qui décolle plus vite qu'une Ferrari sur un coin de rue…
- Évitez à tout prix la suspension arrière à air (Grand Marquis).
- Moteur des essuie-glaces sarcastique
- Suspensions confortables mais à la longévité désastreuse
- Plusieurs proprios se plaignent de consommation élevée (Focus surtout)

Oups…

- Fragilité chronique des diverses composantes du climatiseur
- Plusieurs cas de peinture adhérant mal à la carrosserie
- Frein de stationnement souvent grippé.
- Pièces assemblées avec soin pour une reproduction parfaite en quadraphonie (ça vient des quatre coins…) de bruits des plus divers sur plusieurs octaves
- Grincements inopportuns de la carrosserie en polymère (fourgonnettes, voir aussi Saturn)

Presque de l'Acura

- Éléments de suspension avant lâches (Civic 2001)
- Système d'échappement se fissure facilement (Civic, Accord)
- Passages des roues arrière rouillent quasiment à la vitesse de la lumière.
- Soucis électriques avec portes latérales coulissantes (Odyssey)
- Glaces latérales laissent filtrer trop de bruit (Civic).

BILAN

La qualité de construction des Ford semble stable, c'est-à-dire plutôt faible. En général, c'est après la période de garantie de base que les problèmes débutent. Au moins, Ford se révèle plus «négociable» que les autres manufacturiers en ce qui concerne l'application des garanties.

La conception de la plupart des produits GM remonte déjà à plusieurs années et la qualité générale n'a que bien peu évolué. Même les véhicules dévoilés dernièrement semblent conçus pour répondre à une clientèle toujours aussi peu exigeante au chapitre du raffinement. Curieusement, Buick s'est classée parmi les premières lors d'un récent sondage J.D. Powers sur la qualité des automobiles.

La perfection n'est pas de ce monde, mais les Honda tentent de s'en approcher. Les plaintes sont très peu nombreuses comparativement aux quantités vendues. En se raffinant, les produits Honda perdent de leur agrément de conduite (sauf peut-être les tondeuses !). Dommage.

SUR LE MARCHÉ DE L'OCCASION

Bien que les véhicules Ford se déprécient rapidement, ils demeurent habituellement de bonnes voitures d'occasion. Si vous lorgnez une Focus, assurez-vous que les nombreux rappels ont été respectés. Les pick-ups sont particulièrement bien adaptés au marché nord-américain quoique hyper dispendieux.

Comme le soulignait récemment Jacques Duval, les vieilles minounes sont presque toutes des GM… C'est parce qu'elles sont habituées depuis des décennies à ne tenir que par un fil ! Sérieusement, si l'équipement correspond à vos besoins et que le prix se montre juste, n'importe quelle Chevrolet, Pontiac, Buick ou Oldsmobile peut constituer une très bonne affaire.

Trop souvent surévaluées, les Honda se vendent tout de même très rapidement. Les Civic figurent parmi les bagnoles les plus souvent volées. Attention aux primes d'assurances. Si le prix est trop élevé, regardez du côté du neuf. Si le prix est trop bas, il peut s'agir d'une voiture réparée après un accident. Si le prix demandé est vraiment, extrêmement, illogiquement, désespérément bas, il doit s'agir d'une Insight…

ÉTOILES

★★☆☆☆	★★★☆☆	★★★★☆

HYUNDAI	**JAGUAR**	**JEEP**

Elantra 1998

X-Type 2002

Grand Cherokee 1999

FIABILITÉ

Et on dit que c'est la meilleure coréenne !

- Transmission automatique au palmarès bien peu reluisant
- Système de démarrage insignifiant
- Suspensions invariablement faibles
- Freins avant ridicules en termes de longévité et de puissance

La tempête est passée, mais il reste encore des traces

- Quelques cas de transmission automatique qui refusent catégoriquement de changer les vitesses (X-Type).
- Plusieurs cas d'ordinateurs centraux sautés (X-Type).

Elle ne passerait pas un test d'urine...

- Appliquez les mots suivants : « pourri », « atroce », « dégueulasse », « infect », « abject » où bon vous semble :
- Moteurs...
- Transmissions (automatique surtout)
- Système de freins antiblocage...
- Suspensions...
- Système électrique...

QUALITÉ

Pas encore une japonaise !

- Le destin s'acharne sur le mécanisme des essuie-glaces comme la misère sur le pauvre monde.
- Résistance au froid nulle (serrures, démarreur, passage des vitesses, etc.)
- Comme Roméo et Juliette, la carrosserie et la rouille se vouent un amour sans limites et tout aussi dramatique.
- Accessoires électriques vraiment, vraiment, vraiment peu fiables
- Peinture allergique à l'air extérieur (presque !)

Un peu bas dans l'ordre des priorités

- Mascotte de radiateur attire les mains malveillantes comme un gâteau attire un index gourmand...
- Plusieurs plaintes concernant les roues en alliage se déformant au moindre trou
- Certains régulateurs de vitesse décident de ne plus réguler la vitesse...
- Quelques toits ouvrants, électriques (bien sûr !), ne fonctionnant pas correctement (XJ8/XJR)
- Indicateur de vitesse se foutant passablement de la véritable vitesse (S-Type et X-Type)

Quand une Lada devient un rêve inaccessible...

Sur une échelle de 1 à 10, 1 étant la plus basse note possible, nos études ont démontré que...

- Efficacité du traitement antirouille du constructeur : -5
- Fiabilité des accessoires électriques : -8
- Durée de vie du climatiseur : -3
- Rendement de la servodirection : -4
- Assemblage des divers éléments de la carrosserie : -6

BILAN

Hyundai recrute sa clientèle parmi les jeunes et les sans-trop-de-sous-pour-une-auto. À cause de tous les petits et moins petits bobos, nous suggérons une location de 4 ans max. Le service après-vente varie énormément d'un concessionnaire à l'autre. Lisez bien tous les détails du Service Routier. Pièces très souvent *back order*.

La qualité d'ensemble des Jaguar s'améliore indéniablement tout comme l'indice de satisfaction des propriétaires envers leur véhicule, tel que compilé par J.D. Powers (la firme américaine, pas Jacques Duval Power !). Qui dit luxe et prestige (et les Jaguar en ont à revendre), dit aussi frais d'entretien à vous en arracher les yeux de la tête...

Certains font dans le prêt usuraire, d'autres fabriquent des Jeep... L'engouement pour ces symboles roulants est inexplicable. Généralement, après avoir possédé un produit Jeep, on est guéri à vie de ce phantasme qui coûte une fortune à entretenir. Deuxième voiture O-B-L-I-G-A-T-O-I-R-E.

SUR LE MARCHÉ DE L'OCCASION

Si le véhicule convoité a été bien entretenu et que vous n'êtes pas trop « regardant » sur l'assemblage et le fonctionnement des divers accessoires, une Hyundai peut s'avérer une bonne affaire, compte tenu que les prix naviguent très bas par les temps qui courent.

Il faut éviter la première année d'un nouveau modèle Jaguar (on est chez Ford après tout...). Et moi, si j'étais vous, je préférerais faire le repassage toutes les semaines plutôt que d'acheter une Jaguar construite avant le milieu des années 1990. (C'était une farce, chérie...)

Curieusement, les Grand Cherokee figurent parmi les véhicules les plus volés. Rien n'empêche un voleur d'être masochiste. Heureusement, les prix se dégonflent rapidement. Il faut toujours faire vérifier une voiture d'occasion avant de l'acheter. Dans ce cas-ci, c'est encore plus important.

ÉTOILES

 ★★☆☆☆

 ★★★☆☆

★☆☆☆☆

KIA

Rio 2001

LAMBORGHINI

Diablo 1996

LAND ROVER

Discovery II 1999

FIABILITÉ

Problèmes généralisés pour toute la marque

- La longévité n'est pas un trait marquant du caractère des freins…
- Pour les plus chanceux, la boîte manuelle accroche entre le passage des rapports. Pour les autres, elle lâche tout simplement.
- Même remarque pour la transmission automatique
- Beaucoup de moteurs s'étouffent. Causes variées : système électrique, pompe à essence, ordinateur central, couleur des pissenlits…
- Pompe à essence semble aussi résistante qu'un palmier transplanté en Sibérie.

La diva apprend à vivre !

- Surchauffe répétitive des moteurs
- Embrayages grillent plus vite qu'une cigarette allumée par un feu de forêt.
- Usure des pneus aussi rapide que la voiture
- Fréquence de remplacement des freins tout simplement ahurissante

Un concept inconnu

- Comportement de la suspension arrière pneumatique erratique par temps très froid
- Propension du moteur à perdre son huile (Discovery II)
- Joint d'étanchéité du différentiel arrière pas comique du tout
- Joint de culasse trop fragile (Discovery I)
- Problèmes électriques majeurs, par exemple phares inopérants (Freelander)

QUALITÉ

Avec un peu de volonté, Kia peut demeurer bonne dernière

- Problème de conception de la suspension avant qui « clok, clok, clok » aux moindres bosses.
- Freins irrémédiablement criards
- Comportement détestable par temps froid (problème généralisé chez les voitures coréennes)
- Système électrique faiblard

Pour les audacieux

- Démarrages souvent ardus
- Ralenti du moteur comparable à un marathonien blessé à une jambe à 100 mètres de l'arrivée…
- Boutons du klaxon la plupart du temps inopérants (Diablo)

Même sa mère n'en voudrait pas

- Rétroviseurs extérieurs électriques au comportement bizarre
- Lumière « check engine » s'allume uniquement pour mettre de la couleur dans le tableau de bord.
- Échappement friable
- Quelques problèmes d'étanchéité du hayon (Freelander)

BILAN

Pour pouvoir offrir des voitures bien équipées mais peu dispendieuses, Kia a dû couper sur le raffinement, confirmant ainsi une tendance de plus en plus marquée vers le bas de gamme. Verrons-nous un jour des voitures jetables ? Pour le moment, la facilité de trouver les pièces et le service après-vente semblent très ordinaires.

Si l'on exclut une ergonomie plutôt fantaisiste (Diablo et, pire, Countach), des performances à faire peur à un pilote de F1 et une propension des autres usagers de la route à vous dévisager avec une bouche en forme de « O », les Lamborghini sont des voitures bien ordinaires… Malgré plusieurs histoires d'horreur dans le passé, la qualité générale des Lambo s'améliore constamment.

Difficile de croire que ces objets roulants puissent se vendre encore à si haut prix. Depuis le rachat par Ford, la qualité s'améliore mais les pièces deviennent de plus en plus difficiles à obtenir. Le nombre restreint de concessionnaires ne facilite pas la situation. De plus, les problèmes mécaniques sont souvent difficiles à cerner. Les mécaniciens ne reçoivent pas le soutien nécessaire du constructeur.

SUR LE MARCHÉ DE L'OCCASION

Valeur intéressante, surtout si vous êtes l'acheteur ! Privilégiez les véhicules ayant reçu un bon traitement antirouille. Le positionnement des produits Kia dans le marché de l'occasion sera plus clair dès l'an prochain. Pour l'instant, il convient d'être prudent.

Si vous désirez détester votre Lamborghini, prière d'en acheter une construite avant qu'Audi ne pointe son nez dans les affaires de ce petit constructeur italien (1998). À cause des frais d'entretien absolument illogiques, il est facile de trouver une Lambo récente avec peu de kilométrage à un prix raisonnable (toutes proportions gardées, bien entendu…).

Peu importe le prix, il est probablement trop élevé ! Les Land Rover ont beau être géniaux en conduite hors route, encore faut-il qu'ils puissent en revenir ! Si vous optez quand même pour un Land Rover, vendez votre maison, vos meubles et un rein et vous pourrez ainsi entretenir convenablement cette chose qui vous lâchera de toute façon.

ÉTOILES

LES DOSSIERS DU GUIDE

MAZDA — Protegé5 2002

MERCEDES-BENZ — Classe M 2001

MITSUBISHI — Galant 2003

FIABILITÉ

Un peu décevante
- Inquiétants cas de moteurs 2 litres sautés après quelques milliers de kilomètres seulement
- Freins peu sérieux (Protegé5)
- Transmission automatique rébarbative au travail
- Quelques pertes d'antigel causées par un chauffe-moteur mal conçu
- Alternateur alterne entre fonctionner ou ne pas fonctionner (MPV).

Elle garde la tête haute
- Plusieurs cas de joints d'étanchéité de tête de moteur fissurés (Classe M 1998)
- Pompe à essence indigne d'une Mercedes (Classe M)
- Certaines pompes de servodirection se font chantepleure et coulent allègrement.

Mauvais pressentiment…
Données américaines
- Huile de la transmission automatique peut avoir besoin d'être changée si ladite transmission vibre ou glisse.
- Quelques cas de moteurs étouffés à une vitesse de croisière (Eclipse)
- Certaines Galant ont eu le feu au… moteur!
- Problèmes de freins en quantités industrielles (et de grosses industries!)

QUALITÉ

Allons, allons, un petit effort de concentration dans l'usine…
- Portières se verrouillent toutes seules (peu pratique à -30 °C…)
- Serrures d'une navrante inefficacité
- Système d'échappement terrifié à l'idée de durer un tant soit peu
- Vitres quelquefois mal installées en usine (dans certains cas, il a fallu changer la portière au complet) (Protegé5)
- Pneus d'hiver aussi faciles à trouver qu'une poutine au Ritz-Carlton (Protegé5)

Elle traîne les pieds à l'occasion
- Quelques problèmes de moteurs au ralenti irrégulier (280, E320)
- Quand une vitre électrique commence à «freaker», les autres suivent rapidement (Classe M).
- Essuie-glaces essuient mal la glace (C230).
- Beaucoup de problèmes électriques
- Climatiseur capricieux

Elle est partie très jeune… La reverra-t-on?
Données américaines
- Lumière «service engine soon» aime bien s'allumer inutilement.
- Vitres et antenne électriques et jets de lave-glaces gèlent plus vite que de l'eau.
- Système électrique semble plus ou moins (surtout moins) efficace.
- Passage manuel des vitesses de la transmission semi-automatique de l'Outlander refuse de fonctionner (modèle à l'essai par l'auteur de ces lignes, printemps 2003).

BILAN

Si Mazda fut longtemps dans la cave des joueurs japonais, ses beaux modèles lui ont fait remonter la pente. Sans doute que l'arrivée de Ford y est pour quelque chose. Certains véhicules ne causent jamais de problèmes, d'autres laissent un petit goût amer.

D'après une étude de J.D. Powers, les propriétaires de Mercedes-Benz sont particulièrement satisfaits de leur véhicule et particulièrement insatisfaits du service… La Classe M, à ses débuts, a connu son lot de problèmes, souvent sérieux. Évitez à tout prix les modèles 1998-1999. La qualité des modèles dits accessibles ne répond pas nécessairement à l'image, souvent idéalisée, que l'on se fait d'une Mercedes.

Même si nous ne possédons pas encore suffisamment de données pour bien cerner le cas Mitsubishi, la fiabilité et la qualité des voitures vendues aux États-Unis nous imposent la plus grande des prudences.

SUR LE MARCHÉ DE L'OCCASION

Les gens se garrochent sur une Protegé5 comme sur une boule de Noël en vente le 26 décembre. La Protegé tout court est moins courue. En général, les Mazda offrent une qualité égale aux Honda et Toyota sans être aussi dispendieuses à acquérir. Le prix des pièces est par contre élevé.

L'entretien d'une Mercedes coûte un bras et demi et les yeux de la tête. Plusieurs Mercedes affichent beaucoup de kilométrage, mais il s'agit souvent de voitures ayant roulé presque exclusivement sur autoroute, ce qui n'est pas nécessairement mauvais. Les prix demeurent assez élevés, merci!

On ne sait pas encore exactement où se situera Mitsubishi sur l'échiquier de l'automobile d'occasion mais la qualité générale, plus près de celle des coréennes que des japonaises, nous permet de penser que ces véhicules seront en compétition directe avec les Hyundai et Kia de ce monde. Les prix devraient être assez bas. Garantie prolongée recommandée.

ÉTOILES

★★★⯪☆

★★★⯪☆

? ? ? ? ?

NISSAN — Altima 1999

PORSCHE — Boxster 1998

SAAB — 9⁵ 1997

FIABILITÉ

Parmi les leaders

- Quelques cas de moteurs 2,5 litres «kaput» après seulement quelques dizaines de milliers de kilomètres
- Freins refusent quelquefois de faire leur job (Frontier, Maxima).
- Démarrages par grands froids périlleux (Maxima)
- Quelques cas de Maxima et Altima 2002 affligées de vibrations sévères dont la source semble introuvable.

Musclée

- Fuites d'huile du moteur 3,6 litres (911 avant 1999)
- Quelques moteurs fautifs (911 2002) ont dû être changés
- Boîtier de servodirection peu étanche

Quand le destin s'acharne

- Gestion électronique purement hypothétique
- Turbo peu fiable (2,3 litres)
- Écoulement d'huile de la direction assistée
- Selon des témoignages dignes de foi (surtout les fois où plusieurs $$$ étaient en cause), la transmission automatique fut source d'ennuis profonds.

QUALITÉ

Une amie qui vous veut du bien

- Échappement des Pathfinder plutôt capricieux
- Infiltration d'eau dans le coffre (Sentra)

Parmi les meneurs

- Toits Targa (1996-1997) sources de bruits détestables
- Pneus (911) s'usent en moins de temps qu'il n'en faut pour lire cette ligne.
- Quelques alarmes antivol muettes
- Vitre arrière en plastique (Boxster) fragile comme une émotion d'artiste
- Moteur des phares rétractables des 968 outrageusement éphémère.

Marginale

- Épidémie de bobos du climatiseur
- Témoins de coussins gonflables s'illuminent sans trop de raisons.
- Essuie-glace arrière tient un brin sur rien.
- Cabriolets produisent des bruits de caisse (de grosse caisse…).

BILAN

Outre des pièces affichant habituellement des prix consternants, les Nissan se montrent peu amicales envers les mécaniciens. La tête de l'acheteur est attirée par l'assemblage soigné et son cœur par le design osé (sauf la Sentra, bien sûr, qui ne parle pas le langage du cœur…).

Les Porsche demeurent parmi les voitures les plus adulées malgré leur relative accessibilité. Elles sont aussi parmi les mieux construites comme en fait foi une récente étude J.D. Powers alors qu'elles comptent le moins de problèmes par 100 véhicules (193). On dit que la qualité d'ensemble s'est un tantinet détériorée depuis l'arrivée des nouvelles 911 en 1999. Mais ce n'est rien de dramatique.

Les voitures Saab s'adressent à un public de fanatiques de la marque, point. Le fait que les pièces soient aussi chères que rares ne fait rien pour améliorer la situation. Bien que l'entreprise suédoise fasse partie du giron General Motors, on ne sent pas beaucoup d'efforts de ce dernier pour relancer la marque marginale.

SUR LE MARCHÉ DE L'OCCASION

L'Altima et la Maxima sont souvent des voitures de location utilisées par des gens qui font beaucoup de route. Ces voitures d'occasion commandent souvent un prix élevé et le même modèle neuf pourrait être un choix judicieux.

Dans le domaine du haut calibre sportif, les Porsche se retrouvent parmi les meilleurs vendeurs. Les prix sont généralement assez imposants sauf pour les versions Targa (911) qui sont souvent boudées. Attendez-vous à changer de pneus souvent et à payer quelques contraventions ici et là… La Boxster est devenue beaucoup trop chère pour ce qu'elle a à offrir.

La marque Saab jouit d'une réputation très surfaite. À considérer uniquement si vous désirez vous démarquer. Le taux de dépréciation ultrarapide pourrait vous aider dans votre cause. Garantie prolongée recommandée. Dites, une Volvo, ça ne vous intéresse pas?

ÉTOILES

 ★★★★☆

 ★★★★☆

 ★★★☆☆

| **SATURN** | **SUBARU** | **SUZUKI** |
| Série SL2 2000 | Legacy 1997 | Esteem 1997 |

FIABILITÉ

Ah, si on pouvait divorcer de sa voiture…
- Consommation d'huile éhontée du moteur de base
- Perte d'huile embarrassante de la transmission manuelle
- Départs très laborieux à cause d'un problème électrique (transmission manuelle)
- Transmission automatique peut perdre son huile. Rarement un bon signe…

Pas parfaite, mais loin d'être imparfaite
- Électronique du moteur capricieuse lors de grands froids (Forester)
- Moteur 2,5 litres violent. Il peut cogner beaucoup.
- Manque de crédibilité de la pompe à huile
- Fuite d'huile de la boîte de vitesses
- Capteurs du système d'échappement adolescents (donc peu fiables…)

La roulette russe
- Moteur 1,6 litre a peur de la réalité. Il fuit…
- Pompe à eau vulnérable
- Différentiel avant se brise aussi facilement qu'une assiette de porcelaine échappée d'un dixième étage sur une surface en béton.
- Alternateur amateur
- Quelques cas gênants de boîtiers de transfert endommagés après avoir roulé trop longtemps en mode 4X4 sur route normale

QUALITÉ

«Dans les normes». Oui, mais lesquelles?
- Bruits fatigants des panneaux de polymère lorsque désajustés
- Si le système électrique était une chanson, il s'intitulerait *Mauvais caractère* des Colocs…
- Rouille à surveiller sur châssis, pentures des portières et plancher. (Ce sont les côtés qui sont en polymère, pas toute la voiture !)
- Voitures «bébéfafa» à voler.

Une belle étoile dans son cahier
- Roulements des roues avant et arrière peu compatibles avec le principe de longévité
- Climatiseur quelquefois capricieux

Un peu comme à la Bourse
- Carrosserie et peinture terrorisées par la méchante rouille
- Problèmes de jantes en alliage dont les écrous se desserrent
- Frein à main enclin à coincer, si peu utilisé
- Longévité du système d'échappement inversement proportionnelle à son coût de remplacement

BILAN

Si les propriétaires de Saturn sont si satisfaits de leur bagnole, c'est à cause du service à la clientèle, pas à cause de la bagnole elle-même. L'assemblage semble s'être détérioré ces dernières années et les bruits de caisse prolifèrent autant qu'une fourmi en chaleur. Heureusement, le coût des pièces est généralement intéressant.

Les véhicules Subaru jouissent d'une belle réputation qui n'est pas toujours justifiée selon certains utilisateurs. Ainsi, leur mécanique plus complexe (traction intégrale, moteur à plat) ne peut être réparée par n'importe quel Jos Bleau. Les pièces sont parfois difficiles à obtenir et lorsqu'elles arrivent, elles coûtent cher.

Il n'y a pas encore si longtemps, les Suzuki fondaient à vue d'œil sous la corrosion. Ces dernières années, on constate une amélioration. En général, la qualité fait un peu plus professionnelle et la nouvelle Aerio ne semble pas trop problématique.

SUR LE MARCHÉ DE L'OCCASION

Les Saturn perdent de la valeur assez rapidement, ce qui peut en faire un achat songé. Mais, de grâce, cessez de croire le vendeur qui vous jure qu'une Saturn, ça ne rouille pas ! De plus, soyez avisé que des panneaux de polymère, ça ne s'ajuste pas comme une robe sexy sur le dos de Christina Aguilera.

En général, les Subaru se vendent très bien et commandent un prix relativement (quelquefois trop) élevé. C'est le prix de l'exclusivité japonaise. Les coûts d'entretien, cependant, freineront à coup sûr votre croissance financière.

Oui pour une Suzuki mais seulement si vous aimez passer inaperçu, si la popularité vous laisse de glace, si votre budget est restreint, si la chose automobile ne vous intéresse pas, si… bon, ça va, vous avez compris le principe.

ÉTOILES

 ★★⯨☆☆

 ★★★⯨☆

 ★★⯨☆☆

TOYOTA	VOLKSWAGEN	VOLVO

Corolla 1998

Golf 1996

Cross Country 1998

FIABILITÉ

La Maytag des autos

- Moteur V6 3 litres (Camry, Solara, Highlander) peut se montrer très vicieux pour votre portefeuille si les intervalles des vidanges d'huile ne sont pas respectés.
- Plusieurs cas disgracieux de transmission automatique flanchée (Camry, Solara) et manuelle (RAV4) détériorée
- Pompe à eau provient des rebuts de IKEA.
- Freins avant s'usent méga vite (Corolla, Echo).
- Interrupteur des phares souvent responsable d'une batterie «à terre»

Pourquoi le monde est sans amour ?

- Lumière «check engine» s'allume inopinément, inutilement, n'importe quand…
- Système électrique pourri à l'os
- Système électronique à vomir
- Les freins arrière à disque devraient être vendus avec du Pam. Ils colleraient moins…
- Des milliards (j'exagère à peine…) de bobines d'allumage défectueuses (moteur 1,8T surtout). Et dire que Volks les change une à la fois lors de pénuries !!!
- Mécanisme des essuie-glaces bon pour la casse, même neuf

Le beau risque

- Transmission automatique fragile (XC90)
- Système électrique parfois pécheur
- La crémaillère ne doit surtout pas lancer la première pierre…
- Freins à disque à usure décuplée
- Problèmes de visco-coupleurs des premières tractions intégrales (Cross Country 1998)

QUALITÉ

Allez en paix mes agneaux…

- Craquements inacceptables du tableau de bord (Corolla 2003)
- Longévité douteuse des suspensions avant et de la direction des Corolla
- Corrosion : On a déjà vu pire, on a déjà vu mieux. Antirouille annuel fortement suggéré.

Et c'est pas fini, c'est rien qu'un début…

- Corrosion très rapide des cadres des vitres
- Quelques cas de haut-parleurs mal installés en usine
- Plusieurs interrupteurs et commandes se retrouvant dans les mains des utilisateurs au lieu de rester à leur endroit initial.

On peut compter les problèmes «su é doigts» de la main…

- Amortisseurs allergiques au froid (XC90)
- Quelques cas de suspensions très peu professionnelles (Cross Country)
- Comme un ado devant un aspirateur, le système électrique demande un suivi particulier.
- Climatiseur cancre (70)

BILAN

Autrefois attirées par la rouille autant qu'un vautour affamé par un cadavre, les Toyota affichent désormais une meilleure protection. Les Corolla, surtout, ont subi une baisse de qualité depuis quelques années. Au prorata, il faut cependant admettre que les Toyota se situent encore très haut dans l'échelle des valeurs automobile.

Le prix des pièces et les coûts d'entretien sont dantesques. Heureusement, le châssis est solide comme le roc et résiste bien aux impétuosités de la vie. Hélas, hélas, hélas, toute Volks qui se respecte passe la moitié de sa vie le capot ouvert et ruine son propriétaire. Puis, elle recommence avec un autre proprio.

Par leur solidité, leur fiabilité et leur agrément de conduite, les Volvo rappellent souvent les Mercedes, à un coût moindre. Le prix des pièces, par contre, fait très Mercedes… Au moins, elles sont faciles à trouver. Depuis le rachat par Ford, le pourcentage de plastique semble en hausse. La rouille, elle, semble en baisse. Quatre bons pneus d'hiver recommandés pour la blanche saison.

SUR LE MARCHÉ DE L'OCCASION

Même si certaines Toyota peuvent parcourir un kilométrage incroyable, ce n'est pas une raison pour payer trop cher. Attention aux odomètres régulièrement traficotés. Et même si c'est une Toyota, demandez toujours les factures d'entretien.

On a beau qualifier la fiabilité des produits Volkswagen d'aberration, cela ne semble pas affecter le marché. Tâchez de comprendre… Depuis 2003, les Volks neuves sont heureusement vendues avec une garantie digne de ce nom. Trop souvent surévaluées. Surtout le cabriolet au printemps (beaucoup plus abordable à l'automne).

BCBG, les Volvo sont souvent surévaluées en raison de leur rareté sur le marché de l'occasion. Les cabriolets font quelquefois l'objet de convoitises éhontées (lire $$$$$), mais les versions Turbo possèdent un meilleur rapport qualité/prix. Une S60 représente sans doute le meilleur achat de toute la gamme. Veuillez vous éloigner de tout modèle de début de production.

ÉTOILES

★★★★½	★★☆☆☆	★★★★☆

Hyundai
Accent

Kia
Río

Chrysler
Sebring

Smart

Infiniti
G35 berline

Toyota
Echo Hatchback

Honda
Accord

Mercedes-Benz
C320 4Matic

Hyundai
Sonata

Nissan
Altima

BMW
330 coupé

Kia
Magentis

Toyota
4Runner

Chrysler
Crossfire

Mazda
6

Infiniti
G35 coupé

Nissan
Altima

Nissan
350Z

Mazda
RX-8

Toyota
Camry

Subaru
Impreza WRX STi

Jaguar
XJR

Mercedes-Benz
E55 AMG

Les matchs comparatifs

Traction, propulsion ou intégrale?

Le roi de la glisse se prononce

PAR **DENIS DUQUET** ET
JACQUES DUVAL
PHOTOS **MICHEL FYEN-GAGNON**

*Jean-Paul Pérusse,
le roi de la glisse*

Dans un coin de pays comme le nôtre où l'hiver et ses traquenards nous tombent dessus au moins cinq mois par année, le choix du mode d'entraînement d'un véhicule revêt une importance cruciale. Même si la réponse peut paraître évidente, il n'est pas aussi simple que l'on pense de choisir entre une voiture à traction, une autre à propulsion et une troisième dotée de quatre roues motrices. Sans compter qu'avec plus de 70 véhicules utilitaires sport sur le marché, l'acheteur est tiraillé de tous les côtés et ne sait plus très bien où donner de la tête. Et que dire des systèmes d'aide électronique comme l'antipatinage qui ont considérablement modifié le comportement des véhicules depuis quelques années? C'est là un facteur dont il faut tenir compte de plus en plus. Car chaque type de véhicule a ses avantages et ses inconvénients : la traction procure une bonne motricité en hiver et s'avère souvent une alliée pour se sortir d'une impasse ; la propulsion, en revanche, privilégie l'agrément de conduite et facilite le contrôle du dérapage tandis que les quatre roues motrices apparaissent à plusieurs comme la panacée. Qu'en est-il exactement? Quelle est la meilleure solution à adopter en tenant compte de vos goûts et de vos besoins?

S i *Le Guide de l'auto* s'est posé la question et a voulu y répondre, c'est que nous avons reçu un nombre incalculable de lettres ou de courriels de la part de lecteurs partagés entre les trois solutions mentionnées plus haut. Des missives dans le style… «J'aime beaucoup telle voiture, mais le fait qu'il s'agisse d'une propulsion m'inquiète un peu. Devrais-je m'intéresser davantage à une traction, voire à une intégrale?» À une telle question, plusieurs répondraient tout bonnement que plus on augmente la traction dans la neige ou sous la pluie, plus on augmente la sécurité. C'est simplifier la chose et oublier plusieurs para-

mètres dont il faut rigoureusement tenir compte. Nous en avons eu la preuve au cours de l'essai dont vous vous apprêtez à lire le compte rendu.

Le roi de la glisse s'en mêle

Pour mener à bien ce match comparatif inusité, nous avons d'abord fait appel à un type qui mérite pleinement son surnom de «roi de la glisse». Il s'agit de Jean-Paul Pérusse, qui a longtemps été pilote de rallye professionnel et qui, encore aujourd'hui, demeure actif dans cette discipline. Jean-Paul a accepté de nous prêter main-forte pour cet exercice. Il fallait ensuite choisir le terrain et les voitures. Pour nous assurer de

ne rien négliger, nous avons procédé à une première évaluation sur une petite route sinueuse de terre et de gravillons très propice au dérapage. Deux jours plus tard, le dernier sursaut de l'hiver nous a permis d'organiser toute une série de tests visant à contrôler l'adhérence de chacun des véhicules, que ce soit à l'accélération, au freinage ou en virage. Et comme Jean-Paul Pérusse est un passionné qui n'a pas la langue dans sa poche, ses impressions sont venues expliciter les résultats.

L'affrontement

Laissons maintenant nos concurrentes faire leur entrée en scène. Nous avons voulu que chacun des modèles représentant les trois modes d'entraînement possède approximativement le même rapport poids/puissance afin que les voitures se trouvent sur un pied d'égalité. Pour nous assurer d'une plus grande équité, nous avons aussi insisté pour que les trois voitures soient dotées de la transmission automatique. Finalement, comme il n'était pas question de comparer les performances des pneus, toutes chaussaient leurs pneus d'origine.

Comme représentante de la traction, nous avons opté pour la Nissan Altima à moteur V6 3,5 litres de 245 chevaux avec un rapport poids/puissance de 5,9 à 1, ce qui équivaut à un cheval-vapeur par 5,9 kilos. Pour défendre les couleurs de la propulsion, nous avons pu compter sur la populaire Infiniti G35, notre choix de l'an dernier au titre de « voiture de l'année ». Avec ses 280 chevaux et un poids de 1557 kg, elle affichait un rapport poids/puissance de 5,6 à 1. Finalement, c'est la petite Mercedes-Benz, la berline de Classe C avec rouage 4Matic, qui jouait le rôle de la berline à traction intégrale. C'était la moins avantagée sur le plan des performances avec seulement 215 chevaux pour un poids de 1610 kg, soit un rapport poids/puissance de 7,4 à 1.

Cela dit, il ne reste plus qu'à agiter le drapeau vert et à sortir nos chronomètres pour marquer le départ du match de la glisse.

D'hier à aujourd'hui

Juste avant, prenons quelques minutes pour mieux approfondir le comportement routier de chaque rouage d'entraînement mentionné au début.

Jusqu'à tout récemment, les différences étaient simples et transparentes. La traction assurait une excellente adhérence en ligne droite puisque le groupe propulseur y est placé directement sur les roues motrices. Dans le cas d'une propulsion, ce sont les roues arrière qui font le travail et à moins d'avoir beaucoup de poids dans le coffre à bagages (rappelez-vous les sacs de sable), elles sont peu lestées. Précisons aussi que lorsque la chaussée est glissante, une traction aura généralement tendance à sous-virer (filer tout droit dans un virage) tandis que la propulsion voit son train arrière déraper ou survirer.

Ces deux types de comportement expliquent pourquoi la majorité des automobilistes préfèrent les tractions : l'adhérence supérieure des roues avant leur procure une meilleure traction initiale. Ce qui leur confère

d'ailleurs un faux sentiment de sécurité. En effet, après avoir atteint une vitesse plus élevée que les conditions routières ne le permettent, les conducteurs se retrouvent piégés au premier virage alors que la voiture va trop vite. Les gens réagissent donc en freinant, ce qui alourdit davantage les roues avant et accentue le sous-virage. À moins de lever le pied et d'actionner légèrement le frein d'urgence pour faire décrocher le train arrière (une technique que tout le monde ne maîtrise pas), ils continuent alors tout droit et c'est la sortie de route.

Comme la propulsion assure moins d'adhérence aux roues arrière sur la neige et la glace, le train arrière se dérobe plus facilement et le pilote a tendance à lever le pied pour contrôler la situation. Tant et si bien que le véhicule abordera généralement les courbes avec moins de vélocité, réduisant ainsi les risques de perte de contrôle. Malgré tout, si cela se produit, la personne au volant devra contrebraquer pour compenser la perte d'adhérence du train arrière et remettre le véhicule dans le droit chemin. Bien entendu, il faut cajoler l'accélérateur au lieu d'appuyer à fond.

Restent maintenant les véhicules dotés d'une transmission intégrale ou les 4X4 qui permettent de transférer la puissance aux quatre roues afin d'optimiser la traction et de prévenir les pertes de contrôle. Sans vouloir trop compliquer les choses, soulignons qu'il existe trois grandes catégories de véhicules à quatre roues motrices. Il y a le système à temps partiel à commande manuelle qui est enclenché par le conducteur et qui répartit ordinairement 50 % du couple aux roues avant et 50 % aux roues arrière. Il ne faut surtout pas confondre un tel système avec ce que l'on appelle le rouage intégral. Avec celui-ci, les quatre roues reçoivent toujours une partie du couple du moteur, la proportion variant automatiquement selon l'adhérence de chacune des roues. Ce système retenu par Audi est toujours enclenché et ne nécessite aucune intervention de la

Surprise !
La puissance
fout le camp !

La première partie de ce match assez particulier s'est déroulée sur une route secondaire en gravier d'une longueur de 3,8 km. Notre nouveau et prestigieux collaborateur, Jean-Paul Pérusse, venait justement d'effectuer plusieurs tours de ce circuit improvisé au volant de sa rugissante Subaru WRX de plus de 400 chevaux dans le cadre d'un reportage pour la version télévisée du *Guide de l'auto*.

C'est avec ses sensations de pilotage à l'extrême toujours en mémoire que Jean-Paul s'est attaqué au parcours, d'abord avec la Mercedes Classe C. Le premier kilomètre a été franchi à fond et le compteur indiquait bien 160 km/h lorsque la première courbe s'est présentée. Par instinct, Jean-Paul s'apprêtait à faire décrocher la voiture et à la mettre en dérapage, comme c'est si facile de le faire en rallye. Mais, peine perdue, la C320 ne bronchait

pratiquement pas. Même si le rouage 4Matic privilégie un léger survirage comme s'il s'agissait d'une propulsion, la voiture s'entêtait à demeurer neutre. La vitesse a chuté puisque la puissance du moteur a été automatiquement diminuée par le système de contrôle tandis que les freins intervenaient pour replacer l'arrière dans le droit chemin. De dire Jean-Paul : « La voiture fait à sa tête, à part la direction, c'est elle qui mène. » Somme toute, si le rouage intégral nous avait permis d'accélérer rapidement sur la terre meuble, pas question qu'il laisse le pilote faire ce qu'il veut dans un virage à haute vitesse sur un chemin à adhérence moyenne. Au fil des courbes, le même manège s'est répété et finalement, notre pilote vedette s'est contenté d'harmoniser son pilotage aux paramètres «par défaut» enregistrés dans la mémoire du système électronique d'assistance au pilotage. Bref, il lui a fallu plus de 6 minutes et 3 secondes pour boucler le circuit.

Passons maintenant à la Nissan Altima. La puissance motrice étant accordée aux roues avant, celle-ci s'est élancée presque sans problème sur la surface de gravillons. Mais non sans que le système antipatinage n'intervienne, ce qui a ralenti l'élan de la voiture qui s'est présentée au premier virage à 145 km/h, une diminution de 15 km/h par rapport à la Mercedes à transmission intégrale. Puis, une fois la courbe amorcée, les systèmes antipatinage sont intervenus et la voiture a diminué sa vitesse de moitié. Il a fallu un bon moment avant que la Nissan

part de l'utilisateur. Enfin, la transmission intégrale à temps partiel est celle qui équipe la plupart des VUS de type hybride dérivés d'une plate-forme d'automobile. Ces véhicules sont des tractions dotées d'un arbre de transmission se dirigeant vers les roues arrière et relié à un visco-coupleur qui permet de diriger une partie du couple aux roues arrière lorsque les roues avant patinent. La seule exception à la règle est la nouvelle Cadillac SRX qui est une propulsion qui se transforme en quatre roues motrices si le besoin s'en fait sentir.

Voilà pour la théorie... Celle-ci a toutefois été un peu bousculée avec l'apparition des systèmes d'assistance au conducteur dotés de modules de contrôle à commande électronique. En effet, l'arrivée des freins ABS a permis de développer l'antipatinage grâce à la présence d'un capteur vérifiant la vélocité de chaque roue. Par la suite, il a été relativement facile de mettre au point un contrôle de stabilité latérale qui remet le véhicule dans le droit chemin lorsqu'il y a dérapage grâce à l'utilisation sélective des freins et à une réduction de la puissance du moteur. Et une fois tous ces éléments en place, ce fut un jeu d'enfant pour les ingénieurs de concevoir un rouage intégral à commande électronique.

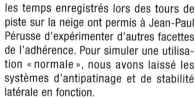

reprenne son élan pour ensuite ralentir considérablement au virage suivant. Ici, pas de perte d'adhérence, mais un ralentissement prononcé qui a pratiquement anéanti les élans de notre pilote et l'a également décontenancé. Résultat : un tour de circuit en 6 minutes et 25 secondes, soit 22 secondes de plus que la C320.

L'Infiniti G35 a été la dernière à prendre la route. En raison du sol assez mou et de l'intervention de l'antipatinage, sa vitesse au premier virage était de 142 km/h, soit 3 km/h de moins que l'Altima, une traction, et 18 km/h de moins que la Mercedes 4Matic à transmission intégrale. Puis, au fil des courbes et des changements de cap, le système antipatinage et de stabilité latérale de la G35 a fait mal paraître cette dernière en intervenant brutalement et souvent trop tard. Sur pavé sec et sans les systèmes électroniques, cette propulsion brille de tous ses feux, comme l'a démontré notre match comparatif de l'an dernier alors que la G35 a dominé. Dans des conditions de glisse et d'adhérence inférieure à la moyenne, les résultats s'avèrent décevants. Il semble que Nissan ait décidé d'économiser en développant un système d'antipatinage et de stabilité latérale peu sophistiqué. Résultat, un chrono final de 6 minutes et 55 secondes !

Bref, cette expérience sur une surface meuble a démontré que les trois voitures offrent une bonne dose de sécurité en évitant les sorties de route et en ralentissant le véhicule grâce à l'intervention des systèmes électroniques d'aide au pilotage. Par contre, au chapitre des performances et de l'agrément de conduite, l'intégrale l'emporte suivie de la traction et de la propulsion.

La parole à l'expert

Voilà pour la première partie de notre test ! Mais rares sont les automobilistes qui s'amusent à rouler à tombeau ouvert sur une route de terre. En revanche, il nous arrive à tous de devoir circuler sur une route enneigée. C'était d'ailleurs le but premier de ce test : vérifier quel type de propulsion est le mieux adapté à la conduite sur la neige.

Et pour ce faire, nous avons bénéficié de conditions incroyables. Une chute de neige de 10 cm à la fin d'avril suivie d'un réchauffement et même de giboulée a recouvert le circuit routier de Sanair d'une couche de neige durcie d'environ 5 cm, constituant ainsi une surface capable de demeurer en place pendant la durée des essais.

Les premiers tests chronométrés ont vu les trois berlines boucler le 0-100 mètres afin de mesurer la traction initiale et médiane en simulant un départ arrêté et un élan vers une vitesse de croisière. À cet exercice, c'est la Mercedes qui s'est avérée la meilleure, devançant l'Infiniti et l'Altima. Curieusement, l'Altima a devancé la G35 lorsqu'on débrayait les systèmes d'antipatinage. Soulignons que non seulement la Mercedes a franchi la distance en moins de temps, mais elle était également la plus rapide en fin de parcours. Elle fut la seule de cette troïka à combiner traction et vélocité.

Un test similaire effectué sur une distance de 100 pieds (30,48 mètres) a vu la Mercedes dominer de la même façon. Cette fois, la vitesse des deux autres était presque similaire, ce qui signifie que leur système se contente de brider la puissance en tout temps, car leur vitesse moyenne lors du test 0-100 mètres est demeurée stable tandis que celle de la C320 4Matic augmentait toujours. Un élément qui peut être considéré comme un atout majeur en certaines circonstances.

Mais comme on ne conduit pas tout le temps en ligne droite, les résultats d'un parcours de slalom chronométré de même que les temps enregistrés lors des tours de piste sur la neige ont permis à Jean-Paul Pérusse d'expérimenter d'autres facettes de l'adhérence. Pour simuler une utilisation « normale », nous avons laissé les systèmes d'antipatinage et de stabilité latérale en fonction.

Une fois de plus, autant entre les cônes du slalom que dans les courbes du circuit routier de Sanair, c'est la Mercedes C320 qui a maîtrisé la surface glissante avec le plus d'aplomb et parcouru la distance le plus rapidement. Viennent ensuite dans l'ordre l'Altima et la G35. Inutile de chercher midi à quatorze heures : un rouage intégral ultramoderne semble être le meilleur outil pour offrir une conduite sûre sur une chaussée glissante. La traction se classe au deuxième rang tandis que la propulsion ferme la marche. Il faut toutefois souligner que même si la G35 a été distancée dans presque toutes les étapes de cette évaluation, les systèmes électroniques nous ont permis de conserver un bon contrôle du véhicule, au détriment de la vitesse. Si vous avez envie de rouler en propulsion toute l'année, vous allez vous amuser la plupart du temps et n'avoir à subir de légers inconvénients que durant quelques jours chaque hiver lorsque dame Nature nous fait cadeau de neige, de glace ou de gadoue.

Les pendules à l'heure

Avant de conclure, laissons la parole à notre spécialiste, Jean-Paul Pérusse, dont les commentaires très révélateurs ont permis de mettre véritablement les pendules à l'heure.

Commentaires généraux : « Les aides électroniques ont leur raison d'être dans la plupart des conditions de route pour éviter à la majorité des conducteurs d'être piégés en cas d'erreur. J'ai noté qu'il existe plusieurs variantes, plus ou moins bien réussies, dans la façon d'apporter cette aide électronique. Ces variantes deviennent évidentes lorsque ces véhicules sont mis à l'essai dans des conditions enneigées et glissantes, comme celles qui prévalaient à Sanair (neige à 90 %). Ce qui m'a semblé le plus frustrant dans tous les cas, c'est l'arrêt complet du moteur dans les courbes glissantes. Je ne suis pas convaincu que même pour le conducteur moyen, ce soit la bonne stratégie. »

Nissan Altima : « La programmation m'a semblé la moins sophistiquée, du moins elle est intervenue avec moins de succès que celle de la Mercedes. Sur la piste, la conduite était plus délicate. J'ai d'ailleurs fait un tête-à-queue en l'essayant immédiatement après avoir essayé la Mercedes. En slalom, le moteur coupait moins que sur la C320, mais je pouvais faire un tête-à-queue facilement en accélérant dans une courbe, donc un peu plus dangereuse à conduire dans des conditions de glisse. »

Infiniti G35 : « Le bel exemple d'une intervention exagérée ! Un désastre ! La programmation électronique décide de votre conduite en conditions de glisse et vous ralentit de façon exagérée. Le pire, c'est qu'on ne peut annuler cette programmation. Je ne recommanderais pas cette auto aux gens qui doivent s'en servir sur la neige, soit la majorité des Canadiens ! »

Mercedes-Benz C320 : « La meilleure réussite au point de vue de la programmation, quoique j'aurais laissé un peu de traction dans les courbes prononcées au lieu de couper le moteur complètement. Ce qui m'a semblé le plus fascinant, c'est la programmation en accélération rectiligne : même si c'est glissant, le moteur n'est pas coupé complètement. Il me semble que l'ordinateur ne fait qu'assurer qu'aucune roue ne s'emballe. J'ai atteint les vitesses de pointe les plus élevées au bout de la ligne droite avec cette auto qui était pourtant la moins avantagée côté rapport poids/puissance. Presque un charme sous la neige, idéale pour le conducteur moyen. »

Les résultats de ce test pour le moins inusité donnent raison aux constructeurs qui sont de plus en plus prompts à installer des rouages intégraux dans des berlines conventionnelles. Grâce à la sophistication accrue des systèmes électroniques, il ne faudrait pas se surprendre si presque tous les grands constructeurs nous offraient au moins un rouage intégral par modèle dans la prochaine décennie. Cela leur permettra également de mettre sur le marché des automobiles de plus en plus performantes tout en assurant un meilleur contrôle lorsque les conditions d'adhérence sont délicates.

À la lumière des résultats de ce test, à vous de décider si vous avez absolument besoin d'une intégrale ou si une deux roues motrices vous suffit.

Toyota 4Runner :
un loup dans la bergerie

Ce test a permis de comparer trois berlines dotées de trois modes de propulsion différents. Mais il ne fallait pas négliger pour autant les authentiques VUS compte tenu que tout le monde ou presque ne jure que par ça. Achetés par des milliers de personnes à la recherche de sécurité en conduite hivernale, ils sont fortement critiqués par plusieurs pour leur manque d'agrément de conduite, leur forte consommation et leur tenue de route aléatoire (dont leur propension au capotage) en raison d'un centre de gravité élevé. Pour en avoir le cœur net, nous avons conduit en catimini au circuit de Sanair la toute dernière version du Toyota 4Runner, un authentique 4X4 à châssis autonome, d'une robustesse capable d'affronter les pires conditions. En revanche, contrairement aux VUS des générations précédentes dotés d'un rouage d'entraînement primitif à commande manuelle, celui-ci est doté d'une transmission intégrale à contrôle électronique de la toute dernière génération, similaire à la plupart des nouveaux modèles de cette catégorie.

Il est vrai que l'agrément de conduite était inférieur à celui de toutes les berlines présentes, mais c'est un peu la nature de la chose. Malgré tout, le rouage intégral de ce colosse l'a fait bien paraître sous toutes les conditions d'accélération sur la neige. En

fait, seule la Mercedes a réussi à le surpasser en temps et en vitesse, mais de très peu comme vous pourrez le constater dans le tableau qui accompagne cet essai.

Somme toute, ces gros engins font ce qu'on recherche d'eux, mais ils ne sont pas indispensables pour rouler en toute sécurité en hiver. Une bonne berline à transmission intégrale peut très bien faire l'affaire tout en étant plus maniable, plus économique et moins désagréable à conduire. Le seul vrai point en faveur de véhicules comme le 4Runner est leur capacité à franchir les congères surdimensionnées, les sentiers défoncés ou la boue profonde. Il faut alors un tout-terrain doté d'une démultipliée comme c'est le cas du 4Runner et de la majorité de ses semblables. Mais il faut préciser que tous les VUS ne sont pas aussi doués que ce Toyota de la toute dernière génération et que leurs prestations ne seront pas toutes aussi étincelantes.

Pour conclure l'évaluation de ce véhicule, voici l'opinion de Jean-Paul Pérusse après deux tours de piste sur le circuit providentiellement enneigé de Sanair :

Toyota 4Runner : « Les performances étaient bonnes sur la piste, mais il était très instable à un endroit où un côté était enneigé alors que l'autre était glacé. Ce qui m'a valu une bonne sortie de route à mon premier essai. C'était de loin le véhicule le plus difficile à conduire lors de ces essais. En mode normal, la programmation intervient moyennement, encore trop dans les virages, alors que le moteur coupe carrément. »

Bref, rien n'est parfait là non plus. Le potentiel est là, mais il faut un peu plus de doigté pour en tirer profit et surtout, toujours avoir en mémoire qu'il s'agit d'un véhicule plus lourd, plus haut et moins manœuvrable qu'une berline. Toutefois, si vous en avez absolument besoin, vous savez au moins que les merveilles de l'électronique ont drôlement civilisé la catégorie.

Performances mesurées	INFINITI G35 Propulsion	MERCEDES-BENZ C320 Intégrale	NISSAN ALTIMA Traction	TOYOTA 4RUNNER Intégrale
Accélération 0-100 mètres				
Chrono	12,2 s	8,4 s	14,8 s	8,3 s
Vitesse maximale	50 km/h	90 km/h	62 km/h	70 km/h
ASC débrayé				
Chrono	13,9 s	n.d.	12,7 s	n.d.
Vitesse maximale	41 km/h	n.d.	55 km/h	n.d.
Accélération 0-100 pieds				
Chrono	7,7 s	4,4 s	6 s	4,2 s
Vitesse maximale	45 km/h	54 km/h	50 km/h	45 km/h
ASC débrayé				
Chrono	8,7 s	n.d.	7 s	n.d.
Vitesse maximale	40 km/h	n.d.	42 km/h	n.d.
Slalom				
1er parcours	46,1 s	37,3 s	40,3 s	37,8 s
2e parcours	43,8 s	36,4 s	39,6 s	37,6 s
Tours du circuit				
1er tour	121,4 s	101,8 s	111,3 s	103,1 s
2e tour	114,0 s	99,0 s	106,1 s	101,1 s
Route non pavée				
Circuit 3,8 km	6 min 25 s	6 min 3 s	6 min 55 s	n.d.

Le match RAISON PASSION :
La Subaru WRX STi affronte la Nissan 350Z

PAR **JACQUES DUVAL**
PHOTOS **MICHEL FYEN-GAGNON**

Il existe une croyance japonaise qui veut que si lorsque vous joignez vos deux mains comme si vous alliez réciter une prière, votre pouce droit se retrouve sur le dessus, vos gestes sont souvent guidés par la passion. Par contre, si c'est le pouce gauche qui se place naturellement tout en haut, on dit que vous êtes plus pragmatique et que la raison a souvent préséance dans vos décisions. Faites l'expérience pour savoir à quel type vous appartenez pendant que nous démêlons nos papiers et nos fiches d'évaluation de ce match « raison passion ».

Dans le cas qui nous occupe, précisons d'abord que l'argent n'est même pas un critère de choix puisque nos deux opposantes coûtent approximativement le même prix. En admettant que vous soyez amateur de voitures sport et que vous disposiez d'environ 46 000 $, vous êtes confronté ici à deux modèles présentant chacun de solides arguments pour compliquer votre choix. Au cas où vous n'auriez pas lu le titre qui coiffe cet article, rappelons qu'il s'agit du coupé Nissan 350Z réapparu sur le marché l'an dernier (et qui existe aussi en cabriolet) et de la dernière version de la Subaru WRX, la performante berline quatre portes STi. Deux architectures bien différentes comme vous pouvez le constater, mais en bout de ligne des performances très similaires, du moins sur pavé sec.

Du tape-à-l'œil

Si c'est la passion qui vous démange, il y a bien des chances que vous n'accordiez même pas un second regard à la Subaru que vous jugerez grotesque et tape-à-l'œil avec son immense aileron arrière qui sert à je ne sais trop quoi. À le voir se dandiner sur le

coffre arrière, on peut même se demander s'il n'est pas dangereux. Chose certaine, il handicape sérieusement la vitesse de pointe en perturbant l'aérodynamisme. En revanche, plusieurs seront séduits par le petit parfum de compétition qu'exhale la STi. Les apôtres de la raison vanteront par ailleurs son côté quatre saisons dû à sa traction intégrale permanente et son aspect familial avec ses quatre portières et ses quatre places, sans compter son grand coffre à bagages (311 litres contre 193 pour la 350). Elle ne manque pas de panache non plus avec ses roues BBS, son gros échappement et son immense prise d'air sur le capot avant. Bien

Fiche technique

	NISSAN 350Z	SUBARU WRX STi
➤ Empattement	265 cm	252,5 cm
➤ Longueur	431 cm	441 cm
➤ Largeur	182 cm	174 cm
➤ Hauteur	131,5 cm	144 cm
➤ Poids	1473 kg	1450 kg
➤ Transmission	manuelle	manuelle
➤ Nombre de rapports	6	6
➤ Moteur	V6	H4
➤ Cylindrée	3,5 litres	2,5 litres
➤ Puissance	287 ch	300 ch
➤ Suspension avant	indépendante	indépendante
➤ Suspension arrière	indépendante	indépendante
➤ Freins avant	disque	disque
➤ Freins arrière	disque	disque
➤ ABS	oui	oui
➤ Pneus (av. / arr.)	225/45WR18 / 245/45WR18	225/45R17
➤ Direction	à crémaillère	à crémaillère
➤ Diamètre de braquage	10,8 mètres	11,0 mètres
➤ Coussins gonflables	frontaux, latéraux et tête	frontaux
➤ Réservoir	76 litres	60 litres
➤ Capacité du coffre	193 litres	311 litres
➤ Accélération 0-100 km/h	7,1 secondes	4,9 secondes
➤ Vitesse de pointe	250 km/h	245 km/h
➤ Consommation	11,0 litres (super)	16,8 litres (super)
➤ Prix	46 500 $	46 995 $

sûr, celle-ci a pour but d'alimenter le refroidisseur d'air de suralimentation qu'exige le turbocompresseur. Car il en fallait un pour pousser la puissance de ce quatre cylindres à plat de 2,5 litres à 300 chevaux. Suprême raffinement, une commande au tableau de bord permet d'injecter de l'eau afin de maximiser le rendement du turbocompresseur.

La simplicité de la 350

À côté de ça, la fiche technique de la Nissan 350Z fait un peu simpliste. Son capot avant abrite le V6 Nissan de 3,5 litres apprêté à toutes les sauces et développant ici

287 chevaux et 274 lb-pi de couple, des chiffres légèrement inférieurs à ceux de la STi. Celle-ci est cependant plus aérodynamique tandis que les deux voitures se retrouvent quasi à égalité sur la balance. Toutes deux s'offrent des boîtes manuelles à six rapports. Toutes ces similitudes en même temps que ces différences nous ont donc inspiré ce match comparatif qui est ni plus ni moins qu'une répétition de celui de 2002 au cours duquel la première Subaru Impreza WRX avait affronté la Porsche Boxster. Et la Subaru n'avait concédé à son adversaire que 12 points sur 400 au décompte final. Nous

nous sommes demandé comment elle allait se débrouiller contre une autre sportive beaucoup moins chère et mieux nantie que la décevante Boxster (voir essais et analyses).

Des chiffres et encore des chiffres

Dans une confrontation entre deux voitures à vocation sportive comme celles décrites plus haut, les chiffres sont éloquents et pratiquement rien d'autre n'importe. Pour en obtenir le plus possible, nous avons fait appel à un équipement sophistiqué afin de mesurer les accélérations, le quart de mille, les reprises et le freinage.

Le chronomètre, toujours manipulé par la même personne, a emmagasiné les temps relatifs au slalom et aux tours de piste sur notre terrain de prédilection, le circuit de Sanair. Sans être la piste la plus techniquement intéressante, c'est celle qui nous offre les meilleures références compte tenu des nombreux matchs antérieurs disputés à cet endroit.

Examinons maintenant les résultats des tests précités. Aucun doute possible, le moteur de la Subaru STi est ici le roi et

Performances mesurées

	NISSAN 350Z	SUBARU WRX STi
Accélération		
0-30 km/h	2,11 s	1,91 s
0-60 km/h	4,02 s	2,80 s
0-100 km/h	7,10 s	4,90 s
0-120 km/h	8,90 s	7,60 s
Freinage		
100-0 km/h	34,0 m	29,9 m
Reprise (4e)		
60-100 km/h	5,20 s	3,40 s
80-120 km/h	6,10 s	3,90 s
¼ mille		
Temps / vitesse	13,1 s / 162 km/h (100,1 mph)	14,6 s / 160,1 km/h (99,5 mph)
Slalom		
1er essai	20,58 s	20,93 s
2e essai	20,83 s	21,60 s
Tours de piste		
1er tour	63,54 s	62,97 s
2e tour	64,14 s	62,48 s
Niveau sonore		
Ralenti	47,2 dB	45 dB
Accélération	79,1 dB	77 dB
100 km/h	71,2 dB	70 dB

maître… et quelquefois par une marge importante. Par exemple, pour les reprises entre 80 et 120 km/h, il est plus rapide de 2,2 secondes, avec des temps obtenus avec le quatrième rapport dans les deux cas. Le résultat est identique lors du 0-100 km/h que la STi parcourt en 4,9 secondes contre 7,1 secondes pour la Nissan. Oui, oui, oui, je sais que le temps de la 350Z semble anormalement lent, mais n'oubliez pas qu'on ne parle pas du 0-60 mph qui se boucle facilement en une seconde de moins pour la simple raison qu'il n'est pas nécessaire d'enclencher le troisième rapport. Détail important à souligner, la Subaru est dotée d'une boîte à rapports courts (121 km/h seulement en troisième en arrivant à la ligne rouge du compte-tours).

Sur le quart de mille, la domination de la STi est moins importante, compte tenu qu'à grande vitesse, son manque d'aérodynamisme commence à la pénaliser. Ses freins issus directement de la compétition permettent à la Subaru de reprendre le commandement avec une distance d'arrêt de 4,1 mètres plus courte que celle du coupé sport de Nissan à partir de 100 km/h. En matière de résistance à une conduite très sportive, les freins de la berline japonaise perdent rapidement leur efficacité après quelques tours de piste chronométrés. À ce chapitre, ses Brembo se font damer le pion par les simples disques ventilés de la Nissan 350Z qui peut s'équiper de freins Brembo elle aussi si l'on choisit la version « Track » un peu plus pointue… et un peu plus chère, nécessairement.

La 350Z vole le slalom

Contrairement à nos attentes, la 350 a triomphé de la STi dans l'épreuve du slalom où cette dernière a été plus handicapée qu'autre chose par sa traction intégrale. Claude

Carrière, notre pilote d'essai invité, a d'ailleurs souligné qu'il fallait un bon temps d'assimilation avant de pouvoir extraire le maximum de la voiture. En slalom, son adhérence est telle qu'il est impossible de la mettre en travers pour enfiler les cônes plus rapidement. Même problème au départ où les quatre roues motrices refusent de patiner. Bref, Claude s'est amusé davantage avec la Nissan dont la grande facilité de conduite est un atout indéniable.

Sur piste où j'ai livré les voitures à plusieurs tours chronométrés, l'allure plus soutenue ne sied pas aussi bien à la 350Z et cela même sans l'aide du VDC (Vehicle Dynamic Control). Le sous-virage se révèle excessif dans les virages de moyenne amplitude, ce qui prive la voiture de la maniabilité qu'elle affiche en slalom. Je dirais qu'elle est plus sécuritaire que la STi, mais moins sportive. Ses freins sont cependant un peu plus endurants, ce qui l'aide à ne concé-

der qu'une seconde à la Subaru. Pour vous éviter d'aller fouiller dans vos vieux exemplaires du *Guide de l'auto*, je rappelle que dans sa version STi, la WRX est une grosse seconde plus rapide que le modèle 2001 de 227 chevaux. Comme quoi il en faut de la puissance pour retrancher une seconde à un chrono.

Quant à la 350Z, elle n'accuse qu'une demi-seconde de retard par rapport à la Porsche Boxster de l'époque tout en coûtant 15 000 $ de moins.

Au quotidien

Autant il est intéressant de savoir ce qu'une sportive a dans le ventre sur une piste de course, autant il ne faut pas perdre de vue qu'une voiture « vit » d'abord sur la route et dans la circulation de tous les jours. Sous cet aspect, le verdict de nos essayeurs pèse aussi lourd dans la balance. Si la 350Z bat en retraite au point de vue performances

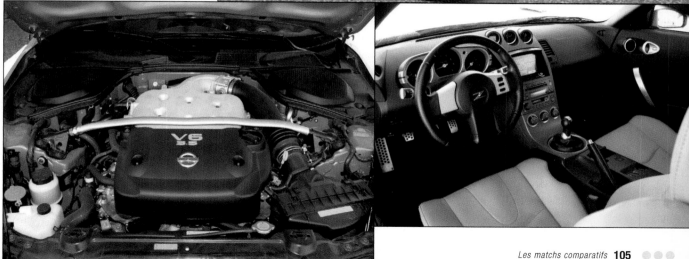

et comportement routier, elle s'illustre par un confort et un équipement supérieurs à ceux de sa concurrente. Ses sièges et sa position de conduite par exemple sont plus agréables que ceux de la STi malgré l'utilisation dans cette dernière de baquets Recaro. En s'affichant comme une voiture de rallye adaptée à la route, la Subaru adopte un caractère plus brutal qui exige de faire des compromis au chapitre du confort.

« Ce n'est pas une voiture à mettre entre toutes les mains, dit Claude Carrière, elle est un régal sur la piste mais très intense sur la route où elle exige un engagement total du conducteur. » Denis Duquet rajoute : « c'est une voiture qui se conduit de façon énergique et qui me semble capable d'en prendre. » Quant à Jacques Deshaies, il recommande de

prévoir « un budget énorme pour les pneus ». Finalement, notre jeune participant Pierre Tanguay, qui répondait parfaitement au profil de l'acheteur type de STi, a trouvé que la qualité des matériaux à l'intérieur ne justifiait pas le prix. « Un rapport qualité/prix à chier », pour reprendre son commentaire. Quant au fils de l'autre (David Duquet), « ça marche à mon goût », a-t-il écrit à propos de la STi tout en reconnaissant que « les freins et surtout l'atroce boîte de vitesses étaient moins cool ».

Quant à l'esthétique, on n'en parle même pas tellement le look de la Subaru est discutable par rapport aux lignes flatteuses de la 350Z.

Cette dernière a aussi suscité de nombreux commentaires comme celui-ci : « Elle est belle, mais pas assez punchée à mon goût » (dixit David). Pour Jacques Deshaies, « l'intérieur fait un peu bon marché, mais l'amateur n'y verra que du feu ». Selon Claude, « la 350Z peut être un *cruiser* ou une vraie sportive au choix du conducteur ». Quant à notre vétéran, Denis Duquet, il nous dit que «la sportive de Nissan est destinée aux gens qui aiment les choses clé en main tandis que sa rivale intéressera les gens qui aiment se mettre dans le trouble en optant pour des jouets dont ils ne connaissent pas nécessairement le fonctionnement».

Plus froidement, toutes les remarques qui précèdent se sont transformées en chiffres sur notre feuille de pointage qui marque la victoire de la Nissan 350Z par une très faible marge, soit 4 points sur un total de 400. Cela nous amène à conclure que la décision d'achat sera fortement influencée par la façon dont vous vous croisez les mains dans le test «raison passion». La raison vous dirigera vers la Subaru et la passion cédera aux charmes de la Nissan. À moins que la STi soit la combinaison parfaite de la «raison passion». À vous de décider!

Fiche d'évaluation

		NISSAN 350Z	SUBARU WRX STi
Style			
Extérieur	15	14	10,3
Intérieur	10	8	6,1
	25 pts	22	16,4
Accessoires			
Radio	10	8,5	6,5
Climatisation	10	8,7	7,8
Instruments : commandes	20	14,6	15,5
	40 pts	31,8	29,8
Confort			
Confort de suspension	20	16,8	15,6
Niveau sonore	10	7,8	8
Sièges : position de conduite	10	9,2	8,5
	40 pts	33,8	32,1
Moteur/Transmission			
Rendement	15	13,2	13,5
Performances	20	16,7	18
Boîte : agrément	10	7,4	6,1
Boîte : étagement	10	8,2	6,5
	55 pts	45,5	44,1
Comportement routier			
Tenue de route	50	41,4	44,8
Direction	20	16,6	17
Freins : endurance	20	17,5	16,4
	90 pts	75,5	78,2
Performances			
Reprises	20	16	20
Accélération 0-100 km/h	20	18	20
¼ mille	10	10	8
Freinage 100-0 km/h	10	8	10
Slalom	20	20	18
Tours de piste	20	18	20
	100 pts	90	96
Autres classements			
Choix des essayeurs	25	25	23
Prix	25	25	25
	50 pts	50	48
Total	400 pts	348,6	344,6
Classement		1	2

Jaguar XJR contre Mercedes-Benz E55 AMG
La belle et la bête

PAR **JACQUES DUVAL**
PHOTOS **MICHEL FYEN-GAGNON**

Filer à l'anglaise ou à l'allemande ? Voilà la question à laquelle ce match comparatif très relevé tente d'apporter une réponse. Rarement deux voitures sont-elles tombées aussi à point dans le parc de véhicules d'essais du *Guide de l'auto*. Toutes deux installées au sommet de leur gamme respective, la Jaguar XJR et la Mercedes-Benz E55 AMG ont suffisamment de points en commun pour que l'idée de les confronter soit ce que l'on appelle communément « un naturel ». Ces deux modèles constituent le nec plus ultra de la catégorie des berlines de luxe ultra haute performance tout en partageant à peu près les mêmes dimensions et une motorisation tonifiée par l'ajout d'un compresseur, pour un prix quasi identique. Laquelle des deux offre le meilleur rapport « prix, qualité, luxe, confort et performances » ? La XJR avec son V8 4,2 de 390 chevaux ou l'E55 AMG armée d'un V8 de 5,5 litres dont la puissance frôle les 500 chevaux (469) ? Rendez-vous à la piste de Sanair, notre terrain de jeu préféré.

Un mot d'abord sur l'apparence qui, plus qu'on ne le croit, joue toujours un rôle considérable dans l'achat d'une voiture de cette envergure. Quand j'ai choisi d'appeler ce match « la belle et la bête », l'idée était claire dans mon esprit quant à l'identité de chacune. Drapée en *british racing green*, notre noble anglaise paraissait devoir s'imposer comme la plus attirante des deux tandis que sa rivale allemande s'annonçait comme la bête féroce et brutale avec sa forte personnalité germanique. Surprise ! Deux de

nos participants (dont une femme) ont tout de suite dit que l'E55 était les deux à la fois : la belle et la bête. Il faut dire que sa livrée argent et ses roues ajourées en alliage lui donnent fière allure tandis que la Jaguar fait nécessairement déjà vu. Sa partie arrière n'a pas fait l'unanimité et lui a valu d'être comparée à une Ford Crown Vic ou à une Lincoln Continental. Quant à l'intérieur, Denis Duquet l'a décrit en ces termes : « L'habitacle genre marquis de Pompadour ne s'harmonise pas avec ses prétentions sportives. » Quant à Jacques Deshaies, il est en désaccord avec

l'intérieur style *knotty pine*. Bref, dès les premières notes sur la fiche d'évaluation, la Jag accusait du retard sur sa rivale d'un jour. Cela dit, prenons la porte de sortie en soulignant que les goûts ne se discutent pas et passons à des choses plus concrètes.

L'E55 : un concert de superlatifs
Sans vouloir « brûler le punch », il faut dire d'entrée de jeu que la Mercedes E55 a été saluée par un concert de superlatifs depuis « la nouvelle reine de la route », « une Viper quatre portes », « une vraie gifle au visage de la M5 » et « bye bye Modena » (Claude Carrière). J'ajouterai que personne ne s'attendait à une telle démonstration de puissance, de tenue de route et de sportivité de la part de l'E55 fignolée par AMG. Exception faite de l'Enzo, elle peut s'en prendre à n'importe quelle Ferrari et se retrouver sur le même plateau qu'une Porsche 911 Turbo. C'est incontestablement la plus belle réussite d'AMG à ce jour. Qu'une berline quatre portes de près de 2000 kilos puisse faire la leçon à des sportives aussi renommées constitue déjà un exploit en soi.

Fiche technique

	JAGUAR XJR	MERCEDES-BENZ E55 AMG
➤ Empattement	303 cm	285 cm
➤ Longueur	509 cm	484 cm
➤ Largeur	186 cm	181 cm
➤ Hauteur	145 cm	145 cm
➤ Poids	1792 kg	1835 kg
➤ Transmission	automatique	automatique
➤ Nombre de rapports	6	5
➤ Moteur	V8	V8
➤ Cylindrée	4,2 litres	5,5 litres
➤ Puissance	390 ch	469 ch
➤ Suspension avant	indépendante	indépendante
➤ Suspension arrière	indépendante	indépendante
➤ Freins avant	disque	disque
➤ Freins arrière	disque	disque
➤ ABS	oui	oui
➤ Pneus (av. / arr.)	255/40ZR19 / 235/35ZR20	255/40ZR18 / 265/35ZR18
➤ Direction	à crémaillère	à crémaillère
➤ Diamètre de braquage	11,7 mètres	11,4 mètres
➤ Coussins gonflables	frontaux, latéraux et tête	frontaux, latéraux et tête
➤ Réservoir	85 litres	60 litres
➤ Capacité du coffre	470 litres	450 litres
➤ Vitesse de pointe	250 km/h	250 km/h
➤ Consommation	12,8 litres (super)	16,8 litres (super)
➤ Prix	115 000 $	113 000 $

L'E55 signe un nouveau record de piste

Exception faite de l'épreuve du slalom, cette Mercedes n'a fait qu'une bouchée de son adversaire de la journée en signant notamment le meilleur chrono du tour de piste le plus rapide jamais enregistré à la piste de Sanair (59,34 secondes) pour une voiture de série. Et cela inclut bien des Porsche, des Ferrari et bien sûr la Jaguar XJR qui accuse plus de 4 secondes de retard sur l'E55. Aussi bien dire une éternité !

C'est surtout son couple phénoménal qui permet à la Mercedes de dominer la concurrence de manière aussi outrageante. Elle s'arrache des virages avec une vigueur incomparable et met parfaitement à profit son énorme puissance. Celle-ci compense largement pour une direction un peu lente à réagir par rapport à la Jaguar. C'est d'ailleurs un des atouts qui ont permis à la XJR de s'imposer dans l'épreuve du slalom et de faire preuve d'une plus grande maniabilité. Sur la route, le volant de la Mercedes est aussi très sensible aux

nombreuses imperfections du revêtement qui se traduisent par un sautillement peu agréable.

Il faut aussi ralentir de tels engins. Les freins de la belle anglaise nous ont lâchés bien avant ceux de l'E55. Ils ont même failli s'enflammer à la suite de quelques tours de piste particulièrement débridés qu'une utilisation routière ne saurait jamais reproduire. Même quand on place la suspension réglable en mode Sport, la tenue de route de la Jaguar répond à la définition d'une voiture sous-vireuse qui peut devenir brutalement survireuse lorsqu'on remet la puissance à la sortie d'un virage.

Alors que nous les avons utilisées toutes les deux sans l'assistance électro-nique du système de stabilité, c'est évidemment la fusée de Stuttgart qui s'est montrée la plus délicate à conduire, compte tenu de sa puissance phénomé-nale qui a tôt fait de rompre l'adhérence des roues motrices arrière. Et pour évi-ter le tête-à-queue, vaut mieux avoir bien apprivoisé la bête. C'est aussi l'opinion de Claude Carrière qui, lors du slalom, a

Performances mesurées	JAGUAR XJR	MERCEDES-BENZ E55 AMG
Accélération		
0-30 km/h	1,92 s	1,80 s
0-60 km/h	3,67 s	3,61 s
0-100 km/h	7,04 s	4,50 s
0-120 km/h	9,05 s	6,60 s
Freinage		
100-0 km/h	31,0 m	30,0 m
Reprise (4e)		
60-100 km/h	3,60 s	3,52 s
80-120 km/h	3,96 s	3,29 s
¼ mille		
Temps / vitesse	15,19 s / 165 km/h (103 mph)	13,91 s / 185 km/h (115 mph)
Slalom		
1er essai	22,68 s	20,62 s
2e essai	20,40 s	22,67 s
Tours de piste		
1er tour	63,57 s	61,61 s
2e tour	63,56 s	59,34 s
Niveau sonore		
Ralenti	43,3 dB	45,6 dB
Accélération	72,3 dB	75,2 dB
100 km/h	64,9 dB	65,2 dB

préféré garder l'ESP engagé après avoir appris que les dérapages étaient sans doute spectaculaires mais fatals pour le chrono. C'est un peu pour la même raison que l'E55 nous a donné de meilleurs temps d'accélération avec l'antipatinage branché. Dans un duel (lire *drag*) avec la XJR, l'E55 nous faisait un beau «show de boucane» mais restait pratiquement sur place pendant que la Jaguar s'enfuyait.

Au quotidien

Mais revenons à la réalité et voyons comment ces deux bolides affrontent la vie au quotidien. La Jaguar est plus généreuse dans son habitabilité que la représentante de l'étoile à trois pointes, ce que viennent confirmer nos mesures de l'espace offert pour la tête, les jambes et les hanches. Malgré ses dimensions plus imposantes, la Jag se fait toutefois damer le pion quand il est question de la grandeur du coffre arrière. Dans l'ensemble, on remarque que la XJR poursuit la tradition de douceur et de souplesse des modèles antérieurs. Bien que les sièges de l'une et de l'autre affichent une qualité égale, la noble britannique dorlote davantage ses occupants sur mauvaise route. À ce chapitre, l'E55 est typiquement allemande avec la fermeté de suspension propre aux voitures de ce pays. Avec la Jaguar, tout est plus feutré et son confort est carrément supérieur comme le démontre sa première position à ce poste d'évaluation. Le sonomètre est d'ailleurs venu confirmer que le niveau de bruit à l'intérieur était inférieur à celui entendu dans sa rivale.

Des commentaires éloquents

Nos deux berlines supersport ont suscité de la part de nos essayeurs de nombreux commentaires, tantôt assassins, tantôt flatteurs. «Wow! j'ai adoré conduire ce vrai monstre sur quatre roues qu'est l'E55. Après seulement quelques mètres, je me suis senti dans un état d'euphorie», relatait Alexandre Doré. Quant à Jacques Deshaies, la XJR l'a laissé de glace: «Elle est mieux dans le stationnement d'un restaurant chic que sur la piste, malgré son gros moteur. Quand je voudrai m'acheter une voiture de luxe, je n'irai pas choisir un modèle qui semble sortir en droite ligne de Detroit.» Avec son humour habituel,

De la XJR, ils ont dit

«Cette belle anglaise a beau se donner du muscle, sa conception ne se prête pas à ce genre de gonflette mécanique.»

Denis Duquet

«Ce qui m'a le plus frappé, c'est son côté riche… et reposant.»

Alexandre Doré

«Cette voiture réagit comme si elle était 25 % plus petite lorsqu'on la pousse.»

Claude Carrière

Denis Duquet a écrit à propos de ce duel : « Irma la douce se fait donner une râclée par Fritz le musclé. » Par contre, l'E55 l'a emballé à tous les points de vue : « Juste voir la signature de l'ouvrier sur le carter du compresseur suffirait à me faire acheter cette voiture. » Denis ajoute : « Ce hot-rod teutonique m'a séduit autant par son agressivité que par sa poigne dans les virages. Et, en prime, vous bénéficiez de tous les éléments de robustesse et d'attention aux détails qui ont fait la réputation de la marque. » La Jaguar XJR a quand même reçu sa part d'épithètes flatteuses comme celle-ci de Claude Carrière : « Des performances étonnantes et un luxe à l'anglaise. Un vrai gentleman's express. »

Pour en savoir davantage sur les résultats de ce match comparatif, vous n'aurez qu'à consulter les fiches techniques, les relevés de performance et les scores respectifs des deux voitures dans le bulletin d'évaluation.

Toutefois, à la lumière de ce qui précède, il est facile de savoir laquelle des deux voitures a fait meilleure impression. C'est, bien sûr, la Mercedes-Benz E55 AMG qui a été pour nous la découverte de l'année. La marque allemande possède désormais dans sa gamme une berline aux dents longues comparable à des sportives de très haut niveau. Elle accélère comme un boulet de

canon et ne demande qu'à être malmenée tout en offrant l'espace nécessaire à quatre personnes en quête de confort, de luxe et… de vitesse.

Quant à la Jaguar XKR, le fait qu'elle ait été éclipsée par sa rivale n'enlève rien à ses qualités même si l'on se demande à quoi a

vraiment servi l'aluminium utilisé pour sa construction. Elle pratique la haute performance sur une échelle moins effrénée tout en conservant son caractère bien particulier qui a fait la réputation de Jaguar. À vous de choisir laquelle se prête le mieux à vos goûts et à vos besoins.

De l'E55, ils ont dit

« Quelle musique côté échappement. »
Claude Carrière

« Idéal pour l'homme d'affaires et conducteur sportif qui peut se faire plaisir en se rendant à son travail. »
Denis Duquet

« La suspension est très ferme et les pneus à taille basse risquent de s'endommager dans les nids-de-poule. »
Jacques Deshaies

« Si je gagne à la 6/49, je me précipite pour en acheter une. »
Claude Carrière

« Je l'aime, point à la ligne. »
Alexandre Doré

Fiche d'évaluation

		JAGUAR XJR	MERCEDES-BENZ E55 AMG
Style			
Extérieur	10	7,5	8,7
Intérieur	10	7,5	8,2
	20 pts	**15**	**16,9**
Carrosserie			
Finition intérieure et extérieure	10	8	8,5
Qualité des matériaux	10	8,5	8,5
Coffre (accès/volume)	10	7,2	8,2
Espaces de rangement	10	7,6	8
Astuces et originalité (innovation intéressante, gadgets hors série, etc.)	10	7,5	8
Équipement	5	4,2	4,2
Tableau de bord	5	4	4,5
	60 pts	**47**	**49,9**
Confort			
Position de conduite/volant/sièges av.	10	8	9,2
Places arr. (espace 2 ou 3 personnes)	10	8,2	7,5
Ergonomie (facilité d'atteindre les commandes et lisibilité des instruments)	10	8	7,8
Silence de roulement	10	8	7,6
	40 pts	**32,2**	**32,1**
Conduite			
Moteur (rendement, puissance, couple à bas régime, réponse, agrément)	40	35,5	39,2
Transmission (passage des rapports étagement, rétrocontact, levier, agrément)	30	25,2	27,7
Direction (précision, feed-back, braquage)	30	26,2	28,5
Tenue de route	30	24,5	27
Freins (endurance, sensations, performances)	30	23	28
Confort de la suspension	20	18	16,5
	180 pts	**152,4**	**166,9**
Sécurité			
Visibilité	10	7,8	8,6
Rétroviseurs	10	8,5	8
Nombre de coussins de sécurité	10	10	10
	30 pts	**26,3**	**26,6**
Performances			
Reprises	20	18	20
Accélération	20	18	20
Freinage	20	18	20
Slalom	20	20	18
Tour de piste	20	18	20
Niveau sonore	10	10	8
	110 pts	**102**	**106**
Rapport qualité/prix			
Agrément de conduite	10	7,6	9,5
Choix des essayeurs	40	38	40
Valeur pour le prix	10	8	10
	60 pts	**53,6**	**59,5**
Total	**500 pts**	**428,5**	**457,9**
Classement		**2**	**1**

PAR **DENIS DUQUET**
PHOTOS **MICHEL FYEN-GAGNON**

LE MATCH DE L'ÉCONOMIE
Enfin BEAU, BON, PAS CHER

Sous les 15 000 $, quelle est la meilleure voiture sur le marché ?

Même au début du millénaire, le fait de regrouper des voitures de moins de 15 000 $ nous aurait valu un plateau d'une dizaine d'automobiles. Cette somme nous permettait d'avoir l'embarras du choix il y a environ deux décennies. De nos jours, il faut vraiment chercher pour pouvoir en regrouper quelques-unes. Cette fois, le plateau s'est limité à trois modèles si on fait exception de la Smart qui était surtout présente pour nous permettre de comparer la plus petite des européennes à ce qui est offert sur notre marché tout en apportant une note de fraîcheur à cette rencontre. La Dodge SX 2,0 aurait pu théoriquement faire partie de cette bande de grippe-sous puisqu'il existait au catalogue une version qui s'infiltrait tout juste sous la barrière établie. Malheureusement, ce modèle est tellement de faible diffusion qu'il nous a été impossible d'en trouver un. Et il n'aurait pas été correct d'inviter à notre match une version mieux équipée et plus chère tout en faisant semblant qu'il s'agissait d'un modèle économique.

B ien entendu, l'arrivée de la nouvelle Toyota Echo Hatchback n'est pas étrangère à ce match comparatif axé sur l'économie. Son prix de base est de nature à inquiéter les Hyundai Accent et Kia Rio, les deux championnes de ce segment. À ces deux coréennes économiques s'oppose la seule japonaise du lot et l'une des sensations de l'année avec sa silhouette accrocheuse. Il faut préciser que si les Hyundai Accent et Toyota Echo sont des modèles trois portes, la Kia Rio est une berline, tout simplement parce que ce constructeur ne propose pas un tel modèle à ce prix. La Rio est également commercialisée en tant que *hatchback* cinq portes, mais son prix et ses caractéristiques l'ont éliminée du match.

Mais pourquoi avoir intégré la Smart à ce débat ? Non seulement elle n'est pas importée au Canada, mais il s'agit d'une demi-voiture en raison de ses dimensions et de son diminutif moteur 3 cylindres de 61 chevaux. La raison est bien simple : il y a des mois que plusieurs journalistes nous cassent la tête en prédisant l'arrivée de la Smart au pays. Ce qui leur donne surtout une excuse pour se faire du capital auprès de Mercédes.

Viendra ? Viendra pas ? Ce n'est pas le but de ce test de le déterminer. Mais il nous a permis de découvrir comment elle serait appréciée si elle était distribuée dans notre pays sous sa forme actuelle. Vous allez découvrir que le fait d'être *cute* et sympathique ne suffit pas toujours.

Pour ce match, nous avons délaissé la piste de Sanair pour un environnement de banlieue plus approprié. Après avoir parcouru les routes qui encerclent l'arrondissement de Saint-Bruno, nous avons effectué une boucle de quelques kilomètres dans les rues de cette ville afin de mieux apprécier le comportement urbain de ces voitures. Nous avons grimpé le sommet Trinité à plusieurs reprises, déambulé sur le boulevard Montarville avec ses nombreux arrêts pour ensuite revenir sur le terrain de stationnement du centre de ski Mont-Saint-Bruno.

Après une chaude journée passée sous un soleil de plomb à évaluer notre quatuor de petites économies, les points ont été compilés et les remarques notées. Voici donc comment se sont classées les voitures les moins chères sur le marché.

Fiche technique

	HYUNDAI ACCENT	KIA RIO	SMART	TOYOTA ECHO HATCHBACK
➤ Empattement	244 cm	241 cm	181 cm	237 cm
➤ Longueur	426 cm	424 cm	250 cm	373 cm
➤ Largeur	167 cm	167 cm	151 cm	166 cm
➤ Hauteur	139 cm	144 cm	155 cm	150 cm
➤ Poids	1035 kg	1090 kg	730 kg	1250 kg
➤ Transmission	manuelle	manuelle	manuelle	manuelle
➤ Nombre de rapports	5	5	6	5
➤ Moteur	4L	4L	3L	4L
➤ Cylindrée	1,6 litre	1,6 litre	698 cc	1,5 litre
➤ Puissance	104 ch	104 ch	61 ch	108 ch
➤ Suspension avant	indépendante	indépendante	indépendante	indépendante
➤ Suspension arrière	indépendante	demi-indépendante	demi-indépendante	demi-indépendante
➤ Freins avant	disque	disque	disque	disque
➤ Freins arrière	tambour	tambour	tambour	tambour
➤ ABS	non	non	oui	oui
➤ Pneus avant/arr.	185/60R14	175/65R14	145/65R15/175/55R15	175/65R14
➤ Direction	à crémaillère, assistée	à crémaillère, assistée	à crémaillère, assistée	à crémaillère
➤ Diamètre de braquage	9,7 mètres	11,8 mètres	8,7 mètres	9,9 mètres
➤ Coussins gonflables	frontaux	frontaux	frontaux	frontaux
➤ Réservoir	45 litres	45 litres	33 litres	45 litres
➤ Capacité du coffre	193 litres	261 litres	150 litres	205 litres
➤ Accélération 0-100 km/h	10,5 secondes	11,2 secondes	18,2 secondes	9,5 secondes
➤ Reprises 80-120 km/h	8,4 secondes	10,2 secondes	16,4 secondes	8,8 secondes
➤ Freinage 100-0 km/h	44,2 mètres	45,0 mètres	43,0 mètres	40,0 mètres
➤ Vitesse de pointe	175 km/h	180 km/h	135 km/h	180 km/h
➤ Consommation (100 km)	7,6 litres	8,4 litres	4,8 litres	7,5 litres
➤ Prix	14 495 $	14 395 $	12 595 $ (estimé)	13 295 $

1

Toyota Echo Hatchback

Wow !

« Tout nouveau, tout beau ! », c'est l'avantage qu'avait la Toyota Echo Hatchback dans le cadre de cette confrontation, car elle venait tout juste d'arriver sur le marché. Du moins sa version à hayon puisque la berline est avec nous depuis quelques années déjà. Sa domination a été presque complète à tous les points de vue. Tous nos essayeurs sauf un l'ont choisie au premier rang et la personne qui n'a pas craqué pour la Toyota l'a tout de même classée en deuxième place. Ce dissident justifie son choix en raison du faible espace pour les bagages et du bloc des instruments situé au centre de la planche de bord. Et il aurait également pu souligner l'absence d'un compte-tours. Finalement, notre voiture d'essai était équipée d'un silencieux sport, ce qui a déplu à certains. Parmi ces critiques, la plus sérieuse est le manque d'espace pour les bagages une fois le dossier du siège arrière relevé. L'Accent est également une *hatchback*, mais son coffre est beaucoup plus grand.

Malgré ces quelques bémols, l'Echo Hatchback a conquis la majorité des participants aussi bien en raison de son apparence que de son agrément de conduite. Il est certain que la silhouette de ce modèle n'a rien de comparable avec la berline du même nom qui doit servir d'épouvantail à moineaux dans certaines régions. La partie arrière est vraiment à part avec le prolongement des ailes au-delà du pare-chocs arrière. Et malgré sa belle gueule, cette Toyota bon chic bon genre peut accueillir quatre adultes dans un confort surprenant. Les occupants des places arrière devront se contorsionner pour les atteindre, mais ils seront surpris du dégagement pour la tête et les jambes qui leur est attribué. Tous nos essayeurs ont également apprécié la console placée au centre de la banquette arrière. Au lieu de laisser croire que trois personnes pourraient s'y caser, mieux vaut opter pour une solution plus pratique.

Mais ce qui a conquis tout le monde est l'agrément de conduite de cette petite japonaise. Malgré une direction qui n'était pas assistée, tous ont bien aimé la conduire. Haute sur pattes, elle possède un centre de gravité assez élevé. Pourtant, elle tient bien dans les virages et ne semble pas trop incommodée par les vents latéraux Les participants ont également fort bien noté le rendement de ce moteur quatre cylindres dont le couple se manifeste toujours au bon moment. Cette caractéristique s'explique par l'utilisation d'un système de calage des soupapes continuellement variable. Il faut ajouter que l'Echo était la seule à posséder un tel moteur. En plus, la boîte manuelle à cinq rapports était bien étagée et la course du levier de sélection plus précise que dans les autres véhicules participant à ce test.

Donc, non seulement sa silhouette est la plus sympathique, mais cette Toyota possède une qualité d'assemblage supérieure à la moyenne et un prix plus que compétitif, surtout la version trois portes. Elle est la preuve qu'économie à l'achat et agrément de conduite peuvent aller de pair. Enfin, la légendaire fiabilité de Toyota et une valeur de revente généralement supérieure à la moyenne sont des éléments pas spécifiquement notés lors d'un match, mais qui ont sans doute traversé l'esprit de notre équipe d'essayeurs. Les raisons ne manquent pas pour expliquer cette domination.

2

Hyundai Accent
Une valeur sûre

Même si elle accuse un retard de 39,9 points sur l'Echo, il ne faut pas ignorer l'Accent qui a même eu le dessus sur la Toyota au chapitre de la capacité du coffre à bagages, en plus d'être plus silencieuse que notre gagnante et d'assurer de meilleures reprises. En fait, son principal défaut est de manquer d'attrait ludique. Ses concepteurs se sont attardés à développer une voiture simple, économique, utilitaire et pas trop ennuyeuse à conduire. Ils n'ont jamais songé à y greffer un caractère amusant. Ce que l'Echo possède jusqu'à plus soif. Et tandis que cette dernière est conçue pour impliquer le pilote dans la conduite du véhicule, c'est tout le contraire du côté de l'Accent. Par exemple, sa direction semble déconnectée des roues avant tandis que le levier de vitesses offre tellement peu de résistance pour passer d'un rapport à l'autre qu'on se demande s'il est relié à quelque chose. Ces caractéristiques lui ont fait perdre des points face à sa principale rivale, mais il est certain que plusieurs personnes, peu intéressées à l'agrément de conduite, n'ont rien à faire d'une direction précise et du passage des vitesses. Elles appré-

cieront par ailleurs la capacité du coffre, la banquette arrière escamotable et des versements mensuels pas trop élevés.

La tenue de route de l'Accent est correcte, mais elle n'offre pas le même caractère que l'Echo dont la tenue en virage est précise et les réactions vives. Assis dans un siège avant confortable n'offrant pas tellement de support latéral et guidant la voiture par l'entremise d'une direction relativement engourdie, le conducteur est tenu loin des émotions fortes.

Voilà une auto qui s'adresse aux personnes qui recherchent une voiture qui les mènera du point A au point B sans rechigner et sans les laisser tomber et qui ne videra pas leur compte de banque. Il est vrai que son moteur est plus bruyant que la moyenne, que les serrures électriques des portières font un bruit d'enfer et que le tableau de bord semble avoir été dessiné par un comité incapable de prendre une décision. Mais les reprises du moteur ne sont pas à dédaigner, l'insonorisation est bonne malgré un moteur grognon et les occupants des places arrière ne se plaindront pas trop de leur situation. Et contrairement à ce qui est le cas dans l'Echo, ils ne devront pas voyager avec leurs bagages sur les genoux.

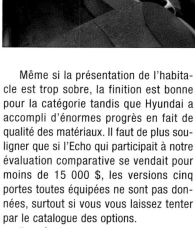

Même si la présentation de l'habitacle est trop sobre, la finition est bonne pour la catégorie tandis que Hyundai a accompli d'énormes progrès en fait de qualité des matériaux. Il faut de plus souligner que si l'Echo qui participait à notre évaluation comparative se vendait pour moins de 15 000 $, les versions cinq portes toutes équipées ne sont pas données, surtout si vous vous laissez tenter par le catalogue des options.

Il est également important de noter que l'Accent profite de dimensions plus importantes que l'Echo. Elle la surpasse de 7 cm en empattement et de 53 cm en longueur tout en étant aussi plus large, moins haute et plus légère. Elle constitue un choix plus sage pour les personnes à la recherche d'une petite économique plus pratique qu'autre chose.

3

Kia Rio

Sage comme une image

La Kia Rio finit au troisième rang, mais elle ne se fait pas déclasser. C'est certainement une lapalissade, mais elle termine à ce rang parce qu'elle n'a pas cumulé les points nécessaires pour terminer devant l'Echo et l'Accent. C'est la voiture économique dans tout le sens du mot. Tout est là, mais les prestations de la plupart des éléments clés sont toujours inférieurs à celles de la concurrence. Prenez le moteur quatre cylindres de 1,6 litre : il développe le même nombre de chevaux que le moteur de l'Accent, mais les temps d'accélération sont plus lents, la consommation de carburant plus élevée et la distance de freinage plus longue de quelques centimètres.

La Rio ne se fait pas devancer par beaucoup, mais juste assez pour perdre des points au classement dans presque toutes les catégories. De plus, les participants nous ont parlé d'une voiture « molle » dont la tenue de route semblait avoir été conçue pour une conduite timide incluant le respect des limites de vitesse affichées.

Tel que mentionné précédemment, il s'agissait de la seule berline du lot et à ce titre, elle offre un coffre à bagages très généreux et bien entendu des places arrière plus faciles d'accès que les modèles trois portes. La Rio ne semble pas avoir été développée pour les conducteurs pressés. Il suffit qu'on la violente quelque peu en accélération et en abordant des virages serrés à grande vitesse pour qu'elle perde de son assurance. Un sous-virage marqué fait son apparition tandis que les pneumatiques beuglent à qui mieux mieux. Il faut également ajouter que le moteur n'aime pas trop les hauts régimes : son niveau sonore augmente en même temps que l'aiguille du compte-tours. Et contrairement à certains moteurs sport, il émet une sonorité qui n'est certainement pas de la musique aux oreilles des puristes. On a plutôt l'impression que les arbres à cames vont passer au travers du capot.

Bref, c'est une voiture économique pure et dure qui offre davantage un prix compétitif qu'une conduite agréable comme l'Echo. Elle a été conçue pour une catégorie de consommateurs qui trouvent sans doute que l'Echo est trop petite, trop chère et qu'elle fait trop jeune. Le légendaire père de la Cobra, Caroll Shelby, a déjà affirmé que ce sont les voitures sport qui le gardaient en vie et lui permettaient de se sentir jeune. La Rio cible certainement des clients qui se foutent éperdument de cette fontaine de jouvence mécanique. Ils veulent se rendre au travail ou à la maison sans que cela ne coûte trop cher. L'Echo est pour Caroll Shelby, la Rio pour des gens plus sages qui se sentent rassurés par la garantie très étoffée des produits Kia et les faibles mensualités de paiement.

Une voiture pour les gens sans histoire, donc, et qui veulent le demeurer. Un détail de l'aménagement intérieur nous donne une bonne idée de la nature de cette sous-compacte. Le siège du conducteur est équipé d'un appuie-bras, une aberration dans une voiture équipée d'une boîte manuelle. Il est surprenant de ne pas retrouver une boule montée sur le boudin du volant afin de faciliter les manœuvres de stationnement.

Smart

4

Délicieusement inutile

I est certain que la Smart a été la vedette de la journée auprès de plusieurs de nos essayeurs qui n'avaient pas eu la chance de la piloter précédemment. Il leur a fallu plusieurs minutes pour en découvrir les secrets, pour déceler les caprices des commandes et certains traits de caractère pour le moins particuliers, notamment la transmission semi-automatique. Elle a également été en vedette auprès du public. Chaque fois que le groupe s'immobilisait pour effectuer les changements de conducteur, un attroupement se formait autour de la Smart. Mais on a beau avoir une belle gueule, être capable de s'imposer, c'est une tout autre histoire.

Il est vrai que cette diminutive petite européenne se tire d'affaire convenablement dans la circulation. Agile, consommant à peu près rien en raison de son petit moteur diesel trois cylindres de 700 cc, elle pourrait se révéler un choix acceptable pour un citadin qui ne s'aventurerait pas hors de la ville. Il est possible de rouler sur les autoroutes sans problème avec la Smart, mais il faut tout de même avouer que c'est un peu juste. Surtout lorsqu'un camion nous suit de près. Et mieux vaut garder ses distances lorsqu'on roule derrière un gros véhicule, car la turbulence provoquée dans son sillage secoue la Smart. Autre détail d'importance, le réservoir de carburant est petit. Il est vrai qu'avec 33 litres et un moteur diesel qui ne consomme que 4,8 litres aux 100 km, il est possible de rouler pendant assez longtemps. Mais le gazole n'est pas toujours aussi facile à trouver que l'essence, et ce petit réservoir exige quand même une certaine planification. Sa petitesse devient un vrai problème avec le modèle propulsé par le moteur à essence si on veut effectuer des trajets plus longs. Dans ces conditions, les arrêts sont fréquents.

Mais ces quelques bémols ne sont que des irritants mineurs par rapport à la boîte de vitesses à six rapports de type semi-automatique. Les passages des vitesses sont ultralents. Cela ne contribue nullement à améliorer les performances de la voiture. Si vous ne brutalisez pas la pédale d'accélération et n'activez pas le levier de vitesses comme s'il s'agissait d'une extrême urgence, vous allez boucler le 0-100 km/h en plus de 20 secondes et les reprises sont de même nature. C'est pratiquement deux fois le temps enregistré par les autres candidates participant à ce match.

Il est vrai que l'habitacle est « super *cute* », comme le mentionnait une participante. Il est de plus truffé d'astuces en fait de rangement et de commandes. Il faut également souligner que malgré ses très petites dimensions extérieures, deux adultes de forte stature peuvent prendre place à bord de façon très confortable. Enfin, notre modèle d'essai était un cabriolet, ce qui ajoutait à son charme.

Malgré tout, cette voiture n'est absolument pas faite pour notre climat et nos conditions d'utilisation. En fait, c'est Mercedes qui a le mot de la fin dans cette histoire. L'an dernier, elle a retiré la Smart de la route dès que les premiers flocons de neige sont apparus.

Conclusion Une hiérarchie bien établie

Ce match confirme que Toyota a eu drôlement raison de se désister de la solidarité nord-américaine en important l'Echo Hatchback en exclusivité canadienne. Je suis prêt à parier que si la berline avait participé à ce match, sa domination n'aurait pas été aussi grande. L'Echo rend quasiment agréable le fait de ne pouvoir s'acheter une voiture plus luxueuse. Si la MINI intéresse les gens branchés dotés de moyens financiers importants, cette Toyota sera celle des amateurs de bonne voiture vendue à prix d'aubaine. Et elle peut être personnalisée *ad nauseam* par l'intermédiaire d'un catalogue d'accessoires bien pensé.

La Hyundai Accent est de conception plus conventionnelle que l'Echo. Avec elle, on choisit la sagesse de la ligne et une conduite nettement plus déconnectée de la mécanique. Le feed-back de la direction n'est pas de nature très sportive et la même remarque s'applique à la boîte de vitesses. En revanche, un coffre de bonne capacité, un habitacle spacieux de même qu'un équipement relativement complet expliquent sa popularité.

La Kia Rio est une économique encore plus traditionnelle que la Hyundai puisqu'il s'agit d'une berline. Elle est également offerte en modèle cinq portes, mais ce dernier ne respectait pas nos limites de prix. Sinon, il aurait probablement fait meilleure figure. Quoi qu'il en soit, cette petite coréenne semble avoir été conçue presque exclusivement pour se rendre sans ambages d'un endroit à l'autre sans trop rechigner et sans coûter trop cher.

La Smart était l'excentrique du groupe. Pas encore vendue sur notre continent et sujette à de nombreuses rumeurs à cet effet, elle a impressionné par son originalité et déçu par ses capacités routières. Il est beau de vouloir faire passer ses rêves pour des réalités, mais sous sa forme actuelle, ce petit suppositoire d'autobus n'a pas sa place sur notre marché.

L'arrivée de l'Echo Hatchback dans cette catégorie n'est qu'un début. Plus tard cette année, les Chevrolet Aveo et Suzuki Swift⁺ viendront lui faire la lutte. Il ne faut pas oublier non plus que Mazda est drôlement intéressée à commercialiser la Mazda2 sur notre marché. Mais, pour l'instant, la Toyota Echo Hatchback domine la catégorie du beau, bon, pas cher.

Dossier Smart
La For Four peut-être ?

Même si son appellation For Four signifie qu'elle a été conçue pour quatre, la nouvelle Smart pourra transporter cinq personnes. C'est du moins ce qu'affirment les porte-parole de la compagnie. Cette cinq portes est nettement plus grosse que la Smart de notre essai et elle fait également appel à une mécanique plus conventionnelle puisque le moteur n'est plus au-dessus des roues arrière, mais monté transversalement à l'avant. D'ailleurs, c'est l'associé Mitsubishi qui fournit une partie de la mécanique, notamment son moteur quatre cylindres de 1,5 litre produisant 109 chevaux dans sa version la plus puissante.

Cette version se serait défendue plus honorablement dans notre match. Et si sa silhouette n'est pas aussi spectaculaire que celle du cabriolet deux portes, la For Four ne passera pas inaperçue non plus. Son habitacle est truffé de gadgets et son équipement est même luxueux. Il sera possible de commander un système de navigation, un toit ouvrant en verre, un volant multifonction et une boîte à six rapports.

Pour l'instant, ce serait le seul modèle de la gamme Smart qui pourrait se tailler une place sur notre marché en raison de ses dimensions et de ses caractéristiques. Par contre, son prix pourrait frôler les 20 000 $, ce qui risque d'en dissuader plusieurs.

Compte tenu des efforts de Mercedes pour sensibiliser les Canadiens à la marque Smart grâce à de multiples essais sur

nos routes, il ne faudrait pas se surprendre si la For Four prenait un jour le chemin de l'Amérique. Elle sera lancée en avril prochain en Europe.

Fiche d'évaluation

		HYUNDAI ACCENT	KIA RIO	SMART	TOYOTA ECHO HATCHBACK
Style					
Extérieur	10	6,5	6,2	8,7	9
Intérieur	10	6,2	5,5	7,2	8,5
	20 pts	**12,7**	**11,7**	**15,9**	**17,5**
Carrosserie					
Finition intérieure et extérieure	10	6	5,7	7	8,5
Qualité des matériaux	10	5,7	5,5	6,7	8
Coffre *(accès/volume)*	10	7,5	7,5	5	6,5
Espaces de rangement	10	6,7	6,7	6	7,7
Astuces et originalité *(innovation intéressante, gadgets hors série, etc.)*	10	2	4	9	8
Équipement	5	2,7	2,6	3,7	4,2
Tableau de bord	5	3	2,8	3,7	3,4
	60 pts	**33,6**	**34,8**	**41,1**	**46,3**
Confort					
Position conduite/volant/sièges av.	10	7,5	6,5	7	8,2
Places arr. *(espace 2 ou 3 personnes)*	10	6,5	7	0	7,7
Ergonomie *(facilité d'atteindre les commandes et lisibilité des instruments)*	10	7,5	7,2	6,8	8,5
Silence de roulement	10	6,8	5,7	5,5	6,5
	40 pts	**28,3**	**26,4**	**19,3**	**30,9**
Conduite					
Moteur *(rendement, puissance, couple à bas régime, réponse, agrément)*	40	28,7	23,7	22,5	31
Transmission *(passage des rapports, étagement, rétrocontact, levier, agrément)*	30	20,7	19,8	16,5	23,7
Direction *(précision, feed-back, braquage)*	30	21,5	24	25	23,5
Tenue de route	30	21,2	20,5	20	24
Freins *(endurance, sensations, performances)*	30	20	20,5	19	24,5
Confort de la suspension	20	12,8	12,5	14,2	14,5
	180 pts	**124,9**	**121**	**117,2**	**141,2**
Sécurité					
Visibilité	10	7	8	6	8
Rétroviseurs	10	8,5	8,5	8	8,2
Nombre de coussins de sécurité	10	10	10	10	10
	30 pts	**25,5**	**26,5**	**24**	**26,2**
Performances mesurées					
Reprises	30	30	26	24	28
Accélération	30	28	26	24	30
Freinage	30	28	26	24	30
Niveau sonore	20	20	18	16	14
	110 pts	**106**	**96**	**88**	**102**
Rapport qualité/prix					
Agrément de conduite	10	7,2	6,3	6	9,5
Choix des essayeurs	40	38	36	34	40
Valeur pour le prix	10	7	6,5	8	9,5
	60 pts	**52,2**	**48,8**	**48**	**59**
Total	**500 pts**	**383,2**	**365,2**	**353,5**	**423,1**
Classement		**2**	**3**	**4**	**1**

PAR **DENIS DUQUET ET JACQUES DUVAL**
PHOTOS **MICHEL FYEN-GAGNON**

Il était une fois
QUATRE COUPÉS SPORT...

Laissée depuis longtemps à l'abandon par la majorité des constructeurs automobiles, la catégorie des coupés sport est en pleine effervescence depuis quelques mois. Juste au cours de l'année 2003, pas moins de trois nouveaux modèles ont fait leur apparition sur un marché qui recommence à éprouver un intérêt marqué pour ce type de voitures. Nous avons donc pensé qu'un match comparatif était de mise pour vous aider à choisir le coupé sport qui corresponde le mieux à vos goûts, à votre budget et à vos besoins.

Car un coupé sport peut avoir un aspect pratique si l'on considère que trois des quatre modèles analysés proposent assez d'espace pour transporter quatre personnes et que l'un d'eux va même jusqu'à offrir quatre portières pour faciliter l'accès à son compartiment arrière. Je veux parler bien sûr de la Mazda RX-8 qui était sans l'ombre d'un doute l'épicentre de ce match comparatif. Avec son moteur rotatif et son architecture bien particulière, c'est une voiture carrément à part des autres. Est-ce suffisant pour lui permettre de tirer son épingle du jeu face à un coupé Infiniti G35 dont la version berline nous avait tant impressionnés l'an dernier, à une Chrysler Crossfire qui est la première manifestation tangible de l'union Chrysler-Mercedes et à une valeur en place depuis un bon bout de temps, le coupé BMW 330Ci?

Certains vont nous reprocher de ne pas avoir inclus dans ce match le coupé Mercedes CLK, mais son prix le plaçait nettement sur un plateau très supérieur aux modèles choisis pour cet affrontement.

À la ligne de départ

Cela dit, avant d'agiter le drapeau vert, examinons les concurrentes à la ligne de départ.

En premier lieu, il apparaît utile de souligner que toutes les voitures étaient des pro-pulsions dotées d'une boîte de vitesses manuelle à six rapports.

Ajoutons que trois des coupés (Infiniti G35, BMW 330Ci et Mazda RX-8) se payaient le luxe d'offrir des places arrière pouvant recevoir occasionnellement deux passagers. Seul le Chrysler Crossfire limitait son habitacle à deux personnes, un détail un peu surprenant quand on constate que c'est probablement le modèle le moins sportif du groupe. En furetant sous les capots, on découvre deux V6 (Infiniti G35 et Chrysler Crossfire), un six cylindres en ligne (BMW) et une mécanique unique au monde, celle du

coupé Mazda RX-8 avec son petit moteur birotor aussi compact qu'amoureux des hauts régimes.

Voilà une belle brochette de voitures qu'il apparaissait très difficile de départager tel-lement elles étaient attrayantes chacune à leur façon.

Le duel a été serré, extrêmement serré, comme le démontrent les temps du slalom et les autres mesures chiffrées. Malgré tout, notre équipe de huit essayeurs (deux par auto) a passé toute une journée à se pencher sur les moindres petits détails des voitures en présence pendant que Claude Carrière et Jacques Duval tentaient de faire valoir leurs performances en slalom et sur piste. Tout cela afin de déterminer laquelle méritait de monter sur la plus haute marche du podium.

Le tour de chauffe étant terminé, c'est le temps de prendre le départ.

Fiche technique

	BMW 330Ci	CHRYSLER CROSSFIRE	INFINITI G35 COUPÉ	MAZDA RX-8
➤ Empattement	244 cm	240 cm	285 cm	270 cm
➤ Longueur	426 cm	406 cm	463 cm	442 cm
➤ Largeur	167 cm	177 cm	181 cm	177 cm
➤ Hauteur	139 cm	131 cm	139 cm	134 cm
➤ Poids	1490 kg	1388 kg	1557 kg	1365 kg
➤ Transmission	manuelle	manuelle	manuelle	manuelle
➤ Nombre de rapports	6	6	6	6
➤ Moteur	6L	V6	V6	rotatif birotor
➤ Cylindrée	3 litres	3,2 litres	3,5 litres	2,6 litres
➤ Puissance	225 ch	215 ch	280 ch	247 ch
➤ Suspension avant / arrière	indépendante	indépendante	indépendante	indépendante
➤ Freins avant / arrière	disque	disque	disque	disque
➤ ABS	oui	oui	oui	oui
➤ Pneus	205/50HR17	225/40ZR18	225/45VR17	225/45ZR18
➤ Pneus arrière		255/35ZR19	245/45VR18	
➤ Direction	à crémaillère, assistée	à billes, assistée	à crémaillère, assistée	à crémaillère, ass. élec.
➤ Diamètre de braquage	9,7 mètres	10,3 mètres	12,2 mètres	10,6 mètres
➤ Coussins gonflables	frontaux et latéraux	frontaux et latéraux	frontaux, latéraux et tête	frontaux, latéraux et tête
➤ Réservoir	63 litres	60 litres	76 litres	60 litres
➤ Capacité du coffre	410 litres	215 litres	221 litres	290 litres
➤ Vitesse de pointe	206 km/h	230 km/h	250 km/h	237 km/h
➤ Consommation (100 km)	10,8 litres	11,0 litres	10,0 litres	12,8 litres
➤ Prix	49 400 $	47 745 $	54 900 $	39 595 $

maintenir sur la bonne trajectoire. La direction est aussi d'une précision chirurgicale. Mais sur la ligne droite, il faut se montrer patient, car le couple n'y est pas.

Il suffit également de jeter un coup d'œil à la compilation des points pour réaliser que cette première place n'est pas usurpée. Si les deuxième et troisième échelons de ce test sont départagés par des poussières, la RX-8 domine vraiment. Et le plus intéressant dans tout cela, c'est qu'elle se vend à prix d'aubaine ou presque.

Il n'y a vraiment pas de faiblesse dans sa cuirasse.

1 Mazda RX-8 Vroum Vroum

Le dicton «tout nouveau, tout beau» s'applique à la lettre à cette Mazda qui fait fi des conventions à plus d'un titre. D'abord, elle déroge aux règles du genre avec ses deux panneaux arrière qui permettent d'accéder aux places arrière. Et, mieux encore, il s'agit de vraies places pour de vraies personnes. Pas un simulacre de siège pour contorsionnistes ou encore pour des enfants capables de résister à la souffrance sur un parcours de plusieurs heures. Les places arrière de la RX-8 ne plairont pas aux claustrophobes, mais les adultes y jouiront tout de même d'un bon confort.

À quoi sert de consacrer autant de mots à parler des places arrière dans le cadre d'un essai des coupés sport? Mais c'est là justement la distinction de cette voiture. Elle est ultrasportive tout en étant pratique.

Pour

«Une voiture sport pour la génération Sega. Cette RX-8 quatre portes est la seule vraie sportive du groupe.»

Claude Carrière

Contre

«Elle est agréable à conduire, mais les matériaux de l'habitacle font très japonais et nous laissent quelque peu sur notre appétit.»

Richard Petit

D'accord, la roue de secours a pris le bord, mais pour le reste, c'est impressionnant. Pas surprenant qu'elle ait raflé la première place du classement dans la catégorie «Choix des essayeurs». Cette iconoclaste s'est également montrée la plus rapide dans notre épreuve du slalom tout en s'inclinant de très peu devant l'Infiniti G35 lors des tours de piste chronométrés.

Bref, si sa silhouette extérieure n'a pas semblé impressionner les participants à ce match, les autres éléments de la voiture ont été généralement bien appréciés. C'est son agrément de conduite de même que les sensations éprouvées derrière son volant qui lui ont permis de remporter le match devant des concurrentes de classe. Aucune n'a été en mesure de surpasser cet équilibre entre la vivacité en slalom, l'agilité sur la piste et l'agrément de conduite sur la route. Une seule ombre au tableau, un couple assez mitigé qui explique les reprises plutôt timides. Il faut bien entendu parler du moteur rotatif qui propulse la RX-8, le seul du genre sur le marché. Son principe de fonctionnement élimine pratiquement toute vibration et permet les régimes très élevés. Ajoutez à cette équation une sonorité particulière qui est loin d'être agaçante, un levier de vitesses d'une grande précision et vous ne voudrez plus rendre les clés à la personne qui vous a prêté sa voiture. Et cela même si la consommation de carburant est légèrement supérieure à la moyenne.

La RX-8 ne brille pas uniquement sur la route; en piste, elle s'est révélée un régal. Qu'importe la vitesse d'entrée dans un virage, elle est d'une incroyable facilité à garder sur la route. Malgré des survirages à la limite, il suffit de contre-braquer pour la

La G35 n'a pas tellement brillé dans l'épreuve de slalom où elle a obtenu le troisième temps. Ses dimensions et une direction parfois rétive l'ont pénalisée. Elle se tire mieux d'affaire en conduite grand-tourisme alors que son excellent moteur garantit de bonnes reprises tandis que le long empattement assure un bon niveau de confort.

Somme toute, une voiture séduisante sous plusieurs aspects, mais dont le tempérament n'est pas suffisamment sportif pour lui permettre d'accéder au premier rang. Elle a été devancée par une auto plus agile, plus sportive et un peu plus excitante à piloter.

② Infiniti G35 Coupé Pas tout à fait !

Sa silhouette très élégante plaît au premier coup d'œil. Elle est beaucoup mieux réussie que celle de la berline portant la même désignation qui ne semble pas posséder le même équilibre des lignes. Par contre, les deux versions partagent le même tableau de bord et cette combinaison de science-fiction et de luxe n'a pas emballé tous nos essayeurs. Certains ont apprécié le fait que les cadrans soient reliés à la colonne de direction pour se trouver toujours dans l'angle approprié. D'autres n'ont pas aimé les commandes de la climatisation et de la chaîne audio qui créent de la confusion. Mais ils ont souligné à l'unanimité que cet environnement songé serait plus ou moins dépassé d'ici deux ou trois ans. Et même s'il est possible de prendre place à l'arrière, il faut être plus souple et de plus petite taille

pour y trouver son compte que pour se sentir confortable dans la Mazda RX-8. Une fois de plus, ces sièges serviront d'espace de rangement. Mais, au moins, il est possible de transporter trois passagers de temps à autre. Et la présence de ces places arrière explique l'empattement plus long qui a une incidence positive sur le confort. Parlant de commodités, soulignons que le coffre à bagages est correct, mais qu'il manque de profondeur.

Voilà autant de détails que plusieurs amateurs de coupés sport négligent lorsque vient le temps de sélectionner le modèle de leur choix. Pour ces gens, le rendement du moteur, la transmission, la direction et la tenue de route ont priorité sur tout. Le moteur V6 est le plus vigoureux du lot et il permet à la G35 d'être la plus rapide en accélération. Par contre, ce moteur est très mal desservi par une boîte manuelle vraiment récalcitrante. Plusieurs ont même recommandé de choisir la boîte automatique, même s'ils considéraient la chose comme un crime de lèse-majesté.

Cette Infiniti était également la plus grosse et la plus lourde de notre quatuor d'essai. Ses excellentes performances s'expliquent donc par le brio du moteur V6 qui ne semble jamais se tarir. Toutefois, malgré ses excellents chronos lors des tours de piste, son comportement peut devenir délicat. Dans les rapides changements de cap par exemple, l'effet retour de balancier est violent et il est facile de perdre le contrôle de la voiture. On sent aussi beaucoup trop les imperfections du revêtement dans le volant. Ces remarques s'appliquent au comportement de la voiture sur la piste, mais la tenue de cap est également laborieuse sur la route et le train avant a tendance à louvoyer.

Pour

« L'Infiniti est ma préférée pour sa ligne, sa classe, sa puissance, la sonorité de son moteur et son habitabilité, en plus d'être grisante à conduire. »
Robert Gariépy

Contre

« Son intérieur est trop complexe pour une voiture sport tandis que la transmission manuelle est très pointilleuse. De plus, les places arrière ne sont pas pour les grands. »
Luca Carpinteri

nous laisse sur notre appétit en piste et par rapport à certaines concurrentes plus affûtées, elle sera appréciée dans la conduite au quotidien aussi bien pour se rendre au travail que pour prendre un raccourci sur une route secondaire tard le soir.

La Série 3 actuelle s'apprête à tirer sa révérence. Elle sera remplacée non pas par un modèle évolutif mais par une toute nouvelle plate-forme. Les résultats de ce match donnent raison aux décideurs de Munich d'agir de la sorte.

3 BMW 330Ci Bon sang ne saurait mentir

Cette allemande bon chic bon genre s'est de nouveau inclinée devant des japonaises. L'an dernier, une berline de la Série 3 s'était fait planter par une Infiniti G35 et la Cadillac CTS. Cette fois, elle est dominée par la Mazda RX-8 et se fait tabasser par la G35 en fait de performances. Et ce n'est qu'une question de chiffres si elle devance la Crossfire au classement général.

Les puristes et les inconditionnels de cette marque auront de la difficulté à admettre que ce coupé bavarois n'a pas fait trop belle figure en piste. En fait, dans l'épreuve des tours de piste chronométrés, il termine quatrième. Mais au moins nous avons un coupable. Ce n'est pas le manque de puissance du moteur six cylindres en ligne, ni une tenue de route déficiente, mais un système de stabilité latérale beaucoup trop

Pour

« La culture l'emporte. Voilà une voiture qui a du pedigree. Son volant est super, son moteur agréable et son confort à souligner. »

Richard Petit

Contre

« C'est la moins sportive du lot en raison d'un antipatinage qui ne s'annule pas complètement. Sur la route, on a l'impression d'être dans une berline dont on aurait enlevé les deux portes arrière. »

Jacques Duval

intrusif. En effet, ce système prévient toute conduite à la limite en raison d'un antipatinage qui, quoi que l'on fasse, ne veut que notre bien. Nous avions beau le désactiver, il était impossible de l'éliminer complètement. Il intervient en coupant les gaz si vous roulez trop vite en virage. Très sécuritaire, mais peu sportif. Par contre, le freinage impressionne, sauf lorsqu'on en abuse.

Malgré les intrusions despotiques de l'antipatinage, l'excellent comportement de la voiture en slalom est un indice de l'héritage de performance de cette plate-forme. Mais tout évolue. Il lui est de plus en plus difficile de se faire justice devant un trio de modèles d'origine et de conception plus récentes. Notre modèle d'essai était doté de la suspension M qui ne semble pas avoir fait la différence.

Même si cette voiture a de plus en plus de difficultés à suivre le tempo des modèles de la jeune génération, elle n'est pas dépourvue de qualités. Sur mauvaise route, elle s'est révélée solide comme le roc ; d'ailleurs, elle est plus à l'aise sur la route que sur un circuit. Certains n'ont pas apprécié la présentation intérieure qui commence à prendre de l'âge, mais les essayeurs ont souligné l'excellente visibilité, une instrumentation facile à lire et des places arrière tout de même adéquates.

Il faut également préciser que la 330Ci est davantage une « berline deux portes » qu'un authentique coupé comme le sont les trois autres. Même la RX-8 avec ses panneaux d'accès arrière répond davantage aux critères du genre. Mais ce qui est un handicap dans le cadre d'un essai tel que le nôtre peut devenir un atout majeur dans la conduite de tous les jours. Si cette voiture

la handicape au classement total. Pour tenter d'équilibrer les choses, nous avons calculé le résultat moyen du groupe pour ce classement et l'avons ajouté à la notation. Chiffres ajoutés ou pas, elle doit se contenter du quatrième rang en tenant compte du total des notes. Par contre, presque tous l'ont placée au troisième rang en tant que choix personnel et cela représente davantage la valeur de cette américaine d'origine allemande fabriquée chez le carrossier Karman, en Allemagne.

La Crossfire est une voiture personnelle qui ne plaira pas à la majorité, mais qui épatera la personne qui en acceptera les limites et le caractère.

4 ▶ Chrysler Crossfire Oubliez les chiffres

Si vous avez consulté le tableau de pointage avant de lire le texte, vous savez que cette nouvelle Chrysler deux places termine au quatrième rang de notre confrontation. Mais sous plusieurs aspects, elle pourrait se retrouver sur cette marche du podium. La Crossfire n'est pas très bien servie par le format de notre match puisque celui-ci se déroule presque essentiellement sur une piste alors que ses qualités sont davantage mises en valeur sur la route.

Sur le circuit de Sanair, elle s'est révélée très sous-vireuse en raison d'une suspension trop souple. Ses 215 chevaux la pénalisent également. Par contre, son équilibre général ne vous donne jamais d'émotions fortes. Bref, ce n'est pas une sportive à tout crin. En outre, plusieurs de ses caractéristiques n'ont pas plu à la majorité. La position de conduite, le levier de

vitesses très glissant, une habitabilité quelque peu à la limite de même qu'un coffre à bagages aux formes inusitées ont été fréquemment mentionnés dans la colonne des commentaires négatifs. Et il faut ajouter que les 215 chevaux de son moteur se sont avérés quelque peu justes. Compte tenu du fait que son excellent châssis pourrait facilement s'accommoder de 100 chevaux supplémentaires, un peu plus de muscle ne serait pas de trop.

La présentation de l'habitacle, le fonctionnement de certaines commandes, les cadrans indicateurs, la dureté des sièges, voilà autant d'éléments qui ont été critiqués par certains de nos huit essayeurs. Curieusement, la plupart des cibles de ces critiques proviennent de chez Mercedes. Il aurait été curieux d'observer une CLK dans le cadre de ce match même si cela n'aurait servi qu'à vérifier les contradictions en fait d'évaluation d'un modèle à l'autre. Une étoile argentée sur le bout du capot a beaucoup d'influence…

Mais malgré une perception moins favorable, il est impossible de voiler le fait que la Crossfire n'a pas été en mesure de dominer les autres concurrentes par ses performances. Tout a été dans les demi-tons tant sur le plan des accélérations et des reprises que du freinage. Une fois sur la route, son caractère plus individualiste se démarque tandis que les performances ne sont pas pépères non plus. Compte tenu de ses dimensions nettement inférieures à celles des autres concurrentes de ce match et de son habitacle plus exigu, cette voiture nous fait comme un gant. Il faut également ajouter que sa suspension très souple la rend encore plus agréable à conduire sur nos routes.

Sans vouloir tenter de la disculper ou de lui donner un chance au classement, ajoutons qu'il est certain que l'absence de places arrière

Pour

« Alors que la Crossfire ne m'avait pas emballé outre mesure sur la piste, elle m'a conquis sur la route. Elle n'est pas aussi à l'aise que les autres sur circuit, mais son moteur a quand même du pep dans le soulier et c'est la plus confortable du groupe. »

Jacques Duval

Contre

« Voilà une voiture qui n'est pas pour tous les goûts. Des détails d'agencement et surtout un levier de vitesses récalcitrant m'ont donné des boutons. »

Richard Petit

Conclusion Chacun pour soi

Puisqu'il faut respecter la tradition, un match nécessite qu'il y ait un gagnant et des perdants. Par l'entremise d'une grille chiffrée, la sélection s'est révélée impitoyable et les chiffres ont parlé. La RX-8 l'emporte et il s'agit à la fois d'un choix mathématique et du cœur. Cette nouvelle venue n'a pas été handicapée par sa configuration excentrique ni par son moteur non traditionnel. Au contraire, ces éléments sont venus consolider sa position au sommet du classement. L'Infiniti G35 termine deuxième, mais elle s'est révélée la championne des performances et des tours de piste tout en s'inclinant devant la Mazda en slalom. Ses caractéristiques générales et son puissant moteur plairont aux personnes à la recherche d'une voiture de grand-tourisme truffée de gadgets et possédant une silhouette vraiment réussie.

La BMW 330Ci a de la difficulté à masquer son âge. C'est sans doute pour cette raison qu'elle plaira probablement à une clientèle un peu plus sage capable d'apprécier la solidité de la caisse, son fabuleux moteur six cylindres en ligne et une suspension confortable sur mauvaise route. De plus, ses places arrière sont destinées à des adultes, pas nécessairement à des enfants.

La Chrysler Crossfire est une voiture que l'on aime malgré quelques irritants et un moteur un peu en retrait au chapitre des performances. C'est une automobile avec laquelle on établit une relation bien personnelle et qui plaira ou déplaira, sans nuances. Ses caractéristiques l'ont quelque peu handicapée sur la piste, mais c'est une voiture qui se fait apprécier sur la route. De plus, sa suspension confortable, l'intimité de l'habitacle, une silhouette vraiment spéciale de même qu'une production limitée sont ses points forts.

Comme vous pouvez le constater, chacun de ces modèles s'adresse à une clientèle distincte. À vous de déterminer à laquelle vous appartenez.

Performances mesurées	BMW 330Ci	CHRYSLER CROSSFIRE	INFINITI G35 COUPÉ	MAZDA RX-8
Accélération				
0-30 km/h	2,11 s	2,16 s	2,20 s	2,08 s
0-60 km/h	3,95 s	4,01 s	4,60 s	3,50 s
0-100 km/h	7,30 s	7,10 s	7,20 s	6,70 s
Freinage				
100-0 km/h	40,2 m	42,0 m	39,6 m	39,0 m
Reprises				
80-120 km/h	6,80 s	7,00 s	6,10 s	5,25 s
Slalom				
1er essai	22,70 s	23,80 s	23,10 s	21,70 s
2e essai	21,80 s	23,70 s	22,90 s	21,40 s
Tours de piste				
1er tour	64,80 s	64,06 s	62,33 s	62,89 s
2e tour	65,45 s	64,22 s	63,25 s	63,76 s
Niveau sonore				
Ralenti	43,8 dB	42,0 dB	43,6 dB	43,3 dB
Accélération	76,5 dB	77,4 dB	78,7 dB	74,3 dB
100 km/h	67,5 dB	68,1 dB	66,5 dB	68,3 dB

Fiche d'évaluation

		BMW 330Ci	CHRYSLER CROSSFIRE	INFINITI G35 COUPÉ	MAZDA RX-8
Style					
Extérieur	10	7,9	8,7	8,5	7,7
Intérieur	10	7,8	7,4	7,6	8,2
	20 pts	**15,7**	**16,1**	**16,1**	**15,9**
Carrosserie					
Finition intérieure et extérieure	10	8,4	7,7	8,3	7,8
Qualité des matériaux	10	8,6	8,0	8,4	7,5
Coffre (accès/volume)	10	9,0	6,7	7,7	7,4
Espaces de rangement	10	8,3	6,9	7,5	7,6
Astuces et originalité (innovation intéressante, gadgets hors série, etc.)	10	7,0	7,6	8,4	8,9
Équipement	5	3,4	3,6	4,4	4,2
Tableau de bord	5	4,3	4,1	3,7	4,6
	60 pts	**49,0**	**44,6**	**48,4**	**48,0**
Confort					
Position conduite/volant/sièges av.	10	9,1	7,2	8,2	8,8
Places arr. (espace 2 ou 3 personnes)	10	7,7	(7,5)	7,1	7,9
Ergonomie (facilité d'atteindre les commandes et lisibilité des instruments)	10	9,2	8,0	8,5	8,1
Silence de roulement	10	8,6	7,8	8,4	8,1
	40 pts	**34,6**	**23,0 (30,5)**	**32,2**	**32,9**
Conduite					
Moteur (rendement, puissance, couple à bas régime, réponse, agrément)	40	32,0	29,4	37,8	36,0
Transmission (passage des rapports, étagement, rétrocontact, levier, agrément)	30	26,2	24,0	25,4	28,4
Direction (précision, feed-back, braquage)	30	27,8	26,6	23,4	27,8
Tenue de route	30	26,0	27,6	26,3	27,8
Freins (endurance, sensations, performances)	30	25,4	24,8	26,8	25,7
Confort de la suspension	20	17,8	17,2	17,0	14,4
	180 pts	**155,2**	**149,6**	**156,7**	**163,1**
Sécurité					
Visibilité	10	8,6	7,0	8,3	7,8
Rétroviseurs	10	9,0	7,6	8,0	7,3
Nombre de coussins de sécurité	10	8,0	8,0	10,0	10,0
	30 pts	**25,6**	**22,6**	**26,3**	**25,1**
Performances mesurées					
Reprises	20	18,0	18,0	20,0	20,0
Accélération	20	14,0	18,0	16,0	20,0
Freinage	20	14,0	16,0	18,0	20,0
Slalom	20	18,0	14,0	16,0	20,0
Tours de piste	20	14,0	16,0	20,0	18,0
Niveau sonore	20	18,0	16,0	14,0	20,0
	120 pts	**92,0**	**98,0**	**102,0**	**118,0**
Rapport qualité/prix					
Agrément de conduite	10	8,8	8,2	8,4	9,1
Choix des essayeurs	40	34,0	36,0	38,0	40,0
Valeur pour le prix	10	6,6	6,5	7,8	9,2
	60 pts	**49,4**	**50,7**	**54,2**	**58,3**
Total	**510 pts**	**421,3**	**404,6**	**435,8**	**461,3**
Classement		3	4	2	1

Les berlines intermédiaires

Les Honda Accord et Mazda6 face à leurs rivales

TEXTE ET PHOTOS **DENIS DUQUET**

Au fil des années, les constructeurs japonais ont établi leur emprise sur le marché des berlines intermédiaires. Cette catégorie comprend, bien entendu, des européennes très affûtées, mais leur prix ne permet pas de les classer dans la même catégorie. À Detroit, les dirigeants ont surtout axé leurs actions dans les secteurs des camionnettes et des VUS, des créneaux beaucoup plus lucratifs. Ce qui a laissé le champ libre aux marques japonaises. Enfin, il ne faut pas oublier les marques coréennes qui s'implantent progressivement dans presque tous les segments du marché.

A vec l'arrivée l'an dernier de la nouvelle Honda Accord et celle de la Mazda6 en début de 2003, ce match était devenu incontournable. D'autant plus que la Nissan Altima avait fait une entrée fracassante en 2002 tandis que la Camry bénéficie d'un moteur plus puissant cette année. Chez les nord-américaines, seule la Sebring est dans la course tandis que la Corée est représentée par les deux sœurs jumelles coréennes, les Kia Magentis et Hyundai Sonata.

Dans un monde idéal, les Chevrolet Malibu, Mitsubishi Galant et Volkswagen Passat auraient participé à ce match. Dans le cas de la Malibu et de la nouvelle Galant,

il a été impossible de disposer d'un véhicule 2004 à temps pour organiser cette confrontation. Ce n'est pas parce que nous n'avons pas essayé : nous avons harcelé les représentants de ces deux manufacturiers avec nos demandes, mais cela n'a pas fonctionné. Il leur était impossible de livrer les voitures à temps. Nous avons même fait appel à Pierre Gagnon, le grand patron de Mitsubishi en Amérique. Manque de chance, il a été limogé le lendemain de notre demande !

Dans le cas de la Passat, l'explication est plus simple et plus triste. Après de nombreuses demandes, la personne en charge des voitures de presse a jugé que ça réclamait trop d'efforts de sa part de trouver une

Passat V6 automatique pour ce match. Ce qui ne nous surprend pas compte tenu de l'arrogance et de la suffisance du service des relations publiques de cette compagnie. Chez Volkswagen, les journalistes sont traités comme les clients et ce n'est pas une référence. Il ne faut pas se surprendre si les ventes de cette marque ne sont plus ce qu'elles étaient. Et si ce n'est pas de la suffisance, c'est que les gens de Volkswagen avaient peur de voir leur chère Passat se faire «passer au cash» par les japonaises. C'est peut-être aussi pourquoi Volkswagen Canada refuse de nous prêter une voiture pour un essai à long terme alors que les publications ontariennes bénéficient de de cette collaboration.

Bon, assez d'atermoiements. Nos essayeurs ont inspecté les sept berlines participantes sous toutes les coutures autant dans le cadre d'un examen statique que dynamique. Et après avoir bien soupesé leurs décisions, ils nous ont rendu leur feuille de pointage. Voici donc comment ces sept voitures se sont classées dans ce match.

Fiche technique

	CHRYSLER SEBRING	HONDA ACCORD	HYUNDAI SONATA	KIA MAGENTIS	MAZDA6	NISSAN ALTIMA	TOYOTA CAMRY
➤ Empattement	274 cm	274 cm	270 cm	270 cm	280 cm	267 cm	272 cm
➤ Longueur	484 cm	481 cm	475 cm	472 cm	486 cm	474 cm	481 cm
➤ Largeur	179 cm	181 cm	182 cm	181 cm	179 cm	178 cm	180 cm
➤ Hauteur	139 cm	145 cm	142 cm	141 cm	147 cm	144 cm	149 cm
➤ Poids	1455 kg	1445 kg	1476 kg	1465 kg	1371 kg	1535 kg	1520 kg
➤ Transmission	automatique	automatique	automatique	automatique	automatique	automatique	automatique
➤ Nombre de rapports	4	5	4	4	4	5	5
➤ Moteur	V6	V6	V6	V6	V6	V6	V6
➤ Cylindrée	2,7 litres	3,0 litres	2,7 litres	2,7 litres	3,5 litres	3,0 litres	3,3 litres
➤ Puissance	200 ch	240 ch	170 ch	178 ch	245 ch	220 ch	225 ch
➤ Suspensions av. et arr.	indépendante	indépendante	indépendante	indépendante	indépendante	indépendante	indépendante
➤ Freins avant et arrière	disque	disque	disque	disque	disque	disque	disque
➤ ABS	oui	oui	oui	oui	oui	oui	oui
➤ Pneus	205/60R16	205/60R16	205/60R16	205/60R16	205/60R16	215/50R17	205/65R16
➤ Direction	à crémaillère, assistée	à crémaillère, assistée	à crémaillère, assistée	à crémaillère, assistée	à crémaillère, assistée	à crémaillère, assistée	à crémaillère, assistée
➤ Diamètre de braquage	11,2 mètres	11,0 mètres	11,6 mètres	10,4 mètres	10,8 mètres	11,8 mètres	11,1 mètres
➤ Coussins gonflables	frontaux et latéraux	frontaux et latéraux	frontaux	frontaux	frontaux et latéraux	frontaux et latéraux	frontaux, latéraux et tête
➤ Réservoir	61 litres	65 litres	65 litres	65 litres	76 litres	68 litres	70 litres
➤ Capacité du coffre	453 litres	396 litres	398 litres	386 litres	442 litres	430 litres	498 litres
➤ Vitesse de pointe	180 km/h	200 km/h	195 km/h	195 km/h	200 km/h	210 km/h	215 km/h
➤ Consommation (100 km)	12,8 litres	10,4 litres	11,4 litres	11, 3 litres	13,3 litres	11,7 litres	11,6 litres
➤ Prix	31 295 $	33 595 $	28 995 $	29 995 $	30 498 $	32 995 $	34 990 $

1 Honda Accord **Tous d'accord**

ette Honda a récupéré son titre de meilleure berline de sa catégorie. Les modifications apportées l'an dernier lui ont permis de devancer des concurrentes pourtant riches en qualités de toutes sortes. Si elle obtient la première place, c'est tout simplement qu'elle est celle qui propose le meilleur équilibre tant au chapitre des performances que de la tenue de route, du confort et de l'agrément de conduite. Elle est devenue plus confortable et plus cossue au fil des ans, mais elle demeure l'une des plus agréables à conduire sans pour autant pénaliser les occupants avec une suspension trop ferme.

Cet équilibre si difficile à atteindre se remarque à propos de presque tous les éléments de comparaison : l'Accord s'est classée parmi les meilleures dans toutes les catégories. Si elle ne remportait pas la palme, elle engrangeait quand même plusieurs points. Par exemple, sa silhouette ne fait pas l'unanimité, mais elle a quand même été classée en troisième position, ce qui n'est pas mal. L'habitacle est toutefois mieux réussi : tous ont apprécié le tableau de bord et ses commandes pratiques. Malheureusement, l'absence d'une banquette arrière 60/40 a été déplorée par plusieurs. Malgré quelques détails à améliorer ici et là de même qu'une silhouette que certains jugent inusitée, la Honda demeure la championne de la conduite tout en étant la préférée de nos essayeurs. Et même si ces éléments ne viennent pas influencer le choix de notre jury, sa fiabilité et sa qualité d'assemblage sont à souligner.

Sans être la plus spectaculaire, l'Accord se démarque de toutes les autres.

Pour

« Une voiture homogène, fiable, avec une qualité de construction supérieure à la moyenne. »

Jacques Deshaies

Contre

« La suspension ne fait pas toujours bon ménage avec les routes cahoteuses. »

André Beaudoin

② Mazda6 — Tout un redressement!

La Mazda6 termine au deuxième rang, mais le titre de voiture la plus sportive lui revient d'emblée. Ce n'est pas la plus rapide, mais c'est celle qui fournit les meilleures sensations de conduite en raison d'une direction précise et d'une suspension sport qui permet de s'amuser dans les virages. Il ne faut pas non plus oublier que son freinage est supérieur à la moyenne de même que le rendement de son moteur. Ce dernier est par ailleurs assez mal desservi par une boîte automatique parfois saccadée et qui ne possède pas des algorithmes de passage des rapports aussi sophistiqués que ceux de l'Accord.

Sportive en conduite, la Mazda6 l'est également au chapitre de la présentation: elle fait moins berline familiale que toutes les autres voitures de notre match. Le tableau de bord avec ses cadrans à chiffres électroluminescents et son plastique de couleur titane lui ont permis de remporter de précieux points. Par contre, plusieurs ont critiqué la fermeté des sièges et la dureté de la suspension. De plus, son insonorisation n'est pas la meilleure qui soit. Cette caractéristique plaît aux conducteurs sportifs, mais agace les autres. Tous ont toutefois vanté l'ingénieux mécanisme placé dans le coffre afin de rabattre le dossier arrière 60/40.

Cette nouvelle Mazda n'a plus rien à voir avec la défunte 626 qui était une voiture correcte, mais sans plus. Celle-ci est d'une tout autre mouture et elle n'a certainement pas usurpé cette deuxième marche du podium. Et si vous êtes un conducteur sportif dans l'âme, vous allez sans doute la préférer à la Honda Accord, un peu trop politiquement correcte.

Pour

« Aussitôt derrière le volant, elle m'a donné le goût d'attaquer la route. La présentation du tableau de bord me plaît. »
Yvan Fournier

Contre

« La Mazda6 perd des plumes en matière de sécurité puisqu'il n'y a pas d'appuie-tête aux places arrière. »
Jean-François Guay

③ Toyota Camry — La rançon de la sagesse

À force de toujours être politiquement correct, il arrive qu'on soit pénalisé. On a voulu faire de la Camry la voiture de tout le monde et de toutes les occasions. Ses concepteurs jouent la carte de la sagesse tant au chapitre de la conception visuelle que de la mécanique. Les changements sont progressifs et dictés par la raison. La silhouette est très générique, ce que plusieurs apprécient puisque l'apparence de la voiture demeure ainsi dans le coup beaucoup plus longtemps. Et si le moteur V6 produisait 192 chevaux l'an dernier, cette année il a été remplacé par un nouveau moteur V6 d'une puissance de 225 chevaux, ce qui est tout de même 15 chevaux de moins que celui de la Honda Accord.

Cette approche évolutive à tous les points de vue et une exécution sans faille expliquent la grande popularité de ce modèle de même que son excellente valeur de revente. Mais puisqu'elle pèche quelque peu par excès de conservatisme, elle se fait distancer dans un match comparatif par des modèles plus distinctifs, plus excitants à conduire et dotés d'une silhouette plus originale.

Si, toutefois, vous jugez une voiture par son confort, sa fiabilité et une exécution impeccable des fonctions de base de toute automobile, cette Toyota devrait figurer en tête de votre liste. Si vous exigez davantage d'une auto en fait de feed-back de conduite, vous risquez de demeurer sur votre appétit. Dernier détail, malgré son caractère pantouflard, cette Camry a

terminé au deuxième rang au chapitre des performances tout en affichant la plus courte distance de freinage. Mais, chez Toyota, ces caractéristiques sont traitées comme des éléments de sécurité active, pas nécessairement comme faisant partie d'un caractère sportif.

Pour

« Sa silhouette n'est pas sexy, mais sa qualité de fabrication est incontestable de même que sa fiabilité. »
Jean-Claude Deshaies

Contre

« Sa silhouette ne me plaît pas et elle est plate à mourir. »
Alain Rémillard

4 Nissan Altima — Élégante mais…

'Altima est la voiture la plus énigmatique de cette rencontre. Elle se classe au quatrième rang malgré une silhouette vraiment unique, un habitacle très design et un comportement routier difficile à prendre en défaut. Mais en dépit de ces qualités indéniables, elle s'est fait vertement critiquer en raison d'une finition légère, d'un tableau de bord raté et d'un effet de couple dans le volant vraiment exagéré.

Lors de son arrivée sur le marché il y a deux ans, la silhouette de l'Altima en a fait craquer plus d'un. Elle reste élégante de nos jours, mais rares sont ceux qui apprécient le tableau de bord constitué de pièces en plastique d'une texture complètement ratée. En plus, les commandes ne sont toujours pas bien placées tandis que la finition est à revoir.

Mais la grande faiblesse de cette Nissan demeure l'important effet de couple dans le volant qui surprend le pilote qui ne s'y attend pas. Il faut en outre souligner que la suspension arrière ne fait pas tellement bonne figure sur mauvaise route. Heureusement que son moteur six cylindres et sa boîte automatique conjuguent bien leurs efforts pour faire de l'Altima une routière acceptable. Elle a de plus remporté la catégorie « performances mesurées » lors de ce match.

Il est d'autant plus dommage que ce potentiel soit ruiné en partie par une caisse aux tôles minces et un habitacle à revoir de même qu'un effet de couple dans le volant en accélération qui aurait dû être corrigé depuis belle lurette.

Contrairement à la Camry qui semble avoir été conçue pour n'offenser personne, l'Altima est la « face à claque » du match. Pourtant, il suffirait de petites corrections tout de même mineures pour qu'elle prenne du galon.

Pour
« Les performances sont surprenantes. »
Mario Marinoni

Contre
« Son moteur est explosif, mais l'effet de couple lui fait perdre tout agrément de conduite. »
Jean-François Guay

5 Chrysler Sebring — Pas pire ! Pas pire !

a Sebring était la seule voiture à défendre les couleurs de l'Amérique. Il s'agit d'un modèle dont les origines remontent à la fin des années 1990 en ce qui concerne la plate-forme et la motorisation. Il lui en manque un peu partout pour être capable de devancer les meilleures des japonaises. Ses performances se situent quelque peu en retrait par rapport aux autres et cela l'a pénalisée, bien entendu. De plus, sa tenue de route n'a pas semblé impressionner nos essayeurs qui l'ont placée en milieu de peloton. Par contre, sa suspension a été jugée la plus confortable, ce qui peut sans doute expliquer les points perdus au chapitre de la tenue de route.

Ce classement en demi-teintes un peu partout s'explique par le fait que cette Chrysler commence à prendre de l'âge par rapport à ses concurrentes. D'ailleurs, la dernière révision effectuée en 2001 n'est pas tellement allée en profondeur.

Parmi les critiques de l'habitacle, les points qui reviennent le plus souvent sont un lecteur CD très mal placé et de sièges avant qui n'offrent pas tellement un bon support latéral. En conduite ordinaire, c'est une voiture qui ne déçoit pas, car elle offre un comportement correct. Il faut la pousser un peu plus pour en découvrir les limites ; elle devient alors moins impressionnante. Si vous pilotez sagement, vous allez apprécier son élégante silhouette et sa conduite sans problème. Il faut également ajouter que l'évaluation de ce modèle dépend également

du fait que l'on apprécie l'approche américaine ou asiatique dans une voiture. Aux yeux de notre groupe d'essayeurs, il semble que son américanité, des détails comme une antenne extérieure et un châssis un peu moins rigide ont handicapé cette Chrysler qui fait quand même bonne figure.

Pour
« Sa silhouette est un exemple d'équilibre tandis que son habitacle est réussi. »
Jean-François Ouimet

Contre
« C'est une bonne voiture de location, sans plus. Et la peinture est toujours de qualité moyenne. »
Yvan Fournier

6 Kia Magentis **Jumelle numéro 1**

La compagnie Kia a surtout fait la promotion de ses fourgonnettes et de ses VUS tout dernièrement. La Magentis n'est pas une vilaine voiture, mais elle a été laissée dans l'ombre par rapport à la plupart des autres modèles de la marque. C'est peut-être en raison de sa ressemblance avec la Hyundai Sonata. Il ne faut d'ailleurs pas se surprendre de cette similitude puisque ces deux berlines partagent la même plate-forme, la même mécanique et également les mêmes formes. Il s'agit en fait de deux jumelles puisque ces deux constructeurs sont dorénavant associés.

Mais pourquoi la Kia devance-t-elle la Sonata si elles sont théoriquement identiques? C'est simple, il existe quand même des différences en fait de présentation, de réglage des suspensions et du choix de certains accessoires. Par exemple, certaines différences au tableau de bord, dans la présentation extérieure et d'autres petits détails du genre ont permis à la Kia de devancer sa jumelle par 1,4 point. Bref, la différence est imperceptible et elles sont parfaitement interchangeables. Une fois de plus, les chiffres ne disent pas tout.

Malgré leur rang en fin de peloton, ces deux coréennes ne se font pas déclasser par les autres. Certains détails de finition et de présentation laissent toujours à désirer par rapport aux japonaises, mais ce ne sont pas des voitures à déconseiller. Elles visent surtout l'acheteur à la recherche d'une voiture vendue à prix d'occasion tout en étant très bien équipée. Et petit à petit, leur finition et leur fiabilité s'améliorent.

> **Pour**
>
> *« Je m'attendais à beaucoup moins. Le moteur a de bonnes reprises. »*
> **Mario Marinoni**

> **Contre**
>
> *« La suspension trop molle risque de donner la nausée sur une mauvaise route. »*
> **Jacques Deshaies**

7 Hyundai Sonata **Jumelle numéro 2**

Cette fois, le titre ne devrait pas vous intriguer puisque nous avons dévoilé les relations familiales de la Magentis et de la Sonata. Elles sont pratiquement des copies conformes l'une de l'autre. Toutes deux sont équipées d'un moteur V6 2,7 litres d'une puissance de 170 chevaux associé à une boîte automatique à quatre rapports de type manumatique. Il est également possible de les équiper comme pas une sans dépasser les 30 000 $, ce qu'il est impossible de faire avec les cinq autres concurrentes.

La Hyundai offre une présentation un peu plus pantouflarde que celle de la Kia qui ne tente pas de s'inspirer des formes d'une Jaguar. Kia et Hyundai, les deux ne doivent pas être ignorées. Elles n'ont pas tout à fait la même assurance en conduite rapide et dans les virages, mais elles conviennent bien aux personnes devant respecter un budget plus strict mais qui ne veulent pas se passer de nombreux gadgets dans leur voiture. Autant la Magentis que la Sonata sont en mesure de satisfaire leurs besoins.

Et il faut une fois de plus souligner les progrès accomplis par ces deux constructeurs au chapitre de la qualité des matériaux et de la finition. Ils ne sont plus les parents pauvres de l'industrie. D'ailleurs, en terminant, signalons que l'intégrité de la caisse de ces deux modèles a été démontrée par l'absence de bruits de caisse même si ces modèles avaient quelques milliers de kilomètres au compteur.

> **Pour**
>
> *« La Sonata me fait songer quelque peu à la Jaguar par ses lignes. Elle offre également un excellent rapport équipement/prix. »*
> **Alain Rémillard**

> **Contre**
>
> *« Les antennes extérieures sont dépassées. »*
> **André Beaudoin**

Conclusion l'équilibre l'emporte

Comme le dirait l'ineffable Yogi Berra, c'est la meilleure qui a gagné. Ça ne peut pas être plus clair que ça ! Et c'est vrai, le résultat est clair et net. C'est la voiture possédant le meilleur équilibre à tout point de vue qui a remporté ce test. La Honda Accord est une sportive qui ne pénalise pas ses occupants avec une suspension trop ferme. Elle est également suffisamment luxueuse pour jouer le rôle de berline d'affaires et se prête sans problème aux déplacements de la famille. La Mazda6 est une nouvelle venue bourrée de talent, mais son tempérament est carrément sportif. C'est cette spécialisation qui l'a empê-

chée de rafler les grands honneurs. De son côté, la Camry s'avère trop politiquement correcte pour inspirer de grands élans d'enthousiasme. Elle est la troisième la plus douée des matchs comparatifs réalisés par l'équipe du *Guide* au cours des dernières années. L'Altima brille par son moteur, une silhouette vraiment dynamique et une tenue de route digne de mention. Mais le manque de finition de l'habitacle et un immense effet de couple dans le volant lui ont coûté cher.

La Sebring vient ensuite. Cette américaine a eu de la difficulté à masquer des origines qui datent de la dernière décennie. C'est une voiture plus qu'honnête qui cons-

titue une bonne valeur pour les personnes qui apprécient la conception nord-américaine. Elle a quand même besoin d'une cure de rajeunissement. Enfin, la Kia Magentis dépasse d'une poussière la Hyundai Sonata qui est sa jumelle. Ces deux coréennes affichent une silhouette plutôt curieuse mais vous en donnent pour votre argent en raison d'un équipement complet et de toute l'attention accordée aux détails d'aménagement.

Voilà, le verdict est tombé. Comme vous pouvez le constater, les écarts entre les participantes sont très minces. À vous de décider laquelle convient le mieux à vos besoins et à votre budget.

Performances mesurées	CHRYSLER SEBRING	HONDA ACCORD	HYUNDAI SONATA	KIA MAGENTIS	MAZDA6	NISSAN ALTIMA	TOYOTA CAMRY
Accélération							
0-100 km/h	8,8 s	7,6 s	8,7 s	8,6 s	8,1 s	7,2 s	7,2 s
1/4 mille	16,1 s	16,1 s	16,7 s	16,6 s	18,8 s	14,6 s	15,9 s
Freinage							
100-0 km/h	44,1 m	42,8 m	40,7 m	42,3 m	39,0 m	40,8 m	39,4 m
Reprises							
80-120 km/h	8,0 s	6,5 s	7,7 s	7,8 s	6,5 s	5,8 s	6,1 s
Niveau sonore							
Ralenti	45,7 dB	45,1 dB	45,7 dB	44,6 dB	45,6 dB	45,0 dB	45,5 dB
Accélération	74,3 dB	73,3 dB	83,8 dB	74,2 dB	78,2 dB	74,1 dB	73,1 dB
100 km/h	69,6 dB	67,9 dB	64,7 dB	64,2 dB	69,4 dB	67,2 dB	67,7 dB

Fiche d'évaluation

		CHRYSLER SEBRING	HONDA ACCORD	HYUNDAI SONATA	KIA MAGENTIS	MAZDA6	NISSAN ALTIMA	TOYOTA CAMRY
Style								
Extérieur	10	7,8	7,8	6,7	6,6	8,6	8,4	7,1
Intérieur	10	7,5	8,8	7,0	7,2	8,7	7,7	7,3
	20 pts	15,3	16,6	13,7	13,8	**17,3**	16,1	14,4
Carrosserie								
Finition intérieure et extérieure	10	7,8	9,1	7,1	7,3	8,8	7,6	8,0
Qualité des matériaux	10	7,2	9,2	7,3	7,4	8,6	7,6	8,3
Coffre *(accès/volume)*	10	8,0	8,6	8,1	8,1	8,4	8,6	8,8
Espaces de rangement	10	7,4	8,8	7,4	7,8	8,3	7,7	8,4
Astuces et originalité *(innovation intéressante, gadgets hors série, etc.)*	10	7,9	8,0	7,4	7,4	8,3	7,8	7,0
Équipement	5	4,3	4,6	4,4	4,6	4,7	4,4	4,22
Tableau de bord	5	4,2	4,7	3,4	3,6	4,5	4,0	3,4
	60 pts	46,8	**53,0**	45,1	46,2	51,6	47,7	48,1
Confort								
Position conduite/volant/sièges av.	10	8,1	9,1	7,7	7,8	8,6	8,3	8,2
Places arr. *(espace 2 ou 3 personnes)*	10	7,8	8,1	8,0	8,0	7,7	9,0	8,3
Ergonomie *(facilité d'atteindre les commandes et lisibilité des instruments)*	10	8,1	9,3	8,0	8,1	9,0	8,3	8,6
Silence de roulement	10	7,9	8,6	8,0	7,9	8,0	8,3	8,7
	40 pts	31,9	**35,1**	31,7	31,8	33,3	33,9	33,8
Conduite								
Moteur *(rendement, puissance, couple à bas régime, réponse, agrément)*	40	32,6	36,3	30,7	30,5	33,6	36,0	33,7
Transmission *(passage des rapports, étagement, rétrocontact, levier, agrément)*	30	26,1	27,8	23,6	23,7	25,1	24,9	27,6
Direction *(précision, feed-back, braquage)*	30	24,7	26,0	20,2	20,1	27,1	24,4	24,6
Tenue de route	30	24,7	26,4	21,2	21,4	27,8	25,0	26,0
Freins *(endurance, sensations, performances)*	30	24,0	27,7	23,0	22,8	27,3	26,6	26,7
Confort de la suspension	20	17,9	17,8	17,0	17,3	16,4	17,1	17,7
	180 pts	150,0	**162,0**	135,7	135,8	157,3	154,0	156,3
Sécurité								
Visibilité	10	8,8	8,5	8,4	8,4	8,5	8,6	8,7
Rétroviseurs	10	8,2	8,4	8,3	8,3	8,1	8,0	8,3
Nombre de coussins de sécurité	10	8,0	8,0	8	8,0	8,0	8,0	10,0
	30 pts	25,0	24,9	24,7	24,7	24,6	24,6	**27,0**
Performances mesurées								
Reprises	30	30,0	28,0	26,0	27,0	27,0	30,0	28,0
Accélération	30	25,0	27,0	26,0	26,0	27,0	30,0	28,0
Freinage	30	25,0	26,0	28,0	26,0	27,0	28,0	30,0
Niveau sonore	20	17,0	20,0	18,0	18,0	15,0	16,0	16,0
	110 pts	97,0	101,0	98,0	97,0	96,0	**104,0**	102,0
Rapport qualité/prix								
Agrément de conduite	10	7,4	8,6	6,8	6,8	9,1	7,1	7,7
Choix des essayeurs	40	34,0	40,0	32,0	33,0	38,0	35,0	36,0
Valeur pour le prix	10	8,0	9,0	8,2	8,1	8,3	8,0	8,2
	60 pts	49,4	**57,6**	47,0	47,9	55,4	50,1	51,9
Total	**500 pts**	415,4	**450,2**	395,8	397,2	435,5	430,4	433,5
Classement		5	1	7	6	2	4	3

Acura

Aston Martin

Audi

Bentley

BMW

Buick

Cadillac

Chevrolet

Chrysler

Dodge

Ferrari

Ford

GMC

Honda

Hummer

Hyundai

Infiniti

Isuzu

Jaguar

Jeep

Kia

Lamborghini

Land Rover

Lexus

Lincoln

Maserati

Maybach

Mazda

Mercedes-Benz

Mercury

MINI

Mitsubishi

Nissan

Oldsmobile

Pontiac

Porsche

Rolls Royce

Saab

Saturn

Subaru

Suzuki

Toyota

Volkswagen

Volvo

Les essais et analyses

La pelleteuse de nuages...

Aussi bien régler ça dès le début. L'Acura 1,7EL n'est pas vraiment une Acura. C'est l'illusion d'une Acura qui n'est offerte que dans le but de présenter un modèle d'entrée de gamme très abordable. Dans les faits, la 1,7EL n'est rien d'autre qu'une Honda Civic plus cossue construite pour le Canada seulement! Aucune autre marque japonaise de luxe (Lexus ou Infiniti) ne possède un tel modèle dans sa gamme. Si la position d'Acura en termes de marketing peut se défendre, qu'en est-il de la 1,7EL, cette pseudo-luxueuse?

L'idée de partir de la très bien cotée Honda Civic n'est pas mauvaise en soi, mais quand on provoque ainsi la comparaison avec un modèle moins élevé dans la hiérarchie, vaut mieux posséder quelques atouts dans son jeu. De plus, l'auteur de ces lignes possédant une Honda Civic berline 2001, il devient très difficile de ne pas découvrir le jeu d'Acura. Et même si Acura nous jure que la version 2004 (que nous n'avons pu essayer avant la date de tombée du *Guide de l'auto*) sera très différente de la version 2003, permettez-moi d'en douter...

Lesdits changements seront surtout cosmétiques, mais il faut noter une barre stabilisatrice d'un diamètre plus important à l'avant (de 15,9 mm à 25,4 mm) qui devrait affirmer davantage une tenue de route déjà saine. Souhaitons simplement qu'Acura ait pensé à bannir à tout jamais les très incompétents pneus de base (les mêmes que ceux qui équipent les Civic, ce qui n'aide absolument pas à rehausser le prestige d'Acura...).

Côté mécanique, nous devrons donc nous contenter du 1,7 litre qui anime aussi, en option toutefois, la Honda Civic cette année. Mais où est donc l'avantage mécanique qui pourrait amener les consommateurs vers l'EL plutôt que vers la Civic? Ce quatre cylindres en ligne doté du calage variable des soupapes (le fameux VTEC) propose 127 chevaux et un couple de 114 lb-pi. Les reprises se montrent légèrement plus nerveuses qu'avec le moteur de base des Civic, certes, mais on est loin de se péter la tête sur l'appuie-tête. Et c'est toujours à bas régime que le manque de puissance se fait le plus cruellement sentir. Dans une situation périlleuse, au moment où il faudrait que le moteur tourne plus rapidement pour donner plus de puissance, on souhaiterait que le plancher sous l'accélérateur soit placé une dizaine de centimètres plus bas! Malgré tout, ce moteur vous réjouira à la pompe puisqu'il ne requiert que 8 litres d'essence ordinaire pour 100 km. Je me demande si le moteur 2 litres de 160 chevaux de la Civic SiR, pourrait, techniquement, être placé sous

le capot de l'EL? Une idée, comme ça... Au moins, on a doté la petite 1,7EL de quatre freins à disque et d'un ABS au fonctionnement très discret. Ces freins assurent des distances d'arrêt dans la bonne moyenne, mais leur capacité à éliminer la chaleur me semble un peu faible.

Un petit plus...

Si la mécanique ne répond pas aux attentes qu'impose le nom Acura, le confort, cette notion difficilement quantifiable, se révèle à la hauteur. Les ingénieurs d'Acura ont visiblement passé beaucoup de temps à peaufiner la douceur de roulement. On sent que les suspensions ont été feutrées et que les bruits de la route sont mieux filtrés. Quoique, en accélération, le nombre de décibels augmente plus rapidement que l'aiguille du tachymètre. Cependant, sur l'autoroute, le niveau sonore se maintient relativement bas. C'est sur une route bien bosselée que cette douceur de roulement se fait sans doute le plus apprécier. Les suspensions indépendantes ne talonnent pas et l'EL demeure toujours très stable. Le dossier des sièges se montre un peu dur, mais peut-être ai-je un dos plus fluet que la moyenne. En tout cas, ce dos-là se promenait de gauche à droite en conduite un peu plus sportive en raison d'un manque de support latéral. À l'arrière, deux enfants ne se

CARACTÉRISTIQUES	
Prix du modèle à l'essai	Premium 24 200 $
Échelle de prix	22 200 $ à 25 200 $
Garanties	3 ans 60 000 km / 5 ans 100 000 km
Emp. / Long. / Larg. / Haut. (cm)	262 / 448,5 / 171,5 / 144
Poids	1199 kg
Coffre / Réservoir	365 litres / 50 litres
Coussins de sécurité	frontaux et latéraux
Suspension avant	indépendante, jambes de force
Suspension arrière	indépendante, triangles obliques
Freins av. / arr.	disque ABS
Antipatinage / Contrôle de stabilité	non
Direction	à crémaillère, assistée
Diamètre de braquage	10,4 mètres
Pneus av. / arr.	185/65R15

MOTORISATION ET PERFORMANCES	
Moteur	4L 1,7 litre
Transmission	traction, manuelle 5 rapports
Puissance	127 ch à 6300 tr/min
Couple	114 lb-pi à 4800 tr/min
Autre(s) moteur(s)	aucun
Autre(s) transmission(s)	automatique 4 rapports
Accélération 0-100 km/h	9,3 secondes
Reprises 80-120 km/h	9,5 secondes (4e)
Vitesse maximale	195 km/h
Freinage 100-0 km/h	41,7 mètres
Consommation (100 km)	8,0 litres (ordinaire)

plaindront pas mais deux adultes pourraient trouver que ça manque d'espace, surtout à l'entrée où le crâne rencontre douloureusement le toit. Dans le cas présent, ce sont les grands qui demandent, dès le premier coin de rue : « Quand est-ce qu'on arrive ? »

Un petit moins...

Là où Acura manque une belle occasion de se démarquer, c'est en ce qui concerne le tableau de bord et l'intérieur. C'est du Civic tout craché avec quelques appliques de similibois, sans aucune autre touche d'inspiration. Désolant.

L'EL 2004, tout comme par le passé, nous est proposée uniquement en version berline et en deux niveaux d'équipement, soit Touring et Premium. Ce dernier offre, en plus des accessoires de la Touring, des sièges avant chauffants en cuir et le toit ouvrant électrique. Qui dit Acura, dit haute qualité de finition. S'il avait fallu un œil bionique rivé sur un microscope au laser pour trouver un défaut à l'extérieur de notre Premium d'essai, un seul œil humain suffisait pour trouver de petits accrocs à l'intérieur. Oh ! rien de bien grave, mais ici et là, un morceau plus ou moins bien vissé ou mal accroché. Faudrait-il débuter les journées de travail à l'usine d'assemblage d'Alliston en Ontario par une petite chanson de motivation en se tapant dans les mains ? Cette analyse ne tient pas compte des changements apportés aux Acura EL 2004 mais, tel qu'écrit en début de texte, les impressions de conduite ne devraient pas différer tellement. Surveillez notre site Internet et le magazine *Le Monde de l'auto*. On vous tiendra au courant !

On dit souvent de la Civic qu'elle s'est embourgeoisée avec le temps et c'est vrai. L'Acura 1,7EL est une Civic un peu plus embourgeoisée... À vous de déterminer si les 2000 $ ou 3000 $ supplémentaires demandés valent les modifications apportées. Je sais que, pour certaines personnes, juste le sigle Acura les vaut...

Alain Morin

MODÈLES CONCURRENTS

- Hyundai Sonata • Kia Magentis • Saturn L
- Toyota Corolla • VW Jetta 2,0

QUOI DE NEUF ?

- Parties avant et arrière redessinées • Légères modifications intérieures • Suspension avant révisée • Climatiseur automatique de série sur Touring • Trois nouvelles couleurs

Renouvellement du modèle	n.d.

VERDICT

Agrément de conduite	★★★☆☆
Fiabilité	★★★★★
Sécurité	★★★★☆
Qualités hivernales	★★★☆☆
Espace intérieur	★★★☆☆
Confort	★★★★☆

VERSION RECOMMANDÉE

Premium

▲ POUR

- Fiabilité élogieuse • Conduite feutrée
- Moteur économique • Prestige du nom Acura • Tenue de route honnête

▼ CONTRE

- Moteur peu puissant • Honda Civic à peine déguisée • Places arrière peu invitantes
- Pneus de série pathétiques

Vieillir dans l'indifférence

Pendant que les voitures européennes et japonaises de luxe se modernisent, le vaisseau amiral de la gamme Acura, la RL, se contente de garder le fort en attendant la relève… Si relève il y a! Si l'on se fie à la lenteur d'Acura à renouveler sa berline, on peut s'interroger sur les véritables intentions des généraux de la filiale Honda. En effet, on peut se demander si la compagnie-mère est vraiment intéressée à investir les capitaux nécessaires pour relancer les ventes de ce modèle qui ne demanderait pas mieux que de prendre la poudre d'escampette. À vrai dire, la RL doit montrer beaucoup de cran pour demeurer au front et se mesurer à des concurrentes mieux équipées et plus puissantes. Pour rester aussi impassible face à l'ennemi, elle mise essentiellement sur une fiabilité à toute épreuve et un prix compétitif. Mais il ne faut pas être dupe. Les seuls combats que cette Acura peut gagner se jouent sur le terrain des américaines où, espère-t-on, certains conducteurs délaisseront le drapeau de l'oncle Sam pour épouser le volant de cette japonaise.

Dévoilée en 1997 en remplacement du modèle Legend, la RL avait pour mission de détrôner les voitures européennes de luxe en sol nord-américain (de marque Mercedes pour ne pas les nommer). Toutefois, Acura a été prise à son propre jeu par ses congénères japonaises. En effet, en plus d'être incapable de damer le pion à ses rivales allemandes, la RL fut éclipsée par une autre japonaise de luxe : la Lexus LS 400. Contrairement au produit vedette de Toyota qui a forcé Mercedes-Benz à se retrancher pour élaborer de nouvelles stratégies, la RL n'a jamais été en mesure de se démarquer. Qui plus est, comme en témoignent les chiffres de ventes, cette Acura vit sur du temps emprunté : 65 modèles vendus au Québec en 2002 et 253

dans l'ensemble du Canada. C'est très peu pour prétendre que ce modèle fera encore long feu dans les salles de montre.

Une mercedes de 10 ans

Dès le départ, les stylistes ont manqué d'audace en concoctant une carrosserie trop calquée sur celles des voitures Mercedes-Benz des années 1990. Il ne fallait pas être devin pour prophétiser que cette silhouette de l'ère de Mathusalem serait destinée à vieillir un peu trop rapidement. Mais qu'importe, puisque même si elle est le clone d'une allemande vieillissante, la RL a une feuille de route impeccable en matière de fiabilité. De plus, à l'instar des Acura TL et MDX, et de la nouvelle TSX, la RL offre l'un des rapports prix/équipement les plus intéressants de sa catégorie.

À l'image de la carrosserie, l'habitacle de la RL avait été inspiré de celui des anciennes Mercedes. Le design du volant et de la console, la forme et la couleur des cadrans, l'aspect des matériaux et des boiseries semblaient sortis tout droit de l'imagination des stylistes du constructeur de Sindelfingen. Fatigués d'être victimes de ces quolibets (pourtant bien mérités), les stylistes d'Acura ont revu l'habitacle de la RL en 2004. Ainsi, le tableau de bord, les cadrans, la console centrale et le volant ont été redessinés. De même, pour rappeler aux passagers qu'ils montent bel et bien dans une Acura, on retrouve sur le seuil des portières des plaquettes en aluminium brossé signées Acura. Par ailleurs, il sera enfin possible de charger le lecteur de six CD à même le tableau de bord. Croyez-le ou non, mais en 2003, l'accès au chargeur de CD se faisait encore via le coffre arrière. Comme quoi la conception de la RL était complètement dépassée pour une voiture dont le prix excède tout de même les 50 000 $.

Toutefois, il faut rendre à César ce qui appartient à César, et il ne faut pas croire que la RL n'a que des défauts. Au contraire. La RL est une voiture qui ne demande qu'à rouler des milliers de kilomètres pour être appréciée à sa juste valeur. Si les ingénieurs ont négligé le design extérieur et intérieur, ceux-ci ont fait des efforts pour concevoir une voi-

CARACTÉRISTIQUES

Prix du modèle à l'essai	55 800 $
Échelle de prix	55 800 $
Garanties	3 ans 60 000 km / 5 ans 100 000 km
Emp. / Long. / Larg. / Haut. (cm)	291 / 499 / 182 / 138
Poids	1775 kg
Coffre / Réservoir	419 litres / 68 litres
Coussins de sécurité	frontaux et latéraux
Suspension avant	indépendante, leviers triangulés
Suspension arrière	indépendante, leviers transversaux
Freins av. / arr.	disque ABS
Antipatinage / Contrôle de stabilité	oui
Direction	à crémaillère, assistance variable
Diamètre de braquage	11,8 mètres
Pneus av. / arr.	225/55R16

MOTORISATION ET PERFORMANCES

Moteur	V6 3,5 litres
Transmission	traction, automatique 4 rapports
Puissance	225 ch à 5200 tr/min
Couple	231 lb-pi à 2800 tr/min
Autre(s) moteur(s)	aucun
Autre(s) transmission(s)	aucune
Accélération 0-100 km/h	9,1 secondes
Reprises 80-120 km/h	8,2 secondes
Vitesse maximale	225 km/h
Freinage 100-0 km/h	41,0 mètres
Consommation (100 km)	12,8 litres (super)

MODÈLES CONCURRENTS

• Audi A6 • BMW Série 5 • Buick Park Avenue
• Infiniti M45 • Lexus GS 300 • Lincoln LS
• M-B Classe E • Saab 9⁵ • Volvo S80

QUOI DE NEUF ?

• Tableau de bord et volant redessinés • Nouveau système audio avec chargeur 6 CD

Renouvellement du modèle	Improbable

VERDICT

Agrément de conduite	★★★☆☆
Fiabilité	★★★★☆
Sécurité	★★★★☆
Qualités hivernales	★★★☆☆
Espace intérieur	★★★★☆
Confort	★★★☆☆

VERSION RECOMMANDÉE

Version unique

---

ture silencieuse dotée d'une direction précise. Par ailleurs, les sièges avant et la banquette arrière, très confortables, ne demandent pas mieux qu'à chouchouter les occupants.

Un moteur tranquille

De même, la souplesse et la douceur de la suspension vous feront oublier le mauvais état de nos routes. Et si vous faites des excès dans les courbes, n'ayez crainte, la RL restera solidement ancrée au bitume grâce au bon réglage des suspensions et au système d'assistance de la stabilité (VSA). Comparativement à ce qui est le cas dans les autres produits de la gamme Acura, la sonorité de la chaîne audio est exceptionnelle et n'aura aucun mal à vous transporter sous d'autres cieux.

Mais là où le bât blesse, c'est sous le capot. Réputé pour être l'un des meilleurs moteurs V6 de l'industrie, le 3,5 litres de la RL ne développe que 225 chevaux contre 260 dans la MDX et la TL Type S (V6 de 3,2 litres). Qui plus est, seule une boîte automatique à

quatre rapports peut lui être assignée. Un autre coup bas pour la RL puisque ses sœurs MDX et TL sont pourvues d'un cinquième rapport.

Au jeu des comparaisons, il est difficile pour la RL de se frotter aux moteurs V8 des Lexus LS 430 et Infiniti Q45. Toutefois, compte tenu de l'écart de prix qui sépare celles-ci de la RL (plus de 20 000 $), ce parallèle s'avère une injustice envers le vaisseau amiral d'Acura. Si l'on veut être équitable, la RL doit être comparée aux BMW Série 5, Lincoln LS, Mercedes Classe E et Volvo S80 à moteur six cylindres. La RL n'a aucune difficulté à tenir son bout par rapport à ces modèles beaucoup plus dispendieux.

Jean-François Guay

▲ POUR

• Fiabilité assurée • Excellente finition
• Véhicule confortable • Rapport prix/équipement

▼ CONTRE

• Agrément de conduite quelconque
• Performances modestes • Silhouette dépassée • Valeur de revente moyenne

Un pachyderme sur quatre roues

Comme la plupart des produits arborant l'emblème Acura, le véhicule utilitaire MDX mise sur une jolie silhouette et une fiche technique passablement relevée. Pour dessiner une carrosserie aussi typée, les stylistes d'Acura disent s'être inspirés des formes d'un animal. Lequel ? Le rhinocéros, pardi ! Chaque fois que je croise ce quadrupède sur roues, je tente de percevoir dans cette masse d'acier de plus de 2 tonnes la physionomie de ce mammifère dinosaurien…

J'ai du temps à perdre ? Pas du tout. Quand on voyage avec de jeunes enfants, tous les passe-temps sont bons pour distraire la marmaille. Qui plus est, ces jeux sont plus amusants que les systèmes de divertissement vidéo et DVD qui garnissent les véhicules de luxe dont le seul mérite est de désintéresser nos jeunes générations de regarder et de comprendre ce qui se passe sur les routes. Quelle sorte de conducteurs sommes-nous en train de former ? Oui, je sais, c'est un autre débat, et long. Alors revenons à nos moutons ? Eh bien oui ! À certains égards, le MDX peut effectivement ressembler à un rhinocéros. Mais attention ! Pas à n'importe lequel. À celui d'Afrique ? Non. À l'un de mes neveux ? J'hésite. Mais je compte une corne de plus sur sa tête et il tient une fourche, le petit diable ! À celui d'Asie ? Oui, tout à fait.

Sous ses airs de jeune premier, le MDX entame tout de même sa troisième année de commercialisation. Depuis son arrivée, il ne

s'est pas gêné pour faire mordre la poussière à plusieurs vétérans qui commandent un prix beaucoup plus élevé. À vrai dire, des joueurs établis comme les BMW X5 3,0, Infiniti QX4, Lexus RX 300 et Mercedes-Benz ML320 ont dû se surveiller de près pour éviter d'être rétrogradés aux mineures par leurs partisans. J'exagère ? À peine. Si le MDX a eu la vie facile au cours des dernières années, les choses pourraient changer cette année avec l'arrivée de plusieurs nouveaux modèles. En effet, les nouvelles recrues que sont les Lexus RX 330, Volkswagen Touareg et Volvo XC90 ne sont pas piquées des vers. De plus, BMW a levé le voile au Salon de Francfort sur un X5 passablement peaufiné. À vrai dire, il devra subir quelques changements s'il veut demeurer en tête du peloton. Pour cette année, le MDX se contente de quelques retouches ici et là. Rien pour écrire à sa mère.

À l'instar de son jumeau le Honda Pilot, le MDX est basé sur la plate-forme de la fourgonnette Odyssey. Ainsi, il partage avec ces derniers différentes pièces mécaniques

et structurales dont une excellente boîte automatique à cinq rapports et un moteur V6 de 3,5 litres VTEC signé Honda. Noblesse oblige, le V6 du MDX développe 265 chevaux (5 de plus que l'an dernier) comparativement à 240 chevaux sous le capot du Pilot et de l'Odyssey. Qui plus est, le MDX troque également avec le Pilot son système de rouage intégral dit « intelligent » VTM-4. Reconnu pour sa sophistication, ce système gère le couple entre les quatre roues motrices pour obtenir une adhérence optimale en tout temps et une faible consommation d'essence.

À l'instar des starlettes de la catégorie, le MDX n'a pas été conçu pour rouler hors route. Il se sent plus à l'aise sur le bitume où il affiche un comportement routier plutôt rassurant grâce à sa bonne motricité, à son système de stabilité latérale (VSA), à ses réglages de suspensions, à ses freins à disque aux quatre roues, et à la précision de sa direction. Qui plus est, le châssis a été rigidifié de 35 % l'an dernier. Si les passagers veulent participer à un safari photo (il est conseillé d'éviter la savane, surtout en période de rut du rhinocéros), le MDX est en mesure de faire amende honorable. Pour affronter les pentes et les ornières, les ingénieurs ont pris soin d'inclure dans le rouage intégral VTM-4 un mécanisme permettant de répartir équitablement le

CARACTÉRISTIQUES	
Prix du modèle à l'essai	49 800 $
Échelle de prix	Prix unique
Garanties	3 ans 60 000 km / 5 ans 100 000 km
Emp. / Long. / Larg. / Haut. (cm)	270 / 479 / 195 / 181
Poids	1992 kg
Coffre / Réservoir	419 à 1406 litres / 73 litres
Coussins de sécurité	frontaux et latéraux
Suspension avant	indépendante, leviers triangulés
Suspension arrière	indépendante, multibras
Freins av. / arr.	disque ABS
Antipatinage / Contrôle de stabilité	oui
Direction	à crémaillère, assistance variable
Diamètre de braquage	11,6 mètres
Pneus av. / arr.	235/65R17

MOTORISATION ET PERFORMANCES	
Moteur	V6 3,5 litres VTEC
Transmission	intégrale, automatique 5 rapports
Puissance	265 ch à 5800 tr/min
Couple	253 lb-pi à 4500 tr/min
Autre(s) moteur(s)	aucun
Autre(s) transmission(s)	aucune
Accélération 0-100 km/h	8,3 secondes
Reprises 80-120 km/h	6,9 secondes
Vitesse maximale	198 km/h
Freinage 100-0 km/h	42,4 mètres
Consommation (100 km)	12,8 litres (super)

couple entre les roues avant et arrière. Toutefois, ce système se désengagera de lui-même à partir de 30 km/h et son efficacité est moindre que celle du mode « Lo » d'un vrai 4X4. Par ailleurs, malgré sa garde au sol élevée, le MDX ne peut être considéré comme un vrai tout-terrain. L'absence d'une boîte de transfert et de plaques de protection sous la mécanique ne joue pas en sa faveur. Mais entre nous, qui voudrait abîmer un « quatre-quatre » de 50 000 $ en terrain accidenté ?

Sept passagers

Par rapport aux BMW X5 et Mercedes ML, l'habitacle du MDX est plus vaste. Les sièges avant et la première banquette arrière accueillent confortablement cinq adultes. Située complètement à l'arrière, une deuxième banquette escamotable peut recevoir deux passagers supplémentaires. Toutefois, comme nous avons pu le constater lors d'une excursion où sept adultes se sont entassés dans l'antre de la bête, la troisième banquette ne convient

qu'à des gens de petite taille qui ne souffrent surtout pas de claustrophobie.

Conclusion

Afin de ne pas se faire déclasser par la concurrence, les parties avant et arrière du MDX subissent quelques retouches esthétiques en 2004. De même, l'équipement de série est plus complet. On remarque la présence de nouveaux rideaux gonflables latéraux, de nouvelles jantes, d'une chaîne audio plus puissante et d'un système d'avertissement de basse pression des pneus.

Par rapport à la concurrence, le MDX est offert à un prix unique. Compte tenu de ses nombreux accessoires et équipements, il s'agit de l'un des meilleurs rapports équipement/prix sur le marché. Ce à quoi les constructeurs allemands et américains semblent incapables de répliquer. Morale de l'histoire : soyez assuré que ce pachyderme sur quatre roues vous en donnera pour votre argent.

Jean-François Guay

MODÈLES CONCURRENTS

• BMW X5 • Buick Rainier • Infiniti FX35 • Jeep Grand Cherokee • Lexus RX 330 • Lincoln Aviator • Mercedes-Benz ML320 • VW Touareg • Volvo XC90

QUOI DE NEUF ?

• Moteur plus puissant • Parties avant et arrière partiellement redessinées • Nouvelles jantes • Échappement double • Système de navigation

Renouvellement du modèle	2007

VERDICT

Agrément de conduite	★★★½☆
Fiabilité	★★★★½
Sécurité	★★★½☆
Qualités hivernales	★★★★☆
Espace intérieur	★★★½☆
Confort	★★★☆☆

VERSION RECOMMANDÉE

Version unique

▲ **POUR**

• Boîte automatique 5 rapports • Habitacle accueillant et polyvalent • Fiabilité reconnue • Consommation raisonnable

▼ **CONTRE**

• Moteur bruyant à haut régime • 3e banquette étroite • Capacité de remorquage décevante (1587 kg) • Lunette arrière salissante

Pourquoi ?

Châssis et carrosserie en aluminium. Suspensions de course. Moteur central. Mécanique noble. Fiabilité sans faille. Réseau de concessionnaires établi. Pourtant, depuis 1990, elle traîne la patte dans un créneau en bonne santé où ses rivales font des malheurs année après année. Pourquoi ? Pourquoi l'Acura NSX est-elle un flop commercial ?

En mûr observateur de la scène automobile, après mûre réflexion, j'arrive à trois raisons principales : le design, le pedigree, le prix. D'abord le design. Pour une voiture de cette classe et de ce prix, et quelle que soit la compétence de la mécanique, il est impératif d'afficher une ligne qui fasse tourner les têtes. Toutes les têtes. Or, la NSX, dévoilée en 1990, présente un style agréable, certes, mais qui ne retient pas particulièrement l'attention. Qu'elle soit née ainsi, on peut le comprendre, mais que Honda n'ait pas pu en 14 ans faire bénéficier son vaisseau amiral d'une ligne plus sexy, ça on le comprend moins. Pourtant, ce ne sont pas les designers qui manquent, surtout pas en Italie où n'importe lequel des quelques grands aurait pu donner à la NSX la volupté qui lui a toujours manqué tant à l'extérieur qu'à l'intérieur.

Deuxième point : le pedigree. Ici, la tâche est plus ardue, mais le besoin est tout aussi impératif que pour le style. Je ne connais pas beaucoup de gens qui sont prêts à payer 140 000 $ pour une voiture qui ne porte pas un « nom ». Tout comme je vous parie que

vous n'irez pas acheter une montre de 6000 $ si elle porte la marque Swatch ou Timex. Pour une telle somme, vous allez vouloir une Breitling ou une Rolex, enfin quelque chose de marquant et de connu qui fera dire de vous que vous êtes une personne fortunée, raffinée, bref une personne *in*, branchée. Car oui, cher lecteur, l'automobile à ces prix-là n'est plus un moyen de transport, mais un reflet de l'image que souhaite projeter son propriétaire. L'image du sportif, du cool, du connaisseur, du Schumacher en puissance, bref, quelqu'un dont on dira : « Il roule en Ferrari, en Jaguar, en Lamborghini ou en Porsche. » Avouez que : « Il roule en Acura » n'a vraiment pas la même portée.

C'est malheureux à dire, mais les marques japonaises, aussi compétentes soient-elles, n'ont pas encore acquis cette notoriété si chère aux grandes marques européennes et qui leur fait vendre des produits parfois inférieurs sur le plan technique, mais qui savent plaire à ceux et celles qui « aiment se faire voir ». « Du snobisme », me direz-vous. Oui, peut-être bien. Mais c'est la réalité. Et pour vaincre cette perception, les Honda, Toyota,

Mazda et Nissan de ce monde doivent trouver le moyen d'acquérir ce fameux pedigree. C'est d'ailleurs précisément ce que s'efforce de faire Toyota en se lançant en Formule 1. Quant à Honda, elle qui s'était pourtant fait une belle réputation en sport automobile au plus haut niveau, elle a commis la bévue de classer sa NSX dans la famille Acura, une marque respectable, certes, mais qui n'évoque aucune – mais vraiment aucune – image sportive. La NSX aurait dû, comme sa cousine la S2000, être une Honda. C'est d'ailleurs le cas pour la NSX en Europe, mais l'Amérique du Nord n'y a pas eu droit. Les bonzes du marketing devraient aller refaire leurs devoirs.

Troisième tuile sur le toit amovible de cette pauvre NSX : le prix. À 140 000 $, je peux facilement me payer le coupé Maserati Cambiocorsa (vous voyez comme ça sonne bien : Maserati Cambiocorsa), une Mercedes SL500 (rien qu'à dire : je roule en SL, ça vaut déjà 100 000 piastres !) ou une Porsche 911 C4 S, plus une Honda Civic pour tous les jours ! Comme l'a si bien démontré *Le Guide de l'auto 2003*, la NSX ne fait pas le poids devant une Porsche 911 Carrera ni devant une Mercedes SL500. Alors pourquoi ce 140 000 $?

La solution

Mais pour qui se prend-il, ce chroniqueur qui veut donner des leçons à Honda ? Peu importe

ce que vous répondrez, voici quand même *ma* solution.

Premièrement : prendre une feuille à dessin vierge et redessiner la carrosserie de la NSX en lui injectant une bonne dose de *sexappeal*, de préférence à l'italienne. Lui trouver un autre nom puisque celui-ci n'a jamais été porteur. En profiter pour refaire ce ridicule tableau de bord et moderniser l'habitacle qui accuse nettement son âge. Et de grâce, aller chez Audi pour acheter un volant qui ait de l'allure.

Retirer ensuite le A d'Acura au profit du H de Honda et associer la voiture à la Honda S2000 et aux grands succès passés de Honda en sport automobile. En passant, allumer un cierge à la Madone pour que le moteur Honda se fasse finalement remarquer en Formule 1.

Enfin, ramener le prix de la voiture à celui de ses véritables rivales, c'est-à-dire entre 100 000 $ et 120 000 $ et lancer la voiture dans des épreuves de haut calibre pour rehausser son image sportive.

Quant à la mécanique, la boîte à six vitesses est une merveille du genre et le moteur, avec ses 290 chevaux, pourrait en donner un peu plus, surtout au chapitre du couple. À plus de 1400 kg, le châssis en aluminium est un bel exemple de légèreté et ne semble pas présenter de problèmes particuliers. Les suspensions bien nées, la direction parfois bizarroïde et les freins peu endurants en usage intensif peuvent sans doute être remis à la page.

Si, pour une raison ou une autre, les remèdes proposés ne devaient pas convenir, il y aurait une autre solution, plus radicale celle-ci : mettre fin à la carrière de la NSX pour éviter que les chroniqueurs continuent de s'en moquer.

Alain Raymond

Prix du modèle à l'essai	140 000 $
Échelle de prix	140 000 $
Garanties	3 ans 60 000 km / 5 ans 100 000 km
Emp. / Long. / Larg. / Haut. (cm)	253 / 442,5 / 181 / 117
Poids	1431 kg
Coffre / Réservoir	153 litres / 70 litres
Coussins de sécurité	frontaux
Suspension avant	indépendante, double levier triangulé
Suspension arrière	indépendante, double levier triangulé
Freins av. / arr.	disque ABS
Antipatinage / Contrôle de stabilité	oui
Direction	à crémaillère, assistance électrique
Diamètre de braquage	11,6 mètres
Pneus av. / arr.	215/40R17 / 255/40R17

MOTORISATION ET PERFORMANCES

Moteur	V6 VTEC 3,2 litres
Transmission	propulsion, manuelle 6 rapports
Puissance	290 ch à 7100 tr/min
Couple	224 lb-pi à 5500 tr/min
Autre(s) moteur(s)	252 ch
Autre(s) transmission(s)	automatique 4 rapports
Accélération 0-100 km/h	5,5 secondes
Reprises 80-120 km/h	6,7 secondes (5e)
Vitesse maximale	280 km/h
Freinage 100-0 km/h	36,6 mètres
Consommation (100 km)	12 litres (super)

MODÈLES CONCURRENTS

• Chevrolet Corvette • Dodge Viper • Ferrari 360 Modena • Jaguar XKR • Maserati Coupé/Spyder • Mercedes-Benz SL500 • Porsche 911

QUOI DE NEUF ?

• Aucun changement majeur

Renouvellement du modèle	Bientôt discontinué

VERDICT

Agrément de conduite	★★★★☆
Fiabilité	★★★⯪☆
Sécurité	★★★☆☆
Qualités hivernales	★☆☆☆☆
Espace intérieur	★★☆☆☆
Confort	★★★⯪☆

VERSION RECOMMANDÉE

Un seul modèle

▲ **POUR**

• Bonnes performances • Moteur souple • Confort convenable

▼ **CONTRE**

• Design banal • Manque de pedigree • Prix élevé face à la concurrence • Toit amovible peu pratique • Freinage moyen

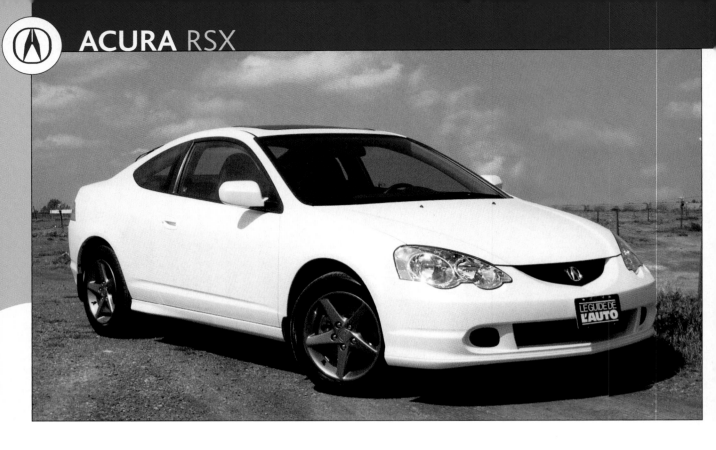

Cent chevaux au litre

En remplaçant la légendaire Integra il y a deux ans, le modèle RSX a été appelé à chausser de gros sabots. En effet, la nouvelle bombinette de la gamme Acura a pris la relève d'un modèle qui a connu une belle carrière de 1993 à 2001. À vrai dire, pendant de nombreuses années, l'Integra a été le seul modèle qui apportait de l'eau au moulin des concessionnaires Acura. Heureusement, depuis, les choses ont changé et la division de luxe de Honda est en meilleure santé que jamais.

Les lignes de la RSX ne partagent aucun trait avec l'Integra. Il faut plutôt jeter un coup d'œil à la gamme Civic pour y reconnaître un quelconque air de famille. Parmi les rares coupés encore offerts sur le marché, la RSX est la plus profilée de la catégorie. Pour ce faire, les stylistes ont épuré la silhouette en raffinant la ligne de toit, le capot et les blocs-phares. Ils ont également pourvu la carrosserie de feux arrière intégrés et de poignées de porte affleurantes. Résultat : les formes de la RSX ne font pas dans le quétaine des kits de voiture à coller. Pour preuve, aucun aileron arrière grotesque ou jupe avant rase-mottes ne vient alourdir sa ligne discrète et distinguée.

Trois versions, deux moteurs

Nonobstant les déboires de Honda en F1, l'objectif premier des ingénieurs de Suzuka était de concevoir une voiture de performance. Les motoristes ont boulonné dans les versions de base et Premium un moteur quatre cylindres de 2 litres à DACT et 16 soupapes doté d'un système de commande des soupapes i-VTEC. Développant 160 chevaux à 6500 tr/min, celui-ci transmet la puissance aux roues motrices via une boîte manuelle à cinq rapports ou une boîte automatique optionnelle à cinq vitesses avec mode SportShift séquentiel. Facile à utiliser, la boîte semi-automatique ne permet pas des accélérations dignes d'un coupé sport. Il faut plutôt opter pour la boîte manuelle pour obtenir le maximum de la cylindrée.

Ceux qui recherchent les performances d'un vrai coupé sport devront choisir la version Type S dont le moteur quatre cylindres de 2 litres développe une puissance de 200 chevaux à 7400 tr/min. Avec un impressionnant rapport de 100 chevaux au litre, la Type S compte uniquement sur une boîte manuelle à six rapports pour faire galoper l'ensemble de ses chevaux. À pleins gaz, ceux-ci sont capables de propulser la Type S de 0 à 100 km/h en 6,9 secondes, chiffre qui place la RSX légèrement en avance sur la concurrence. À l'instar des moteurs i-VTEC signés Honda, la cava-

lerie de la Type S ne se manifeste que dans la zone stratosphérique du compte-tours, soit entre 6000 et 8000 tr/min. En dessous de ces régimes, le moteur ne fait que trotter et attend qu'on le cravache pour manifester toute sa fougue. Par ailleurs, le dressage de la bête qui sommeille sous le capot de la Type S constitue un défi constant. Même si le maniement de la boîte manuelle est agréable et la sonorité du moteur exaltante, il vient un moment où le conducteur est las de devoir toujours pousser sa monture à bout. Somme toute, le tempérament de la Type S comblera à long terme ceux qui sont à la recherche constante d'adrénaline.

Une voiture agile

Afin d'offrir une voiture plus rapide et plus maniable que l'Integra, les ingénieurs ont concocté un châssis plus rigide, une direction plus vive et des suspensions plus dynamiques. L'ensemble se traduit par une amélioration de la stabilité dans les virages. Quant à la puissante Type S, les ingénieurs ont recalibré le pincement de la suspension et lui ont greffé des amortisseurs et des ressorts plus fermes, similaires à ceux d'une voiture de compétition.

Le freinage de toutes les RSX est assuré par des freins à disque à l'avant (ventilés) et à l'arrière. Ils sont d'un diamètre de 260 mm dans les versions Premium et de base, mais

CARACTÉRISTIQUES

Prix du modèle à l'essai	Type S 33 653 $
Échelle de prix	24 300 $ à 31 300 $
Garanties	3 ans 60 000 km / 5 ans 100 000 km
Emp. / Long. / Larg. / Haut. (cm)	257 / 437 / 172 / 140
Poids	1257 kg
Coffre / Réservoir	504 litres / 50 litres
Coussins de sécurité	frontaux et latéraux
Suspension avant	indépendante, double fourchette
Suspension arrière	indépendante, à bras de contrôle
Freins av. / arr.	disque ABS
Antipatinage / Contrôle de stabilité	non
Direction	à crémaillère, assistée
Diamètre de braquage	11,4 mètres
Pneus av. / arr.	205/55R16

MOTORISATION ET PERFORMANCES

Moteur	4L 2 litres
Transmission	traction, manuelle 6 rapports
Puissance	200 ch à 7400 tr/min
Couple	142 lb-pi à 6000 tr/min
Autre(s) moteur(s)	4L 2 litres 160 ch
Autre(s) transmission(s)	man. 5 rapports,
	semi-auto 5 rapports
Accélération 0-100 km/h	6,9 s ; 8,7 s (160 ch, man.),
	9,8 s (160 ch, auto.)
Reprises 80-120 km/h	n.d.
Vitesse maximale	225 km/h
Freinage 100-0 km/h	41,8 mètres
Consommation (100 km)	9,5 litres (super) ;
	8,0 litres (160 ch, ordinaire)

MODÈLES CONCURRENTS

• Ford Focus SVT • Hyundai Tiburon • MINI Cooper S
• Mitsubishi Eclipse • Toyota Celica • Volkswagen Golf GTi

QUOI DE NEUF ?

• Une nouvelle couleur

Renouvellement du modèle	n.d.

VERDICT

Agrément de conduite	★★★★☆
Fiabilité	★★★★★
Sécurité	★★★★☆
Qualités hivernales	★★★☆☆
Espace intérieur	★★★☆☆
Confort	★★★☆☆

VERSION RECOMMANDÉE

Type S

---

ceux de 300 mm de la Type S s'avèrent plus efficaces en usage intensif. Même si la voiture a tendance à piquer du nez lors d'un freinage d'urgence, la RSX s'immobilise rapidement. Pour coller au bitume, les versions Type S et Premium sont chaussées de pneus de 16 pouces alors que la RSX de base se contente de pneus de 15 pouces.

L'habitacle
À l'instar des modèles sport de Honda, le poste de pilotage de la RSX comprend des commandes et de gros cadrans analogiques à face métallique et à éclairage orangé regroupés dans une nacelle dont l'angle est orienté vers le conducteur. Un petit volant sport gainé de cuir et des sièges en cuir chauffants sont de série dans les versions Premium et Type S. À l'avant, les occupants ont amplement de dégagement pour la tête, les épaules et les pieds. À l'arrière, par contre, les passagers devront avoir l'agilité et la taille d'un jockey pour accéder à la banquette.

Par ailleurs, le coffre dispose d'un espace de chargement vaste et pratique grâce à une banquette arrière rabattable et divisée 50/50. Pour les mélomanes, les RSX de base et Premium sont équipées d'une chaîne audio avec lecteur CD. La Type S de son côté est dotée d'une chaîne audio Acura/Bose avec changeur de six CD et haut-parleurs de graves Richbass™.

Les petits coupés deux portes comme la RSX auront toujours une place dans le cœur des amateurs de sportives. Maintenant, il reste juste à savoir si les inconditionnels de la catégorie sont assez nombreux et fortunés pour se balader au volant d'un véhicule plus dispendieux et moins pratique que les nouvelles petites bombes à trois, quatre et cinq portes (Dodge SRT4, Ford Focus SVT, Protegé MazdaSpeed, Nissan Sentra SE-R) qui pullulent sur nos routes.

Jean-François Guay

▲ POUR
• Moteur 200 chevaux (Type S) • Excellente tenue de route • Étagement de la boîte manuelle • Consommation raisonnable

▼ CONTRE
• Banquette arrière étroite • Insonorisation déficiente • Faible couple à bas régime • Prix élevé (modèle de base)

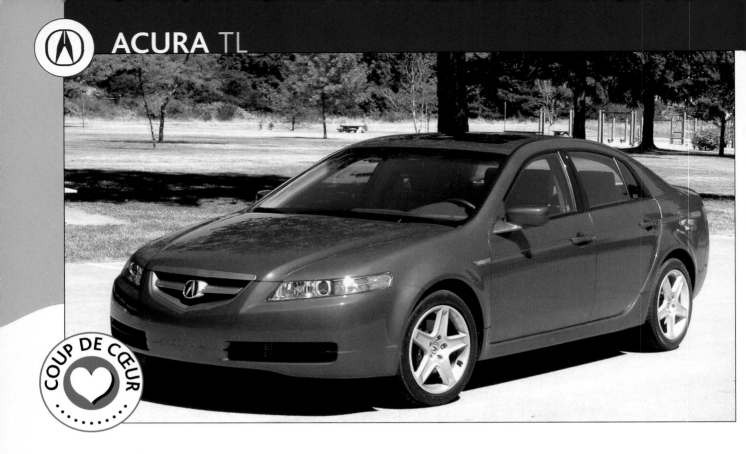

COUP DE CŒUR

Ad Summa

Ça bouge rapidement dans le secteur des intermédiaires de luxe. Il suffit de ne pas renouveler un modèle après deux ou trois années sur le marché pour se retrouver à la traîne ou du moins sérieusement intimidé par la concurrence. C'est justement ce qui est arrivé à l'Acura TL qui a dominé sa catégorie pour ensuite perdre du terrain au cours des deux dernières années. Il était donc temps de remanier ce modèle de fond en comble afin de le ramener dans le peloton de tête. Cette fois, il ne s'agit pas d'un léger dépoussiérage, mais d'une transformation majeure tant sur le plan esthétique que mécanique et dynamique. De plus, les compétiteurs ciblés ne sont plus les Audi A4, Nissan Maxima et autres. Cette fois, Acura vise beaucoup plus haut.

Ce sont les intermédiaires sport les plus réputées qui sont dans la ligne de tir de la nouvelle TL. Les Audi A6, BMW Série 5 et Mercedes de la Classe E ont été mentionnées par les responsables du développement de ce nouveau modèle. Mais il faut faire attention, car cette émulation s'effectue au chapitre des performances et du comportement routier tandis que les prix seront ceux de la catégorie inférieure. Bref, la recette est simple : offrir beaucoup plus pour moins cher. Ça peut rapporter gros si le plan est bien exécuté. Mais voilà, s'agit-il de promesses en l'air ? La nouvelle TL est-elle en mesure de soutenir la comparaison avec les ténors de cette catégorie ?

Un corps d'athlète !

Les stylistes ne sont jamais pris au dépourvu lorsque vient le temps de trouver des mots et des comparaisons pour décrire leur création. Dans le cas de la TL, ils nous parlent d'un corps d'athlète qui, comme un félin, s'apprête à bondir de la ligne de départ. Pour ce faire, la partie avant est plus agressive avec un capot encore plus plongeant que d'habitude et dont le relief central déboule sur la grille de calandre pour se terminer sur le pare-chocs. Cette calandre est emboîtée par des phares rectangulaires relativement étroits accentuant le caractère « prêt à bondir » de cette berline. Sans vouloir jouer les stylistes, soulignons que cette calandre à cinq points ressemble beaucoup à celle d'une Mazda et que le fait de la rétrécir aurait sans doute donné plus de punch à la voiture. Mais il ne faut pas trop en demander et la TL représente un grand pas en avant en fait de stylisme pour cette division.

De profil, cette Acura a quelque chose d'européen et nous fait songer à certaines Alfa Romeo avec ses parois légèrement bombées,

système de navigation par satellite. Sa gestion est à commandes parlées et les ingénieurs ont même pris la peine de s'assurer que l'ordinateur comprenait le «français québécois». Autre détail digne de mention, le téléphone cellulaire embarqué est de type Bluetooth. Si vous avez un appareil du genre, les deux se complètent pour vous assurer des communications mains libres.

La planche de bord, moins sobre que d'habitude, abrite des cadrans à affichage par cristaux liquides à chiffres blancs sur fond noir très

ÉQUIPEMENT DE SÉRIE

• Moteur V6 3,2 litres • Boîte manuelle 6 rapports • Pneus 17 pouces
• Sous-châssis en aluminium
• Système de contrôle de stabilité

ÉQUIPEMENT EN OPTION

• Freins Bembo • Téléphone mains libres Bluetooth • Système de navigation par satellite

des feux de position latérale de série et une ligne encavée sous la ceinture de caisse sur toute sa longueur ou presque. Ajoutez des poignées en relief de même couleur que la carrosserie, un renflement derrière la portière et

une partie arrière se relevant légèrement pour avoir un look définitivement européen. Mais c'est justement la partie arrière qui est la plus originale avec sa paroi verticale, des feux qui rappellent la Cadillac CTS et deux tuyaux d'échappement carrés. Enfin, les porte-à-faux avant et arrière sont très courts, accentuant cette forme compacte. Il faut souligner que la voie large contribue également au développement de cette forme «athlétique» en faisant paraître cette voiture plus courte. Et ce n'est pas uniquement une illusion d'optique puisque la nouvelle TL est plus courte de 15,9 cm et plus large de 4 cm tout en étant plus haute.

Cette Acura en baskets se détourne de la tradition en proposant un habitacle beaucoup plus jazzé que la plupart des autres modèles de la marque. Avant de l'oublier, notons qu'il s'agit de la première Acura à posséder un

faciles à lire. Les commandes du système de navigation par satellite, logées de chaque côté de l'écran, s'avèrent passablement intuitives. Il faut également souligner le confort et le support latéral assurés par les sièges avant. Les bourrelets latéraux ne sont pas intrusifs, mais efficaces. Comme il se doit, la finition est impeccable.

Litanie mécanique

Les ingénieurs de chez Acura ne se contentent pas de développer des composantes mécaniques de base de très grande qualité et fort raffinées, ils aiment fignoler les moindres détails. Tant et si bien que la fiche technique de cette nouvelle venue se lit presque comme un communiqué de haute technologie. Le moteur 3,2 litres de 270 chevaux est composé d'un bloc et d'une culasse

en alliage léger en plus du système de calage infiniment variable des soupapes. Il produit 45 chevaux de plus que le moteur de la TL 2003 et 10 de plus que celui qui équipait la TL Type S en 2003. Ce moteur V6 est couplé à une boîte automatique à cinq rapports en équipement de série. Cette transmission comprend toujours le système de logique de pente qui empêche la boîte de vitesses de chasser dans les pentes. Une nouveauté cette fois, cette boîte automatique réduit les changements de vitesse en conduite sportive afin d'optimiser le rendement du moteur. Une boîte manuelle à six rapports n'est offerte que dans le modèle Dynamic Package comprenant entre autres des freins Brembo plus puissants, un différentiel à glissement limité, des pneus d'été de 17 pouces et une suspension dotée de réglages plus sportifs. La G35 n'a qu'à bien se tenir.

La carrosserie est plus rigide comme il se doit dans tout nouveau modèle tandis qu'un sous-châssis avant en aluminium supporte le moteur, la transmission et les liens inférieurs de la suspension. Cette pièce augmente la rigidité et réduit le poids. La suspension est à doubles leviers triangulés à l'avant et à l'arrière, cette dernière étant à liens multiples.

Ce ne sont toutefois pas les données techniques qui importent, mais bien le comportement routier et la nouvelle TL ne déçoit absolument pas à ce chapitre.

Attachez-vous !

Il se peut que sa silhouette ne vous plaise pas. Il est également possible que des détails songés comme les feux arrière de type LED et le pare-brise antibruit ne vous accrochent pas. Ou bien que la présentation du tableau de bord vous laisse indifférent. Mais je suis assuré que vous serez fort impressionné par le comportement routier de cette berline. Non seulement le moteur se révèle d'une très grande douceur, mais il propulse la voiture avec beaucoup de vélocité. Il est possible de boucler le 0-100 km en 7,4 secondes avec la boîte automatique et d'abaisser ce temps à 6,5 secondes avec la boîte manuelle.

Mais ce qui est encore plus impressionnant, c'est que la suspension s'avère si efficace même si elle ne semble pas équipée d'amortisseurs remplis de béton. Sur une route sinueuse, mon compagnon d'essai et moi-même avons enchaîné les virages serrés les uns après les autres sans jamais

CARACTÉRISTIQUES

Prix du modèle à l'essai	Navi n.d.
Échelle de prix	n.d.
Garanties	3 ans 60 000 km / 5 ans 100 000 km
Emp. / Long. / Larg. / Haut. (cm)	274 / 473 / 183 / 144
Poids	1621 kg
Coffre / Réservoir	353 litres / n.d.
Coussin de sécurité	frontaux, latéraux et tête
Suspension avant	indép. doubles leviers triangulés
Suspension arrière	indépendante, multibras
Freins av. / arr.	disque ABS
Antipatinage / Contrôle de stabilité	oui
Direction	à crémaillère, assistance variable
Diamètre de braquage	n.d.
Pneus av. / arr.	235/45R17

MOTORISATION ET PERFORMANCES

Moteur	V6 3,2 litres
Transmission	traction, automatique 5 rapports
Puissance	270 ch à 6200 tr/min
Couple	238 lb-pi à 5000 tr/min
Autre(s) moteur(s)	aucun
Autre(s) transmission(s)	manuelle 6 rapports
Accélération 0-100 km/h	7,4 s; 6,5 s (manuelle)
Reprises 80-120 km/h	5,8 secondes
Vitesse maximale	225 km/h
Freinage 100-0 km/h	37,8 mètres
Consommation (100 km)	11,6 litres (estimé) (super)
Niveau sonore	n.d.

MODÈLES CONCURRENTS

• Audi A6 • BMW Série 5 • Mercedes-Benz Classe E
• Infiniti G35 • Lexus GS 300

VERDICT

Agrément de conduite	★★★★½
Fiabilité	nouveau modèle
Sécurité	★★★★☆
Qualités hivernales	★★★½☆
Espace intérieur	★★★★☆
Confort	★★★★☆

VERSION RECOMMANDÉE

TL Dynamic Package

connaître un moment d'hésitation ou se faire une frayeur. La direction est non seulement précise, mais son assistance variable est presque dosée à la perfection même si, à haute vitesse, une légère diminution de cette assistance serait appréciée. Non seulement la boîte automatique est bien étagée, mais les passages de rapports sont imperceptibles. Tel que promis, cette boîte ne chasse pas en conduite rapide tout comme lors des ascensions. Quant à la boîte manuelle, les passages se font comme dans du beurre. Ce n'est pas aussi impeccable que dans la Honda S2000, mais drôlement proche. Et il faut ajouter que l'embrayage n'est pas inutilement lourd.

Bref, une routière de première classe dont les limites sont tellement élevées qu'il est impossible de les atteindre sur la route. Et il faudra rouler très rapidement sur un circuit routier pour les découvrir.

Ce n'est pas tout. Cette TL est un véritable félin sur la route, mais elle se trouve également à l'aise en conduite en ville. Il ne s'agit pas de l'une de ces voitures unidimensionnelles qui vous emballent sur un parcours sinueux, mais qui sont de véritables instruments de torture en conduite de tous les jours. La TL ne se fait pas prier pour jouer le rôle de la berline de la famille avec un habitacle confortable et une économie de carburant d'environ 11 litres aux 100 km. Et si jamais vous voulez profiter de ses qualités sportives, il suffit d'appuyer sur l'accélérateur et vous êtes au septième ciel. Sans oublier qu'il ne s'agit que de la version régulière, une éventuelle Type S sera quelque chose à piloter. Non, l'Infiniti G35 n'est plus seule en piste.

Denis Duquet

▲ POUR

• Tenue de route supérieure • Suspension confortable • Silhouette réussie • Moteur performant • Agrément de conduite assuré

▼ CONTRE

• Dossier arrière fixe • Téléphonie sans fil complexe • Freins à main mal placé • Visibilité ¾ arrière

Élitiste? d'Accord?

Même si certains concessionnaires Acura ont la mémoire pleine de trous quand vient le moment de retracer les origines de la TSX, la direction de la marque, elle, ne prend aucun détour : «La TSX est une version "acurarisée" de la Honda Accord européenne. Ce lien de parenté, peut-on lire, se tient admirablement pour Acura, car l'Accord européenne est un véhicule hautes performances et haut de gamme qui se mesure directement aux marques de luxe allemandes.» À cela, il convient d'ajouter que la TSX accueille sous son capot un quatre cylindres de 2,4 litres délivrant plus de puissance (10 chevaux) que l'Accord européenne.

On peut comprendre que Honda n'ait pas voulu déplaire à la masse en concevant une l'Accord qui ne cherche pas à se démarquer par la hardiesse de son style. Mais pourquoi se sont-ils montrés aussi frileux au moment de donner formes et couleurs à la TSX? Frileux, comme si les stylistes s'étaient imposé des limites à ne pas dépasser : une voiture sport, mais pas trop. Est-ce pour mieux correspondre aux goûts des Européens? Il est permis d'en douter puisque de l'autre côté de l'Atlantique, on ne cesse de reprocher à l'Accord son style «passe-partout» et cette septième génération ne fait pas exception.

Quoi qu'il en soit, en Amérique du Nord, la TSX s'adresse majoritairement aux hommes d'environ 35 ans, et, autre précision utile, les Audi A4 et BMW de Série 3 se trouvent dans sa mire. Et pour nous convaincre qu'elle constitue LE choix sensé et qu'elle mérite sa place dans notre entrée de garage, la TSX s'annonce à un prix extrêmement compétitif, considérant la richesse des accessoires (aucune option d'usine). Mais l'A4 et la Série 3 sont-elles vraiment de ses rivales? Question impertinente, mais qui mérite d'être posée, puisque, à ce prix, certains consommateurs seront plutôt tentés de l'opposer à une Mazda6, voire à une Honda Accord qui proposent toutes deux des versions animées par un moteur six cylindres, plus noble aux yeux de certains. D'autres questionneront la volonté réelle d'Acura de se positionner comme une marque de prestige, alors qu'elle ne propose qu'une garantie équivalente à celle d'une marque «populaire», c'est-à-dire 3 ans ou 60 000 km. La direction d'Acura en est bien consciente et il ne serait pas étonnant qu'au moment où vous lirez ces lignes, la garantie de base ait été bonifiée.

Tout y est

Dès qu'on ouvre les portières, on ne peut faire autrement qu'éprouver des sentiments

entrer dans celui-ci de lourds objets, il faut consentir un effort supplémentaire en raison de son seuil élevé. Pendant que nous y sommes (dans le coffre), soulignons que pour rabattre, en tout ou en partie, les dossiers de la banquette arrière, il faut attraper deux petites ganses jaunes au fond du coffre… Pas pratique! Aussi, mieux vaut prévoir un déboursé additionnel pour le filet d'arrimage (une option offerte par le concessionnaire) pour bien maintenir vos sacs d'épicerie en place.

contradictoires. D'un côté, on apprécie immédiatement la qualité de fabrication irréprochable, le soin apporté aux détails. De l'autre, on se désole que les stylistes n'aient réalisé que du conventionnel, une fois de plus. Une fois cette déception chassée, on découvre une position de conduite irréprochable (la colonne de direction se déplace sur les deux axes), des baquets joliment dessinés et une instrumentation à la fois complète et facile à consulter.

Si les consommateurs à qui l'on destine la TSX n'ont pas d'enfants, je leur souhaite à tout le moins d'avoir des amis. Idéalement deux, pour jouir du confort de la banquette. Trois? On joue du coude. Enfin, un petit mot avant de quitter la banquette, pour vous dire que le dossier de celle-ci se rabat de manière à accroître le volume du coffre. Incidemment, pour faire

Haut dans les tours

Comme c'est souvent le cas chez Honda (pardon, Acura), la mécanique séduit par son brio et sa souplesse. Le quatre cylindres de 2,4 litres donne envie de faire grimper l'aiguille du compte-tours qui, elle, ne demande que cela. Tant mieux puisque sous les 3000 tr/min, ce moteur peine à se relancer, forçant ainsi son pilote à rétrograder d'un rapport ou de deux pour maintenir le rythme.

Par chance, le levier de la transmission manuelle à six rapports se laisse guider avec beaucoup d'aisance, mais manifeste une certaine réticence en conduite sportive. La transmission semi-automatique n'est pas mal non plus et entretient aussi des rapports harmo-

Contrepartie

Elle n'est pas parfaite, loin de là ! Sa silhouette ne fera jamais tourner les têtes, son habitacle est en demi-tons et certains iront même jusqu'à réclamer un moteur V6 pour la simple raison qu'il faut un moteur en V sous le capot. Mais la TSX possède un élément qui ne se retrouve certainement pas chez la plupart de ses concurrentes nippones : son agilité et son agrément de conduite sont dans une classe à part pour cette catégorie.

Même en conduite urbaine, c'est un plaisir que de se faufiler dans la circulation en abusant du levier de vitesses. La direction est rapide, les dimensions de cette berline permettent de se promener presque partout et ses freins ne m'ont pas semblé plus faibles que la moyenne. Bref, ce n'est pas parce qu'on roule en ville qu'on doit s'ennuyer.

Les qualités athlétiques de cette Acura se mettent davantage en évidence lorsqu'on emprunte des routes siliceuses. Dans le cadre de la présentation de la TSX, j'ai eu le plaisir de rouler sur le célèbre Mulholand Drive en banlieue de Los Angeles. Les enchaînements des virages m'ont permis de découvrir une voiture fort bien équilibrée qui exige du conducteur qu'il y mette du sien pour en tirer tout le plaisir. Il est vrai que le moteur doit recevoir l'assistance de la boîte manuelle et qu'on doit changer souvent de rapport pour qu'il s'exprime, mais c'est justement là l'agrément d'une berline sport. Par exemple, une BMW 320i est propulsée par un modeste moteur quatre cylindres de 168 chevaux et plusieurs vantent son comportement dynamique. La TSX figure dans cette classe. Il est vraiment agréable de désactiver le système de contrôle latéral et de se payer une petite dérobade des quatre roues tout en se sentant en plein contrôle.

Somme toute, la TSX et la BMW 320i partagent les mêmes gènes mécaniques. D'ailleurs, ces deux modèles sont vendus pratiquement au même prix. Les personnes qui apprécient les berlines agiles nécessitant que le conducteur s'implique pour en apprécier les qualités ne seront pas déçues par le tempérament et le comportement de la TSX. Toutefois, il faut choisir la boîte manuelle à six rapports. La transmission manumatique vient gommer une partie des performances et de l'agrément de conduite. Rien n'est parfait !

Denis Duquet

nieux avec le moteur. On regrette seulement que nos mains ne puissent demeurer en permanence au volant, les commandes n'ayant pas été dupliquées.

Sur le plan dynamique, la TSX se pète les bretelles, et avec raison : son châssis est habilement réglé. Sain, équilibré, prévisible : autant de qualificatifs qui collent au comportement routier de cette Acura. Si elle ne demande qu'à être emmenée à bonne allure, cette berline se garde bien de nous faire vivre pleinement les sensations qui vont avec. Mais peut-on véritablement dire qu'il s'agit là d'un défaut dans

la mesure où la tendance actuelle dans ce segment est aux berlines plus bourgeoises, plus faciles à conduire ? Dans ce domaine, le dispositif de stabilité électronique (de série) fait de l'excellent travail et chaque intervention est effectuée avec souplesse et rapidité.

Une direction discrète

Pour plus d'émotions, il est toujours possible de mettre cet «ange gardien» hors d'usage en appuyant sur une touche au tableau de bord. Ce faisant, peut-être allez-vous réaliser que les pneumatiques manquent un peu de «velcro» pour accrocher la TSX au bitume dans les virages négociés rapidement. D'ailleurs, même si la direction permet de ciseler les virages avec précision, elle ne transmet cependant guère d'informations qui permettraient de bien sentir l'adhérence. En revanche, vous n'aurez aucun mal à vous rendre compte que la TSX vous invite parfois à vous y reprendre par deux fois pour la garer en raison de son diamètre de braquage plus grand que celui de plusieurs de ses concurrentes.

Le freinage, par ailleurs, ne s'est pas révélé être un point fort de la TSX au cours de cet essai. Bien qu'assuré par des disques, il manque de mordant et perd son efficacité lorsqu'il est fortement sollicité.

La nouvelle Acura TSX ne souffre d'aucun défaut majeur, mais manque de personnalité pour s'imposer dans un segment où le talent ne manque pas.

Marque de prestige de Honda, Acura manque encore à ce jour d'assurance et remplit avec plus ou moins de succès sa mission initiale, c'est-à-dire frayer avec l'élite automobile et susciter la convoitise des consommateurs désireux d'obtenir plus que «quatre roues et un volant».

Éric LeFrançois

▲ POUR

• Rapport prix/équipement • Équilibre et comportement routier • Bonnes boîtes de vitesses • Assemblage soigné

▼ CONTRE

• Garantie manquant de prestige • Style trop conventionnel • Pneumatiques moyens • Diamètre de braquage important

CARACTÉRISTIQUES

Prix du modèle à l'essai	34 800 $
Échelle de prix	34 800 $
Garanties	3 ans 60 000 km / 5 ans 100 000 km
Emp. / Long. / Larg. / Haut. (cm)	267 / 465 / 176 / 145
Poids	1465 kg
Coffre / Réservoir	368 litres / 65 litres
Coussin de sécurité	frontaux et latéraux
Suspension avant	indépendante, bras inégaux
Suspension arrière	indépendante, bras inégaux
Freins av. / arr.	disque ABS
Antipatinage / Contrôle de stabilité	oui
Direction	à crémaillère, assistée
Diamètre de braquage	12,2 mètres
Pneus av. / arr.	215/50R17

MOTORISATION ET PERFORMANCES

Moteur	4L 2,4 litres
Transmission	traction, manuelle 6 rapports
Puissance	200 ch à 6800 tr/min
Couple	166 lb-pi à 4500 tr/min
Autre(s) moteur(s)	aucun
Autre(s) transmission(s)	semi-auto. 5 rapports
Accélération 0-100 km/h	8,8 secondes
Reprises 80-120 km/h	7,5 secondes (4ᵉ)
Vitesse maximale	210 km/h
Freinage 100-0 km/h	41,1 mètres
Consommation (100 km)	12,8 litres (ordinaire)
Niveau sonore	n.d.

MODÈLES CONCURRENTS

• Audi A4 • BMW Série 3 • Lexus IS 300
• Nissan Maxima • Saab 9³ • Volkswagen Passat
• Volvo S60

VERDICT

Agrément de conduite	★★★★☆
Fiabilité	nouveau modèle
Sécurité	★★★★☆
Qualités hivernales	★★★½☆
Espace intérieur	★★★☆☆
Confort	★★★☆☆

VERSION RECOMMANDÉE

Vous conduisez manuelle ou automatique ?

DB9

Rencontre du troisième type

Je me promenais sereinement dans les Cantons-de-l'Est lorsque surgit un animal inattendu. « C'est quoi ? » se demande le promeneur. « On dirait… une Aston Martin. Mais oui, c'est bien une Aston ! » Je ralentis, j'écarquille les yeux pour mieux voir passer le fauve qui s'immobilise quelques mètres plus loin. Son conducteur me fait signe d'approcher. C'est Jacques Duval.

Un effet bœuf que cette superbe Aston Martin Vanquish ! Pardonnez-moi, cher lecteur, si je bave en vous racontant cette histoire, mais depuis ma tendre adolescence, l'Aston Martin nourrit mes rêves automobiles. Plus précisément une certaine DB4GT Zagato 1960 qui, à mon humble avis, est la plus belle voiture des 50 dernières années.

Aston Martin, qui existe depuis 1914, a connu des hauts et des bas. Les années 1950 et 1960 ont été l'âge d'or du constructeur britannique, couronné par une victoire aux 24 Heures du Mans en 1959, avec Roy Salvadori et l'irréductible Carroll Shelby. Vint ensuite le déclin avec les années 1970 et 1980 puis la renaissance avec le rachat par Ford en 1987. Depuis lors, le constructeur de Newport Pagnell renoue avec le succès tout en restant fidèle à ses traditions d'artisanat de très haut de gamme.

La renaissance
La renaissance d'Aston Martin qui suit l'arrivée de Ford dans les destinées de la vieille firme anglaise est marquée par la naissance en 1994 de la DB7, œuvre du styliste Ian Callum inspirée de la fameuse Zagato 1960. Si la DB7 commence sa carrière avec le six cylindres en ligne de Jaguar, gavé par un compresseur de suralimentation, le « vrai » moteur fait son entrée remarquée au Salon de Genève de 1999. Ce superbe V12 de 6 litres développant 420 chevaux est le résultat du mariage de deux V6 Ford Duratec de 3 litres, le tout savamment modelé par Cosworth, le célèbre motoriste britannique, père des V8 et V10 de Formule 1.

Sonorité, puissance et noblesse sont au rendez-vous du coupé Vantage et du cabriolet Vantage Volante (prononcer *volanté*, à l'italienne) lancé en 1996.

En existence depuis 1993, la DB7 achèvera sa longue carrière en décembre 2003 pour céder sa place à la DB9 dévoilée au Salon de Francfort en septembre. Reposant sur un tout nouveau châssis en aluminium, cette nouvelle venue, au dire des responsables de la marque, sera la voiture sport la plus sophistiquée au monde ainsi que la plus en avance au plan technologique. La DB9 hérite d'un nouveau moteur V12 de 450 chevaux mis au point exclusivement pour elle et qui sera jumelé à une boîte manuelle ou automatique à 6 rapports. Il faudra, paraît-il, plus de 200 heures pour construire chaque modèle.

La GT, en attendant
En attendant cette future merveille, n'oublions pas la petite Aston dont un avant-goût nous a été présenté au dernier Salon de Detroit sous les lignes de l'AMV8. Elle est destinée à faire concurrence à la Porsche 911 et autres modèles dans la même fourchette de prix. Sans doute pour clore l'histoire de la DB7, le modèle le plus vendu depuis la naissance de la firme, Aston Martin a réalisé une version GT de ce modèle dont on ignore pour l'instant l'avenir. Par rapport à la DB7 normale, elle bénéficie d'une suspension modifiée et raffermie, éliminant presque le roulis en virage. Les pneus à taille basse sont ramenés à 18 pouces pour plus d'agilité, l'embrayage est allégé pour favoriser les montées en régime et les freins prennent du diamètre pour assurer des ralentissements dignes d'une véritable GT.

Fidèle au rendez-vous, le V12 à quatre arbres à cames en tête et 48 soupapes va encore plus loin pour livrer 435 chevaux à

AMV8

CARACTÉRISTIQUES

Prix du modèle à l'essai	Coupé DB7 145 000 $
Échelle de prix	145 000 $ à 160 000 $
Garanties	24 mois kilométrage illimité
Emp. / Long. / Larg. / Haut. (cm)	259 / 469 / 183 / 124
Poids	1775 kg
Coffre / Réservoir	170 litres / 89 litres
Coussins de sécurité	frontaux et latéraux
Suspension avant	indépendante, leviers triangulés
Suspension arrière	indépendante, leviers triangulés
Freins av. / arr.	disque ABS
Antipatinage / Contrôle de stabilité	oui
Direction	à crémaillère, assistée
Diamètre de braquage	13,0 mètres
Pneus av. / arr.	245/40ZR18 / 265/35ZR18

MOTORISATION ET PERFORMANCES

Moteur	V12 6 litres 48 soupapes
Transmission	propulsion, manuelle 6 rapports
Puissance	435 ch à 6000 tr/min
Couple	410 lb-pi à 5000 tr/min
Autre(s) moteur(s)	aucun
Autre(s) transmission(s)	automatique 5 rapports
Accélération 0-100 km/h	5,0 secondes
Reprises 80-120 km/h	4,5 secondes
Vitesse maximale	296 km/h
Freinage 100-0 km/h	n.d.
Consommation (100 km)	16 litres (super)

MODÈLES CONCURRENTS

• BMW Z8 • Ferrari 360 Modena
• Mercedes-Benz SL55 AMG • Porsche 911 Turbo

QUOI DE NEUF ?

Versions GT et GTA

Renouvellement du modèle n.d.

VERDICT

Agrément de conduite	★★★★☆
Fiabilité	données insuffisantes
Sécurité	★★★★☆
Qualités hivernales	★★★☆☆
Espace intérieur	★★★☆☆
Confort	★★★★☆

VERSION RECOMMANDÉE

GT

6000 tr/min et 410 lb-pi de couple. Accompagné de la boîte manuelle à six vitesses et d'un rapport de pont modifié, le V12 de la GT autorise des performances qui en font l'Aston Martin de route la plus rapide jamais construite.

En version GTA – A pour automatique –, le même moteur produisant 420 chevaux est allié à une boîte automatique à cinq rapports avec mode Sport pour des passages de vitesses plus vigoureux. Et pour ceux qui veulent faire semblant, la fonction TouchTronic autorise la sélection des rapports au moyen de deux petits boutons logés sur le volant.

Outre la mécanique, Aston Martin a revu l'aérodynamique de la DB7. Les améliorations apportées sous la voiture et l'ajout d'un béquet sur l'arête du coffre se traduisent par une réduction de 50 % de la portance aérodynamique à l'arrière à très haute vitesse, assurant ainsi à la belle GT une tenue de cap irréprochable.

À l'intérieur, la GT reçoit des sièges sport enveloppants garnis de cuir et d'alcantara, ainsi que des appliques en aluminium qui rehaussent le caractère sportif de la bête. Quant aux options, conformément à la philosophie d'Aston Martin, le client peut choisir dans une palette de plus de 20 couleurs et 17 teintes de cuir, sans oublier les valises assorties, le porte-parapluie et les plaques personnalisées en acier inoxydable portant les noms et titres des heureux et fortunés propriétaires.

Que nous reste-t-il à dire au sujet de ces beautés, sinon qu'Aston Martin a dévoilé à Londres, en juillet 2002, la DB7 Zagato, dessinée par Nori Harada, responsable du style chez Zagato ? Musclée comme son ancêtre, avec porte-à-faux réduits et courbes encore plus sensuelles, cette Zagato moderne reprend, comme il se doit, le double bossage du toit, signature du style Zagato. Cette série limitée qui ne sera construite qu'à 99 exemplaires est déjà toute vendue. Je vais devoir attendre !

Alain Raymond

▲ POUR

• Ligne intemporelle • V12 d'exception
• Excellents freins • Version GT très performante • Exclusivité garantie

▼ CONTRE

• Prix exclusif • Design intérieur vieilli
• Visibilité arrière réduite (Volante)
• Coffre restreint

COUP DE CŒUR

La trilogie du plaisir

On ne se lasse pas d'admirer sa ligne envoûtante, on se régale de la sonorité exquise de son moteur V12 et on se délecte de l'agrément de conduite pas loin de l'ivresse qu'elle offre. Plaisir des yeux, plaisir des oreilles et plaisir des sensations, l'Aston Martin Vanquish nous propose une trilogie inoubliable. Méticuleusement construite à la main à raison de 300 exemplaires par année, c'est une voiture rare, sinon exclusive, qui se laisse désirer. Malgré tout, j'ai eu le rare bonheur d'en attraper une au vol ici même au Québec pour un essai inoubliable. Son propriétaire tient à garder l'anonymat, mais rien ne m'empêche de vous entretenir en long et en large de mon séjour au volant de cette anti-Ferrari.

Jusqu'à cette année, il eût été impensable, voire sacrilège, de comparer une Aston Martin à une Ferrari. Ces belles anglaises étaient certes très engageantes mais, au-delà de leurs irrésistibles silhouettes, on ne trouvait pas tout à fait le même raffinement que chez leurs consœurs italiennes. Tout a changé depuis l'arrivée de la Vanquish, la première véritable nouvelle Aston depuis que la petite marque anglaise évolue dans le giron de Ford. Encore plus ravissante que ses devancières, elle allie la sophistication et la haute performance à une qualité d'exécution qui lui permet d'accéder au plateau des supervoitures de cet univers. La Vanquish a même reconquis James Bond, qui après quelques escapades en BMW, a repris le volant d'une Aston Martin dans son dernier thriller *Meurs un autre jour*. Avec une grosse poignée de dollars (autour de 350 000) et beaucoup de patience (les délais de livraison ne cessent de s'allonger), vous pourrez vous aussi

rouler sur les traces du célèbre agent secret et découvrir la version britannique de la Ferrari 575 Maranello.

Un pur délice

Ayant fait l'essai de la 575 à quelques semaines d'intervalle, je ne pouvais m'em-

pêcher de les comparer. Et j'avoue que j'aurais beaucoup de mal à décider laquelle j'achèterais si le petit Jésus voulait bien faire de moi un gagnant de Loto-Québec. La Ferrari possède sans doute un léger avantage sur la Vanquish en chiffres absolus, mais l'Aston me semble moins intimidante, plus civile en utilisation quotidienne. Avec son V12 6 litres de 460 chevaux, elle n'est pas avare de performances, loin de là, mais elle se prête aussi le plus simplement du monde à un style de conduite parfaitement décontracté. Il suffit d'appuyer sur un bouton logé sur la console centrale pour faire passer la boîte de vitesses séquentielle en mode automatique et le tour est joué. Cette

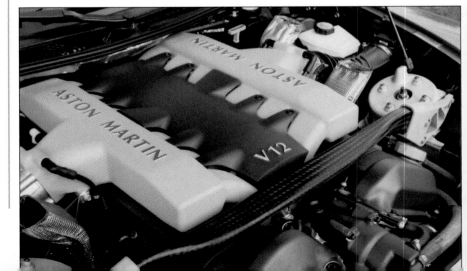

Maniable malgré tout

Si la Vanquish réplique brillamment à la 575 Maranello côté moteur et transmission, elle ne se laisse pas intimider non plus au chapitre du comportement routier. D'une exemplaire rigidité, l'ensemble châssis-carrosserie fait appel à un mélange d'aluminium et de fibre de carbone, une combinaison qui a un effet bénéfique sur la tenue de route. Malgré son poids et son format, la voiture fait preuve d'une maniabilité étonnante en conduite sportive. Même une Boxster S ne

boîte, précisons-le, provient du même fournisseur que celles de Ferrari, la firme italienne Magneti-Marelli, et son fonctionnement m'est apparu moins brutal que dans la Maranello. Même en mode séquentiel, avec des passages de vitesse bouclés en un clin d'œil (240 millièmes de seconde), les changements de rapport se font plus en douceur. Et quel délice que d'entendre la brève montée en régime qui accompagne chaque vitesse en rétrogradant! Un peu plus et on se prendrait pour un pilote de course qui maîtrise parfaitement l'art du pointe-talon en fonçant vers l'épingle du circuit Gilles-Villeneuve.

En avant la musique

Si le V12 Aston ne gagne pas la bataille des accélérations contre celui de la Maranello,

il réussit l'exploit, pas facile, de le devancer au palmarès de la sonorité. Le petit concert qui émane du moteur de la Vanquish dès qu'on appuie sur le bouton « start » sur la console centrale est un vrai bonheur pour l'oreille. Les « musiciens » de chez Cosworth ont carrément battu leurs homologues de chez Ferrari à leur propre jeu.

Comme celle de la Ferrari, la « cambio corsa » (boîte de course) de cette Aston Martin a recours à des palettes placées à portée de la main de chaque côté du volant. On monte les rapports du côté droit et on rétrograde en tirant sur la palette de gauche. Quant à la marche arrière, elle s'enclenche en tirant simultanément sur les deux palettes pour passer au point mort et en appuyant sur un petit bouton placé sur la console centrale.

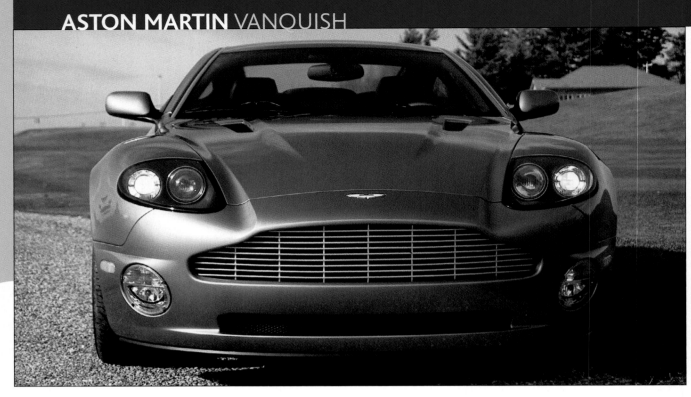

réussit pas mieux. En laissant l'antipatinage faire son travail, on dénote une petite dose de sous-virage lorsqu'on aborde une épingle à vive allure. Sans assistance électronique, toutefois, le plaisir monte d'un cran et notre Vanquish devient plus agile avec de légères dérobades du train arrière facilement rattrapées par une judicieuse application de la puissance.

Les énormes pneus de 19 pouces font bien leur travail sans pourtant avoir une incidence négative sur le confort. Sous ce rapport, la voiture m'a semblé légèrement mieux adaptée que la Ferrari aux imperfections du revêtement. La suspension est ferme, c'est certain, mais jamais éprouvante, tandis que la carrosserie fait la sourde oreille au piètre état du réseau routier québécois.

Rien à voir

La seule véritable critique que l'on puisse adresser à cette Aston Martin a trait à la visibilité. Il y a d'abord le pilier A (le montant gauche du pare-brise, si vous aimez mieux) dont les dimensions importantes gênent la visibilité de trois quarts avant. En revanche, il est rassurant de constater que si jamais l'inévitable devait se produire (un ou plusieurs tonneaux), le toit de la Vanquish ne risque pas de s'affaisser sur les occupants de la voiture. Par ailleurs, l'immense lunette arrière contribue à rehausser l'apparence de l'auto, mais sa très forte inclinaison vous empêche carrément de voir ce qui se trouve directement derrière la voiture. C'est là un

handicap majeur, surtout quand vient le moment de se garer.

Certains diront que la console centrale est trop protubérante et qu'elle empiète dans l'habitacle, mais il faut avoir conduit la voiture à quelques reprises pour se rendre compte qu'il s'agit plutôt d'un avantage que d'un inconvénient. Les nombreuses commandes qui y sont alignées sont plus faciles d'accès pour le conducteur qui n'a pas à s'étirer le bras pour actionner le démarreur ou pour utiliser le bouton de la marche arrière. Et tant pis si

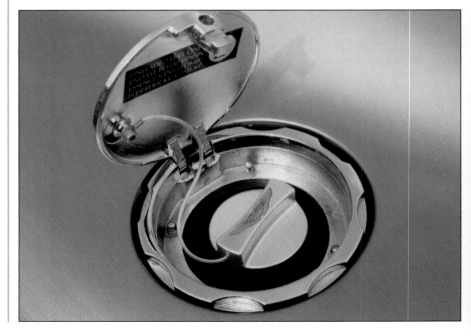

certains commutateurs ressemblent à s'y méprendre à ce que l'on a déjà vu dans certains autres produits Ford. Après tout, Ferrari utilise bien certaines composantes de Fiat et personne ne s'en plaint. La présentation intérieure n'en demeure pas moins soignée avec des sièges mi-cuir, mi-suède qui non seulement se révèlent confortables, mais vous retiennent parfaitement en place dans les virages. Et la barre en aluminium qui orne les contre-portes ajoute un côté high-tech qui n'est pas déplaisant. Finalement, même si la

CARACTÉRISTIQUES

Prix du modèle à l'essai	337 500 $
Échelle de prix	aucune
Garanties	24 mois kilométrage illimité
Emp. / Long. / Larg. / Haut. (cm)	269 / 467 / 192 / 132
Poids	1835 kg
Coffre / Réservoir	240 litres / 80 litres
Coussin de sécurité	frontaux et latéraux
Suspension avant	indépendante, leviers triangulés
Suspension arrière	indépendante, leviers triangulés
Freins av. / arr.	disque ventilé (Brembo)
Antipatinage / Contrôle de stabilité	oui
Direction	à crémaillère, assistée
Diamètre de braquage	12,8 mètres
Pneus av. / arr.	255/40ZR19 / 285/40ZR19

MOTORISATION ET PERFORMANCES

Moteur	V12 6 litres 48 soupapes
Transmission	propulsion, séquentielle 6 rapports
Puissance	460 ch à 6500 tr/min
Couple	400 lb-pi à 5000 tr/min
Autre(s) moteur(s)	aucun
Autre(s) transmission(s)	aucune
Accélération 0-100 km/h	4,8 secondes
Reprises 80-120 km/h	4,1 secondes
Vitesse maximale	305 km/h
Freinage 100-0 km/h	n.d.
Consommation (100 km)	20 litres (super)
Niveau sonore	n.d.

MODÈLES CONCURRENTS

• Ferrari 575 Maranello • Mercedes-Benz CL55 AMG

VERDICT

Agrément de conduite	★★★★⯪
Fiabilité	données insuffisantes
Sécurité	★★★★☆
Qualités hivernales	★★⯪☆☆
Espace intérieur	★★⯪☆☆
Confort	★★★⯪☆

VERSION RECOMMANDÉE

Vanquish

Vanquish se présente comme un coupé 2+2, il s'agit essentiellement d'une deux places puisque la banquette arrière est plus symbolique qu'autre chose. On l'utilisera comme espace complémentaire pour les bagages compte tenu que le coffre a un volume limité à 240 litres ou à deux sacs de golf et à un parapluie aux couleurs Aston Martin qui a son emplacement réservé.

La voiture griffée

Et pour finir d'impressionner la galerie, il suffit d'ouvrir le capot et d'y pointer la petite plaque en métal soulignant que la construction du moteur a été assurée par Stuart Bull. Bref, du cousu-main. Avec ses lignes irrésistibles, son moteur qui chante et ses performances hors du commun, l'Aston Martin réussit à marier les plus beaux attributs d'une authentique voiture sport à ceux d'un coupé grand-tourisme de grande classe. Sur l'échelle du plaisir de conduire, je lui donne 5 sur 5.

Jacques Duval

▲ **POUR**

• L'exquise sonorité du V12 • Performances relevées • Boîte séquentielle bien maîtrisée • Châssis parfaitement rigide

▼ **CONTRE**

• Prix prohibitif • Visibilité perfectible • Finition intérieure peu durable • Places arrière symboliques • Coffre étroit

COUP DE POING

Les doléances du propriétaire

Après avoir passé mes sept derniers hivers au volant d'une Audi 90 Sport Quattro, j'ai été convaincu par la brutale première tempête de neige de novembre 2002 que je pouvais difficilement arpenter les Cantons-de-l'Est dans autre chose qu'une berline à traction intégrale. Ma vieille 1994 ayant fait son devoir sans jamais me laisser en plan, j'ai donc abandonné l'idée de succomber à mon coup de cœur de l'été dernier, la G35, pour faire l'acquisition d'une autre Audi, une A4 Avant 1,8 T à boîte manuelle.

Après cinq mois, je peux dire que la joie de pouvoir compter sur un véritable tracteur dans la neige ne compense pas tout à fait les désagréments qu'une conception fautive et une fiabilité incertaine nous obligent à endurer.

Premier détail agaçant, la voiture m'a été livrée avec une baguette de chrome endommagée sur le hayon. Il fallut donc retourner chez le concessionnaire pour la faire changer. Ayant réalisé mes essais préalables de ce modèle avec une boîte tantôt Tiptronic tantôt CVT, je n'avais pas réalisé que la boîte manuelle qui équipe mon Audi souffrait d'un cinquième rapport beaucoup trop court qui a pour effet de créer un bourdonnement désagréable. Entre 110 et 120 km/h par exemple, le moteur tourne bien au-dessus de 3000 tr/min et pourrait se faire plus discret. La nouvelle boîte à six rapports des versions 2004 permet toutefois au petit quatre cylindres turbo de 1,8 litre de baisser le ton un peu. Cela prouve qu'un moteur de faible cylindrée

comme celui-là n'a pas sa place dans une voiture de luxe à 44 000 $. C'est d'ailleurs la plus sérieuse lacune d'Audi dont les groupes propulseurs accusent un sérieux recul face à la concurrence. Le 1,8T est impropre à un tel modèle alors que le V6 de 3 litres est un moteur désuet qui a été rafistolé sans grand succès au fil des années. Il reste l'incontournable V8 de 4,2 litres que l'on retrouve dans l'A6, l'A8, le Touareg de VW et depuis peu dans la S4, sur lequel je reviendrai plus loin.

« Check engine or die »
Pour revenir au moteur 1,8T de mon Audi A4, il a attrapé la même maladie que tous les moteurs Audi et Volkswagen en affichant le sempiternel « Check engine ». Cette plaie hivernale a mené dans mon cas au remplacement de ces fameuses bobines d'allumage qui ont mis bien des propriétaires d'A4 sur le carreau au cours de la dernière année. De guerre lasse, j'ai mis ma voiture en vente pour me rendre compte que sa valeur de revente reflétait les problèmes ci-haut mentionnés. Après

seulement 5000 km, j'étais prêt à encaisser une perte de 20 %, soit de 44 000 $ à 36 000 $, mais il faut croire que le niveau de confiance envers la marque a beaucoup baissé puisque l'A4 porte toujours une affiche « À vendre ». Et sachez que je ne suis pas le seul à mettre en doute la fiabilité Audi puisque nous avons reçu des dizaines de lettres de propriétaires insatisfaits.

Si l'on ajoute à tout cela des sièges rembourrés de béton et une habitabilité très mesurée à l'arrière, on peut se demander ce qui incite les gens à acheter cette voiture. Dans mon cas, c'est le désir de passer l'hiver tranquille qui m'a poussé vers l'A4. Sauf que mon hiver n'a pas été aussi tranquille que je l'aurais souhaité.

Une S4 à la sauce américaine
La version antérieure de la S4 m'avait ravi alors que la nouvelle venue ne m'a pas procuré le même plaisir. Chose certaine, la voiture ne justifie pas le prix demandé, soit plus de 70 000 $. D'abord, je persiste à croire que les moteurs V8 ne font pas bon ménage avec de petites voitures et cette S4 en est la preuve éloquente. En greffant un gros 4,2 litres à la traction intégrale de la S4, on a opté chez Audi pour la méthode facile utilisée jusque-là par l'industrie américaine. On a eu beau la chausser de pneus de 18 pouces,

CARACTÉRISTIQUES	
Prix du modèle à l'essai	S4 Avant 73 275 $
Échelle de prix	34 285 $ à 70 740 $
Garanties	4 ans 80 000 km / 4 ans 80 000 km
Emp. / Long. / Larg. / Haut. (cm)	265 / 455 / 194 / 143
Poids	1720 kg
Coffre / Réservoir	445 litres / 66 litres
Coussins de sécurité	frontaux, latéraux et tête
Suspension avant	ind., leviers transversaux doubles
Suspension arrière	ind., essieu à leviers trapèzes
Freins av. / arr.	disque ABS
Antipatinage / Contrôle de stabilité	oui
Direction	à crémaillère, assistée
Diamètre de braquage	11,1 mètres
Pneus av. / arr.	235/ZR18

MOTORISATION ET PERFORMANCES	
Moteur	V8 4,2 litres
Transmission	intégrale, manuelle 6 rapports
Puissance	340 ch à 7000 tr/min
Couple	302 lb-pi à 3500 tr/min
Autre(s) moteur(s)	V6 3 litres 220 ch ;
	4L 1,8 litre turbo 170 ch
Autre(s) transmission(s)	auto. 6 rapports avec Tiptronic
Accélération 0-100 km/h	6,1 s ; 9,1 s (1,8T) ; 6,2 s (V6)
Reprises 80-120 km/h	5,1 s (4e) ; 6,8 s (1,8T)
Vitesse maximale	258 km/h
Freinage 100-0 km/h	38,2 mètres
Consommation (100 km)	15,0 litres (super) ;
	11,0 litres (1,8T)

MODÈLES CONCURRENTS

- BMW M3 • Infiniti G35 • Jaguar X-Type
- Mercedes-Benz C32 AMG • Volkswagen Passat
- Volvo S60R

QUOI DE NEUF ?

- Boîte manuelle 6 rapports • Jantes 16 pouces de série dans 1,8T • Témoin de pression des pneus

Renouvellement du modèle	2007/2008

VERDICT	
Agrément de conduite	★★★⯪☆
Fiabilité	★★☆☆☆
Sécurité	★★★★☆
Qualités hivernales	★★★★☆
Espace intérieur	★★★⯪☆
Confort	★★★☆☆

VERSION RECOMMANDÉE

Traction avec CVT

---

agrandir les freins avant et lui donner un look ravageur, cette S4 manque d'équilibre. Vous passerez sûrement la première semaine à essayer de bien doser l'accélérateur et l'embrayage, une technique qui exige une longue accoutumance… ou un glissement de l'embrayage qui risque de ne pas lui être très salutaire. D'autant plus qu'il ne semble pas tout à fait à la hauteur de la tâche dès que l'on exploite à fond les 340 chevaux d'un moteur très expressif mais dont le poids se fait sentir, notamment dans la lourdeur du volant. C'est ainsi qu'au passage du deuxième rapport, j'ai eu droit à une aiguille du compte-tours en folie et à cette odeur bien particulière d'un embrayage en train de griller. Il faut dire que la traction intégrale a une telle motricité qu'il est difficile de faire patiner les roues et c'est l'embrayage qui en souffre. Le moteur, qui consomme de fortes quantités d'hydrocarbures, a par contre une sonorité qui nous ramène à la belle époque des gros cubes américains.

Un freinage sûr

Sur la route, le rouage d'entraînement de notre S4 Avant émettait un grondement gênant tandis que la rudesse de la suspension était évidente sur mauvais revêtement. Mais il y a aussi des bons côtés. Le freinage est irréprochable, la caisse très rigide et la tenue de route stimulante avec un soupçon de roulis. Comme toujours chez Audi, le tableau de bord déjà très agréable est rehaussé par un joli petit volant à trois branches arborant le sigle S4. On le tient assis dans de superbes sièges Recaro et la visibilité dans la version Avant (familiale) n'est gênée par aucun angle mort important. Si vous me demandez si cette S4 est meilleure qu'une BMW M3, la réponse est non. Pour approximativement le même prix, la bavaroise l'emporte.

Jacques Duval

▲ POUR

- Traction intégrale • Bonne tenue de route
- Finition intérieure soignée • Solides performances (S4) • Châssis solide

▼ CONTRE

- Fiabilité aléatoire • Espace intérieur restreint
- Faible valeur de revente • Consommation démesurée (S4) • V8 mal adapté (S4)

Du soleil qui coûte cher

La première version de l'Audi A4 cabriolet introduite en 1995 fut un échec et il semble bien qu'il en sera de même pour le modèle présenté l'an dernier. C'est une simple question d'argent ! Comme l'ancien, le nouveau cabriolet coûte tout simplement trop cher pour attirer une clientèle autre que celle qui a les quatre anneaux de la marque allemande imprimés dans le front. À près de 70 000 $ (incluant les options) pour la voiture mise à l'essai (V6, transmission CVT et la traction à l'avant seulement), nous sommes dans le territoire d'une BMW 330 Ci bien équipée, une décapotable très prisée dont la valeur de revente est supérieure à celle de l'Audi.

Les représentants du constructeur d'Ingolstadt seront prompts à nous dire que l'on peut obtenir une A4 cabrio traction avec le moteur quatre cylindres 1,8 T pour 51 100 $, mais c'est encore beaucoup d'argent pour une voiture qui doit se contenter de 170 chevaux pour affronter les 184 du six cylindres de 2,5 litres de la BMW 325 CiC (53 400 $). Et vous n'aurez toujours pas droit au système Quattro qui fera grimper la facture de 2900 $. Mais cessons de parler pognon puisque l'achat de ce type de voiture est souvent une question de goût ou une affaire de coup de cœur.

Avouons que le nouveau cabriolet d'Audi a plutôt bonne mine. Il est aussi plus solide que son prédécesseur avec une coque rigide qui ne laisse filtrer que quelques craquements occasionnels par temps très froid. Auparavant mal insonorisée, la capote est désormais bien isolée du bruit et parfaitement étanche même dans un lave-auto « sans contact » avec de puissants jets d'eau. Jusqu'à 120 km/h, rien ne vient perturber la quiétude de l'habitacle.

Patience, patience

La capote, par ailleurs, met une éternité à s'escamoter ou à vous mettre à l'abri des mauvais coups de la météo. Il faut lui accorder 29 longues secondes pour se refermer et 27 pour s'ouvrir contre 24 et 19 pour une Mercedes décapotable essayée la semaine précédente. Et comme toutes les voitures bénéficiant d'un toit qui va se cacher dans le coffre, ce dernier voit son volume réduit de moitié lorsqu'on roule à ciel ouvert. On peut heureusement compter sur une poignée pour rendre le coffre plus profond lorsque le toit est en place.

Quant à l'habitabilité, il est de notoriété publique que la banquette arrière de n'importe quelle A4 (berline ou familiale) n'est pas très hospitalière. Alors, imaginez ce que cela peut être avec seulement deux portières et vous saurez que l'on parle d'un refuge temporaire,

surtout lorsque la capote est fermée. Comme toujours chez Audi, les sièges ont la fermeté du béton. On aime ou on n'aime pas, mais on ne peut manquer d'apprécier le support lombaire (style rouleau à pâte) mobile qui se gonfle et se déplace de haut en bas. Pas loin du studio de massage… et légal à part ça. La présentation intérieure est purement Audi, c'est-à-dire agréable à l'œil et soignée. Cela n'exclut toutefois pas certaines anomalies, comme la petite roulette des sièges chauffants qui se trouve beaucoup trop près de la surface horizontale et de la console centrale, ce qui la rend difficile à manipuler. Aussi, si vous trouvez que les sièges avant mettent trop de temps à s'avancer pour libérer l'accès aux places arrière, sachez qu'un bouton placé près de la poignée servant à rabattre le dossier peut accélérer le processus.

Adieu le sport

Si c'est un cabriolet sportif que vous recherchez, regardez ailleurs, car cette Audi est trop lourde et pataude pour revendiquer une telle étiquette. Les pneus hurlent à qui mieux mieux en virage rapide et le sous-virage s'en donne à cœur joie. Le roulis s'en mêle également malgré une suspension assez ferme qui vous fait ressentir les imperfections du revêtement.

Pire encore, l'absence du système Quattro (quatre roues motrices) transforme les pneus

Prix du modèle à l'essai	3,0 CVT 61 700 $
Échelle de prix	51 100 $ à 64 600 $
Garanties	4 ans 80 000 km / 4 ans 80 000 km
Emp. / Long. / Larg. / Haut. (cm)	265 / 457 / 178 / 139
Poids	1660 kg
Coffre / Réservoir	245 à 315 litres / 70 litres
Coussins de sécurité	frontaux et latéraux
Suspension avant	indépendante, essieu à 4 bras
Suspension arrière	indépendante, multibras
Freins av. / arr.	disque ABS
Antipatinage / Contrôle de stabilité	oui
Direction	à crémaillère, assistée
Diamètre de braquage	11,1 mètres
Pneus av. / arr.	215/55HR16

MOTORISATION ET PERFORMANCES

Moteur	V6 3 litres
Transmission	traction, à variation continue (CVT)
Puissance	220 ch à 6300 tr/min
Couple	221 lb-pi à 3200 tr/min
Autre(s) moteur(s)	4L 1,8T 170 ch
Autre(s) transmission(s)	Tiptronic à 6 rapports
Accélération 0-100 km/h	7,8 secondes
Reprises 80-120 km/h	5,8 secondes
Vitesse maximale	220 km/h
Freinage 100-0 km/h	40,2 mètres
Consommation (100 km)	12,0 litres (super)

avant en véritables savonnettes. Dès que la chaussée est le moindrement glissante, les pneus patinent sans cesse, et je n'imagine pas quelqu'un passer l'hiver avec une voiture ayant si peu d'adhérence, même avec l'antipatinage. Assurez-vous donc de cocher l'option «traction intégrale» si jamais vous envisagez l'achat d'une A4 cabriolet.

Combiné avec la transmission à rapports continuellement variables (CVT), le moteur V6 de 3 litres se défend très honorablement et m'a semblé moins amorphe que dans d'autres versions. Serait-ce l'absence du système Quattro qui lui donne les ailes nécessaires pour signer un 0-100 km/h en 7,8 secondes ? À moins que ce ne soit l'excellente boîte de vitesses automatique dite à six rapports, mais qui s'avère capable de s'adapter à toutes les conditions d'utilisation en allant chercher le rendement optimal du moteur.

Bien que l'on puisse être ambivalent sur l'efficacité des transmissions CVT, force est d'admettre que celle-ci procure des accélé-

rations semblables à celles d'une boîte manuelle tout en permettant de réduire un tantinet la consommation d'essence. Je dis un tantinet parce que, malgré leur format, les petites Audi ont tendance à consommer pas mal (12 litres aux 100 km dans le cas qui nous intéresse. Le seul aspect déroutant du système CVT est que le moteur reste à son régime maximal quand on sollicite le *kick down* tant et aussi longtemps que l'on garde le pied à fond sur l'accélérateur. Étrange, mais jamais inquiétant.

Pour revenir à mon propos du début, les lignes qui précèdent devraient vous servir à prendre une décision quant à l'acquisition d'un tel modèle. L'A4 cabriolet est bien séduisante, mais suis-je suffisamment en amour pour dépenser autant d'argent ? C'est une question à laquelle chacun peut répondre pour lui-même.

Jacques Duval

MODÈLES CONCURRENTS

• BMW 330 Ci • Ford Thunderbird • Mercedes-Benz CLK320
• Saab 9³ cabriolet • Volvo C70 cabriolet

QUOI DE NEUF ?

• *Nouvelle version Quattro 3 litres* • *Moniteur de pression des pneus en équipement de série*

Renouvellement du modèle	2008-2009

VERDICT

Agrément de conduite	★★★☆☆
Fiabilité	★★★☆☆
Sécurité	★★★☆☆
Qualités hivernales	★★★☆☆
Espace intérieur	★★☆☆☆
Confort	★★★½☆

VERSION RECOMMANDÉE

3,0 Quattro

▲ POUR

• **Châssis solide** • **Bonne insonorisation**
• **Moteur V6 en verve** • **Excellente transmission CVT** • **Finition soignée**

▼ CONTRE

• **Toit lent** • **Rouage Quattro quasi obligatoire**
• **Trop d'options coûteuses** • **Comportement routier banal** • **Espace arrière limité** • **Sièges durs**

Oraison funèbre

Au même titre que Jean Chrétien, l'A6, dans sa forme actuelle, a déjà fixé la date de son départ pour faire place à une nouvelle génération au style apparemment très agressif. En effet, selon nos informations, la future A6, dont le lancement est programmé à l'automne 2004, arborera une calandre béante, inspirée des voitures de course Auto-Union d'avant-guerre. D'ici là, la firme aux anneaux devra composer avec la version actuelle en tentant, à l'aide de séries spéciales (on parle d'une A6 2,7 T décorée d'appendices aérodynamiques et d'un moteur vitaminé de 15 chevaux additionnels), de la rendre alléchante dans un segment où la concurrence ne manque pas d'appâts.

Pour apprécier pleinement la solidité de ses tôles et pour bien palper la qualité de sa fabrication, il faut laver une A6 à la main. Solide en dehors, mais aussi en dedans. D'ailleurs, venez voir cet habitacle : lumineux, vaste et superbement fini. Et quelle que soit la décoration intérieure retenue, l'A6 fait forte impression avec cette magnifique bande d'aluminium brossé ou de bois qui parcourt son tableau de bord de bout en bout. Et que dire de cette instrumentation complète, claire et lisible qui, à la tombée de la nuit, s'illumine d'un rouge toujours aussi doux pour les yeux ? Ou des ingénieux espaces de rangement aussi pratiques que nombreux, du dégagement appréciable pour les occupants des places avant et arrière, et du volume du coffre (toutefois moins sensationnel en cochant l'option Quattro et dépourvu de série d'un pratique filet de rétention). Que dire enfin de la richesse de

son équipement, qui comprend (accrochez-vous, la phrase est longue) un volant télescopique et inclinable (moyennant supplément, il est aussi chauffant), des sièges avant chauffants à commande électrique, un climatiseur deux zones (conducteur et passager avant), etc. ?

Voilà pour les fleurs. Le pot, maintenant. Audi a beau avoir réaménagé au fil des ans certaines commandes, autrefois platement alignées telles des touches sur un clavier, elle a néanmoins bêtement oublié de retoucher celles de la climatisation et de la radio, toujours trop menues et inutilement complexes. Et que dire de la commande du régulateur de vitesse dissimulée derrière le volant ?

La beauté est dans la boîte

On a beau détester l'hiver à en faire des médicaments, force est de reconnaître qu'à bord d'une Audi on finit par trouver bien sympathique la saison blanche. En fait, l'excellente

motricité que procure le système Quattro confère à l'A6 un avantage indéniable par rapport à ses rivales propulsées, trop souvent maladroites sur chaussée à faible coefficient d'adhérence. En revanche, je me dois de préciser que pour profiter de la traction intégrale, il faut consentir à alléger son portefeuille de quelque 3000 $, faute de quoi vous n'aurez droit qu'à la version tractée, laquelle bénéficie, soit dit en passant, d'un système efficace et d'une sublime transmission à variation continue. À vous de choisir la « religion » qui vous convient. Cependant, sachez qu'outre un volume de coffre réduit par rapport à l'A6 tractée, la traction intégrale est plus lourde de 120 kilos, consomme près de 2 litres d'essence de plus aux 100 km et perd un peu plus d'une seconde en accélération et en reprise. La vitesse de pointe des deux versions est, rappelons-le, limitée électroniquement.

Toujours indécis sur le mode d'entraînement ? Voici de quoi rendre le choix plus difficile encore : la transmission à variation continue (CVT). Pourquoi difficile ? Car cette transmission s'arrime exclusivement encore aux Audi à roues avant motrices. Quiconque prendra les commandes d'une Audi équipée de cette boîte se régalera. Et s'étonnera aussi de voir l'aiguille du compte-tours chuter pendant que celle de l'indicateur de vitesse poursuit sa montée. Étrange. Outre sa souplesse et

A6

CARACTÉRISTIQUES

Prix du modèle à l'essai	3,0 CVT 51 740 $
Échelle de prix	51 740 $ à 88 500 $
Garanties	4 ans 80 000 km / 4 ans 80 000 km
Emp. / Long. / Larg. / Haut. (cm)	276 / 488 / 181 / 145
Poids	1595 kg
Coffre / Réservoir	487 litres / 70 litres
Coussins de sécurité	frontaux, latéral (opt., conduc. seul.)
Suspension avant	ind., leviers triangulaires transversaux
Suspension arrière	indépendante, jambes élastiques
Freins av. / arr.	disque (ABS de série LS/SS)
Antipatinage / Contrôle de stabilité	oui / non
Direction	à crémaillère
Diamètre de braquage	11,7 mètres
Pneus av. / arr.	205/55R16

MOTORISATION ET PERFORMANCES

Moteur	V6 3 litres
Transmission	traction, CVT
Puissance	220 ch à 6300 tr/min
Couple	221 lb-pi à 3200 tr/min
Autre(s) moteur(s)	V6 2,7 l biturbo 250 ch ;
	V8 4,2 l 300 ch ; V8 4,2 l 340 ch
Autre(s) transmission(s)	semi-auto. 5 rapports,
	man. 6 rapports
Accélération 0-100 km/h	7,8 secondes
Reprises 80-120 km/h	6,6 secondes
Vitesse maximale	209 km/h
Freinage 100-0 km/h	42,3 mètres
Consommation (100 km)	11,3 litres (super)

MODÈLES CONCURRENTS

• BMW Série 5 • Mercedes-Benz Classe E • Volvo S80

QUOI DE NEUF ?

• Version à tirage limité en cours d'année

Renouvellement du modèle	2005

VERDICT

Agrément de conduite	★★★☆☆
Fiabilité	★★★★☆
Sécurité	★★★★☆
Qualités hivernales	★★★★★
Espace intérieur	★★★★☆
Confort	★★★★☆

VERSION RECOMMANDÉE

2,7T

sa douceur, cette boîte contribue grandement au confort de conduite puisqu'à 100 km/h, le moteur tourne à un régime inférieur à 2000 tr/min. Cette transmission s'avère nettement plus agréable que les boîtes semi-automatique (souvent prise d'étourderie) et manuelle (élasticité de la commande et manque de progressivité de l'embrayage). Et pour profiter pleinement de cette transmission, le 3 litres de 220 chevaux fait preuve de suffisamment de vélocité pour animer cette allemande en version traction. Attelée à la traction intégrale, la voiture manque carrément de souffle, surtout lors des reprises et plus spécifiquement dans sa tenue de familiale (Avant). La version 2,7T est carrément plus intéressante.

La direction est d'une rapidité et d'une précision telles que vous deviendrez enclin à soigner au millimètre près vos moindres trajectoires ainsi que vos entrées et sorties de courbes. Et le plaisir ne s'en trouve qu'accru lorsqu'on opte pour chausser cette allemande des pneus de 17 pouces offerts en option. Mal-gré de louables efforts, comme celui de réduire les masses non suspendues, l'A6 ne procure toujours pas un agrément de conduite comparable à celui d'une BMW de Série 5, voire d'une Mercedes-Benz Classe E. En effet, la trop grande souplesse de sa suspension gêne son comportement qui n'a rien de bien sportif. Un peu plus de fermeté contiendrait mieux les mouvements de la caisse et permettrait également d'enrayer le phénomène de pompage lors de freinages intensifs. Au sujet du freinage, mentionnons que les étriers mordent à pleines dents dans les disques et parviennent du coup à immobiliser le véhicule sur une courte distance.

Pour sa qualité, son confort et sa diversité (choix de modèles, de motorisations et de mode), l'A6 mérite encore votre considération. Mais si j'étais vous, j'attendrais la prochaine.

Éric LeFrançois

▲ POUR

• Transmission CVT remarquable
• Assemblage rigoureux • Dispositif Quattro performant • Finition superbe

▼ CONTRE

• Modèle en fin de carrière • V6 3 litres manque de «grrrr» • Ergonomie des commandes de la radio et de la climatisation à revoir

La perfection n'est pas de ce monde

À chaque édition du *Guide*, la même question se pose : « L'Audi A8 est-elle la meilleure voiture au monde ? » Cette année, l'interrogation est d'autant plus pertinente qu'après plus de huit années de production, ce porte-étendard de la marque se renouvelle de fond en comble.

Alors que la carrosserie de la précédente version paraissait un peu terne et sans originalité, la nouvelle présente un dessin plus achevé, avec une ligne du pavillon qui s'élance élégamment vers l'arrière, des panneaux aux formes délicates et un porte-à-faux particulièrement ramassé. Ces éléments, ainsi que son carénage inférieur, lui permettent d'afficher un Cx de 0,27, une prouesse pour une voiture de ce format roulant sur des pneus aussi larges.

Un régime minceur inefficace

Depuis 1994, la marque aux anneaux met de l'avant son régime minceur « aluminium ». La nouvelle A8 L adopte donc elle aussi l'Audi Space Frame qui, contrairement à une monocoque classique, est constitué d'un assemblage de pièces d'aluminium coulées ou profilées, sur lequel on fixe les éléments de la carrosserie, majoritairement en aluminium eux aussi. Comme tous les régimes miracles, cette solution ne respecte pas vraiment ses promesses, puisque le poids de la belle fait osciller la balance à 2 tonnes, soit à quelques kilos

près d'une BMW 745i ou d'une Mercedes Classe S 4MOTION. Remarquez que cette dernière bénéficie aussi de la traction intégrale. Heureusement, la plate-forme démontre une rigidité sans faille malgré des dimensions qui s'apparentent plus à celles d'une limousine qu'à une berline sport, puisque toutes les A8 livrées en Amérique sont des versions allongées.

Il faut dire que la raison principale de ce relatif embonpoint est que l'A8 arrive, comme ses rivales d'ailleurs, abondamment « enveloppée » d'équipements. On y retrouve en effet des coussins gonflables pour la tête, le torse et les genoux presque partout dans l'habitacle et des assistances électriques tellement nombreuses qu'elles s'avèrent quelquefois superflues, tel le dispositif d'accès/lancement sans clef, le frein de stationnement électromagnétique, des sièges qui s'ajustent électriquement dans 16 sens avec quatre mémoires, et j'en passe. Heureusement, certains se révèlent plus commodes, comme le nouveau système MMI (Multi Media Interface) qui permet, à l'aide d'une molette et d'un écran semblables à ceux de la BMW Série 7, d'intervenir sur les réglages

de la sonorisation, du système de navigation (en option), de la climatisation, et sur une multitudes d'autres fonctions, sans sombrer dans l'inutile complexité de sa cousine teutonne. Au surplus, plusieurs de ces fonctions se contrôlent à l'aide de boutons classiques qui leur sont dédiés. Pourquoi faire simple quand on peut faire compliqué pour épater la galerie ? La présentation de l'habitacle est tout simplement somptueuse, réalisée avec des matériaux recherchés, installés par des travailleurs qui doivent mesurer un par un leurs Rice Krispies au micromètre chaque matin. Les fauteuils avant offrent un confort exceptionnel, et l'espace disponible sur la banquette arrière vous permettra de croiser les jambes sans jamais effleurer le dossier antérieur.

Côté moteur, l'A8 ne souffre pas trop de la concurrence. Son V8 4,2 litres avec 40 soupapes livre avec silence et douceur les 330 chevaux annoncés, et lui permet de présenter, en accélérant, son arrière à la majorité de ses contemporains. Même si elle peut recevoir en Europe un W12 de 420 chevaux, il lui manque encore, en Amérique, une « option V12 » pour soutenir le rythme infernal imposé par ses concitoyennes de Stuttgart et de Bavière. Sa boîte séquentielle à six rapports semble un peu paresseuse, jusqu'à ce que le conducteur effectue quelques *kick downs* énergiques, lui commandant ainsi d'effectuer

CARACTÉRISTIQUES

Prix du modèle à l'essai	L 103 655 $
Échelle de prix	98 305 $ à 103 655 $
Garanties	4 ans 80 000 km / 4 ans 80 000 km
Emp. / Long. / Larg. / Haut. (cm)	307,5 / 518 / 189 / 145,5
Poids	1995 kg
Coffre / Réservoir	500 litres / 92 litres
Coussins de sécurité	frontaux, latéraux, tête et genoux
Suspension avant	indépendante, multibras, pneumatique
Suspension arrière	indépendante, multibras, pneumatique
Freins av. / arr.	disque ABS
Antipatinage / Contrôle de stabilité	oui
Direction	à crémaillère, assistance variable
Diamètre de braquage	12,1 mètres
Pneus av. / arr.	235/55R17 (255/40R19 option)

MOTORISATION ET PERFORMANCES

Moteur	V8 4,2 litres
Transmission	intégrale, Tiptronic séquentielle 6 rapports
Puissance	330 ch à 6500 tr/min
Couple	317 lb-pi à 3500 tr/min
Autre(s) moteur(s)	aucune
Autre(s) transmission(s)	aucun
Accélération 0-100 km/h	6,3 secondes
Reprises 80-120 km/h	6,0 secondes
Vitesse maximale	208 km/h
Freinage 100-0 km/h	38,0 mètres
Consommation (100 km)	13,5 litres (super)

son travail avec plus de célérité. Le silence de fonctionnement atteint des seuils extrêmement bas, et les bruits de roulement ne parviennent que rarement aux oreilles des occupants.

Des ajustements perfectibles

Car la nouvelle A8 roule sur des coussins d'air, autrement dit une suspension pneumatique conçue pour lui permettre de changer le niveau de sa caisse et d'ajuster la dureté des amortisseurs à quatre niveaux, soit Lift, Comfort, Dynamic, et Automatic. Au lieu de lui procurer un ascendant certain sur ses concitoyennes, les performances offertes ne font pas l'unanimité. À la base, elle arrive en effet avec des pneus de taille 17 pouces qui donnent satisfaction. Ma voiture d'essai roulait cependant sur d'impressionnants Pirelli P Zero Rosso en taille 255/40R19 durs comme la pierre des roues des Flintstones. Avec de telles «chaussures de course», l'adhérence ultime était de très haut niveau, mais la grosse berline avait

tendance à suivre les ornières comme un chien de chasse une piste fraîche, et les suspensions semblaient aussi sèches que le cœur d'un agent du fisc. Dans la même veine, le freinage confié à quatre gros disques assistés d'un ABS à quatre canaux, lui même complété par un EBD (Electronic Brake Distribution) et une assistance hydraulique au freinage, manquait de progressivité, même si sa puissance ne pouvait être prise en défaut. La direction un peu légère à basse vitesse demeure quand même très précise.

Alors, que dire, sinon que la perfection en matière d'automobile n'est pas incarnée par cette A8 L. Bien sûr, tous les ingrédients semblent présents pour en faire une routière encore plus redoutable, mais il lui manque un savant dosage de tous ces éléments. Et comme Audi a déjà de la difficulté à assurer la fiabilité de ses modèles plus anciens, on peut se demander si cette A8 sera à la hauteur d'une réputation que certains disent surfaite.

Jean-Georges Laliberté

MODÈLES CONCURRENTS

• BMW 745i • Infiniti Q45 • Lexus LS 430
• Mercedes-Benz Classe S • VW Phaeton

QUOI DE NEUF ?

• Nouveau modèle

Renouvellement du modèle	2006

VERDICT

Agrément de conduite	★★★★⯪
Fiabilité	nouveau modèle
Sécurité	★★★★⯪
Qualités hivernales	★★★★⯪
Espace intérieur	★★★★★
Confort	★★★★☆

VERSION RECOMMANDÉE

A8 L

▲ POUR

• Ligne superbe • Traction Quattro souveraine
• Habitacle somptueux • Sécurité passive imperméable

▼ CONTRE

• Pneus 19 pouces mal adaptés • Réactions sèches des suspensions • Architecture aluminium inutilement coûteuse

Donnez-moi un *break*

Audi, qui fabrique à mon humble avis un des meilleurs systèmes de traction intégrale, ne l'a jamais assigné à un « véritable » véhicule tout-terrain. Ses efforts ont plutôt porté vers l'Allroad qui se veut une synthèse réunissant les qualités dynamiques d'une familiale sport et les capacités de franchissement d'un VUS. Cette approche, adoptée aussi par Subaru avec sa populaire Legacy Outback, n'a pas semblé connaître le même succès commercial chez le constructeur aux anneaux.

C ertains lui reprochent son allure un peu trop tout-terrain à cause de ses pare-chocs et passages de roue noirs, d'autres se demandent simplement comment on peut payer si cher une « vulgaire » familiale. De toute façon, cette variante de l'A6 arrive peut-être à la fin de sa route puisque sa remplaçante, la spectaculaire Pikes Peak, semble prête à prendre la relève dans les prochains mois.

L'Allroad nous revient pratiquement inchangée cette année. Nos voisins du sud peuvent quant à eux s'offrir une option inédite au Canada, soit le moteur V8 4,2 litres qui délivre 300 chevaux sous le capot pour cette énième application. Nous devons donc nous « contenter » du V6 2,7 litres biturbo qui développe quand même 250 chevaux et un couple considérable de 258 lb-pi à seulement 1850 tr/min. L'Allroad en a bien besoin, car l'inertie d'une masse de 2 tonnes ne se vainc pas aisément. Heureusement, sa boîte manuelle à six rapports se manie comme un charme, avec un embrayage bien progressif.

En comparaison, la Tiptronic séquentielle à cinq vitesses semble un peu apathique, même si les performances n'en souffrent pas trop.

Toujours à la hauteur
Les quelque 200 kilos supplémentaires de l'Allroad par rapport à une A6 proviennent en partie d'un atout qui lui permet de se démarquer de la concurrence. Elle est en effet dotée d'une suspension pneumatique offrant quatre niveaux de roulement adaptés à chaque type d'utilisation. Sa garde au sol peut varier, automatiquement ou sur demande, de 142 mm sur autoroute à haute vitesse, jusqu'à 208 mm lorsque le terrain sur lequel elle évolue devient vraiment méchant.

Ce qui nous amène encore une fois à vous entretenir du fameux système Quattro. Il incorpore un différentiel central Torsen pouvant faire passer la puissance sur n'importe lequel des essieux, appuyé par deux autres différentiels à commande électronique EDS qui peuvent entrer en action jusqu'à une vitesse de 100 km/h. Théoriquement, vous

pouvez compter sur chaque pneu pour vous tirer d'un mauvais pas. On retrouve de plus un système de contrôle de la stabilité ESP qui agit sélectivement sur chaque frein et sur la puissance du moteur. Chaussée de pneus spécifiques assez performants en taille 17 pouces, l'Allroad vous laissera rarement en plan et ne cède ainsi en rien à plusieurs véhicules prétendument tout-terrains.

Sur route pavée cependant, cette grosse familiale peut leur montrer sa belle plaque de protection arrière en acier inoxydable. Vous n'avez qu'à faire redescendre la caisse à son centre de gravité le plus bas pour vous retrouver au volant d'une grande routière qui avale les kilomètres. On remarque cependant une certaine dureté des amortisseurs, et la même tendance au sous-virage démontrée par la plupart des montures du catalogue Audi. Les bruits de roulement se font entendre de façon plus insistante, et la direction semble un peu moins précise que dans les berlines A6, avec des mouvements de caisse légèrement amplifiés. Puissant et endurant, le freinage confié à quatre gros disques régulés par un ABS et un système de répartition électronique EBD donne entière satisfaction en usage quotidien.

Quelques fautes d'équipement
Dans la plus pure tradition Audi, l'habitacle de l'Allroad apparaît particulièrement réussi.

CARACTÉRISTIQUES

Prix du modèle à l'essai	*59 990 $*
Échelle de prix	*58 800 $ à 59 990 $*
Garanties	*4 ans 80 000 km / 4 ans 80 000 km*
Emp. / Long. / Larg. / Haut. (cm)	*276 / 481 / 193 / 158*
Poids	*1890 kg*
Coffre / Réservoir	*1030 à 2073 litres / 70 litres*
Coussins de sécurité	*frontaux, latéraux et tête*
Suspension avant	*indépendante, 4 leviers, pneumatique*
Suspension arrière	*ind., leviers multiples, pneumatique*
Freins av. / arr.	*disque ABS et EBD*
Antipatinage / Contrôle de stabilité	*oui*
Direction	*à crémaillère, assistance variable*
Diamètre de braquage	*11,7 mètres*
Pneus av. / arr.	*225/55R17*

MOTORISATION ET PERFORMANCES

Moteur	*V6 2,7 litres biturbo*
Transmission	*intégrale, manuelle 6 rapports*
Puissance	*250 ch à 5800 tr/min*
Couple	*258 lb-pi à 1850 tr/min*
Autre(s) moteur(s)	*aucun*
Autre(s) transmission(s)	*automatique Tiptronic 5 rapports*
Accélération 0-100 km/h	*6,8 s ; 7,3 s (auto.)*
Reprises 80-120 km/h	*7,2 secondes (4e)*
Vitesse maximale	*209 km/h (limitée)*
Freinage 100-0 km/h	*40,0 mètres*
Consommation (100 km)	*14,0 litres (super)*

MODÈLES CONCURRENTS

• *BMW X5* • *Mercedes-Benz ML450* • *Volvo XC70 et XC90*

QUOI DE NEUF ?

• *Quelques groupes d'options différents*

Renouvellement du modèle	*2005*

VERDICT

Agrément de conduite	★★★★☆
Fiabilité	★★★★☆
Sécurité	★★★★★
Qualités hivernales	★★★★★
Espace intérieur	★★★☆☆
Confort	★★★★☆

VERSION RECOMMANDÉE

Une seule version

Les matériaux nobles se trouvent partout, et la qualité de leur facture ne se dément pas. L'Allroad se distingue de ses sœurs par des instruments cerclés de chrome, des contrôles spécifiques pour la suspension et des fauteuils avant plus enveloppants d'un confort séduisant. Par ailleurs, il est surprenant de constater qu'il faille retenir le groupe d'options «Premium package» au coût de 4275 $ pour avoir droit au cuir. Il est vrai qu'il inclut aussi les phares au xénon, le toit ouvrant électriquement, la mémoire pour les sièges avant et d'autres accessoires de moindre importance, mais il me semble que c'est cher payé. Intégré chichement dans le tableau de bord, le système de navigation en option comprend seulement un minuscule écran affichant la direction à suivre par des flèches, sans offrir la possibilité de consulter une carte indiquant votre situation géographique. La très large console centrale empiète sur l'espace prévu pour les genoux du conducteur, et le frottement devient agaçant au fil des kilomètres.

Deux passagers à l'arrière peuvent prendre leurs aises en tout confort, mais le troisième se sentira de trop. Une petite banquette supplémentaire à deux places dans la soute convient seulement à des enfants, mais ils risquent d'avoir le mal des transports, car ils verront la route défiler par l'arrière. Pour une familiale, la capacité du coffre apparaît assez limitée. À titre de comparaison, il est de dimension semblable à celui d'une Volvo V70, et la XC90 fait beaucoup mieux.

En somme, ce qui semblait une bonne idée au début est en train de succomber à certaines lacunes au chapitre de l'équipement et de l'habitabilité. Un prix gonflé par les sempiternelles options à l'allemande commence aussi à faire réfléchir. En revanche, les performances sont intéressantes et le confort est de loin meilleur que celui de la plupart des VUS. Malgré cela et au risque de m'attirer les foudres des amateurs de 4X4, donnez moi un bon *break,* n'importe quand…

Jean-Georges Laliberté

▲ POUR

• **Système Quattro souverain** • **Comportement routier compétent** • **Suspension pneumatique polyvalente** • **Habitacle réussi**

▼ CONTRE

• **Allure discutable** • **Soute décevante** • **Temps de réponse du moteur** • **Console centrale trop large** • **Sièges en tissu mal venus**

Supplément vitaminique

Avec la TT, la société Audi a créé l'exception à la règle voulant que toutes les voitures sport sommeillent dans un garage au cours de la saison hivernale. Prête à rouler, peu importe les conditions climatiques, la TT souffre toutefois de la comparaison sur chaussée sèche. Son comportement est, il est vrai, plus aseptisé et la cylindrée de son moteur manque de noblesse. L'arrivée d'une version animée d'un V6 changera-t-elle notre perception ?

Sur le plan visuel, la version V6 se reconnaît à son carénage avant plus agressif, à ses optiques retouchés, son aileron arrière plus long et ses échappements enveloppés d'un diffuseur alvéolé. Sur le plan mécanique, c'est plus impressionnant encore. Sous le court capot loge un moteur six cylindres de 3,2 litres délivrant 250 chevaux. Ce dernier apporte à la TT la vitalité qui lui manquait.

Disponible et généreuse, cette mécanique chante aussi beaucoup mieux que le quatre cylindres suralimenté de 1,8 litre qui, au demeurant, demeure toujours au catalogue. Bien entendu, 250 chevaux (soit 35 de plus que sur la plus expressive des versions suralimentées), ça change pas le monde, surtout que la TT n'est pas à proprement dit un modèle de légèreté. Qu'à cela ne tienne, le rapport poids/puissance est désormais plus avantageux et permet à la TT de signer des chronos sensiblement comparables à ceux d'une Porsche Boxster (non pas de la S).

Si le V6 ne manque point de caractère, reste que nous ne sommes pas au bout de nos surprises avec cette TT vitaminée. En effet, ce coupé est le premier à étrenner la nouvelle boîte séquentielle DSG à double embrayage. Sans entrer dans le détail, soulignons que cette boîte comporte trois modes : automatique, automatique sport et manuel séquentiel avec commandes au volant ou au levier. Son principal atout face, disons à la boîte SMGII de BMW, réside dans son double embrayage qui gomme complètement les à-coups lors des changements de rapport, donc toute rupture en phase d'accélération. Remarquablement précise, cette boîte est toutefois lente à réagir. Ainsi, 200 millisecondes sont nécessaires à la gestion électronique de cette boîte avant d'enclencher le rapport désiré. À titre de comparaison, celle de BMW requiert 80 millisecondes de réflexion.

V6 ou pas, la TT demeure globalement moins sportive que ses rivales. L'Audi prend cependant sa revanche sur une chaussée détrempée ou enneigée en raison des avantages que lui confère son rouage intégral.

La suspension peut sans doute paraître simpliste lorsqu'on la compare à celles d'autres voitures sport. Est-ce pour cette raison qu'elle manque de progressivité et de débattement ? Chose certaine elle tolère mal les mauvais revêtements et oublie toute notion de confort. La généreuse monte pneumatique n'y est pas étrangère. Côté positif, la TT vire bien et plat, mais sa conduite peut se révéler délicate lorsque le conducteur de la TT se met à jouer les lévriers.

Pour l'immobiliser, cette allemande compte sur quatre freins à disque. Il va sans dire que l'antiblocage s'offre de série, de même que la distribution électronique de la pression de freinage (EBD) et le verrouillage électronique du différentiel sur l'essieu avant, qui fait appel à l'ABS pour contrôler l'éventuel patinage d'une roue en redirigeant la puissance vers l'autre. Bref, tout pour assurer un freinage sûr.

Très très design

Même si son gabarit extérieur ne le laisse aucunement présager, ce coupé dispose bel et bien des places arrière, quoique leur usage soit réservé aux personnes de très petites tailles. Des volontaires ? Non ? Eh bien tant mieux puisque sous le hayon arrière s'ouvre un espace de chargement utile de 220 litres. Pour peu qu'on replie les deux portions de la

CARACTÉRISTIQUES	
Prix du modèle à l'essai	Coupé 55 475 $
Échelle de prix	50 530 $ à 64 950 $
Garanties	4 ans 80 000 km / 4 ans 80 000 km
Emp. / Long. / Larg. / Haut. (cm)	242 / 404 / 176,5 / 134,5
Poids	1485 kg
Coffre / Réservoir	220 litres / 62 litres
Coussins de sécurité	frontaux et latéraux
Suspension avant	indépendante, jambes de force
Suspension arrière	essieu semi-rigide
Freins av. / arr.	disque à antiblocage
Antipatinage / Contrôle de stabilité	oui
Direction	à crémaillère, avec assistance
Diamètre de braquage	10,5 mètres
Pneus av. / arr.	225/45R17

MOTORISATION ET PERFORMANCES	
Moteur	4L 1,8 litre
Transmission	intégrale, manuelle 6 rapports
Puissance	225 ch à 5900 tr/min
Couple	207 ch à 5500 tr/min
Autre(s) moteur(s)	4L 1,8 litre 180 ch et
	250 ch ; V6 3,2 litres
Autre(s) transmission(s)	auto. 6 rapports et séquentielle
Accélération 0-100 km/h	6,6 secondes
Reprises 80-120 km/h	n.d.
Vitesse maximale	n.d.
Freinage 100-0 km/h	31,3 mètres
Consommation (100 km)	10,5 litres (super)

MODÈLES CONCURRENTS

• BMW Z4 • Honda S2000 • Mercedes-Benz SLK
• Nissan 350Z • Porsche Boxster

QUOI DE NEUF ?

• Nouvelle transmission et mécanique de 250 ch
avec freins, roues et échappement surdimensionnés

Renouvellement du modèle	n.d.

VERDICT

Agrément de conduite	★★★½☆
Fiabilité	★★★★☆
Sécurité	★★★★½
Qualités hivernales	★★★★½
Espace intérieur	★★☆☆☆
Confort	★★½☆☆

VERSION RECOMMANDÉE

Roadster 225 ch

banquette arrière 50/50, le volume atteint 490 litres.

Le cockpit arbore des lignes simples et fonctionnelles, les formes circulaires et l'aluminium s'y imposant comme les deux constantes les plus caractéristiques de l'ensemble du véhicule. Ainsi les quatre indicateurs – l'indicateur de vitesse, le compte-tours, la jauge à essence et l'indicateur de température – logent-ils tous dans un anneau d'aluminium brossé. Les buses d'aération s'entourent également d'aluminium, selon un dessin qui reprend celui de la base du levier de vitesses, du volant et du capuchon du réservoir à essence, leur garniture circulaire permettant en outre de les ouvrir et de les fermer d'une simple rotation. La chaîne stéréo à huit haut-parleurs se cache derrière un panneau… d'aluminium, matériau que reprennent tout aussi allègrement les deux montants du levier de vitesses Quant au changeur de disques compacts, on le trouve dans l'accoudoir arrière. Bref, le poste de pilotage se veut des plus intéressants. Cela dit, les deux montants en question gagneraient à être rembourrés car, au moment de s'amuser à virer court, la jambe s'y heurte volontiers de façon plus ou moins douloureuse.

Assis dans une baignoire

C'est bien beau tout cela, mais le cockpit de la TT n'échappe pas pour autant à la critique. La position de conduite n'est pas des plus confortables et l'on a parfois l'impression d'être assis dans une baignoire tant la ceinture de caisse est haute. Nos semelles mouillées perdent aisément contact avec les pédales, elles aussi en aluminium, et ce, malgré les pastilles de caoutchouc qui les recouvrent.

Plus musclée, plus efficace, la TT refait sans doute le plein de nouvelles technologies, mais regrettablement pas de sensations.

Éric LeFrançois

▲ POUR

• **Design moderne** • **Comportement routier exceptionnel** • **Moteur turbo puissant**
• **Sécurité active et passive étonnantes**

▼ CONTRE

• **Peu d'espace intérieur** • **Visibilité discutable**
• **Rangement inexistant** • **Prix élevé**
• **Attention à votre tête avec le coupé**

Continental GT

Mourir ? Pourquoi ?

Il est de ces gens, de ces équipes sportives, de ces entreprises qui refusent de mourir. Ils tutoient la Grande Faucheuse, la bousculent même à l'occasion et vont jusqu'à la défier en duel. Inévitablement, la mort finit toujours par gagner. Mais quelquefois sans gloire. Le jour où la compagnie Bentley s'endormira pour de bon, la mort sera assurément essoufflée !

Bref retour sur la vie tumultueuse d'une grande entreprise. Fondée en 1919 par W. O. Bentley, la compagnie de Crewe, en Angleterre, multiplie les prouesses techniques et savoure de nombreuses et très importantes victoires en course. Au bord de la faillite à la suite du krach économique de 1929, Bentley est rachetée par Rolls Royce en 1931. Lentement mais sûrement, les Bentley deviennent simplement des Rolls un peu plus sportives. La mort rôde encore...

Jusqu'à tout récemment, Bentley ne pouvait compter que sur un modèle calqué sur la génération précédente des Rolls Royce, l'Arnage, offerte en version « R » (de base... mais quelle base !), « T » (la Bentley de production la plus puissante avec ses 450 chevaux et ses 646 lb-pi de couple) ou « RL » (une limousine inaccessible au commun des mortels). Mentionnons que le poids d'une Arnage équivaut à peu près à celui d'un Hummer, que sa conduite requiert des connaissances nautiques approfondies et que, franchement, la qualité de la finition fait un peu Malibu 1979. Au

moins, ça sent le prestige à plein nez ! Pour un millionnaire, ça vaut bien 300 000 $...

Mais pour assurer la survie d'un constructeur automobile, si petit soit-il, il faut plus qu'un modèle suranné. Avec le rachat par Volkswagen, Bentley entreprend un retour aux sources et, à moyen terme, différentes actions seront prises par le groupe pour revigorer l'auguste compagnie. Premièrement, il faut séparer Bentley de Rolls Royce sur le marché. Ensuite, corriger un réseau de vente qui laissait à désirer et, enfin, redéfinir l'approche marketing, surtout en améliorant les garanties. D'un autre côté, la fiabilité s'est déjà bonifiée depuis l'arrivée de Volks (connaissant celle de Volks, disons qu'elle devait être très basse avant...)

L'arrivée de la Continental GT au printemps 2004 vient donc remplir ce lourd mandat et a, comme mission principale, d'apporter de nouveaux clients prêts à débourser environ 250 000 $... Pour ce prix, ces bienheureux fortunés auront droit à un coupé 2+2 d'une rare élégance même si on peut se trouver un peu décontenancé par son look, surtout à l'avant. Les plus optimistes voient de vraies

places à l'arrière, mais quiconque possédant un corps en chair et en os devrait se sentir un peu à l'étroit.

Toujours au chapitre du style, le tableau de bord ne mérite que des éloges. Bois véritable de 0,6 mm d'épaisseur, contrairement à 0,4 mm pour le reste de l'industrie (C'est pas moi qui le dit, c'est Bentley. Moi, j'entaillerais un sapin, c'est vous dire...), cuirs les plus fins et aluminium brossé font de l'habitacle un petit salon aussi douillet que luxueux. Certaines mauvaises langues disent que la finition n'est pas digne du prix demandé. Rien n'est parfait ! Les sièges vous supporteront les fesses comme jamais un(e) ami(e) ne l'a déjà fait et le volant vient se placer directement dans vos mains. Derrière ledit volant, on retrouve de beaux cadrans cerclés de chrome. Il ne reste plus qu'à faire démarrer le moteur... Oh, on est en présence d'une bête.

Elle ronronne, la bête. Comme un baryton. Techniquement, on parle d'un moteur W12 biturbo KKK de 6 litres développant la bagatelle 552 chevaux et un couple de 479 lb-pi disponible à, tenez-vous bien, 1600 tr/min. La puissance est distribuée aux quatre roues (une première pour Bentley) par l'entremise d'une transmission automatique à six rapports avec possibilité de changer les vitesses au volant. On parle d'un 0-100 km/h en moins de 5 secondes et d'une vitesse de pointe de près

Arnage

de 320 km/h… Même si nous n'avons pas été jugés digne de conduire cette GT, des informateurs privilégiés ont confirmé nos attentes : les performances feraient faire un *burn-out* à un missile air-sol et le châssis se montre d'une solidité à toute épreuve. La direction aussi s'attire des éloges, autant par sa précision que son feed-back. Même si la GT Continental affiche un poids avoisinant celui d'une navette spatiale, les suspensions, aidées par un système de traction intégrale sophistiqué font des merveilles au chapitre de la tenue de route. Et les freins appliquent une telle force de décélération qu'il faut, après chaque arrêt brusque, se replacer le toupet. La stabilité à haute vitesse impressionne, mais les bruits de vent agacent rapidement. Même sans aucun changement, les Continental GT pourront être pilotées sur circuit. Parfait pour les bien nantis qui veulent se payer une fraction des récents succès de Bentley aux 24 Heures de Mans !

Petit détail anodin pour l'acheteur d'une GT : ça boit comme un trou, une GT. Détail moins anodin : vous devez absolument rouler sur une route offrant, tous les 400 kilomètres maximum, une station service. Pas très recommandé pour vos vacances à Radisson l'été prochain…

Une vraie Bentley
Bentley tient dans ses mains bien plus qu'une voiture gagnante. Elle assure, avec la Continental GT, son avenir et, dans une certaine mesure, son passé. La GT est la première « vraie » Bentley à voir le jour depuis l'intrusion de Rolls Royce dans les affaires de la petite entreprise artisanale. C'est aussi la première Bentley à quatre roues motrices, la première à être dessinée par ordinateur, la première… Après 85 ans d'existence…

Alain Morin

CARACTÉRISTIQUES

Prix du modèle à l'essai	Coupé 2+2 250 000 $ estimé
Échelle de prix	n.d.
Garanties	3 ans, kilométrage illimité
Emp. / Long. / Larg. / Haut. (cm)	274,5 / 481 / 192 / 139
Poids	2410 kg
Coffre / Réservoir	370 litres / 90 litres
Coussins de sécurité	frontaux, latéraux (av./arr.) et tête
Suspension avant	indépendante, leviers triangulés
Suspension arrière	indépendante, leviers triangulés
Freins av. / arr.	disque ABS
Antipatinage / Contrôle de stabilité	oui
Direction	à crémaillère, assistée
Diamètre de braquage	11,4 mètres
Pneus av. / arr.	275/40R19

MOTORISATION ET PERFORMANCES

Moteur	W12 6 litres
Transmission	intégrale, automatique 6 rapports
Puissance	552 ch à 6250 tr/min
Couple	479 lb-pi à 1600 tr/min
Autre(s) moteur(s)	aucun
Autre(s) transmission(s)	aucune
Accélération 0-100 km/h	4,8 secondes*
Reprises 80-120 km/h	3,3 secondes*
Vitesse maximale	318 km/h*
Freinage 100-0 km/h	36,5 mètres*
Consommation (100 km)	17,1 litres (super)*

*données du constructeur

MODÈLES CONCURRENTS

- Maybach 5,7 Zeppelin • Rolls Royce Silver Seraph
- Rolls Royce Phantom

QUOI DE NEUF ?

- Nouveau modèle

Renouvellement du modèle	Nouveau modèle

VERDICT

Agrément de conduite	★★★★★
Fiabilité	nouveau modèle
Sécurité	★★★★☆
Qualités hivernales	données insuffisantes
Espace intérieur	★★★☆☆
Confort	★★★★★

VERSION RECOMMANDÉE

Continental GT

▲ POUR
- Prestige garanti • Confort certifié
- Puissance balistique • Fiabilité à la hausse
- Avenir de Bentley plus rose qu'auparavant

▼ CONTRE
- Rapport qualité/prix ridicule (Arnage)
- Finition indigne • Consommation ahurissante
- Voiture très lourde

COUP DE CŒUR

Adieu embrayage et compagnie

Qui aurait pu imaginer il y a quelques années à peine que l'on puisse éprouver plus de plaisir à conduire une voiture sport sans enfoncer un embrayage et manier un levier de vitesses ? On aurait crié à l'hérésie... et pourtant c'est bien ce qui se passe avec toutes ces voitures dotées des nouvelles transmissions robotisées de type séquentiel. Un très bel exemple est celui de la BMW M3 SMG (Sequential Manual Gearbox) qui fait monter de plusieurs crans l'agrément de conduite reconnu des produits de la marque bavaroise. Jamais il n'aura été aussi amusant de jouer avec des petites palettes.

L a M3, vous le savez sans doute déjà, est la version ultra haute performance de la Série 3 de BMW. Habillée en coupé ou en cabriolet, elle a, à peu de détails près (prises d'air avant, quatre sorties d'échappement, jantes de 18 ou 19 pouces), la même allure que ses sœurs plus paisibles. Sous son capot bombé en aluminium rugit un six cylindres en ligne de 3,2 litres délivrant 333 chevaux à 7900 tr/min grâce, entre autres, à son calage variable des arbres à cames d'émission et d'échappement (Vanos) et à un accélérateur électronique.

La puissance est acheminée aux roues arrière motrices par une boîte manuelle à six rapports ou par la fameuse transmission SMG dont il était question plus haut. Même si elle ne possède pas d'embrayage, il s'agit à la base d'une boîte manuelle dont le fonctionnement est contrôlé par ordinateur. Et rassurez-vous, cet ordinateur est plus rapide

que ne le sera jamais le meilleur pilote du monde.

Très semblable aux transmissions robotisées utilisées dans les Ferrari de production, les Maserati, l'Aston Martin Vanquish et autres Gallardo, la SMG apparaît au départ moins brutale que celles de nos divas de la route fabriquées par la firme italienne Magneti Marelli.

Quel beau jouet

Le plus beau de l'histoire est qu'elle coûte une fraction du prix de ces exotiques de tout poil. Sans pour autant lésiner à quelque point de vue que ce soit. Vive comme l'éclair, elle a le grand avantage d'être munie d'une glissière qui permet de varier la vitesse de passage des rapports. Lorsque vous maniez le bouton en question, un petit rectangle avec cadran digital vous donne le choix entre le choc des passages hyperrapides et la quasi-douceur d'une transmission automatique. Si le rectangle est vide, ça se passe en douceur, s'il est rempli, attention aux coups de lapin. En mode tota-

lement automatique, ce n'est pas aussi transparent qu'avec la vraie chose, mais c'est carrément mieux qu'avec les voitures précitées dans lesquelles la brutalité des changements risque de vous attirer les foudres de votre passagère.

Il existe deux façons de « jouer » avec la boîte : en utilisant les palettes sous le volant ou le joli petit levier chromé sur la console. Il suffit de tirer sur les palettes ou d'utiliser le *joy stick* : on le déplace vers l'arrière pour monter les rapports ou on le pousse vers l'avant pour rétrograder. Un geste qui s'accompagne d'une sympathique montée en régime du moteur. Un avertissement toutefois : ne laissez pas (comme moi) traîner votre main droite sur le levier de vitesses qui est d'une grande sensibilité. Sans le vouloir, vous pourriez changer de rapport à un moment inopportun.

Coupé ou cabriolet ?

Une fois assimilées les subtilités de cette boîte séquentielle, vous n'aurez plus qu'à apprécier les performances fantastiques qui en découlent comme un 0-100 km/h en 5,5 secondes, soit trois dixièmes de mieux que le cabriolet M3 à boîte manuelle essayé il y a deux ans (voir *Le Guide de l'auto 2002*). Le cabriolet M3 mis à l'épreuve était tout aussi imperméable aux bruits de la route que le précédent avec une rigidité qu'on ne retrouve pas souvent

CARACTÉRISTIQUES

Prix du modèle à l'essai	SMG cabriolet 83 950 $
Échelle de prix	73 950 $ à 83 950 $
Garanties	4 ans 80 000 km / 4 ans 80 000 km
Emp. / Long. / Larg. / Haut. (cm)	273 / 450 / 178 / 137
Poids	1715 kg
Coffre / Réservoir	250 litres / 61 litres
Coussins de sécurité	frontaux, latéraux et tête
Suspension avant	indépendante, leviers triangulés
Suspension arrière	indépendante, leviers transversaux
Freins av. / arr.	disque ABS
Antipatinage / Contrôle de stabilité	oui
Direction	à crémaillère, assistée
Diamètre de braquage	11,0 mètres
Pneus av. / arr.	225/45ZR18

MOTORISATION ET PERFORMANCES

Moteur	6L 3,2 litres
Transmission	propulsion, séquentielle 6 rapports
Puissance	333 ch à 7900 tr/min
Couple	262 lb-pi à 4900 tr/min
Autre(s) moteur(s)	aucun
Autre(s) transmission(s)	manuelle 6 rapports
Accélération 0-100 km/h	5,5 secondes
Reprises 80-120 km/h	4,8 secondes
Vitesse maximale	250 km/h (limitée)
Freinage 100-0 km/h	36,6 mètres
Consommation (100 km)	13,5 litres (super)

MODÈLES CONCURRENTS

• Audi S4 • Volvo S60R

QUOI DE NEUF ?

• Aucun changement majeur

Renouvellement du modèle	2006-2007

VERDICT

Agrément de conduite	★★★★☆
Fiabilité	★★★☆☆
Sécurité	★★★☆☆
Qualités hivernales	★★☆☆☆
Espace intérieur	★★☆☆☆
Confort	★★☆☆☆

VERSION RECOMMANDÉE

M3 coupé SMG

dans ce type de voiture. La capote est parfaitement étanche et cette BMW se décoiffe ou s'abrite en l'espace de quelques secondes sans aucune intervention manuelle. Le décor intérieur ne vous laissera jamais oublier que vous avez payé une petite fortune pour rouler dans ce modèle. Depuis les seuils de porte jusqu'à l'indicateur de vitesse, le signe M3 est omniprésent. Et vous aurez le bonheur de prendre en main un beau petit volant gainé de cuir et cousu d'un fil aux trois couleurs de BMW Motorsport.

Par rapport au coupé, le cabriolet vous obligera à sacrifier pas mal d'espace aux places arrière qui deviennent marginales tandis que le coffre à bagages voit sa capacité passer de 450 (coupé) à 250 litres.

En plus de vous offrir une banquette arrière décente, le coupé arrivera à semer le cabriolet derrière lui à l'accélération grâce à un poids inférieur d'environ 160 kg. Son rapport poids/puissance est en effet de 4,6 kg/ch contre 5,1 pour la version décapotable. C'est

donc dire que si la performance est votre premier souci, vous devriez opter pour le coupé et laisser les amateurs de soleil se pavaner au grand air.

Avec ses immenses pneus à taille basse, la M3 est nécessairement éprouvante sur mauvais revêtement, surtout lorsqu'on opte pour le mode Sport de la suspension à fermeté réglable. Pour la tenue de route toutefois, ces BMW très spéciales n'ont rien à envier à n'importe quelle voiture sport. Elles feront facilement mordre la poussière à une Nissan 350Z par exemple… mais à quel prix, direz-vous. En effet, ce n'est pas donné et pour l'argent dépensé on aimerait que les pneus aient moins tendance à suivre les inégalités de la chaussée. N'empêche que ces M3 sont de vraies voitures piège. Sous un air innocent, elles sont capables des mêmes prouesses qu'une Porsche 911 ou une Corvette. Rien de mieux pour surprendre l'adversaire.

Jacques Duval

▲ POUR

• Superbe comportement routier • Performances enviables • Boîte séquentielle très agréable
• Direction précise • Châssis robuste

▼ CONTRE

• Prix contrariant • Suspension sèche
• Tenue de cap incertaine (pneus)
• Places arrière coincées (cabriolet surtout)

Figée mais quand même animée

On peut affirmer sans trop se tromper que les dirigeants de BMW sont parfaitement cons-cients que l'actuelle Série 3 est à l'apogée d'une belle carrière entreprise en 1998, et que ses ingénieurs travaillent déjà depuis quelques années sur sa remplaçante. Et ils n'ont sur-tout pas droit à l'erreur.

En effet, près de la moitié des BMW sorties en 2002 portaient cette désignation et conséquemment, elles génèrent une bonne part des revenus du constructeur. Les bureaux d'étude munichois concentrent d'ailleurs tellement leurs efforts sur la suc-cession, qu'ils en ont presque oublié la survivante. On ne retrouve presque aucun changement à l'édition 2004, à l'exception de quelques broutilles et d'une nouvelle version « M Performance Edition » pour la berline 330i. Cette dernière offre 10 chevaux et 8 lb-pi supplémentaires, une boîte six rapports, des appendices façon « M » à sa carrosserie, des roues de 18 pouces et quelques autres équipements. Son comportement routier s'annonce d'un niveau redoutable, tout près de celui d'une M3 qui fait d'ailleurs l'objet d'un autre texte du *Guide*.

Des prestations à nuancer

La gamme très étendue débute avec la 320i propulsée par son moteur 6 cylindres de 2,2 litres livrant 168 chevaux. Elle offre des accélérations assez peu reluisantes pour une voiture de près de 35 000 $, même si sa dou-ceur remarquable tempère un peu ce juge-ment péremptoire. Elle effectue en effet le 0-100 km/h en près de 10 longues secondes avec l'automatique et ne réhabilite la répu-tation de son logo qu'avec son équipement électronique très concurrentiel. On y retrouve en effet le système de traction et de stabilité électronique (ASC+T), le contrôle de freinage en courbe (CBC), le contrôle de stabilité dyna-mique (DSC III) et plusieurs petites gâteries électriques. Vous devrez par contre vous con-tenter de sièges recouverts d'un matériel que BMW appelle « leatherette », une imitation assez convaincante de cuir, de l'air climatisé ajustable « à la mitaine », et d'un habitacle somme toute assez austère. Comme dans tous les autres modèles de la Série 3, les places arrière apparaissent exiguës, et le coffre de volume moyen. La 325i mieux équipée et motivée par son 2,5 litres de 184 chevaux nous ramène à la belle époque des 328 mais, face à la concurrence, elle peine un peu à la tâche. Seule la 330i sans cesse actualisée plonge avec rage dans la lutte avec ses 225 chevaux et ses pneus de 17 pouces. Ses

performances avec l'automatique nous font un peu « tiquer », mais elle rattrape son retard lors-que équipée de la boîte séquentielle SMG qui change les rapports en 150 millisecondes. Et tout ça pour un prix d'attaque de près de 47 000 $.

Les versions Touring 325i et 325Xi dis-posent d'une soute très logeable par rapport à leur sœurs, mais elles perdent du galon face à leurs rivales de même classe, surtout que leur moteur en a plein les pistons à pleine charge. Les 325Xi (berline et Touring) exercent un attrait indéniable envers ceux qui ne jurent que par les tractions intégrales, surtout qu'elles proposent en exclusivité le très efficace sys-tème de descente en pente (Hill Descent Con-trol) normalement réservé aux 4X4 purs et durs. Quant aux coupés 325Ci et 330Ci, le match comparatif dans ces pages opposant ce dernier à de vaillants challengers jettera un bel éclairage sur leurs performances.

Des cabriolets cabriolants

Disponible en versions 325Ci et 330Ci, le cabriolet partage sa partie avant avec les cou-pés, incluant le pare-brise et les portières. La capote doublée en matériel comporte une lunette arrière chauffante en verre résistant aux rayures. Son mécanisme d'ouverture élec-trique (330Ci) et manuel (325Ci) opère en moins de 30 secondes, et à l'usage, la capote

s'avère particulièrement étanche. Le sièges avant très confortables intègrent les ceintures de sécurité, facilitant ainsi l'accès des passagers à l'arrière, mais ne comptez pas trop sur eux pour un long parcours à moins que ce ne soient des enfants. La sécurité des occupants est assurée à l'avant par deux coussins frontaux et deux latéraux dans les sièges, et deux latéraux (en option) protègent vos invités à l'arrière. Le cadre du pare-brise est dûment renforcé, et deux petits arceaux à l'arrière veillent au grain dans le cas d'un retournement puisqu'ils peuvent se déployer en 110 millisecondes. Le 325Ci dispose lui aussi des systèmes électroniques d'assistance à la conduite, et de toutes les assistances électriques usuelles. Le 330Ci ajoute d'office la boîte manuelle six rapports plutôt qu'une cinq vitesses, et offre l'option boîte SMG, de belles roues de 17 pouces, le cuir Montana, une chaîne Harman Kardon et diverses babioles. Sans oublier qu'il lui faut une seconde de moins pour accélérer jusqu'à 100 km/h.

La rigidité de l'ensemble apparaît exceptionnelle mais au détriment d'une surcharge pondérale de près de 150 kilos. Conséquemment, vous devrez compter près d'une seconde supplémentaire par rapport aux coupés pour accomplir le 0-100 km/h, mais leur comportement routier et leur freinage apparaissent presque d'un niveau comparable. Seule ombre au tableau, le prix qui s'élève à près de 54 000 $, (325Ci) ou 64 000 $ pour le 330Ci, soit environ 12 000 $ de plus que pour un coupé, quand même moins bien équipé.

À moins que l'on ne retienne une des versions propulsées par le moteur 3 litres, préférablement dotée du «Pack Sport», les voitures de la Série 3 commencent à montrer sérieusement leur âge. Mais quand on connaît le tempérament de leurs dirigeants férocement engagés en Formule 1, la riposte qui se prépare devrait perpétuer l'esprit sportif de la marque.

Jean-Georges Laliberté

▲ POUR

• Versions Xi très sécuritaires • Comportement routier de bon niveau • Moteur performant (3 l) • Cabriolets attrayants • Bonne valeur de revente

▼ CONTRE

• Performances modestes (320i) • Prix corsés • Places arrière exiguës • Série vieillissante

CARACTÉRISTIQUES

Prix du modèle à l'essai	330Ci cabriolet 63 900 $
Échelle de prix	34 900 $ à 63 900 $
Garanties	4 ans 80 000 km / 4 ans 80 000 km
Emp. / Long. / Larg. / Haut. (cm)	272,5 / 449 / 176 / 137
Poids	1675 kg
Coffre / Réservoir	260 à 300 litres / 63 litres
Coussins de sécurité	frontaux et latéraux
Suspension avant	indépendante, leviers triangulés
Suspension arrière	indépendante, multibras
Freins av. / arr.	disque ABS
Antipatinage / Contrôle de stabilité	oui
Direction	à crémaillère, assistée
Diamètre de braquage	10,5 mètres
Pneus av. / arr.	205/50R17

MOTORISATION ET PERFORMANCES

Moteur	6L 3 litres
Transmission	propulsion, automatique 5 rapports
Puissance	225 ch à 5900 tr/min
Couple	214 lb-pi à 3500 tr/min
Autre(s) moteur(s)	6L 2,2 litres 168 ch ;
	6L 2,5 litres 184 ch
Autre(s) transmission(s)	man. 5 ou 6 rapports ;
	SMG 6 rapports
Accélération 0-100 km/h	7,9 secondes
Reprises 80-120 km/h	6,8 secondes
Vitesse maximale	206 km/h
Freinage 100-0 km/h	40,0 mètres
Consommation (100 km)	10,5 litres (super)

MODÈLES CONCURRENTS

• Audi A4 • Cadillac CTS • Chrysler Crossfire • Infiniti G35 • Mercedes-Benz Classe C • Saab 9[3] • Volvo S60

QUOI DE NEUF ?

• Essuie-glaces et phares automatiques de série • Version «M Performance Edition» disponible avec la berline 330i (10 chevaux et 8 lb-pi supplémentaires)

Renouvellement du modèle	2004/2005

VERDICT

Agrément de conduite	★★★★☆
Fiabilité	★★★★☆
Sécurité	★★★★☆
Qualités hivernales	★★★★☆
Espace intérieur	★★★☆☆
Confort	★★★★☆

VERSION RECOMMANDÉE

330Xi

COUP DE CŒUR

Mariage réussi de l'électronique et du plaisir

L'enjeu était de taille. Sans être le pain et le beurre de BMW (elle recrute 20 % de la clientèle), la Série 5 est celle sur laquelle repose en grande partie l'image de marque du constructeur bavarois. Ce sont en effet les divers modèles de cette série, née en 1972, qui ont pratiquement fait naître l'appellation « berline sport ». La redoutable M5 n'a-t-elle pas obtenu les accolades de tout ce que la presse automobile compte de sommités ? Sa succession et celle de ses cousines moins ambitieuses constituaient donc une étape cruciale pour le sorcier de Munich. D'autant plus qu'après huit ans sans chirurgie majeure, les 530 et compagnie commençaient à accuser leur âge. C'est la Sardaigne, au large des côtes de l'Italie, qui a été le témoin de leurs premiers ébats. Bienvenue en classe affaires.

Après avoir conduit la nouvelle BMW de Série 5 dans sa version 530i à transmission automatique à 6 rapports, j'étais prêt à écrire que cette voiture avait tout pour elle, sauf peut-être cette petite étincelle qui allume la passion. L'essai subséquent du même modèle doté d'une boîte manuelle à 6 rapports et du groupe Sport (jantes et pneus de 18 pouces, ressorts plus fermes et voiture surbaissée de 15 mm) m'a rapidement démontré que les gens de Munich maîtrisent toujours avec beaucoup de doigté un savoir-faire dont ils ont quasiment acquis les droits exclusifs et qui s'appelle l'agrément de conduite. Mais ne précipitons pas les choses et voyons comment la nouvelle Série 5 diffère de sa devancière.

Un look discutable et la direction réinventée

S'il est heureux que BMW ait retenu le train roulant tout aluminium de la Série 7 ainsi que sa suspension active à système antiroulis, on applaudit moins fort en constatant que l'on a aussi laissé libre cours au style baroque introduit par Chris Bangle dans les modèles haut de gamme de la marque. Certes, l'effet est moins choquant, mais je n'arrive pas à comprendre le pourquoi de cette partie arrière où le coffre en surplomb semble avoir été oublié dans le design original. Et que dire de ces joints trop larges qui accentuent ce rajout ?

Passons sur ce style pour le moins discutable et arrêtons-nous plutôt à l'innovation la plus spectaculaire de la nouvelle Série 5. En entendant parler de cette première mondiale que constitue la direction active de la voiture, j'ai d'abord cru au gadget ou, à tout le moins, à une dépendance électronique

ceci de particulier que la crémaillère adopte une démultiplication variable. De trois tours de volant à une vitesse d'autoroute, la direction n'en demande plus qu'un seul au moment des manœuvres de stationnement. Celles-ci deviennent un jeu d'enfant. À vitesse moyenne comme dans le slalom, on n'a qu'à braquer légèrement pour serpenter autour des cônes tandis que l'absence de direction active vous oblige à manier le volant comme un débile pour négocier ces virages serrés. Avec un tel système, plus question de

difficilement acceptable dans une voiture prônant le plaisir de conduire. Non seulement le parcours de slalom préparé par BMW m'a convaincu du contraire, mais il a provoqué chez moi une crise d'hilarité admirative. Je m'explique… Ayant d'abord fait le parcours avec une 530 munie de cette option (hélas), je m'étais félicité d'avoir enfilé les cônes avec l'adresse d'un champion de gymkhana. Mon deuxième essai sans ce dispositif a été catastrophique, me laissant croire que la voiture était une horreur et son conducteur un incapable, d'où mon fou rire. Cette direction à gestion électronique, voyez-vous, a

modifier constamment la position des mains sur le volant, ce qui revient à dire que l'on y gagne en sécurité et en maniabilité. Et comme la direction reprend sa démultiplication normale à grande vitesse, la tenue de cap n'est jamais compromise.

Une autre distinction de la nouvelle Série 5 est que l'utilisation intensive (châssis et suspension) de l'aluminium a permis d'alléger le poids non suspendu sur le train avant et de répartir le poids presque uniformément entre les deux essieux. Une telle diète a aussi des effets bénéfiques sur le poids : bien que plus grande que l'ancienne Série 5 tant à

l'arrière que dans le coffre, la nouvelle version a perdu 75 kilos à la pesée.

Quant aux autres progrès réalisés sur ces modèles de quatrième génération, ils se limitent à des améliorations de technologie déjà connues comme l'affichage tête haute qui permet de lire certains instruments dans le pare-brise et des pneus à roulage à plat (avec détecteur de perte de pression) qui éliminent la roue de secours. Une nouveauté de plus en plus répandue est celle des phares au xénon directionnels qui tournent avec le volant pour éclairer les côtés de la route. Oui, je sais, Citroën a déjà eu de tels phares il y a des millénaires, mais le système

actuel est disons plus… sophistiqué. BM en rajoute avec les feux de freinage adaptatifs dont la surface lumineuse s'élargit si l'on appuie très fort sur la pédale afin d'éviter les collisions arrière. Hélas ! le I Drive piqué à la Série 7 a trouvé son chemin dans la Série 5 et même s'il se veut plus convivial, il demeure une énigme pour tous ceux qui ont dépassé l'âge du Nintendo. Qu'il me suffise de vous dire que j'ai entendu un confrère journaliste qui n'a jamais de toute sa vie utilisé en vain un seul mot d'ordre liturgique en massacrer un ou deux pour se défouler parce qu'il se trouvait incapable de simplement fermer la radio.

Contrepartie

Douée. Très douée, cette nouvelle Série 5. Mais en relisant mes notes, je constate qu'elles n'ont rien de dithyrambique. Suis-je malade, docteur? Rigoureuse, facile à prendre en main, la Série 5 n'est toutefois pas aussi charismatique qu'autrefois. Est-ce la faute de Chris Bangle, le controversé styliste en chef de BMW, apparemment incapable de rendre un dessin homogène d'un pare-chocs à l'autre? Sans doute, mais il y a aussi cette surenchère technologique. Les nouvelles aides à la conduite rendent celle-ci plus sûre, mais plus aseptisée aussi. Si on n'arrête pas le progrès, souhaitons que les artifices électroniques développés par les ingénieurs bavarois soient plus fiables que le modèle essayé en Sardaigne dont le système de direction active a été mis K.-O. après quelques virages…

Éric LeFrançois

Le *statu quo* sous le capot

Connaissant les exploits de motoriste de BMW et sachant que la Série 5 a toujours été reconnue comme une voiture plutôt performante, on peut s'étonner que l'on ait choisi le *statu quo* ou presque sous le capot, du moins pour la 530. On y retrouve toujours le légendaire 6 cylindres en ligne de 3 litres développant 225 chevaux alors que de simples Accord, Maxima ou Altima V6 en proposent davantage. En revanche, la 545i bénéficie de la plus récente évolution du V8 de 4,4 litres provenant de la Série 7 et prodiguant un solide 325 chevaux et autant de couple. Ce moteur se prévaut notamment d'une tubulure d'admission à variation continue et des astuces de BMW que sont le VANOS (calage variable double) et le VALVETRONIC (commandes des gaz sans papillon). Quant à la transmission de la puissance aux roues arrière, elle s'effectue via des boîtes de vitesses à 6 rapports, automatique ou manuelle. Bonne nouvelle : la redoutable boîte de vitesse séquentielle SMG de BMW sera offerte dans la Série 5. Que donne tout ça dans le vrai monde, dans le cas présent sur les routes de la Sardaigne autour de Cagliari ?

Toujours la référence

Ni les 545 ni les versions Touring qui n'arriveront qu'un peu plus tard n'étaient au rendez-vous lors du dévoilement de la nouvelle Série 5. À part cette direction active citée plus

CARACTÉRISTIQUES

Prix du modèle à l'essai	530i / 66 500 $
Échelle de prix	66 500 $ à 77 700 $
Garanties	4 ans 80 000 km / 4 ans 80 000 km
Emp. / Long. / Larg. / Haut. (cm)	289 / 484 / 185 / 147
Poids	1570 kg
Coffre / Réservoir	520 litres / 70 litres
Coussin de sécurité	frontaux, latéraux et tête
Suspension avant	ind., jambes à articulation double
Suspension arrière	indépendante, essieu multibras
Freins av. / arr.	disque ventilé à étriers flottants, ABS
Antipatinage / Contrôle de stabilité	oui
Direction	à crémaillère, ass. variable (active en option)
Diamètre de braquage	11,4 mètres
Pneus av. / arr.	225/55R16

MOTORISATION ET PERFORMANCES

Moteur	6L 3 litres
Transmission	propulsion, automatique 6 rapports
Puissance	225 ch à 5900 tr/min
Couple	214 lb-pi à 3500 tr/min
Autre(s) moteur(s)	V8 4,4 litres 325 ch
Autre(s) transmission(s)	man. 6 rapports avec Steptronic séquentielle SMG
Accélération 0-100 km/h	7,1 s ; 6,9 s (man.)
Reprises 80-120 km/h	7,3 secondes (4e)
Vitesse maximale	245 km/h ; 250 km/h (man.)
Freinage 100-0 km/h	n.d.
Consommation (100 km)	9,9 litres (super) ; 9,5 litres (man.)
Niveau sonore	n.d.

MODÈLES CONCURRENTS

• Audi A6 • Cadillac CTS V Series • Infiniti M45
• Jaguar S-Type • Lexus GS
• Mercedes-Benz E320 et E500 • Saab 9⁵

VERDICT

Agrément de conduite	★★★★☆
Fiabilité	nouveau modèle
Sécurité	★★★★★
Qualités hivernales	★★★☆☆
Espace intérieur	★★★☆☆
Confort	★★★★☆

VERSION RECOMMANDÉE

530i manuelle avec groupe Sport

---

haut, la 530i nouvelle mouture n'est certes pas radicalement différente de sa devancière. Même la direction active est suffisamment transparente à des vitesses normales et elle n'oblige pas à modifier ses habitudes de conduite. Elle les simplifie, c'est tout… Avec la boîte automatique, la puissance est certes convenable, mais on en souhaiterait un peu plus. Une lacune que la boîte manuelle arrive à combler même si l'on ne parle que de quelques dixièmes de seconde de différence. La mécanique, comme toujours, est d'une remarquable discrétion, ce qui fait qu'on perçoit parfois un petit bruit de vent autour de 120 km/h. Sans les avoir conduites l'une après l'autre, je dirais que la nouvelle 530 réussit mieux que l'E320 dans sa tentative d'offrir le parfait compromis entre confort et tenue de route. Surtout avec le groupe Sport, de nombreux allers-retours réalisés pour les besoins de notre cameraman ont permis de négocier des virages

assez pointus avec une grande aisance, et cela, avec ou sans le DSC. En plus, la rigidité de la caisse a encore progressé et le niveau de finition est difficile à prendre en défaut. Voilà un bilan routier qui permet à la Série 5 de continuer de revendiquer son titre de berline sport. Toutefois, seul un match comparatif permettra de la juger par rapport à une concurrence qui s'aiguise.

Elle perdra sans doute quelques points à cause de son peu d'espace de rangement et des portières arrière qui ne facilitent pas l'accès mais autrement, il faudra gratter très fort pour ne pas admettre que la Série 5 de BMW constitue toujours la référence dans sa classe.

Jacques Duval

▲ POUR

• Agrément de conduite préservé • Direction active impressionnante • Meilleure habitabilité • Usage intelligent de l'aluminium

▼ CONTRE

• Design toujours controversé • Nombreuses options • Performances moyennes (530i) • Portes arrière étroites • Peu de rangement

BMW 745i

Oublions sa silhouette

Depuis que les nouveaux modèles de Série 7 de BMW sont arrivés sur le marché il y a deux ans, tous les commentaires que l'on entend traitent principalement de leur silhouette discutable avec ce coffre arrière qui semble avoir été déposé sur la poupe comme une arrière-pensée. Revenons-en un peu et tentons de juger le produit autrement que pour sa simple silhouette. Une BMW, c'est d'abord et avant tout le plaisir de conduire et notre principale préoccupation sera de savoir si, sous les traits de la nouvelle 760 Li à moteur V12, la voiture haut de gamme du constructeur bavarois répond à ce critère.

Si l'apparence est une affaire de goûts, l'autre hic de cette limousine que l'on ne peut passer sous silence est son infernal système I Drive, une incroyable panoplie de commandes et d'informations visant à faciliter la vie du conducteur. Mon œil ! À moins d'avoir un brevet en informatique doublé d'un quotient intellectuel au-dessus de la moyenne, vous aurez l'air plus souvent qu'autrement d'un « twit » achevé. Et ce n'est pas tout, puisque ces BMW (aussi bien la 745 que la 760) de la classe supérieure sont dotées de commandes inhabituelles comme ce levier de vitesses tout maigrichon qu'il faut manipuler dans toutes les directions pour enclencher les divers modes de la transmission automatique six vitesses. Heureusement que des touches situées sur et sous le volant permettent de monter ou de descendre les divers rapports. Même le lancement du moteur exige trois opérations distinctes. Une fois ces particularités assimilées, vous pourrez commencer à

prendre plaisir au volant de votre BMW. Mais dites-vous bien que cela pourrait vous prendre quelques semaines et une mémoire d'éléphant avant de pouvoir faire simplement avancer la voiture ou sélectionner votre station de radio préférée. Même mon bon ami Richard, un adorateur de BMW, a quitté la voiture au bout de cinq minutes, victime d'un stress incommensurable. C'est tout dire… Quant à moi, je n'ai jamais pu faire fonctionner le lecteur DVD à partir du second écran de communication qui est à la disposition des passagers arrière.

Un bouillant V12
Heureusement que cette BMW a des joyeusetés plus simples à nous offrir tel ce magnifique moteur V12 de 6 litres développant la bagatelle de 438 chevaux. Avec près de 2 tonnes et demie à mouvoir, ce n'est pas superflu. En revanche, un 0-100 km/h en 6,2 secondes est plutôt honorable et se compare à celui de bien des sportives aguerries. Ce

qui impressionne davantage toutefois, c'est la douceur remarquable de ce V12 et son faible niveau sonore, ce qui gomme toute impression de vitesse. On roule facilement à 150 km/h en pensant que l'on n'excède pas les 120 km/h. Bref, vous êtes à la merci du premier flic venu qui a cru bon de se cacher comme un voleur pour vous arracher quelques centaines de dollars.

Si jamais vous avez le temps de freiner toutefois, sachez que la puissance de ralentissement de ce monument sur roues est facilement du calibre d'une Porsche comme le démontre une distance de seulement 36 mètres entre 100 km/h et l'arrêt complet. Ça aussi, c'est dans le même registre que les sportives de Stuttgart. Le seul petit reproche que l'on puisse adresser au groupe propulseur est le manque de progressivité de l'accélération, surtout lorsque le moteur est froid en hiver. Et la direction pourrait être un brin plus expressive sur la nature du revêtement routier. Est-il besoin de souligner que le confort est… comment dirais-je… royal. Et cela sans que la tenue de route en souffre le moindrement. La 760 Li enfile les virages, même serrés, sans roulis et avec beaucoup d'aplomb.

Une Rolls Royce ou presque
Pour décrire l'intérieur, il faut pratiquement troquer son bonnet de pilote d'essai pour celui

CARACTÉRISTIQUES

Prix du modèle à l'essai	760 Li 169 000 $
Échelle de prix	96 800 $ à 169 000 $
Garanties	4 ans 80 000 km / 4 ans 80 000 km
Emp. / Long. / Larg. / Haut. (cm)	313 / 516 / 190 / 149
Poids	2210 kg
Coffre / Réservoir	500 litres / 88 litres
Coussins de sécurité	frontaux, latéraux av. et arr., tête
Suspension avant	indépendante, leviers transversaux
Suspension arrière	indépendante, à bras multiples
Freins av. / arr.	disque, ABS
Antipatinage / Contrôle de stabilité	oui
Direction	à crémaillère, assistance variable
Diamètre de braquage	12,1 mètres
Pneus av. / arr.	245/50ZR18

MOTORISATION ET PERFORMANCES

Moteur	V12 6 litres
Transmission	propulsion, automatique 6 rapports
Puissance	438 ch à 6000 tr/min
Couple	444 lb-pi à 3950 tr/min
Autre(s) moteur(s)	V8 4,4 litres 325 ch
Autre(s) transmission(s)	aucune
Accélération 0-100 km/h	6,2 secondes
Reprises 80-120 km/h	5,4 secondes
Vitesse maximale	250 km/h (limitée)
Freinage 100-0 km/h	36,1 mètres
Consommation (100 km)	14 litres (super)

d'un spécialiste en ameublement. Depuis le seuil de porte qui s'illumine du sigle V12 à l'entrée jusqu'à la ronce de noyer qui étale son luxe un peu partout, la 760 Li vous propose un intérieur si somptueux que l'on se croirait dans une Rolls Royce. Pas surprenant que la marque anglaise soit la propriété de BMW qui a beaucoup travaillé sur la dernière Phantom. La 760 va même jusqu'à lui prêter son moteur.

Parmi les touches spéciales de la 760, on peut relever ses sièges chauffants et réfrigérants (avant et arrière), un avertisseur sonore de proximité, le cellulaire intégré au tableau de bord, un réfrigérateur derrière l'accoudoir central et 43 petits boutons disposés çà et là à l'usage des passagers arrière. Ceux-ci peuvent aussi s'amuser à se montrer plus «fins» que le conducteur en manipulant leur propre molette I Drive sur le second écran logé sur la partie arrière de la console centrale.

Comble de petites attentions, les appuie-tête arrière se règlent automatiquement selon la taille du passager qui bénéficie en plus d'un petit coussin pour y poser ses Ferragamo. Quant à l'espace arrière, même un joueur de basket y trouvera assez de place pour ses longues jambes. Après 10 jours au volant de la 760 Li, on y découvre encore de nouveaux accessoires tellement la voiture fourmille d'équipements électroniques ou autres.

Rappelons en terminant que la BMW de Série 7 existe aussi en version 745i avec un moteur V8 de 4,4 litres et 325 chevaux. À part un équipement moins substantiel, elle comporte à peu de choses près les mêmes qualités que la 760 Li qui se distingue par son moteur V12 et son empattement allongé de 14 cm.

En conclusion, on peut aimer passionnément cette grande BMW ou la détester profondément, il n'y a pas de milieu. À vous de décider si vous êtes prêt pour une voiture de luxe éminemment plaisante à conduire mais d'une complexité technologique qui n'est pas de tout repos.

Jacques Duval

MODÈLES CONCURRENTS

- Audi A8L • Jaguar XJ Vanden Plas • Lexus LS 430
- Mercedes-Benz Classe S • Volkswagen Phaeton

QUOI DE NEUF ?

- Phares adaptatifs • Système de navigation de série

Renouvellement du modèle	n.d.

VERDICT

Agrément de conduite	★★★★☆
Fiabilité	★★★★☆
Sécurité	★★★★☆
Qualités hivernales	★★★★☆
Espace intérieur	★★★★★
Confort	★★★★★

VERSION RECOMMANDÉE

745i

▲ POUR

- Moteur éblouissant • Freinage impressionnant
- Excellent comportement routier • Équipement très complet • Confort exemplaire

▼ CONTRE

- Ligne controversée • Accélérations parfois hésitantes • Système I Drive diabolique
- Prix démesuré

Prévisible

Encouragé par le succès qu'elle remporte avec son X5, la marque bavaroise rempile et s'inscrit cette fois dans la catégorie des utilitaires compacts avec le X3. Dérivé de l'étude conceptuelle X-Activity présenté au Salon automobile de Detroit 2002, le X3 a fait sa première sortie publique au Salon de Francfort en septembre dernier et prendra la pose dans les concessions de la marque à compter du premier trimestre de 2004.

À Munich, aucune création n'a, ces 30 dernières années, trahi le leitmotiv de la marque à l'hélice : « The ultimate driving machine ». Aucune ! Pas même le X5 qui pourtant est monté bien haut sur pattes. D'aucuns prétendaient que BMW courait alors le risque d'égratigner sa tradition sportive en s'inscrivant dans le créneau très à la mode du véhicule utilitaire. Pas le moins du monde car, sous des dehors de coureur des bois, le X5 dissimule une âme sportive. Le X3 est fait du même bois.

Dessiné à Munich, le X3 sera cependant assemblé à Spartanburg (Caroline du Sud) aux côtés de la Z4 et du X5. Au premier coup d'œil, pas de doute possible, il s'agit bien d'une BMW pur sirop (entendez par là que Chris Bangle, le controversé chef styliste n'y a pas trop touché). La calandre « nasale », l'arche athlétique des roues et les feux arrière ont tous une filiation très étroite avec le X5. Pour bien vous le situer par rapport à ce dernier, sachez que le X3 est plus court de 12 cm mais plus haut qu'une Série 3 voire qu'une Série 5.

Les amateurs de BMW ne se sentiront nullement dépaysés lorsqu'ils accéderont à l'intérieur. Le tableau de bord, les sièges, les commandes portent l'indélébile signature du constructeur munichois. Position de conduite surélevée, visibilité irréprochable et qualité de fabrication rassurante. Et quoi encore ? Un volume de coffre intéressant, puisqu'il est possible de l'accroître en rabattant en tout ou en partie le dossier de la banquette arrière pour obtenir 1560 litres d'espace utile. Au sujet du coffre, mentionnons également que l'on y accède via un hayon à l'ouverture classique. Pratique, mais le seuil de chargement demeure relativement élevé. Ils ne seront également pas surpris de la longue liste d'accessoires optionnels qui accompagne le X3. Parmi ces équipements, deux retiennent l'attention : toit panoramique et éclairage directionnel. Le toit d'abord. Une option qui sera assurément coûteuse, mais qui illuminera l'habitacle d'une façon particulière. Ce toit composé de deux panneaux vitrés couvre pas moins 0,65 m². Quant à l'éclairage adaptatif, il s'agit ni plus ni moins de phares direction-

nels qui s'adaptent en continu avec l'angle de braquage pour offrir une meilleure vision lors de vos sorties nocturnes. Une nouveauté ? Non puisqu'elle est proposée notamment dans le Lexus RX 330.

Pas de diesel, hélas !

L'éventuel acheteur aura également, avec l'aide de son banquier toujours, à déterminer la mécanique qui se glissera sous le capot : 2,5 ou 3 litres. Deux mécaniques réputées pour leur souplesse, leur onctuosité et leurs performances (le 3 litres surtout). En Europe, un moteur diesel est inscrit au catalogue, mais celui-ci ne sera pas offert de ce côté-ci de l'Atlantique tant que la quantité de soufre dans le gazole ne sera pas ramenée à la baisse (ce qui devrait avoir lieu d'ici un an ou deux) et que les consommateurs n'auront pas manifesté un réel engouement à l'égard du diesel. Pour transmettre la puissance aux roues motrices, la firme bavaroise retient les services d'une boîte manuelle à six rapports et propose aussi, moyennant supplément, une transmission semi-automatique (Steptronic) à cinq rapports.

Tout comme le X5 cette année, le X3 a droit au nouveau système de traction intégrale permanente baptisé du nom de xDrive. Contrairement au précédent dispositif qui répartissait le couple de la manière suivante : 62 %

CARACTÉRISTIQUES	
Prix du modèle à l'essai	n.d.
Échelle de prix	45 000 $ à 60 000 $*
Garanties	4 ans 80 000 km / 4 ans 80 000 km
Emp. / Long. / Larg. / Haut. (cm)	272 / 450 / 177 / 155*
Poids	1600 kg*
Coffre / Réservoir	575 litres / 65 litres*
Coussins de sécurité	frontaux et latéraux
Suspension avant	indépendante, leviers triangulés
Suspension arrière	indépendante, leviers multiples
Freins av. / arr.	disque ABS
Antipatinage / Contrôle de stabilité	oui
Direction	à crémaillère, assistance variable
Diamètre de braquage	10,5 mètres*
Pneus av. / arr.	225/55R16

MOTORISATION ET PERFORMANCES	
Moteur	6L 3 litres
Transmission	intégrale, manuelle 5 rapports
Puissance	225 ch à 5900 tr/min
Couple	214 lb-pi à 3500 tr/min
Autre(s) moteur(s)	6L 2,5 litres 108 ch
Autre(s) transmission(s)	semi-automatique 5 rapports
Accélération 0-100 km/h	8,9 secondes*
Reprises 80-120 km/h	7,4 secondes*
Vitesse maximale	202 km/h
Freinage 100-0 km/h	43,0 mètres*
Consommation (100 km)	11,6 litres (super)

*estimé

MODÈLES CONCURRENTS

• *Land Rover Freelander* • *Lexus RX 330* • *Nissan Murano*

QUOI DE NEUF ?

• *Nouveau modèle*

aux roues arrière et 38 % aux roues avant, le xDrive est, lui, beaucoup plus flexible. En effet, toute la puissance peut être envoyée sur l'un des deux essieux. Ce n'est qu'à partir de 180 km/h que le X3 compte uniquement sur ses roues arrière pour le mouvoir. De l'aveu des ingénieurs, cela minimise grandement le sous-virage et le survirage tout en promettant une plus grande agilité. «Équivalente à celle d'une Série 3», d'ajouter un représentant de la marque. Pour accroître la sécurité active, soulignons que le X3 reçoit le régulateur DSC, qui intègre notamment les fonctions de l'ABS ainsi que du contrôle automatique de la stabilité. La gestion de la motricité en descente (Hill Descent Control), dont la recette a été obtenue lorsque BMW était propriétaire de Land Rover, figure aussi parmi la dotation de série du X3. Ce dispositif, rappelons-le permet de dévaler les pentes en toute sécurité, même si le sol est meuble. Aussi offert de série : des capteurs veillant sur la pression des pneus.

Le X3 repose sur des éléments suspenseurs entièrement indépendants (avec correcteur d'assiette électronique) et adopte une direction à pignon et crémaillère de même que quatre freins à disque avec régulateur électronique.

Le prix sera décisif

Au moment de mettre sous presse, BMW n'avait toujours pas divulgué les tarifs qu'elle exigera pour stationner un X3 dans votre entrée de garage. On peut présumer qu'il sera supérieur à 40 000 $, ce qui le rendra financièrement moins accessible que son concurrent direct, le Land Rover Freelander, voire le Highlander de Toyota et le Murano de Nissan.

Éric LeFrançois

VERDICT

Agrément de conduite	données insuffisantes
Fiabilité	
Sécurité	
Qualités hivernales	
Espace intérieur	
Confort	

VERSION RECOMMANDÉE

Aucun essai à ce jour

▲ POUR

• **Données insuffisantes**

▼ CONTRE

• **Données insuffisantes**

Révision majeure

Lorsque BMW a dévoilé son Véhicule d'Activités Sportives ou VAS en 1999, la compagnie avait promis de revoir cette catégorie de fond en comble. Pourtant, le X5 n'était pas tout à fait à la hauteur de ces promesses. Il est et demeure un véhicule exceptionnel à plus d'un point de vue, mais il n'a rien révolutionné. Ses concepteurs se sont surtout contentés d'utiliser les recettes qui avaient connu du succès ailleurs et les ont appliquées avec brio. Et pour faire bonne mesure, ils ont jeté dans la balance tout ce qu'il y avait de mécanique sophistiquée chez BMW. Il en est résulté un gros VAS qui était très brillant sur la route et pas tellement impressionnant hors route.

D'ailleurs, l'hiver dernier, dans le cadre d'un essai organisé par Cadillac dans le but de démontrer les qualités de son système de stabilité latérale, le X5 présent avait une fois de plus été désarçonné. Le rouage intégral n'était pas tellement impressionnant au chapitre de la traction et son système de stabilité latérale avait l'air d'un cancre, tandis que celui de la Cadillac était carrément le meilleur. Il ne faut donc pas se surprendre si la direction de BMW a décidé de faire subir une cure de jouvence à sa grosse intégrale.

Cette fois, non seulement la silhouette est revue au goût du jour, mais le rouage intégral et plusieurs groupes propulseurs ont été modifiés pour 2004.

Intégrale phase 2
Plusieurs spécialistes ont déploré le manque de raffinement de la transmission intégrale qui avait souvent tendance à vouloir ralentir le véhicule plutôt que d'améliorer la traction. Le X5 devenait assez pénible à piloter sur la glace et dans la boue. Les ingénieurs semblent avoir planché très fort pour résoudre ce problème et ont mis au point le système xDrive qui permet de répartir de façon continue et variable les forces de propulsion entre l'essieu avant et arrière avec une très grande rapidité. En fait, selon BMW, il s'agit d'un mécanisme qui anticipe toute situation. Pour ce faire, le centre de contrôle de la traction est alimenté en information non seulement par les capteurs des roues signalant tout patinage, mais également par les données enregistrées par les capteurs du système de stabilisation DSC. Par exemple, les informations transmises concernant le taux de lacet et le degré du braquage du volant sont analysées chaque milliseconde afin de bien anticiper les conditions de conduite. Le système électronique réagit alors de façon ultra-rapide en transmettant les instructions nécessaires à l'embrayage central à lamelles. Cette grande rapidité d'exécution permet de toujours répartir le couple aux roues qui ont la meilleure adhérence. L'ancien système était affligé d'un temps de réponse beaucoup trop lent qui obligeait le système de stabilité à intervenir de façon beaucoup trop énergique.

Et BMW a tellement confiance en ce système que ses ingénieurs ont même doté le X5 d'un contrôle de stabilité pour remorque. Il empêche l'apparition du mouvement pendulaire de la remorque qui parvient quelque fois à déstabiliser le véhicule. On utilise les freins de la remorque pour réussir cette manœuvre.

L'héritage de la 7
Les berlines de la Série 7 sont propulsées par des moteurs d'une très haute technologie faisant appel au système Valvetronic de gestion de soupapes de même que le mécanisme d'aspiration bi-Vanos à variabilité constante. Comme il fallait s'y attendre, ces technologies sont dorénavant utilisées dans d'autres moteurs. Cette année, le V8 4,4 litres en bénéficiera. Il produit maintenant 315 chevaux, ce qui permet de boucler le 0-100 km/h en 7 secondes et des poussières. Autre innovation, ce V8 est couplé à la nouvelle boîte automatique Steptronic à six rapports.

Le six cylindres en ligne 3 litres est de retour et il produit toujours 225 chevaux.

CARACTÉRISTIQUES

Prix du modèle à l'essai	4,4i 72 300 $
Échelle de prix	58 500 $ à 71 400 $
Garanties	4 ans 80 000 km / 4 ans 80 000 km
Emp. / Long. / Larg. / Haut. (cm)	282 / 467 / 187 / 170
Poids	2190 kg
Coffre / Réservoir	455 litres / 93 litres
Coussins de sécurité	frontaux, latéraux av., arr. et plafond
Suspension avant	indépendante, jambes de force
Suspension arrière	indépendante, multibras
Freins av. / arr.	disque ABS
Antipatinage / Contrôle de stabilité	oui
Direction	à crémaillère, à assistance variable
Diamètre de braquage	12,1 mètres
Pneus av. / arr.	255/55R18

MOTORISATION ET PERFORMANCES

Moteur	V8 4,4 litres
Transmission	intégrale, automatique 6 rapports Steptronic
Puissance	315 ch à 5400 tr/min
Couple	342 lb-pi à 3600 tr/min
Autre(s) moteur(s)	6L 3 litres 225 ch;
	V8 5,4iS 400 ch et plus (estimé)
Autre(s) transmission(s)	man. 6 rapports;
	auto. 5 rapports
Accélération 0-100 km/h	7,2 secondes
Reprises 80-120 km/h	6,0 secondes
Vitesse maximale	225 km/h
Freinage 100-0 km/h	38,7 mètres
Consommation (100 km)	15,3 litres (super)

MODÈLES CONCURRENTS

• Cadillac SRX • Infiniti FX35/FX45 • Lexus LX 470
• Mercedes-Benz Classe M • Porsche Cayenne
• Land Rover Range Rover • Volvo XC90

QUOI DE NEUF ?

• Nouvelle calandre • Moteurs plus puissants
• Rouage intégral neuf • Boîte automatique 6 rapports

Renouvellement du modèle	n.d.

VERDICT

Agrément de conduite	★★★★☆
Fiabilité	★★★☆☆
Sécurité	★★★★☆
Qualités hivernales	★★★★☆
Espace intérieur	★★★☆☆
Confort	★★★☆☆

VERSION RECOMMANDÉE

4,4i

Toutefois, il pourra être associé avec une transmission manuelle à six rapports pour en tirer tout le potentiel. Toujours du côté de la motorisation, au printemps 2004, BMW offrira sur le marché canadien une version vraiment très musclée avec la présence sous le capot d'un nouveau moteur V8 5,4iS dont la puissance devrait excéder les 400 chevaux.

Bref, le X5 est suffisamment renouvelé sur le plan mécanique pour résister aux attaques du nouveau Mercedes ML prévu en cours d'année et l'arrivée de la Cadillac SRX qui ne manque pas de qualités.

Nouvelle allure

Il aurait été difficile aux stylistes de complètement redessiner la silhouette du X5, compte tenu de sa grande popularité. Ils ont quand même modifié la partie avant de façon assez substantielle. En fait, tout est nouveau jusqu'au pilier «A». Les changements les plus notables sont un capot remanié en sa partie centrale, des orifices d'admission d'air de la calandre plus grands tandis que les doubles phares bi-xénon, de série dans les modèles à moteur V8, sont circonscrits par un contour extérieur plus dynamique. De l'arrière, le X5 2004 est également facile à identifier en raison de ses nouveaux feux.

Plus puissante, rajeunie sur le plan esthétique, cette BMW revue et corrigée devrait continuer à séduire les acheteurs attirés par ses qualités routières et le prestige de la marque. Malheureusement, la position de conduite est toujours aussi haute et cette masse de plus de deux tonnes n'est pas plus maniable qu'il ne le faut. C'est dommage puisque son comportement sur la route nous permet de songer à ce que le X5 serait si les ingénieurs avaient tenu leur pari au lieu de suivre la parade des autres gros véhicules du genre.

Le X5 souffre toujours d'embonpoint, mais puisque les autres ont suivi la même voie, il devrait encore figurer dans le groupe de tête de la catégorie.

Denis Duquet

▲ POUR

• Moteurs sans pareil • Traction intégrale améliorée • Tenue de route sportive
• Freins puissants • Silhouette plus moderne

▼ CONTRE

• Consommation élevée • Prix dissuasifs
• Technologie très complexe • Dimensions encombrantes • Plus citadine que rurale

Au rythme des saisons

À moins qu'il s'agisse d'une Carrera 4, l'essai d'une voiture sport en hiver n'est guère concluant. La plus belle preuve m'est venue de la nouvelle BMW Z4 que j'ai d'abord conduite au beau milieu de la blanche saison. Aussi bien le dire tout de suite, je n'avais pas été tellement impressionné, d'autant plus qu'il s'agissait de la version de base à moteur 2,5 litres. J'ai insisté auprès de BMW pour que l'on me prête une Z4 3 litres six rapports sous les chauds rayons du soleil de juillet. Jugement revu et corrigé.

É pluchons d'abord la première version mise à l'essai de ce roadster allemand. Entièrement redessiné (ou massacré, c'est selon) l'an dernier, ce cabriolet se présente sous des formes encore plus discutables que celles de la dernière Série 7, « l'œuvre » d'un certain Chris Bangle qui doit posséder des actions de Mercedes-Benz. Alors que le modèle de première génération (la Z3) avait des rondeurs sympathiques, celui-ci étonne et choque par ses angles vifs. Passons sur les goûts pour nous arrêter à des choses plus concrètes. Le moteur de la version 2,5, un six cylindres de 184 chevaux, est légèrement en manque pour un roadster qui entend rivaliser avec le « flat 6 » 3,2 litres d'une Porsche Boxster qui en possède 228. Le 0-100 km/h par exemple requiert une grosse seconde de plus, bien que les reprises entre 80 et 120 km/h en quatrième vitesse donnent des chiffres à peu près identiques avec le six cylindres 3 litres de 225 chevaux. Côté consommation, on est à peu de chose près

à égalité aussi avec, dans les deux cas, une moyenne de 9 litres aux 100 km.

La voiture qui fait du bruit

C'est le titre que j'avais initialement choisi après avoir conduit le 2,5 en raison d'un niveau sonore très élevé, pour ne pas dire exécrable. Le froid a toujours tendance à accentuer le bruit de l'air sur une capote en toile et, en hiver, le roadster de BMW se trouvait particulièrement démuni à ce chapitre. Autour de 140 km/h (oui, je sais c'est interdit), le bruit du vent devenait intolérable et s'accompagnait sur mauvaise route d'un certain nombre de craquements de la caisse. Même le moteur contribuait au tintamarre car, une fois couplé à la boîte manuelle à cinq rapports, son régime est trop élevé à une vitesse d'autoroute et cela peut devenir agaçant. Bien sûr, les rapports courts favorisent les accélérations et les reprises, même en cinquième, mais cela au détriment du confort. Ainsi, à 110 km/h ou une vitesse d'autoroute, le petit moulin tourne à 3200 tr/min.

L'hiver nous a quand même permis de vérifier la belle efficacité du système antipatinage et du maintien de la stabilité par l'assistance électronique. Les sièges sont bien moulés et la position de conduite impeccablement adaptée à ce type de voiture. Le seul ennui en hiver est que l'espace commence à faire défaut quand on s'installe au volant avec un épais manteau et de grosses bottes. Le confort général est toutefois supérieur à celui d'une Porsche Boxster.

À défaut d'être le plus rapide de sa classe, le petit roadster BMW est celui qui possède le toit le plus expéditif. Il s'ouvre en 10 secondes environ et se referme en un clin d'œil, en 5 ou 6 secondes. On ne risque donc pas de prendre une douche si jamais l'orage se déclenche inopinément. Par mauvais temps, on appréciera aussi la vraie lunette arrière dégivrante. Le tableau de bord ne me paraît pas plus joyeux que la silhouette et manque vraiment de raffinement dans une voiture qui coûte le double d'une Miata. En revanche, le joli petit volant, réglable sur deux axes, ajoute une touche de bonne humeur dans le décor. On apprécie également l'instrumentation facile à lire et, avant tout, les deux petits arceaux de sécurité qui empêcheront la voiture de vous écrabouiller en cas de tonneau.

CARACTÉRISTIQUES	
Prix du modèle à l'essai	59 500 $
Échelle de prix	51 500 $ à 59 500 $
Garanties	4 ans 80 000 km / 4 ans 80 000 km
Emp. / Long. / Larg. / Haut. (cm)	249,5 / 409 / 178 / 129
Poids	1360 kg
Coffre / Réservoir	260 litres / 55 litres
Coussins de sécurité	frontaux et latéraux
Suspension avant	indépendante, jambes élastiques
Suspension arrière	indépendante, triangles obliques
Freins av. / arr.	disque ABS
Antipatinage / Contrôle de stabilité	oui
Direction	à crémaillère, assistance électronique
Diamètre de braquage	9,8 mètres
Pneus av. / arr.	22540R18 / 25535R18

MOTORISATION ET PERFORMANCES	
Moteur	6L 3 litres
Transmission	propulsion, manuelle 6 rapports
Puissance	225 ch à 5500 tr/min
Couple	214 lb-pi à 3500 tr/min
Autre(s) moteur(s)	6L 2,5 litres 184 ch
Autre(s) transmission(s)	automatique, séquentielle
Accélération 0-100 km/h	6,9 s ; 7,8 s (2,5)
Reprises 80-120 km/h	7,1 secondes (4e)
Vitesse maximale	250 km/h
Freinage 100-0 km/h	38,6 mètres
Consommation (100 km)	9,0 litres (super)

Un air d'été

Conduire la version 3 litres dotée d'une boîte manuelle à six rapports au beau milieu de l'été est une tout autre histoire qui fait beaucoup mieux paraître la Z4. La puissance y est pour quelque chose, mais la boîte à six rapports contribue elle aussi à l'agrément de conduite. Et il est probable que la fameuse boîte séquentielle qui s'est récemment ajoutée au catalogue des options rehaussera encore davantage le credo de BMW, le plaisir de conduire. La douceur du six cylindres bénéficie du sixième rapport de la boîte manuelle et celui-ci ne vient plus interrompre votre conversation lorsque vous roulez avec la capote en place. Des virages enfilés à la limite permettent d'apprécier la tenue de route de la Z4 qui affiche un côté légèrement survireur mais surtout amusant et facile à contrôler. La direction est à l'origine d'une belle maniabilité et le freinage plutôt impressionnant avec des distances d'arrêt relativement courtes (voir fiche). La grande rigidité du châssis n'est pas sans contribuer à la qualité du comportement routier.

Tout n'est pas parfait, hélas! La tenue de route a un prix et, dans le cas présent, il se manifeste par l'extrême sécheresse de la suspension arrière. Sur des routes bosselées ou même farcies de joints d'expansion, la voiture se transforme en véritable tape-cul avec des ruades qui vous secouent au point de vous faire parler comme quelqu'un qui est assis sur un vibrateur si jamais vous causez à quelqu'un dans votre cellulaire. Très drôle !

J'ai aussi trouvé la direction très nerveuse sur de mauvais revêtements, ce qui nuit à la tenue de cap.

Pénible en hiver (vaut mieux l'entreposer), la Z4 n'est certes pas une voiture tout temps. Mais par un bel après-midi d'été avec le toit escamoté sur une petite route de campagne sinueuse, y a de quoi se faire plaisir.

Jacques Duval

MODÈLES CONCURRENTS

- Audi TT • Honda S2000 • Mercedes-Benz SLK
- Porsche Boxster

QUOI DE NEUF ?

- Nouveau modèle

VERDICT

Agrément de conduite	★★★★☆
Fiabilité	★★★★⯪☆
Sécurité	★★★☆☆
Qualités hivernales	★★☆☆☆
Espace intérieur	★★⯪☆☆
Confort	★★★☆☆

VERSION RECOMMANDÉE

3 litres, manuelle ou séquentielle

▲ POUR

- Moteur performant (3,0) • Tenue de route amusante • Levier de vitesses agréable
- Décapotage ultrarapide • Excellent freinage

▼ CONTRE

- Voiture estivale • Suspension arrière revêche
- Instabilité sur mauvaise route • 5e rapport trop court (2,5) • Peu de rangement

Vivement la relève

Mieux vaut vous avertir immédiatement, la Buick Century en est à sa dernière année sur le marché et il ne restera plus que la nouvelle version de la Regal lorsque ce modèle sera transformé l'an prochain. Et veuillez croire que le départ de l'un et la transformation de l'autre sont de bonnes nouvelles.

Ce n'est pas qu'il s'agisse de véhicules médiocres, mais ils sont maintenant déclassés par une concurrence plus moderne et mieux pourvue sur le plan de la technique et du comportement routier. Lorsque ces deux modèles sont apparus en avril 1997, ils réussissaient tant bien que mal à tenir leur bout face à la concurrence, mais ce n'est pas la légère refonte esthétique de l'an dernier qui leur permet de soutenir la comparaison de façon positive. La raison est bien simple : ces deux voitures étaient juste dans le coup il y a sept ans et elles ont de plus en plus de difficulté à suivre le cortège.

Le plus ironique dans cette équation, ce n'est pas tant que la plate-forme soit devenue désuète mais plutôt le choix des réglages de la suspension et de la direction qui sont fautifs. Sans oublier que la présentation autant intérieure qu'extérieure relève d'une autre époque. Des deux modèles, la Century s'avère la moins intéressante.

La tradition

La Buick Century ressemble à la Regal avec laquelle elle partage sa carrosserie et sa plate-forme. Toutefois, grâce à de subtiles retouches de la caisse, la Century cible une clientèle appréciant les présentations plus sobres et plus classiques. Il faut reconnaître qu'elle bénéficie d'une silhouette aux lignes quelque peu intemporelles ; la voiture vieillira bien sur le plan esthétique. Parlant de vieillir, cette voiture s'adresse justement à une clientèle plus âgée. Ce qui explique la présence d'une banquette avant 65/45, d'une suspension spécifiquement réglée en vue du confort et d'un moteur V6 3,1 litres de 175 chevaux assez paisible. Il est même possible de commander des pneus à flancs blancs en option. C'est tout dire !

Bref, si vous aimez les voitures aux lignes sobres, aux sièges moelleux et à la suspension souple, la Century vous plaira. Vous allez vous contenter de rouler paisiblement tout en appréciant la climatisation de série de même que le volant réglable et les vitres à commande électrique. N'allez pas vous exciter au volant, car le roulis de caisse et le crissement des pneus sont garantis. Il suffirait pourtant de modifier quelques réglages de la suspension, de réduire l'assistance de la direction et d'opter pour des pneus un peu meilleurs pour améliorer la Century. Mais pourquoi offrir des choses dont les clients ne veulent pas ? Ceux que ça intéresse vont opter d'emblée pour la Regal. Il est toutefois dommage que ces deux voitures n'offrent les coussins de sécurité latéraux qu'en option et en plus, il faut choisir les sièges en cuir pour les obtenir. En revanche, les freins à disque aux quatre roues sont de série dans les deux modèles.

La Regal l'emporte

Dans cette compétition fratricide entre ces deux Buick de même catégorie et issues de la même plate-forme, la Regal l'emporte haut la main. Juste sur le plan de la motorisation, elle fait bande à part avec son V6 3,8 litres d'une puissance de 200 chevaux dans le modèle le plus économique. Ce qui signifie que la Century est déficitaire de 25 chevaux en raison de son plus petit moteur V6. Mais ce n'est que la première étape, car le modèle GS est doté de la version suralimentée de ce même V6 3,8. Les 240 chevaux font sentir leur présence tant au chapitre des reprises que des accélérations. Il faut cependant ajouter que le couple important à bas régime s'essouffle lorsque le moteur monte en régime alors que

Prix du modèle à l'essai	Regal GS 37 890 $
Échelle de prix	26 000 $ à 34 440 $
Garanties	3 ans 60 000 km / 3 ans 60 000 km
Emp. / Long. / Larg. / Haut. (cm)	277 / 498 / 184 / 143
Poids	1521 kg
Coffre / Réservoir	473 litres / 64 litres
Coussins de sécurité	frontaux et latéraux
Suspension avant	indépendante, jambes de force
Suspension arrière	indépendante, multibras
Freins av. / arr.	disque ABS
Antipatinage / Contrôle de stabilité	oui / non
Direction	à crémaillère, assistance variable
Diamètre de braquage	11,4 mètres
Pneus av. / arr.	225/60R16

MOTORISATION ET PERFORMANCES

Moteur	V6 3,8 litres suralimenté
Transmission	traction, automatique 4 rapports
Puissance	240 ch à 5200 tr/min
Couple	280 lb-pi à 3600 tr/min
Autre(s) moteur(s)	V6 3,8 l 200 ch ;
	V6 3,1 l 175 ch (Century)
Autre(s) transmission(s)	aucune
Accélération 0-100 km/h	8,8 secondes
Reprises 80-120 km/h	7,5 secondes
Vitesse maximale	195 km/h
Freinage 100-0 km/h	42,2 mètres
Consommation (100 km)	11,3 litres (super)

MODÈLES CONCURRENTS

• Chrysler Sebring • Ford Taurus • Hyundai Sonata
• Kia Magentis • Pontiac Grand Prix • Saturn Série L

QUOI DE NEUF ?

• *Freins arrière à disque de série (Century)*
• *Nouvelles radios • Nouvelles couleurs*

Renouvellement du modèle	2005

VERDICT

Agrément de conduite	★★★☆☆
Fiabilité	★★★★☆
Sécurité	★★★★☆
Qualités hivernales	★★★★☆
Espace intérieur	★★★★☆
Confort	★★★★☆

VERSION RECOMMANDÉE

Regal GS

---

les soupapes en tête ont plus de difficulté à alimenter le moteur. Soulignons au passage que la boîte Hydra Matic à quatre rapports est sans reproche.

Si les stylistes ont réussi à donner un peu plus de relief visuel à la silhouette de la Regal, cette voiture a tout de même de la difficulté à se faire remarquer sur nos routes. Le design est vieillot malgré quelques retouches effectuées l'an dernier et la nouvelle mouture de ce modèle sera accueillie avec joie par les concessionnaires qui doivent avoir de plus en plus de difficulté à convaincre les acheteurs. C'est d'ailleurs le cas de toutes les berlines de cette marque et il n'est pas surprenant que cette division mette plus l'accent sur ses modèles RendezVous et Rainier.

Mais il n'y a pas que la silhouette qui soit en retrait. Les sièges de série n'offrent pratiquement aucun support latéral et ils deviennent de plus en plus inconfortables au fil des kilomètres. Au début, leur mollesse laisse présager un bon niveau de confort, mais les choses se détériorent rapidement. Heureusement que l'habitabilité s'avère supérieure à la moyenne de la catégorie de même que le coffre.

Compte tenu de l'état des routes du Québec, il est essentiel de commander la version LS avec la suspension Gran Touring. Celle-ci est de série dans la GS, mais optionnelle dans la LS. Faute de quoi, la suspension aura de la difficulté à maîtriser les secousses provoquées par une chaussée dégradée lorsqu'on roule à haute vitesse. À des vitesses moyennes, c'est mieux et il faut souligner le silence de l'habitacle.

À part un tableau de bord quelque peu tristounet, ces voitures se situent dans la bonne moyenne partout, mais ne sont jamais en mesure d'avoir le dessus sur les leaders de la catégorie. Si le confort et le silence de roulement vous intéressent tandis que l'agrément de conduite vous laisse indifférent, ces berlines bourgeoises sont à considérer grâce à leur fiabilité supérieure à la moyenne.

Denis Duquet

▲ POUR

• Fiabilité en progrès • Boîte automatique efficace • Insonorisation de l'habitacle
• Grand coffre • Habitabilité assurée

▼ CONTRE

• Roulis prononcé en virage (Century)
• Pneumatiques moyens • Modèle en sursis
• Faible débattement de la suspension (LS)

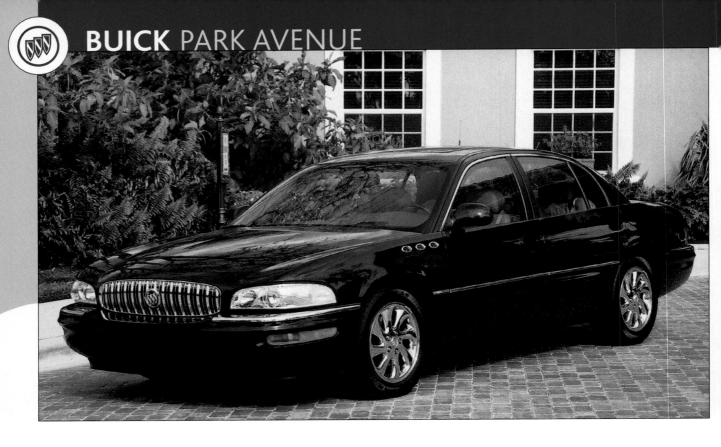

Une revenante

Il devait bien y avoir un million d'années (oui, je suis vieux) que je n'avais pas conduit ce que l'on appelle avec une certaine désinvolture «une bonne grosse voiture américaine». Eh bien! les retrouvailles ont eu lieu et les constatations sont intéressantes. Car on a toujours l'impression que ces grandes berlines archiclassiques n'ont pas changé d'un iota au cours des 25 dernières années alors que la réalité est tout autre. D'accord, le format est toujours copieux et la clientèle épouse a toujours le même profil, mais ces voitures ont néanmoins suivi le progrès à leur façon. Pour étudier le sujet, j'ai conduit le parfait échantillon de ces modèles d'autrefois, la Buick Park Avenue Ultra. Le seul nom de la voiture en dit d'ailleurs long sur son statut. En passant, la marque Buick vient de célébrer son 100ᵉ anniversaire, d'où la présence de fausses prises d'air commémoratives en avant des portières. Raison de plus pour renouer connaissance puisque ma deuxième voiture neuve, acquise en 1956, fut justement une Buick Special deux tons grise et bourgogne avec petits hublots.

Si l'on compare la Park Avenue 2004 à son équivalent d'il y a un quart de siècle, force est d'admettre qu'elle accapare moins d'espace sur la route puisqu'elle a effectivement raccourci d'environ 25 cm, sans pourtant perdre du poids. Elle a gagné en revanche une suspension arrière à roues indépendantes en lieu et place de l'essieu rigide d'avant, des freins à disque à l'arrière, des jantes de 17 pouces et une direction à crémaillère. Pas si mal après tout. La plus grosse surprise se cache toutefois sous le capot où le moteur a perdu 2 cylindres mais gagné 80 chevaux grâce à la présence d'un V6 de 3,8 litres à compresseur développant 240 chevaux comparativement aux modestes 160 chevaux du gros V8 de 5,7 litres étouffé par les dispositifs antipollution de l'époque. Dernier détail, moins réjouissant, l'ancienne grosse Buick du milieu des années 1970 coûtait la bagatelle de 8500 $ alors que notre Park Avenue Ultra faisait grimper la facture à 52 945 $.

Rétro quand même

C'est beaucoup d'argent pour une voiture qui, à certains égards, est restée ancrée dans de mauvaises habitudes. Ainsi, les sièges n'offrent aucune espèce d'appui latéral et le coussin d'assise est si profond qu'il coupe la circulation au niveau des cuisses. Pas reposant. Et ce n'est pas le tableau de bord qui va vous faire plonger dans l'ère moderne avec ses formes rectangulaires vieillottes à souhait. Un compte-tours y trouve refuge, mais aucune zone rouge ne vient signaler le régime maximal du moteur. Un joli volant mi-cuir, mi-bois fait de son mieux pour égayer la présentation. Les commandes ne viendront pas non plus vous compliquer la vie, notamment celles de la radio et de l'air climatisé qui sont faciles à manipuler. Aucun angle mort sérieux ne gêne la visibilité sur le monde extérieur et les dimensions importantes de cette Buick Park Avenue Ultra sont bien mises à profit. Autant à l'avant qu'à l'arrière, le dégagement, que ce soit pour la tête, les jambes ou les hanches, est généreux. Et bien entendu, le coffre à bagages est dans la même veine avec ses 541 litres d'espace utile.

Un autre aspect de cette voiture qui fait vieux jeu est sa finition quelquefois bâclée. Dans le cas présent, la console centrale tient du bricolage amateur avec ses porte-verres qui ont l'air d'avoir été oubliés dans le design original. En plus, l'encadrement du toit ouvrant de notre voiture d'essai ne dénotait pas un soin particulier pour le travail bien fait. Pour le prix demandé, on n'a pas tort de s'attendre à mieux.

Du bon et du moins bon

Sur la route, la Park Avenue oscille entre le pire et le meilleur. On y retrouve d'abord le

CARACTÉRISTIQUES

Prix du modèle à l'essai	Ultra 52 945 $
Échelle de prix	46 800 $ à 52 355 $
Garanties	3 ans 60 000 km / 3 ans 60 000 km
Emp. / Long. / Larg. / Haut. (cm)	289 / 525 / 190 / 146
Poids	1775 kg
Coffre / Réservoir	541 litres / 70 litres
Coussins de sécurité	frontaux et latéraux
Suspension avant	indépendante, jambes de force
Suspension arrière	indépendante, leviers triangulés
Freins av. / arr.	disque ABS
Antipatinage / Contrôle de stabilité	oui / oui (option)
Direction	à crémaillère, assistance variable
Diamètre de braquage	12,2 mètres
Pneus av. / arr.	255/55R17

MOTORISATION ET PERFORMANCES

Moteur	V6 3,8 litres compresseur
Transmission	traction, automatique 4 rapports
Puissance	240 ch à 5200 tr/min
Couple	280 lb-pi à 3600 tr/min
Autre(s) moteur(s)	V6 3,8 litres 205 ch
Autre(s) transmission(s)	aucune
Accélération 0-100 km/h	9,0 secondes
Reprises 80-120 km/h	6,8 secondes
Vitesse maximale	205 km/h
Freinage 100-0 km/h	44,2 mètres
Consommation (100 km)	12 litres (super)

confort typique à ce genre de voiture et un niveau sonore à peine audible à moins qu'on sollicite le moteur à fond. On lui reconnaît la sonorité d'un V6 plutôt que d'un V8 et je n'hésiterais pas à conseiller la version suralimentée qui affiche 240 chevaux contre 205 seulement pour la version à aspiration normale. Même avec le compresseur, les accélérations ne sont pas foudroyantes, mais les reprises s'avèrent très acceptables et la consommation n'a jamais dépassé les 12 litres aux 100 km au cours de mon essai.

Contrairement à de nombreuses tractions japonaises qui ont maille à partir avec un couple moteur trop élevé qui secoue la direction, cette grande Buick n'en ressent presque pas les effets. La transmission automatique à 4 rapports (la seule offerte) continue de prouver que General Motors est passée maître dans la mise au point de ce genre d'équipement. Pas surprenant que même Rolls-Royce et BMW utilisent souvent des boîtes automatiques signées GM.

Alors que l'on pourrait s'attendre à une tenue de route très ordinaire, sachez que la Park Avenue n'a rien d'une BMW mais qu'elle s'applique à négocier les virages avec une certaine aisance dont les acheteurs seront parfaitement satisfaits. Le seul véritable talon d'Achille de cette Buick est sa direction à la fois légère, floue et tout à fait imprécise. Encore là, la clientèle habituelle ne risque pas d'en faire tout un plat.

À certains points de vue, cette grosse voiture américaine typique a conservé des traits de caractère de ses ancêtres. Je pense à son habitabilité, à sa souplesse, à son insonorisation et malheureusement aussi à une finition qui manque de rigueur ou à des sièges qui auraient sérieusement besoin des conseils d'un spécialiste de la bonne tenue. Il serait faux toutefois de prétendre que cette Buick Park Avenue Ultra n'a pas fait un effort pour se mettre au goût du jour. Il s'agit simplement de déterminer si c'est votre genre de goût…

Jacques Duval

▲ POUR
• Habitabilité supérieure • Faible niveau sonore
• Fiabilité reconnue • Équipement complet
• Performances convenables

▼ CONTRE
• Direction vague • Banquette avant inconfortable • Finition perfectible
• Freins peu endurants

MODÈLES CONCURRENTS
• Cadillac DeVille • Chrysler Concorde • Lincoln Town Car
• Mercury Grand Marquis • Toyota Avalon

QUOI DE NEUF ?
• Ornement du capot et style des roues en aluminium modifiés • Trois nouvelles couleurs

Renouvellement du modèle	2006

VERDICT

Agrément de conduite	★★★☆☆
Fiabilité	★★★★☆
Sécurité	★★★★☆
Qualités hivernales	★★★★☆
Espace intérieur	★★★★☆
Confort	★★★★★

VERSION RECOMMANDÉE
Ultra 240 ch

Une Aztek rhabillée

Le malheur des uns fait souvent le bonheur des autres. C'est le cas de Buick dont le RendezVous connaît beaucoup de succès alors que le Pontiac Aztek demeure toujours l'un des mal-aimés du marché. Pourtant, les deux partagent la même plate-forme et la même mécanique. Si la division Buick a réussi à devancer Pontiac, c'est que ses stylistes ont su dessiner une silhouette plus attrayante. Comme quoi les « beaux chars » se vendent mieux.

Vous allez me dire qu'il était facile de paraître mieux que l'Aztek, mais encore fallait-il trouver une solution pour redessiner un véhicule dont les dimensions ressemblent à celles d'une fourgonnette. La grande différence entre ces deux utilitaires réside à l'arrière où les designers de Buick ont opté pour un hayon monopièce tandis que leurs confrères de chez Pontiac ont choisi une partie inférieure à battant horizontal. Les lignes du RendezVous sont plus fluides et plus harmonieuses.

Il faut ajouter que l'habitacle du RendezVous est également mieux réussi avec une présentation plus classique, une troisième rangée de sièges et une meilleure finition, bien que celle-ci soit tout de même assez bâclée. Enfin, seule la suspension arrière indépendante est offerte dans le RendezVous tandis que les décideurs de chez Pontiac s'entêtent à offrir une poutre déformante dans leur modèle à traction. Bref, malgré quelques lacunes, le RendezVous a devancé allègrement l'Aztek depuis son arrivée sur le marché en

2002. Mais il ne s'agissait que d'une première étape puisque la direction de Buick commercialisera l'Ultra en cours d'année. Il s'agit d'une version plus puissante et plus luxueuse qui permettra à cette marque d'attirer une nouvelle clientèle.

Plus authentique

Malgré les succès enregistrés, il n'est pas faux de souligner que le premier RendezVous était une version Buick de l'Aztek, mais pas nécessairement un modèle respectant la tradition de raffinement et de luxe de la marque. L'Ultra est un modèle qui vient quelque peu remédier à cette situation non seulement en offrant un moteur V6 plus moderne et plus sophistiqué, mais parce que son équipement est également plus étoffé.

Parlons en premier du moteur. Ce nouveau moteur V6 de 3,6 litres à double arbre à cames en tête et à calage infiniment variable des soupapes produit 245 chevaux, ce qui transforme presque du tout au tout la conduite de ce véhicule. Avec 60 chevaux de plus sous le pied, non seulement l'accélération initiale s'avère

meilleure, mais les reprises et les dépassements sont nettement moins stressants. Et même si j'ai conduit ce modèle sans passager ni bagages, je suis persuadé que ce moteur plus puissant ne sera pas de trop lorsque le véhicule sera chargé à bloc. La tenue de route n'est pas mal pour un véhicule presque aussi haut que large. Une suspension un tantinet plus ferme permettrait de réduire le roulis en virage et une tendance à plonger de l'avant au freinage.

Bien entendu, une version plus luxueuse doit afficher ses couleurs afin que les voisins puissent savoir que vous roulez dans un véhicule qui a coûté plus cher. Cette fois, la carrosserie est monochrome tandis que les autres modèles conservent les panneaux de bas de caisse de couleur contrastante. Quelques autres retouches permettent de démarquer l'Ultra des autres versions. Il faut également souligner que le moteur V6 3,6 litres sera offert en option dans le CXL.

Naturellement, pour maintenir le standing, l'habitacle doit se révéler à la hauteur. Cela signifie que des appliques en bois garnissent la planche de bord, que la banquette médiane est remplacée par deux sièges baquets tandis que la transmission intégrale Versatrak est de série. Il faut également ajouter qu'un médaillon en céramique à l'effigie de la marque Buick sera installé sur le moyeu du volant pour donner plus

CARACTÉRISTIQUES	
Prix du modèle à l'essai	CX Plus 37 895 $
Échelle de prix	31 965 $ à 42 325 $
Garanties	3 ans 60 000 km / 3 ans 60 000 km
Emp. / Long. / Larg. / Haut. (cm)	285 / 474 /187 / 175
Poids	1715 kg
Coffre / Réservoir	513 à 3084 litres / 70 litres
Coussins de sécurité	frontaux et latéraux
Suspension avant	indépendante, jambes de force
Suspension arrière	indépendante, multibras
Freins av. / arr.	disque ABS
Antipatinage / Contrôle de stabilité	oui (traction) / non
Direction	à crémaillère, assistée
Diamètre de braquage	11,4 mètres
Pneus av. / arr.	215/70R16

MOTORISATION ET PERFORMANCES	
Moteur	V6 3,4 litres
Transmission	intégrale, automatique 4 rapports
Puissance	185 ch à 5200 tr/min
Couple	210 lb-pi à 4000 tr/min
Autre(s) moteur(s)	V6 3,6 litres 245 ch
Autre(s) transmission(s)	aucune
Accélération 0-100 km/h	11,7 secondes
Reprises 80-120 km/h	9,6 secondes
Vitesse maximale	190 km/h
Freinage 100-0 km/h	42,6 mètres
Consommation (100 km)	12,6 litres (ordinaire)

de « classe » *(sic).* Sur une note plus pratique, il sera possible d'équiper l'Ultra d'une suspension arrière pneumatique autonivelante. En bonus, son compresseur vous permettra de gonfler ballons de plage et autres objets ludiques apportés en vacances.

Toujours présente

Il ne faut pas perdre de vue que l'Ultra, tout attrayant soit-il, ne représentera qu'une portion des ventes du RendezVous. Le modèle CX avec toutes ses variantes demeure le fer de lance de la marque dans cette catégorie. Et si sa popularité n'a pas fléchi au fil des mois, c'est que ce Buick offre un bon équilibre à plusieurs points de vue. Par exemple, même si la qualité des plastiques dans l'habitacle pourrait être meilleure, la disposition des commandes, le nombre d'espaces de rangement et la présentation générale qui donne un petit air cossu à l'ensemble constituent autant d'arguments plaidant en sa faveur. Soulignons au passage que le

système de navigation par satellite est simple à utiliser et tout aussi précis que les autres. Parlant de communications spatiales, signalons que les automobilistes canadiens ne peuvent malheureusement pas commander la radio par satellite XM qui est de série dans l'Ultra et optionnelle dans les autres versions.

Il est toutefois décevant qu'un véhicule bien réussi soit affecté par un moteur V6 3,4 litres quasiment rétro assurant des prestations quelque peu à la limite. À notre liste de doléances, ajoutons des pneumatiques peu impressionnants et une finition pas toujours à la hauteur de la réputation de la marque. En outre, certains se plaignent qu'il est difficile de lire les cadrans indicateurs de couleur argent. Reste à savoir si le Rendez-Vous de Tiger Woods lui donne satisfaction.

Une chose est certaine, il a été le premier à prendre livraison de l'Ultra. Noblesse oblige !

Denis Duquet

MODÈLES CONCURRENTS

- Chrysler Town & Country • Pontiac Aztek
- Toyota Highlander

QUOI DE NEUF ?

- *Version Ultra à moteur 245 ch • Affichage de tête*
- *Système de navigation GPS • Nouvelles couleurs*

Renouvellement du modèle	2006

VERDICT	
Agrément de conduite	★★★☆☆
Fiabilité	★★★☆☆
Sécurité	★★★★☆
Qualités hivernales	★★★★☆
Espace intérieur	★★★★☆
Confort	★★★★☆

VERSION RECOMMANDÉE

CXL AWD

▲ POUR

- Transmission intégrale efficace
- Version Ultra • Habitacle confortable
- Moteur V6 3,6 litres 245 ch • Intérieur cossu

▼ CONTRE

- Moteur 3,4 litres vieillot • Roulis en virage
- Sensible au vent latéral • Pneumatiques de qualité moyenne

L'annonciatrice ne cesse d'étonner

Généralement bien accueillie l'an dernier par *Le Guide de l'auto*, la Cadillac CTS l'a été encore davantage par la clientèle. Et cela en dépit d'une silhouette que plusieurs jugeaient rébarbative. Cette ligne tout en angles a fini par accrocher et c'est tant mieux puisqu'elle était le prélude à plusieurs autres modèles de la même lignée chez Cadillac. En réalité, la CTS a été l'annonciatrice d'un tournant majeur dans la philosophie de Cadillac. Ce fut en quelque sorte le premier échelon d'un podium que le constructeur américain s'efforce de gravir grâce à tout le dynamisme de sa jeune équipe. On trouvera ailleurs les autres modèles phare de la renaissance de Cadillac (XLR et SRX). Voyons ici ce que la CTS cuvée 2004 cache dans ses bagages.

On a d'abord voulu faire taire la critique concernant la puissance du moteur. Le 3,2 litres V6 de 220 chevaux reste au programme mais se fait accompagner d'un tout nouveau V6 VVT (Variable Valve Timing) de 3,6 litres de 255 chevaux. Ces 35 chevaux additionnels ne s'attellent toutefois qu'à la transmission automatique à cinq rapports tandis que le moteur de base hérite exclusivement de la boîte manuelle Getrag à cinq rapports. Bien sûr, ce n'est pas la fin du monde, et la CTS 2004 est forte de quelques autres petits raffinements qui élèvent son agrément de conduite d'un cran. Déjà très satisfaisante, la suspension a été réétudiée et les amortisseurs, tout comme leur point d'ancrage, sont nouveaux. Ce seul changement m'a semblé éliminer l'effet déplaisant de rudesse ressenti dans le modèle 2003 doté de la suspension sport.

L'autre irritant de la première CTS était son tableau de bord plutôt massif. On en a atténué les effets par une meilleure intégration de la console centrale qui, en adoptant la même couleur que le reste, se marie mieux au décor. À part le double échappement du moteur 3,6, ne cherchez pas de modifications d'ordre esthétique. Car, en dépit d'une silhouette que plusieurs disaient vouée à l'échec, cette Cadillac à l'européenne a fini par se faire admirer. À un point tel que l'on en a vendu plus de 37 000 exemplaires, alors que l'on ne s'attendait pas à dépasser les 30 000 livraisons. Bref, cette voiture n'a pas fini de nous étonner.

400 chevaux en vue
Attendez d'avoir vu et conduit la première création du groupe Performance de General Motors, la CTS-V Series. Les BMW M5, Audi RS6 et autres AMG de souche allemande n'auront qu'à bien se tenir. On fait état d'un V8 de 400 chevaux avec boîte manuelle, sièges Recaro, roues grandes comme ça et toute la panoplie des voitures « essaye de me suivre ». Cela démontre toute l'efficacité de la plate-forme Sigma à roues arrière motrices que GM utilise pour la CTS.

En préparation pour ce *Guide de l'auto*, j'ai conduit ces Cadillac revues et corrigées et j'en suis revenu assez impressionné. Sur un parcours sinueux, la CTS normale fait preuve d'une remarquable agilité et je commence à croire les auteurs des cascades de *The Matrix Reloaded* quand ils affirment que cette voiture est l'une des plus faciles à conduire à la limite. D'ailleurs, l'an dernier, lors de notre match comparatif opposant la CTS à la BMW 330 et à l'Infiniti G35, j'avais écrit : « La voiture affiche un survirage facile à contrôler à la limite et on a l'impression que l'on peut la lancer dans les virages à des allures folles sans courir le moindre risque. » Fin de la citation. En résumé et plus que jamais cette année, elle s'inscrit parfaitement dans le créneau sélect des berlines sport. Et les moteurs émettent cette délicieuse sonorité qui se marie parfaitement à leur vocation.

L'ingénieur s'informe
Pendant mon essai sur la route, j'étais accompagné d'un ingénieur attaché à la

CARACTÉRISTIQUES

Prix du modèle à l'essai	39 000 $
Échelle de prix	39 000 $
Garanties	4 ans 80 000 km / 4 ans 80 000 km
Emp. / Long. / Larg. / Haut. (cm)	288 / 483 / 179 / 144
Poids	1676 kg
Coffre / Réservoir	362 litres / 66,2 litres
Coussins de sécurité	frontaux, latéraux et rideaux
Suspension avant	indépendante, bras asymétrique
Suspension arrière	indépendante, multibras
Freins av. / arr.	disque ABS
Antipatinage / Contrôle de stabilité	oui
Direction	à crémaillère, assistance variable
Diamètre de braquage	10,8 mètres
Pneus av. / arr.	225/50R17

MOTORISATION ET PERFORMANCES

Moteur	V6 3,6 litres
Transmission	propulsion, automatique 5 rapports
Puissance	255 ch à 6200 tr/min
Couple	250 lb-pi à 3800 tr/min
Autre(s) moteur(s)	V6 3,2 litres 220 ch
Autre(s) transmission(s)	manuelle 5 rapports (3,2 l)
Accélération 0-100 km/h	7,3 secondes
Reprises 80-120 km/h	5,7 secondes
Vitesse maximale	245 km/h
Freinage 100-0 km/h	42,1 mètres
Consommation (100 km)	11,8 litres (super)

MODÈLES CONCURRENTS

• Audi A4 3,0 l • BMW 330i • Infiniti G35 • Jaguar X-Type
• Lexus IS 300 • Mercedes-Benz C320 • Volvo S60

QUOI DE NEUF?

• Moteur 3,6 litres 255 ch • Nouveaux amortisseurs
• Raffinements intérieurs

Renouvellement du modèle	n.d.

VERDICT

Agrément de conduite	★★★★☆
Fiabilité	★★★★☆
Sécurité	★★★★☆
Qualités hivernales	★★★½☆
Espace intérieur	★★★½☆
Confort	★★★½☆

VERSION RECOMMANDÉE

V6 3,6 VVT

division Cadillac de GM qui était curieux de savoir ce que je n'aimais pas de la CTS 2004 dans sa version de 255 chevaux. Je lui ai d'abord répliqué que je n'étais pas très entiché du tableau de bord et de certains plastiques (surtout dans les contre-portes) qui trahissaient le côté bas de gamme de cette Cadillac. Et comme nous étions en train de négocier une portion de route assez montagneuse, je lui ai aussi signalé que la transmission automatique ne semblait jamais savoir quel était le rapport le plus approprié à adopter dans les circonstances. Il en résultait de fréquents enclenchements d'un rapport inférieur selon un phénomène connu dans le métier sous le nom de « hunting ». En d'autres termes, la transmission est constamment à la chasse au bon rapport, ce qui devient agaçant pour le conducteur. Cela dit, cette transmission automatique n'a rien perdu de sa qualité première, c'est-à-dire cette rapidité avec laquelle elle répond aux sollicitations de l'accélérateur.

Si j'avais été assis à l'arrière, comme un peu plus tard au cours du voyage, je lui aurais dit aussi que le peu d'espace pour les jambes finit par devenir inconfortable après quelques heures. On peut évidemment en dire autant de plusieurs autres modèles de la même famille, que ce soit l'Audi A4 ou la BMW Série 3.

Si la Cadillac CTS est aussi douée au chapitre du comportement routier, il faut donner le crédit à son châssis d'une belle rigidité et à une direction à court diamètre de braquage qui met en relief sa grande agilité. Comme elle prête son architecture et la plupart de ses composantes mécaniques au nouvel utilitaire sport SRX de format moyen, on peut espérer de bien belles choses de ce nouveau modèle. Assurément, Cadillac est fort bien partie pour remonter la côte.

Jacques Duval

▲ POUR

• Puissance accrue • Transmission automatique rapide • Agrément de conduite en hausse • Bonne tenue de route • Confort notable

▼ CONTRE

• Habitabilité arrière restreinte • Plastiques bas de gamme • Faible visibilité arrière • Console centrale massive

Un paquebot des autoroutes

L'expression peut sembler péjorative. Il est en effet d'usage d'associer au paquebot les voitures dont le comportement routier se caractérise par d'amples mouvements de caisse. Mais c'est ne pas tenir compte du fait que la stabilité des paquebots modernes s'est grandement améliorée. N'avez-vous jamais rêvé d'une promenade à bord d'un gros palace qui fend la vague sur des océans de béatitude?

C'est le genre d'expérience auquel vous convie la DeVille. Fidèle à son héritage, elle offre la quintessence des caractéristiques qui ont valu sa réputation à Cadillac : de l'espace, du luxe et du confort, assortis de performances routières satisfaisantes, le tout agrémenté d'une panoplie de gadgets sans lesquels une «Caddy» ne serait pas tout à fait une «Caddy».

Deux nouveaux équipements offerts avec l'édition 2004 serviront d'ailleurs à rehausser le confort : le volant chauffant, et les sièges chauffants/refroidissants à l'avant (en équipement de série dans les versions DHS et DTS).

Pour le reste, il y a peu de changements, sinon quelques broutilles : nouvelles couleurs de carrosserie, modifications au catalogue d'options du modèle de base.

Une technologie contemporaine

Il est vrai que de grands bouleversements n'apparaissent pas nécessaires. Révisée pour la dernière fois en 2000, la Cadillac DeVille constitue dans sa forme actuelle un véhicule bien né et développé de façon homogène, tant en dotation de base que dans ses versions grand luxe (DHS) ou sportive à cinq places (DTS).

La plate-forme sur laquelle elle repose est rigide et contribue au silence de roulement par l'élimination de la plupart des craquements. Le soin d'animer cette lourde caisse a été judicieusement confié à un V8 de 4,6 litres développant 275 chevaux. Doux, brillant en accélération comme en reprise, fonctionnant de surcroît à l'essence ordinaire, le Northstar transmet son énergie aux roues avant sans effet de couple exagéré. La version gonflée à 300 chevaux qui équipe la DTS permet de passer de 0 à 100 km/h en moins de 8 secondes ! La transmission automatique ne compte toujours que quatre rapports, mais on ne songe pas à s'en plaindre, tant le passage des vitesses répond allégrement aux impulsions du moteur.

Malgré des dimensions hors du commun, cette limousine se comporte étonnamment bien sur la route, aidée en cela par des assistances électroniques qui pallient les lacunes dynamiques de son châssis. Outre l'antipatinage, on retrouve le système Stabilitrak qui aide à contrôler la voiture en relâchant les gaz ou en appliquant les freins de façon sélective sur chaque roue sans intervention du conducteur, ce qui risque d'arriver assez souvent si ce dernier pousse trop en virage. En effet, les suspensions sont peut-être une merveille de douceur sur la grand-route, mais elles n'ont pas le tonus nécessaire pour contenir le roulis qui résulte à coup sûr d'une conduite trop nerveuse. La DTS offre une suspension à variation constante qui raffermit la tenue de route à vitesse élevée, sans pour autant offrir l'agilité qui est la marque des grandes routières d'élite. Le freinage assez puissant aide à corriger les erreurs, mais son manque d'endurance dissuade le conducteur d'en abuser.

Assez précise, la direction MagnaSteer isole tout de même des sensations de la route, ce qui n'a rien d'antinomique avec le reste, bien au contraire. Il faut voir la DeVille comme un grand navire luxueux qui vous transporte sereinement sur les océans, en encaissant pratiquement toutes les agressions sensorielles provenant de l'extérieur. Et sans doute est-il plus agréable, jusqu'à un certain point, de s'y faire promener, que d'en tenir le gouvernail.

Luxe, sécurité et gadgets

La silhouette de la DeVille a de la prestance, avec ses lignes tout en force qui siéent bien à son imposant gabarit, mais elle manque cruellement d'éclat, surtout lorsqu'on la compare à la personnalité mieux affirmée de la Cadillac CTS. La présentation intérieure s'avère discrète et harmonieuse, peut-être même un peu trop sobre en ce qui concerne certains éléments (le volant, par exemple), mais dans l'ensemble les boiseries se marient assez bien aux plastiques, et la finition satisfait, bien qu'elle n'atteigne pas les normes établies par la concurrence allemande et surtout japonaise dans cette classe.

Plus moelleux que fermes, les sièges en cuir de qualité potable accueillent les passagers en tout confort, sauf l'occupant du milieu de la banquette avant, qu'on semble avoir abandonné à son pénible sort. Les passagers à l'arrière jouissent de plus de considération, avec les sièges chauffants, le réglage électrique du soutien lombaire aux places latérales, et l'accès aux commandes de la climatisation trois zones. Ils bénéficient également de leurs propres coussins gonflables latéraux (optionnels, ou de série dans la DTS).

Incidemment, l'attention portée à la sécurité se reflète jusque dans les légendaires gadgets «caddyesques». Je pense notamment au sonar de recul, qui avertit le conducteur à l'approche d'obstacles. Le système Nightvision vous permet d'y voir plus clair dans le noir en projetant au bas du pare-brise une image dessinée à partir d'un capteur de rayons infrarouges détectant les sources de chaleur. À cela s'ajoutent le système de communication OnStar qui vous relie à une centrale d'appel, le lecteur DVD (en option), le bavard ordinateur central, et toute la panoplie d'accessoires pratico-ludiques chère à Cadillac. Somme toute, une des meilleures «embarcations» pour suivre le fleuve entre Montréal et Québec.

Jean-Georges Laliberté

CARACTÉRISTIQUES

Prix du modèle à l'essai	DTS 65 665 $
Échelle de prix	55 435 $ à 67 080 $
Garanties	4 ans 80 000 km / 4 ans 80 000 km
Emp. / Long. / Larg. / Haut. (cm)	293 / 526 / 190 / 144
Poids	1835 kg
Coffre / Réservoir	541 litres / 70 litres
Coussins de sécurité	frontaux et latéraux av. arr. (opt.)
Suspension avant	indépendante, jambes de force
Suspension arrière	indépendante, bras asymétriques
Freins av. / arr.	disque ABS
Antipatinage / Contrôle de stabilité	oui
Direction	à crémaillère, ass. variable électronique
Diamètre de braquage	12,3 mètres
Pneus av. / arr.	235/55HR17

MOTORISATION ET PERFORMANCES

Moteur	V8 4,6 litres
Transmission	traction, automatique 4 rapports
Puissance	300 ch à 6000 tr/min
Couple	295 lb-pi à 4400 tr/min
Autre(s) moteur(s)	V8 4,6 litres 275 ch
Autre(s) transmission(s)	aucune
Accélération 0-100 km/h	7,5 secondes
Reprises 80-120 km/h	6,9 secondes
Vitesse maximale	210 km/h
Freinage 100-0 km/h	41 mètres
Consommation (100 km)	13,4 litres (ordinaire)

MODÈLES CONCURRENTS

- Acura RL • Buick Park Avenue • Infiniti Q45
- Lexus LS 430 • Lincoln Town Car

QUOI DE NEUF ?

- Sièges avant chauffants/refroidissants
- Volant chauffant • Nouvelles couleurs

Renouvellement du modèle	2005

VERDICT

Agrément de conduite	★★★★☆
Fiabilité	★★★☆☆
Sécurité	★★★★☆
Qualités hivernales	★★★★☆
Espace intérieur	★★★★★
Confort	★★★★★

VERSION RECOMMANDÉE

DTS

▲ POUR

- Motorisation adéquate
- Éléments mécaniques modernes
- Habitabilité appréciable • Confort douillet

▼ CONTRE

- Réparations coûteuses • Dimensions encombrantes • Direction peu communicative
- Dépréciation élevée

Au rayon des tailles fortes

« Jamais Cadillac ne s'intéressera aux VUS, il ne s'agit que d'un soubresaut du marché et nous allons nous concentrer sur la production de berlines de luxe. » Ce discours, la direction de Cadillac l'a réitéré *ad nauseam* jusqu'au milieu des années 1990 alors que les succès du Lincoln Navigator l'ont fait changer d'idée. Tant et si bien que les amateurs de gros VUS peuvent dorénavant choisir parmi trois mastodontes affublés de l'écusson Cadillac.

Plusieurs d'entre vous trouvent ridicule cette course au plus gros, au plus puissant et au plus cher chez les VUS, mais il ne faut pas condamner les constructeurs pour autant puisque c'est le public acheteur qui en demande. Cette année, la grande nouveauté est l'ESV qui est appelé à combler les attentes des gens qui apprécient tout ce qui est offert en format jumbo ou qui ont vraiment besoin de beaucoup d'espace et qui ne sont pas effrayés à l'idée de piloter une allée de quilles sur quatre roues. L'Escalade ESV est le plus gros véhicule jamais fabriqué par Cadillac, et il domine également sa catégorie en fait d'empattement et de longueur. Pour vous donner une petite idée de sa taille, il affiche une longueur de 51 cm de plus que l'Escalade « ordinaire ».

Avec ce modèle, Cadillac a donné une portion plus généreuse à ses clients qui le demandaient, un peu comme le font les grandes chaînes d'alimentation rapide qui vous offrent un plus grand format de frites et de boisson pour quelques cents de plus.

Dans le cas de l'ESV, cette opération n'est pas tellement économique puisque le prix du modèle essayé dépassait les 80 000 $! Pas mal cher pour un Chevrolet Suburban habillé en Cadillac. Il ne faut cependant pas sauter aux conclusions et se contenter de cette description lapidaire. Si l'ESV partage son châssis et sa mécanique avec le Suburban tout comme l'Escalade le fait avec le Tahoe, les modifications apportées à la suspension, à la présentation extérieure et à l'habitacle sont importantes. Toutefois, l'habitacle de tous les modèles Escalade est affligé de pièces en plastique d'origine Chevrolet qui détonnent par rapport à la qualité des éléments fournis par Cadillac.

Quoi qu'il en soit, l'ESV a fait tourner les têtes et intrigué bien des gens. Ceux qui ont pris place à bord ont également apprécié le confort des sièges, la présentation cossue de l'habitacle et la présence d'appliques en bois. Et même les occupants des places de la troisième rangée de sièges ont affirmé être bien assis, même s'il leur a fallu se contorsionner pour y accéder. Et l'expression « avec armes et bagages » s'applique puisque, même avec sept personnes à bord, il restait encore de la place pour transporter du matériel.

Dans cette catégorie, inutile de préciser que le comportement routier ne se compare pas à celui d'un coupé sport. Sur la grand-route et en conduite normale, l'essieu arrière rigide ne se débrouille pas trop mal et on découvre une bonne stabilité directionnelle. Par contre, sur une route bosselée, les ruades du train arrière obligent à lever le pied. Mais personne n'achète un tel véhicule pour s'éclater sur une route secondaire. Ses propriétaires le font pour tracter une lourde remorque ou encore un bateau. Des tâches qui s'avèrent presque un jeu d'enfant pour ce gros moteur V8 6 litres de 345 chevaux.

Naturellement, la consommation dépasse les 18 litres aux 100 km en hiver, mais vous serez au volant d'un gros VUS jouissant du prestige Cadillac et capable d'offrir un comportement routier raffiné compte tenu de son gabarit. Et si vous voulez impressionner encore davantage, optez en 2004 pour la nouvelle édition limitée Platine qui propose entre autres des roues de 20 pouces.

Polyvalence et format « ordinaire »

Jusqu'à l'arrivée de l'ESV, l'Escalade régulier était considéré comme une grosse

CARACTÉRISTIQUES

Prix du modèle à l'essai	ESV 81 285 $
Échelle de prix	69 850 $ à 78 915 $
Garanties	4 ans 80 000 km / 4 ans 80 000 km
Emp. / Long. / Larg. / Haut. (cm)	330 / 557 / 200 / 193
Poids	2649 kg
Coffre / Réservoir	1801 à 3064 litres / 117 litres
Coussins de sécurité	frontaux et latéraux
Suspension avant	indépendante, barres de torsion
Suspension arrière	essieu rigide, liens multiples
Freins av. / arr.	disque ABS
Antipatinage / Contrôle de stabilité	oui
Direction	à billes, assistée
Diamètre de braquage	13,4 mètres
Pneus av. / arr.	265/70R17

MOTORISATION ET PERFORMANCES

Moteur	V8 6 litres
Transmission	intégrale, automatique 4 rapports
Puissance	345 ch à 5200 tr/min
Couple	380 lb-pi à 4000 tr/min
Autre(s) moteur(s)	aucun
Autre(s) transmission(s)	aucune
Accélération 0-100 km/h	8,9 secondes
Reprises 80-120 km/h	7,6 secondes
Vitesse maximale	170 km/h
Freinage 100-0 km/h	47 mètres
Consommation (100 km)	17,8 litres (super)

MODÈLES CONCURRENTS

- Land Rover Range Rover • Lexus LX 470
- Lincoln Navigator • Mercedes-Benz Classe G
- Volkswagen Touareg

QUOI DE NEUF ?

- Version Platine (EXT) • Changements mineurs

Renouvellement du modèle	2007

VERDICT

Agrément de conduite	★★★☆☆
Fiabilité	★★★☆☆
Sécurité	★★★★½
Qualités hivernales	★★★★★
Espace intérieur	★★★★★
Confort	★★★★☆

VERSION RECOMMANDÉE

EXT Platine

pointure. Dorénavant, il se fait tout petit. Toutes proportions gardées, ses dimensions semblent «raisonnables» et sont amplement suffisantes pour la majorité des gens. Naturellement, les excursions dans la circulation urbaine se révèlent moins stressantes à son volant et il est également plus facile de se stationner. Il faut également souligner que tous les modèles Escalade sont dotés d'excellents rétroviseurs extérieurs qui facilitent grandement les choses.

Une fois encore, le moteur V8 6 litres fait sentir sa présence. Les accélérations et les reprises ont du mordant, tout comme la facture de carburant. Mais c'est le prix à payer pour jouer les aventuriers de luxe au volant de ces gros matamores. Il faut souligner au passage que ce trio jouit d'une transmission automatique à quatre rapports très efficace et que le rouage intégral est de conception moderne.

Pour compléter ce tour d'horizon des «camionnettes» Cadillac, il ne faut pas oublier la version EXT qui s'apparente fortement au Chevrolet Avalanche. Les deux partagent non seulement la même silhouette, mais également le système Midgate qui permet d'augmenter sensiblement la capacité de charge en abaissant la cloison arrière de la cabine et en relevant la banquette arrière. De plus, ce véritable couteau suisse sur roues est doté d'un couvercle tripartite pour recouvrir la caisse de chargement et protéger les objets qui y sont logés. Ce couvercle modulaire s'enlève facilement et peut être remisé le long de la paroi de la boîte. Comme dans le Chevy, des espaces de rangement dans les ailes augmentent la capacité de rangement.

Il est difficile de justifier la présence sur le marché de véhicules de luxe à vocation utilitaire, mais puisque les acheteurs en demandent, force est d'avouer que ces trois Caddy méritent notre attention aussi bien par leur présentation que par leurs prestations sur la route.

Denis Duquet

Adios Seville

La Cadillac Seville 2004 tire sa révérence après quelque 30 années d'existence. Sa place dans la gamme Cadillac sera en effet occupée dès l'an prochain par la nouvelle STS, une propulsion qui sera construite sur le châssis Sigma, et qui pourra être équipée de la traction intégrale.

Compte tenu de cette mort annoncée qui, rappelons-le, suit l'enterrement de l'Eldorado il y a deux ans, et celui plus lointain de la Fleetwood, il ne restera plus que la De Ville, dont l'appellation remonte à 1949, pour assurer la continuité historique chez Cadillac. Les arguments (au final, essentiellement commerciaux, bien sûr) expliquant cette décision se défendent parfaitement, mais il n'en reste pas moins regrettable, par principe, que le plus doué des deux modèles soit sacrifié.

La Seville se distingue en effet de la DeVille par ses performances légèrement plus pointues, même si les deux modèles, il faut le souligner, ont beaucoup en commun, à commencer par leur V8 tout aluminium Northstar. Ce bel engin au grondement suave procure à la lourde masse de la Seville une vivacité certaine, en accélération comme en reprise. Sa puissance progressive se déploie sur une large plage d'utilisation, sans effet de couple outrancier qui exigerait qu'on se batte avec le volant pour en garder la maîtrise. Le même Northstar, lorsqu'il équipe

la Seville STS à vocation plus sportive, subit quelques modifications qui lui permettent de libérer, essentiellement à haut régime, 25 chevaux supplémentaires, pour un total de 300. L'un ou l'autre est couplé à une boîte automatique dont l'onctueuse efficacité arrive à faire oublier les maigres quatre rapports qui dévalorisent sa fiche technique. Celle de la STS est munie d'un système qui sélectionne automatiquement l'algorithme des changements de rapports convenant le mieux à votre style de conduite.

Un certain magnétisme

Il importe ici d'ouvrir une parenthèse. Habituellement déclinée en versions SLS et STS (plus sportive), la Seville n'offrira que la SLS pour son dernier tour de piste sur le marché américain, les consommateurs étant plus enclins à acheter les versions moins chères des modèles en fin de cycle, croit-on chez GM. La STS devrait toutefois continuer à être vendue au Canada, selon les derniers communiqués de GM Canada, et là encore pour des raisons éminemment mercantiles : elle représente traditionnelle-

ment 75 % de toutes les Seville vendues au nord du 45e parallèle.

C'est là une bonne nouvelle pour ceux qui s'intéressent à la Seville, entre autres parce que c'est dans la version STS que se trouve la technologie de suspension magnétique à réglages continuellement variables. L'ingénieux système fait appel à des capteurs qui mesurent le déplacement des roues et de la carrosserie, et y répond en durcissant ou en relâchant l'amortissement à une vitesse proche de la milliseconde. Ce résultat est obtenu par l'entremise d'impulsions électromagnétiques qui font instantanément réagir les particules ferreuses circulant à l'intérieur du liquide servant à réguler la détente et la compression des amortisseurs. Joliment trouvé ! On en arrive ainsi à améliorer le compromis entre tenue de route et confort, le mot compromis étant bien sûr une façon de parler dans un contexte où l'un des éléments (le confort) n'a sûrement pas eu grand-chose à céder, tant il apparaît outrageusement favorisé.

La Seville tient bien la route pour une grosse traction américaine, mais il n'y a aucun risque de confondre son comportement routier avec celui d'une berline sport européenne. On se contentera, pour faire monter l'adrénaline un tant soit peu, de négocier les longues courbes de l'autoroute à 118 km/h, en ignorant sagement tout ce qui ressemble à un che-

CARACTÉRISTIQUES

Prix du modèle à l'essai	SLS 63 100 $
Échelle de prix	63 100 $ à 70 325 $
Garanties	4 ans 80 000 km / 4 ans 80 000 km
Emp. / Long. / Larg. / Haut. (cm)	285 / 510,5 / 190 / 141
Poids	1811 kg
Coffre / Réservoir	445 litres / 70 litres
Coussins de sécurité	frontaux et latéraux
Suspension avant	indépendante, jambes de force
Suspension arrière	indépendante, multibras
Freins av. / arr.	disque ABS
Antipatinage / Contrôle de stabilité	oui
Direction	à crémaillère, ass. variable électronique
Diamètre de braquage	12,3 mètres
Pneus av. / arr.	225/60R16

MOTORISATION ET PERFORMANCES

Moteur	V8 4,6 litres
Transmission	traction, automatique 4 rapports
Puissance	275 ch à 5600 tr/min
Couple	300 lb-pi à 4000 tr/min
Autre(s) moteur(s)	V8 4,6 litres 300 ch
Autre(s) transmission(s)	aucune
Accélération 0-100 km/h	8,2 secondes
Reprises 80-120 km/h	7,0 secondes
Vitesse maximale	190 km/h
Freinage 100-0 km/h	42,0 mètres
Consommation (100 km)	10,7 litres (ordinaire)

MODÈLES CONCURRENTS

- Chrysler 300M • Infiniti M45 • Jaguar S-Type
- Lexus LS 430 • Lincoln LS

QUOI DE NEUF ?

- Aucun changement

Renouvellement du modèle	Remplacée en 2005 par la Cadillac STS

VERDICT

Agrément de conduite	★★★½☆
Fiabilité	★★★☆☆
Sécurité	★★★★☆
Qualités hivernales	★★★½☆
Espace intérieur	★★★★★
Confort	★★★★★

VERSION RECOMMANDÉE

STS

min en lacets, et en exerçant une respectueuse surveillance des forces de l'ordre. Du reste, le comportement prévisible de la Seville laisse entrevoir clairement ses limites. Dans le cas contraire, un antipatinage aide à corriger les petites erreurs, sans oublier le système StabiliTrak qui applique sélectivement les freins ou réduit l'admission d'essence pour mettre fin à tout écart entre la direction imprimée par le volant et la trajectoire de la voiture. Les freins effectuent des arrêts rectilignes et aussi courts pour une telle masse, mais leur endurance n'est que moyenne.

Moins « Caddy » que la DeVille

L'intérieur de la Seville est bien aménagé, le design conservateur plaît à l'œil, et la finition satisfait même si elle demeure perfectible. La dotation de base n'est pas aussi étoffée que celle d'une DeVille, mais elle comprend sa part d'accessoires de luxe : sièges chauffants à l'avant, commandes de mémorisation pour deux conducteurs permettant de rappeler les réglages d'un grand nombre d'accessoires, système OnStar, sonar de recul, etc.

En plus de bénéficier d'un excellent confort de roulement, les occupants ont droit au soutien douillet des fauteuils garnis de cuir. À l'arrière, seules deux personnes feront le parcours en toute aise, car l'espace manque un peu pour les jambes. Le coffre, bien qu'il soit avantagé par sa large ouverture, pourrait lui aussi en donner davantage (100 litres de moins que celui de la DeVille).

On le constate, la Seville courbe l'échine devant la DeVille en matière d'espace et de commodités, deux points auxquels l'amateur traditionnel de Cadillac attache une grande d'importance. Même histoire pour sa silhouette, dont l'élégante discrétion soutient mal la comparaison avec l'impériale dégaine d'une De Ville pourtant moins raffinée. Et c'est ainsi que la Seville entrera bientôt dans les limbes de l'Histoire.

Jean-Georges Laliberté

▲ POUR	▼ CONTRE
• Motorisation adéquate • Équipement complet • Habitabilité appréciable • Confort douillet • Suspension ajustable compétente	• Dépréciation importante • Places arrière justes • Modèle en fin de carrière • Assemblage perfectible • Poids énorme sur les roues avant

Un VUS 100 % Caddy !

La SRX est en fait la première Cadillac tout-terrain à porter la signature de la marque. Il y a bien les modèles Escalade, ESV et EXT, mais ils sont tous dérivés de modèles empruntés à Chevrolet. La SRX est une grosse familiale hybride dont la plate-forme est une évolution de la berline CTS, une vraie Cadillac autant par sa plate-forme que par sa mécanique. Et si cette marque est entrée à reculons dans l'aventure des VUS, elle s'est joliment reprise avec le dévoilement d'un nouveau modèle chaque année depuis trois ans.

Comme la CTS, la SRX est facile à reconnaître par ses phares de route verticaux, sa grille de calandre dotée d'ailettes en forme de V et ses feux arrière ressemblant à des entailles de couteau. Comme dans le cas de la berline, ce style est du genre que l'on aime ou que l'on se plaît à détester. Je dois avouer que cette approche convient fort bien à la silhouette d'une familiale. En comparaison avec la CTS, cette Caddy tout usage possède un empattement plus long de 7,6 cm tout en ayant une longueur hors tout de 15 cm supérieure. Elle est également plus haute. Il ne faut pas pour autant en conclure que le fait d'avoir transformé une berline en VUS se traduise par un déséquilibre fondamental du comportement routier ou encore de la rigidité de la caisse. La conversion est exemplaire.

Mais il n'y a pas que la plate-forme qui a été modifiée. La SRX est propulsée par une toute nouvelle version du moteur V8 Northstar. Il a non seulement été monté longitudina-

lement sous le capot, mais a aussi été remanié afin de pouvoir incorporer un système de calage infiniment variable des soupapes. Ce V8 est également utilisé dans le roadster XLR et

développe 320 chevaux. Il est couplé à une toute nouvelle boîte de vitesses automatique à cinq rapports. Celle-ci est des plus sophistiquées et possède un mécanisme de contrôle électronique du frein moteur, un détecteur de pentes et des algorithmes favorisant une conduite plus sportive. Une version légèrement différente est couplée au tout nouveau moteur V6 de 3,6 litres. Ce V6 n'a rien à envier au V8 en fait de sophistication mécanique et de rendement.

compromis possible entre le confort et la tenue de route puisque la suspension régulière est ferme. Bien entendu, une version encore plus élaborée du système de stabilité latérale StabiliTrack est de série. Comme dans la plupart des Cadillac, la suspension avant est à bras asymétriques tandis qu'on utilise une configuration à liens multiples à l'arrière.

Luxe à gogo

Les concepteurs de la SRX ont voulu en faire la Cadillac des hybrides de luxe. Cette descrip-

■ ÉQUIPEMENT DE SÉRIE

• **Moteur V6 3,6 litres** • **Transmission automatique 5 rapports** • **Climatisation** • **Système de stabilité latérale** • **Accélérateur électronique**

■ ÉQUIPEMENT EN OPTION

• **Transmission intégrale** • **Moteur V8 Northstar** • **Toit ouvrant «UltraView»** • **Suspension électromagnétique**

Ces groupes propulseurs sont montés sur un châssis très high-tech comprenant des éléments de suspension en aluminium. La suspension optionnelle Magnaride à amortisseurs à réglage continu permet d'offrir le meilleur

CADILLAC SRX

tion est quelque peu boiteuse puisqu'il s'agit d'une Cadillac. Mais il faut se souvenir qu'à une certaine époque, le prestige de cette marque était tellement élevé que l'expression «la Cadillac des...» était utilisée pour identifier un produit qui était le meilleur de sa catégorie. Cette fois, la division a la ferme intention de l'appliquer à elle-même et à la SRX en particulier.

La tableau de bord ne réserve aucune surprise puisqu'il est emprunté à la CTS. Celui-ci a reçu de bonnes critiques autant grâce à son design et à la qualité tactile des matériaux. Souvent par le passé, les Cadillac semblaient utiliser le même plastique que la plus éco-

nomique des Chevrolet. La CTS a été la première à ignorer cette tendance avec des matériaux de choix autant pour la planche de bord que pour le pavillon.

La disposition des éléments respecte les tendances du moment avec une console verticale au centre de la planche de bord et carrément en relief de celle-ci. Elle est légèrement orientée vers le pilote afin d'en faciliter la consultation et l'accès aux commandes. La position de conduite est bonne et le sera pour presque tous les types d'utilisateurs grâce à un pédalier réglable. Il faut également mentionner que les sièges avant sont confortables en plus d'assurer un bon support latéral.

La deuxième banquette offre aussi un bon confort puisque le coussin comme le dossier sont moelleux, comme l'exige la catégorie. Il est possible de commander une troisième banquette. Celle-ci est à déploiement motorisé et est réservée à des enfants ou à des adultes très souples. Si vous désirez ne pas commander ces places additionnelles, la SRX vous sera offerte avec deux bacs de rangement placés sous le plancher de la soute à bagages.

Cette Cadillac tout usage se démarque davantage en offrant le plus imposant toit ouvrant de la catégorie. Appelé «UltraView» il vous permet d'admirer le ciel par l'intermédiaire d'une ouverture longue de 1,7 mètre. De plus, un puits de lumière fixe est situé vis-à-vis le troisième siège. Le toit ouvrant et le puits de lumière sont dotés d'un panneau de fermeture motorisé.

Neige et macadam

L'essai d'un modèle équipé du moteur V8 de 320 chevaux m'a permis de découvrir que les ingénieurs de Cadillac avaient fait leur devoir autant sur le plan mécanique que dynamique. Malgré un toit ouvrant géant, la rigidité ne semblait pas affectée outre mesure. Même les routes cahoteuses du Michigan n'ont pas réussi à provoquer des bruits de caisse. Par contre, la suspension dotée des amortisseurs réguliers m'est apparue très ferme. Il faudra sans doute opter pour les modèles de type électromagnétique, plus efficaces et plus confortables en même temps, mais plus chers.

Malgré des dimensions qui n'en font pas un poids plume, la SRX, comme le souligne Jacques Duval en contrepartie, est un véhicule

Contrepartie

On nous dit qu'elle a pris pour cible la Mercedes-Benz ML500, qu'elle offre un volume de chargement deux fois plus important qu'une BMW X5, qu'elle possède un toit vitré de 5 pi², que son long empattement lui donne une habitabilité exceptionnelle et patati et patata. C'est vrai que la SRX offre tout ça, à moins que les gens de Cadillac soient de fieffés menteurs. Mais au-delà de ces affirmations qui ressemblent à des extraits de dépliants publicitaires, qu'est-ce que cet autre utilitaire sport peut bien avoir de différent des autres ?

D'abord, je dirais que c'est peut-être le premier VUS qui fait honneur à la lettre S pour sport de son appellation générique. Pourquoi ? Parce que je l'ai conduit sur des routes sinueuses où la SRX a défié le roulis tout en mordant le bitume comme une bonne berline sport. Le poids se fait évidemment sentir légèrement et provoque un léger sous-virage mais rien de dramatique. En ligne droite, elle semble aussi peu dérangée par son gabarit et sa hauteur. Dans le modèle de présérie mis à l'essai, l'arbre de transmission grondait un peu fort à mon goût, mais on me dit que ce problème sera absent dans les versions définitives. Mon collègue Denis Duquet vous donne ci-contre toutes les caractéristiques de cette Cadillac SRX qui devrait connaître un succès bœuf sur le marché. Je n'endosse pas pour autant la cause des VUS, mais disons que des véhicules comme celui-ci ou le Nissan Murano ou encore la Volvo XC90 réussissent à nous faire moins détester le genre.

Jacques Duval

CARACTÉRISTIQUES

Prix du modèle à l'essai	V8 60 930 $
Échelle de prix	52 250 $ à 60 930 $
Garanties	4 ans 80 000 km / 4 ans 80 000 km
Emp. / Long. / Larg. / Haut. (cm)	296 / 495 / 184 / 172
Poids	2015 kg
Coffre / Réservoir	238 à 1968 litres / 76 litres
Coussin de sécurité	frontaux, latéraux et tête
Suspension avant	indépendante, bras inégaux
Suspension arrière	indépendante, liens multiples
Freins av. / arr.	disque ABS
Antipatinage / Contrôle de stabilité	oui
Direction	à crémaillère, assistance variable
Diamètre de braquage	12,1 mètres
Pneus av. / arr.	235/65R18 / 255/55R18

MOTORISATION ET PERFORMANCES

Moteur	V8 4,6 litres
Transmission	intégrale, automatique 5 rapports
Puissance	320 ch à 6400 tr/min
Couple	315 lb-pi à 4400 tr/min
Autre(s) moteur(s)	V6 3,6 litres 260 ch
Autre(s) transmission(s)	aucune
Accélération 0-100 km/h	6,9 secondes
Reprises 80-120 km/h	4,6 secondes
Vitesse maximale	225 km/h
Freinage 100-0 km/h	43,0 mètres
Consommation (100 km)	14,7 litres (ordinaire)
Niveau sonore	Ralenti : 44,3 dB
	Accélération : 73,4 dB
	100 km/h : 66,7 dB

qui se défend fort bien sur la route. De plus, en février dernier, j'ai eu l'opportunité de participer à une présentation de la SRX sur la neige et la glace dans un bled perdu du nord du Michigan. Cette ancienne base de l'aviation américaine a été transformée en terrain d'essai hivernal par GM. Le but de l'exercice était d'évaluer le système de stabilité latérale de la SRX face à plusieurs concurrentes, notamment les Mercedes ML320, BMW X5, Volvo XC90 et Lexus RX 300. La Cadillac a remporté cette confrontation haut la main. La traction était excellente sur les surfaces à faible coefficient d'adhérence tout en permettant d'assurer une conduite sportive lorsque le système de stabilité latérale entrait en action. Non seulement la traction longitudinale était excellente, mais les dérobades étaient bien contrôlées sans pour autant trop ralentir le véhicule. Bref,

la SRX s'est révélée la plus sophistiquée en conduite hivernale de ce groupe sélect. Un simple bémol au passage : dans le cadre de ces essais, la lunette arrière se salissait de projection de neige en quelques minutes.

On se croise les doigts

À moins que la fiabilité ne s'avère catastrophique au fil des mois ou que la qualité d'assemblage ne soit pas à la hauteur, la Cadillac SRX semble posséder toutes les qualités requises pour venir inquiéter les ténors de cette catégorie. Elle est également un symbole. Il semble que General Motors a compris que les gens ne se contentaient plus de demi-mesures, peu importe l'écusson accroché sur la grille de calandre.

Denis Duquet

MODÈLES CONCURRENTS

- Acura MDX • BMW X5 • Infiniti FX35/FX45
- Mercedes-Benz Classe M • Lexus RX 330
- Volkswagen Touareg

VERDICT

Agrément de conduite	★★★★☆
Fiabilité	nouveau modèle
Sécurité	★★★★⯪
Qualités hivernales	★★★★★
Espace intérieur	★★★★☆
Confort	★★★☆☆

VERSION RECOMMANDÉE

V8 AWD

▲ POUR

- **Plate-forme sophistiquée • Bonnes performances moteur • Boîte auto. 5 rapports**
- **Excellent système de stabilité latérale**

▼ CONTRE

- **Fiabilité inconnue • Suspension ferme**
- **Plusieurs options onéreuses**
- **Troisième banquette petite**

COUP DE CŒUR

Cette fois, est-ce la bonne ?

On connaît la chanson ! En effet, ce n'est pas d'hier que Cadillac tente de rajeunir son image et de convaincre les baby-boomers que la marque qui fut jadis un symbole d'excellence et de prestige a remis ses pendules à l'heure. Fini les voitures d'un autre âge pour une clientèle d'un âge certain. Jusqu'ici, les promesses de relance ne furent justement que des promesses sans lendemain. On n'a qu'à se rappeler entre autres la désastreuse Allante de 1987. Après tous ces faux départs, la dernière tentative de relance sera-t-elle la bonne ?

Le modèle qui doit être le fer de lance du renouveau de Cadillac est le coupé-roadster XLR, l'aboutissement du concept EVOQ dévoilé au Salon de Detroit en 1999.

Avec une production de seulement 5000 unités par année, il ne représente que de la menue monnaie pour General Motors, mais son rôle est crucial au sein de la gamme Cadillac. La XLR doit devenir la nouvelle voiture de rêve de toute une génération et servir de porte-étendard à une marque qui a absolument besoin pour survivre de remonter sur le podium des constructeurs automobiles de prestige aux côtés de Mercedes-Benz et de BMW. Grosse commande, comme dirait l'autre, mais il est permis de croire que ces ambitions ne sont pas utopiques. À la lumière de mon expérience au volant de la XLR tant sur les routes de l'Arizona que sur les pistes d'essai de GM en plein désert, il est permis de croire que l'on est sur la bonne voie.

La cousine de la Corvette

Je ne suis pas sûr que la parenté qui existe entre la XLR et la future Corvette sera bien perçue par la clientèle, mais l'association n'est pas sans bénéfice. Sachant que la première qualité d'une voiture sport se doit d'être la légèreté, signalons que le nouveau coupé-roadster de Cadillac bénéficie d'un châssis et d'une carrosserie du même type que la Corvette où l'aluminium et les matériaux com-

posites jouent un rôle de premier plan. Conséquemment, il est moins lourd que ses concurrents immédiats que sont la Mercedes-Benz SL500 ou la Lexus SC 430 et cela d'environ 200 kilos dans le premier cas. La XLR coiffe aussi ses rivales en matière de puissance et son tout nouveau V8 Northstar DOHC de 4,6 litres à bloc et culasse en alliage léger propose 320 chevaux contre 302 pour la SL et 300 pour la SC. La propulsion est assurée par une transmission automatique à 5 rapports à mode manuel (Driver Shift Control), la seule au catalogue. Elle a la particularité d'être accolée au différentiel arrière afin de favoriser une répartition de poids quasi égale (49-51) entre les deux essieux. Dans l'ensemble, la voiture s'en remet à des solutions

emprunte aussi son régulateur de vitesse piloté par radar afin de ralentir automatiquement la voiture si elle s'approche d'un véhicule roulant plus lentement. Plusieurs tentatives de déjouer le système se sont avérées vaines, démontrant clairement sa valeur sur le plan sécuritaire. Curieusement, la loi interdit de programmer le système pour qu'il puisse aller jusqu'à stopper la voiture pour prévenir un accident.

techniques éprouvées comme la suspension Magnetic Ride Control déjà utilisée dans d'autres modèles Cadillac et dans l'actuelle Corvette. Il s'agit ni plus ni moins que d'une suspension adaptative dont les réglages sont pratiquement instantanés grâce à la présence dans les amortisseurs d'une huile dans laquelle flottent des millions de particules métalliques qui, par action magnétique, s'agglomèrent ou s'éloignent, faisant varier la densité du liquide. Mentionnons la direction

Magnasteer à assistance variable, le système de stabilité StabiliTrak ainsi que des pneus Michelin ZP de 18 pouces à roulage à plat et on aura à peu près fait le tour de la fiche technique de la XLR.

Fais-moi un toit

Pour la caractéristique principale de la voiture, son toit dur rétractable, Cadillac a eu la bonne idée de faire appel à la même firme allemande (Car Top Systems) qui fabrique le couvre-chef de la SL500. Ce qui signifie que ce fameux toit se rétracte en 29 secondes au simple toucher d'un bouton et qu'il possède toutes les qualités d'étanchéité à l'eau et au vent de celui de la Mercedes. Il m'a semblé toutefois que toute la quincaillerie du système pourrait être mieux dissimulée quand le coffre est ouvert. En plus, les divers panneaux prennent plus de place dans la soute à bagages puisque le volume de celle-ci passe de 328 à 125 litres lorsqu'on décide de rouler à ciel ouvert. Sévère pénalité... Ce n'est pas la seule chose que la XLR a chipée à sa rivale allemande puisqu'elle lui

Bien que la qualité des matériaux et le soin apporté à la finition soient indiscutables, la présentation intérieure qui fait appel au bois d'eucalyptus, à l'aluminium, au cuir et à des instruments portant la griffe du joaillier italien Bvlgari ne paraît pas aussi flatteuse que dans la SL ou la SC 430. La chaîne stéréo Bose a toutefois été étudiée en fonction d'une utilisation sans toit et possède notamment des haut-parleurs dans les appuie-tête. Autant la XLR fourmille d'accessoires de série, autant il faudra s'habituer à abandonner certains repères familiers : pas de clé de contact, pas de poignées de porte, pas de roue de secours et... presque pas de coffre si on veut être malin.

Une carte électronique que l'on garde dans sa poche permet d'accéder à la voiture en glissant les doigts sous les petites encoches au haut des portières. Pour lancer le moteur, il suffit d'appuyer sur le bouton *start-stop* comme dans la BMW Z8. Quant à la roue de secours... les pneus d'origine sont conçus pour rouler sans pression. Voilà pour le tour du propriétaire. Que diriez-vous du tour de piste ?

CARACTÉRISTIQUES

Prix du modèle à l'essai	XLR 110 000 $
Échelle de prix	110 000 $
Garanties	4 ans 80 000 km / 4 ans 80 000 km
Emp. / Long. / Larg. / Haut. (cm)	268,5 / 451 / 184 / 128
Poids	1654 kg
Coffre / Réservoir	125 à 328 litres / 68,1 litres
Coussin de sécurité	frontaux, latéraux, tête
Suspension avant	lame et leviers transversaux
Suspension arrière	ind., lame et leviers transversaux
Freins av. / arr.	disque ventilé, ABS
Antipatinage / Contrôle de stabilité	oui
Direction	à crémaillère, assistance variable
Diamètre de braquage	11,9 mètres
Pneus av. / arr.	235/50R18

MOTORISATION ET PERFORMANCES

Moteur	V8 4,6 litres
Transmission	propulsion, auto. 5 rapports + mode manuel
Puissance	320 ch à 6400 tr/min
Couple	310 lb-pi à 4400 tr/min
Autre(s) moteur(s)	aucun
Autre(s) transmission(s)	aucune
Accélération 0-100 km/h	5,8 secondes
Reprises 80-120 km/h	5,0 secondes
Vitesse maximale	250 km/h (limitée)
Freinage 100-0 km/h	n.d.
Consommation (100 km)	13,0 litres (super)
Niveau sonore	n.d.

MODÈLES CONCURRENTS

• *Jaguar XK8* • *Lexus SC 430* • *Mercedes-Benz SL500*

VERDICT

Agrément de conduite	★★★★☆
Fiabilité	*nouveau modèle*
Sécurité	★★★★☆
Qualités hivernales	★★★☆☆
Espace intérieur	★★★☆☆
Confort	★★★★☆

VERSION RECOMMANDÉE

XLR rouge

Comparons à la SL et à la SC

Première chose à vérifier dans une voiture qui semble le parfait refuge pour un concert de bruits de caisse : la rigidité de la structure et de l'architecture du toit. Mission accomplie si je me base sur l'essai successif de la XLR, de la SC 430 et de la Mercedes SL500 sur des revêtements parsemés de trous, de bosses ou de nids-de-poule. Rien ne rappelait exactement le Québec mais bon, on verra plus tard. La Lexus a beaucoup souffert dans de telles conditions avec une constante flexion au niveau du pare-brise et du capot avant tandis que la SL émettait son lot de clac et de couic en provenance du toit que je mettrais sur le compte d'un important kilométrage et de traitements plus ou moins amicaux puisque la voiture avait été utilisée par Cadillac lors de ses évaluations comparatives. Quant à la XLR, à part un capot flottant auquel on tente de remédier, notre coupé-roadster a passé l'examen avec distinction. Sans bruit et avec un confort légèrement supérieur à celui de la Mercedes. Il faut dire merci à une structure constituée en son périmètre de rails en acier encadrant un tunnel en aluminium servant au cockpit et à un plancher en matériaux composites et balsa d'une extrême rigidité.

Avec le moteur le plus puissant, le poids le moins élevé et une transmission qui réduit les passages de rapport à une demi-seconde, la XLR profite pleinement du meilleur rapport poids/puissance de la catégorie. Avec un bruit plutôt sympathique, son V8 vous emmène à 100 km/h en 1 seconde de moins que la SL et règle le 80-120 km/h en 5 petites secondes. Sur la route, la direction semble lourde de prime abord, mais on s'y fait et la voiture se laisse pousser dans les virages sans en faire un drame comme en témoigne une accélération latérale maximum de 0,90. Le long capot avant laisse supposer un fort sous-virage, mais il n'en est rien même si la XLR n'incite pas à s'éclater au volant. Son bon comportement en virage tient à un ensemble de facteurs dont sa légèreté, sa voie très large et sa faible hauteur. Une conduite sportive permet même de mettre en action un programme qui adapte les changements de rapport à votre rythme et vous évite une chute de régime moteur en plein virage.

À l'intérieur, j'ai d'abord tâtonné pour ouvrir la portière avant de trouver finalement le petit bouton électronique qui assume cette tâche. Et si jamais la batterie flanchait, on a prévu une poignée spéciale près du plancher. Les sièges, par ailleurs très confortables, n'ont pas démontré leurs qualités réfrigérantes dans la fournaise de l'Arizona par 42 °C à l'ombre. La XLR n'offre que deux places, mais celles-ci sont spacieuses et les espaces de rangement disséminés un peu partout très commodes. Par ailleurs, Cadillac n'a pas cru nécessaire de doter la voiture d'un petit écran derrière les sièges destiné à diminuer les courants d'air en configuration roadster. Dommage pour les mises en plis et les coups de froid.

En bout de ligne, il faut chercher longtemps pour trouver à redire du nouveau porte-étendard de Cadillac. Marcher de si près sur les traces de Mercedes-Benz n'est pas un mince exploit pour une marque que l'on tenait pour dépassée il n'y a pas si longtemps. À moins que la clientèle en décide autrement, la XLR n'est pas un coup d'épée dans l'eau. Je dirais même que c'est un beau coup dans la bonne direction.

Jacques Duval

▲ POUR

• **Construction légère** • **Bonne rigidité de la structure** • **Toit rétractable au point** • **Bon comportement routier** • **Confort soigné**

▼ CONTRE

• **Fiabilité inconnue** • **Direction lourde**
• **Espace restreint pour les bagages**
• **Absence de pare-vent** • **Image à construire**

COUP DE POING

La même rengaine

Année après année, nous vous revenons en soulignant que les jours de ces deux fourgonnettes sont comptés, qu'il s'agit sans doute de leur chant du cygne et que, par conséquent, les changements sont quasi inexistants. Cette rengaine est également accompagnée d'un petit historique de ces deux outils de transport soulignant le manque de clairvoyance de GM au début des années 1980 et la mauvaise lecture de l'évolution du marché. Malgré cela, ce duo a survécu, car autant l'Astro que le Safari se sont taillé une niche plus ou moins spécialisée par rapport aux autres fourgonnettes qui sont dorénavant presque toutes des tractions dont le comportement routier et le confort s'apparentent davantage à celui d'une automobile.

Devinez! Il me faut revenir avec la même rengaine une année encore! En effet, ces deux véhicules nous reviennent une fois de plus en 2004 malgré toutes sortes de rumeurs. Chez General Motors, la direction a toujours affirmé que ces modèles seraient commercialisés aussi longtemps que la demande serait assez importante. Force est de conclure qu'il s'en vend assez pour assurer leur survie pendant quelque temps. Mieux encore, il est possible que de nouvelles versions soient dévoilées au cours de 2004. Il s'agirait toujours de propulsions et elles utiliseraient la plate-forme des nouvelles camionnettes Colorado et Canyon. Ce modèle serait un choix alternatif aux Savana et Express, deux fourgonnettes de plus grandes dimensions.

Comme jadis
Avant de parler des qualités de l'Astro et du Safari, il est intéressant de faire le tour du pro-

priétaire. Puisque ces deux utilitaires étaient initialement destinés répondre aux besoins des artisans de la construction et des petites entreprises, les concepteurs ont opté pour la propulsion et une suspension arrière de camionnette. Le moteur pénètre dans l'habitacle afin d'optimiser la longueur hors tout et les portes arrière sont à battants. Autant d'éléments qui ont survécu au fil des années et qui sont devenus des irritants pour la majorité des utilisateurs. Si les mécaniciens tempêtent en tentant de travailler dans un compartiment moteur restreint, les occupants des places avant doivent trouver une place pour leurs pieds, le passage de roue empiétant dans leur espace. De plus, puisque le moteur se trouve presque dans l'habitacle, la planche de bord est protubérante au centre.

La caisse est monocoque tandis que la plate-forme est constituée de renforts intégrés afin d'assurer une bonne capacité de remorquage. Par contre, les éléments de

suspension sont de conception plutôt industrielle avec des bras asymétriques à l'avant pour la propulsion et avec barres de torsion pour l'intégrale. À l'arrière, c'est moins impressionnant avec un essieu rigide et des ressorts elliptiques. Grosse nouvelle : les versions 2004 de l'Astro bénéficient de nouvelles roues de 16 pouces.

Au début, les portes arrière à battant étaient appréciées des travailleurs, car elles favorisaient le chargement et permettaient un accès plus facile au porte-bagages. Malheureusement, le conducteur ne pouvait compter sur un essuie-glace arrière. Il devait tenter de deviner ce qui se passait derrière son véhicule, d'autant plus que sa visibilité était obstruée par la poutre formée par la jonction des deux portes. Pour compenser, il est possible de commander deux miniportes à battant en partie inférieure surplombées par un petit hayon avec essuie-glace. Bien entendu, la seule porte coulissante se trouve du côté droit et elle est à commande manuelle.

Des spécialistes
Au fil des années, les concepteurs ont amélioré le confort de l'habitacle à l'aide de sièges offrant un meilleur support latéral. L'insonorisation a également été revue et que l'infrastructure de la caisse modifiée afin d'obtenir plus de rigidité et de réduire ainsi

CARACTÉRISTIQUES

Prix du modèle à l'essai	Astro LT AWD 35 395 $
Échelle de prix	28 015 $ à 36 980 $
Garanties	3 ans 60 000 km / 3 ans 60 000 km
Emp. / Long. / Larg. / Haut. (cm)	283 / 482 / 197 / 193
Poids	2090 kg
Coffre / Réservoir	1169 à 4825 litres / 102 litres
Coussins de sécurité	frontaux
Suspension avant	ind., bras asymétriques
Suspension arrière	essieu rigide, ressorts elliptiques
Freins av. / arr.	disque ABS
Antipatinage / Contrôle de stabilité	non
Direction	à billes, assistée
Diamètre de braquage	13,4 mètres
Pneus av. / arr.	215/75R16

MOTORISATION ET PERFORMANCES

Moteur	V6 4,3 litres
Transmission	intégrale, automatique 4 rapports
Puissance	190 ch à 4400 tr/min
Couple	250 lb-pi à 2800 tr/min
Autre(s) moteur(s)	aucun
Autre(s) transmission(s)	aucune
Accélération 0-100 km/h	11,9 secondes
Reprises 80-120 km/h	9,9 secondes
Vitesse maximale	180 km/h
Freinage 100-0 km/h	44,2 mètres
Consommation (100 km)	13,4 litres (ordinaire)

les bruits de caisse. L'an dernier, plusieurs composantes de l'habitacle ont été remplacées afin de respecter de nouvelles normes de sécurité tandis qu'un système de freins à disque aux quatre roues est devenu de série.

Compte tenu de notre climat, il est recommandé de cocher l'option traction intégrale, car cette grosse propulsion n'est pas toujours en mesure de maîtriser les chaussées à faible coefficient d'adhérence. Cette intégrale à commande électronique n'est pas des plus sophistiquées, mais elle permet de détourner une partie du couple vers les roues avant lorsque les roues arrière patinent.

Le moteur V6 4,3 litres de 190 chevaux a une longue et honorable carrière derrière lui. Ce V6 consomme avec modération tandis que son couple permet de tracter une remorque sans trop de problème. De plus, sa consommation de carburant s'avère raisonnable pour la catégorie. Preuve que la boîte automatique est bien adaptée.

Ce n'est pas par hasard que de nombreuses compagnies de transformation choisissent les Astro ou les Safari. Elles offrent un comportement routier sain et une mécanique sans problème et il semble que la suspension ne rechigne pas à devoir déplacer les quelques kilos supplémentaires que représentent l'ajout d'accessoires de camping ou autres. C'est la même chose lorsque vous roulez avec une version régulière passablement chargée. La tenue de route n'est pas affectée et la stabilité directionnelle demeure bonne. Et il ne faut pas se laisser influencer par la silhouette carrée de ces véhicules. La direction est précise et il est facile de se stationner ou de se faufiler dans la circulation.

Véhicules quasiment spécialisés, l'Astro et le Safari continuent de se vendre, car ils conviennent aux gens à la recherche d'une fourgonnette intermédiaire à propulsion pouvant offrir l'intégrale.

Denis Duquet

MODÈLES CONCURRENTS

• Dodge Caravan • Ford Freestar • Kia Sedona

QUOI DE NEUF ?

• Roues en aluminium de 16 po (Astro)

Renouvellement du modèle	n.d.

VERDICT

Agrément de conduite	★★⯪☆☆
Fiabilité	★★★☆☆
Sécurité	★★★☆☆
Qualités hivernales	★★★★☆
Espace intérieur	★★★★☆
Confort	★★⯪☆☆

VERSION RECOMMANDÉE

LS AWD

▲ POUR

• Moteur bien adapté • Traction intégrale
• Bonne capacité de remorquage • Boîte automatique solide • Tableau de bord pratique

▼ CONTRE

• Mécanique difficile d'accès • Peu d'espace à l'avant • Suspension arrière revêche • Roulis de caisse en virage • Esthétique dépassée

Aveo

Curieux mélange!

Tous les spécialistes s'entendent, General Motors possède trop de divisions et trop de modèles! Le premier constructeur mondial est même d'accord avec cet énoncé puisqu'il a éradiqué la division Oldsmobile pour cette raison. Alors, pourquoi diantre vient-il nous présenter trois nouveaux modèles devant faire leurs débuts au printemps de 2004? Si l'arrivée de l'Aveo se justifie par le besoin de GM d'être présent dans le secteur des sous-compactes économiques, plusieurs s'interrogent quant à la pertinence de l'Epica et de l'Optra, deux berlines réservées exclusivement au marché canadien.

En général, General Motors préfère concevoir la silhouette de ses voitures dans ses propres studios. Mais puisque l'Aveo est dérivée de la Daewoo Kalos, elle bénéficie d'un design signé Giugiaro. Ce grand maître du stylisme a accompli du bon travail sur la version *hatchback*, mais semble avoir suivi à la lettre les instructions des dirigeants de Daewoo lorsque est venu le temps de réaliser la berline. Quoi qu'il en soit, les deux modèles sont dotés d'un habitacle spacieux capable d'accueillir quatre adultes dans un bon confort. Toujours en raison de ces origines étrangères, le tableau de bord est différent de ce qui est dessiné dans les studios de Detroit et personne ne s'en plaindra.

Le moteur quatre cylindres est à double arbre à cames en tête et possède quatre soupapes par cylindre. Avec une puissance de 105 chevaux, les performances devraient être intéressantes et l'économie de carburant rassurante. Il faut souligner que ce modèle sera

également commercialisé par Suzuki sous l'appellation Swift⁺. Il est de plus certain que le modèle à hayon cible directement la Toyota Echo Hatchback.

Étrange?

S'il est facile d'expliquer la présence de l'Aveo sur notre marché, celle de l'Epica est beaucoup plus difficile à justifier, surtout avec l'arrivée de la toute nouvelle Malibu. En effet, les deux ont un empattement pratiquement similaire et leur longueur hors tout est quasiment semblable. Pourtant, les deux ne partagent ni leur plate-forme ni leur mécanique. L'élément mécanique le plus intrigant de cette berline à la silhouette tout de même élégante est la présence d'un moteur six cylindres en ligne de 155 chevaux monté transversalement. Ce moteur est doté d'une culasse à double arbre à cames en tête et d'un bloc en alliage léger. Seule une boîte automatique à quatre rapports est offerte. Celle-ci est de type adaptatif en plus de posséder un algorithme de logi-

que de pente qui prévient les changements intempestifs des rapports dans les côtes. Cette fiche technique se complète par des freins à disque aux quatre roues reliés à un système ABS.

Non seulement cette berline cinq places est dotée d'une bonne habitabilité, mais son niveau d'équipement est très complet. En voici d'ailleurs une liste partielle: sièges avant à réglage électrique en huit positions, climatisation, vitres à commande électrique, verrouillage des portes à distance, phares automatiques de type projecteur et la liste continue.

Il sera possible de commander l'Epica en deux versions: la LS plus économique et la LT vraiment toute garnie. Reste à savoir si cela sera suffisant pour intéresser les clients. D'autant plus que ce nom n'est pas tellement facile à retenir.

Une chose est certaine, ce modèle va causer de la confusion dans la catégorie des intermédiaires. Et ce sera la même chose avec l'Optra.

La Cavalier coréenne?

Une fois de plus, nous nous perdons en conjectures lorsque vient le temps de justifier la présence de l'Optra dans la gamme Chevrolet. En effet, si l'Epica était quasiment la réplique de la Malibu en fait de dimensions, celle-ci

Optra

Epica

CARACTÉRISTIQUES

Prix du modèle à l'essai	Optra LS 17 465 $
Échelle de prix	16 190 $ à 17 465 $
Garanties	3 ans 60 000 km / 5 ans 100 000 km
Emp. / Long. / Larg. / Haut. (cm)	260 / 450/ 172,5 / 144,5
Poids	1250 kg
Coffre / Réservoir	350 litres / 55 litres
Coussins de sécurité	frontaux
Suspension avant	indépendante, jambes de force
Suspension arrière	indépendante, jambes de force
Freins av. / arr.	disque ABS (optionnel)
Antipatinage / Contrôle de stabilité	non
Direction	à crémaillère, assistée
Diamètre de braquage	11,0 mètres
Pneus av. / arr.	195/55R15

MOTORISATION ET PERFORMANCES

Moteur	4L 2 litres
Transmission	manuelle 5 rapports
Puissance	119 ch à 5400 tr/min
Couple	126 lb-pi 4000 tr/min
Autre(s) moteur(s)	aucun
Autre(s) transmission(s)	automatique 4 rapports
Accélération 0-100 km/h	11,0 secondes (estimé)
Reprises 80-120 km/h	9,3 secondes (estimé)
Vitesse maximale	185 km/h
Freinage 100-0 km/h	43,0 mètres (estimé)
Consommation (100 km)	8,5 litres (ordinaire)

MODÈLES CONCURRENTS

• Ford Focus • Hyundai Elantra • Kia Spectra • Mazda3

QUOI DE NEUF ?

• Nouveau modèle

VERDICT

Agrément de conduite	données insuffisantes
Fiabilité	
Sécurité	
Qualités hivernales	
Espace intérieur	
Confort	

VERSION RECOMMANDÉE

LS

vient jouer dans les plates-bandes de la Cavalier avec un empattement et une longueur hors tout quasiment similaires. D'ailleurs, les deux sont dotées d'un moteur quatre cylindres. Par contre, celui de la Cavalier possède une plus grosse cylindrée, 2,2 litres en comparaison de 2 litres, et ses 140 chevaux font mal paraître les 119 chevaux de l'Optra. Soulignons que ces deux frères ennemis proposent une boîte manuelle à cinq rapports de série ou l'automatique à quatre vitesses en option.

Comme la Cavalier, ce modèle cible une clientèle à la recherche d'une berline compacte offrant un habitacle spacieux, un équipement de série adéquat et un prix compétitif. S'il faut en croire General Motors, le comportement routier de cette Chevrolet d'origine coréenne serait passablement sportif. Et il faut admettre que la silhouette est davantage inspirée par les stylistes européens.

La seule justification de l'arrivée de ce trio sur notre marché est le désir de General Motors d'utiliser ses nouvelles ressources coréennes provenant du rachat d'une partie de Daewoo pour colmater les moindres brèches dans son offre de modèles sur le marché canadien.

L'Aveo permet de couvrir le marché des sous-compactes délaissé depuis le départ de la Geo et de la Firefly, ce qui permettra à la prochaine Cavalier de devenir plus luxueuse. L'Optra pourrait se glisser juste un cran en dessous de cette dernière afin de cibler les gens qui ne pourraient se payer la nouvelle Cavalier 2005 qui sera entièrement transformée. Mais il est plus difficile de justifier la présence de l'Epica. Compte tenu de ses caractéristiques et de ses dimensions, elle pourrait venir s'insérer entre la Cavalier et la Malibu. Si ce n'est entre la Malibu et la prochaine Impala. J'arrête, cela me donne des vertiges !

Pourquoi ces deux exclusivités canadiennes ? Seul le temps nous le dira.

Denis Duquet

▲ POUR

• Silhouette élégante • Équipement complet
• Prix compétitif • Boîte automatique 4 rapports
• Freins à disque avant et arrière

▼ CONTRE

• Fiabilité inconnue • Moteur de puissance modeste • Absence de coussins latéraux
• Valeur de revente inconnue

Rétrogradés au sous-sol des aubaines

Pendant des années, General Motors se faisait secouer les puces par les critiques qui dénonçaient la vétusté de ces deux utilitaires sport, largués par la concurrence. L'arrivée des nouveaux Chevrolet TrailBlazer et GMC Envoy est venue remédier à la chose. Elle a même permis à GM de prendre les devants sur ses concurrentes dans ce créneau. Alors pourquoi diantre les Blazer et Jimmy figurent-ils toujours sur la liste des véhicules commercialisés par ce constructeur ?

La raison est bien simple, c'est une question d'économie. En effet, les nouveaux modèles sont plus sophistiqués et plus puissants, mais ils sont également plus chers. Ce qui laisserait un vide dans la gamme des produits Chevrolet, par exemple. Enlevez le Blazer et il y a un énorme trou entre le Tracker et le TrailBlazer. Alors, pourquoi ne pas conserver les Blazer et Jimmy dont les caractéristiques sont toujours acceptables et le prix très compétitif ? Ils ont été en quelque sorte relégués au sous-sol des aubaines en attendant l'arrivée de modèles plus modernes d'ici peu. Le Chevrolet Equinox prévu pour 2005 possède toutes les caractéristiques pour venir s'insérer sous le TrailBlazer dans le catalogue des modèles. Ce qui devrait également signifier la fin du Blazer et du GMC Jimmy. Mais attendons avant d'affirmer quoi que ce soit.

Qui achète ?

Compte tenu que notre duo rétro se vend moins cher que les modèles plus nouveaux et plus sophistiqués, il attire sans aucun doute une clientèle moins fortunée et plus jeune. Un Blazer tout équipé se vend plusieurs milliers de dollars moins cher que le plus économique des TrailBlazer et la différence est encore plus importante chez GMC. J'en profite pour souligner que le Jimmy est une exclusivité canadienne et qu'il n'est offert qu'en version quatre roues motrices.

En plus de cet élément, il est également possible de commander une version deux portes, ce que certains aficionados de la conduite tout-terrain apprécient tout particulièrement. Le véhicule est alors plus léger et plus court, ce qui augmente sa maniabilité en conduite hors route. Et il faut d'ailleurs ajouter que le rouage intégral offert dans ces deux modèles se prête très bien à des excursions hors route plus audacieuses que la moyenne puisqu'il s'agit d'un 4X4 traditionnel doté d'un châssis autonome de type échelle et d'une suspension arrière rigide à ressorts elliptiques, ce que certains croient être la recette parfaite en conduite hors route. De plus, le moteur V6 4,3 litres de 190 chevaux a fait ses preuves et il offre un rendement supérieur à la moyenne.

Une autre preuve qu'on vise une clientèle plus jeune et plus portée à rouler hors route a été l'arrivée l'an dernier des versions Xtreme chez Chevrolet et ZR2 chez GMC. Il s'agit d'un modèle deux portes doté de pneus à flancs noirs plus gros, d'un nouveau châssis à voie plus large, d'engrenages de boîte et de transmission plus robustes, d'une suspension arrière modifiée dotée d'amortisseurs à gaz plus gros et d'une foule d'autres modifications. Naturellement, ce deux portes est affublé de la décalcomanie appropriée pour faire savoir à votre entourage que vous êtes un dur de dur. Comme vous l'aurez constaté, il s'agit d'un produit surtout destiné à améliorer les prestations en conduite hors route et dont la présentation extérieure a été quelque peu jazzée. Malgré cet effort, il n'en demeure pas moins que ces véhicules ont connu leur dernière modification d'importance en 1993 et ça paraît.

Limites sur route

Si vous faites partie de ceux qui croient fermement que les véhicules plus anciens étaient mieux fabriqués que ceux d'aujourd'hui, je vous invite à jeter un coup d'œil sur le Blazer et le Jimmy. Non seulement les

CARACTÉRISTIQUES

Prix du modèle à l'essai	LS 4 portes 34 395 $
Échelle de prix	29 350 $ à 35 465 $
Garanties	3 ans 60 000 km / 3 ans 60 000 km
Emp. / Long. / Larg. / Haut. (cm)	272 / 465 / 172 / 163
Poids	1835 kg
Coffre / Réservoir	1056 à 2098 litres / 69 litres
Coussins de sécurité	frontaux
Suspension avant	indépendante, barre de torsion
Suspension arrière	essieu rigide, ressorts elliptiques
Freins av. / arr.	disque ABS
Antipatinage / Contrôle de stabilité	non
Direction	à billes, à assistance variable
Diamètre de braquage	12,0 mètres
Pneus av. / arr.	235/70R15

MOTORISATION ET PERFORMANCES

Moteur	V6 4,3 litres
Transmission	intégrale, automatique 4 rapports
Puissance	190 ch à 4400 tr/min
Couple	250 lb-pi à 2800 tr/min
Autre(s) moteur(s)	aucun
Autre(s) transmission(s)	manuelle 5 rapports (2 portes)
Accélération 0-100 km/h	10,7 secondes
Reprises 80-120 km/h	9,1 secondes
Vitesse maximale	165 km/h (limitée)
Freinage 100-0 km/h	40,0 mètres
Consommation (100 km)	14,6 litres (ordinaire)

MODÈLES CONCURRENTS

• Ford Explorer • Jeep Grand Cherokee • Kia Sorento • Nissan Pathfinder • Toyota 4Runner

QUOI DE NEUF ?

• Nouveaux pneus avec groupe ZR2 • Porte-bagages de série • Nouvelle console

Renouvellement du modèle	Au plus vite

VERDICT

Agrément de conduite	★★★☆☆
Fiabilité	★★★☆☆
Sécurité	★★★☆☆
Qualités hivernales	★★★★☆
Espace intérieur	★★★☆☆
Confort	★★★★☆

VERSION RECOMMANDÉE

LS 4 portes

matériaux de l'habitacle, notamment les plastiques, semblent de qualité inférieure, mais leur assemblage est quelque peu bâclé. Prenez place à l'avant et vous serez assis sur des sièges trop mous au support latéral presque symbolique. Et pas besoin d'essayer ceux de l'arrière, c'est encore pire. En revanche, le tableau de bord est pratique, bien agencé, et les commandes se trouvent toutes à la portée de la main. De plus, tous les éléments sont faciles à identifier et le volant à quatre branches se prend bien en main.

Sans surprise comme au Holiday Inn

Malgré une suspension arrière d'une autre époque, ces véhicules offrent un comportement routier sans surprises, du moins sur l'autoroute et sur les routes dont le revêtement n'est pas détérioré. Dans ces conditions, la tenue de route est adéquate même s'il faut s'habituer à une direction floue. Malheureusement, la tenue de route se détériore au fur et à mesure que la charge augmente. Et lorsque la chaussée est cahoteuse, la suspension n'est pas tellement efficace : l'arrière a tendance à se dérober. Mieux vaut ne pas tenter une manœuvre d'urgence à haute vitesse sur une route cahoteuse avec cinq personnes à bord. Sueurs froides garanties.

Il faut d'ailleurs toujours se souvenir que les VUS sont des véhicules plus spécialisés et qu'ils se prêtent moins à des prouesses au volant qu'une Corvette, par exemple.

À quelques mois de leur retraite, aussi bien le Blazer que le Jimmy sont des solutions plus économiques pour les personnes qui tiennent mordicus à se procurer un VUS intermédiaire de type classique sans devoir trop débourser. Par contre, le nouveau Chevrolet Equinox fera vite oublier ces deux véhicules. Mais si vous ne pouvez attendre, GM vous propose un retour vers le passé.

Denis Duquet

▲ POUR
• Prix compétitif • Moteur fiable
• Système Autotrak • Finition en progrès
• Choix de suspension

▼ CONTRE
• Modèle en fin de série • Direction imprécise
• Places arrière inconfortables
• Version 2 portes peu pratique

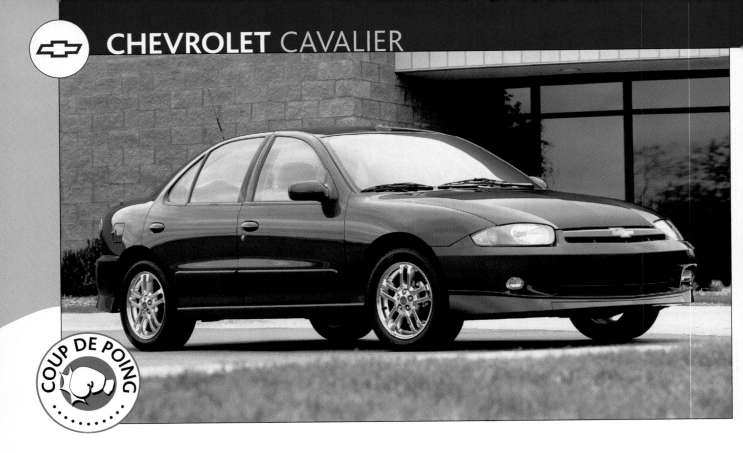

COUP DE POING

Hot-dogs

C'est un euphémisme de dire que le hot-dog n'est pas le plus raffiné des aliments. Fabriqué avec les parties les moins nobles de certains animaux (on aime autant ne pas savoir lesquelles), il constitue une bonne source de gras et d'additifs chimiques, et possède des propriétés digestives qui lui ont valu le surnom familier de « roteux ».

Pourtant, rien n'empêche que le hot-dog se vend comme des petits chiens chauds ! Parce que c'est mangeable, parce que ça remplit facilement un ventre creux, et surtout parce que ça ne coûte pas cher. Il ne faut pas se surprendre de sa popularité, même si son goût demeure éminemment discutable. Un postulat analogue est probablement à l'origine de la mise en marché de la Cavalier par GM. La presse spécialisée a beau critiquer cette compacte, il reste qu'elle a été – une fois de plus – la voiture la plus vendue au Canada en 2002, et même au Québec si on tient compte des ventes de son clone, la Pontiac Sunfire.

Dépouillement

Ce succès populaire se poursuivra-t-il indéfiniment ? Probablement aussi longtemps que GM gardera en vigueur sa politique agressive de rabais. Pour vous en donner une petite idée, sachez que j'ai vu récemment une publicité annonçant une Cavalier 2003 flambant neuve à 11 899 $, une réduction de près de 25 % sur le prix suggéré par le manufacturier.

Trop beau pour être vrai ? Oui et non. Oui, c'est vrai, même si pour ce faire, GM a dû retirer en 2003 les freins ABS de la liste d'équipement de série. Mais, non, ce n'est pas trop beau. Ouvrir la porte d'une Cavalier, c'est s'exposer à recevoir une grosse bouffée de spleen en pleine gueule. L'habitacle est d'une grisaille pratiquement sans égale, sauf chez certains autres produits GM. Le design semble être l'œuvre d'un bricoleur maison, les matériaux ont un aspect miséreux, et l'assemblage est à la va-comme-je-te-pousse.

Soit, la version VL de base offre bien une radio, des porte-verres et une console de rangement entre les sièges avant. L'ouverture du coffre peut s'effectuer de l'intérieur, la lunette arrière comporte un dégivreur électrique, les essuie-glaces ont une vitesse intermittente (une, à prendre ou à laisser !), et l'éclairage plafonnier est à extinction progressive (wow !). Mais j'ai personnellement été envahi par un abattement passager en constatant que le rétroviseur extérieur droit n'a même pas droit à une commande à distance ; il vous faut, pour l'orienter, abaisser la glace côté passager et y laisser vos empreintes digi-

tales. La disposition des contrôles ne pose pas de problème, mais la colonne de direction non réglable dans la version de base impose ses limites à la recherche d'une bonne position de conduite.

Le coffre est assez logeable, et il s'agrandit par l'inclinaison 60/40 du dossier arrière, ce qui constitue sans doute la plus grande vertu de ladite banquette. En effet, le supplice auquel elle soumet ses occupants est encore pire que celui imposé par les sièges avant, qui sont pourtant des modèles d'inconfort. Imaginez maintenant une suspension sensible à la moindre inégalité, en plus d'une isolation acoustique qui ne vous épargne pas grand-chose en fait de pollution sonore, et vous aurez une bonne idée de ce qu'est la vie dans une Cavalier circulant à vitesse de croisière.

Sur le plan de la conduite, ce n'est pas la joie non plus, car la direction se montre floue, et la voiture obéit gauchement aux manœuvres brusques. Il faut malgré tout lui reconnaître un comportement prévisible et une tenue de route acceptable tant qu'on se contente sagement de respecter ses limites, ce qu'on est d'autant mieux de faire que les freins sont peu efficaces et vite sujets à l'échauffement, et que les pneus d'origine pourraient facilement se retrouver sur un comptoir de Dunkin Donuts si ce n'était de leur taille.

CARACTÉRISTIQUES

Prix du modèle à l'essai	berline VL 15 935 $
Échelle de prix	15 935 à 21 935 $
Garanties	3 ans 60 000 km / 5 ans 100 000 km
Emp. / Long. / Larg. / Haut. (cm)	264 / 464 / 172,5 / 139
Poids	1195 kg
Coffre / Réservoir	385 litres / 53 litres
Coussins de sécurité	frontaux et latéraux (av. opt.)
Suspension avant	indépendante, jambes de force
Suspension arrière	poutre déformante
Freins av. / arr.	disque / tambour (ABS opt.)
Antipatinage / Contrôle de stabilité	oui (opt.) /non
Direction	à crémaillère, assistée
Diamètre de braquage	10,9 mètres
Pneus av. / arr.	195/70R14

MOTORISATION ET PERFORMANCES

Moteur	4L 2,2 litres
Transmission	traction, manuelle 5 rapports
Puissance	140 ch à 5600 tr/min
Couple	150 lb-pi à 4000 tr/min
Autre(s) moteur(s)	aucun
Autre(s) transmission(s)	automatique 4 rapports
Accélération 0-100 km/h	9,1 secondes
Reprises 80-120 km/h	8,3 secondes
Vitesse maximale	185 km/h
Freinage 100-0 km/h	43,5 mètres
Consommation (100 km)	8,4 litres (ordinaire)

On en arrive à la substantifique moelle de cette voiture, la saucisse qui vous en donnera pour votre faim, j'ai nommé le moteur Ecotec de 2,2 litres. Souple, relativement doux et économe de carburant, il se compare avantageusement à ce qui se fait chez la concurrence. Il est jumelé d'office à une transmission manuelle Getrag à cinq rapports qui accomplit assez correctement sa tâche, alors que l'automatique à quatre rapports fait beaucoup mieux.

Le guide alimentaire version GM

La Cavalier se décline en versions VL, VLX et Z24, disponibles chacune en format coupé ou berline. Le coupé offre légèrement moins d'espace, et présente des résultats inférieurs en ce qui a trait à la protection accordée aux occupants lors d'un impact, protection qui laisse déjà à désirer dans la berline. Si vous n'aimez pas votre hot-dog trop dégarni, vous feriez bien de porter votre choix sur la version VLX. Elle offre les principales assistances

électriques, un lecteur CD, de même que quelques garnitures et petits accessoires qui rehaussent le menu d'ensemble.

Quant à la Z24, avec ses roues de 16 pouces, ses réglages plus fermes de suspension et ses quelques artifices esthétiques (ailerons, moulure à «allure effet de sol»), elle n'a de sportive que les prétentions du service de marketing de GM. Il reste à voir si son prix plus élevé se justifie par l'ajout d'un régulateur de vitesse, de la climatisation et de l'ABS.

Choix «alimentaire» essentiellement dicté par la nécessité, la Cavalier retient surtout l'attention à cause des rabais ponctuels accordés par GM qui, incidemment, offrira au menu dès le début de l'année 2004 la Chevrolet Cobalt élaborée en versions coupé et berline sur la nouvelle plate-forme Delta, dotée du même moteur Ecotec. Elle promet d'être plus respectueuse de votre santé.

Jean-Georges Laliberté

MODÈLES CONCURRENTS

• Dodge SX • Ford Focus • Hyundai Elantra • Kia Spectra • Mitsubishi Lancer • Saturn Ion • Suzuki Aerio

QUOI DE NEUF ?

• Lecteur MP3 en option • Nouvelles couleurs de carrosserie

Renouvellement du modèle	2004

VERDICT

Agrément de conduite	★★☆☆☆
Fiabilité	★★☆☆☆
Sécurité	★★★☆☆
Qualités hivernales	★★★☆☆
Espace intérieur	★★★☆☆
Confort	★★⯪☆☆

VERSION RECOMMANDÉE

Berline VLX

▲ POUR

• Rabais avantageux • Moteur adéquat • Transmissions efficaces • Habitabilité correcte • Silhouette conservatrice intemporelle

▼ CONTRE

• Bruyante et inconfortable • Assemblage bâclé • Tenue de route quelconque • Freinage déficient • Faible valeur de revente

50 ans et toutes ses dents

Pour les « nez retroussés », la Corvette sera une éternelle caricature de la voiture sport. Mais que lui reproche-t-on, au juste ? D'être ce qu'elle est ? C'est-à-dire plus abordable, plus fiable, mieux finie et moins coûteuse à l'entretien que ses rivales italiennes, anglaises ou allemandes ? Un conseil à ses détracteurs : épiez-la moins et regardez-la mieux ; dépensez moins et investissez mieux. Cette Corvette de cinquième génération commence à montrer de signes de vieillissement, mais elle demeure néanmoins une véritable sportive, du calibre des meilleures réalisations, et ce, pour la moitié du prix ou presque…

Les festivités entourant le cinquantième anniversaire de la Vette viennent à peine de se terminer que Chevrolet remet cela et propose de célébrer les succès remportés par son cheval d'orgueil sur les circuits du monde. Chaque modèle aura droit à une version commémorative qui se reconnaîtra à sa livrée Bleu Le Mans et à ses – nombreux – décalques et broderies. La recette habituelle quoi ! Même la Z06 a droit à ce traitement esthétique. Cependant, elle sera la seule à s'offrir, en prime, un capot en fibre de carbone pour coiffer sa mécanique qui demeure spécifique.

Racée, pure, aérodynamique, la Corvette C5 est, malgré les années qui passent, demeurée très rigide, fonctionnelle et étonnamment spacieuse pour la catégorie. À ce chapitre, précisons que les imaginations fertiles n'auront pas l'impression de se glisser à l'intérieur d'un cercueil en prenant position à bord de la Corvette. Bien entendu, on ne monte pas à bord d'une Corvette. On y descend. Les sièges joliment sculptés vous maintiennent confortablement en place. Le tableau de bord aligne une instrumentation complète, visuellement intéressante et facile à consulter, de même que des commandes disposées en toute logique. La qualité de la finition et de l'assemblage font oublier que Chevrolet assemble également des Cavalier.

La Corvette a de la « pédale », mais du coffre aussi, à la condition de pouvoir surmonter son seuil passablement élevé et, surtout, de soulever son hayon difficile à agripper. Qu'à cela ne tienne, la Corvette vous invite tout de même à voyager avec plus qu'un bikini et une brosse à dents. D'autres défauts ? Si, à commencer par le toit amovible du coupé, dont les tubulures longitudinales ne sont pas rembourrées, ce qui rend sa manipulation difficile sous un soleil de plomb, et l'absence d'une commande électrique dans le cabriolet.

Bouclez votre ceinture

Malgré la voix caverneuse que font entendre les échappements, cette Corvette C5 est de loin la plus civilisée, la plus agréable et la plus facile à conduire (une autre critique à ajouter au répertoire de ses détracteurs ?) jamais produite (ndlr : vrai que la Corvette est plus âgée que l'auteur de ces lignes). Solidement ancrée au sol (l'antipatinage lui évite de cirer sur place), la Corvette procure un sentiment – bien réel – de sécurité et de stabilité. Le contrôle de stabilité électronique permet une plus grande sécurité d'utilisation sur chaussée détrempée et corrige efficacement les excès d'optimisme de celui ou celle qui se trouve au volant. Pour épater les copains et vous rassurer sur vos notions de braquage et de contre-braquage, cette béquille électronique peut être désactivée. Agréable à piloter, la Corvette l'est moins lorsqu'il s'agit de mettre les roues dans la cité. Son diamètre de braquage est digne d'un camion, les extrémités de la carrosserie se laissent difficilement deviner (pourquoi ne pas offrir des capteurs de stationnement ?) et le déflecteur avant encaisse toute une raclée dès qu'il rencontre la moindre ondulation du terrain.

Le moteur LS1 de 5,7 litres à culbuteurs, tout aluminium, est presque aussi performant qu'un V8 à arbre à cames en tête de conception récente. Il génère 350 chevaux et déploie

CARACTÉRISTIQUES

Prix du modèle à l'essai	Z06 76 845 $
Échelle de prix	69 345 $ à 76 845 $
Garanties	3 ans 60 000 km / 3 ans 60 000 km
Emp. / Long. / Larg. / Haut. (cm)	265 / 457 / 187 / 121
Poids	1415 kg
Coffre / Réservoir	377 à 702 litres / 68 litres
Coussins de sécurité	frontaux et latéraux
Suspension avant	indépendante, bras triangulaires
Suspension arrière	indépendante, bras asymétriques
Freins av. / arr.	disque ABS
Antipatinage / Contrôle de stabilité	oui
Direction	à crémaillère, assistance variable
Diamètre de braquage	12,9 mètres
Pneus av. / arr.	295/35ZR18

MOTORISATION ET PERFORMANCES

Moteur	V8 5,7 litres
Transmission	propulsion, manuelle 6 rapports
Puissance	404 ch à 6000 tr/min
Couple	400 lb-pi à 4800 tr/min
Autre(s) moteur(s)	V8 5,7 litres 350 ch (LS1)
Autre(s) transmission(s)	automatique 4 rapports (LS1)
Accélération 0-100 km/h	4,8 secondes
Reprises 80-120 km/h	4,1 secondes
Vitesse maximale	286 km/h
Freinage 100-0 km/h	34,7 mètres
Consommation (100 km)	13,2 litres (super)

sa puissance avec aisance tout en demeurant alerte à très faible régime et économique si vous retirez du lest à votre chaussure droite. On peut lui greffer une transmission manuelle à six rapports ou une automatique à quatre rapports. Pas assez ? Alors, que diriez-vous de la version Z06 qui, aidée de 404 valeureux chevaux, vous permet d'atteindre les 100 km/h en moins de 5 secondes et promet, si les forces de l'ordre vous l'autorisaient (quel fantasme !), d'atteindre 286 km/h de vitesse de pointe. Suffisant pour maintenir en permanence les poils de vos avant-bras au garde-à-vous.

Pas pour tous les jours

Aussi spectaculaire soit-elle, la Z06 demeure une compagne qu'on ne désire pas côtoyer tous les jours. Ses suspensions ont la flexibilité d'une plaque métallique et cherchent nullement à lisser les − nombreuses − imperfections rencontrées sur votre chemin. « Pourtant, les suspensions n'ont-elles pas été

révisées ? » d'interroger les amateurs. Mais si, les soupapes des amortisseurs ont été retouchées, mais non pas en fonction d'accroître le confort, mais bien l'adhérence. Alors, conservez les coordonnées de votre chiro, cela vous sera très utile.

Dans sa forme actuelle, la C5 en est à son dernier tour de piste. Sa remplaçante, dont la commercialisation est prévue au courant de l'année prochaine, reposera sur la plate-forme (modifiée, évidemment) de la Cadillac XLR. La future C6 sera vraisemblablement plus puissante encore, mais surtout plus légère, plus rigide et plus équilibrée grâce à une répartition plus équitable entre les trains avant et arrière. Ça promet !

Éric LeFrançois

MODÈLES CONCURRENTS

• Acura NSX • Dodge Viper • Jaguar XKR • Lexus SC 430 • Porsche 911

QUOI DE NEUF ?

• Éditions commémoratives • Nouvelles couleurs • Capot en fibre de carbone (Z06) • Suspensions révisées (Z06)

Renouvellement du modèle	2005

VERDICT

Agrément de conduite	★★★★☆
Fiabilité	★★★★⯨☆
Sécurité	★★★★☆
Qualités hivernales	★☆☆☆☆
Espace intérieur	★★★☆☆
Confort	★★★☆☆

VERSION RECOMMANDÉE

La LeMans ferait un beau souvenir. Trouvez pas ?

▲ POUR

• Performances qui décoiffent • Freinage exemplaire • Coffre étonnant (sauf cabriolet)
• Tenue de route très sportive

▼ CONTRE

• Série en fin de carrière
• Panneau de toit difficile à manipuler
• Diamètre de braquage important

5 ½ à prix raisonnable

Inutile de chercher midi à quatorze heures, l'Impala doit ses succès commerciaux à son rapport prix/habitabilité. Vendue pour le prix d'une compacte fort bien équipée, cette berline intermédiaire ouvre ses portes à un habitacle (et à un coffre) grand comme une cathédrale. Une solution alternative pour les chefs de familles nombreuses qui frissonnent à l'idée de se retrouver un jour au volant d'une fourgonnette.

Offerte uniquement sous les traits d'une berline, cette Chevrolet se décline en deux versions : de base ou LS. À vous de choisir, mais sachez que peu importe la version retenue, il règne à bord une impression de grands espaces où cinq adultes peuvent prendre place sans trop avoir à jouer du coude, et tous les occupants bénéficient aussi bien de ceintures trois points que d'appuie-tête individuels (non réglables à l'arrière). La cigogne vous livre des triplets ? Chevrolet prétend, avec raison, que la banquette peut aligner trois sièges d'enfant ! Et le coffre ? Des plus vastes avec ses 527 litres, avec en prime la possibilité d'empiéter sur l'habitacle pour en accroître le volume en rabattant en tout ou en partie, dans la LS seulement, le dossier de la banquette. Deux regrets toutefois : le seuil de chargement est assez élevé et l'absence d'un filet d'arrimage (offert en option), indispensable devant l'ampleur de la soute.

Pour apprécier l'Impala à sa juste valeur, il faut également éviter de caresser des doigts le tissu qui recouvre les baquets et la banquette (ou avoir les moyens de s'offrir le cuir en option), lesquels nous rappellent d'ailleurs la causeuse de grand-mère. Maintenant, agrippez le volant, guère plus joli, et braquez votre regard en direction du bloc d'instrumentation pour constater que presque tout s'y trouve (seul le compte-tours manque à l'appel dans la version de base) et que les principales commandes – certaines surdimensionnées pour assurer une manipulation plus aisée – sont toutes situées dans l'environnement immédiat du conducteur.

Aucune surprise

Vrai, l'Impala n'en beurre pas épais sur le plan technique : elle mise plutôt sur des éléments connus et maîtrisés par GM. Le modèle d'entrée de gamme reprend le six cylindres 3,4 litres de 180 chevaux (de série dans la livrée de base) alors que la LS adopte le sempiternel 3,8 litres (optionnel dans la livrée de base) qui bénéficie d'un compresseur volumétrique (comme c'est le cas de la Grand Prix et de la Regal) pour marquer le retour de la SS au catalogue. Cette dernière délivre 240 chevaux et se reconnaît notamment à son carénage avant spécifique, à ses jantes de 17 pouces et à la sortie d'échappement double.

Mais la SS s'adresse à une clientèle restreinte, et la direction de General Motors compte avant tout sur les deux autres modèles pour faire tinter le tiroir-caisse. Dans cette optique, que faut-il penser des deux motorisations présentement offertes ? Qu'il vaut mieux retenir les services du 3,8 litres dans la mesure où il assure des accélérations et des reprises plus franches, sans compter qu'il se révèle à la fois plus souple et plus onctueux. Plus coûteux à la pompe ? Si l'on prête foi aux mesures effectuées par le constructeur, les deux moteurs se retrouvent pratiquement nez à nez au combiné ville-route (10 l/100 km pour le 3,8 contre 9,1 l/100 km pour le 3,4). Concrètement, cela signifie une dépense annuelle supplémentaire d'environ 200 $ en frais d'essence. Quel intérêt alors à opter pour le 3,4 litres qui s'arrache le cœur pour mouvoir cette berline de plus d'une tonne et demie ? Peu importe laquelle des deux mécaniques sera appelée à mouvoir l'Impala de sa position statique, sachez qu'elle s'arrimera à une transmission automatique à quatre rapports, la seule offerte, dont la qualité première est de se faire oublier.

Selon les données recueillies auprès des concessionnaires et de responsables de GM,

Prix du modèle à l'essai	LS 30 295 $
Échelle de prix	26 195 $ à 32 935 $
Garanties	3 ans 60 000 km / 5 ans 100 000 km
Emp. / Long. / Larg. / Haut. (cm)	281 / 508 / 185 / 146
Poids	1500 kg
Coffre / Réservoir	527 litres / 64 litres
Coussins de sécurité	frontaux, latéral
Suspension avant	ind., leviers triangulaires transversaux
Suspension arrière	indépendante, jambes élastiques
Freins av. / arr.	disque ABS
Antipatinage / Contrôle de stabilité	non
Direction	à crémaillère
Diamètre de braquage	11,6 mètres
Pneus av. / arr.	225/60R16

MOTORISATION ET PERFORMANCES

Moteur	V6 3,4 litres
Transmission	traction, automatique 4 rapports
Puissance	180 ch à 5200 tr/min
Couple	205 lb-pi à 4000 tr/min
Autre(s) moteur(s)	V6 3,8 l 200 ch ;
	V6 3,8 l suralimenté par compresseur 240 ch
Autre(s) transmission(s)	aucune
Accélération 0-100 km/h	9,6 secondes
Reprises 80-120 km/h	8,2 secondes
Vitesse maximale	190 km/h
Freinage 100-0 km/h	46,0 mètres
Consommation (100 km)	10,9 litres (ordinaire)

MODÈLES CONCURRENTS

• Chrysler Intrepid • Hyundai XG350 • Kia Amati

QUOI DE NEUF ?

• Modèle SS • Nouvelles teintes extérieures

Renouvellement du modèle	2005-2006

VERDICT

Agrément de conduite	★★★☆☆
Fiabilité	★★★★☆
Sécurité	★★★½☆
Qualités hivernales	★★★☆☆
Espace intérieur	★★★★☆
Confort	★★★☆☆

VERSION RECOMMANDÉE

LS

les consommateurs optent plus souvent pour la version de base que pour la LS, beaucoup plus chère il est vrai. Cela se traduit sur le plan de la conduite par une direction engourdie (celle de la LS l'est moins, son rapport de démultiplication étant plus élevé) au comportement sous-vireur et molasse, d'autant plus que les freins moins efficaces (on retrouve des tambours au lieu de disques) bloquent parfois prématurément. Le dispositif ABS ? On peut l'obtenir à condition, une fois de plus, de débourser une somme additionnelle. Pour couper court, disons que l'Impala n'est pas très « hop la vie » en matière de performance routière. Toutefois, la LS, et la SS surtout, grâce à leurs ressorts plus rigides, à leur antiblocage doublé d'un précieux antipatinage et à leurs pneus aux semelles plus adhérentes, permettent à tout le moins au conducteur d'esquisser un « p'tit » sourire.

Cela dit, sur un long et monotone ruban d'asphalte, version de base et LS se rejoignent. On leur reconnaît alors une grande stabilité et une prédisposition certaine à avaler sans effort les kilomètres qui s'étirent. Pour se faire tabasser un peu, la SS est moins ankylosante.

De bonne compagnie

L'Impala n'a sans doute pas le raffinement, l'agilité ni le tempérament de certaines de ses rivales, mais son coût d'acquisition et surtout ses dimensions intérieures lui permettent de s'en démarquer avantageusement. Et, comme le soulignait si bien le représentant d'un concessionnaire, cette intermédiaire est « construite pour être de bonne compagnie et rendre votre voyage agréable ». À condition que le trajet soit essentiellement composé d'éternelles lignes droites, ai-je eu envie d'ajouter.

Éric LeFrançois

▲ POUR

• Moteurs bien adaptés • Habitacle géant
• Rapport prix/dimensions alléchant
• Comportement routier sans surprise

▼ CONTRE

• Qualité de l'assemblage perfectible
• Sièges peu confortables (sauf SS)
• Sécurité passive et active dépassée

Il faut plus qu'un nom

À Detroit, l'industrie américaine de l'automobile est toujours à la recherche de solutions faciles pour contrer la concurrence. L'un des trucs les plus utilisés est de puiser dans le passé pour y chercher le nom d'un modèle qui a déjà connu des heures de gloire. Les dirigeants croient que les gens vont s'intéresser davantage à une voiture, même si elle est moins compétitive, parce qu'elle porte un nom qui a connu du succès par le passé.

Il semble que ce soit cette philosophie qui a servi au développement de la « nouvelle » Malibu apparue en 1997. Cette voiture possédait d'indéniables qualités, mais un certain manque de raffinement a sérieusement limité son potentiel au chapitre des ventes. La plate-forme était à peine correcte, l'habitacle semblait avoir été dessiné pour servir de taxi tandis que le comportement routier était en retrait par rapports à la concurrence. Beaucoup d'acheteurs ont sans doute été influencés par le nom Malibu, mais ont changé d'idée lorsqu'ils ont examiné le véhicule de plus près.

Un dicton affirme qu'on apprend de ses erreurs. C'est du moins ce que les gens en place chez GM affirment. Cette fois, dans le cas de la Malibu, ce sera la qualité du véhicule qui convaincra les gens et pas nécessairement son appellation. En tous les cas, chez Chevrolet, on parle d'un véhicule « sans excuse ».

Une authentique américaine

Détail intéressant, la séance de présentation de la nouvelle Malibu a duré tout près de deux heures, mais aucun mot n'a été dit à propos de sa silhouette. Oubli volontaire ? Personne ne peut l'affirmer, mais il est certain que les stylistes de cette berline n'ont pas tenté d'émuler un design d'origine européenne ou asiatique. Cette Chevrolet est 100 % américaine et cela est loin d'être une critique.

La silhouette de la Malibu est plus que sobre et ne devrait certainement pas faire tourner les têtes. En fait, le seul élément visuel qui fournit un peu de relief à l'ensemble est la présence d'une barre chromée transversale qui divise la calandre avant. Les phares de route semblent reposer sur cette barre et il s'agit en quelque sorte de la signature visuelle de ce modèle. La même présentation est utilisée à l'arrière alors que cette bande de chrome traverse la lèvre du couvercle du coffre à bagages.

Il serait facile de reprocher aux stylistes de GM leur manque d'audace et de leur souligner les succès obtenus par Nissan avec des conceptions nettement plus éblouissantes. La réponse à cette critique est simple. Les concepts tumultueux frappent les gens et c'est

le coup de foudre. Malheureusement, ils s'en lassent plus vite qu'un stylisme plus conservateur. Si tel est le cas, la Malibu risque d'être appréciée fort longtemps.

L'habitacle est quelque peu similaire. Les designers ont respecté les règles régissant la disposition des instruments et des commandes sur la planche de bord. Les commandes de la climatisation et du système audio sont regroupées dans une console verticale en relief de la planche de bord. Elles sont toutes faciles à identifier grâce à des lettres ou des chiffres plus gros que la moyenne. L'agencement

rement moindre que celle de la Toyota Camry.

Du sérieux

Pour aller jouer dans la cour des grands, tout véhicule doit essentiellement être doté d'une excellente plate-forme. Au lieu de finasser en tentant de moderniser tant bien que mal des éléments déjà en place, les responsables du projet ont jeté leur dévolu sur la nouvelle plate-forme Epsilon. Cette dernière a déjà prouvé ses qualités avec l'Opel Vectra et la Saab 9[3]. Sa

des boutons de la radio est ingénieux et très design. Les cadrans indicateurs sont sagement enfoncés dans une nacelle dont la forme de la partie supérieure épouse à la perfection le galbe du volant. Le volant n'offre rien de par-

ticulier en fait de présentation, à l'exception de cette dépression circulaire au centre du moyeu qui accueille l'écusson Chevrolet. C'est simple comme stylisme, mais drôlement efficace. Il faut également ajouter que la qualité des matériaux est de beaucoup supérieure à celle de la version précédente.

Avant de terminer cette visite de l'habitacle, il faut souligner que les sièges avant sont confortables et que leur support latéral est bon. Il est également plus facile de trouver la position de conduite qui convient à sa stature puisque le pédalier se règle au toucher d'un bouton. Les places arrière permettront à des personnes de stature imposante de ne pas se sentir à l'étroit. Et elles pourront apporter leurs bagages puisque la capacité du coffre est de 436 litres. C'est supérieur à celle de la Honda Accord et légè-

rigidité de 27Hz la classe parmi les meilleures. Cette caractéristique a permis aux ingénieurs du châssis d'opter pour des amortisseurs moins fermes. Il est ainsi possible de concilier confort et tenue de route.

La suspension avant est de type MacPherson et comprend des amortisseurs à gaz. À l'arrière, il s'agit d'une suspension indépendante de type multibras dotée d'amortisseurs bitubes à gaz et de ressorts hélicoïdaux. La version de base est immobilisée par le combo disque / tambour tandis que les modèles LS et LT sont freinés par quatre disques. Ceux-ci sont reliés à l'antipatinage et dotés de l'ABS.

Comme il fallait s'y attendre, le moteur quatre cylindres de la Malibu est l'Ecotec 2,2 litres d'une puissance de 145 chevaux. Ce moteur est excellent bien que bruyant. Par contre, il doit concéder une quinzaine de

chevaux à ses principales concurrentes. Plusieurs seront déçus d'apprendre que le moteur V6 au catalogue est une version modernisée du V6 3,5 litres qui semble avoir été conçu lorsque Elvis Presley était enfant. La puissance affichée est de 200 chevaux. Un moteur avec arbres à cames en tête aurait été apprécié de plusieurs. Enfin, pas de boîte manuelle au programme. Seule l'automatique à quatre rapports est offerte.

Agréable surprise

Il faut tout d'abord prendre en considération que la Malibu a été surtout conçue pour servir de cheval de trait à des millions de familles. Dans le cours de son existence mécanique, elle vous conduira au travail, au centre commercial, à la patinoire, à la piscine ou au centre de rénovation. Bref, elle doit être capable de tout faire, de ne pas trop consommer tout en assurant une tenue de route saine et étant agréable à conduire. Par le passé, GM nous a offert de nombreuses berlines du même genre qui étaient en mesure de se débrouiller dans la plupart des situations. Mais celles-ci manquaient au devoir au chapitre de la tenue de route et de l'agrément de conduite.

Cette nouvelle Malibu s'acquitte des tâches domestiques sans problème. De plus, elle est également en mesure de satisfaire les exigences des conducteurs à la recherche

d'une tenue de route équilibrée, d'une direction précise et d'une suspension digne de ce non. En fait, le seul problème de cette Malibu est que ses moteurs sont bons, mais il aurait été possible de nous en offrir un peu plus. Le moteur V6 3,5 litres n'est pas anémique avec 200 chevaux et ses reprises sont excellentes. Toutefois, après une accélération initiale impressionnante, il s'essouffle quelque peu par la suite. Il est toutefois très incisif en conduite en ville grâce à de bonnes

reprises. Pour ma part, j'aurais utilisé le moteur V6 3,5 litres de 250 chevaux du Saturn VUE. Cela aurait été parfait car le châssis de la Malibu est capable d'en prendre. Pas besoin de vous décrire l'Ecotec. Avec ses 145 chevaux, ce quatre cylindres permet de boucler le 0-100 km/h en 9,2 secondes tandis que sa consommation de carburant est excellente. Mais, une fois de plus, je fais mon «smatte» puisque j'aurais personnellement utilisé le moteur 2 litres de la Saab 9[3]. Ses 175 che-

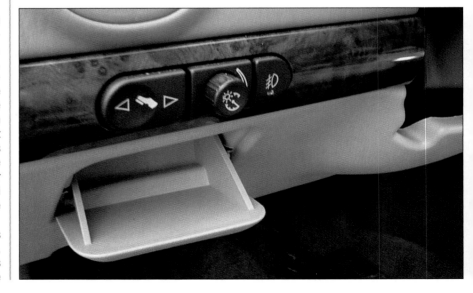

Chevrolet Malibu Maxx

Chevrolet Malibu Maxx

CARACTÉRISTIQUES

Prix du modèle à l'essai	LS 24 695 $
Échelle de prix	22 160 $ à 29 220 $
Garanties	3 ans 60 000 km / 3 ans 60 000 km
Emp. / Long. / Larg. / Haut. (cm)	270 / 478 / 177,5 / 146
Poids	1495 kg
Coffre / Réservoir	436 litres / 62 litres
Coussin de sécurité	frontaux et tête (opt.)
Suspension avant	indépendante, jambes de force
Suspension arrière	indépendante, multibras
Freins av. / arr.	disque / tambour, ABS
Antipatinage / Contrôle de stabilité	oui / non
Direction	à crémaillère, assistance électrique variable
Diamètre de braquage	11,1 mètres
Pneus av. / arr.	205/60R15

MOTORISATION ET PERFORMANCES

Moteur	V6 3,5 litres
Transmission	traction, automatique 4 rapports
Puissance	200 ch à 5400 tr/min
Couple	220 lb-pi à 3200 tr/min
Autre(s) moteur(s)	4L 2,2 litres 145 ch
Autre(s) transmission(s)	aucune
Accélération 0-100 km/h	8,2 secondes
Reprises 80-120 km/h	7,4 secondes
Vitesse maximale	195 km/h
Freinage 100-0 km/h	42,0 mètres
Consommation (100 km)	11,4 litres (ordinaire)
Niveau sonore	Ralenti: 40,3 dB
	Accélération: 72,2 dB
	100 km/h: 67,3 dB

vaux auraient mis du pep sous le capot et raffiné la mécanique.

Malgré ces quelques bémols, la Malibu est une berline capable de se défendre plus qu'honorablement sur notre marché et même de surpasser plusieurs adversaires de taille sous maints aspects.

Et la Maxx?

La Maxx est une version cinq portes de la Malibu. Elle cible une clientèle plus jeune et plus active. Avec ce modèle, Chevrolet joue un rôle de précurseur chez les Nord-Américains en lançant la première berline *hatchback* nord-américaine de cette décennie. Toutefois, Ford devrait répliquer avec la Futura d'ici peu. Quoi qu'il en soit, les groupes propulseurs, le tableau de bord et la plupart des caractéristiques techniques sont les mêmes. Par contre, tous ce qui est derrière le pilier B est nouveau.

L'empattement est allongé de 15 centimètres tandis que la longueur hors tout est inférieure à celle de la berline de 1,25 cm, une poussière. Cet empattement allongé permet d'obtenir une plus grande capacité de chargement. Elle devance d'ailleurs la berline à ce chapitre par 210 litres. De plus, le dossier arrière est de type 60/40 et se rabat vers l'avant tout comme le dossier avant droit afin de faciliter le chargement d'objets longs.

Voilà qui promet!

Denis Duquet

MODÈLES CONCURRENTS

• Honda Accord • Hyundai Sonata • Mazda6
• Mitsubishi Galant • Toyota Camry

VERDICT

Agrément de conduite	★★★☆☆
Fiabilité	nouveau modèle
Sécurité	★★★★☆
Qualités hivernales	★★★★☆
Espace intérieur	★★★★☆
Confort	★★★★☆

VERSION RECOMMANDÉE

LS

▲ POUR

• **Plate-forme sophistiquée • Bonne tenue de route • Habitacle spacieux • Mécanique connue • Pédalier réglable dans certains modèles**

▼ CONTRE

• **Silhouette anonyme • Fiabilité inconnue • Moteur V6 avec soupapes en tête • Système de stabilité non disponible**

COUP DE POING

Une parodie

Quel meilleur endroit au monde pour apprécier le coupé Monte Carlo que le cœur du « Deep South » américain, où le *stock car* est presque une religion et le regretté Dale Earnhardt, presque un dieu. Personne n'est cependant dupe pour autant : le moteur de la version civile du coupé que pilotait le célèbre « Intimidator » est un V6, sans compter, trahison suprême, que la Monte Carlo est une traction depuis sa renaissance, en 1995.

Qu'à cela ne tienne, la direction de Chevrolet souhaite aujourd'hui plus qu'hier capitaliser sur les succès en piste de la Monte Carlo. Et bonne nouvelle cette fois, ce coupé Chevrolet a des arguments autrement plus convaincants que des jantes spéciales, des filets décoratifs et autres babioles du genre pour satisfaire les amateurs de la série Nascar, à tout le moins. On attendait (ou rêvait ?) d'un V8, mais c'est finalement le sempiternel V6 3,8 litres suralimenté par compresseur qui est chargé d'animer la version Supercharged SS qui effectue un retour cette année dans les salles d'exposition. Outre son moteur de 240 chevaux, cette Monte Carlo enveloppe ses jantes de pneus 17 pouces et durcit ses éléments suspenseurs en engraissant les barres stabilisatrices et en abaissant le train arrière de 10 mm.

Inutile d'énumérer les huit couleurs qui se chargent d'habiller la carrosserie de cette Monte Carlo ; vous la reconnaîtrez au premier coup d'œil avec ses bas de caisse peints d'une teinte différente, son becquet avant à la Nascar et ses écussons et sorties d'échappement nickelés.

Même si ses 240 chevaux lui permettent de galoper à vitesse grand V au prochain feu rouge, la Supercharged SS n'inquiétera jamais, par exemple, un coupé Accord V6 à boîte manuelle sur une route sinueuse. Son gabarit toujours aussi imposant et son poids plus que respectable finiront par vous lasser et avoir raison de votre plaisir de la pousser dans ses derniers retranchements. Et que dire de la sécheresse de la suspension qui, sur routes abîmées, vous fera claquer involontairement des dents. C'est bien beau de battre les copains quand le feu passe au vert, mais encore faut-il s'arrêter quand celui-ci passe au rouge. Les ingénieurs de la marque au nœud papillon l'ont visiblement oublié puisque le système de freinage de leur bolide est en tout point identique à la version SS de 200 chevaux.

Un conseil, un seul : soyez sage. Si la Supercharged SS vous excite le poil des jambes, reste que la majorité des consommateurs optent pour la version la plus sage : la LS. Le V6 3,4 litres de 180 chevaux n'est pas une fusée certes, mais il est tout à fait adéquat dans le cadre d'une utilisation normale, fiable et consomme modérément l'essence ordinaire que l'on injecte dans son réservoir. La transmission automatique, toujours la seule disponible, égrène doucement ses quatre rapports et finit par se faire oublier. Les éléments suspenseurs, plus souples et des pneumatiques à la bande de roulement moins agressive favorisent la douceur de roulement. C'est-à-dire, plus de confort, mais aussi plus de roulis et un sous-virage qui se manifeste assez tôt. De concert avec un train avant dont la géométrie est saine et des tarages d'amortisseurs bien choisis, la direction s'avère précise, linéaire et d'une rapidité appréciable, en accord avec la vocation de ce grand, sinon gros coupé. Le freinage, commandé par une pédale assez ferme et facile à moduler, témoigne ainsi d'une vigueur et d'un mordant très convenables.

Habitacle à l'ancienne

Les lourdes portières de la Monte Carlo s'ouvrent sur un habitacle relativement spacieux. Les sièges avant procurent un confort et un maintien très corrects. L'accès aux places arrière n'est toutefois pas une sinécure en raison notamment des ceintures qui ne man-

Prix du modèle à l'essai	SS 31 415 $
Échelle de prix	27 830 $ à 30 370 $
Garanties	3 ans 60 000 km / 3 ans 60 000 km
Emp. / Long. / Larg. / Haut. (cm)	281 / 508 / 185 / 146
Poids	1572 kg
Coffre / Réservoir	444 litres / 64 litres
Coussins de sécurité	frontaux et latéraux
Suspension avant	indépendante, jambes de force
Suspension arrière	indépendante, jambes de force
Freins av. / arr.	disque ABS
Antipatinage / Contrôle de stabilité	oui
Direction	à crémaillère, assistée
Diamètre de braquage	11,6 mètres
Pneus av. / arr.	225/60R16

MOTORISATION ET PERFORMANCES

Moteur	V6 3,8 litres
Transmission	traction, automatique 4 rapports
Puissance	200 ch à 5200 tr/min
Couple	225 lb-pi à 4000 tr/min
Autre(s) moteur(s)	V6 3,8 litres suralimenté
	240 ch (Supercharged) ; V6 3,4 l 180 ch (LS)
Autre(s) transmission(s)	aucune
Accélération 0-100 km/h	9,5 secondes
Reprises 80-120 km/h	6,8 secondes
Vitesse maximale	190 km/h
Freinage 100-0 km/h	40,8 mètres
Consommation (100 km)	12,6 litres (ordinaire)

MODÈLES CONCURRENTS

• Ford Mustang • Honda Accord coupé • Toyota Solara

QUOI DE NEUF ?

• Version Supercharged de 240 ch • Jantes de 17 po
• Groupe apparence sport (LS, SS) • Nouvelles couleurs

Renouvellement du modèle	n.d.

VERDICT

Agrément de conduite	★★☆☆☆
Fiabilité	★★★★☆
Sécurité	★★★★☆
Qualités hivernales	★★★☆☆
Espace intérieur	★★★☆☆
Confort	★★★☆☆

VERSION RECOMMANDÉE

Version SS

quent pas une occasion de vous faire trébucher. N'aurait-il pas mieux valu les intégrer aux baquets avant comme celles des grandes camionnettes ? Au terme d'une série de contorsions, les occupants découvriront une banquette dont le coussin est ancré beaucoup trop bas. Vous étouffez ? Pas de chance, les glaces ne s'ouvrent même pas, comme plusieurs coupés d'ailleurs. À défaut de confort, le dossier arrière a la politesse de se replier en portions 60/40 pour accroître le volume de chargement. Le seuil est élevé et le coffre, lui, peu profond.

À l'avant, le conducteur (ou la conductrice cela va de soi) se retrouve en face d'un tableau de bord complet. Les principales commandes se trouvent à portée de main. Prière de noter au passage que le panneau de climatisation/chauffage porte le sceau de la nouveauté cette année. Les espaces de rangement sont, somme toute, assez généreux pour une automobile de cette catégorie et la liste des équipements de série suffisamment relevée. Il y a bien sûr plusieurs options au catalogue, mais de série vous aurez droit à l'essentiel : climatiseur, glaces électriques, etc. Seule la qualité de l'assemblage et des matériaux n'y figure pas.

La Monte Carlo est bourrée de défauts, mais certains s'en accommoderaient sans doute si seulement elle était belle à regarder. Or, ce n'est pas le cas. Le dessin de la partie arrière est totalement raté, avec ses feux de frein ronds et transparents et son couvercle de coffre ondulé. Compte tenu du penchant marqué des consommateurs pour le style, pas étonnant que cette Chevrolet amasse, chez nous à tout le moins, la poussière des salles d'exposition et qu'on lui préfère l'Impala, plus fonctionnelle, plus logeable et aussi, cette année, déclinée en version SS.

Éric LeFrançois

▲ POUR

• Si vous voulez manifester votre appui au Nascar, maintenir les emplois d'une usine Ontarienne • Version SS, pour plus de piment

▼ CONTRE

• Lignes suscitant une seule émotion : la pitié
• Accès à l'arrière acrobatique • Qualité d'assemblage inégale • Banquette arrière basse

Cric-crac ou Vroum Vroum ?

Voilà ! L'instant tant attendu était arrivé ! Après des mois d'attente, j'allais enfin pouvoir prendre la route au volant de la Chevrolet SSR. Cette camionnette au style de *hot-rod* avait tellement plu au public lors du Salon de Detroit 2001 qu'elle était passée du rêve à la réalité en quelques mois. Mais il aura fallu attendre tout près de 24 mois avant que la production ne démarre. Et encore, c'est au compte-gouttes que ces roadsters hors de l'ordinaire quittent le centre de fabrication artisanale de GM à Flint, au Michigan.

Même s'il s'agit d'une cabine simple, l'espace disponible répond à tous les gabarits et les sièges me surprennent par leur confort. En face de moi, des cadrans avec chiffres blancs sur fond noir s'harmonisent bien avec l'ensemble du tableau de bord qui est traversé de part en part par une applique en aluminium brossé. Le volant est gainé de cuir tandis que des pièces en aluminium garnissent les branches du volant. Et le levier de vitesses en aluminium massif est un indice qui ne ment pas : rien n'a été épargné pour faire de cette Chevrolet un véhicule à part. D'ailleurs, l'exemplaire que j'ai conduit était l'un des 27 appartenant à la série Signature, les premières unités jamais produites. Comme il se doit, une plaque soulignait qu'il s'agissait du 25e exemplaire. Pour faire encore plus sport, trois cadrans indicateurs avaient été placés à l'extrémité avant de la console centrale. La seule ombre au tableau est une texture de plastique vraiment ratée sur le dessus du tableau de bord.

Bien sûr, je me suis amusé à abaisser et à relever ce toit rigide qui se remise à la verticale entre la cabine et la caisse arrière. Il suffit de placer le levier de vitesses à « P », de mettre le pied sur le frein et d'appuyer sur un bouton facile à identifier sur la console. C'est tout ce qu'il y a à faire, comme dans les Mercedes ou la Cadillac XLR. L'opération n'est pas aussi rapide qu'avec la Porsche Boxster, mais c'est dans la norme et la quincaillerie semble robuste. Bref, une fois bien sanglé dans mon siège, j'étais prêt à partir.

Vroum Vroum

Le gros V8 5,3 litres est lancé et la sonorité des tuyaux d'échappement respecte la tradition de ce genre de véhicule. On ne pouvait entendre autre chose que ce ronronnement guttural typiquement américain. Bien entendu, il suffit d'appuyer sur l'accélérateur pour que le ronronnement se transforme en rugissement prononcé. La silhouette est celle d'une camionnette, mais les sensations tactiles et auditives dans la cabine nous font songer

davantage à une Corvette qu'à un Silverado. Et même si notre essai s'est déroulé pratiquement en rase campagne, soyez assuré que tous les gens rencontrés se retournaient sur notre passage.

Il est vrai que la silhouette est tout à fait réussie. La partie avant est toute en rondeurs et le capot plongeant se heurte à une barre horizontale en métal brossé dont les extrémités traversent les phares de route de part en part. C'est simple, mais drôlement impressionnant. De plus, les garde-boue arrière se trouvent en relief par rapport à la caisse de chargement qui est refermée à l'aide d'un panneau ancré avec des charnières en sa partie avant.

Une fois sur une route déserte, c'est le temps d'appuyer à fond sur l'accélérateur. Compte tenu de la légèreté de la SSR, les accélérations sont passablement musclées alors que le 0-100 km/h est l'affaire de 7,8 secondes. Et la boîte de vitesses à quatre rapports fait du bon boulot aussi bien en raison d'un bon étagement que d'un passage des rapports sans bavure.

Il m'a été difficile de mettre la suspension vraiment à l'épreuve sur la route, mais un minicircuit routier serpentant tout autour de la piste d'accélération du Milan Raceway au Michigan, m'a permis de découvrir un véhicule dont la caisse avait tendance à rouler

CARACTÉRISTIQUES

Prix du modèle à l'essai	Signature 69 995 $
Échelle de prix	69 995 $
Garanties	3 ans 60 000 km / 3 ans 60 000 km
Emp. / Long. / Larg. / Haut. (cm)	294 / 486 / 199 / 163
Poids	2159 kg
Coffre / Réservoir	671 litres / 94,6 litres
Coussins de sécurité	frontaux et latéraux
Suspension avant	indépendante, levier triangulé
Suspension arrière	essieu rigide, multibras
Freins av. / arr.	disque ABS
Antipatinage / Contrôle de stabilité	oui / non
Direction	à crémaillère, assistée
Diamètre de braquage	12,2 mètres
Pneus av. / arr.	255/45R19 / 294/40R20

MOTORISATION ET PERFORMANCES

Moteur	V8 5,3 litres
Transmission	propulsion, automatique 4 rapports
Puissance	300 ch à 5200 tr/min
Couple	331 lb-pi à 4000 tr/min
Autre(s) moteur(s)	aucun
Autre(s) transmission(s)	aucune
Accélération 0-100 km/h	7,8 secondes
Reprises 80-120 km/h	4,5 secondes
Vitesse maximale	195 km/h
Freinage 100-0 km/h	36,5 mètres
Consommation (100 km)	14,3 litres (ordinaire)

MODÈLES CONCURRENTS

• Dodge Ram SRT-10 • Ford Lightning

QUOI DE NEUF ?

• Nouveau modèle

Renouvellement du modèle	n.d.

VERDICT

Agrément de conduite	★★★½☆
Fiabilité	nouveau modèle
Sécurité	★★★★☆
Qualités hivernales	★★☆☆☆
Espace intérieur	★★☆☆☆
Confort	★★★☆☆

VERSION RECOMMANDÉE

Un seul modèle

---

passablement dans les virages, mais qui s'accrochait au bitume grâce à des pneus arrière aux dimensions très généreuses. Il me semble qu'un peu plus de caoutchouc à l'avant aurait mieux équilibré les choses. Lorsque j'ai émis cette suggestion, un ingénieur m'a répondu que cela provoquerait un sous-virage plus important. Le choix actuel des pneumatiques permet également de faire dérober l'arrière en virage, une caractéristique des propulsions qui plaît à plusieurs amateurs de conduite un peu plus spectaculaire. Enfin, les freins me sont apparus insensibles à l'échauffement après que j'eus négocié cette piste tortueuse à quelques reprises.

Cric-crac ?

Bref, la SSR ne déçoit pas sur le plan de la conduite, même si son équilibre général m'a semblé perfectible. Mais ce qui m'a surpris, ce sont les nombreux craquements et bruits de caisse qu'on entendait dans la cabine chaque fois qu'on passait sur un trou ou une bosse. Je me serais cru au volant d'une Chevrolet Impala cabriolet 1959. De plus, un bruit de vent se faisait entendre à cause d'une glace latérale gauche qui ne s'emboîtait pas correctement dans le boudin d'insonorisation. J'ai tenté en vain de remonter la glace à deux ou trois reprises, j'ai stationné le véhicule sur un espace plat et abaissé et remonté le toit rigide, mais ce fut peine perdue. En revanche, dans un autre modèle essayé, ce bruit ne se faisait pas entendre.

En conclusion, la SSR est un véhicule dont les formes sont bien réussies, la tenue de route plus que correcte, mais les bruits de caisse dérangeants. Il faut espérer qu'à la suite de la production de ces 27 premiers modèles, les ingénieurs vont trouver le moyen de corriger cette situation, la seule ombre au tableau avec un prix de vente excessif qui limitera considérablement sa diffusion.

Denis Duquet

▲ POUR

• Silhouette innovatrice • Toit rétractable
• Habitacle inédit • Moteur performant
• Pneumatiques imposants

▼ CONTRE

• Habitacle simple • Bruits de caisse
• Infiltration d'air • Roulis en virage
• Utilité limitée

Habitabilité garantie

Il est difficile de donner raison au public qui s'emballe pour les gros VUS. Surtout lorsqu'on sait qu'une infime minorité de leurs propriétaires les utiliseront pour ce qu'ils sont. Aux États-Unis surtout, il est toujours cocasse de rencontrer un gros Suburban 4X4 avec une jeune mère de famille à son volant, sachant qu'elle se dirige probablement vers le supermarché. Il serait plus normal de rencontrer ces véhicules dans un ranch ou dans un camp de pêche.

I est vrai que bien des gens les achètent pour les mauvaises raisons, mais il ne faut pas nécessairement aller dans la forêt pour rouler en Tahoe ou en Yukon. Plusieurs familles doivent transporter beaucoup de bagages et souvent tracter une remorque ou un bateau sur de longues distances. Ces véhicules sont appréciés pour ce travail, car ils ont toute la robustesse d'une camionnette et une capacité de remorquage égale en plus de posséder un habitacle très spacieux et d'un surprenant confort.

Tahoe/Yukon

Qu'il s'agisse du Tahoe proposé par Chevrolet ou encore du Yukon vendu par GMC, ces deux VUS de taille moyenne partagent la même mécanique. Le châssis autonome, dérivé de celui des camionnettes Silverado/Sierra, est robuste et sophistiqué à la fois en raison de sa rigidité variable et de ses éléments formés par pression hydraulique. Le moteur de série pour ce duo est le V8 4,8 litres tandis que le V8 5,3 litres est optionnel. Les

deux sont couplés à l'excellente transmission Hydramatic 4L60-E à quatre rapports qui est aussi fiable que robuste.

Les concepteurs de l'habitacle n'ont pas voulu concurrencer celui d'une berline. Ça fait plus camion que voiture. Le tableau de bord est massif. Avec des commandes surdimensionnées, des cadrans à gros chiffres et une console très large, on a privilégié le caractère fonctionnel et le tout est réalisé avec élégance. De plus, au cours des deux dernières années, la qualité des matériaux et de l'assemblage s'est resserrée. Comme il se doit, l'habitabilité ne fait pas défaut et les places arrière offrent un excellent dégagement pour les jambes, les coudes et la tête. Les sièges avant sont également confortables, mais ils pourraient offrir un meilleur support latéral. Il faut souligner au passage que l'habitacle du Yukon est un peu plus cossu que celui du Chevrolet.

Malgré leurs fortes dimensions, ces deux mastodontes se révèlent assez agiles dans la circulation urbaine. La position de conduite

est haute et la direction précise tandis que les grands rétroviseurs extérieurs permettent de très bien voir de chaque côté. Cependant, les manœuvres de stationnement peuvent devenir stressantes en raison d'une faible visibilité arrière et de l'imposant gabarit du véhicule. En toute logique, il n'est pas tellement raisonnable de circuler en ville avec quelque chose de plus gros, ce qui limite donc l'utilisation du Chevrolet Suburban et du GMC Yukon XL à la campagne.

Vocation rurale ?

Les Tahoe et Yukon sont suffisamment spacieux et gros pour transporter pratiquement tout, incluant la petite famille. Les versions encore plus grosses que sont le Suburban et le Yukon XL s'adressent surtout aux personnes ayant des besoins quasiment hors normes tant en fait de chargement que de remorquage. Il s'agit de versions plus longues des deux modèles précédents, et ils profitent à peu près des mêmes améliorations apportées cette année. Toute cette fournée de modèles bénéficie en 2004 de moniteurs de pression des pneus, de freins Hydroboost améliorant le freinage et de nouvelles roues, pour ne citer que les nouveaux éléments communs.

Le moteur de série est un V8 5,3 litres de 295 chevaux, ce qui devrait suffire à la tâche. Mais si vos besoins en fait de déplacement

CARACTÉRISTIQUES

Prix du modèle à l'essai	LT 4X4 56 495 $
Échelle de prix	43 325 $ à 67 625 $
Garanties	3 ans 60 000 km / 3 ans 60 000 km
Emp. / Long. / Larg. / Haut. (cm)	295 / 505 / 200 / 195
Poids	2461 kg
Coffre / Réservoir	462 à 2962 litres / 98 litres
Coussins de sécurité	frontaux et latéraux
Suspension avant	indépendante, barres de torsion
Suspension arrière	essieu rigide, bras oscillants
Freins av. / arr.	disque ABS
Antipatinage / Contrôle de stabilité	oui
Direction	à billes, assistée
Diamètre de braquage	11,7 mètres
Pneus av. / arr.	265/70R17

MOTORISATION ET PERFORMANCES

Moteur	V8 5,3 litres
Transmission	intégrale, automatique 4 rapports
Puissance	295 ch à 5200 tr/min
Couple	330 lb-pi à 4000 tr/min
Autre(s) moteur(s)	V8 4,8 litres 285 ch;
	V8 6 litres 320 ch (Yukon)
	V8 8,1 litres 325 ch (XL)
Autre(s) transmission(s)	aucune
Accélération 0-100 km/h	9,8 secondes
Reprises 80-120 km/h	7,6 secondes
Vitesse maximale	175 km/h
Freinage 100-0 km/h	45,3 mètres
Consommation (100 km)	15,8 litres (ordinaire)

MODÈLES CONCURRENTS

- Cadillac Escapade ESV • Ford Expedition
- Lincoln Navigator • Toyota Sequoia

QUOI DE NEUF ?

- *Indicateur de pression des pneus • Freins Hydroboost*
- *Nouvelles jantes*

Renouvellement du modèle	2006

VERDICT

Agrément de conduite	★★★★☆
Fiabilité	★★★★☆
Sécurité	★★★★☆
Qualités hivernales	★★★★★
Espace intérieur	★★★★★
Confort	★★★★☆

VERSION RECOMMANDÉE

GMC Yukon 4X4

sont plus exigeants, il y a le V8 6 litres de 320 chevaux. Ce puissant V8 est également offert dans la version Denali du Yukon, ce qui en fait pratiquement un véhicule au tempérament sportif. En passant, le Denali est la version plus luxueuse des Yukon et Yukon XL. Enfin, notez que le V8 8,1 litres figure au catalogue, si jamais vous avez envie de partir en remorquant votre maison.

À part une utilisation commerciale, ces gros bras sont fortement appréciés des gens qui doivent tracter une remorque de chevaux, un bateau ou une grosse roulotte. La transmission possède même un mode «remorquage» très facile à enclencher… Bien des retraités partent à la découverte du continent au volant de ces VUS qui tractent leur lourde remorque sans problème et leur permettent d'aller presque partout. Malheureusement, une bonne partie de leurs économies de retraite est consacrée à alimenter leur colosse en carburant.

Compte tenu de leur habitabilité et de la possibilité de commander en option un lecteur DVD relié à un écran LCD, les grandes distances ne semblent pas trop pénibles aux occupants des places arrière qui peuvent visionner un film ou encore jouer à des jeux vidéo. Toujours dans ce contexte, les versions trois quarts de tonne du Suburban et 2500 du Yukon XL peuvent être équipées du système Quadrasteer à roues arrière directionnelles. Ce mécanisme initialement offert dans les camionnettes l'est depuis l'an dernier dans ces VUS. Il permet non seulement de faciliter le contrôle du véhicule, mais il ajoute à sa maniabilité lors de remorquages. Dans le modèle 4X4, le diamètre de braquage passe de 13,5 mètres à 10,7 mètres !

Gros, chers, consommant beaucoup de carburant, ces VUS ne sont pas faits pour tout le monde. Mais si vos besoins l'exigent, ils sont en mesure de livrer une chaude lutte à la concurrence.

Denis Duquet

▲ POUR

- Habitabilité assurée • Système Autotrak
- Moteurs performants • Comportement routier sain • Boîte automatique robuste

▼ CONTRE

- Salle de quilles sur roues • Banc arrière pour masochistes • Prix pour gagnant à la loterie • Ivrogne en hydrocarbure

Oldsmobile Silhouette

Pratiquement vôtre!

La catégorie des fourgonnettes ne fait généralement pas dans la dentelle en matière de présentation. Ces longs cubes allongés se ressemblent pratiquement tous les uns les autres et leur conduite s'avère généralement sans surprise. Même la Honda Odyssey ne réussit pas à faire monter l'adrénaline. Et ce n'est certainement pas cette troïka proposée par General Motors qui risque de nous donner des sensations fortes. La Pontiac Montana a beau tenter de se doter d'un plumage plus agressif et même oser s'approprier l'identification GT, il n'y a rien à faire: c'est utilitaire à mort!

nutile de préciser que la Chevrolet Venture ne surpasse pas la Montana à ce chapitre. Quant à l'Oldsmobile Silhouette, qui en est à ses derniers soupirs, elle se révèle plus pratique que sportive. Mais c'est justement ce que doit être une fourgonnette: un véhicule capable de transporter occupants et bagages dans un bon confort tout en assurant un comportement routier acceptable. Cette description, les trois modèles proposés par General Motors la respectent à la lettre. Comme les trois sont presque identiques à quelques détails de présentation près, ce qui suit vaut pour toutes. En fait, à l'exclusion de leur silhouette respective, seul leur tableau de bord les démarque l'une de l'autre. Celui de la Venture est essentiellement pratique, sans fion ni fioriture. Celui de la Montana est nettement plus chargé avec ces boutons à gogo et des plastiques de différentes couleurs. La Silhouette propose sans doute la meilleure présentation, mais ses jours sont comptés et il faut savoir que sa dépréciation risque d'être plus importante.

Moteur unique, choix multiples

La fiche technique est d'une grande simplicité puisqu'un seul moteur est au catalogue. Il s'agit du V6 3,4 litres de 185 chevaux qui est associé à une boîte automatique à quatre rapports. Soulignons au passage que cette dernière est non seulement efficace et bien étagée, mais également fiable, ce qui n'est pas le lot de certaines concurrentes. Toutefois, plusieurs aimeraient bien pouvoir choisir un moteur plus puissant comme c'est le cas pour presque tous les autres modèles de la catégorie. Même la Kia Sedona a un avantage de 10 chevaux et un rapport supplémentaire à sa boîte automatique. Toutefois, en contrepartie, le V6 de GM s'avère le plus économique en carburant et sa fiabilité se situe dans la bonne moyenne. De plus, à l'usage, il se tire bien d'affaire.

Voilà pour la section de la simplicité. S'il n'y a aucune option alternative pour le groupe propulseur, il en est tout autrement si on se met à feuilleter la catalogue des modèles offerts et des options. En tout premier lieu, il est pos-

sible de commander une version à empattement court ou long. De plus, il ne faut pas oublier que la traction intégrale à commande électronique est offerte dans les modèles allongés. Et la liste est quasiment interminable. Si vous voulez vous payer une seule option, cochez celle vous permettant de bénéficier des freins ABS qui comprend également des sacs gonflables latéraux. Dans ce dédale de choix, les acheteurs des modèles à traction intégrale bénéficieront pour leur part de l'ABS de série et de freins à disque aux quatre roues. Notons également la possibilité de choisir un centre de divertissement DVD, un sonar de recul et différentes options pour les sièges. Et GM a enfin compris que les sièges en cuir doivent être chauffants.

Sans surprise

Sur la route, le comportement de ces fourgonnettes se révèle sans surprise. Il faut un peu plus de 12 secondes avant d'atteindre les 100 km/h et l'opération est sans histoire alors que les rapports se succèdent en douceur. La direction a été surtout conçue pour les grandes routes et les longs trajets en ligne droite, car son assistance est très correcte tandis que sa précision est perfectible. Bref, les ingénieurs ont songé à ceux qui conduisent d'une main tout en sirotant un café de l'autre. Mais ces conducteurs

Pontiac Montana

négligents auront intérêt à agripper le volant à deux mains sur une route bosselée parce que l'essieu arrière à poutre déformante ne fait pas bon ménage avec les trous et les bosses. Si vous refusez de ralentir, le véhicule risque de devenir instable. Et prenez note que ce trio n'a pas tellement bien figuré lors de tests d'impacts latéraux. Bref, mieux vaut éviter les fanfaronnades.

Aspect pratique prononcé

S'il y avait des tests portant sur le caractère pratique des véhicules, notre trio ne serait pas loin de la tête. En tout premier lieu, il est possible de commander de multiples configurations de sièges arrière allant de la version six places au modèle huit places. Les bricoleurs seront sans doute heureux d'apprendre qu'ils pourront transporter l'incontournable feuille de contreplaqué et refermer le hayon dans les versions à empattement allongé. Plusieurs modèles plus récents offrent comme solution d'escamoter le troisième siège dans le plancher dans une

dépression créée à cet effet. C'est spectaculaire et passablement «songé». Mais il en résulte une augmentation du niveau sonore dans l'habitacle et il faut généralement remiser la roue de secours sous une trappe pratiquée dans le plancher. Les ingénieurs de Detroit ont adopté une solution plus simple en utilisant une banquette qui se remise à plat. D'ailleurs, Nissan a opté pour la même solution pour les sièges médians de la Quest.

Il est toutefois malheureux que des véhicules bien conçus et pratiques soient handicapés par une finition bâclée, une rigidité de caisse quelconque et certains matériaux de qualité douteuse.

Denis Duquet

CARACTÉRISTIQUES

Prix du modèle à l'essai	Venture LT 37 895 $
Échelle de prix	26 255 $ à 41 095 $
Garanties	3 ans 60 000 km / 3 ans 60 000 km
Emp. / Long. / Larg. / Haut. (cm)	305 / 510 / 183 / 173
Poids	1740 kg
Coffre / Réservoir	915 à 3984 litres / 94 litres
Coussins de sécurité	frontaux et latéraux
Suspension avant	indépendante, jambes de force
Suspension arrière	essieu rigide, poutre déformante
Freins av. / arr.	disque / tambour, ABS
Antipatinage / Contrôle de stabilité	oui / non
Direction	à crémaillère, assistée
Diamètre de braquage	11,4 mètres
Pneus av. / arr.	215/70R15

MOTORISATION ET PERFORMANCES

Moteur	V6 3,4 litres
Transmission	traction, automatique 4 rapports
Puissance	185 ch à 5200 tr/min
Couple	210 lb-pi à 4000 tr/min
Autre(s) moteur(s)	aucun
Autre(s) transmission(s)	aucune
Accélération 0-100 km/h	12,6 secondes
Reprises 80-120 km/h	8,0 secondes
Vitesse maximale	180 km/h
Freinage 100-0 km/h	43,0 mètres
Consommation (100 km)	12,8 litres (ordinaire)

MODÈLES CONCURRENTS

- Dodge Grand Caravan • Ford Freestar • Honda Odyssey
- Kia Sedona • Nissan Quest • Mazda MPV • Toyota Sienna

QUOI DE NEUF ?

- Systèmes audio améliorés • DVD plus moderne
- Nouvel agencement des options

Renouvellement du modèle	2006

VERDICT

Agrément de conduite	★★★☆☆
Fiabilité	★★★☆☆
Sécurité	★★★☆☆
Qualités hivernales	★★★☆☆
Espace intérieur	★★★★☆
Confort	★★★½☆

VERSION RECOMMANDÉE

LS empattement long

▲ POUR

- Mécanique éprouvée • Habitacle polyvalent
- Consommation raisonnable • Tenue de route sans surprise • Banquette arrière remisée à plat

▼ CONTRE

- Pneumatiques peu performants
- Finition inégale • Moteur un peu juste
- Sautillement du train arrière

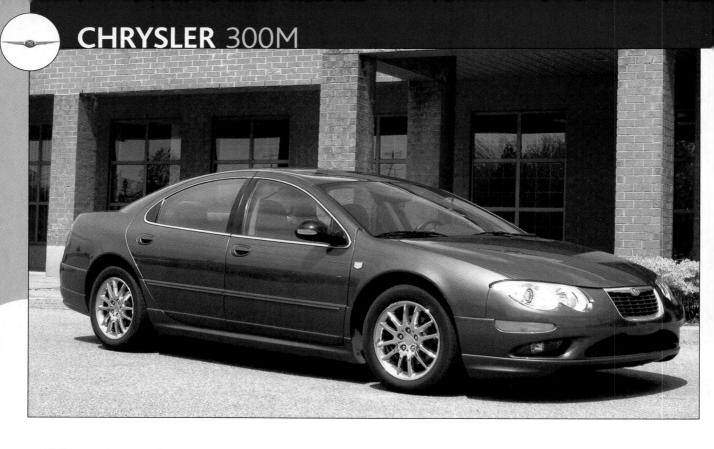

Fin de régime

Un peu à l'image de son partenaire Mercedes, Chrysler semble avoir une certaine prédilection pour les identifications alphanumériques pour ses berlines de luxe. C'est ainsi que la 300M est la version la plus aboutie de la Concorde. On a voulu en faire en quelque sorte la « Cadillac » des Chrysler. Les responsables du développement des produits n'ont rien négligé pour en faire le modèle phare de toute la gamme tant en fait d'équipement de série que de mécanique plus sophistiquée. Ils ont même concocté une version plus « sportive », la 300M Special, destinée aux amateurs de berlines européennes.

Malgré sa silhouette toujours moderne, la 300M ne sera plus commercialisée d'ici quelques mois, car elle sera remplacée par une toute nouvelle génération de modèles non seulement différents sur le plan esthétique, mais entièrement nouveaux côté mécanique puisqu'il s'agira d'une propulsion. La 300C dévoilée lors du Salon de l'auto de New York donne un bon aperçu de cette nouvelle venue. Dessinée par l'ex-Québécois Ralph Gilles, elle arborera une silhouette moins classique et il est fort probable qu'un moteur V8 Hemi se dissimulera sous l'emballage, rappelant la glorieuse époque des *muscle cars* de Chrysler.

Mais revenons au modèle actuel qui poursuit sa carrière pour quelques mois encore. Il n'est donc pas surprenant d'apprendre que les changements sont minimes en 2004 et se limitent à des détails ou à des agencements de couleurs. La silhouette empruntée aux modèles Concorde et Dodge

Intrepid a bien supporté le poids des années et elle masque relativement bien le fait qu'il s'agit d'une berline aux dimensions imposantes. Sa longueur hors tout ne fait que 1 cm de moins que celle de la BMW 740i. Il ne faut cependant pas faire l'erreur de comparer seulement les dimensions des voitures, une tendance exagérée chez les constructeurs américains. La 300M n'est pas une option alternative bon marché aux allemandes de grand luxe, mais une grosse berline intermédiaire de mouture typiquement américaine tant au chapitre de la présentation que de la conduite.

Version ordinaire

La plus luxueuse des Chrysler a toujours impressionné par son apparence extérieure et son habitacle bien agencé. Elle a également fait la preuve que les stylistes nord-américains pouvaient concilier innovation, élégance et style classique. Cette silhouette a malheureusement été utilisée pour trop de

modèles, ce qui a quelque peu dilué la sauce au fil des ans. Il n'en demeure pas moins que la 300M fait toujours la nique aux tristounettes Buick Park Avenue, Lincoln LS et autres berlines de même catégorie.

La même remarque s'applique à l'habitacle où l'on retrouve un tableau de bord classique et fort bien agencé. Les cadrans avec chiffres noirs sur fond blanc montrent un heureux ménage entre l'ancien et le moderne. Les commandes s'avèrent d'utilisation facile. Les boutons rotatifs qu'on trouve dans cette voiture sont la preuve que ce type de commande est toujours le plus rapide. Une applique en bois aux dimensions parfaites traverse la planche d'un côté à l'autre. La partie supérieure du boudin du volant est aussi en bois. C'est plus élégant que pratique, car le vernis utilisé le rend glissant.

Les claustrophobes vont apprécier la 300M pour son vaste habitacle. Peu importe votre gabarit, vous avez de bonnes chances de pouvoir y prendre vos aises. Par contre, les sièges avant n'offrent pas tellement de support latéral tandis que la banquette arrière est d'un confort moyen avec une assise basse et un dossier trop plat. Heureusement, elle s'abaisse pour augmenter la capacité de charge d'un coffre déjà imposant.

En dépit de son énormité, cette berline surprend par son agilité et un comportement

CARACTÉRISTIQUES

Prix du modèle à l'essai	Special 46 595 $
Échelle de prix	40 910 $ à 44 385 $
Garanties	3 ans 60 000 km / 7 ans 115 000 km
Emp. / Long. / Larg. / Haut. (cm)	287 / 502 / 189 / 142
Poids	1645 kg
Coffre / Réservoir	476 litres / 66 litres
Coussins de sécurité	frontaux et latéraux
Suspension avant	indépendante, jambes de force
Suspension arrière	indépendante, multibras
Freins av. / arr.	disque ABS
Antipatinage / Contrôle de stabilité	oui / non
Direction	à crémaillère, assistance variable
Diamètre de braquage	11,5 mètres
Pneus av. / arr.	225/55R17

MOTORISATION ET PERFORMANCES

Moteur	V6 3,5 litres
Transmission	traction, automatique 4 rapports
Puissance	255 ch à 6500 tr/min
Couple	258 lb-pi à 3900 tr/min
Autre(s) moteur(s)	V6 3,5 litres 250 ch
Autre(s) transmission(s)	aucune
Accélération 0-100 km/h	8,1 s ; 8,7 s (250 ch)
Reprises 80-120 km/h	6,8 s ; 7,7 s (250 ch)
Vitesse maximale	210 km/h
Freinage 100-0 km/h	39,2 mètres
Consommation (100 km)	12,3 litres (super)

MODÈLES CONCURRENTS

• Cadillac CTS • Lincoln LS • Pontiac Bonneville

QUOI DE NEUF ?

• Aucun changement majeur • Nouveau modèle en 2005

Renouvellement du modèle	2005

VERDICT

Agrément de conduite	★★★★☆
Fiabilité	★★★½☆
Sécurité	★★★☆☆
Qualités hivernales	★★★★½☆
Espace intérieur	★★★★½
Confort	★★★★☆

VERSION RECOMMANDÉE

Special

---

routier prévisible. En virage, le roulis de caisse n'est pas exagéré, la direction est précise et la tenue de route relativement neutre. Poussez davantage et vous allez user les pneus à un rythme alarmant. Sur la grandroute, et même sur des routes secondaires, cette Chrysler constitue un excellent moyen de transport capable de déplacer cinq adultes dans un confort plus qu'acceptable. L'insonorisation reste cependant perfectible.

Un « Special » S.V.P.

Pour les acheteurs qui reprochaient à la M d'être trop traditionnelle, les responsables de la marque ont concocté la Special destinée à lui donner ce petit côté européen tellement apprécié par plusieurs. La suspension a été abaissée et raffermie, le moteur V6 3,5 litres modifié afin d'obtenir 5 chevaux de plus que les 250 de la version « ordinaire » et les roues chromées. Le bois du tableau de bord a été remplacé par une applique en similifibre de carbone.

Si le plumage est attrayant, le ramage est quelque peu décevant. Ces quelques améliorations permettent de bénéficier d'une tenue de route améliorée, mais au détriment du confort de la suspension. Il suffit de quelques minutes à son volant pour découvrir que l'insonorisation n'est pas le point fort de cette voiture. Et les cinq maigres chevaux de plus nous obligent à utiliser de l'essence « super ». Tout cela pour grignoter quelques dixièmes de seconde sur le temps d'accélération. Enfin, la possibilité d'aborder les virages avec plus de vélocité nous permet de découvrir que le siège du conducteur n'offre pas plus de support latéral que dans la version ordinaire. En revanche, le volant gainé de cuir assure une meilleure prise en main.

Malgré ces quelques bémols, il faut pardonner bien des choses à cette voiture compte tenu du prix demandé, surtout par rapport à la concurrence.

Denis Duquet

▲ POUR

• Équipement complet • Silhouette agréable
• Tenue de route • Habitabilité exemplaire

▼ CONTRE

• Insonorisation perfectible • Dimensions hors normes • Piètre visibilité arrière
• Sièges avant trop mous

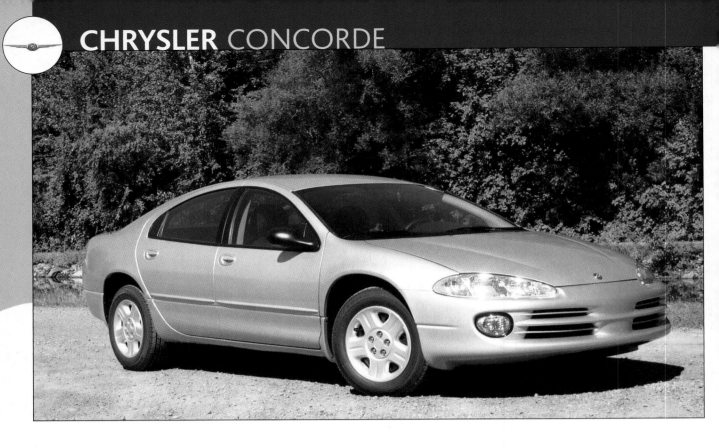

Rideau

C'était en 1998. La Concorde et l'Intrepid n'avaient pas encore effectué leurs premiers tours de roues, que déjà la presse spécialisée en faisait les révélations de l'année automobile : deux intermédiaires avec lesquelles il fallait à tout prix prendre rendez-vous. Étonnamment, elles ont perdu de leur superbe aux yeux des médias au fil des années. Et ce ne sont certainement pas les nouvelles couleurs extérieures qui vont changer quoi que ce soit. Et pour cause, le renouvellement de ces deux modèles est prévu dans quelques mois à peine.

Cela dit, on sait très peu de chose sur cette nouvelle génération d'intermédiaires si ce n'est qu'elle renouera avec le principe du tout-à-l'arrière (roues arrière motrice) et que plusieurs de ses composantes auront été empruntées à la Classe E de Mercedes. On raconte que les éléments suspenseurs, le système de direction et quelques artifices électroniques (pas tous) proviendront de la marque à l'étoile. Reste à savoir si le coût des pièces et celui des entretiens seront eux aussi calqués sur ceux pratiqués par la firme allemande. Souhaitons que non.

Mais puisque ces nouvelles intermédiaires ne feront leur première apparition publique qu'au mois de janvier à l'occasion du Salon de Detroit, la direction de DaimlerChrysler fait remonter les Concorde et Intrepid dans le ring pour quelques mois encore.

Joliment dessinée (on dit qu'elle est l'œuvre d'un ancien joaillier), la Concorde adoptait, tout comme l'Intrepid d'ailleurs, le style « cabine avancée » imaginé quelques années auparavant par Chrysler pour accroître le volume de l'habitacle et du coffre de ses véhicules. Sur ces deux points, la concurrence doit d'ailleurs s'incliner face à cette berline qui offre beaucoup de dégagement intérieur et peut accueillir aisément et en tout confort cinq personnes. Ces dernières ont des bagages ? Aucun problème, à condition de pouvoir composer avec le seuil du coffre qui, en raison de son altitude, gène la visibilité vers l'arrière. Mais retournons un instant à l'intérieur pour compléter le tour du propriétaire. Les baquets avant soutiennent très peu, mais le tableau de bord, lui, aligne une instrumentation relativement complète où chaque instrument est déposé dans un cercle de chrome. Par contre, sur le plan de l'ergonomie on trouve à redire au sujet de l'emplacement de certaines commandes (celles de la radio et de la climatisation) qui auraient pu jouer à la chaise musicale pour se rendre plus accessibles au conduc-

teur. De plus, l'applique de similibois qui zèbre le tableau de bord ne se coordonne pas toujours très bien aux teintes intérieures proposées.

Le choix des armes

Le moteur boulonné sous le capot de la Concorde dépend de la version retenue, soit LX, LXi ou Limited. La première adopte le V6 de 2,7 litres (200 chevaux) alors que la deuxième retient les services d'un V6 de 3,5 litres (232 chevaux). Quant à la Limited, elle a droit à une version vitaminée du 3,5 litres qui lui permet de délivrer 250 chevaux. Peu importe la mécanique choisie, sachez que toutes retiennent les services d'une transmission automatique à quatre rapports. Non pas que je veuille vous faire dépenser, mais compte tenu de la vocation de ce véhicule, le 3,5 litres de 232 chevaux m'apparaît le mieux adapté ; il s'avère en effet plus souple à faibles régimes et surtout moins juste que le 2,7 litres, qui doit redoubler d'ardeur sur les routes escarpées.

Cela dit, on retient de la Concorde une qualité d'assemblage et un niveau de rigidité toujours dans le coup, une douceur de roulement étonnante et une grille de tarifs très concurrentielle. On lui reconnaît également un comportement routier sûr et une stabilité hors pair. Dans la colonne des « moins », on retrouve par contre un encombrement qui en gêne plus

CARACTÉRISTIQUES	
Prix du modèle à l'essai	LXi 32 105 $
Échelle de prix	30 775 $ à 38 235 $
Garanties	3 ans 60 000 km / 7 ans 115 000 km
Emp. / Long. / Larg. / Haut. (cm)	287 / 527 / 189 / 142
Poids	1618 kg
Coffre / Réservoir	530 litres / 65 litres
Coussins de sécurité	frontaux et latéraux
Suspension avant	indépendante, jambes de force
Suspension arrière	indépendante, cartouches Chapman
Freins av. / arr.	disque ABS
Antipatinage / Contrôle de stabilité	oui
Direction	à crémaillère, assistance variable
Diamètre de braquage	11,5 mètres
Pneus av. / arr.	225/60R16

MOTORISATION ET PERFORMANCES	
Moteur	V6 3,5 litres
Transmission	traction, automatique 4 rapports
Puissance	232 ch à 6200 tr/min
Couple	241 lb-pi à 4000 tr/min
Autre(s) moteur(s)	V6 2,7 litres 200 ch ;
	V6 3,5 litres 250 ch
Autre(s) transmission(s)	aucune
Accélération 0-100 km/h	8,7 s ; 10,2 s (2,7 l)
Reprises 80-120 km/h	6,4 secondes
Vitesse maximale	210 km/h
Freinage 100-0 km/h	39,2 mètres
Consommation (100 km)	12,8 litres (ordinaire)

d'un, une direction plus floue au centre, quoique cette sensation disparaît si vous avez eu la bonne idée d'investir dans le groupe Touring qui bénéficie non seulement d'une direction à assistance variable, mais aussi d'une monte pneumatique plus généreuse. Groupe Touring ou pas, la suspension favorise toujours le confort et la Concorde prend suffisamment de roulis pour vous inciter à sortir vos Gravol, alors que les freins tombent dans les pommes dès qu'ils sont trop sollicités.

Et l'Intrepid ?

Si la Concorde chausse des talons hauts, l'Intrepid, elle, cherche à nous faire croire qu'elle enfile des souliers de course. D'ailleurs, ça se remarque sur le plan visuel, à condition que le client y mette le prix. Ainsi, vous pourrez vous offrir des jantes au dessin plus sportif et même coiffer le couvercle du coffre d'un aileron, histoire de nous faire croire qu'il s'agit d'une authentique berline sport. Comme les apparences peuvent parfois être trompeuses.

Bien sûr, en cochant les bonnes options, il est possible d'améliorer l'adhérence en courbe, mais en échange vous devrez accepter de vous faire brasser un peu plus, surtout sur notre réseau routier. Et ce n'est pas tout : les bruits extérieurs envahissent sauvagement l'habitacle, troublant ainsi la quiétude des occupants qui se trouvent à bord.

Tout compte fait, nous sommes ici en présence de deux berlines spacieuses, vendues à prix très compétitifs et dont le dossier de fiabilité sans être sans tache, s'est grandement amélioré au fil des années. Mais avant d'arrêter votre choix, la sagesse recommande tout de même d'attendre la relève de la garde. Ça risque d'être encore plus intéressant.

Éric LeFrançois

MODÈLES CONCURRENTS

- Buick LeSabre • Buick Park Avenue • Ford Taurus
- Nissan Maxima • Pontiac Grand Prix • Toyota Avalon

QUOI DE NEUF ?

- Aucun changement majeur

Renouvellement du modèle	2005

VERDICT

Agrément de conduite	★★★★☆
Fiabilité	★★★★½☆
Sécurité	★★★★☆
Qualités hivernales	★★★★☆
Espace intérieur	★★★★★
Confort	★★★★½

VERSION RECOMMANDÉE

Concorde LXi

▲ POUR

- Habitacle spacieux • Comportement sans surprise • Choix de moteurs • Une bonne affaire à saisir ($$) avant son renouvellement

▼ CONTRE

- Modèles en fin de carrière • Dimensions encombrantes • Insonorisation perfectible (Intrepid) • Baquets trop mous

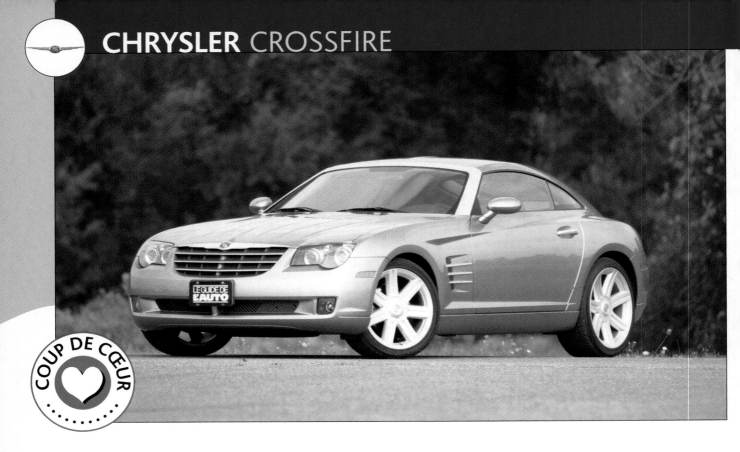

COUP DE CŒUR

Faire du neuf avec du vieux… et bien le faire!

Premier produit issu du partenariat réunissant Chrysler et Mercedes-Benz (devenu DaimlerChrysler), le coupé Crossfire a d'abord fait son petit numéro de séduction dans de nombreux salons automobiles avant de recevoir le feu vert de la production en série. Ce modèle qui se distingue par ses lignes râblées caractérisées par un long capot avant et un arrière tronqué est sans aucun doute la meilleure voiture à ce jour à arborer l'emblème Chrysler. Pourtant, on a fait appel à une recette vieille comme le monde, soit celle fort simple de faire du neuf du vieux. Or, le résultat est étonnant.

Bien que la voiture affiche çà et là le nom de Chrysler, de nombreux indices trahissent son origine véritable. La participation de Mercedes-Benz se manifeste de plusieurs façons à partir de menus détails jusqu'à des caractéristiques fortement ancrées dans les habitudes de la firme allemande. Comme ce faible diamètre de braquage qui permet de garer la voiture en un tour de main, comme toutes les Mercedes. Par ailleurs, quelle ne fut ma surprise de retrouver sur la console du coupé Chrysler un petit bouton servant à orienter les rétroviseurs extérieurs parfaitement semblable à celui de ma Mercedes-Benz E320 cabriolet de 1995. Un détail, certes, mais combien révélateur. D'ailleurs, aussi bien Mercedes que Chrysler ne se cachent pas pour claironner bien haut que la Crossfire est le résultat d'un travail d'étroite collaboration. À preuve, 39 % des composantes sont d'origine Mercedes tandis que 61 % proviennent

de chez Chrysler. Plus explicitement, toute la mécanique porte l'empreinte allemande tandis que l'emballage revêt l'étiquette «made in the USA».

Mi-américaine, mi-allemande

En somme, ce sont les stylistes de Chrysler, jamais en panne d'imagination, qui sont responsables de cette jolie carrosserie rappelant celle de l'Audi TT qui attire autant les regards que Britney Spears si elle se promenait flambant nue rue Sainte-Catherine. Les photos, incidemment, sont trompeuses et ne reflètent pas les vraies dimensions de la Crossfire qui sont exactement les mêmes que celles de la TT. La branche américaine de DaimlerChrysler a aussi contribué à l'aménagement intérieur.

Sous le capot et ailleurs, c'est la signature Mercedes qui domine. Elle figure par exemple sur le moteur V6 de 3,2 litres de 215 chevaux emprunté aux classes C, E, CLK et SLK. Ce dernier, un roadster à toit rigide escamotable dont

la carrière s'achève, a même prêté sa plateforme à la Crossfire. Il ne faut donc pas s'étonner que l'on ressente les mêmes sensations de conduite au volant du coupé Chrysler. Et comme si tout cela n'était pas suffisant, celui-ci est construit par le spécialiste allemand Karmann (souvenez-vous de la Karmann Ghia) qui produit déjà la CLK et le châssis de la SLK.

Une bonne perdante

Même si elle n'a pas remporté notre match des coupés sport, il faut admettre que la Crossfire est une voiture fort agréable à conduire qui, sur le plan du comportement routier, ne prête le flanc à aucune critique… tout comme la plupart des produits Mercedes. On aimera observer le mouvement du petit aileron arrière qui se déploie selon la vitesse à laquelle on route.

Là où ça se gâte toutefois, c'est du côté de l'aménagement intérieur. Sans blâmer Chrysler, on peut dire que ce coupé a été lancé prématurément et qu'il aurait pu faire l'objet d'un meilleur peaufinage. Les irritants vont du cadran numérique de la radio totalement invisible par temps ensoleillé au pommeau du levier de vitesses en aluminium poli qui s'avère extrêmement glissant. À propos d'alu, il faut dire que la console centrale est assez éblouissante par temps clair. Il y a aussi ce petit tiroir à monnaie qui, une fois ouvert, vient gêner les

CARACTÉRISTIQUES

Prix du modèle à l'essai	6 rapports manuelle 47 745 $
Échelle de prix	47 745 $
Garanties	3 ans 60 000 km / 7 ans 115 000 km
Emp. / Long. / Larg. / Haut. (cm)	240 / 406 / 177 / 130,5
Poids	1388 kg
Coffre / Réservoir	215 litres / 60 litres
Coussins de sécurité	frontaux et latéraux
Suspension avant	indépendante, leviers triangulés
Suspension arrière	indépendante, multibras
Freins av. / arr.	disque ventilé / disque ABS
Antipatinage / Contrôle de stabilité	oui
Direction	à billes, assistée
Diamètre de braquage	10,3 mètres
Pneus av. / arr.	225/40ZR18 ; 255/35ZR19

MOTORISATION ET PERFORMANCES

Moteur	V6 3,2 litres
Transmission	propulsion, manuelle 6 rapports
Puissance	215 ch à 5700 tr/min
Couple	229 lb-pi à 3000 tr/min
Autre(s) moteur(s)	aucun
Autre(s) transmission(s)	auto. 5 rapports avec AutoStick
Accélération 0-100 km/h	8,2 secondes
Reprises 80-120 km/h	7,0 secondes
Vitesse maximale	230 km/h
Freinage 100-0 km/h	42,0 mètres
Consommation (100 km)	11,0 litres (super)
Niveau sonore	Ralenti : 42 dB
	Accélération : 76 dB
	100 km/h : 70 dB

MODÈLES CONCURRENTS

• Audi TT coupé • BMW 330 Ci • Infiniti G35 coupé
• Madza RX-8

QUOI DE NEUF ?

• Système de stabilité • Aileron mobile • Sièges en cuir
• Climatisation • Transmission automatique

Renouvellement du modèle	2006

VERDICT

Agrément de conduite	★★★★☆
Fiabilité	nouveau modèle
Sécurité	★★★☆☆
Qualités hivernales	★★★☆☆
Espace intérieur	★★☆☆☆
Confort	★★★★☆

VERSION RECOMMANDÉE

6 rapports manuelle

mouvements du levier de vitesses et ces sièges dont le rembourrage pas plus épais qu'une galette vous donne l'impression d'être assis sur le plancher. En plus, un conducteur de petite taille, aura les genoux appuyés sur un boudin situé en dessous du tableau de bord. Mais cessons de blâmer Chrysler et reprochons à Mercedes ce levier de vitesses dont la marche arrière oblige à le tirer, à le déplacer vers la gauche et ensuite vers l'arrière. Une horreur... Et que dire de la boîte de vitesses manuelle dont les six rapports sont mal étagés ? Le deuxième qui plafonne à 83 km/h est beaucoup trop court alors que les quatrième, cinquième et sixième rapports sont longs à n'en plus finir. En quatrième, par exemple, on frôle les 175 km/h. Cet étagement est toutefois très bon pour la consommation qui s'affiche à 11 litres aux 100 km. En revanche, le fait de devoir passer la troisième avant 100 km/h repousse le 0-100 km/h à 8,2 secondes et allonge le 80-120 à 7 longues secondes.

En voulant protéger le plus possible le design original, on a lourdement sacrifié la visibilité qui, à cause d'angles morts de trois quarts arrière et de la petitesse de la lunette arrière, est carrément dangereuse.

Mais j'accepterais tous ces inconvénients pour bénéficier du confort, de la tenue de route plutôt neutre, d'une direction à billes plus précise qu'on pourrait l'imaginer et surtout d'un moteur émettant une aussi belle sonorité. Les performances ne s'avèrent pas renversantes si l'on s'attend à rouler dans une voiture sport. Or, la Crossfire est plutôt une GT (grand-tourisme) qui veut chouchouter ses deux occupants qui bénéficieront d'un espace à bagages peu commun sous le hayon arrière. C'est une voiture qui avalera les grands trajets avec aisance pour le plus grand plaisir de son conducteur. Voilà pourquoi je reprends mes propos du début en vous disant que c'est de loin la meilleure Chrysler qu'il m'ait été donné de conduire depuis longtemps.

Jacques Duval

▲ POUR

• Mécanique Mercedes • Châssis extrêmement robuste • Bon comportement routier • Confort assuré • Belle finition

▼ CONTRE

• Boîte manuelle mal étagée • Visibilité dangereuse • Marche arrière pénible à enclencher • Levier de vitesses glissant

COUP DE POING

Comme un pneu quatre saisons

On attendait beaucoup de la nouvelle Chrysler Pacifica. Bien nommée et bien tournée, cette descendante de l'Autobeaucoup est l'un des premiers véhicules multisegments à faire son apparition sur le marché. Qu'est-ce qu'un véhicule multisegment, demanderez-vous ? C'est ce que les Américains appellent un *crossover*, c'est-à-dire un engin qui peut s'apparenter à plusieurs types de modèles.

Dans le cas de la Pacifica, on a affaire à une familiale, à une fourgonnette, à un utilitaire sport et à une voiture de luxe. Tout ça dans un seul et même véhicule. Après en avoir fait l'essai, je dirais que la Pacifica est intéressante à certains égards, mais qu'elle me fait penser à un pneu quatre saisons. Pourquoi ? Parce qu'elle correspond à tous les genres qu'elle entend adopter mais n'en représente aucun avec aplomb. Comme avec un pneu quatre saisons, nous sommes confrontés à une série de compromis dont le résultat nous laisse mi-figue, mi-raisin. La Pacifica n'est ni une bonne familiale ni une fourgonnette compétente, pas plus qu'elle n'est vraiment une voiture de luxe ou un utilitaire sport. En voulant être tout à la fois, elle doit consentir à des sacrifices, ce qui a pour effet qu'elle n'est jamais au sommet de sa forme dans l'un ou l'autre de ses quatre rôles.

Tout et rien à la fois

Ainsi, malgré les quatre roues motrices de la version mise à l'essai, pas question d'aller jouer dans le bois avec cette Chrysler. Elle se débrouillera très bien en hiver dans la neige, mais ne comptez pas faire de l'escalade à son volant. La suspension propose aussi un mélange de douceur et de rudesse qui empêche la Pacifica de s'immiscer dans le clan des

voitures de luxe. Finalement, elle manque d'espace logeable pour pouvoir remplacer une familiale et ne possède pas la polyvalence d'une véritable fourgonnette même si elle emprunte le hayon arrière motorisé de ses cousines, les Town & Country et Dodge Grand Caravan.

Bien sûr, elle n'est pas dépourvue de qualités et son freinage, par exemple, s'avère d'une redoutable efficacité avec des arrêts d'urgence rectilignes et un train avant peu sensible à la plongée. Malgré beaucoup de roulis, la tenue de route non plus n'est pas vilaine, et il faudrait vraiment exagérer énormément pour se mettre dans l'embarras en virage. Si la suspension fait bien son travail

À l'intérieur, c'est mieux

Par ailleurs, l'accès à bord est facilité par la hauteur raisonnable de la Pacifica et une fois au volant, on peut admirer une belle touche de luxe dans la présentation. La position de conduite est bonne et les sièges plutôt confortables. On peut même régler le pédalier, ce qui constitue l'une des nombreuses astuces de l'aménagement intérieur. Les enfants, en deuxième rangée, bénéficieront d'une vraie cour d'école tellement les places arrière sont spacieuses. Ils prendront place

de liaison au sol, elle est moins docile sur nos mauvaises routes où son manque de débattement la rend éprouvante. Tantôt agréable par sa façon de réagir aux anfractuosités de nos routes, tantôt brutale dans ses réactions aux trous ou aux bosses, on a l'impression que cette suspension a été élaborée par des ingénieurs allemands, mais que leurs collègues américains ont décidé d'y mettre leur grain de sel (ou serait-ce leur bidon de mélasse ?). Ce qui ne serait pas impossible compte tenu de l'alliance DaimlerChrysler.

dans de délicieux sièges baquets à dossiers inclinables et toléreront mieux les longs voyages grâce au centre de divertissement complété par un petit écran surplombant le compartiment arrière. Quant à la troisième rangée de sièges, seuls des enfants en bas âge ou des contorsionnistes du Cirque du Soleil pourront s'y loger. Et advenant une telle éventualité, vous pourrez dire adieu à l'espace pour les bagages qui devient extrêmement limité.

La plus grosse tuile de cette Pacifica est très certainement sa faible maniabilité. La surface vitrée étant limitée, la visibilité arrière et

de ¾ arrière se révèle exécrable et le tricotage du stationnement en ville devient une horreur. Grosse et pataude, cette Chrysler ne manquera pas de vous faire jurer à l'occasion.

Un moteur à bout de souffle

L'autre handicap majeur de la Pacifica est sa motorisation. Les 250 chevaux de son V6 de 3,5 litres sont une bien maigre pitance pour un véhicule qui pèse aisément plus de 2 tonnes. Il faut effectivement être patient pour doubler un autre véhicule ou franchir le 0-100 km/h, une affaire de plus de 11 secondes. Côté consommation, on doit s'attendre à une moyenne de 13,2 litres aux 100 km, mesurée par l'ordinateur de bord de la voiture dont l'équipement comporte également un excellent GPS.

Par ailleurs, la finition intérieure affiche pour la première fois chez Chrysler un niveau de qualité qui nous laisse sentir que l'entité Daimler de DaimlerChrysler, c'est-à-dire Mercedes-Benz, a mis la main à la pâte. Le châssis a aussi été rigidifié et la voiture mise à l'essai était dépourvue de ces agaçants bruits de

Contrepartie

Au départ, il m'importe de préciser que j'ai un préjugé très favorable à l'égard de cette nouvelle génération de VGM (Véhicule Génétiquement Modifié) et de la Pacifica tout spécialement puisqu'elle a été conçue par une société qui, plus d'une fois, a relevé – et avec succès – d'audacieux paris (Autobeaucoup, Viper, Prowler, PT Cruiser). La Pacifica, malheureusement, n'a pas eu l'effet « wow, j'en veux un » souhaité. Après avoir fait le tour du propriétaire et roulé plusieurs centaines de kilomètres à son bord, on réalise assez vite que la concurrence avance des arguments plus convaincants pour nous séduire. Mais qui peut nier qu'il réponde à la volonté de DaimlerChrysler de casser les moules pour tenter de faire évoluer l'automobile dans une autre direction ? Les habitués de voitures luxueuses, friands de produits aboutis, ne seront pas conquis par ce véhicule. Surtout dans sa forme actuelle, laquelle ne lui promet pas une diffusion très grande. En revanche, comme véhicule de niche, la Pacifica séduira sans doute ceux qui aiment afficher une certaine modernité au travers de leur voiture, surtout s'ils ne sont que quatre à monter à bord.

Éric LeFrançois

cation qui lui aurait permis d'ouvrir un nouveau créneau du marché comme l'avait fait l'Autobeaucoup à ses débuts. En lieu et place, on se retrouve avec un curieux mélange de tout et de rien ; plus précisément d'une fourgonnette un peu fardée avec un centre de gravité légèrement plus bas. Je ne crois pas que ce premier « véhicule génétiquement modifié » tracera la voie du futur pour l'industrie automobile.

Jacques Duval

caisse qui sont le lot de trop de voitures nord-américaines.

Somme toute, je m'attendais à beaucoup mieux de cette Chrysler Pacifica et j'espérais y trouver une certaine sophisti-

CARACTÉRISTIQUES

Prix du modèle à l'essai	AWD 50 730 $
Échelle de prix	43 395 $ à 45 995 $
Garanties	3 ans 60 000 km / 7 ans 115 000 km
Emp. / Long. / Larg. / Haut. (cm)	295 / 505 / 201 / 169
Poids	2140 kg
Coffre / Réservoir	389 à 2250 litres / 87 litres
Coussin de sécurité	frontaux, latéraux et tête
Suspension avant	indépendante, jambes de force
Suspension arrière	indépendante, liens multiples
Freins av. / arr.	disque ABS
Antipatinage / Contrôle de stabilité	oui / non
Direction	à crémaillère, assistée
Diamètre de braquage	12,1 mètres
Pneus av. / arr.	235/65HR17

MOTORISATION ET PERFORMANCES

Moteur	V6 3,5 litres
Transmission	intégrale, automatique 4 rapports
Puissance	250 ch à 6400 tr/min
Couple	250 lb-pi à 3950 tr/min
Autre(s) moteur(s)	aucun
Autre(s) transmission(s)	aucune
Accélération 0-100 km/h	11,0 secondes
Reprises 80-120 km/h	8,7 secondes
Vitesse maximale	180 km/h
Freinage 100-0 km/h	43,4 mètres
Consommation (100 km)	13,2 litres (ordinaire)
Niveau sonore	Ralenti : 41,2 dB
	Accélération : 74,3 dB
	100 km/h : 63,2 dB

MODÈLES CONCURRENTS

• BMW X5 • Cadillac SRX • Lexus RX 330
• Volkswagen Touareg • Volvo XC90

VERDICT

Agrément de conduite	★★★☆☆
Fiabilité	nouveau modèle
Sécurité	★★★★☆
Qualités hivernales	★★★★☆
Espace intérieur	★★★★☆
Confort	★★★★☆

VERSION RECOMMANDÉE

AWD

▲ POUR

• Freinage superbe • Excellente habitabilité
• Comportement routier satisfaisant
• Équipement très complet • Finition soignée

▼ CONTRE

• Maniabilité nulle • Visibilité exécrable
• Performances médiocres • Suspension trépidante • Espace bagages limité

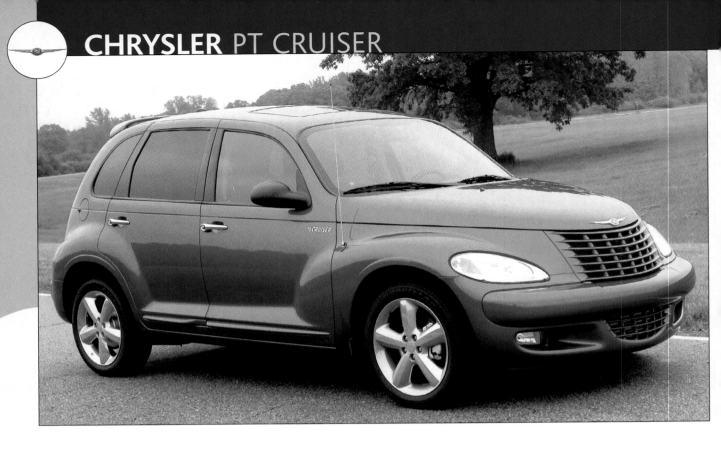

Inclassable

Aucune hésitation possible : on retrouve les joues rouges de son enfance face à cette étrange silhouette plongeante. D'ailleurs partout où elle pose ses roues, la PT Cruiser répand le bonheur, suscite la convoitise. À sa vue, les yeux des tout-petits pétillent, alors que les plus grands esquissent de larges sourires.

Flancs galbés, poignées chromées, toit déclivité, roues géantes : difficile de résister aux appâts que nous tend cette jeune américaine. Et comment ne pas arborer un large sourire devant la palette de couleurs extérieures proposée par DaimlerChrysler, qui rivalise d'audace avec celle des Smarties ? Qui plus est, on ne déchante pas en ouvrant les portières, derrière lesquelles nous attend un habitacle imaginatif, ensoleillé et coloré.

Nostalgie, quand tu nous tiens !

Perchés sur de petits promontoires, les baquets de la PT Cruiser disposent d'une multitude de réglages qui favorisent la recherche d'une position de conduite agréable (et verticale), aidés en cela par une colonne de direction inclinable. Le bonheur aurait été complet n'eût été du coussin, trop court, de la quasi-absence de supports latéraux et de l'assise un peu haute (malgré les ajustements disponibles) pour assurer un confort de conduite optimal. Par chance, si vous cochez l'option cuir cette année, vous aurez droit, ainsi

que votre passager de droite, à des éléments chauffants pour vous réchauffer le callipyge durant les froides soirées d'hiver.

Trois orbiculaires à fond blanc perforent l'une des deux façades laquées (de la même couleur que la carrosserie) de la planche de bord où se fondent des instruments coutumiers (indicateur de vitesse, jauge à essence, compte-tours, etc.) et une série de voyants lumineux. Pas de jauge de suralimentation cependant. Dommage. Plus au centre, on trouve étrangement les commandes des glaces et, plus en bas, le panneau de climatisation et la radio. Dans la partie basse on trouve les sacro-saints porte-verres dont l'emplacement oblige à quitter la route des yeux pour être en mesure de récupérer nos précieuses boissons (gazeuses bien sûr). Bien que cela puisse gêner, il serait toutefois malvenu d'accorder une importance démesurée à ce défaut, puisqu'on finit malgré tout par trouver ses repères. Par contre, on pardonne moins aisément à cet habitacle d'héberger sous ses panneaux une trop mince couche de matériaux isolants, incapable de contenir la montée de décibels

qui se manifeste aussitôt que le pied droit comprime solidement la pédale de l'accélérateur.

Logeable, la PT Cruiser ? Immense ! À l'avant, le dégagement en hauteur est si important qu'il faut pratiquement renverser la tête vers l'arrière pour consulter la boussole suspendue au pavillon ! Idem pour les deux passagers qui prendront place à l'arrière qui n'ont pas à craindre de se lustrer le cuir chevelu contre le toit. Pratique, il y aurait dit-on 26 configurations possibles, la banquette s'escamote, en tout ou en partie, ou se retire complètement (attention, chaque siège pèse environ 30 kilos) pour accroître le volume d'un coffre à bagages déjà très vaste (538 litres) et pour former un plancher à peu près plat.

Turbos à la rescousse

À ses débuts, la PT Cruiser avait l'air de ces *hot-rod* qui campent l'été durant chez Orange Julep (vous savez, la grosse orange aux abords de l'autoroute Décarie à Montréal). L'air peut-être, mais pas la chanson compte tenu du modeste rendement du quatre cylindres de 2,4 litres. Vous vous en doutez bien, la présence de ce moteur atmosphérique avait et a toujours des répercussions pernicieuses sur les performances.

Pour faire oublier son manque d'entrain, la PT Cruiser adopte depuis l'année dernière une mécanique suralimentée de 215 chevaux qui,

sans la transformer en un foudre de guerre, a permis de rendre la conduite plus excitante. Soucieuse de faire partager ce plaisir aux acheteurs des autres versions de la PT Cruiser, DaimlerChrysler ajoute une seconde mécanique turbocompressée à son catalogue cette année. Cette dernière délivre 180 chevaux et sera offerte en option, et ce, uniquement dans les versions Touring et Limited, les plus lourdes.

Ordinaire

Désormais campée sur des roues de 16 pouces, la PT Cruiser vire relativement plat et offre un comportement routier très prévisible (lire ordinaire). De plus, même si ses dimensions compactes semblent la prédisposer à une certaine agilité, la PT Cruiser souffre tout de même d'un long diamètre de braquage qui oblige, par exemple, à s'y reprendre par deux fois pour se glisser dans un espace de stationnement restreint. Heureusement, cette Chrysler peut compter sur l'assistance

d'une direction correctement dosée et précise de surcroît.

Encore une fois, ne vous fiez pas aux apparences : la PT Cruiser manifeste une certaine réprobation à être traitée comme un jouet, et en témoigne par une paresse perceptible lors des changements de cap. La suspension se veut assez ferme, mais pas au point d'être inconfortable, quoiqu'on note quelques trépidations du train arrière sur revêtements abîmés. Côté freinage, on s'étonne que la version Turbo (180 chevaux) doive encore compter sur des tambours à l'arrière vu les performances plus élevées du véhicule.

Que doit-on conclure ? Un véhicule aux formes joyeuses et rafraîchissantes, qui est à la fois pratique et polyvalent. Idéal pour « cruiser » rue Sainte-Catherine, ou, à compter du printemps prochain, pour prendre un bain de soleil avec l'entrée en scène d'une version découverte.

Éric LeFrançois

▲ POUR

• Polyvalence • Comportement routier amusant (Turbo) • Mécanique fiable • Style particulier

▼ CONTRE

• Certains détails à revoir sur le plan de l'ergonomie • Moteur atmosphérique souffreteux • Consommation importante (Turbo)

CARACTÉRISTIQUES

Prix du modèle à l'essai	Dream Series 2 / 33 250 $
Échelle de prix	22 500 $ à 33 250 $
Garanties	3 ans 60 000 km / 5 ans 115 000 km
Emp. / Long. / Larg. / Haut. (cm)	262 / 429 / 170 / 160
Poids	1411 kg
Coffre / Réservoir	538 à 1812 litres / 57 litres
Coussins de sécurité	frontaux et latéraux
Suspension avant	indépendante, jambes de force
Suspension arrière	semi-indépendante, poutre de torsion
Freins av. / arr.	disque
Antipatinage / Contrôle de stabilité	oui / non
Direction	à crémaillère
Diamètre de braquage	12,8 mètres
Pneus av. / arr.	205/50R17

MOTORISATION ET PERFORMANCES

Moteur	4L 2,4 litres turbo
Transmission	traction, manuelle 5 rapports
Puissance	215 ch à 5000 tr/min
Couple	245 lb-pi à 3600 tr/min
Autre(s) moteur(s)	4L 2,4 litres 150 ch;
	4L 2,4 litres turbo basse pression 180 ch
Autre(s) transmission(s)	semi-automatique 4 rapports
Accélération 0-100 km/h	8,3 secondes
Reprises 80-120 km/h	7,7 secondes
Vitesse maximale	175 km/h (limitée)
Freinage 100-0 km/h	40,1 mètres
Consommation (100 km)	12,2 litres (super)

MODÈLES CONCURRENTS

• Honda Element • Mazda3 • Pontiac Vibe • Suzuki Aerio

QUOI DE NEUF ?

• Moteur suralimenté de 180 ch • Version cabriolet offerte à compter du printemps prochain

Renouvellement du modèle	Un de ces jours

VERDICT

Agrément de conduite	★★★★☆
Fiabilité	★★★★★
Sécurité	★★★☆☆
Qualités hivernales	★★★☆☆
Espace intérieur	★★★★☆
Confort	★★★☆☆

VERSION RECOMMANDÉE

Turbo

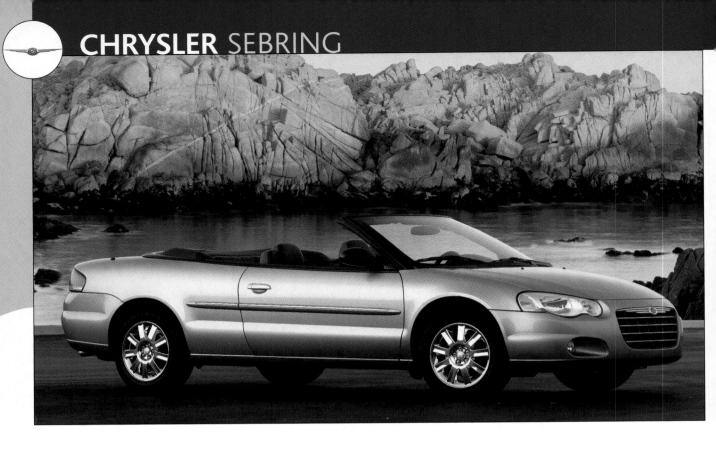

Nouvelle gueule

L'année 2004 amène quelques nouveautés au sein de la famille DaimlerChrysler. L'appartenance à un groupe possédant de nombreuses marques automobiles se fait nécessairement sentir et la filiation d'un modèle avec une marque se traduit par un style plus familier. Pour la Sebring, cela signifie une révision de la calandre, dans le but de l'harmoniser aux nouveaux styles introduits chez Chrysler par l'utilitaire Pacifica et le coupé Crossfire.

Ainsi, la grille, repositionnée sous la ligne des phares, a subi quelques retouches esthétiques, et on a opté pour de nouvelles roues. Cette nouvelle apparence lui permet aussi de ressembler davantage à la Sebring Convertible, son homologue décapotable.

Encore trois versions
Changeant de nomenclature, la Sebring 2004 est offerte en trois versions: de base, Touring et Limited. Celles-ci remplacent respectivement les modèles LX, LX Plus et LXi. Le modèle décapotable reprend également cette dénomination, de même que la version GTC de l'an dernier, qui est d'apparence plus luxueuse avec un intérieur tout en cuir.

Comme c'est le cas avec tous les produits du groupe Chrysler, Dodge et Jeep, la Sebring est aussi munie d'un nouveau système antivol incorporé à la clé, qui envoie un signal électronique au moment de l'allumage permettant de lancer le moteur.

Élégance de série
L'intérieur est toujours aussi rafraîchissant. Les grands cadrans à fond blanc, courants dans la famille Chrysler, sont de mise dans la Sebring. L'élégance de l'habitacle lui confère une place à part, les Honda Accord, Pontiac Grand Am et autres Toyota Camry se montrant plutôt spartiates à ce chapitre. L'intérieur des portières a été redessiné pour renforcer cette impression et on a choisi deux nouvelles couleurs de tissu.

Même si la plupart des commandes sont relativement bien situées et faciles à utiliser, il faut tout de même signaler quelques aberrations propres à Chrysler. Le changeur de six CD, livrable en option, est totalement hors de portée. Situé loin sous la console centrale, il vous oblige à vous plier en deux pour y insérer votre disque préféré. Pas question de faire cela en roulant.

L'espace en largeur fait aussi défaut, surtout pour les passagers à l'arrière, qui devront être de très petite taille pour apprécier les trois places. La banquette y est aussi un peu basse pour être vraiment confortable.

Comme on peut le constater, les nouvelles appellations ne constituent qu'une distraction. Encore cette année, la berline intermédiaire est fidèle aux habitudes du marché, offrant un choix entre deux moteurs, un quatre et un six cylindres. Le premier est une cylindrée de 2,4 litres développant 150 chevaux qui est offerte de série dans le modèle de base, le second le remplaçant dans les versions Touring et Limited et étant l'unique moteur offert pour la décapotable. Celui-ci est un V6 de 2,7 litres à double arbre à cames qui dégage un impressionnant 200 chevaux. L'antiblocage est en option dans tous les modèles et, en plus des disques aux quatre roues, est livré avec un système de contrôle de la traction à basse vitesse. La Sebring décapotable est pourtant munie de disques dans toutes ces versions! Ironiquement, la Sebring se targue d'être l'une des berlines les plus sécuritaires de sa catégorie, ayant reçu la mention la plus élevée lors des essais annuels menés par les agences américaines de sécurité routière.

Pourtant, les systèmes de sécurité sont trop souvent optionnels. En plus de l'antiblocage, on peut aussi penser aux sacs gonflables latéraux. Pas que cette situation aille à contresens de l'industrie, mais Chrysler a perdu une belle chance de profiter du statut de la Sebring sur le plan de la sécurité.

CARACTÉRISTIQUES

Prix du modèle à l'essai	LXi Limited 28 415 $
Échelle de prix	24 115 $ à 39 755 $
Garanties	3 ans 60 000 km / 7 ans 115 000 km
Emp. / Long. / Larg. / Haut. (cm)	274 / 484 / 179 / 139
Poids	1439 kg
Coffre / Réservoir	453 litres / 61 litres
Coussins de sécurité	frontaux (latéraux opt.)
Suspension avant	indépendante, triangulation
Suspension arrière	indépendante, multibras
Freins av. / arr.	disque / tambour
Antipatinage / Contrôle de stabilité	non
Direction	à crémaillère assistée
Diamètre de braquage	11,2 mètres
Pneus av. / arr.	205/65R15 (205/60R16 Touring & Ltd)

MOTORISATION ET PERFORMANCES

Moteur	V6 2,7 litres
Transmission	traction, automatique 4 rapports
Puissance	200 ch à 5800 tr/min
Couple	190 lb-pi à 4850 tr/min
Autre(s) moteur(s)	4L 2,4 litres 150 ch
Autre(s) transmission(s)	automatique avec AutoStick
Accélération 0-100 km/h	9,1 secondes
Reprises 80-120 km/h	8,1 secondes
Vitesse maximale	180 km/h
Freinage 100-0 km/h	45,0 mètres
Consommation (100 km)	11,2 litres (ordinaire)

Une conduite impeccable

Il faut faire un essai de la Sebring pour en découvrir la véritable personnalité. Elle se conduit presque toute seule! Le V6 répond aisément aux exigences, permettant à la voiture de se faufiler facilement dans la circulation. Agréable en accélération, la berline se montre aussi capable de reprises suffisantes pour assurer la sécurité et le confort des passagers.

Le quatre cylindres est un peu juste et s'essouffle à la moindre sollicitation. Le V6 demeure donc le meilleur choix à envisager. La transmission automatique à quatre rapports équipe les Sebring de toute version et est précise, enclenchant les rapports en douceur. Elle peut s'additionner du système AutoStick, qui permet de changer manuellement les rapports.

De base, la Sebring est équipée d'une suspension indépendante avec barre stabilisatrice à l'avant qui donne à l'ensemble un grand confort. Les versions Touring et Limited profitent d'une suspension arrière affermie pour une conduite un peu plus sportive, V6 oblige. Dans tous les cas, la Sebring offre un rendement plus qu'appréciable sur les routes sinueuses, tout en conservant une excellente qualité de roulement en toute circonstance. Le silence de son habitacle est remarquable.

Le freinage de la Sebring ne se démarque pas vraiment. Les freins à disque aux quatre roues jouent bien leur rôle, mais sont malheureusement absents du modèle de base.

Il n'est pas facile pour un véhicule de se distinguer dans la masse des berlines intermédiaires. Le récent renouvellement d'à peu près tous les concurrents de cette berline la rend un peu moins attrayante, surtout que son prix de base, à un peu plus de 23 000 $, n'est pas particulièrement compétitif.

Le comportement routier de la Sebring n'a rien à envier aux autres. Son style est certes original, mais la Sebring est aussi une berline sécuritaire et pratique. Quant à la Sebring décapotable, elle a en plus de la gueule.

Alain Mc Kenna

MODÈLES CONCURRENTS

- Chevrolet Malibu • Honda Accord • Hyundai Sonata
- Mazda6 • Nissan Altima • Oldsmobile Alero
- Toyota Camry

QUOI DE NEUF?

- Grille révisée • Télédéverrouillage de série

Renouvellement du modèle	2005

VERDICT

Agrément de conduite	★★★☆☆
Fiabilité	★★★☆☆
Sécurité	★★★★½
Qualités hivernales	★★★☆☆
Espace intérieur	★★★☆☆
Confort	★★★★½

VERSION RECOMMANDÉE

Touring

▲ POUR

- Belle apparence • Confortable • Conduite agréable • V6 souple et volontaire

▼ CONTRE

- ABS en option • Accessoires de sécurité optionnels • Fiabilité incertaine • Moteur de base peu puissant

Les champions de la polyvalence

Cette année, les changements sont quasiment inexistants dans cette troïka de fourgonnettes, signe évident que la relève devrait se pointer d'ici quelques mois. Mais chez DaimlerChrysler, c'est « motus et bouche cousue ». Il y aura une nouvelle génération bientôt, mais quand ? C'est une autre histoire ! La Dodge Caravan/Grand Caravan est le véhicule le plus vendu au pays et il serait imprudent de laisser filtrer la date d'arrivée de son remplaçant, une tactique qui aurait un effet négatif sur les ventes. Mais une révision est à prévoir au cours des mois à venir. Il y a des signes qui ne trompent pas. Cette année, par exemple, les seules améliorations consistent en un moniteur de pression des pneus, en des chaînes audio plus raffinées et un choix de nouvelles couleurs.

I ne faut pas croire pour autant que les versions actuelles soient totalement dépassées. Pas du tout ! La Dodge Grand Caravan qui a participé à notre match comparatif l'an dernier s'est classée troisième et ce sont surtout les notes un peu plus faibles au chapitre du comportement routier et de la motorisation qui l'ont handicapée. Son habitacle confortable et polyvalent de même que sa console mobile ont été appréciés. Il faut souligner en plus que les portières motorisées de ce constructeur sont les plus agréables à utiliser. Non seulement elles se referment rapidement, mais elles détectent en un clin d'œil tout obstacle et cessent leur course sur-le-champ, contrairement à d'autres qui tentent de vous broyer le bras avant de stopper. Enfin, le mécanisme perçoit également très rapidement votre intention de refermer la portière manuellement et le moteur débraye instantanément. DaimlerChrysler a également été le pionnier du hayon arrière motorisé. Ce qui était perçu à l'origine comme un gadget est devenu pratiquement incontournable.

Puisque cette compagnie a également été celle qui a développé le concept de la fourgonnette familiale, ses ingénieurs ont profité de leur expérience pour concevoir un habitacle on ne peut plus pratique. C'est ainsi qu'on peut déplacer la console avant vers l'arrière en déverrouillant quelques points d'ancrage et en la glissant entre les sièges de la rangée médiane. De plus, elle comprend, entre autres, une pince pour téléphone cellulaire qui s'est révélée très pratique. Fini les recherches pour retrouver le précieux objet sous un siège.

Le tableau de bord est plus ou moins semblable dans tous les modèles. Son ergonomie est bonne malgré le fait que la fiche électrique 12 volts soit placée trop basse sur la console centrale. Cette dernière est facile à atteindre et les commandes bien disposées malgré le fait que certaines demeurent énigmatiques. Il faut souligner au passage l'efficacité de la climatisation et la facilité à maintenir la température choisie. Par contre, comme dans toutes les fourgonnettes, la ventilation arrière demeure perfectible bien qu'elle soit supérieure à la moyenne dans ces trois modèles.

Terminons cette visite de l'habitacle en soulignant que les sièges ne sont pas tellement confortables dans les versions plus économiques. Il faut également avoir de bons muscles pour enlever les banquettes qui sont en plus difficiles à déplacer. Enfin, DaimlerChrysler est le seul manufacturier à ne pas offrir la possibilité de remiser à plat la banquette arrière.

Choix multiples

La silhouette classique de ce trio subit très bien l'épreuve du temps. Ce qui est une agréable surprise, puisqu'elle n'avait pas été tellement remaniée lors de la dernière révision en 2001. En fait, la dernière transformation importante de la présentation extérieure remonte à 1996. Ce qui est considéré par certains comme de l'immobilisme a également des avantages. C'est une garantie que le prix de revente ne sera pas pénalisé par un changement trop radical de l'apparence extérieure sur le marché des voitures d'occasion.

CARACTÉRISTIQUES

Prix du modèle à l'essai	Grand Caravan SXT 34 495 $
Échelle de prix	27 620 $ à 48 405 $
Garanties	3 ans 60 000 km / 7 ans 115 000 km
Emp. / Long. / Larg. / Haut. (cm)	303 / 509 / 200 / 175
Poids	1857 kg
Coffre / Réservoir	566 à 1535 litres / 75 litres
Coussins de sécurité	frontaux et latéraux
Suspension avant	indépendante, jambes de force
Suspension arrière	poutre déformante, ressorts elliptiques
Freins av. / arr.	disque ABS
Antipatinage / Contrôle de stabilité	oui / non
Direction	à crémaillère, assistée
Diamètre de braquage	12 mètres
Pneus av. / arr.	215/65R16

MOTORISATION ET PERFORMANCES

Moteur	V6 3,3 litres
Transmission	automatique 4 rapports
Puissance	180 ch à 5200 tr/min
Couple	210 lb-pi à 4000 tr/min
Autre(s) moteur(s)	V6 3,8 litres 215 ch
Autre(s) transmission(s)	aucune
Accélération 0-100 km/h	10,9 s ; 9,8 s (3,8 litres)
Reprises 80-120 km/h	9,2 s ; 8,1 s (3,8 litres)
Vitesse maximale	180 km/h
Freinage 100-0 km/h	43 mètres
Consommation (100 km)	11,2 litres (ordinaire)

Le modèle le plus maniable et le plus sportif est sans conteste la Dodge Caravan dont l'empattement est de 15 cm plus court que celui de la «Grand» et de la Chrysler Town & Country. Il est vrai que l'espace de chargement est moindre, que les places arrière sont un peu plus justes, mais on y gagne en agrément de conduite et en économie de carburant, car elle pèse moins lourd. De plus, elle est moins sensible au vent latéral.

La Grand Caravan et la Chrysler à empattement long se révèlent plus confortables sur mauvaise route et offrent une stabilité directionnelle supérieure. Il faut également ajouter que les occupants de la troisième banquette bénéficient d'un dégagement additionnel pour les jambes de 13 cm. Même chose pour la soute à bagages : les véhicules plus longs permettent de compter sur 600 litres de plus.

Le moteur V6 3,3 litres de 180 chevaux, de série dans la Caravan, est quelque peu marginal. Assurez-vous de ne pas avoir à charger trop souvent votre fourgonnette, car vous allez en découvrir les limites assez rapidement. Le choix le plus logique est le V6 3,8 litres dont les 215 chevaux ne sont pas superflus. C'est d'ailleurs le seul moteur offert avec la version à transmission intégrale. Ces deux moteurs sont irrémédiablement couplés à une boîte automatique à quatre rapports. Et si le manque de fiabilité de cette transmission dans le passé vous inquiète, une garantie de 7 ans/115 000 km sur le rouage d'entraînement devrait vous rassurer.

La Chrysler Town & Country est une version plus luxueuse de la Grand Caravan. Son équipement plus complet, une insonorisation plus poussée de même que le prestige de la marque sont autant d'arguments qui séduisent certains acheteurs. Elle fut la première fourgonnette de luxe sur le marché et elle le demeure.

Denis Duquet

MODÈLES CONCURRENTS

• Chevrolet Venture • Ford Freestar • Honda Odyssey
• Kia Sedona • Pontiac Montana • Toyota Sienna

QUOI DE NEUF ?

• *Édition Anniversaire* • *Chaînes audio plus puissantes*
• *Lecteur DVD/CD 6 disques dans tableau de bord*
• *Nouvelles couleurs*

Renouvellement du modèle	2005/2006

VERDICT

Agrément de conduite	★★★★☆
Fiabilité	★★☆☆☆
Sécurité	★★★★☆
Qualités hivernales	★★★★☆
Espace intérieur	★★★★☆
Confort	★★★★☆

VERSION RECOMMANDÉE

Caravan C/V

▲ POUR

• **Habitacle fonctionnel** • **Fiabilité améliorée**
• **Configuration multiple** • **Tenue de route saine** • **Version empattement court**

▼ CONTRE

• **Banquettes lourdes à déplacer** • **Freinage perfectible** • **Troisième banquette non escamotable** • **Pneumatiques de base moyens**

Fini le bricolage !

Lorsque le premier Durango est arrivé sur le marché en 1998, il permettait à Dodge de combler un vide dans son catalogue sans pour autant nuire aux modèles de la division Jeep. Vous avouerez que l'exercice était passablement délicat puisque Jeep est synonyme de conduite hors route et de véhicule 4X4. Comment permettre à la division Dodge de se pointer sur le lucratif marché des VUS sans porter ombrage aux ventes de Jeep et sans se casser la gueule ?

Il fallait un certain doigté et force est d'admettre que l'opération a été un succès. Les responsables du développement du Durango ont pris la sage décision de concevoir un véhicule dérivé de la camionnette Dakota surtout capable de remorquer de lourdes charges. Cela évitait trop de similitudes avec le Jeep Grand Cherokee, vraiment plus luxueux et doté d'une transmission intégrale plus sophistiquée.

Malgré tout, les origines un peu frustes de ce Dodge étaient de plus en plus apparentes par rapport à une concurrence qui s'est presque complètement renouvelée depuis son lancement. Cette fois, les ingénieurs ont eu davantage de temps à leur disposition pour concevoir quelque chose de moderne et de plus performant.

Plus gros, plus puissant

Même si le Durango de la première génération n'était pas petit, les occupants de la troisième rangée de sièges s'y trouvaient plus ou moins confortables. Et si cette banquette

était simple à remiser, ce mécanisme tenait plus du bricolage que de la production en série. C'est pour corriger ces faiblesses que le nouveau Durango est plus long de 17 cm, plus large de 15 cm et plus haut de 7 cm. Cela permet d'améliorer l'habitabilité et d'offrir de précieux centimètres en espace supplémentaire aux occupants de la troisième rangée. Il faut également ajouter que l'opération de remisage de ce troisième siège est rendue plus facile grâce au mécanisme Fold and Tumble. Comme le signifie cette appellation anglaise, les dossiers sont repliés avant que l'ensemble du siège bascule vers l'avant pour assurer un plancher de chargement plat. Selon les affirmations des ingénieurs de Dodge, le Durango offre un plus grand espace de chargement que les Chevrolet Tahoe, Ford Expedition et Toyota Sequoia tout en étant plus petit de l'extérieur.

Mais il n'y a pas que les dimensions qui ont progressé, la puissance du plus gros moteur disponible a fait un bond de 100 chevaux. En effet, le nouveau moteur Hemi 5,7 litres remplace le V8 de 5,9 litres et per-

sonne ne se plaindra de la disparition de ce dernier qui consommait beaucoup. En plus d'offrir plus de puissance, le Hemi consomme 10 % de moins que le 5,9 litres. Et il est certain que plusieurs acheteurs vont opter pour le Durango en raison de la présence de ce moteur d'appellation mythique qui se veut un fier héritier du légendaire moteur Hemi des années 1960. Si vous n'avez pas besoin de ses 345 chevaux pour vous rendre du point A au point B, vous pourrez jeter votre dévolu sur le V8 de 4,7 litres dont les 230 chevaux permettent d'affronter pratiquement toutes les tâches pouvant être imposées à ce gros VUS. Enfin, pour les personnes qui apprécient un moteur de cylindrée plus modeste et plus économique, il est possible cette année de commander le V6 3,7 litres dont les 215 chevaux ne sont pas à ignorer. Les deux moteurs V8 sont couplés à une boîte automatique à cinq rapports tandis que le V6 est livré avec une automatique à quatre rapports.

Bien entendu, le châssis autonome est tout nouveau et composé de plusieurs pièces formées par pression hydraulique. La suspension arrière est dorénavant constituée de ressorts hélicoïdaux tandis que l'essieu rigide est lié au châssis par des bras multiples et un lien Watt. C'est une amélioration très importante, car les ressorts elliptiques du modèle de première

CARACTÉRISTIQUES	
Prix du modèle à l'essai	Limited / n.d.
Échelle de prix	n.d.
Garanties	3 ans 60 000 km / 7 ans 115 000 km
Emp. / Long. / Larg. / Haut. (cm)	292 / 492 / 186 / 182
Poids	2119 kg
Coffre / Réservoir	538 à 2868 litres / n.d.
Coussins de sécurité	frontaux, latéraux et tête
Suspension avant	indépendante, leviers triangulés
Suspension arrière	essieu rigide, ressorts hélicoïdaux
Freins av. / arr.	disque ABS
Antipatinage / Contrôle de stabilité	oui / non
Direction	à crémaillère, assistée
Diamètre de braquage	n.d.
Pneus av. / arr.	245/65R17

MOTORISATION ET PERFORMANCES	
Moteur	V8 5,7 litres HEMI
Transmission	intégrale, automatique 5 rapports
Puissance	345 ch à 5400 tr/min
Couple	375 lb-pi à 4200 tr/min
Autre(s) moteur(s)	V8 4,7 l 230 ch ; V6 3,7 l 215 ch
Autre(s) transmission(s)	automatique 4 rapports (V6)
Accélération 0-100 km/h	7,5 secondes (estimé)
Reprises 80-120 km/h	5,8 secondes
Vitesse maximale	185 km/h
Freinage 100-0 km/h	n.d.
Consommation (100 km)	14,8 litres (ordinaire)

génération ne pouvaient pas toujours maîtriser les routes en mauvais état.

Du solide

La silhouette du nouveau Durango a été spécialement conçue pour donner des airs de costaud à ce VUS et cette allure n'est pas de la frime. La conduite d'un Durango propulsé par le moteur Hemi donne des sensations de solidité, d'efficacité et de puissance. Pas besoin d'être un spécialiste de la conception de véhicules pour se rendre compte que ce nouveau venu est plus rigide, la suspension mieux réussie et les performances du moteur en mesure d'impressionner le plus blasé. Et cette combinaison n'est pas uniquement conçue pour déambuler sur les boulevards. La capacité de remorquage est de 4038 kg tandis que la soute à bagages possède une capacité de 1905 litres derrière la seconde rangée de sièges. Il faut également souligner que le tableau de bord ne ressemble pas à celui d'une camionnette économique comme c'était le cas auparavant. On

y trouve la même qualité de matériaux, la même précision d'assemblage et la même sobre élégance que dans un Chrysler Pacifica. Par contre, la présentation extérieure est l'objet de plusieurs discussions. La partie avant comprend une grille de calandre fort imposante qui semble empruntée à la camionnette Ram et qui manque de subtilité.

S'il est vrai que le modèle équipé du moteur V8 Hemi est le plus spectaculaire, cela ne signifie pas pour autant qu'il faille ignorer les autres groupes propulseurs. La plupart des gens opteront sans doute pour le moteur V8 de 4,7 litres qui consomme moins que le Hemi tout en offrant tout de même une puissance adéquate dans la plupart des cas. Et si vous ne prévoyez pas de tracter une remorque, les 215 chevaux du moteur V6 suffisent amplement.

Bref, le nouveau Durango conserve le caractère costaud de l'ancien tout en étant nettement plus sophistiqué.

Denis Duquet

MODÈLES CONCURRENTS

• Chevrolet Tahoe • Ford Explorer • Nissan Pathfinder Armada • Toyota Sequoia

QUOI DE NEUF ?

• Modèle entièrement nouveau • Moteur Hemi • Boîte auto. 5 rapports • Suspension arrière à ressorts hélicoïdaux

Renouvellement du modèle — Nouveau modèle

VERDICT

Agrément de conduite	★★★½☆
Fiabilité	nouveau modèle
Sécurité	★★★★☆
Qualités hivernales	★★★★☆
Espace intérieur	★★★★½
Confort	★★★½☆

VERSION RECOMMANDÉE

Limited HEMI

▲ POUR

• Moteur Hemi • Suspension arrière plus moderne • Tableau de bord réussi • Sièges avant confortables • Polyvalence accrue

▼ CONTRE

• Encombrement assuré • Consommation élevée • Silhouette manque de finesse • Troisième rangée pour petits

Dans les petits pots

Autrefois considérée comme étant l'apanage quasi exclusif des grosses cylindrées, la haute performance est, plus que jamais, apprêtée à toutes les sauces. Le meilleur exemple constitue à coup sûr la popularité sans cesse grandissante d'une nouvelle génération de petites voitures performantes et fiables, ce qui met un frein aux excès parfois périlleux de la transformation automobile. Et c'est tant mieux puisque les modifications apportées par les constructeurs sont homologuées (donc légales) et appuyées par une garantie en bonne et due forme.

Cela explique la présence pour ce millésime d'une version athlétique de la Dodge SX connue sous l'appellation SRT-4 qui promet d'en faire baver aux propriétaires de Focus SVT, MazdaSpeed et SE-R Spec V.

Comme il est de coutume à Detroit, une voiture à cachet exclusif se doit de se distinguer et la SRT-4 ne fait pas exception à la règle. C'est pourquoi les responsables de sa création n'ont pas manqué de la farder (pas trop quand même) d'une foule d'artifices aérodynamiques, de roues en alliage, de phares antibrouillards et d'une paire d'embouts d'échappement au chrome étincelant pour lui permettre d'afficher sa spécificité et son agressivité.

Si l'exercice de style ne risque pas de passer inaperçu, reste que la présentation intérieure n'a pas eu tout à fait droit à la même attention. L'intérieur de la SRT-4 nous ramène à la «tristesse» des versions ordinaires.

Fermons les yeux sur l'affreux volant à quatre branches, pour apprécier la clarté et la lisibilité de l'instrumentation (déposée sur un fond blanc) qui s'enrichit d'une jauge permettant de visualiser le souffle du turbocompresseur et la qualité des baquets avant. Mais tout n'est pas parfait cependant (accrochez-vous, la phrase est longue): on tique toujours sur la nécessité d'appuyer sur une clenche pour retirer la clef de contact; sur le fait que les glaces arrière s'ouvrent à l'aide de manivelles alors qu'à l'avant, elles sont à commande électrique ou encore sur l'emplacement du lecteur de disques compacts qui se terre pratiquement sous la console centrale.

La SX se targue d'offrir un habitacle spacieux; mais, de là à accueillir cinq adultes comme le prétend DaimlerChrysler, il y a un pas que je ne franchirais pas. Par contre, il est juste de dire que l'accès aux places arrière s'effectue plus aisément que naguère, et que l'on ne se frotte plus le postérieur contre l'arche des puits de roues, mais plutôt la tête contre le pavillon. Vrai aussi que le coffre est logeable, et que son seuil toujours aussi bas favorise le chargement des objets lourds.

Caractère, caractère

Avant d'aborder les performances de la SRT-4, un mot sur les versions ordinaires. En dépit des multiples améliorations dont il a fait l'objet au fil des années, le moteur quatre cylindres de 2 litres (132 chevaux dans la version de base contre 150 dans la R/T) demeure toujours rugueux et bruyant, quoique les matériaux isolants dont on l'a affublé au fil des années rendent ses lamentations moins audibles. Il faut aussi reconnaître qu'il s'exprime sur une plage d'utilisation plus étendue, et se révèle assez vif à bas et moyen régimes.

Pour connaître l'ivresse sans le flacon, c'est du côté de la SRT-4 qu'il faut se tourner. Délivrant désormais 230 chevaux et 250 livres-pieds de couple, le quatre cylindres 2,4 litres suralimenté par turbocompresseur ne manque pas de pédale. En fait, il en a peut-être trop puisqu'il est particulièrement difficile de s'élancer rapidement sans cirer l'asphalte qui se trouve sous ses roues. Et pour nous faire perdre un peu plus de temps encore, il faut savoir baratter le levier de la transmission manuelle à – seulement – cinq rapports comme il se doit, c'est-à-dire violemment. Sa course est beaucoup trop longue et son

guidage toujours aussi imprécis. Et comme un malheur ne vient jamais seul, l'embrayage manque toujours de progressivité, tout comme l'accélérateur d'ailleurs, ce qui rend plus difficile d'adopter une conduite coulée.

Un châssis mésadapté

Tout comme la R/T, la SRT-4 repose sur une suspension à la géométrie nouvelle en vue, notamment, de plaquer les roues au sol. En outre, la suspension peut compter sur des barres stabilisatrices plus grosses destinées à mieux contrôler les mouvements de caisse dans les virages. Toutes ces modifications se traduisent par un débattement de suspension plus limité ce qui, considérant l'état de nos routes, n'est pas toujours une bonne affaire. Poids bien réparti (63 % à l'avant contre 37 % à l'arrière) et présence de pneumatiques de 17 pouces assurent à cette «puce atomique» un comportement routier équilibré, mais pas aussi sportif que celui d'une Focus SVT par exemple. Ainsi, la direction ne transmet

pas avec autant d'acuité les reliefs de la route et le châssis manque cruellement de rigidité pour soutenir le rythme sur les routes sinueuses. En fait, le comportement de la SRT-4 n'est pas sans ressembler à celui de la SE-R Spec V de Nissan. Moteur gonflé, mais châssis incapable d'exploiter pleinement la puissance.

Ce qui frappe le plus? Le freinage, c'est indiscutable. Jamais une SX n'a aussi bien freiné. Et pour cause : on retrouve des disques aux quatre roues (ils sont ventilés à l'avant) qui permettent de l'immobiliser sur des distances passablement courtes. Toutefois, même si le système de freinage a gagné du muscle, la course de la pédale, dans notre modèle d'essai à tout le moins, demeure encore longuette.

La SRT-4 n'est sans doute pas la sportive de poche la plus raffinée qui soit. Mais qui s'y frotte, s'y pique.

Éric LeFrançois

CARACTÉRISTIQUES

Prix du modèle à l'essai	Sport 19 925 $
Échelle de prix	14 995 $ à 20 915 $
Garanties	3 ans 60 000 km / 7 ans 115 000 km
Emp. / Long. / Larg. / Haut. (cm)	267 / 440 / 171 / 142
Poids	1191 kg
Coffre / Réservoir	371 litres / 47 litres
Coussins de sécurité	frontaux (latéraux opt.)
Suspension avant	indépendante, jambes de force
Suspension arrière	indépendante, jambes de force
Freins av. / arr.	disque / tambour (disque ABS opt.)
Antipatinage / Contrôle de stabilité	non
Direction	à crémaillère, assistée
Diamètre de braquage	10,8 mètres
Pneus av. / arr.	185/60R15

MOTORISATION ET PERFORMANCES

Moteur	4L 2 litres
Transmission	traction, automatique 4 rapports
Puissance	132 ch à 5600 tr/min
Couple	130 lb-pi à 4 600 tr/min
Autre(s) moteur(s)	4L 2 litres 150 ch ;
	4L 2,4 litres turbo 215 ch
Autre(s) transmission(s)	manuelle 5 rapports
Accélération 0-100 km/h	9,7 s ; 6,0 s (SRT-4)
Reprises 80-120 km/h	8,3 secondes
Vitesse maximale	180 km/h ; 225 km/h (SRT-4)
Freinage 100-0 km/h	41,2 mètres
Consommation (100 km)	8,5 litres (ordinaire)

MODÈLES CONCURRENTS

• Ford Focus • Honda Civic • Hyundai Elantra
• Kia Spectra • Mazda3 • Nissan Sentra
• Mitsubishi Lancer • Toyota Corolla • VW Golf

QUOI DE NEUF ?

• Version SRT-4

Renouvellement du modèle	n.d.

VERDICT

Agrément de conduite	★★★★☆
Fiabilité	★★☆☆☆
Sécurité	★★★★☆
Qualités hivernales	★★★★☆
Espace intérieur	★★★★☆
Confort	★★★☆☆

VERSION RECOMMANDÉE

Les extrêmes : la version de base ou la SRT-4

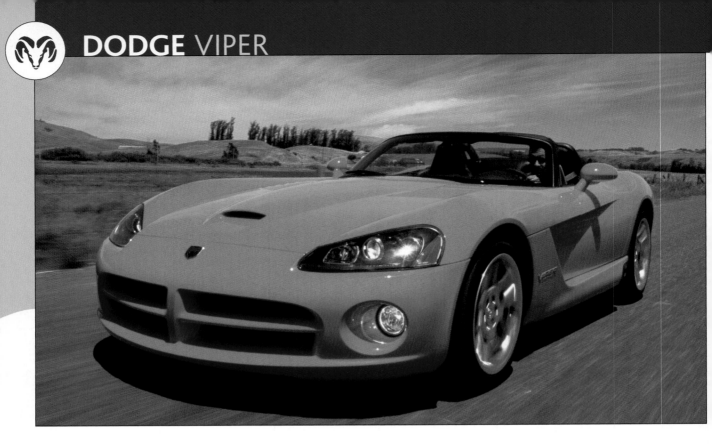

Catapulte sauvage

Icône et symbole d'une Amérique de la démesure et de la surpuissance, la Viper s'est refait une santé (et une beauté aussi) l'an dernier, à l'occasion de son 10ᵉ anniversaire. Plus sophistiqué et surtout plus facile à maîtriser, ce reptile, foi de chroniqueur, n'a rien perdu de son caractère.

Caricaturale sans doute, la Viper n'en était pas moins une sportive dans l'âme et un monstre sans compromis. Par contre, cette Dodge se faisait surtout apprécier des conducteurs experts, capables de maîtriser sa puissance et ses – nombreux – écarts. Les autres la détestaient, surtout quand la Viper leur échappait pour les mener directement dans le fossé...

Le caractère orageux, parfois indomptable, des précédentes Viper s'est effacé au profit d'une tenue de route presque exemplaire, à la condition bien entendu que la chaussée soit sèche et impeccable. On ne se lasse pas des sorties de virage lorsqu'on lâche toute la puissance et le couple sur le train arrière. Toujours excitant ! Toutefois, même si la Viper est aujourd'hui plus docile, ce roadster ne se pilote pas comme une vulgaire berline. Les appuis en freinage comme en accélération sont francs et clairs, mais ne nous racontons pas d'histoires : la Viper est encore capable de se comporter comme une brute.

Toujours dépourvue de tout dispositif antipatinage ou antidérapage, la Viper requiert de son conducteur pas mal de sang-froid et assez de jugement pour jouer sans danger avec le volume et le poids de la bête. Ses concepteurs ne semblent pas douter un seul instant que ses clients en disposent. Comment en être sûr ?

Contact à la clé, démarrage au bouton (le rouge), le gros V10 de 8,3 litres s'éveille avec sa traditionnelle voix éraillée. Grâce à de multiples transformations (l'alésage et la course ont été augmentés, le vilebrequin renforcé et le système de lubrification redessiné), ce moteur délivre désormais 500 chevaux et 525 lb-pi de couple aux roues arrière.

Après une mise en jambes rapide sur les routes sineuses, nous attaquons les virages en épingle l'esprit tranquille. En ligne droite, les immenses roues avant de cette Viper cherchent moins qu'autrefois leur chemin sur le bitume bosselé.

Si la barre mythique des 500 chevaux est atteinte, les 45 chevaux supplémentaires ne se sentent guère. Le V10 n'a rien perdu de sa rage faussement placide à bas régime. Tiraillé entre la prudence que nécessite la découverte d'un tel engin et l'obligation de pro-

céder à un véritable essai, je lâche toute la cavalerie, qui, dès le premier rapport enclenché, me propulse au-delà du réel. Inutile de passer le deuxième rapport (heureusement, car j'ai les omoplates plaqués contre le dossier de toute façon), la Viper n'a besoin que du premier pour atteindre les 100 km/h. Ce qu'elle parvient à faire en moins de cinq secondes. Je viens à peine d'enfiler le quatrième rapport que déjà la Viper file à plus de 220 km/h. Et, à la condition de diriger correctement son long museau, elle vous taille des trajectoires avec une précision chirurgicale et vous catapulte d'une courbe à l'autre. D'accord, on peut mener la Viper très vite, mais non sans effort. De plus, tôt ou tard, il faudra songer aux freins... Et heureusement, ils sont suffisamment puissants pour immobiliser la bête sur de courtes distances.

Taillé pour deux

Même immobile, la Viper ne peut qu'attiser les convoitises avec ses caractéristiques au superlatif, emballées dans une robe qui transpire le venin par tous les pores. La Viper, dessinée chez DaimlerChrysler par le Japonais Osamu Shikado, distille doucement une lente séduction. Strict coupé à deux places, la Viper sait aussi se découvrir (et facilement à part ça) au premier rayon de soleil. Bonne nouvelle, le dessin du toit (toujours de toile, mais de

CARACTÉRISTIQUES

Prix du modèle à l'essai	125 600 $
Échelle de prix	125 600 $
Garanties	3 ans 60 000 km / 7 ans 115 000 km
Emp. / Long. / Larg. / Haut. (cm)	251 / 446 / 194 / 121
Poids	1536 kg
Coffre / Réservoir	239 litres / 70 litres
Coussins de sécurité	frontaux
Suspension avant	indépendante, leviers triangulés
Suspension arrière	indépendante, leviers triangulés
Freins av. / arr.	disque
Antipatinage / Contrôle de stabilité	non
Direction	à crémaillère
Diamètre de braquage	12,3 mètres
Pneus av. / arr.	275/35ZR18 / 345/30ZR19

MOTORISATION ET PERFORMANCES

Moteur	V10 8,3 litres
Transmission	propulsion, manuelle 6 rapports
Puissance	500 ch à 6000 tr/min
Couple	525 lb-pi à 4200 tr/min
Autre(s) moteur(s)	aucun
Autre(s) transmission(s)	aucune
Accélération 0-100 km/h	4,2 secondes
Reprises 80-120 km/h	3,8 secondes
Vitesse maximale	310 km/h
Freinage 100-0 km/h	36,5 mètres
Consommation (100 km)	17,8 litres (super)

meilleure qualité) est beaucoup plus élégant et ne nécessite pas un couvre-capote pour dissimuler son mécanisme.

Imposante en apparence (l'empattement a, il est vrai, été accru), la Viper est pourtant plus courte qu'une Corvette. Et plus lourde aussi, malgré une carrosserie en matériaux synthétiques, une armature de tableau de bord en magnésium et deux arceaux de sécurité en aluminium au cas où ça tournerait mal.

Se glisser dans l'habitacle nécessite un peu de souplesse, surtout en raison de l'épaisseur des flancs, qui, précisons-le, intègrent les échappements. Attention, c'est chaud !

355 km/h ?

Même si le pédalier est réglable, il demeure toujours décalé vers la gauche. Un repose-pied est désormais ancré au fond de la caisse, mais il n'en est pas moins étroit. Bien que l'habitacle soit plus confortable, on s'y sent toujours un peu serré et privé de précieux rangements. En revanche (et n'est-ce pas là l'important ?),

le siège vous place idéalement, les fesses au ras du sol, devant toutes vos responsabilités. Et on les voit mieux maintenant que le capot a été rasé de quelques millimètres. En regardant un peu plus bas, vous constaterez aussi que le tableau de bord a fait peau neuve. Le compte-tours est gradué jusqu'à 7000 tr/min alors que l'indicateur de vitesse, lui, s'échelonne jusqu'à 355 km/h. Sur la console centrale s'alignent quelques indicateurs.

On n'ira pas faire son épicerie en Viper, vu les dimensions de son coffre. Et impossible de *cruiser* sur l'autoroute en sirotant un bon café, car la Viper n'a pas de régulateur de vitesse ni même de porte-verres. Mais que l'on se rassure : dépouillée à l'extrême, la Viper se pare tout de même de cuir et d'une climatisation de série.

Éric LeFrançois

MODÈLES CONCURRENTS

• Acura NSX • Jaguar XK8 • Lotus Esprit V8

QUOI DE NEUF ?

• Modèle reconduit sans changement majeur

Renouvellement du modèle	2007/2008

VERDICT

Agrément de conduite	★★★☆☆
Fiabilité	★★★☆☆
Sécurité	★★☆☆☆
Qualités hivernales	nulles
Espace intérieur	★★☆☆☆
Confort	★★☆☆☆

VERSION RECOMMANDÉE

Un seul modèle

▲ POUR

• Performances qui décoiffent • Sièges bien galbés • Comportement sûr • Capote plus étanche et plus malléable

▼ CONTRE

• Position de conduite déconcertante (voir texte) • Lacunes d'équipement pour une utilisation quotidienne • Confort négligé

Salut l'artiste

S'ils étaient toujours de ce monde, croyez-vous que les Da Vinci, Picasso et Gauguin retoucheraient leurs chefs-d'œuvre ? Jamais, dites-vous, et vous avez sans doute parfaitement raison. On ne revient pas sur une grande œuvre au risque de la dénaturer ; et pourtant, la maison Pininfarina, qui a donné formes et couleurs à plusieurs générations de Ferrari, a retouché ces dernières années, et avec succès, l'une de ses nombreuses pièces maîtresses : la 456.

Un pinceau, guidé de main de maître, lui a ainsi retiré son suffixe GT original pour signer d'un M (pour *Modificata*), mais non sans avoir au préalable effacé les délicates entailles pratiquées sur son capot (désormais en fibre de carbone) et éclairé sa calandre d'une paire de phares antibrouillards. Que ce soit avant ou après les retouches apportées à la 456, Pininfarina, le sculpteur attitré de Ferrari, mérite qu'on lui élève un monument. Cette sublime œuvre d'art sur quatre roues n'accapare-t-elle pas d'ailleurs le regard avant même de fendre l'air ? Que ceux qui ne frissonnent pas à sa vue osent seulement lever la main.

Coup d'œil dans la lorgnette

Même si les années n'ont aucune emprise sur elle, la 456 prépare néanmoins sa sortie. En effet, il y a quelques mois, la célèbre maison italienne a dévoilé les premières esquisses de celle qui assurera la descendance de la 456 et dont la première sortie publique est prévue en janvier dans le cadre du salon automobile de Detroit où son nom définitif sera également annoncé. Selon certaines sources, il pourrait s'agir de 460 Bologna ou de 460 Fiorano. Les premiers exemplaires poseront leurs pneus dans les rues quelques semaines plus tard. Toujours dessinée par Pininfarina, la future GT de Ferrari adopte un style très épuré aux lignes à la fois fluides et prononcées, surtout derrière les roues avant. Le capot, toujours aussi long, pourrait accueillir le splendide V12 6 litres de l'Enzo abaissé à 500 chevaux. Plus puissante que la 456, elle sera aussi et surtout plus légère que sa devancière. Selon nos informations, elle devrait en effet recevoir un châssis en aluminium, comme celui utilisé sur la 360 Modena. Une transmission semi-automatique à six rapports serait appelée à transmettre la puissance aux roues arrière motrices. Bardée d'électronique et très bien équipée (système de navigation DVD…), cette voiture promet un habitacle à la hauteur du prix qu'elle commandera. Tant mieux puisque ce n'est pas du tout le cas de la génération actuelle qui, malgré de jolis baquets vêtus de cuir, est d'une banalité sans nom. Heureusement qu'il y a la grille nickelée dans laquelle on vadrouille le levier de vitesses et la petite plaque rappelant les récentes conquêtes de Maranello en Formule 1 pour se convaincre que nous sommes bel et bien aux commandes d'une Ferrari. Ce coupé 2+2 comporte deux baquets à l'arrière, mais soyez prévenus, ils se révèlent peu accueillants. Soucieuse de ne pas compromettre l'équilibre des masses de la 456 à transmission automatique (la répartition du poids est passée de 51/49 à 49/51, Ferrari a, rappelons-le, monté l'ensemble boîte-différentiel sur le train arrière. Une décision fort heureuse, mais qui réduit tout de même le volume du coffre, déjà petit.

Lâchez les chevaux

Même si elle n'est pas aussi sophistiquée que celle qui lui succédera dans quelques mois, la 456 donne encore à voir, à entendre et à vibrer aux amateurs d'automobiles d'exception.

Bien que les Ferraristes purs et durs s'insurgent encore contre la décision d'accoupler le V12 de la 456 à une transmission automatique, (surtout que celle-ci provient de chez General Motors), un fait demeure : 90 % des

Ferrari 460

CARACTÉRISTIQUES

Prix du modèle à l'essai	GT 374 410 $
Échelle de prix	374 410 $
Garanties	3 ans kilométrage illimité
Emp. / Long. / Larg. / Haut. (cm)	260 / 477 / 192 / 130
Poids	1690 kg ; 1770 kg GTA
Coffre / Réservoir	n.d. / 110 litres
Coussins de sécurité	frontaux
Suspension avant	indépendante, triangles superposés
Suspension arrière	indépendante, triangle superposés
Freins av. / arr.	disque ventilé (ABS)
Antipatinage / Contrôle de stabilité	oui / non
Direction	à crémaillère, assistée
Diamètre de braquage	n.d.
Pneus av. / arr.	255/45ZR17 / 285/40ZR17

MOTORISATION ET PERFORMANCES

Moteur	V12 5,5 litres
Transmission	propulsion, manuelle 6 rapports
Puissance	442 ch à 6250 tr/min
Couple	406 lb-pi à 4 500 tr/min
Autre(s) moteur(s)	aucun
Autre(s) transmission(s)	automatique 4 rapports
Accélération 0-100 km/h	5,2 secondes
Reprises 80-120 km/h	n.d.
Vitesse maximale	300 km/h ; 298 km/h (GTA)
Freinage 100-0 km/h	37,7 mètres
Consommation (100 km)	18 litres (super)

456 vendues en Amérique du Nord en sont équipées. À tout prendre, on peut seulement regretter que cette boîte ne soit pas aussi raffinée que tout le reste. D'abord, elle ne comporte que quatre rapports ; mais, ce qui est plus grave, elle bloque le moteur à 6750 tr/min, alors que la transmission manuelle lui permet de s'exprimer librement jusqu'à 7200 tr/min. En revanche, elle sait se faire apprécier dans les embouteillages et elle sied sans doute plus au tempérament feutré de cette auto que la boîte manuelle même si la pédale d'embrayage de cette dernière s'est considérablement adoucie ces dernières années.

Cela étant dit, retenez que la 456 n'est pas destinée aux pantouflards. Ses accélérations arrache-cœur, ses reprises terrifiantes et sa vitesse de pointe vertigineuse auront tôt fait de vous convaincre de son potentiel. Cependant, son poids élevé pénalise son agilité en plus de mettre beaucoup de pression sur les freins dont les étriers s'édentent rapidement

lorsqu'ils sont sollicités trop vivement. En d'autres mots, contrairement aux produits de la marque au cheval cabré, la 456 n'est pas une sprinteuse, mais bien une marathonienne capable de vous faire franchir, à vitesse grand V, de longues distances sans vous épuiser. Cela est rendu possible grâce à une suspension dotée d'amortisseurs à course variable sophistiquée, qui offrent de nombreuses possibilités de réglage. Cette suspension est, par ailleurs, aussi pourvue d'un correcteur d'assiette asservi à la charge, afin que vos (petits) passagers arrière ne compromettent pas le fin équilibre de votre monture bénéficiant d'un précieux dispositif antipatinage qui ne sera cependant pas d'un grand secours sur chaussée enneigée.

Obéissante et polie, la 456 accepte que vous la pilotiez chaussé de vos souliers de course ou de vos Ferragamo, selon votre humeur.

Éric LeFrançois

MODÈLES CONCURRENTS

• Aston Martin Vanquish • Mercedes-Benz CL600

QUOI DE NEUF ?

• Aucun changement majeur

Renouvellement du modèle	2005

VERDICT

Agrément de conduite	★★★★⯪
Fiabilité	★★★⯪☆
Sécurité	★★★★☆
Qualités hivernales	★★☆☆☆
Espace intérieur	★★★⯪☆
Confort	★★★⯪☆

VERSION RECOMMANDÉE

GT

▲ POUR

• Le chant mythique du V12 • Tenue de route inébranlable • Silhouette d'une sublime beauté • Facilité de conduite au quotidien

▼ CONTRE

• Présentation intérieure banale • Commandes fermes • Freins manquant d'endurance • Boîte automatique dépassée

COUP DE CŒUR

La Ferrari battue

Une photo vaut mille mots, répète-t-on souvent. Jamais ce dicton n'aura été aussi vrai que lors de mon essai de la Ferrari 575 Maranello. Un simple coup d'œil et vous comprendrez que je n'ai pas hésité à pousser la voiture dans ses derniers retranchements, comme je l'écrivais souvent à mes débuts. Dérapages, contre-braquages, mises en travers, tout pour faire hurler les gros Pirelli P Zéro qui semblaient pourtant bien habitués aux pires abus. De toute évidence, cette Ferrari avait été « battue » et ne semblait pas trop incommodée d'un tel traitement. Bref, ce n'est pas tous les jours que l'on peut bousculer l'une de ces divas, plus souvent traitées avec tous les égards dus à leur rang et à leur prix.

Pauvre 575... Ses jantes bosselées, sa peinture piquée et son comportement d'ensemble témoignaient d'une vie difficile entre les mains des quelques journalistes qui avaient eu le privilège de figurer parmi les heureux élus à conduire la plus performante des Ferrari de route. « Elle n'a que 4500 km au compteur, mais je serais prêt à parier que 80 % de cette distance a été parcouru sur une piste de course », m'avait dit un préposé à l'entretien de Ferrari Québec. Bref, cette Maranello avait déjà été rudement mise à l'épreuve dans des conditions qui n'avaient rien d'une balade à la campagne. Malgré tout, elle ne semblait pas avoir trop souffert mécaniquement. Seule une très mauvaise vibration et un flottement du capot à grande vitesse vous laissaient sentir que la voiture n'était pas dans son état normal. Un mal pour un bien finalement puisque, pour une fois, j'ai pu conduire la voiture sans trop de ménagement.

Place à la robotisation

Ce qui distingue une Ferrari de toutes les autres aspirantes au titre de « super-car », c'est indéniablement sa mécanique et principalement son groupe motopropulseur. Aucun V12 ne réunit le même ensemble de qualités que celui de la 575 Maranello. À part quelques

changements d'ordre esthétique qui la différencient de l'ancienne 550, la 575 se distingue par un moteur encore plus performant que le précédent et par la possibilité d'exploiter ses 515 chevaux au moyen d'une boîte de vitesses robotisée ou séquentielle à six rapports. C'est la même boîte F1 que celle de la 360, mais elle m'a paru à la fois plus vive et moins brutale que celle de sa sœur cadette. Il faut le voir pour le croire, disais-je à un brave passager qui avait accepté de m'accompagner pour quelques tours de piste du circuit de Sanair. Ce qu'il y a de plaisant, c'est que cette transmission vous fait passer pour un as de la conduite sportive en raison de son intervention rapide et surtout de ses petites montées en

déjà en état de sérieuse infraction avec une vitesse qui excède les 160 km/h, soit à peu près la moitié des capacités de la Maranello. En lieu et place du gros levier de vitesses chromé et de sa grille de sélection, la version à boîte robotisée se contente d'une petite plaque où un minuscule basculeur permet de sélectionner la marche arrière. Un bouton permet d'annuler l'antipatinage tandis qu'un autre vous donne le choix entre utiliser les palettes sous le volant pour monter et descendre les rapports ou mettre la boîte en mode complè-

régime au moment de rétrograder. Pourtant, le conducteur n'y est pour rien : un petit coup de palette et tout se passe comme si vous aviez fait un double débrayage à la vitesse de l'éclair. Une fois la voiture lancée, les accélérations s'avèrent foudroyantes, rien de moins. Ce n'est qu'à l'arrachée que cette « cambio corsa » Magneti Marelli peut devenir problématique, car elle déteste que l'on rudoie son embrayage. Ce qui revient à dire que si c'est pour faire du « drag », achetez-vous plutôt une Viper ou quelque « bibitte » du genre. Avec la 575, vous risquez de cuire l'embrayage en moins de deux.

Parler des performances d'une Ferrari comme celle-là, c'est faire du verbiage inutile. Contentons-nous donc d'aligner des chiffres aussi révélateurs qu'éloquents : le 0-100 km/h est franchi en 4,5 secondes et le quart de mille s'amène en 13,2 secondes à la vitesse de 193,1 km/h. Et au troisième des six rapports au régime maximal de 7700 tr/min, vous êtes

tement automatique. Même là, toutefois, il ne faut pas s'attendre à des changements de vitesse ayant la douceur de ceux d'une Cadillac.

L'électronique au rancart

Bien sûr, Ferrari s'est aussi prévalu de tous les systèmes d'assistance au conducteur qui permettent de garder en vie les riches acheteurs de ces voitures de rêve. En ne touchant à rien, on aura droit à l'antipatinage et à un système de stabilité chargé de vous maintenir sur la route si jamais votre enthousiasme vous a porté à faire des excès. Toutefois, le seul moyen de découvrir la vraie nature de la bête sur un circuit est de donner congé à l'électronique. Cela fait, cramponnez-vous et soyez prêt à réagir rapidement, car ça va très vite.

Un dérapage à peine contrôlé et un photographe courageux.

Dans le premier virage de Sanair (une longue courbe sur la droite à deux points de corde), la 575 s'exécute avec le sous-virage naturel propre aux voitures à moteur avant. Il faut la provoquer pour que l'arrière consente à se déplacer pour la mettre en dérapage contrôlé. À la sortie, cette même Ferrari nous montre qu'elle a besoin d'espace pour bien exploiter toutes ses ressources. Fort heureusement, la direction est un modèle de précision. En ligne droite, chaque passage de vitesse vous projette en arrière et je vous mets au défi de garder la tête droite, même à l'enclenchement de la sixième à plus de 240 km/h.

Après plusieurs tours de piste consécutifs, les freins étaient encore aussi performants qu'au début. Pas surprenant que l'on ait mesuré la plus courte distance de freinage des 38 ans du *Guide de l'auto* avec un 100-0 km/h en 29,9 mètres. Wow !

Une finition discutable

Sur la route, on prend le temps de regarder autour et de constater que la visibilité est très bonne grâce à de bonnes glaces du custode. De mauvais revêtements font ressortir l'excellente rigidité du châssis, entachée sur notre voiture

d'essai par de légers bruits de frottement dus à la finition intérieure. Une finition qui est d'ailleurs très sommaire avec certains plastiques indignes d'une voiture de ce prix. La 575 n'est pas non plus une voiture de luxe : la radio est ordinaire et la climatisation convenable, sans plus. Comme je l'ai déjà écrit, une Ferrari, c'est avant tout un superbe moteur et une splendide carrosserie. Tout a été pensé en fonction de la con-

duite sportive avec une position de conduite impeccable et, Dieu merci, pas de porte-verres. Pour le reste, il faut faire avec… Le coffre, par exemple, est minuscule et il est heureux que l'on ait prévu un espace additionnel avec de belles lanières en cuir juste derrière les sièges.

Et même le confort fait désormais partie des attributs de la 575 Maranello… à tel point que l'on finit par oublier que l'on roule dans une Ferrari. Je ne saurais dire toutefois s'il s'agit là d'une qualité ou d'un défaut.

L'essentiel cependant est de savoir que même battue et défraîchie, cette Ferrari est un magnifique exemple du savoir-faire d'un tout petit constructeur, quadruple champion du monde de Formule 1 au moment où ces lignes sont écrites.

Jacques Duval
Photos : Michel Fyen-Gagnon

\CARACTÉRISTIQUES

Prix du modèle à l'essai	F1 368 000 $
Échelle de prix	355 000 $ à 375 000 $
Garanties	3 ans, kilométrage illimité
Emp. / Long. / Larg. / Haut. (cm)	250 / 455 / 193,5 / 127
Poids	1730 kg
Coffre / Réservoir	185 litres / 105 litres
Coussin de sécurité	frontaux
Suspension avant	double leviers trans. triangulaires
Suspension arrière	ind., double leviers transversaux
Freins av. / arr.	disque ventilé, ABS
Antipatinage / Contrôle de stabilité	oui
Direction	à crémaillère, assistance variable
Diamètre de braquage	11,6 mètres
Pneus av. / arr.	255/40ZR18 / 295/35ZR18

MOTORISATION ET PERFORMANCES

Moteur	V12 48 soupapes 5,75 litres
Transmission	propulsion, robotisée 6 rapports
Puissance	515 ch à 7250 tr/min
Couple	434 lb-pi à 5200 tr/min
Autre(s) moteur(s)	aucun
Autre(s) transmission(s)	manuelle 6 rapports
Accélération 0-100 km/h	4,5 secondes
Reprises 80-120 km/h	3,7 secondes
Vitesse maximale	325 km/h
Freinage 100-0 km/h	29,9 mètres
Consommation (100 km)	18,7 litres (super)
Niveau sonore	Ralenti : 56,3 dB
	Accélération : 76,4 dB
	100 km/h : 79,7 dB

MODÈLES CONCURRENTS

• Aston Martin Vanquish • Lamborghini Murciélago
• Mercedes-Benz SL55 AMG • Porsche 911 GT 3

VERDICT

Agrément de conduite	★★★★☆
Fiabilité	★★★★☆
Sécurité	★★★★☆
Qualités hivernales	★★★☆☆
Espace intérieur	★★★☆☆
Confort	★★★☆☆

VERSION RECOMMANDÉE

F1

▲ POUR
• Performances envoûtantes • Boîte séquentielle impressionnante • Freinage résistant • Comportement routier stimulant

▼ CONTRE
• Embrayage fragile • Finition approximative • Coffre minuscule • Prix prohibitif

La F1 de la route

Malgré une soixantaine à son zénith, ma passion pour l'automobile trouve son écho dans de tout petits détails comme ceux qui ont émerveillé ma jeunesse. De voir par exemple une simple porte de garage s'ouvrir sur une housse d'un rouge étincelant portant l'emblème du cheval cabré est pour moi une source de curiosité quasi enfantine. Comme si j'allais déballer un cadeau de Noël ! Et quel cadeau en ce beau jeudi de septembre puisque ladite housse enveloppait le dernier joyau de Maranello, l'indescriptible Enzo.

On a beau fouiller dans les tréfonds de son vocabulaire, on n'arrive pas à trouver les mots pour décrire une telle voiture. D'ailleurs, en est-ce bien une ou une sorte de véhicule spatial qui aurait mystérieusement atterri sur cette planète. Chose certaine, l'Enzo n'est ni une voiture sport ni une voiture de course mais probablement le nec plus ultra de l'automobile extrême. On ne peut pas la trouver laide ou belle : elle est simplement spectaculaire avec ses portes en élytre et son museau de Formule 1.

Bien sûr, les badauds seront surpris, sinon atterrés qu'une voiture de plus d'un million de dollars soit aussi dépouillée : pas d'appareil de radio, pas de glaces à commande électrique, pas de verrouillage des portes, ni même de tapis. Mais qu'est-ce que c'est ? Une voiture dont le seul but est d'être la plus rapide au monde, rien de plus, rien de moins.

Et même s'il vous prenait envie d'en acheter une, vous pouvez en faire votre deuil.

Désolé, vendu

Produite à seulement 399 exemplaires (voir photo), la spectaculaire Ferrari Enzo a été réservée aux meilleurs clients et amis de la marque italienne. Comme tous les modèles précédents à tirage limité, l'Enzo est déjà une voiture de collection dont la valeur initiale s'est déjà considérablement appréciée. (Offerte à

1 million de dollars, elle se revend déjà à plus de 2,2 millions.)

Ici et là dans l'habitacle, de petites plaques font état du statut de ce modèle unique : date de construction (juillet 2003), quatre championnats des constructeurs (1999-2000-2001-2002) et la signature de Pininfarina, le studio de design qui habille chaque Ferrari. Après ce très bref inventaire, je me familiarise avec l'environnement. C'est le volant qui accapare d'abord toute l'attention avec ses nombreux petits boutons : sur la droite, les repères «race», ASR et R permettent de maximiser l'accélération en mettant la transmission en mode «launch control» comme au départ d'une

voulu sauver du poids en laissant de côté le petit compresseur qui alimente ce klaxon.

Quatre grosses buses de ventilation servent à acheminer l'air du climatiseur, un luxe obligatoire dans une voiture où l'on est pratiquement assis sur un moteur bouillant. À ce propos, je prends place dans des sièges Recaro moulés spécialement pour le propriétaire de l'auto et qui s'ajustent manuellement. Partout où je pose mon regard, la fibre de carbone est omniprésente, se prolongeant même jusqu'au bas du pare-brise. La visibilité avant est remarquable, là où ça compte, et pitoyable vers l'arrière.

épreuve de F1, d'annuler l'antipatinage et de mettre la boîte de vitesses robotisée en marche arrière; à gauche, on peut faire varier les informations au petit écran à cristaux liquides servant à afficher diverses données, les enregistrer ou hausser la garde au sol. Les deux seuls véritables instruments sont le compte-tours et l'indicateur de vitesse étalonné jusqu'à 400 km/h. Un seul regret: le klaxon à air qui permet aux Ferrari de se faire reconnaître et respecter a été remplacé par un avertisseur bon marché qui pourrait avoir été emprunté à une quelconque Chevrolet. Encore là, on a

Mon pied gauche est appuyé sur le repose-pied et mon droit a le choix entre les deux grosses pédales métalliques, l'une pour l'accélérateur et l'autre pour les freins. La boîte à six rapports fait fi de l'embrayage grâce à son système électro-hydraulique qui permet de changer les rapports au moyen des palettes sous le volant en 150 millisecondes si on le désire. Dans les portières, une sorte de disque à poignée me laisse songeur. C'est la remontée

mécanique des glaces latérales. Bref, que l'essentiel, rien de superflu.

Un V12 qui cache bien son jeu

On effleure le bouton «Start» et le moteur prend vie… est-ce bien le V12 de l'Enzo avec toute sa cavalerie ou un simple compresseur? Le bruit au ralenti est discret et l'on croirait écouter une petite cylindrée de moto. Idem quand on roule à 3000 ou 4000 tr/min sur la

route. On ne soupçonne pas ce que ce moteur a dans le ventre. Avec ses bielles en titane, ses 48 soupapes et son taux de compression de 11,2 à 1, le V12 de l'Enzo développe 650 chevaux dans sa version nord-américaine et un couple de 485 lb-pi. Avec un poids de seulement 1690 kg, c'est de la dynamite sur quatre roues. C'est le seul mot pour décrire un 0-100 km/h en 3,6 secondes ou 0-200 km/h en moins de 10 secondes, en route vers une vitesse de pointe de 350 km/h. À plein régime, le moteur retrouve son tonus, et sa sonorité n'est pas loin de celle d'une F1. Il suffit de regarder la grosseur des disques de freins à travers les jantes pour savoir que l'Enzo est capable de ralentir aussi vite (sinon plus vite) qu'elle peut accélérer. Pas surprenant que le 100-0 km/h soit l'affaire de 33,2 mètres.

Je mentirais si je vous disais que j'ai poussé cette Ferrari à la limite en ligne droite ou en virage. Une Enzo n'est pas le genre de voiture que l'on prête à quelqu'un sans risquer une nuit d'insomnie et encore moins à un chroniqueur automobile, si expérimenté soit-il. Son propriétaire qui a préféré garder l'anonymat (il n'y a que deux Enzo au Québec) avait demandé que l'on traite cette œuvre d'art sur roues avec tout le respect dû à son rang. Surtout qu'elle n'affichait que 139 kilomètres au compteur. Son vœu a été exaucé et le nôtre un peu aussi. Mais il y aura une prochaine fois!

6 litres de dynamite pour l'Enzo

360 Modena

Prix du modèle à l'essai	Enzo 2 000 000 $ (estimé)
Échelle de prix	Prix unique
Garanties	2 ans, kilométrage illimité
Emp. / Long. / Larg. / Haut. (cm)	265 / 470 / 203,5 / 115
Poids	1690 kg
Coffre / Réservoir	34 litres / 110 litres
Coussin de sécurité	frontaux
Suspension avant	indépendante, leviers transversaux
Suspension arrière	indépendante, leviers transversaux
Freins av. / arr.	disque Brembo, ABS
Antipatinage / Contrôle de stabilité	oui / non
Direction	à crémaillère, assistée
Diamètre de braquage	12,3 mètres
Pneus av. / arr.	245/35ZR19 / 345/35ZR19

MOTORISATION ET PERFORMANCES

Moteur	V12 à 65 degrés, 6 litres
Transmission	propulsion, séquentielle 6 rapports
Puissance	650 ch à 7800 tr/min
Couple	485 lb-pi à 5500 tr/min
Autre(s) moteur(s)	aucun
Autre(s) transmission(s)	aucune
Accélération 0-100 km/h	3,6 secondes
Reprises 80-120 km/h	2,9 secondes
Vitesse maximale	350 km/h
Freinage 100-0 km/h	33,2 mètres
Consommation (100 km)	21 litres (super)
Niveau sonore	n.d.

MODÈLES CONCURRENTS

• *Bugatti Veyron* • *Mercedes-Benz SLR*
• *Porsche Carrera GT*

VERDICT

Agrément de conduite	★★★★★
Fiabilité	aucune statistique
Sécurité	★★★☆☆
Qualités hivernales	de grâce
Espace intérieur	★★☆☆☆
Confort	★★★☆☆

VERSION RECOMMANDÉE

Modèle unique

360 MODENA : le *statu quo*

Au récent Salon de Francfort, tout le monde s'attendait que Ferrari lève le voile sur la future 460 2+2 (remplaçante de la 456) et, possiblement, sur une Modena animée par un moteur V8 de 4,2 litres qui lui aurait valu l'appellation numérique 420. C'était ignorer les nombreux déboires financiers de Fiat, la grande marque italienne qui chapeaute Ferrari et Maserati. Son indigence est sans aucun doute responsable du retard dans le programme de mise au point des nouveaux modèles Ferrari. Pour la 360 Modena en 2004, c'est donc le *statu quo* et la voiture conserve ses grandes qualités et ses petits défauts.

J'ai eu l'occasion de renouer avec elle il y a quelques mois dans le cadre d'un essai comparatif avec une Lotus Esprit considérablement modifiée sur le circuit de Sanair. Désagréable en ville en raison de sa brusquerie, la boîte F1 (type séquentielle) de la 360 est un charme en conduite sportive sur une piste de course. Précise et rapide autant en montant les rapports qu'en rétrogradant, cette transmission permet de se concentrer uniquement sur le pilotage qui, avec une 360, exige un certain doigté. La voiture se comporte pratiquement comme une voiture de course mais attention au survirage. Il intervient tardivement, mais il n'est pas facile à gérer. N'empêche que l'agrément de conduite est élevé grâce à un freinage impeccable et à un châssis d'une grande rigidité.

La présentation intérieure fait toujours bas de gamme avec des boutons et des commandes qui paraissent sortis tout droit d'un entrepôt de pièces Fiat mais pour environ 275 000 $, il ne faut pas en demander trop. À quand la 420 Modena ?

Jacques Duval
Photos Enzo : Michel Fyen-Gagnon

▲ **POUR**

• Silhouette extraordinaire • Confort surprenant
• Performances surnaturelles • Voiture sans compromis • Appréciation garantie

▼ **CONTRE**

• Prix astronomique • Équipement sommaire
• Utilisation limitée • Climatiseur peu efficace
• Visibilité arrière médiocre

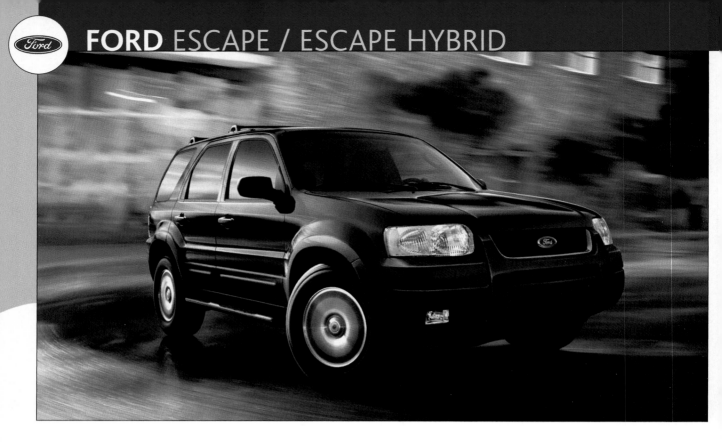

Plus économique qu'une Focus

Même si Ford connaît du succès dans la fabrication et la vente de gros utilitaires, le numéro deux américain a connu des difficultés à faire une percée dans la catégorie non moins compétitive des utilitaires sport de format moyen. Toutefois, après un début de carrière laborieux, les ventes de l'Escape ont enfin pris la voie de la rentabilité, et ce, pour le plus grand plaisir des dirigeants et des actionnaires de Ford qui s'inquiètent de l'avenir de la compagnie ces derniers temps.

La mauvaise fortune de l'Escape s'explique mal. Par rapport à ses rivaux, le petit Ford a toujours fait bonne figure dans les matchs comparatifs. Pour comprendre ses insuccès, il faut s'attarder aux problèmes de fiabilité et aux nombreuses campagnes de rappel dont ont été victimes les propriétaires. Plus informés que jamais, les consommateurs ont attendu que l'Escape ait meilleure presse et obtienne sa note de passage avant de lui faire entièrement confiance.

Escape Hybrid 2004

À l'instar de son jumeau le Mazda Tribute, le V6 de l'Escape est réputé pour sa puissance mais également pour sa propension à siphonner trop rapidement le fond du réservoir. Même si Ford annonce une consommation de 12 litres aux 100 km, l'équipe d'essayeurs du *Guide* a maintes fois frôlé et dépassé les 15 litres aux 100 km. Des chiffres qui placent la gloutonnerie de l'Escape côte à côte avec celle de nombreux utilitaires grand format à petit moteur V8. Cette situation fort embarrassante pour l'équipe de vente et les motoristes de Ford sera toutefois mise en veilleuse cette année avec le lancement de l'Escape à moteur hybride.

Après Toyota et Honda, Ford est le premier constructeur à annoncer la production d'un utilitaire sport à propulsion hybride. Cette technologie qui préconise l'utilisation combinée d'un moteur à essence et d'un moteur électrique a fait son chemin depuis le lancement de la Toyota Prius. Toutefois, il ne faut pas croire que tous les constructeurs adopteront cette solution puisque DaimlerChrysler a déjà annoncé qu'elle penchait plutôt en faveur de la diésélisation. Ainsi, le plus sérieux rival de l'Escape Hybrid en 2004 sera un Jeep Liberty à moteur diesel. Tout un match en perspective !

Ford n'en est pas à ses premiers balbutiements en matière d'hybridation. En effet, ses ingénieurs ont fait leurs classes en mettant au point plusieurs variantes de la Focus FCV à pile à combustible (ou à l'hydrogène). Par ailleurs, la direction de Ford pense que la propulsion hybride n'est qu'un pas vers l'avenir qui appartient plutôt aux véhicules à l'hydrogène. D'ici 2010, les véhicules à propulsion hydride comme l'Escape devraient représenter 20 % du marché. Les constructeurs croient que les véhicules hydrogénés ne pourront être offerts au grand public avant 2015, le principal défi étant de convaincre les grandes pétrolières d'installer des pompes à hydrogène.

6 litres aux 100 km

Le groupe propulseur de l'Escape Hybrid sera constitué d'un nouveau moteur quatre cylindres Duratec de 2,3 litres développant 148 chevaux et d'un moteur électrique de 68 kW alimenté par une batterie hybride nickel-métal de 300 volts. Contrairement à la Prius et à la Civic Hybrid, l'Escape à propulsion hybride n'est pas moins puissant qu'un modèle à essence. Couplé à une transmission à variation continue (CVT), cet amalgame permet à l'Escape Hybrid d'offrir des performances comparables à celles d'un moteur V6 avec transmission automatique à quatre rapports, et ce, pour une consommation de 6 litres aux 100 km. Qui plus est, l'Escape Hybrid et son clone européen, le Ford Maverick, respectent les normes antipollution SULEV de la Californie et Phase IV du vieux continent.

À l'instar de la Prius et de la Civic, l'Escape mise sur un circuit de freinage à récupération d'énergie qui transforme celle-ci en électricité

lors du freinage pour ensuite l'emmagasiner dans une batterie. De même, une génératrice sophistiquée permet d'économiser le carburant en coupant le moteur à essence lors d'un arrêt complet, pour ensuite le faire redémarrer quand le conducteur appuie sur l'accélérateur.

À part ça, quoi de neuf en 2004 ?
Dotés d'une apparence plus costaude et d'un comportement routier plus suave que le Tribute, les autres modèles de l'Escape partagent à quelques détails près toute leur mécanique avec leurs frères jumeaux d'Hiroshima. Le moteur le plus populaire est le V6 de 3 litres. Développant une puissance de 201 chevaux et un couple de 196 lb-pi, ce V6 n'a pas son pareil pour animer ce tout-terrain. En comparaison, le quatre cylindres Zetec de 2 litres et 127 chevaux souffre d'anémie. Cependant, il se reprend par sa frugalité en essence. Par contre, le 2 litres est susceptible de manquer de souffle s'il doit transporter une surcharge de poids ou gravir des pentes.

Comme la plupart des modèles de sa catégorie, l'Escape possède une transmission intégrale non permanente sans boîte de transfert. Le système de traction est dit réactif : la puissance est transmise aux roues arrière seulement si les roues avant manquent d'adhérence. Toutefois, n'ayez crainte, l'Escape n'est pas un cul-de-jatte et pourra aisément se sortir d'une ornière grâce à ses essieux qui peuvent être verrouillés dans la proportion 50/50.

Conclusion
Avant de se prononcer sur l'Escape à propulsion hybride, il faudra attendre que celui-ci ait fait ses preuves. En effet, sera-t-il aussi puissant et fiable que les ingénieurs de Ford le laissent entendre ? Qui plus est, vaudra-t-il la peine d'assumer son prix d'achat plus élevé pour réaliser ensuite des économies à la pompe à essence ? Ce sont toutes des questions que seul l'avenir pourra éclaircir…

Jean-François Guay

▲ POUR
• Nouveau modèle hybride • Fiabilité en progrès • Suspension confortable • Traction intégrale • Capacité de remorquage (V6)

▼ CONTRE
• Consommation exagérée (V6) • Absence de boîte manuelle (V6) • Insonorisation à revoir • Moteur 4 cylindres anémique

CARACTÉRISTIQUES

Prix du modèle à l'essai	XLT 30 395 $
Échelle de prix	21 695 $ à 35 390 $
Garanties	3 ans 60 000 km / 5 ans 100 000 km
Emp. / Long. / Larg. / Haut. (cm)	262 / 439 / 178 / 175
Poids	1495 kg
Coffre / Réservoir	937 à 1820 litres / 62 litres
Coussins de sécurité	frontaux et latéraux
Suspension avant	indépendante, jambes de force
Suspension arrière	indépendante, multibras
Freins av. / arr.	disque / tambour ABS
Antipatinage / Contrôle de stabilité	non
Direction	à crémaillère, assistée
Diamètre de braquage	11,2 mètres
Pneus av. / arr.	235/70R16

MOTORISATION ET PERFORMANCES

Moteur	V6 3 litres
Transmission	intégrale, automatique 4 rapports
Puissance	201 ch à 5900 tr/min
Couple	196 lb-pi à 4700 tr/min
Autre(s) moteur(s)	4L 2 l 127 ch ; 4L 2,3 l 148 ch
	et moteur électrique de 68 kW (Hybrid)
Autre(s) transmission(s)	manuelle 5 rapports, CVT (Hybrid)
Accélération 0-100 km/h	10,2 s ; 12,8 s (4L)
Reprises 80-120 km/h	8,1 secondes
Vitesse maximale	180 km/h
Freinage 100-0 km/h	42,9 mètres ; 41,6 mètres (4L)
Consommation (100 km)	14,8 l ; 11,5 l (4L) ordinaire ;
	6 l (Hybrid)

MODÈLES CONCURRENTS

• Honda CR-V • Hyundai Santa Fe • Jeep Liberty
• Kia Sorento • Mazda Tribute • Mitsubishi Outlander
• Nissan Xterra • Subaru Forester • Suzuki Grand Vitara

QUOI DE NEUF ?

• Modèle à propulsion hybride • Support de toit ajustable
• Nouveaux groupes d'équipement

Renouvellement du modèle	2005

VERDICT

Agrément de conduite	★★★☆☆
Fiabilité	★★⯨☆☆
Sécurité	★★★★⯨☆
Qualités hivernales	★★★★☆
Espace intérieur	★★★★☆
Confort	★★★⯨☆

VERSION RECOMMANDÉE

XLT (traction intégrale, V6)

L'un vole, l'autre pas

Une refonte, c'est bien connu, comporte toujours une part de risque : la clientèle peut ne pas aimer. Mais voilà la direction de Ford rassurée. Le renouvellement de l'Explorer a été fort bien accueilli des amateurs. On ne peut en dire autant du Lincoln Aviator, cousin de luxe de l'Explorer, qui lui ne vole pas haut…

Pour la première fois de son histoire, l'Explorer repose sur une plate-forme mécanique taillée expressément pour lui (la génération précédente adoptait celle d'une camionnette Ranger modifiée). En démarrant ainsi à partir d'une feuille blanche, les ingénieurs du constructeur américain ont été en mesure de gommer plusieurs « irritants ». À commencer par une suspension arrière au comportement à ce point désordonné qu'elle donnait généralement aux personnes assises à l'arrière le « mal des transports ». Problème aujourd'hui résolu avec l'adoption d'une suspension arrière entièrement indépendante, une première pour ce véhicule. Un choix technique qui a exigé une bonne dose de créativité puisque l'encombrement d'une suspension indépendante rogne inévitablement sur l'espace intérieur, domaine où l'Explorer a toujours brillé. Et brille toujours, puisque l'empattement a été légèrement accru. À l'avant, la barre de torsion a fait place à des ressorts hélicoïdaux pour éliminer les sautillements qui affectaient, eux

aussi, le comportement routier de cet utilitaire américain. Les responsables de Ford se défendent bien d'avoir complètement modifié les éléments suspenseurs en réaction à l'affaire Firestone, mais plutôt à la demande des consommateurs qui visiblement en avaient marre de se faire secouer.

Plus sûr, l'Explorer adopte une kyrielle de dispositifs de sécurité qui, malheureusement, ont mis un certain temps avant de se pointer ! C'est notamment le cas des coussins (et rideaux) gonflables latéraux, du détecteur anti-renversement qui permettra de les gonfler (pour une durée pouvant aller jusqu'à 6 secondes) instantanément si les capteurs enregistrent une inclinaison latérale si importante que le capotage est imminent. Et d'un autre dispositif : l'Advance Trac qui désormais s'offre aussi dans les versions moins cossues, tout comme le témoin de pression des pneus qui figure dorénavant dans tous les modèles.

Sous le capot en aluminium, aucune surprise. Le bon vieux moteur V6 de 4 litres est toujours en poste. Dommage car il manque visiblement d'entrain et nous fait sentir à la moindre sollicitation de l'accélérateur combien

il est pénible d'arracher l'Explorer de sa position stationnaire. Un petit conseil, optez plutôt pour le 4,6 litres qui se révélera non seulement moins geignant, mais plus rapide (près de 2 secondes d'écart entre les temps d'accélération), plus costaud (sa capacité de remorquage est supérieure dans les Classes II et III) et presque aussi économique à la pompe. La transmission automatique ne prête pas flanc à la critique et fait de l'excellent boulot en enfilant, sans secousse, les rapports qui tournent dans sa tête.

Sur la route, l'Explorer se révèle nettement plus agréable à vivre au quotidien que son prédécesseur. Les mouvements de suspension sont désormais (mieux) contrôlés, donc nul besoin de faire provision de Gravol pour entreprendre un voyage à son bord. Le confort de roulement a grandement progressé, mais l'Explorer demeure un camion, un vrai, et n'a donc pas le petit côté émasculé de certains de ses compétiteurs. Sachez aussi que le pignon ne se traîne plus les savates sur la crémaillère et permet désormais des changements de cap plus instantanés et aussi une plus grande agilité en milieu urbain.

Glace à la vanille

À l'intérieur, l'Explorer ne donne guère plus à voir. De bonnes notes cependant pour la disposition des principales commandes, à

CARACTÉRISTIQUES	
Prix du modèle à l'essai	Explorer XLT 40 165 $
Échelle de prix	38 365 $ à 48 415 $
Garanties	3 ans 60 000 km / 5 ans 100 000 km
Emp. / Long. / Larg. / Haut. (cm)	289 / 481 / 183 / 181
Poids	2031 kg
Coffre / Réservoir	572 à 3126 litres / 85 litres
Coussins de sécurité	frontaux
Suspension avant	indépendante, à ressorts
Suspension arrière	indépendante, à ressorts
Freins av. / arr.	disque ventilé
Antipatinage / Contrôle de stabilité	oui
Direction	à crémaillère, avec assistance
Diamètre de braquage	11,2 mètres
Pneus av. / arr.	255/70R16

MOTORISATION ET PERFORMANCES	
Moteur	V6 4 litres
Transmission	intégrale, automatique 5 rapports
Puissance	210 ch à 5100 tr/min
Couple	254 lb-pi à 3700 tr/min
Autre(s) moteur(s)	V8 4,6 litres 239 ch
Autre(s) transmission(s)	aucune
Accélération 0-100 km/h	8,9 secondes
Reprises 80-120 km/h	7,6 secondes
Vitesse maximale	190 km/h
Freinage 100-0 km/h	37,2 mètres
Consommation (100 km)	13,6 litres (ordinaire)

MODÈLES CONCURRENTS

- Buick Rainier • Chevrolet TrailBlazer • GMC Envoy
- Jeep Grand Cherokee • Mitsubishi Montero
- Nissan Pathfinder • Toyota 4Runner

QUOI DE NEUF ?

- Moteurs moins polluants • Antipatinage amélioré

Renouvellement du modèle	2006

VERDICT	
Agrément de conduite	★★★½☆
Fiabilité	★★★☆☆
Sécurité	★★★★½
Qualités hivernales	★★★★½
Espace intérieur	★★★★☆
Confort	★★★★☆

VERSION RECOMMANDÉE

XLT Sport

l'exception des commandes électriques du siège (on tâtonne sans arrêt). Mentionnons aussi que, pour faciliter la recherche d'une bonne position de conduite, l'Explorer propose un pédalier réglable (un accessoire que l'on retrouve dans plusieurs autres véhicules de la marque) et une colonne direction non seulement inclinable mais aussi télescopique.

En fait, ce qui retient l'attention est la disponibilité d'une troisième banquette, permettant ainsi à sept personnes de voyager à bord. Une troisième banquette (elle ne se retire pas, mais se camoufle toutefois dans le plancher) qui se révèle plus accueillante aux enfants qu'aux adultes (le dégagement pour les genoux est compté). Autre élément digne d'intérêt : la banquette médiane qui se divise en trois parties (60/20/20) ce qui permet d'emporter, par exemple, vos skis à l'intérieur du véhicule sans sacrifier plus d'une place. À noter à ce sujet que des baquets sont dorénavant proposés.

Le hayon arrière, également repensé, comporte une importante surface vitrée qui s'ouvre indépendamment. Pratique.

L'Aviator : dernière chance

Commercialisé depuis quelques mois déjà, l'Aviator, cette version endimanchée de l'Explorer, tarde à convaincre les consommateurs à casser leur tirelire pour se l'offrir. D'ailleurs, si l'on prête foi à certains fournisseurs de la marque à l'ovale bleu, l'Aviator pourrait être retranché de l'alignement partant de Lincoln, et ce, dès l'année prochaine. Dommage car la présentation intérieure était plaisante à contempler et son moteur de 302 chevaux lui donne des ailes. Des qualités qui malheureusement sont offertes à prix forts. Un Navigator à la place ?

Éric LeFrançois

▲ POUR	▼ CONTRE
• Habitacle spacieux et confortable	• Troisième banquette inutile • Prix élevé
• Suspension agréable • Finition robuste	• Allure peu originale
• Moteurs puissants	• Consommation d'essence

Le chant du cygne

Quatre ans. Quatre ans déjà que la Focus promène sur nos routes ses lignes tendues, son pavillon en arc de cercle, ses phares et ses feux à la géométrie complexe. Quatre ans aussi qu'elle traîne la réputation d'une automobile à la fiabilité douteuse en raison des nombreux rappels (souvent insignifiants) dont elle a fait l'objet. Dans un peu plus d'un an, on efface et on recommence chez Ford, qui promet pour sa compacte des habits tout neufs. D'ici là, la version actuelle entreprend son dernier tour de piste.

Je ne sais pas pour vous, mais moi j'ai toujours apprécié les carrosseries à hayon qui habillent la Focus. Et cette originalité de style se retrouve également dans son habitacle avec un tableau de bord lacéré à coups de canif. Un peu compliqué comme dessin, mais ça nous change des tableaux de bord produits par la concurrence. De plus, on sent un réel souci de fonctionnalité à l'intérieur de cette auto. Grâce au plancher bas, l'accès à bord est des plus aisés : il est possible de poser un pied par terre tout en demeurant assis sur son siège. Ensuite, les diverses commandes sont toutes très accessibles, à défaut d'être toutes « intuitives ». Tenez, par exemple, celle qui a pour fonction d'actionner les gicleurs de lave-glace. On la confond souvent avec celle qui permet d'arroser la lunette arrière. Par contre, les commandes des glaces et des rétroviseurs électriques sont regroupées sur la porte du conducteur, celles des réglages de ventilation sont implantées à mi-hauteur sur la console tapissée d'une bande de plastique imitant l'aluminium. Juste au-dessus on retrouve la radio capable d'avaler vos six disques compacts préférés alors qu'ici, à gauche, la commande d'ouverture à distance du coffre s'avère accessible puisqu'elle est située à côté du bloc d'instrumentation et non à vos pieds. Enfin, les rangements sont assez grands et en nombre suffisant, sauf aux places arrière qui, à défaut de bac dans les portières, se limitent à des vide-poches cousus à l'endos des dossiers avant. Quant à la position de conduite, elle s'avère excellente grâce au siège réglable en hauteur et à la colonne de direction ajustable à la fois en hauteur et en profondeur.

Tout aussi surprenant, la sensation d'espace procurée par le pavillon en arc de cercle, le pare-brise incliné et la planche de bord assez profonde. Ce n'est pas la place qui manque à bord de cette Focus qui s'avère l'une des plus habitables de sa catégorie. La largeur aux coudes, l'espace au-dessus de la tête et celui dévolu aux places arrière semblent vraiment très généreux. À noter que derrière, les passagers profitent d'un bon espace pour étendre leurs jambes et caser leurs pieds sous les baquets avant.

Le coffre, très facile d'accès avec son seuil de chargement bas, offre un volume correct, mais sans plus. Heureusement, côté fonctionnalité, les dossiers de la banquette se rabattent pour accroître l'espace utilitaire.

Rigoureuse, mais...

Sur la route, la Focus marque encore des points. Rassurante et efficace en virage, cette Ford se révèle en outre d'une direction précise et incisive ainsi qu'agile. Facile et légère à conduire, elle ne manque décidément pas de talents. De plus, elle est l'une des seules automobiles de ce segment (la Mazda3 en sera vraisemblablement équipée) à offrir un dispositif de stabilité électronique du nom de Advance Trac qui prévient, à l'aide de capteurs, la perte de maîtrise. Une « aide à la conduite » précieuse certes, mais que Ford facture au prix fort : 1775 $. Personnellement, je doute que plusieurs consommateurs fouillent dans leurs économies pour s'offrir les services de cet « ange gardien ».

Contrôle de stabilité ou pas, d'un point de vue dynamique, cette Focus se hisse au niveau des meilleures, ajoutant même un plaisir de conduire dont certaines de ses concurrentes ne bénéficient pas. Cela dit, la tenue de route

CARACTÉRISTIQUES

Prix du modèle à l'essai	ZX5 21 360 $
Échelle de prix	16 375 $ à 27 495 $
Garanties	3 ans 60 000 km / 5 ans 100 000 km
Emp. / Long. / Larg. / Haut. (cm)	262 / 444 / 170 / 143
Poids	1187 kg
Coffre / Réservoir	537 litres / 50 litres
Coussins de sécurité	frontaux
Suspension avant	indépendante, jambes de force
Suspension arrière	indépendante, multibras
Freins av. / arr.	disques ventilés / tambours
Antipatinage / Contrôle de stabilité	optionnel
Direction	à crémaillère, avec assistance
Diamètre de braquage	11,0 mètres
Pneus av. / arr.	195/60R15

MOTORISATION ET PERFORMANCES

Moteur	4L 2 litres
Transmission	traction, manuelle 5 rapports
Puissance	130 ch à 5300 tr/min
Couple	135 lb-pi à 4500 tr/min
Autre(s) moteur(s)	4L 2 litres 110 ch ou 170 ch (SVT);
	4L 2,3 litres 145 ch (É.-U.)
Autre(s) transmission(s)	automatique 4 rapports
Accélération 0-100 km/h	10,0 secondes
Reprises 80-120 km/h	9,0 secondes
Vitesse maximale	185 km/h
Freinage 100-0 km/h	42,0 mètres
Consommation (100 km)	8,4 litres (ordinaire)

MODÈLES CONCURRENTS

• *Chevrolet Cavalier • Honda Civic • Hyundai Elantra*
• *Kia Spectra • Mazda3 • Mitsubishi Lancer • Nissan*
Sentra • Pontiac Sunfire • Toyota Corolla • VW Golf

QUOI DE NEUF ?

• *Nouveau moteur 2,3 litres optionnel*

Renouvellement du modèle	2005

VERDICT

Agrément de conduite	★★★☆☆
Fiabilité	★★★☆☆
Sécurité	★★★☆☆
Qualités hivernales	★★★☆☆
Espace intérieur	★★★★☆
Confort	★★★☆☆

VERSION RECOMMANDÉE

ZX5

pourrait assurément être meilleure n'eût été de la trop grande souplesse de sa suspension. Remarquez, il y a du bon, les amortisseurs absorbent avec sérénité (pour une petite voiture) les défauts de la route.

"US only"

Avant de soulever le capot, sachez que le quatre cylindres de 2,3 litres annoncé ne sera offert que dans les Focus vendues en territoire américain. Au Canada, la compacte de Ford retient toujours les services de l'un des deux quatre cylindres de 2 litres. Lequel choisir? Celui qui offre 130 chevaux (Zetec). Ce dernier permet de tirer meilleur profit des qualités dynamiques de cette Ford que l'autre (110 chevaux), monté dans les modèles plus économiques. Mais ce moteur déçoit tout de même. Ses prestations ne sont guère éloquentes. À sa décharge, il est vrai que la transmission automatique qui l'accompagne (moyennant supplément) la pénalise tant au chapitre des accélérations que des reprises. Même son éta-

gement est un brin trop long. Notre préférence va à la boîte manuelle.

Pour plus de frissons au volant, c'est du côté des versions SVT qu'il faut prendre rendez-vous. Puissantes (170 chevaux) et agiles, ces petites bombes ne craignent pas la comparaison avec les MINI Cooper S, Golf GTi, Honda SiR et autres bombinettes du même genre, comme en fait foi notre match comparatif réalisé l'année dernière.

Rafraîchissante par son style, accueillante par ses dimensions intérieures et amusante par son comportement routier, la Focus avait visiblement tous les appâts nécessaires pour changer notre perception des compactes américaines. Dommage que des campagnes de rappel aient miné sa réputation.

Éric LeFrançois

▲ POUR

• Configurations multiples
• Comportement routier acceptable
• Esthétique réussie

▼ CONTRE

• Fin de production • Fiabilité incertaine
• Puissance du moteur insuffisante (110 ch)
• Qualité de finition intérieure

Nouveau nom, même silhouette

Il suffit de comparer la nouvelle Freestar avec la Windstar qu'elle remplace et vous allez être stupéfait de constater que les deux se ressemblent beaucoup. D'ailleurs, lors de son dévoilement au Salon de l'auto de Toronto en février 2003, l'auteur de ces lignes voulait jeter un coup d'œil plus en profondeur sur cette nouvelle venue. Je la cherchais partout sur le plancher de l'exposition sans trop de résultat. Jusqu'à ce que je réalise que la fourgonnette qu'il prenait pour une Windstar était, vous l'avez deviné, une Freestar.

C'est à la demande des concessionnaires Ford que la Windstar, cette fourgonnette pourtant bien connue, a changé de noms. Il faut déplorer au passage le fait que les produits Mercury, à une exception près, ne sont plus commercialisés au Canada. C'est dommage car la Monterrey est l'équivalent de la Freestar dans cette division et sa silhouette est nettement mieux réussie. Elle connaîtrait beaucoup plus de succès que la fade Freestar avec sa silhouette anonyme et sa calandre d'une banalité à faire pleurer.

Heureusement, si l'apparence extérieure de cette nouvelle venue est trop sage, son habitacle a été renouvelé de fond en comble afin de l'adapter aux exigences du jour.

Entrez donc !

Les responsables de la mise en marché de la Freestar font grand état du fait que la compagnie Ford ait triplé son investissement dans le développement des habitacles. Cette politique a été une bénédiction pour cette fourgon-

nette puisque l'intérieur de la Windstar était triste à mourir. Il suffisait de jeter un coup d'œil aux cadrans indicateurs pour se demander si ceux-ci étaient fonctionnels tant ils avaient une apparence de bon marché. Ils ressemblaient à ces cadrans et accessoires de bureau factices que les magasins Ikea utilisent dans leurs salles de montre.

C'est beaucoup mieux réussi dans la Freestar dont la planche de bord est plus classique et plus élégante. Plusieurs vont tiquer quant à la présence d'appliques de similibois dans une fourgonnette, mais l'effet est réussi. Sur le dessus de la planche de bord se trouve un petit compartiment de remisage qui est très pratique. Il surplombe une horloge de bord encadrée par deux buses de ventilation. Vient ensuite la console des commandes de la climatisation et du système audio.

Cet habitacle est également plus polyvalent. Ford était le seul constructeur avec Chrysler, à ne pas offrir une troisième banquette se remisant à plat ou disparaissant dans une dépression du plancher. Cette lacune est cor-

rigée puisque, comme plusieurs autres fourgonnettes, le siège arrière bascule dans une cavité du plancher pour fait place aux bagages. Il est également possible de l'inverser afin de servir de banquette donnant vers l'arrière une fois le hayon ouvert. Cette caractéristique est très appréciée lors des piquesniques. Et pour accéder plus facilement à cette troisième banquette, les sièges médians sont équipés d'un mécanisme favorisant la bascule du siège vers l'avant. Le levier de bascule est facile à manipuler.

Comme il se doit, la Freestar peut être équipée d'une foule d'accessoires afin de personnaliser votre véhicule et d'en faire grimper inévitablement le prix.

Sécurité d'abord

Compte tenu de la vocation familiale des fourgonnettes, il est essentiel qu'elles soient en mesure d'assurer la meilleure sécurité possible. Chez Ford, on n'a pas lésiné sur les moyens. Toutes les Freestar sont équipées de coussins de sécurité avant à déploiement progressif tandis que la structure de la carrosserie a été renforcée. Il est également possible de commander le système de stabilité latérale Advance-Trac, des capteurs pour détecter les obstacles en marche arrière, et le « Safety Canopy ». Ce dernier mécanisme est

CARACTÉRISTIQUES

Prix du modèle à l'essai	*SE 41 205 $*
Échelle de prix	*27 195 $ à 43 695 $*
Garanties	*3 ans 60 000 km / 5 ans 100 000 km*
Emp. / Long. / Larg. / Haut. (cm)	*306 / 511 / 194 / 175*
Poids	*1940 kg*
Coffre / Réservoir	*730 litres à 3802 litres / 98 litres*
Coussins de sécurité	*frontaux, latéraux et tête*
Suspension avant	*indépendante, jambes de force*
Suspension arrière	*essieu rigide, poutre déformante*
Freins av. / arr.	*disque ABS*
Antipatinage / Contrôle de stabilité	*oui*
Direction	*à crémaillère, assistée*
Diamètre de braquage	*12,1 mètres*
Pneus av. / arr.	*225/60R16*

MOTORISATION ET PERFORMANCES

Moteur	*V6 3,9 litres*
Transmission	*traction, automatique 4 rapports*
Puissance	*193 ch à 4750 tr/min*
Couple	*248 lb-pi à 3700 tr/min*
Autre(s) moteur(s)	*V6 4,2 litres 202 ch*
Autre(s) transmission(s)	*aucune*
Accélération 0-100 km/h	*9,7 secondes*
Reprises 80-120 km/h	*8,5 secondes*
Vitesse maximale	*180 km/h*
Freinage 100-0 km/h	*41,0 mètres*
Consommation (100 km)	*12,9 litres (ordinaire)*

constitué d'un coussin gonflable de tête qui se déploie en cas de capotage.

La plate-forme est demeurée similaire à celle de la défunte Windstar, mais les moteurs ont été modifiés. Deux moteurs V6 sont au catalogue. Le premier est un V6 de 3,9 litres d'une puissance de 193 chevaux. Il s'agit d'un dérivé du V6 3,8 litres utilisé précédemment. Le V6 de 4,2 litres est tout nouveau et sa puissance est de 202 chevaux. Les deux sont reliés à une boîte automatique à quatre rapports. Il faut toutefois se demander pourquoi ces deux moteurs ne diffèrent pas tellement l'un de l'autre.

La suspension est similaire à celle de la Windstar avec des jambes de force MacPherson à l'avant et une poutre déformante à l'arrière. Les ingénieurs de Ford semblent croire que le confort, la sécurité et le côté pratique de ces véhicules l'emportent sur la tenue de route et l'agrément de conduite. D'autant plus que le modèle de base est un tantinet plus lourd que précédemment. Cette nouvelle four-gonnette de Ford est plus pratique, mieux équipée et son insonorisation est vraiment meilleure, surtout en raison de glaces plus épaisses. Malheureusement, le comportement routier est semblable à celui qu'offrait la Windstar. Le véhicule est stable dans les virages, sa stabilité latérale est bonne, mais la direction demeure engourdie et le feed-back de la route fait défaut. Tant qu'à effectuer autant de transformations, une tenue de route plus dynamique aurait pu être développée.

Un pas en avant

Somme toute, cette cure de rajeunissement a rendu la Freestar plus moderne, plus pratique et plus confortable. Elle offre également plus de sécurité. Si, par contre, vous désirez une conduite plus sportive, vous risquez d'être déçu.

Denis Duquet

MODÈLES CONCURRENTS

• *Chevrolet Venture* • *Dodge Caravan* • *Honda Odyssey*
• *Kia Sedona* • *Mazda MPV* • *Pontiac Montana*
• *Toyota Sienna*

QUOI DE NEUF ?

• *Nouvelle version* • *Deux nouveaux moteurs*
• *Habitacle entièrement revu* • *Troisième banquette escamotable*

Renouvellement du modèle	*Nouveau modèle*

VERDICT

Agrément de conduite	★★★☆☆
Fiabilité	*nouveau modèle*
Sécurité	★★★★★
Qualités hivernales	★★★★☆
Espace intérieur	★★★★☆
Confort	★★★★☆

VERSION RECOMMANDÉE

LX Sport

▲ POUR

• **Habitacle plus pratique** • **Excellente cote de sécurité** • **Système AdvanceTrac** • **Bonne habitabilité** • **Banquette arrière escamotable**

▼ CONTRE

• **Moteurs peu modifiés** • **Consommation toujours élevée** • **Silhouette redondante** • **Changement de nom injustifié**

COUP DE CŒUR

Mach 1 comme dans macho

Il y a longtemps que je n'avais pas eu autant de plaisir tout habillé. Vous me direz que les Murciélago, Vanquish ou Ferrari 575 Maranello ne sont pas tout à fait des voitures… déplaisantes et vous avez raison. Mais, avec des objets aussi précieux, il faut faire preuve d'une certaine réserve, ne serait-ce qu'en vertu de leur prix faramineux. Tandis qu'avec une Ford Mustang arborant en plus l'insigne Mach 1, on peut s'éclater (et même retomber en enfance dans mon cas) sans cette appréhension que le moindre geste malhabile vous endettera pour l'éternité. Que peut bien receler une telle voiture pour faire monter à ce point votre taux d'adrénaline ?

Peu et beaucoup de choses à vrai dire. Notamment le meilleur rapport prix/performance de la production automobile actuelle. Pouvoir s'aligner avec une GT Mach 1 aux côtés d'une Porsche 911 et avoir une chance de la «clancher» vaut nécessairement son pesant d'or. Et ce n'est même pas la plus performante des Mustang, un rôle assumé par la version SVT Cobra de 390 chevaux. La Mach 1, dit-on, doit se contenter de plus de 305 chevaux (dixit Ford) et croyez-moi, c'est amplement suffisant pour vous faire retrouver la belle époque des voitures américaines musclées et effrontées. À environ 38 000 $, ça ressemble même à une aubaine.

Mine de rien, la Mustang est la dernière survivante de l'ère des pony-cars. Née en 1964 et demie, elle a entraîné dans son sillage les Camaro, Firebird, Barracuda, Javelin et autres bolides de la même espèce. Aujourd'hui, tout le monde a tiré sa révé-

rence, sauf cette icône de l'industrie automobile américaine. Introduite dans sa forme actuelle en 1994, la Mustang a 10 ans bien sonnés. Elle en est toutefois à son dernier tour de piste puisqu'elle sera remplacée par une version rajeunie en 2005 (voir section Avant-goût des modèles 2005). Raison de plus pour en faire l'essai une dernière fois.

Un moteur «in»

La puissance de la Mach 1 n'est pas seulement une affaire de gros cubes comme autrefois et son V8 de 4,6 litres à 48 soupapes et double arbre à cames en tête est une mécanique sophistiquée. Même s'il ne possède ni turbo ni compresseur (une exclusivité de la Cobra), on pourrait en parler comme d'un moteur «suralimenté» avec cette immense prise d'air sur le capot qui l'aide à respirer et qui se déhanche au moindre petit coup d'accélérateur. Ce capot, incidemment, est d'une telle lourdeur que j'ai l'impression que l'on pourrait grignoter quelques

dixièmes de seconde aux temps d'accélération en substituant le métal par une matière plastique. Jumelé à une boîte manuelle à cinq rapports dont le levier se manipule aisément avec sa grosse boule chromée en guise de pommeau, le moteur est secondé par une série de modifications comprenant notamment une suspension abaissée de 1 cm par rapport à la version GT, de nouveaux ressorts et jambes de force (Tokyco) et, quoi d'autre, des freins Brembo avec étriers haute performance. À l'intérieur comme à l'extérieur, plusieurs petites touches rétro rappelleront aux amateurs les anciennes Mach 1. On y retrouve aussi d'excellents sièges Recaro, un petit volant très communicatif, un pédalier avec repose-pied tout en inox, une chaîne stéréo Mach 460 capable de faire trembler la terre entière et une abondance de plastiques bon marché plutôt mal assemblés.

Dans le tapis

Comme dirait mon ami Paul Frère, cette Mustang ne fait pas dans la dentelle. C'est plutôt une sorte de brute sympathique qui prend plaisir à se laisser battre. Musique à plein régime, accélérateur à fond, on relâche l'embrayage et la voiture bondit furieusement en avant dans un crissement de pneus en dépit de la présence de l'antipatinage. Ce V8 offre un tel couple à bas régime qu'on a l'impression

CARACTÉRISTIQUES

Prix du modèle à l'essai	Mach 1 37 605 $
Échelle de prix	23 445 $ à 46 655 $
Garanties	3 ans 60 000 km / 3 ans 60 000 km
Emp. / Long. / Larg. / Haut. (cm)	257 / 465 / 186 / 135
Poids	1392 kg
Coffre / Réservoir	309 litres / 59 litres
Coussins de sécurité	frontaux
Suspension avant	ind., leviers triangulés
Suspension arrière	essieu rigide, triangles obliques
Freins av. / arr.	disque ABS
Antipatinage / Contrôle de stabilité	oui / non
Direction	à crémaillère, assistée
Diamètre de braquage	11,7 mètres
Pneus av. / arr.	245/45ZR17

MOTORISATION ET PERFORMANCES

Moteur	V8 4,6 litres
Transmission	propulsion, manuelle 5 rapports
Puissance	305 ch à 5800 tr/min
Couple	320 lb-pi à 4350 tr/min
Autre(s) moteur(s)	V6 3,8 l 193 ch;
	V8 à compresseur 395 ch
Autre(s) transmission(s)	automatique 4 rapports
Accélération 0-100 km/h	5,7 secondes
Reprises 80-120 km/h	5,4 secondes
Vitesse maximale	235 km/h
Freinage 100-0 km/h	39,6 mètres
Consommation (100 km)	13,8 litres (super)

MODÈLES CONCURRENTS

• Sans équivalent

QUOI DE NEUF ?

• Emblème 40e anniversaire • Production limitée Mach 1

Renouvellement du modèle	2005

VERDICT

Agrément de conduite	★★★★☆
Fiabilité	★★★☆☆
Sécurité	★★★☆☆
Qualités hivernales	★★½☆☆
Espace intérieur	★★★☆☆
Confort	★★½☆☆

VERSION RECOMMANDÉE

Mach 1

---

que rien ne peut lui tenir tête. Ce n'est qu'en s'approchant des 7000 tr/min qu'il devient un peu plus calme même si le 80-120 km/h en 4e ne prend que 5,4 secondes (contre 6,1 secondes pour votre 911), un quasi-record pour une voiture à boîte manuelle. On continue de s'amuser follement dans les virages grâce à une tenue de route spectaculaire très facile à exploiter. Malgré sa vétusté, le châssis fait montre d'une bonne rigidité, et c'est surtout par sa carrosserie brinquebalante que la Mustang nous fait sentir qu'elle n'est pas de la dernière cuvée. Bref, cette Mach 1 ne s'adresse pas aux petites natures et on doit supporter les ruades de la suspension sur mauvaise route. Et gare aux nids-de-poule dont le franchissement s'accompagne de quelques bruits de caisse et de quelques secousses bien ressenties. Ce n'est donc pas le grand confort, mais disons que l'on a vu pire. Je n'aurai que des éloges pour la direction qui, par sa vivacité, rend la voiture tellement plus maniable que ne l'était son

ancienne rivale, la Camaro. Pour ce qui est du freinage, il est convenable mais pas plus. Il s'acquitte relativement bien d'un arrêt d'urgence, mais il n'a pas l'endurance nécessaire pour aller folâtrer sur une petite route sinueuse en montagne.

Un dernier coup d'œil au carnet de notes pour vous dire que le tableau de bord bénéficie d'une instrumentation très complète, que la visibilité est acceptable, que les places arrière sont de type «temporaire» et que le coffre à bagages offre un volume étonnant pour une voiture sport.

Si vous croyez que la Mustang Mach 1 est une belle imprimante à contraventions, vous n'avez pas tort. Désolé d'avoir à vous dire que le modèle de base avec son V6 de 3,8 litres est une voiture bien ordinaire et que la version GT est sans doute le compromis idéal pour vous aider à retrouver votre jeunesse… et à perdre votre permis de conduire. Voyez-vous, Monsieur le juge… euh !

Jacques Duval

▲ **POUR**

• Pompeuse d'adrénaline • Moteur musclé
• Boîte manuelle bien adaptée • Tenue de route étonnante • Sièges confortables (Recaro)

▼ **CONTRE**

• Confort marginal • Finition légère
• Freins peu endurants • Bruits de caisse
• Imprimante à contraventions

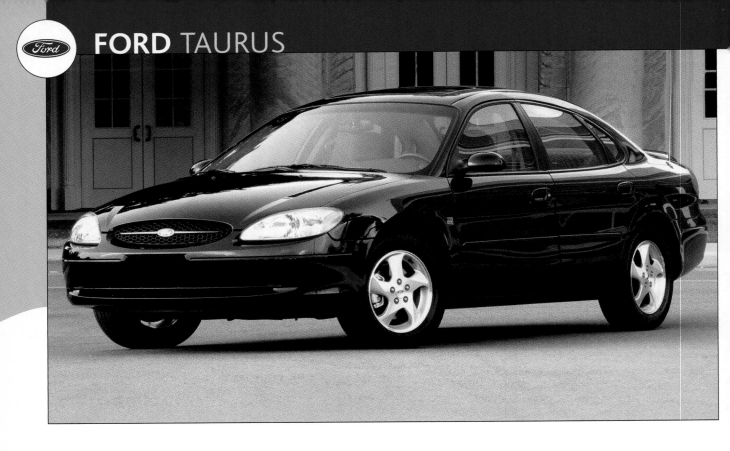

Cours du soir...

Un talent fou, une jeunesse à prendre à pleines mains. Puis, une mauvaise décision et l'élève se retrouve à suer dans une usine. Après quelques années à se demander ce qui s'est passé, l'élève prend des cours du soir. Toujours le même talent mais avec la sagesse du temps perdu.

La Ford Taurus a suivi ce tracé combien de fois emprunté... Les débuts en 1986 sont spectaculaires et la voiture de l'année devient un «best-seller» du jour au lendemain. En 1996, il faut lancer une deuxième génération. Oups! La nouvelle Taurus est différente, trop différente et se retrouve à l'index. Correction du tir en 2000 avec une Taurus plus sage. Trop sage?

Les lignes de la Taurus ne font toujours pas l'unanimité. La familiale semble mieux se tirer d'affaire sur ce point, mais puisqu'il s'agit d'un domaine purement subjectif, passons. Arrêtons-nous un peu, cependant, sur la piètre qualité de la finition extérieure de notre voiture d'essai, une SEL Premium familiale. On peut toujours accepter des moulures de pare-brise mal collées, mais une porte avant mal ajustée alors que le véhicule n'a même pas encore fêté ses 2000 kilomètres et un joint du hayon fini à la main avec un papier sablé rugueux nous semblent nettement en deçà des normes actuelles. On est bien fier chez Ford du nouveau nez de la Taurus 2004 qui montre maintenant un semblant de moustache à la manière Mercedes. Ah...

Cours de design, SVP

L'accès à bord s'exécute par des portières lourdes qui tournent sur des pentures un peu trop fermes (à l'arrière surtout). Une fois assis au volant, la position de conduite idéale se trouve en un clin d'œil, grâce au volant ajustable en hauteur et, surtout, au pédalier réglable en profondeur. Le cuir qui recouvrait les sièges de notre Taurus ressemblait plus à du vinyle tant il était dur et d'une qualité douteuse. Les places arrière se montrent confortables malgré un dossier trop droit mais, tout comme les sièges avant, elles n'offrent qu'un bien piètre support latéral. Dans la version familiale, une troisième banquette sort du plancher du coffre comme par magie et vient se positionner face à l'arrière. Nul doute qu'au début les enfants se battront pour s'y asseoir. Après quelques heures, ils se battront pour retourner sur un vrai siège... Pour certaines familles, cependant, il peut s'agir d'une solution alternative intéressante aux fourgonnettes et VUS plus dispendieux.

La partie centrale du tableau de bord recèle une foule de boutons de bonnes dimensions qui contrôlent la climatisation et la radio. Malheureusement, ces boutons sont tous de même forme, ce qui oblige le conducteur à quitter la route des yeux pour s'y retrouver. Les autres commandes sont placées çà et là, au gré des émotions des concepteurs, sans doute. En fait d'ergonomie, j'ai déjà vu mieux. Même le repose-pied est mal placé. Au moins, on retrouve dans l'habitacle plusieurs espaces de rangement et un appareil radio au son riche. Ai-je mentionné que le climatiseur est efficace?

Suspension pour manque de rigueur...

C'est en conduisant la Taurus qu'on apprend à l'apprécier. Il s'agit d'une bagnole confortable, relativement silencieuse et au comportement routier sain. Deux moteurs de 3 litres sont disponibles. Tout d'abord, le V6 Vulcan développant 155 chevaux est offert sans frais supplémentaires dans tous les modèles sauf les versions SEL Premium. Le V6 Duratec, lui, fournit 200 chevaux et se trouve d'office dans les SEL Premium et, en option, dans les SE et SEL. La LX, la configuration de base, n'a pas droit à cet engin, ni à des freins à disque aux quatre roues (et l'ABS n'est même pas optionnel!), ni au pédalier ajustable. Mais revenons à nos «mouteurs». Si les performances du Vulcan sont un peu justes, celles du Duratec font amplement la besogne. Certes, on ne se procure pas une Taurus pour aller «s'essayer» contre des p'tits jeunes avec leurs Civic «boostées» au maximum, mais on peut compter sur la pédale

Prix du modèle à l'essai	familiale SEL Premium 34 128 $
Échelle de prix	24 995 $ à 29 510 $
Garanties	3 ans 60 000 km / 5 ans 100 000 km
Emp. / Long. / Larg. / Haut. (cm)	276 / 502 / 185 / 147
Poids	1588 kg
Coffre / Réservoir	1099 l (sièges arr. relevés) / 68 l
Coussins de sécurité	frontaux et latéraux
Suspension avant	indépendante, jambes de force
Suspension arrière	indépendante, multibras
Freins av. / arr.	disque ABS
Antipatinage / Contrôle de stabilité	oui / non
Direction	à crémaillère, assistance variable
Diamètre de braquage	11,8 mètres
Pneus av. / arr.	215/60R16

MOTORISATION ET PERFORMANCES

Moteur	V6 3 litres
Transmission	traction, automatique 4 rapports
Puissance	200 ch à 5650 tr/min
Couple	200 lb-pi à 4400 tr/min
Autre(s) moteur(s)	V6 3 litres 155 ch
Autre(s) transmission(s)	aucune
Accélération 0-100 km/h	10,1 secondes
Reprises 80-120 km/h	7,6 secondes
Vitesse maximale	175 km/h
Freinage 100-0 km/h	45,0 mètres
Consommation (100 km)	11,6 litres (ordinaire)

MODÈLES CONCURRENTS

• Buick Regal • Chevrolet Impala • Honda Accord
• Mazda6 • Mitsubishi Galant • Nissan Altima
• Pontiac Grand Prix • Saturn L • Toyota Camry • VW Jetta

QUOI DE NEUF ?

• Retouches esthétiques • Nouvelles roues en aluminium

Renouvellement du modèle	n.d.

VERDICT

Agrément de conduite	★★★½☆
Fiabilité	★★★☆☆
Sécurité	★★★★☆
Qualités hivernales	★★★½☆
Espace intérieur	★★★★☆
Confort	★★★½☆

VERSION RECOMMANDÉE

Familiale SEL

de droite pour se sortir du pétrin à l'occasion. Comme dans à peu près tous les moteurs V6 actuellement en production, trois bougies seront difficiles à changer lorsque le temps et les kilomètres auront fait leur oeuvre. Et que dire de l'alternateur, aussi mal placé que mal protégé contre l'eau.

Avec ses pneus de 16 pouces, la Taurus semble faite pour s'accrocher à la route. Mais la mollesse des suspensions a tôt fait de ramener le hardi conducteur dans les limites de la légalité. En revanche, cette même mollesse se traduit par un habitacle confortable, même lorsqu'on rencontre trous et bosses. La direction s'avère un peu engourdie, ce qui nous fait davantage remarquer que la Taurus n'est pas une voiture très agile. Quant aux freins à disque de la voiture testée, ils n'ont pas montré une très grande résistance à l'échauffement et à chaque essai, l'avant plongeait passablement tout en pointant soit vers la droite, soit vers la gauche.

Pas pour les jeunes

D'une certaine façon, la Taurus illustre tout ce qui va et ne va pas chez les constructeurs américains. Il y a cette difficulté à attirer les jeunes acheteurs qui n'ont que faire d'un style certes moderne mais sans âme. Les moteurs se montrent technologiquement au point mais les suspensions, axées sur le confort, ne leur permettent pas de bien s'exprimer. Au chapitre de la qualité de la finition, le manque de raffinement est évident comparativement aux produits japonais, par exemple. Malgré tout, la Taurus est une bonne routière. Et la familiale, une bonne routière, utile en plus ! Mais laissons la Taurus à ses cours du soir. On risque d'être surpris lorsqu'elle recevra son diplôme…

Alain Morin

▲ **POUR**

• Familiale intéressante • Confort apprécié
• Rapport qualité/prix avantageux • Pédalier ajustable • Moteur Duratec performant

▼ **CONTRE**

• Transmission automatique saccadée
• Finition extérieure frivole • Protection antirouille minimaliste • Ergonomie abstraite

Poussière, tu retourneras en poussière

La nouvelle est tombée un matin d'avril. La direction du constructeur automobile américain Ford annonçait alors qu'elle mettrait un terme à la production de la Thunderbird en 2005 ou 2006. La monture de Halle Berry dans *Meurs un autre jour* ne répond pas aux attentes de la firme. Avec à peine 20 000 unités vendues en 2002, la belle reste en effet trop éloignée des objectifs fixés à 25 000 exemplaires par an.

Or, bien que son retour ait été un échec (n'ayons pas peur des mots), la Thunderbird n'a pas, par chance, dilapidé le fonds de commerce du numéro 2 américain. En effet, 65 % des composantes entrant dans la fabrication de ce roadster sont les mêmes que l'on retrouve actuellement sous la robe des berlines LS (Lincoln) et S-Type (Jaguar).

Pour « cruiser » rue Crescent

Les concepteurs de la T-Bird la décrivent comme une routière paisible. Entendez par là qu'elle ne fera point hurler ses roues arrière au coin des rues, pas plus qu'elle ne cherchera à mordre le point de corde de chaque virage. À son volant, la Thunderbird nous rappelle gentiment que la vie est une longue route tranquille. Son moteur, un V8 de 3,9 litres, ne déménage pas le châssis de la T-Bird avec autant de vélocité que celui de la berline LS, plus légère. De plus, contrairement à ce qui est le cas dans la LS toujours, le moteur de la Thunderbird s'acoquine uniquement avec la transmission automatique à cinq rapports (pas la semi-automatique), laquelle est étrangement étagée (le second rapport est particulièrement court) et parfois hésitante, notamment lors des reprises.

Encore trop lourde pour les 280 chevaux de son moteur, la Thunderbird ne peut donc soutenir dans sa forme actuelle le rythme des autres cabriolets sport. Ses concepteurs le savent très bien et nous la présentent plutôt comme une sportive décontractée *(relaxed sport)*. En d'autres mots, la T-Bird laisse aux Corvette, Boxster et autres TT le soin de se disputer la première place au prochain feu rouge.

Ce n'est pas un foudre de guerre, mais les reprises s'avèrent tout de même satisfaisantes et la bonne souplesse à bas régime ainsi que la belle linéarité de son moteur conviennent très bien à une conduite du dimanche. On perçoit les torsions de la caisse en virage et, notamment des trépidations dans la direction, au demeurant un peu lourde à basse vitesse et un brin trop légère à haute vitesse. Vu son poids et ses dimensions, la Thunderbird n'est guère prédisposée à jouer les contorsionnistes sur des routes sinueuses, préférant plutôt les longues courbes et les grands boulevards.

Quoique renforcée, la structure n'est pas moins affaiblie par l'absence de toit et pour assurer un roulement confortable, les ressorts offrent moins de résistance (ils sont plus souples à l'avant, comme à l'arrière) et les semelles des pneumatiques, des quatre saisons, ne sont pas prêtes à s'édenter pour garder le contact avec la chaussée. Même si elle prend une pincée de roulis, la Thunderbird demeure extrêmement stable et prévisible dans ses réactions.

On comprend assez vite que cette Ford ne cherche pas à taquiner la zone rouge de son compte-tours, mais plutôt à filer suffisamment vite pour accélérer votre bronzage.

Visiblement, le réservoir de créativité des stylistes de la Thunderbird avait été épuisé (ou était sur le point de l'être) au moment de concevoir l'intérieur qui, à quelques rares exceptions, est une reproduction presque parfaite de celui de la berline LS. Presque, puisque la Thunderbird, nostalgie oblige, peint, moyennant supplément bien sûr, ses plastiques de la même couleur que la carrosserie. Même le pommeau du levier de vitesses et une partie de la jante du volant n'échappent pas au crayon de couleur. Par contre, les aiguilles des indicateurs et des jauges de couleur turquoise (indépendamment de la couleur extérieure)

CARACTÉRISTIQUES

Prix du modèle à l'essai	56 615 $
Échelle de prix	56 615 $ à 61 615 $
Garanties	3 ans 60 000 km / 5 ans 100 000 km
Emp. / Long. / Larg. / Haut. (cm)	272 / 473 / 183 / 132
Poids	1699 kg
Coffre / Réservoir	240 l (190 l toit escamoté) / 68 litres
Coussins de sécurité	frontaux et latéraux
Suspension avant	indépendante, ressorts hélicoïdaux
Suspension arrière	indépendante, ressorts hélicoïdaux
Freins av. / arr.	disque ABS
Antipatinage / Contrôle de stabilité	oui / non
Direction	à crémaillère
Diamètre de braquage	11,4 mètres
Pneus av. / arr.	245/70R17

MOTORISATION ET PERFORMANCES

Moteur	V8 3,9 litres
Transmission	propulsion, automatique 5 rapports
Puissance	280 ch à 6000 tr/min
Couple	286 lb-pi à 4000 tr/min
Autre(s) moteur(s)	aucun
Autre(s) transmission(s)	aucune
Accélération 0-100 km/h	7,3 secondes
Reprises 80-120 km/h	5,1 secondes
Vitesse maximale	215 km/h
Freinage 100-0 km/h	39,6 mètres
Consommation (100 km)	12,8 litres (super)

s'animent sur un fond blanc. Ce ne sont là, pour l'essentiel, que les deux seuls clins d'œil visibles au passé puisque, pour le reste, la T-Bird photocopie la LS sans vergogne, défauts compris. Comme cet accoudoir central positionné trop haut pour être véritablement confortable ou encore le peu d'espaces de rangement.

Pour les voyages « légers »

Stricte deux places, la Thunderbird recommande à ses passagers de voyager léger ou encore de se limiter à des excursions d'un jour. Derrière les baquets de cuir (pas très confortables) sous lesquels on trouve enfin des éléments chauffants en prévision de nuits froides d'hiver, on aperçoit juste assez d'espace pour déposer un sac à main de bonnes dimensions. Pourquoi ne pas avoir songé à y ériger un filet anti-remous afin que le vent ne coure pas après sa queue dans l'habitacle au point de nous décoiffer ou encore de nous obli-

ger à élever la voix ou le volume de la radio.

Même si le toit est à commande électrique (la Thunderbird se décoiffe en moins de 10 secondes), il faut tout de même sortir les gros bras pour agrafer le couvre-capote. Un véritable pince-doigt ou casse-ongles. Pour l'hiver, le toit rigide (il ajoute 37,6 kilos au poids du véhicule) est préférable à la rudimentaire capote, d'autant plus que ses deux — charmants — hublots permettent une meilleure visibilité lors des manœuvres de dépassement.

Mais revenons au couvre-capote qui, lorsqu'il est inutilisé, encombre joliment le coffre dont le volume utile se limite à 190 litres. Au fait, il est gros comment votre sac de golf ?

Éric LeFrançois

MODÈLES CONCURRENTS

• Audi A4 cabriolet • Mercedes-Benz CLK cabriolet
• Saab 9³ Cabriolet

QUOI DE NEUF ?

• Nouvelles teintes extérieures

Renouvellement du modèle	Elle s'éteint en 2005.

VERDICT

Agrément de conduite	★★★☆☆
Fiabilité	★★★★☆
Sécurité	★★★☆☆
Qualités hivernales	★★☆☆☆
Espace intérieur	★★☆☆☆
Confort	★★★☆☆

VERSION RECOMMANDÉE

Avec toit rigide, l'hiver s'en vient

▲ POUR

• Idéal pour flirter lors des soupers de l'âge d'or • Sa capacité à accélérer votre bronzage • Sa carrière qui s'achève

▼ CONTRE

• Qualité de l'assemblage inégale • Préfère les boulevards aux routes sinueuses • Dessin qui vieillit mal • Tenue de route chancelante

GMC Envoy

Transformation, luxe et aventure

Après avoir été la lanterne rouge du peloton des VUS intermédiaires avec ses vétustes Chevrolet Blazer et GMC Jimmy, GM a renversé la vapeur de façon spectaculaire avec une nouvelle génération apparue en 2001 qui a permis de concilier la robustesse des modèles traditionnels à la sophistication des nouveaux arrivants sur le marché. Mais il ne s'agissait que d'un début puisque des versions B à empattement allongé sont apparues, sans compter que Buick s'interpose dans cette catégorie avec le Rainier.

Mais avant de parler de ce nouveau venu qui remplace en pratique l'Oldsmobile Bravada, il faut consacrer quelques lignes à la nouvelle version XUV du GMC Envoy. Pour en faire une description sommaire, disons qu'il s'agit d'un modèle XL dont la troisième rangée de sièges a été éliminée. Celle-ci a été remplacée par une paroi escamotable similaire au Midgate du Chevrolet Avalanche. Mais, cette fois, la lunette est actionnée par un moteur électrique tandis qu'un système de verrouillage électrique ainsi qu'une barre de torsion en sa partie inférieure facilitent grandement le maniement de cette « porte ». Une fois en place, le Midgate isole l'habitacle de la soute à bagages. Le plancher et les parois de celle-ci sont recouverts d'un matériau résistant aux éraflures tandis que toute cette section est imperméabilisée grâce à la présence de trous de drainage. Il est donc possible de transporter des matières salissantes comme de la terre, du sable ou du gravier

pour nettoyer ensuite avec un jet d'eau sous pression. De plus, un vaste toit ouvrant arrière s'escamote vers l'avant, transformant pratiquement cet Envoy excentrique en camionnette. Cette grande ouverture permet le transport d'objets verticaux. Et il est possible d'accéder à cet espace de chargement par l'intermédiaire d'un hayon à double ancrage. Deux commutateurs placés sous la barre chromée surplombant la plaque d'immatriculation permettent soit d'ouvrir le hayon arrière de gauche à droite après avoir abaissé la lunette arrière ou encore comme un panneau horizontal.

Le XUV sera certainement l'une des grandes vedettes du marché en 2004. Il peut être commandé avec le six cylindres en ligne de 4,2 litres de 275 chevaux ou encore avec le moteur V8 5,3 litres de 290 chevaux. Ce dernier, en raison de son couple plus important, se prête mieux au remorquage de charges lourdes que le six cylindres.

Ce champion de la polyvalence se conduit comme une version régulière de

l'Envoy, mais il faut souligner une certaine lourdeur du train arrière en raison du surplus de poids causé par la présence de ces nouveaux accessoires d'accessibilité que sont le hayon arrière modulaire et le Midgate. Malgré tout, le XUV est certainement la nouveauté la plus ingénieuse en 2004.

Buick ou Chevy ?

Tandis que l'Oldsmobile Bravada s'apprête à nous fausser compagnie, le Buick Rainier entre en scène. Un peu comme l'Oldsmobile, il n'est offert qu'avec empattement court et sa suspension est davantage axée sur le confort. Extérieurement, les stylistes ont fait appel à une grille de calandre ovale fortement en évidence qui ressemble à celle du RendezVous ; il est donc facile de différencier le Rainier de l'Envoy et du TrailBlazer. Dans l'habitacle, le tableau de bord se démarque des deux autres avec ses instruments de couleur argent et des aiguilles vertes. En général, la présentation est plus sobre que celle de l'Envoy, mais moins élémentaire que celle du TrailBlazer. Pour plusieurs, ce sera la solution du juste milieu. Et cette Buick sera la seule du lot à offrir un moteur V8 avec un empattement court. Sur la route, c'est la version dont le comportement général s'apparente le plus à celui d'une voiture ; le V8 fait surtout sentir sa

Buick Rainier

CARACTÉRISTIQUES

Prix du modèle à l'essai	Envoy XUV 50 720 $
Échelle de prix	39 390 $ à 51 825 $
Garanties	3 ans 60 000 km / 3 ans 60 000 km
Emp. / Long. / Larg. / Haut. (cm)	328 / 527 / 189 / 191
Poids	2285 kg
Coffre / Réservoir	631 à 2837 litres / 96,5 litres
Coussins de sécurité	frontaux et latéraux
Suspension avant	indépendante, bras triangulaires
Suspension arrière	essieu rigide, pneumatique
Freins av. / arr.	disque ABS
Antipatinage / Contrôle de stabilité	non
Direction	à crémaillère, assistée
Diamètre de braquage	12,6 mètres
Pneus av. / arr.	245/65R17

MOTORISATION ET PERFORMANCES

Moteur	V8 5,3 litres
Transmission	intégrale, automatique 4 rapports
Puissance	290 ch à 5200 tr/min
Couple	330 lb-pi à 4000 tr/min
Autre(s) moteur(s)	6L 4,2 litres 275 ch
Autre(s) transmission(s)	aucune
Accélération 0-100 km/h	9,1 secondes
Reprises 80-120 km/h	7,9 secondes
Vitesse maximale	190 km/h
Freinage 100-0 km/h	45 mètres
Consommation (100 km)	15,8 litres (ordinaire)

MODÈLES CONCURRENTS

- Ford Explorer • Jeep Grand Cherokee
- Mercedes-Benz ML320 • Nissan Pathfinder
- Toyota 4Runner

QUOI DE NEUF ?

- Version XUV (Envoy) • Buick Rainier

Renouvellement du modèle	n.d.

VERDICT

Agrément de conduite	★★★☆☆
Fiabilité	★★★★☆
Sécurité	★★★★⯪
Qualités hivernales	★★★★☆
Espace intérieur	★★★★☆
Confort	★★★★☆

VERSION RECOMMANDÉE

XUV

présence lors des reprises. Il ne faut pas pour autant ignorer le six cylindres dont les prestations sont presque similaires, mais qui se prête un peu moins au remorquage. Bref, le Rainier vise ni plus ni moins le même marché que le Bravada qui constituait une option alternative intéressante pour les personnes à la recherche d'un véhicule plus sportif qu'utilitaire.

Le troisième membre de ce trio est le Chevrolet TrailBlazer, un peu moins luxueux que les deux autres. Sa vocation semble plus utilitaire et il est d'ailleurs impossible de commander la suspension arrière pneumatique comme c'est le cas pour les deux autres modèles. Il en résulte un certain inconfort sur les chaussées dégradées, mais le prix est nettement plus attrayant. Pour le reste, ce Chevy est offert en version à empattement court et allongé comme l'Envoy. L'incontournable moteur V8 de 5,3 litres est également au catalogue, tout comme le six cylindres de 4,2 litres. Il faut souligner que ce moteur à double arbre à cames en tête

est l'un des plus sophistiqués et des plus performants de sa catégorie. Chez GM, les ingénieurs nous parlent de la puissance d'un moteur V8 et de la consommation d'un six cylindres, mais force est d'admettre que ce « six » consomme presque autant qu'un V8. À sa décharge, ajoutons que j'ai conduit des VUS compacts dotés d'un petit V6 3 litres dont la consommation d'essence était supérieure à celle de ce six en ligne malgré un déficit de 75 chevaux ! Bref, il faut toujours placer les choses en perspective.

Davantage ciblé vers une utilisation hors route que les deux autres modèles, ce Chevrolet devrait intéresser les chasseurs et les pêcheurs qui sont les acheteurs habituels de tels véhicules. D'ailleurs, le TrailBlazer est un tout-terrain possédant toute la robustesse nécessaire pour revenir intact de randonnées hors route assez exigeantes. Pour d'autres, la seule présence du nœud papillon Chevrolet sur la calandre suffira.

Denis Duquet

▲ POUR

- Polyvalence assurée • Moteur six cylindres ultramoderne • Plate-forme réussie
- Buick Rainier • Choix de modèles

▼ CONTRE

- Disparition imminente du Bravada • Fiabilité inconnue du système XUV • Consommation assez élevée • Freins toujours spongieux

COUP DE CŒUR

Benoîtement compétente

On peut se demander, en examinant de près la Honda Accord, si ce constructeur possède deux équipes autonomes de recherche et développement. Une, extravertie, la « broue dans le toupet », qui planche sur des véhicules comme la S2000, l'Insight ou même l'Element, et une autre qui, en serrant les dents et les fesses, bosse silencieusement dans son coin sur les Civic et les Accord.

Franchement, l'arrière de cette septième génération de la berline Accord est encore moins intéressant visuellement que son bloc-moteur, et ce n'est qu'après avoir vu le joli coupé que mon intérêt est réapparu. On peut comprendre la prudence du constructeur qui commercialise une voiture de grande diffusion. Mais autant ses lignes manquent de mordant, autant ce qui se cache en dessous peut séduire les connaisseurs.

Cinq plaisantes versions

La berline Accord se présente en cinq versions qui devraient plaire à tout le monde. Parlons rapidement de la DX qui, à la base de la gamme, offre quand même la plupart des assistances électriques et l'ABS, mais vous fera regretter quelques porte-verres (on en manque toujours dans le Sahara), le siège conducteur avec support lombaire et hauteur ajustables, un système antivol et, plus sérieusement, des coussins gonflables latéraux en avant. Passons outre la LX qui arrive avec cet

équipement mitoyen, et arrivons tout de suite à l'EX, celle que je considère comme la mieux équilibrée et la plus satisfaisante. Elle ajoute le cuir, la température automatique en deux zones, les réglages électriques pour le siège du conducteur et le système de distribution électronique de freinage.

Ces trois versions reçoivent un moteur quatre cylindres très doux, soyeux même, économe d'essence et silencieux, bref, on ne peut qu'en être satisfait. Il s'accompagne d'une boîte manuelle à cinq rapports au maniement extrêmement agréable ou d'une nouvelle automatique à cinq vitesses, qui se classe déjà parmi les meilleures. Ajoutez 500 $ à votre mise et vous vous trouverez devant un cruel dilemme. Cette somme vous donne droit en effet à la LX V6 avec ses 240 chevaux, un moteur qui fait retourner la concurrence sur sa planche à dessin et qui retranche près de 2 secondes au 0-100 km/h. Par contre, vous devrez vous passer du cuir et de l'air climatisé régulé par thermostat. Pas trop difficile jusqu'ici ? Honda complique encore les choses, car le V6 arrive seulement avec la boîte auto-

matique. Pour mettre fin définitivement à votre embarras, vous pouvez toujours retenir la version EX V6 qui incorpore tous les articles du catalogue, et rivalise presque avec une Acura 3,2 TL.

Des matériaux de belle qualité garnissent l'habitacle et leur montage suscite l'admiration. Contrôles et leviers s'actionnent avec précision, et l'ergonomie donne entière satisfaction, sauf que la grosse molette centrale pour la radio demande une certaine adaptation. Les baquets à l'avant soignent confortablement leurs occupants, même ceux qui sont recouverts de tissu, et l'espace à l'arrière rend tout le monde heureux, à l'exclusion de l'éternel mal loti, le passager du milieu, qui devra souffrir dans son dos le couvercle de la trappe qui relie le coffre à l'habitacle. Incidemment, le dossier de la banquette se replie, mais d'un seul tenant, et seulement à l'aide de la clef, ce qui rend le dispositif moitié moins commode. Pas vraiment génial.

Son châssis équilibré et bien rigide et ses suspensions avant à double bras triangulés et à bras multiples à l'arrière assurent à l'Accord stabilité et précision dans ses réactions à vos impulsions, qu'elles soient induites par le volant ou par le pédalier. Elle demeure confortable même sur nos routes défoncées, ne talonne jamais et décroche très progressivement, trop peut-être, mais il faut dans ce cas

CARACTÉRISTIQUES	
Prix du modèle à l'essai	Berline EX 4L / 28 500 $
Échelle de prix	23 800 $ à 33 600 $
Garanties	3 ans 60 000 km / 5 ans 100 000 km
Emp. / Long. / Larg. / Haut. (cm)	274 / 481 / 181 / 145
Poids	1420 kg
Coffre / Réservoir	396 litres / 65 litres
Coussins de sécurité	frontaux et latéraux
Suspension avant	indépendante, leviers triangulés
Suspension arrière	indépendante, leviers triangulés
Freins av. / arr.	disque ABS
Antipatinage / Contrôle de stabilité	oui / non
Direction	à crémaillère, assistance variable (vitesse)
Diamètre de braquage	11,0 mètres
Pneus av. / arr.	205/60R16

MOTORISATION ET PERFORMANCES	
Moteur	4L 2,4 litres
Transmission	traction, automatique 5 rapports
Puissance	160 ch à 5500 tr/min
Couple	161 lb-pi à 4500 tr/min
Autre(s) moteur(s)	V6 3 litres 240 ch
Autre(s) transmission(s)	man. 5 et 6 rapports (V6 coupé)
Accélération 0-100 km/h	9,3 secondes
Reprises 80-120 km/h	7,3 secondes
Vitesse maximale	200 km/h
Freinage 100-0 km/h	40,0 mètres
Consommation (100 km)	9,2 litres (ordinaire)

MODÈLES CONCURRENTS

• Chevrolet Malibu • Chrysler Sebring • Mazda6 • Nissan Altima • Saturn LS • Subaru Legacy • Toyota Camry • VW Passat

QUOI DE NEUF ?

• Rien de tangible

Renouvellement du modèle	Probablement 2008

VERDICT

Agrément de conduite	★★★★☆
Fiabilité	★★★★☆
Sécurité	★★★★☆
Qualités hivernales	★★★★☆
Espace intérieur	★★★★☆
Confort	★★★★☆

VERSION RECOMMANDÉE

4L EX

porter le blâme sur les pneus de qualité seulement passable, particulièrement les petits 15 pouces de la DX. L'EX reçoit des 16 pouces avec une cote de vitesse V qui font toute la différence. Les versions tractées par le V6 roulent sur ces mêmes pneumatiques, mais les kilos supplémentaires sur l'essieu avant les rendent plus sous-vireuses. Les distances de freinage restent dans la norme, mais l'ABS sonne l'alerte un peu trop souvent dans la DX.

Un beau coup de passion

Venons-en maintenant aux coupés. Pas de DX, mais un LX et un EX à quatre cylindres, et deux EX avec le moteur V6, dont un disposant d'une boîte manuelle à six rapports. Il aura fallu attendre une éternité pour s'offrir cette heureuse combinaison. Cette nouvelle transmission possède un premier rapport plus court pour une meilleure accélération et une sixième vitesse plus longue pour « cruiser » confortablement. En prime, cette version roule sur de belles roues de 17 pouces chaussées de

Michelin performants. Malgré les 240 chevaux, la pédale d'embrayage demeure très douce, et le petit levier « clique » comme un charme d'un rapport à l'autre. Autre bonne nouvelle : aucun effet de couple perceptible. Les performances s'avèrent légèrement supérieures, mais le plaisir de conduire demeure au rendez-vous. Pour le reste, les coupés présentent un habitacle aussi réussi que celui de la berline. Les passagers assignés à l'arrière devront se fendre un peu pour y parvenir, mais l'espace disponible est satisfaisant compte tenu de la configuration.

Que dire de plus, sinon que l'Accord représente un bon achat, toujours éminemment rationnel. Ce résultat flatteur représente le fruit du travail inlassable d'une équipe d'ingénieurs compétents, mais parions que le coupé V6 avec la boîte manuelle est l'œuvre du groupe minoritaire des extravertis. Pour en savoir plus, lire l'essai à long terme dans ces pages.

Jean-Georges Laliberté

▲ POUR

• Moteurs en verve • Consommation raisonnable
• Fiabilité enviable • Excellente valeur de revente
• Performances et confort appréciables

▼ CONTRE

• Dessin de l'arrière banal (berline) • Version V6 sous-vireuse à la limite • Dossier de la banquette d'une seule pièce

La plénitude de la maturité

La Honda Civic de dernière génération en est à sa quatrième année d'existence, ce qui ne l'empêche pas de demeurer l'une des meilleures valeurs de sa catégorie. Alors que tant de véhicules se font vite accoler le qualificatif de « vieillissant », c'est le terme « maturité » qui semble le mieux décrire son évolution. Non seulement elle a profité de plusieurs raffinements techniques depuis 2001, mais elle se déploie aussi en une gamme plus complète que jamais.

Le *Guide* déplorait l'an dernier l'absence d'une version Si en configuration berline. Cette lacune a été corrigée en 2004, de sorte que le consommateur se retrouve avec l'embarras du choix : configuration berline ou coupé, moteur 1,7 litre de 115 ou de 127 chevaux (Si), en plus de la sportive *hatchback* SiR avec son moteur 2 litres de 160 chevaux emprunté à l'Acura RSX.

Qualité perçue impressionnante

Ces chiffres, on le constate, sont relativement modestes, ou à tout le moins dans la norme. Et vous chercherez en vain dans le reste de la fiche technique des éléments qui impressionneraient en soi. La valeur de la Civic se retrouve avant tout dans une qualité de construction qui se laisse discerner au premier contact visuel. De prime abord, et malgré les légères retouches esthétiques dont elle fait l'objet cette année, sa silhouette paraît banale. Mais voyez les tolérances serrées des pièces de l'habitacle, notez l'imbrication parfaite des

pièces de carrosserie et l'impression de fluidité qui en résulte, et comparez ensuite avec une voiture d'origine américaine, construite au Canada comme la Civic.

La berline loge décemment une famille de quatre personnes grâce à son plancher arrière plat, tandis que le coupé donne satisfaction, compte tenu des dégagements plus restreints à l'arrière imposés par son architecture. La soute à bagages de bonne dimension répond aux besoins courants, et profite sur le coupé d'une large ouverture qui fait défaut à la berline. Elle s'agrandit par l'intérieur en abaissant le dossier de la banquette 60/40.

Les sièges avant font montre d'une fermeté de bon aloi, mais leur assise basse et le coussin un peu court risquent d'incommoder les grandes personnes. Mise à part la DX, toutes les versions ont heureusement droit en équipement de base aux réglages en hauteur du siège du conducteur. Celui-ci profite d'une bonne visibilité, hormis un angle mort de trois quarts arrière agaçant qui ne constitue cependant pas une entrave sérieuse à la sécurité.

L'habitacle fourmille d'espaces de rangement, l'ergonomie typiquement Honda est soignée, les matériaux sont agréables à la vue et au toucher, et l'assemblage, encore une fois, tout bonnement impeccable. Bref, on n'a pas l'impression d'être dans une voiture économique, même si certains détails tendent à nous le rappeler, tels l'insonorisation perfectible, la lenteur du système de chauffage/climatisation et l'absence, presque injustifiable de nos jours, de coussins gonflables latéraux.

Une gamme complète

Le moteur de 115 chevaux offert dans les versions DX et LX offre des performances correctes tout en consommant peu, mais il manque de couple à bas régime et on doit le cravacher pour les dépassements. Le VTEC de 127 chevaux favorise des reprises plus sécuritaires et s'avère à peine moins frugal. La boîte manuelle bien étagée fonctionne avec docilité, tandis que l'automatique opère en douceur, si ce n'est de ses brusques rétrogradations dans les montées abruptes.

Les imperfections de la route sont généralement bien absorbées, même si les suspensions laissent encore sentir une certaine raideur. La direction précise et communicative permet une tenue de cap sans problème, et la Civic se place bien en courbe bien qu'elle n'enfile pas les virages avec l'agilité d'une Mazda3

CIVIC

CARACTÉRISTIQUES

Prix du modèle à l'essai	LX 19 400 $
Échelle de prix	16 000 $ à 25 500 $
Garanties	3 ans 60 000 km / 5 ans 100 000 km
Emp. / Long. / Larg. / Haut. (cm)	262 / 444 / 171,5 / 144
Poids	1151 kg
Coffre / Réservoir	365 litres / 50 litres
Coussins de sécurité	frontaux
Suspension avant	indépendante, jambes de force
Suspension arrière	indépendante, leviers triangulés
Freins av. / arr.	disque / tambour, ABS (LX, Si et SiR)
Antipatinage / Contrôle de stabilité	non
Direction	à crémaillère, assistance variable
Diamètre de braquage	11,2 mètres
Pneus av. / arr.	185/65R15

MOTORISATION ET PERFORMANCES

Moteur	4L 1,7 litre
Transmission	traction, automatique 4 rapports
Puissance	115 ch à 6100 tr/min
Couple	110 lb-pi à 4500 tr/min
Autre(s) moteur(s)	4L 1,7 litre 127 ch (Si);
	4L 2 litres 160 ch (SiR)
Autre(s) transmission(s)	manuelle 5 rapports
Accélération 0-100 km/h	10,5 secondes
Reprises 80-120 km/h	7,8 secondes
Vitesse maximale	185 km/h
Freinage 100-0 km/h	42,0 mètres
Consommation (100 km)	6,7 litres (ordinaire)

MODÈLES CONCURRENTS

- Chevrolet Cavalier • Ford Focus • Hyundai Elantra
- Mazda3 • Nissan Sentra • Toyota Corolla • VW Golf

QUOI DE NEUF ?

Berline : • Calandre, phares et pare-chocs retouchés
- Nouvelle Si avec moteur de 127 ch et roues de 15 po
- Nouvelles couleurs

Renouvellement du modèle	Probablement 2006

VERDICT

Agrément de conduite	★★★★☆
Fiabilité	★★★★★
Sécurité	★★★☆☆
Qualités hivernales	★★★☆☆
Espace intérieur	★★★★☆
Confort	★★★★☆

VERSION RECOMMANDÉE

Berline LX

---

ou d'une Focus. Les freins à disque et tambour effectuent leur travail avec assiduité, mais notons que la DX de base ne peut recevoir l'ABS et le système de répartition électronique du freinage.

Cette dernière arrive incidemment assez dépouillée. Il vous faut débourser quelque 2000 $ supplémentaires pour obtenir la climatisation, la condamnation centrale des portières et le lecteur CD, en plus, cette année, de l'accoudoir central et des réglages en hauteur du siège du conducteur. La LX ajoute les glaces et les rétroviseurs électriques, le régulateur de vitesse et l'ABS, sans oublier des pneus de 15 pouces plutôt que de 14. La version Si embarque pour sa part tous ces équipements, en plus du toit ouvrant assisté. Et tant pis si vous ne vouliez que son moteur VTEC !

Enfin, la Civic SiR s'illustre par un moteur 2 litres qui délivre 160 chevaux à l'aide du système sophistiqué i-VTEC, une exclusivité Honda. Il offre des performances assez vives, mais on sent encore un creux à bas régime qui oblige à jouer fréquemment du levier de vitesses planté au milieu de la planche de bord. Les suspensions sont raffermies, quatre disques assurent le freinage et, heureusement, cette année, Honda ajoute des pneus de 16 pouces (17 pouces en option) qui devraient contribuer à assurer un comportement routier plus mordant. L'intérieur arbore un look sportif assez réussi, mais ce sont surtout les confortables fauteuils Recaro, tendus d'une suédine caressante, qui retiennent l'attention.

Tout ceci ne doit pas faire oublier que cette *hatchback* concède 22 cm en longueur à ses sœurs, avec les conséquences qu'on devine sur l'habitabilité. La berline et le coupé offrent un meilleur équilibre d'ensemble et représentent une option gagnante pour qui recherche un véhicule économique, pratique, agréable, et d'une fiabilité qui ne se dément pas.

Jean-Georges Laliberté

▲ POUR

- Conduite agréable et pimpante • Confort appréciable • Bonne habitabilité • Fiabilité exemplaire • Consommation réduite

▼ CONTRE

- Bruits de roulement parfois agaçants
- Chauffage/climatisation lents • Prix élevé (SiR) • Pneus d'origine médiocres (sauf SiR)

Un bel effort, mais...

Malgré des performances assez prometteuses, les véhicules hybrides qui utilisent en tandem un moteur à combustion interne et un moteur électrique doivent être considérés comme une étape intermédiaire entre les véhicules classiques qui brûlent des carburants fossiles et ceux qui utiliseront des piles à combustibles. Honda fut le premier constructeur à s'aventurer sérieusement dans ce créneau avec l'Insight et a récidivé avec la Civic Hybrid.

Sans vouloir être méchant, réglons immédiatement le cas de l'Insight en la qualifiant de curiosité mobile ou de scooter à quatre roues. Comment considérer autrement une voiture qui emporte dans un confort très relatif deux occupants, à un rythme que l'on pourrait qualifier poliment de tranquille, et ce, pour la «modique» somme de 26 000 $.

Déjà dépassée

Saluons quand même le courage de Honda qui a voulu offrir avant tout le monde une voiture extrêmement économe d'essence, polluant très peu, et qui n'a pas besoin d'être branchée. Prenez le temps d'y jeter un coup d'œil (si jamais vous en apercevez une, car il ne s'en est que vendu 19 au Québec en 2002) et vous verrez que sous cette carrosserie pour le moins minimaliste se cache une technologie qui nous aurait laissés rêveurs il y a seulement quelques années.

Les lignes effilées de l'Insight lui permettent de fendre l'air sans perturbation (avec un Cx remarquable de 0,25) et ses roues arrière carénées lui donnent une allure futuriste. Par ailleurs, l'habitacle ne comporte que deux places assises, les fauteuils coque mal rembourrés semblent empruntés à la salle d'attente d'un hôpital et le coffre offre la contenance d'une glacière à pique-nique. Les suspensions sont raides, les pneus minuscules menacent de déclarer forfait à chaque courbe et les bruits de roulement deviennent rapidement envahissants. Heureusement, l'Insight consomme très peu. Elle détient encore le record de sobriété au Canada grâce à son moteur à essence 3 cylindres de 1 litre et 67 chevaux, appuyé sans grande conviction par un moteur électrique de 6,5 ampères/heure qui en offre 6. Les performances ne sont pas «électrisantes», avec un 0-100 km/h atteint péniblement en 13,5 secondes malgré une boîte manuelle à cinq rapports compétente, et la mollesse des reprises vous fera songer à rouler dans les pistes cyclables.

En un mot comme en cent, l'Insight est larguée, et on se demande pendant combien de temps elle restera dans le catalogue Honda.

Une Civic qui pique (du nez)

D'ailleurs, le constructeur arrivait sans doute aux mêmes conclusions puisqu'il a lancé l'année dernière la Civic Hybrid, un autre véhicule bi-énergie élaboré sur la plate-forme immensément compétente et populaire de la Civic. Son groupe motopropulseur comprend un petit moteur quatre cylindres appelé i-DSI de 1,3 litre VTEC avec allumage double et séquentiel, simple arbre à cames et huit soupapes. Sa mission consiste à fournir une modeste puissance, tout en consommant et en polluant le moins possible. Sur les ordres d'une unité de commande électronique, il reçoit lui aussi l'aide d'un moteur électrique intégré de 13 chevaux, alimenté par un groupe de batteries au nickel-métal-hydrure (Ni-MH). Ces accumulateurs sont rechargés par un générateur actionné par le moteur à essence ou par l'énergie cinétique récupérée lorsque le conducteur relâche l'accélérateur ou actionne la pédale de frein. Contrairement à ce qui est le cas dans l'Insight, ce tandem est relié à une transmission à rapports continuellement variables. Cette dernière fonctionne à l'aide d'une courroie en acier haute résistance reliant deux poulies (cônes) à commande hydraulique pour offrir une plage d'utilisation optimale. Les changements de vitesse

CARACTÉRISTIQUES

Prix du modèle à l'essai	civic hybrid 28 500 $
Échelle de prix	28 500 $ à 32 000 $
Garanties	3 ans 60 000 km / 5 ans 100 000 km
Emp. / Long. / Larg. / Haut. (cm)	262 / 444 / 171,5 / 143
Poids	1239 kg
Coffre / Réservoir	286 litres / 50 litres
Coussins de sécurité	frontaux
Suspension avant	indépendante, leviers triangulés
Suspension arrière	indépendante, leviers triangulés
Freins av. / arr.	disque / tambour ABS
Antipatinage / Contrôle de stabilité	non
Direction	à crémaillère, assistance électrique
Diamètre de braquage	10,6 mètres
Pneus av. / arr.	185/70R14

MOTORISATION ET PERFORMANCES

Moteur	4L 1,3 litre (électrique)
Transmission	traction, rapports continuellement variables
Puissance	85 ch à 5700 tr/min (13 ch à 3000 tr/min)
Couple	87 lb-pi à 3300 tr/min (36 lb-pi à 1000 tr/min)
Autre(s) moteur(s)	aucun
Autre(s) transmission(s)	aucune
Accélération 0-100 km/h	13,0 secondes
Reprises 80-120 km/h	12,8 secondes
Vitesse maximale	175 km/h
Freinage 100-0 km/h	42,0 mètres
Consommation (100 km)	5,0 litres (ordinaire)

MODÈLES CONCURRENTS

• Toyota Prius

QUOI DE NEUF ?

• Aucun changement majeur

Renouvellement du modèle	2007

VERDICT

Agrément de conduite	★★★★⯪☆
Fiabilité	★★★★★
Sécurité	★★★★⯪☆
Qualités hivernales	★★★★⯪☆
Espace intérieur	★★★☆☆
Confort	★★★★⯪☆

VERSION RECOMMANDÉE

Une seule version

s'effectuent constamment et imperceptiblement, tout en procurant de meilleures accélérations et une consommation réduite. D'ailleurs, cette voiture est offerte aux États-Unis avec un moteur à essence classique. À quand notre tour?

Pour le reste, cette petite originale fait honneur à la réputation des Civic puisqu'elle procure un confort et un comportement routier de bon niveau. L'habitacle ne dépaysera pas les habitués de la marque sauf pour son équipement très complet (air climatisé automatique, chaîne sono performante) qui s'efforce tant bien que mal de vous faire oublier la facture très salée. Le tableau de bord comprend aussi un pictogramme affichant la consommation en plusieurs segments. Le coffre perd quelque 80 litres dans la transformation, au profit des batteries, et le dossier de la banquette arrière reste fixe. Les performances s'avèrent du même ordre que celles d'une Jetta turbodiesel, la consommation aussi, les claquements et la pollution en moins. Le

0-100 km/h s'effectue 3 secondes plus lentement par rapport qu'avec une Civic à essence plus légère de près de 100 kilos, les reprises manquent encore de punch malgré la transmission CVT, mais la consommation homéopathique vous fera sourire, et vous donnera aussi l'impression d'agir en citoyen responsable.

J'avoue avoir été impressionné il y a quelques mois par le fonctionnement de cette Civic qui m'apparaissait plus conviviale que la Toyota Prius de la même époque, avec son freinage progressif, son confort et ses performances presque «normales». Toutefois, après avoir conduit la Prius dernière génération, mes conclusions s'avèrent tout autres. Comment résister à l'attrait exercé par cette dernière, une voiture aux lignes plus originales, plus logeable, plus performante et économique, plus «propre», et pour un déboursé du même ordre? La Civic Hybrid constitue donc un bel effort, mais, face à la nouvelle concurrence, il apparaît maintenant vain.

Jean-Georges Laliberté

▲ POUR

• Consommation réduite • Émanations polluantes limitées • Fonctionnement convivial • Performances «normales»

▼ CONTRE

• Déclassée par la concurrence • Prix dissuasif • Poids élevé • Coffre un peu juste • Valeur de revente incertaine

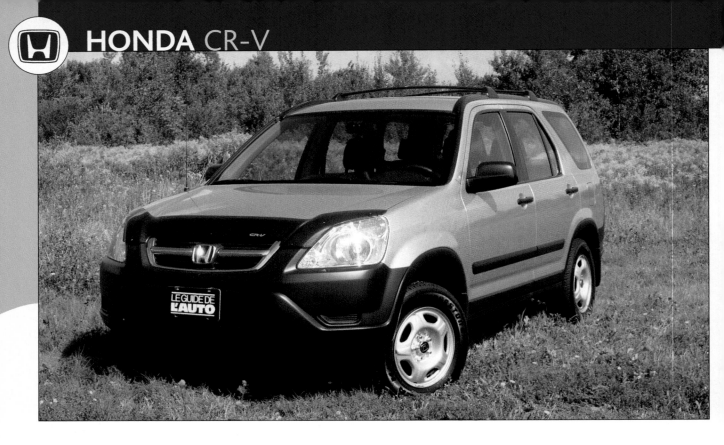

Grandeur normale

La première génération du CR-V a convaincu plusieurs automobilistes qu'il était possible de s'amuser au volant d'un VUS sans que celui-ci soit un mastodonte aux dimensions hors normes avec une consommation de carburant à l'avenant. Légère, maniable et consommant peu, le CR-V original était surtout un petit citadin toutes routes dont le rouage intégral permettait d'affronter les intempéries avec sérénité et sans devoir grever son budget.

Son remplaçant, apparu en 2002, conservait la silhouette si familière de son prédécesseur tout en profitant d'une mécanique plus raffinée et en conservant ou même en améliorant les qualités générales de celui-ci. Cette silhouette ne fait toutefois pas l'unanimité en raison de cet imposant pare-chocs avant en plastique noir qui ne fait pas toujours bon ménage avec certaines couleurs de la carrosserie. De plus, ce plastique noir est utilisé tout azimut sur la CR-V puisqu'on le retrouve de chaque côté du toit et le long des bas de caisse et qu'il constitue l'imposant pare-chocs arrière. Il existe un moyen d'éviter cet excès de plastique noir : il suffit d'opter pour la version EX option cuir dont les plastiques extérieurs sont de couleur assortie à la caisse. Cela donne au véhicule un petit air aventureux tandis que la glace latérale arrière est mise en évidence par un pilier C incliné vers l'avant. Il faut d'ailleurs souligner que la présentation extérieure de ce modèle a été ni plus ni moins reprise pour le Pilot, le grand frère de la famille de véhicules utilitaires Honda.

On n'a pas tenté de créer un habitacle donnant l'impression d'être à bord d'un véhicule paramilitaire. En fait, sa présentation bourrée d'astuces semble davantage avoir été réalisée par Bison Futé que par Jim la Bricole. La pièce de résistance est cette console verticale placée en plein centre de la planche de bord. La première chose qui saute aux yeux est la présence des trois boutons de réglage du climatiseur qui, soit dit en passant, est de série dans tous les modèles CR-V. Ils sont faciles d'accès et de manipulation très simple. Par contre, ceux de la chaîne audio sont placés directement au-dessus des buses de ventilation, ce qui signifie que vous allez vous geler les doigts en été lorsque la climatisation fonctionnera à plein régime et que vous voudrez changer de poste de radio. Par ailleurs, soulignons la présence de deux bennes de rangement placées dans cette console qui accueille aussi le levier du frein d'urgence, parallèle à la paroi gauche. Enfin, si vous optez pour l'automatique, vous trouverez le levier de sélection des rapports carrément perpendiculaire

à la planche de bord, tout juste à droite des cadrans indicateurs.

Ce CR-V de la seconde génération respecte la tradition avec une table centrale repliable positionnée entre les deux sièges baquets avant. Par contre, les deux porte-verres qui s'y trouvent ne sont pas tellement pratiques. Et pourquoi diable, quand on réussit à intégrer tous ces éléments inédits à un véhicule, est-on incapable de ménager pour les pieds du passager avant un espace moins restreint ? Si vous mesurez plus de 1,75 m, pas question de vous croiser les jambes. Les occupants des places arrière sont mieux servis sous ce rapport. Soulignons au passage que la banquette arrière coulisse sur des rails afin de pouvoir augmenter de quelques litres la capacité de la soute à bagages.

Juste correcte

Si la compagnie Honda connaît du succès avec la plupart de ses véhicules, c'est que ceux-ci sont fiables. Mais il y a plus : leur rendement est souvent juste ce qu'il faut. Trop de constructeurs ne semblent jamais pouvoir trouver le juste milieu. Par exemple, le moteur quatre cylindres 2,4 litres du CR-V produit 160 chevaux. Certains modèles concurrents en développent 40 de plus, mais ce surplus de puissance ne se manifeste pas toujours au chapitre des perfor-

CARACTÉRISTIQUES

Prix du modèle à l'essai	EX 29 995 $
Échelle de prix	27 200 $ à 32 500 $
Garanties	3 ans 60 000 km / 5 ans 100 000 km
Emp. / Long. / Larg. / Haut. (cm)	262 / 453 / 178 / 168
Poids	1506 kg
Coffre / Réservoir	929 à 2039 litres / 58 litres
Coussins de sécurité	frontau et latéraux
Suspension avant	indépendante, jambes de force
Suspension arrière	indépendante, jambes de force
Freins av. / arr.	disque ABS
Antipatinage / Contrôle de stabilité	non
Direction	à crémaillère, assistance variable
Diamètre de braquage	10,4 mètres
Pneus av. / arr.	215/70R15

MOTORISATION ET PERFORMANCES

Moteur	4L 2,4 litres
Transmission	intégrale, automatique 4 rapports
Puissance	160 ch à 6000 tr/min
Couple	159 lb-pi à 3800 tr/min
Autre(s) moteur(s)	aucun
Autre(s) transmission(s)	manuelle 5 rapports
Accélération 0-100 km/h	10,5 secondes
Reprises 80-120 km/h	8,9 secondes
Vitesse maximale	190 km/h
Freinage 100-0 km/h	43,5 mètres
Consommation (100 km)	11,5 litres (ordinaire)

MODÈLES CONCURRENTS

• Chrysler PT Cruiser • Honda Element • Pontiac Aztek
• Pontiac Vibe • Toyota Matrix

QUOI DE NEUF ?

• Aucun changement majeur

Renouvellement du modèle	2008

VERDICT

Agrément de conduite	★★★☆☆
Fiabilité	★★★★☆
Sécurité	★★★★☆
Qualités hivernales	★★★★★
Espace intérieur	★★★★☆
Confort	★★★☆☆

VERSION RECOMMANDÉE

CR-V EX

mances et ils consomment davantage. Les ingénieurs de Honda ont réalisé ce petit moteur quatre cylindres tout en aluminium capable de boucler le 0-100 km/h en un peu plus de 10 secondes tout en consommant moins que la majorité des modèles concurrents. La boîte automatique est dotée d'un système de détection de l'inclinaison de la route, ce qui élimine le désagréable chassé-croisé des rapports dans les côtes. Non seulement la boîte manuelle est bien étagée, mais le guidage du levier de vitesses est impeccable.

Il faut cependant souligner que la transmission intégrale du CR-V est de type à temps partiel et s'engage automatiquement pour compenser la perte d'adhérence des roues avant. La boîte de transfert détecte le patinage des roues avant motrices et transmet progressivement une partie du couple aux roues arrière. Ce système est simple, léger et efficace. Par contre, il faut déplorer un sérieux effet de couple dans le volant en accélération

avec départ arrêté, ce qui est tout de même surprenant.

Malgré un système de calage des soupapes infiniment variable qui est supposé fournir un couple optimum en tout temps, les performances se révèlent convenables, sans plus. En fait, l'agrément de conduite se trouverait rehaussé si le CR-V se montrait un peu plus vif dans ses réactions. De plus, un roulis assez prononcé incite à la prudence. Heureusement, les freins à disque aux quatre roues sont de série. En conduite urbaine, ce Honda polyvalent se faufile avec aisance dans la circulation bien que les manœuvres de stationnement soient rendues difficiles par une visibilité arrière très limitée. Mais, malgré ces quelques bémols, le CR-V mérite pleinement sa popularité, ne serait-ce que pour sa fiabilité légendaire.

Denis Duquet

▲ POUR

• **Consommation raisonnable**
• **Mécanique fiable • Freinage efficace**
• **Sièges confortables**

▼ CONTRE

• **Effet de couple dans le volant • Peu d'espace pour les jambes (avant) • Rouage intégral sommaire • Présentation extérieure très sobre**

Iconoclaste patenté

Même Honda peut commettre des erreurs ! N'ayez crainte, ce n'est pas la décision de produire ce modèle qui est en cause, mais bien le fait d'avoir sous-estimé la demande pour cet utilitaire pour le moins baroque. Pire encore, alors que seuls les jeunes acheteurs étaient ciblés, voilà que des personnes de tous les groupes d'âge craquent pour cette boîte à chaussures sur roues ! Y compris votre serviteur.

En effet, Honda ne réussit pas à répondre à la demande, prouvant ainsi qu'on ne peut pas toujours se fier aux études de marché. Chose certaine, ce n'est certes pas pour sa silhouette que les gens vont acheter un Element, quoique l'on est sûr de se faire remarquer à son volant. Ce n'est pas non plus pour ses performances puisque cet ultra utilitaire peine à la tâche dans sa version à transmission intégrale. Cette dernière est non seulement lourde, mais d'une conception très élémentaire avec un temps de réaction si long que le sous-virage donne l'impression de conduire une traction. Sans doute moins passe-partout, le modèle deux roues motrices vous fera au moins gagner un bon 4 secondes sur le 0-100 km/h. En outre, le moteur de 160 chevaux est beaucoup moins gourmand dans cette version puisqu'il se contente de moins de 10 litres aux 100 km contre près de 14 avec l'intégrale.

Puisque ce modèle est largement dérivé du CR-V, il en conserve les qualités routières et le raffinement du châssis. Cependant,

avec un volume de caisse plus élevé, il se révèle plus sensible au vent latéral, même si cela n'affecte pas la tenue de cap outre mesure. La puissance est un peu juste mais reste honnête pour ce type de véhicule en vertu d'une transmission automatique fort bien adaptée à son rôle. Ce n'est que lorsque ce Honda est chargé à bloc qu'il faut retenir son souffle au moment des dépassements. Avant de l'oublier, soulignons au passage le très court diamètre de braquage. Une qualité appréciée puisque ce modèle se prête fort bien au « viraillage ».

De tout de tous

Si la silhouette éclate d'originalité, la présentation de l'habitacle est relativement conventionnelle, bien que la qualité des matériaux soit à retenir. Le levier de vitesses est intégré à la console centrale comme dans la Civic SIR et s'avère tout aussi pratique. Le volant est similaire à celui du Pilot tandis que les trois blocs circulaires d'instruments apportent une certaine touche d'élégance. Notons au passage la qualité de la chaîne

stéréo soulignée par notre expert, Richard Petit. Par contre, les cadrans indicateurs sont très difficiles à consulter le jour. Il faut toutefois accorder de bonnes notes aux commandes de la climatisation, faciles à déchiffrer et à utiliser. La planche de bord comprend également un tablette de rangement en sa partie centrale. Malheureusement, les ingénieurs ont choisi la section inférieure de la console médiane pour y installer un caisson de grave dans la version Y. Souvent, j'ai eu le réflexe de tenter d'ouvrir ce compartiment pour y déposer des objets. Il est vrai qu'il existe un espace de rangement sur le pavillon, directement au centre, mais les objets ont tendance à glisser hors de cette tanière si quelqu'un oublie de fermer la porte d'accès.

Assez pour les détails d'aménagement ! Parmi les points les plus importants, il faut souligner le plancher recouvert d'un épais tapis en caoutchouc pouvant être facilement lavé à grande eau. Les sièges arrière, d'un confort relativement moyen, peuvent être repliés le long des parois de la cabine. L'opération n'est pas nécessairement aisée, mais il suffit d'une ou deux tentatives pour que cela devienne une seconde nature. Les ingénieurs Honda ont même conçu un mécanisme permettant de les enlever complètement, ce qu'un adulte peut faire seul sans

CARACTÉRISTIQUES

Prix du modèle à l'essai	Y AWD 28 995 $
Échelle de prix	23 900 $ à 29 000 $
Garanties	3 ans 60 000 km / 5 ans 100 000 km
Emp. / Long. / Larg. / Haut. (cm)	257 / 432 / 181 / 188
Poids	1631 kg
Coffre / Réservoir	691 à 2888 litres / 60 litres
Coussins de sécurité	frontaux et latéraux
Suspension avant	indépendante, jambes de force
Suspension arrière	indépendante, leviers triangulés
Freins av. / arr.	disque ABS
Antipatinage / Contrôle de stabilité	non
Direction	à crémaillère, assistance variable
Diamètre de braquage	10,4 mètres
Pneus av. / arr.	215/70R16

MOTORISATION ET PERFORMANCES

Moteur	4L 2 litres
Transmission	intégrale, automatique 4 rapports
Puissance	160 ch à 5500 tr/min
Couple	159 lb-pi à 4500 tr/min
Autre(s) moteur(s)	aucun
Autre(s) transmission(s)	manuelle 5 rapports
Accélération 0-100 km/h	12,0 secondes
Reprises 80-120 km/h	8,7 secondes
Vitesse maximale	190 km/h
Freinage 100-0 km/h	45,0 mètres
Consommation (100 km)	13,8 litres (ordinaire)

problème. Compte tenu de la hauteur de ce véhicule, le dégagement pour la tête se place dans une classe à part. C'est, de loin, le véhicule offrant la meilleure habitabilité compte tenu de son faible encombrement. Ce gabarit permet de transporter des objets fort encombrants. On peut même enlever lanterneau arrière pour faciliter le transport de certains objets verticaux ou pour créer un puits de lumière.

Le seuil de chargement bas facilite l'accès à la soute à bagages tandis qu'un hayon en partie supérieure et un battant de moyenne hauteur se chargent de fermer cet orifice de grandes dimensions. Cette combinaison permet d'ouvrir le hayon dans des endroits assez bas tandis que le battant inférieur sert d'appui et même de siège. Le transport d'objets longs est facilité par la possibilité de rabattre le dossier du siège du passager avant vers le tableau de bord. Une autre caractéristique unique à ce Honda est la présence d'un panneau d'accès derrière chaque portière avant.

Puisque le pilier B a été éliminé, cela permet d'obtenir une ouverture latérale très large facilitant l'accès aux sièges arrière ou le dépôt de bagages. Et malgré la disparition de ce pilier, un ingénieux système de verrouillage a permis d'obtenir un niveau de sécurité tout aussi élevé que celui offert par un modèle conventionnel.

L'Element est un véhicule à part qui ne fait aucune concession à l'esthétique et qui privilégie le caractère pratique à tout prix. Malgré tout, sa silhouette particulière passe mieux que celle du Pontiac Aztek et exerce même une curieuse attraction tandis que son comportement routier plus qu'honnête se conjugue à son caractère «je transporte tout» pour en faire un succès auprès de tous les groupes d'âge. Pour paraphraser la publicité de VW, le Honda Element n'est pas dépourvu de qualités, mais il faut être fait pour ce type de véhicule. Posez-vous la question…

Denis Duquet

MODÈLES CONCURRENTS

- Buick RendezVous • Chrysler PT Cruiser • Honda CR-V
- Pontiac Aztek • Toyota Matrix • Pontiac Vibe

QUOI DE NEUF ?

- Aucun changement majeur

Renouvellement du modèle	2008

VERDICT

Agrément de conduite	★★★½☆
Fiabilité	★★★★☆
Sécurité	★★★★☆
Qualités hivernales	★★★★★
Espace intérieur	★★★★★
Confort	★★★½☆

VERSION RECOMMANDÉE

Modèle Y à boîte manuelle et traction

▲ POUR

- Conception originale • Mécanique éprouvée
- Habitabilité garantie • Sièges latéraux faciles à remiser • Choix de plusieurs modèles

▼ CONTRE

- Consommation élevée (AWD) • Sensible au vent latéral • Cadrans difficiles à lire • Garde au sol basse • Agrément de conduite mitigé

HONDA ODYSSEY

Toujours au sommet... ou presque

Honda s'était joyeusement « plantée » avec l'Odyssey de première génération qui était un véhicule hybride, une sorte de mélange entre une fourgonnette et une familiale. Cet échec s'explique de plusieurs façons, notamment par un prix plutôt corsé et certaines caractéristiques assez particulières. Curieusement, plusieurs nouveaux modèles lancés de nos jours tentent d'adopter cette polyvalence, et leurs constructeurs se plaisent à parler de modèle inédit. Honda les a devancés. Les concepteurs de la seconde édition de l'Odyssey ont compris que le public voulait une fourgonnette pure et dure et non pas un *melting pot* de toutes les tendances en fait d'aménagement.

I en est résulté une fourgonnette qui domine sa catégorie à presque tous les points de vue. Mais curieusement, cette Honda tout usage s'est fait coiffer par la Mazda MPV dans le cadre d'un match comparatif des fourgonnettes réalisé par l'équipe du *Guide* dans l'édition 2003. Ironiquement, elle s'est inclinée devant la MPV, car celle-ci est plus courte et plus maniable, ce qui a impressionné notre équipe.

Cela ne signifie pas qu'il faille ignorer l'Odyssey pour autant. En fait, dans la catégorie des fourgonnettes à empattement allongé, aucune autre ne l'inquiète, même pas la nouvelle Toyota Sienna que l'arrivée d'une nouvelle version entièrement redessinée améliore pourtant grandement.

Polyvalence assurée

Mais avant de parler de comportement routier, il faut consacrer quelques lignes à l'aménagement intérieur. Comme dans tous les véhicules

Honda, la finition s'avère exemplaire tout comme la qualité des matériaux. Les stylistes ont adopté la même réserve pour la présentation de l'habitacle que pour la silhouette extérieure. Tout est en nuances. Ici, pas de design agressif, aucun élément tape-à-l'œil ! En revanche, c'est drôlement fonctionnel. Le tableau de bord est à la fois pratique et sobre, à l'exception d'une légère excentricité du côté de la console centrale qui est inclinée vers le pare-brise. Pour le reste, c'est fonctionnel, un point c'est tout.

La disposition des sièges est de même inspiration. Les sièges médians peuvent être collés l'un à l'autre pour former une banquette ou séparés l'un de l'autre en se déplaçant latéralement sur des rails insérés dans le plancher. Et même si plusieurs constructeurs offrent maintenant une troisième banquette s'escamotant dans une dépression du plancher, c'est l'Odyssey qui a été la première fourgonnette à en être équipée. Par ailleurs, il faut se

demander comment les ingénieurs de la compagnie, généralement reconnus pour être très astucieux, n'ont pas trouvé le moyen de concevoir des portes latérales coulissantes capables de s'ouvrir ou de se refermer plus rapidement. Ce mécanisme semble avoir été conçu pour faire damner les impatients.

Comme toute fourgonnette pleine grandeur qui se respecte, l'Odyssey offre un système de divertissement électronique dans certains modèles. Il comprend un lecteur DVD, un écran à cristaux liquides de 7 pouces et des écouteurs sans fil. Il est également possible de brancher des appareils de jeux vidéo. Pour ceux que ça intéresse, signalons que la soute à bagages est suffisamment large pour accepter les incontournables panneaux de contre-plaqué de 4 X 8.

Presque !

La fiche technique de l'Odyssey ressemble de près à celle d'une automobile avec la présence d'essieux arrière indépendants, de freins à disque aux quatre roues, d'un système antipatinage et d'une boîte automatique à cinq rapports. Et il faut également souligner que la plate-forme est très rigide, même si elle est dérivée de celle de l'Accord. Bref, toutes ces composantes expliquent pourquoi ce véhicule ne se comporte pas comme une camionnette, mais bien comme une grosse familiale. La

CARACTÉRISTIQUES

Prix du modèle à l'essai	EXL 38 500 $ (2003)
Échelle de prix	32 200 $ à 39 400 $ (2003)
Garanties	3 ans 60 000 km / 5 ans 100 000 km
Emp. / Long. / Larg. / Haut. (cm)	300 / 511 / 192 / 177
Poids	1985 kg
Coffre / Réservoir	711 à 4264 litres / 75 litres
Coussins de sécurité	frontaux et latéraux
Suspension avant	indépendante, jambes de force
Suspension arrière	indépendante, multibras
Freins av. / arr.	disque ABS
Antipatinage / Contrôle de stabilité	oui (EX) / non
Direction	à crémaillère, assistée
Diamètre de braquage	11,7 mètres
Pneus av. / arr.	225/60R16

MOTORISATION ET PERFORMANCES

Moteur	V6 3,5 litres
Transmission	traction, automatique 5 rapports
Puissance	240 ch à 5500 tr/min
Couple	242 lb-pi à 4500 tr/min
Autre(s) moteur(s)	aucun
Autre(s) transmission(s)	aucune
Accélération 0-100 km/h	8,5 secondes
Reprises 80-120 km/h	7,1 secondes
Vitesse maximale	200 km/h
Freinage 100-0 km/h	40,3 mètres
Consommation (100 km)	12,7 litres (super)

MODÈLES CONCURRENTS

• *Chevrolet Venture* • *Dodge Grand Caravan* • *Ford Freestar*
• *Kia Sedona* • *Mazda MPV* • *Pontiac Montana*
• *Toyota Sienna*

QUOI DE NEUF ?

• *Aucun changement majeur*

Renouvellement du modèle	2005

VERDICT

Agrément de conduite	★★★★☆
Fiabilité	★★★★☆
Sécurité	★★★★☆
Qualités hivernales	★★★½☆
Espace intérieur	★★★★½
Confort	★★★★☆

VERSION RECOMMANDÉE

EX

---

direction est précise et le freinage bien dosé tandis que les accélérations du moteur V6 3,5 litres de 240 chevaux sont impressionnantes compte tenu que cette fourgonnette pèse tout près de deux tonnes. Nous avons enregistré cette année un temps de 8,5 secondes pour le sprint 0-100 km/h, chiffre que de nombreuses grosses berlines ne peuvent atteindre.

À propos, parlons d'isolation

Mais l'Odyssey n'est pas uniquement capable de se déplacer rapidement en ligne droite. Elle possède un comportement routier plutôt relevé. Elle assure une stabilité directionnelle exemplaire et sa suspension arrière indépendante améliore le niveau de confort sur mauvaise route. De bonnes notes également pour la direction dont l'assistance est bien dosée et la précision à souligner. Toutefois, le feed-back pourrait être meilleur, car cette direction nous isole trop de la route. Parlant d'isolation, il faut ajouter que l'insonorisation est perfectible, sur-tout dans la partie arrière où le trou de remisage du siège arrière semble causer un boom sonore.

Malgré toutes ces qualités, les sensations de conduite sont quelque peu gommées. Cette Honda est plus agréable à conduire que la majorité des autres modèles de la catégorie, mais il ne faut pas parler de conduite sportive. La tenue de route est correcte et sans surprise, mais c'est surtout la polyvalence de l'habitacle, la puissance du moteur et la fiabilité de la marque qui sont les éléments les plus importants. En attendant la venue de la nouvelle génération de fourgonnettes de Daimler-Chrysler, il ne faudrait pas se surprendre que la Nissan Quest devienne la grande rivale de l'Odyssey. Elle combine une mécanique similaire à un habitacle plus spacieux et offrant encore plus de gadgets. Et elle est également la plus longue de la catégorie.

Denis Duquet

▲ POUR

• Moteur performant • Fiabilité assurée
• Finition exemplaire • Tenue de route saine
• Boîte automatique 5 rapports

▼ CONTRE

• Silhouette banale • Pas de version économie
• Bruits de route dans l'habitacle
• Agrément de conduite mitigé

La raison prime

Au fil des années, la compagnie Honda s'est toujours fait un point d'honneur de présenter des produits aussi innovateurs qu'intéressants. Cet héritage remonte sans doute à la première Civic CVCC en passant par la CR-X et la Prelude sans oublier la CR-V. Avec l'Odyssey, le Pilot est le plus gros véhicule fabriqué par ce constructeur, mais il ne figure pas nécessairement sur la liste des véhicules susceptibles de transformer la catégorie.

Lancé l'an dernier, ce VUS intermédiaire a obtenu de bons commentaires dans l'ensemble aussi bien pour sa mécanique que pour ses qualités routières. Mais la magie n'était pas là. Cette fois, les stylistes et les ingénieurs de Honda n'ont pas été aussi inspirés et audacieux que par le passé. Ont-ils perdu la touche comme en Formule 1 ? Pas nécessairement. Ils ont respecté les critères de la catégorie et répondu aux attentes de la clientèle. Si la compagnie peut y aller de quelques excentricités de temps à autre, les enjeux financiers sont trop élevés pour risquer de se casser la gueule en tentant chaque fois de tout redéfinir. Heureusement, la mise en marché de l'Element permet de conclure que l'étincelle créative n'est pas disparue chez Honda.

Pour en revenir au Pilot, celui-ci ne tente pas de déroger aux règles esthétiques et mécaniques qui règnent dans cette catégorie. La silhouette est tout ce qu'il y a de plus sage. En fait, à part des appliques de caoutchouc avec motifs en relief placés sur la partie inférieure des pare-chocs avant et arrière, le reste est archisobre. Seuls les phares avant à lentille cristalline et l'écusson chromé Honda viennent éclairer cette sage présentation.

Les concepteurs de l'habitacle ont fait preuve d'un peu plus d'imagination. La planche de bord, avec ses gros boutons de commande bien en évidence, montre une élégance sans clinquant. Les ailettes des buses de ventilation servent d'élément décoratif. Au centre, elles séparent l'espace audio de l'aire des commandes de climatisation. Le volant se démarque en raison de son moyeu triangulaire cerclé d'une bande de couleur titane. Le levier de vitesses est placé sur la colonne de direction tandis que la console centrale possède plusieurs compartiments de rangement, notamment un berceau pour téléphone cellulaire qui s'est révélé très pratique.

Les places arrière sont dans la bonne moyenne avec une banquette médiane assez confortable et un troisième siège surtout destiné à des passagers jeunes, minces et agiles. Comme c'est maintenant la norme, les deux sièges arrière sont en mode théâtre, étant surélevés l'un par rapport à l'autre.

Petit cousin du MDX

Même si le Pilot n'est sur le marché que depuis 2002 en tant que modèle 2003, il avait déjà une feuille de route positive. En effet, il s'agit d'une version adaptée à la sauce Honda de l'Acura MDX. Le Pilot en emprunte la plate-forme, la mécanique et le rouage intégral. Voilà des origines qui ne sont pas à dédaigner. Il ne faut donc pas se surprendre de retrouver un moteur V6 sous le capot. Ce moteur d'une cylindrée de 3,5 litres produit 240 chevaux, ce qui n'est pas superflu puisque notre véhicule d'essai faisait osciller la balance à 2000 kilos sans occupants ni bagages. Seule la transmission intégrale à contrôle variable de couple et une boîte automatique à cinq rapports sont offertes. Le choix est donc simple.

Chez Honda, les ingénieurs ne sont pas peu fiers de leur rouage intégral, baptisé VTM-4, qui gère le couple de façon intelligente. En usage normal, seules les roues avant sont motrices. Lorsque les capteurs des freins ABS détectent une perte d'adhérence, le couple est alors automatiquement réparti aux roues arrière par l'entremise d'engrenages électromagnétiques à engagement variable.

Pas pire ! Pas pire !

À mon avis, le Pilot constitue l'une des rares véhicules dont le comportement routier peut être louangé en même temps que ses aptitudes en conduite hors route. Avant d'élaborer davantage, il est important de souligner que ce Honda pour toutes situations n'est pas considéré comme un 4X4 pur et dur. Sa plate-forme n'a pas la robustesse nécessaire pour affronter le sentier du Rubicon. Mais qui a envie de le faire ? En revanche, il peut se débrouiller de façon très honorable sur des sentiers forestiers boueux, défoncés ou encore sur des montées escarpées dont le sol a été délavé par la pluie. Conditions qui sont généralement ce que doit affronter l'amateur de plein air pour se rendre à destination. Et si les choses se corsent davantage, un système antipatinage électronique entre en fonction à basse vitesse, démontrant une efficacité supérieure à la moyenne. De plus, il fonctionne même en marche arrière.

Mais c'est surtout sur la route que le Pilot se fait apprécier. Une suspension arrière indépendante à bras oscillants et ressorts hélicoïdaux a permis d'installer un plancher de chargement plat en plus de contribuer à la tenue de route. Certains lui reprochent de manquer de confort lorsque la chaussée est détériorée, mais cette configuration garantit une tenue de route presque similaire à celle d'une voiture. Le conducteur est assis haut et les dimensions hors tout s'avèrent plutôt imposantes, mais ce véhicule se conduit pratiquement comme une automobile. D'autant plus que le moteur est doux et silencieux en plus de travailler en harmonie avec une boîte automatique dont les algorithmes permettent de détecter les pentes et d'éliminer les passages de rapports en va-et-vient.

Pratique, bien assemblée, dotée d'une mécanique éprouvée, cette Honda pèche par excès de sobriété. Mais la raison a parfois le dessus sur les émotions.

Denis Duquet

▲ POUR

• Bonne tenue de route • Rouage intégral efficace • Moteur bien adapté
• Finition sérieuse • Bonne habitabilité

▼ CONTRE

• Présentation fade • Certaines commandes énigmatiques • Position de conduite élevée
• Pneus d'origine moyens

PILOT

CARACTÉRISTIQUES

Prix du modèle à l'essai	EX-L 43 000 $
Échelle de prix	41 000 $ à 43 000 $
Garanties	3 ans 6 000 km / 5 ans 100 000 km
Emp. / Long. / Larg. / Haut. (cm)	270 / 477 / 196 / 179
Poids	2007 kg
Coffre / Réservoir	461 à 2557 litres / 73 litres
Coussins de sécurité	frontaux et latéraux
Suspension avant	indépendante, jambes de force
Suspension arrière	indépendante, liens multiples
Freins av. / arr.	disque ABS
Antipatinage / Contrôle de stabilité	oui / non
Direction	à crémaillère, assistance variable
Diamètre de braquage	11,6 mètres
Pneus av. / arr.	235/70R16

MOTORISATION ET PERFORMANCES

Moteur	V6 3,5 litres
Transmission	intégrale, automatique 5 rapports
Puissance	240 ch à 2400 tr/min
Couple	242 lb-pi à 4500 tr/min
Autre(s) moteur(s)	aucun
Autre(s) transmission(s)	aucune
Accélération 0-100 km/h	9,2 secondes
Reprises 80-120 km/h	7,5 secondes
Vitesse maximale	175 km/h (limitée)
Freinage 100-0 km/h	44,5 mètres
Consommation (100 km)	12,6 litres (super)

MODÈLES CONCURRENTS

• Chevrolet TrailBlazer • Ford Explorer • GMC Envoy
• Toyota Highlander

QUOI DE NEUF ?

• Aucun changement majeur

Renouvellement du modèle	2006

VERDICT

Agrément de conduite	★★★★☆
Fiabilité	★★★★☆
Sécurité	★★★★☆
Qualités hivernales	★★★★★
Espace intérieur	★★★★☆
Confort	★★★☆☆

VERSION RECOMMANDÉE

EX

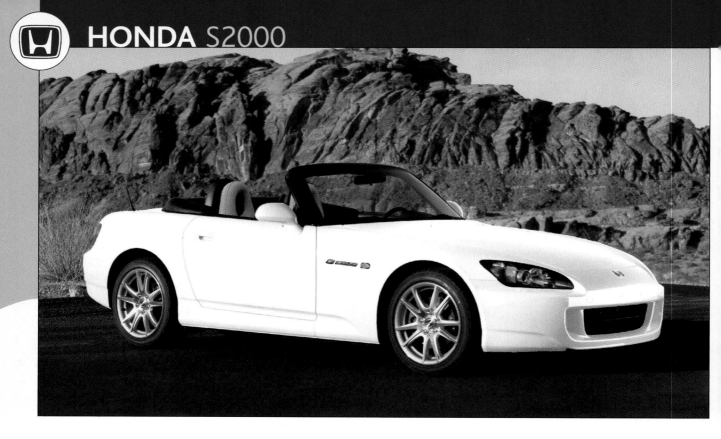

Usurpation d'identité

Répondant à la critique de plusieurs amateurs qui se plaignaient du faible couple à bas régime de la S2000, le constructeur Honda a révisé la mécanique de son roadster. Et, tant qu'à y être, il y va de quelques mises à jour sur le plan de l'esthétique. En attente de l'éventuelle S1000 prévue pour 2006, les inconditionnels de performance à la japonaise ont de quoi s'amuser…

Ce n'est d'ailleurs pas la seule modification apportée au petit roadster, puisque la calandre est révisée, tout comme sa contrepartie arrière. Les deux pare-chocs, les phares et les feux arrière se voient donc redessinés. Des jantes de 17 pouces remplacent celles de 16 pouces et l'échappement hérite d'un nouvel embout.

Visuellement, on doit rendre à la Z4 de BMW ce qui lui revient, car il s'agit du roadster le plus osé à rouler sur nos routes. Par comparaison, la S2000 reste très sobre, à la limite de la timidité. L'intérieur de la S2000 n'est pas en reste non plus, la console et les cadrans étant nouveaux de cette année. On rêvait d'une nouvelle configuration du tableau de bord améliorant la position de certaines commandes, mais on n'aura droit qu'à une nouvelle décoration plus moderne, très jolie, tout de même.

Nouvelles qualités, mêmes défauts

La nouvelle cuvée de la S2000 ne corrige toutefois pas la principale lacune propre à de nombreux roadsters : le manque d'espace pour les passagers. On sait que les meilleurs pilotes de course sont souvent les plus petits et les plus légers, mais les ingénieurs de véhicules de production semblent parfois oublier que les plus corpulents peuvent quand même être amateurs de performance.

L'habitacle de la S2000 est un de ces endroits où n'entre pas qui veut. La colonne de direction est fixe et le volant ne s'ajuste pas, ce qui peut nuire à la visibilité des cadrans, voire à la position de conduite idéale chez certains. Pour les autres, ces chanceux, l'ergonomie est très satisfaisante. Les sièges peuvent s'avérer très confortables, même si leur cuir sombre peut chauffer rapidement au soleil. Le rayon du volant est court, le levier de vitesses est plutôt petit et agréable à manipuler et on joue du pédalier avec aisance.

N'espérez pas non plus trouver de rangement dans la S2000. Pour vous dire, le volume du coffre est trois à quatre fois plus étroit que le coffre moyen d'une berline quelconque. C'est donc d'une évidence béante que la seule fonction de la S2000 orbite autour de la performance et de la conduite.

Anticipation

Malgré toute l'anticipation qu'il suscite, sachez que le nouveau moteur qui loge à l'enseigne S2000 est un usurpateur. Indigne de se nommer S2000, le roadster 2004 de Honda devrait plutôt être rebaptisé S2200, puisque l'appellation d'origine (non contrôlée, semble-t-il !) référait d'abord à l'année d'introduction du modèle, mais aussi au volume de la cylindrée, qui était de 2000 cc (1997, précisément, mais on excuse l'approximation en raison de la référence à l'an 2000).

Indigne également parce que le quatre cylindres de 2 litres qu'il remplace était une pièce historique d'ingénierie, ne serait-ce que parce que son rapport de 120 chevaux au litre était du jamais vu jusque-là pour un moteur à aspiration naturelle.

Vous aurez donc compris que ce nouveau 2,2 litres doit remplir des souliers de forte pointure. Sa seule échappatoire possible demeure la performance. À 240 chevaux lui aussi, ce quatre cylindres a quelques as dans sa manche. Notamment, un couple maximal accru qu'on atteint à un régime moins élevé qu'avec son prédécesseur. On passe de 153 à 161 lb-pi à 6500 tr/min (au lieu de 7500). Dans la foulée, on a aussi réorganisé les rap-

Prix du modèle à l'essai	49 840 $
Échelle de prix	49 840 $
Garanties	3 ans 60 000 km / 5 ans 100 000 km
Emp. / Long. / Larg. / Haut. (cm)	240 / 412 / 175 / 127
Poids	1290 kg
Coffre / Réservoir	152 litres / 50 litres
Coussins de sécurité	frontaux
Suspension avant	indépendante, triangulation
Suspension arrière	indépendante, triangulation
Freins av. / arr.	disque
Antipatinage / Contrôle de stabilité	oui
Direction	à crémaillère, assistée
Diamètre de braquage	10,8 mètres
Pneus av. / arr.	215/45R17 / 245/40R17

MOTORISATION ET PERFORMANCES

Moteur	4L 2,2 litres avec VTEC
Transmission	propulsion, manuelle 6 rapports
Puissance	240 ch à 7800 tr/min
Couple	161 ch à 6500 tr/min
Autre(s) moteur(s)	aucun
Autre(s) transmission(s)	aucune
Accélération 0-100 km/h	n.d.
Reprises 80-120 km/h	n.d.
Vitesse maximale	240 km/h
Freinage 100-0 km/h	n.d.
Consommation (100 km)	11,1 litres (super)

MODÈLES CONCURRENTS

• Audi TT roadster • BMW Z4 • Mercedes-Benz SLK
• Nissan 350Z roadster • Porsche Boxster

QUOI DE NEUF ?

• Nouveau moteur • Nouvelles roues de 17 pouces
• Nouveau jaune « solaire » et retouches visuelles

Renouvellement du modèle	2007

VERDICT

Agrément de conduite	★★★★☆
Fiabilité	★★★★☆
Sécurité	★★★★½
Qualités hivernales	★★☆☆☆
Espace intérieur	★★☆☆☆
Confort	★★★☆☆

VERSION RECOMMANDÉE

Un seul modèle

ports de la boîte manuelle, pour maximiser l'expression du nouveau moteur.

Par incidence, la puissance est disponible à plus bas régime. Dans la S2000, comme dans la plupart des sportives japonaises récentes profitant d'un système comparable au VTEC, le calage variable des soupapes prolonge cet état de grâce jusqu'à des régimes plus élevés que la normale. On peut s'attendre que le nouveau 2,2 litres délivre une puissance équivalente dans les régimes supérieurs. À plus bas régime, les roues surdimensionnées pourraient nuire au décollage, mais il fallait bien faire ce compromis pour satisfaire l'œil. Et ce ne sont pas des jantes de 18 pouces qui empêchent une Porsche Boxster de coiffer la S2000 au 0-100 km/h...

Sur le plan de la conduite, de nouvelles barres stabilisatrices s'ajoutent à une suspension déjà sensationnelle. Le défaut récurrent des roadsters étant la faible rigidité de la caisse, la S2000 pouvait se vanter à ce jour d'être avantageusement comparable à ce chapitre à une Mercedes-Benz SLK. La masse du roadster avait la particularité d'être parfaitement répartie (50/50) entre l'avant et l'arrière. L'ajout des quelque 26 kilos du nouveau quatre cylindres ne constitue pas une augmentation majeure de poids et ne devrait pas changer son comportement de façon notoire. La question est de savoir si le freinage et la direction s'accommoderont de ces nouvelles statistiques, ce qui ne devrait pas poser de problème.

Rumeurs...

Une diminutive version de la S2000 serait lancée en 2006. Développant 120 chevaux grâce à un moteur de 1 litre, la S1000 serait un roadster à l'allure passablement plus échevelée qui offrirait une mécanique aussi spectaculaire que celle de la S2000. Compte tenu de l'agilité et des performances exceptionnelles de cette dernière, on a peine à imaginer comment cela sera possible !

Alain Mc Kenna

▲ **POUR**

• Belle apparence • Tenue de route impressionnante • Freinage puissant
• Boîte manuelle exceptionnelle

▼ **CONTRE**

• Peu d'espace intérieur • VTEC tardif (régime élevé) • Coffre ridicule

La brute et l'enfant

Avec ses 3 tonnes d'acier, ses 2 mètres et quelques de largeur et sa silhouette découpée à l'équerre, le Hummer est à l'automobile ce que le joueur de football ou le lutteur de foire est au monde ordinaire : une brute en puissance, un géant dont le physique hypertrophié intimide.

L'enfant, c'est votre serviteur qui ai éprouvé un sentiment de quasi-invincibilité en se glissant derrière son volant, c'est mon fils et sa bande qui hurlaient de plaisir alors que nous aplatissions les bancs de neige le jour de Noël, c'est vous tous, dans la rue, qui lui jetez des regards admiratifs, tels des bambins s'extasiant devant un nouveau jouet. Et c'est bien de cela dont il s'agit malgré ses fonctions utilitaires, d'un jouet, d'un objet ludique qui vous fera retrouver votre âme de gamin, celle du temps où vous n'étiez jamais aussi heureux que couvert de boue.

Un militaire « civilisé »

Sauf qu'à plus de 80 000 $ (avec taxes), on aimerait bien que le jouet s'avère fonctionnel dans la vie de tous les jours. C'était là le défi que devait relever GM lorsqu'il fut décidé de commercialiser un véhicule inspiré du Hummer H1, lequel, rappelons-le, a été conçu en vue d'un usage strictement militaire. Le Hummer H2 qui en a résulté témoigne à bien des égards de la réussite de l'opération.

Le manufacturier a pour ce faire puisé dans sa féconde banque d'organes mécaniques. Le châssis, spécialement adapté au Hummer, est emprunté aux camionnettes Chevrolet/GMC de la série 2500, tout comme les suspensions, indépendante à l'avant et à essieu rigide à l'arrière. Le moteur, un V8 6 litres Vortec qui figure au catalogue GM depuis belle lurette, a été remis au goût du jour grâce à l'électronique. Couplé à une transmission automatique à quatre rapports qui lui est bien adaptée, il procure des accélérations acceptables pour un véhicule de ce poids, tout en assurant une capacité de remorquage de 3039 kilos. Sa consommation d'essence vous fera toutefois songer à investir dans les actions de compagnies pétrolières.

L'habitacle se révèle plus hospitalier que ne le laisse craindre l'accès à bord, rendu malaisé par la hauteur de seuil. La cabine surprend même par son niveau de luxe, bien que l'exclusivité fasse un peu défaut. Il est en effet décevant de constater que plusieurs contrôles et boutons sont d'origine GM et, pis encore, qu'ils arborent les mêmes plastiques gris « Fisher Price » que dans les camionnettes.

Le levier de vitesses suscite cependant l'intérêt par son design technique, rappelant la manette à gaz d'un avion de ligne. L'équipement comprend les principales assistances électriques, les sièges tendus de cuir (en option), l'air climatisé à deux zones et toute une panoplie de gadgets, dont un ordinateur de bord.

On se trouve bien assis dans de larges fauteuils, et à une telle distance du passager voisin qu'on penserait devoir converser par interphone. La visibilité est somme toute assez correcte, mais le gabarit de la grosse bête complique les manœuvres de stationnement. On peut heureusement compter sur d'immenses rétroviseurs qui se replient électriquement pour vous permettre de passer dans les endroits plus serrés. Ce n'est pas de trop, car on se demande parfois, au hasard de routes plus étroites, si l'on pourra « rencontrer » sans devoir mettre les roues de droite dans le gravier. C'est sans compter sur « l'effet Hummer ». Les automobilistes angoissés se tassent à la vue du pachyderme et vous font spontanément du « après vous, Monsieur ».

Un robuste grimpeur

Outre cet avantage, le Hummer offre un comportement routier acceptable (surtout lorsqu'on s'attend au pire), tant au point de vue du confort que de la tenue de route. La direction

CARACTÉRISTIQUES

Prix du modèle à l'essai	H2 72 545 $
Échelle de prix	72 545 $
Garanties	3 ans 60 000 km / 3 ans 60 000 km
Emp. / Long. / Larg. / Haut. (cm)	312 / 482 / 206 / 198
Poids	2909 kg
Coffre / Réservoir	1132 à 2451 litres / 121 litres
Coussins de sécurité	frontaux et latéraux
Suspension avant	indépendante, barres de torsion
Suspension arrière	essieu rigide, multibras
Freins av. / arr.	disque ABS
Antipatinage / Contrôle de stabilité	oui / non
Direction	à billes, assistance variable
Diamètre de braquage	13,3 mètres
Pneus av. / arr.	LT315/70R17

MOTORISATION ET PERFORMANCES

Moteur	V8 6 litres
Transmission	intégrale, automatique 4 rapports
Puissance	316 ch à 5200 tr/min
Couple	360 lb-pi à 4000 tr/min
Autre(s) moteur(s)	aucun
Autre(s) transmission(s)	aucune
Accélération 0-100 km/h	12,0 secondes
Reprises 80-120 km/h	8,7 secondes
Vitesse maximale	165 km/h
Freinage 100-0 km/h	47,0 mètres
Consommation (100 km)	19,5 litres (ordinaire)

MODÈLES CONCURRENTS

• Aucun

QUOI DE NEUF ?

• Ceintures à épaulière à la 2e rangée • Choix de trois grilles optionnelles • Plusieurs accessoires fonctionnels et décoratifs

Renouvellement du modèle	2004 (version SUT)

VERDICT

Agrément de conduite	★★☆☆☆
Fiabilité	★★★☆☆
Sécurité	★★★★☆
Qualités hivernales	★★★★★
Espace intérieur	★★★★☆
Confort	★★★★☆

VERSION RECOMMANDÉE

H1

manque de précision au centre, mais on ne ressent pas le grand poids des roues avant comme sur d'autres véhicules du même type. Le système de freinage assure des arrêts constants et relativement courts, et son ABS n'est pas trop sensible. Les pneus de 17 pouces à semelle très ouverte (style 4X4) réduisent l'adhérence sur pavé, tout en démontrant une bonne efficacité dans la boue et la neige.

Hors route, le H2 se montre, dit-on, capable de soutenir la comparaison avec le H1 dans plus de 80 % des situations, ce qu'on veut bien croire à la lecture de sa fiche technique. On retrouve un système de traction intégrale permanent, des différentiels central et arrière à verrouillage électrique, une suspension pneumatique (en option), une seconde gamme de rapports courts, un antipatinage à deux modes, et j'en passe. La garde au sol s'élève à 23,7 cm, et l'angle d'approche et de départ de la carrosserie permet d'attaquer des obstacles impressionnants. Cependant, le différentiel avant ne se verrouille pas. On déplore aussi

qu'il n'y ait pas de système HDC – le Hill Descent Control, bien utile pour affronter avec sang-froid les descentes les plus abruptes. Rappelons enfin que d'autres véhicules offrent la suspension pneumatique aux quatre coins, et pas seulement à l'arrière.

Si le H2 ne suffit pas à vos aventures extrêmes, vous pouvez toujours vous rabattre sur le H1, un bunker ambulant à diffusion limitée dont le moteur turbodiesel de 6,5 litres délivre 205 chevaux et un impressionnant couple de 440 lb-pi à 1800 tr/min. Un H3 élaboré à partir de la plate-forme du GMC Envoy devrait apparaître vers le début de 2004, suivi en fin d'année d'un H2 version SUT dont la partie arrière recevra une caisse de camionnette, tout en conservant un habitacle pouvant accueillir cinq occupants. À quand le H6 ou H7 monté sur un châssis de Pontiac Vibe, pour que tous les gamins se retrouvent dans le même carré de sable ?

Jean-Georges Laliberté

▲ POUR

• Capacité de franchissement extraordinaire
• Présence impressionnante
• Moteur compétent • Confort surprenant

▼ CONTRE

• Encombrement démesuré sur et hors route
• Accès malaisé • Points de vente limités
• Consommation gargantuesque

La vraie voiture du peuple

Même si la marque Volkswagen porte le nom de « voiture du peuple », il y a belle lurette qu'elle ne mérite plus ce titre. Alors que son modèle le moins cher se vend environ 18 000 $, le constructeur allemand doit s'incliner devant la Hyundai Accent dont le prix de moins de 13 000 $ en fait la voiture la plus économique sur le marché. Il est vrai que plusieurs tentent de détrôner cette petite coréenne de son titre en soulignant que son niveau d'équipement est très sommaire et qu'elle ne représente pas une véritable aubaine une fois ajoutées certaines options jugées « essentielles » par ces éteignoirs.

Is ont raison de mettre de l'avant les limitations de ces prix planchers créés quelque peu artificiellement. En revanche, ils ratent drôlement le coche en oubliant que certaines personnes dont le budget est plus que limité peuvent choisir entre un modèle à prix économique et une autre voiture mieux équipée mais plus chère. C'est là le secret de l'Accent qui vous permet de sacrifier certains éléments et d'économiser, ce qui est impossible avec un autre modèle se vendant plusieurs centaines de dollars de plus. Ford n'enlèvera pas des pièces de sa Focus pour alléger le prix si vous le demandez : vous devrez vous en tenir à un déboursé minimum.

Mais puisqu'on est dans les minimums, il faut savoir que cette petite coréenne est plus robuste que sophistiquée. Elle vous en donne pour votre argent, mais il ne faut pas s'attendre à obtenir une voiture de grand luxe à ce prix. Ce constructeur a préféré offrir des composantes simples, robustes et effi-caces plutôt que de tenter de maquiller des éléments de qualité inférieure de façon à les faire mieux paraître.

Clic-clac !

Ma prise de contact avec l'un des deux modèles Accent commercialisés au Canada s'est effectuée après l'essai d'une Volvo XC90 dont le prix était au moins quatre fois plus élevé que la Hyundai qui se trouvait en face de moi. Bien entendu, pas de télécommande pour déverrouiller les portières. En revanche, les serrures sont électriques, il suffit de tourner la clé dans le barillet pour que toutes les autres portes soient déverrouillées. C'est ce qui s'est passé, mais le mécanisme a répondu avec tellement de rapidité que le tout s'est accompagné d'un retentissant clic-clac qui a servi de sonnerie de retour à la réalité. Avec cette voiture, pas de finasserie, mais une exécution élémentaire et sans détour. Le moteur 1,6 litre de 105 chevaux est réputé pour être bruyant et il l'est davantage à froid. Après l'impact sonore des serrures électriques, le grognement du moteur m'a convaincu que j'étais à bord d'une voiture de prix modique dont le groupe propulseur était plus robuste que raffiné et que l'insonorisation n'était pas nécessairement le point fort de l'Accent.

Une fois assis devant un volant à trois branches doté d'un boudin assurant une bonne prise en main, force est d'admettre que cette voiture offre une présentation générale fort adéquate pour son prix. Il est certain que la qualité et la texture des plastiques ne sont pas celles d'une Mercedes, mais c'est très convenable. Les commandes sont faciles d'accès et simples à utiliser. Par contre, les passagers avant rendus un peu anxieux par votre style de conduite n'apprécieront certainement pas l'absence de coussin gonflable à droite. Peu importe le modèle choisi, seul le pilote peut en bénéficier. Les fumeurs seront heureux de savoir que le cendrier avant est intégré à tous les modèles et comprend même un allume-cigarette éclairé. Sur une note plus pratique, tous les modèles sont équipés d'une banquette arrière à dossier rabattable 60/40.

En route !

Si vos besoins financiers sont plutôt limités ou que vous avez envie d'un véhicule

CARACTÉRISTIQUES

Prix du modèle à l'essai	GL 14 245 $
Échelle de prix	12 895 $ à 15 795 $
Garanties	3 ans 60 000 km / 5 ans 100 000 km
Emp. / Long. / Larg. / Haut. (cm)	240 / 420 / 167 / 139
Poids	992 kg
Coffre / Réservoir	485 litres / 45 litres
Coussins de sécurité	frontaux (conducteur)
Suspension avant	indépendante
Suspension arrière	indépendante
Freins av. / arr.	disque / tambour
Antipatinage / Contrôle de stabilité	non
Direction	à crémaillère, assistée
Diamètre de braquage	9,7 mètres
Pneus av. / arr.	185/60R14

MOTORISATION ET PERFORMANCES

Moteur	4L 1,6 litre
Transmission	traction, automatique 4 rapports
Puissance	105 ch à 5800 tr/min
Couple	107 lb-pi à 3000 tr/min
Autre(s) moteur(s)	aucun
Autre(s) transmission(s)	manuelle 5 rapports
Accélération 0-100 km/h	11,2 secondes
Reprises 80-120 km/h	9,1 secondes
Vitesse maximale	175 km/h
Freinage 100-0 km/h	43,1 mètres
Consommation (100 km)	8,7 litres (ordinaire)

d'appoint beau, bon et pas cher, sachez que la version GS bénéficie du même moteur 1,6 litre que les autres modèles. Vous vous retrouverez au volant d'un véhicule dont la silhouette a été modernisée l'an dernier mais aux performances plutôt modestes. Mieux vaut vous en tenir à la boîte manuelle. Les versions GSi trois portes et la berline GL sont équipées d'un quatre cylindres 1,6 litre à DACT d'une puissance de 105 chevaux. Cette cavalerie plus musclée fait sentir sa présence surtout lors des reprises et permet de choisir la boîte automatique à 4 rapports sans arrière-pensée.

La GSi trois portes est le modèle théoriquement le plus sportif de la gamme, mais il faut tempérer nos attentes. Il n'a de sportif que les roues en alliage d'aluminium, le volant gainé de cuir et des pneus de 14 pouces. Cette sous-compacte d'une certaine élégance assure un comportement routier plutôt prévisible tandis que sa consommation de carburant se situe dans la bonne moyenne. Une fiabilité sans problème et un réseau de concessionnaires bien établi sont autant d'avantages militant en sa faveur.

La berline a également bénéficié d'un *lifting* l'an dernier, et si les changements sont relativement mineurs, ils lui permettent de demeurer au goût du jour. Compte tenu de la vocation anticipée de ce modèle, seul le moteur 1,6 litre est offert et deux adultes de taille moyenne pourront se sentir à l'aise sur la banquette arrière. Pour le reste, c'est plus pratique qu'excitant et si vous vous ennuyez parfois au volant, songez qu'il vous en coûterait plus cher pour retrouver des sensations de conduite similaires dans plusieurs autres voitures de cette catégorie. Pour en savoir davantage, lisez le match des économiques en première partie.

Denis Duquet

MODÈLES CONCURRENTS

• Kia Rio • Suzuki Aerio • Toyota Echo

QUOI DE NEUF ?

• Moteur 1,6 litre dans version GS
• Modifications de détails

Renouvellement du modèle	2006

VERDICT

Agrément de conduite	★★★☆☆
Fiabilité	★★★☆☆
Sécurité	★☆☆☆☆
Qualités hivernales	★★★½☆
Espace intérieur	★★★☆☆
Confort	★★★☆☆

VERSION RECOMMANDÉE

GSi manuelle

▲ POUR

• Rapport qualité/prix compétitif • Moteur rugueux mais robuste • Habitacle fonctionnel • Direction nerveuse et précise

▼ CONTRE

• Boîte automatique lente • Pneus quelconques • Insonorisation perfectible • Version GS dépouillée

Le bâton de vieillesse de Hyundai

Tout manufacturier automobile doit pouvoir compter sur un modèle à la fois populaire et accessible, un brin classe et judicieusement placé en milieu de gamme. Question de garder dans son giron l'acheteur qui, il n'y a pas si longtemps, ne pouvait se payer autre chose que le modèle le moins dispendieux. Dans le cas présent, l'Elantra fait parfaitement le travail. Et pour cette raison, Hyundai ne cesse de la raffiner. Cette année, le constructeur coréen lui apporte ses quelques modifications mineures, les premières depuis le lancement du nouveau modèle, en… 2001 !

Dès l'année suivante, 2002, un modèle GT, avec hayon, s'ajoutait à la gamme. Pour l'année modèle 2002, l'Elantra fut le deuxième modèle Hyundai le plus vendu, le premier étant, naturellement, l'Accent. Quand je vous dis qu'il s'agit d'une voiture importante pour Hyundai ! Pour l'Elantra 2004, outre des modifications esthétiques à la carrosserie et dans l'habitacle, l'ajout d'une prise 12 volts dans la console et une longueur totale accrue (de 3mm !), c'est le moteur qui retient le plus l'attention. Le nombre de cylindres demeure le même (4), la cylindrée aussi (2 litres), de même que le nombre d'arbres à cames et tête (2) et le nombre de soupapes (16). C'est plutôt le calage variable de ces soupapes qui vient modifier la fiche technique puisqu'il est désormais variable, comme le désire la tendance. Ce moulin plus économique à la pompe passe maintenant de la cote « véhicule à basses émissions » à « véhicule à ultrabasses émissions ». Dans notre monde de plus en plus vert, cette dénomination vaut son pesant d'or.

Le moteur : inchangé ou presque !
La puissance affiche maintenant 140 chevaux, sensiblement la même chose que l'an dernier. Le couple, lui, s'élève dorénavant à 136 lb-pi et, surtout, se montre disponible plus tôt, c'est-à-dire à 4500 tr/min au lieu de 4800. C'est donc dire que les reprises sont maintenant plus vives et les dépassements moins hasardeux. Par contre, une rapide prise en main de l'Elantra 2004 à la veille de la date de tombée du *Guide de l'Auto* n'a pas permis de constater une différence notable. À vrai dire, si on ne m'avait pas dit que le moteur avait été bonifié, je ne m'en serais jamais aperçu ! Les accélérations et les reprises de l'Elantra, au demeurant plutôt bruyantes, demeurent donc dans la bonne moyenne de sa catégorie.

Les suspensions se révèlent assez stables sur mauvaise chaussée mais, curieusement,

j'ai eu l'impression que celles de la GT, pourtant considérée plus sportive que la berline, s'avéraient un tantinet moins dures. L'âge, sans doute. Les transmissions manuelles et automatiques effectuent professionnellement leur boulot tandis que la direction gagnerait à devenir légèrement plus sensible. Tous ces ingrédients donnent à l'Elantra un comportement sous-vireur (mais n'est-ce pas là le lot des tractions ?). Conduite dans le respect des limites de vitesse (et même un peu plus…), cette Hyundai ne vous causera pas de surprises désagréables et se montrera même plaisante à conduire. Quant aux freins, ils font leur boulot, ni plus ni moins.

Pour 2004, les dénominations demeurent les mêmes, soit GL, VE et GT. Les deux premières représentent des berlines et seuls quelques détails de présentation et d'équipement les différencient. Reprenant la mécanique et le châssis de la berline, la GT, en revanche, affiche fièrement son hayon et son équipement beaucoup plus élaboré, à un prix, ma foi, très réaliste. On ne peut, par contre, passer sous silence le fait que certains éléments de sécurité comme les freins ABS et le contrôle de traction ne soient disponibles qu'en cochant l'option « Premium Package », qui, elle, ne peut être commandée qu'avec la GT. Aberrant.

Le tableau de bord a été revu mais, encore ici, les dessinateurs de Hyundai ne se sont pas

CARACTÉRISTIQUES	
Prix du modèle à l'essai	GT 19 025 $
Échelle de prix	15 625 $ à 22 225 $
Garanties	3 ans 60 000 km / 5 ans 100 000 km
Emp. / Long. / Larg. / Haut. (cm)	261 / 452 / 172 / 142,5
Poids	1265 kg
Coffre / Réservoir	365 litres / 55 litres
Coussins de sécurité	frontaux
Suspension avant	indépendante, jambes de force
Suspension arrière	indépendante, multibras
Freins av. / arr.	disque / tambour
Antipatinage / Contrôle de stabilité	oui (opt.) / non
Direction	à crémaillère, assistée
Diamètre de braquage	9,9 mètres
Pneus av. / arr.	195/60R15

MOTORISATION ET PERFORMANCES	
Moteur	4L 2 litres
Transmission	traction, manuelle 5 rapports
Puissance	140 ch à 6000 tr/min
Couple	136 lb-pi à 4500 tr/min
Autre(s) moteur(s)	aucun
Autre(s) transmission(s)	automatique 4 rapports
Accélération 0-100 km/h	10,5 secondes (estimé)
Reprises 80-120 km/h	8,0 secondes (estimé)
Vitesse maximale	n.d.
Freinage 100-0 km/h	43,2 mètres
Consommation (100 km)	7,5 litres (ordinaire)

fait aller la créativité trop fort! La principale nouveauté réside dans les buses de ventilation dont les volets ajustables passent de l'horizontale à la verticale. Les instruments aussi sont redessinés, de même que certains boutons de commande. On a profité de l'occasion pour faire un peu plus tendance en insérant une prise 12 volts au tableau de bord. Quant aux sièges, ils sont confortables et facilitent une bonne prise en main du volant. Dommage que le cuir de ce dernier, dans la version GT Premium, soit si glissant. Le coffre, déjà de bonnes dimensions dans la berline voit sa capacité grandement accrue dans la GT dont le hayon s'ouvre bien grand. Il est toutefois un peu difficile à refermer.

« Le pied dans le tapis »

Hyundai a présentement le vent dans les voiles ou, dans un langage plus «automobilistique», le pied dans l'tapis! En 2003, l'entreprise coréenne a vendu plus de 70 000 véhicules au Canada pour une part de marché de 4,4 %. Au Québec, ce pourcentage grimpe à 11,6 %. Le marché fait donc de plus en plus confiance à celui qui fabriquait, il y a des millénaires, les inénarrables Pony et Stellar. Hyundai figure présentement en 6e position au palmarès des ventes de véhicules de tourisme au Canada et vise la 5e place. La barre est haute mais l'Elantra peut lui permettre de réaliser l'exploit. Espérons seulement que la fiabilité et la qualité générale soient toujours au rendez-vous…

Alain Morin

MODÈLES CONCURRENTS

- Chevrolet Cavalier • Ford Focus • Honda Civic
- Kia Spectra • Mazda3 • Mitsubishi Lancer
- Nissan Sentra • Toyota Corolla

QUOI DE NEUF ?

- Nouveau moteur • Retouches esthétiques intérieures et extérieures • Nouvelles couleurs

Renouvellement du modèle	2006

VERDICT

Agrément de conduite	★★★⯪☆
Fiabilité	★★★⯪☆
Sécurité	★★★☆☆
Qualités hivernales	★★★⯪☆
Espace intérieur	★★★★☆
Confort	★★★⯪☆

VERSION RECOMMANDÉE

GT

▲ POUR

- Rapport équipement/prix alléchant
- Habitacle fonctionnel • Comportement routier correct • Suspension confortable

▼ CONTRE

- Fiabilité pas encore parfaite • Évolution trop timide • Freins un peu justes • ABS optionnel dans GT uniquement • Volant en cuir glissant

Un V6 3,5 litres à la rescousse

Les premiers tours de roues de la Pony au Québec remontent à 1984. Vingt ans plus tard, qui aurait cru que le total des ventes de Hyundai en territoire québécois talonnerait celles de Chrysler et déclasseraient respectivement celles de Mazda, Nissan et Volkswagen. Qui plus est, qui aurait pu prédire que le constructeur sud-coréen aspirerait à devenir d'ici 2007 le cinquième plus gros constructeur d'automobiles au monde ? Oui, les choses évoluent rapidement dans le monde automobile. Vous n'avez qu'à analyser la situation présente de certains constructeurs états-uniens et allemands pour comprendre que le prix à payer peut être très élevé pour celui qui a une mauvaise vision du marché de l'automobile.

Si les dirigeants de Hyundai ont pris des mauvaises décisions dans le passé, il semble que cette période noire soit loin derrière eux. À vrai dire, la santé de la division automobile du géant sud-coréen ne s'est jamais si bien portée. Au cours des 4 prochaines années, Hyundai prévoit dévoiler 11 nouveaux modèles.

VUS ou familiale

Difficile à catégoriser par rapport aux petits et moyens utilitaires à cause de son gabarit, sa motorisation variée, et son prix. Il faut admettre que le Santa Fe s'apparente plutôt à une grosse familiale qu'à un véhicule tout-terrain. Au même titre que la Camry et son pendant le Highlander, le Santa Fe est un dérivé de la Sonata capable de gambader dans les sentiers carrossables des champs et des forêts. Même s'il est doté

d'un système de traction intégrale à prise permanente distribuant le couple dans une proportion de 60 % vers les roues avant et 40 % vers les roues arrière, et que le visco-coupleur intégré à la boîte de transfert ajuste la vitesse des roues afin de compenser toute différence dans leur rotation, le Santa Fe n'a pas le panache d'un Nissan Xterra ou d'un Suzuki Grand Vitara à boîte de transfert pour s'aventurer dans la boue et la neige. Mais qui s'en soucie ? Puisqu'il est prouvé que la grande majorité des propriétaires d'utilitaires sport ne prendront jamais la clé des champs ! À preuve, Hyundai ne se gêne pas pour offrir des modèles dotés uniquement de la traction avant. Ce qui permet de réduire la facture de façon appréciable (de 2400 $ à 4800 $) par rapport à un Santa Fe à traction intégrale.

Exception faite de la texture des plastiques, la présentation du tableau de bord est

agréable. Offrant un espace de chargement plus vaste qu'un Honda CR-V et un habitacle plus confortable qu'un Ford Escape, le Santa Fe perd des points au chapitre de la position de conduite. Dans un premier temps, le volant ancré à l'horizontale est un peu déconcertant et rappelle celui d'un camion poids lourd. Par ailleurs, les grands six pieds constateront assez rapidement que les ingénieurs de la Corée du Sud doivent être des gens de petite taille puisqu'il manque au moins 4 à 6 cm aux rails de déplacement avant/arrière du nouveau siège conducteur à commande électrique pour adopter une bonne position de conduite.

Un nouveau GLS 3,5

Le Santa Fe est le véhicule qui offre la gamme de motorisation la plus complète de sa catégorie. La version d'entrée de gamme, le GL FWD (ou traction) est pourvu d'un moteur quatre cylindres de 2,4 litres (138 ch) couplé à une boîte manuelle à cinq rapports. Le moteur le plus populaire demeure le V6 de 2,7 litres (173 ch), offert seulement avec la boîte automatique à quatre rapports. Conscient que la puissance du 2,7 litres était un peu juste sous le capot d'un véhicule dont le poids dépasse les 1700 kg, les motoristes ont choisi de lui boulonner cette année le V6 de 3,5 litres (200 ch) de

la berline XG350. Baptisée GLS 3,5, cette version est également munie d'un dispositif de traction intégrale avec gestion interactive du couple (ITM) de conception Borg-Wagner. Ce système transfère automatiquement la puissance aux roues arrière lorsque les roues avant patinent. Le transfert de la puissance cesse dès que les roues avant reprennent leur adhérence. Ce qui permet d'optimiser la traction et de réduire la consommation d'essence.

En effet, le principal reproche que l'on pouvait adresser au Santa Fe doté du moteur V6 de 2,7 litres et de la traction intégrale à prise constante (60/40) était sa gloutonnerie en carburant. Mais pour économiser de l'argent à la pompe à essence, vaut-il la peine de débourser 3500 $ de plus pour cette nouvelle version? Outre la climatisation automatique, le siège du conducteur à réglage électrique, les coussins gonflables latéraux, et le système antipatinage, la version GLS 3,5 litres n'offre pas des accélé-rations et une capacité de remorquage qui éclipsent celles de la GLS 2,7. À vrai dire, les chiffres sont pratiquement les mêmes. Au même prix, son cousin Kia Sorento en versions EX et EXL est sans doute un achat plus intéressant.

Loin d'être un fan du code vestimentaire des carrosseries portant la griffe Hyundai, les lignes du Santa Fe sont passablement réussies comparativement à celles disparates des Sonata et XG350. Du pare-chocs avant jusqu'à l'arrière, les stylistes du Santa Fe ont bien effilé leur crayon. En optant pour une allure musclée et toute en rondeur, celui-ci n'a aucune difficulté à conquérir les cœurs. Surtout que le rapport équipement/prix des différentes versions milite en sa faveur.

Jean-François Guay

CARACTÉRISTIQUES

Prix du modèle à l'essai	GLS 3,5 AWD 33 695 $
Échelle de prix	22 595 $ à 33 695 $
Garanties	3 ans 60 000 km / 5 ans 100 000 km
Emp. / Long. / Larg. / Haut. (cm)	262 / 450 / 182 / 167
Poids	1790 kg
Coffre / Réservoir	864 à 2209 litres / 65 litres
Coussins de sécurité	frontaux et latéraux
Suspension avant	indépendante, jambes de force
Suspension arrière	indépendante, multibras
Freins av. / arr.	disque ABS
Antipatinage / Contrôle de stabilité	oui
Direction	à crémaillère, assistée
Diamètre de braquage	11,3 mètres
Pneus av. / arr.	225/70R16

MOTORISATION ET PERFORMANCES

Moteur	V6 3,5 litres
Transmission	intégrale, semi-auto. 5 rapports
Puissance	200 ch à 5500 tr/min
Couple	219 lb-pi à 3500 tr/min
Autre(s) moteur(s)	V6 2,7 litres 173 ch ;
	4L 2,4 litres 138 ch
Autre(s) transmission(s)	manuelle 5 rapports ;
	semi-automatique 4 rapports
Accélération 0-100 km/h	9,1 s, 9,7 s (2,7 litres)
Reprises 80-120 km/h	8,8 secondes
Vitesse maximale	190 km/h (3,5 litres)
Freinage 100-0 km/h	37,2 mètres
Consommation (100 km)	12,0 litres (ordinaire)

MODÈLES CONCURRENTS

- Ford Escape • Honda CR-V • Jeep Liberty
- Mazda Tribute • Mitsubishi Outlander
- Suzuki Grand Vitara • Toyota RAV4

QUOI DE NEUF ?

- Moteur V6 3,5 litres • Boîte semi-automatique 5 rapports
- Coussins latéraux

Renouvellement du modèle	n.d.

VERDICT

Agrément de conduite	★★★☆☆
Fiabilité	★★★★☆
Sécurité	★★★★☆
Qualités hivernales	★★★★☆
Espace intérieur	★★★★☆
Confort	★★★★☆

VERSION RECOMMANDÉE

GLS 2,7 AWD

▲ POUR

- Nouveau V6 3,5 litres • Boîte automatique 5 rapports • Choix de moteurs • Design agréable • Rapport équipement/prix

▼ CONTRE

- Position de conduite • Confort des sièges
- Reprises lentes • Capacité de remorquage décevante • Texture des plastiques intérieurs

Respectabilité à prix d'aubaine

La Sonata me fait penser un peu à ces personnes que l'on croise dans la rue et sur lesquelles on porte un jugement uniquement en fonction du quartier où elles habitent, des vêtements qu'elles portent et de leur démarche. La plupart du temps, ces jugements ne sont pas tellement positifs. Bah ! Ce doit être un petit commis de bureau à la semaine ! Jusqu'au jour où vous apprenez que l'une d'elles habite une grosse maison dans un quartier chic et que son compte en banque est fort bien garni. La Sonata fait partie de ces choses que l'on juge sans trop s'y attarder. La silhouette trop sage de cette berline n'éblouit personne et, pour plusieurs, la marque Hyundai n'est pas encore synonyme de voiture digne d'intérêt. Ce qui n'empêche pas ce manufacturier de vendre chaque mois au Québec plus de voitures que bien des grandes marques.

Ces préjugés tombent à la suite d'un essai routier, car cette berline intermédiaire surprend agréablement. Il ne faut pas non plus sauter hâtivement aux conclusions et en déduire qu'elle surclasse ses rivales. Il s'agit toutefois d'un produit offrant un rapport qualité/prix très impressionnant Pour le prix d'une Toyota Corolla bien équipée, vous vous retrouvez au volant d'une berline plus spacieuse et pas trop en reste en fait de performances et de tenue de route.

Trop sobre

L'un des points faibles de la Sonata est sans aucun doute sa silhouette qui est bien équilibrée, mais qui manque quelque peu de piquant. Le capot avec ses doubles renflements et les phares en forme de 8 quelque peu semblables à ceux de certaines Mercedes constituent les éléments les plus dynamiques de la partie avant. Le reste s'avère moins inspirant, notamment cette calandre rectangulaire traversée verticalement de bâtonnets de couleur noire. Question d'équilibrer le tout, les stylistes ont également choisi un rectangle cerclé de chrome pour abriter la plaque d'immatriculation. J'admets que ce design est quelque peu intemporel, mais on aurait pu être plus audacieux. Quoi qu'il en soit, la Sonata plaira aux gens qui veulent passer inaperçus. Quant à l'habitacle de la Sonata, au fil des générations de modèles, il est passé d'atroce à pas trop pire. La qualité des plastiques, la présentation de la planche de bord et le tissu des sièges, les éléments les plus critiqués auparavant, ont tous été améliorés. Ces faiblesses ont toutes été corrigées dans la présente édition. Il y a toujours place pour de l'amélioration, bien sûr, mais le résultat n'est

qu'un tantinet inférieur à ce que les constructeurs japonais nous proposent... mais nous font payer quelques milliers de dollars de plus.

Le tableau de bord respecte la disposition la plus populaire du moment avec cette console verticale placée en relief au centre de la planche de bord et abritant les buses de ventilation, la radio et les commandes de climatisation. Le modèle GLX V6 se démarque par des appliques en similibois dont l'apparence s'est raffinée au fil des ans, mais qui manquent toujours de naturel. En revanche, il est impressionnant de constater le niveau d'équipement de la Sonata pour une voiture de ce prix. Parmi les accessoires de série, il faut souligner la colonne de direction réglable, un tachymètre, des poignées de maintien et une télécommande de verrouillage des portières. Par contre, si vous voulez commander un volant au boudin partiellement en cuir, vous devrez débourser plus de 500 $. Et dans tout ce concert d'accessoires, il faut souligner l'absence de coussins de sécurité latéraux.

Sans caprice

La brochette de prix de la Sonata contribue sans aucun doute à sa popularité. Mais son autre grande qualité est le fait que ce n'est pas une voiture qui tente de nous dissimuler sa vraie nature. Cette berline constitue un moyen

CARACTÉRISTIQUES

Prix du modèle à l'essai	GL V6 23 995 $
Échelle de prix	22 395 $ à 27 395 $
Garanties	3 ans 60 000 km / 5 ans 100 000 km
Emp. / Long. / Larg. / Haut. (cm)	270 / 475 / 182 / 142
Poids	1468 kg
Coffre / Réservoir	398 litres / 65 litres
Coussins de sécurité	frontaux
Suspension avant	indépendante, jambes de force
Suspension arrière	indépendante, bras multiples
Freins av. / arr.	disque ABS
Antipatinage / Contrôle de stabilité	non
Direction	à crémaillère, assistée
Diamètre de braquage	11,6 mètres
Pneus av. / arr.	205/60HR16

MOTORISATION ET PERFORMANCES

Moteur	V6 2,7 litres
Transmission	traction, auto. 4 rapports (Shiftronic)
Puissance	170 ch à 6000 tr/min
Couple	181 lb-pi à 4000 tr/min
Autre(s) moteur(s)	4L 2,4 litres 138 ch
Autre(s) transmission(s)	aucune
Accélération 0-100 km/h	8,7 secondes
Reprises 80-120 km/h	7,7 secondes
Vitesse maximale	195 km/h
Freinage 100-0 km/h	40,4 mètres
Consommation (100 km)	10,5 litres (ordinaire)

MODÈLES CONCURRENTS

• Chevrolet Malibu • Chrysler Sebring • Ford Taurus
• Honda Accord • Kia Magentis • Mazda6 • Mitsubishi
Galant • Nissan Altima • Saturn L • Toyota Camry

QUOI DE NEUF ?

• Aucun changement majeur

Renouvellement du modèle	2006

VERDICT

Agrément de conduite	★★★★☆
Fiabilité	★★★☆☆
Sécurité	★★★☆☆
Qualités hivernales	★★★★☆
Espace intérieur	★★★★☆
Confort	★★★★☆

VERSION RECOMMANDÉE

GL

---

de transport honnête doté d'un comportement routier adéquat et proposant un choix entre deux moteurs tout à fait adaptés. Elle n'est pas une sportive, ni une voiture de luxe, mais elle joue fort bien son rôle de moyen de transport familial.

La GL est propulsée par un moteur quatre cylindres de 2,4 litres dont la puissance est de 138 chevaux. Il est couplé à une boîte automatique à quatre rapports qui est la seule offerte sur cette voiture. C'est le même moteur que celui offert de base dans le SantaFe. Sans être un foudre de guerre, il est relativement performant, surtout si on passe les rapports en mode manumatique. Par contre, il devient bruyant à haut régime. Comme pour se faire pardonner, il consomme peu.

Il est certain que le moteur V6 2,7 litres donne un peu plus de fougue à la Sonata. Grâce à ses 170 chevaux, il permet de boucler le 0-100 km/h en 9,2 secondes, ce qui est quand même pas mal. En passant, ce V6 équipait le Santa Fe en 2003 et celui-ci hérite du

V6 3,5 litres cette année. Il se peut que la Sonata prenne du galon avec le 3,5 litres l'an prochain. Mais il ne s'agit que d'une supposition ou d'un souhait.

Sur la route, la suspension plutôt souple ne fait pas bon ménage avec une conduite sportive. La voiture sous-vire allègrement dans les virages abordés à haute vitesse et le train avant se manifeste avec un hurlement des pneus qui incite à lever le pied. En revanche, cette suspension indépendant aux quatre roues fait plutôt bon ménage avec nos mauvaises routes. Et puisque la direction est quelque peu floue au centre, les secousses dans le volant au passage des trous et des bosses sont atténuées. Enfin, les freins s'échauffent rapidement.

Pour apprécier la Sonata à sa juste valeur, il faut la considérer pour ce qu'elle est : une voiture familiale dotée d'une mécanique adéquate et d'un comportement routier correct vendue à prix d'aubaine.

Denis Duquet

▲ POUR

• **Prix alléchant** • **Bonne habitabilité**
• **Équipement complet** • **Tenue de route saine**
• **Grand coffre**

▼ CONTRE

• **Sous-virage prononcé** • **Suspension très souple** • **Silhouette vieillotte** • **Finition perfectible** • **Certains matériaux à revoir**

La Ferrari coréenne

L'attrait de la nouveauté. Voilà ce qui allume les amateurs de coupés sport ! Ce qui explique pourquoi le succès est éphémère dans cette catégorie, où l'amateur finit inévitablement par trouver qu'il y a plus à voir dans la cour des voisins... Mais ne dit-on pas aussi qu'il existe une exception à toute règle ? La Tiburon de Hyundai en est une puisqu'elle suscite toujours la convoitise même si sa plus récente transformation remonte maintenant à un peu moins de deux ans. Étonnant, non !

Forte du succès que lui témoignent les amateurs de coupés, la société automobile sud-coréene révise en 2004 la nomenclature de ce modèle qui ne sera dorénavant déclinée qu'en trois versions : modèle de base, SE et Tuscani. Cette dernière, la plus emblématique, vise à séduire une clientèle plus exigeante en matière de performances.

À l'œil, rien ne permet de croire que cette Tiburon n'est pas aussi nouvelle qu'elle le prétend. Pourtant, le renouvellement survenu en 2003 a été plus esthétique que mécanique. Cet exercice est tout de même positif avec une carrosserie qui, sans être le fruit d'une très grande vision – sous certains angles, elle singe celle d'une Ferrari –, n'en est pas moins séduisante et tape-à-l'œil. Toujours dotée d'un hayon arrière, elle habille un châssis non seulement plus rigide depuis l'an dernier mais également plus généreux en termes de dimensions. En revanche, toutes ces transformations ont été en partie responsables d'un gain de poids non négligeable.

Peu importe la version retenue, l'éventuel acheteur a droit, sans frais supplémentaires, à une guirlande d'accessoires. Outre les jantes en alliage de 16 pouces, toutes les Tiburon bénéficient d'un essuie-glace de lunette arrière (indispensable), d'un lecteur de disques compacts, de phares antibrouillards et d'une foule d'accessoires à commande électrique (glaces, verrouillage et rétroviseurs extérieurs). On peut tout juste regretter l'absence, pour ceux qui opteront pour les versions de base et SE, d'un système antiblocage de freins (ABS). La version Tuscani, elle, ne manque de rien. Elle va même jusqu'à tapisser ses baquets et sa banquette d'une sellerie de cuir. Agréable ! Mais ce le serait encore davantage si Hyundai avait eu l'heureuse initiative de nous offrir cette fois des sièges chauffants. On peut également rouspéter contre le manque d'espaces de rangement, l'accès difficile et le manque de confort des places arrière, le dégagement pour la tête surtout. À cet effet, attention en refermant le hayon, celui-ci risque de « raccourcir » vos passagers. En contrepartie, saluons l'à-propos de l'instrumentation et la disposition étudiée des principales commandes dans l'environnement du conducteur.

Distribution variable pour tout le monde

Même si elle s'est taillé un joli palmarès sportif, la Tiburon n'est jusqu'ici pas parvenue à détourner les regards des amateurs qui, sans même avoir cherché à se faire une opinion fondée à son sujet, ont tranché : un coupé doté d'une technologie simplette. Certains devront se raviser puisque cette année les deux moteurs qui bataillent pour se glisser sous le capot sont dotés d'un dispositif de distribution variable des soupapes. Pas de quoi transformer ces deux mécaniques en foudres de guerre, mais l'effort est appréciable.

Distribution variable ou pas, le moteur V6 de 2,7 litres n'est pas à proprement dit une mécanique très portée sur les performances. De fait, le rapport poids/puissance de cette Tiburon est à peine plus avantageux que celui d'une Sonata V6. Par rapport aux mécaniques qui animent les Celica et autres RSX Type S, le V6 Hyundai se révèle plus docile, plus onctueux (la musique qui fuit des échappements flatte l'oreille) en plus de faire preuve d'une plus grande souplesse à bas régime. Toutefois, pour l'amateur qui recherche des performances électrisantes, ce tempérament sera

CARACTÉRISTIQUES

Prix du modèle à l'essai	Tuscani 28 995 $
Échelle de prix	19 995 $ à 28 995 $
Garanties	3 ans 60 000 km / 5 ans 100 000 km
Emp. / Long. / Larg. / Haut. (cm)	253 / 440 / 176 / 133
Poids	1368 kg
Coffre / Réservoir	418 litres / 55 litres
Coussins de sécurité	frontaux, latéraux (selon version)
Suspension avant	indépendante, jambes de force
Suspension arrière	indépendante, leviers transversaux
Freins av. / arr.	disque ABS
Antipatinage / Contrôle de stabilité	non
Direction	à crémaillère, assistée
Diamètre de braquage	10,9 mètres
Pneus av. / arr.	215/45R17

MOTORISATION ET PERFORMANCES

Moteur	4L 2 litres
Transmission	traction, manuelle 5 rapports
Puissance	134 ch à 6000 tr/min
Couple	132 lb-pi à 4500 tr/min
Autre(s) moteur(s)	V6 2,7 litres 170 ch
Autre(s) transmission(s)	auto. 4 rapports,
	man. 6 rapports (Tuscani)
Accélération 0-100 km/h	7,9 secondes
Reprises 80-120 km/h	8,3 secondes (3e)
Vitesse maximale	220 km/h
Freinage 100-0 km/h	43,1 mètres
Consommation (100 km)	11,2 litres (ordinaire)

considéré comme trop ennuyeux. Correctement étagée, cette boîte souffre, comme la transmission à cinq rapports d'ailleurs, d'un levier à la précision déficiente et ferme. Consolez-vous à l'idée que la boîte de la Celica n'est guère mieux. Vous craignez de ne pas éprouver de plaisir à « baratter » les rapports ? Sachez alors qu'une transmission automatique à quatre rapports de type manumatique est offerte moyennant supplément.

Embrouille avec les mauvaises routes

Trop timide pour frayer avec ses concurrentes plus fougueuses, la Tiburon demande à être jugée en priorité sur l'efficacité de son comportement. Et, à cet égard, elle est loin de nous émouvoir. Il faut dire que les éléments suspenseurs de la version Tuscani adoptent des ressorts plus fermes, des barres stabilisatrices plus grosses et une monte pneumatique plus agressive (215/45R17) pour plaquer au sol ce coupé coréen. Conséquence de ces réglages : la suspension est très ferme et les bruits de roulement élevés en font une voiture épuisante sur une route mal pavée. De plus, malgré la présence de pneumatiques aussi larges, la Tuscani ne parvient pas à farder sa nature très survireuse et son manque évident de motricité dans les virages serrés. Un brin lourde en appui, la direction se révèle suffisamment rapide et précise pour nous inciter à soigner nos trajectoires. Quant aux freins, ils résistent relativement bien à l'échauffement, mais leur efficacité demeure honnête, sans plus. Qui plus est, la pédale s'est avérée, dans le modèle essayé à tout le moins, un peu spongieuse.

Bilan mitigé à l'égard de cette Tiburon. Bien qu'il soit joliment tourné, abordable et fort bien équipé, ce coupé sport n'est cependant pas une aussi fine lame que ses principales concurrentes en matière de comportement routier.

Éric LeFrançois

MODÈLES CONCURRENTS

• Acura RSX • Mitsubishi Eclipse • Toyota Celica

QUOI DE NEUF ?

• Système de calage variable des soupapes
• Nomenclature de la gamme révisée

Renouvellement du modèle	2006/2007

VERDICT

Agrément de conduite	★★★★☆
Fiabilité	★★★★☆
Sécurité	★★★☆☆
Qualités hivernales	★★★☆☆
Espace intérieur	★★★☆☆
Confort	★★★☆☆

VERSION RECOMMANDÉE

Tuscani

▲ POUR

• Ligne tape-à-l'œil • Moteur 4 cylindres adéquat • Comportement honnête
• Rapport qualité/prix alléchant

▼ CONTRE

• Étiquette sportive usurpée • Suspensions sèches • Boîte 6 rapports revêche
• V6 sans cœur

L'auto Muzak

Tout le monde connaît « Muzak », au moins pour avoir entendu dans les endroits publics cette musique constituée d'un assemblage sans fin d'interprétations très libres de grands classiques, destinée à rendre l'état d'esprit des consommateurs perméable aux techniques de marketing. Eh bien, c'est tout comme la Hyundai XG350 qui voudrait bien sonner comme une symphonie, mais qui ressemble plutôt à du James Last, un spécialiste des reprises instrumentales qui fait dans le sirupeux.

Bref, il y a quelque chose de tape-à-l'oeil dans la XG350. La plus chic des berlines Hyundai vendues en terre d'Amérique devrait en principe soigner une image de raffinement et de distinction, mais un ensemble d'irritants la privent de l'éclat et du prestige que ses concepteurs avaient souhaité pour elle. Dès lors, son argumentation devient essentiellement comptable : elle donne plus d'accessoires de luxe pour moins cher. Il reste à savoir si la clientèle de « mélomanes » ciblée peut être sensible à une mélodie qui donne plus de « notes » pour le même prix.

Un accent passéiste

À l'origine, la XG350 entendait se frotter à des modèles concurrents bien établis comme la Nissan Maxima, la Honda Accord V6 et la Toyota Avalon. Oublions ça tout de suite ! C'est à plus juste titre qu'on la compare par son parfum vieux jeu à des productions américaines comme les Buick Regal et LeSabre. On a en effet drapé cette coréenne d'une robe aux lignes désuètes et tarabiscotées, dont l'arrière n'est pas sans évoquer les austères véhicules de défilé utilisés par les généralissimes locaux dans certains pays sous-développés. La Sonata apparaît quant à moi bien mieux réussie, et j'ai bien peur que les microscopiques retouches esthétiques apportées à l'édition 2004 ne suffiront pas à lui conférer le prestige commandé par son rang.

Le design intérieur puise heureusement à des eaux plus contemporaines. À défaut d'être très original (il ressemble à ce qu'on a déjà vu chez Toyota et Lexus), le tableau de bord est assez simple et fonctionnel, et l'habitacle accueillant fait appel à des matériaux de qualité correcte, même s'ils ne respirent pas l'opulence. On aurait pu mettre moins de similibois (ce n'est plus une planche de bord, mais un panneau de « préfini » troué pour les instruments), mais l'environnement n'en demeure pas moins convivial. Et la finition, qui était manifestement au rang des priorités pour ce modèle, satisfait aux attentes de la clientèle.

Revêtus d'un cuir dont la qualité s'estompe avec chaque année de production, les fauteuils trop plats accueillent confortablement leurs occupants, et ils s'ajustent électriquement. La banquette arrière dispose d'une bonne assise permettant à deux adultes d'y prendre leurs aises, mais un troisième ne tardera pas à pâtir au centre. À peine plus grand que celui d'une Sonata, le coffre déçoit un peu, même s'il est vrai qu'on voyage plus léger lorsque les enfants ont quitté le nid familial. Heureusement, des sacs de golf y entrent sans que vous ayez à plier vos bâtons, et il s'agrandit à l'aide du dossier fractionnable de la banquette. Les objets plus petits trouveront amplement à se loger dans le coffre à gants de format respectable, ou dans les divers espaces de rangement.

Des performances tranquilles

La lecture de la fiche technique de cette grosse Hyundai laisse entrevoir de belles choses, notamment un V6 3,5 litres d'architecture moderne couplé à une boîte automatique séquentielle à cinq rapports, mais les performances ne sont pas celles qu'on pouvait espérer. Certes, les améliorations apportées au moteur il y a deux ans ont permis de corriger ses défauts les plus criants, notamment un manque de couple à bas régime qui donnait lieu à des creux inquiétants, mais les reprises manquent encore de vigueur. Si le

CARACTÉRISTIQUES

Prix du modèle à l'essai	32 420 $
Échelle de prix	32 420 $
Garanties	3 ans 60 000 km / 5 ans 100 000 km
Emp. / Long. / Larg. / Haut. (cm)	275 / 487,5 / 182 / 142
Poids	1635 kg
Coffre / Réservoir	410 litres / 70 litres
Coussins de sécurité	frontaux et latéraux
Suspension avant	indépendante, jambes de force
Suspension arrière	indépendante, multibras
Freins av. / arr.	disque ABS
Antipatinage / Contrôle de stabilité	oui / non
Direction	à crémaillère, assistée
Diamètre de braquage	11,0 mètres
Pneus av. / arr.	205/60HR16

MOTORISATION ET PERFORMANCES

Moteur	V6 3,5 litres
Transmission	traction, automatique 5 rapports
Puissance	194 ch à 5500 tr/min
Couple	216 lb-pi à 3500 tr/min
Autre(s) moteur(s)	aucun
Autre(s) transmission(s)	aucune
Accélération 0-100 km/h	9,0 secondes
Reprises 80-120 km/h	7,5 secondes
Vitesse maximale	200 km/h
Freinage 100-0 km/h	41,0 mètres
Consommation (100 km)	11,2 litres (ordinaire)

MODÈLES CONCURRENTS

• Buick Regal • Chrysler Sebring • Nissan Altima
• Saturn L • Toyota Camry

QUOI DE NEUF ?

• Léger remodelage de la carrosserie
• Disques de freins avant plus gros

Renouvellement du modèle	2005/2006

VERDICT

Agrément de conduite	★★★☆☆
Fiabilité	★★★☆☆
Sécurité	★★★☆☆
Qualités hivernales	★★★☆☆
Espace intérieur	★★★☆☆
Confort	★★★★☆

VERSION RECOMMANDÉE

Une seule version

poids élevé de cette berline n'aide pas sa cause, la paresse de la boîte automatique est encore bien davantage à blâmer. Elle fonctionne avec une douceur qui frise l'indolence (les changements de rapports semblent interminables), et l'étagement conçu pour favoriser l'économie d'essence et le silence de roulement lui enlève tout mordant à vitesse de croisière. Bref, à trop vouloir faire dans le feutré, on a gommé le dynamisme que ce groupe motopropulseur pouvait théoriquement démontrer.

Le châssis aurait lui aussi les *a priori* requis « pour en donner plus » si les suspensions, au demeurant confortables, contrôlaient plus efficacement ses réactions. Les trajectoires en ligne droite demeurent stables, et les pneus collent assez bien à la route, mais la carrosserie s'incline trop dans les courbes abordées rapidement pour rendre l'exercice attrayant. Le freinage, confié à un ensemble de disques assisté d'un ABS à quatre canaux, procure des arrêts plus courts cette année grâce à des disques de diamètre supérieur à l'avant.

« All dressed »

Pour le reste, le silence de roulement soutient la comparaison avec la concurrence, et la vie à bord paraît bien douce. La XG350 nous est servie « all dressed » avec toit ouvrant, sièges avant chauffants à réglage électrique, climatisation automatique (une seule zone) et ordinateur de bord rudimentaire, en plus des coussins gonflables latéraux. L'on conviendra qu'elle n'a pas grand-chose à envier aux mieux nanties de sa catégorie, si l'on ajoute à cette liste le système antipatinage, l'ABS et une boîte séquentielle à cinq rapports. Soulignons qu'il n'y a pas d'option.

Est-ce suffisant pour racheter ses imperfections ? Une chose est indiscutable : son rapport prix/équipement est très avantageux. À partir de là, tout dépend de vos priorités, et de vos goûts en matière de musique.

Jean-Georges Laliberté

▲ POUR

• Équipement complet • Prix attractif
• Sièges confortables • Montage bien réalisé
• Silence de roulement

▼ CONTRE

• Silhouette affectée • Moteur paresseux
• Boîte de vitesses lente • Suspension molle

COUP DE CŒUR

Pour ceux qui n'aiment pas les VUS

Peu de gens avouent les apprécier ou même les utiliser, mais tout le monde en achète. En effet, malgré une campagne agressive en leur défaveur, les VUS sont toujours aussi populaires. Mais puisque la majorité des acheteurs se les procurent pour les mauvaises raisons, pourquoi ne pas concilier les éléments qui plaisent et remplacer les autres par des éléments positifs ?

C'est ce que semblent avoir fait les responsables du développement des modèles Infiniti FX45 et FX35. Ils ont conservé les caractéristiques pratiques de la majorité des VUS et se sont ensuite appliqués à accentuer les caractéristiques plus sportives, notamment les performances et la tenue de route. Il faut également se souvenir que le prototype de ce duo avait été présenté comme un « guépard bionique » par le grand patron de Nissan, Carlos Ghosn lui-même ! Avouons que c'était un peu fort comme présentation, mais cela constitue un bon indice des visées des créateurs de ces modèles.

Un look ravageur

Cela peut vous sembler enfantin, voire stupide, mais beaucoup de gens se procurent un véhicule non pas pour répondre à leurs besoins, mais pour projeter une image à leur entourage. C'est pourquoi les VUS sont si populaires. Beaucoup les achètent pour transmettre une image de personne sportive, audacieuse,

capable de prendre des risques. En corollaire, ces gens en apprécient les caractéristiques pratiques.

Le tandem FX45/35 respecte cette description à la lettre. De plus, les stylistes d'Infiniti ont dessiné une silhouette hors de l'ordinaire. Avec sa partie arrière bombée, son nez plongeant et une calandre vraiment bien en évidence, le FX45 ressemble à une voiture-concept qui aurait été fabriquée en série par

erreur. C'est un look audacieux pour le moment, mais je parie que les gens vont s'en lasser rapidement.

Jadis d'un stylisme « drabe » à faire peur, les habitacles des modèles Infiniti figurent dorénavant parmi les plus modernes qui soient. Le tableau de bord est de présentation très stylisée avec son volant à trois branches garni d'aluminium brossé qui donne le ton. Les autres éléments, de couleur harmonisée avec le reste de l'habitacle, contrastent avec le dessus de couleur titane de la console du plancher. Toujours pour faire véhicule de haute technologie, la colonne de direction se déplace en même temps que la nacelle abritant les cadrans indicateurs lorsque le

sont placées côté console plutôt que vers l'extérieur. On aurait pu facilement trouver mieux ! Une bonne note cependant pour le bouton à tirette qui permet aux sections du dossier arrière de s'abaisser automatiquement. Malheureusement, la capacité de chargement du compartiment à bagages est inférieure à celle de plusieurs autres modèles dans cette catégorie. C'est là le prix du design audacieux. Les places arrière sont confortables, bien que le niveau de la banquette soit un peu trop bas.

conducteur veut trouver le bon angle pour piloter. Cette solution s'avère spectaculaire, mais pas nécessairement pratique. Au centre de

la planche de bord se trouve le module regroupant l'écran du système de navigation, les commandes de celui-ci de même que celles de la climatisation et de la chaîne audio. L'impact visuel de cet ensemble est garanti. Soulignons au passage qu'une caméra dissimulée en haut de la plaque d'immatriculation transmet une image du paysage derrière le véhicule sur l'écran du système de navigation. Une fois le levier de transmission placé en marche avant, l'écran affiche de nouveau les informations usuelles.

Les places avant se révèlent confortables et le support latéral des sièges est bon. Par contre, comme dans la majorité des véhicules Infiniti, vous devrez vous habituer aux commandes électriques de réglage des sièges qui

Différences !

Si le FX45/FX35 et la Nissan Murano se ressemblent d'assez près, leurs mécaniques sont diamétralement opposées. Celle de la Murano est empruntée à l'Altima et il s'agit d'une traction. Pour sa part, le FX45 est basé sur le châssis FM déjà utilisé dans la 350Z et la G35, deux propulsions. Ce choix a permis aux ingénieurs de calibrer une suspension davantage axée sur le comportement routier sportif. Mais pour mieux gérer cette puissance, le rouage intégral ATTESA ET-S privilégie la propulsion la majeure partie du temps, mais un embrayage hydraulique géré par ordinateur permet de transférer la puissance du moteur V8 de 4,5 litres aux roues possédant la meilleure traction. Avec ses 315 chevaux, ce V8 emprunté à

INFINITI FX35 / FX45

Contrepartie

Si je ne détestais pas à ce point les VUS et que j'aimais conduire juché sur un escabeau, j'achèterais probablement un FX45. D'abord parce qu'il est moins cher qu'un Porsche Cayenne, plus fiable (et de loin) qu'un Range Rover et aussi parce qu'il en impose par sa prestance, sa tenue de route, sa caisse solide et une variété de gadgets amusants. Comme cette caméra qui, via l'écran du GPS, vous montre ce qui se trouve derrière le véhicule et ce que le rétroviseur ne vous permet pas de voir en raison de la forêt d'appuie-tête qui masque la visibilité. Il y a aussi cette clé électronique qu'il suffit de conserver dans sa poche et qui vous permet de lancer le moteur en tournant simplement une mollette. J'ai moins aimé toutefois la partie droite du tableau de bord avec sa masse de plastique noir qui risque de plonger votre passager dans une profonde dépression ou la complexité de tout ce qui est relié à l'ordinateur de bord. L'habitabilité est convenable, mais l'espace pour les bagages risible pour un véhicule de ce format. Côté look, plus macho que ça, tu meurs.

Malgré la puissance annoncée, le FX45 ne donne pas une grande impression de vitesse en raison du manque de verve du moteur, surtout à haut régime. À bas régime, par ailleurs, l'arrivée de puissance est soudaine et engendre des secousses désagréables. Mais quelle douceur et quel silence pendant que le V8 avale ses 15 litres aux 100 km. Si les distances de freinage se ressentent du poids qu'elles ont à stopper, elles n'en sont pas pour autant démesurées tandis que la tenue de route apparaît une coche au-dessus de celle de la grande majorité des 4X4. En ignorant l'étiquette «plus grand risque de culbutage» fixé au pare-soleil, j'ai mené le FX45 à des vitesses peu respectables en virage, sans autre drame qu'une forte dose de roulis. Bien sûr, il ne faudrait pas heurter grand-chose pour que «l'étiquette» trouve sa justification mais, dans l'ensemble, les grosses bottines de 20 pouces donnent un comportement routier très respectable à ce VUS.

Somme toute, l'Infiniti FX45 se distingue agréablement de ses concurrents par son confort, son agrément de conduite (eh oui...) et la délicieuse sonorité de son moteur.

Jacques Duval

CARACTÉRISTIQUES

Prix du modèle à l'essai	59 900 $
Échelle de prix	52 700 $ à 60 700 $
Garanties	4 ans 100 000 km / 6 ans 110 000 km
Emp. / Long. / Larg. / Haut. (cm)	285 / 480 /192 /167
Poids	2039 kg
Coffre / Réservoir	776 à 1710 litres / 90 litres
Coussin de sécurité	frontaux, latéraux et tête
Suspension avant	indépendante, jambes de force
Suspension arrière	indépendante, multibras
Freins av. / arr.	disque ABS
Antipatinage / Contrôle de stabilité	oui
Direction	à crémaillère, assistance variable
Diamètre de braquage	11,8 mètres
Pneus av. / arr.	265/50VR20

MOTORISATION ET PERFORMANCES

Moteur	V8 4,5 litres
Transmission	intégrale, automatique 5 rapports
Puissance	315 ch à 6400 tr/min
Couple	329 lb-pi à 4000 tr/min
Autre(s) moteur(s)	V6 3,5 litres 280 ch
Autre(s) transmission(s)	aucune
Accélération 0-100 km/h	6,9 secondes
Reprises 80-120 km/h	5,6 secondes
Vitesse maximale	225 km/h
Freinage 100-0 km/h	41,3 mètres
Consommation (100 km)	14,8 litres (super)
Niveau sonore	Ralenti : 41,4 dB
	Accélération : 73,2 dB
	100 km/h : 66,5 dB

MODÈLES CONCURRENTS

• BMW X5 • Cadillac SRX • GMC Denali • Lexus RX 330
• Lincoln Aviator • Mercedes-Benz ML

VERDICT

Agrément de conduite	★★★★⯨
Fiabilité	★★★⯨☆
Sécurité	★★★★☆
Qualités hivernales	★★★★☆
Espace intérieur	★★★⯨☆
Confort	★★★⯨☆

VERSION RECOMMANDÉE

FX-35 ensemble Tourisme

la Q45 est non seulement souple et performant, mais fait très bon ménage avec la boîte automatique à cinq rapports de type «manumatique».

La suspension arrière tout aluminium est celle de la berline G35 tandis que les jambes élastiques de la suspension avant sont nouvelles. Pour assurer une bonne tenue en virage, des pneus de 20 pouces sont de série dans le FX45 et en option dans le FX35, la version plus économique dotée de l'incontournable moteur V6 3,5 litres de 280 chevaux.

Voiture sport?

Il est également impossible de confondre la Murano avec le FX45 en ce qui concerne le comportement routier. Après quelques mètres sur la route, j'avais presque la sensation d'être au volant d'une voiture sport; de plus, la sonorité de l'échappement n'a rien à voir avec celle d'un utilitaire et la direction est plus ferme que la moyenne. D'ailleurs, il faut moins de 7 secondes pour boucler le 0-100 km/h. La tenue de route est également très sportive. Chez Infiniti, ce modèle est présenté comme un véhicule «pratiquement sans roulis dans les virages».

Comme vous pourrez le lire dans la page précédente, Jacques Duval a prouvé le contraire. Malgré tout, il est possible d'aborder les virages les plus intimidants avec assurance et à grande vitesse. Sur un parcours sinueux et parsemé de pièges, le FX a franchi tous les obstacles avec aplomb! Malheureusement, cette suspension très rigide risque de devenir un irritant majeur sur nos routes.

Et le FX35 à moteur V6 moins puissant? Je croyais que la différence entre ces deux modèles allait être importante compte tenu d'un déficit de 35 chevaux en fait de puissance. Ce ne fut pas le cas. Il est moins rapide, mais dans les virages très serrés, le cadet de la famille m'a semblé plus agile et plus maniable.

Infiniti a donc tenu parole. L'agrément de conduite, les performances et le comportement routier sont les qualités majeures de ce véhicule. Et, en plus, le caractère pratique de ce *hatchback* cinq portes n'est pas à dédaigner.

Denis Duquet

▲ POUR
• Performances sportives • Tenue de route impressionnante • Version FX35 à considérer • Silhouette inhabituelle

▼ CONTRE
• Pneumatiques 20 pouces uniques • Suspension très ferme • Coffre étroit • Pneus d'hiver peu courants • Consommation élevée

Un an plus tard

La voiture de l'année du *Guide de l'auto 2003* a connu un succès sans précédent dans l'histoire d'Infiniti. Louangée par l'ensemble de la presse automobile, la G35 est devenue la berline sport à la mode. Après l'avoir conduite pendant six mois et jusqu'aux premières neiges du dernier hiver, j'ai finalement obtenu la réponse à la question la plus souvent posée au sujet de cette voiture. Avec sa propulsion, peut-elle passer l'hiver sans donner des sueurs froides à son conducteur en se livrant à des exercices de dérapage peu contrôlables ? La réponse dans les lignes qui suivent.

Bien que les acheteurs de la première heure se soient montrés généralement satisfaits de la voiture, Infiniti n'entend pas se reposer sur ses lauriers et la version 2004 de la G35 peut compter sur un certain nombre de changements ou d'ajouts qui devraient lui permettre de conserver sa popularité. D'abord, des roues de 17 pouces sont désormais de série dans tous les modèles. Ils rehaussent la tenue de route d'une coche sans grande pénalité côté confort. La version 6MT (boîte manuelle 6 rapports) avec l'intérieur en cuir se voit dotée d'un différentiel autobloquant sans supplément de prix. Au rayon des accessoires de luxe, toutes les G35 reçoivent des rétroviseurs chauffants (à l'extérieur bien sûr), un lecteur CD six disques amélioré (plus rapide) et un dispositif de contrôle de la pression des pneus en tout temps.

Rien, semble-t-il, n'a été fait pour prolonger la durée des plaquettes de freins, une critique formulée par un certain nombre de conducteurs de G35 dont quelques-uns n'ont pu dépasser les 17 000 km avec les plaquettes d'origine. D'autres ont souligné que le revêtement de la console centrale était trop vulnérable aux égratignures. À part ça, peu de plaintes, sauf des cas isolés justifiables ou non…

Six mois de plaisir… et l'hiver !

Le Guide de l'auto peut témoigner aussi de la qualité de cette Infiniti puisque nous avons eu le loisir d'en conduire une pendant plus de six mois, sans que rien ne flanche ou donne le moindre signe d'usure. Et maintenant, la réponse à la question fatidique ! La G35 n'est évidemment pas la reine des neiges et sa propulsion l'oblige à chausser d'excellents pneus d'hiver. Comme on pourra le lire dans notre « match de la glisse » en première partie de cet ouvrage, le système antipatinage de la voiture n'est pas le meilleur sur le marché. Son intervention se révèle quelquefois un peu tardive

pour être efficace et le bruit de castagnettes qui accompagne son fonctionnement me paraît hors normes pour une berline qui flirte avec le luxe. Même l'ABS pourrait être, lui aussi, plus discret.

Si Infiniti a pu offrir la G35 à un prix aussi alléchant, il a bien fallu que l'on coupe quelque part et je ne serais pas surpris que ce soit du côté des aides électroniques à la conduite. Oui, la voiture peut sortir en hiver sans trop chatouiller les congères, mais prenez soin de la chausser de bonnes bottines adhérentes.

Le modèle essayé sur plus de 8000 km était équipé de la transmission automatique que je préfère nettement à la boîte manuelle à six rapports qui est venue s'ajouter au catalogue en milieu d'année. À moins d'être un inconditionnel du passage manuel des vitesses, vaut mieux opter pour l'automatique. Comme dans le coupé G35 ou la Nissan 350Z, la boîte manuelle est coriace et son maniement n'est pas particulièrement plaisant.

Rappelons en passant que nos accolades à cette Infiniti ont été le résultat non seulement d'un essai prolongé mais aussi d'un match comparatif (voir *Le Guide de l'auto 2003*) qui a permis à la G35 de sortir victorieuse d'une confrontation avec la Cadillac CTS et, surtout, avec la berline sport la plus acclamée au monde, la BMW 330i. Pour une débutante, ce fut un exploit peu commun.

CARACTÉRISTIQUES

Prix du modèle à l'essai	Groupe Privilège 42 000 $
Échelle de prix	39 400 $ à 46 900 $
Garanties	4 ans 100 000 km / 6 ans 100 000 km
Emp. / Long. / Larg. / Haut. (cm)	285 / 474 / 175 / 147
Poids	1536 kg
Coffre / Réservoir	419 litres / 76 litres
Coussins de sécurité	frontaux et latéraux
Suspension avant	indépendante, leviers transversaux
Suspension arrière	multibras, barres stabilisatrices
Freins av. / arr.	disque ventilé, ABS
Antipatinage / Contrôle de stabilité	oui
Direction	à crémaillère, assistée
Diamètre de braquage	11,0 mètres
Pneus av. / arr.	215/55R17

MOTORISATION ET PERFORMANCES

Moteur	V6 3,5 litres
Transmission	propulsion, automatique 5 rapports
	+ mode manuel
Puissance	260 ch à 6000 tr/min
Couple	260 lb-pi à 4800 tr/min
Autre(s) moteur(s)	aucun
Autre(s) transmission(s)	manuelle 6 rapports
Accélération 0-100 km/h	7,1 secondes
Reprises 80-120 km/h	5,9 secondes
Vitesse maximale	240 km/h (limitée)
Freinage 100-0 km/h	39,2 mètres
Consommation (100 km)	10,8 litres (super)

MODÈLES CONCURRENTS

- Audi A4 3,0 • BMW 330i • Cadillac CTS
- Jaguar X-Type • Lexus IS 300 • Saab 9³ • Volvo S60

QUOI DE NEUF ?

- *Deux nouvelles couleurs • Rétroviseurs chauffants*
- *Jantes de 17 pouces • Contrôle de pression des pneus*
- *Lecteur CD plus rapide*

Renouvellement du modèle	n.d.

VERDICT

Agrément de conduite	★★★★☆
Fiabilité	★★★⯪☆
Sécurité	★★★★☆
Qualités hivernales	★★⯪☆☆
Espace intérieur	★★★★☆
Confort	★★★⯪☆

VERSION RECOMMANDÉE

Groupe Privilège

Le moteur et le châssis figurent pour beaucoup dans le comportement de la voiture. Son V6 de 3,5 litres est d'une belle vivacité et répond prestement à toute sollicitation de l'accélérateur. Les performances que l'on en tire sont fort respectables et la consommation très raisonnable. Quant au châssis, la G35, comme la Nissan 350Z, est montée sur la plate-forme FM (pour Front Midship) utilisée dans plusieurs modèles du constructeur nippon. Celle-ci a la particularité de placer le moteur en position centrale avant afin de favoriser une meilleure répartition du poids. Par son bel équilibre et sa rigidité, ce châssis procure une tenue de route très enviable en même temps qu'un confort appréciable. Pour l'auteur de ces lignes, la plus grande qualité de la G35 vient justement de ce châssis qui vous donne l'impression de rouler dans une voiture qui serait passée par l'Allemagne plutôt que par le Japon avant de prendre son envol. Elle a du caractère et tranche carrément avec tout ce que l'industrie automobile japonaise nous a offert jusqu'à maintenant.

Nos nombreux essayeurs de l'an dernier n'avaient pas manqué non plus de souligner que l'espace intérieur de la voiture est beaucoup plus hospitalier que celui de ses rivales. On avait aussi vanté son rapport qualité/prix et la générosité de ses équipements de série : climatisation à deux zones, phares au xénon, lecteur CD six disques au tableau de bord, dossier de banquette arrière inclinable, etc. Seul le freinage s'est montré un peu juste tandis que l'aménagement intérieur s'en est tiré sans autre critique qu'une ergonomie détestable ou du moins peu habituelle.

Bref, l'Infiniti G35 méritait pleinement son titre de « voiture de l'année » (que la compagnie n'a pas eu la décence de réclamer), coiffé cette fois d'un léger bémol pour son comportement sur route enneigée. En dernière heure, nous apprenons qu'Infiniti offrira bientôt la traction intégrale en option, une décision qui permettra d'éliminer certaines des critiques formulées plus haut au sujet de la G35.

Jacques Duval

▲ POUR

- Agrément de conduite assuré • Bon comportement routier • Places arrière spacieuses • Une allemande *made in Japan*

▼ CONTRE

- Aptitudes hivernales limitées • Faible visibilité arrière • Usure rapide des freins • Ergonomie discutable • Antipatinage bruyant

Indécis, lisez ceci

Si vous hésitez entre acquérir un coupé ou une berline G35 d'Infiniti, posez-vous la question suivante : en échange d'un profil plus provocateur, d'une tenue de route un peu plus tenace et d'un freinage plus acharné, suis-je prêt à sacrifier la douceur, le confort, les deux places additionnelles et le coffre à bagages deux fois plus spacieux de celle que *Le Guide de l'auto* a hissée l'an dernier au titre de voiture de l'année ? Dans mon cas, la réponse serait non et je peux justifier ce choix puisque j'ai roulé plus de trois mois dans la berline G35 l'an dernier et que j'ai eu l'occasion de conduire abondamment le coupé de la même cuvée.

Bref, il ne serait pas faux de dire qu'autant j'ai été séduit par la G35 quatre portes, autant sa version amputée de deux portières m'a fait déchanter. D'habitude, inconsciemment, on s'attend toujours à beaucoup mieux d'un coupé que d'une berline, sauf que, dans le cas présent, Infiniti a frappé dans le mille le premier coup et s'est un peu emmêlée dans le second. Pourquoi ? Tout simplement parce qu'il est toujours plus agréable de découvrir dans une voiture des qualités que l'on ne soupçonnait pas que de ne pas trouver son compte dans un modèle présumé supérieur à celui dont il est dérivé.

Oui, je sais, je n'ai pas dit un mot des 20 chevaux supplémentaires du coupé G35 par rapport à la berline, mais sachez que cette puissance accrue est carrément introuvable. Surtout avec l'exécrable boîte de vitesses manuelle à six rapports que ce modèle partage avec la Nissan 350Z. Dommage qu'il

n'existe par un véritable équivalent français du terme anglais *notchy* qui décrit tellement bien la course du levier de vitesses. Non seulement l'embrayage manque de progressivité, mais on doit composer avec un levier au guidage difficile et rugueux. Si je devais me résoudre à conduire une Infiniti G35 coupé, je choisirais sans hésiter la transmission automatique, au risque de me faire traiter de débile.

Parlons accélérations

La boîte manuelle est non seulement d'usage peu agréable, mais aussi mal étagée. On dira ce que l'on voudra sur les temps d'accélération de Pierre, Jean, Jacques, mais il n'en demeure pas moins que la voiture est incapable de boucler le 0-100 km/h sous la barre des 7 secondes parce qu'il faut obligatoirement enclencher le troisième rapport (autrement le rupteur coupe l'alimentation) autour de 96 km/h. D'où un 0-60 mph (milles à l'heure) très enviable (autour de 6 secondes)

mais un 0-100 km/h ruiné. D'accord, une voiture possède d'autres qualités que ses accélérations. Il y a notamment le confort qui, entre vous et moi, n'est pas terrible dans le coupé G35. La tenue de route, en revanche, s'avère impressionnante. Vérifiée avec et sans l'antipatinage, la voiture sous-vire raisonnablement avec l'assistance électronique alors qu'elle se montre plus facile à mettre en dérapage sans l'aide du système. Cela dit, elle reste parfaitement en équilibre du moment que l'on joue un peu du volant et les pneus montrent une bonne adhérence. Qu'importe la vitesse, la tenue de cap demeure sans problème et le châssis possède toute la rigidité voulue sur mauvaise route. Les freins Brembo à étriers jaunes (encore un emprunt à la 350) impressionnent aussi par leur force de ralentissement.

La boîte de vitesses manuelle n'est pas la seule à blâmer pour les performances ordinaires du coupé G35. Dans la voiture mise à l'essai, on avait l'impression que le V6 3,5 litres de 280 chevaux était bridé et manquait de souffle à haut régime. Bref, la berline conduite sur plus de 6000 km avec sa transmission automatique était pas mal plus en verve. Louons par ailleurs la faible consommation de ce gros V6 qui sait se contenter en moyenne de 10 litres aux 100 km, ce qui est assez remarquable.

Prix du modèle à l'essai	manuelle 6 rapports 47 000 $
Échelle de prix	45 000 $ à 47 000 $
Garanties	4 ans 100 000 km / 6 ans 100 000 km
Emp. / Long. / Larg. / Haut. (cm)	285 / 463 / 181 / 139
Poids	1557 kg
Coffre / Réservoir	221 litres / 76 litres
Coussins de sécurité	frontaux, latéraux et tête
Suspension avant	indépendante, liens multiples
Suspension arrière	indépendante, multibras
Freins av. / arr.	disque ventilé, ABS
Antipatinage / Contrôle de stabilité	oui
Direction	à crémaillère, assistance variable
Diamètre de braquage	11,4 mètres
Pneus av. / arr.	225/40R18 / 245/45R18

MOTORISATION ET PERFORMANCES

Moteur	V6, 3,5 litres
Transmission	propulsion, manuelle 6 rapports
Puissance	280 ch à 6200 tr/min
Couple	270 lb-pi à 4800 tr/min
Autre(s) moteur(s)	aucun
Autre(s) transmission(s)	automatique 5 rapports
Accélération 0-100 km/h	7,2 secondes
Reprises 80-120 km/h	6,1 secondes
Vitesse maximale	250 km/h
Freinage 100-0 km/h	36,9 mètres
Consommation (100 km)	10 litres (super)

L'ergonomie encore et toujours

L'ergonomie, qui n'est déjà pas le fort de la berline, semble encore plus déroutante dans le coupé. Les réglages de sièges et de rétroviseurs continuent de jouer à cache-cache, le fonctionnement de l'ordinateur de bord n'est toujours pas facile à assimiler et le conducteur d'un coupé doit composer en plus avec une ceinture de sécurité difficile à attraper et avec des porte-verres placés beaucoup trop à l'arrière de la console pour être utilisables. Et les plus tatillons trouveront que les deux portières sont très encombrantes et la visibilité de trois quarts arrière plutôt moche. À propos, si l'on fixe le panneau de caisse arrière, on arrivera à lui trouver une certaine ressemblance avec l'ancienne Nissan 300ZX Turbo. Pas vilain.

Pour ce qui est de la banquette arrière, on peut exclure cette Infiniti G35 de la catégorie des coupés quatre places. Des passagers de petite taille arriveront toujours à s'y installer, mais ce n'est pas le genre de punition à imposer à vos enfants, à moins qu'ils insistent. Le coffre n'est pas immense, mais très acceptable dans les conditions. Les sièges avant offrent par ailleurs un grand confort et font leur part pour assurer une bonne position de conduite. Bien sûr, le volant réglable solidaire du bloc des instruments est un atout à ce chapitre.

Comme vous, j'aurais cru que le coup de cœur éprouvé l'an dernier pour la berline G35 ne ferait que s'accélérer en conduisant le coupé. Or, le miracle ne s'est pas produit. Cela ne fait pas du coupé G35 une mauvaise voiture pour autant, mais cela permet de constater que l'appréciation totale d'une automobile passe par toute une série de petits détails. Bref, avec sa capacité d'étonner, la berline m'a plu davantage que le coupé.

Jacques Duval

MODÈLES CONCURRENTS

• BMW 330 Ci • Chrysler Crossfire • Mazda RX-8
• Mercedes-Benz CLK320 • Volvo C70

QUOI DE NEUF ?

• Aucun changement majeur • Nouvelles couleurs

Renouvellement du modèle	n.d.

VERDICT

Agrément de conduite	★★★★☆
Fiabilité	★★★★☆
Sécurité	★★★★☆
Qualités hivernales	★★★☆☆
Espace intérieur	★★★☆☆
Confort	★★★☆☆

VERSION RECOMMANDÉE

Automatique

▲ POUR

• Très bonne tenue de route • Freinage puissant • Direction agréable • Faible consommation • Bonne position de conduite

▼ CONTRE

• Moteur peu expressif à haut régime
• Boîte manuelle désagréable • Confort moyen
• Ergonomie déroutante

Entre deux chaises

Infiniti a porté secours à son unique berline intermédiaire en introduisant, l'an dernier, la sportive G35 et la plus puissante et plus luxueuse M45. Mais la première fait si bien le bonheur des acheteurs et la seconde fait si bien le pont avec la Q45 qu'on se demande ce qu'il reste comme part de marché à l'I35, une version au sang bleu de la Nissan Maxima.

roniquement, les deux principales rivales de l'I35 ont le même problème : l'Acura TL, en version berline, cherche encore une niche pour s'y faire une réputation, tandis que la Lexus ES 330 ne se distingue pas réellement de la Toyota Camry, dont elle est une descendante directe.

Introduite en 2002 sous sa forme actuelle, l'I35 a eu droit l'an dernier à quelques modifications dans l'habitacle. À l'extérieur, aucun changement n'a été apporté depuis que l'I30 lui a cédé le plancher. Sa ressemblance avec la Q45, le porte-étendard d'Infiniti lancé la même année, s'exprime dans ses phares oblongs et sa calandre à l'horizontale. Le renouvellement de ce modèle est prévu pour l'année prochaine, ce qui explique qu'on le retrouve cette année pratiquement inchangé.

Entre-temps, Infiniti a complètement changé de philosophie dans la conception de ses véhicules, isolant l'I35 du reste de la gamme ; elle est la seule berline Infiniti à traction et à vocation strictement luxueuse.

Pour l'instant, on a le choix entre deux versions : l'I35 de Luxe et l'I35 Sport. La première propose un équipement de série très complet, incluant un système de contrôle de traction, des phares au xénon et de larges jantes de 17 pouces. À l'intérieur, les sièges avant à réglage électrique sont chauffants et la sonorisation est prise en charge par une chaîne Bose à sept haut-parleurs avec chargeur de six disques compacts. Notez qu'il s'agit de l'une des meilleures chaînes audio offertes de série dans des berlines de ce type.

L'I35 Sport ajoute à cet ensemble une suspension à caractère sportif, un système électronique de répartition du freinage, des jantes en alliage différentes et des pneus plus performants à cote V.

Dans les deux cas, la décoration de l'intérieur démontre un rigoureux effort de gestion de l'instrumentation. Les ingénieurs qui ont dessiné le tableau de bord ont un sens de l'humour assez tordu, semble-t-il. Assez pour jouer à cache-cache avec le conducteur, dissimulant certaines touches de commande derrière le volant ou carrément sous la planche de bord. C'est dans un état de surprise un peu tardif que votre humble serviteur a plus ou moins accidentellement mis l'index sur l'interrupteur opé-

rant le volant chauffant, logé à côté des commandes de mémorisation de la position du siège du conducteur.

En revanche, le rangement est remarquablement généreux. Le coffre, l'un des plus spacieux de son segment, est très profond et son accès n'est pas encombré, contrairement à plusieurs, par un pare-chocs surélevé ou par un capot mal conçu. Mais à ce chapitre, les Américains dominent toujours. Jetez un coup d'œil au volume du coffre d'une Chrysler 300M !

Déjà vu

L'I35, comme l'indique son appellation, est équipée du V6 de 3,5 litres comme la plupart des véhicules Nissan et Infiniti. Sa configuration est semblable à celle de la Maxima, à 255 chevaux, ce qui fait de l'Infiniti la plus puissante berline parmi ses concurrentes directes, abstraction faite de l'Acura TL Type S, qui fait osciller le compteur à 260 chevaux.

Sa boîte automatique à quatre rapports est par contre totalement dépassée par la situation et ne contribue pas à réduire la consommation d'essence du six cylindres. Ce V6 est peut-être parmi les plus fiables et les plus durables, mais il figure aussi dans le peloton de tête des plus gros consommateurs de carburant.

Si ces facteurs sont importants pour vous, vous préféreriez sans doute vous tourner vers

CARACTÉRISTIQUES

Prix du modèle à l'essai	43 600 $
Échelle de prix	39 700 $ à 43 600 $
Garanties	4 ans 100 000 km / 6 ans 110 000 km
Emp. / Long. / Larg. / Haut. (cm)	275 / 492 / 178 / 144
Poids	1495 kg
Coffre / Réservoir	422 litres / 70 litres
Coussins de sécurité	frontaux et latéraux
Suspension avant	indépendante, jambes de force
Suspension arrière	indépendante, multibras
Freins av. / arr.	disque à antiblocage
Antipatinage / Contrôle de stabilité	oui
Direction	à crémaillère, assistée
Diamètre de braquage	12,2 mètres
Pneus av. / arr.	215/55R17

MOTORISATION ET PERFORMANCES

Moteur	V6 3,5 litres
Transmission	traction, automatique 4 rapports
Puissance	255 ch à 5800 tr/min
Couple	246 lb-pi à 4400 tr/min
Autre(s) moteur(s)	aucun
Autre(s) transmission(s)	aucune
Accélération 0-100 km/h	7,5 secondes
Reprises 80-120 km/h	6,1 secondes
Vitesse maximale	230 km/h
Freinage 100-0 km/h	48,8 mètres
Consommation (100 km)	11,0 litres (super)

MODÈLES CONCURRENTS

- Acura TL • Chrysler 300M • Lexus ES 330 • Lincoln LS
- Volvo S60

QUOI DE NEUF ?

- Aucun changement majeur

Renouvellement du modèle	2005

VERDICT

Agrément de conduite	★★☆☆☆
Fiabilité	★★★★☆
Sécurité	★★★★☆
Qualités hivernales	★★★★☆
Espace intérieur	★★★☆☆
Confort	★★★★☆

VERSION RECOMMANDÉE

Sport

la G35 qui, avec le même moteur et une boîte automatique à cinq rapports, vous permettra de profiter d'un peu plus de puissance et d'agrément de conduite.

Car il va sans dire que l'I35 n'est pas un exemple de conduite sportive, voire de conduite agréable. Son but avoué n'est plus de concurrencer les européennes au tempérament bagarreur comme la Série 3 de BMW ou la Classe C de Mercedes-Benz. La G35 s'en charge très bien. C'est lors de longs trajets d'autoroute que les qualités de l'I35 sont mises en valeur et non sur les routes secondaires plus sinueuses.

La combinaison d'une direction paresseuse à une suspension qui n'a aucun nerf donne l'impression de rouler sur de la ouate. Les accélérations sont rapides et les reprises vous mettent en confiance lors de dépassements, mais ne comptez pas sur l'ensemble Sport pour vous griser dans les courbes. Le roulis est important et les pneus perdent beaucoup d'adhérence lorsqu'ils ont affaire à un pavé inégal. La suspension n'est pas réglée pour éviter le sautillement que provoquent les imperfections de la route, ce qui n'est jamais bienvenu en virage. En fait, on a parfois l'impression que la caisse réagit toujours avec une seconde de retard sur le reste du véhicule.

À l'an prochain !

L'introduction dans la gamme Nissan d'une nouvelle Maxima plus puissante et complètement redessinée signifie qu'on doit s'attendre sous peu à des changements du côté de l'I35. Propulsion et performance étant les deux mots clés pour Infiniti, le constructeur japonais ouvre la voie à l'interrogation suivante : l'I35 2005 sera-t-elle une autre copie plus léchée de la Maxima ou aura-t-on droit à une intermédiaire à propulsion qui provoquera le même impact dans son créneau que la G35 l'année dernière ? Avouez que vous avez hâte de connaître la réponse…

Alain Mc Kenna

▲ POUR

- Spacieuse • Liste d'accessoires exhaustive
- Excellente routière
- Mécanique puissante

▼ CONTRE

- Conduite inégale • Style désintéressant
- Consommation d'essence
- Large diamètre de braquage

Un faux pas de Nissan

Depuis le lancement très réussi de la G35, la direction d'Infiniti donne – enfin – l'impression de savoir où elle va et ce que nous, consommateurs, voulons. Seul faux pas : l'idée d'insérer la M45 au sein de son alignement partant. Une automobile destinée à un créneau assez confidentiel, mais indispensable paraît-il pour faire le pont avec son haut de gamme, la Q45.

Avant la tenue de l'édition 2002 du Salon automobile de New York, à peu près personne n'avait entendu parler de la M45. D'où pouvait bien sortir ce véhicule qui, au premier coup d'œil, ressemblait à une réincarnation de la Ford LTD avec son immense calandre nickelée et ses formes équarries ? Une « auto de vieux » aux yeux de mon fils de neuf ans.

Quand vient le moment de raconter l'origine de tel ou tel modèle, l'industrie automobile japonaise agace tellement la presse avec sa mémoire pleine de trous qu'on se demande si elle ne fait pas exprès. Cela dit, de la M45, la direction d'Infiniti reconnaît, sans trop donner de détails toutefois, qu'elle circule depuis quelques années déjà sur les routes de l'archipel sous les traits de deux berlines : Cedric et Gloria. La première vise une clientèle bourgeoise, alors que la seconde s'adresse aux amateurs de conduite sportive. Ce que la marque de prestige de Nissan ne dit pas, c'est que les Cedric et Gloria partagent aussi leur plate-forme avec une autre berline, la Leopard XV.

Et celle-ci ne nous est pas inconnue. En effet, ce modèle a tenté sans succès de s'imposer en Amérique du Nord, sous l'appellation Infiniti J30.

Alors, on nous sert du réchauffé ? Non, puisque depuis qu'elle a quitté nos terres, la J30 a fait l'objet d'une refonte complète. C'est donc dire que la M45 a très peu à voir avec le modèle que nous avons connu.

Avec ses 5009 mm de long, la M45 est du format des Audi A6, Jaguar S-Type et Lexus GS. Ce sont d'ailleurs les cibles visées par la nouvelle Infiniti. Consciente que son blason n'est pas le plus couru, la M45 entend attirer l'attention non seulement avec son tarif, inférieur à tout ce que produit la concurrence, mais aussi en apportant à cette catégorie une noblesse mécanique (un moteur V8) qui n'existe que dans la gamme supérieure.

Et, bonne nouvelle, à ce prix, on retrouve à peu près tout ce qu'une berline de luxe peut offrir y compris des baquets avant ventilés… Un seul groupe d'options est inscrit au catalogue et consiste en un système de navigation (DVD) et un régulateur de vitesse au laser qui

maintient une distance sécuritaire avec le véhicule qui vous précède. Tout le reste est de série.

Si on se trouve bien gâté du côté des accessoires, on trouve beaucoup à redire sur l'habitabilité de ce véhicule. Et pour cause, son volume intérieur est inférieur à celui d'une compacte… Pas étonnant que l'on se sente si à l'étroit. Et ce qui n'arrange rien pour le conducteur, c'est que le baquet, en dépit de ses multiples ajustements électriques, ne permet pas d'élever ou d'abaisser l'assise pour gagner un peu de confort. Soulignons en revanche que la colonne de direction, elle, est réglable sur deux axes (hauteur et profondeur). À l'arrière, compte tenu du tunnel de transmission, les passagers sont reçus par une banquette dessinée pour deux. On peut toujours se consoler en songeant que nos bagages non plus ne voyagent pas en première classe. Le coffre n'est guère plus accueillant et pis encore, il est impossible de rabattre le dossier de la banquette pour accroître le volume de chargement.

À la puissance 8

Au contact, le moteur V8 de 4,5 litres met immédiatement en jambes ses 340 chevaux. Un bloc à la fois doux, tonique et silencieux qui, allié à une transmission semi-automatique à cinq rapports, correspond bien à l'esprit de

CARACTÉRISTIQUES

Prix du modèle à l'essai	*67 000 $*
Échelle de prix	*62 000 $ à 67 000 $*
Garanties	*4 ans 80 000 km / 5 ans 100 000 km*
Emp. / Long. / Larg. / Haut. (cm)	*280 / 501 / 177 / 146*
Poids	*1761 kg*
Coffre / Réservoir	*375 litres / 81 litres*
Coussins de sécurité	*frontaux et latéraux (avant)*
Suspension avant	*indépendante, jambes de force*
Suspension arrière	*indépendante, multibras*
Freins av. / arr.	*disque*
Antipatinage / Contrôle de stabilité	*oui*
Direction	*à crémaillère, assistée*
Diamètre de braquage	*12,2 mètres*
Pneus av. / arr.	*235/45R18*

MOTORISATION ET PERFORMANCES

Moteur	*V8 4,5 litres*
Transmission	*propulsion, automatique 5 rapports*
Puissance	*340 ch à 6400 tr/min*
Couple	*333 lb-pi à 3400 tr/min*
Autre(s) moteur(s)	*aucun*
Autre(s) transmission(s)	*aucune*
Accélération 0-100 km/h	*6,6 secondes*
Reprises 80-120 km/h	*5,4 secondes*
Vitesse maximale	*250 km/h*
Freinage 100-0 km/h	*38,5 mètres*
Consommation (100 km)	*13,6 litres (super)*

MODÈLES CONCURRENTS

• Lexus GS 430 • Mercury Marauder

QUOI DE NEUF ?

• Aucun changement majeur

Renouvellement du modèle	*n.d.*

VERDICT

Agrément de conduite	★★★★☆
Fiabilité	★★★★☆
Sécurité	★★★★★
Qualités hivernales	★★★☆☆
Espace intérieur	★★★☆☆
Confort	★★★★☆

VERSION RECOMMANDÉE

Avec ou sans système de navigation ?

la M45. Bien sûr, il a 1761 kilos à pousser (seulement 57 kilos de moins qu'une Q45), mais ce V8 fait très bonne figure sur le plan des accélérations et des reprises.

Première impression sur le terrain : la direction. Dieu qu'elle est lourde ! Sur les voies rapides, on s'en accommode, mais à basse vitesse on regrette qu'elle ne soit pas plus légère, plus fluide. Cette critique est d'autant plus justifiée que les manœuvres de stationnement sont déjà bien assez difficiles au volant de cette berline au diamètre de braquage particulièrement énorme. Telle la ligne, le comportement routier est d'une autre époque.

La M45 prend peu de roulis et s'avère stable et relativement neutre. En revanche, elle ne filtre pas correctement les bosses et le manque d'amortissement pénalise la précision sur mauvaise route. La monte pneumatique – des 235/45R18 – n'est certainement pas étrangère à cette fermeté. Néanmoins, on cède rapidement à la tentation de la malmener. Ce faisant, on constate que cette Infiniti ne

parvient pas à offrir un comportement aussi dynamique qu'une Série 5 ou qu'une S-Type. Et dès que la route se met à dessiner des lacets, son poids élevé se fait aussitôt sentir. Les freins avouent alors une endurance perfectible, la direction se durcit encore davantage, les suspensions semblent parfois se figer, comme si elles étaient prises à contre-temps, et le dispositif antidérapage (VDC) intervient non seulement de façon marquée, mais aussi trop rapidement.

Confort, connais pas

Très bien motorisée, particulièrement bien équipée, correctement finie et vendue à prix très compétitif, la M45 voit son bilan s'assombrir quand vient le moment d'aborder la question du confort. Dans ce domaine, on trouve mieux ailleurs.

Éric LeFrançois

▲ POUR

• Moteur qui a du cœur au ventre
• Équipement complet • Prix compétitif
• Finition sans reproche

▼ CONTRE

• Silhouette des années 1970
• Direction inutilement lourde • Ergonomie perfectible • Dégagement intérieur

Chauffeur en option

Rares sont les voitures pour lesquelles nous vous recommanderons de vous laisser conduire. Et rares sont les voitures de luxe qui passent tellement inaperçues que nous les recommanderons aux dirigeants d'entreprises – et aux politiciens – qui veulent avoir l'impression de « rouler en Rolls » sans que les journalistes et les jaloux les accusent de « rouler en Jaguar ».

Que ce soit par dessein ou par un malheureux hasard, l'Infiniti Q45 compte parmi ces voitures au luxe abondant visible seulement de l'intérieur, car affublée d'une ligne tellement banale qu'un ami qui la voyait garée dans mon entrée me fit le commentaire : « On dirait une grande Hyundai ! » Aïe ! Ça fait mal quand vous avez casqué 85 000 tomates pour le fleuron de la gamme Infiniti, une voiture qui cherche à se classer parmi « les grands » et qui fait étalage d'un équipement exceptionnel.

Recherchons pedigree

Le cas de l'Infiniti Q45 illustre d'ailleurs le dilemme des constructeurs japonais. Capables de produire de voitures de très haut niveau, que ce soit dans la classe des voitures sport ou des berlines de grand luxe, les constructeurs nippons font face au problème – disons-le – du snobisme. En effet, l'acheteur d'une voiture de ce prix cherche, outre le luxe et les performances, à acquérir de la notoriété, cette notion abstraite qui nous fait préférer par

exemple une Rolex à une Timex, même si les deux fournissent exactement le même service de base : indiquer l'heure. Sans être philosophe, je dirais que c'est généralement dans la nature humaine de vouloir se distinguer de la masse en se parant de bijoux, d'habits griffés ou d'une voiture qui dit clairement : « Regardez-moi, comme j'ai bien réussi. »

Et c'est précisément ce qui manque aux constructeurs japonais : le pedigree. Mais comment faire pour l'acquérir, ce damné pedigree ? Pas facile puisqu'il est impossible de remonter dans le temps pour se donner une histoire, un passé distingué ou glorieux. Restent donc le présent et l'avenir. Et c'est là où intervient le génie du designer dont le mandat consiste à créer le sacro-saint pedigree par un design tellement frappant qu'il fera oublier ce passé inexistant. Pour cela, il faut de la créativité et un design du tonnerre, ce qui n'est pas le fort des constructeurs japonais.

Sauf que, ces derniers temps, un certain Nissan nous a servi quelques créations qui ont fait recette, que ce soit la fourgonnette Quest et son habitacle *flyé*, la Maxima et son dessin

original, le Murano qui fait un malheur parmi les utilitaires sport, la 350Z qui n'est pas moche, même si elle ne rappelle en rien la première Z, et – surprise, surprise – le superbe coupé Infiniti G35, sans oublier les nouveaux FX35 et FX45.

Il ne nous reste plus qu'à espérer pour l'avenir de la triste Q45 que le vent de fraîcheur insufflé par le design Renault à la gamme Nissan/Infiniti finira par la rejoindre. En attendant, nous allons nous contenter de cette « grande Hyundai », mais voici quand même quelques commentaires de la part de votre humble essayeur.

Mais quel moteur !

Propulsée par un superbe V8 de 4,5 litres, la Q45 bondit (littéralement) à la moindre sollicitation de l'accélérateur. Malgré les 1744 kilos, la Q45 peut tenir tête aux meilleures voitures sport du moment. La boîte automatique, si elle brille par des montées de vitesses imperceptibles, souffre d'un délai trop long lors des rétrogradations, défaut qui promet d'être corrigé sur la version 2004. Quant au freinage doublé de l'ABS, il est à la hauteur des attentes.

Si le brio du moteur laisse entrevoir des performances intéressantes, le reste de la voiture ne suit pas. Ne vous laissez donc pas berner par l'appellation Version Sport qu'utilise

Infiniti pour sa Q45 de base. La direction imprécise, les sièges n'offrant aucun soutien latéral et les dandinements de la caisse vous empêchent d'exploiter les 340 chevaux qui piaffent sous le capot. Avouons cependant que la Q45 n'est pas faite pour une clientèle sportive mais pour des automobilistes bien nantis, friands d'un confort relevé et du maximum d'accessoires de luxe. Et c'est sur ce dernier point que la Q45 excelle, notamment la version Prestige qui a fait l'objet de notre essai.

Sonorisation à réglage acoustique Bose, sièges climatisés (par les petits trou-trous du revêtement en cuir), système de navigation par satellite (avec instructions vocales en français), reconnaissance vocale pour une multitude de réglages – et ça marche ! – et deux cerises sur le sundae : la caméra de recul qui vous permet de voir juste derrière la voiture et de superbes fauteuils inclinables à l'arrière pour dorloter « au max » les heureux occupants qui disposent en outre de leurs propres commandes de climatisation et d'audio. Le tout offert dans un habitacle ultra insonorisé et doté d'une finition impeccable.

Évidemment, il faut ajouter à cette impressionnante liste d'accessoires la présence du régulateur de vitesse « intelligent » qui permet non seulement de garder la vitesse de croisière choisie, mais qui conserve aussi une distance sécuritaire par rapport à la voiture qui vous précède en ralentissant et même en freinant automatiquement lorsqu'il le faut.

En somme, une voiture qu'apprécieront bien plus les occupants des places arrière, surtout ceux qui souhaitent, pour une raison ou une autre, ne pas attirer l'attention. Notre recommandation à Infiniti : ajouter sur la liste des accessoires facultatifs : « chauffeur offert en option ».

Alain Raymond

▲ POUR

- Habitacle au design soigné • Excellente finition • Équipement très complet
- Moteur souple et puissant

▼ CONTRE

- Style anonyme et banal
- Direction imprécise
- Faible valeur de revente

Q45

CARACTÉRISTIQUES

Prix du modèle à l'essai	Prestige 85 500 $ (2003)
Échelle de prix	75 000 $ à 85 500 $ (2003)
Garanties	4 ans 100 000 km / 6 ans 110 000 km
Emp. / Long. / Larg. / Haut. (cm)	287 / 507 / 184 / 149
Poids	1744 kg
Coffre / Réservoir	385 litres / 81 litres
Coussins de sécurité	frontaux, latéraux et tête
Suspension avant	indépendante, jambes de force
Suspension arrière	indépendante, multibras
Freins av. / arr.	disque ABS
Antipatinage / Contrôle de stabilité	oui
Direction	à crémaillère, assistance variable
Diamètre de braquage	11,0 mètres
Pneus av. / arr.	245/45R18

MOTORISATION ET PERFORMANCES

Moteur	V8 4,5 litres
Transmission	propulsion, automatique 5 rapports
Puissance	340 ch à 6400 tr/min
Couple	333 lb-pi à 4000 tr/min
Autre(s) moteur(s)	aucun
Autre(s) transmission(s)	aucune
Accélération 0-100 km/h	7,2 secondes
Reprises 80-120 km/h	6,1 secondes
Vitesse maximale	250 km/h
Freinage 100-0 km/h	39,3 mètres
Consommation (100 km)	13,2 litres (super)

MODÈLES CONCURRENTS

- Audi A8 • BMW Série 7 • Cadillac Seville • Jaguar XJ8
- Lexus LS 430 • Mercedes-Benz E500 • Volkswagen Phaeton

QUOI DE NEUF ?

- Révision de la boîte automatique
- Système de navigation de série

Renouvellement du modèle	n.d.

VERDICT

Agrément de conduite	★★★☆☆
Fiabilité	★★★★☆
Sécurité	★★★★☆
Qualités hivernales	★★★☆☆
Espace intérieur	★★★☆☆
Confort	★★★★☆

VERSION RECOMMANDÉE

Prestige

COUP DE POING

Isuzu Axiom

Au revoir ? Adieu ?

Il y a des signes qui ne trompent pas. Lorsqu'un constructeur n'est pas en mesure de renouveler ses photos de presse année après année, lorsque toute question posée à propos d'un modèle ou de la marque n'obtient pas de réponse, il est presque assuré que ces produits ne seront pas de retour. Et pas besoin d'être Sherlock Holmes pour conclure que la marque Isuzu ne sera pas commercialisée au Canada en 2004 puisque le site de GM Canada réservé aux médias ne contient plus aucune information à propos de cette marque.

A u moment d'écrire ces lignes, les deux compagnies sont en pourparlers, mais les déboires cumulés des produits Isuzu au Canada ne permettent pas de se montrer très optimiste. Ce sera au mieux un au revoir de plusieurs mois afin d'établir une nouvelle stratégie de mise en marché et le développement de nouveaux modèles. Mais tout concorde pour que GM du Canada et Isuzu se disent « Adieu ! »

Autopsie d'un échec

Il serait facile de blâmer General Motors du Canada de ne pas avoir consacré suffisamment d'efforts à la commercialisation des utilitaires sport et camionnettes Isuzu au pays. Mais il faut également souligner que si ces produits sont distribués nationalement par les concessionnaires Saab-Saturn-Isuzu, cette dernière marque est autonome aux États-Unis. Donc, pas d'association corporative, mais des discussions d'égal à égal. En fait, des sources bien informées m'ont affirmé que les représentants d'Isuzu aux États-Unis n'ont jamais fait de concessions pour permettre à GM du Canada de mettre le paquet sur le plan de la commercialisation. Les arrivages de véhicules se faisaient au compte-gouttes, les prix étaient généralement peu compétitifs et les pièces de rechange souvent trop chères. Devant les doléances des représentants canadiens, leurs interlocuteurs leur répondaient qu'il se vendait plus de Rodeo en Californie que dans le Canada tout entier. C'était une façon polie de dire à GM du Canada d'aller se faire foutre.

Il faut de plus ajouter que certains modèles plus innovateurs tels que l'Axiom et le Rodeo Sport n'ont jamais traversé nos frontières. Et si Isuzu a toujours snobé le Canada, sa situation sur le marché des États-Unis n'est pas au beau fixe non plus. Ses ventes régressent et la compagnie ne semble pas être en mesure de stopper l'hémorragie, malgré l'arrivée de nouveaux modèles.

Si jamais par miracle Isuzu revenait sur le marché canadien en 2004, les deux modèles qui seraient retenus seraient sans doute le Rodeo et l'Ascender. D'ailleurs, ce sont ces modèles 2003 qui seront écoulés si jamais les deux parties ne sont pas en mesure de conclure une nouvelle entente.

Mauvaise tendance

Il ne faut pas attribuer non plus l'échec de cette marque au Canada à la mauvaise la qualité de ses produits. En général, les véhicules Isuzu sont solides, fiables et d'une finition sérieuse. Et même si sa silhouette et son habitacle ne sont pas d'un modernisme à tout casser, les révisions apportées l'an dernier permettent au Rodeo de soutenir la comparaison avec la concurrence. Sur le plan de la mécanique, c'est également correct puisque le V6 de 3,2 litres produit 205 chevaux, ce qui permet de boucler le 0-100 km/h en moins de 10 secondes. De plus, chose rare, il est même possible de coupler ce moteur V6 à une boîte de vitesses manuelle à cinq rapports. La course du levier est précise et l'étagement des rapports ajoute à l'agrément de conduite. Avec son rouage 4X4 à temps partiel, son châssis de type échelle et une garde au sol généreuse, le Rodeo se tire fort bien d'affaire en conduite hors route.

Malheureusement, la tendance du marché est davantage axée vers des VUS privilégiant le confort sur la route et un habitacle plus luxueux. Le Rodeo, bien que possédant de nombreuses qualités, n'a rien pour se démar-

CARACTÉRISTIQUES

Prix du modèle à l'essai	Rodeo LS 37 895 $ (2003)
Échelle de prix	32 885 $ à 42 785 $
Garanties	3 ans 60 000 km / 5 ans 100 000 km
Emp. / Long. / Larg. / Haut. (cm)	270 / 451 / 179 / 176
Poids	1890 kg
Coffre / Réservoir	933 à 2297 litres / 74 litres
Coussins de sécurité	frontaux
Suspension avant	indépendante, bras triangulaires
Suspension arrière	rigide, ressorts hélicoïdaux
Freins av. / arr.	disque ABS
Antipatinage / Contrôle de stabilité	non
Direction	à crémaillère, assistance variable
Diamètre de braquage	11,7 mètres
Pneus av. / arr.	245/70R16

MOTORISATION ET PERFORMANCES

Moteur	V6 3,2 litres
Transmission	4X4, automatique 4 rapports
Puissance	205 ch à 5400 tr/min
Couple	214 lb-pi à 3000 tr/min
Autre(s) moteur(s)	aucun
Autre(s) transmission(s)	manuelle 5 rapports
Accélération 0-100 km/h	9,2 secondes
Reprises 80-120 km/h	8,1 secondes
Vitesse maximale	180 km/h
Freinage 100-0 km/h	44,0 mètres
Consommation (100 km)	14,0 litres (ordinaire)

MODÈLES CONCURRENTS

- Chevrolet Blazer • Ford Explorer • GMC Jimmy
- Honda Pilot • Jeep Liberty • Kia Sorento
- Nissan Pathfinder • Toyota 4Runner

QUOI DE NEUF?

- Aucun changement pour 2004

Renouvellement du modèle	2004

VERDICT

Agrément de conduite	★★★☆☆
Fiabilité	★★★★☆
Sécurité	★★★☆☆
Qualités hivernales	★★★★★
Espace intérieur	★★★★☆
Confort	★★★☆☆

VERSION RECOMMANDÉE

Produit non vendu au Canada

---

quer à ce chapitre, d'autant plus que les efforts de commercialisation ont toujours été assez timides. Insérez le Rodeo dans la gamme Kia et cette compagnie va faire un malheur sur le marché. Dans le giron de GM, il s'agit d'un autre modèle, sans plus.

L'an dernier, l'Ascender devait faire son entrée sur notre marché en remplacement du Trooper, un gros 4X4 de luxe à bout de souffle. Malheureusement, ce modèle ne s'est jamais matérialisé. Si jamais quelques exemplaires ont été distribués dans le réseau canadien, ce fut un secret fort bien gardé. C'est dommage puisque ce modèle avait plusieurs qualités plaidant en sa faveur. Il s'agissait en fait d'une version dérivée des Chevrolet TrailBlazer et GMC Envoy. Il était donc équipé du même châssis autonome, du moteur six cylindres en ligne de 4,2 litres produisant 275 chevaux et d'un rouage intégral Torque on Demand exclusif à Isuzu. De plus, l'équipement de série était plus complet que celui des modèles commercialisés dans le réseau GM du Canada.

Cela n'aurait quand même pas été suffisant pour sortir Isuzu de l'ornière au Canada. Par exemple, pourquoi les gens se procureraient-ils un Ascender alors que les TrailBlazer et Envoy sont pratiquement identiques en plus de jouir d'une plus grande distribution et d'une meilleure réputation?

Il faut également ajouter que cette marque a tenté à plusieurs reprises de se faire une place au soleil dans le secteur des camionnettes légères. Le dernier modèle en lice étant le Hombre, dérivé des camionnettes Chevrolet S-10/GMC Sonoma. Encore là, c'était trop peu, trop tard puisque ce modèle, à part une appellation quelque peu exotique pour un pays du nord, ne se démarquait en rien des autres camionnettes sur le marché. Du moins certainement pas par le fait qu'il était assemblé au Mexique! Enfin, le Canada n'a jamais voulu du Axiom qui aurait pu connaître du succès.

Denis Duquet

▲ POUR

- Boîte manuelle agréable • Moteur bien adapté • Présentation extérieure améliorée
- Rouage 4X4 efficace

▼ CONTRE

- Disparition du marché • Direction trop assistée • Habitacle vieillot • Suspension trop ferme • Consommation élevée

Le charme anglais

Plus encore qu'une Mercedes ou qu'une BMW, une Jaguar est une voiture qui en impose. Le nom, la calandre et le « félin qui bondit sur le capot » de ces automobiles anglaises impressionnent. Si la X-Type connaît un début de carrière en dents de scie, la S-Type, elle, aidée il va sans dire par une refonte discrète, parvient toujours à détourner les habitués (et leur portefeuille) des marques allemandes et japonaises.

C'est bien connu, chez Jaguar l'esthétique prime, fût-ce au détriment de la fonctionnalité. Et la S-Type ne déroge pas à cette tradition. À preuve, regardez la ligne on ne peut plus fuyante du toit : élégante, sensuelle, rétro… Mais lorsque vous vous serez limé le cuir chevelu pour prendre place sur la banquette arrière, la trouverez-vous toujours aussi belle ? Et le coffre ! Peu profond, il ne doit son salut qu'au dossier de la banquette qui se rabat en deux parties. Voilà qui permet d'accroître le coffre dans le sens de la longueur. Mais pas dans sa hauteur, hélas bien réduite.

Au risque d'enfoncer le clou, ajoutons qu'on ne monte pas dans une Jaguar, on y descend. Et la S-Type ne fait pas exception. Les baquets, toujours ancrés aussi bas, et la ligne de la caisse, toujours dessinée aussi haute, vous donnent l'impression d'être à l'étroit. En revanche, au cours de la dernière année, la firme de Coventry a profondément revu l'habitacle de la S-Type. On ne s'en plaindra pas. Les loquets de fermeture des portes

inélégants, le petit tiroir encastré dans la console centrale et les commandes un peu frêles ont disparu. Tant mieux puisque c'est avant tout par son atmosphère qu'une Jaguar séduit et se distingue de ses rivales. On trouve cependant à redire sur l'emplacement de certaines commandes. Ainsi, il aurait été préférable que les commandes de la radio demeurent, comme autrefois, en amont de celles de la climatisation et que la commande du pédalier électrique soit plus visible (elle est liée à celle qui permet à la colonne de direction de pivoter sur deux axes).

Féline, mais pas très sportive

Sur le plan dynamique, la S-Type a beaucoup progressé et ses prestations routières, elles aussi, sont plus en accord avec celles auxquelles nous a habitués Jaguar. Le châssis, par exemple, a été rigidifié de 10 % et allégé d'une quarantaine de kilos alors que les éléments suspenseurs ont été complètement repensés. Ressorts, bagues, barres antiroulis et amortisseurs portent tous le sceau de la nouveauté.

Il est également bon de savoir que les mécaniques de la S-Type ont elles aussi reçu la visite des ingénieurs. Comme par le passé, cette Jaguar se décline toujours en deux livrées selon la cylindrée du moteur. La plus accessible, la 3,0, retient les services d'un six cylindres modulaire de 240 chevaux, similaire à celui que Lincoln destine à la LS (ce moteur reprend, nous dit-on, l'architecture de base du V8 Jaguar, mais il s'agit tout de même d'un V6 Ford Duratec). Des différences ? Oui, et elles sont nombreuses. Afin de préserver le statut de la marque, la cylindrée, la puissance maximale et le couple maximal, pour ne citer que ces aspects, se démarquent de ceux de la LS. De plus, le son des deux mécaniques est aujourd'hui plus feutré, plus musical aussi et la courbe de puissance est désormais plus linéaire grâce à l'ajout d'un dispositif de calage variable des soupapes. La nouvelle qui réjouit le plus une poignée de puristes est de savoir qu'une transmission manuelle à cinq rapports est désormais offerte de série alors que, moyennant supplément, on peut obtenir une boîte automatique à six rapports. L'autre livrée, équipée d'un V8, est elle aussi retouchée. Sa cylindrée est passée de 4,0 à 4,2 litres ; la puissance (300 au lieu de 280 chevaux) et le couple font du même coup un bond en avant.

CARACTÉRISTIQUES

Prix du modèle à l'essai	R 89 950 $
Échelle de prix	59 950 $ à 89 950 $
Garanties	4 ans 80 000 km / 4 ans 80 000 km
Emp. / Long. / Larg. / Haut. (cm)	291 / 488 / 182 / 142
Poids	1793 kg
Coffre / Réservoir	399 litres / 57 litres
Coussins de sécurité	frontaux, latéraux et tête
Suspension avant	indépendante, leviers triangulés
Suspension arrière	indépendante, leviers triangulés
Freins av. / arr.	disque ABS
Antipatinage / Contrôle de stabilité	oui
Direction	à crémaillère, assistance variable
Diamètre de braquage	11,4 mètres
Pneus av. / arr.	225/55R16

MOTORISATION ET PERFORMANCES

Moteur	V8 4,2 litres (compresseur)
Transmission	propulsion, automatique 6 rapports
Puissance	400 ch à 6100 tr/min
Couple	408 lb-pi à 3500 tr/min
Autre(s) moteur(s)	V6 3 litres 240 ch ; V8 4,2 litres 300 ch
Autre(s) transmission(s)	manuelle 5 rapports
Accélération 0-100 km/h	5,5 s ; 6,6 s (4,2) ; 7,9 s (V6)
Reprises 80-120 km/h	4,7 secondes
Vitesse maximale	250 km/h
Freinage 100-0 km/h	n.d.
Consommation (100 km)	14,0 litres (super)

MODÈLES CONCURRENTS

• Audi A6 • BMW Série 5 • Infiniti G35 • Infiniti M45
• Lexus GS 430 • Mercedes-Benz Classe E • Saab 9⁵
• Volvo S80

QUOI DE NEUF ?

• Aucun changement majeur

Renouvellement du modèle	n.d.

VERDICT

Agrément de conduite	★★★★☆
Fiabilité	★★★½☆
Sécurité	★★★★☆
Qualités hivernales	★★★☆☆
Espace intérieur	★★★½☆
Confort	★★★★☆

VERSION RECOMMANDÉE

La R, êtes-vous surpris ?

Des différences de comportement entre les modèles équipés du six et du huit cylindres? Même si elle ne correspond pas tout à fait à l'image que certains lecteurs se font d'une Jaguar, la V6 est la version avec laquelle prendre rendez-vous si votre préoccupation première n'est pas d'atteindre le prochain feu rouge en tête du peloton. Plus légère et comptant sur une distribution légèrement mieux équilibrée de ses masses, la V6 se révèle en effet plus vive, plus neutre et surtout plus agréable que la V8. De plus, la présence d'une boîte manuelle à cinq rapports au rendement sans histoire permet au moteur de s'exprimer avec plus de liberté. Les valeurs de couple ne sont pas exceptionnelles, mais la puissance respectable donne une certaine aisance à cette anglaise qui reste pourtant lourde et volumineuse.

Elle s'avère moins fougueuse (accélérations et reprises) d'accord, mais la V6 entretient aujourd'hui, plus qu'hier, des rapports plus harmonieux avec la boîte automatique qui l'accompagne. Celle-ci est douce, rapide, parfaitement adaptée au moteur et qui plus est, sied mieux, à mon avis, à la nature du «fauve».

Quoique sensible et précise, la direction n'expédie pas, comme le ferait celle d'une BMW par exemple, toutes les sensations qu'elle ressent aux mains du conducteur; elle préfère plutôt rassurer son pilote et le détendre, ce qui est, il faut le dire, conforme à l'image de cette auto. Pour plus de sensations et pour enrayer le phénomène de pompage observé lors de cet essai, tournez-vous vers le groupe Sport qui propose des éléments suspenseurs plus rigides et une monte pneumatique plus consistante (des pneus de 17 pouces au lieu de 16).

Les amateurs de sensations opteront pour la version R dont le V8 de 4,2 litres est doté d'un compresseur qui lui permet de compter sur une cavalerie de quelque 400 chevaux. Mais ça, c'est une tout autre histoire. Et ça coûte beaucoup plus cher.

Éric LeFrançois

▲ POUR

• Silhouette élégante et raffinée • Modèle R emballant • Fiabilité de Jaguar retrouvée • Confort de roulement (sauf R)

▼ CONTRE

• Boîte manuelle. Pour quoi faire ? • Garde au toit juste • Levier de vitesses désagréable (automatique) • Manque de raffinement

Le jeu des sept erreurs

Trouver les différences entre l'ancienne et la nouvelle Jaguar XJ équivaut ni plus ni moins qu'à s'adonner au jeu des sept erreurs. Car la différence est loin d'être évidente, surtout si les deux modèles ne sont pas côte à côte. Bref, il faut se méfier des apparences. Si, en surface, la plus récente limousine de la marque de Coventry ressemble à sa devancière comme deux gouttes d'eau, il en va tout autrement dès qu'on gratte un peu sa peinture *british racing green* **pour se rendre compte que la carrosserie est faite d'aluminium plutôt que d'un vulgaire métal sans distinction. Noblesse oblige.**

A vant de voir si tous les changements intervenus améliorent la sensation de conduite, voyons en quoi la dernière série des XJ se distingue des précédentes. Disons d'abord, pour ceux qui aimeraient jouer au jeu des sept erreurs, que, vues de profil, les portes arrière sont plus arrondies près du passage des roues.

Cela dit, précisons que, contrairement aux S-Type et X-Type, le modèle haut de gamme de Jaguar ne partage aucun élément avec des modèles Ford (propriétaire de la marque anglaise). Son plus grand titre de gloire est de faire appel à une construction en aluminium autant pour le châssis que pour la carrosserie. On a d'ailleurs eu recours à la technologie riveté-collé empruntée à l'aéronautique, un principe qui offre une résistance supérieure à la simple soudure. En matière de robustesse, la nouvelle carrosserie monocoque possède une rigidité accrue de 60 % alors que le poids total a été réduit de plus de 200 kg. Et cette

économie de poids réalisée grâce à l'alliage d'aluminium a permis d'augmenter toutes les dimensions de cette Jaguar et conséquemment son habitabilité. L'empattement a progressé de 16 cm, la longueur de 6 cm (par rapport à l'ancienne version allongée) et la largeur de 7 cm. Ces chiffres ont aussi permis d'agrandir de 30 % le coffre à bagages autrefois très restreint des grandes Jaguar.

Une anglo-américaine

Sous le capot, la cylindrée et la puissance du moteur de série ont aussi fait un léger saut en avant : 2 litres et 14 chevaux respectivement. Le V8 de 4,2 litres offert dans le modèle de base et dans la Vanden Plas vous met 294 chevaux sous le pied alors que la version R de notre match comparatif (voir première partie) dispose de 390 chevaux grâce, entre autres, à l'ajout d'un compresseur. La seule transmission offerte est une boîte automatique désormais à six rapports qui retient le même détestable levier en J que

tout le monde considère comme une erreur grossière sur le plan ergonomique.

Si l'on devait décrire la nouvelle XJ en une seule phrase, je dirais qu'elle constitue une sorte de compromis entre une limousine à l'américaine et une berline de prestige européenne. Elle n'a pas cette fermeté que dégagent les voitures allemandes et plusieurs s'en trouveront fort aise. La douceur proverbiale des Jaguar a été préservée et l'insonorisation aux bruits mécaniques ou autres est particulièrement réussie.

Malgré une suspension pneumatique privilégiant le confort, la tenue de route est néanmoins assez remarquable et on doit l'imputer à la rigidité impressionnante du châssis tout comme à la gestion électronique des réglages en fonction des conditions…

Si le moteur de série de 294 chevaux laisse initialement entrevoir une bonne réserve de puissance, il s'essouffle rapidement. Le manque de progressivité de l'accélérateur est trompeur alors que le verdict du chrono est inexorable : autour de 8 secondes pour le 0-100 km/h. Ceux qui souhaitent un peu plus de nerf sous le capot devront jeter leur dévolu sur la XJR. L'assistance de la direction est bien dosée et la transmission automatique, exception faite du levier biscornu, fonctionne adéquatement. La seule ombre au tableau est le freinage qui gagnerait à être plus résistant. Il

faut déjà 41 mètres pour stopper cette berline de luxe à partir de 100 km/h et la distance grimpe dès la seconde application. La même surchauffe est intervenue lors des essais de la XJR et la pédale de freins devenait rapidement spongieuse.

Plus spacieuse, mais…

Autrefois un peu coincée au point de vue espace intérieur, la XJ8 est devenue plus accueillante et se compare même à certaines de ses rivales. Il n'en demeure pas moins que les conducteurs plutôt costauds et les grands gabarits auraient intérêt à vérifier s'ils sont à l'aise au volant. Les sièges sont certes très confortables, mais certains risquent de les trouver un peu bas, un effet amplifié par la ceinture de caisse relativement élevée. De bonnes notes en revanche pour l'écran du système de navigation plus intuitif que les autres et pour le tableau de bord moins énigmatique qu'autrefois. Les quelques irritants se limitent à l'aspect bon marché de certains commutateurs et, dans un sens, à leur désordre. Celui qui contrôle la persienne arrière se confond aisément avec celui de la commande d'ouverture du toit. On peut se demander aussi qui a eu l'idée saugrenue d'insérer les haut-parleurs des aiguës *(tweeters)* dans le creux de la poignée d'ouverture de la portière. Même protégé par un treillis métallique, celui-ci risque de s'égratigner avec le temps et de laisser pénétrer des poussières qui iront se loger sur le haut-parleur. Anglais un jour, anglais toujours!

En conclusion, bien que les nouvelles Jaguar XJ soient de meilleures voitures que les précédents modèles de cette série, elles risquent fort de passer inaperçues en raison de leur manque de différenciation visuelle. Car, à moins d'être un inconditionnel de la marque, l'apparence joue encore un rôle de premier plan dans l'achat d'une voiture de cette catégorie. (Voir aussi match comparatif XJR contre E55.)

Jacques Duval

CARACTÉRISTIQUES

Prix du modèle à l'essai	XJ8 87 500 $
Échelle de prix	87 500 $ à 105 000 $
Garanties	4 ans 80 000 km / 4 ans 80 000 km
Emp. / Long. / Larg. / Haut. (cm)	303 / 508 / 187 / 145
Poids	1708 kg
Coffre / Réservoir	470 litres / 85 litres
Coussins de sécurité	frontaux, latéraux et tête
Suspension avant	indépendante, leviers triangulés
Suspension arrière	indépendante, leviers triangulés
Freins av. / arr.	disque ABS
Antipatinage / Contrôle de stabilité	oui
Direction	à crémaillère, assistance variable
Diamètre de braquage	11,7 mètres
Pneus av. / arr.	235/55R17

MOTORISATION ET PERFORMANCES

Moteur	V8 4,2 litres
Transmission	propulsion, automatique 6 rapports
Puissance	294 ch à 6000 tr/min
Couple	303 lb-pi à 4100 tr/min
Autre(s) moteur(s)	V8 4,2 litres à compresseur 390 ch
Autre(s) transmission(s)	aucune
Accélération 0-100 km/h	8,0 secondes
Reprises 80-120 km/h	4,78 secondes
Vitesse maximale	250 km/h
Freinage 100-0 km/h	41,0 mètres
Consommation (100 km)	13,8 litres (super)

MODÈLES CONCURRENTS

• Audi A6 4,2 • BMW 540i • Infiniti Q45 • Lexus LS 430
• Mercedes-Benz E430

QUOI DE NEUF?

• *Nouveau modèle*

Renouvellement du modèle	n.d.

VERDICT

Agrément de conduite	★★★½☆
Fiabilité	nouveau modèle
Sécurité	★★★★☆
Qualités hivernales	★★★½☆
Espace intérieur	★★★½☆
Confort	★★★★☆

VERSION RECOMMANDÉE

XJ Vanden Plas

▲ POUR

• Bon moteur • Insonorisation impeccable
• Confort princier • Châssis rigide • Bon comportement routier • Meilleure habitabilité

▼ CONTRE

• Redesign trop discret • Freinage manquant d'endurance • Levier de vitesses désagréable
• Certaines commandes déroutantes

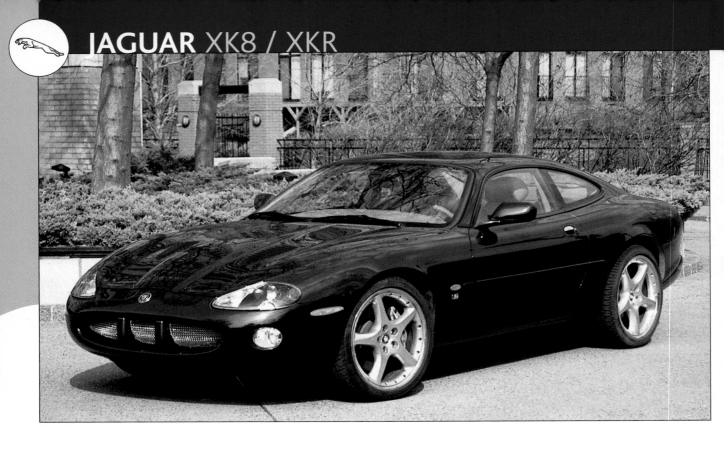

Le chat sort ses griffes

Alors que la berline XJ a subi un léger lifting et une cure d'amaigrissement à base d'aluminium, les coupés et les cabriolets de la série XK de Jaguar sont reconduits en 2004 sans changement majeur depuis les légères révisions effectuées l'an dernier. On écope toujours d'un châssis provenant de l'ancienne XKS qui, il faut bien l'admettre, ne montre pas trop son ancienneté. On ne peut s'empêcher de penser toutefois à ce que sera la prochaine XK (l'an prochain peut-être), gratifiée des mêmes modifications dont a profité la berline XJ. Car les coupés et les cabriolets Jaguar ont beau être plutôt performants, il leur manque cette agilité indispensable à toute voiture aux prétentions sportives.

Pour me remettre en mémoire les impressions de conduite recueillies lors de notre match comparatif de 2001 (Porsche 911 Turbo - BMW Z8 - Jaguar XKR), j'ai pris le volant d'un coupé XKR *british racing green.* C'est dans cette version que le chat sort ses griffes, car elle se distingue principalement par son moteur suralimenté, un V8 de 4,2 litres qui, avec son compresseur volumétrique, développe 390 chevaux. Privé de sa ration d'air additionnelle, le même V8 n'en produit que 294 dans la XK8. La transmission automatique est la seule au catalogue, mais il s'agit d'une boîte à six rapports signée ZF utilisée dans d'autres modèles. Mais attardons-nous plutôt aux quelque 1000 km parcourus au volant de la XKR.

Claustrophobes s'abstenir
Sachez d'abord que l'habitacle de la XKR n'est pas particulièrement spacieux et que l'on y risque une crise aiguë de claustrophobie. Le faible volume intérieur est encore plus notable en hiver quand on est habillé en véritable bonhomme de neige. Ne parlons pas des sièges arrière qui sont des parures plutôt qu'un endroit où faire asseoir un être humain normalement constitué. Le coffre à bagages est dans la même ligue, c'est-à-dire assez restreint. Précisons aussi qu'il faut une certaine souplesse physique pour s'extraire de la position de conduite relativement basse. Quant aux sièges, ils seraient plus confortables si l'on ne ressentait pas les nombreuses coutures du coussin d'assise. Que ce soit dans le coupé ou le cabriolet, la visibilité est gâchée par une surface vitrée insuffisante qui complique surtout les opérations de marche arrière.

L'instrumentation est particulièrement complète, mais la console centrale est devenue le refuge d'une pléthore de boutons, 39 en tout, servant aux réglages de la chaîne stéréo, de la climatisation, des sièges chauffants, des antibrouillards et de l'annulation du système de stabilité. Cette panoplie de commutateurs accapare beaucoup trop, à mon avis, l'attention du conducteur. Le levier de vitesses ne possédant pas de petite fenêtre au tableau de bord indiquant le rapport sélectionné, il faut encore une fois détourner son attention de la route pour passer du mode manuel au mode automatique ou vice versa. Et la détestable grille en forme de J du levier de vitesses n'arrange pas les choses.

Par temps froid, le système de chauffage de cette Jag met beaucoup de temps à hausser à un degré confortable la température de l'habitacle. On aura terminé l'inventaire de l'aménagement intérieur en précisant que la finition est plutôt relevée même si le plastique entourant le levier de vitesses n'était pas solidement fixé à la console.

Des pneus exécrables
Dans l'ensemble, cette Jaguar XKR fait honneur à son titre de voiture grand-tourisme grâce à un comportement routier stimulant et à des performances bien appuyées. Il est par contre dommage que les pneus de série, des Pirelli P Zéro, viennent tout ruiner. Ils offrent une adhérence en virage louable, mais ils montrent une fâcheuse tendance à suivre toutes les imperfections du revêtement. Il faut apporter

de constantes corrections au volant afin de maintenir la trajectoire en ligne droite, ce qui est carrément insupportable.

La direction est certes un peu débranchée de ce qui se passe sous les roues avant, mais compte tenu de son poids et de son volume, le coupé XKR ne s'avère pas trop intimidé par les virages serrés. Un peu de sous-virage en amorce avec une finale neutre décrit assez bien le comportement de la voiture en conduite sportive. L'antipatinage est programmé pour ne pas intervenir trop tôt afin que l'on puisse s'amuser un peu au volant. Même le châssis un peu vieux jeu se tire bien d'affaire en matière de rigidité et de résistance aux bruits de caisse. Quant aux freins Brembo, on peut leur faire confiance en tout temps.

J'ai évidemment gardé pour le dessert l'atout majeur de la XKR, soit son moteur suralimenté qui se distingue non seulement par ses exaltantes performances, mais par sa grande douceur, ses reprises foudroyantes, son niveau sonore exquis et, croyez-le ou non, son économie. Avec le bruit d'une bête fauve bondissante, le moteur s'acquitte du 80-120 km/h en 4,5 petites secondes grâce à la prompte intervention de la transmission automatique à six rapports. Et cela, tout en vous gratifiant d'une consommation de seulement 9,3 litres aux 100 km à une vitesse de 110 km/h sur autoroute. Même une Audi A4 ne fait pas mieux. Et même un parcours mixte ville et route ne fera pas monter la consommation au-dessus de 12 litres aux 100 km. De quoi rabattre le caquet aux ennemis des grosses cylindrées.

Tout ce qui précède s'applique également au cabriolet XKR qui doit à la firme allemande Karman sa brillante exécution. Quant au XK8, ce qu'on perd en puissance, on le sauve en dollars grâce à une facture inférieure d'environ 11 000 $. Il ne reste plus qu'à souhaiter un régime amincissant à ces grosses GT britanniques, certes confortables et rapides, mais un peu pataudes.

Jacques Duval

▲ POUR

• Moteur éloquent • Transmission automatique vive • Équipement complet • Tenue de route impressionnante • Freinage rassurant

▼ CONTRE

• Habitabilité restreinte • Mauvaise visibilité • Pneus mal adaptés • Commandes distrayantes • Direction peu loquace • Chauffage lent

CARACTÉRISTIQUES

Prix du modèle à l'essai	*coupé XKR 108 000 $*
Échelle de prix	*96 000 $ à 130 000 $*
Garanties	*4 ans 80 000 km / 4 ans 80 000 km*
Emp. / Long. / Larg. / Haut. (cm)	*259 / 476 / 183 / 128*
Poids	*1694 kg*
Coffre / Réservoir	*310 litres / 75 litres*
Coussins de sécurité	*frontaux et latéraux*
Suspension avant	*indépendante, leviers triangulés*
Suspension arrière	*indépendante, leviers transversaux*
Freins av. / arr.	*disque ABS*
Antipatinage / Contrôle de stabilité	*oui*
Direction	*à crémaillère, assistance variable*
Diamètre de braquage	*11,0 mètres*
Pneus av. / arr.	*245/45ZR18 / 255/45ZR18*

MOTORISATION ET PERFORMANCES

Moteur	*V8 4,2 litres à compresseur*
Transmission	*propulsion, automatique 6 rapports*
Puissance	*390 ch à 6100 tr/min*
Couple	*399 lb-pi à 3500 tr/min*
Autre(s) moteur(s)	*V8 4,2 litres 294 ch (XK8)*
Autre(s) transmission(s)	*aucune*
Accélération 0-100 km/h	*6,2 secondes*
Reprises 80-120 km/h	*4,5 secondes*
Vitesse maximale	*250 km/h (limitée)*
Freinage 100-0 km/h	*37,6 mètres*
Consommation (100 km)	*12,0 litres (super)*

MODÈLES CONCURRENTS

• BMW Série 6 coupé • Cadillac XLR
• Lexus SC 430 • Mercedes-Benz SL

QUOI DE NEUF?

• Nouvelle édition limitée Portfolio cabriolet (10 seulement pour le Canada)

Renouvellement du modèle *n.d.*

VERDICT

Agrément de conduite	★★★★☆
Fiabilité	★★★★☆
Sécurité	★★★½☆
Qualités hivernales	★★☆☆☆
Espace intérieur	★★☆☆☆
Confort	★★★★☆

VERSION RECOMMANDÉE

XK8 cabriolet

COUP DE POING

Xtrêmement difficile

Les bilans financiers de la division Jaguar s'écrivent toujours à l'encre rouge malgré des investissements massifs, l'arrivée de plusieurs nouveaux modèles et une campagne publicitaire tous azimuts. Pour expliquer cette hémorragie financière, la direction de la marque de Coventry souligne l'arrivée tardive sur le marché du modèle X-Type. Cela a causé un sérieux manque à gagner.

J'ai une explication un peu plus simple, certains d'entre vous diront même qu'elle est simpliste. Cette voiture vient jouer dans la cour des grands et n'a qu'une petite fronde pour se défendre. C'est vrai, sur papier, elle possède toutes les qualités nécessaires et la fiche technique pour soutenir la comparaison avec les BMW de la Série 3, les Audi A4, mais il lui faudrait les surpasser toutes pour s'imposer. Ce qui n'est pas le cas.

Des dessous Ford

Vous vous souvenez sans doute tous de la controverse qui avait surgi à l'Assemblée nationale lorsque les journaux avaient critiqué le grand patron de la SAQ de l'époque parce qu'il roulait en Jaguar S-Type. La ministre des Finances de l'époque avait tenté de faire dévier les flèches de l'opposition en disant que cette Jag était un modèle bon marché «monté sur un *frame* de Taurus». Ce qui était inexact. Par contre, la X-Type hérite bel et bien de la plate-forme de la Ford Mondeo pour affronter les

surdouées de sa catégorie. Cette Ford transformée en Jag possède tous les éléments du genre, de la grille à rainures verticales aux sièges en cuir, en passant par les appliques de bois disséminées un peu partout et un tableau de bord inspiré de ceux de ses «grandes sœurs». Il est certain que cet habillage est quasiment un pastiche de celui de la XJ8, mais il saura séduire une certaine clientèle. Celle-ci sera d'ailleurs heureuse d'apprendre qu'une nouvelle essence de bois – du noyer Sapelli – est utilisée en 2004 tandis que de subtils changements de coloris du cuir sont supposés relever le niveau de raffinement de l'habitacle.

Malgré ce bel habillage, l'habitacle est étroit et il suffit d'avoir des passagers à l'arrière pour que les occupants des deux sièges avant doivent se rapprocher du tableau de bord. Dans ces conditions, il faut pratiquement avoir la taille de Jackie Stewart pour s'y sentir à l'aise. Le fait que le siège du conducteur soit réglable en 18 positions et confortable ne pèse pas lourd dans notre évaluation lorsqu'il faut conduire les genoux coincés contre la colonne de direction en plus d'entendre les

passagers arrière se plaindre d'être à l'étroit. Cette proximité des parois de la voiture m'a également permis de découvrir une finition plus que perfectible et indigne d'une voiture de ce prix. D'ailleurs, une autre «X» testée lors de son arrivée sur notre marché était elle aussi un bel exemple du savoir-faire des artisans de l'industrie automobile britannique. De prime abord, tout semble impeccable et on est impressionné. Par la suite, une inspection plus minutieuse nous permet de découvrir que la peinture extérieure se soulève sur le rebord du toit et que certaines pièces dans l'habitacle se détachent ou s'affaissent. J'ai conduit trois X-Type à ce jour et toutes étaient affligées de ces tares qui semblent faire partie de l'héritage génétique de la compagnie.

Malgré ces quelques petits «détails», cette voiture offre un potentiel intéressant de plusieurs manières. Son châssis est très rigide et sa transmission intégrale d'une grande efficacité tandis que les deux moteurs V6 au programme produisent une puissance souvent supérieure à celle affichée par les groupes propulseurs des ténors de la catégorie. Il faut toutefois apporter un bémol quant au moteur V6 2,5 litres de 194 chevaux. La voiture qui en est équipée nous semble poussive, surtout si ce petit V6 est couplé à la boîte automatique. Dans ces conditions, les reprises sont moches et le 0-100 km/h s'effectue en un peu moins

CARACTÉRISTIQUES

Prix du modèle à l'essai	2,5 41 295 $
Échelle de prix	41 195 $ à 44 995 $
Garanties	4 ans 80 000 km / 4 ans 80 000 km
Emp. / Long. / Larg. / Haut. (cm)	271 / 467 / 179 / 140
Poids	1595 kg
Coffre / Réservoir	452 litres / 61,5 litres
Coussins de sécurité	frontaux, latéraux et tête
Suspension avant	indépendante, jambes de force
Suspension arrière	indépendante, multibras
Freins av. / arr.	disque ABS
Antipatinage / Contrôle de stabilité	oui
Direction	à crémaillère, assistance variable
Diamètre de braquage	10,8 mètres
Pneus av. / arr.	205/55R16

MOTORISATION ET PERFORMANCES

Moteur	V6 2,5 litres
Transmission	intégrale, automatique 5 rapports
Puissance	194 ch à 6800 tr/min
Couple	180 lb-pi à 3000 tr/min
Autre(s) moteur(s)	V6 3 litres 231 ch
Autre(s) transmission(s)	manuelle 5 rapports
Accélération 0-100 km/h	8,9 secondes
Reprises 80-120 km/h	7,2 secondes
Vitesse maximale	209 km/h
Freinage 100-0 km/h	34,2 mètres
Consommation (100 km)	11,3 litres (super)

de 9 secondes. Heureusement qu'il est possible de commander une boîte manuelle à cinq rapports.

En fait, l'aubaine dans la gamme « X » est la version propulsée par le moteur V6 3 litres puisque le prix du modèle de base a été abaissé de 5000 $. Ça, monsieur, c'est toute une politique de réalignement des prix ! Vous payez moins cher cette année – 44 995 $ pour être exact – pour une berline équipée d'un moteur V6 de 231 chevaux, d'une boîte automatique à cinq rapports et d'un… porteverres additionnel. Vous allez payer plus cher pour l'option Sport, mais sachez qu'elle comporte en 2004 des roues en alliage de 18 pouces et de nouveaux pneus Pirelli Nero 225/40ZR… 17 ! Vous avez bien lu ! Selon le communiqué de presse de Jaguar, on a réussi à poser des pneus de 17 pouces sur des jantes de 18 pouces. Même les notes de presse sont perfectibles chez ce constructeur. Et comme si cela avait quelque chose à voir avec la conduite sportive, ce modèle Sport est équipé

d'une chaîne audio dotée d'un ampli de 320 watts relié à 10 haut-parleurs. Selon Jaguar, c'est le plus puissant sur le marché. Certes, mais je doute que ça fasse avancer la voiture plus rapidement.

En résumé, la X n'a pas tout à fait ce qu'il faut pour aller en découdre avec les Audi A4, BMW Série 3, Mercedes Classe C *et allii* dont la réputation n'est pas à faire et qui jouissent d'un prestige incontestable auprès des jeunes. Roulez en X et vos amis vont penser que vous avez emprunté la voiture du paternel. Vous aurez beau vanter les accélérations du moteur 3 litres et la bonne tenue de route, vous n'impressionnerez personne. Et c'est la principale faiblesse de la X-Type.

C'est sans doute pour cela que Jaguar a dévoilé une version familiale afin de bonifier son offre dans cette catégorie. Jaguar sera davantage en mesure de lutter contre les modèles similaires d'Audi, BMW et Mercedes.

Denis Duquet

MODÈLES CONCURRENTS

• Acura TL • Audi A4 • BMW Série 3 • Infiniti G35
• Lexus IS 300 • Mercedes-Benz Classe C • Volvo S60

QUOI DE NEUF ?

• Prix réduit de la X-Type 3,0 • Roues 18 pouces dans version 3 litres • Système audio amélioré
• Porte-verres additionnel • Version familiale

Renouvellement du modèle	2007/2008

VERDICT

Agrément de conduite	★★★☆☆
Fiabilité	★★★☆☆
Sécurité	★★★★☆
Qualités hivernales	★★★★☆
Espace intérieur	★★★☆☆
Confort	★★★☆☆

VERSION RECOMMANDÉE

3,0 Sport

▲ POUR

• Traction intégrale • Prix compétitif
• Très grand coffre • Bonne tenue de route
• Bonne insonorisation

▼ CONTRE

• Moteur anémique (2,5 litres)
• Habitabilité médiocre • Finition irrégulière
• Présentation rétro • Direction floue

Maturité problématique

Il ne faut pas oublier que c'est Jeep, avec son Cherokee quatre portes lancé au milieu des années 1980, qui a donné son essor au secteur des VUS auprès du grand public. Conçus jusque-là pour les amateurs de plein air et de conduite forestière, les VUS étaient plus frustes qu'autre chose et c'est à la demande d'une clientèle sans cesse croissante que ces véhicules se sont civilisés au fil des années. Avec l'arrivée du Grand Cherokee en 1992 et une sérieuse refonte en 1999, Jeep a toujours tenté de concilier l'efficacité traditionnelle de ses véhicules en conduite hors route avec un comportement routier supérieur à la moyenne de la catégorie.

Cela signifie que la plate-forme de ce véhicule a été développée au début des années 1990 et modifiée six ans plus tard. Sachant cela, il est facile de comprendre pourquoi ce Jeep a de plus en plus de difficultés à repousser les attaques de véhicules de même catégorie, mais de conception nettement plus récente. Le Ford Explorer à suspension arrière indépendante de même que le tandem Chevrolet TrailBlazer/GMC Envoy sont apparus au tournant du millénaire et offrent toute une concurrence. Et compte tenu du prix assez élevé de certaines versions du Grand Cherokee, il faut également considérer le Mercedes ML comme un rival de taille.

Malgré de nombreuses rumeurs qui permettaient de croire que le «Grand», comme les gens l'appellent dans le jargon de la compagnie, allait être complètement transformé en 2004, il faudra cependant patienter puisque les changements apportés au millésime actuel se

limitent à une nouvelle grille de calandre et de nouveaux phares. Ces changements sont même apparus au début de 2003!

Parmi les autres nouveautés pour 2004, il faut mentionner l'arrivée du modèle «Special Edition» qui vient s'intercaler entre le Laredo et le Limited tandis que l'Overland demeure la version la plus huppée chez Jeep. Mentionnons au passage la possibilité de commander pour la première fois un système de navigation précis et de fonctionnement simple, mais dont l'écran rectangulaire est vraiment très petit. Pour le reste, les choses ont peu changé ou pas du tout.

Comportement de famille

Malgré un choix de quatre modèles et de trois moteurs, le comportement routier de la plupart d'entre eux demeure le même. Si la tenue de route parfois incertaine sur mauvaise route et une direction qui mériterait de gagner en précision étaient acceptables il y a une décennie,

notre jugement devient de plus en plus sévère au fil des ans puisque la concurrence se fait féroce. Il faut souligner que la tenue de route est quand même extraordinaire pour un véhicule doté d'un essieu rigide à l'avant comme à l'arrière. Mais comme la plupart des gens achètent ces VUS pour rouler sur l'autoroute, ils sont plus enclins à déplorer les limites de cette suspension qu'à en vanter les qualités. Idem pour la direction dont le flou modéré au centre est presque un *must* en conduite hors route, mais en agace plusieurs en temps normal.

Au Canada, tous les Grand Cherokee sont vendus en version quatre roues motrices. Et même si le louvoiement que cette transmission intégrale provoque est très léger, voire imperceptible, plusieurs s'en plaignent. En revanche, attachez votre tuque hors sentier alors que ce VUS se comporte quasiment comme une chèvre de montagne, dans pratiquement toutes ses versions. Peu importe le rouage intégral choisi, il est rare de rencontrer des obstacles infranchissables à son volant.

Plusieurs ont de la difficulté à départager les nombreuses transmissions intégrales offertes. En voici la déclinaison. La première est le Selec-Trac, un système à temps plein doté d'une démultipliée. Il est offert dans le Laredo. La deuxième est le Quadra-Trac II, un système sur demande également doté d'une démultipliée. Quant au Quadra-Drive, de série dans

Prix du modèle à l'essai	Special Edition 46 795 $
Échelle de prix	38 775 $ à 53 270 $
Garanties	3 ans 60 000 km / 7 ans 115 000 km
Emp. / Long. / Larg. / Haut. (cm)	269 / 461 / 184 / 176
Poids	1852 kg
Coffre / Réservoir	1085 à 2030 litres / 78 litres
Coussins de sécurité	frontaux et latéraux
Suspension avant	essieu rigide, ressorts hélicoïdaux
Suspension arrière	essieu rigide, bras tirés
Freins av. / arr.	disque ABS
Antipatinage / Contrôle de stabilité	non
Direction	à billes, assistée
Diamètre de braquage	11,4 mètres
Pneus av. / arr.	235/65R17

MOTORISATION ET PERFORMANCES

Moteur	6L 4 litres
Transmission	automatique 4 rapports
Puissance	195 ch à 4600 tr/min
Couple	230 lb-pi à 3000 tr/min
Autre(s) moteur(s)	V8 4,7 litres 235 ch ou 265 ch
Autre(s) transmission(s)	automatique 5 rapports
Accélération 0-100 km/h	9,9 secondes
Reprises 80-120 km/h	8,2 secondes
Vitesse maximale	185 km/h
Freinage 100-0 km/h	41,2 mètres
Consommation (100 km)	13,5 litres (ordinaire)

MODÈLES CONCURRENTS

• Acura MDX • Dodge Durango • Ford Explorer
• Honda Pilot • Infiniti FX45 • Mercedes-Benz ML
• Toyota 4Runner

QUOI DE NEUF ?

• Version Limited Edition • Système de navigation par
satellite • Nouvelle calandre • Version Rocky Mountain

Renouvellement du modèle	2005/2006

VERDICT

Agrément de conduite	★★★★☆
Fiabilité	★★☆☆☆
Sécurité	★★★☆☆
Qualités hivernales	★★★★☆
Espace intérieur	★★★★☆
Confort	★★★★☆

VERSION RECOMMANDÉE

Special Edition

---

l'Overland et optionnel dans les autres modèles, il combine le Quadra-Trac II et les essieux Vari-Lok. Il s'agit dans ce dernier cas d'un système antipatinage électro-hydraulique qui assure la traction même lorsqu'une seule roue a de l'adhérence. C'est le plus efficace du genre, mais ce raffinement est surtout apprécié lorsque les conditions sont vraiment très difficiles et pas nécessairement sur l'autoroute.

Des moteurs raffinés

Les groupes propulseurs se raffinent et le V8 4,7 litres a gagné en puissance l'an dernier avec l'arrivée d'un modèle à haut rendement qui produit 265 chevaux, soit 30 de plus que le modèle ordinaire. Les deux sont couplés à une boîte de vitesses à cinq rapports qu'il est difficile de critiquer. Le cinquième rapport est en fait une seconde surmultipliée, ce qui a pour effet de réduire le niveau sonore et la consommation de carburant. Il ne faut pas pour autant ignorer le

six cylindres en ligne 4 litres de 195 chevaux. Ce moteur remonte presque à la nuit des temps et n'a rien en commun avec un quelconque moteur Mercedes placé sous le capot. Bien que grognon en accélération, il est suffisamment puissant tout en consommant un peu moins que le V8. Toutefois, la boîte automatique de série est à quatre rapports.

Il suffit de comparer le Grand Cherokee avec le Liberty pour réaliser qu'il a de plus en plus de difficulté à camoufler son âge. Et si le tableau de bord est ergonomique, le système de climatisation sophistiqué et le rouage intégral polyvalent, des sièges trop mous, une tenue de route moyenne et une habitabilité perfectible viennent en quelque sorte annuler les petites améliorations apportées au cours des deux dernières années.

Denis Duquet

▲ POUR

• Excellent en conduite hors route
• Choix de modèles • Fiabilité en progrès
• Climatisation efficace • Moteur V8 4,7 litres

▼ CONTRE

• Modèle en fin de carrière • Consommation élevée • Suspension trop souple • Tenue de cap médiocre

L'aventure très civilisée

Quand on a décidé chez Jeep de lancer le nouveau Liberty, certains purs et durs ont crié au scandale. On abandonnait le Cherokee, une véritable légende du 4X4 qui avait fait ses preuves, pour un tout nouveau modèle affublé d'un nom plutôt controversé. D'autant plus qu'il était toujours vendu sous le nom de Cherokee sur les autres marchés.

Comme si ce n'était pas assez pour irriter les inconditionnels du Cherokee, Jeep ajoutait l'outrage à l'injure en adoptant, de série, une suspension indépendante aux roues avant, une première dans son histoire, tout en préservant l'essieu rigide arrière et les ressorts hélicoïdaux. Bref, un nouveau mélange de suspension qui faisait grincer des dents les mordus de Jeep, mais qui, au fil du temps, ont fini par donner raison aux dirigeants de Chrysler.

Il était faux à l'époque, comme aujourd'hui d'ailleurs, d'affirmer que ce VUS n'était qu'un véhicule affichant une belle gueule sans respecter l'héritage de la marque en conduite tout-terrain. C'est toujours dans les sentiers que le Liberty se fait le mieux justice avec sa traction intégrale efficace, surtout dans la version Renegade, arrivée à la fin de l'an dernier, dont les attributs visuels vous font rêver à de longues expéditions dans des contrées sauvages.

Le Jeep Liberty joue non seulement son rôle hors route, mais il se présente également comme une solution alternative fort inté-

ressante sur la route. Tout cela justement grâce à cette suspension avant plus confortable qui le rend plus attrayant en usage routier traditionnel, ce qui lui attire du même coup de nouveaux admirateurs.

Il faut dire qu'en version de base, c'est plutôt décevant. Le moteur 4 cylindres de 150 chevaux s'avère un peu juste en tenant compte du poids de l'ensemble. De plus, il ne peut être offert qu'avec la boîte manuelle, et c'est une grande déception. Heureusement, tant pour les versions Renegade que Limited, le conducteur peut s'appuyer sur un solide moteur 6 cylindres de 3,7 litres qui développe 210 chevaux et un couple à faire pâlir d'envie la concurrence. Soulignons au passage que ce V6 est dérivé du moteur V8 4,7 litres utilisé dans le Grand Cherokee.

Deux systèmes de traction demeurent au catalogue : le CommandTrac permet de contrôler à volonté les quatre roues motrices, alors que le SelecTrac bénéficie d'une traction intégrale permanente.

Au freinage, le Liberty répond promptement et conserve sa trajectoire rectiligne, même s'il n'est pas doté d'un système ABS.

Malheureusement, le constructeur a préféré offrir l'ABS en option.

Douce transmission

Une des belles trouvailles du Liberty est certes la transmission automatique qui agit avec une rare douceur pour ce genre de véhicule. En fait, son action appuie tellement bien celle du moteur que l'on pourrait la citer en exemple à bon nombre de constructeurs. Sans oublier la direction précise qui permet d'aborder les trajectoires les plus difficiles avec une assurance déconcertante et le freinage d'une redoutable efficacité.

En matière de comportement routier, le Liberty est donc exemplaire. Son seul petit défaut est d'être gourmand en essence, un constat qui s'explique aisément par le poids élevé de ce baroudeur.

L'aventure avec classe

On a beau vouloir l'aventure, on ne veut pas pour autant négliger l'apparence. Et cela, Jeep l'a bien compris en munissant le Liberty d'une silhouette unique, à mi-chemin entre le véritable Jeep et le véhicule de ville. Cela n'a rien à voir avec les plus sévères TJ du même fabricant qui ont carrément un look plus militaire.

Le modèle Renegade profite d'un éclairage surpuissant sur le toit. Quatre phares solidement installés dans un support solide confè-

CARACTÉRISTIQUES

Prix du modèle à l'essai	Sport 28 795 $
Échelle de prix	25 855 $ à 31 305 $
Garanties	3 ans 60 000 km / 7 ans 115 000 km
Emp. / Long. / Larg. / Haut. (cm)	265 / 443 /182 / 180
Poids	1867 kg
Coffre / Réservoir	821 à 1950 litres / 74 litres
Coussins de sécurité	frontaux et latéraux
Suspension avant	indépendante, bras triangulés
Suspension arrière	essieu rigide, liens multiples
Freins av. / arr.	disque (ABS opt.)
Antipatinage / Contrôle de stabilité	non
Direction	à crémaillère, assistée
Diamètre de braquage	12,0 mètres
Pneus av. / arr.	215/75R16

MOTORISATION ET PERFORMANCES

Moteur	V6 3,7 litres
Transmission	intégrale, automatique 4 rapports
Puissance	210 ch à 5200 tr/min
Couple	225 lb-pi à 4000 tr/min
Autre(s) moteur(s)	4L 2,4 litres 150 ch (man.)
Autre(s) transmission(s)	manuelle 5 rapports
Accélération 0-100 km/h	10,2 secondes
Reprises 80-120 km/h	8,7 secondes
Vitesse maximale	185 km/h
Freinage 100-0 km/h	40,0 mètres
Consommation (100 km)	14,6 litres (ordinaire)

rent un petit air sauvage au véhicule. Simple précaution, n'utilisez jamais ces phares sur la route, au risque d'aveugler à jamais tous ceux qui vous croiseront. Hors route cependant, ils facilitent grandement la vision nocturne en toutes circonstances.

Quant au modèle traditionnel, il peut compter sur de gros phares ronds, à l'avant, et sur la calandre à sept orifices latéraux qui sont la marque de commerce de Jeep. On retrouve aussi des marchepieds bien conçus et solides, mais qui ont peut-être le défaut d'être un peu trop bas, ce qui peut devenir un désavantage en conduite hors route. Bien sûr, ils sont amovibles, mais au prix de quelques efforts.

À l'intérieur, l'espace est exceptionnel, tant à l'avant qu'à l'arrière. À l'exception des sièges qui souffrent un peu d'anémie en matière de support, il y a peu à redire de l'habitacle. De gros cadrans blancs faciles à lire garnissent le tableau de bord qui regroupe aussi un ensemble d'accessoires simples d'utilisation et répondant bien aux règles de l'ergonomie. Bref, une réussite qui permet d'avoir tout à portée de la main dans un environnement agréable.

Puisque la recette des éditions spéciales fonctionne toujours, l'édition baptisée Rocky Mountain est apparue en cours d'année. Elle est surtout constituée d'ajouts esthétiques et d'un équipement de série un peu plus étoffé. Encore une fois, certains puristes s'objectent, mais ils devraient se consoler en songeant que ces astuces permettent d'attirer des néophytes dans la confrérie des amateurs de 4X4.

En fait, tout dans le Liberty respire le goût de l'aventure civilisée. On lui a laissé la robustesse de ses prédécesseurs pour pouvoir laisser libre cours à cette envie d'exploration, tout en le dotant d'une silhouette nettement plus aguichante sans oublier de rendre l'habitacle confortable. C'est un peu comme si on se lançait à l'aventure avec une tenue de soirée conçue pour résister aux pires abus.

Denis Duquet

MODÈLES CONCURRENTS

• Ford Escape • Honda CR-V • Mitsubishi Outlander
• Nissan Xterra • Subaru Forester • Suzuki XL-7

QUOI DE NEUF ?

• Réservoir de carburant plus gros • Téléphone cellulaire Bluetooth • Poignée de maintien avant • Capacité de rangement additionnelle dans le coffre

Renouvellement du modèle	2006/2007

VERDICT

Agrément de conduite	★★★★☆
Fiabilité	★★★☆☆
Sécurité	★★★☆☆
Qualités hivernales	★★★★★
Espace intérieur	★★★☆☆
Confort	★★★☆☆

VERSION RECOMMANDÉE

Renegade

▲ POUR

• Authentique tout-terrain • Habitacle moderne • Fiabilité en progrès • Moteur V6 • Rouages intégraux efficaces

▼ CONTRE

• Consommation élevée • Moteur 4 cylindres à oublier • Sièges courts • Boîte manuelle à revoir • Suspension confortable

Le spécialiste

Le TJ devient plus anachronique que jamais en cette période où les véhicules multifonctions sont de plus en plus en vogue. En effet, à de rares exceptions près, il est l'un des modèles les plus spécialisés que l'on trouve sur le marché. Essentiellement dessiné en fonction de la conduite hors route, il doit aussi pouvoir affronter le bitume, mais sans plus.

Donc, si le côté aventurier de sa silhouette vous accroche et que vous rêvez de promenades au clair de lune sur une plage déserte, vous devrez quand même réfléchir sérieusement avant de devenir propriétaire d'un TJ. S'il est vrai qu'il est sans égal dans les pires conditions de conduite où la route n'existe plus, il ne figure pas nécessairement parmi les plus doués dans un environnement plus civil. Son empattement court, sa direction imprécise au centre, la présence d'une suspension à essieu rigide à l'avant comme à l'arrière, un habitacle spartiate et une transmission intégrale dépourvue de tout accessoire d'aide au pilotage ne sont pas les ingrédients pour en faire une grande routière.

Il ne s'agit pas ici de discréditer ce véhicule, mais de bien avertir les gens de se montrer plus pratiques que romantiques dans leur décision. Si le caractère aventureux de la catégorie et de la silhouette vous emballe, demandez-vous si vous avez vraiment l'intention de rouler dans les champs ou les ornières hors route et, si oui, à quelle fréquence. Par contre, oubliez le TJ

si vous n'avez aucunement envie de vous rendre au fond des bois ou dans des endroits difficiles d'accès. Le Liberty est un meilleur choix.

Le Rubicon de retour

L'an dernier, la direction de la division Jeep avait concocté le modèle Rubicon destiné à une conduite hors route encore plus poussée en équipant le TJ d'accessoires plus spécialisés. Le bas de caisse était protégé par un renfort en acier dont la surface était parsemée de cabochons en relief. Au chapitre de la mécanique, les différentiels avant et arrière pouvaient être verrouillés tandis que la boîte de transfert Rock-Trac était dotée d'une démultipliée 4 : 1 afin de réduire encore plus la vitesse dans les situations qui demandent une grande précision de conduite, notamment sur les lits de roches des rivières. Cette édition très spéciale comprend également des pneus encore plus spécialisés à la conduite hors route en raison de renforts dans la carcasse et d'une semelle dotée de plus d'aspérités. Cette année, le Rubicon sera produit en plus grande quantité.

Mieux encore, c'est au volant d'un modèle Rubicon spécialement aménagé que Lara Croft pourfend les méchants dans le film *Tomb Raider: Le berceau de la vie*. Angelina Jolie en 4X4, ça ne peut que favoriser Jeep.

Ce véhicule a impressionné lors de tous les tests effectués aussi bien dans la boue profonde que lors de négociations de passages difficiles à la piste d'essai de Chrysler de Chelsea, au Michigan. Le parcours avait été rendu ultra-boueux par des pluies diluviennes et le Rubicon a dompté tous les obstacles sans problème. Comme dans tous les autres TJ, un porte-à-faux très modeste assure un angle d'attaque nettement supérieur à la moyenne. Cela ne signifie pas pour autant que les autres versions ne sont pas à la hauteur en conduite tout chemins. La version «ordinaire» s'avère également très efficace.

Le reste du temps

Même si plus de la moitié des propriétaires de ce modèle l'utilisent pour la conduite tout-terrain, ils ne le font qu'une partie du temps. Donc, chaque jour, ils doivent circuler en ville, rouler sur l'autoroute et s'adapter aux caractéristiques de ce véhicule. La première chose qui nous frappe lorsqu'on prend place à bord est la hauteur du seuil qui nécessite qu'on lève la jambe assez haut. Puis, une fois en place dans un siège relativement mou, nous sommes

CARACTÉRISTIQUES

Prix du modèle à l'essai	Sport 26 485 $
Échelle de prix	21 885 $ à 30 415 $
Garanties	3 ans 60 000 km / 7 ans 115 000 km
Emp. / Long. / Larg. / Haut. (cm)	237 / 381 / 169 / 180
Poids	1565 kg
Coffre / Réservoir	252 à 1337 litres / 72 litres
Coussins de sécurité	frontaux
Suspension avant	essieu rigide, ressorts hélicoïdaux
Suspension arrière	essieu rigide, ressorts hélicoïdaux
Freins av. / arr.	disque / tambour (ABS optionnel)
Antipatinage / Contrôle de stabilité	non
Direction	à billes, assistée
Diamètre de braquage	10,2 mètres
Pneus av. / arr.	215/75R15

MOTORISATION ET PERFORMANCES

Moteur	6L 4 litres
Transmission	manuelle 5 rapports
Puissance	190 ch à 4600 tr/min
Couple	235 lb-pi à 3200 tr/min
Autre(s) moteur(s)	4L 2,5 litres 147 ch
Autre(s) transmission(s)	automatique 4 rapports
Accélération 0-100 km/h	10,8 secondes
Reprises 80-120 km/h	9,2 secondes
Vitesse maximale	165 km/h
Freinage 100-0 km/h	42,3 mètres
Consommation (100 km)	14,7 litres (ordinaire)

MODÈLES CONCURRENTS

• Chevrolet Tracker • Suzuki Vitara

QUOI DE NEUF ?

• Version Rubicon toujours fabriquée • Volant inclinable de série sur tous les modèles • Nouveaux coloris

Renouvellement du modèle	n.d.

VERDICT

Agrément de conduite	★★☆☆☆
Fiabilité	★★⯪☆☆
Sécurité	★★★☆☆
Qualités hivernales	★★★⯪☆
Espace intérieur	★★☆☆☆
Confort	★★☆☆☆

VERSION RECOMMANDÉE

Sport à toit rigide

assis face à un tableau de bord qui, bien que sobre, s'est drôlement raffiné au fil des ans. Les cadrans encastrés dans une planche de bord en tôle sont dorénavant bien abrités dans une nacelle moderne en matière plastique tandis que la console centrale reçoit toutes les autres commandes. Des espaces de rangement sont également placés sous la planche de bord afin de compenser l'absence de bacs dans les portières. Quant à celles-ci, peu importe que vous ayez choisi le toit souple ou rigide, votre coude ne cessera de la heurter parce que sa paroi est totalement horizontale. Un robuste arceau de sécurité de série offre une bonne protection en cas de capotage. Par contre, il rend encore plus difficile l'accès aux places arrière, peu confortables et essentiellement destinées à de courtes distances. Il est plus pratique de rabattre le siège et d'y mettre les bagages.

Le modèle équipé du moteur quatre cylindres couplé à la boîte manuelle à cinq rapports est agréable à conduire. Sa puissance est adéquate tant au chapitre des reprises que des accélérations et il permet d'économiser de l'essence. Autre bonne nouvelle, cette boîte peut être commandée avec le moteur six cylindres 4 litres de 190 chevaux. Par contre, plusieurs préfèrent l'automatique à quatre rapports pour simplifier la conduite hors route. Il n'est pas évident de jouer de la pédale d'embrayage et du levier de vitesses lorsque le véhicule est immobilisé au milieu d'un plan incliné.

La tenue de route est correcte à condition que vous teniez compte du fait qu'il s'agit d'un tout-terrain à essieux rigides. Et si la direction floue au centre est un atout dans le champ de pierres, elle risque d'en agacer plusieurs sur la route. L'insonorisation est également minimaliste que ce soit avec la version cabriolet ou à toit rigide. Bref, il faut savoir si vous allez accepter ces caractéristiques spécialisées avant de jouer la carte TJ. Sinon, vous risquez de trouver le temps long.

Denis Duquet

▲ POUR

• 4X4 exceptionnel • Boîte manuelle
• Version Rubicon • Finition en progrès
• Moteur 4 cylindres

▼ CONTRE

• Confort mitigé • Direction imprécise
• Consommation élevée (6L)
• Capote souple difficile à installer

Qui a menti ?

Un modèle de luxe dans la gamme Kia ! Vous pensez tous qu'ils sont fous chez ce constructeur de nous proposer une grosse berline de luxe ? Surtout qu'elle est supposée vouloir en découdre avec les Nissan Maxima, Mercury Grand Marquis et Toyota Avalon pour ne citer que quelques concurrentes espérées. Désolé de vous contredire, mais l'arrivée de cette nouvelle venue n'est pas aussi farfelue qu'il paraît au premier coup d'œil. Il faut tout d'abord reconnaître le fait que Kia n'est plus la même compagnie depuis qu'elle a été intégrée au groupe Hyundai. Jadis luttant pour sa survie et ne prêtant pas tellement attention à la qualité d'assemblage et à la fiabilité, cette compagnie entend maintenant augmenter ses parts de marché partout dans le monde. En fait, le groupe Hyundai vise le cinquième rang à l'échelon mondial. Au cours des trois dernières années, Kia a réalisé de spectaculaires progrès en termes de qualité, de fiabilité et de sophistication de ses modèles. La nouvelle Amanti s'intègre dans cette politique.

Genève et New York

Le 4 mars 2003, tout le gratin de la compagnie Kia s'était donné rendez-vous au Salon de l'auto de Genève pour le dévoilement de l'Opirus, la première berline de luxe de cette compagnie destinée aux marchés internationaux. Les journalistes présents ont été quelque peu estomaqués lors de ce dévoilement en découvrant une berline dont la grille de calandre était vraiment très distincte de tout ce qui est offert. Sa forme trapézoïdale et ses ailettes chromées disposées en forme de V

Et il faut souligner qu'une berline de même catégorie était déjà au catalogue de la marque. Il s'agissait de l'Entreprise, un modèle qui ne possédait pas les qualités nécessaires pour être distribué en Amérique du Nord. Ayant eu l'opportunité de me déplacer à bord de cette voiture en Corée, j'ai pu constater que cela aurait été un échec total. En revanche, avec l'Amanti, le succès ne relève pas de l'utopie puisque cette voiture possède quelques atouts qui la feront apprécier d'une certaine clientèle. Pour plusieurs, la possibilité de se payer le luxe d'une Mercedes au prix d'une Toyota Avalon est un argument passablement irrésistible.

que chose de sympathique. D'autres vous diront que le résultat est plutôt caricatural.

L'élément visuel le plus controversé de cette voiture est certainement sa grille de calandre. Pourtant, lors du dévoilement de la version nord-américaine au Salon de l'auto de New York en avril, cette grille avait été modifiée pour notre marché : la barre centrale perpendiculaire a tout simplement été enlevée. Un autre changement majeur est le fait que l'Opirus sera commercialisée sous le nom d'Amanti au Canada et aux États-Unis. Cette appellation est dérivée du verbe italien *amare* qui signifie aimer. Selon Kia, les gens vont tom-

et traversées par une baguette centrale sont autant d'éléments qui la démarquent fortement.

À part cette grille de calandre qui est quasiment un pastiche de la grille Mercedes, il est évident que les stylistes bossant sous la houlette de Sung-dae Baek se sont inspirés de multiples caractéristiques empruntées à plusieurs voitures de luxe. Les phares avant sont d'inspiration Mercedes, le capot ressemble quelque peu à celui des Jaguar tandis que la partie arrière du toit s'apparente à la défunte Lincoln Continental. Malgré cet ADN disparate, la silhouette de la voiture affiche un petit quel-

ber amoureux de cette berline qui leur fera également aimer la vie. Vous vous demandez sûrement ce que signifie Opirus, l'identité de cette Kia partout ailleurs. Ce mot est dérivé du nom de la ville biblique d'Ophir qui était reconnue pour ses marchés de produits de luxe et sa richesse.

Il est évident que cette voiture a été conçue en fonction des goûts des consommateurs américains. Non seulement l'Amanti est une voiture dont le gabarit est quasiment similaire à celui d'une Mercedes de Classe S, mais son habitacle est plus grand que celui d'une Buick LeSabre. En fait, Kia affirme que le déga-

gement pour les jambes aux places avant est le plus important de sa catégorie. Vous pourrez utiliser cette Kia pour inviter trois de vos amis au golf puisque le coffre peut transporter quatre sacs de golf grâce à une capacité de 440 litres. De plus, les places arrière conviendront à tous les gabarits.

Comme l'extérieur, l'habitacle est truffé d'emprunts aux marques de prestige. Les commandes des sièges avant sont similaires à celles de la Mercedes et le concept du tableau de bord est influencé par celui des grosses américaines tandis que les appliques en bois véritable sur la planche de bord et l'éclairage électroluminescent des cadrans sont d'inspiration Lexus. Le volant ressemble à celui de la Lexus LS 430 avec son gros moyeu central, ses commandes en périphérie et la partie supérieure du boudin en bois. Bien assis dans un siège moelleux privilégiant vraiment le confort plutôt que le support latéral, le pilote a vraiment l'impression d'être au volant d'une berline de grand luxe.

Cette impression serait exacte si ce n'était de quelques détails de finition et de conception. Plusieurs vis apparaissent çà et là tandis que certaines pièces en plastique sont d'une texture différente et font vraiment bon marché. De plus, tant qu'à aller dans les détails, signalons que quelques coutures sur

les sièges recouverts de cuir déviaient parfois de leur course et que certaines composantes des garnitures de l'habitacle étaient mal fixées. Mais il s'agit de détails insignifiants compte tenu de la fourchette de prix de l'Amanti.

Bien entendu, faute de pedigree, cette Kia nous en donne pour notre argent par l'intermédiaire d'un équipement plus que complet. Soulignons la climatisation à commande électronique, un changeur à six CD au tableau de bord, un système antipatinage et de stabilité latérale de même que huit coussins de sécurité.

Talon d'Achille

Malgré ses freins à disque aux quatre roues, sa suspension arrière indépendante, sa boîte automatique à cinq rapports et sa suspension à contrôle électronique, l'Amanti ne réussira pas à combler la personne à la recherche d'une berline de luxe possédant un caractère sportif. Le coupable de cette situation est le moteur V6 Sigma de 3,5 litres dont les 195 chevaux sont adéquats, mais ne permettent pas de compter sur des accélérations semblables à celles des concurrentes que l'Amanti réussit à talonner en fait de silhouette et d'équipement. Il lui faut un peu moins de 10 secondes pour boucler le 0-100 km/h. C'est correct, mais les impa-

tients devront ronger leur frein. À titre de comparaison, une Mercedes de Classe E équipée du moteur V6 3,2 litres effectue cet exercice en 3 secondes de moins. Par contre, la Toyota Avalon fait presque match nul avec la Kia.

Mais il n'y a pas que les chiffres qui importent. En conduite, les passages des rapports de la boîte automatique s'effectuent relativement lentement, ce qui ajoute à l'impression du manque de performance. Cette impression est également accentuée par la bonne insonorisation de l'habitacle et la souplesse relative des amortisseurs.

J'ai eu l'occasion de mettre à l'essai cette Kia en avant-première dans le cadre d'un voyage en Corée. Cette voiture s'est tout de même assez bien débrouillée lors d'un test réalisé sur une piste d'essai située sur les terrains de l'usine de Hwasung qui nous a permis de vérifier le comportement en virage, le freinage et l'accélération. Ma première impression a été de piloter une voiture dont la silhouette était d'inspiration européenne, la présentation de l'habitacle similaire à celle d'une Lexus LS et au comportement routier qui s'apparentait à celui d'une Buick Park Avenue.

Les temps d'accélération n'ont pas fait surchauffer mon chronomètre, mais la perfor-

CARACTÉRISTIQUES

Prix du modèle à l'essai	de base 36 895 $ (estimé)
Échelle de prix	n.d.
Garanties	5 ans 100 000 km / 5ans 100 000 km
Emp. / Long. / Larg. / Haut. (cm)	280 / 498 / 185 / 149
Poids	1822 kg
Coffre / Réservoir	440 litres / 70 litres
Coussin de sécurité	frontaux, latéraux et tête
Suspension avant	indépendante, jambes de force
Suspension arrière	indépendante, liens multiples
Freins av. / arr.	disque ABS
Antipatinage / Contrôle de stabilité	oui
Direction	à crémaillère, assistance variable
Diamètre de braquage	n.d.
Pneus av. / arr.	225/60R16

MOTORISATION ET PERFORMANCES

Moteur	V6 3,5 litres
Transmission	traction, automatique 5 rapports
Puissance	203 ch à 5500 tr/min
Couple	222 lb-pi à 3300 tr/min
Autre(s) moteur(s)	aucun
Autre(s) transmission(s)	aucune
Accélération 0-100 km/h	9,2 secondes
Reprises 80-120 km/h	7,5 secondes
Vitesse maximale	220 km/h
Freinage 100-0 km/h	43,0 mètres
Consommation (100 km)	12,3 litres (ordinaire)
Niveau sonore	n.d.

MODÈLES CONCURRENTS

• Mercury Grand Marquis • Nissan Altima • Toyota Avalon

VERDICT

Agrément de conduite	★★★⯪☆
Fiabilité	nouveau modèle
Sécurité	★★★⯪☆
Qualités hivernales	★★★⯪☆
Espace intérieur	★★★☆☆
Confort	★★★★☆

VERSION RECOMMANDÉE

Modèle de base

mance s'est quand même avérée correcte du moment qu'on accepte le fait qu'il s'agit d'une automobile privilégiant le confort et les randonnées boulevardières. D'ailleurs, la direction est quelque peu engourdie et il faut anticiper les virages serrés si on ne veut pas être obligé de corriger la trajectoire au milieu du point de corde. La suspension est souple, mais le roulis en virage est bien contrôlé tandis qu'un sous-virage marqué mais facile à dominer se manifeste si jamais votre pied droit appuie trop fort sur la pédale d'accélération dans une courbe. Il faut également se rappeler que l'Amanti est dotée d'un système de stabilité latérale, si jamais vous perdez le contrôle. Et si les freins se sont révélés progressifs et résistants à la surchauffe, ils fumaient drôlement lors de notre retour de piste.

Somme toute, l'Amanti cible surtout l'acheteur qui apprécie les grosses berlines et le confort pantouflard des nord-américaines. Cette nouvelle venue est également un moyen pour Kia de se départir de cette image de constructeur de «p'tits chars cheaps» qui lui colle au train depuis son arrivée sur notre marché.

Denis Duquet

▲ POUR

• Équipement complet • Prix séduisant • Tenue de route correcte • Insonorisation réussie • Boîte automatique 5 rapports

▼ CONTRE

• Silhouette controversée • Grille de calandre caricaturale • Faible support latéral des sièges avant • Finition peu impressionnante

Pourra-t-elle sonner la Sonata?

C'est lorsqu'on conduit une voiture «bon marché» comme la Kia que l'on se rend compte à quel point l'automobile a évolué dans les 20 dernières années. Certes, il se fait mieux que cette coréenne qui essaye de jouer dans la cour des grands, mais pour rouler en famille du point A au point B à prix abordable, la Magentis dispose d'un nombre convaincant d'atouts. Tout comme sa sœur, la Hyundai Sonata.

Le mariage forcé de Kia et de Hyundai se traduit, comme il fallait s'y attendre, par le partage d'éléments comme les plates-formes, les groupes motopropulseurs et même le design. Pour 2004, la berline intermédiaire reçoit quelques changements d'ordre esthétique qui touchent principalement l'avant de la voiture et qui permettent d'alléger le dessin plutôt lourdaud de la version précédente. Les gros optiques se scindent en deux et la calandre s'affine, produisant un ensemble plus harmonieux. Même scénario à l'intérieur où les imposantes fausses boiseries de l'an dernier ont cédé la place à des appliques en similibois plus fines qui encadrent une console centrale se prolongeant harmonieusement entre les deux sièges avant.

Un habitacle spacieux

Sur le plan mécanique, le seul changement porte sur les pneumatiques qui passent de 15 à 16 pouces dans les versions à moteur V6 tandis que la LX à moteur quatre cylin-

dres roule sur des pneus de 15 pouces. Sur route, cette monte pneumatique, associée à des suspensions entièrement indépendantes, procure un silence de fonctionnement très honorable, un compliment que l'on peut aussi formuler à l'égard de l'insonorisation générale qui est de bon niveau, les bruits de vent étant bien contrôlés. En version LX, cependant, le quatre cylindres se fait entendre en accélération mais le bruit s'atténue à vitesse de croisière. Notons que le V6 est nettement moins bruyant en accélération et encore plus silencieux sur autoroute. Autre élément du confort à bord : le dégagement aux jambes qui est convenable à l'avant et particulièrement généreux à l'arrière, ce qui fait que c'est un bon choix pour les familles avec adolescents (surtout s'ils sont de grande taille).

Si l'habitacle est généreux, le coffre, par contre, présente une contenance inférieure à la moyenne de la catégorie. Précisons cependant que le dossier de la banquette arrière se rabat en deux sections pour dégager plus d'espace de chargement.

Molle à souhait

Sur la route, à part l'insonorisation soignée, la Magentis adopte la philosophie de la mollesse, notamment avec le V6. C'est ainsi qu'en virage, la caisse s'incline généreusement et le sous-virage est prépondérant. Pas question d'adopter une conduite sportive, cette Kia n'étant tout simplement pas conçue à cet effet. Même commentaire pour les freins qui manquent de mordant et s'échauffent rapidement même sur la V6 équipée de quatre disques assistés. L'ABS est offert de série dans la LX V6 et la SE V6, cette dernière offrant aussi l'anti-patinage, mais la LX doit se passer de ces dispositifs de sécurité active. Notons aussi que la version haut de gamme SE propose l'intérieur en cuir, les sièges avant chauffants et à commande électrique et les coussins de sécurité latéraux. Encore une fois, il est regrettable qu'il faille imposer l'habillage en cuir pour qui souhaite garder son postérieur au chaud en hiver et bénéficier de la sécurité des coussins latéraux. Quant aux versions autres que la SE, Kia a eu la mauvaise idée d'imiter Volkswagen en confiant les réglages du siège du conducteur à d'exécrables molettes. J'en connais qui refusent d'acheter une voiture rien que pour ces maudites molettes. Et ils ont raison.

En matière de performance, là aussi la mollesse est au rendez-vous, tant avec le V6 qu'avec les quatre cylindres. Lors d'un départ

CARACTÉRISTIQUES

Prix du modèle à l'essai	LX V6 25 750 $
Échelle de prix	22 250 $ à 28 750 $
Garanties	5 ans 100 000 km / 5 ans 100 000 km
Emp. / Long. / Larg. / Haut. (cm)	270 / 472 / 181,5 / 141
Poids	1465 kg
Coffre / Réservoir	386 litres / 65 litres
Coussins de sécurité	frontaux (latéraux dans SE)
Suspension avant	indépendante, jambes de force
Suspension arrière	indépendante, multibras
Freins av. / arr.	disque ABS
Antipatinage / Contrôle de stabilité	non (oui, dans SE)
Direction	à crémaillère, assistance variable
Diamètre de braquage	10,4 mètres
Pneus av. / arr.	205/60R16

MOTORISATION ET PERFORMANCES

Moteur	V6 2,7 litres
Transmission	traction, automatique 4 rapports
Puissance	178 ch à 6000 tr/min
Couple	181 lb-pi à 4000 tr/min
Autre(s) moteur(s)	4L 2,4 litres 149 ch
Autre(s) transmission(s)	manuelle 5 rapports
Accélération 0-100 km/h	10,0 secondes
Reprises 80-120 km/h	7,6 secondes
Vitesse maximale	195 km/h
Freinage 100-0 km/h	42,7 mètres
Consommation (100 km)	11,4 litres (super)

MODÈLES CONCURRENTS

- Chevrolet Malibu • Chrysler Sebring • Honda Accord
- Hyundai Sonata • Nissan Altima • Saturn LS
- Toyota Camry

QUOI DE NEUF ?

- Roues de 16 po (V6) • Nouveau dessin de l'avant
- Déverrouillage du coffre par télécommande

Renouvellement du modèle	2005

VERDICT

Agrément de conduite	★★☆☆☆
Fiabilité	★★☆☆☆
Sécurité	★★★☆☆
Qualités hivernales	★★★☆☆
Espace intérieur	★★★★☆
Confort	★★★★☆

VERSION RECOMMANDÉE

2,4 LX

arrêté avec pédale au fond avec une version à boîte automatique, les premières secondes sont pénibles et il faut atteindre 4000 tr/min au compte-tours pour que la voiture accélère le pas, ce qui se confirme d'ailleurs par le chronomètre qui donne 10 secondes pour le 0 à 100 km/h avec le V6, alors que le quatre cylindres enregistre 12 secondes. En reprise, de 80 à 120 km/h, les choses vont heureusement mieux avec le V6 (7,6 secondes) que le quatre cylindres qui demande plus d'anticipation lors des dépassements.

Conforme à la philosophie générale de la voiture, la direction est fortement assistée et ne permet pas de sentir la route. Notons cependant que la voiture est plus agile avec le quatre cylindres, sans doute à cause du poids moins élevé qui repose sur les roues avant. En outre, l'effet de couple, talon d'Achille de bien des tractions, est convenablement contrôlé.

Pour terminer, abordons la question du rapport prix/équipement, élément clé pour le succès de ce type de voiture qui s'adresse à un public pour qui le prix figure très haut sur la liste des priorités, un public souhaitant un moyen de transport familial abordable. À 22 250 $ pour la LX de base, 25 750 $ pour la LX-V6 et 28 750 $ pour la SE (cuir), la Magentis joue directement dans les plates-bandes de la Hyundai Sonata et fait concurrence aux gros canons de cette catégorie (Honda Accord, Toyota Camry, Nissan Altima). Le hic pour la Kia, c'est que sa réputation n'est pas encore tout à fait établie et que son réseau de concessionnaires en est à ses débuts. Certes, à moins de 30 000 $, vous disposez d'une berline familiale confortable, silencieuse, bien équipée (climatisation, AM/FM/CD, glaces électriques) et aux lignes agréablement classiques, mais à moins que la facture soit inférieure à celle de sa principale rivale (la Sonata), pourquoi accepteriez-vous une valeur de revente moindre et un réseau naissant qui n'a pas encore pleinement fait ses preuves ? Poser la question, c'est y répondre.

Alain Raymond

▲ POUR

- Bon rapport prix/équipement
- Bonne garantie • Ligne classique
- Bonne insonorisation

▼ CONTRE

- Faible valeur de revente
- Fiabilité non prouvée • Suspensions et direction molles • Accélérations médiocres

Le carnaval est fini ?

Une auto pour moins de 14 000 $, ça ne court pas les rues. La direction de Kia n'est pas sans le savoir et mise comme d'habitude sur un prix de vente très attractif pour détourner la clientèle de la concurrence. Mais l'arrivée de l'Echo Hatchback (Toyota), de la Swift + (Suzuki) et de l'Aveo (Chevrolet) donnera assurément un coup de vieux à cette sous-compacte qui est privée de tout changement cette année.

Soucieuse d'affronter avec les meilleurs arguments une concurrence féroce, la petite sud-coréenne s'habille d'une carrosserie élégante et dans l'air du temps. Bonne idée puisque l'apparence et le prix sont des critères décisifs pour plusieurs consommateurs. Il faut jeter un œil du côté des accessoires, rayon où la Rio fait des étincelles. D'ailleurs, Kia a bien raison de la présenter comme étant le véhicule par excellence pour nous déplacer «sans qu'il ne nous en coûte un bras». Les versions plus «cossues» surtout, qui ne nous privent pas de quelques privilèges qui peuvent parfois rendre la vie d'un automobiliste plus agréable, s'avèrent remarquables sur ce point.

Quatre personnes peuvent s'entasser à l'intérieur de cette familiale qui offre un dégagement et un confort tout juste acceptables. Consolez-vous à l'idée que vos bagages et sacs d'épicerie voyageront plus à l'aise. La présentation n'a rien de pimpant et la qualité des plastiques et de la finition du modèle essayé sont à l'image de l'auto : bon marché. Si les espaces de rangement sont assez nombreux et pratiques à l'avant (à lui seul, le coffre à gants est en mesure d'enfourner plus que la documentation habituelle du constructeur), à l'arrière on peut seulement compter sur des pochettes taillées dans l'endos des baquets. Au sujet de ces derniers, celui du conducteur tout particulièrement, mentionnons que les multiples ajustements permettent de trouver une position de conduite agréable, mais côté support latéral, faudra s'agripper plus fermement au volant dont la texture n'a rien d'agréable.

Simplicité volontaire

On s'en serait douté, la Rio ne casse rien sur le plan technique, mais ne nous ramène pas pour autant 30 ans en arrière. D'ailleurs, pour se maintenir au diapason de ses rivaux, le constructeur sud-coréen a augmenté l'année dernière la cylindrée de son moteur qui a progressé de 1,5 à 1,6 litre. C'est peu, tout comme les gains d'ailleurs. Ainsi la puissance est passée de 96 à 104 chevaux et le couple de 98 à 104 lb-pi. Rien pour lui donner plus de caractère.

Si, comme son prédécesseur, le «nouveau» moteur démarre au quart de tour, il m'est apparu moins hésitant. Ça compense pour son manque de discrétion. D'ailleurs, si son niveau sonore était proportionnel à la puissance qu'il transmet aux roues avant motrices, ce moteur serait une véritable fusée. Inutile de rêver, la Rio s'élance toujours aussi timidement et les reprises s'avèrent aussi laborieuses qu'autrefois. Si vous n'avez pas le cœur de compter ni de ressentir la brutalité avec laquelle la boîte automatique hache ses quatre rapports, sachez qu'il faut un peu plus de 12 secondes pour atteindre 100 km/h. Une vraie paresse de tortue. Si seulement, en retour, cette Kia sirotait les 45 litres d'essence contenus dans son – minuscule – réservoir avec plus de modération. On peut espérer mieux avec la transmission manuelle à cinq rapports, mais la précision de son levier n'a d'égale que celle d'une baratte à beurre.

Comme un malheur ne vient jamais seul, la Rio avoue trop de lacunes sur la route pour réellement séduire. Relativement sûre et facile à conduire sur route sèche (à la condition de combattre le fort sous-virage qui se manifeste en entrée de virage), cette sud-coréenne manque simplement d'assurance lorsque le coefficient d'adhérence de la chaussée est faible.

CARACTÉRISTIQUES

Prix du modèle à l'essai	RX-V 17 250 $
Échelle de prix	12 250 à 16 150 $
Garanties	5 ans 100 000 km / 5 ans 100 000 km
Emp. / Long. / Larg. / Haut. (cm)	241 / 421,5 / 167,5 / 144
Poids	1135 kg
Coffre / Réservoir	296 à 621 litres / 45 litres
Coussins de sécurité	frontaux
Suspension avant	indépendante, jambes de force
Suspension arrière	demi-ind., poutre déformante
Freins av. / arr.	disque / tambour
Antipatinage / Contrôle de stabilité	non
Direction	à crémaillère
Diamètre de braquage	11,8 mètres
Pneus av. / arr.	175/65R14

MOTORISATION ET PERFORMANCES

Moteur	4L 1,6 litre
Transmission	traction, manuelle 5 rapports
Puissance	104 ch à 5800 tr/min
Couple	104 lb-pi à 4700 tr/min
Autre(s) moteur(s)	aucun
Autre(s) transmission(s)	automatique 4 rapports
Accélération 0-100 km/h	12,0 secondes
Reprises 80-120 km/h	10,5 secondes
Vitesse maximale	180 km/h
Freinage 100-0 km/h	45,0 mètres
Consommation (100 km)	9,8 litres (ordinaire)

MODÈLES CONCURRENTS

• Chevrolet Aveo • Hyundai Accent • Toyota Echo

QUOI DE NEUF?

• Aucun changement

Renouvellement du modèle	2005

VERDICT

Agrément de conduite	★★☆☆☆
Fiabilité	★★★☆☆
Sécurité	★★★☆☆
Qualités hivernales	★★★☆☆
Espace intérieur	★★⯨☆☆
Confort	★★⯨☆☆

VERSION RECOMMANDÉE

RX-V

Le coupable se nomme Toyo, un manufacturier de pneumatiques dont les enveloppes ne sont manifestement pas aussi adhérentes sur sol détrempé que celles de marques plus réputées. Les pneus sont également responsables des distances d'arrêt plutôt longuettes de la Rio qui dispose, soulignons-le, d'un classique duo disque/tambour qui manque d'endurance et résiste difficilement à l'échauffement.

Sur la route, les éléments suspenseurs de la Rio assurent un confort satisfaisant à la condition que le ruban d'asphalte soit rectiligne et lisse comme la paume d'une main. Mais si toutes ces conditions ne sont pas réunies, la Rio vous promet tout un carnaval, surtout lorsque vous souhaitez augmenter la cadence. La caisse accuse beaucoup de roulis en virage et, faute de fermeté, se déhanche étrangement, nous laissant croire que les éléments suspenseurs sont fixés à de gros élastiques. La direction aussi d'ailleurs. Convenable en ville, cette dernière est trop légère

et trop imprécise à vitesse de croisière. En gros, la conduite de la Rio devient vite ennuyeuse et inconfortable (on entendait distinctement les abrasifs laissés par les épandeuses «sabler» les passages de roues lors de notre essai réalisé l'hiver dernier).

Généreuse garantie

Modeste à tous points de vue, la Rio n'est certainement pas l'aubaine annoncée. La légèreté du tarif n'excuse pas des performances (au sens large du terme) et un agrément de conduite aussi limités. Va toujours si ce véhicule, au demeurant fiable et appuyé par une généreuse garantie, est utilisé comme véhicule secondaire. Principal? Je ne sais pas pour vous, mais moi je préfère attendre le bus! (Voir aussi match comparatif.)

Éric LeFrançois

▲ POUR

• Rapport prix/équipement • Garantie alléchante • Lignes extérieures modernes (RX-V) • Polyvalence de la familiale

▼ CONTRE

• Moteur poussif et bruyant • Suspensions dépassées • Pneus médiocres • Valeur de revente pitoyable

Mieux ficelée

Si vous avez consulté l'édition 2003 du *Guide de l'auto*, vous avez pris connaissance des résultats d'un essai prolongé qui nous a permis de dresser un bilan de santé mécanique positif de la Sedona. Cette fourgonnette ne nous a pas déçus au chapitre de la fiabilité. Après plus de 20 000 km, le groupe motopropulseur s'était toujours présenté au travail et s'était acquitté de sa tâche. En guise de bilan après plus de 12 mois ou presque, les seuls éléments négatifs à déplorer étaient un pare-brise fissuré et une vilaine encoche au pare-chocs arrière. Rien que l'on puisse reprocher à Kia, bien sûr.

Le premier est la résultante des hasards des routes de la province qui, faute d'être entretenues, servent de rampe de lancement à des gravillons de toutes dimensions qui viennent s'abattre sur les pare-brises. Quant à la petite encoche, elle est le résultat de la rencontre entre un piquet de clôture et le pare-chocs lorsque la madame qui était au volant a momentanément perdu le sens des directions. Pardonnons-lui.

La seconde présence de la Sedona dans l'édition de l'an dernier se situait dans le cadre du match comparatif des fourgonnettes où elle s'est classée en queue de peloton. Il faut dire à sa décharge que le modèle essayé était pratiquement «tout nu» par rapport aux autres participantes, ce qui explique en partie sa position. De plus, certains détails de conception et d'agencement de même qu'un comportement dynamique un peu en retrait attribuable à son poids excessif lui ont fait perdre de précieux points.

Malgré tout, cette version LX offrait le meilleur rapport qualité/prix du groupe d'essai. Surtout si on prenait en considération son moteur V6 3,5 litres de 195 chevaux et sa boîte automatique à 5 rapports.

Des progrès constants

Il serait facile de s'en tenir à ce jugement, ce qui permettrait à plusieurs de la choisir aussi bien en fonction de son prix d'aubaine que pour l'attrait de la nouveauté et de son moteur. Par contre, il faut tenir compte du fait que les choses évoluent constamment chez ce constructeur. Et, il faut le souligner, ce changement s'avère positif. Au fil des semaines et des mois, les véhicules issus des usines Kia sont de mieux en mieux assemblés tandis que les fournisseurs sont obligés d'améliorer leurs produits à défaut de quoi ils devront rayer Kia de la liste de leurs clients. C'est d'ailleurs l'une des préoccupations majeures de la direction de cette compagnie visitée par *Le Guide de l'auto* en Corée au printemps dernier.

Ces nombreuses améliorations s'expliquent par la mise en place de «changements courants» qui sont le lot de tous les constructeurs, mais qui semblent plus spectaculaires chez Kia. Cela ne signifie pas que le véhicule a été modifié sur le plan esthétique ou mécanique, mais que ses composantes sont de meilleure qualité et plus fiables de même que la caisse est plus rigide. C'est ce que nous avons remarqué sur notre modèle d'essai 2004 alors que l'intégrité de la caisse semblait meilleure et le passage des rapports de la boîte de vitesses plus précis. Par contre, la consommation de carburant est demeurée sensiblement la même, car si cette fourgonnette est mieux ficelée, elle n'a pas subi de cure d'amaigrissement. Enfin, le hayon arrière demeure toujours difficile à refermer en raison de la trop grande résistance des supports pneumatiques.

«Vas-y mollo»

La Sedona est une fourgonnette au comportement routier honnête, mais il ne faut pas tenter de la bousculer dans les virages. Avant de jouer d'audace au volant, il est important de se souvenir qu'il s'agit d'un véhicule lourd à la suspension arrière rigide et à la direction pas tellement précise. Et si

CARACTÉRISTIQUES	
Prix du modèle à l'essai	EX Luxe 31 895 $
Échelle de prix	25 500 $ à 31 500 $
Garanties	5 ans 100 000 km / 5 ans 100 000 km
Emp. / Long. / Larg. / Haut. (cm)	290 / 493 / 189,5 / 173
Poids	2136 kg
Coffre / Réservoir	617 à 1999 litres / 75 litres
Coussins de sécurité	frontaux
Suspension avant	indépendante, jambes de force
Suspension arrière	semi-ind., ressorts hélicoïdaux
Freins av. / arr.	disque / tambour ABS
Antipatinage / Contrôle de stabilité	non
Direction	à crémaillère, assistance variable
Diamètre de braquage	12,6 mètres
Pneus av. / arr.	215/70R15

MOTORISATION ET PERFORMANCES	
Moteur	V6 3,5 litres
Transmission	traction, automatique 5 rapports
Puissance	195 ch à 5500 tr/min
Couple	218 lb-pi à 3500 tr/min
Autre(s) moteur(s)	aucun
Autre(s) transmission(s)	aucune
Accélération 0-100 km/h	11,0 secondes
Reprises 80-120 km/h	9,8 secondes
Vitesse maximale	180 km/h
Freinage 100-0 km/h	47,0 mètres
Consommation (100 km)	13,9 litres (ordinaire)

jamais cet avertissement ne vous émeut pas outre mesure, notez que la distance de freinage de 100 à 0 km/h est de 47,0 mètres. Il est vrai que la Sedona a mérité une excellente cote en fait de sécurité passive lors de tests d'impact frontal et latéral, mais il ne faut pas trop pousser sa chance.

Pour apprécier la Sedona à sa juste valeur, il faut donc adopter un style de conduite relax qui consiste à suivre le flot de la circulation et à respecter les limites de vitesse. Vous allez alors enregistrer une consommation de carburant acceptable et ne serez pas agacé par le niveau sonore du moteur V6 qui devient presque rugissant à haut régime.

Somme toute, cette fourgonnette a été conçue pour être conduite comme une... fourgonnette et non pas comme un coupé sport. Tout en respectant ses limites vous allez apprécier la silhouette équilibrée, l'habitacle bien fini et un équipement relativement complet. Par exemple, elle se démarque avec ses deux

coffres à gants, son vide-poches central sur la planche de bord et son levier de vitesses positionné sur une excroissance de la console centrale. Ce levier de vitesses est non seulement original, mais il est à la portée de la main et son fonctionnement sans ennui. Par ailleurs, les commandes de la radio et de la climatisation s'avèrent faciles à utiliser.

Comme cette Kia est la fourgonnette la plus économique sur le marché, il faut accepter le fait que la troisième banquette ne s'escamote pas dans le plancher et que les sièges amovibles soient suffisamment lourds pour que vous deviez demander à votre voisin de vous aider à les transporter. Il est toutefois possible de commander un lecteur DVD en option avec un écran LCD escamotable de 7 pouces. Détail à souligner, ce lecteur peut également lire les CD réguliers et MP3.

Bref, les gens de Kia ont réussi à produire une fourgonnette très honnête et relativement fiable à un prix impressionnant.

Denis Duquet

MODÈLES CONCURRENTS
• Chevrolet Venture • Dodge Caravan • Ford Freestar
• Honda Odyssey • Mazda MPV • Pontiac Montana
• Toyota Sienna

QUOI DE NEUF ?
• Lecteur DVD

Renouvellement du modèle	2006

VERDICT	
Agrément de conduite	★★☆☆☆
Fiabilité	★★★★☆
Sécurité	★★★★☆
Qualités hivernales	★★★⯪☆
Espace intérieur	★★★★⯪
Confort	★★★⯪☆

VERSION RECOMMANDÉE
EX

▲ POUR
• **Finition en progrès** • **Moteur bien adapté**
• **Habitabilité assurée** • **Prix compétitifs**
• **Garantie généreuse**

▼ CONTRE
• **Consommation élevée** • **Sous-virage marqué**
• **Hayon lourd** • **Absence de sièges escamotables**
• **Chauffage moyen (places arrière)**

KIA SORENTO

Un an plus tard

L'arrivée du Sorento sur le marché donnait à Kia un argument de plus pour attirer l'attention d'une nouvelle catégorie d'acheteurs. En effet, jusqu'au lancement de la fourgonnette Sedona, cette marque était surtout associée à de petites voitures économiques dont la fiabilité n'était pas toujours garantie. Il y avait bien la Magentis, une berline quatre portes de catégorie intermédiaire, mais son entrée en scène n'avait pas eu le même impact que celle de la fourgonnette.

Avec le Sorento, ce constructeur coréen s'attaquait au marché des VUS, toujours en plein essor sur notre continent. Bien entendu, cette nouvelle venue prenait la même recette que la Magentis et la Sedona : offrir un véhicule bien équipé, doté d'une silhouette intéressante, et ce, à un prix plus que compétitif. Lors du lancement du Sorento, nous avions été impressionnés par ses lignes proches de celles du Mercedes ML, par son niveau d'équipement, son habitabilité, son moteur V6 3,5 litres de 195 chevaux, sa boîte automatique à cinq rapports et une finition très honnête compte tenu du prix demandé. De plus, ses dimensions le placent entre les modèles compacts tel le Jeep Liberty et les authentiques intermédiaires comme le Ford Explorer. Bref, un quasi-intermédiaire au prix d'une compacte.

Toujours lors de cette première prise en main, le comportement routier sur mauvaise route nous avait agréablement surpris, étant donné qu'il s'agit d'un châssis autonome de type échelle et d'un essieu arrière rigide. Même à des vitesses assez élevées sur une route en terre passablement dégradée, le Sorento s'était fort bien tiré d'affaire. Le train arrière sautillait, bien sûr, mais pas de façon exagérée, tandis que le rouage intégral s'acquittait bien de sa tâche pour éviter les dérobades du train arrière.

Ces impressions initiales ont été confirmées par un essai réalisé au Québec sur nos «belles» routes défoncées au cours duquel le Sorento avait affiché le même comportement positif. Par contre, la seule ombre au tableau était l'impossibilité d'évaluer la fiabilité de ce nouveau venu. La fourgonnette Sedona que nous avions soumise à un essai à long terme en 2002 s'en était tirée avec les honneurs de la guerre malgré un pare-brise fissuré et un pare-chocs endommagé à la suite d'une rencontre avec un piquet de fer. Mais, tant sur le plan de la mécanique que de l'intégrité de la caisse, les résultats étaient encourageants.

Le Sorento nous apparaissait plus attrayant que la fourgonnette, mais sa fiabilité nous inquiétait. En effet, lors de notre premier essai, le lecteur CD avait rendu l'âme et le plafonnier ne voulait plus s'éteindre. La solution : un essai prolongé de plusieurs mois, afin de sonder les entrailles de la mécanique et la solidité de la carrosserie.

« No problema »

Les premiers kilomètres effectués avec notre véhicule d'essai à long terme nous ont inquiétés puisque, sur le chemin du retour à la maison, il était impossible d'éteindre la lumière de lecture placée sur la console du toit. Après plusieurs tentatives infructueuses, nous étions presque sur le point de retourner chez le concessionnaire pour la faire réparer. Heureusement, le problème a été résolu quelques secondes plus tard lorsque nous avons actionné le rhéostat réglant l'intensité de l'éclairage des cadrans indicateurs. En sa position extrême, cette commande sert également de commutateur aux lampes de lecture. Un déclic et tout était revenu à la normale. Et ce fut le seul «pépin» mécanique d'un essai qui s'est déroulé de novembre 2002 à septembre 2003.

Par rapport à la fourgonnette Sedona essayée l'année précédente, les performances du Sorento ont plus de mordant, ce qui est confirmé par les temps d'accélération plus rapides. En fait, après plusieurs tests répar-

CARACTÉRISTIQUES

Prix du modèle à l'essai	*EX 36 795 $*
Échelle de prix	*29 845 $ à 36 745 $*
Garanties	*5 ans 100 000 km / 5 ans 100 000 km*
Emp. / Long. / Larg. / Haut. (cm)	*271 / 457 / 186 / 181*
Poids	*1950 kg*
Coffre / Réservoir	*889 à 1880 litres / 80 litres*
Coussins de sécurité	*frontaux et rideau latéral*
Suspension avant	*indépendante, jambes de force*
Suspension arrière	*essieu rigide, bras tiré*
Freins av. / arr.	*disque ABS*
Antipatinage / Contrôle de stabilité	*non*
Direction	*à crémaillère, assistée*
Diamètre de braquage	*11,0 mètres*
Pneus av. / arr.	*245/70R16*

MOTORISATION ET PERFORMANCES

Moteur	*V6 3,5 litres*
Transmission	*intégrale, automatique 4 rapports*
Puissance	*195 ch à 5500 tr/min*
Couple	*218 lb-pi à 3000 tr/min*
Autre(s) moteur(s)	*aucun*
Autre(s) transmission(s)	*aucune*
Accélération 0-100 km/h	*9,3 secondes*
Reprises 80-120 km/h	*8,9 secondes*
Vitesse maximale	*195 km/h*
Freinage 100-0 km/h	*42,7 mètres*
Consommation (100 km)	*14,3 litres (ordinaire)*

MODÈLES CONCURRENTS

• Ford Explorer • Jeep Grand Cherokee • Mitsubishi Montero Sport • Subaru Forester • Toyota Highlander

QUOI DE NEUF ?

• *Nouvelles couleurs* • *Contrôles de qualité plus sévères*

Renouvellement du modèle	*2007*

VERDICT

Agrément de conduite	★★★☆☆
Fiabilité	★★★☆☆
Sécurité	★★★★☆
Qualités hivernales	★★★★☆
Espace intérieur	★★★★☆
Confort	★★★☆☆

VERSION RECOMMANDÉE

EX

tis au cours de l'année, nous avons établi qu'il faut au Sorento 9,3 secondes pour boucler le 0-100 km/h, quasiment 1 seconde de moins qu'à la Sedona pour le même exercice. C'est simple à expliquer : ce dernier est plus lourd d'environ 200 kilos.

Pourtant, le VUS consomme davantage. La seule explication possible : le rouage intégral provoque plus de friction mécanique et sollicite plus le moteur. Au cours des semaines froides de l'hiver, nous avons parfois enregistré une consommation excédant les 17 litres aux 100 km tandis que la moyenne normale était d'environ 14,3 litres aux 100 km, ce qui semble être la norme pour les véhicules de cette catégorie.

Les multiples conducteurs qui se sont relayés derrière le volant du Sorento ont généralement apprécié la présentation du tableau de bord, ses commandes faciles à manipuler et la capacité du coffre à gants. La lourdeur du hayon arrière fait partie des critiques, de même que la rigidité des pistons de retenue de ce hayon par temps très froid. La capacité de la soute à bagages est adéquate et le fait d'abaisser le dossier 60/40 ajoute à l'espace disponible. Par contre, la toile rétractable servant à cacher le contenu du coffre des regards inquisiteurs devient un obstacle lorsque le dossier arrière est rabattu et il faut une bonne poigne pour l'enlever ou la remettre. Enfin, certains ont signalé qu'ils trouvaient la suspension trop ferme.

L'utilisation d'appliques en similibois sur le tableau de bord ajoute une touche de luxe. Toutefois, ce même matériau rend le boudin du volant glissant et très froid en hiver. Parlant de température froide, le moteur V6 n'a jamais été intimidé par les froids sibériens et a toujours démarré sans faute.

À part une consommation de carburant plus élevée que celle du Sedona et une suspension qui devenait parfois sèche sur certaines routes, le bilan de cet essai prolongé est positif.

Denis Duquet

▲ **POUR**

• Finition améliorée • Présentation moderne • Dimensions correctes • Tenue de route équilibrée • Garantie rassurante

▼ **CONTRE**

• Suspension ferme • Volant similibois très glissant • Consommation à revoir

COUP DE POING

La relève s'annonce

Lorsque la compagnie Kia s'est établie au Canada, ses deux fers de lance pour pénétrer sur notre marché étaient la berline Sephia et le Sportage, un VUS traditionnel dont l'assemblage semblait avoir été effectué par des handicapés visuels. Ni l'un ni l'autre n'est plus sur le marché. Le Sportage a pris un congé sabbatique pour se refaire une santé mécanique et esthétique. Il reviendra en 2005 sous une forme plus moderne et sera plus en mesure d'affronter la concurrence. La Sephia a heureusement été remplacée par la Spectra, une version revue et corrigée.

Cette nouvelle venue s'est révélée supérieure au modèle qu'elle remplaçait, mais les autres produits de la marque ont tellement progressé que la Spectra est rapidement devenue le maillon faible de la gamme Kia. Pas pour longtemps, car la compagnie nous promet une version entièrement renouvelée en cours d'année qui viendra combler les faiblesses de la Spectra tant en fait de puissance que de comportement routier et de stylisme. Comme elle partage dorénavant sa mécanique avec la Hyundai Elantra, elle devrait hériter du moteur 2 litres de cette dernière. Ce moteur sera équipé en 2004 du système de calage continuellement variable qui augmentera la puissance et améliorera les performances. De plus, les stylistes de Kia vont donner une seconde jeunesse à ce modèle dont la silhouette était plutôt sage.

Un impressionnant renouveau

Plusieurs se demandent comment il se fait que cette compagnie à peine sauvée de la faillite par son repreneur Hyundai soit en mesure de développer de nouveaux modèles qui sont en tout point supérieurs à ce qu'elle nous proposait précédemment. Ceux qui ont conduit le Sportage à son arrivée en sol canadien et qui pilotent une Sorento de nos jours sont en mesure de percevoir l'énorme bond qui a été réalisé en termes de qualité et de raffinement.

Tout spectaculaire soit-il, ce progrès n'est pas le fruit du hasard. En tout premier lieu, il y a l'intense désir de la direction de produire des véhicules dont la qualité permettra de satisfaire les désirs d'une clientèle large et pas seulement les besoins des consommateurs coréens. Et il est important de souligner que le public automobiliste dans ce pays est de plus en plus exigeant. De plus, l'acquisition de Kia par Hyundai a complètement transformé la culture d'entreprise. Chez Kia, on avait été habitué pendant trop longtemps à produire

pour d'autres grands constructeurs et l'identité de l'organisation en avait souffert. Dorénavant, les deux marques se livrent une chaude lutte sur plusieurs marchés et ces deux divisions se considèrent comme des ennemies sur le plan commercial tout en collaborant pour le développement de composantes techniques modernes. D'ailleurs, le consortium Hyundai/Kia s'est doté d'un imposant centre de recherche et de développement afin de favoriser la conception de véhicules toujours plus compétitifs et de technologies exclusives à la compagnie. Il faut souligner que les moteurs produits par ces deux marques sont reconnus pour leur durabilité et qu'ils ont été développés localement et non par un tiers fournisseur.

Détail intéressant, Kia a pour mission d'intéresser des acheteurs plus jeunes et on veut donner à ses produits un design plus dynamique qu'à ceux de Hyundai dont la clientèle est plus âgée. Cette décision a été prise tout récemment et il est évident que la Spectra 2003 avait été conçue avant cette nouvelle orientation.

Une autre époque

De nos jours, il est fréquent que les voitures à vocation plutôt économique possèdent une silhouette qui les met en évidence alors que c'était souvent le contraire il n'y a pas si long-

CARACTÉRISTIQUES

Prix du modèle à l'essai	LS 17 795 $
Échelle de prix	14 995 $ à 18 995 $
Garanties	5 ans 100 000 km / 5 ans 100 000 km
Emp. / Long. / Larg. / Haut. (cm)	256 / 451 / 172 / 141,5
Poids	1237 kg
Coffre / Réservoir	295 litres / 50 litres
Coussins de sécurité	frontaux
Suspension avant	indépendante, jambes de force
Suspension arrière	indépendante, multibras
Freins av. / arr.	disque / tambour
Antipatinage / Contrôle de stabilité	non
Direction	à crémaillère, assistée
Diamètre de braquage	9,8 mètres
Pneus av. / arr.	185/65R14

MOTORISATION ET PERFORMANCES

Moteur	4L 1,8 litre
Transmission	traction, automatique 4 rapports
Puissance	125 ch à 6000 tr/min
Couple	108 lb-pi à 4500 tr/min
Autre(s) moteur(s)	aucun
Autre(s) transmission(s)	manuelle 5 rapports
Accélération 0-100 km/h	12,0 secondes
Reprises 80-120 km/h	11,3 secondes
Vitesse maximale	165 km/h
Freinage 100-0 km/h	45,0 mètres
Consommation (100 km)	10,0 litres (ordinaire)

temps. Les stylistes se contentaient alors de dessiner une carrosserie aux lignes neutres afin d'assurer une bonne valeur pendant des années. Idem pour le tableau de bord qui était plus pratique qu'esthétique. La Spectra qui tire sa révérence a été conçue selon ces critères. Il faut toutefois souligner que sa silhouette est d'une élégance classique qui contraste avec certains dessins tourmentés de la concurrence. Son habitacle est sobre et le tableau de bord essentiellement fonctionnel. Les plastiques font bon marché, mais c'est également vrai pour la plupart de ses concurrentes.

L'habitacle est confortable de même que les sièges. Il faut souligner à propos de ces derniers qu'ils n'ont certainement pas été conçus pour une conduite sportive puisque leur support latéral est perfectible. D'ailleurs, la Spectra se contente d'être un véhicule à vocation familiale en mesure de se rendre du point A au point B sans trop consommer de carburant tout en offrant un confort acceptable. Le moteur 1,8 litre à double arbre à cames en tête

manque de puissance si les accélérations sportives vous intéressent, mais convient fort bien au chef de famille se rendant à l'épicerie du coin. Et pas besoin d'insister sur la conduite préventive puisque la suspension très souple ne se prête pas tellement à des acrobaties au volant. Le roulis en virage est important, la direction floue au centre et les amortisseurs talonnent sur mauvaise route. Il suffit de respecter les limites de vitesse en vigueur pour que la Spectra retrouve son assurance. Et une fois le calme revenu, la boîte automatique vous paraîtra moins lente à passer les rapports. Par contre, le manque d'insonorisation demeure.

La prochaine génération de la Spectra viendra corriger ces points faibles tout en continuant à offrir des prix compétitifs. Et si la fiabilité à long terme des Kia vous inquiète, sachez qu'une garantie complète de 5 ans 100 000 km a pour effet de rassurer bien des indécis.

Denis Duquet

MODÈLES CONCURRENTS

• Ford Focus • Honda Civic • Hyundai Elantra • Mazda3
• Toyota Corolla

QUOI DE NEUF ?

• Modèle tout nouveau en 2004 • Moteur plus puissant
• Plate-forme moderne

Renouvellement du modèle	2004/2005

VERDICT

Agrément de conduite	★★★☆☆
Fiabilité	★★⯪☆☆
Sécurité	★★★☆☆
Qualités hivernales	★★★☆☆
Espace intérieur	★★★⯪☆
Confort	★★★☆☆

VERSION RECOMMANDÉE

LS

▲ POUR

• Garantie rassurante • Tenue de route sans surprise • Habitacle confortable • Silhouette élégante • Espaces de rangement

▼ CONTRE

• Moteur anémique • ABS absent • Fiabilité incertaine • Prix non compétitifs

COUP DE CŒUR

Frénésie en jaune et noir

Regroupées en éventail dans l'aire de stationnement du petit circuit de Vallelunga, près de Viterbo, en Italie, 15 Lamborghini Gallardo attendent le verdict d'autant de membres de la presse automobile internationale. Sous un soleil de plomb et dans leur livrée jaune et noire, elles portent fièrement les couleurs de la petite marque de Sant'Agata. Une petite marque qui s'apprête à grandir et à s'attaquer de plein fouet à sa prestigieuse voisine de Maranello, Ferrari, avec la première vraie rivale de la 360 Modena. Sœur cadette de la Murciélago, la « petite » Lambo n'a d'ailleurs rien à envier à son aînée comme je m'apprête à le découvrir sur le circuit de Vallelunga et sur les petites routes avoisinantes. Une sorte de frénésie en jaune et noir. La Gallardo réussira-t-elle à faire pâlir le rouge vif de Ferrari ? C'est à voir !

Avec ses angles vifs parfaitement ciselés, son faciès familier rappelant la Murciélago et son air un peu fanfaron, la Lamborghini Gallardo ne peut renier ses origines. C'est d'ailleurs le même designer, Luc Donckerwolke, l'auteur de notre voiture-vedette de l'an dernier, qui a sculpté ses lignes. C'est autour d'une *spalla di vitella con verdure,* lors d'un dîner cinq services, en traçant un croquis de sa création (voir reproduction), que le jeune concepteur belge a précisé sa pensée. « Nous avons laissé de côté les portes en élytre en faveur de portes conventionnelles pour des raisons pratiques en tenant compte du fait que la voiture sera davantage utilisée sur une base quotidienne. Et comme je sais qu'un aileron ne doit servir qu'à des moments bien précis, celui de la Gallardo est mobile plutôt que fixe et se déploie quand on en a besoin. »

En plus d'une silhouette aguichante, la Gallardo ne manque pas d'arguments pour tenter de recruter environ 1200 des 8000 clients potentiels pour ce genre de voiture. Et si jamais l'étymologie des mots vous intéresse, sachez que la marque Lamborghini est née sous le signe du taureau (comme son fondateur) et que la plupart de ses modèles portent les noms de bêtes célèbres du monde de la corrida. Gallardo (prononcez ga : yàrdo) tire son appellation de Francisco Gallardo, le créateur de cette race de taureaux. Mais venons-en à l'essentiel.

Un V10 unique et le cadeau du grand frère
Lamborghini avait organisé quelques ateliers techniques afin de mieux nous permettre de nous familiariser avec la nouvelle voiture et ses caractéristiques inédites, c'est-à-dire son moteur et son châssis. Sur papier du moins,

en fonction de la force dynamique; par exemple, lors d'une forte accélération, les roues arrière recevront une plus grosse part du gâteau HP.

La grande attraction de la Gallardo demeure cependant le châssis qu'elle reçoit en cadeau de son grand frère Audi. Il s'agit d'une structure cadre tridimensionnel en aluminium connue sous le nom de Space Frame et composée de profilés en aluminium extrudé soudé à des éléments de jointure en aluminium moulé. Les éléments de la carrosserie

la Gallardo semble la plus performante de sa catégorie grâce à son majestueux moteur V10 de 5 litres à 4 ACT et 40 soupapes affichant 500 chevaux-vapeurs à 7800 tr/min. Une puissance couronnée par un couple de 376 lb-pi à 4500 tr/min dont 80 % de la force est dispo-

nible à partir de 1500 tr/min. Disposés à 90 degrés, les cylindres ont permis de réaliser un moteur d'une faible hauteur renforcé par la présence d'un carter sec, ce qui abaisse encore le centre de gravité. Le V10 entièrement fait d'aluminium est aussi doté d'une tubulure d'admission à longueur variable et de deux prises d'air avant tandis que l'accélérateur électronique s'en remet à la technique Drive by Wire.

La boîte de vitesses à six rapports, qu'elle soit manuelle ou robotisée (séquentielle), est montée à l'arrière du moteur afin de favoriser la répartition des masses qui ressort à 42 % à l'avant et à 58 % à l'arrière. Comme les grosses Diablo et Murciélago, la Gallardo hérite d'une transmission intégrale permanente à visco-coupleur central. En temps normal, 30 % de la puissance passe par l'avant et 70 % par l'arrière. Cette distribution peut toutefois varier

également en aluminium viennent se greffer à cette structure au moyen de rivets, de boulons ou de soudage. C'est la technologie mise de l'avant par Audi pour sa berline haut de gamme, l'A8. Elle permet une rigidité supérieure à celle de l'acier, une protection accrue en cas d'impact et un poids nécessairement moins élevé (1430 kg) tout en contribuant à assurer un comportement dynamique optimal.

Coiffons tout cela de suspensions avant et arrière à double triangulation, de freins Brembo à huit pistons à l'avant (quatre à l'arrière) et d'un combo jantes et pneus de 19 pouces et on aura un portrait à peu près complet de la Gallardo.

Tout ce qui précède ne servirait à rien si la voiture ne répondait pas à des attentes très élevées dans un créneau où la concurrence n'est pas nombreuse mais bien affûtée.

De la route à la piste

Chez Lamborghini, on a voulu faire de la Gallardo un modèle pouvant se prêter à un usage quotidien, à tel point que les pneus d'hiver sont offerts en option. Avec les quatre roues motrices, ça aide sans doute, mais disons que 249 900 $ dans la « sloche », c'est un peu gênant. Cela dit, une longue évaluation de la Gallardo tant sur route que sur piste m'a convaincu que pour un coup d'envoi dans cette catégorie, Lamborghini a réalisé un coup de maître. Oh ! elle est loin d'être parfaite mais sa silhouette irrésistible, la sonorité de son V10 et sa très grande facilité de conduite en font un engin attachant. On ne se sent jamais intimidé par la bête, comme c'est souvent le cas avec les supervoitures.

Essayée en premier, la version à boîte manuelle brille de tous ses feux ; même que la petite plaque en métal brillant servant à guider le levier peut vous éblouir à l'occasion si un rayon de soleil vient s'y frotter. C'est là une peccadille toutefois comparé à ce charmant bruit métallique qui accompagne l'enclenchement de chacun des six rapports. Lamborghini devra toutefois s'arrêter au repose-pied qui vous laisse la jambe pliée et inconfortable. À bord, l'ambiance est correcte mais loin de ce que l'extérieur laisse supposer. Selon Luc Donckerwolke toutefois, les voitures de série auront des intérieurs un peu plus « jazzés » que ceux des modèles essayés en Italie. Souhaitons aussi que l'on corrige toute cette ligne de commutateurs au milieu de la console qui prête à confusion et qui, en plus,

ne donnent aucun aperçu ou déclic pour avertir que le contact a été fait. Autant la visibilité avant est panoramique grâce au phénomène de la cabine avancée, autant on aura besoin d'un copilote pour effectuer toute manœuvre de marche arrière. Quant à l'espace pour les bagages sous le capot avant, il est réduit à son strict minimum. Style bikini, brosse à dents…

La radio venue en droite ligne de chez Audi serait peut-être mal vue si ce n'était de la qualité de la finition qui dépasse de beaucoup celle d'une Ferrari, que ce soit la 360 ou la Maranello. Bref, vaut mieux entretenir des liens avec Audi qu'avec Fiat par les temps qui courent.

Sur la route, le volant carré dans sa partie inférieure ne pose aucun problème, si ce n'est l'immense diamètre de braquage dont il est tributaire. La voiture inspire une grande confiance même menée vivement et ce n'est que sur la piste qu'on lui découvre un comportement sous-vireur. Le fait que même les journalistes japonais d'une ineptie notoire au volant n'aient pas effectué de sortie de piste est un hommage à la facilité de conduite de la Gallardo et à son excellente tenue de route. Les revêtements dégradés ne passent évidemment pas inaperçus, mais j'ai vu pire chez Porsche. Lamborghini par contre aurait intérêt à chausser la voiture de pneus moins bruyants que les Pirelli PZéro.

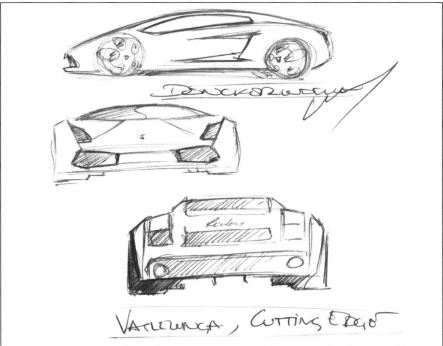

CARACTÉRISTIQUES

Prix du modèle à l'essai	249 900 $
Échelle de prix	249 900 $ à 263 900 $ (boîte robotisée)
Garanties	2 ans kilométrage illimité
Emp. / Long. / Larg. / Haut. (cm)	256 / 430 / 190 / 116,5
Poids	1430 kg (sans carburant)
Coffre / Réservoir	n.d. / 90 litres
Coussin de sécurité	frontaux et latéraux
Suspension avant	indépendante, à double triangulation
Suspension arrière	indépendante, à double triangulation
Freins av. / arr.	disque ventilé, ABS
Antipatinage / Contrôle de stabilité	oui
Direction	à crémaillère, assistée
Diamètre de braquage	11,5 mètres
Pneus av. / arr.	235/35ZR19 / 295/30ZR19

MOTORISATION ET PERFORMANCES

Moteur	V10 à 90 degrés 40 soupapes 5 litres
Transmission	intégrale, manuelle 6 rapports
Puissance	500 ch à 7800 tr/min
Couple	376 lb-pi à 4500 tr/min
Autre(s) moteur(s)	aucun
Autre(s) transmission(s)	séquentielle robotisée 6 rapports
Accélération 0-100 km/h	4,2 s (0-200 km/h : 14,2 s)
Reprises 80-120 km/h	n.d.
Vitesse maximale	309 km/h
Freinage 100-0 km/h	33,9 mètres
Consommation (100 km)	19,5 litres (super)
Niveau sonore	n.d.

MODÈLES CONCURRENTS

• Ferrari 360 Modena • Porsche 911 Turbo et GT2

VERDICT

Agrément de conduite	★★★★☆
Fiabilité	nouveau modèle
Sécurité	★★★★☆
Qualités hivernales	★★☆☆☆
Espace intérieur	★★☆☆☆
Confort	★★★☆☆

VERSION RECOMMANDÉE

boîte manuelle 6 rapports

Le moteur est vif et plein d'ardeur, mais il n'a visiblement pas le couple qui vous écrase dans votre siège et vous oblige à vous cramponner au volant. Chose certaine, on ne sent pas les 100 chevaux supplémentaires et les deux cylindres additionnels de ce V10 par rapport au V8 de 400 chevaux de la 360 Modena. Le rouage intégral est peut-être à l'origine de cette légère apathie. Et ce n'est pas la boîte robotisée qui va arranger les choses puisque comme celle des Ferrari ou des Aston Martin du même fournisseur (Magneti Marelli), toute tentative de départ canon se solde par une odeur d'embrayage brûlé et de fumée inquiétante. Si l'on s'abstient de faire du *drag* toutefois, cette boîte s'avère géniale par la rapidité de son entrée en action dès qu'on actionne les palettes placées de part et d'autre du volant.

Si la Gallardo doit céder un petit zeste de puissance à la Ferrari 360 Modena, elle est assurément une voiture plus facile à vivre et de loin mieux construite que sa rivale de Maranello. La qualité des matériaux à l'intérieur et le soin apporté à la finition peuvent certainement faire pâlir le rouge Ferrari. Sur une piste, ce sera sans doute une tout autre histoire dont nous connaîtrons le dénouement un de ces jours. En attendant, je n'hésite pas à dire bravo pour la Gallardo.

Jacques Duval

▲ POUR

• **Construction soignée** • **Tenue de route prévisible** • **Freinage impressionnant**
• **Utilisation quotidienne envisageable**

▼ CONTRE

• **Position de conduite à revoir** • **Coffre minuscule**
• **Embrayage vulnérable (boîte robotisée)**
• **Mauvaise répartition du couple moteur**

À en perdre la tête

Tête d'affiche de la dernière édition du *Guide de l'auto* (2003), la spectaculaire Lamborghini Murciélago vient de se dédoubler sous les traits de ce que les Italiens appellent une *Barchetta* ou, si vous aimez mieux, un roadster. En somme, vissez votre casquette car cette Murciélago à ciel ouvert peut dépasser les 300 km/h. Ce sera plus turbulent que dans le coupé, mais si vous aimez le soleil autant que les performances d'exception, vous serez servi à souhait. J'en sais quelque chose puisque j'ai passé une journée exquise l'an dernier à conduire le supercar de Lamborghini pour les besoins de la page couverture du *Guide de l'auto 2003*.

Ce fut une expérience que je ne suis pas près d'oublier. Se faire pousser dans le dos par 580 chevaux et 480 lb-pi de couple est à la fois grisant et intimidant. On ne s'installe pas au volant d'une Murciélago sans avoir pris le temps d'apprivoiser la bête. Une bête féroce, croyez-moi. Elle arrive même à devancer la 575 dans le test ultime qui constitue à accélérer de 0 à 160 km/h et à freiner jusqu'à l'arrêt : 14,2 secondes contre 14,8 pour sa grande rivale de chez Ferrari. Par rapport à celle-ci, toutefois, elle est moins civile et par sa configuration, cette Lamborghini rend les déplacements quotidiens laborieux. Pas facile en effet d'entrer et de sortir de cette sculpture mobile au moyen des portes dont le seuil est à la fois élevé et large. Et de l'intérieur, elles ne sont pas faciles à soulever.

Sur piste, de préférence

En distribuant sa puissance aux quatre roues motrices au moyen de la traction intégrale, la Murciélago hérite d'une tenue de route dont les limites sont difficilement atteignables sur la voie publique. La voiture a besoin de grands espaces et préférablement d'un circuit pour bien s'exprimer. D'autant plus que sa largeur hors normes la rend un peu pataude en ville ou dans des rues étroites. En Italie, notamment, j'ai dû rabattre les rétroviseurs à quelques reprises pour croiser un autre véhicule dans certains chemins étroits. Ça dit tout ! Et ce n'est sûrement pas la visibilité arrière qui vous tirera d'embarras puisque celle-ci est plutôt médiocre. Parmi les autres petits travers d'un tel supercar, on peut rappeler le niveau sonore particulièrement élevé dans l'habitacle et les vibrations ressenties dans le châssis en fibre de carbone à haut régime.

Pour les férus de chiffres, précisons que le moteur implanté au centre est un colossal V12 48 soupapes de 6,2 litres dont les cylindres sont placés à un angle de 60 degrés. Quant à la traction intégrale, elle dispose d'un visco-coupleur central qui partage la puissance entre les roues arrière et les roues avant selon les conditions d'adhérence. Jusqu'à l'an dernier, la seule boîte de vitesses en service était une six rapports manuelle qui a bien des chances de se voir seconder par une transmission séquentielle robotisée. Précisons en passant qu'elle est toujours montée en avant du moteur pour tenter d'équilibrer le partage des masses qui, dans le cas qui nous intéresse, se situe à 42 % à l'avant et 58 % à l'arrière.

De l'air à volonté

L'une des astuces de cette Lamborghini est constituée de prises d'air latérales qui se déploient selon les besoins en refroidissement du moteur plutôt que d'être constamment ouvertes, ce qui réduirait les qualités aérodynamiques de la voiture. Appelé VACS pour «Variable Air-Flow Cooling System», ce système de refroidissement peut être contrôlé automatiquement ou par l'intervention du conducteur. Il en va de même pour l'aileron arrière qui se déploie en trois temps : de moitié à partir de 130 km/h et complètement au-dessus de 220 km/h. Il en résulte une variation de 0,33 à 0,36 du coefficient de traînée aérodynamique de la Murciélago.

De toute évidence, la remplaçante de la Diablo est une voiture pas mal plus achevée qui a bénéficié de l'apport financier d'Audi dont les vastes ressources ont permis de fignoler le produit. La finition notamment s'est élevée de plusieurs crans, au point de surpasser ce qui se fait chez Ferrari. Auparavant, il était fréquent de tomber en panne avec une Lambo alors que les modèles récents ont acquis une fiabilité un peu moins fantaisiste.

Pénurie d'espace

Pas facile de trouver de l'espace à l'intérieur de la Murciélago. Le rangement est mesuré tout comme le coffre à bagages et il ne faut pas avoir un trop grand besoin d'air pour se sentir à l'aise dans l'habitacle. Hélas ! c'est le lot de bien des voitures de sa trempe. Le confort est très secondaire aux performances. Cette sensation d'isolement sera dissipée avec l'arrivée du roadster qui a été dessiné par le chef du design de la marque, Luc Donckerwolke. Dérivé de la Murciélago, ce modèle est

notamment 13,6 cm plus bas que le coupé. Il reprend la tradition des Miura et Diablo roadster ainsi que de l'ancienne 350 GTS produites en toute petite série.

L'effet taureau

Si vous en avez les moyens et que vous cherchez une voiture pour ne pas passer inaperçu, la Murciélago vous garantit ipso facto que vous serez toujours le centre d'attraction où que vous soyez et même s'il y a une 575 dans les parages. Elle fait un effet bœuf (taureau dans le cas présent) et bénéficie désormais d'une qualité de construction très en progrès.

Jacques Duval

CARACTÉRISTIQUES

Prix du modèle à l'essai	410 000 $
Échelle de prix	Un seul prix
Garanties	2 ans kilométrage illimité
Emp. / Long. / Larg. / Haut. (cm)	266,5 / 458 / 204,5 / 113,5
Poids	1650 kg
Coffre / Réservoir	n.d. / 100 litres
Coussins de sécurité	frontaux
Suspension avant	ind., doubles leviers triang. trans.
Suspension arrière	ind., doubles leviers triang. trans.
Freins av. / arr.	disque ventilé, ABS
Antipatinage / Contrôle de stabilité	oui
Direction	à crémaillère, assistée
Diamètre de braquage	12,5 mètres
Pneus av. / arr.	245/35ZR18 / 335/30ZR18

MOTORISATION ET PERFORMANCES

Moteur	V12 6,2 litres
Transmission	intégrale, manuelle 6 rapports
Puissance	580 ch à 7500 tr/min (Europe)
Couple	480 lb-pi à 5400 tr/min
Autre(s) moteur(s)	aucun
Autre(s) transmission(s)	séquentielle en préparation
Accélération 0-100 km/h	3,8 secondes
Reprises 80-120 km/h	4,4 secondes (4e)
Vitesse maximale	330 km/h
Freinage 100-0 km/h	30,7 mètres
Consommation (100 km)	22 litres (super)

MODÈLES CONCURRENTS

• Aston Martin Vanquish • Ferrari 575 Maranello
• Porsche Carrera GT

QUOI DE NEUF ?

• Version roadster

Renouvellement du modèle	2008

VERDICT

Agrément de conduite	★★★★☆
Fiabilité	★★★☆☆
Sécurité	★★★★☆
Qualités hivernales	★★★☆☆
Espace intérieur	★★☆☆☆
Confort	★★★☆☆

VERSION RECOMMANDÉE

Coupé à boîte manuelle

▲ POUR

• **Performances ahurissantes** • **Comportement routier hors pair** • **Ligne accrocheuse**
• **Belle finition** • **Quatre roues motrices**

▼ CONTRE

• **Voiture anti-urbaine** • **Utilisation occasionnelle** • **Visibilité arrière atroce**
• **Vibrations du châssis** • **Prix très prohibitif**

COUP DE POING

Une déception de 58 000 $

Il y a des véhicules qu'on aimerait pouvoir louanger et, pour moi, le Discovery de Land Rover fait partie de ceux-là. Sa silhouette dessinée pour répondre à des besoins pratiques sort de l'ordinaire et nous fait rêver à de longues excursions dans la jungle amazonienne. Sa soute à bagages avec ses deux strapontins et son accès par un marchepied hydraulique est un autre élément du véhicule qui fait différent et nous permet de croire que ce gros tout-terrain fait partie d'une classe à part. Malheureusement, à l'usage, cet essai a été une déception de 58 000 $, soit le prix affiché sur un carton indicateur glissé dans le vide-poches de la portière gauche.

Pourtant, le «Disco» a connu une multitude d'améliorations l'an dernier alors que plus de 368 modifications mécaniques ont été apportées à cette excentrique britannique à la fiabilité mécanique aussi fragile que son comportement hors route était impressionnant. Et veuillez croire que ce Land Rover est un vrai passe-partout. De plus, un nouveau moteur V8 de 217 chevaux venait ajouter un peu plus de muscles. Compte tenu d'un poids de 2235 kilos, cette puissance n'était pas superflue.

Mais avant de prendre la route, vous allez constater que l'habitacle est une source d'irritations majeures.

Prenez place !

Dans mon entrée, je dois admettre que le Disco 4,6 avait fière allure avec sa calandre redessinée inspirée du Range Rover et cette partie arrière du toit qui lui donne ce cachet si particulier. Cette coquetterie permet aux occupants des strapontins d'avoir un meilleur dégagement pour la tête. Et s'il n'y a personne, la capacité de chargement verticale est plus grande. Cette excentricité vous empêche également de fréquenter la plupart des stationnements souterrains de Montréal, comme l'a malheureusement constaté Jacques Duval.

Lorsque le temps est venu de prendre place derrière le volant, j'ai été contraint de me livrer à quelques contorsions, et ce, même si le volant était relevé et le siège reculé à son maximum. Ce n'est pas mal une fois en place, mais il faut presque s'entraîner pour le Cirque du Soleil pour réussir. Mon voisin, de taille plus normale, s'est trémoussé un peu moins, mais il a quand même trouvé l'exercice pénible. Puis, une fois en place, il n'a pu s'empêcher de s'esclaffer : «Le volant cache toutes les commandes placées le long des cadrans indicateurs. Il faut tourner le volant pour les voir et savoir ce qui est quoi.» Chasseur et

pêcheur invétéré, notre homme s'est également inquiété du fait que la sellerie de cuir était d'un beige très pâle, une sélection qui cadre mal avec la vocation du véhicule. Imaginez l'état des lieux lorsque deux chasseurs avec chiens et bagages prendront place à bord après une longue journée de chasse !

Il faut également souligner que l'accès à la banquette arrière n'est pas une sinécure en raison d'une ouverture de portière assez étroite. De plus, si votre postérieur est plus large que la moyenne, l'une de vos fesses sera suspendue dans le vide, car la partie extérieure de la banquette est coupée en biais !

Si votre gabarit convient à l'habitacle, vous serez en mesure d'apprécier les multiples espaces de rangement et une finition en progrès. Vous serez sûrement intrigué tout comme moi par la forme inédite des porte-verres. D'ailleurs, il suffirait de quelques changements d'ordre pratique pour que je puisse tomber en amour avec ce gros pataud. Mais il faudrait également améliorer son comportement routier.

Attention, je stationne !

L'anecdote suivante vous donnera rapidement un aperçu de la conduite d'une Discovery en milieu urbain. Je pénètre dans le stationnement d'un centre commercial au volant de mon Discovery et deux piétons s'arrêtent pour

CARACTÉRISTIQUES

Prix du modèle à l'essai	HSE 58 700 $
Échelle de prix	49 000 $ à 57 000 $
Garanties	4 ans 80 000 km / 4 ans 80 000 km
Emp. / Long. / Larg. / Haut. (cm)	254 / 470 / 189 / 194
Poids	2235 kg
Coffre / Réservoir	1147 à 1792 litres / 93 litres
Coussins de sécurité	frontaux et latéraux
Suspension avant	essieu rigide, ressorts hélicoïdaux
Suspension arrière	essieu rigide, ressorts hélicoïdaux
Freins av. / arr.	disque ABS
Antipatinage / Contrôle de stabilité	oui / non
Direction	vis et galet, assistée
Diamètre de braquage	11,9 mètres
Pneus av. / arr.	255/55HR18

MOTORISATION ET PERFORMANCES

Moteur	V8 4,6 litres
Transmission	intégrale, automatique 4 rapports
Puissance	217 ch à 4750 tr/min
Couple	300 lb-pi à 3000 tr/min
Autre(s) moteur(s)	aucun
Autre(s) transmission(s)	aucune
Accélération 0-100 km/h	10,0 secondes
Reprises 80-120 km/h	11,5 secondes
Vitesse maximale	175 km/h
Freinage 100-0 km/h	45,3 mètres
Consommation (100 km)	16,4 litres (super)

MODÈLES CONCURRENTS

• BMW X5 • Ford Expedition • Jeep Grand Cherokee
• Mercedes-Benz ML

QUOI DE NEUF ?

• *Système automatique de verrouillage des portières*
• *Nouveau lecteur CD* • *Différentiel central modifié*

Renouvellement du modèle	2006

VERDICT

Agrément de conduite	★★☆☆☆
Fiabilité	★★☆☆☆
Sécurité	★★★★☆
Qualités hivernales	★★★★★
Espace intérieur	★★★☆☆
Confort	★★☆☆☆

VERSION RECOMMANDÉE

SE

---

me permettre de stationner. Je m'exécute et tourne vers la gauche. Mais le diamètre de braquage est tellement important que je dois m'y prendre à deux reprises avant d'aligner le véhicule entre les lignes jaunes. J'ai eu l'air d'un nul et pas à peu près. Alors que je sors frustré du Discovery, l'homme et la femme s'approchent pour me dire qu'ils regardent l'émission *Le Guide de l'auto* et qu'ils me trouvent très drôle. Ils semblent d'ailleurs me trouver encore plus drôle à la suite de mes prouesses de stationnement.

Assis démesurément haut, ayant entre les mains un volant dont le boudin est très gros, le conducteur a l'impression que le véhicule va se renverser dans les virages. D'ailleurs, ce n'est pas par hasard si Land Rover a été la première compagnie à offrir en option le système ACE (Active Cornering Enhancement) qui est un système de correction d'assiette en virage utilisant des vérins hydrauliques commandés par ordinateur. Soulignons au passage que le moteur est bien adapté et la boîte automa-

tique sans reproche. C'est déjà un progrès marqué, car l'ancien moteur était poussif.

Éviter la ville

Irritant en ville, ce Land Rover se trouve sur son terrain de prédilection dans les terres et les sentiers perdus. Son rouage intégral est très efficace, le débattement de la suspension plus que généreux de même que la garde au sol, tandis que la position de conduite, désagréable en ville, semble idéale en forêt. Je ne fais toujours pas confiance au système électronique de retenue en pente, mais ça fonctionne.

Bref, le Discovery est amélioré, mieux fini et sans doute plus fiable, mais pourquoi annihiler ces progrès par quelques détails qui nous empêchent de l'aimer ?

Denis Duquet

▲ POUR

• **Excellent hors route** • **Silhouette exotique**
• **Moteur bien adapté** • **Modèle 7 places**
• **Excellente garde au sol**

▼ CONTRE

• **Aménagement intérieur irritant** • **Commandes obstruées par le volant** • **Diamètre de braquage gênant** • **Faible insonorisation**

COUP DE POING

Le p'tit frère des riches

Consciente que la popularité des VUS sur notre continent exigeait une présence dans tous les créneaux, la direction de Land Rover a concocté une version compacte au milieu des années 1990. Le fruit de ce labeur a été le Freelander, dévoilé à Francfort en 1997. Il a fallu attendre quatre années avant que ce tout-terrain fasse ses débuts sur notre marché à l'automne 2001 comme modèle 2002. Puis, l'an dernier, c'était au tour du SE3, le modèle trois portes, de faire son entrée au pays.

I s'agit non seulement de la version la plus économique de la famille, mais de celle qui se démarque le plus des autres. En plus d'être la seule Land Rover trois portes, elle est aussi munie d'un toit amovible en sa partie arrière afin de la transformer en demi-cabriolet. Cette réplique britannique au Jeep TJ peut sembler attrayante de prime abord. Après tout, le fait de pouvoir enlever cette coque de plastique doit nous permettre de prendre du bon temps. Malheureusement, cette opération de « décapotage » nécessite la présence de deux adultes aux larges épaules pour enlever et replacer cet appendice en plastique noir. De plus, ça prend une patience d'ange pour le replacer correctement. Bref, comme c'est le cas pour la plupart de ces gadgets, vous allez définitivement l'enlever si vous résidez en Californie ou le laisser en permanence si vous résidez au Québec. Par contre, cette partie de toit manquante a certainement une incidence sur la rigidité en torsion du châssis monocoque puisque des bruits de caisse se faisaient entendre sur mauvaise route. Comme il se doit, notre modèle d'essai était équipé d'une grille de protection avant qui fait plus aventurier. Encore une fois, les rares personnes qui utiliseront ce véhicule dans des conditions difficiles pourront protéger la calandre de l'impact des branches ou d'obstacles de toute nature. Pour les autres, ce sera une façon de plus d'essayer de se donner des airs de ce qu'ils ne sont pas.

Attention à votre tête

Avis aux grands six pieds et plus, vous mettez votre vie en danger en tentant de prendre place à bord. En effet, le siège est tellement haut que vous devez pencher la tête de façon exagérée, sinon elle va heurter le cadre de la portière. Et il faut répéter cette contorsion des vertèbres cervicales à la sortie. Quant aux places arrière, elles s'avèrent assez confortables, mais ne sont pas nécessairement faciles d'accès. Un détail en passant, la troisième portière est de type à battant et les charnières sont placées du côté droit. Cette combinaison est correcte si votre entrée est placée à la droite de votre maison. Par contre, lorsque vous êtes stationné à droite de la rue, cela exige un certain détour. Comme le veut la tradition de la marque, le pneu de secours est boulonné sur cette portière, ce qui la rend lourde à ouvrir et refermer. En plus, la lunette arrière se rétracte par commande électrique.

La position de conduite est démesurément haute et une personne de grande taille ne pourra utiliser le pare-soleil, car celui-ci lui voilera complètement la vue. Parlant d'obstruction, le volant, tout comme dans le Discovery, voile l'accès à certaines commandes placées de chaque côté de la nacelle des instruments. Ceux-ci sont par ailleurs dotés de chiffres ridiculement petits. Autre détail saugrenu, l'horloge de bord est placée très loin dans une petite cavité pratiquée au centre de la planche de bord et sa consultation est anecdotique. Parmi les autres détails incongrus, soulignons la présence d'un toit ouvrant en deux parties n'offrant aucun moyen de se protéger des rayons du soleil, une chaufferette qui empiète sur l'espace réservé pour les pieds du passager avant et une tirette d'ouverture du capot sur la paroi de droite. Enfin, l'absence de garniture de portière fait un peu pitié dans un véhicule frôlant les 40 000 $.

CARACTÉRISTIQUES	
Prix du modèle à l'essai	G3 33 595 $ (2003)
Échelle de prix	35 400 $ à 44 400 $ (2003)
Garanties	4 ans 80 000 km / 4 ans 80 000 km
Emp. / Long. / Larg. / Haut. (cm)	256 / 445 / 180 / 176
Poids	1619 kg
Coffre / Réservoir	540 litres / 60 litres
Coussins de sécurité	frontaux et latéraux
Suspension avant	indépendante, jambes de force
Suspension arrière	indépendante, jambes de force
Freins av. / arr.	disque ABS
Antipatinage / Contrôle de stabilité	oui / non
Direction	à crémaillère, assistée
Diamètre de braquage	11,6 mètres
Pneus av. / arr.	215/65R16

MOTORISATION ET PERFORMANCES	
Moteur	V6 2,5 litres
Transmission	intégrale, automatique 5 rapports
Puissance	174 ch à 6250 tr/min
Couple	177 lb-pi à 4000 tr/min
Autre(s) moteur(s)	aucun
Autre(s) transmission(s)	aucune
Accélération 0-100 km/h	9,5 secondes
Reprises 80-120 km/h	8,1 secondes
Vitesse maximale	155 km/h
Freinage 100-0 km/h	41,0 mètres
Consommation (100 km)	13,5 litres (ordinaire)

Malgré une certaine lourdeur dans le volant et un moteur qui s'essouffle à haut régime, le Freelander se montre plus agréable à piloter que le Discovery. Il est également plus maniable tout en étant tout aussi efficace en conduite hors route. Il est doté d'un rouage intégral à commande électronique dont l'efficacité a été prouvée. Par contre, le bouton d'activation du système de retenue de pente, une démultipliée à commande électronique, peut être facilement enclenché par erreur. De plus, l'insonorisation est quelconque et les pneus d'origine ne font rien pour améliorer les choses.

Plus pratique

Il ne faut pas oublier que la version cinq portes est toujours au catalogue et qu'il s'agit d'un modèle plus sophistiqué et plus raffiné que le coupé. Sa silhouette plaira aux traditionalistes et il est facile de l'identifier à tout coup. Grâce à ces deux portières supplémentaires, l'accès aux places arrière est nettement plus

aisé même si ces dernières demeurent un peu justes. Soulignons également que la finition m'a semblé plus sérieuse dans cette version.

La conduite est similaire à celle du SE3 avec ce moteur V6 2,5 litres dont les 174 chevaux semblent toujours peiner à la tâche. Heureusement, la boîte automatique à cinq rapports de type manumatique permet d'adoucir les choses et de réduire le niveau sonore du moteur. Par contre, avec une position de conduite si élevée, chaque virage pris à vitesse un peu plus rapide que la moyenne incite à s'agripper au volant. Enfin, malgré une suspension arrière indépendante, le train arrière sautille parfois sur mauvaise route.

Le Freelander est moins excentrique que le Disco et propose sa part d'éléments intéressants. Mais il faut payer cher le privilège d'affirmer qu'on roule en Land Rover.

Denis Duquet

MODÈLES CONCURRENTS

- Ford Escape • Honda CR-V • Jeep Liberty
- Mazda Tribute • Mitsubishi Outlander
- Suzuki Grand Vitara • Toyota RAV4

QUOI DE NEUF ?

- Nouvelle présentation extérieure (5 portes) • Tableau de bord redessiné • Nouveaux sièges

Renouvellement du modèle	2004/2005

VERDICT	
Agrément de conduite	★★★☆☆
Fiabilité	★★★☆☆
Sécurité	★★★★☆
Qualités hivernales	★★★★★
Espace intérieur	★★★★☆
Confort	★★★★☆

VERSION RECOMMANDÉE

SE

▲ POUR

- 4X4 efficace • Silhouette sympathique
- Boîte auto. 5 rapports • Version 3 portes
- Habitacle moderne

▼ CONTRE

- Ergonomie excentrique • Moteur décevant
- Fiabilité erratique • Toit amovible peu pratique (G3)

Souverainement lui-même

Il a suffi de quelques brèves années pendant lesquelles BMW a dirigé les destinées de Land Rover pour transformer complètement le Range Rover. Auparavant, il affichait en certaines occasions un comportement tellement «fantasque» qu'il aurait pu servir aux déplacements de l'hilarant Mister Bean. Disons qu'il serait maintenant en mesure de poser sans gêne sa candidature pour devenir le prochain Bond's car.

I est certain que passer d'un antique moteur Buick des années 1970 à un V8 DACT 4,4 litres d'origine BMW apporte une sérieuse dose d'optimisme dans la vie. C'est un peu comme se retrouver subitement sous le même toit que Cecilia Bartolli, après avoir été marié pendant 30 ans avec la Castafiore. Avec, en prime, une boîte de vitesses ultramoderne, une ZF d'origine allemande rebaptisée ici Command Shift, qui passe en douceur la puissance avec ses cinq rapports et ses cartographies à mode normal, manuel (séquentiel) et sport. Sans oublier une gamme de rapports courts à commande électrique, sans laquelle un Range ne serait pas un Range.

Depuis l'année dernière, ce gros baroudeur se pare d'une robe complètement altérée, même si elle a conservé les mêmes proportions et les mêmes arêtes taillées à l'équerre et au fil à plomb. De puissants projecteurs bixénon et des feux arrière noyés dans le chrome lui donnent un air résolument moderne. Les grosses ouïes placées immédiatement devant les portières, évoquant un squale menaçant, sont en réalité des trappes servant à évacuer l'air chaud du compartiment moteur.

Un autre monde

En prenant place dans l'habitacle, même les plus blasés s'extasieront devant l'étalage de cuir odorant aussi doux que résistant, les appliques d'aluminium poli, les plastiques bien rembourrés, et les boiseries en cerisier huilé incrustées patiemment par un marqueteur. La nuit, la cabine discrètement éclairée par de minuscules ampoules blanches façon fibre optique donne l'impression d'évoluer dans un microcosme un peu surréaliste. Contrairement à ce qui était le cas dans les précédentes séries, l'ergonomie respecte les canons modernes, sauf pour la clef de contact placée bizarrement sur la console centrale, façon Saab. Les fauteuils avant vous soutiennent confortablement, les places arrière soignent assez bien les popotins qui s'y posent, mais l'accès est compliqué par leur hauteur et l'ouverture réduite. Le troisième occupant au centre ne sera pas trop mal loti. La chaîne stéréophonique satisfait même les plus difficiles (dixit Richard Petit, un ami du *Guide*), mais le chargeur pour les 6 CD se manipule à tâtons dans le coffre à gants.

Le beau V8 réussit l'exploit d'entraîner cette masse avec célérité, tout en consommant moins que certains 4X4 de statut beaucoup plus roturier. Le ronronnement grave qu'il émet se transforme en feulement puissant lorsque vous appuyez à fond sur l'accélérateur. Ce beau colosse au port altier vous offre (aussi) le luxe d'un comportement routier assez honorable. La suspension pneumatique réagit souverainement à la rencontre des trous et des bosses comme en présence de vulgaires manants, mais elle conserve aussi son aplomb au passage des courbes. Ses quatre niveaux (sur commande) vous permettent entre autres de prendre place à bord sans vous couvrir de ridicule (la marche est haute). Par ailleurs, elle éprouve de sérieuses difficultés d'adaptation à notre climat puisqu'elle gèle littéralement à moins 20 degrés. La direction s'avère un peu lente mais sa précision rassure. Le freinage puissant et endurant semble n'avoir d'autres limites que les pneus de 19 pouces, qui ne valent guère sur l'asphalte, et pis encore dans la neige et la boue. La vie est un éternel compromis.

CARACTÉRISTIQUES	
Prix du modèle à l'essai	HSE 104 000 $
Échelle de prix	104 000 $
Garanties	4 ans 80 000 km / 4 ans 80 000 km
Emp. / Long. / Larg. / Haut. (cm)	288 / 495 / 192 / 186
Poids	2440 kg
Coffre / Réservoir	530 à 1760 litres / 100 litres
Coussins de sécurité	frontaux, latéraux et tête
Suspension avant	ind., pneumatique, jambes de force
Suspension arrière	ind., pneumatique, doubles triangles
Freins av. / arr.	disque ABS
Antipatinage / Contrôle de stabilité	oui
Direction	à crémaillère, assistance variable
Diamètre de braquage	11,6 mètres
Pneus av. / arr.	255/55HR19

MOTORISATION ET PERFORMANCES	
Moteur	V8 4,4 litres
Transmission	intégrale, auto. séquentielle 5 rapports
Puissance	282 ch à 5400 tr/min
Couple	324 lb-pi à 3600 tr/min
Autre(s) moteur(s)	aucun
Autre(s) transmission(s)	aucune
Accélération 0-100 km/h	9,2 secondes
Reprises 80-120 km/h	7,1 secondes
Vitesse maximale	210 km/h
Freinage 100-0 km/h	44,0 mètres
Consommation (100 km)	17,0 litres (super)

Une armurerie ambulante

Lorsque, d'aventure, vous devez affronter une route vraiment «méchante», le Range, comme tous les combattants d'élite dans cette armée de VUS, met à votre disposition une véritable armurerie mécanique et électronique. Au soutien de ses deux différentiels (Torsen au centre et à blocage à l'arrière), on retrouve en effet un antipatinage indépendant à chaque roue, un système d'assistance au freinage (EBA) et un répartiteur électronique (EDB) pour appuyer l'ABS, le désormais fameux et presque indispensable système d'assistance dans les pentes descendantes (HDC), le contrôle dynamique électronique de la stabilité (DSC) adapté de BMW, et le contrôle du freinage en courbe (CBC). À la faveur de porte-à-faux extrêmement courts, les angles d'attaque et de dégagement impressionnants vous permettraient de grimper les marches du palais sans quitter le volant. Si vous restez embourbé avec tout cet arsenal à votre disposition, posez-vous de sérieuses questions sur la pertinence de détenir un permis de conduire, d'autant plus que, semble-t-il, certains dégénérés de Buckingham Palace peuvent le gouverner sans problème. Grâce à la garde au sol de 28,1 cm, et à la gamme de rapports courte, les obstacles s'aplatissent (ou font la révérence) devant vous. La visibilité panoramique, le diamètre de braquage raisonnablement court, la longue et délicate course de l'accélérateur vous permettent de placer, comme un cornac, votre pachyderme au poil près.

Jadis tellement fragile qu'il déconsidérait collectivement l'ordre des ingénieurs de Sa Majesté, le nouveau Range semble avoir finalement retrouvé une certaine fiabilité. On rapporte cependant des problèmes de gel de la suspension en hiver, et des dysfonctionnements des faisceaux électriques. Son charme et son confort *very british*, ainsi que son groupe motopropulseur *very german*, ont même réussi à convaincre mon «very critique boss» du sérieux de sa conception. C'est tout dire.

Jean-Georges Laliberté

MODÈLES CONCURRENTS

• BMW X5 • Cadillac Escalade • Lexus LX 470 • Lincoln Navigator • Mercedes-Benz ML55 • Porsche Cayenne Turbo

QUOI DE NEUF ?

• Cuir Oxford supérieur et sièges Contour plus confortables
• Édition Westminster limitée (10 pour le Canada) avec roues de 20 pouces et accents particuliers

Renouvellement du modèle	Peu fréquent

VERDICT	
Agrément de conduite	★★★★☆
Fiabilité	★★★☆☆
Sécurité	★★★★★
Qualités hivernales	★★★★★
Espace intérieur	★★★★☆
Confort	★★★★☆

VERSION RECOMMANDÉE

HSE

▲ POUR

• Ambiance unique dans l'habitacle • Équipement très complet • Finition de haut niveau • Capacité de franchissement redoutable

▼ CONTRE

• Fiabilité incertaine • Très grande complexité • Prix «royal» • Accès arrière difficile • Pneus ordinaires • Pneus d'hiver 19 po introuvables

Luxe abondant. Charme

La Toyota Camry ayant fait peau neuve en 2002, la Lexus ES 300 a suivi presque aussitôt. Prévisible, direz-vous, puisque cette Lexus est la même voiture que la championne des ventes précitée, mais habillée chic pour plaire aux amateurs de luxe et aux fervents d'une certaine conception de l'automobile-salon.

Autrefois la porte d'entrée à la gamme Lexus, l'ES s'est fait ravir ce rôle par l'agile IS 300, celle qui cherche – sans succès cependant – à détrôner l'immuable berline Série 3 de BMW. Vendue quelques dollars de plus que sa sœur sportive, elle a donc été remaniée en 2002 et adopte le châssis à empattement plus long et le groupe motopropulseur de la version V6 de la Camry ainsi que ses nouvelles lignes «hautes». Vous direz sans doute que c'est une question de goût, mais cette augmentation de hauteur, salutaire pour le confort des occupants, ne fait rien pour enjoliver la ligne de la voiture qui manque d'harmonie.

L'évolution se poursuit en 2004 puisque le moteur V6 de 3 litres est remplacé par un autre de plus grosse cylindrée et plus puissant. Il s'agit du moteur V6 utilisé dans d'autres modèles, notamment le RX 330. Plus léger, plus propre et plus puissant, il permet à cette Lexus de demeurer dans la course et de changer d'appellation. Dorénavant, il faut parler de l'ES 330.

L'allure mise à part, celle-ci bénéficie d'un intérieur soigné, très soigné même, où priment les matériaux de bonne qualité agencés avec goût. Si le système audio Mark Levinson est optionnel, la climatisation automatique et l'ordinateur de bord sont en équipement de série, tout comme les roues de 16 pouces, le pédalier réglable et la boîte automatique à cinq rapports (par opposition à quatre rapports pour la Camry). Deux groupes d'options permettent d'ajouter le système audio haut de gamme avec lecteur à six CD, le système antipatinage, le système antidérapage et la suspension réglable. Si l'antidérapage est bien réussi, la suspension réglable AVS ne mérite pas la note de passage.

Sous-virage de série

C'est d'ailleurs en matière de suspension et de tenue de route que l'on peut faire les plus grands reproches à cette Lexus. Axé sur un silence et un confort de roulement exceptionnels, le réglage de la suspension ne tolère pas les fantaisies, le copieux sous-virage venant vous rappeler que cette berline est faite pour la balade, de préférence en ligne droite. Notons aussi qu'avec un V6 de 3,3 litres – même s'il est en aluminium – et 225 chevaux agissant sur les seules roues avant, la recette n'est pas idéale pour qui souhaite une berline agile et agréable à conduire.

Quant à ce V6, s'il pèse lourd sur les roues motrices, il présente en revanche une souplesse et un silence de fonctionnement remarquables qui permettent à l'ES 330 de compter parmi les voitures les plus silencieuses sur le marché, ce qui est dû en partie à l'aérodynamisme très soigné (Cx 0,28). En outre, les 225 chevaux et les 240 lb-pi de couple suffisent amplement à la tâche – souvenez-vous de la balade –, mais la boîte à cinq rapports accuse une paresse regrettable mais favorise la faible consommation d'essence.

Cette même paresse se répercute dans la direction dépourvue de sensation au centre qui est loin d'offrir la précision de conduite d'une Acura ou d'une BMW. Aussi, la prépondérance du poids sur l'avant et la mollesse des suspensions permettent au museau de la voiture de plonger lors d'un freinage violent, sans toutefois nuire aux distances d'arrêt qui se classent dans la très bonne moyenne. Précisons que l'ABS et la répartition électronique du freinage figurent sur la liste des équipements de série, mais non les systèmes antidérapage et antipatinage qui sont offerts en option.

Toujours au chapitre des options, notons que le système audio haut de gamme est

CARACTÉRISTIQUES

Prix du modèle à l'essai	Groupe Luxe 46 100 $
Échelle de prix	43 800 $ à 48 800 $
Garanties	4 ans 80 000 km / 6 ans 120 000 km
Emp. / Long. / Larg. / Haut. (cm)	272 / 485 / 181 / 145
Poids	1560 kg
Coffre / Réservoir	519 litres / 70 litres
Coussins de sécurité	frontaux, latéraux et tête
Suspension avant	indépendante, jambes élastiques
Suspension arrière	indépendante, bras longitudinaux
Freins av. / arr.	disque ABS
Antipatinage / Contrôle de stabilité	oui (option)
Direction	à crémaillère, assistance variable
Diamètre de braquage	11,2 mètres
Pneus av. / arr.	215/60R16

MOTORISATION ET PERFORMANCES

Moteur	V6 3,3 litres
Transmission	traction, automatique 5 rapports
Puissance	225 ch à 5600 tr/min
Couple	240 lb-pi à 3600 tr/min
Autre(s) moteur(s)	aucun
Autre(s) transmission(s)	aucune
Accélération 0-100 km/h	8,2 secondes
Reprises 80-120 km/h	6,1 secondes
Vitesse maximale	200 km/h
Freinage 100-0 km/h	37,6 mètres
Consommation (100 km)	10,0 litres (super)

d'une qualité sonore remarquable, mais qu'il n'est livrable avec le deuxième groupe d'options qui porte le prix à franchir le cap des 50 000 $.

En matière de confort, cette Lexus plaira à la grande majorité des automobilistes, avec ses sièges bien galbés et son ample dégagement aux jambes et son dégagement convenable en hauteur. Le conducteur trouvera facilement une bonne position de conduite (pédalier réglable) et la visibilité vers l'arrière est satisfaisante. Tout comme l'insonorisation, l'ergonomie du tableau de bord est exemplaire.

Si quatre occupants ne trouveront aucune difficulté à voyager confortablement, un éventuel cinquième s'y trouvera à l'étroit à cause de l'accoudoir central arrière qui lui pousse dans le dos. Quant au coffre, il a gagné en contenance par rapport à la génération précédente, mais l'ouverture n'est pas assez généreuse pour les grands objets et les charnières du couvercle empiètent dans le coffre. Dans l'habitacle, les espaces de rangement sont moyens.

Camry endimanchée

Résumons donc : la fiabilité et la qualité de finition d'une Camry. Très bien. L'allure générale d'une Camry. Plutôt plate. Le luxe et le silence de roulement d'une Lexus. Excellent. Les performances d'une Camry. C'est pas mal. Mais le comportement routier et l'agrément de conduite d'une Camry endimanchée. Ça, c'est moins bien. Ah, n'oublions pas le prix... le prix de la plus huppée des Camry, plus 12 000 $. Alors là, je ne marche plus ! Car à ce prix, je m'attends, et vous aussi, j'ose l'espérer, à un châssis capable de rivaliser avec les Acura, Audi, Saab, Mercedes et BMW de ce monde. Mais elle plaira sans doute aux Américains et, au fond, c'est ça qui compte.

Alain Raymond

MODÈLES CONCURRENTS

• Acura TL • Audi A4 • BMW Série 3 • Infiniti I35
• Mercedes-Benz Classe C • Volvo S60

QUOI DE NEUF ?

• Nouveau moteur V6 3,3 litres

Renouvellement du modèle	2006

VERDICT

Agrément de conduite	★★★☆☆
Fiabilité	★★★★★
Sécurité	★★★★★
Qualités hivernales	★★★★☆
Espace intérieur	★★★★☆
Confort	★★★★☆

VERSION RECOMMANDÉE

Groupe Luxe

▲ POUR

• Finition impeccable • Excellente fiabilité
• Moteur souple et performant • Excellente insonorisation • Confort relevé

▼ CONTRE

• Sous-virage prononcé • Boîte et direction paresseuses • Prix élevé en haut de gamme
• Agrément de conduite restreint

BMWesque !

Qu'on le veuille ou non, en matière de berline sport, c'est BMW qui prime. Depuis belle lurette, les autres s'efforcent de rattraper le constructeur bavarois et certains y parviennent parfois. Mais dans l'ensemble, si l'on considère la gamme complète, BMW détient encore le secret de la parfaite berline sport, qu'elle soit compacte, intermédiaire ou grande. Sauf que… depuis 1997, Lexus nous a servi deux berlines qui s'opposent aux modèles de la Série 5 allemande, deux berlines désignées GS, la 300 et la 430, qui réussissent à reproduire les sensations que l'on ressent au volant des BM, et ce n'est pas peu dire.

Notre essai a porté sur la GS 430 propulsée par le sensationnel V8 de 4,3 litres développant 300 chevaux. Merveille de souplesse, d'onctuosité et de nerf, ce moteur en alliage léger comporte quatre arbres à cames en tête, 48 soupapes et la distribution variable «intelligente» lui procurant le copieux couple de 325 livres-pied. Couplé à la boîte automatique à cinq rapports qui réagit rapidement à la commande du pied droit, ce moteur aux reprises immédiates favorise les dépassements en toute sécurité et affiche un chrono de moins de 6 secondes pour le passage de 80 à 120 km/h. Bien mieux qu'une Porsche Boxster S ! Très satisfaisant et donc un A+ pour le groupe motopropulseur au chapitre des performances.

Rien à redire

Vient ensuite le châssis et c'est là où les ingénieurs nippons ont dû faire un effort considérable pour parvenir à la hauteur des rivales allemandes. Car cette Lexus est d'une rigidité exemplaire, ce qui permet aux suspensions de bien travailler et de relever la tête haute le défi du comportement routier. Sur route très dégradée, la suspension ferme sans être dure absorbe convenablement les cahots de la chaussée sans trop perturber l'équilibre de la voiture. Toujours sur route dégradée et en virage, l'essieu arrière a tendance à se dérober si vous forcez le pas, mais l'antipatinage et l'antidérapage interviennent pour rétablir l'équilibre. Avec les pneus de 16 pouces de série, le bruit de roulement ne pose pas de problème et l'adhérence est tout à fait convenable. L'option Groupe Sport vous livre des roues de 17 pouces, plus adhérentes mais un peu plus bruyantes et moins confortables.

Quant au freinage, nous pourrions résumer en un seul mot : excellent. Pédale ferme, bonne endurance, distances d'arrêt courtes, stabilité assurée. Évidemment, les disques assurent le service aux quatre roues et l'ABS et la répartition du freinage figurent dans l'équipement de série. Enfin, la direction. Assistance bien dosée, bonne sensation de la route, volant agréable à l'œil et au toucher, réglable en hauteur et en profondeur. Rien à redire.

Les qualités dynamiques de cette Lexus font donc honneur à la marque nippone. Certes, on pourrait trouver ici et là quelques petites lacunes par rapport aux fameuses allemandes, mais dans l'ensemble, Lexus a su relever le défi et rendre sa GS 430 performante, agile, équilibrée et fort agréable à conduire.

Et puisque nous sommes encore au volant, quelques mots au sujet de l'habitacle. Classique et sobre dans l'ensemble, le tableau de bord est néanmoins agréable à regarder, les principales fonctions se trouvent à la portée des mains et l'instrumentation sur fond clair est très lisible. Le bloc central reçoit l'écran du système de navigation par satellite qui a, par rapport à la concurrence, le grand mérite de disposer de commandes tactiles plutôt que le bidule désagréable du type *joystick* qui équipe d'autres systèmes. Autre bon point à Lexus : les commandes du système audio sont distinctes de celles du système de navigation. Merci, Lexus ! C'est tellement plus facile ainsi. À ce propos, notons l'excellente qualité de la sonorisation, mais malheureusement, le lecteur CD se cache dans la boîte à gants.

Toujours dans l'habitacle, on peut difficilement passer sous silence la qualité des maté-

CARACTÉRISTIQUES	
Prix du modèle à l'essai	Groupe Sport 71 200 $
Échelle de prix	61 700 $ à 77 000 $
Garanties	4 ans 80 000 km / 6 ans 120 000 km
Emp. / Long. / Larg. / Haut. (cm)	280 / 480,5 / 180 / 144
Poids	1700 kg
Coffre / Réservoir	515 litres / 75 litres
Coussins de sécurité	frontaux et latéraux
Suspension avant	indépendante, leviers triangulés
Suspension arrière	indépendante, leviers triangulés
Freins av. / arr.	disque ventilé, ABS
Antipatinage / Contrôle de stabilité	oui
Direction	à crémaillère, assistance variable
Diamètre de braquage	11,3 mètres
Pneus av. / arr.	235/45ZR17 (option)

MOTORISATION ET PERFORMANCES	
Moteur	V8 4,3 litres
Transmission	propulsion, automatique 5 rapports
Puissance	300 ch à 5600 tr/min
Couple	325 lb-pi à 3400 tr/min
Autre(s) moteur(s)	6L 220 ch (GS 300)
Autre(s) transmission(s)	aucune
Accélération 0-100 km/h	6,3 secondes
Reprises 80-120 km/h	5,9 secondes
Vitesse maximale	250 km/h
Freinage 100-0 km/h	39,4 mètres
Consommation (100 km)	12,9 litres (super)

riaux, que ce soit le cuir, les boiseries ou les plastiques, et le sérieux de la finition. À ce sérieux, ajoutons le bon goût, car l'agencement des couleurs est magnifique.

Beau, pas plus

Reste l'extérieur. Et c'est là où les Athéniens s'éteignirent, comme dirait l'autre. Non pas que la Lexus soit moche. Loin de là ; elle est même agréable à regarder avec son porte-à-faux court à l'avant lui procurant un bel empattement qui affine la ligne. Aussi, la courbe particulièrement gracieuse des glaces arrière rehausse l'élégance de l'ensemble, tandis que le s… aileron arrière, qui avait été abandonné l'an dernier, revient prendre place sur le couvercle du coffre (Groupe Navigation). Franchement, pour une voiture de cette classe, l'aileron est vraiment superflu. De plus, il nuit immanquablement à la visibilité arrière qui n'est d'ailleurs pas le point fort de cette voiture. Donc design agréable. Mais pour vraiment faire peur aux BMW, il aurait fallu un

design frappant, quelque chose que nous fasse dire : Wow !

Avons-nous aimé la GS 430. Oui ! Même que nous en avons fait un de nos rares «coups de cœur » ! Avouons quand même que c'est un «coup de cœur » et non un «coup de cervelle », car à près de 80 000 $ all dressed pour la GS 430, c'est assez cher, merci, et la consommation, à près de 13 litres aux 100 km, ce n'est pas donné non plus. Évidemment, il y a la GS 300 et son 6 cylindres en ligne à 60 000 $ et des poussières, mais une fois que vous aurez goûté aux délices du V8, vous aurez de la difficulté à laisser aller. Un conseil, oubliez le système de navigation et on vous laisse la GS 430 à «rien que 70 000 $ » ! Si vous aimez la grande musique, optez pour le Groupe Sport et son système Mark Levinson et les roues de 17 pouces et on s'entend pour environ 71 000 $.

Pour terminer, voici une question, pour Lexus cette fois-ci : pourquoi négligez-vous cette voiture ?

Alain Raymond

MODÈLES CONCURRENTS
• Audi A6 • BMW Série 5 • Infiniti M45 • Jaguar S-Type • Mercedes-Benz Classe E

QUOI DE NEUF ?
• Aucun changement majeur

Renouvellement du modèle	n.d.

VERDICT	
Agrément de conduite	★★★★☆
Fiabilité	★★★★☆
Sécurité	★★★★☆
Qualités hivernales	★★★☆☆
Espace intérieur	★★★★☆
Confort	★★★★☆

VERSION RECOMMANDÉE
GS 430 de base

▲ POUR	▼ CONTRE
• Moteur remarquable • Excellente finition	• Style peu relevé
• Habitacle agréable • Bonnes performances	• Aileron disgracieux
• Bel agrément de conduite	• Prix relativement élevé

COUP DE CŒUR

Sérieusement folle !

Le plus sérieux concurrent de Lexus, Infiniti, proposait, il n'y a pas si longtemps, une berline aussi agréable à conduire que morne à regarder, la G20. Si cette dernière ressemblait à une Sentra, la Lexus IS 300 berline, elle, ne ressemble pas vraiment à une simple Toyota même si elle ne se démarque pas réellement dans la circulation. En fait, elle a plutôt le look d'une Honda Civic… ou d'une Acura EL pour demeurer dans les marques de luxe japonaises. Mais, bonne nouvelle, il existe une IS 300 qui « flashe » davantage, la Sportcross, une familiale très joliment tournée.

C'est à l'intérieur de la Sportcross que les stylistes se sont vraiment éclatés. Le tableau de bord ne laisse personne indifférent avec son instrumentation rappelant des engrenages d'horlogerie. En plus de se démarquer de la plèbe par son chic fou, ce tableau de bord demeure très facile à consulter. Dommage que le petit cadran indiquant la consommation d'essence soit aussi inutile qu'imprécis. Et une jauge de pression d'huile, ça ne doit pas coûter bien cher à produire.

Pourtant, et malgré le nom Lexus, on ne se perd pas dans l'équipement, surtout dans la version de base. Tout ce qui est nécessaire est là, à portée de la main, mais c'est sur l'agrément de conduite que les ingénieurs se sont plutôt penchés…

Tout commence par le volant qui se prend bien en main. Les sièges se révèlent très confortables et ils offrent un support latéral adéquat lorsque viendra le temps de chatouiller les limites de la tenue de route. La position de conduite idéale se trouve facilement, mais les gens ayant un postérieur un peu large auront cependant quelques difficultés à attacher la ceinture de sécurité. Autant les occupants des places avant sont choyés, autant ceux des places arrière ont de quoi perdre patience assis sur une banquette trop molle à l'assise trop basse. Au moins, le dégagement pour les jambes est approprié. La chaîne stéréophonique de 240 watts et huit haut-parleurs ravira les oreilles les plus fines par un son riche et profond. La finition, vous l'aurez deviné, se montre à la hauteur de la réputation de la marque, mais les designers auraient pu se forcer un peu pour créer plus d'espaces de rangement. On aurait apprécié aussi que l'on dote l'IS 300 d'un climatiseur plus performant.

Agréablement correcte

Dès les premiers tours de roues, le jeu de la pédale d'embrayage (la transmission manuelle n'est malheureusement offerte que dans la berline) surprend un peu au début, mais on s'y fait rapidement. Il est cependant plus difficile de s'habituer aux à-coups répétés de l'arbre de transmission dans la circulation dense. En effet, il faut connaître parfaitement l'embrayage pour éviter une telle situation. Le passage des vitesses offre une résistance très « mécanique » qui convient bien au caractère sportif de la bagnole. Seule la marche arrière se montre réticente à l'occasion, mais il est tellement agréable de manipuler le beau pommeau chromé du levier de vitesses qu'on peut lui pardonner ce petit accroc.

Le moteur six cylindres en ligne de 3 litres offre une puissance de 215 chevaux, ce qui est suffisant pour la masse à déplacer mais un peu juste par rapport à la concurrence, en particulier à l'Infiniti G35 qui pavoise avec ses 260 chevaux. Quoi qu'il en soit, cet engin se montre d'une belle douceur et offre des accélérations et des reprises toujours vives grâce à un couple de 218 lb-pi obtenu à 3800 tr/min.

Par contre, il est dommage que Lexus ait péché par excès de rectitude politique, car si l'habitacle enveloppe ses occupants d'un manteau de silence, il les empêche, malheureusement, de profiter du son mélodieux du moteur. Silence ou pas, il faut aussi pouvoir stopper ses ardeurs et l'IS 300 peut compter pour cela sur quatre freins à disque d'une belle compétence.

CARACTÉRISTIQUES

Prix du modèle à l'essai	Berline SportDesign 39 170 $
Échelle de prix	39 170 $ à 47 270 $
Garanties	4 ans 80 000 km / 6 ans 100 000 km
Emp. / Long. / Larg. / Haut. (cm)	267 / 448,5 / 172 / 141,5
Poids	1490 kg
Coffre / Réservoir	390 litres / 68 litres
Coussins de sécurité	frontaux, latéraux et tête
Suspension avant	indépendante, leviers triangulés
Suspension arrière	indépendante, leviers triangulés
Freins av. / arr.	disque ABS
Antipatinage / Contrôle de stabilité	oui
Direction	à crémaillère, assistance variable
Diamètre de braquage	10,4 mètres
Pneus av. / arr.	215/45ZR17

MOTORISATION ET PERFORMANCES

Moteur	6L 3 litres
Transmission	propulsion, manuelle 5 rapports
Puissance	215 ch à 5800 tr/min
Couple	218 lb-pi à 3800 tr/min
Autre(s) moteur(s)	aucun
Autre(s) transmission(s)	automatique 5 rapports
Accélération 0-100 km/h	7,7 secondes
Reprises 80-120 km/h	7,5 secondes (4e)
Vitesse maximale	230 km/h
Freinage 100-0 km/h	36,8 mètres
Consommation (100 km)	11 litres (super)

MODÈLES CONCURRENTS

• Audi A4 V6 • BMW Série 3 • Cadillac CTS • Infiniti G35
• Mercedes-Benz C320 • VW Passat • Volvo S60

QUOI DE NEUF ?

• Quelques changements de couleur (berline)

Renouvellement du modèle	n.d.

VERDICT

Agrément de conduite	★★★★☆
Fiabilité	★★★★★
Sécurité	★★★★☆
Qualités hivernales	★★★☆☆
Espace intérieur	★★★☆☆
Confort	★★★☆☆

VERSION RECOMMANDÉE

Berline SportDesign

La Lexus est disponible en deux versions: berline et Sportcross. La berline, elle, se décline en différents niveaux de présentation, le plus intéressant étant le SportDesign (et le plus cher, bien entendu!). Le SportDesign offre en plus des douceurs des autres niveaux des pneus de 17 pouces, un différentiel à glissement limité et un aileron arrière. Les pneus, d'impressionnants Bridgestone Potenza à taille basse, travaillent main dans la main avec une suspension sportive qui ressemble à ce que les Allemands font de mieux et un châssis d'une belle rigidité. Malgré leurs dimensions, leur confort demeure toujours acceptable. Si vous désirez ressentir encore moins les vicissitudes de nos routes, vous devrez vous contenter des pneus de 16 pouces. On a déjà vu pire comme problème…

Un rare moment de perfection…

Poussée un peu plus que de raison, l'IS 300 divulgue un brin de roulis et de survirage. Il s'agit d'une propulsion, l'ai-je déjà mentionné?

Sur la belle route désormais asphaltée reliant Saint-Aimé-des-Lacs et le parc des Hautes-Gorges-de-la-Rivière-Malbaie (un site que je vous recommande particulièrement pour ses paysages grandioses), la Lexus IS 300 SportDesign s'est montrée aussi impériale qu'agréable à piloter grâce à une direction qui permet de placer les roues avant au millième de millimètre et qui procure un excellent feedback. Une jouissance, j'vous jure! Voilà bien une des seules voitures sport qui ne se pilote pas au son!

Trop docile à regarder, disais-je de l'Infiniti G20 au tout début de ce texte. L'IS 300 vient du même moule. Malgré la Sportcross, aussi rare qu'un soupçon de classe chez Ozzy Osbourne, et trois niveaux d'équipement, l'IS 300 a bien de la difficulté à se démarquer, surtout au chapitre des ventes, le seul qui compte vraiment. Souhaitons que les gens de chez Lexus s'éclatent un peu lors d'un futur renouvellement. L'IS 300 a tellement à offrir.

Alain Morin

▲ POUR

• Tableau de bord artistique • Agrément de conduite indéniable • Finition rigoureuse
• Modèle Sportcross typé

▼ CONTRE

• Boîte man. non offerte dans Sportcross
• Équipement peu relevé (berline) • Moteur un tantinet juste • Son du moteur trop étouffé

Moins sport, plus confort

Lexus ambitionnait de devenir la Mercedes japonaise. À l'époque, la LS400, son modèle phare, ne manquait pas d'appâts pour nous convaincre qu'elle pouvait se mesurer à la firme allemande. Mais cette obsession à vouloir jouer la plus-que-parfaite s'est exprimée au détriment de sa personnalité. Froide et austère, la LS 400 n'était habitée par aucune âme. Et la LS 430 qui lui a succédé depuis n'est guère plus chaleureuse

Le porte-étendard de Lexus a mis peu de temps à remuer la tour d'ivoire dans laquelle s'étaient isolés les grands constructeurs européens (Mercedes et BMW). Ébranlés, ces derniers ont été forcés de revoir le coût de revient de leurs véhicules à la baisse et de redéfinir les rapports qu'ils entretenaient avec la clientèle.

Pour apprécier les raffinements apportés à la LS430 au fil des ans, mieux vaut être un habitué du jeu «Êtes-vous observateur?». Sinon, comment pourriez-vous savoir que le baquet du conducteur mémorise une position de conduite supplémentaire (trois plutôt que deux), qu'un voile ajouré recouvre, sur demande, la lunette arrière ou encore que les aérateurs de climatisation oscillent de gauche à droite et soufflent un air encore plus pur maintenant que le filtre à particules possède aussi des propriétés désodorisantes pour masquer aussi bien les odeurs de la rue que la fumée des cigares. Beaucoup de petits détails (et plusieurs options aussi) qui contribuent de façon irremplaçable au plaisir de voyager à bord. Aucun système de commandes vocales auquel, par exemple, on peut ordonner la mise en marche de la climatisation, comme on en trouve à bord de la Classe S de Mercedes, sa cible. Comme cette dernière cependant, la LS 430 propose un régulateur de vitesse intelligent, c'est-à-dire qui permet de maintenir la voiture à la distance que vous aurez choisie par rapport au véhicule qui la précède. Malheureusement, les troupes de l'ingénieur Tanake ont privilégié un dispositif moins sophistiqué (même s'il est coûteux aussi), mais aussi plus limitatif que celui utilisé chez Mercedes puisque les dirigeants de Lexus nous ont confié que leur système devenait inopérant si le capteur (situé sous le pare-chocs avant) était aveuglé par une accumulation de neige, de glace ou de gadoue.

Autre critique : le volume du coffre (453 litres). Décevant pour une berline de cet encombrement, même si les dirigeants s'empressent de rappeler qu'il est plus logeable que celui d'une Classe S, sa rivale et modèle !

L'habitacle se réchauffe de boiseries qui enveloppent le tableau de bord, la console, le pommeau du levier de vitesses et jusqu'à la jante du volant où règne une austérité qui confine à la tristesse. Certes, sur le plan fonctionnel, il n'y a rien à redire : position de conduite, lecture des instruments, qualité de l'équipement sont au-dessus de tout reproche.

Pour nous sortir de la torpeur, il y a le moteur. Un V8 de 4,3 litres capable de délivrer 290 chevaux. Mais quelle est l'importance de toute cette puissance ? Pourquoi martyriser ce V8 en essayant de retrancher des dixièmes de secondes ? Un exercice futile dans la mesure où la seule performance qu'entend réaliser le propriétaire d'une LS 430 est de rallier la Floride avant que le ciel du Québec ne saupoudre les premiers flocons de neige. Discret, onctueux, ce moteur répond présent aussitôt que la semelle de votre chaussure droite lèche l'accélérateur. Et la transmission automatique à cinq rapports relaye la puissance aux roues arrière motrices, sans jamais laisser deviner (j'exagère à peine, je le jure) le moindre changement de vitesse.

Sur la route, la LS 430 vous plonge dans un bain d'insouciance. On est même surpris de rouler aussi rapidement avec une berline aussi lourde (1785 kg). Un poids qui ne peut se faire oublier et qui appelle à la prudence, bien que cette Lexus compte sur plusieurs garde-fous efficaces (antidérapage, antipatinage, ABS) et malheureusement, pour la plu-

CARACTÉRISTIQUES	
Prix du modèle à l'essai	Premium package 88 300 $
Échelle de prix	82 800 $ à 99 700 $
Garanties	4 ans 80 000 km / 6 ans 110 000 km
Emp. / Long. / Larg. / Haut. (cm)	292 / 499 / 183 / 149
Poids	1795 kg
Coffre / Réservoir	453 litres / 84 litres
Coussins de sécurité	frontaux, latéraux (av.), tête (av. + arr.)
Suspension avant	indépendante, bras triangulés
Suspension arrière	indépendante, multibras
Freins av. / arr.	disque
Antipatinage / Contrôle de stabilité	oui
Direction	à crémaillère, assistée
Diamètre de braquage	10,6 mètres
Pneus av. / arr.	215/45R17

MOTORISATION ET PERFORMANCES	
Moteur	V8 4,3 litres
Transmission	propulsion, automatique 5 rapports
Puissance	290 ch à 5600 tr/min
Couple	320 lb-pi à 3400 tr/min
Autre(s) moteur(s)	aucun
Autre(s) transmission(s)	aucune
Accélération 0-100 km/h	6,8 secondes
Reprises 80-120 km/h	5,9 secondes
Vitesse maximale	250 km/h
Freinage 100-0 km/h	39,8 mètres
Consommation (100 km)	13 litres (super)

part, sonores. On est rassuré, lorsqu'ils se déploient, de leur efficacité à visser la LS 430 à la chaussée.

Dans sa version d'origine, la LS 430 se révèle une routière silencieuse, confortable, mais ennuyeuse comme un jour de pluie en ce qui concerne l'agrément de conduite. On n'entend rien et on ne ressent rien non plus à conduire ce manoir roulant, d'autant que sa direction ouatée isole le conducteur en ne lui transmettant que peu ou pas d'information.

Le plaisir de voyager

Il faut allonger quelques centaines voire quelques milliers de dollars supplémentaires pour mettre un peu de piquant dans cette expérience de conduite. Si l'on opte, par exemple, pour le groupe Sport, cette Lexus s'appuie sur des ressorts hélicoïdaux plus rigides et des pneumatiques aux semelles plus larges, plus adhérentes pour nous permettre d'explorer plus à fond les qualités dynamiques de l'auto. Ainsi équipée, la LS 430 se révèle plus alerte

et plus incisive dans ses réactions, mais pas au point d'inquiéter une BMW de Série 7 ou une Mercedes de Classe S. L'amortissement est plus sec aussi, sans rendre la LS 430 plus inconfortable pour autant. Pour goûter au plaisir de voyager comme sur un tapis volant, il faut cependant prendre rendez-vous avec la suspension pneumatique qui lisse avec une rare efficacité toutes les irrégularités du revêtement.

Aussi moche à regarder qu'à conduire, la LS 430 brille cependant, à côté de certaines de ses rivales, dans des domaines autrement plus importants : la fiabilité, le service après-vente et la qualité de l'assemblage. C'est déjà pas mal.

Éric LeFrançois

MODÈLES CONCURRENTS
• Cadillac De Ville DHS • Infiniti Q45

QUOI DE NEUF ?
• Révisions mineures • Ligne retouchée

Renouvellement du modèle	2005

VERDICT	
Agrément de conduite	★★★☆☆
Fiabilité	★★★★★
Sécurité	★★★★⯪
Qualités hivernales	★★★☆☆
Espace intérieur	★★★★⯪
Confort	★★★★⯪

VERSION RECOMMANDÉE
Premium Package

▲ POUR

• Finition et qualité de fabrication au-dessus de tout reproche • Fiable comme un métronome • Moteur onctueux • Excellente valeur de revente

▼ CONTRE

• Silhouette banale • Agrément de conduite d'une trottinette • Technologie à rabais (voir texte) • Support latéral des sièges moyen

Évolution grand luxe

« Luxueuse aventurière recherche propriétaire fortuné d'un certain âge capable de pouvoir débourser les 100 000 $ nécessaires pour l'acquérir et l'entretenir. » Voilà à quoi ressemblerait une petite annonce si les voitures pouvaient parler… ou écrire. C'est impossible certes, mais cette boutade est le reflet de la réalité. La silhouette conservatrice de ce gros 4X4 ne peut intéresser un jeune acheteur et il faut avoir de solides ressources financières pour régler la facture.

Une chose est certaine, il faut également que le jeu en vaille la chandelle, car un acheteur expérimenté ne se laissera pas duper par des artifices sans valeur. Il en voudra pour son argent et c'est certainement le cas avec cette Lexus dont la finition demeure toujours la référence de l'industrie. Mais cela ne signifie pas uniquement des panneaux de caisse bien alignés, des pièces en plastique s'emboîtant à la perfection et une peinture exempte de l'infâme pelure d'orange. Un dernier point que bien d'autres marques pourtant bien cotées ne réussissent pas à éliminer. Il y a plus que cela, notamment la qualité des matériaux, la finesse des coutures, l'agencement des éléments et une précision d'assemblage. Chaque bouton semble avoir été machiné à un millimètre près et tout fonctionne avec la minutie d'une montre de grande classe.

Cette exécution sans faute pousse donc plus de gens à délier les cordons de leur bourse pour se procurer ce véhicule de luxe dont les racines remontent pourtant au Toyota Land Cruiser, le plus costaud des modèles fabriqués par ce constructeur. Avant de paniquer et de conclure que le LX 470 est une imposture, une copie maquillée d'une version plus rustique, il faut prendre note que de nombreuses modifications du châssis, de la suspension et, bien entendu, de l'habitacle ont transformé un frustre outil de travail en véhicule de luxe.

Hauteur variable

Plusieurs propriétaires de Range Rover ont avalé de travers lorsque Lexus leur a dérobé l'exclusivité de la suspension à hauteur variable en l'intégrant dans le LX 470. Tout en étant un tantinet plus sophistiquée que celui de sa concurrente américano-britannique, elle doit être également plus fiable s'il faut se fier à la réputation des deux marques en la matière. En fait, Lexus a même démocratisé ce système en l'intégrant dans le RX 330 tandis que Toyota l'a adopté sur certains modèles. En bref, il est possible de combler les inconvénients de la hauteur d'un gros VUS en abaissant la suspension pour y monter et descendre. Une fois en marche, la hauteur normale permet de franchir des obstacles puisqu'il est possible de la relever d'un cran lorsque la situation se corse. Reprenez la grand-route, roulez à plus grande vitesse et la suspension pneumatique se dégonfle quelque peu afin d'offrir un centre de gravité moins élevé de même qu'une résistance inférieure à l'air.

Les amateurs de haute fidélité pourront s'en mettre plein les oreilles grâce à la chaîne audio Mark Levinson, l'une des références en matière de système-maison. Les ingénieurs de cette compagnie américaine démontrent que l'habitacle d'un gros 4X4 pouvait se transformer en salle de concert ou presque.

Impression trompeuse

Il est facile de confondre le LX 470 pour ces gros VUS à châssis autonome qui ne sont absolument pas à l'aise sur l'autoroute et dont les dimensions les handicapent une fois en forêt. Cette japonaise tout-terrain fait fi des apparences. Sans être une routière de catégorie supérieure « à la LS 430 », il nous offre une tenue de route surprenante pour un tout-terrain huit places doté d'un essieu arrière rigide. Il faut toujours le piloter en

CARACTÉRISTIQUES

Prix du modèle à l'essai	98 500 $
Échelle de prix	98 200 $ à 105 000 $
Garanties	4 ans 80 000 km / 6 ans 110 000 km
Emp. / Long. / Larg. / Haut. (cm)	285 / 489 / 194 / 185
Poids	2450 kg
Coffre / Réservoir	830 à 1370 litres / 96 litres
Coussins de sécurité	frontaux et latéraux
Suspension avant	indépendante, barres de torsion
Suspension arrière	essieu rigide, bras longitudinaux
Freins av. / arr.	disque ABS
Antipatinage / Contrôle de stabilité	oui
Direction	à crémaillère, assistance variable
Diamètre de braquage	12,1 mètres
Pneus av. / arr.	275/70R16

MOTORISATION ET PERFORMANCES

Moteur	V8 4,7 litres
Transmission	intégrale, automatique 5 rapports
Puissance	235 ch à 4600 tr/min
Couple	320 lb-pi à 3400 tr/min
Autre(s) moteur(s)	aucun
Autre(s) transmission(s)	aucune
Accélération 0-100 km/h	10,1 secondes
Reprises 80-120 km/h	8,7 secondes
Vitesse maximale	180 km/h (limitée)
Freinage 100-0 km/h	44,3 mètres
Consommation (100 km)	18,2 litres (ordinaire)

tenant compte de son centre de gravité élevé et de sa masse, mais il est capable de tenir son bout. Le LX 470 est aidé en ce sens par un magnifique moteur V8 tout aussi doux que souple. L'an dernier, sa puissance a été portée à 235 chevaux et l'intégration d'un cinquième rapport à la boîte automatique a permis de rendre les passages des rapports encore plus difficiles à détecter tout en réduisant la consommation de carburant. Malgré tout, sa moyenne de 18,2 litres aux 100 km est de nature à éprouver la profondeur des ressources pétrolières de votre pompiste. Enfin, les ressorts pneumatiques contribuent également au confort général.

Si la direction semble légèrement floue et son assistance un peu en retrait, c'est tout simplement que les concepteurs de ce Lexus ont prévu que son propriétaire ne se contenterait pas de rouler sur le bitume. En prévision de cela, ils ont engourdi quelque peu cette direction à crémaillère de manière à pouvoir mieux amortir les retours de volant

suite à un passage difficile. Même la paresse de la transmission qui se fait parfois prier pour passer d'un rapport à l'autre devient un avantage dans la boue ou le sable. Tout doit se passer en douceur.

La transmission intégrale est très sophistiquée en raison de la présence de plusieurs systèmes d'aide au pilotage, notamment un antipatinage associé aux quatre roues. Et si jamais cela ne fonctionne pas, le contrôle de la stabilité latérale est alors la responsabilité de quelques processeurs électroniques faisant appel un freinage sélectif pour remettre ce colosse dans le droit chemin.

Comme tous les modèles de la marque, le LX 470 se veut un heureux mélange de luxe, de sophistication mécanique et de finition hors pair. À cela s'ajoutent une fiabilité presque à toute épreuve et un comportement routier rassurant. De quoi convaincre certains d'y investir un dixième de million de dollars. Êtes-vous du nombre ?

Denis Duquet

MODÈLES CONCURRENTS

• BMW X5 • Cadillac Escalade • Lincoln Navigator
• Mercedes-Benz G500 • Mercedes-Benz ML430
• Land Rover Range Rover

QUOI DE NEUF ?

• Aucun changement majeur

Renouvellement du modèle	2005

VERDICT

Agrément de conduite	★★☆☆☆
Fiabilité	★★★★★
Sécurité	★★★★☆
Qualités hivernales	★★★★★
Espace intérieur	★★★★☆
Confort	★★★★☆

VERSION RECOMMANDÉE

Modèle unique

▲ POUR

• Finition exemplaire • Moteur super doux
• Suspension pneumatique • Rouage intégral efficace • Tenue de route saine

▼ CONTRE

• Consommation élevée • Gabarit encombrant
• Prix prohibitif • Pneumatiques moyens
• Silhouette anonyme

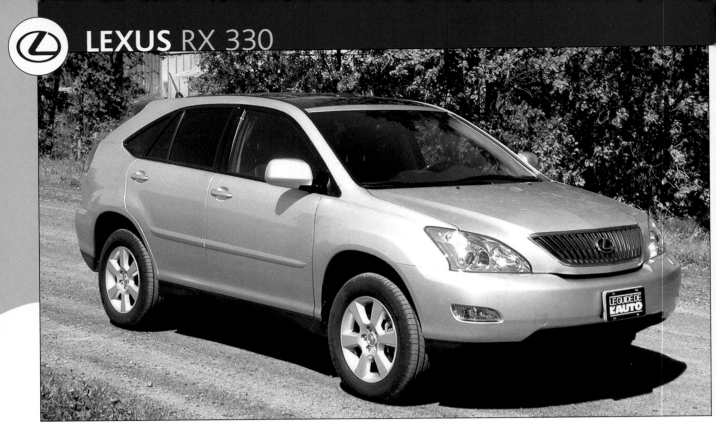

Une cure de raffinement

Il arrive parfois que nos préjugés nous fassent commettre des erreurs d'appréciation. Prenez le cas du Lexus RX 330, par exemple. J'assistais à un lancement en 1998, à quelques jours de Noël, dans la région de Whistler en Colombie-Britannique. La grande vedette de l'événement était le Lexus LX 470. Son gabarit, son prix, son équipement impressionnaient tous les journalistes présents. Du moins jusqu'à ce qu'une randonnée en forêt nous en dévoile les limites en conduite hors route. Le lendemain, c'était le tour du RX 300. Il s'agissait d'un prototype dont la finition intérieure était en phase de développement et dont le groupe propulseur avait connu des jours meilleurs. Obnubilé que j'étais par le LX de la veille, j'avais évalué assez légèrement cette Camry familiale déguisée en hybride de luxe. D'autant plus que son rouage intégral était relativement simpliste et surtout destiné à circuler sur des routes glissantes et non pas affronter les congères et les sentiers délavés par la pluie.

J'ai bien été forcé d'inscrire dans mon calepin de notes que la silhouette était originale pour l'époque, que l'habitacle était confortable et spacieux. Il comprenait également une foule d'espaces de rangement à la fois astucieux et pratiques. Bien entendu, comme il s'agissait d'une Lexus, la finition était impeccable, les matériaux luxueux et l'habitacle douillet. Le moteur V6 3 litres avait obtenu la mention : adéquat.

Mais jamais je n'aurais cru à cette époque que cette nouvelle venue allait devenir la référence de la catégorie à presque tous les points de vue. Ses concurrents ont par la suite imité ses dimensions, son équipement complet, son comportement routier et ses autres caractéristiques générales. La raison de ces emprunts

était toute simple : le RX est le plus vendu de sa catégorie.

Mais, succès ou pas, il faut éviter de trop attendre avant de faire appel à la relève, car

les concurrents s'améliorent et peuvent vous dépasser. Il est toujours difficile pour le leader d'une catégorie de se renouveler. Il faut conserver les éléments qui ont contribué à son succès tout en remédiant aux défauts et en corrigeant les irritants perçus par la clientèle. Après avoir analysé le pour et le contre du RX 330 de la première génération, la direction de Lexus a donné le mandat à ses ingénieurs de concevoir une nouvelle édition de son grand succès afin de conserver sa couronne.

Retouches et corrections

Comme c'est leur habitude, les ingénieurs maison n'ont pas tellement augmenté la puissance du moteur. Ils se sont contentés de porter la cylindrée du moteur de 3 litres à

suspension à ressorts pneumatiques. Cela améliore le confort, bien entendu, mais leur présence permet également de régler la hauteur de la suspension selon les besoins du moment. Trois hauteurs différentes sont au programme. En mode Haut, la garde au sol est de 21,1 cm tandis qu'elle est de 18 cm lorsque le réglage est en position normale. Et lorsque le véhicule roule à plus de 100 km/h, le niveau de la suspension s'abaisse automatiquement à 16,5 cm. Enfin, il suffit d'appuyer sur le mode Accès pour que le RX 330

3,3 litres. Il s'agit en fait du même moteur que celui qui équipe la nouvelle fourgonnette Sienna chez Toyota. Sa puissance passe de 220 chevaux à 230 chevaux, une hausse de 4,5 %. Le couple progresse pour sa part de

9 %. Il est associé à une toute nouvelle boîte automatique à cinq rapports. Ce choix est sage puisque la puissance demeure toujours adéquate sans pour autant hausser la consommation. Ces gains permettent de compenser pour les quelques kilos en plus en raison d'une augmentation des dimensions du nouveau modèle.

La carrosserie a été allongée de 15,5 cm, la largeur de 2,5 cm et la hauteur de quelques millimètres. Cela permet de bénéficier d'une habitabilité accrue, surtout aux places avant. Soulignons au passage que la suspension est à jambes de force à l'avant comme à l'arrière. Sa géométrie a cependant été revue et la plupart des composantes allégées. Les pneus de série sont de 17 pouces tandis qu'il est possible de commander des 18 pouces en option. Certains modèles peuvent être équipés d'une

s'abaisse d'un autre centimètre lorsque le véhicule est immobilisé. En plus, cette suspension pneumatique est munie d'un correcteur d'assiette automatique. Détail intéressant, la capacité de remorquage, de 1587 kg, devrait être suffisante pour tracter une motoneige, une petite embarcation ou une motomarine.

Chez Lexus, personne n'a tenté, en 1998, de nous convaincre qu'il s'agissait d'un authentique tout-terrain. Le rouage intégral était plutôt sommaire mais, comme le moteur, ça suffisait. Cette année, la transmission est toujours intégrale, mais elle a été améliorée grâce à l'utilisation d'un système antipatinage couplé au rouage d'entraînement. Cette fois encore, ce Lexus demeure un véhicule toutes routes même s'il est capable de se débrouiller honorablement en conduite hors route.

Comme dans tout véhicule Lexus qui se respecte, l'insonorisation demeure une priorité. Cela aurait été un sacrilège de ne pas la raffiner dans ce modèle. Les ingénieurs sont également obnubilés par la réduction des vibrations. Ils ont même poussé le raffinement jusqu'à dévier de quelques degrés la position de l'arbre de couche longitudinal au ralenti pour que celui-ci prenne une position virtuellement droite sous l'effet du couple en accélération! L'équipement de série a été étoffé tandis que de nouveaux accessoires sont au

catalogue. Parmi ceux-ci, il faut mentionner le hayon arrière motorisé, un système d'éclairage adaptatif pivotant dans les virages, une caméra de marche arrière reliée à l'écran de navigation et même une chaîne audio Mark Levinson à très haut rendement dans la version la plus luxueuse. Il est également possible de commander un système audiovisuel à lecteur DVD de même qu'un toit ouvrant à panneaux multiples permettant d'obtenir une ouverture beaucoup plus grande. De plus, la console centrale est coulissante. Il y a quand

Contrepartie

Au risque de passer pour un immonde croulant je n'arrive pas à aimer ce genre de véhicule qui n'a pas d'âme et surtout ne donne aucune émotion ou sensation pour le conducteur. Le confort est assurément au rendez-vous, mais le plaisir de conduire n'est pas rançon pour ce véhicule utilitaire sport conçu pour affronter les pires conditions routières. Oui, il est vrai que dans sa catégorie le Lexus RX 330 est sans aucun doute celui qui tient le haut du pavé par ses qualités générales tant recherchées par cette clientèle en mal de sécurité. D'apparence extérieure quelconque, je dois admettre que l'intérieur, lui, est plutôt réussi grâce à un choix judicieux des matériaux et une qualité d'assemblage digne du constructeur. Pour les amateurs de gadgets, vous aurez l'embarras du choix avec une panoplie d'astuces qui devraient vous emballer, du moins les deux premières semaines. Le comportement routier est à la hauteur de tous les produits de la division, mais la question demeure entière, est-ce qu'une fourgonnette à traction intégrale ne l'est pas autant? Si vous êtes un amateur de ce type de voiture-camion, le RX 330 est comme le dit si bien mon collègue le plus équilibré parmi ces modèles offerts présentement sur le marché et surtout un des plus fiables. C'est d'ailleurs la marque de commerce du constructeur japonais. Comme la mode n'est pas toujours une question de logique et malgré le fait que Toyota fabrique des voitures de haute qualité, le Lexus RX 330 ne m'a pas convaincu de son utilité et je ne peux m'empêcher de penser que la clientèle découvrira un jour que ce sont de véritables véhicules inutilitaires sport comme l'a déjà si bien dit un certain Jacques Duval.

Jacques Deshaies

même des points à améliorer comme ce bouton de réglage du totalisateur journalier difficile à atteindre, les sièges trop hauts et un mécanisme de guidage du cache-bagages totalement inutile. Et tant qu'à critiquer, il faudrait que l'assise de la banquette arrière à dossier divisible soit plus élevée.

Urbain des bois

Ce qui explique les grands succès de cet hybride est son équilibre sous presque tous les rapports. Prenez sa silhouette : certains la trouvent un peu trop stylisée à l'arrière, d'autres soulignent que les stylistes auraient pu jouer d'audace. Pourtant, autant à la ville qu'à la campagne, elle ne semble jamais être au mauvais endroit. De même, son comportement routier semble tout à fait adéquat aussi bien dans la circulation urbaine que sur une route secondaire cahoteuse.

J'ai écrit un peu plus haut que les 230 chevaux du RX 330 étaient adéquats. C'est du moins le cas si vous vous contentez d'accélérations légèrement inférieures à 10 secondes. Quelques chevaux de plus permettraient sans doute de boucler le même exercice en un temps de moins de 8 secondes, le chrono promis par la compagnie. Il faut par contre préciser que notre véhicule d'essai avait été passablement malmené, ce qui explique sans doute son manque d'entrain dans les accélérations et des distances de freinage de 42 mètres.

Sur la route, cette Lexus se comporte pratiquement comme une berline et elle est maniable compte tenu de son gabarit. Il faut ajouter que le diamètre de braquage est plus court en 2004.

Un centre de gravité plus élevé que celui d'une automobile ne vient pas affecter le comportement routier de façon négative. Le roulis dans les virages est modéré et la stabilité directionnelle bonne. Surtout conçu pour la vie citadine, le RX 330 n'est pas un citadin en bottes de chasse. Une fois la garde au sol relevée grâce à la suspension pneumatique, nous avons pu parcourir des routes en assez mauvais état tandis que le système antipatinage nous a convaincus de son efficacité. Par contre, sur les cahots et les bosses, le ressort pneumatique arrière gauche talonnait avec enthousiasme et le bruit qui s'en dégageait n'était pas tellement encourageant. Un autre essai effectué dans des conditions encore plus difficiles n'a toutefois pas été perturbé par ce phénomène. Cependant, je n'irais pas m'aventurer en RX 330 dans des endroits accidentés, laissant cette tâche au LX 470 ou, encore mieux, au Toyota Sequoia

Le nouveau RX 330 est donc suffisamment amélioré pour continuer de demeurer en tête du peloton même si sa tenue de route pourrait être moins passive. Malgré tout, c'est du sur-mesure, encore une fois, pour la clientèle nord-américaine.

Denis Duquet

▲ POUR

- Finition sans pareille • Moteur plus puissant
- Tenue de route sans surprise • Équipement complet • Capacité de remorquage adéquate

▼ CONTRE

- Prix élevé • Roulis en virage • Options onéreuses • Silhouette controversée
- Direction toujours légère

RX 330

CARACTÉRISTIQUES

Prix du modèle à l'essai	Groupe Sport 58 990 $
Échelle de prix	49 900 $ à 62 190 $
Garanties	4 ans 80 000 km / 6 ans 110 000 km
Emp. / Long. / Larg. / Haut. (cm)	271 / 473 / 185 / 168
Poids	1844 kg
Coffre / Réservoir	490 à 2130 litres / 72 litres
Coussin de sécurité	frontaux, latéraux et tête
Suspension avant	indépendante, jambes de force
Suspension arrière	indépendante, multibras
Freins av. / arr.	disque ABS
Antipatinage / Contrôle de stabilité	oui
Direction	à crémaillère, assistance variable
Diamètre de braquage	11,4 mètres
Pneus av. / arr.	225/65R17

MOTORISATION ET PERFORMANCES

Moteur	V6 3,3 litres
Transmission	intégrale, automatique 5 rapports
Puissance	230 ch à 5600 tr/min
Couple	242 lb-pi à 3600 tr/min
Autre(s) moteur(s)	aucun
Autre(s) transmission(s)	aucune
Accélération 0-100 km/h	8,5 secondes
Reprises 80-120 km/h	6,9 secondes
Vitesse maximale	190 km/h
Freinage 100-0 km/h	42,0 mètres
Consommation (100 km)	11,6 litres (ordinaire)
Niveau sonore	Ralenti : 40,3 dB
	Accélération : 71,4 dB
	100 km/h : 67,0 dB

MODÈLES CONCURRENTS

- Acura MDX • BMW X5 • Cadillac SRX • Infiniti FX35
- Jeep Grand Cherokee • Mercedes-Benz ML320
- Volvo XC90

VERDICT

Agrément de conduite	★★★★☆
Fiabilité	★★★★☆
Sécurité	★★★★⯪
Qualités hivernales	★★★★⯪
Espace intérieur	★★★★☆
Confort	★★★★☆

VERSION RECOMMANDÉE

Modèle de base

Mondaine ou parvenue

Le constructeur Lexus ne cessera jamais de nous étonner. Après avoir modifié considérablement le paysage des berlines de grand luxe et celui des utilitaires de luxe avec les modèles LS et RX, la division de prestige de Toyota a récidivé il y a deux ans dans la catégorie des coupés grand-tourisme avec la SC 430. Fidèle à sa réputation, Lexus a pris les grands moyens pour s'assurer que la SC 430 réussisse là où le défunt coupé SC 400 avait échoué dans les années 1990. On se rappellera que malgré ses belles qualités techniques, la silhouette de la SC 400 n'avait jamais enflammé les passions. Pour son grand malheur, la SC 400 devait évoluer dans une catégorie « coup de foudre » où l'acheteur type s'arrête plus à l'emballage qu'au contenu... Comme quoi la nature humaine demeurera toujours la nature humaine !

Consciente que le cœur a ses raisons que la raison ne connaît pas dans le créneau des coupés grand luxe, Lexus n'a rien négligé pour courtiser les richards de ce monde. À cet effet, la SC ne joue pas le rôle de « voiture fatale » comme seules savent le faire les belles italiennes que sont les Ferrari, Lamborghini et Maserati. Par ailleurs, qui voudrait subir le même sort que l'Acura NSX qui a compris bien trop tard qu'elle ne pouvait rivaliser avec la sensualité de ces sportives au cœur chaud ? De même, la SC laisse de côté les formes athlétiques des Porsche 911 et Mercedes SL500 pour se conformer à son style. Son style ! Quel style ? Celui de la voiture sport des compromis... N'oublions pas qu'il s'agit d'une Toyota et que l'élaboration d'un coupé de luxe à vocation sportive est assez particulière chez ce constructeur japonais. Pour preuve : la nouvelle Solara 2004 et la défunte Supra sont des exemples patents de ces éternelles tergiversations. Il en résulte souvent des voitures dont l'essence même de l'existence nous laisse perplexes. Toutefois, avouons que cette fois-ci, la SC 430 semble avoir touché la cible.

Une voiture typée

Si l'ancienne SC 400 avait épousé une ligne d'une banalité singulière, il en va autrement avec la SC 430. Si l'on se fie à la nouvelle Solara, il semble que le style de la SC deviendra peu à peu la signature visuelle de Toyota. Ainsi, les stylistes ont tracé une ligne de profil en forme de V qui se termine par une partie arrière au renflement distinctif. Son aileron en surplomb et ses feux arrière en forme de goutte d'eau ajoutent une note d'élégance qui permet de la reconnaître à cent lieues. Avec un peu d'imagination, sa carrosserie pourrait ressembler à la carapace d'un scarabée. Est-elle aussi solide ? Pas sûr. Car elle laisse filtrer quelques bruits de caisse.

Comme dans toutes les Lexus, l'apparat ornant l'habitacle permet à la SC de jouer le jeu de la grande séduction au cas où sa silhouette serait impuissante à faire craquer l'acheteur. Pour ce faire, la texture et le contour des sièges en cuir souple se font invitants. Même si le galbe des coussins ne correspond pas à tous les gabarits, les passagers ne tardent pas à trouver leurs aises dans ce décor édénique. Qui plus est, l'ambiance créée par la finition et le tableau de bord garni de bois exotiques, notamment de l'érable piqué, font écarquiller les yeux, même les plus chastes. Les survêtements en bois du volant, du pommeau du levier de vitesses et de la console sont d'une douceur exquise au toucher. Quant à la banquette arrière, elle n'est que symbolique et sert plutôt à empiler les bagages. Bref, cette japonaise fait concurrence non pas à la sensualité des belles voitures italiennes mais plutôt à la magnificence des anglaises portant la griffe Jaguar.

Si la SC 430 est l'art des compromis, cette philosophie se retourne en sa faveur puisque les ingénieurs embarrassés à l'idée de proposer un simple coupé ont concocté un ingénieux

CARACTÉRISTIQUES

Prix du modèle à l'essai	SC 430 / 86 375 $
Échelle de prix	85 900 $ à 89 400 $
Garanties	4 ans 80 000 km / 6 ans 110 000 km
Emp. / Long. / Larg. / Haut. (cm)	262 / 451 / 182 / 135
Poids	1745 kg
Coffre / Réservoir	249 litres / 75 litres
Coussins de sécurité	frontaux et latéraux
Suspension avant	indépendante, leviers triangulés
Suspension arrière	indépendante, leviers transversaux
Freins av. / arr.	disque, ABS et EBD
Antipatinage / Contrôle de stabilité	oui
Direction	à crémaillère, assistance variable
Diamètre de braquage	10,8 mètres
Pneus av. / arr.	245/40ZR18

MOTORISATION ET PERFORMANCES

Moteur	V8 4,3 litres DACT
Transmission	propulsion, automatique 5 rapports
Puissance	300 ch à 5600 tr/min
Couple	325 lb-pi à 3400 tr/min
Autre(s) moteur(s)	aucun
Autre(s) transmission(s)	aucune
Accélération 0-100 km/h	6,6 secondes
Reprises 80-120 km/h	4,9 secondes
Vitesse maximale	250 km/h
Freinage 100-0 km/h	36,6 mètres
Consommation (100 km)	12,5 litres (super)

toit rigide rétractable qui transforme la SC en cabriolet. Même à découvert, le silence de l'habitacle est si feutré que les passagers peuvent discuter sans élever la voix ou écouter leur musique préférée à des vitesses dépassant et de loin la limite permise sur nos autoroutes.

Toutefois, tout ce confort a un prix. Non pas que la Lexus soit dispendieuse. Au contraire. À moins de 90 000 $ l'unité, la SC est une aubaine par rapport aux créations de Maranello et de Coventry. À vrai dire, les sensations de conduite que procure la SC titillent à peine les glandes surrénales. Si votre plaisir dans la vie est de piloter des voitures qui ont du caractère, celle-ci vous laissera de glace.

Quoi qu'il en soit, les 300 chevaux du 4,3 litres ne dorment jamais. Toujours prêts à bondir, ils propulsent la SC de 0 à 100 km/h en 6,6 secondes, et ce, même si la boîte automatique à cinq rapports hésite à passer à l'acte. Si la SC perd des plumes sur les petites routes en serpentin et se sent plus à l'aise sur les grands boulevards, elle surpasse plusieurs

de ces concurrentes au test de freinage. Pour immobiliser cette lourde caisse de 1745 kilos lors du test de 100 à 0 km/h, il ne faut que 36 mètres et des poussières. De même, si vous mesurez mal les capacités dynamiques de la SC, un système de stabilité latérale aura tôt fait de vous ramener dans le droit chemin.

La SC 430 possède tous les atouts pour faire des conquêtes. Toutefois, il est difficile de savoir à quelle clientèle elle s'adresse. Les principales caractéristiques de ce coupé-cabriolet, dont son prix, ses performances et son confort, lui permettent de jouer dans les plates-bandes des voitures ultramondaines de la vieille Europe. Reste juste à savoir si elle sera acceptée par ses pairs ou accueillie comme une parvenue.

Jean-François Guay

MODÈLES CONCURRENTS

• Jaguar XK8 • Mercedes-Benz SL500

QUOI DE NEUF ?

• Aucun changement majeur

Renouvellement du modèle	n.d.

VERDICT

Agrément de conduite	★★★★☆
Fiabilité	★★★★★
Sécurité	★★★☆☆
Qualités hivernales	★★★☆☆
Espace intérieur	★★☆☆☆
Confort	★★★★☆

VERSION RECOMMANDÉE

Version unique

▲ POUR

• Moteur doux et performant • Bonne tenue de route • Silence de roulement • Finition impeccable • Équipement complet

▼ CONTRE

• Visibilité vers l'arrière • Boîte de vitesses hésitante • Places arrière symbolique • Caisse manquant de rigidité

Un coup d'épée dans l'eau

Qu'on se le dise, le Navigator a jusqu'ici fait plus pour Lincoln que la LS, censée concurrencer les meilleures réalisations européennes et japonaises dans le segment des berlines sport. Pourtant, à son lancement il y a trois ans, tous les espoirs étaient permis. Elle était si bonne, au dire des dirigeants de Lincoln qu'elle serait commercialisée en Europe et permettrait du coup à Lincoln de revitaliser son image. Le projet a été abandonné, la LS demeure en Amérique où les consommateurs ne se bousculent pas aux portes pour l'acquérir.

Au moment où vous lirez ces lignes, Lincoln se remet – encore – en question. Contrairement à Cadillac qui semble trouver sa voie, Lincoln patauge et ne sait plus où donner de la tête. Bousculée sur son marché national, la marque a, avec la LS du moins, vainement tenté de redorer son blason avec des véhicules plus « hop la vie ». Aujourd'hui, le sort (et la rentabilité) de Lincoln passe par le Navigator et la Town Car. Et la LS ? Elle s'accroche, même si elle n'ambitionne plus de figurer au sommet du palmarès des ventes. Comment expliquer ce revers de fortune ? Une grande partie est sans doute attribuable à la silhouette ultra-conservatrice de cette berline. Dessinée par un Allemand, transfuge de BMW, la LS n'est jamais parvenue à se détacher visuellement de la concurrence, à asseoir la marque sur une base nouvelle, et à communiquer ses nouvelles ambitions. Style frileux, manque d'émotion, la LS n'a rien pour vous faire dire

« oui je la veux ». Elle laisse plutôt de glace et se fond si bien dans le paysage automobile qu'on finit par oublier qu'elle existe. Deuxième explication. Le réseau de concessionnaires qui a fait l'objet ces dernières années de plusieurs remaniements, pas tous très heureux. Alors qu'autrefois les produits Lincoln côtoyaient ceux de Mercury, ils sont aujourd'hui noyés dans l'univers de Ford avec ses camionnettes F-150 et autres Focus. Sans exiger pour autant le tapis rouge, la clientèle souhaite un minimum d'égards, des représentants qui connaissent sur le bout des doigts le produit. Et à plus forte raison avec la LS qui se démarque complètement des autres produits Lincoln par son caractère sportif.

La LS aurait certainement mérité une carrière plus étincelante. D'autant plus qu'elle repose sur une base mécanique à la fois moderne et performante. La même qui se retrouve sous la robe de la S-Type de Jaguar. Bien sûr, il existe des différences, mais la LS

n'a pas à rougir de la comparaison avec sa cousine anglaise. Tout comme cette dernière, la LS donne droit à deux mécaniques de se glisser sous son capot. L'offre initiale consiste en un V6 3 litres de 232 chevaux, l'autre d'un V8 3,9 litres délivrant 280 chevaux. Au cas où vous vous trouviez sur autre planète dans la dernière année, sachez que la transmission manuelle à cinq rapports a été retirée du catalogue, mais fait toutefois son apparition dans la Jaguar cette année. Pas le choix, vous devrez composer avec une boîte semi-automatique à cinq rapports. Cette dernière a fait l'objet d'une révision au cours de la dernière année dans le but de rendre son fonctionnement plus souple et plus discret. Autre nouveauté, les éléments suspenseurs ont, eux aussi, été retouchés pour les mêmes raisons.

Au vestiaire, les préjugés

Pour l'année qui vient, certains remaniements ont été apportés à la nomenclature de la gamme. Une nouvelle version, LES, s'ajoutera en cours d'année. Celle-ci se distinguera visuellement des autres en raison de ses carénages avant et arrière plus agressifs, ses phares antibrouillards intégrés, sa calandre nickelée et son aileron grimpé sur le couvercle du coffre à bagages. À l'intérieur, des boiseries se chargeront de réchauffer l'ambiance qui autrement est un peu tristounet. Et ce n'est

CARACTÉRISTIQUES	
Prix du modèle à l'essai	V8 47 645 $
Échelle de prix	42 700 $ à 56 710 $
Garanties	4 ans 80 000 km / 4 ans 80 000 km
Emp. / Long. / Larg. / Haut. (cm)	291 / 492,5 / 186 / 142,5
Poids	1673 kg
Coffre / Réservoir	382 litres / 68 litres
Coussins de sécurité	frontaux et latéraux
Suspension avant	indépendante, à triangulation
Suspension arrière	indépendante, à triangulation
Freins av. / arr.	disque à antiblocage
Antipatinage / Contrôle de stabilité	oui
Direction	à crémaillère
Diamètre de braquage	11,5 mètres
Pneus av. / arr.	235/50R17

MOTORISATION ET PERFORMANCES	
Moteur	V8 3,9 litres
Transmission	propulsion, automatique 5 rapports
Puissance	280 ch à 4000 tr/min
Couple	286 lb-pi à 4000 tr/min
Autre(s) moteur(s)	V6 3 litres 232 ch
Autre(s) transmission(s)	aucune
Accélération 0-100 km/h	8,8 secondes
Reprises 80-120 km/h	n.d.
Vitesse maximale	220 km/h
Freinage 100-0 km/h	41,0 mètres
Consommation (100 km)	13,9 litres (super)

MODÈLES CONCURRENTS

• Acura 3,5RL • Audi A6 • Infiniti M45 • Jaguar S-Type

QUOI DE NEUF ?

• Nouveau modèle LES • Suspension révisée

Renouvellement du modèle	n.d.

VERDICT

Agrément de conduite	★★★★☆
Fiabilité	★★★★☆
Sécurité	★★★⯪☆
Qualités hivernales	★★★☆☆
Espace intérieur	★★★⯪☆
Confort	★★★⯪☆

VERSION RECOMMANDÉE

LES

certainement pas la présence d'un système de navigation (offert en option) qui va égayer l'habitacle. L'écran de ce dernier est enraciné au pied de la console centrale, donc impossible à consulter sans quitter la route des yeux. Par chance, l'instrumentation, au demeurant, complète, est parfaitement lisible et les principales commandes correctement disposées. Sans être un modèle de support, le baquet du conducteur offre un confort très appréciable et ses nombreux réglages favorisent l'atteinte d'une position de conduite agréable. À l'arrière, l'espace réservé aux occupants est correct, sans plus. Le coffre, en revanche, est peu profond.

Sur la route, la LS nous fait oublier la tiédeur de ses lignes extérieures, le manque de raffinement de sa présentation intérieure. Lorsque équipée du V8 de 3,9 litres, cette Lincoln ne se fait pas prier pour bondir. Facile à prendre en main, la LS se révèle étonnamment agile et sûr. Plus que ne l'est la CTS de Cadillac qui intimide davantage celui ou celle qui se trouve à son volant. Équilibrée, la LS l'est aussi. En raison de l'excellente répartition des masses entre les trains roulants, elle ne se fait pas prier pour rouler vite et bien. Les mouvements de caisse sont bien maintenus et le confort ne souffre pas du compromis trouvé par les ingénieurs affectés à son développement. L'amateur, le vrai, de produits Lincoln reprochera sans doute à la direction de la LS de ne pas filtrer parfaitement les irrégularités de la chaussée, et c'est tant pis pour eux.

Pour rouler incognito

Si la marque d'une voiture et son allure extérieure ne vous impressionnent pas du tout, la LS mérite considération. Mais à en juger par les ventes de LS, vous êtes très peu nombreux à dire que cela ne vous dérange pas de rouler incognito au volant d'une automobile dont la marque est associée à tout, sauf le sport.

Éric LeFrançois

<table>
<tr><td>▲ POUR</td></tr>
<tr><td>• Confort exceptionnel • Suspension très douce • Insonorisation très efficace
• Prix avantageux</td></tr>
</table>

<table>
<tr><td>▼ CONTRE</td></tr>
<tr><td>• Consommation d'essence élevée
• Style extérieur très conservateur
• Coffre plutôt étroit</td></tr>
</table>

Ford Expedition

Luxe grand format

Ces deux modèles ont connu une refonte complète l'an dernier avec l'arrivée d'un tout nouveau châssis, d'une suspension arrière indépendante et d'une troisième rangée de sièges à déploiement motorisé. Ils ont également bénéficié d'une nouvelle silhouette afin de permettre à ce constructeur de repartir à neuf ou presque : une révision complète permet de faire oublier le passé plus facilement. Et il faut admettre que la concurrence a récemment commercialisé plusieurs nouveaux véhicules passablement doués.

Débutons par le Lincoln. Si les stylistes de Ford ne semblent pas vouloir donner du panache à la silhouette, leurs collègues de la division Lincoln n'affichent pas les mêmes réserves. Avec sa grille de calandre chromée en forme de chute d'eau en passant par une importante fenestration du hayon arrière, il est impossible de ne pas remarquer le Navigator sur la route. D'ailleurs, observez et vous serez surpris de constater qu'ils sont nombreux les propriétaires qui stationnent leur gros Lincoln le nez vers la rue afin que les gens puissent savoir qu'ils sont suffisamment riches pour se payer ce luxe.

Certains n'y voient que du tape-à-l'œil, mais il faut admettre que ce gros VUS a été grandement amélioré depuis l'an dernier. Il est certain que l'essieu arrière indépendant fait beaucoup pour éliminer le sautillement du train arrière sur mauvaise route, réduire le niveau sonore et assurer un meilleur confort. Cette nouvelle suspension arrière permet également

de motoriser le déploiement ou le remisage de la troisième banquette. Il suffit d'appuyer sur un bouton pour que le siège s'escamote dans le plancher. Le hayon arrière est également motorisé comme l'exige la tendance actuelle. Parlant de gadgets, le Navigator est également pourvu en option de marchepieds à déploiement électrique. Croyez-moi, c'est un accessoire à l'utilité plus que douteuse. Heureusement qu'il est optionnel.

Seul le V8 de 5,4 litres est offert et ses 300 chevaux ne seront pas superflus pour déplacer cette masse de tout près de 3 tonnes. Malgré tout, il faut moins de 10 secondes pour réaliser le 0-100 km/h et il faut avouer que le Navigator montre un comportement routier surprenant pour un véhicule de cette grosseur. Enfin, comme dans la plupart des nouvelles Lincoln, la direction possède une assistance bien dosée et sa précision a beaucoup augmenté depuis deux ans. Je me suis surpris à négocier des courbes assez rapidement au volant de cette grosse caisse qui n'est certainement pas faite pour les

gymkhanas. La suspension pneumatique n'est pas particulièrement bien adaptée à nos hivers, mais elle permet de bien amortir les chocs et de corriger l'assiette automatiquement.

Malgré d'indéniables qualités, le Navigator pourrait facilement être remplacé par le nouveau Aviator qui s'avère non seulement plus agile grâce à sa petite taille, mais également plus agréable à piloter. Somme toute, il faut avoir des besoins bien spécifiques pour choisir le Navigator. Son petit frère peut exécuter plus de 90 % de ses tâches pour moins cher et vous donnera aussi plus d'agrément.

Ford Expedition

Avant de se perdre dans la généalogie des modèles, il est important de préciser que le Lincoln Navigator est une version plus luxueuse du Ford Expedition qui est venu remplacer le Bronco qui n'a toujours été qu'une rustique camionnette dotée d'une cabine. Revu et corrigé l'an dernier, l'Expedition partage plusieurs éléments mécaniques avec le Lincoln Navigator, mais possède une silhouette vraiment moins flatteuse. Avec comme seules différences une grille de calandre plus en évidence et des tôles très tendues sur les parois, il est possible de croire qu'il s'agit de la version précédente. Le tableau de bord est la caractéristique la plus singulière de ce Ford

CARACTÉRISTIQUES

Prix du modèle à l'essai	Navigator 71 695 $
Échelle de prix	45 960 $ à 72 125 $
Garanties	4 ans 80 000 km / 4 ans 80 000 km
Emp. / Long. / Larg. / Haut. (cm)	302 / 523 / 204 / 198
Poids	2718 kg
Coffre / Réservoir	507 à 2925 litres / 106 litres
Coussins de sécurité	frontaux, latéraux et tête
Suspension avant	indépendante, leviers asymétriques
Suspension arrière	indépendante, ressorts pneumatiques
Freins av. / arr.	disque ABS
Antipatinage / Contrôle de stabilité	oui
Direction	à crémaillère, assistance variable
Diamètre de braquage	11,8 mètres
Pneus av. / arr.	255/70R18

MOTORISATION ET PERFORMANCES

Moteur	V8 5,4 litres
Transmission	intégrale, automatique 4 rapports
Puissance	300 ch à 5000 tr/min
Couple	355 lb-pi à 2750 tr/min
Autre(s) moteur(s)	V8 4,6 litres 232 ch (Ford);
	V8 5,4 litres 280 ch (Ford)
Autre(s) transmission(s)	aucune
Accélération 0-100 km/h	9,8 secondes
Reprises 80-120 km/h	8,7 secondes
Vitesse maximale	190 km/h
Freinage 100-0 km/h	43,8 mètres
Consommation (100 km)	16,3 litres (ordinaire)

MODÈLES CONCURRENTS

• BMW X5 • Cadillac Escalade • Land Rover Range Rover
• Lexus LX 470

QUOI DE NEUF ?

• Indicateur de pression des pneus • Système anticapotage
• Système DVD amélioré • Nouvelles couleurs extérieures
et intérieures

Renouvellement du modèle	2007

VERDICT

Agrément de conduite	★★★★☆
Fiabilité	★★★★☆
Sécurité	★★★★☆
Qualités hivernales	★★★★★
Espace intérieur	★★★★★
Confort	★★★★☆

VERSION RECOMMANDÉE

Ford Expedition Eddie Bauer

qui propose deux moteurs V8 à sa clientèle. Le premier est un V8 4,6 litres d'une puissance de 232 chevaux. C'est un choix qui se défend si vous ne remorquez pas une roulotte ou un lourd bateau. Si vous prévoyez le faire, il serait plus sage de cocher sur votre feuille de commande la case vous permettant de bénéficier du moteur V8 5,4 litres produisant 280 chevaux. Comme il se doit, la consommation sera également plus élevée. Ces deux moteurs sont associés à une boîte automatique à quatre rapports dont le rendement se situe dans la bonne moyenne.

Je ne connais personne qui prévoit acheter un véhicule de ces dimensions pour jouer au kamikaze ou pour piloter comme dans une course. Ils seraient d'ailleurs déçus de se retrouver au volant d'une véhicule aux dimensions encombrantes manifestant beaucoup de roulis en virage et dont le moteur est un assoiffé de premier ordre. En revanche, si vous êtes un amateur de pêche ou de chasse et que vous désirez y amener vos amis, votre

jugement sera certainement plus positif. Les deux clans vont également apprécier le pédalier réglable.

Sur la route, les deux moteurs se montrent relativement silencieux. La direction s'avère précise pour un gros VUS bien que son assistance soit vraiment trop généreuse. Pour le reste, le résultat est honnête et il ne faut pas trop s'énerver pour se retrouver dans des courbes marquées en train de s'agripper au volant avec un roulis de caisse très prononcé. Et si vous insistez, un mécanisme anticapotage comprenant des capteurs d'angle de la caisse, de la vitesse et de la position du volant permet de détecter l'imminence d'une catastrophe et de ralentir le véhicule.

Bref, ces deux gros aventuriers sont homogènes et réussis, mais il leur manque toujours un petit quelque chose pour éveiller l'enthousiasme.

Denis Duquet

▲ POUR

• Tableau de bord élégant • Suspension arrière plus confortable • Direction précise
• Équipement complet • Système anticapotage

▼ CONTRE

• Insonorisation perfectible • Prix élevé
• Silhouette anonyme (Ford Expedition) • Certains accessoires inutiles • Moteur gourmand

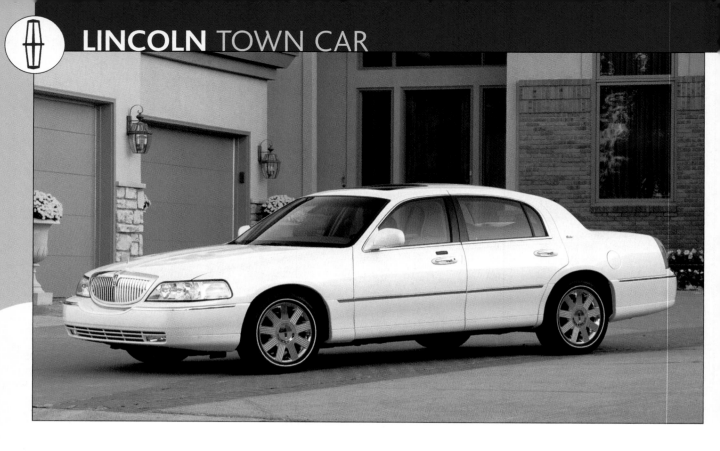

Pour votre dernier repos !

Si je me fie à mon dictionnaire, anachronisme signifie « attribution à une époque de ce qui appartient à une autre ». Il n'est donc pas faux de qualifier cette grosse berline d'anachronique puisqu'on tente de nous la faire passer pour un modèle contemporain alors que son architecture de même que sa présentation sont d'une autre époque. S'il est vrai que les grosses berlines de luxe d'origine américaine ont déjà été considérées comme la référence dans le domaine, elles ont été sérieusement distancées depuis belle lurette par les européennes et les japonaises tant sur le plan de la qualité générale que du raffinement mécanique.

Si la division Cadillac tente de rompre avec son passé avec des modèles comme la CTS, Lincoln a délaissé la Continental et doit compter sur l'intéressante LS et la vétuste Town Car pour défendre les couleurs de la marque. Et la conjoncture n'est pas tellement favorable alors que la compagnie Ford navigue sur des eaux agitées en plus d'être déjà propriétaire de marques de prestige telles Aston Martin, Jaguar et Range Rover, sans oublier Volvo.

C'est donc une Town Car un peu laissée pour compte qui a eu droit à plusieurs améliorations esthétiques et mécaniques l'an dernier. Ce ne fut pas une refonte de fond en comble puisque les dirigeants nous ont avoué ne pas avoir eu les budgets suffisants. Ils ont préféré consacrer davantage de moyens à l'intégration d'une suspension arrière indépendante au Navigator. On voit bien les priorités : le gros VUS est dorénavant

doté d'une suspension moderne tandis que la berline la plus luxueuse chez Lincoln utilise un essieu qui semble avoir été subtilisé à un F-150 !

Cette similitude avec une camionnette ne se limite pas à l'essieu arrière. Le châssis autonome est de type à longerons et si ces éléments sont façonnés par pression hydraulique depuis l'an dernier, cette architecture est carrément vétuste. Les ingénieurs ont pris la peine de rigidifier toute la partie avant avec des points d'ancrage de suspension plus solides tandis qu'un sous-châssis léger et rigide accueille le V8 4,6 litres de 239 chevaux. Il est vrai que ce moteur est en alliage et à arbres à cames en tête, mais il montre de plus en plus de difficulté à affronter la concurrence. Par exemple, dans l'Infiniti M45 qui pourrait intéresser une clientèle similaire, le V8 de 4,5 litres développe 101 chevaux de plus tout en profitant d'une consommation de carburant inférieure. Inutile d'insister.

Limousine toujours !

L'une des raisons de ce conservatisme sur le plan mécanique est le fait que trois Town Car sur cinq sont achetées par des entreprises de limousines, de pompes funèbres et pour d'autres utilisations spécialisées. La présence d'un châssis autonome facilite les modifications du véhicule et le moteur possède davantage de couple que de puissance, un atout dans la circulation, tandis que l'essieu arrière rigide permet de charger davantage de bagages. La silhouette assez rétro est également appréciée des voituriers de tout acabit.

Lincoln perdrait des ventes à coup sûr sur le marché des véhicules funéraires si les stylistes décidaient de jouer la carte de l'excentricité. Il est facile de critiquer, mais il faut au moins tenir compte du contexte. Bref, de par sa clientèle actuelle, la Town Car est devenue ni plus ni moins qu'un véhicule spécialisé, que se procurent aussi des individus qui apprécient ses dimensions du temps d'Elvis et qui aiment croire qu'une suspension souple est le nec plus ultra en fait de raffinement. D'ailleurs, il suffirait aux ingénieurs de calibrer différemment les ressorts pneumatiques pour éliminer le roulis de caisse en virage et pour donner de bonnes manières sur la route à cette relique du passé. La direction

CARACTÉRISTIQUES

Prix du modèle à l'essai	Cartier 63 495 $
Échelle de prix	57 000 $ à 65 000 $
Garanties	4 ans 80 000 km / 4 ans 80 000 km
Emp. / Long. / Larg. / Haut. (cm)	299 / 547 / 199 / 150
Poids	1974 kg
Coffre / Réservoir	583 litres / 72 litres
Coussins de sécurité	frontaux et latéraux
Suspension avant	indépendante, leviers triangulaires
Suspension arrière	essieu rigide, ressorts pneumatiques
Freins av. / arr.	disque ABS
Antipatinage / Contrôle de stabilité	oui
Direction	à crémaillère, assistance variable
Diamètre de braquage	12,2 mètres
Pneus av. / arr.	225/60R17

MOTORISATION ET PERFORMANCES

Moteur	V8 4,6 litres
Transmission	propulsion, automatique 4 rapports
Puissance	239 ch à 4900 tr/min
Couple	287 lb-pi à 4100 tr/min
Autre(s) moteur(s)	aucun
Autre(s) transmission(s)	aucune
Accélération 0-100 km/h	9,0 secondes
Reprises 80-120 km/h	7,2 secondes
Vitesse maximale	180 km/h
Freinage 100-0 km/h	44,0 mètres
Consommation (100 km)	14,5 litres (ordinaire)

MODÈLES CONCURRENTS

• Buick Park Avenue Ultra • Cadillac DeVille • Infiniti M45
• Lexus LS 430

QUOI DE NEUF ?

• Modèle Cartier remplacé par Ultimate
• Transmission plus modeste • Nouvelles couleurs

Renouvellement du modèle	2007

VERDICT

Agrément de conduite	★★★☆☆
Fiabilité	★★★★☆
Sécurité	★★★★☆
Qualités hivernales	★★★☆☆
Espace intérieur	★★★★☆
Confort	★★★★☆

VERSION RECOMMANDÉE

Cartier, empattement régulier

à pignon et crémaillère constitue une touche de modernisme qu'il ne faut pas oublier de mentionner. Toutefois, ce qui est encore plus digne de mention est la linéarité de cette même direction. Fini le flou et le manque de feed-back des modèles antérieurs !

Depuis que J. Mays a pris la direction du stylisme chez Ford, il a accordé une attention particulière à la présentation des tableaux de bord. Prenons celui du Navigator : il transpire la précision, le luxe et le raffinement. Encore une fois, il semble que ce soient les meilleurs stylistes qui ont planché sur le « Nav » et les stagiaires sur la « TC », pour emprunter un certain jargon branché. Il est vrai que la planche de bord est plus élégante qu'avant et que l'attention aux détails de même que la qualité des matériaux ont été fortement améliorés, mais vous avouerez que certains guichets automatiques ont plus de style. Encore une fois, c'est une histoire de goût !

Ces considérations sont bien secondaires puisque dans 60 % des cas, vous serez assis sur la banquette arrière alors qu'on vous conduira à l'aéroport ou à des funérailles. Soulignons au passage que les places arrière sont confortables tandis que la version L avec son empattement allongé de 15 cm offre davantage d'espace pour les jambes et confirme la vocation utilitaire de cette Lincoln.

Même si cette considération risque de ne pas vous affecter, il faut donner crédit aux ingénieurs qui ont réussi à améliorer grandement le comportement de la voiture en lui offrant une tenue de cap dorénavant exemplaire. Les accélérations ne sont pas musclées, mais peuvent quand même être qualifiées d'adéquates puisqu'il faut moins de 10 secondes pour boucler le 0-100 km/h. Ce qui est plus que suffisant. Pour le reste, mieux vaut laisser cela à votre chauffeur.

Denis Duquet

▲ POUR

• Mécanique solide • Coffre spacieux
• Direction plus précise • Habitabilité assurée
• Bonne insonorisation

▼ CONTRE

• Essieu arrière rigide • Pneus peu performants
• Roulis en virage • Présentation archaïque
• Agrément de conduite inexistant

La renaissance de la marque au trident

Plus ancienne que Ferrari mais certainement moins célèbre, Maserati est néanmoins aussi italienne que la grande marque de Modène. Victime d'une gestion défaillante pendant de longues années et de passations successives du pouvoir, Maserati renaît de ses cendres en devenant une division de Ferrari, sa grande rivale d'antan.

Plusieurs fois victorieuse en course, notamment aux mains du grand Juan Manuel Fangio (1957) et deux fois aux 500 Milles d'Indianapolis (1939 et 1949), Maserati est née en 1926, avec les voitures de course construites par les frères Carlo, Bindo, Alfieri et Ernesto Maserati. Passant tour à tour entre les mains de Citroën (1968), De Tomaso (1975), Chrysler (1984), puis Fiat, Maserati aboutit finalement chez Ferrari en 1997 à qui le grand patron Fiat confie le mandat de faire revivre la marque au trident.

De ce mariage de raison naît en 1998 la Maserati 3200 GT proposée aujourd'hui en deux versions : coupé GT et spyder. Œuvre de la maison ItalDesign du styliste Giugiaro, la Maserati du renouveau affiche une ligne intéressante, notamment de l'avant qui évoque les 3500 GT signées Touring dans les années 1960. À l'arrière, par contre, le dessin est moins heureux. Il a dû d'ailleurs être remanié pour éliminer les feux en forme de boomerang qui ont suscité pas mal de critiques lors du dévoilement du premier modèle. Plus classique mais sans éclat, l'arrière ressemble

aujourd'hui au postérieur de l'ancienne Honda Prelude. Pas laid, mais rien de spécial non plus.

Le cuir italien à profusion
Quant à l'habitacle, il est digne de la renommée de Giugiaro et sa finition tout en cuir fait honneur au savoir-faire des artisans italiens du cuir. Bien calé dans les sièges baquets enveloppants, on ne peut qu'apprécier l'effet de ce tableau de bord aux nombreux instruments et commandes circulaires. L'équipement moderne comprend l'ordinateur de bord avec système audio et climatisation automatique intégrés, la navigation par satellite étant disponible moyennant supplément. Aussi en option, les sièges chauffants, les phares au xénon avec lave-phares escamotables et les détecteurs de recul. Évidemment, au prix de la belle, on pourrait penser que ce type d'équipement serait offert de série, mais ce n'est pas le cas…

Outre le style, une italienne, c'est aussi et surtout une mécanique. Et là, la Maserati ne déçoit pas, car le V8 de 4,2 litres en alliage léger et quatre arbres à cames en tête est un bijou de mécanique qui livre la baga-

telle de 390 chevaux et 333 lb-pi de couple. Doté d'une sonorité tout à fait apte à provoquer des frissons chez les amoureux de la chose, le superbe V8 vaut à lui seul le déplacement et autorise des chronos remarquables. Précisons à cet effet que ce moteur est une création Maserati que l'on retrouvera dans la future Ferrari Modena, tandis que la boîte Cambiocorsa à commande par palettes de type F1 provient, elle, de chez Ferrari… Pour les inconditionnels du traditionnel levier, la Maserati est évidemment livrable avec la boîte manuelle à 6 rapports qui, à bien y penser, est plus facile à vivre pour la conduite de « tous les jours ». En effet, la boîte Cambiocorsa, malgré ses perfectionnements et les performances qu'elle autorise – sans compter l'effet *sex-appeal* –, exige un certain doigté de la part du conducteur-pilote et fonctionne mieux à haut régime que lors d'une balade en ville. J'entends déjà ceux qui vont dire : prenez la Civic pour la balade en ville ! Mais ça, c'est une autre histoire.

Un spyder à surveiller
Oublions donc la Civic et revenons à la Maserati et aux performances pour préciser que le freinage, confié *of course* à quatre gros disques Brembo, autorise des décélérations dignes de la belle italienne. Montée sur des

roues de 18 pouces chaussées de pneus à taille ultrabasse, la Maserati vous gratifie aussi d'une tenue de route exceptionnelle. Mais attention aux cahots, ça tape dur. Attention aussi au spyder qui a fait couler beaucoup d'encre lors de son dévoilement à cause du manque de rigidité de la caisse. N'ayant pu faire l'essai d'un spyder plus récent, nous sommes hélas ! incapables de vous dire si Maserati a réussi à renforcer le châssis de son cabriolet. Tout acheteur intéressé devrait donc se faire sa propre idée en exigeant un essai sur routes défoncées. Vous verrez, ce n'est pas difficile à trouver !

Un deux pour un

Toujours au sujet du spyder, précisons que ce modèle est monté sur un empattement plus court étant donné que les deux petits sièges arrière ont disparu pour faire place à la capote qui s'escamote en position ouverte sous un couvercle couleur de carrosserie, tandis que deux arceaux fixes protègent les occupants.

Mécanique noble, carrosserie signée, cuirs de qualité, marque au passé glorieux. Tout ça, la Maserati vous l'offre pour un prix plus ou moins équivalent à celui d'une Porsche 911 ou d'une Mercedes SL500, et un nettement moins corsé que celui de la cousine autrefois rivale. En fait, pour le prix d'une Ferrari, vous pourriez presque vous payer un coupé GT et un spyder Maserati et épater la galerie sous le soleil et sous la pluie.

Alain Raymond

▲ POUR

• Moteur fabuleux • Performances remarquables
• Prestige de la marque • Comportement routier de haut niveau • Habitacle soigné

▼ CONTRE

• Dessin quelconque de l'arrière • Manque de rigidité du châssis (Spyder) • Suspension raide • Qualité de construction quelconque

Sabler le champagne à 250 km/h

Quand les deux marques les plus prestigieuses du monde, Rolls-Royce et Bentley, ont été rachetées, la première par BMW et la deuxième par Volkswagen, Mercedes-Benz a soudainement vu son image commencer à pâlir. Jusque-là considérée comme la sommité du triumvirat des grands constructeurs allemands, la firme de Stuttgart risquait de perdre son auréole parmi les fournisseurs de voitures d'exception. La riposte n'a pas tardé à se manifester avec la création de la Maybach, une limousine de très haut de gamme qui, autant par son prix que par la richesse de ses équipements, peut rivaliser avec ce que l'union germano-britannique a de mieux à offrir. Sortons le dictionnaire des superlatifs et partons à la découverte des Maybach 5,7 et 6,2.

Bien calé dans l'un des fauteuils arrière de la Maybach 6,2, j'admire le paysage qui défile à 160 km/h par un triste après-midi d'automne. Soudain, notre chauffeur me demande s'il peut aller plus vite. Ayant parfaitement confiance en lui et en la voiture, je lui accorde ma bénédiction et je tourne mon attention vers l'indicateur de vitesse qui surplombe le compartiment arrière de ce palace roulant. En moins de temps qu'il n'en faut pour déboucher une bouteille de champagne, nous voilà à 250 km/h, la vitesse limite imposée par l'électronique. Au même moment, notre hôtesse, Zabina, se penche vers l'arrière afin d'extirper du minibar une bouteille de Veuve Clicquot bien rafraîchie qu'elle verse dans les flûtes en argent sterling qui font partie de l'équipement de série de la 6,2. Nous levons nos verres (ou nos flûtes) pour

baptiser un moment spécial que nous ne revivrons sans doute jamais, à moins de gagner à la loterie et de déménager en Allemagne. Car cette petite aventure, vous vous en doutez bien, s'est déroulée au pays des *autobahnen* sans limite de vitesse dans la

région de Lübeck, près de Hambourg. N'importe où ailleurs, une telle incartade nous aurait valu la prison à vie ou quelque sanction non moins désagréable.

Ce n'est pas par hasard que Mercedes-Benz avait choisi Hambourg comme point de ralliement pour ces premiers essais de la Maybach. Cette ville est la plus opulente d'Europe et l'on y trouve, dit-on, plus de 5000 millionnaires. C'est le genre d'aisance financière dont on a besoin pour s'offrir ce nouveau joyau de l'industrie automobile dont le prix (selon les versions) oscille entre 450 000 $ et 525 000 $.

Qu'est-ce que vous aurez pour cette petite fortune ?

qui voltige entre la salle de concert, le bureau particulier, la première classe d'un 747 et un hôtel cinq étoiles. Et tout cela avec les performances d'une Ferrari… ou presque. Chez Mercedes, on décrit d'ailleurs souvent la Maybach comme étant la version route d'un jet privé ou de l'*Orient-Express*. Pas étonnant qu'une telle masse s'allonge sur 6,2 mètres tout en offrant pas moins de 1,57 mètre d'espace entre le dossier du siège avant et les fauteuils arrière. Un peu plus et on nous servait la comparaison avec le terrain de

Du jet privé à l'*Orient-Express*

Précisons d'abord que le programme d'essai de la Maybach était divisé en deux étapes : une au cours de laquelle nous avons eu droit au traitement VIP comme passager de la version 6,2 à empattement long et une autre qui nous a permis de conduire la 5,7 entre le Centre d'Excellence de Mercedes à Sindelfingen et Francfort.

Les deux modèles partagent le même moteur, un V12 6 litres biturbo de 550 chevaux dont le couple titanesque atteint 663 lb-pi. Mais il en faut du couple pour déplacer un véhicule d'environ trois tonnes

football. Bref, on ne s'assoit pas à l'arrière, on s'y couche comme dans un *Lay-z-Boy* en contemplant le ciel à travers un toit panoramique à base de cristaux liquides (alimenté par 30 cellules solaires) qui devient opaque ou transparent sur la simple pression d'un bouton. Est-il nécessaire de préciser que ces sièges de relaxation (dixit Mercedes) possèdent une variété infinie de réglages incluant un système de massage pour le dos et huit ventilateurs. Les accessoires sont d'ailleurs si nombreux qu'il a fallu prévoir une seconde batterie pour épancher leur soif d'électricité. Sans vous faire crouler sous une avalanche

de chiffres, mentionnons que le nouveau porte-étendard des gens riches et célèbres comporte une chaîne stéréo Dolby à effet *surround* de 600 watts crachés par 21 haut-parleurs. Sans oublier le lecteur DVD, la double climatisation, les deux téléviseurs et les 77 calculateurs électroniques. Si ces chiffres ne vous impressionnent pas, sachez que le programme de personnalisation de la Maybach offre plus de deux millions de possibilités différentes d'aménager l'habitacle selon vos goûts. Ouf! Pas étonnant qu'il faille 57 jours et 330 personnes pour construire chaque Maybach.

Si chez vous le travail passe avant les divertissements, vous pouvez sortir la petite table de travail en bois précieux (noyer, amboine ou merisier au choix), y installer votre ordinateur portable et vous brancher sur Internet. Une fois arrivé à destination, vous n'aurez qu'à appuyer sur un bouton pour que la portière s'ouvre si jamais votre chauffeur a égaré les gants blanc pourtant fournis avec chaque Maybach 6,2.

Prêt pour le décollage?

En décrivant la Maybach et ses somptueux aménagements, on a un peu tendance à perdre de vue qu'il s'agit avant tout d'une automobile. Or, si l'étoile à trois pointes (le

symbole de Mercedes) n'apparaît nulle part dans ce noble salon sur roues, les ressources technologiques du constructeur allemand sont néanmoins présentes un peu partout. Que ce soit le groupe motopropulseur partagé avec le coupé CL, le freinage électro-hydraulique d'abord apparu dans la SL500, la suspension pneumatique ou les divers systèmes d'assistance à la conduite, on est en terrain familier. Même la présentation intérieure ne peut nier son origine Mercedes, malgré qu'elle comporte une centaine de boiseries exclusives soigneusement travaillées à la main et de fins cuirs Grand Nappa.

Esthétiquement parlant, personne ne risque de tomber amoureux de la ligne de la Maybach. Elle est même un peu ratée, si vous voulez mon avis. Si l'on songe que la dernière Rolls Royce Phantom n'est guère mieux, plaignons les multimillionnaires qui seront contraints de rouler dans des voitures laides.

Cela dit, la conduite d'une Maybach 5,7 s'avère sans doute intimidante, mais pas particulièrement excitante. Malgré tous ses raffinements, ses dimensions et son poids imposent la conduite respectueuse habituellement pratiquée par les chauffeurs privés. La voiture refuse par exemple d'être bous-

culée dans les bretelles d'autoroute où sa direction à billes se durcit considérablement. Elle est par ailleurs d'une légèreté déconcertante à basse vitesse. Lorsque nous avons fait mention de ce qui précède aux ingénieurs, ceux-ci nous ont informés que les voitures essayées étaient des modèles de présérie et que les voitures destinées aux clients bénéficieraient de certaines modifications. On en profitera sans doute en même temps pour rectifier une électronique capricieuse qui nous a valu notamment un appel téléphonique composé à notre insu, une portière qui refusait d'obéir à sa commande électrique et la fermeture du rideau de lunette arrière causée par la trop grande sensibilité de certains boutons.

Moteur, silence

Une conduite un tantinet enlevée vous fait réaliser que si l'avant prend la direction voulue, cela ne veut pas dire nécessairement que l'arrière suivra malgré l'insistance des énormes Michelin de 19 pouces. Mais je fais mon difficile et si la Maybach refuse, de plein droit, de jouer les sportives, elle offre par ailleurs les qualités indispensables à son statut. À noter d'abord le silence qui règne à l'intérieur, à n'importe quelle vitesse. Royal, rien de moins. L'insonorisation est si pous-

des 550 annoncés. Pas étonnant que le 80-120 km/h soit expédié en 3,7 secondes.

Par un temps pluvieux, une légère éclaircie m'a permis de faire une pointe autour de 230 km/h, une vitesse à laquelle la voiture affiche une incroyable tenue de cap. Il est également rassurant de constater qu'à une telle vélocité, cette masse d'acier et d'aluminium peut être ralentie prestement par les huit circuits de son système de freinage. Et si jamais votre chauffeur s'endormait au volant, vous pourrez compter sur la protection de 10 coussins gonflables. Bref, il ne manque que la poupée.

Les gens de Mercedes prétendent que la Maybach représente l'apogée de la culture automobile. Bien que leurs voisins de Munich, responsables de la dernière Rolls Royce, soient sans doute d'avis contraire, on peut penser que du côté de Sindelfingen, on n'aura aucun mal à vendre les quelque 1000 exemplaires de la Maybach qui sortiront annuellement des chaînes de montage. Elle n'est ni belle ni passionnante, mais un fait demeure : en perpétuant la tradition des légendaires Maybach des années 1920 et 1930, elle marque un nouveau chapitre dans la longue histoire de l'automobile.

Jacques Duval

sée que les bruits éoliens ou mécaniques sont totalement absents. Enfin, presque. L'envers de la médaille est qu'un tel isolement éloigne encore davantage le plaisir de conduire. En revanche, le moteur peut s'avérer une source de divertissement tellement les reprises se révèlent phénoménales. À 200 km/h, (en Allemagne bien sûr), il suffit d'enfoncer l'accélérateur pour que la Maybach 5,7 bondisse en avant comme si l'on venait d'allumer les rétrofusées. Ce V12 possède une telle ardeur au travail que je lui concéderais facilement 600 chevaux au lieu

▲ POUR
• Confort absolu • Absence de bruit
• Puissance phénoménale • Équipement pléthorique • Service après-vente exceptionnel

▼ CONTRE
• Agrément de conduite mitigé • Faible maniabilité • Assistance de direction à revoir
• Fiabilité électronique à vérifier

CARACTÉRISTIQUES

Prix du modèle à l'essai	5,7 308 000 $ US
Échelle de prix	308 000 $ à 357 000 $ US
Garanties	4 ans kilométrage illimité
Emp. / Long. / Larg. / Haut. (cm)	339 / 573 / 198 / 157
Poids	2735 kg
Coffre / Réservoir	605 litres / 124 litres
Coussin de sécurité	frontaux, latéraux et tête av./arr.
Suspension avant	doubles bras transversaux
Suspension arrière	indépendante, essieu multibras
Freins av. / arr.	disque ventilé, ABS et SBC
Antipatinage / Contrôle de stabilité	oui
Direction	à billes avec amortisseur
Diamètre de braquage	13,4 mètres
Pneus av. / arr.	275/50R19 (à roulage à plat)

MOTORISATION ET PERFORMANCES

Moteur	V12 biturbo 6 litres
Transmission	propulsion, automatique 5 rapports
Puissance	550 ch à 5250 tr/min
Couple	663 lb-pi 2300 à 3000 tr/min
Autre(s) moteur(s)	aucun
Autre(s) transmission(s)	aucune
Accélération 0-100 km/h	5,2 s; 5,4 s (6,2)
Reprises 80-120 km/h	3,7 secondes
Vitesse maximale	250 km/h
Freinage 100-0 km/h	n.d.
Consommation (100 km)	18,0 litres (super)
Niveau sonore	n.d.

MODÈLES CONCURRENTS
• Bentley Arnage • Rolls Royce Phantom

VERDICT

Agrément de conduite	★★★☆☆
Fiabilité	nouveau modèle
Sécurité	★★★★½
Qualités hivernales	★★★½☆
Espace intérieur	★★★★★
Confort	★★★★★

VERSION RECOMMANDÉE
5,7

COUP DE CŒUR

Une relève surdouée!

Le duo le plus populaire de l'industrie automobile au Québec pendant quelques années a été celui constitué par les Mazda Protegé et Protegé5. Autant la berline que la *hatchback* cinq portes connaissent un très grand succès auprès des automobilistes d'ici qui en apprécient le comportement routier, la qualité de fabrication ainsi que l'excellent rapport prix/agrément de conduite. Cependant, comme la dernière métamorphose avait été passablement timide en 1999, cette compacte avait besoin d'un bon coup de balai.

Heureusement pour Mazda, la nouvelle «3» se présente comme un modèle non seulement supérieur à celui qu'elle remplace, mais capable de tenir la dragée haute aux plus douées de la catégorie. Il s'agit du quatrième véhicule à être lancé dans le cadre du plan de relance de Mazda à l'échelle mondiale. Il a été précédé de la Mazda6, de la Mazda2 et de la RX-8. Comme pour ces modèles, aucun effort n'a été épargné pour en faire un des leaders de la catégorie.

Vroum! Vroum!

Avant de causer moteur et suspension, je prends le temps de vous parler d'une caractéristique toute québécoise portant sur la campagne de publicité de ce constructeur au Québec et partout dans le monde. Ailleurs sur la planète, Mazda identifie sa publicité sous le leitmotiv «Zoom! Zoom!», afin de lui accoler une image de voiture rapide et nerveuse. Au Québec, certains ont eu peur que ces ono-

matopées soient perçues comme ayant une consonance anglaise et c'est pourquoi elles ont été remplacées par «Vroum! Vroum!».

Et je vous prie de croire que les nouvelles Mazda3 et Mazda3 Sport ont du «Vroum! Vroum!» en réserve. La berline quatre portes est animée par un moteur 2 litres de 148 chevaux en équipement de série tandis que la

version GT de la berline et la Mazda Sport *hatchback* bénéficient du quatre cylindres 2,3 litres de 160 chevaux doté d'un système de calage des soupapes infiniment variable. Celui-ci est le même moteur que celui qui équipe la Mazda6. Compte tenu de la différence de poids, les performances du «p'tit frère» sont nettement plus musclées. La boîte manuelle à cinq rapports est de série tandis que l'automatique à quatre rapports est offerte en option.

Si la plate-forme de la Mazda6 est reconnue pour sa rigidité, celle de la 3 se chauffe du même bois. Cela permet aux suspensions avant et arrière de donner leur pleine mesure

d'offrir une relève très compétitive sur le plan technique.

La berline d'abord

Au premier coup d'œil, il est facile de prendre la Mazda3 pour une Mazda6 qui aurait rétréci au lavage. La partie avant est assez semblable avec sa grille de calandre en cinq points de contact qui constitue la véritable signature visuelle de cette berline. Elle surplombe une large prise d'air située sous le pare-chocs qui donne un caractère agressif à la partie avant. Cette grille est encadrée de phares anti-

sans être équipées d'amortisseurs ultra-fermes. Comme il est de mise dans une voiture de cette catégorie, la suspension avant est à jambes de force. À l'arrière, les ingé-nieurs ont opté pour une suspension à liens multiples avec ressorts hélicoïdaux. Des freins à disque aux quatre roues sont offerts de série, ce qui n'est pas courant dans cette catégorie. Par contre, les systèmes ABS et de répartition électronique de la force de frei-nage sont optionnels dans la berline, mais de série dans la cinq portes. Bref, comme ce fut le cas avec la Protegé et la Protegé5, le modèle à hayon bénéficie d'un équipement de base plus étoffé, ce qui explique la diffé-rence de prix entre les deux modèles. Enfin, toutes les Mazda3 sont dotées d'une direc-tion assistée de type électro-hydraulique.

Donc, rien n'a été épargné pour que les remplaçantes de la Protegé soient en mesure

brouillards qui ne font cependant pas par-tie de la version de base.

L'arrière s'avère d'inspiration fortement européenne avec son couvercle de coffre fai-sant office de déflecteur. Les sièges avant, confortables, offrent un excellent support laté-ral tandis que les places arrière peuvent accommoder deux adultes de grande taille à la condition qu'on avance quelque peu les sièges avant. Le coffre bénéficie d'une grande ouverture pour la catégorie et d'une capacité de 419 litres, ce qui est notable. Dans notre modèle d'essai, les sièges et les garnitures des portières étaient recouverts d'un tissu côtelé de qualité qui détonnait agréablement avec ce que les constructeurs nippons nous ont offert par le passé.

Sur la route, on a une première impression de solidité et de rigidité. Encore une fois, je crois piloter une Mazda6 en version réduite. L'insonorisation est bonne, mais pas au point de nous isoler de la sonorité du moteur et de certains bruits extérieurs. La position de conduite est sans reproche et le volant gainé de cuir se prend bien en main. Toutefois, la direction est trop assistée et comme avec la plupart des systèmes à assistance électrique, on n'obtient qu'un feed-back de la route regrettablement amoindri. Compte tenu de la silhouette sportive de cette berline, je m'attendais à une direction un peu plus lourde.

Le moteur de 148 chevaux offre un bon rendement et des performances dans la moyenne supérieure avec un 0-100 km/h de 9,4 secondes chronométré manuellement au centre d'essai CERAM en banlieue de Paris. Les deux premiers rapports ne se prêtent pas tellement à ce genre d'exercice et la voiture semble plus à l'aise dans les reprises et les dépassements.

Le point fort de cette Mazda est son châssis et sa suspension bien calibrée entre le confort et la tenue de route. J'avais beau aborder les virages serrés de plus en plus rapidement, la tenue de route demeurait toujours relativement neutre avec un léger sous-virage. Mais rien de comparable avec certains modèles concurrents dont la partie avant s'affaisse, le tout avec un hurlement dramatique des pneus. Et malgré plusieurs freinages à bloc, les freins n'ont pas manifesté d'échauffement particulier. Somme toute, cette Mazda3 devrait nous faire oublier très rapidement la Protegé, pourtant une grosse pointure sur ce marché.

La *hatchback* ensuite

Berline et *hatchback* partagent le même intérieur et c'est pourquoi un petit tour de l'habitacle est valide pour les deux modèles. Un peu comme dans la Mazda RX-8, les trois cadrans indicateurs circulaires sont fortement encastrés dans des tubes visant à couper les rayons parasites. C'est réussi et efficace. Beaucoup plus que le petit écran LCD placé au-dessus du

Contrepartie

Pas facile d'écrire une contrepartie pour une voiture aussi bien née que la Mazda3. J'aurais moins de problèmes à vous entretenir de Chantilly, cette ville de la banlieue parisienne aussi célèbre pour sa crème (Chantilly) que pour sa dévotion aux chevaux (capitale mondiale du cheval) et où j'ai conduit les deux versions de ce nouveau modèle, la berline quatre portes ainsi que le hatchback *cinq portes.*

La première n'est ni plus ni moins qu'une Mazda6 miniature tandis que la seconde se marie tellement bien au paysage européen que personne ou presque ne se retourne sur son passage. Cela dit, a part un léger effet de couple dans la version 160 chevaux et des pneus (Bridgestone) relativement bruyants, la Mazda3 ne se prête pas aisément à la critique. Offerte en cinq versions (trois pour la berline et deux pour le hatchback*) avec moteur 2 litres (berline seulement) ou 2,3 litres, elle a toutes les qualités pour assumer la relève de la voiture la plus vendue au Québec (Protegé/Protegé5). Mon jeune collègue Alain Mc Kenna préfère la berline alors que je craque surtout pour le* hatchback*, mais c'est là strictement une affaire de goût. Vrai toutefois qu'il ne faut pas considérer le modèle* hatchback *comme une familiale, mais quel joli minois ! Et même si le moteur de 2,3 litres n'est pas aussi fringant que je l'aurais souhaité (0-100 km/h en 8,8 secondes), l'agrément de conduite ne s'en trouve pas diminué. Par sa rigidité, le châssis est à l'origine d'une tenue de route sans égale dans cette catégorie et le confort n'en souffre pas le moins du monde. Ajoutez à cela un intérieur rafraîchissant rehaussé par un tableau de bord aux accents de RX-8 avec un joli petit volant à trois branches, des sièges confortables avec des places arrière un brin plus spacieuses et vous aurez une voiture surdouée. La remplaçante de la Protegé a déjà sa place au soleil.*

Jacques Duval

Prix du modèle à l'essai	berline GS 17 695 $
Échelle de prix	16 195 $ à 21 385 $
Garanties	3 ans 80 000 km / 5 ans 100 000 km
Emp. / Long. / Larg. / Haut. (cm)	264 / 453 / 175 / 146
Poids	1248 kg
Coffre / Réservoir	419 litres (300 l hatchback) / 55 litres
Coussin de sécurité	frontaux
Suspension avant	indépendante, jambes de force
Suspension arrière	indépendante, multibras
Freins av. / arr.	disque (ABS opt.)
Antipatinage / Contrôle de stabilité	oui / non
Direction	à crémaillère, assistance variable
Diamètre de braquage	10,4 mètres
Pneus av. / arr.	195/65R15 ; 205/50R17 (hatchback)

MOTORISATION ET PERFORMANCES

Moteur	4L 2 litres
Transmission	traction, manuelle 5 rapports
Puissance	148 ch à 6500 tr/min
Couple	135 lb-pi à 4500 tr/min
Autre(s) moteur(s)	4L 2,3 litres 160 ch
Autre(s) transmission(s)	automatique 4 rapports
Accélération 0-100 km/h	9,4 secondes
Reprises 80-120 km/h	9,3 secondes (4e)
Vitesse maximale	190 km/h
Freinage 100-0 km/h	n.d.
Consommation (100 km)	7,5 litres (ordinaire)
Niveau sonore	n.d.

MODÈLES CONCURRENTS

• Chevrolet Cavalier • Dodge SX 2,0 • Ford Focus
• Hyundai Elantra • Kia Spectra • Mitsubishi Lancer
• Nissan Sentra • Saturn Ion • Toyota Corolla

VERDICT

Agrément de conduite	★★★★☆
Fiabilité	nouveau modèle
Sécurité	★★★★☆
Qualités hivernales	★★★★☆
Espace intérieur	★★★★☆
Confort	★★★★☆

VERSION RECOMMANDÉE

GS manuelle

module de commande de la climatisation et de la radio qui s'avère difficile à lire, sauf la nuit. C'est désagréable puisqu'on y retrouve les informations concernant la radio, le lecteur CD et la climatisation. Il faut souligner au passage la présence en partie médiane du tableau de bord d'une applique en similicarbone qui n'a pas l'air trop artificiel. Selon Mazda, la tirette d'ouverture du coffre à gants de couleur titane est une touche de luxe. Pour ma part, j'ai beaucoup plus apprécié les commandes de la ventilation et de la soufflerie en plastique translucide. Les stylistes ont bien fait de ne pas tenter de masquer la nature du matériau emprunté. La nuit, ils sont rétroéclairés et ça donne un bel effet. Autre détail, lorsqu'on change de poste de radio, une pulsion lumi-

neuse est perçue le long d'une bande en plastique de couleur orangée.

De l'extérieur, le modèle Sport se révèle également très bien réussi. La partie arrière est légèrement bombée, les charnières du coffre sont en bas-relief sur le toit et la fenêtre arrière de forme triangulaire pointe un peu vers le haut afin de donner du dynamisme à la partie arrière. Le coffre est de bonnes dimensions et la banquette 60/40 bascule vers l'avant pour augmenter la capacité de charge.

Championne de sa catégorie

Cette version se comporte de façon plus ou moins similaire à la berline. Toutefois, sa tenue de route m'a semblé quelque peu en retrait par rapport à la berline qui négociait avec plus d'aisance certains passages serrés. La différence est mince, mais elle existe.

Somme toute, Mazda a frappé fort avec ce duo qui possède encore plus de qualités pour conserver son titre de championne de la catégorie.

Denis Duquet

• **Plate-forme rigide** • **Moteur bien adapté**
• **Habitacle spacieux** • **Silhouette moderne**
• **Tenue de route saine**

• **Direction trop assistée** • **Insonorisation perfectible** • **Visibilité arrière moyenne (Sport)**
• **Commandes de la climatisation peu commodes**

COUP DE CŒUR

Un coupé quatre portes

L'arrivée sur le marché de la Mazda6 au début de 2003 a donné lieu à une véritable valse-hésitation chez les acheteurs en quête d'une voiture de format moyen. Je ne sais pas combien de fois j'ai eu à répondre à des questions du genre de celle-ci : j'hésite entre une Honda Accord et une Mazda6, laquelle me conseillez-vos ?

Pour trancher cette question d'environ 30 000 $, nous avons non seulement organisé un match comparatif opposant chacun des modèles de cette catégorie, mais nous avons aussi enrôlé pour un essai à long terme ces deux grandes rivales que sont la Mazda6 et la Honda Accord. Vous trouverez ailleurs dans cet ouvrage les résultats de ces deux affrontements. Sans donner dans la redondance, on peut dire que l'agrément de conduite a été l'élément dominant de la Mazda6 tandis que le confort de la Honda a été son point fort. Mais ne vendons pas la mèche et concentrons-nous ici sur la version à moteur quatre cylindres de cette Mazda, un modèle certes moins puissant mais plus abordable tant en ce qui concerne la facture d'achat que les prix à la pompe.

Pour son argent

Rien n'est plus facile que de se laisser impressionner par des berlines de luxe comme les Audi A4, BMW Série 3 et Infiniti G35. Mais nous pouvons dire sans exagérer que plusieurs compactes intermédiaires vendues moins de 25 000 $ pourraient faire honte à ces berlines de plus de 35 000 $. Si nous avions réalisé un match comparatif toutes catégories et berlines confondues, vous pouvez parier que ce ne sont pas tous les constructeurs qui auraient accepté que leurs modèles y participent. En effet, certaines berlines de luxe auraient eu trop à perdre comparées à des modèles comme la Mazda6.

Celle-ci est probablement la plus jolie de sa catégorie. Sous l'influence de la nouvelle RX-8, elle adopte des surfaces sculptées et un capot nervuré aux formes athlétiques. L'arrière est tellement profilé qu'on a l'impression que la voiture est un coupé quatre portes.

Son aménagement intérieur fait dans le techno et correspond à son allure de sportive. Le revêtement en titane de la console centrale et la finition chromée des instruments de forme circulaire captent immédiatement le regard. De même, le volant à trois branches se prend bien en main et privilégie la conduite sportive. Par ailleurs, la disposition de certaines commandes n'est pas à l'abri de la critique. Par exemple, il faut un

certain temps avant de pouvoir maîtriser la ventilation et la chaîne audio.

La Mazda étant plus large et plus longue que la défunte 626, les passagers profiteront d'un habitacle plus spacieux. Toutefois, l'accès aux places avant et arrière, de même que l'espace pour les passagers, ne sont pas ce qui se fait de mieux dans la catégorie. Les Camry et Altima s'avèrent plus généreuses à cet égard. De même, l'assise des sièges est un peu trop dure. Toutefois, leurs nombreux ajustements permettent de trouver une bonne position de conduite. Par ailleurs, la colonne de direction ajustable en hauteur et en profondeur n'est pas étrangère à ce confort.

Malgré les dimensions réduites de la carrosserie, le coffre arrière est facile d'accès et l'un des plus volumineux de sa catégorie. Qui plus est, le rabattement en deux sections du dossier de la banquette (60/40) permet une meilleure cohabitation entre les passagers et les objets transportés. Cela se fait en un tour de main grâce à des tirettes placées à l'intérieur du coffre.

La mécanique

Comme le dicte la loi non écrite de la catégorie, les acheteurs de grosses compactes désirent pouvoir opter entre deux motorisations, un quatre cylindres et un V6 (seule exception, le moteur W8 de la Passat).

Prix du modèle à l'essai	GT 28 195 $
Échelle de prix	24 295 $ à 31 995 $
Garanties	3 ans 80 000 km / 5 ans 100 000 km
Emp. / Long. / Larg. / Haut. (cm)	268 / 475 / 178 / 144
Poids	1502 kg
Coffre / Réservoir	430 litres / 66 litres
Coussins de sécurité	frontaux et latéraux
Suspension avant	indépendante, leviers triangulés
Suspension arrière	indépendante, multibras
Freins av. / arr.	disque ventilé / disque, ABS
Antipatinage / Contrôle de stabilité	oui
Direction	à crémaillère, assistée
Diamètre de braquage	11,8 mètres
Pneus av. / arr.	215/60R17 ; 215/60R16 (GS)

MOTORISATION ET PERFORMANCES

Moteur	4L 2,3 litres
Transmission	traction, manuelle 5 rapports
Puissance	160 ch à 6000 tr/min
Couple	155 lb-pi à 4000 tr/min
Autre(s) moteur(s)	V6 3 litres 220 ch
Autre(s) transmission(s)	automatique 4 ou 5 rapports
Accélération 0-100 km/h	9,8 s ; 7,9 s (V6 man.)
Reprises 80-120 km/h	n.d.
Vitesse maximale	210 km/h
Freinage 100-0 km/h	39,0 mètres
Consommation (100 km)	11,7 litres (ordinaire)

Les motorisations de la Mazda6 sont un quatre cylindres de 2,3 litres (160 chevaux) et un V6 de 3 litres (220 chevaux). En optant pour le moteur quatre cylindres, il est possible de se procurer une version GS sous la barre psychologique des 25 000 $. Un détail non négligeable dans le contexte économique actuel où un consommateur averti désire conserver des paiements décents.

Si le V6 mérite des éloges, il faut admettre que les motoristes ne semblent pas avoir eu le même doigté dans la conception de leur quatre cylindres, au fonctionnement moins souple et doux que ceux de la concurrence.

Comportement routier

Sur la route, on comprend assez vite que la Mazda6 a été conçue pour les amants de la conduite sportive. En effet, les deux premiers rapports courts de la boîte manuelle, le mordant des quatre freins à disque et l'adhérence des pneus à profil bas de 17 pouces ne laissent planer aucun doute sur sa vocation. En contrepartie, sa suspension et ses pneumatiques vous feront sentir plus durement les imperfections de la route.

Somme toute, la Mazda6 mise sur une présentation extérieure plus musclée et un comportement routier plus dynamique que la concurrence. Ce qui fera oublier à coup sûr feue la 626. Il faut souligner au passage que la berline n'est pas le seul modèle existant puisqu'un *hatchback* cinq portes et une familiale sont offertes dans plusieurs pays. Ces deux modèles devraient arriver en sol canadien au cours de l'année. Ce qui devrait donner à la Mazda un bon coup de pouce par rapport à ses rivales.

Jean-François Guay / Jacques Duval

MODÈLES CONCURRENTS

• Kia Magentis • Honda Accord • Hyundai Sonata
• Mitsubishi Galant • Nissan Altima • Toyota Camry
• VW Passat

QUOI DE NEUF ?

• Modèles hatchback et familiale

Renouvellement du modèle	2008

VERDICT

Agrément de conduite	★★★★☆
Fiabilité	nouveau modèle
Sécurité	★★★★☆
Qualités hivernales	★★★★☆
Espace intérieur	★★★½☆
Confort	★★★½☆

VERSION RECOMMANDÉE

GT

▲ POUR

• Silhouette réussie • Habitacle soigné
• Choix de moteurs • Boîte manuelle précise
• Bonne tenue de route

▼ CONTRE

• Performances moyennes (4L) • Suspension sèche • Places arrière serrées (tête)
• Bruits de vent

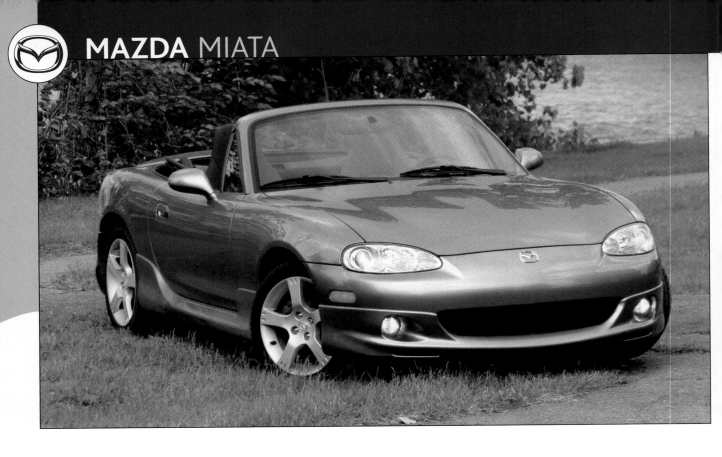

Mère Nature est une vieille chipie...

Pour bien apprécier un Hummer, il faut la route la plus défoncée possible. Pour bien apprécier une Jaguar, il faut une belle autoroute sans policiers. Une Ferrari ? Une piste de course. Une Hyundai Accent ? Un centre-ville. Un roadster style BMW Z4, Porsche Boxster ou Mazda Miata ? Une route sinueuse, de la chaleur et du soleil !

Lundi 21 juillet. Je prends possession d'une très belle Mazda Miata couleur titane avec toit en toile bleu. Ledit toit est relevé, car le temps se fait très menaçant. Première impression : c'est petit, très petit. Même si le siège et le volant ne s'ajustent pas en hauteur, je trouve immédiatement une position de conduite parfaite. Par contre, les physiques un peu plus costauds doivent peiner... La visibilité de trois quarts arrière n'est vraiment pas terrible et si j'étais claustrophobe, je demanderais à échanger la Miata contre une MPV !

J'enclenche la première vitesse, au moyen du très court levier qui est venu se placer directement sous ma main droite. Dès les premiers tours de roues, je constate que le moteur quatre cylindres de 1,8 litre tourne très vite et que son ralenti n'est pas très régulier. En plein trafic sur la Métropolitaine, coincé entre un muret de ciment et un gros camion de 45 pieds, je ne me sens pas très à l'aise. Heureusement, le climatiseur se montre très puissant. Sinon, je serais déjà mort de suffocation. Dès que je peux rouler sur une autoroute plus

dégagée, deux constatations s'imposent. Le toit en toile filtre moins les bruits aérodynamiques (et, pire, les amplifie !) et le moteur, parce qu'il «révolutionne» beaucoup, se révèle très bruyant. La transmission manuelle possède six vitesses. Mais à quoi servent autant de rapports si, à 100 km/h, en sixième, le moteur tourne à 3000 tr/min ? C'est beaucoup trop. Au moins, si on veut dépasser, on ressent moins l'urgence de rétrograder pour faire monter le régime. Il est déjà assez élevé ! Cela compense pour le couple un peu faiblard.

Arrivé à destination, personne ne me demande quelle est la marque de la voiture que j'essaie cette semaine. Même les plus poches en matière d'automobile savent ce qu'est une Miata. Mazda possède son icône.

22 juillet. Il pleut à en dégoûter les chutes Niagara. C'est d'ailleurs ce qui tombe sur le siège du conducteur dès que j'ouvre la portière : une chute d'eau ! Comme si Mazda avait payé un ingénieur juste pour créer une canalisation transportant l'eau du toit directement sur le siège... Au moins, en conduite, la capote se montre d'une parfaite étanchéité.

Dès qu'un rayon de soleil se pointe, je baisse le toit avec une facilité déconcertante. Je découvre une nouvelle voiture, hyper agréable à piloter. Pas de bruits aérodynamiques, juste celui du vent. J'ai l'impression que la Miata est plus légère et que ses réactions sont plus nerveuses. Je sais que c'est impossible, mais bon... La voiture ne se montre pas très puissante, mais le plaisir de conduire ne passe pas toujours par les performances. Pour obtenir des prestations dignes d'une vraie sportive, il faut faire monter les tours. On découvre alors un comportement routier très sain et la voiture se montre d'une agilité tout enfantine malgré le son peu mélodieux du moteur. Les freins montrent un comportement rassurant même si, sacrilège, l'ABS n'est offert que dans la version GT.

Mais en plein centre-ville, on se fout de tout ça ! La chaîne audio, de grande qualité, joue mon CD préféré, les belles filles me regardent, j'ai 18 ans... plus 24 ans d'expérience. Avant d'aller au dodo, je remonte le toit, avec autant de facilité que j'en ai eu à le retirer.

23 juillet. Il pleut.

24 juillet. Il pleut. On se croirait plutôt au mois d'octobre... Curieusement, la Miata est aussi une voiture d'hiver. Le toit rigide, quoique bien peu esthétique, apporte un confort que le toit de toile est loin de procurer. De plus, une protection antirouille est généreusement

CARACTÉRISTIQUES	
Prix du modèle à l'essai	GS 31 990 $
Échelle de prix	27 895 $ à 34 150 $
Garanties	3 ans 80 000 km / 5 ans 100 000 km
Emp. / Long. / Larg. / Haut. (cm)	226,5 / 394,5 / 168 / 123
Poids	1113 kg
Coffre / Réservoir	144 litres / 48 litres
Coussins de sécurité	frontaux
Suspension avant	indépendante, jambes de force
Suspension arrière	indépendante, jambes de force
Freins av. / arr.	disque (ABS dans GT)
Antipatinage / Contrôle de stabilité	non
Direction	à crémaillère, assistance variable
Diamètre de braquage	9,2 mètres
Pneus av. / arr.	205/45R16

MOTORISATION ET PERFORMANCES	
Moteur	4L 1,8 litre
Transmission	propulsion, manuelle 6 rapports
Puissance	142 ch à 7000 tr/min
Couple	125 lb-pi à 5000 tr/min
Autre(s) moteur(s)	aucun
Autre(s) transmission(s)	auto. 4 rapports ; man. 5 rapports
Accélération 0-100 km/h	8,2 secondes
Reprises 80-120 km/h	9,0 secondes (4e)
Vitesse maximale	205 km/h
Freinage 100-0 km/h	38,5 mètres
Consommation (100 km)	9,4 litres (ordinaire)

MODÈLES CONCURRENTS

• Ford Mustang • Mitsubishi Eclipse spider
• VW New Beetle cabriolet

QUOI DE NEUF ?

• Nom des versions modifié • Quelques ajouts d'accessoires dans chaque version

Renouvellement du modèle	Probablement 2005

VERDICT	
Agrément de conduite	★★★★☆
Fiabilité	★★★★☆
Sécurité	★★★★☆
Qualités hivernales	★★★☆☆
Espace intérieur	★★☆☆☆
Confort	★★★★☆

VERSION RECOMMANDÉE

GT

appliquée et tous les éléments placés sous la voiture sont bien protégés contre les coups vicieux des hivers québécois. Malgré tout, je doute fort de la pertinence de conduire une petite propulsion sportive sur une surface enneigée ou glacée.

25 juillet. Superbe journée. Mais je dois travailler. Le soir, toit baissé, je suis une autre Miata conduite par une dame. Saviez-vous que 60 % des propriétaires de Miata sont des femmes ?

26 juillet. Temps maussade. Ça me laisse du temps pour penser à la MiataSpeed qui devrait être dévoilée au début de 2004 même si les autorités de Mazda ne peuvent confirmer, au moment de mettre sous presse, qu'elle sera au Salon de l'auto de Montréal en janvier prochain. Il serait sans doute plus facile d'éclaircir le mystère de la Sainte Trinité que d'obtenir des renseignements sur cette MiataSpeed. Une seule chose semble sûre : elle sera propulsée par un moteur turbo. Point à la ligne ! Pour 2004, précisons que les déno-

minations des versions sont changées. On parle maintenant de GX, GS et GT. À part quelques très légers détails de présentation, c'est tout.

27 juillet. Il pleut. J'en profite pour faire un inventaire sommaire de l'intérieur. On y retrouve peu d'espaces de rangement, les buses de ventilation sont difficiles à manipuler, le dégivreur arrière ne s'arrête pas automatiquement. Vivement la prochaine génération.

28 juillet. Je remets les clés de la Miata sans avoir roulé toit baissé plus de trois heures. Même si la Miata est une voiture d'été et que ma semaine d'essai était loin d'être estivale, je sais qu'on peut ressentir beaucoup de plaisir à la piloter. Il faut simplement apprendre le sens du mot « léger ». Voyager léger, véhicule léger, pied léger, cœur léger…

Alain Morin

▲ POUR

• **Redéfinition du mot plaisir** • **Capote de toile très étanche** • **Silhouette superbe** • **Transmission manuelle délicieuse** • **Fiabilité supérieure**

▼ CONTRE

• **Intérieur « claustrophobique »** • **Freins ABS dans GT seulement** • **Performances peu éclatantes** • **Insonorisation limitée**

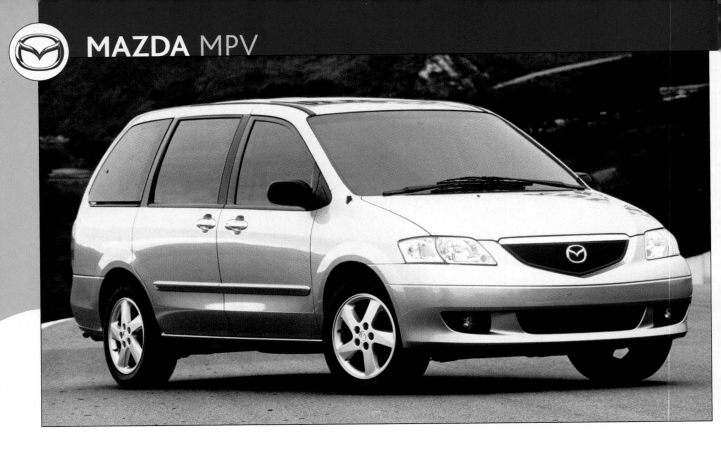

Une évolution positive

Le MPV a toujours été l'un des modèles les plus importants chez Mazda. La première génération était dérivée de la camionnette de Série B de ce constructeur et elle se démarquait par sa solidité, des portières à battant, une fiabilité inquiétante et une consommation de carburant déraisonnable. Au fil des années, elle avait connu plusieurs révisions, mais c'est au bout du rouleau qu'elle a cédé la place en 1999 à une seconde génération nettement plus moderne et ingénieuse.

C ette nouvelle venue se démarquait par un empattement court, alors que la tendance consistait à construire des véhicules de plus en plus grands. De plus, son habitacle abritait un heureux mélange d'astuces permettant d'ajouter à la polyvalence de cette fourgonnette. En fait, Mazda a été le second constructeur à concevoir une troisième rangée de sièges qui s'escamotait dans une dépression placée dans la partie arrière du plancher. Encore aujourd'hui, il suffit d'enlever les appuie-tête et de tirer sur une sangle pour que le tout disparaisse. Il est également possible de retourner ce siège sur lui-même pour en faire une banquette donnant vers l'arrière, un avantage apprécié des pique-niqueurs et des amateurs de rencontres sportives.

Les concepteurs ont également développé des places arrière qui peuvent se transformer selon les besoins du moment. Ce siège est constitué de deux éléments retenus au plancher par une tige rigide qui leur permet également de coulisser latéralement. Vous voulez prendre vos aises ? Les deux unités se séparent en sièges individuels. Effectuez la même opération en sens inverse et vous obtenez un siège pour deux. Il faut par contre admettre que le confort n'est pas tellement impressionnant une fois les deux bancs réunis en un seul. Quant à la silhouette, elle est plutôt sympathique.

Comme dans toute fourgonnette respectant les règles de la catégorie, aucune console ne se retrouve entre les deux places avant afin qu'on puisse se déplacer vers l'arrière sans devoir sortir du véhicule. Une tablette de rangement peut être déployée entre ces deux sièges pour remiser de menus objets. La MPV ne serait pas une Mazda si elle ne comportait pas des petites touches à part, comme les glaces arrière latérales qui s'abaissent, une caractéristique qui devrait être copiée par tous. Par contre, elle ne possède pas de hayon motorisé comme le veut la tendance actuelle. Et si les ingénieurs ont fait preuve d'imagination à certains égards, ils ont été obligés de placer

la roue de secours sous le plancher de l'habitacle. Si jamais un pneu se dégonfle, il faut enlever le tapis, ouvrir la trappe d'accès et en extirper la roue de secours de type format réduit. Ce qui signifie que le pneu crevé n'entre pas dans cette cache…

Comme chez les grandes, il est possible de commander en option un lecteur DVD qui permet aux occupants des places arrière de regarder leurs films favoris sur un écran à affichage par cristaux liquides avec des écouteurs sans fil.

Un remède miracle

Lors de son lancement en 1999, tous étaient unanimes pour vanter les qualités dynamiques de la MPV et souligner l'élégance de ses lignes tandis que son format était jugé « juste ce qu'il faut ». À cela s'ajoutaient un prix très compétitif et un équipement complet. Malheureusement, cette MPV était affligée d'un défaut majeur. Son moteur V6 2,7 litres était un peu juste avec 170 chevaux, ce qui l'obligeait à travailler très fort et à tourner presque constamment à haut régime. Cette lacune a été corrigée en 2002 alors qu'un V6 3 litres de 200 chevaux a été placé sous le capot. Ces 30 chevaux supplémentaires ont permis de réduire la fréquence des hauts régimes et le niveau sonore tout en améliorant les reprises. L'utilisation d'une nouvelle boîte automatique

CARACTÉRISTIQUES

Prix du modèle à l'essai	LX 31 295 $
Échelle de prix	26 000 $ à 38 000 $ (2003)
Garanties	3 ans 80 000 km / 5 ans 100 000 km
Emp. / Long. / Larg. / Haut. (cm)	284 / 477 / 183 / 176
Poids	1710 kg
Coffre / Réservoir	487 à 3596 litres / 75 litres
Coussins de sécurité	frontaux et latéraux
Suspension avant	indépendante, jambes de force
Suspension arrière	essieu rigide, poutre déformante
Freins av. / arr.	disque / tambour ABS
Antipatinage / Contrôle de stabilité	oui / non
Direction	à crémaillère, assistance variable
Diamètre de braquage	11,4 mètres
Pneus av. / arr.	215/60R17

MOTORISATION ET PERFORMANCES

Moteur	V6 3 litres
Transmission	traction, automatique 5 rapports
Puissance	200 ch à 6200 tr/min
Couple	200 lb-pi à 3000 tr/min
Autre(s) moteur(s)	aucun
Autre(s) transmission(s)	aucune
Accélération 0-100 km/h	10,1 secondes
Reprises 80-120 km/h	9,5 secondes
Vitesse maximale	175 km/h
Freinage 100-0 km/h	41,2 mètres
Consommation (100 km)	12,3 litres (ordinaire)

MODÈLES CONCURRENTS

• Chevrolet Venture • Dodge Caravan • Ford Freestar
• Honda Odyssey • Kia Sedona • Pontiac Montana
• Toyota Sienna

QUOI DE NEUF ?

• Aucun changement majeur

Renouvellement du modèle	2005

VERDICT

Agrément de conduite	★★★★☆
Fiabilité	★★★★☆
Sécurité	★★★★☆
Qualités hivernales	★★★✫☆
Espace intérieur	★★★☆☆
Confort	★★★★☆

VERSION RECOMMANDÉE

LX Grand Sport

à cinq rapports a également permis de raffiner ce groupe propulseur. Malgré tout, ce V6 demeure gourmand.

La fiche technique s'avère relativement conventionnelle quant au reste. La suspension arrière est à poutre déformante, ce qui assure un plancher de chargement plat tout en n'offrant pas le même confort qu'une suspension arrière indépendante. Et pourquoi ne pas avoir opté pour des freins à disque aux quatre roues ?

Cela n'a pas empêché la MPV de remporter notre match comparatif de la catégorie l'an dernier. Curieusement, plusieurs montraient de l'inquiétude à l'idée de mesurer une fourgonnette à empattement régulier à des modèles plus longs, plus gros et plus puissants. Mais c'est justement cette faiblesse anticipée qui lui a permis de l'emporter. Plus courte, plus agile, elle s'est démarquée des autres par son agrément de conduite, sa nervosité et le caractère convivial de l'habitacle. Avec un temps d'accélération d'un peu plus de 10 secondes, la MPV n'est pas une sportive, mais la vivacité de son moteur lui a valu des points de même que son agilité sur la route. Ces qualités et plusieurs autres lui ont permis de remporter la catégorie « choix personnel » de la part de nos essayeurs.

Malgré des dimensions un peu plus « songées » et une conduite agréable, la MPV affronte toutefois difficilement les mauvaises routes avec un essieu arrière semi-indépendant qui ne réussit pas toujours à aplanir les bosses tandis que la direction manque assurément de feed-back en dépit d'une assistance variable. C'est souvent trop mou et toujours vague. Et même si les choses ont été améliorées lors de la refonte de 2002, le positionnement du levier de vitesses reste un problème jamais réglé.

Malgré ces quelques irritants, la MPV n'a pas usurpé sa première position à notre classement des meilleures fourgonnettes de l'an dernier. Mais la concurrence s'affûte.

Denis Duquet

▲ POUR

• Dimensions bien équilibrées • Agile en ville
• Comportement routier sain • Habitacle polyvalent • Boîte automatique 5 rapports

▼ CONTRE

• Direction surassistée • Moteur gourmand
• Roue de secours difficile d'accès • Levier de vitesses gênant • Insonorisation perfectible

COUP DE CŒUR

Une tonne d'audace et de plaisir

Sur la piste en lacets aménagée pour la circonstance, la voiture tournoie, virevolte, dérive et s'adonne à toute une série d'arabesques sans jamais échapper à mon contrôle. On dirait un équilibriste en pleine possession de ses moyens. Ce parangon de maniabilité est nulle autre que la nouvelle Mazda RX-8 qui, le temps d'une valse, vient de nous prouver qu'elle est véritablement la voiture sport réinventée. Pensez-y… une carrosserie inédite de coupé quatre portes, un moteur rotatif unique au monde et un châssis prônant l'équilibre et la légèreté. Mazda a fait ses devoirs. Qu'en est-il du résultat ?

Il fallait un certain culot à la marque de Hiroshima pour oser sortir à ce point des sentiers battus. Mazda n'est sans doute pas le plus productif des constructeurs japonais mais c'est, sans conteste, le plus audacieux. Comment expliquer autrement sa ténacité vis-à-vis d'un type de moteur que des constructeurs mieux nantis (Mercedes, GM et Citroën, entre autres) ont abandonné dans des prototypes sans lendemain ? Les ingénieurs de Mazda ont décidé qu'ils débarrasseraient le rotatif de ses péchés de jeunesse et, après 36 ans d'efforts, ils peuvent dire mission accomplie. La dernière version de ce moteur implantée en position «centrale avancée» sous le capot en aluminium de la RX-8 fait partie de la génération Renesis dans le jargon de Mazda et est la plus perfectionnée que l'on ait produite à ce jour. Fini les problèmes d'étanchéité des segments, de forte consommation et d'usure prématurée des rotors. On est loin de la première Mazda à moteur

rotatif, du coupé Cosmo de 1967 et de toutes ces petites voitures (R-100, RX-2, RX-3, RX-4, etc.) que Mazda a commercialisées au fil des ans et que nous avons évaluées dans les éditions précédentes du *Guide de l'auto*. La plus connue, bien sûr, fut la RX-7 née en 1978 et retirée du marché nord-américain en 1995. Mais revenons au présent, non

sans vous référer à l'encadré qui vous permettra de découvrir la prouesse technique du moteur du Dr Wankel.

Exploit numéro 2

L'autre exploit de Mazda est d'avoir réussi à créer une voiture sport d'une architecture (appelée «Freestyle») tout à fait inusitée avec ses deux portes arrière s'ouvrant à contresens à 80 degrés et l'absence d'un pilier central ou de pied milieu. Voilà qui risque de faire sursauter tous les tenants de la sécurité passive compte tenu qu'en cas d'impact latéral, la protection semble minime. Mazda nous a fait voir les poutres, les longerons et tous les renforcements

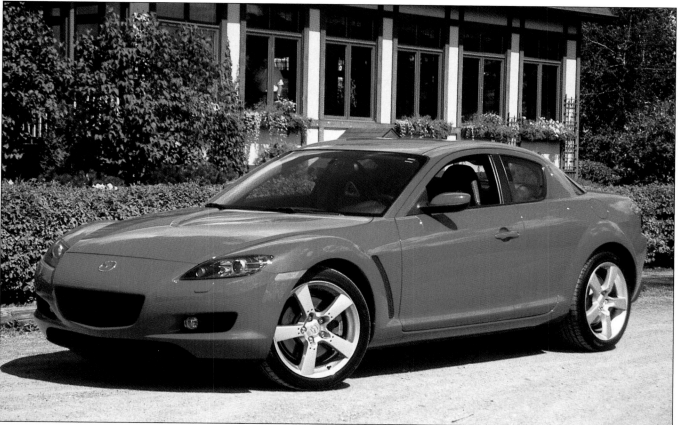

pellation de position « centrale avancée ». Le moteur birotor (l'équivalent d'un 1,3 litre conventionnel) est offert en deux stades de mise au point : 197 chevaux avec la transmission automatique à quatre rapports et 238 chevaux dans les versions à boîte manuelle à six rapports. Des deux modèles au catalogue, GS et GT, ce dernier se distingue par sa sellerie en cuir, ses phares au xénon, son différentiel autobloquant et son système de stabilité. Est-il besoin d'ajouter que l'automatique s'adresse à une clientèle moins orientée vers les performances même si cette version propose elle aussi des freins

ÉQUIPEMENT DE SÉRIE

- Contrôle de la stabilité avec antipatinage • Roues de 18 pouces
- Lave-phares • Antibrouillards
- Climatiseur

ÉQUIPEMENT EN OPTION

- Système de navigation • Toit ouvrant
- Transmission automatique

utilisés dans les portes elles-mêmes, dans le toit et dans le plancher afin d'assurer à la carrosserie la rigidité nécessaire pour obtenir la cote 5 étoiles dans les essais de collision. Sans compter les coussins gonflables frontaux, latéraux et de type rideaux sur le pourtour du toit.

La compacité du moteur rotatif, à peine plus haut que la transmission et 25 cm plus court qu'un quatre cylindres conventionnel, a aussi permis d'utiliser à bon escient ses faibles dimensions. C'est ainsi qu'il est logé 4 cm plus bas et en recul de 6 cm par rapport à celui de la dernière RX-7, d'où l'ap-

à disque ventilé, une direction à assistance électronique, des jantes de 18 pouces et un arbre de transmission en fibre de carbone ?

Mais revenons à notre intermède du début.

La puissance dans les hauteurs

Cette RX-8 se conduit du bout des doigts avec une extrême facilité, même poussée à la limite sur la piste Mazda Raceway de Laguna Seca. Aucun tangage, aucun roulis et un léger sous-virage (avec le système de stabilité) qui ne pose pas de problème particulier. La direction est un brin légère mais

Contrepartie

Inventé par un ingénieur allemand du nom de Felix Wankel, le moteur rotatif a d'abord fait son apparition sur une moto NSU avant de se retrouver dans un spider de la même marque en 1963. En 1968, la NSU RO-80 à moteur rotatif était nommée la voiture de l'année en Europe et l'avenir semblait prometteur pour ce type de mécanique. Alors qu'un moteur six cylindres classique comporte 230 pièces, dont 166 mobiles, le rotatif n'en a que 70, dont trois seulement sont mobiles. Il n'a ni soupape, ni ressort, ni culbuteur, ni même de bielle et se distingue par son poids réduit et l'absence totale de pièces en mouvement alternatif. Le moteur à piston rotatif réalise sous une forme particulière les quatre opérations fondamentales classiques : aspiration, compression, explosion et détente. Un piston rotatif appelé aussi rotor (le moteur de la RX-8 en compte deux) de forme triangulaire déplace ses sommets dans un stator ou carter suivant une courbe spéciale nommée trochoïde. Chacune des trois faces de ce piston va s'écarter et se rapprocher de cette courbe, créant ainsi avec elle des chambres à volume variable qui permettent d'accomplir le cycle à quatre temps. L'arbre de sortie moteur, comportant un excentrique sur lequel est monté le piston, tourne trois fois plus vite que ce dernier ; il y a donc allumage chaque fois que l'arbre moteur accomplit un tour. Les forces de pression à la détente passent directement du rotor à l'excentrique, les engrenages ne servant qu'au guidage du rotor. La circulation continue des gaz permet aussi de l'apparenter à la turbine.

superbement précise et le freinage bénéficie largement du faible poids qu'il a à stopper. Avec sa douceur proverbiale, le moteur

atteint les 8500 tr/min de sa puissance maximale de façon très linéaire et avec cette sonorité bien particulière mais agréablement

sportive. Malgré un petit bip sonore au passage de ce régime, il grimpera jusqu'à 9500 tr/min avant que le coupe-circuit n'entre en action. S'il a gagné à de nombreux égards, le moteur est toujours avare de couple et il faut jouer du levier de vitesses pour exploiter les 238 chevaux à leur mieux. Sous les 5000 tr/min, on a un peu l'impression de conduire une Honda S2000 qui, elle aussi, va chercher sa puissance dans les hauteurs. Fort heureusement, le levier de vitesses se manie sans le moindre effort, à l'exception de la marche arrière qui se fait quelquefois tirer l'oreille. L'autre hic est que les pédales (accélérateur, embrayage, freins) paraissent trop rapprochées, un détail dont il faudra tenir compte avant de chausser vos gros sabots.

Sur les routes de la Californie, j'ai eu l'impression que la suspension s'amollissait à haute vitesse et que l'on pourrait serrer la vis sans que le confort en souffre beaucoup. Car la RX-8 s'acquitte généralement bien des imperfections du revêtement malgré une petite allergie aux bosses à basse vitesse.

Kaléidoscope

L'intérieur est un vrai délice de couleurs et de contraste. Le rouge de la voiture mise à l'essai marié au noir se retrouve sur le volant

CARACTÉRISTIQUES

Prix du modèle à l'essai	GT 39 595 $
Échelle de prix	36 995 $ à 43 595 $
Garanties	3 ans 80 000 km / 5 ans 100 000 km
Emp. / Long. / Larg. / Haut. (cm)	270 / 442 / 177 / 134
Poids	1365 kg
Coffre / Réservoir	290 litres / 60 litres
Coussin de sécurité	frontaux, latéraux et rideaux
Suspension avant	indépendante, double triangulation
Suspension arrière	indépendante, multibras
Freins av. / arr.	disque ventilé, ABS
Antipatinage / Contrôle de stabilité	oui
Direction	à crémaillère, assistance électronique
Diamètre de braquage	10,6 mètres
Pneus av. / arr.	225/45R18

MOTORISATION ET PERFORMANCES

Moteur	birotor 1,3 litre
Transmission	propulsion, manuelle 6 rapports
Puissance	238 ch à 8000 tr/min
Couple	159 lb-pi à 5500 tr/min
Autre(s) moteur(s)	197 ch (automatique)
Autre(s) transmission(s)	automatique 4 rapports
Accélération 0-100 km/h	6,7 secondes
Reprises 80-120 km/h	7,9 secondes
Vitesse maximale	237 km/h
Freinage 100-0 km/h	35,0 mètres
Consommation (100 km)	12,8 litres (super)
Niveau sonore	Ralenti : 40,5 dB
	Accélération : 79,3 dB
	100 km/h : 69,7 dB

MODÈLES CONCURRENTS

• BMW 330Ci • Chrysler Crossfire • Nissan 350Z
• Honda Accord coupé • Infiniti G35 coupé

VERDICT

Agrément de conduite	★★★★☆
Fiabilité	nouveau modèle
Sécurité	★★★½☆
Qualités hivernales	aucune donnée
Espace intérieur	★★★☆☆
Confort	★★★½☆

VERSION RECOMMANDÉE

GT 6 rapports

bicolore, sur les sièges et sur les contre-portes tandis que de nombreux rappels de la forme triangulaire d'un rotor sont disséminés çà et là, notamment au milieu des appuie-tête. Coup d'œil mis à part, les sièges pourraient être plus confortables, mais tout est question de goût personnel puisque rien ne permet de pointer un doigt accusateur en leur direction. Certains, comme moi, se plaindront aussi du mauvais emplacement du repose-pied. À vérifier avant d'acheter. Le conducteur fait face à un indicateur de vitesse digital, le seul, secondé par les jauges de température et de pression d'huile. La console centrale recèle les diverses commandes de la radio à l'intérieur d'un cercle chromé du plus bel effet. Les espaces de rangement ne sont toutefois pas légion et puisque vous voulez absolument savoir s'il s'agit d'une vraie quatre places, la réponse est non. On accède facilement à l'arrière, mais je ne m'y verrais pas y séjourner le temps d'un aller-retour Montréal-Québec.

Par ailleurs, le coffre, sans être très vaste, peut recevoir deux sacs de golf et des bagages souples bien calés en plus de contenir un sac à skis.

L'objectif des gens de Mazda était de créer une voiture pratique et fonctionnelle pour quatre personnes sans chercher à battre des records sur l'échelle des performances. En somme, une voiture plus près du grand-tourisme que d'une sportive pure et dure. On n'ira donc pas se bagarrer avec l'une d'elles avec un petit air suffisant et la tête du conquérant. On ira plutôt se balader dans une voiture unique en son genre, confortable, bien équipée, joliment décorée, agréable à conduire et, surtout, vendue à un prix très raisonnable.

Jacques Duval

▲ POUR

• Design inédit • Moteur d'exception
• Maniabilité exceptionnelle • Équipement • Prix raisonnable • Bon comportement routier

▼ CONTRE

• Faible couple moteur • Mauvaise visibilité arrière • Places arrière temporaires
• Consommation un peu élevée

En attendant la relève

Malgré des débuts prometteurs, le Mazda Tribute vit depuis son lancement dans l'ombre de son jumeau, le Ford Escape. Pourtant, lors de son dévoilement, la plupart des critiques s'accordaient pour dire que le Tribute avait une longueur d'avance sur l'Escape. Cependant, il semble que le temps ait donné raison aux stylistes de Ford qui ont privilégié le style costaud d'une camionnette alors que les stylistes de Mazda, pour attirer une clientèle différente, ont opté pour une silhouette inspirée de celle d'une automobile. D'ailleurs, ce n'est pas la première fois que ces deux manufacturiers fabriquent de concert un véhicule. De mémoire, les derniers en liste étaient la Ford Probe et la Mazda MX-6. On se rappellera que la Probe avait épousé un style résolument plus sportif que la MX-6. Celle-ci, comme le Tribute, avait joué la carte du «petit tranquille» et avait connu une carrière plus effacée.

Outre son apparence plus discrète, le Tribute partage à quelques détails près toutes ses composantes mécaniques avec son jumeau de Dearborn. Sous le capot, la majorité des acheteurs choisiront le moteur V6 de 3 litres. Développant une puissance de 200 chevaux et un couple de 200 lb-pi, celui-ci est le plus approprié pour déplacer cette masse de 1567 kg. En effet, les 130 chevaux du quatre cylindres de 2 litres offrent un rapport poids/puissance déraisonnable pour un véhicule à traction intégrale destiné aux activités familiales. Essentiellement, le quatre cylindres s'adresse aux automobilistes voyageant seuls au volant d'un Tribute à traction (oubliez l'intégrale) avec transmission manuelle.

Curieusement, le moteur V6 du Tribute (et de l'Escape) est réputé pour être le plus gourmand de sa catégorie. Avec une moyenne frôlant les 15 litres aux 100 km, le Tribute consomme davantage que les V6 du Santa Fe de Hyundai et du Kia Sorento, reconnus comme étant de gros buveurs! À vrai dire, le Tribute à moteur V6 consomme autant qu'un utilitaire sport grand format à petit moteur V8. À l'opposé, le moteur quatre cylindres du Tribute se classe parmi les moins énergivores de sa catégorie. Toutefois, pour sauver des sous à la pompe et préserver sa bonne conscience en ce qui concerne l'effet de serre, l'acheteur devra être prêt à faire quelques concessions sur le point de l'agrément de conduite puisque le 2 litres peine à la tâche.

Avec un chrono de 9,7 secondes pour accélérer de 0 à 100 km/h, le Tribute à moteur V6 s'avère le plus performant de sa catégorie. Sa capacité de remorquage de 1588 kg (3500 lb) le situe dans la bonne moyenne entre un Subaru Forester (907 kg) et un Nissan Xterra (2268 kg). Quant au quatre cylindres, on vous le répète, celui-ci n'est pas une bombe avec un temps de 11,7 secondes pour passer de 0 à 100 km/h. Par contre, dites-vous que ce chiffre le place côte à côte au fil d'arrivée avec les Honda CR-V et Toyota RAV4.

À l'instar de la plupart des petits utilitaires, le Tribute n'est pas désigné par le terme de tout-terrain. C'est avant tout un véhicule polyvalent à vocation familiale. Sa transmission intégrale n'est pas permanente et ne possède pas de boîte de transfert lui permettant de franchir des terrains extrêmement difficiles. La transmission est plutôt dite réactive. Ainsi, le couple sera dirigé aux roues arrière seulement si les roues avant patinent. À défaut de posséder un mode «Lo» comme un vrai 4X4, il est possible de verrouiller le couple 50/50 entre les essieux avant et arrière grâce à une commande placée au tableau de bord.

Par rapport à l'Escape, les ingénieurs attitrés à la conception du Tribute ont raffermi les suspensions et dosé la direction de manière qu'elle soit plus vive. Il en résulte un véhicule plus agréable à conduire sur pavage lisse et moins confortable sur chaussée dégradée. Comme quoi il en faut pour tous les goûts.

L'habitacle

Exception faite du volant, de la radio et du fond des cadrans de couleur noire (au lieu de blanc), l'habitacle du Tribute est une copie conforme de l'Escape. Comme son jumeau, le Tribute est handicapé par l'emplacement du levier de vitesses qui obstrue l'accès aux commandes de la radio. Même s'ils n'offrent pas suffisamment de soutien latéral, les sièges sont confortables et de nombreux ajustements permettent de trouver une bonne position de conduite. Par contre, nous avons été déçus par la commande des sièges chauffants en cuir (ES). Simpliste, celle-ci ne permet pas d'ajuster la chaleur. Ouch ! Ça brûle…

L'équipement de série de la version de base DX est complet. Il comprend notamment un climatiseur, un lecteur CD et un volant inclinable. La version LX se démarque avec le groupe électrique de série, alors qu'au sommet de la gamme, l'ES est offerte avec une sellerie de cuir, un toit ouvrant et un groupe de remorquage. Depuis l'an dernier, toutes les versions sont équipées de série d'une commande de télédéverrouillage et de miroirs extérieurs chauffants à commande électrique. De même, Mazda offre un système optionnel de divertissement avec lecteur DVD. Ce système, dont le lecteur peut aussi lire les fichiers MP3, possède un écran de 7 pouces et deux casques d'écoute sans fil.

Le modèle 2005

À la mi-hiver, Mazda devrait lever le voile sur le Tribute 2005. Conservant la même plateforme, la carrosserie sera légèrement redessinée et épousera des formes plus sportives. Sous le capot, Mazda boulonnera une version de son moteur quatre cylindres de 2,3 litres et 151 chevaux. Celui-ci activera un nouveau système de traction intégrale via une nouvelle boîte automatique à cinq rapports. Quant au levier de transmission, enfin celui-ci quittera la colonne de direction pour être planté dans le plancher.

Jean-François Guay

MODÈLES CONCURRENTS

- Ford Escape • Honda CR-V • Hyundai Santa Fe
- Jeep Liberty • Kia Sorento • Nissan Xterra
- Subaru Forester • Suzuki Grand Vitara

QUOI DE NEUF ?

- Aucun changement majeur

Renouvellement du modèle	2005

VERDICT

Agrément de conduite	★★★☆☆
Fiabilité	★★★☆☆
Sécurité	★★★☆☆
Qualités hivernales	★★★★☆
Espace intérieur	★★★★☆
Confort	★★★☆☆

VERSION RECOMMANDÉE

LX traction intégrale V6

▲ POUR

- Fiabilité en progrès • Choix de version
- Traction intégrale • Différentiel verrouillable
- Capacité de remorquage (V6) • Système DVD

▼ CONTRE

- Consommation élevée (V6) • Suspension ferme • Maniement de la boîte manuelle
- Moteur 4 cylindres anémique

Pour initiés seulement

Quoi de mieux que de conduire le coupé CL de Mercedes ? Conduire une SLR ? Oui, mais dans l'attente de sa commercialisation, le CL demeure LA vitrine technologique du constructeur allemand. Et la conduire se révèle une occasion unique de refaire le plein de nos connaissances sur les technologies qui demain ne « snoberont » plus nos autos.

En prenant place à bord, vous avez mal refermé la portière ? Ne vous en faites pas, car il se trouve qu'un des dispositifs électriques du coupé CL a pour fonction de la refermer pour vous. Et il n'est pas le seul à vouloir vous rendre la vie agréable. Ainsi, dès qu'un passager s'installe à l'arrière, un appuie-tête émerge, tout seul, du dossier de la banquette. Vous voulez faire un appel au bureau ? La secrétaire informatisée (oui, mesdames, il s'agit d'une voix féminine) composera le numéro que vous lui dicterez. Victime d'un moment d'inattention au cours de votre conversation téléphonique ? Si vous avez préalablement enclenché le régulateur de vitesse, celui-ci se chargera automatiquement de maintenir une distance raisonnable par rapport au véhicule qui vous précède, voire de freiner au besoin. Impressionné ? Attendez, des accessoires de ce genre, le coupé CL en regorge. À preuve ces baquets avant multifonctions qui vous réchauffent ou ventilent l'arrière-train, vous permettent de régler la longueur d'assise, et s'offrent

même à vous masser la colonne vertébrale. Paradisiaque !

Derrière le volant à quatre branches se dessine un tableau de bord aux lignes envoûtantes. Dressez-en l'inventaire, et vous constaterez que rien n'y manque. Dommage toutefois que Mercedes s'obstine à conserver le chétif levier (par ici, à gauche du volant) qui sert à activer le régulateur de vitesse.

Angélique, donc, ce coupé ? Assurément, à plusieurs égards, mais on relève tout de même certains impairs. Comme : l'acné dont souffre son tableau de bord – vous n'aurez pas assez de vos 10 doigts pour en dénombrer tous les boutons. Il vous faudra d'ailleurs plusieurs heures de lecture et d'expérimentation avant de vous familiariser avec le fonctionnement de cette myriade d'accessoires. Vous aurez de quoi lire pour occuper vos soirées hivernales.

Ça déménage

Avant de prendre la route, un inventaire des technologies embarquées sur ce véhicule s'impose. Tout le savoir de Mercedes s'y trouve : antiblocage (ABS), régulateur de

vitesse intelligent (Distronic), suspension active (ABC), antidérapage (ESP) pour ne nommer que ces quatre-là. Rien de bien nouveau si ce n'est que tous ces dispositifs ont été revisités par les ingénieurs afin d'en accroître le niveau de sophistication. La grande nouveauté technique réside dans le système de freinage SBC (Sensotronic Brake Control) dont la caractéristique principale vise à réduire les oscillations de la carrosserie en virage ou en cas de freinage d'urgence. À l'aide de capteurs, ce dispositif traduit le passage rapide de l'accélérateur à la pédale de frein comme une situation d'urgence et réagit automatiquement en augmentant la pression dans les conduites de frein et en positionnant instantanément les garnitures contre les disques. Si l'on prête foi aux assertions du constructeur, la distance d'arrêt s'en trouve alors réduite de 3 %.

Plus de muscle, plus de carrure et davantage de sensations, voilà ce qu'on pouvait légitimement s'attendre de la version 600 mise à l'essai. Impossible d'être déçu. Sous le long capot se cache un majestueux V12 de 5,5 litres dont la puissance (500 chevaux) est aussi impressionnante que la quantité d'essence qu'il ingurgite. Tantôt grave et sourd, tantôt rauque et caverneux, ce moteur vous joue son concert en direct. Un vrai bonheur. D'autant qu'il y a le son mais aussi l'image, celle d'un décor qui défile à toute vitesse. Ainsi équipé,

ce coupé revendique 250 km/h en vitesse de pointe (elle est limitée électroniquement) et moins de 5 secondes pour atteindre 100 km/h.

Pour moins d'émotions, et aussi moins de dollars, sachez qu'il existe une version plus «économique», la CL500. Cette dernière s'anime d'un moteur V8 de 5 litres (306 chevaux) qui, sur papier comme sur la route, n'est pas un modèle de vélocité lorsque chargé de mouvoir un véhicule de près de deux tonnes.

Stabilité suprême

Malgré son encombrement important (impossible de détecter les extrémités de l'auto à son volant), ce coupé se montre très agréable. Il se place facilement sur la trajectoire et aime passer d'une courbe à l'autre si on lui laisse le temps de le faire. Le brusquer ne sert à rien. Si l'on veut l'inscrire très rapidement d'un virage à l'autre, l'inertie générale demande plus de force au volant pour positionner ce châssis rigide mais paresseux. Mais sur voies rapides, c'est un véritable régal de se retrouver

en appui, au cœur d'une grande courbe. Qualifier la Mercedes CL de stable est un euphémisme : une fois placée, elle ne déviera pas de sa trajectoire, quel que soit le programme de la route. La suspension pneumatique, elle aussi d'une complexité sans nom, permet, grâce à une touche du tableau de bord, de régler le degré d'amortissement, voire de surélever le véhicule de 35 mm pour franchir un trottoir un peu haut. Adorable. Qui plus est – sans l'intervention du conducteur cette fois –, cette même suspension s'abaisse de 15 mm au-delà de 140 km/h afin de favoriser la tenue de route et d'accroître l'efficacité aérodynamique.

Destinée aux amateurs – très – fortunés, la Mercedes-Benz CL impose sa classe, offre une belle efficacité au quotidien et une puissance contenue qui peuvent effectivement charmer. Dommage encore une fois que son prix ait la tête dans les étoiles.

Éric LeFrançois

▲ POUR

• Places arrière étonnamment confortables
• Tenue de route solide • Grande voyageuse
• Exclusivité assurée

▼ CONTRE

• Prix hors d'atteinte • Commandes complexes • Silhouette qui ne donne pas le torticolis

CARACTÉRISTIQUES

Prix du modèle à l'essai	CL500 135 550 $
Échelle de prix	135 550 $ à 187 500 $
Garanties	4 ans 80 000 km / 5 ans 120 000 km
Emp. / Long. / Larg. / Haut. (cm)	288 / 499 / 186 / 140
Poids	1885 kg
Coffre / Réservoir	450 litres / 88 litres
Coussins de sécurité	frontaux et latéraux
Suspension avant	indépendante, à triangulation
Suspension arrière	indépendante, multibras
Freins av. / arr.	disque à antiblocage
Antipatinage / Contrôle de stabilité	oui
Direction	à crémaillère, avec assistance
Diamètre de braquage	11,5 mètres
Pneus av. / arr.	225/50ZR17

MOTORISATION ET PERFORMANCES

Moteur	V8 5 litres
Transmission	propulsion, automatique 5 rapports
Puissance	306 ch à 5600 tr/min
Couple	339 lb-pi à 3000 tr/min
Autre(s) moteur(s)	V12 5,5 litres 500 ch
Autre(s) transmission(s)	aucune
Accélération 0-100 km/h	6,5 secondes
Reprises 80-120 km/h	5,3 secondes
Vitesse maximale	250 km/h
Freinage 100-0 km/h	36,2 mètres
Consommation (100 km)	13,6 litres (super)

MODÈLES CONCURRENTS

• Bentley Continental • BMW Série 6 • Jaguar XK8

QUOI DE NEUF ?

• Boîte automatique 7 rapports

Renouvellement du modèle	2007/2008

VERDICT

Agrément de conduite	★★★★½
Fiabilité	★★★★☆
Sécurité	★★★★½
Qualités hivernales	★★★☆☆
Espace intérieur	★★★½☆
Confort	★★★★½

VERSION RECOMMANDÉE

La V12 biturbo, si vous en avez les moyens

Révision

En attendant la Classe A, les modèles de Classe C chez Mercedes permettent d'accéder au prestige de la marque sans avoir à faire sauter la banque. Les premières versions de cette série ne payaient pas de mine avec leur modeste moteur quatre cylindres Kompressor et leurs sièges en vulgaire « cuirette ». La nouvelle génération de cette lignée a fait fi du passé lors de son arrivée sur le marché au tournant du siècle. Non seulement son style empruntait plusieurs éléments à la prestigieuse Classe S, mais l'habitacle n'était plus aussi tristounet.

De plus, le nombre des modèles a augmenté de même que les groupes propulseurs et les options. Bref, il y en a à peu près pour tous les goûts et tous les budgets entre la C240 à 38 000 $ et la C32 AMG à environ 67 000 $. Il est également important de souligner que la transmission intégrale 4Matic est désormais offerte dans presque tous les modèles ; cela transforme du tout au tout la perspective. Du fait qu'il a été modifié et modernisé au cours de l'année dernière, le système 4Matic représente sans aucun doute le meilleur du genre présentement sur le marché. Cette transmission intégrale est transparente en utilisation normale, mais elle est drôlement efficace pour assurer une traction sans faille, même sur des surfaces à faible coefficient d'adhérence. Ce brio a d'ailleurs été démontré lors de notre « match de la glisse » publié en première partie de cet ouvrage. Les rouages intégraux à commande électronique sont souvent peu appréciés des amateurs de 4X4, mais sont faits sur mesure pour une berline comme la C320.

Un impressionnant duo

Dans le cadre d'essais hivernaux, nous avons eu l'opportunité de piloter successivement les modèles C240 et C320. Si la version équipée du moteur V6 de 3,2 litres proposait 47 chevaux de plus que la C240, cette dernière ne souffrait pas tellement de la différence en conduite de tous les jours même s'il fallait environ 2,5 secondes de plus pour stopper le chrono lors d'un 0-100 km/h. Comme tout le monde avant moi, il me faut accorder de très bonnes notes à la boîte automatique à cinq rapports qui semble tirer tout le potentiel de chaque moteur. Pour sa part, la boîte manuelle à six rapports fait bon ménage avec le nouveau moteur quatre cylindres 1,8 litre Kompressor de 189 chevaux malgré une course du levier un peu imprécise. Ce moteur suralimenté est offert dans le coupé sport et la berline.

Jadis, les véhicules de la Classe C ne privilégiaient pas tellement l'agrément de conduite.

Les principaux arguments plaidant en sa faveur étaient surtout la solidité de la caisse, la durabilité de la mécanique et les cotes de sécurité. La nouvelle génération propose un comportement routier beaucoup plus dynamique. Ce n'est pas aussi sportif qu'une BMW de Série 3 ou encore une Infiniti G35, mais il en découle un heureux mélange d'agilité, de solidité et d'assurance sans équivoque. Il s'agit d'une authentique Mercedes qui ne se fait pas prier pour aller s'amuser sur les routes secondaires. La suspension est toujours assez souple et c'est l'incroyable rigidité de la caisse qui permet de tels réglages. Lorsqu'on rencontre un cahot, on a toujours l'impression que les amortisseurs accomplissent leur travail. Enfin, comme dans presque toutes les autres berlines de la marque, la direction se fait toujours légèrement prier pour rompre la linéarité de sa course afin d'amorcer un virage.

Comme il se doit, l'habitacle est d'une finition exemplaire, la qualité des matériaux est meilleure que chez la plupart de ses concurrentes et les sièges avant sont confortables en plus d'offrir un bon appui latéral. Toutefois, les personnes de grande taille doivent littéralement contourner le pilier « B » pour prendre place à l'avant tandis que les places arrière peu spacieuses sont adaptées plus à des adolescents de petite taille qu'à des joueurs de football.

Prix du modèle à l'essai	C320 4Matic 54 200 $
Échelle de prix	36 950 $ à 67 850 $
Garanties	4 ans 80 000 km / 5 ans 120 000 km
Emp. / Long. / Larg. / Haut. (cm)	271,5 / 453 / 173 / 140
Poids	1525 kg
Coffre / Réservoir	430 litres / 62 litres
Coussins de sécurité	frontaux, latéraux et tête
Suspension avant	indépendante, jambes de force
Suspension arrière	indépendante, multibras
Freins av. / arr.	disque ABS
Antipatinage / Contrôle de stabilité	oui
Direction	à crémaillère, assistance variable
Diamètre de braquage	10,7 mètres
Pneus av. / arr.	205/55R16

MOTORISATION ET PERFORMANCES

Moteur	V6 3,2 litres
Transmission	intégrale, automatique 5 rapports
Puissance	215 ch à 5700 tr/min
Couple	221 lb-pi 3000 à 4600 tr/min
Autre(s) moteur(s)	4L 1,8 litre 189 ch ;
	V6 2,6 litres 168 ch ; V6 3,2 litres 349 ch
Autre(s) transmission(s)	manuelle 6 rapports
Accélération 0-100 km/h	8,9 secondes
Reprises 80-120 km/h	7,2 secondes
Vitesse maximale	210 km/h
Freinage 100-0 km/h	41,3 mètres
Consommation (100 km)	10,7 litres (super)

MODÈLES CONCURRENTS

- Acura TSX • Audi A4 • BMW Série 3 • Cadillac CTS
- Infiniti G35 • Jaguar X-Type • Lexus IS 300 • Lincoln LS
- Volvo S60

QUOI DE NEUF ?

- Moteur 4L Kompressor 1,8 litre • Système 4Matic (2003)

Renouvellement du modèle	2007

VERDICT

Agrément de conduite	★★★★☆
Fiabilité	★★★★☆
Sécurité	★★★★⯪
Qualités hivernales	★★★★⯪
Espace intérieur	★★★⯪☆
Confort	★★★★☆

VERSION RECOMMANDÉE

C320 4Matic

Et je ne sais pas si les commandes de la climatisation, du système de navigation par satellite et de la radio sont un test d'aptitude quelconque, mais je dois avouer que j'ai loupé mon examen. Enfin, il est toujours aussi scandaleux que le lecteur CD soit toujours optionnel dans plusieurs modèles.

N'oubliez pas la familiale

S'il fallait décrire une voiture de luxe idéale pour le Québec, la familiale C320 4Matic figurerait certainement parmi les finalistes. En effet, cette Mercedes permet de transporter beaucoup de bagages tout en étant d'un encombrement réduit. Elle est plus agile que la Classe E en plus de coûter beaucoup moins cher. L'E320 familiale est plus pataude tout en étant capable de transporter plus de bagages et d'offrir un ingénieux système de rétention des objets placés dans le coffre. Mais elle offre un agrément de conduite plus mitigé.

Mon choix irait vers la C320 à rouage intégral. La possibilité de bénéficier en tout temps de quatre roues motrices est un atout non négligeable compte tenu des caprices de notre climat. Ce qui est encore mieux, c'est que, autant dans la berline que dans la familiale, le rouage 4Matic fait la nique à tous les autres systèmes présentement sur le marché. De plus, il a été programmé pour privilégier légèrement le transfert de la puissance aux roues arrière afin de nous faire ressentir les mêmes sensations de conduite que dans une propulsion.

Comme tous les autres modèles de la Classe C, le break (comme disent les Français) est doté d'un tableau de bord dont certaines commandes ne sont pas nécessairement des plus faciles à identifier et à utiliser. Si ces Mercedes ont une faiblesse, c'est bien cette ergonomie de pseudo science-fiction qui doit en faire rager plusieurs. Mais ça demeure un faible tribut à payer lorsqu'on commence à magasiner et à faire le jeu des comparaisons.

Denis Duquet

▲ POUR

- Rouage intégral performant
- Finition sérieuse • Moteurs bien adaptés
- Version familiale • Choix de modèles

▼ CONTRE

- Habitabilité moyenne • Absence de lecteur CD • Commandes de la radio complexes
- Moteur suralimenté bruyant • Dédale d'options

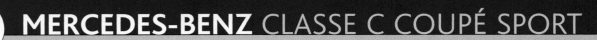

Une pouliche pur-sang

L'automobile puise pour des raisons évidentes une grande partie de ses analogies à même le vocabulaire équestre. Ainsi, lorsqu'il est question de Mercedes, s'entend-on pour dire que l'écurie allemande abrite une brillante filiation pur sang. Parmi celle-ci, un coupé sport de la classe C, né il y a deux ans, et auquel sa fougue bien policée donne le rang de pouliche, en regard des puissants destriers qui partagent son enclos.

Cette légère vue de l'esprit m'amène à vous dire que le nouveau coupé Mercedes semble plaire davantage aux femmes qu'aux hommes. Pourquoi ? Je ne saurais l'affirmer avec certitude, mais j'oserais tout de même avancer que les rondeurs de sa jolie silhouette y sont sûrement pour quelque chose. On peut aussi penser à sa taille réduite, qui lui permet de se faufiler facilement dans la circulation. Et puis, enfin, il y a son tempérament routier : vif et primesautier, ce coupé sport se laisse mener à trot rapide, mais sans manifester d'élans qui désarçonneraient sa cavalière.

Une nouvelle motorisation plus musclée

Cela risque cependant de changer un peu cette année, avec l'arrivée d'une nouvelle version au catalogue, le coupé C320, qui, comme son nom l'indique, est propulsé par le V6 de 3,2 litres à 18 soupapes qu'offraient déjà les berlines et familiales de la Classe C. Grâce à ses 215 chevaux et à son couple progressif libéré à bas régime, ce groupe motopropulseur donne plus de muscle à cette jeune monture.

Quoi qu'il en soit, sa sonorité de baryton flatte l'oreille, ce qu'on ne peut encore dire de l'autre motorisation proposée, un quatre cylindres à turbocompresseur de 1,8 litre qu'on retrouve sous le capot du coupé C230 Kompressor. Ce petit moteur autorise des accélérations qui, pour être fermes, ne peuvent guère recevoir le qualificatif de sportives. Il se rachète heureusement par des reprises assez vigoureuses et une consommation d'essence raisonnable (si seulement ses ralentis ne résonnaient pas comme le grondement d'un tracteur de ferme…). La boîte automatique à cinq vitesses permet d'en tirer bon parti, alors que la manuelle à six rapports offre moins de satisfaction, en raison des passages de vitesse quelque peu rébarbatifs.

Solidement ancré à une plate-forme rigide qu'il partage avec les berlines et les familiales de la Classe C, le coupé transmet, comme ses «grandes sœurs», une impression de robustesse et de solidité. Ses suspensions antiplongée assurent un excellent compromis entre douceur et fermeté. Sur la grand-route, il démontre un comportement sûr grâce à la constance de sa tenue de cap, et fait preuve de suffisamment d'agilité en virage avec son centre de gravité plus bas que celui des berlines pour vous donner envie d'allonger votre parcours par les chemins de campagne sinueux. Selon le tempérament du conducteur, la glissade progressive de son train arrière entraînera l'intervention du compétent système électronique de stabilité (ESP), que vous pourrez débrancher si le cœur vous en dit.

La direction semble un peu lourde à basse vitesse, mais elle fait preuve par la suite de rapidité et de précision, ainsi que d'une légèreté qui ne dépaysera pas les conducteurs de voitures américaines. Quatre gros disques munis de l'ABS et d'un système d'assistance au freinage (BAS) se chargent diligemment de tempérer vos ardeurs. Et puisqu'il est question de sécurité, ajoutons que celle des occupants est assurée par le déploiement de sacs gonflables latéraux avant et arrière, ainsi que de rideaux gonflables protégeant la tête de chaque côté de l'habitacle. Une vraie Mercedes.

Un habitacle spacieux et dynamique

L'arrière tronqué, le grand arc formé par son toit et ses lignes de caisse tendues nerveusement donnent à ce coupé une apparence

CARACTÉRISTIQUES

Prix du modèle à l'essai	C320 39 500 $
Échelle de prix	34 450 $ à 39 500 $
Garanties	4 ans 80 000 km / 5 ans 120 000 km
Emp. / Long. / Larg. / Haut. (cm)	271,5 / 434 / 173 / 138
Poids	1550 kg
Coffre / Réservoir	280 à 1080 litres / 62 litres
Coussins de sécurité	frontaux, latéraux et tête
Suspension avant	indépendante, à 3 bras
Suspension arrière	indépendante, multibras
Freins av. / arr.	disque ABS
Antipatinage / Contrôle de stabilité	oui
Direction	à crémaillère, assistée
Diamètre de braquage	10,8 mètres
Pneus av. / arr.	225/45ZR17

MOTORISATION ET PERFORMANCES

Moteur	V6 3,2 litres
Transmission	propulsion, automatique 5 rapports
Puissance	215 ch à 5700 tr/min
Couple	221 lb-pi à 3000 tr/min
Autre(s) moteur(s)	4L 1,8 litre turbo 189 ch
Autre(s) transmission(s)	manuelle 6 rapports
Accélération 0-100 km/h	7,8 secondes
Reprises 80-120 km/h	7 5 secondes
Vitesse maximale	210 km/h
Freinage 100-0 km/h	38,0 mètres
Consommation (100 km)	8,4 litres (super)

MODÈLES CONCURRENTS

- Audi TT • BMW Série 3 • Infiniti G35 Coupé
- Lexus IS 300 • Saab 9[3]

QUOI DE NEUF ?

- Nouvelle version C320 animée par V6 de 215 ch
- Nouveau Groupe Sport d'options

Renouvellement du modèle	n.d.

VERDICT

Agrément de conduite	★★★★☆
Fiabilité	★★★½☆
Sécurité	★★★★☆
Qualités hivernales	★★★½☆
Espace intérieur	★★★☆☆
Confort	★★★★☆

VERSION RECOMMANDÉE

C320

qui détonne un peu avec sa vocation plutôt bourgeoise. Plus qu'à un coupé 2+2, sa carrosserie s'apparente à celle d'une *hatchback*, dont elle partage les cotes d'habitabilité. Nonobstant la troncature de sa croupe, la soute à bagages comporte un espace de chargement raisonnable, auquel on accède facilement grâce à la large ouverture du hayon. Il est plus malaisé de se glisser aux places arrière, malgré le dispositif de rabattement des baquets avant, mais les dégagements pour la tête et les jambes conviennent pour deux adultes de taille moyenne. Ajoutons que les sièges offrent un excellent soutien, ainsi qu'un confort caractérisé par la fermeté de leur rembourrage.

Les espaces pour le rangement sont nombreux, et l'ergonomie satisfait même si elle n'est pas exempte de maladresses. Par exemple, aux places avant, il faut aller chercher les ceintures de sécurité loin derrière soi. La finition apparaît soignée, et la qualité des plastiques semble honorable. Les cadrans bien visibles s'éclairent joliment, le pédalier en aluminium fait écho à des appliques du même matériau, bref on a su créer un environnement dynamique qui devrait plaire à une clientèle jeune.

Ceci expliquant cela, Mercedes a dû couper dans le gras pour garder les prix bas. La dotation de base comprend des sièges recouverts de tissu à réglages manuels, risquant ainsi de porter un dur coup à l'ego de ceux qui se réjouissaient à l'idée d'arborer l'étoile Mercedes. Le prix d'entrée ne comprend pas davantage le lecteur CD. Au total, il y a pour près de 10 000 $ d'équipement optionnel dont on ne saurait presque se passer dans ce segment, alors qu'on retrouve l'équivalent, moins cher, chez des concurrents évidemment moins prestigieux. Beau cas de conscience pour les *brand-conscious* et amateurs de petits pur-sang de ce monde...

Jean-Georges Laliberté

▲ POUR

- Moteur plus noble (C320) • Comportement routier compétent • Confort appréciable
- Habitacle relativement spacieux

▼ CONTRE

- Plusieurs options «indispensables» coûteuses
- Accès difficile aux places arrière • Prix dissuasif lorsque bien équipée • Fiabilité en brèche

La grande classe

La Classe E de Mercedes-Benz propose à peu près tout ce qu'un automobiliste aisé peut désirer : du luxe, du confort, la traction intégrale, les grands espaces d'une familiale et du sport avec un très grand S. En bas de gamme (?), une E320 vous offrira le luxe et le confort attendus d'une berline de prestige, l'E500 y ajoutera le zeste d'un V8 tandis que l'E55 AMG vous permettra de taquiner les Ferrari. Et si vous avez l'esprit hautement pratique, vous opterez sans doute pour la nouvelle familiale 4Matic à quatre roues motrices. Quant aux partisans du diesel, ils devront patienter encore puisque le modèle promis n'arrivera pas avant plusieurs mois.

Entièrement remaniés l'an dernier, les modèles de la Classe E sont reconduits pour 2004 sans autre changement notable que la présence de nouvelles versions : la familiale E500 à propulsion secondée par une E500 et une E320 de même type avec quatre roues motrices (4Matic) et la phénoménale E55 « tunée » par AMG.

Commençons l'inventaire par l'E320, la moins chère du lot, avec son moteur V6 3,2 litres de 221 chevaux. Cette puissance avait toujours été très adéquate, mais avec l'addition du rouage intégral 4Matic, la voiture est devenue un peu lourde pour se satisfaire d'une telle pitance. En revanche, son système quatre roues motrices est d'une efficacité peu commune comme nous avons pu le constater lors de notre match de la glisse (voir première partie) avec une Classe C dotée du même différentiel. Et si jamais la chaussée essayait tout de même de vous jouer de mauvais tours, vous

pourrez aussi compter sur le système de stabilité ESP qui joue le rôle d'un véritable antidérapage. Même si elle entraîne une substantielle augmentation de la facture, l'E500 est sans doute le modèle le plus représentatif de la gamme. Il faut vraiment chercher des poux pour exclure cette berline de la liste des meilleures voitures au monde.

Une tache au dossier

Certains ne manqueront pas toutefois de relever les faibles performances des modèles de Classe E dans l'indice de satisfaction des acheteurs publié par la firme spécialisée J.D. Power. La marque allemande a en effet dégringolé de la 1re à la 25e place dans ce genre de palmarès, principalement à cause des modèles de la Classe E et des VUS de la gamme M. Les plaintes qui reviennent le plus souvent concernent les pompes à essence, la « quincaillerie » intérieure (boutons et commutateurs) ainsi que les dépôts de poussière de

plaquettes de freins sur les jantes. Dans l'E500 mise à l'essai, les boutons de verrouillage des portières semblaient sortis tout droit d'une ancienne Duster tandis que le toit panoramique, par ses craquements, paraît allergique au froid en hiver. Il y a aussi la radio qui a mystérieusement cessé de fonctionner pour reprendre du service un peu plus tard. Bref, on ne bourre pas impunément une voiture d'électronique sans qu'il y ait quelquefois des problèmes. N'empêche qu'il est difficile de critiquer la finition qui donne une belle impression de qualité. Les sièges à vibromasseur sont impeccables, la visibilité ne comporte pas d'angle mort important et l'instrumentation en forme de thermomètre est parfaitement lisible, quoique sommaire. Si les places arrière ne sont pas aussi habitables qu'on le souhaiterait, on n'est pas très loin d'une Classe S en matière de confort et de sophistication.

Avec ses 302 chevaux, le moteur déborde d'énergie et vous signe un 0-100 km/h dans le temps de le dire : 5,8 secondes. Avec l'option 4Matic, il est jumelé à une boîte automatique à cinq rapports tandis que le modèle à propulsion hérite de la nouvelle transmission automatique à sept rapports 7G-Tronic avec mode manuel. En moyenne, la consommation tourne autour de 13,7 litres aux 100 km mais l'E500 saura se contenter de 10 litres pour

CARACTÉRISTIQUES	
Prix du modèle à l'essai	E500 82 600 $
Échelle de prix	71 350 $ à 113 000 $
Garanties	4 ans 80 000 km / 5 ans 120 000 km
Emp. / Long. / Larg. / Haut. (cm)	285 / 482 / 182 / 145
Poids	n.d.
Coffre / Réservoir	540 litres / 89 litres
Coussins de sécurité	frontaux, latéraux et tête
Suspension avant	à 4 bras, jambes de force
Suspension arrière	ind. multibras, ressorts hélicoïdaux
Freins av. / arr.	disque ventilé, ABS et SBC
Antipatinage / Contrôle de stabilité	oui
Direction	à crémaillère, assistée
Diamètre de braquage	11,4 mètres
Pneus av. / arr.	245/45R17

MOTORISATION ET PERFORMANCES	
Moteur	V8 5 litres
Transmission	propulsion, automatique 7 rapports
Puissance	302 ch à 5600 tr/min
Couple	339 lb-pi à 2700 tr/min
Autre(s) moteur(s)	V6 3,2 l 221 ch;
	V8 5,5 l (à compresseur) 469 ch
Autre(s) transmission(s)	automatique 5 rapports
Accélération 0-100 km/h	5,8 secondes
Reprises 80-120 km/h	4,9 secondes
Vitesse maximale	220 km/h (limitée)
Freinage 100-0 km/h	36,8 mètres
Consommation (100 km)	13,7 litres (super)

MODÈLES CONCURRENTS

• Audi A6 • BMW Série 5 • Infiniti M45 • Jaguar S-Type
• Lexus GS 430 • Saab 9[5] • Volvo S80

QUOI DE NEUF ?

• Familiale • Version diesel CDI • Nouvelle sellerie et
une nouvelle couleur

Renouvellement du modèle	2009

VERDICT

Agrément de conduite	★★★★☆
Fiabilité	★★★☆☆
Sécurité	★★★★★
Qualités hivernales	★★★★☆
Espace intérieur	★★★☆☆
Confort	★★★★☆

VERSION RECOMMANDÉE

E320 ou E500 4Matic familiale

---

la même distance si le conducteur n'excède pas 120 km/h sur autoroute.

Comme dans les anciennes Citroën mais de façon plus sophistiquée, la suspension est à hauteur variable et possède un réglage pour la conduite sportive. Un peu brutal toutefois.

La familiale et l'express de Sindelfingen

Les bien nantis qui recherchent une voiture pratico-pratique auraient intérêt à jeter un coup d'œil sur la nouvelle Classe E familiale. En effet, le plus rationnel des constructeurs de la planète s'en est donné à cœur joie avec une soute à bagages de grande dimension et la présence d'un espace de rangement «secret» dissimulé par le dossier de la banquette arrière. Il faut de plus souligner le système de rétention des objets «Easy Pack» dont la sangle peut retenir avec douceur des objets de toutes sortes.

La plupart du temps, ce modèle «Touring» se comporte comme la berline, notamment en fait de stabilité directionnelle et de précision dans les courbes. Toutefois, lors de manœuvres de stationnement et sur une route plus sinueuse, la voiture devient plus balourde et perd de son agilité. Malgré tout, c'est le moyen le plus agréable de déménager ses pénates.

Si c'est une berline super-sport qui vous attire, alors il ne faut pas rater la dernière E55 AMG. On a rarement vu une voiture aussi performante dans un costume de ville. Sa peinture vif-argent et ses roues fortement ajourées cachent une incroyable bombe. Empressez-vous d'aller consulter notre match comparatif entre l'E55 et la Jag XJR, une sorte de rendez-vous des compresseurs.

Très prisées en Europe, les Mercedes à moteur diesel seront bientôt de retour au Canada avec l'apparition de l'E320 CDI. Celle-ci est 30 % plus économique qu'une E320 normale grâce à son moteur turbodiesel à rampe commune et injection électronique. Faites votre choix !

Jacques Duval

▲ POUR

• Moteurs pétants de santé • Confort appréciable
• Équipement substantiel • Grand choix de modèles • Comportement sûr • Diesel en vue

▼ CONTRE

• Gamme de prix très élastique • Faibles reprises (V6 avec 4Matic) • Qualité discutable de certains accessoires • Suspension sport sautillante

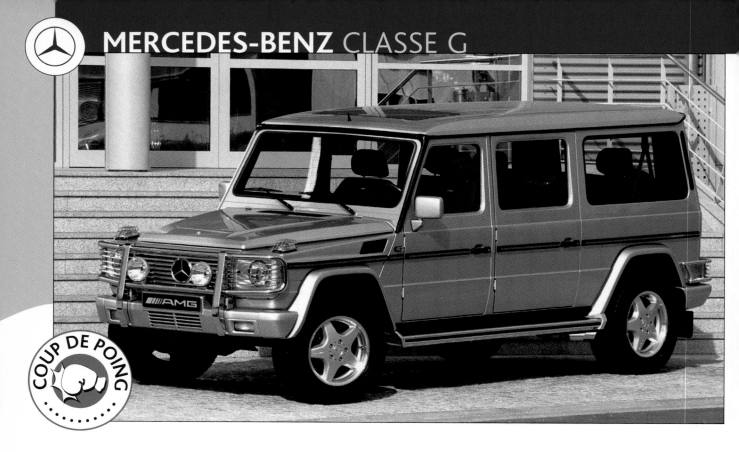

COUP DE POING

Ouch! Ouch!

Un de mes confrères américains m'a raconté cette anecdote qui dit tout sur le Mercedes Classe G : « Un propriétaire de ce mastodonte, tout fier de se pavaner au volant de son rutilant "G Wagen", s'est présenté à un regroupement de voitures anciennes. À l'entrée, il s'est fait dire que la section des vieux camions était au fond à gauche ! »

nutile de souligner que ce bon monsieur était fortement offusqué d'une telle réception. Pourtant, le préposé à l'accueil n'était pas tellement dans l'erreur puisque le « Gelandewagen », son appellation familière, a été dévoilé en 1979. Or, les véhicules de plus de 25 ans sont considérés par plusieurs comme appartenant à la catégorie des voitures anciennes. Et puisque la carrosserie n'a pas tellement évolué depuis ce temps, c'est presque comme si on roulait au volant d'un modèle 1979 flambant neuf !

J'admets avec vous que c'est charrié un peu, mais il est vrai que la plupart des retouches à la carrosserie ont été effectuées pour répondre aux exigences des législateurs. Les parois latérales ultraplates, les charnières de portières en évidence et la calandre avant pratiquement verticale sont autant d'indices révélateurs des origines de cette relique du passé. Un détail en passant : il est quelque peu cocasse de retrouver l'écusson à l'étoile argentée au milieu de la grille de calandre comme sur les modèles sport de la marque alors qu'il s'agit d'un gros 4X4.

Justement, en parlant de performances sportives, il est possible depuis l'an dernier de commander le G55, une version revue et corrigée par AMG. Avec la présence d'un V8 de 5,5 litres d'une puissance de 349 chevaux, les accélérations sont impressionnantes pour un véhicule dont le coefficient aérodynamique s'apparente à celui d'un bloc de béton. La vitesse de pointe dépasse les 210 km/h tandis que le 0-100 km/h est une affaire de 7,4 secondes. Heureusement que les freins sont puissants ! Malgré la fougue de ce moteur et la présence de pneus de 18 pouces à taille basse, il ne faut pas oublier que les essieux avant et arrière sont rigides, une configuration qui n'a jamais été l'apanage des voitures sport. Somme toute, le G55 peut accélérer rapidement en ligne droite et se débrouiller assez bien en forêt, mais il ne faut pas croire qu'il offrira les mêmes performances qu'un SL500.

Et si vous cherchez une logique dans l'élaboration de ce modèle, il faut plutôt consulter un psychologue qui vous expliquera que les gens riches et parfois célèbres ont souvent tendance à craquer pour des objets inutiles et excentriques.

La version « économique »

En fait, le caractère vraiment à part du G55 permet presque de considérer le G500 comme un véhicule qui a sa raison d'être. Son prix est toujours élevé, mais il est plus raisonnable, si je peux m'exprimer ainsi au sujet d'un véhicule de plus de 100 000 $. De plus, il est plus logique de l'utiliser en conduite hors route que le G55, car c'était la fonction à laquelle on le destinait avant qu'il ne soit habillé en véhicule à la mode et doté d'un habitacle cossu emprunté à la Classe S. Il est d'ailleurs curieux de voir comment les ingénieurs ont procédé pour habiller cet habitacle autrefois dépouillé comme l'exige tout véhicule de travail. Le porte-verres amovible est un exemple parfait de cet embourgeoisement subi au fil des années.

Un autre indice de cette conception d'un autre siècle est la présence de parois intérieures ultraplates qui ne font pas beaucoup de concessions aux coudes et aux épaules. Heureusement que les sièges sont très confortables et la finition exemplaire. D'ailleurs, à ce prix, on ne s'attend à rien de moins. Personnellement, j'ai toujours apprécié le « thump » qu'on entend en fermant la portière. Un gage que c'est du solide de même

CARACTÉRISTIQUES

Prix du modèle à l'essai	G500 109 400 $
Échelle de prix	109 400 $ à 137 500 $
Garanties	4 ans 80 000 km / 5 ans 120 000 km
Emp. / Long. / Larg. / Haut. (cm)	285 / 466 / 176 / 198
Poids	2460 kg
Coffre / Réservoir	1280 à 2250 litres / 96 litres
Coussins de sécurité	frontaux
Suspension avant	essieu rigide, bras transversal
Suspension arrière	essieu rigide, ressorts hélicoïdaux
Freins av. / arr.	disque ABS
Antipatinage / Contrôle de stabilité	oui
Direction	à billes, assistée
Diamètre de braquage	13,2 mètres
Pneus av. / arr.	265/60R18

MOTORISATION ET PERFORMANCES

Moteur	V8 5 litres
Transmission	intégrale, automatique 5 rapports
Puissance	292 ch à 5500 tr/min
Couple	336 lb-pi 2800 à 4000 tr/min
Autre(s) moteur(s)	V8 5,5 litres 349 ch
Autre(s) transmission(s)	aucune
Accélération 0-100 km/h	9,4 s ; 7,4 s (AMG)
Reprises 80-120 km/h	7,7 secondes
Vitesse maximale	190 km/h
Freinage 100-0 km/h	47,1 mètres
Consommation (100 km)	17,2 litres (super)

MODÈLES CONCURRENTS

• Hummer • Land Rover Range Rover • Lexus LX 470

QUOI DE NEUF?

• Aucun changement • Aucune nouvelle couleur
• AMG G55

Renouvellement du modèle	n.d.

VERDICT

Agrément de conduite	★★☆☆☆
Fiabilité	★★★★☆
Sécurité	★★★★☆
Qualités hivernales	★★★★★
Espace intérieur	★★★☆☆
Confort	★★★☆☆

VERSION RECOMMANDÉE

G500

qu'une indication des conceptions d'autre-fois pour les véhicules utilitaires.

Indémodable

Si la carrosserie est d'une autre époque, l'équipement ultramoderne comprend même un système de navigation par satellite, une transmission automatique à cinq rapports de type manumatique et un système de stabilité latérale associé à un antipatinage.

Cette cohabitation de l'ancien et du moderne pourrait s'avérer catastrophique sur la route, mais force est d'admettre que cette grosse pointure affiche un comportement routier honnête en dépit de son centre de gravité élevé, de son poids important et de ses deux essieux rigides. Ce n'est pas une bête de course, mais c'est acceptable à la condition qu'on en respecte les limites. Malgré un poids de près de 2 tonnes et demie, ce Mercedes iconoclaste réussit à boucler le 0-100 km/h en moins de 10 secondes, ce qui est digne de mention. De plus, même si elle est quelque peu engourdie, la direction est précise et son assistance bien dosée dans les circonstances. Par contre, les lois de la physique ne peuvent être ignorées et il lui faut un peu plus de 47 mètres pour s'immobiliser.

Doté d'un comportement correct sur la route, le G500 est nettement plus compétent en conduite hors route. La fenestration géné-reuse, la position de conduite élevée et même la direction à billes quelque peu lente deviennent alors des atouts qui facilitent la conduite en milieu forestier ou désertique. Avec ses trois différentiels, un moteur fort en couple et une garde au sol rassurante, le G500 permet de passer partout, ou presque. Mais ce qu'il faut se demander, c'est surtout qui va dépenser une petite fortune pour acquérir un véhicule pour aller ensuite le salir et abîmer le fini de sa peinture en forêt? Un Jeep TJ Rubicon est drôlement plus agile et coûte environ cinq fois moins cher... Alors, j'écoute...

Denis Duquet

▲ POUR

• **Prestige de la marque** • **Efficace hors route**
• **Moteur bien adapté** • **Tableau de bord complet** • **Carrosserie ultrasolide**

▼ CONTRE

• **Prix outrancier** • **Silhouette d'avant-hier**
• **Certains aménagements mal intégrés**
• **Version G55 inutile** • **Centre de gravité élevé**

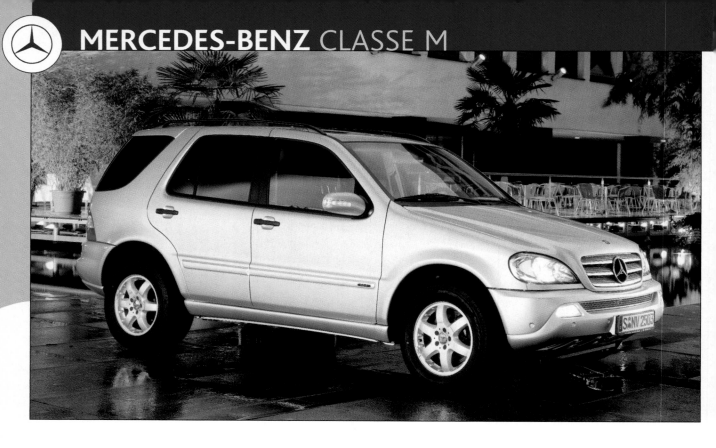

Une histoire d'honneur

Au début des années 1980, la compagnie Mercedes-Benz était attaquée de toutes parts. Non seulement les constructeurs japonais venaient s'immiscer dans la chasse gardée germanique qu'était la catégorie des voitures de luxe, mais de nouveaux créneaux s'ouvraient sur le marché nord-américain et il fallait réagir. L'époque où Stuttgart dominait le marché de luxe à coups de diktats et de voitures prenant une éternité à développer était bel et bien terminée.

Mais si une compagnie était bien équipée pour répondre à ces nouveaux concurrents, c'est bien Daimler-Benz dont l'excellence technologique n'était pas à prouver. Toutefois, la partie n'a pas toujours été facile comme en témoigne la carrière de la Classe M qui a connu des succès commerciaux dès son arrivée sur le marché, mais dont les niveaux de qualité n'étaient pas à la hauteur de la renommée de la marque.

Aussi bien en parler immédiatement pour nous concentrer sur la conduite et la mécanique ensuite. Les premiers exemplaires de la Classe M étaient affligés d'une finition nettement perfectible, d'un siège arrière repliable à plat d'un fonctionnement très complexe et d'une peinture de très mauvaise qualité. C'était comme si on avait demandé à General Motors de s'occuper de la peinture de la Classe M. Et la plupart des gens déploraient également la présentation intérieure qui n'avait pas tel-

lement d'affinités avec les autres produits arborant l'étoile d'argent.

Malgré des ventes encourageantes, l'honneur de la compagnie en fait de qualité, de fiabilité et de conception était en jeu. D'autant plus que BMW s'amenait avec le X5. Des dizaines d'ingénieurs ont été mandatés pour s'attaquer aux problèmes de la qualité de la finition. Tant et si bien que celle-ci est maintenant correcte compte tenu du prix demandé. Il est toutefois dommage que les budgets n'aient pas permis de revoir le tableau de bord de fond en comble afin de remplacer ces insignifiants porte-verres placés à chaque extrémité de la planche de bord et qui empêchent presque d'accéder au levier d'ouverture de la portière s'il est déployé. Les commandes de réglage des sièges avant sont également à placer sur la liste des améliorations souhaitées.

Malgré tout, la Classe M n'est pas dénuée d'attraits et les multiples modifications apportées au fil des ans l'ont grandement bonifiée.

Un nouveau moteur

Sans tambour ni trompette, le moteur de base de ce VUS a été remplacé en cours d'année 2003 par un autre V6 dont la cylindrée était de 3,7 litres, soit 500 cm^3 de plus qu'auparavant. La puissance est passée de 221 à 232 chevaux tandis que le couple est également plus élevé. Ces 11 chevaux permettent de compter sur des accélérations et des reprises plus franches. Dorénavant, le 0-100 km/h est bouclé en moins de 9 secondes.

Tous les modèles de la Classe M sont dotés d'une transmission intégrale dont les deux différentiels et la boîte de transfert sont ouverts. Ce fut l'un des premiers véhicules de cette catégorie à être équipé de ce système idéal pour une utilisation en ville et sur autoroute. Grâce à la magie de l'électronique, le couple est automatiquement réparti aux roues ayant le plus d'adhérence. Mieux encore, l'antipatinage est appliqué aux quatre roues par l'entremise des freins. Cette mécanique convient bien à la vocation urbaine de ce VUS en dentelle. Le rouage intégral est également pourvu d'un mode de conduite à deux pieds assurant un meilleur contrôle en certaines situations. Cette technique empruntée au rallye vous permet de garder le pied sur l'accélérateur et de freiner en même temps afin d'optimiser la traction tout en conservant une certaine vélocité. Il est également possible

CARACTÉRISTIQUES

Prix du modèle à l'essai	ML350 56 900 $
Échelle de prix	51 100 $ à 67 400 $
Garanties	4 ans 80 000 km / 5 ans 120 000 km
Emp. / Long. / Larg. / Haut. (cm)	282 / 464 / 184 / 182
Poids	2185 kg
Coffre / Réservoir	982 à 2300 litres / 83 litres
Coussins de sécurité	frontaux, latéraux et tête (6)
Suspension avant	indépendante, barres de torsion
Suspension arrière	indépendante, ressorts hélicoïdaux
Freins av. / arr.	disque ABS
Antipatinage / Contrôle de stabilité	oui
Direction	à crémaillère, assistée
Diamètre de braquage	11,9 mètres
Pneus av. / arr.	255/60R17

MOTORISATION ET PERFORMANCES

Moteur	V6 3,7 litres
Transmission	intégrale, auto. 5 rapports Touch Shift
Puissance	232 ch à 5750 tr/min
Couple	254 lb-pi à 3000-4250 tr/min
Autre(s) moteur(s)	V8 5,5 litres 349 ch
Autre(s) transmission(s)	aucune
Accélération 0-100 km/h	8,7 secondes
Reprises 80-120 km/h	7,4 secondes
Vitesse maximale	195 km/h (limitée)
Freinage 100-0 km/h	36,4 mètres
Consommation (100 km)	14,6 litres (super)

MODÈLES CONCURRENTS

• Acura MDX • BMW X5 • Cadillac SRX • Infiniti FX35
• Lexus LX 470

QUOI DE NEUF ?

• Moteur V6 3,7 litres (fin 2003)
• Nouvelles couleurs intérieures et extérieures

Renouvellement du modèle	2005

VERDICT

Agrément de conduite	★★★★☆
Fiabilité	★★★½☆
Sécurité	★★★★½
Qualités hivernales	★★★★☆
Espace intérieur	★★★★☆
Confort	★★★★☆

VERSION RECOMMANDÉE

ML350 Elegance

d'enclencher une démultipliée électronique qui assure un meilleur frein moteur à basse vitesse. Malgré les merveilles de l'électronique et d'un châssis autonome, j'ai toujours des réserves en ce qui concerne les ML350/ ML500 en tant que VUS purs et durs. Toute cette électronique embarquée offre des résultats spectaculaires, mais je ne crois pas qu'elle puisse soutenir une randonnée prolongée sur un sentier défoncé avec de la boue jusqu'aux essieux. Les freins vont surchauffer avant que vous soyez arrivé à bon port et vous allez trouver le temps long.

Parmi les points forts de ces deux modèles, il faut souligner une suspension indépendante aux quatre roues dont le confort est notable sur mauvaise route. Curieusement, la suspension arrière négocie moins bien les joints d'expansion sur les autoroutes. Parmi les autres points positifs dignes de mention, citons la boîte automatique à cinq rapports, une tenue de route supérieure à la moyenne de la catégorie et un rouage intégral bien

adapté à une utilisation mi-ville, mi-campagne. Bien entendu, le prestige de la marque est un élément qui a influencé bien des acheteurs, d'autant plus que les premières ML affichaient un prix très attrayant.

D'ailleurs, les problèmes de la ML ont débuté avec les économies réalisées par l'équipe de conception afin d'abaisser les coûts de construction. Certaines approches traditionnelles de Mercedes ont été remplacées par d'autres. Ce qui explique pourquoi l'habitacle ressemblait à celui qu'aurait proposé une marque américaine avec des détails d'aménagement saugrenus et des accessoires bon marché. Puisque l'honneur de la compagnie était en jeu, plusieurs des vices initiaux ont été corrigés et la famille ML est devenue plus homogène de nos jours. Plusieurs modèles concurrents sont arrivés sur le marché depuis, mais cette Mercedes résiste à tous les assauts.

Denis Duquet

▲ POUR

• Nouveau moteur V6 • Prestige de la marque
• Dimensions raisonnables • Bonne habitabilité • Rouage intégral amélioré

▼ CONTRE

• Modèle en fin de carrière • Finition toujours perfectible • Ergonomie parfois déficiente
• Hayon arrière lourd

La Maybach du pauvre

Même s'ils ont été surclassés par la Maybach au sommet de la gamme Mercedes-Benz, les divers modèles de Classe S demeurent de superbes voitures de luxe exhibant fièrement les vastes ressources technologiques de ce constructeur et une qualité de construction rarement prise en défaut. Aussi bien la S430 que les S500 et 600 possèdent tous les atouts pour jouer les limousines, abandonnant à la Maybach son titre de voiture d'apparat frisant la démesure. D'autant plus que l'on peut trouver plaisir à conduire une Classe S alors que l'autre exige obligatoirement un chauffeur privé.

Arrivées au mitan de leur carrière, les grandes Mercedes se sont vu offrir l'an dernier tout un bagage de nouveautés. Visuellement, les pare-chocs, les phares, la calandre et les feux arrière ont été retouchés tandis que l'intérieur nous montre un écran agrandi pour le système de commandes COMAND. Côté technique, le système PRE-SAFE est programmé pour déceler l'imminence d'une collision et prendre les mesures nécessaires pour minimiser les dégâts. Ainsi, le toit ouvrant se referme tout seul pendant que les ceintures de sécurité se resserrent.

Offerte en cinq versions (S430 normale et à empattement allongé, S500, S600 et S55 AMG), la Classe S voit sa puissance s'échelonner de 275 chevaux (S430) à 493 chevaux (S600) et la gamme de prix est tout aussi élastique. La S600, incidemment, vise à détrôner la BMW 760Li qui doit se contenter de 438 chevaux.

Curieusement, la S55 AMG à moteur V8 de 5,5 litres gavé par deux turbocompresseurs affiche la même puissance que la S600. Il y a une histoire d'orgueil là-dessous puisque la berline à moteur V12 pouvait en imposer à la S55 l'an dernier avec ses 500 chevaux bien comptés. Pour qu'il n'y ait pas de chichis entre AMG et Mercedes, on les a mises à égalité.

Une transmission à sept rapports

Pour 2004, la S500 bénéficie, comme plusieurs autres modèles Mercedes, d'une nouvelle transmission automatique à sept rapports appelée 7G-TRONIC, une première mondiale pour une voiture de série, tandis que les S430 et S500 peuvent se battre contre les Audi A8 en proposant le très efficace système 4MATIC, une désignation qui identifie la présence de quatre roues motrices.

Revenons brièvement sur la nouvelle transmission pour souligner qu'elle n'augmente pas sensiblement le poids de la voiture en raison de son enveloppe en magné-

sium. Les ingénieurs de Stuttgart ont préféré cette solution à la transmission CVT à rapports continuellement variables pour abaisser la consommation et le niveau sonore tout en améliorant les accélérations et les reprises. Avec un tel nombre de rapports, les changements de vitesse sont quasi imperceptibles et la transmission s'avère d'une grande douceur.

Déjà très silencieux avec l'ancienne transmission à cinq rapports, le moteur de la S500 4MATIC mise à l'essai est désormais à peine audible. Non seulement il livre sa puissance avec discrétion, mais ses performances se révèlent assez remarquables pour une voiture pesant plus de 2 tonnes. Si je devais acheter une Mercedes de Classe S, je me contenterais d'une 430 à empattement court avec traction intégrale que je considère comme le modèle offrant le meilleur rapport qualité/prix. Avec l'option 4MATIC, même la tenue de route en sort gagnante et la voiture affiche un comportement routier spectaculaire. Il est loisible de régler la suspension pour obtenir un roulement axé sur le confort ou sur la tenue de route. Dans ce dernier cas toutefois, la voiture préfère les revêtements plus que parfaits et elle peut devenir un peu brutale au passage de nids-de-poule ou d'autres vices apparents de notre réseau routier. Si le freinage est rassurant, la direction pourrait se faire un peu

Prix du modèle à l'essai	S500 4MATIC 124 150 $
Échelle de prix	102 000 $ à 183 400 $
Garanties	4 ans 80 000 km / 5 ans 120 000 km
Emp. / Long. / Larg. / Haut. (cm)	308,5 / 516 / 185,5 / 145
Poids	1893 kg
Coffre / Réservoir	500 litres / 88 litres
Coussins de sécurité	frontaux, latéraux et tête
Suspension avant	indépendante, levier transversal
Suspension arrière	indépendante, multibras
Freins av. / arr.	disque ventilé, ABS
Antipatinage / Contrôle de stabilité	oui
Direction	à crémaillère, assistance variable
Diamètre de braquage	12,1 mètres
Pneus av. / arr.	245/45ZR18 / 245/40ZR18

MOTORISATION ET PERFORMANCES

Moteur	V8 5 litres
Transmission	intégrale, automatique 7 rapports
Puissance	302 ch à 5600 tr/min
Couple	339 lb-pi 2700 à 4250 tr/min
Autre(s) moteur(s)	V8 4,2 l 275 ch ; V8 5,5 l turbo ;
	V12 5,5 l 493 ch
Autre(s) transmission(s)	propulsion, automatique 5 rapports
Accélération 0-100 km/h	7,0 secondes
Reprises 80-120 km/h	5,9 secondes
Vitesse maximale	250 km/h (limitée)
Freinage 100-0 km/h	37,3 mètres
Consommation (100 km)	15,0 litres (super)

MODÈLES CONCURRENTS

- Audi A8 L • BMW Série 7 • Jaguar Vanden Plas
- Lexus LS 430 • Volkswagen Phaeton

QUOI DE NEUF ?

- Transmission automatique 7 rapports (S500)
- Jantes redessinées (S430) • Une nouvelle couleur

Renouvellement du modèle	2007

VERDICT

Agrément de conduite	★★★★☆
Fiabilité	★★★★☆
Sécurité	★★★★½
Qualités hivernales	★★★★½
Espace intérieur	★★★★½
Confort	★★★★½

VERSION RECOMMANDÉE

S430 4Matic à empattement court

moins lourde et offrir une meilleure sensation de contact avec la route…

Pas de clé mais une carte

Je ne consommerai pas le reste de ce compte rendu à vous parler du luxe copieux de ces grandes Mercedes. Qu'il me suffise de dire que les équipements sont à la fois nombreux et somptueux. Et il est important de souligner qu'en matière de sécurité active et passive, il n'existe pas beaucoup de voitures aussi bien nanties que ces modèles de la Classe S. La clé qui prend la forme d'une carte électronique m'apparaissait comme un simple gadget avant que je constate à quel point il est commode de ne pas avoir à fouiller dans ses poches (ou dans son sac à main) pour retrouver ses fameuses clés. Le seul fait d'avoir la carte sur vous vous permet de déverrouiller la porte simplement en appuyant sur la poignée et de lancer le moteur au moyen d'un bouton placé sur le dessus du levier de vitesses. C'est plus facile que de dégrafer les pare-soleil qui exigent une poigne solide pour sortir de leur logement.

Ce beau conte de fées a cependant été entaché par quelques petites anomalies de fonctionnement qui donnent à penser qu'une trop forte dépendance électronique peut quelquefois assombrir le dossier d'une voiture au demeurant très bien construite. Notre voiture d'essai ne faisait pas exception à la règle et le frein d'urgence avait la fâcheuse habitude de ne pas se débloquer complètement, provoquant une vibration assez inquiétante à une vitesse normale. En plus, après avoir enclenché le point mort, il était difficile à l'occasion de pousser le levier en Drive. Rien toutefois pour nous laisser en panne sur le bord de la route.

Il est sûr cependant que cela fait réfléchir, mais la plus belle femme du monde ne peut donner que ce qu'elle a tout en faisant des caprices occasionnels.

Jacques Duval

▲ POUR

- Excellence des moteurs • Confort garanti
- Bon comportement routier • Équipement très complet

▼ CONTRE

- Omniprésence de l'électronique • Système COMAND absurde • Prix intimidants
- Direction lourde à l'occasion

COUP DE CŒUR

Quand un coupé perd la tête

Malgré mes craintes de l'an dernier à propos de sa silhouette un peu effacée, le nouveau coupé CLK de Mercedes-Benz a fait une entrée fracassante sur le marché en 2003. Tel que prévu, il vient de perdre la tête pour rejoindre les amateurs de conduite en plein air et tenter de doubler sa clientèle. Vous laisserez-vous séduire par le cabriolet CLK 2004? Laissez-nous d'abord en faire l'évaluation.

Précisons d'entrée de jeu que le cabriolet CLK vient en tête de sa catégorie en matière d'aérodynamisme (0,30), d'insonorisation aux divers bruits et de l'espace pour les bagages (390 litres toit fermé et 276 litres décapoté). Il bénéficie également d'une structure extrêmement robuste, d'arceaux de sécurité en cas de retournement et d'un vaste assortiment de coussins gonflables. Autre exclusivité de ce modèle, ces ceintures de sécurité avant automatisées qui s'avancent à portée de main dès que vous refermez la portière. En plus, l'ennemie juré des bruits aérodynamiques, la capote, est faite de plusieurs épaisseurs de toile afin de bien isoler l'habitacle. Ce toit, en passant, est offert en gris, bleu ou noir. Le positionnement des glaces a aussi permis de faire de la CLK le cabriolet quatre places offrant la meilleure visibilité, un domaine toujours délicat dans ce type de voiture. Ce modèle est proposé en trois versions: CLK320 (215 chevaux), 500 (302 chevaux) et CLK55 AMG (362 chevaux). Cette dernière motorisation permet notamment d'abaisser le 0-100 km/h de 6,2 à 5,4 secondes.

Finalement, il faudrait prendre toute la place dévolue à ce texte pour énumérer seulement les nombreux équipements de série ou optionnels du nouveau cabriolet CLK.

Direction Palma de Majorque

C'est dans la charmante petite île de Palma de Majorque en Espagne que *Le Guide de l'auto*, représenté par Brigitte Duval, a fait connaissance avec la dernière mouture de la gamme CLK. Les 130 kilos supplémentaires de ce modèle par rapport au coupé ont été utilisés à bon escient, entre autres pour des matériaux isolants. Il en résulte un silence de roulement impressionnant rompu seulement par la stimulante sonorité du moteur. «La puissance s'entend», a écrit BD dans son carnet de notes. Celle-ci se contenterait toutefois de la CLK320, car la puissance de la 500 lui apparaît superflue. Il est évident que si vous recherchez un coupé sport, c'est une option intéressante et moins chère. En revanche, si vous voulez une voiture sport avec du nerf, la CLK500 est incontournable. Il faut savoir que le poids additionnel se ressent et que la 320

s'avère vraiment plus maniable. Le confort se trouve aussi une coche au-dessus. Il est vrai que le coffre est très logeable et les turbulences bien contrôlées. À condition toutefois de laisser en place le filet pare-vent au-dessus des places arrière. S'il faut en croire les propos de notre envoyée spéciale en Espagne, «il est difficile de trouver des défauts à ces deux voitures».

Un toit sur la tête

Le coupé CLK existe aussi en trois versions avec les mêmes motorisations que le cabriolet décrit ci-haut.

Encore là, la 320 à moteur V6 de 3,2 litres est une voiture qui donnera beaucoup de plaisir à la majorité des acheteurs. Même si elle concède 87 chevaux à la 500, elle ne peine pas à la tâche pour autant et s'avère fort agréable à conduire tout en vous faisant épargner près de 15 000 $.

Essayé dans un environnement plus familier que les petites routes de Majorque, le coupé CLK500 a fait monter mon taux d'adrénaline au même rythme qu'une authentique voiture sport haute performance. Le V8 de 5 litres vous donne droit à une véritable explosion de puissance qui vous conduit de l'arrêt à 100 km/h en 5,7 secondes, un temps similaire à celui d'une Porsche 911. L'étalonnement du couple favorise les régimes moyens et cela se traduit par

des reprises absolument époustouflantes lorsqu'on appuie sur l'accélérateur pour doubler un autre véhicule. En 4,7 secondes seulement, cette CLK500 bondit de 80 à 120 km/h avec une facilité déconcertante.

Malgré un roulis sévère en virage, la voiture cède rarement au dérapage et la tenue de route est amusante aussi bien avec l'ESP que sans. Tous ces exploits sont appuyés par un freinage puissant, facile à doser et qui stoppe la CLK pile en moins de 36 mètres. La direction aussi se laisse apprécier en se montrant moins légère à faible vitesse que celle de la S430 essayée la semaine précédente. Malgré leur largeur imposante, les Michelin Pilot Sport ne gênent pas trop le confort. L'absence de montants centraux ne semble pas avoir d'effets négatifs sur la solidité de la caisse. J'ignore ce qu'il en sera après 40 000 ou 50 000 km, mais la voiture d'essai pratiquement neuve était solide comme le roc de Gibraltar.

Les places arrière conviennent à des gens de ma taille (1,70 mètre), mais les plus grands chercheront de l'espace pour leurs jambes. Et le coffre peut recevoir les bagages de quatre personnes à condition qu'ils ne partent pas pour un voyage de quatre mois en Floride.

Mercedes a considérablement rajeuni ses intérieurs dans les récents modèles et dans le coupé CLK500, les sièges en cuir bicolore faisaient très bel effet. Le seul bémol au tableau de bord est l'utilisation outrancière d'aluminium martelé (sur la console, autour de la radio, du levier de vitesses et dans les portières). Cela enlève le côté élégant du cuir.

Ajoutons que certaines commandes placées à gauche du volant sont masquées et quasi invisibles. Mais il n'y a pas de quoi s'en faire pour ces broutilles. Dans l'ensemble, la gamme CLK est l'une des plus intéressantes chez Mercedes avec des voitures solides, jeunes, performantes et fort agréables à conduire. Et tout cela peut maintenant se faire avec un toit sur la tête ou cheveux au vent.

Brigitte Duval / Jacques Duval

▲ POUR

• Excellents moteurs • Performances sportives (V8) • Cabriolet silencieux • 4 places • Très bon comportement routier

▼ CONTRE

• Trop nombreuses options • Solidité à long terme à vérifier • Certaines commandes peu visibles • Forte surprime (CLK500 et CLK55 AMG)

CARACTÉRISTIQUES

Prix du modèle à l'essai	CLK500 cabriolet 84 900 $
Échelle de prix	62 850 $ à 109 500 $
Garanties	4 ans 80 000 km / 5 ans 120 000 km
Emp. / Long. / Larg. / Haut. (cm)	271,5 / 464 / 174 / 141,5
Poids	1785 kg
Coffre / Réservoir	276 à 390 litres / 70 litres
Coussins de sécurité	frontaux, latéraux et tête
Suspension avant	ind., amortisseurs oléopneumatiques
Suspension arrière	indépendante, multibras
Freins av. / arr.	disque ABS
Antipatinage / Contrôle de stabilité	oui
Direction	à crémaillère, assistée
Diamètre de braquage	10,8 mètres
Pneus av. / arr.	225/45ZR17 / 245/40ZR17

MOTORISATION ET PERFORMANCES

Moteur	V8 5 litres
Transmission	propulsion, auto. 5 rapports + mode manuel
Puissance	302 ch à 5600 tr/min
Couple	330 lb-pi de 2700 à 4250 tr/min
Autre(s) moteur(s)	V6 3,2 litres 215 ch;
	V8 5,5 litres à compresseur 362 ch
Autre(s) transmission(s)	aucune
Accélération 0-100 km/h	5,7 secondes;
	7,8 secondes (CLK 320)
Reprises 80-120 km/h	4,7 secondes
Vitesse maximale	250 km/h
Freinage 100-0 km/h	35,6 mètres
Consommation (100 km)	13,0 litres (super)

MODÈLES CONCURRENTS

• Audi A4 cabriolet • BMW 330Ci • Chrysler Crossfire • Volvo C70

QUOI DE NEUF ?

• Modèle cabriolet • Nouvelles options

Renouvellement du modèle	2009

VERDICT

Agrément de conduite	★★★★⯪
Fiabilité	nouveau modèle
Sécurité	★★★★☆
Qualités hivernales	★★★⯪☆
Espace intérieur	★★★⯪☆
Confort	★★★⯪☆

VERSION RECOMMANDÉE

CLK320 coupé

Des chevaux récalcitrants

L'une des voitures les plus désirables sur cette terre, la Mercedes-Benz SL500, poursuit cette année son petit numéro de séduction en se faisant accompagner de deux nouveaux modèles haute performance de puissance quasi similaire issue de deux moteurs différents : un V12 bi-turbo (493 chevaux) emprunté à la Maybach pour la SL600 et un V8 à compresseur (469 chevaux) pour la SL55 AMG. Après avoir fait l'essai de cette dernière, ma question est la suivante : que faire de tant d'abondance sous le capot ?

Aurais-je pris un coup de vieux ? Peut-être, mais ce n'est pas l'âge qui fait que je m'interroge sur le surcroît de puissance de la SL55 AMG. C'est plutôt la difficulté d'exploiter adéquatement toute l'armada de la plus performante des Mercedes de série à ce jour. Ses 493 chevaux, fortifiés par un compresseur à échangeur thermique, sont tellement récalcitrants que l'on en vient à se demander à quoi ils peuvent servir.

Au sprint de 0 à 100 km/h, le fait d'accélérer à fond à partir d'un arrêt se solde par une franche intervention de l'antipatinage qui fait bafouiller le moteur et vous laisse pratiquement cloué sur place. Et si vous prenez soin de déconnecter le contrôle de la traction, vous aurez droit au patinage intempestif des roues motrices et à un « show de boucane » qui ne changeront rien au scénario initial. Bref, le temps d'accélération de 4,7 secondes entre 0 et 100 km/h invoqué par l'usine est quasi impossible à rééditer. Alors, contentons-nous

de 5,5 secondes (ce qui n'est pas si mal tout de même) et passons à autre chose.

Une GT... sportive

Pour faire de la SL55 la plus sportive et la plus rapide des Mercedes, on l'a dotée non seulement d'un moteur V8 de 5,5 litres assemblé à la main, mais aussi d'une série de modifications qui lui permettent de rôder sur une piste de course sans se couvrir de ridicule. Ce modèle est d'ailleurs souvent utilisé comme voiture d'intervention dans les Grands Prix de F1. À l'œil nu, il se distingue d'une SL500 ordinaire par ses jantes spécifiques, ses bas de caisse enveloppants et ses quatre sorties d'échappement qui multiplient la très belle sonorité du moteur. C'est toutefois ce que l'on ne voit pas qui fait la différence, soit des roues de 18 pouces abritant d'énormes disques ventilés, une transmission automatique dont les rapports s'enclenchent 35 % plus vite que la normale et une suspension active programmée pour diminuer le roulis de 68 à 95 % selon le désir du conducteur.

Fort de ces renseignements, je m'attendais à trouver dans cette SL55 AMG un comportement sportif très pointu obligeant à oublier toute forme de confort. Or, cette Mercedes reste essentiellement une belle et bonne voiture grand-tourisme à caractère sport. On en vient même à se demander la raison d'être de cette troisième version de la gamme SL, la 600, dont le moteur V12 double turbo possède 24 chevaux de plus que le V8 de la SL55 tout en affichant un couple supérieur (590 lb-pi contre 516). Mercedes-Benz affirme que la SL600 a un caractère distinctif et qu'elle rejoindra une clientèle différente. On aurait tort toutefois de négliger la SL500 nouvellement équipée d'une transmission automatique à sept rapports qui, avec ses 306 chevaux et un prix plus avenant, saura faire le bonheur de la majorité.

Des reprises foudroyantes

Pour ceux qui ne se contentent de rien de moins que le sommet de la gamme, revenons à la SL55. Si les accélérations souffrent de l'intervention trop insistante des systèmes électroniques, les reprises par contre sont foudroyantes avec un temps de 3,2 secondes entre 80 et 120 km/h, l'une des meilleures performances relevées par *Le Guide de l'auto* à ce chapitre. L'excellente transmission automatique à cinq rapports y est pour

beaucoup et son nom de SpeedShift est loin d'être usurpé. Elle permet aussi de passer les rapports manuellement au moyen de commandes placées derrière les branches centrales du volant.

Conduite sur le circuit Gilles-Villeneuve, la voiture a encore une fois été trahie par son système de contrôle de la stabilité qu'il m'a fallu débrancher pour contrer le sous-virage et amener l'arrière à décrocher. À l'épingle surtout, on peut alors réaliser de beaux dérapages contrôlés et se payer un certain plaisir. Sur piste, le freinage résiste admirablement bien aux abus et, comble de raffinement, le système est doté d'un capteur de pluie qui, imperceptiblement, pince les étriers pour assécher les disques si nécessaire. Et l'ABS est d'une telle discrétion que l'on a l'impression que la voiture en est dépourvue. Comme toutes les Mercedes, la SL55 s'accommode d'un diamètre de braquage assez court malgré la présence de pneus extra-larges. En revanche, ces grosses pointures sont assez bruyantes une fois sur la route.

Malgré une qualité de construction fort soignée, la SL n'échappe pas totalement à la critique. Par exemple, le superbe toit rigide qui permet de transformer ce coupé en cabriolet en quelques secondes ne fait pas que rogner de l'espace dans le coffre à bagages. Il laissait filtrer quelques bruits de vent autour de 120 km/h dans la voiture mise à l'essai. Compte tenu des performances dont cette voiture est capable, l'éclairage en conduite nocturne paraît insuffisant malgré les phares au xénon dont elle est équipée. Une légère chute de neige de fin d'automne m'a aussi donné la conviction que la SL55 vous fera haïr l'hiver à vous en confesser.

Tout cela pour en venir à la conclusion qu'il vaut peut-être mieux acheter une SL500 plutôt qu'une SL55 AMG et utiliser les 30 000 $ économisés pour vous procurer une petite berline à quatre roues motrices pour l'hiver.

Jacques Duval

CARACTÉRISTIQUES

Prix du modèle à l'essai	SL55 AMG 165 000 $
Échelle de prix	124 900 à 165 000 $
Garanties	4 ans 100 000 km / 5 ans 120 000 km
Emp. / Long. / Larg. / Haut. (cm)	256 / 453,5 / 183 / 129,5
Poids	1920 kg
Coffre / Réservoir	235 à 317 litres / 80 litres
Coussins de sécurité	frontaux, latéraux, tête et thorax
Suspension avant	active ABC, essieu à 4 bras
Suspension arrière	indépendante, active ABC, multibras
Freins av. / arr.	disque ventilé (ABS et SBC)
Antipatinage / Contrôle de stabilité	oui
Direction	à crémaillère, assistance variable
Diamètre de braquage	11,0 mètres
Pneus av. / arr.	255/40R18 / 285/35 R18

MOTORISATION ET PERFORMANCES

Moteur	V8 5,5 litres à compresseur
Transmission	propulsion, auto. 5 rapports SpeedShift
Puissance	469 ch à 6100 tr/min
Couple	516 lb-pi 2650 à 4500 tr/min
Autre(s) moteur(s)	V8 5 l 306 ch ; V12 biturbo 493 ch
Autre(s) transmission(s)	auto. 7 rapports (SL500)
Accélération 0-100 km/h	4,7 à 5,5 secondes (voir texte)
Reprises 80-120 km/h	3,2 secondes
Vitesse maximale	250 km/h (limitée)
Freinage 100-0 km/h	36,3 mètres
Consommation (100 km)	15,0 litres (super)

MODÈLES CONCURRENTS

- Cadillac XLR • Jaguar XKR • Lexus SC 430
- Porsche 911 Turbo

QUOI DE NEUF ?

- Boîte automatique 7 rapports
- Nouvelles roues en alliage

Renouvellement du modèle	n.d.

VERDICT

Agrément de conduite	★★★★☆
Fiabilité	★★★★☆
Sécurité	★★★★☆
Qualités hivernales	★★★☆☆
Espace intérieur	★★★☆☆
Confort	★★★☆☆

VERSION RECOMMANDÉE

SL500

▲ POUR

- Moteur éblouissant • Transmission bien adaptée • Comportement routier sûr et sportif • Confort appréciable • Discrétion de l'ABS

▼ CONTRE

- Puissance difficile à exploiter • Éclairage insuffisant • Pneus bruyants • Bruits de vent occasionnels • Poids élevé

Un classique en sursis

La jolie petite SLK nous revient inchangée pour 2004 pour la bonne et simple raison que sa remplaçante a défrayé la manchette au dernier Salon de Francfort. Apparue en 1997, elle a reçu depuis ce temps des améliorations majeures en ce qui concerne ses motorisations, puisque sa puissance disponible a presque doublé depuis son lancement.

Elle se contentait en effet à l'époque d'un petit quatre cylindres à compresseur de 185 chevaux et d'une transmission automatique à cinq rapports, mais elle reçut en 2001 le V6 3,2 litres de la marque, ainsi qu'une boîte manuelle à six rapports, ayant déjà retenu les services d'une manuelle cinq vitesses depuis 1999. L'année suivante marqua l'arrivée de la puissante version SLK32 AMG.

Les panneaux tombent

Les lignes pourtant vieillissantes de cette jolie monture ne trahissent pas sa filiation, mais elle se distingue des autres cabriolets par son toit escamotable constitué de panneaux d'acier qui s'imbriquent les uns dans les autres. L'opération, toujours impressionnante pour le non-initié, semble tenir du prodige et ne prend que 25 secondes. L'habitacle comprend deux places relativement spacieuses, même si les genoux arrivent trop près de la planche de bord, ce qui compromet légèrement la position de conduite. Les instruments cerclés de chrome, un petit effet rétro, vous renseignent significativement d'un coup d'œil, et l'ergono-

mie souffre un peu avec des commandes pour l'audio et le chauffage/climatisation trop complexes. Les fauteuils recouverts d'un cuir résistant et odorant présentent une assise trop plate, courte et ferme ; ils conviennent peu à une vraie sportive. Les occupants bénéficient de coussins gonflables frontaux, celui du passager pouvant être désactivé, ainsi que de coussins latéraux dans les sièges. De petits arceaux de sécurité assurent une certaine protection dans l'éventualité d'un capotage. Le coffre devient symbolique lorsque le toit abaissé en occupe la majeure partie.

On a déjà cassé assez de sucre sur le dos du moteur quatre cylindres 2,3 litres à compresseur pour éviter de réciter de nouveau le chapelet des doléances à son égard. Il suffit de dire que, malgré sa sonorité un peu grossière pour une voiture de ce prix, il assure des performances suffisantes (0-100 km/h en 8,8 secondes) à ceux qui privilégient une conduite *relaxe* au volant d'une voiture arborant la prestigieuse étoile comme figure de proue. Le V6 3,2 litres se distingue de ses semblables par ses deux bougies et ses trois soupapes par cylindre qui contribuent à en extraire

une puissance correcte, sans plus, pour la cylindrée. Relativement frugal, il démontre une certaine propension à la paresse lorsqu'il est «accoquiné» à la boîte automatique. La longue course de l'accélérateur et les nonchalants changements de rapport y sont certainement pour quelque chose. Par ailleurs, on ne peut porter en appel le verdict favorable du chronomètre, et les temps réalisés (0-100 km/h en 8,1 secondes) ne vous déshonoreront pas, tandis que les reprises vous donnent une bonne poussée dans le dos, surtout vers 4000 tr/min.

Sur une petite route sinueuse, la SLK se révèle aussi à première vue un peu lourde et empâtée. Mais au fur et à mesure que les kilomètres défilent, la confiance s'installe et le conducteur réalise qu'il est au volant d'une voiture bien équilibrée, aux réactions prévisibles, prête pour l'attaque si le besoin s'en fait sentir. La direction à billes semble aussi un peu atone, mais sa précision ne peut être prise en défaut. Puissant et endurant, comme on peut s'y attendre chez Mercedes, le freinage donne entière satisfaction, et le mécanisme d'assistance au freinage prend le relais fermement si vous appuyez de façon trop timorée sur la pédale.

AMG comme dans : Ah ! my God !

Ces impressions ne sauraient tenir lorsque vous avez le bonheur de «rencontrer» la

CARACTÉRISTIQUES

Prix du modèle à l'essai	SLK32 AMG 77 500 $
Échelle de prix	55 950 $ à 77 500 $
Garanties	4 ans 80 000 km / 5 ans 120 000 km
Emp. / Long. / Larg. / Haut. (cm)	240 / 401 / 171 / 128
Poids	1460 kg
Coffre / Réservoir	104 à 271 litres / 60 litres
Coussins de sécurité	frontaux et latéraux
Suspension avant	indépendante, leviers triangulés
Suspension arrière	indépendante, multibras
Freins av. / arr.	disque ABS
Antipatinage / Contrôle de stabilité	oui
Direction	à recirculation de billes, assistée
Diamètre de braquage	10,3 mètres
Pneus av. / arr.	225/45ZR17 / 245/40ZR17

MOTORISATION ET PERFORMANCES

Moteur	V6 3,2 litres, compresseur
Transmission	propulsion, automatique 5 rapports
Puissance	349 ch à 6100 tr/min
Couple	332 lb-pi à 4400 tr/min
Autre(s) moteur(s)	4L 2,3 l 192 ch ; V6 3,2 l 215 ch
Autre(s) transmission(s)	man. 5 et 6 rapports
Accélération 0-100 km/h	5,1 secondes
Reprises 80-120 km/h	5,3 secondes
Vitesse maximale	250 km/h (limitée)
Freinage 100-0 km/h	37,0 mètres
Consommation (100 km)	13,5 litres (super)

MODÈLES CONCURRENTS

• Audi TT roadster • BMW Z4 • Honda S2000
• Porsche Boxster

QUOI DE NEUF ?

• Une nouvelle couleur : rouge Mars

Renouvellement du modèle	Automne 2005

VERDICT

Agrément de conduite	★★★★⯪
Fiabilité	★★★⯪☆
Sécurité	★★★⯪☆
Qualités hivernales	★★★☆☆
Espace intérieur	★★☆☆☆
Confort	★★★⯪☆

VERSION RECOMMANDÉE

SLK320

version AMG qui se présente avec sa carrosserie subtilement gonflée et son petit aileron. Ouvrez la portière, et vous pourrez apprécier les magnifiques fauteuils assistés électriquement qui vous maintiennent bien serré, le volant, les instruments et le levier de vitesses exclusifs, la climatisation en deux zones, et la sonorisation haute fidélité Bose (sans lecteur CD !).

La clef de contact réveille un véritable monstre mécanique, à l'origine le même modeste V6 3,2 litres, mais « dynamité » par un gros compresseur refroidi à l'aide d'un échangeur thermique. La puissance passe à 349 chevaux et le couple à 332 lb-pi, de quoi remplacer les misérables moteurs des hélicoptères de la marine canadienne. Écrasez l'accélérateur, et le 0-100 km/h est anéanti en un clic après 5 secondes. Votre passager non initié crierait au secours, s'il lui restait un peu d'air dans les poumons. Le plus remarquable, c'est que ça continue, presque au même rythme, jusqu'à la vitesse maxi. La boîte auto-

matique assignée d'office endure stoïquement le martyre que le moteur lui impose, et pour une fois, son mécanisme séquentiel ajoute aux performances. Les ressorts, les amortisseurs et les freins reçoivent le même traitement choc. En équipe avec les gros pneus de 17 pouces et un système de stabilité compétent, ils procurent à ce V1 sur quatre roues un comportement routier d'un niveau supérieur, tout en conservant un degré de confort surprenant.

Un calcul simpliste situerait facilement le prix de cette belle bête au double de celui de la 230 Kompressor, puisque les performances obéissent à cette proportion. À près de 80 000 $, l'AMG représente à mon avis une *instant classic,* même si on ne peut évidemment pas considérer une automobile comme un investissement. Imaginez alors la prochaine génération…

Jean-Georges Laliberté

▲ POUR

• Jolie fusée (SLK32 AMG) • Toit escamotable pratique • Comportement routier compétent
• Freinage puissant • « Classique » instantané

▼ CONTRE

• Modèle en fin de série • Coffre minuscule
• Moteur 4 cylindres mal adapté • Prix élevé
• Espace compté pour les genoux

La flèche d'argent version 2004

Non, je ne l'ai pas conduite, du moins pas encore. C'est un privilège qui a été réservé jusqu'ici aux proches de la marque allemande, les Stirling Moss, Ron Denis, Kimi Raikkönen et David Coulthard de ce monde, ou encore à quelques lèche-bottines qui n'ont rien de souriant. Vedette de je ne sais plus combien de salons automobiles, la SLR, le modèle suprême de Mercedes-Benz, viendra rejoindre cette année une pléthore de voitures aussi chères que sophistiquées qui laissent croire que les milliardaires sont plus nombreux que jamais. Car un simple millionnaire n'a pas les moyens de se payer ces divas de la route que sont les Ferrari Enzo, Porsche Carrera GT, Bugatti Veyron ou Mercedes SLR qui font toutes tinter le tiroir-caisse à plus de 500 000 $ quand ce n'est pas autour d'un million de nos misérables huards.

Après une entrée triomphale au Salon automobile de Francfort à l'issue d'un parcours calqué sur celui des Mille Miglia où les Mercedes 300SL firent si belle figure il y a plus d'un demi siècle, la SLR s'est laissé admirer sous toutes ses coutures. Elle avait préalablement franchi la distance entre Brescia (point de départ des Mille Miglia) et Affalterbach via le col du Stelvio, surveillée attentivement via satellite par une meute de journalistes automobiles venus accueillir la voiture et ses pilotes, Striling Moss et Kimi Raikkönen. Le premier parce qu'il a gagné les véritables Mille Miglia en 1955 et le second parce qu'il fait partie de l'écurie McLaren de Formule 1. Car la SLR se veut la réincarnation moderne des célèbres SLR de compétition des années 1950 en même temps que l'héritière de toute la haute technologie qui caractérise les F1 d'aujourd'hui, mieux connues chez Mercedes comme les flèches d'argent (F1). Ce rapprochement de style est décrit par Mercedes comme « la synthèse fascinante du mythe et de l'innovation ».

Mais laissons ces affinités de côté pour nous concentrer sur la substance de la SLR, c'est-à-dire son exubérante fiche technique.

Prêt pour le 0-300 km/h ?

La voiture possède une longue liste de caractéristiques inédites, à commencer par un moteur central avant implanté très bas afin de favoriser l'équilibre des masses aussi bien que le centre de gravité. Il s'agit du V8 de 5,5 litres que l'on trouve dans d'autres modèles Mercedes, mais on a réussi à en tirer 626 chevaux grâce à l'utilisation d'un compresseur mécanique à vis comportant deux rotors en aluminium en forme de vis et revêtus de teflon afin que le coefficient de frottement soit faible. Fonctionnant à un régime maximal de 23 000 tr/min, ceux-ci compriment l'air à 0,9 bar, une pression nettement supérieure à celle fournie par les compresseurs mécaniques conventionnels. Le couple faramineux de 575 lb-pi est disponible à partir de 3250 tr/min et reste constant sur une plage d'utilisation allant jusqu'à 5000 tr/min. Appelez ça une bombe et vous ne serez pas loin de la vérité.

Avec de tels chiffres, on comprend mieux que la SLR puisse boucler le 0-100 km/h en 3,8 secondes et le 0-200 km/h en à peu près le même temps qu'il vous faut pour amener une Golf 2 litres à 100 km/h (voir fiche). Et regardez-donc le 0-300 km/h tant qu'à y être.

Essentiellement, la SLR dispose d'une transmission automatique à cinq rapports, mais notre déception est vite comblée par la présence du système Speedshift qui autorise le passage des vitesses manuellement au moyen de touches sur le volant ou du sélecteur à commande par impulsions.

Toujours en s'inspirant du monde de la course automobile au palier le plus sophistiqué, ce coupé GT Mercedes doit sa légèreté à une carrosserie en fibre de carbone. Il en résulte non seulement un faible poids mais aussi une rigidité et une résistance exemplaires, des qualités ordinairement réservées aux monoplaces de F1.

CARACTÉRISTIQUES

Prix	n.d.
Emp. / Long. / Larg. / Haut. (cm)	270 / 466 / 190 / 126
Coussins de sécurité	frontaux, latéraux, genoux et tête
Suspension avant / arr.	doubles bras transversaux
Freins av. / arr.	disque ventilé en céramique / disque monobloc en céramique
Antipatinage / Contrôle de stabilité	oui
Direction	à crémaillère, assistance variable
Pneus av. / arr.	245/35ZR19 / 295/30ZR19

MOTORISATION ET PERFORMANCES

Moteur	V8 à compresseur, 5,5 litres
Transmission	automatique 5 rapports robotisée
Puissance	626 ch à 6500 tr/min
Couple	575 lb-pi entre 3250 et 5000 tr/min
Accélération 0-100 km/h	3,8 secondes
Accélération 0-200 km/h	10,6 secondes
Accélération 0-300 km/h	28,8 secondes
Vitesse maximale	334 km/h
Consommation (100 km)	14,8 litres (super)

MODÈLES CONCURRENTS

• Bugatti Veyron • Ferrari Enzo • Porsche Carrera GT

Et 300 000 km

Une autre exclusivité de la SLR se trouve dans les roues où l'on retrouve des disques en céramique renforcés de fibre. Cette fibre (de carbone) est mélangée à de la poudre de carbone et à de la résine avant d'être moulée sous haute pression et cuite à 1500 °C par infiltration de silice dans la céramique. En plus d'une force de ralentissement sans pareille, ces disques ont une durée de vie pouvant aller jusqu'à 300 000 km.

Et si jamais ces freins n'étaient pas suffisants pour stopper la voiture filant à 334 km/h, un déflecteur arrière rétractable sert de « frein pneumatique ». Il suffit d'enfoncer la pédale énergiquement pour que l'*airbrake* vienne se positionner à 65° pour ralentir votre course. Comme dans un avion, quoi !

Je rêve déjà du jour où Mercedes me confiera les clés d'une SLR pour que nous puissions vérifier si toutes ces allégations sont véridiques. Je blague, bien sûr, mais je doute que ce soit demain la veille, quoique la firme allemande nous ait déjà accordé le privilège de rouler en Maybach. On se croise les doigts !

Jacques Duval

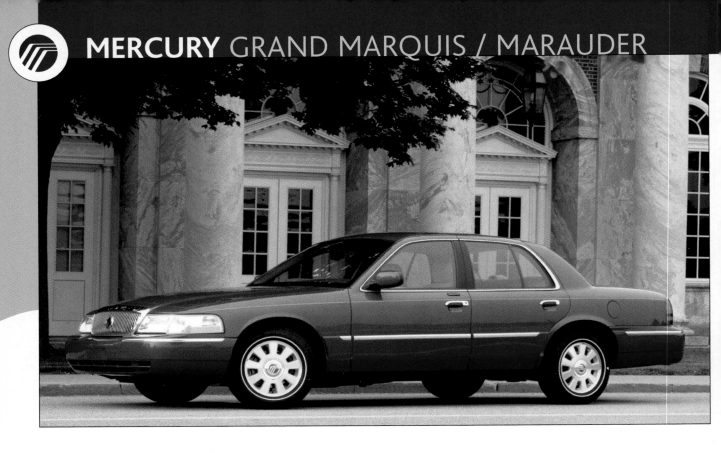

Nostalgie, quand tu nous tiens

N'auriez-vous pas parié, il y a une quinzaine d'années que la Grand Marquis avec son châssis qui s'apparente plus à la chaudronnerie qu'à la technologie de pointe automobile, ses roues arrière motrices et son gros V8 franchirait, comme si de rien n'était, les années 2000 ? Les adeptes de cette Mercury – et Dieu sait qu'ils sont nombreux – lui ont permis d'échapper à une mort certaine. Reconnaissante, la Grand Marquis s'enrichit chaque année de nouveaux perfectionnements, de nouveaux accessoires pour garder la forme. Et parlant de forme, mentionnons que l'athlétique Marauder demeure toujours scotché au catalogue.

Même si plusieurs la regardent avec dédain, la Grand Marquis a tout de même sa raison d'être… à l'extérieur de nos frontières. Mais rendons à la belle ce qui lui appartient. Depuis sa refonte esthétique, il y a quelques années, la Grand Marquis s'est découvert un sens plus pratique. On ne se heurte plus le crâne en accédant aux places arrière, et la forme moins biseautée du coffre a permis de gagner quelques litres en volume, quoiqu'il faille tout de même encore faire preuve d'imagination et de créativité pour utiliser pleinement l'espace disponible. Mais revenons à l'habitacle, décoré sobrement et où seuls les instruments qui comptent sont exposés en permanence à la vue. Les autres, reliés à des voyants lumineux, ne s'allument que pour nous rappeler qu'il est trop tard… Cabine aérée, banquettes confortables et espace habitable font honneur aux dimen-

sions extérieures de cette sobre intermédiaire qui, cette année, s'enrichit d'un traîneau de nouveautés. Ainsi, le toit ouvrant, les coussins de sécurité gonflables latéraux, les glaces latérales laminées ainsi que des éléments chauffants pour nous réchauffer le callipyge figurent désormais au catalogue des options. Sans qu'il ne vous en coûte un cent de plus, toutes les Grand Marquis chassent le lecteur-cassettes au profit d'un capable de lire les disques compacts.

D'architecture classique, donc robuste, vous diront ses fidèles, la Grand Marquis reprend, à peu de chose près, les mêmes organes mécaniques qui lui ont valu sa proverbiale fiabilité. Le V8 à simple arbre à cames en tête de 4,6 litres se voit de nouveau confier le soin de pousser ce fauteuil roulant, ne réclamant en échange que l'or noir dont il est avide. On serait tenté d'écrire que le comportement routier de la Grand Marquis s'attire des louanges une fois que la bretelle d'ac-

cès à l'autoroute se trouve dans le rétroviseur. Mais ce serait une injustice. En fait, si vous êtes disposé à sacrifier un peu de confort, optez pour le groupe « tenue de route », qui rend la conduite moins constipante. Avec ses semelles plus larges, une barre antiroulis plus grasse et des amortisseurs arrière pneumatiques, la Grand Marquis prend de l'assurance, son conducteur aussi. En prime, le V8 de 4,6 litres gagne 15 chevaux que vous n'aurez aucun mal à exploiter. Seul hic, en courbes, les irrégularités du revêtement entraînent des mouvements de caisse saccadés et les déhanchements du train arrière feraient rougir d'envie un certain Ricky Martin.

Prenons la prochaine sortie pour aller en ville, où l'on pestera contre son engourdissement dans les manœuvres, ou encore contre son encombrement, qui rend difficile la recherche d'un espace de stationnement. Au cours de la saison hivernale, la Grand Marquis préfère le confort du garage aux routes enneigées ou glacées, même si elle propose un précieux dispositif antipatinage. Tant mieux, car entre vous et moi, cette grand-mère a passé l'âge des glissades !

Pour nostalgiques seulement
Au terme d'une interminable attente (Ford du Canada n'entendait pas l'offrir tant que le dispositif antipatinage ne lui était pas accolé),

CARACTÉRISTIQUES	
Prix du modèle à l'essai	LS 38 750 $
Échelle de prix	35 960 $ à 40 900 $
Garanties	3 ans 60 000 km / 5 ans 100 000 km
Emp. / Long. / Larg. / Haut. (cm)	291 / 538 / 199 / 144
Poids	1792 kg
Coffre / Réservoir	583 litres / 72 litres
Coussins de sécurité	frontaux
Suspension avant	indépendante à ressorts
Suspension arrière	essieu rigide
Freins av. / arr.	disques ventilés à antiblocage
Antipatinage / Contrôle de stabilité	optionnel
Direction	à crémaillère, avec assistance
Diamètre de braquage	12,0 mètres
Pneus av. / arr.	225/60R16

MOTORISATION ET PERFORMANCES	
Moteur	V8 4,6 litres
Transmission	propulsion, automatique 4 rapports
Puissance	224 ch à 4800 tr/min
Couple	272 lb-pi à 4000 tr/min
Autre(s) moteur(s)	V8 4,6 litres 239 ch
Autre(s) transmission(s)	aucune
Accélération 0-100 km/h	8,9 secondes
Reprises 80-120 km/h	7,4 secondes
Vitesse maximale	190 km/h
Freinage 100-0 km/h	39,4 mètres
Consommation (100 km)	13,8 litres (ordinaire)

la Marauder s'offre à une poignée d'irréductibles en manque de passé. Pour réussir un voyage dans le temps, on peut difficilement choisir mieux, à condition d'y mettre le prix. À ce chapitre, ne serait-il pas préférable de lorgner du côté de l'Infiniti M45 qui sous une robe presque aussi rétro dissimule une technologie plus avant-gardiste. C'est plus cher, mais sa valeur de revente et sa garantie plus complète en font certainement une meilleure affaire que la Mercury. Mais bon, vous préférez cette icône des années 1960 quand même ! C'est votre argent après tout. Alors, sachez que deux nouvelles teintes extérieures s'ajoutent au catalogue et que la transmission automatique a non seulement été renforcée (le convertisseur de couple aussi), mais elle enfile ses rapports plus rapidement.

Comme à la belle époque
Cela dit, la Marauder n'est pas une vilaine auto pour autant. Les 302 chevaux de son moteur galopent avec tant d'entrain que le capot en vibre, comme à la belle époque. Comme il est possible, en débranchant l'antipatinage, de faire cirer les roues arrière pour épater les copains, la copine surtout. Un peu plus de 7 secondes sont nécessaires pour franchir le cap des 100 km/h après un départ arrêté et les temps de reprises sont tout aussi convaincants. Par chance, le système de freinage est à la hauteur et permet d'immobiliser la Marauder rapidement. Quant à la direction, elle se montre suffisamment précise et rapide pour viser le point de corde des virages. Conduite à un rythme d'enfer, cette Mercury finit toutefois par lasser. Son encombrement, son manque d'agilité et son poids auraient raison du plus aguerri des pilotes d'endurance.

Eric LeFrançois

MODÈLES CONCURRENTS
• Buick LeSabre • Buick Park Avenue • Chrysler 300M
• Toyota Avalon

QUOI DE NEUF ?
• Nouveau modèle Limited • Tableau de bord révisé

Renouvellement du modèle	n.d.

VERDICT	
Agrément de conduite	★★☆☆☆
Fiabilité	★★★★☆
Sécurité	★★★★☆
Qualités hivernales	★★★☆☆
Espace intérieur	★★★☆☆
Confort	★★★★☆

VERSION RECOMMANDÉE
Toutes à la condition de recevoir l'ensemble Touring

▲ POUR
• Fiabilité éprouvée • Dégagement intérieur
• Moteurs costauds • Version Marauder : plus que des autocollants

▼ CONTRE
• Roulis en virage • Consommation élevée
• Technologie surannée • Progrès tardifs

COUP DE POING

Prévoyez un grattoir à glace

Après la New Beetle et la PT Cruiser, ce sera au tour de la MINI de se décoiffer l'été prochain. L'ajout d'un nouveau modèle cabriolet à la gamme MINI n'a rien de surprenant puisque la compagnie-mère, BMW, se devait de conquérir une nouvelle clientèle. Et quoi de mieux qu'une version cabriolet pour assurer les ventes d'un modèle ? La recette a fonctionné avec la New Beetle et marchera forcément avec la MINI. Mais jusqu'à quand ? En effet, avec une gamme aussi restreinte de modèles, on peut se demander comment pourront survivre les concessionnaires MINI dans quelques années. Entre-temps, le marché européen aura droit à une version économique fonctionnant au gazole (ou diesel). Même si on doute de la venue d'un tel modèle à court terme en Amérique du Nord, on peut supposer qu'il viendra peut-être ici relancer les ventes de MINI dans deux ou trois ans…

Dès son lancement au pays, plusieurs ne donnaient pas cher de la peau de la MINI. Après vingt ans d'absence, certains avançaient que le succès de cette voiture néo-rétro serait aussi éphémère que celui de la Thunderbird. Erreur, puisque la popularité de la MINI est demeurée constante avec des ventes qui ont dépassé d'environ 40 % les prévisions les plus optimistes. Quand on sait qu'environ 140 000 MINI ont trouvé preneur l'an dernier à travers le monde, on peut parler d'une réussite commerciale compte tenu du marché restreint dans lequel elle évolue. Chez nous, on se dit également satisfait de son succès puisque environ 2800 MINI ont été vendues lors de la première année de commercialisation. Toutefois, le principal marché de la MINI est celui de son pays d'origine, la Grande-Bre-

tagne, suivi des États-Unis et de son nouveau pays d'adoption, l'Allemagne.

Deux versions

Même si les deux versions de la MINI partagent presque toutes leurs composantes mécaniques dont un moteur de 1,6 litre, différentes caractéristiques les distinguent l'une de l'autre. Ainsi, le moteur de la S avec son compresseur mécanique de type Roots développe 163 chevaux alors que celui du modèle de base est limité à 115 chevaux. De même, la Cooper S profite d'une boîte manuelle à six vitesses au lieu d'une boîte à cinq rapports. Il existe également une nouvelle boîte à variation continue (CVT). Comparativement à d'autres modèles sur le marché, il est faux de prétendre que cette boîte permet à la MINI d'accélérer plus rapidement qu'avec une simple boîte manuelle. Toutefois, une chose est sûre : la CVT

offre un agrément de conduite plus animé qu'une banale boîte automatique traditionnelle.

Le point fort de la MINI demeure sans contredit son excellente tenue de route. Celle-ci est attribuable à ses faibles dimensions, au mordant de ses pneus de 16 pouces (ou 17 pouces en option), et à ses différents dispositifs d'aide à la conduite dont un système de contrôle de la stabilité emprunté à ses cousines BMW. Ajoutez à cela une direction vive et précise et vous obtenez un cocktail explosif. Dans les faits, aucune autre voiture de sa catégorie ne permet d'entrelacer les virages avec autant d'aplomb et de plaisir.

Quant au freinage, il est assuré par quatre freins à disque, un système antiblocage, un répartiteur de la force de freinage et un contrôle de freinage en courbe. Tout un attirail pour immobiliser une masse frisant à peine les 1200 kg. Efficaces à souhait en urgence, les freins manquent toutefois de progressivité dans un usage normal au quotidien.

Les amateurs de performance qui trouvent que la cavalerie de la Cooper S galope au ralenti se voient proposer une nouvelle version John Cooper Works de 200 chevaux. Cependant, celle-ci doit passer dans l'atelier des concessionnaires MINI où les mécanos ont eu l'aval des ingénieurs de BMW pour refaire le système d'échappement, changer le compresseur et modifier certains organes internes du

CARACTÉRISTIQUES

Prix du modèle à l'essai	Cooper S 33 825 $
Échelle de prix	24 950 $ à 29 600 $
Garanties	4 ans 80 000 km / 4 ans 80 000 km
Emp. / Long. / Larg. / Haut. (cm)	247 / 363 / 169 / 141
Poids	1215 kg
Coffre / Réservoir	150 litres / 50 litres
Coussins de sécurité	frontaux et latéraux
Suspension avant	indépendante, leviers triangulés
Suspension arrière	indépendante, multibras
Freins av. / arr.	disque ventilé / disque plein ABS
Antipatinage / Contrôle de stabilité	oui
Direction	à crémaillère, assistée
Diamètre de braquage	10,7 mètres
Pneus av. / arr.	195/55R16

MOTORISATION ET PERFORMANCES

Moteur	4L 1,6 litre
Transmission	traction, manuelle 5 rapports
Puissance	115 ch à 6000 tr/min
Couple	110 lb-pi à 4500 tr/min
Autre(s) moteur(s)	4L 1,6 l à compresseur 163 ch
Autre(s) transmission(s)	manuelle 6 rapports, CVT
Accélération 0-100 km/h	8,3 secondes
Reprises 80-120 km/h	13,2 secondes
Vitesse maximale	215 km/h
Freinage 100-0 km/h	42,3 mètres
Consommation (100 km)	8,3 litres (ordinaire)

moteur. Quant à la garantie de 4 ans ou 80 000 km, soyez tranquille, elle demeure intacte.

Une banquette confortable

Malgré sa petitesse, la MINI propose des places avant confortables. Assis à l'arrière, une randonnée m'a convaincu que des véhicules beaucoup plus gros offraient moins d'espace. Si on veut critiquer le volume de l'habitacle, il faut s'en prendre à celui du coffre arrière. En effet, il peut à peine accueillir quelques sacs d'épicerie. Heureusement, la banquette se rabat en un tournemain pour donner accès à un espace de chargement plus volumineux. Par ailleurs, on peut se demander quel sera le sort réservé au coffre du modèle cabriolet lorsque le toit, une fois replié, y trouvera sa niche !

Une voiture hivernale ?

Même si la MINI chaussée de quatre pneus d'hiver se défend honorablement dans la neige, elle est loin d'être adaptée à notre climat nordique. Je m'explique. L'hiver dernier, j'ai essayé une MINI pendant les pires froids de la saison (-25 à -30 °C). Ce n'est pas que le moteur refusait de partir. Au contraire, il démarrait au quart de tour. Toutefois, gare au calcium ! Sans blague : on n'y voyait presque rien. L'absence de gouttières entre les piliers A et le pare-brise faisait en sorte que le calcium dégoulinait sur les vitres latérales où ce dernier formait une épaisse couche de glace. Pire, le système de ventilation ne suffisait pas à la tâche. Compte tenu de la piètre visibilité et des dimensions lilliputiennes de la MINI, inutile de vous dire que nous n'étions pas très braves dans la circulation des autoroutes Métropolitaine et Décarie. Somme toute, si vous prévoyez l'achat d'une MINI, incluez dans votre budget initial l'achat d'un deuxième véhicule capable d'affronter les intempéries de nos durs hivers québécois !

Jean-François Guay

MODÈLES CONCURRENTS

• Ford Focus SVT • Honda Civic SiR
• VW Beetle et Golf GTi 1,8T

QUOI DE NEUF ?

• Transmission CVT • Version « John Cooper Works » de 200 ch • Modèle cabriolet (fin 2004)

Renouvellement du modèle	n.d.

VERDICT

Agrément de conduite	★★★★☆
Fiabilité	★★☆☆☆
Sécurité	★★★☆☆
Qualités hivernales	★★☆☆☆
Espace intérieur	★★☆☆☆
Confort	★★☆☆☆

VERSION RECOMMANDÉE

Cooper S

▲ POUR

• Lignes irrésistibles • Tableau de bord inspiré
• Comportement routier amusant
• Équipement complet • Coussins gonflables (4)

▼ CONTRE

• Coffre minuscule • Qualité d'assemblage à revoir • Commandes fragiles (lève-glace)
• Confort décevant

Était-ce vraiment nécessaire?

Comme si elle n'en avait pas assez sur les bras, la direction de Mitsubishi Canada a intégré dans son catalogue son porte-étendard, la Diamante. Était-ce vraiment nécessaire? Vendue, sans grand succès aux États-Unis depuis 1996, cette berline est assemblée en Australie où elle est connue sous le nom de Magna.

Hormis le segment des véhicules utilitaires, celui des berlines de luxe compactes est sans doute l'un des plus disputés de toute l'industrie. Chaque année débarque de nouveaux acteurs, plus sophistiqués, plus performants, plus fonctionnels. Même Hyundai et Kia n'ont pas su résister à la tentation de monter dans l'arène avec des automobiles au gabarit de limousine, richement équipées, mais vendues pour une bouchée de pain ou presque. Même si ses réalisations ont été accueillies mollement et sa notoriété reste encore à faire, Mitsubishi se lance à son tour dans la bataille.

Ceux et celles qui ont déjà croisé une Diamante aux États-Unis remarqueront que cette berline a retouché sa toilette cette année. Calandre et phares portent le sceau de la nouveauté. Est-ce suffisant pour séduire? Parions que non. La Diamante posera ses roues dans les salles d'exposition sans tambour ni trompette et aura du mal à diriger les projecteurs dans sa direction.

Si vous prenez rendez-vous avec elle, sachez qu'elle se décline en trois versions: LS,

GS et VR-X. La première nommée étant la plus accessible financièrement, mais aussi la moins bien équipée. La GS est sans doute le compromis idéal, même si la VR-X avec ses appendices sportifs ne manque pas de piment. Sachez résister aux appâts qu'elle vous tend puisque hormis son look athlétique et les cinq chevaux-vapeur additionnels que son moteur délivre, cette version est en tout point identique aux autres. Mêmes suspensions, mêmes pneumatiques, même force de couple.

Cela dit, règne à bord une impression de grands espaces où quatre adultes peuvent prendre place sans avoir à jouer du coude. Un troisième passager? Il devra composer avec l'accoudoir central et se priver d'appuie-tête. Une fois assis à l'avant, vous n'aurez aucune peine à trouver une position de conduite agréable, mais regretterez cependant que la colonne de direction ne se déplace que sur un seul axe, celui de la hauteur. De plus, au fil des kilomètres, peut-être trouverez-vous la console centrale un peu trop gênante. Sans doute aussi aurez-vous à redire sur le positionnement des commandes de la radio et de la climatisation, visiblement dessinées par un

styliste qui ignorait tout de l'ergonomie. De sorte qu'il faut régulièrement quitter la route des yeux. Par chance, les commandes de la radio sont dupliquées au volant. Même si son apparence fait franchement vieillot, le tableau de bord intègre un bloc d'instruments clair, lisible (tant que les rayons du soleil sont maintenus à l'écart) et complet. Surtout dans la version VR-X, qui fait patiner ses aiguilles sur fond blanc.

Si la Diamante ne se refuse rien, à condition de payer les suppléments exigés pour faire riche, la finition, elle, est pas mal, sans plus. Certains détails dénotent cependant pour un véhicule qui prétend représenter ce que Mitsubishi fait de mieux.

Diamant non taillé

Vrai, la Diamante n'en beurre pas épais sur le plan technique: elle mise plutôt sur des éléments connus et maîtrisés par Mitsubishi. Avant d'aller plus loin, précisons que la Diamante est une traction (roues avant motrices).

Sous le capot ronronne un V6 3,5 litres de 205 chevaux. Un moteur pas très raffiné (simple arbre à came), ni très performant puisqu'il s'époumone assez rapidement aussi bien au chapitre des accélérations que des reprises. Sa consommation d'essence est modérée, mais la «précieuse» recommande qu'on l'abreuve que de super. Par chance,

Prix du modèle à l'essai	*n.d.*
Échelle de prix	*n.d.*
Garanties	*3 ans 60 000 km / 7 ans 120 000 km*
Emp. / Long. / Larg. / Haut. (cm)	*272 / 498 / 178,5 / 143,5*
Poids	*1590 kg*
Coffre / Réservoir	*410 litres / 71 litres*
Coussins de sécurité	*frontaux et latéraux*
Suspension avant	*indépendante, jambes de force*
Suspension arrière	*indépendante, leviers multiples*
Freins av. / arr.	*disque*
Antipatinage / Contrôle de stabilité	*oui / non*
Direction	*à crémaillère*
Diamètre de braquage	*11,2 mètres*
Pneus av. / arr.	*215/60R16*

MOTORISATION ET PERFORMANCES

Moteur	*V6 3,5 litres*
Transmission	*traction, semi-automatique 4 rapports*
Puissance	*205 ch à 5000 tr/min*
Couple	*231 lb-pi à 4000 tr/min*
Autre(s) moteur(s)	*V6 3,5 litres 210 ch*
Autre(s) transmission(s)	*aucune*
Accélération 0-100 km/h	*8,6 secondes*
Reprises 80-120 km/h	*7,2 secondes*
Vitesse maximale	*200 km/h*
Freinage 100-0 km/h	*43,7 mètres*
Consommation (100 km)	*11,9 litres (super)*

cette mécanique est fiable, si l'on prête foi à nos collègues américains. Idem pour la transmission automatique, laquelle compte quatre rapports, soit un de moins que la norme actuelle dans ce segment de marché. Elle est lente, d'accord, mais elle fait son travail correctement.

Discrétion et confort

Même si ses lignes extérieures ne manquent pas de *sex-appeal,* reste que qualité et agrément de conduite ne sont pas tout à fait au goût du jour. La direction manque de consistance et ne donne nullement envie d'augmenter la cadence. Malgré tout, cette Mitsubishi se comporte dignement et sainement. Sur un long et monotone ruban d'asphalte, on reconnaît à la Diamante une grande stabilité et une prédisposition certaine à avaler sans effort les kilomètres qui s'étirent devant elle. À défaut de nous enthousiasmer par sa conduite, la Diamante surprend par sa discrétion et son confort. Les suspensions filtrent les imperfections

et le niveau sonore dans l'habitacle est fort convenable. Sur le plan du freinage, la Diamante ne casse rien, ni fracasse de records. Surtout la version de base qui exige un déboursé supplémentaire pour obtenir les services du système antiblocage et de l'antipatinage (de série dans les deux autres modèles). Un haut de gamme, vraiment?

De toute évidence, la Diamante n'a ni le raffinement ni la sophistication et encore moins le tempérament pour briller face à ses rivales. À tel point que même les Hyundai XG350 et Kia Amanti risquent de la faire mal paraître et de représenter une meilleure affaire. C'est tout dire et prouve que tout ce qui brille…

Éric LeFrançois

MODÈLES CONCURRENTS

• *Hyundai XG350* • *Kia Amanti* • *Lexus ES 330*

QUOI DE NEUF?

• *Nouveau modèle au Canada*

Renouvellement du modèle	*2005*

VERDICT

Agrément de conduite	★★★☆☆
Fiabilité	*nouveau modèle*
Sécurité	★★★☆☆
Qualités hivernales	★★★★½☆
Espace intérieur	★★★★½☆
Confort	★★★☆☆

VERSION RECOMMANDÉE

Qu'importe, aucune ne brille plus que l'autre

▲ POUR

• **Modèle dont la fiabilité a été éprouvée sur d'autres marchés** • **Assemblage de qualité**
• **Confort de roulement** • **Silhouette pas vilaine**

▼ CONTRE

• **Modèle trop coûteux et techniquement dépassé** • **Performances justes**
• **Habitacle terne**

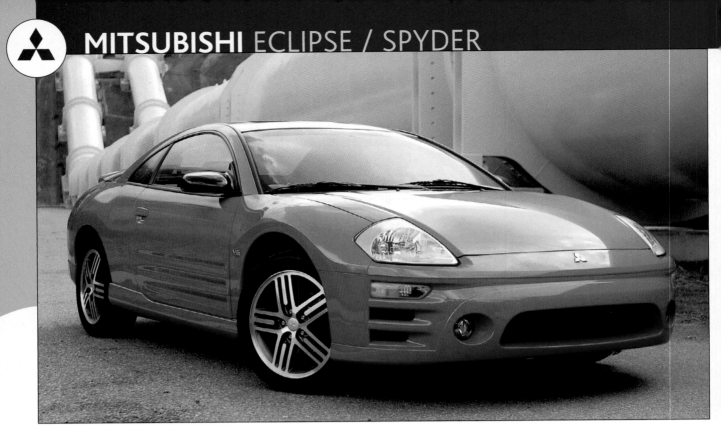

Trop chère

Avant que Mitsubishi ne fasse sa rentrée au pays, rares étaient les modèles Eclipse et Spyder que l'on pouvait voir sur nos routes. Certes, il y avait quelques Québécois qui, las d'attendre la venue du constructeur japonais au pays, avaient pris les devants en se procurant l'un de ces modèles chez nos voisins du sud. En se foutant de la faiblesse de notre dollar, ou des problèmes de réparation et de garantie liés à l'achat d'un véhicule hors frontière, ces derniers ont peut-être forcé la décision de Mitsubishi à traverser le 45ᵉ parallèle. Mais on en doute! On peut quand même saluer ces maniaques du *tuning* qui ne jurent que par les produits portant la marque aux trois losanges. En effet, les modèles Eclipse et Spyder exercent auprès de cette clientèle une fascination sans borne comme en témoigne les succès des films d'action de la série *Fast and furious*.

Selon la version, le coupé Eclipse et le cabriolet Spyder peuvent être animés par un quatre cylindres de 2,4 litres ou un V6 de 3 litres. Développant 200 chevaux, le V6 s'avère, et de loin, le plus performant des deux. Couplé à la boîte manuelle à 5 rapports, le 3 litres permet de passer de 0 à 100 km/h en moins de 8 secondes. Par rapport à des rivales comme l'Acura RSX Type S et la Celica GT-S, la courbe de puissance du V6 est plus linéaire et agréable à exploiter alors que le conducteur n'a pas à jouer dans la stratosphère du compte-tours pour tirer profit de la cylindrée.

Moins performantes, les versions RS et GS sont propulsées par un quatre cylindres de 2,4 litres. Fort de 147 chevaux avec la boîte manuelle, et 142 chevaux avec la boîte automatique, ce moteur ne peut être comparé à ceux des RSX et Celica. Il délivre toute sa puissance à bas régime et sa cavalerie n'a pas assez de sabots pour espérer déplacer avec aisance son poids de 1455 kilos (1225 kilos pour la RSX et 1116 kilos pour la Celica). À moins de trafiquer les organes mécaniques, l'Eclipse et la Spyder sont à des années-lumière des prestations offertes au cinéma. Non, mais sans blague! Est-ce que vous croyez toujours ce que vous voyez dans les films? Exception faite du futur sénateur Schwarzenegger, le reste est de la frime... Non!

Pour les crooners, une boîte semi-automatique à 4 rapports est offerte dans les versions GS et GT. Tandis que la RS de base se contente d'une boîte automatique à 4 rapports.

Grand-tourisme ou sportive

Malgré un roulis assez prononcé à haute vitesse, l'Eclipse affiche une bonne tenue de route dans les virages. Comme la Ford Mustang pourtant à essieu rigide arrière, la stabilité de l'Eclipse fait défaut en ligne droite. Est-ce un problème de pneus, de suspensions, ou d'équilibre des masses entre l'avant et l'arrière? Même en freinage d'urgence, le transfert de poids vers l'avant est déstabilisant et a pour effet d'augmenter la distance de freinage. En contrepartie, la suspension indépendante aux quatre roues est confortable et s'apparente plus à celle d'un coupé grand-tourisme que d'un coupé sport. La position de conduite est sans reproche. Les sièges sont confortables et ils offrent un bon maintien latéral. À l'arrière, la banquette est destinée à de jeunes enfants.

Si les lignes de carrosserie font craquer les jeunes gens. Il en va autrement avec l'aménagement et la finition de l'habitacle. L'instrumentation est facile à lire et les commandes respectent les règles ergonomiques, mais la présentation est fade et semble dater des années 1990. Si les stylistes se frottent les mains d'avoir réussi l'an dernier le remodelage extérieur de ces modèles, ils auraient avantage à faire de même avec la planche de bord. Au lieu de passer cette commande, on peut parier que les bonzes de Mitsubishi attendront l'arrivée de la nouvelle version prévue d'ici deux ans. En effet, une Eclipse entièrement redessinée basée sur la plate-forme

CARACTÉRISTIQUES

Prix du modèle à l'essai	Spyder GT 41 763 $
Échelle de prix	23 857 $ à 42 737 $
Garanties	3 ans 60 000 km / 5 ans 100 000 km
Emp. / Long. / Larg. / Haut. (cm)	256 / 449 / 175 / 131
Poids	1495 kg
Coffre / Réservoir	204 litres / 62 litres
Coussins de sécurité	frontaux latéraux
Suspension avant	indépendante, jambes de force
Suspension arrière	indépendante, multibras
Freins av. / arr.	disque ABS
Antipatinage / Contrôle de stabilité	oui
Direction	à crémaillère, assistée
Diamètre de braquage	12,2 mètres
Pneus av. / arr.	215/50R17

MOTORISATION ET PERFORMANCES

Moteur	V6 3 litres
Transmission	traction, manuelle 5 rapports
Puissance	200 ch à 5500 tr/min
Couple	205 lb-pi à 4000 tr/min
Autre(s) moteur(s)	4L 2,4 litres, 147 ch
Autre(s) transmission(s)	automatique 4 rapports
Accélération 0-100 km/h	7,9 s ; 10,1 s (4L)
Reprises 80-120 km/h	n.d.
Vitesse maximale	215 km/h ; 190 km/h (4L)
Freinage 100-0 km/h	44,0 mètres
Consommation (100 km)	11,8 litres (ordinaire)

MODÈLES CONCURRENTS

• Acura RSX • Ford Mustang • Hyundai Tiburon
• Toyota Celica

QUOI DE NEUF ?

• Rétroviseurs à commande électrique (RS)
• Système audio à 6 haut-parleurs (RS)
• Nouvelles couleurs à l'intérieur

Renouvellement du modèle	2006

VERDICT

Agrément de conduite	★★★★☆
Fiabilité	★★★★☆
Sécurité	★★★☆☆
Qualités hivernales	★★☆☆☆
Espace intérieur	★★☆☆☆
Confort	★★★☆☆

VERSION RECOMMANDÉE

GT

---

de la nouvelle Galant devrait être dévoilée en 2005 en tant que modèle 2006.

Et la version AWD

On se rappellera que Mitsubishi s'était bâtie une solide réputation au pays dans les années 1990 grâce à son modèle Talon. Vendu à l'époque par les concessionnaires Eagle-Jeep, ce modèle se distinguait de la concurrence avec son système de traction intégrale. Selon la demande, les dirigeants ne ferment pas les portes au retour éventuel d'une Eclipse à quatre roues motrices.

Curieusement, il est surprenant de constater qu'il faut être chanceux (ou très attentif) pour apercevoir une Eclipse ou une Spyder. Leur absence s'explique difficilement. Surtout qu'elles étaient attendues avec tant d'impatience. Pourquoi les acheteurs ne se précipitent-ils pas aux portes des concessionnaires. Peut-être ne sont-ils pas assez nombreux ? Après tout, ils ne sont que 11 au Québec, comparativement à 9 en Ontario ! Par ailleurs, on

peut s'interroger sur le prix des Eclipse et Spyder. Il faut débourser environ 32 000 $ pour rouler en Eclipse GT et 34 000 $ pour une GT Premium alors qu'une Acura RSX Type S ou une Celica GT-S se vend moins de 33 000 $. On peut se demander si la clientèle visée par Mitsubishi est en mesure et intéressée à payer un tel montant. La remarque est encore plus pertinente dans le cas de la Spyder puisqu'il faut emprunter entre 41 000 $ et 43 000 $ pour pouvoir rouler les cheveux au vent alors qu'une Mustang GT décapotable se transige à partir de 35 000 $. Somme toute, on se rend compte assez rapidement que l'Eclipse et la Spyder sont boudées par les jeunes consommateurs non pas par manque d'intérêt mais à cause de leur échelle de prix. Les dirigeants canadiens auraient avantage à revoir celle-ci s'ils veulent attirer des jeunes prospects.

Jean François Guay

▲ POUR

• Silhouette originale • Freinage efficace
• Moteur performant (V6) • Boîte manuelle agréable

▼ CONTRE

• Finition intérieure • Suspension mollasse
• Châssis manquant de rigidité • Banquette arrière étroite

COUP DE CŒUR

Visions d'Amérique

Pour pouvoir survivre dans le très compétitif marché des États-Unis et par la même occasion s'implanter solidement au Canada, la compagnie Mitsubishi se devait de revoir sa philosophie. Jusqu'à présent, la plupart des modèles commercialisés sur notre continent étaient des produits de conception japonaise adaptés à nos besoins. Les résultats n'ont pas été probants et une toute nouvelle structure a été implantée afin de pouvoir commercialiser des véhicules spécialement conçus pour le marché américain et même fabriqués en Amérique. Ce programme a été baptisé Projet America et l'Endeavor est le premier véhicule conçu dans le cadre de ce projet.

Il devenait impérieux pour ce constructeur japonais faisant partie de la grande famille DaimlerChrysler de prendre sa place dans le marché des véhicules hybrides, vous savez, ces utilitaires sport à vocation surtout urbaine dérivés d'une plate-forme de voiture. Incidemment, l'Endeavor possède pratiquement les mêmes éléments mécaniques que la nouvelle berline Galant. Dans un hybride, il faut également que le stylisme soit un peu plus « songé » que la moyenne, que l'habitacle assure le confort d'une berline et que le comportement routier permette de rouler sur une route sinueuse sans devoir crisper les mains sur le volant. Voyons donc ensemble si ce nouveau venu respecte ces critères.

Silhouette vénusienne?

Il faut se demander ce que les stylistes du studio californien de Mitsubishi mettent dans leurs céréales, mais il est certain que la présentation extérieure de l'Endeavor est loin de faire l'unanimité. La plupart des journalistes automobiles américains n'ont pas tellement apprécié les formes caricaturales de la partie avant et des parois latérales. La calandre semble avoir été inspirée d'un camion jouet tandis que les sculptures latérales ne font pas dans la discrétion. Les bordures des passages de roues semblent souffrir d'une quelconque infection, ce qui expliquerait leurs dimensions exagérées. Ces deux éléments sont reliés par un panneau de caisse en relief qui accentue l'effet de débordement.

Certains chroniqueurs se sont offusqués de cette exagération et ont même parlé de stylisme vénusien. On pourrait argumenter longtemps sur la planète qui a inspiré les

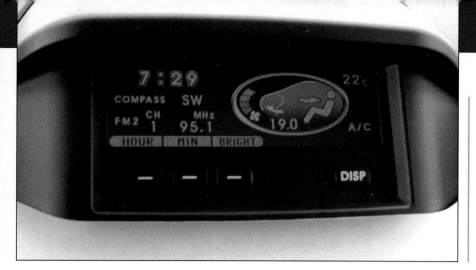

Design *ghetto blaster*

Il aurait été saugrenu de concocter une présentation extérieure aux lignes spectaculaires pour retomber dans le classicisme dans l'habitacle. La pièce de résistance est sans aucun doute le tableau de bord avec sa partie centrale constituée par une console de couleur titane qui ressemble plus à un *ghetto blaster* qu'à un centre de commande d'un véhicule automobile. Cette similitude est accentuée par la présence d'une buse de ventilation à ailettes de chaque côté de ce module central.

créateurs, mais il est certain que cette silhouette ne laisse personne indifférent. Mais au lieu de parler de concept interplanétaire,

il faudrait sans doute utiliser les qualificatifs caricatural, audacieux ou adolescent. Je vous laisse le choix.

Personnellement, cette présentation ne me dérange pas. Elle manque quelque peu de subtilité, mais elle permet aux gens de remarquer l'Endeavor dans la circulation. Le porte-bagages avec ses gros tubes en aluminium met l'accent sur le caractère aventureux de cette catégorie de véhicules tandis que la petite glace triangulaire placée juste après le pilier A apporte une touche intéressante. Par contre, les rétroviseurs extérieurs semblent avoir été oubliés lors de la conception et placés là par après. Et pourquoi utiliser une ouverture rectangulaire dans le pare-chocs pour y abriter un phare antibrouillard de forme circulaire ?

Malgré une présentation qui ne plaira pas à tout le monde, il faut préciser que les commandes sont toutes à la portée de la main en plus d'être faciles à identifier et à manipuler. De plus, chaque bouton circulaire tourne avec une certaine résistance, comme s'il était relié à un rhéostat de grande précision. Le soir, une couleur bleutée filtre par les orifices, permettant d'identifier les commandes. Les deux cadrans indicateurs sont de bonnes dimensions. Cerclés d'un anneau de couleur titane et superposés l'un à l'autre, ils sont faciles à lire. Comme les autres commandes, un halo bleuté les éclaire le soir.

Mais le gadget qui fait le plus discuter est ce petit écran LCD superposé à la console centrale qui sert à transmettre des informations

sur de nombreuses fonctions, notamment la chaîne audio, la climatisation, l'heure et la consommation moyenne. C'est simple et pratique. Par contre, les illustrations choisies pour cet accessoire nous portent à croire qu'il a été emprunté à un produit Fisher-Price.

Le levier de sélection des vitesses est monté en plein centre de la console du plancher. Une plaque de couleur titane est utilisée pour délimiter sa position. Détail à souligner, sous l'accoudoir central se trouve un espace de rangement fermé par un couvercle doté d'une échancrure permettant de l'ouvrir plus facilement. Deux prises électriques sont situées sur le pourtour de cette ouverture.

L'agencement des textures, des couleurs et des tissus est sans reproche. De plus, les sièges sont confortables et l'accès à bord se fait aisément, que ce soit en avant ou aux places arrière. Le dégagement pour la tête, les jambes et les épaules est adéquat peu importe la position qu'on occupe dans le véhicule. De plus, le dossier de la banquette arrière est de type 60/40. L'accoudoir central arrière, très large, se replie verticalement pour faire place à un passager au centre. Cette opération permet également d'assurer un appuie-tête à ce dernier.

Par contre, le système de navigation par satellite et une troisième rangée de sièges brillent par leur absence. Si le premier accessoire est considéré comme un gadget inutile sur le marché canadien, une troisième rangée de sièges pourrait convaincre certains acheteurs.

Une mécanique sobre

Si certains critiques accusent les stylistes de l'Endeavor de délire créatif, il est impossible de porter un tel jugement à propos des ingénieurs qui ont développé les éléments

mécaniques. La plate-forme est plutôt conventionnelle si ce n'est la présence de renforts transversaux placés en des endroits stratégiques dans le but d'améliorer la rigidité en torsion et pour diffuser l'énergie en cas d'impact latéral.

Un seul moteur est au catalogue. Il s'agit d'un V6 de 3,8 litres de 215 chevaux dérivé du moteur V6 3,5 litres utilisé dans le Montero Sport. En plus de l'augmentation de la course et de l'alésage, plusieurs améliorations ont été apportées à ce bloc en fonte et aux culasses en alliage. Une boîte automatique à quatre rapports est la seule au programme et son système

Sportronic permet de l'utiliser en mode manumatique.

La suspension avant est de type MacPherson tandis que l'essieu arrière indépendant est contrôlé par des liens multiples. Un détail en passant, le tuyau d'échappement passe au travers des éléments de cette suspension et semble donc vulnérable, même si tout s'est bien déroulé lors de notre essai. Il est possible de choisir entre une traction ou une transmission intégrale. Cette dernière est reliée à un différentiel central qui répartit le couple en mode 50/50. Dernier détail, quatre freins à disque ont pour mission de ralentir ou d'immobiliser l'Endeavor tout en jouant un rôle

important dans les systèmes d'antipatinage et de stabilité latérale.

Un fidèle allié

Il est vrai que le moteur V6 de 3,8 litres s'essouffle à haut régime. La tenue de route est bonne sans surpasser celle d'un Honda Pilot par exemple. Mais, à l'usage, force est d'admettre que ce Mitsubishi s'est révélé un moyen de transport pratique, confortable et toujours en mesure de se prêter sans problème à la situation du moment. Sur la grandroute, c'est surtout le silence de roulement, la facilité de dépasser, une bonne position de conduite et un siège du conducteur confortable qui nous permettent d'apprécier ce Mitsubishi dans nos déplacements quotidiens. Des détails comme une facilité d'accès à toutes les places, un hayon aisé à soulever, une soute à bagages convenable et une consommation de carburant pas plus mauvaise que celle de la plupart de ses concurrentes sont d'autres commentaires positifs enregistrés dans notre carnet.

Par contre, comme dans tous les autres modèles de ce genre, le passage des vitesses en mode manuel est une perte de temps. De plus, les freins se sont montrés spongieux à quelques reprises. D'ailleurs, la distance de freinage est correcte sans plus.

L'Endeavor est un hybride honnête tant en fait de fiche technique que de comportement routier tout en se révélant pratique dans la vie de tous les jours. Reste à savoir si sa silhouette tourmentée et la faible diffusion des véhicules Mitsubishi seront des facteurs négatifs aux yeux des acheteurs.

Denis Duquet

CARACTÉRISTIQUES

Prix du modèle à l'essai	LTD AWD 35 000 $ (estimé)
Échelle de prix	n.d.
Garanties	3 ans 60 000 km / 5 ans 100 000 km
Emp. / Long. / Larg. / Haut. (cm)	275 / 483 / 187 / 177
Poids	1885 kg
Coffre / Réservoir	1152 à 2163 litres / 81 litres
Coussin de sécurité	frontaux et latéraux
Suspension avant	indépendante, jambes de force
Suspension arrière	indépendante, liens multiples
Freins av. / arr.	disque ABS
Antipatinage / Contrôle de stabilité	oui
Direction	à crémaillère, assistée
Diamètre de braquage	12,5 mètres
Pneus av. / arr.	235/65R17

MOTORISATION ET PERFORMANCES

Moteur	V6 3,8 litres
Transmission	intégrale, automatique 4 rapports
Puissance	215 ch à 5000 tr/min
Couple	250 lb-pi à 3750 tr/min
Autre(s) moteur(s)	aucun
Autre(s) transmission(s)	aucune
Accélération 0-100 km/h	8,9 secondes
Reprises 80-120 km/h	7,3 secondes
Vitesse maximale	195 km/h
Freinage 100-0 km/h	43,0 mètres
Consommation (100 km)	12,7 litres (ordinaire)
Niveau sonore	Ralenti : 41,6 dB
	Accélération : 73,4 dB
	100 km/h : 68,7 dB

MODÈLES CONCURRENTS

• *Buick RendezVous* • *Honda Pilot* • *Nissan Murano*
• *Subaru Forester* • *Toyota Highlander*

VERDICT

Agrément de conduite	★★★★☆
Fiabilité	nouveau modèle
Sécurité	★★★★☆
Qualités hivernales	★★★★☆
Espace intérieur	★★★★☆
Confort	★★★½☆

VERSION RECOMMANDÉE

XLS AWD

▲ POUR

• Présentation moderne • Moteur adéquat
• Équipement complet • Tenue de route équilibrée • Tableau de bord complet

▼ CONTRE

• Silhouette caricaturale • Fiabilité inconnue
• Faible distribution • Performances moyennes
• Freinage un peu long

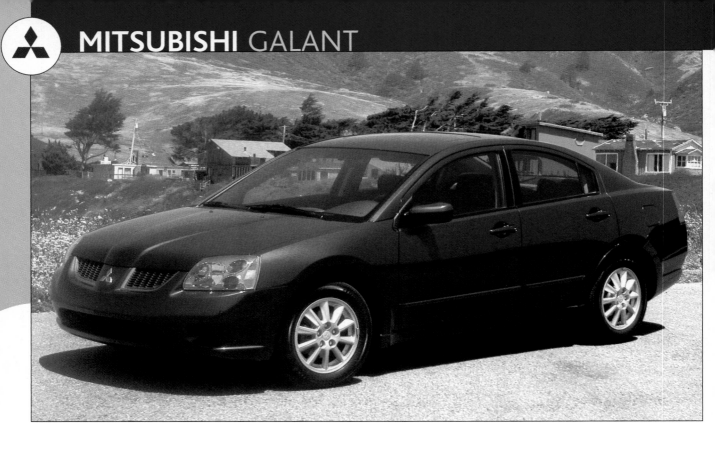

Un rôle déterminant

La compagnie Mitsubishi est présente au Canada depuis plusieurs mois maintenant, mais les chances que vous ayez croisé une Galant sur la route restent rares. Malgré la popularité de la catégorie, cette berline intermédiaire est passée pratiquement inaperçue. Et pour réussir en Amérique, il faut connaître du succès dans ce créneau, le plus animé du marché. À l'exception bien entendu du Québec où les compactes dominent. Quoi qu'il en soit, la direction de Mitsubishi fonde beaucoup d'espoirs sur l'arrivée de cette nouvelle génération de la Galant. D'autant plus que celle-ci est spécifiquement conçue pour répondre aux attentes des automobilistes d'ici.

Comme Honda, Nissan et Toyota, Mitsubishi ne tente plus d'adapter un modèle japonais aux attentes des Nord-Américains. La nouvelle génération est spécifiquement destinée à notre marché avec ses dimensions adaptées à nos besoins. Ce qui explique sans doute pourquoi la Galant 2004 est plus longue de 7 cm et plus large de 9 cm tandis que son empattement a été allongé de 11 cm. Pas besoin d'être un ingénieur chevronné pour conclure que le niveau de confort sera haussé sous tous les aspects tandis que le fait d'allonger l'empattement assure des places arrière plus confortables.

Toujours au chapitre du confort, il a été démontré plus d'une fois qu'une plate-forme très rigide permet d'utiliser des amortisseurs plus souples sans nuire pour autant à la tenue de route. Celle de la Galant est sensiblement la même que celle de l'Endeavor et se révèle au moins deux fois plus rigide en torsion et en flexion que le modèle précédent. La suspension avant est à jambes de force MacPherson qui sont reliées à la carrosserie par des membres transversaux en acier très rigide. Cela a pour but de réduire considérablement le sautillement du train avant sur mauvaise route et les déflections latérales dans les virages.

Comme il se doit, la suspension arrière est indépendante et de type à leviers multiples. Cette suspension est très compacte et basse afin d'optimiser la capacité de chargement du coffre à bagages. Bien entendu, un sous-châssis à l'avant permet de mieux isoler le moteur et de réduire les vibrations et le bruit.

Des lacunes corrigées

L'ancienne Galant montrait des déficiences sous plusieurs aspects, mais sa principale faiblesse était son moteur quatre cylindres de 2,4 litres qui était essoufflé, même avant de démarrer. Pour remédier à cela, les ingénieurs ont complètement redessiné ce moteur tout en lui greffant un système de calage des soupapes continuellement variable et de multiples améliorations aux éléments internes. À part la cylindrée, tout a été remplacé ou presque et la puissance est dorénavant de 160 chevaux, un gain de 20 chevaux par rapport à l'édition 2003. Soulignons que cette version du moteur 2,4 litres sera également utilisée cette année dans l'Outlander, ce qui viendra, là aussi, corriger la plus importante lacune de ce modèle.

Ce moteur 2,4 litres ne peut être commandé avec une boîte manuelle, tout comme le moteur V6 3,8 litres. Mais ce dernier est associé à une boîte automatique à quatre rapports de type Sportronic qui permet de passer les rapports en mode manumatique. Plusieurs auraient sans doute préféré une boîte automatique à cinq rapports, mais il faudra patienter encore. Selon un porte-parole de Mitsubishi, cela pourrait être possible en 2006. Ce moteur V6 a également été modifié. Sa puissance est maintenant de 230 chevaux, un bond de 40 chevaux par rapport à l'édition 2003.

L'une des autres faiblesses de cette Mitsubishi était une silhouette anonyme et un habitacle trop générique. Les stylistes ont planché fort pour donner à cette nouvelle Galant une allure plus moderne et ils ont réussi dans l'ensemble. Les passages de roues en relief,

CARACTÉRISTIQUES

Prix du modèle à l'essai	GTS 32 500 $ (estimé)
Échelle de prix	n.d.
Garanties	3 ans 60 000 km / 5 ans 100 000 km
Emp. / Long. / Larg. / Haut. (cm)	275 / 484 / 184 / 147
Poids	1655 kg
Coffre / Réservoir	376 litres / 67 litres
Coussins de sécurité	frontaux et latéraux
Suspension avant	indépendante, jambes de force
Suspension arrière	indépendante, multibras
Freins av. / arr.	disque
Antipatinage / Contrôle de stabilité	oui / non
Direction	à crémaillère, assistance variable
Diamètre de braquage	12,2 mètres
Pneus av. / arr.	215/55R17

MOTORISATION ET PERFORMANCES

Moteur	V6 3,8 litres
Transmission	traction, automatique 4 rapports
Puissance	230 ch à 5250 tr/min
Couple	250 lb-pi à 4000 tr/min
Autre(s) moteur(s)	4L 2,4 litres 160 ch
Autre(s) transmission(s)	aucune
Accélération 0-100 km/h	8,7 secondes
Reprises 80-120 km/h	6,8 secondes
Vitesse maximale	205 km/h
Freinage 100-0 km/h	44,0 mètres
Consommation (100 km)	10,2 litres (ordinaire)

MODÈLES CONCURRENTS

• Honda Accord • Mazda6 • Nissan Altima • Toyota Camry

QUOI DE NEUF ?

• Nouveau modèle

Renouvellement du modèle	Nouveau modèle

VERDICT

Agrément de conduite	★★★⯪☆
Fiabilité	nouveau modèle
Sécurité	★★★★☆
Qualités hivernales	★★★⯪☆
Espace intérieur	★★★★☆
Confort	★★★⯪☆

VERSION RECOMMANDÉE

LS

les phares de route très stylisés et une partie arrière rehaussée par des feux imposants lui permettent de sortir de l'anonymat. Par contre, je m'érige en faux contre la calandre à deux naseaux qui ressemble à celle des Pontiac et qui vient enlever quelque peu d'originalité à la présentation.

Jusqu'à cette année, l'habitacle était «drabe à mort». Cette nouvelle génération innove avec sa console centrale verticale de couleur titane, parsemée de gros boutons de commandes faciles à identifier et à manipuler. La partie supérieure de cette console abrite un petit écran LCD affichant graphiquement les réglages de la climatisation. Enfin, les cadrans indicateurs sont à fond blanc et lettres noires. Jadis le talon d'Achille de cette Mitsubishi, les sièges avant sont confortables et assurent un bon support latéral tandis que les places arrière conviendront à toutes les tailles.

Sur la route, la nouvelle Galant est une voiture bien équilibrée, possédant une suspension confortable et une bonne tenue de route. Les dizaines de kilomètres parcourus Sur le tracé sinueux utilisé lors de la présentation de la voiture sur la côte ouest américaine nous ont convaincus de ses qualités en virage. Sa stabilité en ligne droite est bonne tandis que la direction n'est pas trop assistée. De plus, le moteur V6 est fort bien adapté à cette voiture et il permet de boucler le 0-100 km/h en moins de 9 secondes. Ce n'est rien d'exceptionnel, mais c'est quand même acceptable pour la catégorie. Par contre, le moteur quatre cylindres est toujours un peu juste en dépit d'une augmentation de sa puissance cette année. Dans certaines côtes, il semblait peiner à la tâche.

Malgré quelques bémols, la nouvelle Mitsubishi Galant est une voiture nettement plus moderne et plus confortable tout en offrant un agrément de conduite digne de la catégorie dans laquelle elle évolue.

Denis Duquet

▲ POUR

• Silhouette moderne • Moteur V6
• Plate-forme rigide • Tenue de route équilibrée
• Choix de modèles

▼ CONTRE

• Freinage moyen • Absence de boîte manuelle • Suspension ferme (GTS)
• Moteur 4 cylindres un peu juste

Pourquoi?

Le constructeur nippon Mitsubishi est débarqué chez nous à l'automne 2002 armé d'une belle réputation chez nos voisins du sud. Peu à peu, nous commençons à douter du jugement de nos copains américains. N'allez pas croire que Mitsubishi ne présente que des voitures mal foutues. La Lancer, par exemple, n'est pas une mauvaise bagnole. Mais quand on attaque des grosses pointures comme les Honda Civic, Toyota Corolla ou Mazda3, on est mieux d'être blindé... Ou de courir vite!

Malheureusement, malgré les prétentions de Mitsubishi qui voit dans cette voiture de route une digne émule de la version de rallye, il n'y a pas grand-chose qui relie les deux véhicules. La Lancer est le modèle d'entrée de gamme de Mitsubishi et se décline en trois niveaux: ES, LS, O-Z Rally. Un nouveau modèle nous arrivera cet automne: la Sportback. Nous y reviendrons.

Mitsubishi se targue de présenter une bombe, mais la Lancer constitue une berline tout ce qu'il y a de plus conventionnel. Tout d'abord, le moteur de 2 litres, le même pour tous les modèles, ne connaît pas le mot «douceur». Au ralenti, le son peu mélodieux de ses quatre cylindres vient envahir l'habitacle. Quant aux performances, aucun danger de se fracturer le crâne sur l'appuie-tête. Le 0-100 km/h s'effectue en 10,7 secondes et les reprises 80-120 km/h en 10,2 secondes, ce qui la place en deçà des Civic, Corolla et Mazda3.

C'est le pouce qui compte

Il arrive, à l'occasion, que le comportement routier d'une voiture compense pour son manque de performances. Pensons à la Miata peu puissante mais ô combien agréable à piloter. Malheureusement, dans le cas qui nous intéresse, la tenue de route souffre d'une suspension calibrée «confort» plutôt que «performance». De plus, on a affublé le modèle de base de pneus de 14 pouces, trop petits. Ces maigres chicots sont en grande partie responsables d'un sous-virage prononcé. De plus, la direction semble se foutre de sa fonction première, soit de diriger les roues avant. Oh! elle le fait toujours, mais avec un certain délai, surtout si elle se sent brusquée! Une Lancer LS ou O-Z Rally, équipée de pneus de 15 pouces et de roues en alu, présente les mêmes défauts mais à bien moins grande échelle. Les deux modèles, cependant, souffrent des mêmes saperlipopette de pédales d'embrayage et d'accélérateur très difficiles à moduler. Même après plusieurs centaines de kilomètres, je n'arrivais pas encore à changer les vitesses sans faire «kicker» l'embrayage à l'occasion. Au moins, le levier de vitesses se manie agréablement. Quant aux freins, il faudrait être soit fou, soit très mal pris pour les pousser à leurs limites. Bêtise sérieuse, l'ABS n'est disponible, en option, que dans les versions LS et O-Z.

À l'intérieur de n'importe quelle version, les tempéraments «picosseux» pourront pérorer à souhait contre les reflets du soleil qui empêchent de voir l'horloge ou l'affichage de la radio, les boutons rotatifs du chauffage qui semblent tourner sur un roulement à billes fabriqué dans les années 1700, le chauffage pas très puissant, la console mal dessinée et des vitres électriques qui refusent de fonctionner dès que Monsieur Mercure descend sous le point de congélation. En revanche, les sièges se montrent agréables et facilitent une bonne position de conduite grâce à un ajustement en hauteur. Le volant se prend bien en main et les insertions d'imitation bois ou titane ajoutent une petite touche de luxe (la seule) qui est la bienvenue.

À venir, la Sportback

Dans le but de profiter du regain de popularité des *hatchback*, Mitsubishi présente cette année sa Sportback, disponible en deux versions: LS et Ralliart. Cette dernière mouture a été concoctée pour offrir un tant soit peu

CARACTÉRISTIQUES

Prix du modèle à l'essai	berline O-Z Rally 21 895 $
Échelle de prix	16 000 $ à 25 000 $
Garanties	3 ans 60 000 km / 5 ans 100 000 km
Emp. / Long. / Larg. / Haut. (cm)	260 / 451 / 169,5 / 139
Poids	1225 kg
Coffre / Réservoir	320 litres / 50 litres
Coussins de sécurité	frontaux
Suspension avant	indépendante, jambes de force
Suspension arrière	indépendante, multibras
Freins av. / arr.	disque / tambour (ABS opt.)
Antipatinage / Contrôle de stabilité	non
Direction	à crémaillère, assistée
Diamètre de braquage	10,3 mètres
Pneus av. / arr.	195/60R15

MOTORISATION ET PERFORMANCES

Moteur	4L 2 litres
Transmission	traction, manuelle 5 rapports
Puissance	120 ch à 5500 tr/min
Couple	130 lb-pi à 4250 tr/min
Autre(s) moteur(s)	aucun
Autre(s) transmission(s)	automatique 4 rapports
Accélération 0-100 km/h	10,7 secondes
Reprises 80-120 km/h	10,2 secondes (4e)
Vitesse maximale	190 km/h
Freinage 100-0 km/h	33,0 mètres
Consommation (100 km)	9,2 litres (ordinaire)

MODÈLES CONCURRENTS

- Chevrolet Cavalier • Dodge SX • Ford Focus
- Honda Civic • Hyundai Elantra • Mazda3 • Saturn Ion
- Suzuki Aerio • Toyota Corolla

QUOI DE NEUF ?

- Version Sportback • Retouches esthétiques extérieures et intérieures pour tous les modèles

Renouvellement du modèle	2005 ½

VERDICT

Agrément de conduite	★★★☆☆
Fiabilité	★★★☆☆
Sécurité	★★★☆☆
Qualités hivernales	★★★★☆
Espace intérieur	★★★★☆
Confort	★★★★☆

VERSION RECOMMANDÉE

Lancer LS

de performances sportives aux amateurs frustrés par le manque de sérieux de l'O-Z Rally.

Les deux modèles, probablement offerts au moment où vous lisez ces lignes, profitent d'un moteur quatre cylindres de 2,4 litres développant 160 chevaux pour la LS et 162 pour la Ralliart. Parlez-moi d'une grosse différence ! Suspension plus solide, freins à disque de bonnes dimensions, ABS de série, roues de 16 pouces et détails aérodynamiques sont offerts de série. Voilà une bien belle invitation à la conduite sportive, d'autant plus que le son du moteur intéresse l'oreille du pilote averti. Mais, fausse note suprême, pas de boîte manuelle. Quel manque d'opportunisme lorsqu'on sait que la clientèle visée par cette voiture est celle des moins de 30 ans, amateurs de «tuning» et de performances.

François Duval, qui a assisté au lancement de la Sportback Ralliart et qui n'en est pas à ses premiers tours de roues en matière de conduite sportive, a noté, malgré une transmission automatique, un comportement sportif très agréable même si le moteur de 162 chevaux aurait pu profiter d'une meilleure mise au point. Au moins, la courbe de puissance est bien étalonnée. La Ralliart s'est montrée confortable et la combinaison suspension/pneus/moteur représentait un bel équilibre. Même si les prix ne sont pas encore confirmés, on parle d'environ 25 000 $ pour la Ralliart. On pourra aussi opter pour cette version de la berline et là, la transmission manuelle sera offerte. Tâchez de comprendre…

La gamme Lancer s'étoffe de plus en plus et c'est tant mieux. Espérons que le manque de raffinement, la qualité de fabrication très moyenne et une fiabilité à prouver n'étoufferont pas les propriétaires… Malgré des prix compétitifs, pour l'instant, une location serait amplement suffisante.

Alain Morin / François Duval

▲ POUR

- **Suspension confortable • Version Ralliart**
- **Espace intérieur intéressant • Mécanique facile à entretenir**

▼ CONTRE

- **Performances moyennes • Version ES à fuir**
- **Manque de raffinement généralisé**
- **Embrayage et accélérateur rébarbatifs**

COUP DE POING

Montero Sport

Le pire et «le plus pire»!

Mitsubishi est arrivée au Canada à l'automne 2002 avec de bien grands espoirs… qui n'ont pas été comblés. Et Mitsubishi n'a qu'elle-même à blâmer. Par exemple, dans une catégorie aussi importante et compétitive que celle des véhicules utilitaires sport (VUS), le plus américain des constructeurs japonais n'a pas grand-chose d'intéressant à nous proposer.

I y a, certes, le tout nouveau Endeavour et le très récent Outlander qui font partie des belles réalisations de Mitsubishi. Mais les deux Montero, eux, semblent avoir été conçus à une époque où personne n'avait jamais songé à inclure les mots «plaisir» et «conduite» dans la même phrase! Aussi, l'idée de donner le même nom à deux véhicules très différents (il y a autant de différences entre un Montero et un Montero Sport qu'entre une poignée de tiroir et un melon d'eau), l'idée donc, est plutôt discutable.

Pourtant, certaines caractéristiques (un mot très correct pour dire «défauts») se retrouvent dans les deux VUS. Tâchons d'y voir plus clair…

Montero: dommage…

Le Mitsubishi Montero est plus imposant que son cousin, le Montero Sport. Il s'agit, en fait, d'un véhicule très haut sur pattes, pas laid du tout et qui dégage une impression de solidité qui ne se dément pas. Aucun changement notable pour 2004 et les dénominations XLS

et Limited reviennent. Cette dernière version se veut la plus cossue et son prix la place directement dans la mire des Acura MDX, Chevrolet Tahoe et Toyota 4Runner de ce monde. Mais franchement, le Montero a bien peu à proposer pour les concurrencer. Certes, les sièges se montrent très confortables, la qualité des matériaux est à la hauteur et la chaîne audio de 315 watts vous fera jouir les tympans. Mais Mitsubishi a oublié d'engager des ergonomes pour agencer le tout! Par exemple, les porte-verres sont pratiquement inaccessibles pour le conducteur, les différents écrans deviennent illisibles dès que le moindre rayon de soleil se pointe et les ceintures de sécurité à l'avant refusent de s'enrouler lorsqu'on en a terminé. De belles appliques de faux bois et de faux titane ajoutent classe et dignité au tableau de bord, mais l'accès à bord se révèle assez pénible à cause d'un marchepied pas assez large.

Sur la route, on est d'abord surpris par les dimensions importantes du Montero. Le moteur V6 de 3,8 litres de 215 chevaux peine un peu à tirer les 2170 kilos, mais je présume

qu'on n'achète pas un Montero pour faire un «show de boucane» chaque fois que le feu passe au vert… La transmission automatique à cinq rapports avec possibilité de changer les rapports manuellement travaille doucement et avec compétence. C'est sur le plan du freinage, cependant, que le poids élevé du Montero se fait le plus sentir. Bon point, en revanche, pour l'ABS qui fonctionne discrètement. Les suspensions offrent un grand débattement qui procure un confort appréciable aux occupants. En contrepartie, ce débattement donne l'impression que le véhicule danse continuellement sur la route et la première courbe mal estimée fera pencher dangereusement la caisse. Notons que le Montero est considéré par plusieurs experts comme un des pires VUS en termes de tendance au capotage. Même s'il faut vraiment être malchanceux pour en arriver à cette triste issue, le fait demeure que le Montero peut être dangereux. Inutile de préciser que ce gros VUS se montre particulièrement sensible aux vents latéraux et engloutit une quantité incroyable d'essence.

Le Montero est plutôt fait pour l'aventure hors route. Il peut compter sur un châssis d'une rigidité exemplaire, sur un couple moteur intéressant et sur un système de traction pas très sophistiqué mais efficace. En mode normal, le Montero est une propulsion mais, selon

Montero

les besoins, le conducteur peut changer le rapport du boîtier de transfert.

Montero Sport : pourquoi « Sport » ?

Le très mal nommé Montero Sport affiche un style plus vieillot que son grand cousin. Si son style carré peut plaire à certains, la direction encore plus floue qu'un discours de ministre, des freins ABS qui interviennent trop rapidement dès que le sol n'est pas parfaitement sec et dur ainsi qu'une inondation de décibels à la moindre accélération en feront déchanter plusieurs.

Heureusement, pour 2004, le moteur de 3 litres n'est plus offert. Désormais, les 197 chevaux du V6 de 3,5 litres feront la besogne. Tout comme dans le Montero, seule la transmission automatique est offerte mais, dans le cas présent, elle ne propose que quatre rapports et n'offre pas la possibilité de changer les rapports manuellement. Encore une fois, c'est plutôt le couple qui intéresse avec ses 223 lb-pi

disponibles à 3500 tr/min. C'est suffisant pour se tirer d'à peu près toutes les situations boueuses. Le système de traction diffère de celui du Montero en ce sens qu'il s'agit d'un type « intégral ». Lorsque la chaussée se dégrade, un visco-coupleur transmet la puissance nécessaire aux roues possédant le plus de traction, sans l'intervention du conducteur. Par contre, pour les rares fois où les conditions deviendraient inquiétantes au point de faire hésiter Indiana Jones, le conducteur a toujours la possibilité de verrouiller lui-même le boîtier de transfert. Au Canada, seule la version quatre roues motrices du Montero Sport est offerte.

Ces deux VUS ne font vraiment pas le poids par rapport à la concurrence à cause de leur manque d'agrément de conduite, de leur absence générale de raffinement et, pire, de leurs prix trop élevés. De plus, la fiabilité des produits Mitsubishi reste à déterminer et la valeur de revente ne semble pas plus haute qu'il faut.

Alain Morin

▲ POUR

- Confort de haut niveau • Transmission douce (Montero) • Espace de chargement royal • Compétent en conduite hors route

▼ CONTRE

- Direction empâtée • Soif jamais assouvie (Montero) • Fragile au froid • Accélérations très « sonores » (Montero Sport)

CARACTÉRISTIQUES

Prix du modèle à l'essai	Limited 52 125 $
Échelle de prix	n.d.
Garanties	3 ans 60 000 km / 5 ans 100 000 km
Emp. / Long. / Larg. / Haut. (cm)	278 / 483 / 189,5 / 181,5
Poids	2170 kg
Coffre / Réservoir	1127 à 2730 litres / 90 litres
Coussins de sécurité	frontaux et latéraux
Suspension avant	indépendante, leviers triangulés
Suspension arrière	indépendante, multibras
Freins av. / arr.	disque ABS
Antipatinage / Contrôle de stabilité	oui
Direction	à crémaillère, assistance variable
Diamètre de braquage	11,4 mètres
Pneus av. / arr.	265/70R16

MOTORISATION ET PERFORMANCES

Moteur	V6 3,8 litres
Transmission	intégrale, automatique 5 rapports
Puissance	215 ch à 5500 tr/min
Couple	248 lb-pi à 3250 tr/min
Autre(s) moteur(s)	V6 3,5 litres 197 ch (Montero Sport)
Autre(s) transmission(s)	auto. 4 rapports (Montero Sport)
Accélération 0-100 km/h	12,4 secondes
Reprises 80-120 km/h	8,5 secondes
Vitesse maximale	185 km/h
Freinage 100-0 km/h	47,7 mètres
Consommation (100 km)	19,3 litres (ordinaire)

MODÈLES CONCURRENTS

- Acura MDX • Dodge Durango • Ford Expedition • GMC Envoy • Honda Pilot • Infiniti QX4 • Jeep Grand Cherokee • Nissan Pathfinder • Toyota 4Runner

QUOI DE NEUF ?

- Abandon du moteur V6 3 litres • Dénominations remaniées (Montero Sport) • Nouvelles couleurs (Montero) • Système DVD et toit ouvrant en option dans Montero

Renouvellement du modèle	n.d.

VERDICT

Agrément de conduite	★★☆☆☆
Fiabilité	★★☆☆☆
Sécurité	★★☆☆☆
Qualités hivernales	★★★★☆
Espace intérieur	★★★★★
Confort	★★★☆☆

VERSION RECOMMANDÉE

Montero XLS

Eux, ils écoutent...

«Un utilitaire en quête de moteur», écrivions-nous à la suite de notre prise en main de l'Outlander que Mitsubishi nous destinait. Preuve que les dirigeants tiennent compte des commentaires de la presse spécialisée, à peine un an après sa sortie, l'utilitaire compact est passé par le gymnase pour augmenter sa masse musculaire et nous offrir 20 chevaux supplémentaires sous le pied droit. Cela suffira-t-il à le faire sortir de l'ombre?

Si vous deviez arriver en retard pour un dîner, que feriez-vous? Vous aviseriez vos hôtes. Oui, mais ensuite? Histoire d'excuser votre retard, je parierais que vous auriez également la délicatesse d'apporter une bouteille de vin de qualité supérieure, une boîte de chocolats, peut-être même un bouquet de fleurs…?

Tout cela pour dire que Mitsubishi a mis beaucoup de temps avant d'inscrire une nouveauté dans ce créneau. Suffisamment en tout cas pour analyser l'orientation prise par la concurrence et prendre le pouls du marché, lequel, comme on sait, bat à un rythme accéléré ces dernières années. Malheureusement, à l'exception de son joli minois, l'Outlander n'a guère plus à offrir que les autres.

En fait, n'eût été des diamants (hiéroglyphe de la marque) de Mitsubishi tatoués sur son front, cet utilitaire compact, avec son petit air agressif et m'as-tu-vu, pourrait aisément passer pour une réalisation de Pontiac. Son petit nez boursouflé et ses yeux rieurs donnent à l'Outlander une bouille sympathique, et plu-

sieurs lui trouvent des ressemblances avec la défunte RX 300 de Lexus. Ses fesses rebondies, sans doute? Quoi qu'il en soit, l'important à retenir est que, sur le plan aérodynamique, la carrosserie de l'Outlander ne résiste pas aux vents contraires avec la même force que ses concurrents, comme en témoigne son Cx (coefficient de traînée aérodynamique) de 0,39.

Deux versions de l'Outlander nous sont de nouveau proposées: LS et XLS. Cette dernière, la plus coûteuse des deux, a eu jusqu'ici la faveur populaire. Il est bon de savoir que la LS n'est pas à dédaigner pour autant. Sa liste d'accessoires est pratiquement aussi longue que celle de la XLS. Les différences se trouvent surtout au chapitre des dispositifs de sécurité. En revanche, toutes les Outlander sont équipées de série d'un climatiseur, d'une colonne de direction inclinable, d'un régulateur de vitesse et de glaces électriques.

Sur le plan de la décoration intérieure, on a orné la LS d'appliques de plastique singeant la fibre de carbone pour alléger une atmosphère autrement un peu tristounette. Par

ailleurs, même si le coussin des baquets en obligera certains à conduire sur la pointe des fesses, les baquets procurent assez de confort pour ne pas craindre les longues randonnées. Sommes-nous plus gâtés si nous voyageons à l'arrière? A priori, oui: dossier inclinable aux contours bien taillés, dégagement suffisant pour la tête et les jambes et, surtout, des appuie-tête réglables pour tout le monde. On regrette cependant pour les petits que le coussin de la banquette n'ait pas été surélevé pour chasser l'impression qu'ils auront d'être emmurés. Le nombre limité d'espaces de rangement pour ranger vos disques compacts, votre cellulaire, etc. est aussi à déplorer.

Pour sa part, le coffre affiche un volume de chargement assez impressionnant (d'autant plus que le dossier se rabat en tout ou en partie), mais on retient surtout son accès facile, et ce, malgré l'impossibilité de soulever la lunette indépendamment du hayon. Dommage!

Plus de sabots sous le capot

Soucieuse de faire taire les critiques, la direction de Mitsubishi glisse 20 chevaux supplémentaires sous le capot de l'Outlander cette année. Avec 160 chevaux maintenant, le quatre cylindres de 2,4 litres est désormais en mesure de livrer bataille à la vaste majorité de

CARACTÉRISTIQUES	
Prix du modèle à l'essai	31 653 $
Échelle de prix	24 197 $ à 31 653 $
Garanties	3 ans 60 000 km / 5 ans 100 000 km
Emp. / Long. / Larg. / Haut. (cm)	265 / 455 / 175 / 168,5
Poids	1570 kg
Coffre / Réservoir	1708 l, banquette rabattue / 59 l
Coussins de sécurité	frontaux et latéraux (opt.)
Suspension avant	indépendante, jambes de force
Suspension arrière	indépendante, leviers multiples
Freins av. / arr.	disque tambour
Antipatinage / Contrôle de stabilité	non
Direction	à crémaillère
Diamètre de braquage	11,4 mètres
Pneus av. / arr.	225/60R16

MOTORISATION ET PERFORMANCES	
Moteur	4L 2,4 litres
Transmission	intrégale ; semi-auto. 4 rapports
Puissance	160 ch à 5750 tr/min
Couple	157 lb-pi à 2500 tr/min
Autre(s) moteur(s)	aucun
Autre(s) transmission(s)	traction, semi-auto. 4 rapports
Accélération 0-100 km/h	11,6 secondes
Reprises 80-120 km/h	n.d.
Vitesse maximale	185 km/h
Freinage 100-0 km/h	46,2 mètres
Consommation (100 km)	11,2 litres (ordinaire)

MODÈLES CONCURRENTS

• Ford Escape • Honda CR-V • Subaru Forester
• Toyota RAV4

QUOI DE NEUF ?

• Moteur plus puissant

Renouvellement du modèle	2007

VERDICT

Agrément de conduite	★★★★☆
Fiabilité	données insuffisantes
Sécurité	★★★☆☆
Qualités hivernales	★★★★☆
Espace intérieur	★★★★☆
Confort	★★★☆☆

VERSION RECOMMANDÉE

XLS

ses rivaux. Vingt chevaux, ça ne change pas le monde, mais ils permettent tout de même à l'Outlander de faire meilleure figure au chapitre des accélérations et des reprises. Et pour qu'on puisse faire le plein de sensations à son volant, l'Outlander retient toujours les services d'une transmission semi-automatique à quatre rapports qui semble moins étourdie que l'année dernière. En d'autres mots, elle chasse moins et file le parfait bonheur avec le quatre cylindres.

Souplesse suspecte

Sur la route, à vitesse de croisière, la cabine n'a aucune peine à laisser les décibels à l'extérieur. Pour ajouter au confort, les éléments suspenseurs de l'Outlander filtrent efficacement les imperfections de la chaussée. En revanche, il y a un revers à cette souplesse : la conduite est moins incisive. Ainsi, la prise de roulis demeure assez marquée dans les virages tandis que la direction se révèle particulièrement légère en position centrale, ce

qui forcera les conducteurs nerveux à faire d'incessantes corrections du volant. Autre inconfort : le diamètre de braquage, plutôt important par rapport aux meilleures de la catégorie, rend les manœuvres de stationnement difficiles.

Même s'il est doublé d'un antiblocage optionnel (dans la LS), le freinage (disque/tambour) peine à immobiliser cette Mitusbishi sur de courtes distances en plus de nous offrir une pédale à la fois spongieuse et difficile à moduler. C'était du moins le cas dans le modèle essayé.

Bilan mitigé donc pour l'Outlander qui, malgré son moteur revitalisé, n'a pas ce petit je-ne-sais-quoi qui lui permettrait se détacher de la meute des utilitaires. Considérant son retard, on se serait attendu à plus. Était-ce trop demander ?

François Duval / Éric LeFrançois

▲ POUR

• Confort de roulement • Présentation intérieure agréable • Moteur plus énergique • Allure sympathique

▼ CONTRE

• Transmission parfois étourdie • Pas d'antipatinage dans la version tractée • Freinage manque de mordant • Prix un brin élevé

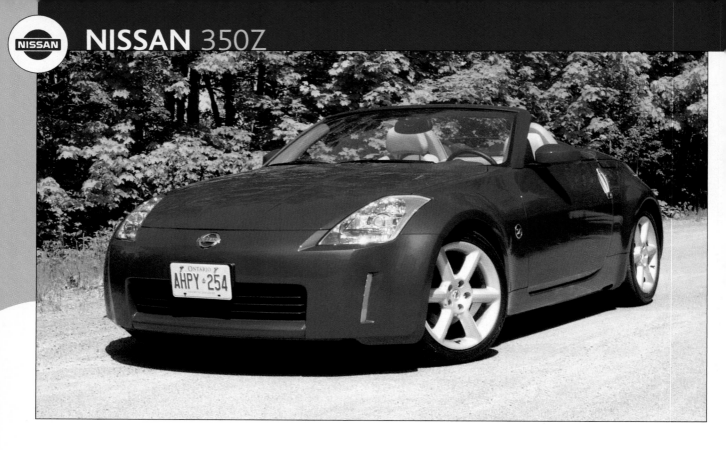

Mission accomplie, presque

Énoncé de mission : faire renaître la Datsun 240Z, voiture sport culte des années 1970. Objectif : reprendre sa place de choix dans le créneau de plus en plus porteur de la véritable voiture sport et faire ainsi concurrence aux allemandes qui en font presque un monopole.

Tel était l'objectif que s'était fixé Nissan pour le lancement en 2003 de la 350Z, héritière en titre et en esprit de la légendaire Datsun 240Z, celle qui avait réussi pratiquement à elle seule à construire la réputation de Datsun – devenue par la suite Nissan – en Amérique du Nord. Une réputation de robustesse et de performances confirmée par de nombreux succès sur piste et en rallye, des succès qui font aujourd'hui de la première Z une voiture prisée par les collectionneurs et les nostalgiques des voitures sport d'avant le déluge. Ce déluge étant celui des normes antipollution et des dispositifs de sécurité qui ont freiné pendant 20 ans le développement de ce créneau et signé l'arrêt de mort de nombreux modèles et de plusieurs marques. Fin de cette note historique. Allons à présent voir si la nouvelle venue réussit à accomplir sa mission.

Si le démarrage du magnifique V6 de 3,5 litres ne laisse pas, par le bruit qu'il émet, deviner ce qui s'en vient, il est facile de constater au bout de quelques centaines de mètres que la 350Z va en mettre plein le chronomètre.

Avec ses 287 chevaux et ses 274 lb-pi de couple, le V6 répond « Présent ! » et permet de boucler le 0 à 100 km/h en 7 secondes et d'atteindre la vitesse inutile de 250 km/h. Secondé par une boîte manuelle à six vitesses précise et bien étagée, ce moteur devient une merveille de souplesse et de disponibilité à tous les régimes. Avec un vroum-vroum un peu plus... sexy, il serait parfait. Certes, il pourrait aussi être plus puissant, mais soyons honnêtes : la très grande majorité des automobilistes qui disposent de plus de 300 chevaux ne savent pas quoi faire de toute cette puissance et, à l'instar des amateurs d'utilitaires supposément sport qui ne s'aventurent jamais hors route, ces sportifs de salon ne se servent presque jamais de la puissance maximale qui, devons-nous le rappeler, n'arrive que lorsque l'aiguille du compte-tours frise les 6000 tr/min. En somme, 287 chevaux bien exploités, c'est bien suffisant.

Donc, la 350Z déménage, du moins pour votre humble serviteur. Mais est-ce qu'elle freine aussi bien ? Réponse courte : oui. Même sans les quatre freins Brembo livrables en option, les généreux pneus de 18 pouces « font

la job » et réussissent à bien ralentir la bête. Mais s'ils tiennent bien la route, ces bandages à profil bas gonflés à 34 livres vous secouent aussi l'anatomie, car la suspension ne parvient pas à compenser la dureté des pneus, notamment sur chaussée dégradée. Certes, la tenue de route est remarquable, mais cette fermeté de suspension agace et nuit à l'agrément général.

Quant à la direction précise et bien dosée, elle permet de bien placer la voiture en virage et contribue au caractère sportif de la Z. Dernier commentaire sur l'agrément de conduite : les sièges. Enveloppants, bien profilés, les baquets garnis de cuir vous tiennent bien en place, condition essentielle pour la conduite sportive. Voilà pour le comportement dynamique de la Z qui, à quelques détails près, remplit le mandat fixé.

Reste le style. Et là, les opinions divergent, même si la 350Z a reçu plusieurs titres l'an dernier, notamment celui du Design de l'année. Eh bien ! moi, je ne suis pas d'accord. Non pas que la Z ne soit pas réussie sur le plan esthétique. D'ailleurs, s'inspirant amplement de l'Audi TT, elle peut difficilement déplaire. Mais là où le bât blesse, c'est qu'elle ne rappelle aucunement la légendaire 240Z à qui, rappelons-le, elle doit son hérédité. Je l'ai bien zieutée de toutes parts : aucune ressemblance avec « ma » Z. À la limite, on pourrait dire que

CARACTÉRISTIQUES	
Prix du modèle à l'essai	manuelle 47 000 $
Échelle de prix	45 900 $ à 56 300 $
Garanties	3 ans 60 000 km / 5 ans 100 000 km
Emp. / Long. / Larg. / Haut. (cm)	265 / 431 / 182 / 131,5
Poids	1473 kg
Coffre / Réservoir	193 litres / 76 litres
Coussins de sécurité	frontaux, latéraux et tête
Suspension avant	indépendante, multibras en aluminium
Suspension arrière	indépendante, multibras
Freins av. / arr.	disque ventilé, ABS
Antipatinage / Contrôle de stabilité	oui
Direction	à crémaillère, assistance variable
Diamètre de braquage	10,8 mètres
Pneus av. / arr.	225/45WR18 / 245/45WR18

MOTORISATION ET PERFORMANCES	
Moteur	V6 3,5 litres
Transmission	propulsion, manuelle 6 rapports
Puissance	287 ch à 5200 tr/min
Couple	274 lb-pi à 4800 tr/min
Autre(s) moteur(s)	aucun
Autre(s) transmission(s)	automatique 5 rapports
Accélération 0-100 km/h	7,0 s ; 7,2 s (auto.)
Reprises 80-120 km/h	6,2 s (4e) ; 6,0 s (auto.)
Vitesse maximale	250 km/h
Freinage 100-0 km/h	34,0 mètres
Consommation (100 km)	11,0 litres (super)

la forme de la petite glace latérale rappelle celle de la vraie Z, mais avouez que c'est faible. Or, et j'insiste bien là-dessus, pour qu'une voiture puisse perpétuer le mythe d'une célèbre devancière, IL FAUT qu'elle évoque l'ancêtre, ne serait-ce qu'un tout petit peu. C'est ce qui permet de dire : c'est la nouvelle 911, la nouvelle Jaguar, la nouvelle Corvette, la nouvelle Mustang, etc. Autrement, c'est tout simplement une nouvelle voiture, et même si elle est réussie, elle n'a pas le droit d'usurper ce nom qui ne lui appartient pas.

Sur le plan design, c'est donc – encore une fois à mon humble avis – à refaire. Et pour vous prouver que c'est possible d'évoquer le passé sans s'y soumettre, passons à l'intérieur où les stylistes ont su rappeler la 240Z avec ces trois petits instruments ronds plantés en fuseau sur le tableau de bord. Ils sont superbes. Mais malheureusement, ces mêmes stylistes se sont arrêtés là, sans doute épuisés par cet effort de «créativité». C'est peut-être pour cette raison qu'ils ont complètement raté

le bloc d'instruments principal revêtu d'un plastique argenté *cheap*. Quant aux panneaux des portes tout noirs, sans aucun relief, on dirait que Nissan a manqué d'argent à la dernière minute. Franchement, il y a moyen de faire mieux !

Car quand on paye près de 50 000 $, on mérite, outre des performances à la hauteur de la note, un style, une allure, un dessin, tant intérieur qu'extérieur, qui permettent à tout un chacun de dire : c'est la Z !

Quant au cabriolet, il est identique au coupé sur le plan mécanique et possède le même comportement. À l'œil toutefois, surtout avec la capote en place, on dirait un chapeau écrasé. Décidément, cette Z a maille à partir avec le style.

Alain Raymond

MODÈLES CONCURRENTS

• Audi TT • BMW Z4 • Chrysler Crossfire • Honda S2000
• Mazda RX-8 • Mercedes-Benz SLK • Porsche Boxster

QUOI DE NEUF ?

• *Nouveau modèle*

Renouvellement du modèle   Cabriolet 350Z en 2004

VERDICT

Agrément de conduite	★★★★☆
Fiabilité	★★★★☆
Sécurité	★★★★☆
Qualités hivernales	★★★☆☆
Espace intérieur	★★★☆☆
Confort	★★★☆☆

VERSION RECOMMANDÉE

Version de base, manuelle 6 rapports

▲ POUR

• Moteur souple et suffisamment puissant
• Freinage à la hauteur des performances
• Prix abordable • Bel agrément de conduite

▼ CONTRE

• Style peu évocateur de la Z • Suspension raide • Finition intérieure indigne
• Faible visibilité arrière

Tout ce qui monte...

Oui, tout ce qui monte doit un jour redescendre. Encensée par la critique à ses débuts, l'Altima se retrouve aujourd'hui à l'ombre des projecteurs. Le renouvellement successif de la Camry, de l'Accord et de la 626 n'a fait qu'accentuer ses défauts et détourner nos regards. Dieu que le monde est cruel.

Si cette entrée en matière brosse un tableau plus pessimiste de l'Altima, il est bon de rappeler qu'il s'agit de l'inexorable destin auquel est confronté, un jour ou l'autre, toute création automobile. Rappelons cependant à notre mémoire que l'Altima a été la pierre angulaire du renouveau de Nissan. Autant la génération précédente était incolore, inodore et sans saveur, autant la génération actuelle a suscité et suscite toujours l'appétence (qualificatif rarement attribué à une Nissan au cours des dix dernières années) des consommateurs à la recherche d'une berline spacieuse et accessible financièrement. Sacrée voiture de l'année dès sa sortie, l'Altima n'a pas mis de temps à faire tinter le tiroir-caisse de Nissan et du coup donner le coup d'envoi au plan de restructuration concocté par Carlos Gohsn. Seulement voilà, les fleurs lancées devant les roues de cette Nissan se fanent maintenant que la concurrence montre des crocs plus acérés.

La très forte opposition des Camry, Accord et 6 n'explique pas tout. Rappelez-vous que l'Altima fut développée au cœur d'une période d'incertitudes politiques et financières, il y avait, hypothétiquement, tout lieu de craindre que ses concepteurs aient été contraints de faire certaines économies de bouts de chandelle.

Mais les conditions dans lesquelles a pris naissance cette Nissan importent peu comparativement aux promesses de réussite qu'elle a su tenir. Il faut dire que les responsables de la commercialisation ont enfin compris que pour convaincre dans ce segment, l'Altima ne devait plus être confinée à un rôle de soutien, histoire de ménager l'ego de la Maxima et de ses propriétaires. D'ailleurs, avant que le porte-étendard de Nissan change de peau au printemps 2004, l'Altima n'avait guère à envier à sa grande sœur. Bien sûr, la qualité des matériaux était moins cossue, la boîte manuelle à six rapports refusait de s'acoquiner au moteur V6, etc. En revanche, sur le plan des dimensions intérieures, l'Altima se révélait la plus spacieuse des deux.

Inutile de chercher midi à quatorze heures, l'Altima nous revient inchangée cette année. Seule une nouvelle teinte extérieure vient colorer la palette existante. Elle conserve conséquemment la forme d'une berline racée assaisonnée d'un zeste d'extravagance avec ses feux arrière verticaux et translucides, que la concurrence n'a pas mis de temps à singer. Hormis la toute jeune Mazda6, cette Nissan cultive toujours une certaine différence face à ses rivales et par-dessus tout apporte un soupçon d'audace dans une catégorie habituellement frileuse.

Des signes de fatigue

Bien que cette Altima se trouve à cent lieues de sa devancière en matière de comportement routier, elle commence à montrer des signes de fatigue face à ses principales concurrentes. D'ailleurs, pour prendre la mesure de ces dernières, l'Altima ouvre, on le sait, son capot à un puissant moteur V6 capable de livrer de solides performances. Pour faire étalage de son brio, cette mécanique exige toutefois que deux conditions soient réunies. D'abord, que la chaussée soit parfaitement sèche (autrement les roues motrices patinent furieusement), ensuite que vos deux mains soient solidement agrippées au volant qui cherche inévitablement à imposer sa direction à l'image d'une girouette qui se la fait dicter par le vent. L'effet de couple est, bien entendu, moins prononcé dans les versions animées du quatre cylindres de 2,5 litres et c'est tant

mieux puisque celles-ci sont tristement dépourvues d'un précieux dispositif antipatinage. Peu importe la mécanique que vous inviterez à se glisser sous le capot, vous aurez toujours le choix entre deux boîtes de vitesses. La manuelle, offerte de série, est peu agréable à utiliser en raison d'une commande un peu coriace et une course plutôt longuette. Quant à l'automatique, elle exécute correctement son boulot.

Un train avant libertin

L'effet de couple ou le manque de souplesse du levier de vitesses ne sont pas les seuls éléments qui portent plus flanc à la critique. À ces deux-là s'ajoutent: train avant «libertin», éléments suspenseurs rigides, tenue de cap parfois aléatoire sur chaussée mal pavée. Et ce n'est pas tout, la qualité de l'assemblage et de la finition ne figurent pas, elles non plus, parmi les principales vertus de l'Altima. Les accostages entre les différents éléments ne sont pas parfaits et la qualité des plastiques (grain, tex-

ture) n'atteint pas les standards de ses concurrentes. Il y a aussi l'apparence «très années soixante-dix» du bloc d'instrumentation avec son éclairage orangé et son graphisme vieillot. En revanche, reconnaissons que la position de conduite est agréable (de série, la colonne de direction est inclinable et télescopique), les sièges et la banquette sont fermes mais confortables et les diverses commandes aussi ergonomiques que fonctionnelles. Le coffre, pour sa part, se révèle facile à charger (seuil peu élevé) et modulable puisque le dossier de la banquette se rabat en deux sections inégales pour accroître le volume de chargement.

En résumé, ce portrait en est un assez dur de l'Altima qui, aujourd'hui plus qu'hier, résiste difficilement aux arguments avancés par la concurrence. Preuve que tout ce qui monte doit un jour redescendre.

Éric LeFrançois

▲ POUR

- Silhouette réussie • Habitabilité et coffre
- Moteurs costauds et durables
- Prix attractifs

▼ CONTRE

- Effets de couple en accélération (V6 surtout)
- Qualité des matériaux intérieurs • Finition inégale • Boîte manuelle caoutchouteuse

Double personnalité

À l'époque où Nissan était à la dérive sur les plans financier, esthétique et commercial, la Maxima était l'un des rares modèles à succès de la marque nippone. Malgré ses allures de voiture de directeur de funérailles, elle représentait l'une des bonnes valeurs sur le marché autant en raison de ses performances et de ses dimensions que de son excellente fiabilité. Son comportement routier et un moteur V6 aussi increvable que nerveux étaient des atouts supplémentaires que personne n'espérait obtenir dans une voiture vendue à ce prix.

C'était à l'époque où l'Altima connaissait une diffusion limitée. Mais depuis deux ans, la nouvelle version de cette dernière, fort en demande, porte ombrage à la Maxima malgré les retouches apportées à cette dernière. Il était impérieux de la remplacer par un modèle plus luxueux et à la silhouette plus audacieuse sans pour autant empiéter sur les plates-bandes de l'Altima. Les concepteurs de la sixième génération de la Maxima savaient à quoi s'en tenir : cette berline devait être le porte-étendard de la marque !

L'héritage de la Z
La venue de la 350Z avait pour but de galvaniser l'esprit d'équipe et de mettre la marque en évidence. Mais elle a fait plus que cela. Dans certains cas, tout repose sur cette dernière ou tout s'y rapporte. Par exemple, la silhouette est inspirée par ce coupé sport autant en raison de sa calandre que par la courbe du

toit tandis que le capot est même doté de deux rainures, elles aussi inspirées de la Z.

La présentation de l'habitacle est de même inspiration, du moins en ce qui concerne les principaux éléments. Trois tubes placés côte à côte et reliés à la colonne de direction permettent une bonne visibilité des instruments et un réglage efficace afin d'optimiser la position de conduite. Enfin, l'incontournable volant à trois branches avec ses rayons garnis d'appliques en aluminium brossé est sans doute le même que celui utilisé dans tous les modèles Nissan dévoilés récemment.

Parmi les caractéristiques exclusives à la nouvelle Maxima, il faut mentionner le toit Skyroof constitué de deux hublots rectangulaires fixes respectivement placés au-dessus des occupants des places avant et arrière. Un toit

Sport ou confort

Pour répondre aux exigences du nouveau standing de la Maxima, ses concepteurs ont allongé son empattement de 7,4 cm et sa longueur hors tout de 5 cm. Elle est également légèrement plus large et plus haute que la 2003. Bien entendu, pour respecter la tendance du moment, la nouvelle carrosserie est plus rigide de 40 %. Il s'agit en fait de la plate-forme FF-L déjà utilisée pour l'Altima, la Murano et la Quest. La Maxima n'est donc plus équipée de cette suspension arrière multibras

ouvrant conventionnel est également offert. L'autre astuce est la présence d'une version à deux sièges individuels arrière au lieu d'une banquette. Leurs occupants seront plus à l'aise, mais le dossier arrière ne peut être rabattu dans ce modèle. Seule une trappe d'accès pour de longs objets est prévue. Les berlines cinq places bénéficient, elles, d'un dossier rabattable.

La nouvelle Maxima a du panache, c'est incontestable. Il est toutefois dommage de constater que la finition de la plupart des modèles essayés était irrégulière, à preuve les nombreux bruits de caisse.

à essieu rigide, mais d'une suspension indépendante à liens multiples utilisant de nombreuses composantes en aluminium. Comme il fallait s'y attendre, elle est propulsée par l'incontournable moteur V6 3,5 litres qui développe 265 chevaux cette fois.

Passons aux détails maintenant puisque la plus luxueuse des Nissan est proposée en deux versions : la SE avec sa suspension sport et ses pneus de 18 pouces et la SL, visant le confort. Cette dernière est nettement plus bourgeoise. Elle est uniquement offerte avec la boîte automatique à quatre rapports, une banquette arrière et une suspension plus

Contrepartie

Si Ford avait encore des affinités avec Nissan, la Maxima pourrait facilement être vendue sous le nom de Taurus. C'est en effet ce à quoi devrait ressembler une Taurus bien fignolée avec ses grandes qualités et ses petits défauts. Par exemple, l'apparence peu soignée des plastiques de la présentation intérieure sent la voiture nord-américaine à plein nez, mais le tissu habillant les contre-portes rachète un peu la situation. Les fauteuils sont d'un confort exceptionnel et il suffit de lorgner l'épaisseur des dossiers pour constater que Nissan n'a pas lésiné de ce côté.

À l'avant comme à l'arrière, on a de l'espace à revendre et l'immense pare-brise découvre la route à la façon d'un écran panoramique. Le tableau de bord avec son bloc d'instruments qui se déplace en même temps que le volant est facilement lisible et on ne peut que lui reprocher son côté déjà-vu puisque Nissan et Infiniti l'utilisent à outrance. Et que dire de l'écran central avec ses multiples données quasi illisibles par temps ensoleillé ?

À l'accélération, la Maxima impressionne avec son gros V6 de 3,5 litres vif comme l'éclair et sa transmission automatique bien adaptée. Nissan n'arrive toujours pas malheureusement à maîtriser l'effet de couple de ses tractions dont le volant « tire » à qui mieux mieux d'un côté ou de l'autre selon l'humeur du revêtement. La tenue de route n'en reste pas moins très potable tout comme le comportement routier en général. Le bruit de vent par contre se manifeste plus que de raison à grande vitesse. La faute n'est toutefois pas majeure. Bref, la Maxima de Nissan est une voiture très aimable, spacieuse, bien équipée, confortable et nantie d'un moteur plus en verve que le six cylindres en ligne d'une BMW 530. Si seulement Ford avait pu aller dans cette direction avec la Taurus, la marque centenaire ne s'en porterait que beaucoup mieux.

Jacques Duval

souple associée à des pneus de 17 pouces. Les modèles SE peuvent être commandés en version cinq places ou quatre places en plus de proposer une boîte manuelle à six rapports et l'automatique à cinq vitesses.

Un plouc au volant

Mon premier contact avec cette nouvelle venue est survenu à Hollywood, en Californie. J'avais alors hérité d'une SE quatre places dotée de la boîte manuelle à six rapports. Après avoir solidement agrippé le volant en accélération en raison d'un effet de couple fort intimidant, je me suis aventuré dans Sunset Boulevard. Chaque fois que je changeais de rapport, la voiture devenait instable et l'accélérateur géré par fil (drive by wire), se payait ma tête en continuant à alimenter le moteur en carburant une fraction de seconde. De plus, la suspension ferme faisait sautiller la voiture. Bref, j'avais l'air d'un plouc au superlatif et les conducteurs des autres voitures me jetaient des regards désapprobateurs dans le genre : « Hé ! Va apprendre à conduire ! »

Un autre essai effectué au volant d'une SL m'a permis de faire meilleure figure sur le même parcours et d'apprécier le raffinement du châssis, le confort des sièges et le comportement routier très sophistiqué de cette Nissan.

De retour au Québec, j'ai passé une semaine au volant d'une SE quatre places équipée de la boîte automatique à cinq rapports. Ce modèle est plus intéressant à piloter que la SL, trop bourgeoise à mon goût, mais dont la suspension plus souple convient mieux à notre réseau routier. La tenue de route de la SE est supérieure à celle de la SL, mais les amortisseurs sont fermes et le volant sert d'agent de transmission des trous et bosses de la chaussée. Il faut de plus souligner que le moteur 3,5 litres est toujours fidèle à sa réputation au chapitre des performances. Il m'a permis de boucler le 0-100 km/h en 6,9 secondes tandis que la consommation de carburant de 13,8 litres aux 100 km est dans la moyenne pour une voiture de cette catégorie. Par contre, il doit être alimenté au super, ce qui entraîne une dépense additionnelle.

Attention à l'Acura TL

Prometteuse dans sa version « Sport », la nouvelle Maxima est toutefois handicapée par une suspension très ferme qui risque d'en décourager plusieurs. La SL offre davantage de confort, mais elle est plus boulevardière. Malgré tout, cette berline a plus de qualités que de défauts. Et si jamais on parvient à resserrer la qualité de l'assemblage, elle sera encore plus désirable.

Il y a toutefois un os dans la soupe. La nouvelle Acura TL réussit à mieux combiner le confort et la tenue de route tandis que ses performances sont dans la même fourchette. En revanche, la TL n'a pas de toit Skyroof ni de siège arrière double. Alors !

Denis Duquet

CARACTÉRISTIQUES

Prix du modèle à l'essai	SE 4Portes Navi 43 800 $
Échelle de prix	34 500 $ à 43 800 $
Garanties	3 ans 60 000 km / 5 ans 100 000 km
Emp. / Long. / Larg. / Haut. (cm)	282 / 492 / 182 / 148
Poids	1651 kg
Coffre / Réservoir	424 litres / 75 litres
Coussin de sécurité	frontaux, latéraux et tête
Suspension avant	indépendante, jambes de force
Suspension arrière	indépendante, multibras
Freins av. / arr.	disque ABS
Antipatinage / Contrôle de stabilité	oui
Direction	à crémaillère, assistance variable
Diamètre de braquage	12,2 mètres
Pneus av. / arr.	245/45R18

MOTORISATION ET PERFORMANCES

Moteur	V6 3,5 litres
Transmission	traction, automatique 5 rapports
Puissance	265 ch à 5800 tr/min
Couple	255 lb-pi à 4400 tr/min
Autre(s) moteur(s)	aucun
Autre(s) transmission(s)	manuelle 6 rapports; automatique 4 rapports (SL)
Accélération 0-100 km/h	6,9 secondes
Reprises 80-120 km/h	5,8 secondes
Vitesse maximale	233 km/h
Freinage 100-0 km/h	36,8 mètres
Consommation (100 km)	13,8 litres (super)
Niveau sonore	Ralenti : 40,5 dB
	Accélération : 74,6 dB
	100 km/h : 69,8 dB

MODÈLES CONCURRENTS

• Acura TL • Audi A6 • Buick LeSabre • Chrysler 300M
• Pontiac Grand Prix • Subaru Legacy • Toyota Avalon

VERDICT

Agrément de conduite	★★★★☆
Fiabilité	nouveau modèle
Sécurité	★★★★☆
Qualités hivernales	★★★☆☆
Espace intérieur	★★★★☆
Confort	★★★☆☆

VERSION RECOMMANDÉE

SE Auto

▲ POUR	▼ CONTRE
• Silhouette dynamique • Moteur bien adapté • Boîte automatique 5 rapports • Tenue de route saine • Équipement complet	• Finition perfectible • Suspension trop ferme • Bruits de caisse • Effet de couple dans le volant • Système de navigation peu convivial

Belle d'un jour ?

Au premier abord, j'avais de la difficulté à croire que cet élégant VUS avait été conçu par le même constructeur qui nous avait proposé une multitude de modèles tous aussi moches les uns que les autres en matière d'apparence. Il suffit de mentionner les modèles Stenza, Pulsar et Micra pour nous remémorer des voitures insipides. En revanche, Nissan s'est souvent rachetée avec des versions mieux réussies comme le furent les 300ZX et le Pathfinder de la première génération. C'est probablement cette influence qui a inspiré l'équipe du Murano qui a réussi tout un exploit en redéfinissant les critères esthétiques de la catégorie.

Compte tenu de la vocation ville et champs du Murano, il est normal que les stylistes aient tenté d'y marier les éléments visuels d'un VUS et d'une automobile. Notons par exemple que le hayon de forme arrondie est à la fois spectaculaire et léger, étant fait de matériau composite. Pour un look plus viril, on l'a aussi doté de pneus de 18 pouces qui remplissent fort bien les passages de roues.

Spectaculaire et pratique

À l'intérieur, on a innové avec un tableau de bord qui semble sorti tout droit d'un prototype... ou d'une 350Z. Précisons que le pédalier est réglable tandis que le volant se déplace en même temps que la nacelle des instruments. Mais la pièce de résistance demeure le module central abritant les commandes de la climatisation, de la chaîne audio, de l'ordinateur de bord et du système de navigation offert en option. Par contre, il faut déplorer l'emplacement de la télécommande des rétroviseurs et des commutateurs des sièges chauffants. Placés à l'extrémité avant de la console centrale, ils sont difficiles d'accès. Tout ce design d'avant-garde n'est pas du tape-à-l'œil puisque la qualité de la finition et des matériaux est à souligner. L'habitacle du Murano regorge d'espaces de rangement grâce, par exemple, à un bac de console centrale à deux niveaux. Et j'ai apprécié le fait que le téléphone mobile, les lunettes de soleil, la monnaie, les verres et les bouteilles d'eau disposent chacun d'un espace déterminé. Plus petit que le Pathfinder, le Murano fait presque match égal avec celui-ci en ce qui concerne la soute à bagages. J'ai bien aimé la présence de tirettes de déblocage des dossiers arrière 60/40. Il suffit de tirer sur l'un des deux boutons placés le long de chaque paroi arrière pour que les dossiers se rabattent individuellement.

l'Altima. Le Murano est offert avec la transmission Xtronic à rapports continuellement variables. C'est une première pour la catégorie, du moins en ce qui concerne un moteur V6. L'un des problèmes de ce type de transmission est le fait qu'il est difficile d'obtenir un frein moteur, une caractéristique essentielle dans un véhicule qui pourrait être utilisé hors route de temps à autre. La transmission du Murano comprend trois paliers de fonctionnement. Le premier sert pour l'utilisation normale, le deuxième pour rouler à des vitesses

Une traction convertie

Si Nissan réussit à multiplier les nouveaux modèles à une telle cadence, c'est qu'elle utilise certains éléments clés pour développer plusieurs véhicules. Par exemple, l'Infiniti FX45 est une propulsion qui a été transformée en intégrale. Elle partage son châssis avec les Nissan 350Z et Infiniti G35. Le Murano hérite en fait de la plate-forme FF-L, la même que celle de l'Altima. C'est d'ailleurs le moteur V6 de cette dernière qu'on retrouve sous le capot. D'une puissance de 240 chevaux, il est fort bien adapté. Mais là s'arrête la similitude avec

assez lentes et le troisième offre un frein moteur plus important. Une telle boîte est plus légère, assure une consommation de carburant réduite et ne «chasse» pas inutilement d'un rapport à l'autre. Par contre, certains n'apprécient pas la sonorité du moteur lorsqu'il est couplé à une telle mécanique. Pour eux, le moteur semble «travailler» constamment. Dans le cas de ce Nissan, cette caractéristique a été fortement atténuée.

Pour compléter cette fiche technique, il faut mentionner que les freins à disque ventilé aux quatre roues sont dotés des systèmes d'assistance au freinage (BA) et de distribution

Contrepartie

Il possède une allure du tonnerre, mais qu'en est-il de ce VUS qui semble sorti tout droit de la section des prototypes d'un Salon de l'auto ? D'ailleurs, je suis de ceux qui disent que ce look bien particulier risque de se démoder très vite. Peut-être, mais parlons plutôt du véhicule que de sa ligne inusitée. Par son comportement, le Murano se situe beaucoup plus près d'une voiture de tourisme conventionnelle que d'un utilitaire sport. Bien sûr, il possède quatre roues motrices mais il se rapproche davantage de la familiale de luxe que d'un 4X4 traditionnel. Normal et tant mieux puisque le véhicule accuse une proche parenté avec l'Altima dont il utilise la plate-forme et le moteur. Ses performances se révèlent satisfaisantes, sinon électrisantes, avec en boni une consommation très raisonnable de 12,6 litres aux 100 km. La transmission automatique à rapports continuellement variables est un modèle du genre. Le confort est supérieur à ce que l'on retrouve ordinairement dans un VUS, mais la douceur de la suspension cause en revanche un important roulis dans les virages. Le Murano offre aussi beaucoup d'espace à l'arrière et la présentation intérieure adopte elle aussi un air de modernité. Le seul hic est sans doute l'affreux tissu imitation de velours qui recouvre les sièges. La profondeur du tableau de bord ou, si vous préférez, l'éloignement du pare-brise rappelle également les anciennes fourgonnettes de GM. Le pare-brise d'une dimension panoramique procure une excellente visibilité. Finalement, même s'il n'a pas les aptitudes hors route de ses concurrents, on peut dire qu'avec le Murano, Nissan a joué la carte gagnante.

Jacques Duval

électronique de la puissance de freinage (EBD). Ce modèle est également équipé d'un module de contrôle dynamique intervenant automatiquement sur le freinage et le couple moteur en situation de sous-virage, de survirage et de conduite sur chaussée glissante. Le Murano est également équipé du contrôle de la traction (TCS) offert dans la version SE seulement.

Prestance et assurance

Bref, ce Nissan ne peut nous laisser indifférents avec sa silhouette futuriste, son habitacle raffiné et une fiche technique assez étoffée. Mais reste à savoir si ces éléments vont travailler en harmonie sur la route. Or, c'est réussi presque sur toute la ligne. Prenons le moteur V6 ; il est difficile de lui

CARACTÉRISTIQUES

Prix du modèle à l'essai	SE 46 900 $
Échelle de prix	37 700 $ à 50 300 $
Garanties	3 ans 60 000 km / 5 ans 100 000
Emp. / Long. / Larg. / Haut. (cm)	282 / 476 / 188 / 170
Poids	1805 kg
Coffre / Réservoir	923 à 2005 litres / 82 litres
Coussin de sécurité	frontaux, latéraux et tête
Suspension avant	indépendante, jambes de force
Suspension arrière	indépendante, multibras
Freins av. / arr.	disque ABS
Antipatinage / Contrôle de stabilité	oui
Direction	à crémaillère, assistance variable
Diamètre de braquage	11,4 mètres
Pneus av. / arr.	245/55R18

MOTORISATION ET PERFORMANCES

Moteur	V6 3,5 litres
Transmission	intégrale, automatique de type CVT
Puissance	240 ch à 5800 tr/min
Couple	250 lb-pi à 4400 tr/min
Autre(s) moteur(s)	aucun
Autre(s) transmission(s)	aucune
Accélération 0-100 km/h	9,1 secondes
Reprises 80-120 km/h	6,9 secondes
Vitesse maximale	195 km/h
Freinage 100-0 km/h	31,3 mètres
Consommation (100 km)	12,6 litres (super)
Niveau sonore	Ralenti : 42,1dB
	Accélération : 74,6 dB
	100 km/h : 64,2 dB

MODÈLES CONCURRENTS

- *Ford Explorer* • *Honda Pilot* • *Jeep Liberty*
- *Mitsubishi Endeavor* • *Toyota Highlander*

VERDICT

Agrément de conduite	★★★★☆
Fiabilité	★★★★☆
Sécurité	★★★★☆
Qualités hivernales	★★★★★
Espace intérieur	★★★★☆
Confort	★★★★☆

VERSION RECOMMANDÉE

SL AWD

La position de conduite est plus haute que dans une automobile. Le conducteur est également assis plus droit, mais ça ne fait certainement pas camion. Vous avez plutôt la sensation de piloter une berline dotée d'un centre de gravité un peu plus élevé que la moyenne. Avis aux Jacques Duval de ce monde qui aiment davantage faire corps avec la voiture. Le Murano est agréable à ce chapitre, mais aux yeux de plusieurs, il demeure une camionnette de luxe, plate-forme d'Altima ou pas.

Malgré cette caractéristique et des dimensions tout de même assez imposantes, ce Nissan tout usage est aussi à l'aise sur les autoroutes que sur les routes sinueuses. La stabilité directionnelle est bonne et la tenue de cap en virage sans surprise. Il y a bien un important roulis lorsqu'on pousse le véhicule à la limite, mais le verdict est positif en conduite normale. Comme c'est le cas de plusieurs intégrales, il sous-vire lorsqu'il est poussé à l'extrême, mais rien de dramatique. Ajoutons au passage des freins efficaces.

En attente de verdict

Bref, le Murano a tout pour plaire. Et son caractère plus bourgeois le destine à une utilisation plus familiale. Il faut cependant s'interroger sur l'attrait de cette silhouette accrocheuse à long terme. Elle fait craquer les gens pour l'instant, mais il se peut que le public se lasse de ce coup d'éclat en fait de stylisme. Seul le temps nous le dira. Présentement, le Murano cartonne très fort depuis son arrivée sur le marché au printemps 2003.

Denis Duquet

reprocher quoi que ce soit. Il offre des performances énergiques et des reprises très vives, avec une consommation très raisonnable. Il est couplé à une boîte CVT qui est l'une des meilleures que j'aie essayées. On n'a pas l'impression que le moteur est toujours essoufflé comme c'est souvent le cas avec les transmissions de ce type. Le 0-100 km/h est un peu lent avec un temps d'un peu moins de 10 secondes, mais les reprises se révèlent carrément dynamiques.

▲ POUR

- **Mécanique éprouvée • Silhouette originale**
- **Habitacle confortable • Transmission inédite**
- **Habitacle spacieux**

▼ CONTRE

- **Prix corsé • Pneus exclusifs à ce modèle**
- **Absence de boîte de vitesses conventionnelle**
- **Tissu des sièges • VUS occasionnel**

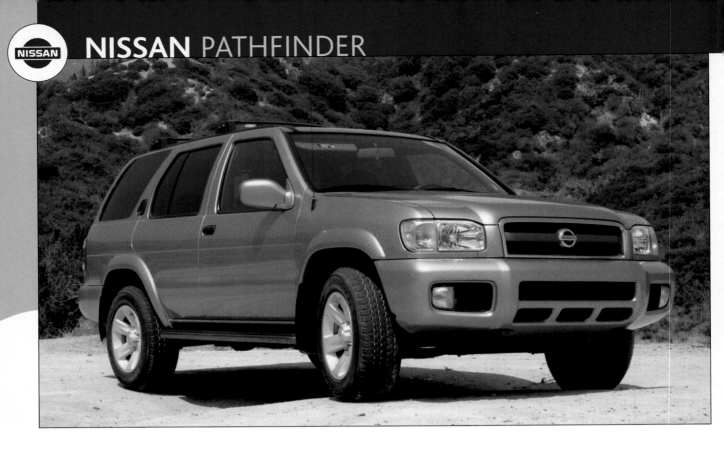

L'ennemi est dans la famille

Si jamais quelqu'un entre dans une salle de montre d'un concessionnaire Nissan et y aperçoit un Pathfinder à côté d'un Murano, il va automatiquement songer que le premier est un véhicule d'occasion placé là par erreur. En effet, si la silhouette du Pathfinder était considérée comme un peu en retrait il y a deux ans, l'arrivée du Murano dans la famille Nissan et des FX35 et FX45 chez Infiniti a relégué le vénérable tout-terrain dans la catégorie des véhicules anciens en attente d'être remplacés par un modèle plus moderne, plus stylisé et plus agréable à conduire.

Mais il ne faut pas envoyer ce bon vieux Pathfinder aux oubliettes pour autant. Ce modèle a une valeur sur le marché. Sinon, pourquoi les responsables de la mise en marché l'auraient-ils choisi pour identifier le nouveau Pathfinder Armada dérivé de la camionnette Titan et visant à en découdre avec les Chevrolet Tahoe, Lincoln Navigator et autres costauds du genre ?

Somme toute, ce VUS intermédiaire est un vétéran qui devrait logiquement être relevé dans un avenir assez rapproché puisque la plupart des autres modèles de la gamme ont été transformés. Mais cela ne signifie pas pour autant qu'il faille le balayer du revers de la main en attendant son remplaçant. Car, allure dépassée ou pas, il n'est pas sans qualités.

Rétro et solide

Il est vrai que la silhouette fait un peu vieillot. Surtout depuis que les stylistes de cette même compagnie ont joué d'audace en dessinant des modèles aux lignes inédites et futuristes. Mais à mon avis, il vaut peut-être mieux de se montrer un peu conservateur que d'agresser notre œil avec des concoctions visuelles étranges comme l'Armada, le grand frère du Pathfinder. La carrosserie est un peu fade, mais ceux qui recherchent un véhicule bien fignolé, solide et fiable devraient passer outre aux considérations visuelles. L'habitacle est cossu et les matériaux de bonne qualité. Par contre, le tableau de bord témoigne des origines quelque peu vétustes de ce gros 4X4. La console centrale est parsemée de boutons de toutes sortes pas toujours faciles à déchiffrer. Et la pendulette numérique placée en sa partie supérieure semble avoir été logée là sans trop de raisons.

Les sièges avant sont confortables, ce qui n'est pas le cas des places arrière dont l'assise est définitivement trop basse pour un adulte de taille moyenne. De plus, le dossier offre peu de support même s'il est inclinable.

La banquette arrière 60/40 se rabat également vers l'avant et permet d'augmenter la capacité de chargement. Ce qui est apprécié, car la soute à bagages est l'une des plus petites de la catégorie.

Il faut se rappeler que cette Nissan n'est pas une boulevardière déguisée en VUS. Il s'agit d'un authentique véhicule hors route possédant les caractéristiques voulues et la solidité nécessaire. Le Pathfinder est construit selon le procédé Monoframe qui intègre un châssis autonome à une carrosserie monocoque. Les deux sont soudés l'un à l'autre afin d'obtenir la robustesse d'un châssis autonome et la rigidité d'un monocoque.

Comme il fallait s'y attendre, le moteur choisi a été le V6 3,5 litres d'une puissance de 250 chevaux avec la boîte manuelle à cinq rapports et 10 chevaux de moins si vous optez pour l'automatique à quatre rapports. Contrairement à celles de certains VUS dérivés tout simplement d'une camionnette, la boîte manuelle de ce Nissan se manie pratiquement comme celle d'une automobile. Même si la documentation de vente n'est pas tellement claire sur le sujet, le Pathfinder de base est livré avec un rouage à temps partiel qui peut être engagé en roulant, et ce, jusqu'à une vitesse maximale de 80 km/h. Il est également possible de commander en option un rouage intégral automatique à commande par bouton poussoir.

Bref, les amateurs de conduite tout-terrain ne devraient pas ignorer ce 4X4, car il possède d'indéniables qualités en fait de conduite hors route. Le moteur V6 a la puissance et le couple nécessaires pour affronter les passages les plus difficiles. Et sa fiabilité de même que sa longévité sont devenues quasiment légendaires. Soulignons au passage que les freins à disque aux quatre roues sont de type ABS tandis que le système de répartition électronique de la force de freinage est de série, tout comme le différentiel arrière à glissement limité. Comme dirait l'autre, il est équipé pour la «grosse ouvrage». Il est également important de souligner que le marché des accessoires propose de nombreuses pièces dessinées pour le Pathfinder.

Si les pneus d'origine ne sont pas toujours à la hauteur de la tâche, les remplacer par un produit de qualité fera des merveilles tant en conduite hors route que sur la route. Le silence de roulement sera bonifié tandis que l'adhérence sur pavé humide en bénéficiera.

Modèle en sursis

Il est certain qu'un moteur de 250 chevaux placé sous le capot d'un véhicule de catégorie intermédiaire ne peut se traduire que par des performances tout de même assez impressionnantes. Le 0-100 km/h se boucle en moins de 10 secondes et les reprises ne sont pas vilaines non plus. Par contre, après avoir conduit les autres utilitaires sport plus récents de Nissan, il semble bien évident que le Pathfinder ne pourra poursuivre sa carrière bien longtemps sous cette forme malgré d'excellentes qualités. Faute de quoi, il risque de devenir un véhicule à vocation spécialisée en raison de sa robustesse et de son rouage intégral. C'est sans doute le sort qui l'attend cette année avec la présence du Murano dont la nature plus urbaine et la silhouette ravageuse expliquent la popularité.

Denis Duquet

CARACTÉRISTIQUES

Prix du modèle à l'essai	SE 42 400 $ (2003)
Échelle de prix	36 000 $ à 45 500 $ (2003)
Garanties	3 ans 60 000 km / 5 ans 100 000 km
Emp. / Long. / Larg. / Haut. (cm)	270 / 464 / 182 / 173
Poids	1953 kg
Coffre / Réservoir	1076 à 2407 litres / 80 litres
Coussins de sécurité	frontaux, latéraux et tête
Suspension avant	indépendante, leviers triangulés
Suspension arrière	essieu rigide, triangles obliques
Freins av. / arr.	disque ABS
Antipatinage / Contrôle de stabilité	oui
Direction	à crémaillère, assistance variable
Diamètre de braquage	11,4 mètres
Pneus av. / arr.	245/70R16

MOTORISATION ET PERFORMANCES

Moteur	V6 3,5 litres
Transmission	intégrale, automatique 4 rapports
Puissance	240 ch à 6000 tr/min
Couple	265 lb-pi à 3200 tr/min
Autre(s) moteur(s)	V6 3,5 litres 250 ch (boîte man.)
Autre(s) transmission(s)	manuelle 5 rapports
Accélération 0-100 km/h	9,7 secondes
Reprises 80-120 km/h	7,8 secondes
Vitesse maximale	165 km/h
Freinage 100-0 km/h	43,7 mètres
Consommation (100 km)	14,5 litres (super)

MODÈLES CONCURRENTS

- Chevrolet Trailblazer • Ford Explorer • GMC Envoy
- Jeep Grand Cherokee • Kia Sorento • Mitsubishi Montero
- Toyota 4Runner

QUOI DE NEUF ?

- Option titane de retour • Nouvelles couleurs

Renouvellement du modèle	2005

VERDICT

Agrément de conduite	★★★★☆
Fiabilité	★★★★★
Sécurité	★★★★★
Qualités hivernales	★★★★★
Espace intérieur	★★★★☆
Confort	★★★★☆

VERSION RECOMMANDÉE

Chilkoot

▲ POUR

- Mécanique fiable • Construction «Monoframe» • Boîte manuelle sportive
- Rouage intégral • Assemblage précis

▼ CONTRE

- Silhouette dépassée • Certaines commandes à revoir • Suspension trop ferme • Petit coffre à bagages • Banquette arrière inconfortable

Confusion des genres

Depuis plusieurs mois maintenant, la direction de Nissan semblait ne pouvoir que réaliser des bons coups. Ses nouveaux modèles affichaient un design d'enfer, cumulant les prix et les accessits, tandis que les essayeurs n'avaient que de bons mots pour leur comportement routier. Mais je suis quelque peu inquiet pour l'avenir du Pathfinder Armada, un très gros VUS à la silhouette étrange. De plus, ses dimensions sont quelque peu hors norme alors que plusieurs prédisent que l'engouement du public pour les très gros véhicules pourrait diminuer si le prix du carburant ne cesse de grimper. Il ne faut pas oublier de mentionner non plus que le fait d'associer le nom de Pathfinder à ce modèle ne fait que semer la confusion.

Pas besoin d'être un grand spécialiste pour en déduire que la camionnette Titan et l'Armada ont plusieurs points en commun. Non seulement ils sont assemblés dans la même usine de Canton, au Mississippi, mais ils partagent plusieurs éléments mécaniques. C'est ainsi qu'ils utilisent tous deux le même moteur V8 de 305 chevaux en plus d'être bâtis sur un châssis autonome ayant plusieurs similarités. La transmission automatique à cinq rapports est également commune. Par contre, la suspension arrière de l'Armada est indépendante tandis que le Titan est doté de ressorts elliptiques, capacité de chargement oblige. Ce qui explique sans doute pourquoi le VUS doit céder 182 kilos en fait de capacité de remorquage. Mais cette suspension indépendante assure un bon niveau de confort et une meilleure stabilité latérale sur mauvaise route. En plus, la capacité de la soute à bagages est très bonne en raison d'une très faible intrusion de la suspension dans l'habitacle.

Parmi les autres caractéristiques mécaniques, il faut mentionner les freins à disque aux quatre roues, les systèmes ABS et de stabilité latérale ainsi qu'un détecteur de renversement. Il faudra toutefois des conditions très particulières pour que ce colosse soit impliqué dans un capotage. D'ailleurs, la présence d'un rideau gonflable sur toute la longueur ajoute à la sécurité.

Plus gros que gros

Oubliez la « p'tite japonaise » puisque le Pathfinder Armada ne s'en laisse pas imposer par ses concurrents. Il faut tout d'abord savoir que son empattement dépasse celui du Pathfinder de 43 cm tandis que sa longueur hors tout est supérieure de 61 cm ! Et si cela vous intéresse, sachez que l'Armada est également plus large de 18 cm. Pourquoi la direction a-t-elle décidé de leur faire partager l'appellation Pathfinder ? Votre réponse est aussi bonne que la mienne.

Et l'Armada ne fait pas que déclasser le Pathfinder, il en impose également à ceux de sa catégorie. Son empattement est plus long de 18 cm par rapport à celui du Chevrolet Tahoe et de 10 cm par rapport au Ford Expedition. Le Toyota Sequoia doit également s'incliner au chapitre des dimensions en cédant 12 cm en empattement et 8 cm en longueur hors tout. Bref, ce gros Nissan est devenu les gros bras de la catégorie non seulement en taille mais en puissance puisque son V8 de 305 chevaux les surpasse tous en puissance et en couple en plus d'offrir la capacité de remorquage la plus élevée de ce groupe.

Ces dimensions ont permis aux concepteurs de ne pas se gêner pour concevoir un habitacle où tout le monde peut prendre ses aises. Comme il se doit, il y a trois rangées de sièges et les modèles équipés de sièges baquets dans la rangée médiane possèdent une console centrale amovible. Il faut souligner au passage que tous les dossiers se rabattent pour favoriser le transport de longs objets. Même le dossier du siège avant droit se replie vers l'avant afin d'ajouter à la polyvalence de ce véhicule.

CARACTÉRISTIQUES

Prix du modèle à l'essai	SE n.d.
Échelle de prix	n.d.
Garanties	3 ans 60 000 km / 5 ans 100 000 km
Emp. / Long. / Larg. / Haut. (cm)	313 / 525 / 200 / 195
Poids	2400 kg
Coffre / Réservoir	566 à 2750 litres / 100 litres
Coussins de sécurité	frontaux et tête
Suspension avant	indépendante, leviers triangulés
Suspension arrière	indépendante, leviers triangulés
Freins av. / arr.	disque ABS
Antipatinage / Contrôle de stabilité	non
Direction	à crémaillère, assistance variable
Diamètre de braquage	12,5 mètres
Pneus av. / arr.	265/70R18

MOTORISATION ET PERFORMANCES

Moteur	V8 5,6 litres
Transmission	intégrale, automatique 5 rapports
Puissance	305 ch à 4900 tr/min
Couple	385 lb-pi à 3600 tr/min
Autre(s) moteur(s)	aucun
Autre(s) transmission(s)	aucune
Accélération 0-100 km/h	7,5 secondes
Reprises 80-120 km/h	6,0 secondes
Vitesse maximale	185 km/h
Freinage 100-0 km/h	43,2 mètres
Consommation (100 km)	15,4 litres (ordinaire)

MODÈLES CONCURRENTS

• *Chevrolet Tahoe* • *Ford Expedition* • *Toyota Sequoia*

QUOI DE NEUF ?

• *Nouveau modèle*

Renouvellement du modèle	Nouveau modèle

VERDICT

Agrément de conduite	★★★☆☆
Fiabilité	nouveau modèle
Sécurité	★★★★☆
Qualités hivernales	★★★★☆
Espace intérieur	★★★★★
Confort	★★★★☆

VERSION RECOMMANDÉE

SE

La plupart des modèles concurrents sont dotés de sièges amovibles lourds et difficiles à manipuler. De plus, il faut souvent se battre avec un système d'ancrage qui refuse de coopérer. Chez Nissan, les ingénieurs ont développé un mécanisme qui permet à la banquette arrière de se replier dans une dépression placée dans le plancher. Les sièges de la seconde rangée font de même en se remisant dans une partie avant. En clair, le plancher de l'Armada est constitué de deux « marches » permettant de remiser à plat les deux rangées de sièges arrière. Reprenant une astuce de la Quest, une console au plafond traverse le pavillon du véhicule sur presque toute sa longueur. On y retrouve un écran LCD de 7 pouces, des buses de ventilation, les commandes audio et vidéo de même que plusieurs espaces de rangement. Si cela n'est pas suffisant, les deux consoles entre les sièges avant et médians logent beaucoup.

Ce tour du propriétaire se termine par l'examen du tableau de bord qui ressemble à s'y méprendre à celui du Titan bien que le plastique de l'Armada m'ait paru de moindre qualité. Pourtant, ce devrait être le contraire puisque le Pathfinder Armada se vend plus cher et devrait nous offrir plus de luxe et une meilleure finition.

Que sa silhouette soit quelque peu déroutante n'empêche pas ce gros Nissan de posséder un comportement routier supérieur à la moyenne. La suspension arrière effectue du bon travail pour avaler trous et bosses tandis que la direction à crémaillère ne possède pas ce flou au centre qui afflige tant de VUS. Et pas de problèmes en fait de performances puisque le gros V8 de 305 chevaux permet de boucler le 0-100 km/h en 7,5 secondes. En fait, la principale critique que l'on doit apporter est un prix passablement corsé et un habitacle de présentation dépouillée.

Denis Duquet

▲ POUR

• **Moteur puissant** • **Rouage intégral efficace**
• **Habitabilité garantie** • **Bonne capacité de charge** • **Boîte automatique 5 rapports**

▼ CONTRE

• **Silhouette horrible** • **Consommation élevée**
• **Habitacle dépouillé** • **Prix restrictif**
• **Climatisation manuelle**

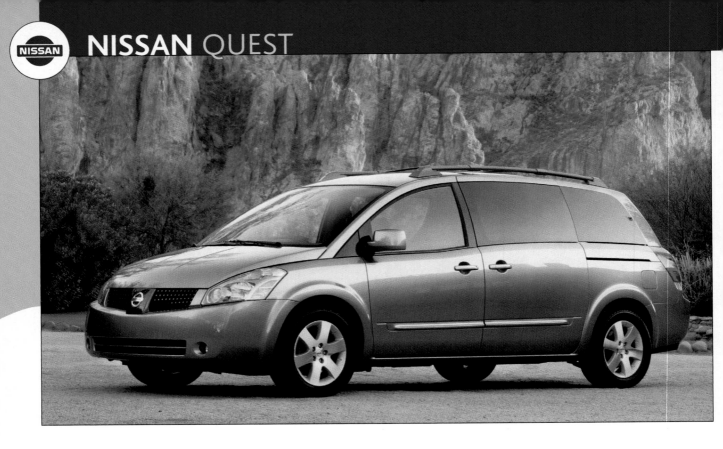

Astucieuse au possible !

Lorsque la Quest est disparue du marché il y a deux ans après plusieurs mois d'incertitude, personne ne croyait que Nissan allait tenir parole et revenir avec un modèle plus specta-culaire. Après tout, cette fourgonnette fabriquée conjointement avec Ford n'avait connu que des demi-succès. Un retour sur le marché avait été annoncé, mais plusieurs res-taient sceptiques ! Ce constructeur tentait alors de se relever d'une sérieuse dérobade éco-nomique et commerciale. Pourquoi se serait-il lancé à fond de train dans le développement d'une fourgonnette, un marché pas tellement en progrès ces temps-ci ?

Or, non seulement la remontée de Nissan a été fort spectaculaire au cours des trois dernières années, mais sa direction est persuadée que le créneau de la fourgonnette est appelé à progresser après que les gens auront tenté l'expérience des VUS et seront revenus au bon sens. En fait, le second constructeur nippon a construit une immense usine d'assemblage à Canton, dans le Mississippi, pour y fabriquer la Quest et la grosse camionnette Titan en plus du Pathfinder Armada.

Bref, il ne s'agit pas d'un effort mitigé afin de bâillonner les concessionnaires désireux d'obtenir une gamme complète de véhicules à offrir. En fait, cette nouvelle fourgonnette s'avère tout aussi spectacu-laire par son style et ses innovations tech-niques que les Murano, 350Z et Maxima, trois produits de ce constructeur qui a accumulé prix et accessits au cours des 12 derniers mois.

Cette nouvelle venue offre un joyeux con-traste par rapport à la version précédente qui était d'un ennui mortel à conduire et insipide comme pas une en fait de silhouette. Sa seule gloriole : une caisse courte qui devait théoriquement assurer un comportement routier semblable à celui d'une berline. Il semble que cette stratégie n'ait pas porté fruit puisque la Quest se retrouve dorénavant la fourgonnette la plus longue sur le marché. Pourtant, au premier coup d'œil, rien n'y paraît. C'est tout simplement que les sty-listes ont joué d'astuce afin de la faire paraître plus svelte. Pour ce faire, ils ont des-siné une partie inférieure plus large que la section vitrée. Il en résulte une disproportion des deux éléments qui fait oublier les parois planes des autres fourgonnettes. Ce truc lui permet de ressembler à une grosse familiale un peu plus excentrique que les autres.

Puisque la carrosserie est plus longue que la moyenne, pourquoi ne pas la doter de por-tières latérales plus importantes que celles des autres modèles ? Avec une longueur totale de 85 cm, elles dépassent de 10 cm celles du plus proche concurrent. On n'a pas fait ce choix pour remporter une bataille de statisti-ques, mais pour faciliter l'accès à bord, notam-ment à la troisième rangée de sièges. Bien entendu, les portières se déplacent grâce à une commande électrique, tout comme le hayon arrière.

Il est donc difficile de prendre cette Nissan en défaut au chapitre de la présentation exté-rieure et il semble que le verdict sera le même pour l'habitacle.

Wow !
Traditionnellement, les fourgonnettes sont dotées d'habitacles au design généralement conservateur. Comme il s'agit d'un véhicule

emprunté à un film de science-fiction des années 1950. C'est rétro en ce sens et drôlement audacieux pour une fourgonnette. Bien qu'inusitée, cette disposition des commandes les rend faciles d'accès autant pour le conducteur que pour le passager. Par contre, la fente du lecteur CD à six disques est mal située sur le fût de cette console verticale et il faut beaucoup de patience pour y insérer ou en enlever les disques. Quant au lecteur DVD, il est placé sur le côté gauche de la base du siège du passager avant, ce qui permet au

à vocation utilitaire, les stylistes misent surtout sur les espaces de rangement et la sobriété du tableau de bord. Chez Nissan, le passé a été renié de belle façon et il suffit de jeter un coup d'œil à la planche de bord pour s'en convaincre. Les cadrans indicateurs ne sont plus placés derrière le volant et en face

du conducteur, mais regroupés dans un module placé au centre de la planche de bord. En plus des indicateurs essentiels, cet espace information comprend également l'écran du système de navigation. Je sais que plusieurs ne sont pas tellement entichés de cette disposition, mais la plupart des experts soulignent qu'elle permet une consultation plus rapide. Une conclusion qui est également mienne.

Comme il y avait dorénavant de l'espace derrière le volant, les stylistes y ont placé un coffret de rangement. Ils ont même prévu une petite fente de rétention sur le pourtour de la colonne de direction afin de pouvoir y glisser un petit carton aide-mémoire. Mais cela est de la petite bière par rapport à cette nacelle circulaire accrochée à la planche de bord qui est la pièce de résistance du tableau de bord. Celle-ci accueille un levier de vitesses placé à la verticale, ainsi que les commandes de la climatisation et de la radio. Cet élément semble

pilote de pouvoir charger l'appareil lorsque «maman ou papa conduit» et que les marmots sont à l'arrière. Il est toutefois facile de le heurter avec le pied lors d'un passage entre les sièges avant et il est de plus mal abrité de la poussière. Cette Nissan pour grosse famille se démarque encore avec la présence du toit Skyview constitué de deux ouvertures vitrées de chaque côté d'une console ancrée au pavillon. En plus de nombreux espaces de rangement, cette section médiane peut accueillir jusqu'à deux écrans d'affichage pour le DVD. On se croirait presque dans un avion. Et il faut ajouter que ces écrans LCD n'obstruent pas la vision du conducteur lorsqu'ils sont déployés.

Cette présentation excentrique n'empêche pas l'habitacle de s'avérer également pratique. Les portes coulissantes plus larges que la moyenne facilitent l'accès aux places arrière. Les sièges médians basculent faci-

lement pour simplifier le passage vers la troisième banquette. Cette deuxième rangée est constituée de deux baquets qui se replient à plat pour assurer une grande surface pour les bagages. Comme c'est dorénavant incontournable, la troisième banquette s'escamote dans le plancher. Malgré les allégations de Nissan, cette opération nécessite quand même une certaine force physique pour contrôler la descente de ce siège ou l'extirper de son réceptacle. Il faut de plus enlever les appuie-tête avant de procéder à cette opération. Il est possible de les remiser dans une pochette prévue à cet effet qui s'accroche le long de la paroi. Ce n'est pas la trouvaille du siècle, si vous voulez mon avis.

Elle se prend pour une auto !

Les ingénieurs ont voulu que cette grosse fourgonnette offre un comportement routier qui se rapproche de celui d'une automobile. Ils ont

Contrepartie

Pourquoi un manufacturier décide-t-il de produire une fourgonnette quand les ventes de ce type de véhicule reculent de 2 % par année ? Nissan affirme qu'elle se doit d'être présente dans ce créneau et que la nouvelle Quest est très différente des fourgonnettes des compétiteurs. D'après les spécialistes de la mise en marché, les acheteurs de fourgonnette d'aujourd'hui veulent un véhicule polyvalent, sécuritaire, luxueux, performant et avoir l'impression de conduire une voiture. Êtes-vous étonné de ces propos ? Ces mêmes acheteurs veulent aussi un style moins minibus, mais le plus amusant est dans la dernière demande : le prix. La réponse est toute prête : le luxe et la performance ont un prix et c'est à partir de 32 600$. Un véhicule pour les familles bien nanties ! J'ai aussi un peu de difficulté à comprendre l'argument de la haute direction lorsqu'elle mentionne que la fourgonnette reprendra sa place sur le marché quand les consommateurs se seront lassés des VUS. Étonnant pour un constructeur qui nous présentera dans les prochains mois un VUS pleine grandeur comme le Pathfinder Armada et son petit frère chez Infiniti. Maintenant que mes arguments contre sont étalés au grand jour, je ne peux qu'être d'accord avec mon collègue quant au style particulièrement réussi de cette nouvelle Quest ainsi qu'à la série d'astuces et de commodités qu'on trouve à l'intérieur. Elle est aussi la plus grosse de sa catégorie et lorsque vous montez à bord, il est facile de le constater. Le moteur de 230 chevaux est adéquat et surtout d'une grande douceur accouplé à une boîte de vitesses à quatre ou cinq rapports si vous optez pour la version encore plus chère. Le confort est au rendez-vous grâce surtout à son empattement très long et vos passagers n'en seront que plus heureux. En résumé, la nouvelle Nissan Quest 2004 est une réussite sur toute la ligne sauf un prix excessif compte tenu du fait que ce type de véhicule s'adresse à la famille. Ah oui, j'oubliais, si les responsables de la compagnie nous consultent, je me ferai un plaisir de leur suggérer de changer le lecteur DVD de place parce qu'au Québec, la neige est partout, surtout sur le bas des sièges où se trouve le lecteur.

Jacques Deshaies

CARACTÉRISTIQUES	
Prix du modèle à l'essai	SE 49 595 $
Échelle de prix	32 900 $ à 43 400 $
Garanties	3 ans 60 000 km / 5 ans 100 000 km
Emp. / Long. / Larg. / Haut. (cm)	315 / 518 / 197 / 178
Poids	1894 kg
Coffre / Réservoir	4072 litres / 76 litres
Coussin de sécurité	frontaux, latéraux et tête
Suspension avant	indépendante, jambes de force
Suspension arrière	indépendante, multibras
Freins av. / arr.	disque ABS
Antipatinage / Contrôle de stabilité	oui
Direction	à crémaillère, assistance variable
Diamètre de braquage	n.d.
Pneus av. / arr.	225/60R17

MOTORISATION ET PERFORMANCES	
Moteur	V6 3,5 litres
Transmission	traction, automatique 5 rapports
Puissance	240 ch à 5800 tr/min
Couple	242 lb-pi à 4400 tr/min
Autre(s) moteur(s)	aucun
Autre(s) transmission(s)	auto. 4 rapports (S et SL)
Accélération 0-100 km/h	9,2 secondes
Reprises 80-120 km/h	7,5 secondes
Vitesse maximale	185 km/h
Freinage 100-0 km/h	n.d.
Consommation (100 km)	15,3 litres (super)
Niveau sonore	Ralenti : 41,3 dB
	Accélération : 73,6 dB
	100 km/h : 62,1 dB

quasiment atteint leur objectif. La conduite de cette Quest donne l'impression d'être au volant d'une familiale. Ajoutez à cela une direction d'une assistance bien dosée, quatre freins à disque et une suspension indépendante aux quatre roues pour avoir une bonne idée du comportement de cette fourgonnette. Il est vrai que l'effet de couple dans le volant pourrait être moindre, que le véhicule a tendance à sous-virer et que le vent fait sentir sa présence lorsqu'il souffle latéralement. Malgré tout, seule la Honda Odyssey est en mesure de tenir tête à la Quest en fait de tenue de route.

Ce comportement s'explique lorsqu'on apprend que ce véhicule est dérivé de la plate-forme FF-L qui est utilisée pour les Altima, Murano et la nouvelle Maxima 2004. Comme ces derniers, cette traction est équipée du moteur V6 3,5 litres de 240 chevaux. Ce moteur est l'un des meilleurs de sa catégorie, mais la compagnie devrait peut-être songer à développer un peu de diversité à ce chapitre. La boîte automatique à quatre rapports

équipe les modèles S et SL tandis que la SE bénéficie d'un rapport supplémentaire.

Quelques inquiétudes

La seule ombre au tableau au cours de l'essai a été la sensation que la plate-forme n'avait pas toute la rigidité nécessaire lors de la réalisation de certaines manœuvres tandis que quelques bruits de caisse sont venus troubler la quiétude de l'habitacle. Et je dois avouer que les trous et les bosses responsables de ces bruits n'étaient pas tellement intimidants.

Beau, bon et cher

Malgré ces quelques bémols, le plus gros défaut de cette Nissan au profil spectaculaire demeure son prix qui risque de dépasser les 50 000 $ pour une SE tout équipée! Heureusement que les versions S et SL affichent des prix plus abordables.

Denis Duquet

MODÈLES CONCURRENTS

- Chrysler Town & Country • Dodge Grand Caravan
- Ford Freestar • Honda Odyssey • Pontiac Montana
- Toyota Sienna

VERDICT

Agrément de conduite	★★★★☆
Fiabilité	nouveau modèle
Sécurité	★★★★☆
Qualités hivernales	★★★½☆
Espace intérieur	★★★★★
Confort	★★★★☆

VERSION RECOMMANDÉE

SL

▲ POUR

- Silhouette originale • Mécanique éprouvée
- Excellente habitabilité • Tenue de route saine
- Sièges arrière confortables

▼ CONTRE

- Certains bruits de caisse • Siège escamotable lourd • Sensible au vent latéral • Remisage artisanal des appuie-tête

Le laideron de la famille

Nissan sait faire preuve d'audace, comme en font foi les jolies lignes avant-gardistes de ses Altima, Murano, et autres 350Z. Mais c'est également à son enseigne que se trouve l'une des voitures les plus ternes à circuler sur nos routes, j'ai nommé la Sentra. Pas laide, mais au mieux « drabe », anodine. Avec une partie arrière semblable au cul d'une poule déplumée.

Le constructeur nippon est sans doute conscient du problème, puisque la Sentra 2004 se présente avec une partie antérieure légèrement retouchée, et des feux arrière redessinés. Trop peu, dites-vous ? Eh bien ! il vous faudra prendre votre mal en patience, puisque aux dernières nouvelles, la prochaine génération ne sera vraisemblablement pas commercialisée avant deux ans. Assez longtemps pour faire sombrer la Sentra dans l'anonymat le plus complet.

Cela dit, si l'on passe outre ses formes impersonnelles, cette voiture demeure cette année encore une valeur sûre qui, à défaut de briller au firmament des meilleures compactes, ne pèche par aucun des éléments dont elle fait la compétente synthèse.

Deux vocations différentes

La Sentra se présente sous la seule configuration de berline à quatre portes, mais elle propose deux moteurs. Le premier, un petit 1,8 litre développant 126 chevaux, équipe les versions appelées désormais 1,8 (de base) et 1,8 S (mieux équipée), désignations, comme on le constate encore, particulièrement originales. Muni d'un système de calage variable des soupapes, il offre des performances adéquates grâce à son couple bien réparti, tout en maintenant une consommation d'essence raisonnable. On peut le jumeler à une transmission manuelle à cinq vitesses précise et bien étagée, ou à une automatique à quatre rapports qui opère avec fluidité.

Le châssis rigide et les pneus de 15 pouces contribuent à la tenue de route neutre et sans surprise. La direction est plus communicative que la moyenne, et la voiture s'accroche honnêtement en virage. Les suspensions indépendantes à l'avant et à poutre multibras à l'arrière privilégient la douceur tout en affichant un zeste de fermeté. Dans l'ensemble, elles tamisent efficacement les petites imperfections routières, mais marquent le pas assez rudement sur chaussée bosselée. Les freins à disque et à tambour s'exécutent avec progressivité, mais les distances d'arrêt sont longuettes. Notons que l'ABS ne figure pas au catalogue de la 1,8, et qu'il n'est offert qu'en option, dans les autres versions.

L'histoire se présente différemment pour les SE-R et SE-R Spec V, en raison de leur moteur 2,5 litres tout aluminium emprunté à l'Altima, qui délivre 165 chevaux chez l'une contre 175 chez la seconde. La Spec V gère cette puissance à l'aide d'une boîte manuelle à six rapports qui se manie comme un charme, et qui permet de franchir le 0-100 km/h en 7 secondes et quelques fractions. De son côté, la SE-R n'alloue plus que la boîte automatique à quatre rapports. Assez aberrant merci pour une voiture à vocation sportive.

Ces versions reçoivent un « enrobage » cohérent avec leur vocation sportive. La SE-R vient avec des jupes latérales, des suspensions rigidifiées, des pneus de 16 pouces, et des freins à disque aux quatre roues. La Spec V, facilement reconnaissable à son aileron arrière, ajoute les pneumatiques de 17 pouces, des suspensions encore plus raides, et un différentiel à glissement limité, en plus d'un ensemble optionnel de freins à disque surdimensionnés de marque Brembo.

Ces équipements rendent évidemment la conduite plus tonique et plus incisive, mais, poussée dans ses retranchements, elle affiche encore une tendance au sous-virage, marquée par un roulis trop important. Et l'effet de couple exigera une bonne prise en main du volant lors des accélérations.

CARACTÉRISTIQUES

Prix du modèle à l'essai	1,8 S 17 998 $
Échelle de prix	15 598 $ à 21 998 $
Garanties	3 ans 60 000 km / 5 ans 100 000 km
Emp. / Long. / Larg. / Haut. (cm)	253 / 451 / 171 / 141
Poids	1170 kg
Coffre / Réservoir	329 litres / 50 litres
Coussins de sécurité	frontaux et latéraux (opt.)
Suspension avant	indépendante, jambes de force
Suspension arrière	poutre déformante
Freins av. / arr.	disque / tambour (ABS opt.)
Antipatinage / Contrôle de stabilité	non
Direction	à crémaillère, assistée
Diamètre de braquage	10,6 mètres
Pneus av. / arr.	195/60R15

MOTORISATION ET PERFORMANCES

Moteur	4L 1,8 litre
Transmission	traction, manuelle 5 rapports
Puissance	126 ch à 6000 tr/min
Couple	129 lb-pi à 2400 tr/min
Autre(s) moteur(s)	4L 2,5 litres 165 ch ;
	4L 2,5 litres 175 ch
Autre(s) transmission(s)	auto. 4 rapports ;
	man. 6 rapports
Accélération 0-100 km/h	10,3 secondes
Reprises 80-120 km/h	9,7 secondes (4e)
Vitesse maximale	185 km/h
Freinage 100-0 km/h	41,0 mètres
Consommation (100 km)	7,4 litres (ordinaire)

MODÈLES CONCURRENTS

• Ford Focus • Honda Civic • Hyundai Elantra
• Mazda3 Sport • Saturn Ion • Toyota Corolla
• Volkswagen Jetta

QUOI DE NEUF ?

• Remodelage timide des lignes extérieures • Retouches à l'aménagement intérieur • Nouveaux accessoires
• Ensemble optionnel de freins à disque Brembo

Renouvellement du modèle	2006

VERDICT

Agrément de conduite	★★★½☆
Fiabilité	★★★★☆
Sécurité	★★★½☆
Qualités hivernales	★★★½☆
Espace intérieur	★★★½☆
Confort	★★★½☆

VERSION RECOMMANDÉE

1,8 S

Une habitabilité mesurée

Les matériaux de l'habitacle sont convenables, sans plus, et leur assemblage réalisé au Mexique semble très correct. La cabine bien insonorisée filtre efficacement les bruits de la route, sauf en ce qui a trait aux grondements du moteur en accélération. Les sièges offrent un confort acceptable, et celui du conducteur s'ajuste en hauteur, y compris dans le modèle de base, ce qui est encore assez rare dans cette catégorie. La position de conduite apparaît sans reproche, et la visibilité, excellente de tous côtés. À l'avant, les occupants profitent de bons dégagements pour la tête et les jambes, alors que l'espace plus restreint à l'arrière ne conviendra qu'à des personnes de taille moyenne. Le coffre gagnerait lui aussi à prendre un peu de volume, considérant les progrès réalisés en ce domaine chez la concurrence.

La Sentra en version de base s'affiche à prix alléchant, mais gare à son dépouillement : ni climatisation, ni assistances électriques, ni même de radio !!! Pour quelque 2500 $ de plus, la 1,8 S se pare de tous ces accessoires, en plus d'un régulateur de vitesse. Mais il reste à fouiller les « fonds de tiroir » pour les freins ABS, les coussins latéraux et les jantes en aluminium. Les versions « sport » embarquent quant à elles un bagage très complet, incluant ordinateur de bord et sono de 180 watts, à moins que vous ne lui préfériez un système audio Rockford Fosgate de 300 watts, à neuf haut-parleurs. Petit conseil au constructeur : enlevez-lui 50 watts et deux haut-parleurs, et mettez-les dans la 1,8.

Bref, la Sentra prétend être capable aussi bien de jouer dans le créneau des voitures bon marché, avec ses versions de base, que de séduire une clientèle sportive. Son pire handicap réside dans son design figé depuis déjà trop longtemps. Et deux années représentent parfois une éternité dans le monde de l'automobile.

Jean-Georges Laliberté

▲ POUR

• Moteur capable • Confort • Habitabilité satisfaisante • Bonne tenue de route
• Versions sport bien concoctées

▼ CONTRE

• Silhouette anonyme • Moteur bruyant à haut régime • Pas de manuelle dans la SE-R
• Effet de couple prononcé (SE-R et Spec V)

Ne pas toujours se fier à la pub

Rares sont ceux qui n'ont pas craqué pour le Xterra lors de sa dernière refonte il y a deux ans. Depuis, malgré l'imagination débordante des meilleurs scripts de la pub télévisée qui présentent le Xterra comme le véhicule absolu des amants de la nature et des sports extrêmes, les ventes du petit utilitaire de Nissan n'ont cessé de dégringoler. Comme quoi les consommateurs ne sont pas dupes et veulent en avoir toujours plus pour leur argent !

Sous son physique athlétique de coureur des bois, le Xterra cache une mécanique et une structure vieillissantes. Par rapport aux jeunes loups de la concurrence, celui-ci a le souffle plutôt court et il devra tôt ou tard se faire greffer de nouveaux organes. Mais comme on dit, « le vieux a encore du cœur au ventre », et ses caractéristiques impressionnent les adeptes de kayak de mer et de camping sauvage qui recherchent un utilitaire fiable et capable de les mener aux endroits les plus inaccessibles.

Un vrai tout-terrain

Le Xterra ne possède pas une fiche technique aussi étoffée que celle des Honda CR-V ou Toyota RAV4. Moins confortable et plus rudimentaire que ces derniers, il est cependant tout désigné pour les expéditions hors route. Élaboré à partir du châssis de la camionnette Frontier, le Xterra est plus robuste que ses concurrents japonais qui sont tous dérivés d'une plate-forme d'automobile.

À l'instar du Jeep Liberty, le Xterra est un véritable 4X4 doté d'une boîte de transfert à deux régimes (Lo et Hi) et d'un puissant moteur V6. Avec sa garde au sol élevée et ses plaques protectrices boulonnées sous les pièces vitales de sa mécanique, le Xterra est capable de traverser les pires obstacles. Seuls les marchepieds latéraux peuvent réduire ses capacités de franchissement. Cependant, ceux-ci protègent efficacement le bas de caisse contre les grosses roches, les souches d'arbre et les buttes de terre durcie. En effet, il est moins dispendieux de changer ou de réparer un marchepied que de débosseler et de repeindre une carrosserie !

La signature visuelle

Le plat de résistance du Xterra est l'ingéniosité de son porte-bagages de toit. Fabriqué en aluminium léger, ce dernier est assorti à l'aspect brossé des marchepieds. Sans porte-bagages, la silhouette et l'utilisation du Xterra seraient d'un ennui mortel. Par ailleurs, ce dernier marque à lui seul la signature visuelle du petit tout-terrain de Nissan.

Pouvant transporter une charge dépassant les 50 kg, le porte-bagages est pourvu à l'arrière de barres transversales de série et optionnelles permettant de fixer les objets les plus variés (skis, planche à neige, vélo, etc.). À l'avant, on trouve un ingénieux panier pouvant accueillir jusqu'à 14 kg d'équipement sale ou mouillé (des vêtements, des chaussures, et même des poissons après une journée de pêche !).

Pour bien se coordonner à son look macho, l'habitacle du Xterra ne fait pas dans la dentelle. Il a été conçu pour accommoder les gens actifs. On y dénombre de nombreux crochets et pinces d'arrimage vissés au plafond et sur le plancher qui permettent d'y fixer les objets les plus divers. De même, un support à bicyclettes installé dans le coffre à bagages rend possible le transport de deux vélos de montagne à l'abri des regards indiscrets. Qui plus est, une fois à l'intérieur, le Xterra peut circuler sans problème dans des endroits inusités à hauteur réduite (du stationnement intérieur d'un condo jusque dans un bois du parc du Mont-Tremblant !).

Les gens de petite taille seront embarrassés par la position de conduite qui est un peu basse et inhabituelle pour un véhicule de cette catégorie. À l'arrière, l'assise de la banquette est surélevée afin de procurer un meilleur champ de vision. Toutefois, si vous faites plus de 1,60 mètre, vous ne verrez pas

CARACTÉRISTIQUES

Prix du modèle à l'essai	SE 34 298 $
Échelle de prix	29 798 $ à 37 298 $
Garanties	3 ans 60 000 km / 5 ans 100 000 km
Emp. / Long. / Larg. / Haut. (cm)	265 / 452 / 179 / 188
Poids	1874 kg
Coffre / Réservoir	1260 à 1858 litres / 73 litres
Coussins de sécurité	frontaux
Suspension avant	indépendante, leviers triangulés
Suspension arrière	essieu rigide, ressorts elliptiques
Freins av. / arr.	disque / tambour, ABS
Antipatinage / Contrôle de stabilité	non
Direction	à billes, assistée
Diamètre de braquage	11,8 mètres
Pneus av. / arr.	265/70R17

MOTORISATION ET PERFORMANCES

Moteur	V6 3,3 litres
Transmission	4X4, manuelle 5 rapports
Puissance	180 ch à 4800 tr/min
Couple	110 lb-pi à 4500 tr/min
Autre(s) moteur(s)	V6 3,3 litres à compresseur 210 ch
Autre(s) transmission(s)	automatique 4 rapports
Accélération 0-100 km/h	12,2 s ; 9,7 s (compresseur)
Reprises 80-120 km/h	10,9 secondes
Vitesse maximale	165 km/h
Freinage 100-0 km/h	47,3 mètres
Consommation (100 km)	13 litres (ordinaire)

MODÈLES CONCURRENTS

- *Ford Escape • Honda CR-V • Hyundai SantaFe*
- *Jeep Liberty • Mazda Tribute • Subaru Forester*
- *Suzuki Grand Vitara*

QUOI DE NEUF ?

- *Roues et pneus de 17 po (SE)*

Renouvellement du modèle	2005

VERDICT

Agrément de conduite	★★★☆☆
Fiabilité	★★★★⯪
Sécurité	★★★⯪☆
Qualités hivernales	★★★★☆
Espace intérieur	★★★⯪☆
Confort	★★★☆☆

VERSION RECOMMANDÉE

SE

---

plus loin que 50 mètres vers l'avant, le plafond et le pare-brise étant beaucoup trop bas.

Un châssis et une mécanique vétustes

Le Xterra emprunte plusieurs composantes mécaniques à la camionnette Frontier dont son moteur V6 de 3,3 litres. Ce dernier développe 180 chevaux dans la version atmosphérique et 210 chevaux avec le turbocompresseur. Comparativement à la concurrence, il est bruyant et s'essouffle rapidement. De même, la transmission à boîte automatique n'est pas la plus civilisée. La boîte manuelle à cinq rapports convient mieux à la personnalité de cet aventurier. Qui plus est, cette dernière est mieux adaptée pour exploiter le couple du moteur dont 90 % est atteint à moins de 1500 tr/min. Une donnée à considérer pour la conduite hors route. Toutefois, la boîte manuelle n'est disponible que dans les versions XE et SC.

Compte tenu de sa vocation, la capacité de remorquage du Xterra n'est pas piquée des vers. Équipé de la transmission automatique, il peut tirer une charge de 2268 kg alors qu'on doit se contenter de 1588 kg avec la boîte manuelle.

À l'instar de la mécanique, le comportement routier du Xterra date d'une autre époque. La présence d'un essieu rigide à l'arrière et d'une direction à billes archilente trahit son âge et nous ramène aux années 1990. Sur chaussée dégradée, la suspension souffre de sautillements carabinés, et la stabilité n'est pas rassurante dans les courbes et lors de freinages d'urgence. Bref, le Xterra se fera plutôt apprécier pour ses qualités de grimpeur que de boulevardier.

Même si la version actuelle du Xterra sera éventuellement remaniée, ses dimensions et ses caractéristiques en font un véhicule apprécié des gens actifs qui boudent la consommation élevée des utilitaires de taille moyenne et le manque de robustesse des petits utilitaires.

Jean-François Guay

▲ POUR

- Boîte de transfert 4X4 • Conduite hors route
- Porte-bagages de toit • Fiabilité reconnue
- Capacité de remorquage

▼ CONTRE

- Comportement routier • Moteur bruyant
- Boîte automatique brusque • Suspension arrière sautillante • Direction lente

COUP DE POING

In memoriam, Ransom E. Olds

En 2004, la plus vieille marque automobile américaine continue de réduire sa production. Signe que la fin approche, seulement trois véhicules restent en piste, dont l'Alero. Notez que les 500 derniers exemplaires de la berline intermédiaire constitueront une édition de collection avec roues, couleur et éléments décoratifs uniques pour ce chant du cygne.

Comme on peut donc s'y attendre, l'année 2004 ne sera pas très excitante au chapitre des nouveautés pour Oldsmobile. Cela étant dit, les acheteurs canadiens ont droit à un nouveau groupe optionnel exclusif dans l'Alero GL, un groupe Euro qui comprend des clignotants latéraux et des roues de 16 pouces en aluminium poli.

L'économique Ecotec

Un choix de deux mécaniques est offert pour l'Alero. L'Ecotec à quatre cylindres en ligne des Chevrolet Cavalier, Pontiac Sunfire et Saturn ION de 2,2 litres et 140 chevaux équipe de série les modèles GX et GL1. Un V6 de 3,4 litres développant pour sa part 170 chevaux et 200 lb-pi est installé de série dans les modèles GLS et GL2 et optionnel dans l'Alero GL1.

Des deux, le V6 est le plus agréable grâce au bon équilibre entre la puissance et la douceur qu'il procure. Bruyant, certes, mais moins exigeant envers la boîte automatique à quatre rapports, de série dans tous les modèles (une transmission manuelle à cinq rapports est offerte en option dans les modèles GX et GL1).

L'engin est suffisant pour déplacer la voiture avec une certaine vigueur et, quand on le sollicite un peu plus, il répond avec aisance et souplesse. Ce qui ne l'empêche pas non plus de présenter des chiffres de consommation d'essence très acceptables.

L'Ecotec, introduit l'année dernière dans plusieurs modèles de la famille GM, semble plus robuste et s'avère encore plus économique que le V6. Les quelque 1400 kilos de l'Alero l'essoufflent évidemment plus rapidement et, sans la boîte manuelle, on peut être agacé par le bruit qu'émet ce quatre cylindres en ligne.

Assurance et confort

Avec la disparition ces deux dernières années de l'Intrigue et de l'Aurora, deux autres berlines Oldsmobile, plusieurs auront comme tout souvenir de la marque Oldsmobile l'Alero. Bien triste fin ! On se console en sachant que celle-ci profite d'une direction à assistance variable et d'une suspension indépendante à jambes MacPherson pour offrir au conducteur un roulement plus confortable qu'excitant. Mais pour concurrencer les berlines familiales que sont la Honda Accord et la Toyota Camry, les ingénieurs d'Oldsmobile ne pouvaient faire autrement.

Même sur la neige, l'Alero se comporte avec une prévisibilité rassurante. Son système intégré d'aide à la traction permet d'affronter les chaussées glissantes sans coup férir. Seul hic à ce chapitre, le système de freinage assisté aux quatre roues avec antiblocage ne paraît pas sous son meilleur jour, l'ABS étant très sensible. Parlant d'ABS, notez que, contrairement à l'an dernier, il n'est plus offert de série dans tous les modèles. En 2004, seules les Alero GL2 et GLS profitent de l'antiblocage de série. Ce dernier modèle est également le seul à être chaussé de pneus un peu plus performants, lesquels habillent les roues de 16 pouces en alliage que l'on retrouve aussi dans le groupe Euro. Des roues similaires de 15 pouces sont offertes dans les modèles GL.

L'habitacle de l'Alero poursuit dans la même lignée que sa mécanique : le confort prend le pas sur l'excès d'accessoires. Groupe électrique, lecteur CD, climatisation et régulateur de vitesse constituent le menu de base, mais on peut obtenir de nombreuses options en fonction des diverses versions, allant de la GL à la GLS. La sobriété est de série dans toutes les versions ; une tendance, apparemment, que semblent refléter bien des modèles de cette catégorie, à part probablement la

CARACTÉRISTIQUES	
Prix du modèle à l'essai	GL 24 050 $
Échelle de prix	22 095 $ à 24 050 $
Garanties	3 ans 60 000 km / 5 ans 100 000 km
Emp. / Long. / Larg. / Haut. (cm)	272 / 474 / 178 / 138
Poids	1370 kg
Coffre / Réservoir	413 litres / 53 litres
Coussins de sécurité	frontaux
Suspension avant	indépendante, jambes de force
Suspension arrière	indépendante, jambes de force
Freins av. / arr.	disque ventilé
Antipatinage / Contrôle de stabilité	oui
Direction	à crémaillère, assistance variable
Diamètre de braquage	10,7 mètres ; 10,9 mètres (GLS)
Pneus av. / arr.	215/60R15 (225/50R16 en option)

MOTORISATION ET PERFORMANCES	
Moteur	V6 3,4 litres
Transmission	traction, automatique 4 rapports
Puissance	170 ch à 4800 tr/min
Couple	200 lb-pi à 4000 tr/min
Autre(s) moteur(s)	4L 2,2 litres 140 ch
Autre(s) transmission(s)	manuelle 5 rapports (4L)
Accélération 0-100 km/h	8,5 secondes
Reprises 80-120 km/h	8,0 secondes
Vitesse maximale	175 km/h
Freinage 100-0 km/h	45,0 mètres
Consommation (100 km)	9,1 litres (ordinaire)

Mazda6 et la Nissan Maxima, deux intermédiaires un peu plus osées mais aussi légèrement plus coûteuses.

Au point de vue du rangement, on ne peut accuser l'Alero de manquer d'espace, mais compte tenu du volume intérieur, il n'y a pas lieu de s'étonner. À ce chapitre, une Camry offre toutefois beaucoup mieux. Heureusement, l'Alero se reprend rapidement sur le point de la présentation.

Problème à long terme

On peut s'attendre que la manne de rabais qu'a lancée General Motors il y a maintenant tout près de deux ans se poursuive en 2004 pour l'achat des berlines plus abordables comme l'Alero. Sans cela, le prix de détail n'a pas nécessairement le mérite d'être alléchant, un Alero GX de base étant étiquetée à 22 095 $, qu'il s'agisse de la berline ou du coupé (24 050 $ pour les modèles GL). Pour quelques centaines de dollars de plus, on peut facilement acquérir une berline intermédiaire

plus alléchante grâce à une refonte plus récente ou à un style plus moderne, ce qui est le cas de tous les concurrents japonais de l'Alero. En fait, même la Sebring de Chrysler peut sembler plus alléchante, quoique la fiabilité de l'Alero soit supérieure à celle-ci.

Au bout du compte, comme toute la gamme Oldsmobile, l'Alero est destinée à souffrir de sa fin prochaine. En laissant mourir la marque, GM posera sans doute un problème aux propriétaires qui aimeraient avoir un bon prix en retour de leur véhicule d'occasion dans quelques années. Car le prix de revente pourrait subir une chute importante avec la disparition d'Oldsmobile. Ce qui risque fort d'arriver bientôt avec la venue de tout nouveaux modèles comme la Cobalt, dont les débuts sur le marché automobile canadien sont prévus pour 2005. L'Alero pourrait alors rapidement ne devenir qu'un triste souvenir.

Alain Mc Kenna

MODÈLES CONCURRENTS

• Chrysler Sebring • Honda Accord • Hyundai Sonata
• Nissan Altima • Mazda6 • Toyota Camry

QUOI DE NEUF ?

• Groupe européen dans Alero GL • Édition spéciale des 500 derniers exemplaires

Renouvellement du modèle	R.I.P.

VERDICT

Agrément de conduite	★★★☆☆
Fiabilité	★★★★☆
Sécurité	★★★☆☆
Qualités hivernales	★★★☆☆
Espace intérieur	★★★★☆
Confort	★★★★☆

VERSION RECOMMANDÉE

GL (man.) ou GLS (V6)

▲ POUR

• Relativement abordable • Pièces d'occasion disponibles (Ecotec) • Confort de l'habitacle

▼ CONTRE

• Fin de production • Prix de revente en chute libre • Moteur bruyant

Ne pas se fier aux apparences

Depuis son arrivée sur le marché, la seule chose que l'on retient de la Pontiac Aztek est qu'elle est affreusement laide. En effet, les gens s'ingénient à lui trouver des sobriquets blessants et à douter de la raison ou de l'acuité visuelle de ceux qui ont accouché d'un tel laideron. Personnellement, j'ai toujours trouvé qu'elle ressemblait à une Citroën des années 1960. Heureusement, comme le dit la chanson, « il ne faut pas juger un livre par sa couverture ».

Il faut souligner au passage que ce véhicule a été dessiné et conçu pour une clientèle jeune, certainement iconoclaste, qui se foutait des apparences, un peu comme celle ciblée par la nouvelle Honda Element. Malheureusement, il semble que la pâte n'ait pas levé puisque même si le concept avait été séduisant, le problème est que la clientèle cible ne pouvait se payer cette Pontiac dont la facture était hors de portée pour de jeunes étudiants ou des adeptes de sports extrêmes.

Mais si l'Aztek ne fera jamais l'unanimité à propos de sa silhouette, elle semble en revanche combler ses propriétaires qui s'en disent fort satisfaits, surtout en raison de son caractère pratique et de sa polyvalence. D'ailleurs, cette impression positive se manifeste dès le premier contact, car les sièges se trouvent à la bonne hauteur, ce qui fait qu'on se glisse dans l'habitacle au lieu d'y monter ou d'y descendre comme c'est trop souvent le cas. Une fois en place, l'habitabilité s'avère plus que généreuse grâce à un dégagement hors de l'ordinaire pour

la tête, les hanches et les bras. Par contre, les sièges avant sont moyennement confortables et ceux des places arrière, acceptables tout au plus. Et ne comptez pas sur le support latéral pour vous maintenir en place si vous abordez une route sinueuse à vive allure. Mais on peut lui pardonner cette mollesse puisque l'Aztek n'a pas une vocation bien sportive. Et ce, malgré l'apparition de la version Rally, la nouveauté de la famille pour 2004. En dépit de cette appellation pompeuse, elle ne comporte que des artifices presque uniquement d'ordre cosmétique : une carrosserie de couleur bronze exclusive à ce modèle, des roues chromées de 17 pouces et une suspension avant légèrement abaissée. Rien de tout cela ne fait de l'Aztek une championne de quoi que ce soit. En revanche, il faut admettre que ces modifications lui donnent un cachet particulier.

Armes et bagages

Pour en revenir à notre évaluation, il faut souligner la grande capacité de chargement de la soute à bagages et une quantité innom-

brable d'espaces de rangement autant à l'avant qu'à l'arrière. La disponibilité en option d'un plancher arrière coulissant favorise le chargement des colis en tout genre et vient en quelque sorte compenser la présence d'un battant arrière en partie inférieure qui oblige à s'étirer indûment pour charger des objets ou les récupérer. Chez Pontiac, les responsables nous font miroiter que cette « tablette » permet de s'asseoir pour lacer ses patins à roues alignés, se reposer après un exercice physique ou tout simplement participer à un *tailgate party*. Malheureusement, ce panneau est légèrement incliné vers l'arrière, ce qui le rend très inconfortable puisque les occupants sont attirés vers la soute à bagages. La console centrale transformable en glacière est une bien meilleure idée. Soulignons au passage que les buses de ventilation orientables de la planche de bord sont simples à utiliser et très efficaces. Parlant du tableau de bord, il est peut-être trop voyant selon les goûts de certains, mais la plupart des commandes sont bien identifiées et faciles d'accès.

La qualité d'assemblage de cette fourgonnette transformée s'est améliorée au fil des ans. Les panneaux de caisse sont mieux ajustés et les pièces en plastique de l'habitacle bien installées. Par contre, la texture du plastique fait toujours bon marché.

Prix du modèle à l'essai	Rally AWD 36 495 $
Échelle de prix	27 770 $ à 35 110 $
Garanties	3 ans 60 000 km / 5 ans 100 000 km
Emp. / Long. / Larg. / Haut. (cm)	284,5 / 476 / 185 / 171
Poids	1985 kg
Coffre / Réservoir	1286 à 2648 litres / 70 litres
Coussins de sécurité	frontaux et latéraux
Suspension avant	indépendante, jambes de force
Suspension arrière	indépendante, multibras
Freins av. / arr.	disque ABS
Antipatinage / Contrôle de stabilité	oui / non
Direction	à crémaillère, assistée
Diamètre de braquage	11,1 mètres
Pneus av. / arr.	235/55R17

MOTORISATION ET PERFORMANCES

Moteur	V6 3,4 litres
Transmission	intégrale, automatique 4 rapports
Puissance	185 ch à 5200 tr/min
Couple	210 lb-pi à 4000 tr/min
Autre(s) moteur(s)	aucun
Autre(s) transmission(s)	aucune
Accélération 0-100 km/h	12,0 secondes
Reprises 80-120 km/h	8,5 secondes
Vitesse maximale	180 km/h
Freinage 100-0 km/h	43,0 mètres
Consommation (100 km)	13,1 litres (ordinaire)

Une suspension en trop !

Dans la version la plus économique, l'Aztek est livrée avec une suspension arrière à poutre déformante qui ne fait pas grand-chose pour améliorer le confort. Son rendement est adéquat pour un dispositif semblable, mais un tel arrangement donne beau jeu à Buick dont la RendezVous emprunte sa plate-forme à l'Aztek mais offre la suspension arrière indépendante à un prix très compétitif. Chez Pontiac, cette configuration est réservée au modèle équipé de la transmission intégrale Versatrak. Compte tenu que la Buick surclasse sa rivale dans un rapport de trois à un dans les ventes, Pontiac devrait l'imiter.

Cette année encore, un seul moteur est au programme pour l'Aztek. Il s'agit du V6 de 3,4 litres d'une puissance de 185 chevaux. Il assure des performances adéquates en accélération initiale et lors des reprises. Toutefois, ce V6 aux origines assez lointaines s'essouffle lorsque l'indicateur de vitesse dépasse les 120 km/h. Il faut accorder de bonnes notes à la boîte automatique à quatre rapports au rendement exemplaire. Enfin, la consommation de carburant se révèle acceptable pour un véhicule de ce gabarit. Sur une note moins positive, la direction est plutôt vague tandis que son assistance pourrait être un peu moins enthousiaste.

La tenue de route est convenable pour ce type de véhicule, mais le conducteur serait plus heureux si la visibilité arrière n'était pas obstruée par l'encombrant aileron placé en plein centre de la fenêtre du hayon. Et, diantre, pourquoi ne pas avoir installé un essuie-glace pour nettoyer l'imposante lunette arrière ? Il semble que ce soit dans la nature de l'Aztek d'être excentrique à tout point de vue.

Denis Duquet

MODÈLES CONCURRENTS

• Buick RendezVous • Chrysler PT Cruiser • Honda CR-V • Honda Element • Mazda Tribute • Mitsubishi Endeavor

QUOI DE NEUF ?

• Version Rally • Nouvelles couleurs

Renouvellement du modèle	2006

VERDICT

Agrément de conduite	★★★☆☆
Fiabilité	★★★☆☆
Sécurité	★★★★⯨☆
Qualités hivernales	★★★★⯨
Espace intérieur	★★★★☆
Confort	★★★★☆

VERSION RECOMMANDÉE

Rally AWD

▲ POUR

• Rouage intégral efficace • Habitacle spacieux • Comportement routier honnête • Mécanique éprouvée • Ergonomie à souligner

▼ CONTRE

• Silhouette risible • Moteur vétuste • Présentation tourmentée • Visibilité arrière perfectible • Absence d'essuie-glace arrière

PONTIAC BONNEVILLE / BUICK LESABRE

Bonneville

Un duo de vieux

Pour une cinquième année, le duo Bonneville/LeSabre nous revient sans trop de modifications. C'est vrai qu'on ne change pas une équipe gagnante mais, chez GM, n'aurait-on pas pu faire un petit effort pour que les nombreuses qualités de ces deux voitures soient mieux exploitées? La Bonneville cache les siennes derrière un style criard et la LeSabre derrière une carrosserie fade et une réputation de «char de vieux».

G M profite de l'adage qui dit que des goûts on ne discute pas pour continuer de présenter sa Pontiac Bonneville. Certains, en effet, trouvent que la carrosserie fait un peu trop «drogue dure», que le tableau de bord se montre aussi nuancé et subtil qu'un lutteur de la WWF avec un micro dans les mains et que le temps des performances pures, dures et brutes est révolu. Pour d'autres, cependant, il s'agit de la quintessence faite automobile.

Pontiac Bonneville: tout, sauf subtile

La Bonneville se décline en trois niveaux: SE, SLE et GXP. Cette dernière devrait être sur le marché dès les premiers mois de 2004. La version de base (SE) possède un équipement très complet tandis que la SLE offre quelques bonbons supplémentaires tels qu'une suspension sport, des miroirs chauffants, des moulures de bas de caisse qui ne font jamais l'unanimité, des pneus de 17 pouces et le Driver Information Center, un ordinateur informant le

conducteur d'une foule de paramètres et permettant d'en régler une autre foule. Les deux versions (SE et SLE) reçoivent le même moteur de 3,8 litres qui commence à dater. Apparemment que c'est le grand-père de Léonard De Vinci qui l'aurait dessiné... Quoi qu'il en soit, il développe 205 chevaux, ce qui, à mon humble avis, se montre suffisant.

Une GXP de 275 chevaux

Il y aura aussi la Bonneville GXP, reprenant le flambeau de la SSEi. La nouvelle venue sera mue par le V8 Northstar tout alu de 4,6 litres développant aux alentours de 275 chevaux et un couple de 300 lb-pi. Suspension, échappement et freins seront «haute performance», nous assure General Motors. Nous n'en doutons point. Sauf que...

Sauf que, à la lueur d'un essai effectué au volant d'une SSEi, nous espérons de tout cœur que Pontiac ait fait ses devoirs quant à la gestion de toute cette cavalerie dans la GXP. Il ne faut pas oublier que la Bonneville est une traction et que, déjà, les 240 chevaux de la SSEi lui en mettaient plein les roues. Par

exemple, les freins suffisaient à peine à ralentir convenablement cette importante masse. Souhaitons qu'ils soient véritablement «haute performance»! Les pneus de 18 pouces de la GXP devraient les aider dans leur tâche. Nous attendons aussi de la direction Magnasteer, censée donner une meilleure sensation de la route et une plus grande précision, qu'elle remplisse ses promesses.

Mais il y a des choses immuables à bord d'une Bonneville, peu importe la version. Il s'agit d'une bagnole définitivement lourde et ça se sent dès la première courbe prise avec le moindrement d'exubérance. Oh! qu'on s'ennuie d'une Miata quand les suspensions s'écrasent et lancent la Bonneville dans un sous-virage prononcé. Bien que le système de contrôle de la traction s'avère efficace, il ne peut déjouer les lois de la physique.

À bord, le silence est appréciable, mais les sièges sont trop durs et leur design pourrait ne pas plaire à toutes les fesses. Les ceintures de sécurité se montrent difficiles à agrafer, le tableau de bord est parsemé de trop nombreux boutons et les espaces de rangement sont partis prendre un café dans une Toyota Echo. Au moins, on y retrouve une instrumentation adéquate même si l'odomètre est caché par un volant qui se prend bien en main mais qui affiche une laideur à repousser King Kong. Quant à la finition, elle étonne par sa précision.

CARACTÉRISTIQUES

Prix du modèle à l'essai	Bonneville SLE 37 910 $
Échelle de prix	33 360 $ à 37 910 $
Garanties	3 ans 60 000 km / 3 ans 60 000 km
Emp. / Long. / Larg. / Haut. (cm)	285 / 514,5 / 188,5 / 142
Poids	1689 kg
Coffre / Réservoir	510 litres / 70 litres
Coussins de sécurité	frontaux et latéraux
Suspension avant	indépendante, jambes de force
Suspension arrière	indépendante, triangles obliques
Freins av. / arr.	disque ABS
Antipatinage / Contrôle de stabilité	oui
Direction	à crémaillère, assistance variable
Diamètre de braquage	12,3 mètres
Pneus av. / arr.	235/55R17

Cependant, sur la route, divers bruits de caisse viendront troubler la quiétude.

Buick LeSabre, pas si vieux jeu que ça !

La Buick LeSabre, offerte en versions Custom, Limited et Celebration, repose sur le même châssis que la Bonneville (et la Cadillac De Ville). Elle utilise aussi le même moteur 3,8 litres de 205 chevaux, la même transmission, les mêmes suspensions et pourtant… il s'agit de deux voitures bien différentes.

Tout d'abord, la LeSabre se montre 6,5 cm plus courte et 1,8 cm moins large. En revanche, elle est 2,5 cm plus haute que sa cousine. Malgré ces différences et tout en offrant le même volume de chargement, c'est elle qui gagne le concours de l'habitabilité. Aussi, elle remporte une médaille pour son poids moins élevé d'une soixantaine de kilos.

La LeSabre, qui a déjà raflé sa part de titres d'indices de la satisfaction de la clientèle, est calibrée de façon différente de la Bonneville.

Les suspensions ont plus de jeu, la direction aussi tandis que les sièges se font plus douillets. Pour obtenir un tant soit peu d'agrément de conduite, il faut opter pour la suspension Gran Touring et les pneus de 16 pouces qui viennent avec. Sans diminuer le niveau élevé de confort, cette option améliore grandement les réactions de la voiture en virage et sur nos belles routes ondulées. Certes, cela n'en fera jamais une concurrente d'une Volks GTI, par exemple, mais au moins, son conducteur aura un peu plus de plaisir au volant.

Ces deux voitures typiquement américaines répondent à une certaine notion du luxe et du confort. Cependant, elles se retrouvent de plus en plus en retrait face à d'autres automobiles de conception plus récente. Dans un monde idéal, GM créerait une LeSabre avec les qualités dynamiques de la Bonneville. Mais le monde est rarement idéal…

Alain Morin

MOTORISATION ET PERFORMANCES

Moteur	V6, 3,8 litres
Transmission	traction, automatique 4 rapports
Puissance	205 ch à 5200 tr/min
Couple	230 lb-pi à 4000 tr/min
Autre(s) moteur(s)	V8, 4,6 litres 275 ch
Autre(s) transmission(s)	aucune
Accélération 0-100 km/h	8,0 secondes
Reprises 80-120 km/h	8,2 secondes
Vitesse maximale	180 km/h
Freinage 100-0 km/h	40,0 mètres
Consommation (100 km)	13,3 litres (ordinaire)

MODÈLES CONCURRENTS

- Chrysler Concorde et 300M • Ford Taurus • Lexus ES 330
- Lincoln LS • Mitsubishi Diamante • Nissan Maxima
- Toyota Avalon

QUOI DE NEUF ?

- Version GXP • Roues 16 po chromées (option dans Bonneville SE) • Nouvelles couleurs de carrosserie (Bonneville/LeSabre) • Nouvelles couleurs intérieures (LeSabre) • Meilleure insonorisation (LeSabre)

Renouvellement du modèle	n.d.

VERDICT

Agrément de conduite	★★★☆☆
Fiabilité	★★★★☆
Sécurité	★★★★☆
Qualités hivernales	★★★★☆
Espace intérieur	★★★★☆
Confort	★★★★☆

VERSION RECOMMANDÉE

Bonneville SLE

▲ POUR

- Silence de roulement notable • Freins ABS discrets • Espace intérieur non négligeable • Équipement pléthorique

▼ CONTRE

- Véhicule balourd • Direction vague • Ergonomie capricieuse • Rapport qualité/prix peu avantageux • Bruits de caisse

Le chant du cygne

Il est tout de même curieux que les grands manitous de General Motors aient déjà annoncé que la Grand Am ne sera pas de retour en 2005. Elle sera non seulement remplacée par un tout nouveau modèle élaboré à partir d'une plate-forme plus moderne, mais cette intermédiaire changera également de nom. Geste pour le moins surprenant lorsqu'on sait qu'elle est non seulement la Pontiac la plus vendue, mais le produit de GM qui domine sa catégorie.

Il est difficile d'interpréter ce geste qui devrait inciter plusieurs personnes à éviter d'acheter la Grand Am puisqu'elle ne sera plus sur le marché d'ici quelques mois. Quoi qu'il en soit, une chose est certaine, sa remplaçante nous la fera rapidement oublier car, si la Grand Am se vend autant, c'est davantage en raison de sa silhouette et de son prix qu'à cause de son agrément de conduite. Ce n'est pas une voiture catastrophique, mais elle manque nettement de raffinement. La refonte complète de cette voiture en 1999 lui avait quand même permis de perdre le titre de «pire voiture de sa catégorie». Depuis cette transformation complète, la Grand Am est une voiture moins démunie qu'auparavant. Elle s'est même raffinée au fil des années avec l'arrivée de la boîte manuelle Getrag en 2000 et du moteur Ecotec en 2002. Il faut également se souvenir que certains modèles avaient été dépouillés l'an dernier de leurs ridicules garnitures de bas de caisse.

Cette succession de modifications esthétiques et techniques nous permet d'affirmer que la cuvée 2004 est sans doute la meilleure dans l'histoire de ce modèle. C'est également son dernier tour de piste avant de s'éclipser. Compte tenu de sa popularité, il faut en conclure que sa silhouette est l'élément qui incite autant de gens à s'en procurer. Comme les goûts ne se discutent pas, contentons-nous de conclure que les présentations un peu plus chargées plaisent à plus de gens qu'on le croirait. Si les panneaux de bas de caisse ont été éliminés l'an dernier, la partie avant est toujours très chargée avec la grille de calandre décorée de deux naseaux surplombant des entrées d'air passablement voyantes.

La même remarque s'applique au tableau de bord avec ses multiples buses de ventilation bien en évidence, sa console centrale parsemée d'une multitude de boutons et deux cadrans indicateurs géants. Certains trouvent cela trop chargé, mais c'est tout de même moins anonyme que ce qui vous est proposé dans les Buick Century et Oldsmobile Alero. Encore là, c'est une affaire de goûts personnels.

La différence s'estompe

Les stylistes de la Grand Am ont voulu qu'elle se différencie du lot par une présentation plus agressive, plus originale, et cela a porté fruit. Par contre, cette Pontiac rentre rapidement dans le rang lorsqu'on évalue ses qualités routières. D'originale et prometteuse, elle devient une voiture aux caractéristiques similaires à celles de bien d'autres. En conduite de tous les jours, elle ne souffre d'aucune faiblesse majeure. La direction est légèrement trop assistée, la suspension manque quelque peu de débattement et le freinage est correct. Le moteur Ecotec 2,2 litres couplé à la boîte manuelle Getrag à cinq rapports se révèle fort bien adapté à cette voiture. Il lui manque une dizaine de chevaux pour être au diapason de la catégorie et il est bruyant, mais c'est une combinaison recommandable d'autant plus qu'il offre une consommation de carburant adéquate.

En revanche, si vous désirez un peu plus de puissance et une boîte automatique, sachez que le moteur V6 3,4 litres de 170 chevaux est offert en option avec une boîte automatique à quatre rapports. Ce moteur n'est pas un jeunot, mais il assure des performances correctes tandis que la boîte Hydra Matic s'avère à la hauteur de sa réputation avec des passages de vitesses précis et sans à-coups. Par contre, puisqu'il s'agit d'un moteur à soupapes en

tête, ce V6 s'essouffle rapidement. Il ne faut pas oublier de souligner que la GT est équipée de la version Ram Air de ce moteur. Un système d'admission d'air moins restrictif permet de bénéficier de cinq chevaux de plus. C'est tout de même peu pour profiter des pneus sport de 16 pouces de la GT. D'ailleurs, compte tenu des prétentions du nom et de la silhouette de ce modèle, on aurait pu l'équiper d'une suspension plus sportive. Une fois encore, Detroit se contente d'utiliser des appellations nettement au-delà de la réalité en ne nous livrant que des accessoires décoratifs et une infime amélioration des performances.

Loin d'être une grande dame
Pour résumer, la Grand Am est une boulevardière élégante aux yeux de certains et trop fardée selon d'autres. Sa suspension est moins primitive qu'auparavant, mais ses limites sont vite atteintes lorsque la qualité de la chaussée se dégrade. Elle talonne allègrement et les secousses de la route, mal filtrées, se trans-

mettent dans le volant. Il faut également déplorer le faible support latéral des sièges, une finition toujours couci-couça de même qu'une fiabilité pas toujours très élevée.

À la lueur de cette analyse, on comprend aisément pourquoi la direction semble aussi empressée à remplacer ce modèle par un autre.

En plus, comme la Grand Am fait partie de la même catégorie que les Honda Accord, Mazda6, Nissan Altima et Toyota Camry – pour ne nommer que les plus importants joueurs chez les intermédiaires –, tous des modèles qui ont été lancés depuis la transformation de la Grand Am et qui devançaient déjà la Pontiac avant leur modernisation, il est facile de tirer les conclusions qui s'imposent.

Denis Duquet

CARACTÉRISTIQUES

Prix du modèle à l'essai	GT 29 495 $
Échelle de prix	21 635 $ à 27 550 $
Garanties	3 ans 60 000 km / 3 ans 60 000 km
Emp. / Long. / Larg. / Haut. (cm)	272 / 473 / 179 / 140
Poids	1415 kg
Coffre / Réservoir	413 litres / 54 litres
Coussins de sécurité	frontaux
Suspension avant	indépendante, jambes de force
Suspension arrière	indépendante, multibras
Freins av. / arr.	disque ABS
Antipatinage / Contrôle de stabilité	oui / non
Direction	à crémaillère, assistée
Diamètre de braquage	11,5 mètres
Pneus av. / arr.	225/60R16

MOTORISATION ET PERFORMANCES

Moteur	V6 3,4 litres
Transmission	traction, automatique 4 rapports
Puissance	175 ch à 4800 tr/min
Couple	205 lb-pi à 4000 tr/min
Autre(s) moteur(s)	V6 3,4 l 170 ch ; 4L 2,2 l 140 ch
Autre(s) transmission(s)	manuelle 5 rapports (4L)
Accélération 0-100 km/h	9,1 s ; 10,4 s (4L auto)
Reprises 80-120 km/h	8,3 secondes
Vitesse maximale	185 km/h
Freinage 100-0 km/h	42,0 mètres
Consommation (100 km)	12,6 litres (ordinaire) ; 10,4 litres (4L)

MODÈLES CONCURRENTS

- *Chrysler Sebring • Honda Accord • Mazda6*
- *Nissan Altima • Oldsmobile Alero • Toyota Camry*
- *VW Jetta*

QUOI DE NEUF ?

- *Nouvelle garniture de siège dans le modèle SE*
- *Lecteur MP3 optionnel • Nouvelles couleurs de carrosserie*

Renouvellement du modèle	2005

VERDICT

Agrément de conduite	★★★★☆
Fiabilité	★★★☆☆
Sécurité	★★★☆☆
Qualités hivernales	★★★★☆
Espace intérieur	★★★★☆
Confort	★★★☆☆

VERSION RECOMMANDÉE

GT

▲ POUR

• Mécanique éprouvée • Version GT
• Finition en progrès • Tenue de route convenable • Prix compétitif

▼ CONTRE

• ABS en option sauf dans GT • Pas de coussin de sécurité latéral • Fin de modèle
• Amortisseurs mal adaptés

Fidèle à elle-même

Même épuré, le style de la nouvelle Grand Prix demeure, sous certains angles, toujours aussi excessif. Reste que même immobile et muette, il se dégage de cette voiture une impression de force pas du tout tranquille. Imposante, cette Pontiac est plus large et plus haute que le modèle qu'elle remplace. Plus puissante et plus sophistiquée aussi. Au delà de ces considérations esthétiques, qu'en est-il du reste ?

La Grand Prix est d'abord étonnamment polyvalente pour une berline puisque non seulement il est possible de rabattre (en tout ou en partie) le dossier de la banquette arrière, mais aussi celui du passager avant. Ce faisant, on peut glisser dans la voiture des objets ayant jusqu'à 3 mètres de long, et ce, sans avoir à faire flotter un chiffon rouge derrière le véhicule.

Cela dit, la première chose qui frappe les occupants qui prendront place à l'arrière est l'angle d'ouverture des portières, lequel frise les 90°. Si l'accès (et la sortie) est aisé, on ne saurait cependant qualifier d'accueillante la banquette dont le coussin est ancré, par la faute de la ligne fuyante du toit, beaucoup trop bas. À l'avant, les occupants ont peu à redire. Les baquets sont invitants et beaucoup plus confortables que dans la version antérieure. La position de conduite aussi est plus agréable même si on s'étonne qu'une automobile qui prétend s'adresser à des «pilotes» ne propose ni pédalier réglable, ni frein d'urgence à main, ni colonne de direction ajus-

table en profondeur. De plus, malgré des efforts bien sentis, l'assemblage manque toujours de soin. Ainsi, dans le modèle essayé, plusieurs garnitures se sont révélées mal fixées.

Massif et taillé dans des plastiques de qualité moyenne, le tableau de bord réunit une instrumentation complète et lisible alors que la console, orientée vers le conducteur facilite l'utilisation des différentes commandes logées à cet endroit.

Une image à préserver

Pour garder intacte son image sportive, qui est aussi la condition de son succès, Pontiac se devait d'accorder à la Grand Prix les moyens de ses ambitions. Ainsi, même si elle conserve la même plate-forme que la génération précédente, sachez que plusieurs transformations lui ont été apportées. Sans entrer dans le détail, il est nécessaire de retenir que le châssis est 16 % plus rigide que celui de la génération précédente et que les réglages des suspensions ont été partiellement redéfinis. En prime, la Grand Prix bénéficie, seulement dans

sa version GTP avec le groupe compétition, du dispositif StabiliTrak, une béquille électronique destinée à faciliter le maintien de la trajectoire désirée en cas de dérapages.

Sur le plan de la mécanique, les ingénieurs de Pontiac rempilent avec le six cylindres 3,8 litres suralimenté par un compresseur à la fois plus efficace et plus silencieux. Cette mécanique qui n'est plus tout à fait une jeunesse a cependant fait l'objet de plusieurs raffinements et délivre aujourd'hui 20 chevaux de plus (le couple est demeuré identique). Pour taquiner la zone rouge du compte-tours, la Grand Prix adopte un dispositif baptisé Tap-Shift, lequel permet le passage manuel des quatre rapports (oui, seulement quatre) à l'aide des commutateurs logés à l'intérieur de la jante du volant. Les manipuler exige non seulement des doigts de pianiste, mais aussi de positionner différemment les mains sur le volant. Des contrariétés qui finissent par lasser.

Malgré l'augmentation de puissance et l'ajout de nouvelles technologies, la consommation de cette Pontiac est demeurée sensiblement identique à la génération précédente, c'est-à-dire raisonnable sur route, mais un brin élevée en milieu urbain où d'ailleurs le diamètre de braquage et les généreuses dimensions extérieures de la Grand Prix n'en font pas un modèle d'agilité. Ajoutons à cela que l'autonomie de la voiture est aujourd'hui moindre,

CARACTÉRISTIQUES	
Prix du modèle à l'essai	GTP 42 100 $
Échelle de prix	27 995 $ à 34 475 $
Garanties	3 ans 60 000 km / 5 ans 100 000 km
Emp. / Long. / Larg. / Haut. (cm)	287 / 502 / 189 / 141
Poids	1625 kg
Coffre / Réservoir	453 litres / 64 litres
Coussins de sécurité	frontaux et latéraux
Suspension avant	indépendante, jambes de force
Suspension arrière	indépendante, leviers multiples
Freins av. / arr.	disque
Antipatinage / Contrôle de stabilité	oui
Direction	à crémaillère
Diamètre de braquage	11,3 mètres
Pneus av. / arr.	225/55R17

MOTORISATION ET PERFORMANCES	
Moteur	V6 3,8 litres suralimenté par compresseur
Transmission	traction, semi-automatique 4 rapports
Puissance	260 ch à 5200 tr/min
Couple	280 lb-pi à 3600 tr/min
Autre(s) moteur(s)	V6 3,8 litres 200 ch
Autre(s) transmission(s)	automatique 4 rapports
Accélération 0-100 km/h	6,9 secondes
Reprises 80-120 km/h	n.d.
Vitesse maximale	180 km/h
Freinage 100-0 km/h	41,3 mètres
Consommation (100 km)	12,9 litres (super)

son réservoir n'étant en mesure de contenir que 64,3 litres d'essence (super), soit 3,7 litres de moins que le modèle antérieur.

Suspension sèche

Par ailleurs, il y a tout lieu de questionner, dans le cadre d'une utilisation normale, le travail de la suspension sport qui accompagne le groupe Compétition. Sèche, elle malmène la Grand Prix au passage de chaque bosse et autre petite imperfection de la chaussée. Les pneus à large semelle ne contribuent certainement pas au confort mais en contrepartie assurent une adhérence optimale sur chaussée sèche et correctement pavée. La direction à assistance magnétique nous fait ressentir une certaine lourdeur dans le volant; en revanche, elle apparaît plus précise qu'autrefois. Si cette Pontiac fait preuve d'une superbe stabilité en ligne droite et se laisse inscrire dans les longs virages sans imposer une correction de la trajectoire initiale, elle demeure cependant pataude sur routes sinueuses où la paresse de

son châssis finit par nous épuiser. On aurait souhaité la Grand Prix moins empesée, plus alerte, plus souple aussi. En lieu et place, on se retrouve aux commandes d'un engin performant aux manières un peu rustres. Dans la version GTP, les freins dont les étriers sont peints en rouge se sont avérés efficaces, endurants mais pas toujours faciles à moduler.

Équipée du groupe Compétition, la Grand Prix GTP est sans doute la berline sport américaine de moins de 40 000 $ la plus sophistiquée de l'heure. Toutefois, sa qualité de fabrication encore inégale et son manque de raffinement font en sorte qu'elle se trouve encore à la remorque de ses principales concurrentes asiatiques et européennes. Une autre fois, peut-être ?

Éric LeFrançois

MODÈLES CONCURRENTS

• Acura TL • Chrysler 300M • Nissan Maxima

QUOI DE NEUF ?

• Nouveau modèle

Renouvellement du modèle	2010

VERDICT	
Agrément de conduite	★★★★☆
Fiabilité	★★★★☆
Sécurité	★★★★☆
Qualités hivernales	★★★★☆
Espace intérieur	★★★★★
Confort	★★★★☆

VERSION RECOMMANDÉE

GTP, plus intéressante

▲ **POUR**

• Lignes moins tapageuses • Freinage efficace (GTP) • Performances solides (GTP) • Accès aux places arrière aisé

▼ **CONTRE**

• Banquette arrière ancrée trop bas • Système Tap-Shift inutile • Qualité de l'assemblage toujours perfectible

COUP DE POING

L'astre couchant

La dernière révision en profondeur de la Pontiac Sunfire remonte à 1995, alors qu'elle n'avait pratiquement pas progressé depuis sa naissance, en 1982. Voilà une voiture qui n'évolue pas très vite, c'est le moins qu'on puisse dire. D'ailleurs, vous n'avez qu'à faire le test: d'hier à aujourd'hui, toutes les Sunfire ont conservé un petit air de parenté, et on les reconnaît à leur silhouette caractéristique au premier coup d'œil.

L'an dernier, dans un geste destiné à prolonger son cycle de vie, la Sunfire a abandonné son antique moteur de 2,2 litres en faveur de l'Ecotec de même cylindrée, mais d'une puissance supérieure de 25 chevaux. Elle a aussi reçu quelques retouches esthétiques et de « subtiles » modifications à sa suspension. C'est ce qui s'appelle allonger la sauce au maximum !

Cette année, elle nous propose de nouvelles garnitures de siège, de nouvelles couleurs de carrosserie de tendance jeune (jaune rallye et orange fusion), en plus d'un lecteur MP3 en option. Bref, des futilités ! Et vous savez quoi ? Il s'agit d'une excellente nouvelle, si l'on considère que cet immobilisme prépare la venue de changements radicaux pour l'an prochain, c'est-à-dire une toute nouvelle Pursuit élaborée à partir du châssis Delta sur lequel repose la Saturn Ion, et réservée exclusivement au marché canadien.

Moteur moderne, conception désuète

Il sera temps qu'on passe à autre chose, car l'astre de la Sunfire a sérieusement pâli, s'il fut jamais brillant. Elle loge en ce moment en troisième position du palmarès… des pires voitures compactes. Ses éléments mécaniques sont pour la plupart d'un autre âge, comme son châssis qui ne répond plus aux normes de construction moderne. À cette conception désuète, il faut encore ajouter un assemblage bâclé et certains problèmes de fiabilité récurrents.

Malgré tout, sa popularité a tenu le coup l'an dernier, par la grâce et la magie du plus puissant des magnétismes, l'argent. Par exemple, une Sunfire SL de base s'obtient pratiquement, après rabais, au prix d'une petite sous-compacte. C'est un pensez-y bien lorsque chaque sou est compté, d'autant que la Pontiac possède quelques autres arguments en sa faveur.

Le plus convaincant s'avère être son moteur Ecotec, d'architecture contemporaine et fabriqué entièrement d'aluminium. Après ses débuts

dans la Saturn Série L en l'an 2000, il équipe présentement plusieurs véhicules de la grande famille GM, et il n'est certainement pas à la veille de quitter l'avant-scène. Cela s'avère une bonne chose en ce qui concerne la Sunfire, puisque ses 150 lb-pi de couple obtenues à 4000 tr/min permettent des accélérations et des reprises franches sans qu'il en coûte trop cher à la pompe. Cependant, bien qu'il soit plus doux et plus discret que son prédécesseur, ce moteur gagnerait à recevoir encore quelques raffinements, car ses montées en régime s'avèrent rugueuses et accompagnées de trépidations qui ne tardent pas à rappeler aux propriétaires leur maigre investissement.

La transmission manuelle Getrag à cinq rapports qu'on lui associe en équipement de série est bien étagée, mais elle manque un peu de précision. Le consommateur plus exigeant (si peu) serait sans doute avisé d'opter pour la boîte automatique à quatre rapports, qui fait une fois de plus honneur à la réputation de GM en ce domaine. Une combinaison disque/tambour assure tant bien que mal des arrêts plus longs que la moyenne, à l'aide, en option, d'un ABS au fonctionnement approximatif.

Bruyante et inconfortable

On a voulu assurer à la Sunfire un comportement routier honnête et sans surprise, avec une tenue de cap assez stable, marquée par

CARACTÉRISTIQUES

Prix du modèle à l'essai	coupé GT 20 655 $
Échelle de prix	15 520 $ à 20 655 $
Garanties	3 ans 60 000 km / 5 ans 100 000 km
Emp. / Long. / Larg. / Haut. (cm)	264 / 462 / 174 / 135
Poids	1257 kg
Coffre / Réservoir	351 litres / 54 litres
Coussins de sécurité	frontaux et latéraux (av. opt.)
Suspension avant	indépendante, jambes de force
Suspension arrière	poutre déformante
Freins av. / arr.	disque / tambour (ABS opt.)
Antipatinage / Contrôle de stabilité	oui (opt.) / non
Direction	à crémaillère, assistée
Diamètre de braquage	10,9 mètres
Pneus av. / arr.	195/65R15

MOTORISATION ET PERFORMANCES

Moteur	4L 2,2 litres
Transmission	traction, automatique 4 rapports
Puissance	140 ch à 5600 tr/min
Couple	150 lb-pi à 4000 tr/min
Autre(s) moteur(s)	aucun
Autre(s) transmission(s)	manuelle 5 rapports
Accélération 0-100 km/h	9,5 secondes
Reprises 80-120 km/h	7,8 secondes
Vitesse maximale	185 km/h
Freinage 100-0 km/h	43,5 mètres
Consommation (100 km)	8,4 litres (ordinaire)

une tendance au sous-virage dont il faut apprendre à tenir compte dans ses habitudes de conduite, d'autant plus que la légèreté de la direction ne favorise guère la communication étroite avec la route. C'est tout le contraire pour les suspensions, qui font ressentir rudement le piètre état général de notre réseau routier. Le mauvais support assuré par les sièges n'arrange pas les choses pour les occupants, qui doivent de plus composer avec un niveau sonore passablement élevé.

Le dégagement pour la tête et les jambes laisse à désirer, et plus encore dans le coupé que dans la berline. Le design intérieur est assez insolite, dans le plus pur style Pontiac, et les matériaux ont triste allure. Le coffre, de dimension convenable, s'agrandit à l'aide du dossier repliable 60/40, mais l'ouverture est étroite.

Tout comme la Cavalier, la Sunfire se décline en trois versions. La SL de base peut sembler une bonne affaire, mais elle est si dépourvue en commodités qu'il vaut mieux y penser deux fois.

La SLX (berline seulement), avec les principales assistances électriques de série, paraît offrir le meilleur compromis, alors que la GT (coupé seulement) munie de roues de 15 pouces fait cher payer les quelques fioritures (moulures, tuyau d'échappement à double sortie) qui lui donnent un look pseudo sportif. Il est à noter que la climatisation et l'ABS sont toujours à la carte, quelle que soit la version, tout comme le système de communication OnStar, dont on se demande bien ce qu'il vient faire dans cette voiture à vocation économique.

La Sunfire ne vaut en effet que pour son faible coût d'achat. Elle convient comme deuxième voiture, ou pour un acheteur dont le kilométrage annuel n'est pas très élevé. Ceux qui se proposent d'en faire un usage intensif auraient sans doute avantage à opter pour une monture de meilleure qualité, quitte, s'il le faut, à se tourner vers le marché de l'occasion, à moins de profiter des rabais substantiels souvent offerts par le constructeur.

Jean-Georges Laliberté

MODÈLES CONCURRENTS

• Dodge SX • Ford Focus • Hyundai Elantra • Kia Spectra • Mitsubishi Lancer • Saturn Ion • Suzuki Aerio

QUOI DE NEUF ?

• Lecteur MP3 en option • Nouvelles couleurs de carrosserie • Nouvelle garniture de sièges

Renouvellement du modèle	n.d.

VERDICT

Agrément de conduite	★★☆☆☆
Fiabilité	★★☆☆☆
Sécurité	★★★☆☆
Qualités hivernales	★★★☆☆
Espace intérieur	★★★☆☆
Confort	★★⯪☆☆

VERSION RECOMMANDÉE

Berline SLX

▲ POUR

• Rabais avantageux • Moteur adéquat
• Transmissions efficaces • Habitabilité correcte • Silhouette intemporelle

▼ CONTRE

• Bruyante et inconfortable • Assemblage bâclé • Tenue de route quelconque
• Freinage déficient • Faible valeur de revente

Plus utilitaire que sportive

Sauriez-vous dire laquelle est la vraie parmi les trois affirmations suivantes ? 1. « Je m'appelle Vibe et je suis une berline cinq portes. » 2. « Je m'appelle Vibe et je suis un VUS. » 3. « Je m'appelle Vibe et je suis une sportive. »

Vous obtenez 10 sur 10 si vous avez répondu «ces trois assertions sont vraies, mais à des degrés différents». Oui, la Vibe est une voiture *hatchback* qui se comporte comme une berline. Oui, elle possède des attributs de véhicule utilitaire sport, notamment la traction intégrale (optionnelle) et une caisse relativement haute. Et finalement, oui, elle offre une version GT à caractère sportif, bien que le résultat final ne soit ici guère probant.

Plusieurs configurations mécaniques

Rappelons que la Vibe découle d'une association des constructeurs Pontiac et Toyota, lequel commercialise sa propre voiture sous le nom de Matrix. Pontiac a initié le projet et participé à la conception du véhicule ; Toyota a fourni le savoir-faire et les principaux organes mécaniques. La fabrication est effectuée à l'usine NUMMI, en Californie, où GM et Toyota assemblent des voitures depuis les années 1980 (dont la Corolla) et qui est reconnue pour ses contrôles serrés de la qualité.

L'idée de base : construire un véhicule compact très polyvalent, alliant les qualités utilitaires d'un VUS à la tenue de route et à l'économie d'une petite berline. Pour ce faire, on a emprunté à la Corolla son châssis et son moteur. Du premier, rien à redire, il figure parmi ce que Toyota fait de mieux. Le second, un quatre cylindres 1,8 litre de 130 chevaux, est fiable, économique et capable d'accélérations convenables, mais il lui faut parfois souquer ferme, et son grondement devient gênant. Il s'associe à une transmission manuelle à cinq vitesses précise et facile à manipuler, ou à une boîte automatique à quatre rapports qui fonctionne en douceur.

Les suspensions des tractions sont à jambes de force à l'avant et à barre de torsion à l'arrière, alors que celles des tractions intégrales sont indépendantes aux deux extrémités. L'une ou l'autre combinaison contrôle efficacement les mouvements de caisse tout en préservant la quiétude des passagers, mais on se ressent davantage des inégalités de la route avec l'essieu arrière rigide. Peu communicative, la direction se montre tout de même assez précise, rendant la conduite stable, sauf par conditions venteuses. Le freinage est adéquatement assuré par un tandem disque/tambour ou par quatre disques dans la GT, alors

que l'ABS est de série dans la GT et sur les tractions intégrales. Toutes les Vibe sont chaussées de pneus de 16 pouces qui contribuent à la bonne tenue de route ; mais de très jolies roues de 17 pouces sont offertes en option avec la GT.

C'est en version de base que la Vibe paraît le mieux équilibrée, même si les reprises en quatrième avec la boîte manuelle sont d'une lenteur «gouvernementale». La traction intégrale souffre en effet d'un rapport poids/puissance moins favorable, en raison d'une masse un peu plus élevée et d'une puissance du moteur réduite à 123 chevaux. Cela dit, le système à visco-coupleur qui transfère une partie de la puissance aux roues arrière lorsque celles d'en avant patinent mérite que vous y songiez sérieusement si la sécurité hivernale fait partie de vos priorités.

Avec la GT, la motorisation passe à 173 chevaux (une réduction de 7 chevaux par rapport à l'an dernier, en raison des normes antipollution plus sévères). Emprunté à la Celica, ce petit engin manque de coffre à bas régime, exigeant des révolutions supérieures à 4500 tr/min pour donner son plein potentiel, et là encore, sans vraiment impressionner. La boîte manuelle à six rapports qui lui est rattachée effectue un bon boulot dans les circonstances.

CARACTÉRISTIQUES

Prix du modèle à l'essai	TI 26 850 $
Échelle de prix	20 835 $ à 26 825 $
Garanties	3 ans 60 000 km / 3 ans 60 000 km
Emp. / Long. / Larg. / Haut. (cm)	260 / 436,5 / 177,5 / 158
Poids	1350 kg
Coffre / Réservoir	547 à 1531 litres / 45 litres
Coussins de sécurité	frontaux et latéraux (opt.)
Suspension avant	indépendante, jambes de force
Suspension arrière	indépendante, à bras triangulaires
Freins av. / arr.	disque / tambour ABS
Antipatinage / Contrôle de stabilité	non
Direction	à crémaillère, assistée
Diamètre de braquage	11,2 mètres
Pneus av. / arr.	205/55R16

MOTORISATION ET PERFORMANCES

Moteur	4L 1,8 litre
Transmission	intégrale, automatique 4 rapports
Puissance	123 ch à 6000 tr/min
Couple	118 lb-pi à 4200 tr/min
Autre(s) moteur(s)	4L 1,8 l 130 ch ; 4L 1,8 l 173 ch (GT)
Autre(s) transmission(s)	manuelle 5 ou 6 rapports (GT)
Accélération 0-100 km/h	12,0 secondes
Reprises 80-120 km/h	9,5 secondes
Vitesse maximale	175 km/h
Freinage 100-0 km/h	44,0 mètres
Consommation (100 km)	8,5 litres (ordinaire)

MODÈLES CONCURRENTS

- Chrysler PT Cruiser • Ford Focus • Mazda3
- Subaru Impreza Outback • Suzuki Aerio • Toyota Matrix

QUOI DE NEUF ?

- Groupe sport et Groupe aileron arrière en option
- Nouvelles couleurs de carrosserie • Embout d'échappement en acier inoxydable (opt.) • Compresseur volumétrique (opt.)

Renouvellement du modèle	n.d.

VERDICT

Agrément de conduite	★★★☆☆
Fiabilité	★★★★☆
Sécurité	★★★☆☆
Qualités hivernales	★★★★☆
Espace intérieur	★★★☆☆
Confort	★★★☆☆

VERSION RECOMMANDÉE

Version de base, manuelle

Une option consiste à se procurer, via le concessionnaire, un compresseur volumétrique fabriqué par le Toyota Racing Department qui fait passer la puissance du moteur de base à 170 chevaux. Offert dans la version traction, avec l'une ou l'autre boîte de vitesses, il améliore sensiblement les performances, comme en fait foi le 0-100 km/h que j'ai réalisé en moins de huit secondes avec une automatique.

Bien habillée

Pontiac fait oublier l'aberrante Aztek avec la robe de la Vibe, qu'une majorité d'observateurs juge plus jolie que la Matrix. L'exemplaire de couleur orange métallisé mis à ma disposition avait une apparence flatteuse avec ses petites jupes latérales, mais deux ailerons arrière, c'est trop pour mon goût!

L'habitacle est fonctionnel, et les matériaux de qualité honnête sont assemblés avec soin. La planche de bord plaît à l'œil, mais on voit mal les chiffres des instruments, trop petits et profondément encastrés. Les sièges satisfont par leur confort, tout comme le dégagement laissé à la tête et aux jambes. On trouve assez de contenants pour ranger toutes nos petites affaires, et même une prise de 115 volts à laquelle brancher notre portable. La soute à bagages accommode des objets de divers gabarits, et la cabine se configure de façon à accueillir des objets de huit pieds. Au besoin, on peut en laisser sortir un bout par la lunette, qui s'ouvre indépendamment du hayon.

En dotation de base, la Vibe se distingue de la Matrix équivalente par un équipement plus étoffé. La traction intégrale et la GT incluent d'office les principales assistances électriques, le régulateur de vitesse, une sono de qualité supérieure, de même que des sacs gonflables latéraux à l'avant. Bref, on a là une compacte qui sait se montrer éminemment moderne par sa façon de marier le confort à l'économie et à la polyvalence.

Jean-Georges Laliberté

▲ POUR

- Jolie carrosserie • Polyvalence
- Concessionnaires nombreux
- Prix engageants • Performances correctes

▼ CONTRE

- Moteur 173 chevaux en retrait • Version traction intégrale lente en charge •Tableau de bord difficile à consulter • Visibilité arrière limitée

De la Carrera à la GT2

Chez Porsche, la gamme des 911 n'a jamais été aussi étendue. On y retrouve pas moins de 11 modèles distincts depuis la Carrera de base jusqu'à la toute puissante GT2 dont le moteur biturbo débite désormais plus de 483 chevaux et abat le 0-100 km/h en 4 secondes pile. Entre ces deux extrêmes, l'acheteur est confronté à un vaste choix de modèles à deux ou quatre roues motrices sous des carrosseries de coupé ou cabriolet. L'année 2004 salue d'ailleurs l'arrivée d'une Porsche 911 Turbo décapotable tandis que la Targa (à toit vitré) est le seul type de carrosserie à ne pas être offert avec la traction intégrale. Et il y a aussi la fameuse GT3 dont un échantillon d'un jaune vif m'a permis de replonger dans une 911 de course… ou presque.

Avant de vous décliner ses caractéristiques et son comportement, passons rapidement en revue chacun des modèles précités. Le moins cher (tout est relatif) est le coupé Carrera 2 (deux roues motrices) qui existe également en version traction intégrale (Carrera 4) et traction intégrale «Turbo look» (Carrera 4S). Ces deux dernières appellations sont reprises pour les cabriolets. Quant à la Targa, elle se distingue par son toit vitré et motorisé et sa lunette arrière ouvrante, le tout greffé sur une base de cabriolet. Compte tenu de nos expériences passées, ce que le modèle Targa gagne en originalité, il le perd en solidité et le toit de verre est le siège de fréquents bruits qui s'amplifient avec le temps et l'usage. En somme, les cabriolets sont mieux indiqués si vous êtes amateur de plein air. Ils ont aussi l'avantage de conserver une meilleure valeur de revente que les coupés.

Si votre budget vous autorise à frôler la barre des 200 000 $, les 911 Turbo coupé et cabriolet sont des voitures terriblement rapides et enivrantes à conduire. Il convient toutefois de se rappeler que toutes ces Porsche sont affligées d'un inconfort notoire en raison de suspensions très fermes peu adaptées au réseau routier famélique de ce qui était auparavant la «belle province».

Des options scandaleusement chères

Pour le prix demandé, la présentation intérieure n'est pas très relevée et il faudra dépenser une somme scandaleusement élevée pour «personnaliser» l'habitacle de votre 911. Porsche n'y va pas avec le dos de la cuillère et je me souviens d'avoir payé autour de 800 $ pour des embouts d'échappement chromés sur une 911 alors que des magasins spécialisés vendaient quelque chose de très similaire pour moins de 25 $.

En bref, il s'agit d'une version à moteur atmosphérique de la GT2 dont le 6 cylindres à plat de 3,6 litres d'une seule pièce (par rapport à 2 pour la 911 normale) développe maintenant 381 chevaux à 7200 tr/min. Le régime maximal a toutefois été porté à 8200 tr/min pour une meilleure exploitation de la puissance via la boîte de vitesses manuelle à six rapports dont les bagues de synchronisation sont en acier plutôt qu'en bronze comme sur les voitures de course. On a aussi agrandi les diamètres de frein de 20 milli-

Pour ceux et celles (et j'en connais) qui commencent à trouver leur 911 Turbo trop lente, Porsche est allée plus loin encore avec la GT2, une véritable voiture de course en tenue de ville. Elle a gagné 21 chevaux par rapport à l'an dernier grâce à une amélioration des cartographies de la gestion moteur électronique. Ce qui la rend capable d'une vitesse de 319 km/h. La plus véloce des 911 boucle aussi le 0-200 km/h en 12,5 secondes si vous n'êtes pas encore convaincu de ses aptitudes à avaler les kilomètres avec célérité. L'un des secrets de la GT2

est son poids de 1440 kilos, soit 100 de moins qu'une 911 Turbo.

Elle se distingue aussi par son aileron arrière en fibre de carbone et par ses disques de freins en céramique offerts (surprise) en équipement de série.

Dangereusement rapide

C'est toutefois la GT3, un autre modèle qui flirte avec la compétition, qui m'a servi d'étalon cette année dans l'évaluation de la gamme des 911.

mètres, les portant à 350 tandis que la GT3 reçoit des étriers de frein à six pistons peints en rouge comme il se doit. Les disques en céramique demeurent toutefois une option dans ce modèle (les mauvaises habitudes sont dures à perdre). Malgré une puissance inférieure, la GT3 ne concède pas grand-chose à la GT2 puisqu'elle a été allégée de 60 kilos. Cette économie de poids provient de petits détails comme l'abandon des strapontins arrière (-8 kg) et par l'utilisation de sièges ultralégers (-20 kg).

911 GT2

Tout est là pour donner des ailes à cette 911. Malheureusement, c'était sans compter sur nos routes bosselées où la suspension abaissée et calibrée pour la course a beaucoup de mal à contrôler la stabilité de la bête. Les bosses font littéralement décoller la voiture qui nécessite un ruban d'as-phalte en parfaite condition pour afficher ses aptitudes à très haute vitesse. Sur un pavé lisse, rouler à 300 km/h est une expérience tout à fait relaxante sur un circuit suffisamment long. En revanche, la GT3 est assuré-ment la plus inconfortable des Porsche, ce qui n'est pas peu dire.

Nouveau record

Les accélérations sont tout simplement fou-droyantes et donnent vraiment l'impression d'être au volant d'une Porsche préparée pour la course. L'absence d'insonorisation permet d'écouter le son guttural du moteur qui est loin d'être déplaisant à l'oreille. La recherche de

911 Turbo Cabriolet

performances et la durabilité de certaines composantes qu'elle exige rend la conduite quelquefois exténuante. L'embrayage, notamment, n'est pas tendre et exige une bonne pression du pied gauche. Quant aux freins, ils ne nécessitent pas d'effort particulier, mais leur grincement est plutôt gênant quand on s'arrête à une intersection.

Sur le circuit de Sanair, la GT3 a brillé de tous ses feux en chipant à la Mercedes-Benz E55 son titre récent de la voiture de série la plus rapide sur un tour de piste chronométré. Le trophée du *Guide de l'auto* va donc pour l'instant à cette 911 pour avoir bouclé le circuit routier de Sanair en 58,9 secondes, un temps record.

Comme sur la route, la GT3 a volé d'une bosse à l'autre sur cette piste plutôt raboteuse. Un pavé moins rébarbatif aurait permis de retrancher une grosse seconde au temps enregistré. Dans les virages avec un bon revêtement, la voiture peut exploiter la rapidité de sa direction et faire montre d'un sous-virage

beaucoup moins prononcé que dans les 911 ordinaires. Quant aux freins, les disques en céramique sont d'une efficacité redoutable et, malgré deux gros ralentissements, ils n'ont jamais tendance à surchauffer.

Dans la vie de tous les jours toutefois, cette GT3 n'est pas la meilleure des compagnes. Bruyante, inconfortable et exigeante, elle oblige à de nombreux sacrifices en échange de ses performances exceptionnelles.

Mais avec 11 modèles différents, la gamme des 911 en offre pour tous les goûts bien que pas nécessairement pour tous les budgets.

Jacques Duval

CARACTÉRISTIQUES

Prix du modèle à l'essai	GT3 139 000 $
Échelle de prix	100 400 $ à 269 600 $
Garanties	4 ans 80 000 km / 4 ans 80 000 km
Emp. / Long. / Larg. / Haut. (cm)	235,5 / 443,5 / 177 / 127,5
Poids	1380 kg
Coffre / Réservoir	110 litres / 89 litres
Coussin de sécurité	frontaux et latéraux
Suspension avant	ind., jambes élastiques et bras trans.
Suspension arrière	indépendante, essieu multibras
Freins av. / arr.	disque ventilé, ABS
Antipatinage / Contrôle de stabilité	oui / non
Direction	à crémaillère, assistée
Diamètre de braquage	n.d.
Pneus av. / arr.	235/40ZR18 / 295/30ZR18

MOTORISATION ET PERFORMANCES

Moteur	H6, 3,6 litres
Transmission	propulsion, manuelle six rapports
Puissance	381 ch à 7400 tr/min
Couple	284 lb-pi à 5000 tr/min
Autre(s) moteur(s)	320 ch, 420 ch (Turbo) 483 ch (GT2)
Autre(s) transmission(s)	Tiptronic 6 rapports
Accélération 0-100 km/h	4,0 s ; 5,2 s (911)
Reprises 80-120 km/h	3,8 secondes
Vitesse maximale	306 km/h ; 280 km/h(911)
Freinage 100-0 km/h	n.d.
Consommation (100 km)	15 litres (super)
Niveau sonore	

MODÈLES CONCURRENTS

- Aston Martin DB7 • Ferrari 360 Modena • Ford GT 40
- Lamborghini Gallardo • Mercedes-Benz SL 55 AMG

VERDICT

Agrément de conduite	★★★★☆
Fiabilité	statistiques insuffisantes
Sécurité	★★☆☆☆
Qualités hivernales	nulles
Espace intérieur	★★☆☆☆
Confort	★☆☆☆☆

VERSION RECOMMANDÉE

Carrera 4S

▲ POUR

(GT3) : • **Performances ahurissantes** • **Tenue de route exceptionnelle sur bon revêtement** • **Modèle rare** • **Freinage sans égal**

▼ CONTRE

(GT3) : • **Allergique aux routes bosselées** • **Confort nul** • **Niveau sonore élevé** • **Présentation intérieure indigne du prix**

L'usure du temps

Comme je l'écrivais l'an dernier au sujet de la 911, la Porsche Boxster est elle aussi une voiture qui en fait rêver plusieurs. La réalité du quotidien à son volant est cependant moins exaltante qu'on l'imagine. Pour aller s'éclater quelques heures sur une petite route sinueuse en écoutant rugir le moteur, c'est satisfaction garantie. Pour se déplacer jour après jour, toutefois, c'est une tout autre histoire qui vous obligera à cultiver le masochisme.

La Porsche Boxster a longtemps fait l'objet de commentaires élogieux du *Guide de l'auto* tout en dominant haut la main la catégorie des roadsters. Il apparaît toutefois de plus en plus évident que le modèle a mal vieilli et surtout qu'il encaisse plus ou moins bien l'usure du temps. Aussi bien la Boxster de base que la S mises à l'essai étaient affligées de bruits de caisse et de craquements inacceptables dans des voitures de ce prix. Il y a aussi le rapport qualité/prix qui n'a rien pour qu'on l'inscrive à un palmarès. Avec des factures oscillant entre 72 000 $ (Boxster) et environ 80 000 $ (Boxster S), on voudrait bien que la rigidité du châssis et la traditionnelle solidité des Porsche soient au rendez-vous. Au lieu de ça, vous aurez droit à une présentation intérieure faisant usage de plastiques bon marché ainsi qu'à une espèce de tapis « shag » recouvrant la partie inférieure des contre-portes. Plus quétaine que ça, tu t'appelles Helmut !

Toutes ces lacunes pourraient facilement s'accepter si les Boxster étaient un peu moins chères. Mais avec comme concurrentes des Mazda RX-8 à environ 40 000 $ ou des Nissan 350Z autour de 50 000 $, il faut se mettre à genoux tous les soirs devant la photo de Ferdinand Porsche pour acquitter de telles factures sans se poser de questions sur le rapport qualité/prix.

Merde au Québec

Certains diront que ces commentaires sont dictés par l'indifférence de la marque allemande pour le marché du Québec ou les agissements discutables de son directeur des relations publiques qui s'ingénie à priver les lecteurs de cet ouvrage de toute information pertinente (voir Avant-propos). Or, mes propos ne reflètent qu'une vérité également mise au jour lors d'essais comparatifs publiés dernièrement dans des magazines américains. Malgré des indices de satisfaction élevés, une Boxster arrive difficilement à justifier des tarifs aussi élevés. Je crois qu'il est de mon devoir de l'écrire, que cela plaise ou non aux fanatiques de la marque. Une Porsche dont le système d'alarme se déclenche à propos de rien trois fois en une seule nuit n'est pas de nature

à vous faire élever un monument à la gloire de la compagnie.

Fort heureusement, la Boxster, même si sa qualité de construction est relâchée, possède quand même quelques vertus, dont la moindre n'est sûrement pas ses deux coffres à bagages, l'un à l'avant et l'autre juste derrière le moteur central. Ce dernier est un six cylindres à plat dont la puissance a été portée à 258 chevaux l'an dernier dans la Boxster S. La plus calme des deux, la Boxster tout court, reçoit un 2,7 litres qui délivre 225 chevaux via une boîte manuelle à cinq rapports, un de moins que dans le modèle le plus puissant. La position de conduite est toujours un peu trop basse, mais elle conviendra aux conducteurs de grande taille. Dans l'habitacle, l'espace est mesuré et le simple transport d'un porte-documents est hors de question à moins d'être seul à bord et de le déposer sur le siège de droite. Souhaitons que la version coupé promise pour 2005 sera un peu plus hospitalière.

Du sport

Si l'on ne demande à la Boxster que de nous offrir une dose hebdomadaire d'agrément de conduite, on sera servi à souhait. La précision du levier de vitesses, la tenue de route sans égale, le tonus du moteur, l'équilibre du freinage et la vivacité de la direction vous

permettront de jouer les champions sans même vous forcer.

Et la S ?

La version 225 chevaux ne vous fera pas gagner de course d'accélération avec un 0-100 km/h d'environ 7,2 secondes, mais le moteur de la S vous permettra de rester en course en retranchant une grosse demi-seconde au temps précité. Je dirais d'ailleurs que la S hausse d'un cran l'agrément de conduite, mais pas de façon significative pour un conducteur moyen. C'est surtout côté moteur que les choses se passent un peu plus vite et le temps des reprises entre 80 et 120 km/h est inférieur de quelques dixièmes de seconde à celui de la Boxster de base.

Gare à l'aquaplanage

En revanche, un léger bémol est à mettre au dossier de la S dont les pneumatiques de 18 pouces n'ont pas une très grande résistance à l'aquaplanage quand le ciel déverse son trop-plein. Même les essuie-glaces ont peine à suffire à la tâche, ce qui vous obligera à rouler mollo par temps de pluie. Vous aurez alors tout le loisir d'admirer les cadrans sur fond gris avec un compte-tours placé en plein centre d'une nacelle renfermant tous les instruments.

Pour beaucoup d'acheteurs, ce petit roadster estival est un achat plus intéressant qu'une 911. Comme cette dernière toutefois, sa suspension raide et la négligence avec laquelle certains détails ont été traités incitent l'acheteur à réfléchir avant de réaliser son rêve. Pour un usage occasionnel, il y a beaucoup de plaisir à tirer d'une Boxster et encore plus d'une S, mais il faut avoir les moyens de les laisser au garage et de rouler dans des voitures plus conviviales la majeure partie du temps. Comme moyen de transport quotidien, ce n'est pas tout à fait la recette.

Jacques Duval

▲ POUR

- Agrément de conduite estival • Freinage sûr
- Belle sonorité moteur • Boîte de vitesses agréable • Châssis rigide

▼ CONTRE

- Bruit de vent exécrable (capote fermée)
- Présentation intérieure bon marché
- Essuie-glaces peu efficaces • Aquaplanage

BOXSTER

CARACTÉRISTIQUES

Prix du modèle à l'essai	72 265 $
Échelle de prix	60 650 $ à 73 500 $
Garanties	4 ans 80 000 km / 4 ans 80 000 km
Emp. / Long. / Larg. / Haut. (cm)	241,5 / 432 / 178 / 129
Poids	1329 kg
Coffre / Réservoir	260 litres (2 coffres combinés) / 64 litres
Coussins de sécurité	frontaux et latéraux
Suspension avant	indépendante, jambes élastiques
Suspension arrière	indépendante, jambes élastiques
Freins av. / arr.	disque ABS
Antipatinage / Contrôle de stabilité	oui (option)
Direction	à crémaillère, assistée
Diamètre de braquage	11,0 mètres
Pneus av. / arr.	205/55ZE16 / 225/55ZR16

MOTORISATION ET PERFORMANCES

Moteur	H6 2,7 litres
Transmission	propulsion, manuelle 5 rapports
Puissance	225 ch à 6300 tr/min
Couple	192 lb-pi à 4250 tr/min
Autre(s) moteur(s)	H6 3,2 litres 258 ch
Autre(s) transmission(s)	manuelle 6 rapports, Tiptronic
Accélération 0-100 km/h	7,2 s ; 6,6 s (S)
Reprises 80-120 km/h	7 s ; 6,7 s (S)
Vitesse maximale	240 km/h ; 260 km/h (S)
Freinage 100-0 km/h	36,6 mètres
Consommation (100 km)	9,8 litres (super)

MODÈLES CONCURRENTS

- Audi TT roadster • BMW Z4 • Honda S2000
- Mercedes-Benz SLK

QUOI DE NEUF ?

- Version coupé pour 2005

Renouvellement du modèle	2006

VERDICT

Agrément de conduite	★★★★☆
Fiabilité	★★★☆☆
Sécurité	★★★★☆
Qualités hivernales	★★★☆☆
Espace intérieur	★★★☆☆
Confort	★★☆☆☆

VERSION RECOMMANDÉE

Aucune

La réplique à la Ferrari Enzo

La Carrera GT que Porsche a promené dans divers salons automobiles au cours des dernières années est finalement une réalité et la version finale est apparue au Salon de Francfort après un premier tour de piste au Salon de Genève. C'est en quelque sorte la première « supervoiture » (« supercar » disent les Européens) à arborer l'emblème du constructeur de Stuttgart. Jusqu'ici les Porsche ont toujours été des voitures sport performantes destinées à une clientèle à l'aise mais pas nécessairement archifortunée. À part la 959 d'il y a plusieurs années vendue au compte-gouttes, la firme allemande s'était contentée d'offrir des versions plus puissantes de la 911, telles les Turbo et GT2. Avec la Carrera GT, on se lance aux trousses de ces modèles exclusifs vendus à des prix faramineux et affichant un comportement général très proche de celui d'une voiture de compétition. En disant qu'elle veut en découdre avec une Ferrari Enzo, on est sur la bonne piste.

Mais comment direz-vous ? D'abord en étant construite en petite série, c'est-à-dire à 1500 exemplaires dans le cas présent, et secundo en devenant pour son constructeur une véritable vitrine technologique. À ce sujet, les ingénieurs n'ont pas chômé puisque la Carrera GT renferme plus de 70 innovations en attente de brevet. Cela comprend entre autres un embrayage en céramique qui, lorsque le moteur débite son couple maximal, transmet pas moins de 612 chevaux aux roues arrière, via la boîte mécanique à six rapports. Le freinage aussi est assuré par la céramique qui a servi à la fabrication des disques. En se contentant, par leur grande efficacité, d'une surface de seulement 169 millimètres, ces disques ont

permis d'abaisser fortement le centre de gravité du moteur et de la boîte de vitesses.

Un V10 atmosphérique

Parmi les autres références de ce modèle, on peut citer la coque et la carrosserie en carbone, ce qui a permis de conserver le poids

à une valeur très raisonnable de 1380 kg. L'écart important entre la porte et l'essieu arrière n'est pas une curiosité de style, mais il révèle la position centrale du moteur V10 de 5,7 litres atmosphérique dont la puissance maximale est atteinte à un régime de 8000 tr/min tandis que le couple se situe à 435 lb-pi à 5750 tr/min.

Capable d'une vitesse maxi de 330 km/h, l'aérodynamique a joué un rôle prédominant dans la mise au point de ce roadster. C'est ainsi que pour atteindre des coefficients de portance négative (appui au sol ou *down force*) aussi élevés que possible, la Carrera GT s'est vu doter d'un soubassement dont la géométrie correspond à celle réservée habituellement aux voitures de course. Le soubassement entièrement habillé d'un carénage tout carbone engendre un effet d'aspiration élevé

pour une routière, grâce à son diffuseur arrière et aux canalisations d'air élaborées.

Autre innovation en attente de brevet: le châssis monocoque et le berceau sont en matière synthétique renforcée par fibres de carbone.

Bien habillée

Si l'on compare la Carrera GT à la Ferrari Enzo, l'allemande est une voiture dont l'habitacle est plus fignolé que celui du bolide italien, et cela, en dépit d'un prix la moitié moins élevé. Des cuirs lisse, des structures en fibre de carbone et des sièges ultralégers en kevlar rehaussent la présentation intérieure. On y trouve aussi toute une panoplie d'accessoires qui sont absents chez sa rivale italienne. Cette dernière, par exemple, ne possède ni radio, ni glaces ou sièges à commande électrique, ni même de tapis au plancher. Par contre, l'enlèvement du toit rigide dans la Carrera GT n'est pas une sinécure puisqu'il faut le déposer minutieusement dans le coffre avant qui devient alors quasi inutilisable pour quoi que ce soit d'autre. D'ailleurs, c'est probablement la seule voiture au monde dont le réservoir d'essence a une plus grande capacité que le coffre à bagages (92 contre 76 litres).

Cela, bien sûr, n'empêchera pas les 1500 Porsche Carrera GT de se vendre dans un laps de temps à peine plus long que celui que nécessite son accélération de 0 à 200 km/h: 9,9 secondes.

P.S. En raison du manque de collaboration de Porsche, nous nous excusons de ne pouvoir vous fournir des photos exclusives ou des informations plus substantielles sur ce modèle. Voir Avant-Propos

Jacques Duval

CARACTÉRISTIQUES

Prix du modèle à l'essai	500 000 $ (estimé)
Échelle de prix	un seul prix
Garanties	n.d.
Emp. / Long. / Larg. / Haut. (cm)	273 / 461 / 192 / 117
Poids	1380 kg
Coffre / Réservoir	76 litres / 92 litres
Coussins de sécurité	frontaux et latéraux
Suspension avant	indépendante, à doubles triangles
Suspension arrière	indépendante, à doubles triangles
Freins av. / arr.	disque en céramique, ABS
Antipatinage / Contrôle de stabilité	oui
Direction	à crémaillère, assistée
Diamètre de braquage	n.d.
Pneus av. / arr.	265/35ZR19 / 335/30ZR20

MOTORISATION ET PERFORMANCES

Moteur	V10 5,7 litres
Transmission	propulsion, manuelle 6 rapports
Puissance	612 ch à 8000 tr/min
Couple	435 lb-pi à 5750 tr/min
Autre(s) moteur(s)	aucun
Autre(s) transmission(s)	aucune
Accélération 0-100 km/h	3,9 secondes
Reprises 80-120 km/h	6,9 secondes
Vitesse maximale	330 km/h
Freinage 100-0 km/h	n.d.
Consommation (100 km)	17,0 litres

MODÈLES CONCURRENTS

• Ferrari Enzo • Mercedes-Benz SLR

COUP DE POING

Sacrilège ?

Avilissement ! Dégradation ! Outrage ! Profanation ! Telles sont les exclamations proférées par certains « porschistes » radicaux à l'annonce du lancement du Cayenne, un « vulgaire » VUS. C'est comme si le pape était impliqué dans un scandale sexuel ou que la reine Elizabeth avait été surprise dans une piquerie. Et pourtant…

Le vénérable constructeur allemand fait tout simplement des affaires, et comme les courbes des ventes de ses sportives pures et dures suivent les montagnes russes tracées par le Nasdaq et le Dow Jones, il lui faut, pour survivre, assurer les profits. Alors, avec l'aide du grand cousin Volkswagen, les deux complices ont mis au point le Cayenne et le Touareg. Châssis commun, rouage d'entraînement semblable, mais moteurs différents et prix en conséquence.

L'honneur est sauf

Car une Porsche, même déguisée en utilitaire sport, c'est d'abord un moteur performant. En conséquence, on y découvre un magnifique bloc V8 4,5 litres réalisé dans un alliage d'aluminium au silice. Coiffé d'une culasse au calage des soupapes régulé par le système VarioCam, il développe dans sa version atmosphérique du Cayenne S la puissance très respectable de 340 chevaux. Dans la version Turbo, les sorciers de Zuffenhausen arrivent à le faire littéralement exploser de façon contrôlée, et 450 chevaux piaffent d'impatience sous votre pied droit. La

concurrence et la plupart de ses détracteurs se tiennent maintenant cois.

Pourtant, ils pourraient aussi s'insurger contre la présence d'une seule et unique boîte automatique, une Tiptronic S fabriquée par Aisin (au Japon). Ses six rapports lui permettent de dompter efficacement la cavalerie et elle dispose d'une gamme de rapports démultipliée. On y retrouve bien entendu toutes les assistances mécaniques et électroniques nécessaires à un véhicule aussi polyvalent. Si je vous dis PTM, PSM, PASM, ne croyez pas que j'ai avalé une mouche. Le PTM, pour Porsche Traction Management, est un système de gestion de la traction qui, en mode normal, distribue 62 % de la traction à l'arrière et 38 % à l'avant, mais qui peut aussi diriger la puissance sur le pneu qui obtient la meilleure adhérence. Qui plus est, ce mécanisme permet de bloquer le différentiel central et celui situé à l'arrière (en option). Le PSM (Porsche Stability Management) est le système de stabilité électronique élaboré par Porsche pour contrer les situations de survirage ou de sous-virage, en agissant de façon sélective sur les différentiels et les freins. Quant au PASM (Porsche Active Suspension

Management) qui équipe de série le Turbo et est offert en option dans le S, c'est en fait une suspension pneumatique qui peut faire varier le niveau de la caisse et la dureté des amortisseurs (confort, normal ou sport) sur commande ou en fonction des exigences dictées par l'état de la route. Cette suspension peut vous offrir une garde au sol impressionnante (27,3 cm), quatre niveaux intermédiaires et, lorsque le compteur affiche 125 km/h, coller la caisse à 19 cm de la route, empêchant l'air de s'engouffrer sous la carrosserie. Tous ces gadgets électroniques transforment d'ailleurs une monture à vocation sérieuse en véritable petit casino lorsqu'on roule. Les sonnettes d'alarme, les grelots et les « bip », fusent à tout bout de champ pour vous avertir que vous avez actionné quelque chose ou que quelque chose fait défaut. Et cela arrive, car un exemplaire mis à la disposition de la presse au Québec faisait entendre des bruits de caisse, de petites pièces d'équipement s'en sont détachées et un coussin gonflable semble avoir déclaré forfait.

À la vue de l'intérieur, les fanatiques de la marque manifesteront encore leur désarroi, car l'aménagement partage plusieurs points communs avec celui du Touareg. Précisons cependant que les matériaux (cuir, appliques de métal et de bois) sont de bonne qualité et que l'ergonomie de la planche de bord satisfait dans l'ensemble. Les fauteuils à l'avant

Prix du modèle à l'essai	Cayenne Turbo 125 100 $
Échelle de prix	78 250 $ à 125 100 $
Garanties	4 ans 80 000 km / 4 ans 80 000 km
Emp. / Long. / Larg. / Haut. (cm)	285,5 / 479 / 192 / 170
Poids	2355 kg
Coffre / Réservoir	540 à 1770 litres / 100 litres
Coussins de sécurité	frontaux, latéraux et tête
Suspension avant	ind., jambe de force pneum. active
Suspension arrière	ind., multibras, pneumatique active
Freins av. / arr.	disque ABS
Antipatinage / Contrôle de stabilité	oui
Direction	à crémaillère, assistée, pas variable
Diamètre de braquage	11,9 mètres
Pneus av. / arr.	255/55R18 (275/40R20 opt.)

MOTORISATION ET PERFORMANCES

Moteur	V8 biturbo 4,5 litres
Transmission	intégrale, Tiptronic S
	séquentielle 6 rapports
Puissance	450 ch à 6000 tr/min
Couple	457 lb-pi à 2250 tr/min
Autre(s) moteur(s)	V8 4,5 litres atmosphérique 340 ch
Autre(s) transmission(s)	aucune
Accélération 0-100 km/h	5,6 secondes (6,5 au Québec);
	7,2 secondes (340 ch)
Reprises 80-120 km/h	5,8 secondes
Vitesse maximale	266 km/h ; 242 km/h (340 ch)
Freinage 100-0 km/h	38,0 mètres
Consommation (100 km)	16,5 litres (super)

MODÈLES CONCURRENTS

• BMW X5 • Mercedes-Benz ML55 • Range Rover
• Volkswagen Touareg

QUOI DE NEUF ?

• Version V6 247 chevaux bientôt offerte en Europe

Renouvellement du modèle	n.d.

VERDICT

Agrément de conduite	★★★★☆
Fiabilité	nouveau modèle
Sécurité	★★★★☆
Qualités hivernales	★★★★★
Espace intérieur	★★★☆☆
Confort	★★★☆☆

VERSION RECOMMANDÉE

Cayenne S

procurent un confort et un maintien irréprochables. Les places arrière sont correctes, mais le passager du milieu voudra jouer à la chaise musicale après une heure de route. Le vaste coffre à bagages peut être agrandi en abaissant le dossier des sièges arrière. La chaîne audio Bose de 350 watts impressionne par sa puissance et sa fidélité.

Performances de classe

Sur la route, le S avec des suspensions conventionnelles se compare déjà aux meilleurs (on pense au Mercedes ML500 avec ses 349 chevaux et au BMW X5 4,6i de 340 chevaux). Quant au Turbo, il hache menu ces deux prétendants. Sur le nouveau circuit Barber Motorsports Park, en Alabama, où j'ai eu l'occasion de le piloter, bien campé sur ses pneus de 20 pouces (en option), il démontre un aplomb et une vitesse surprenants pour un véhicule de ce type, Le freinage (gracieuseté de Brembo avec six pistons à l'avant et quatre à l'arrière) et les accélérations vous laissent

à la fois pantois et très modeste. Quelques tours avec le pilote Hurley Haywood au volant lui ont vraiment rendu justice, et les temps enregistrés embarrasseraient au moins 90 % des voitures sport actuellement sur le marché. Par ailleurs, l'exemplaire «québécois» ne semblait pas dans une aussi bonne forme sur le circuit de Sanair, ses pneus faisant entendre un grondement de protestation non équivoque. La version conduite par M. Haywood avait-elle été trafiquée ? Nul ne le sait.

Rien n'est gratuit, surtout quand l'écusson Porsche est incrusté au centre du volant. Soyons réalistes, le prix du modèle S demeure en deçà de celui demandé par les concurrents de même puissance, mais celui du Turbo est en proportion avec son statut purement élitiste. Ce qui fait qu'entre un Porsche Cayenne et un Volkswagen Touareg, ceux qui ne veulent pas payer seulement pour un emblème réputé opteront pour le nomade du désert (Touareg).

Jean-Georges Laliberté

▲ POUR

• Moteur fabuleux (turbo) • Comportement routier exemplaire • Freinage efficace
• Capacité de franchissement redoutable

▼ CONTRE

• Prix du Cayenne turbo • Style discutable
• Entretien onéreux • Fiabilité conjecturale
• Points de vente rarissimes

GWD 968

COUP DE CŒUR

Le carrosse de Sa Majesté

L'histoire entourant la prise de contrôle par BMW de la célèbre marque Rolls-Royce demeure aussi abracadabrante que les nombreuses alliances entre les familles régnantes de leurs pays d'origine. Au terme d'un chassé-croisé d'ententes rocambolesques entre Volkswagen, Rolls-Royce, Vickers et BMW, le nom Rolls-Royce et le droit de construire une automobile de même dénomination sont finalement tombés dans la besace du constructeur à l'hélice.

Pour certains sujets de Sa Majesté, cette alliance semble aussi *shocking* que si la princesse Diana avait eu un enfant adultérin avec le chancelier Gerhard Schröder, mais pour d'autres, cette réalisation puise dans les forces vives des deux nations, et son succès ne fait pas de doute. Personne ne s'attendait vraiment que l'équipe anglo-allemande réussisse, en seulement quatre années, à construire une nouvelle usine de 33 000 m², à dessiner une voiture complètement inédite et à en assurer la production. Pourtant, la réalité a dépassé la fiction, puisque je me suis retrouvé le 2 janvier 2003 à Goodwood, dans le Sussex (Angleterre) pour visiter la « manufacture » où l'on assemble désormais la Phantom, au rythme syncopé de trois par jour. Vous dire que je ne m'ennuyais pas de la tourtière de la veille serait pur euphémisme.

Certains esprits coquins avancent que les lignes de cette Rolls semblent le fruit d'un croisement entre une vieille Daimler et un camion tracteur Peterbilt. La partie avant extrêmement massive apparaît en effet inachevée, mais elle se défend beaucoup mieux « en personne » qu'en photo. La calandre comporte toujours ses 11 lamelles réglementaires de chaque côté, et la fameuse mascotte Flying Lady, ou Spirit of Extasy semble encore s'élancer vers l'infini, jusqu'à ce que le propriétaire, en appuyant sur un interrupteur, décide de la soustraire aux mains avides de la plèbe. La Phantom ne laisse personne indifférent avec son interminable empattement, sa large custode qui dissimule les occupants arrière et les colossaux pneus d'un diamètre hors tout de 31 pouces (79 cm) intégrant le système PAX (increvables) de Michelin.

L'héritage est sauf

Pénétrons à l'intérieur après avoir ouvert la portière grâce à des poignées longues comme celles d'un cercueil, pour prendre place (trôner ?) dans le fauteuil du conducteur (chauffeur ?) situé à une hauteur telle qu'il vous procure une vue que les Britanniques qualifient à juste titre de *commanding*. Le volant à trois branches de large diamètre présente un mince boudin, mais les fidèles de la marque seront ravis de retrouver une planche de bord comprenant les commandes traditionnelles comme les tirettes copiées sur celles d'un orgue. Quelques instruments vous permettent de conserver un minimum de contact avec la réalité, mais ne cherchez pas un vulgaire tachymètre. Par ailleurs, un interrupteur fait basculer la petite horloge encastrée au centre de la planche de bord pour faire apparaître un écran multifonctionnel, genre iDrive de la Série 7, mais plus convivial.

La noblesse des matériaux garnissant l'habitacle ne renie pas l'héritage de la marque. Chaque centimètre carré est recouvert de bois exotique, de cuir incroyablement souple et odorant, de chrome profond et de tapis de laine aux poils tellement longs qu'un banlieusard maniaque de gazon aurait envie de sortir son taille-bordures. Après avoir actionné des portières gigantesques qui s'ouvrent dans le sens contraire à la circulation, les occupants à l'arrière y pénètrent tête première, comme il se doit dans le grand monde, car il n'y a pas de seuil. Ils peuvent s'abandonner littéralement dans des fauteuils aussi confortables que sompteux, et l'espace pour les genoux se compte presque en mètres.

CARACTÉRISTIQUES	
Prix du modèle à l'essai	470 000 $
Échelle de prix	470 000 $ à l'infini
Garanties	4 ans kilométrage illimité incluant l'entretien
Emp. / Long. / Larg. / Haut. (cm)	357 / 583 / 199 / 163
Poids	2485 kg
Coffre / Réservoir	460 litres / 100 litres
Coussins de sécurité	frontaux, latéraux, tête, alouette !
Suspension avant	ind., doubles triangles, pneumatique
Suspension arrière	indépendante, multibras, pneumatique
Freins av. / arr.	disque ABS
Antipatinage / Contrôle de stabilité	oui
Direction	à crémaillère, assistance variable (vitesse)
Diamètre de braquage	13,8 mètres
Pneus av. / arr.	PAX 265 x 790 R540 A 111W

MOTORISATION ET PERFORMANCES	
Moteur	V12 6,8 litres
Transmission	propulsion, automatique 6 rapports
Puissance	453 ch à 5350 tr/min
Couple	531 lb-pi à 3500 tr/min
Autre(s) moteur(s)	aucun
Autre(s) transmission(s)	aucune
Accélération 0-100 km/h	5,9 secondes
Reprises 80-120 km/h	6,5 secondes (estimée)
Vitesse maximale	209 km/h (limitée)
Freinage 100-0 km/h	39,0 mètres (estimée)
Consommation (100 km)	15,9 litres (super)

MODÈLES CONCURRENTS

• Bentley • Le Château Ramezay • Maybach

QUOI DE NEUF ?

• Nouveau modèle

Renouvellement du modèle

Indéterminé, probablement au prochain siècle

VERDICT	
Agrément de conduite	★★★★☆
Fiabilité	★★★★☆
Sécurité	★★★★★
Qualités hivernales	★★★★☆
Espace intérieur	★★★★★
Confort	★★★★★

VERSION RECOMMANDÉE

Une Phantom, voyons.

Elle « rocke » un peu, cette Rolls

La « clef de contact », en forme de petit rectangle, se glisse dans une fente située dans la planche de bord, et sous la pression d'un bouton démarreur, le moteur s'anime, à tous les coups, avec deux alternateurs et deux batteries pour assurer la charge. D'ailleurs, s'anime est un bien grand mot, car il demeure aussi discret au ralenti qu'un fidèle majordome. Pourtant, lorsque le petit levier de vitesses (à sélection électrique) sur la colonne de direction arrive en position « Drive », la grande dame peut, avec une célérité déconcertante, couvrir de ridicule la plupart de ses contemporaines. Gracieuseté de BMW, son V12 à injection d'essence directe d'une cylindrée de 6,8 litres libère 453 fiers chevaux et entraîne à belle allure cette énorme masse de près de 2500 kilos. Le châssis arrive de Dingolfing, en Allemagne, et la carrosserie construite à l'usine est en grande partie réalisée en aluminium. La boîte de vitesses automatique à six rapports, une ZF d'origine allemande, jongle soyeusement avec ses engrenages, et le 0-100 km/h est terrassé en un peu moins de 6 secondes.

Sur la route, les suspensions pneumatiques vous font lever le nez sur la plupart des défauts du revêtement, mais comme elles sont dépourvues d'un mécanisme compensant le roulis et le tangage, le passage des courbes infère une certaine gîte au beau carrosse, et ce, malgré une répartition du poids idéale. Le freinage confié à quatre disques empruntés probablement à un Boeing (374 / 370 mm) réussit facilement à dissiper l'énergie cinétique engendrée.

On peut à juste titre s'interroger sur la légitimité intrinsèque de ce genre de voiture, qui coûte aussi cher qu'une belle demeure. Sir Henry Royce, cofondateur de la marque, avait une réponse toute prête à cette question : « La qualité demeure bien longtemps après que le prix est oublié. »

Jean-Georges Laliberté

▲ POUR

• Aménagement somptueux • Performances surprenantes • Silence de fonctionnement incroyable • Présence royale

▼ CONTRE

• Prix frôlant le grotesque • Carrosserie aux lignes discutables • Suspension non ajustable • Roulis parfois important

Un cabriolet quatre saisons

Dans *Le Guide de l'auto 2002*, nous avions adressé au cabriolet Saab 9³ une critique assez sévère en concluant que cette voiture née en 1994 était complètement dépassée. Avec le nouveau cabriolet dévoilé en début d'été, Saab confirme notre verdict en modifiant de fond en comble son cabriolet quatre places.

La berline Saab 9³ lancée en 2003 a recueilli les éloges de la presse spécialisée et, plus important encore, celles du public. Depuis son arrivée sur le marché, cette voiture a sensiblement contribué au relèvement des ventes du constructeur suédois.

Montée sur la nouvelle plate-forme « mondiale » de GM dénommée Epsilon, la nouvelle Saab se distingue par un comportement routier valable, un confort appréciable et des performances satisfaisantes, le tout agrémenté d'une belle qualité d'assemblage. Les deux principaux responsables de ce succès sont la structure rigide et le nouveau moteur turbo.

La rigidité au menu

Dérivé de la berline 9³, le nouveau cabriolet utilise les mêmes éléments mécaniques et la même plate-forme conçue dès le départ en fonction d'un éventuel cabriolet. Il s'agit là d'une distinction importante par rapport à une plate-forme conçue pour une berline et dont on charcute ensuite le toit pour en faire un cabriolet. C'était justement le cas de l'ancien cabriolet 9³ dont le châssis ne convenait tout simplement pas à la transformation en cabriolet.

Saab a donc bien fait ses devoirs en s'assurant depuis le tout début que la plate-forme Epsilon pouvait accepter les contraintes imposées par l'absence de toit. Certes, le châssis du cabriolet reçoit de nombreux renforts dont le principal est un sous-châssis secondaire. La rigidité ainsi obtenue est trois fois supérieure à celle du châssis précédent. Les résultats sont immédiatement reconnaissables sur la route : la « tremblote » a disparu, les quatre pneus sont bien plantés au sol, l'énorme effet de couple dans le volant s'est pratiquement envolé, la voiture respire la solidité et la visibilité arrière redevient acceptable.

Outre l'importante amélioration de la rigidité, Saab a aussi revu la suspension, dont les principaux éléments sont à présent fabriqués d'aluminium pour réduire le poids non suspendu et dont la géométrie a été revue pour minimiser l'effet de couple. Notons qu'à l'arrière, l'ancien essieu semi-rigide a disparu au profit d'une suspension indépendante.

Un turbo en santé

Quant au moteur, il s'agit d'un nouveau 2 litres à deux arbres à cames en tête et 16 soupapes dérivé du quatre cylindres Ecotec de GM, gavé par un turbocompresseur avec échangeur de chaleur. Malgré l'absence de distribution variable, ce 2 litres parvient à développer 210 chevaux et un couple de 221 lb-pi à partir de 2100 tr/min, le tout livré avec une souplesse et une progressivité qui font presque oublier le redoutable *turbo lag* (temps de réponse), talon d'Achille des moteurs ainsi suralimentés.

Autre nouveauté digne de mention, la robuste capote qui se replie automatiquement en 20 secondes (un record mondial selon Saab) à la simple pression d'un bouton. Notons qu'il est possible d'actionner la capote sans s'arrêter, à condition de rouler à moins de 30 km/h. Une fois repliée, la capote qui se dissimule dans le coffre disparaît sous un beau couvercle en matière plastique de la même couleur que la carrosserie. Ce couvercle se prolonge d'ailleurs par les moulures de haut de porte traitées de la même façon. Ce clin d'œil aux intérieurs d'antan finis en métal aux teintes de la carrosserie ajoute une touche agréable de couleur à l'habitacle. Fidèle à la tradition Saab, l'habitacle reprend les principes qui lui sont chers, notamment la clé de contact logée entre les sièges avant et la console

CARACTÉRISTIQUES	
Prix du modèle à l'essai	Cabriolet Aero auto. n.d.
Échelle de prix	n.d.
Garanties	4 ans 80 000 km / 4 ans 80 000 km
Emp. / Long. / Larg. / Haut. (cm)	267,5 / 463,5 / 176 / 143
Poids	1680 kg
Coffre / Réservoir	234 à 352 litres / 62 litres
Coussins de sécurité	front., lat., arceaux déployables
Suspension avant	indépendante, jambes de force
Suspension arrière	indépendante, 4 bras
Freins av. / arr.	disque ABS
Antipatinage / Contrôle de stabilité	oui / option
Direction	à crémaillère, assistance variable
Diamètre de braquage	10,8 mètres
Pneus av. / arr.	215/50R17

MOTORISATION ET PERFORMANCES	
Moteur	4L 2 litres turbo avec échangeur
Transmission	traction, automatique 5 rapports
Puissance	210 ch à 5300 tr/min
Couple	221 lb-pi à 2100 tr/min
Autre(s) moteur(s)	aucun
Autre(s) transmission(s)	manuelle 6 rapports
Accélération 0-100 km/h	9,5 s ; 8,0 s (man.)
Reprises 80-120 km/h	8,0 secondes
Vitesse maximale	225 km/h
Freinage 100-0 km/h	n.d.
Consommation (100 km)	9,8 litres (super)

MODÈLES CONCURRENTS

• Audi A4 • BMW Série 3 • Volvo C70

QUOI DE NEUF ?

• *Nouveau modèle*

Renouvellement du modèle	nouveau modèle

VERDICT

Agrément de conduite	★★★★☆
Fiabilité	*nouveau modèle*
Sécurité	★★★★⯪
Qualités hivernales	★★★★☆
Espace intérieur	★★★⯪☆
Confort	★★★★☆

VERSION RECOMMANDÉE

Aero manuelle 6 rapports

centrale inclinée vers le conducteur. Si l'accessibilité aux diverses commandes se révèle excellente, la multiplication des boutons aux formes identiques constitue un désagrément qu'il aurait été facile de pallier en adoptant des molettes rotatives pour les commandes de chauffage et de climatisation.

L'essai qui s'est déroulé au Danemark et au sud de la Suède nous a aussi permis d'essayer le système de navigation par satellite qui, après une certaine période d'accoutumance, s'est révélé d'une utilité remarquable sur des routes et dans des villes qui nous étaient parfaitement inconnues. Dommage que la cartographie du Canada ne soit pas encore prête pour nous permettre de profiter de cette merveille technologique. Une petite anecdote en passant : lors du trajet du retour, le système avait été programmé pour nous ramener à Copenhague par l'autoroute, ce qu'il fit à merveille, sauf que nous nous sommes retrouvés sur le quai d'un traversier, chemin le plus court entre le départ et l'arrivée. Nous avions oublié de préciser au système d'éviter les traversiers !

Sur route, le cabriolet 9^3 se distingue par l'agrément de conduite propre à tous les cabriolets avec, en prime, des remous de vent bien contrôlés par l'écran que l'on peut placer derrière les deux sièges avant. Les performances du quatre cylindres de 2 litres s'avèrent suffisantes, sans égaler toutefois les chronos obtenus par des moteurs de plus grosse cylindrée, la récompense étant une consommation raisonnable. Seule ombre au tableau, capote fermée, des bruits de vent nuisent quelque peu à la sérénité de l'ensemble.

La troisième génération du cabriolet Saab quatre places est en somme une voiture bien réussie tant sur le plan de la ligne que de l'agrément de conduite. Elle devrait permettre à Saab de reprendre une place honorable dans le créneau des cabriolets de luxe qui affiche, depuis 1998, une croissance de 50 %.

Alain Raymond

▲ POUR

• **Ligne réussie** • **Excellents freins** • **Confort des sièges** • **Cabriolet quatre saisons** • **Consommation raisonnable** • **Tenue de route saine**

▼ CONTRE

• **Bruit de vent capote fermée** • **Reprises moyennes** • **Moteur bruyant** • **Réputation de la marque surfaite** • **Suspension sèche**

Le culte de la singularité

Vous vous sentez unique, et vous voulez l'affirmer à la face du monde. Hélas ! les sports extrêmes vous effraient, votre peau est allergique aux tatouages et personne ne vous a invité à participer au dernier défilé de la fierté gaie. Pourquoi ne pas rouler en Saab ? C'est là un moyen sûr d'affirmer sa différence, et qui sait, vous risquez même d'y prendre goût.

Blague à part, comment rendre compte de l'ineffable attrait exercé par cette suédoise d'exception ? Une Saab, c'est en quelque sorte une bière importée, connue d'une poignée d'aficionados qui lui trouvent un goût incomparable ; c'est encore l'aménagement Feng Shui dont seuls quelques émules comprennent la subtile harmonie. Bref, la Saab correspond à un art de vivre qui compte sur un noyau d'ardents défenseurs, de grands incompris qui s'épuisent à répandre leur connaissance salvatrice.

Un turbo en trois versions

Après une courte interruption d'un an, la version « Arc » a repris sa place dans la hiérarchie de la Saab 9⁵ 2004, entre la Linear et l'Aero. Vous avez le choix entre la configuration berline ou familiale, sauf avec la Linear, qui n'offre plus que la familiale. Cette dernière nous revient avec un moteur quatre cylindres turbo basse pression de 2,3 litres. Ses 185 chevaux sont bien en deçà de la puissance que l'on obtient généralement pour une voiture de ce prix, mais rappelez-vous, vous êtes différent, vous n'aspirez qu'à vous distinguer dans les flots de la circulation, pas à arriver le premier ! Voilà bien ce qu'est en mesure de vous offrir ce moteur, grâce à la... linéarité de son couple. Il est de plus économe d'essence et silencieux.

Tout de même, 185 chevaux, ça commence à faire un peu juste. La « nouvelle » Arc en délivre 220 ; c'est la solution du juste milieu. Le même moteur, placé cette fois sous le capot de la version Aero, développe 250 chevaux à l'aide d'un turbocompresseur qui souffle comme un cachalot. Ses performances sont énergiques, en accélération comme en reprise, mais on se passerait volontiers de son grondement, tout comme de l'effet de couple (le fameux volant qui « tire ») qui résulte des brusques montées du tachymètre. Pas sûr, non plus, que le temps de réponse longuet que prend le turbo pour commencer à compresser soit bien toléré d'un conducteur impatient.

Pour transmettre cette puissance aux roues avant, deux boîtes à cinq rapports se proposent à vous. L'automatique « Sentronic » fonctionne avec douceur et permet le passage séquentiel des vitesses, en plus d'offrir trois programmes de changement de rapports : normal, hiver et sport. Cette dernière configuration permet d'exploiter la puissance du moteur aussi efficacement qu'avec la manuelle, laquelle n'a incidemment rien à se reprocher si ce n'est un fonctionnement moins velouté que chez certaines rivales allemandes ou japonaises.

Même constat pour la caisse, assez rigide, mais qui ne donne pas l'impression de cohésion qu'on observe chez la concurrence germanique. Le comportement routier demeure tout de même neutre (bien que marqué par le sous-virage), les réactions sont prévisibles, et les suspensions très douces nivellent efficacement les inégalités de la chaussée. L'Aero démontre des aptitudes nettement plus sportives grâce à sa caisse abaissée de 10 mm, à des suspensions beaucoup plus fermes, et à ses raides pneus de 17 pouces, mais elle s'incline tout de même (dans tous les sens du terme) vaincue par les forces centrifuges en virage. La version Arc m'apparaît encore une fois la plus équilibrée du trio. Un système de stabilité électronique prévient les glissades sans se monter trop intrusif, mais il n'est pas disponible avec la Linear. Associés à l'ABS et au système de répartition électronique de la force de freinage, les freins à disque assurent des arrêts stables et courts.

9⁵

Un environnement « saabesque »

Bien qu'elle arbore des lignes plus conventionnelles depuis son remodelage de 2002, la Saab 9⁵ demeure aisément reconnaissable à sa silhouette typée, même si on déplore la disparition du hayon de la berline. Cette année encore, la version Aero subit des retouches qui lui donnent une allure plus sportive, sans bouleverser ses canons esthétiques. L'habitacle a su lui aussi conserver ses repères «saabesques», dont le distinctif et futile emplacement central, entre les sièges avant, pour la clef de contact. Les instruments se lisent avec clarté, les commandes sont ergonomiques, bref, tout semble à sa place hormis quelques particularités qui contribuent au folklore de la marque. La soute à bagages affiche des cotes remarquables dans la berline comme dans la familiale, et les dégagements intérieurs permettent à quatre personnes de voyager à leur aise, le centre de la banquette arrière étant plutôt réservé à de courtes promenades en raison de l'inconfortable couvercle de la trappe à ski qui vous pousse dans le dos. En revanche, les sièges avant prodiguent un soutien digne de mention.

Chacune des trois versions propose une présentation intérieure qui lui est propre. La Linear vous apporte tout de même la sellerie de cuir et la climatisation automatique à deux zones, de même qu'un ensemble de petites courtoisies appréciables, tel le coffre à gants réfrigéré (pour vos bières importées). L'Arc ajoute en plus le toit ouvrant et les fauteuils chauffants, alors que l'Aero surenchérit avec des fauteuils sport ventilés et un système audio Harman Kardon.

La 9⁵ offre donc un ensemble de qualités attrayantes, et on dit sa fiabilité à la hausse, mais ses performances un peu en retrait par rapport à la concurrence la condamnent, pour l'instant encore, à miser sur sa singularité pour séduire.

Jean-Georges Laliberté

▲ POUR

• Luxe enviable • Suspensions confortables • Comportement routier prévisible • Bon équilibre avec le moteur 220 ch

▼ CONTRE

• Pas de 6 cylindres ni d'intégrale • Effet de couple dans version Aero • Caisse manquant de rigidité • Inclinaison en virage (Linear)

CARACTÉRISTIQUES

Prix du modèle à l'essai	Arc familiale 44 000 $
Échelle de prix	41 000 $ à 54 000 $
Garanties	4 ans 80 000 km / 4 ans 80 000 km
Emp. / Long. / Larg. / Haut. (cm)	270 / 483 / 204 / 145
Poids	1392 kg
Coffre / Réservoir	1048 à 2067 litres / 75 litres
Coussins de sécurité	frontaux et latéraux
Suspension avant	indépendante, jambes de force
Suspension arrière	indépendante, multibras
Freins av. / arr.	disque ABS
Antipatinage / Contrôle de stabilité	oui
Direction	à crémaillère, assistée
Diamètre de braquage	11,3 mètres
Pneus av. / arr.	215/55VR16

MOTORISATION ET PERFORMANCES

Moteur	4L 2,3 litres turbo
Transmission	traction, automatique 5 rapports
Puissance	220 ch à 6000 tr/min
Couple	228 lb-pi à 1800 tr/min
Autre(s) moteur(s)	4L 2,3 litres 185 ch ;
	4L 2,3 litres 250 ch
Autre(s) transmission(s)	manuelle 5 rapports
Accélération 0-100 km/h	8,3 secondes
Reprises 80-120 km/h	6,8 secondes
Vitesse maximale	210 km/h
Freinage 100-0 km/h	42,0 mètres
Consommation (100 km)	10,1 litres (super)

MODÈLES CONCURRENTS

• Acura TL • Audi A6 • BMW Série 5 • Jaguar X-Type • Volvo S80

QUOI DE NEUF ?

• Retour de l'Arc avec moteur de 220 ch • Silhouette de l'Aero redessinée • Linear disponible seulement en familiale • Variations dans les options

Renouvellement du modèle	n.d.

VERDICT

Agrément de conduite	★★★☆☆
Fiabilité	★★★☆☆
Sécurité	★★★★½
Qualités hivernales	★★★★☆
Espace intérieur	★★★★☆
Confort	★★★★☆

VERSION RECOMMANDÉE

Arc familiale

À l'orientale

Même si la dernière Saturn Ion a plutôt bonne mine, ce n'est pas le type de voiture à provoquer le coup de foudre. On peut tomber amoureux, comme bien des gens l'ont fait, d'une Mazda Protegé5 ou d'une Volkswagen Golf, mais je ne connais pas grand monde qui craque pour une Saturn Ion et cela même dans son costume original de coupé quatre portes (ou presque). Entièrement redessinée l'an dernier, cette sous-compacte a pris du galon même si l'originalité ne fait pas partie de ses attributs. C'est en quelque sorte la plus « orientale » des voitures nord-américaines. C'est déjà une qualité enviable.

Contrairement aux ridicules Chevrolet Cavalier ou Pontiac Sunfire, les Saturn Ion peuvent facilement nous laisser croire qu'elles ont un passeport japonais… ou disons coréen. Jusqu'en 2002, les petites Saturn faisaient le bonheur de milliers de gens qui appréciaient sans doute beaucoup plus l'ambiance amicale instaurée par General Motors dans le réseau de concessionnaires que les qualités intrinsèques du produit. Nos matchs comparatifs ont souvent fait plier l'échine aux petites Saturn. Mais assez de blabla, passons à cet essai d'une berline Ion à transmission automatique.

Comme beaucoup de ses rivales, la voiture n'a aucun caractère particulier. Les adeptes de la marque sauront par contre que la petite Saturn utilise toujours des panneaux de caisse en polymère qui résistent mieux aux égratignures ou aux chocs légers comme nous l'a répété à outrance la publicité.

Mieux assise

Les deux points forts des récentes Ion tiennent à leurs deux composantes majeures, c'est-à-dire le moteur et le châssis. GM a puisé dans son stock européen la plate-forme Delta utilisée notamment dans l'Opel Astra allemande et a eu recours à un petit moteur de facture moderne qui a déjà fait ses preuves, l'Ecotec. Il s'agit d'un 2,2 litres de 140 chevaux que l'on peut jumeler à la boîte manuelle à 5 rapports offerte de série ou à une transmission automatique à 5 rapports. Le coupé hérite pour sa part, en option, d'une transmission à rapports continuellement variables repêchée de l'utilitaire sport VUE. Et grande nouveauté pour 2004, le coupé essaie de se donner un caractère plus sportif en s'affichant avec un moteur Ecotec suralimenté de 200 chevaux dans sa version « Red Line ».

Pour en revenir à la berline, certains vont certainement se demander comment la Ion peut se tirer d'affaires avec une suspension arrière demi-indépendante alors que sa devancière pouvait compter sur quatre roues indépendantes. En cela, elle ne fait que suivre les traces de plusieurs modèles, dont la Golf, la Corolla et même la Nissan Maxima, trois voitures au comportement routier plus qu'acceptable. Une autre caractéristique digne de mention est la direction à assistance électrique, une astuce de plus en plus courante dans les voitures récentes.

Les deux grosses bévues des Saturn Ion sont l'absence de freins à disque à l'arrière et, surtout, l'obligation d'allonger quelques centaines de dollars de plus pour obtenir le freinage ABS qui s'accompagne alors de l'antipatinage.

Pas de panique

Malgré son air climatisé et ses nombreux accessoires de luxe, notre Saturn ne possédait justement pas l'option ABS et devinez quelle est la première chose que j'ai écrite dans la colonne des « contre »… Lors d'une simulation d'arrêt d'urgence à 100 km/h, notre Ion s'est payé un magistral travers accompagné d'un nuage de gomme de caoutchouc partie en fumée. Alors, de grâce, évitez ce genre de manœuvre ou cochez l'option ABS. Cette Saturn ne m'a pas convaincu non plus de l'efficacité de la direction électrique qui ne donne pas une grande sensation de contact avec la route. Vantons en revanche le court diamètre

ION

de braquage qui lui confère une belle maniabilité. La tenue de cap est sans problème à grande vitesse et le comportement routier tout à fait satisfaisant eu égard à la clientèle visée. Quant au moteur, il n'a nécessairement aucun mal à faire oublier l'ancien quatre cylindres grognon qui équipait les modèles de la précédente génération. Même avec l'automatique, les performances s'avèrent adéquates, aussi bien l'accélération que les reprises. Et le fait d'avoir recours au *kick down* ne vous oblige pas à hausser le ton de la conversation.

Pour que la silhouette de l'Ion passe assez bien la rampe, il faut éviter les couleurs qui mettent en relief ces lisières de plastique qui courent de chaque côté du toit et qui ressemblent à une paire de bretelles. Rien à faire toutefois pour se débarrasser de ce volant hideux en forme de moule à gâteau. Comment peut-on avoir laissé une telle horreur atteindre le stade de la production ? Contrairement à mon collègue Denis, je suis de ceux qui considèrent l'instrumentation centrale comme une

source inutile de distraction de la route. En revanche, mon dos n'a pas eu à se plaindre des sièges réglables manuellement en hauteur comme chez Volkswagen et agrémentés d'un tissu d'apparence plutôt agréable. D'ailleurs, la finition de la voiture mise à l'essai ne souffrait d'aucune bavure apparente. Ce qui plus est, aucun angle mort important ne vient gêner la visibilité. À l'arrière, l'espace est satisfaisant. Quant au coffre à bagages, c'est incontestablement l'un des plus grands de toutes les voitures de cette catégorie. Le coupé pour sa part est en tout point identique à la berline, à l'exception de ses deux panneaux latéraux qui s'ouvrent à contresens afin de faciliter l'accès aux petites places arrière.

Voilà donc le bilan des choses. Il démontre que les Saturn Ion sont maintenant en milieu de peloton par rapport à leurs concurrentes alors que les précédents modèles avaient bien du mal à suivre la parade.

Jacques Duval

▲ POUR

- Moteur adéquat • Tenue de route satisfaisante • Bonne visibilité • Grand coffre
- Finition en progrès

▼ CONTRE

- Freinage périlleux (voir texte)
- Direction peu bavarde • Tableau de bord dérangeant • Volant hideux • Ligne quelconque

CARACTÉRISTIQUES

Prix du modèle à l'essai	berline auto. 17 015 $
Échelle de prix	14 590 $ à 20 770 $
Garanties	3 ans 60 000 km / 5 ans 100 000 km
Emp. / Long. / Larg. / Haut. (cm)	262 / 468 / 171 / 146
Poids	1221 kg
Coffre / Réservoir	416 litres / 50 litres
Coussins de sécurité	frontaux et tête
Suspension avant	indépendante, jambes de force
Suspension arrière	demi-ind., poutre déformante
Freins av. / arr.	disque / tambour (ABS optionnel)
Antipatinage / Contrôle de stabilité	option / non
Direction	à crémaillère, assistance électrique
Diamètre de braquage	10,8 mètres
Pneus av. / arr.	195/60R15 / 205/55R16

MOTORISATION ET PERFORMANCES

Moteur	4L 2,2 litres
Transmission	traction, automatique 5 rapports
Puissance	140 ch à 5800 tr/min
Couple	145 lb-pi à 4400 tr/min
Autre(s) moteur(s)	aucun
Autre(s) transmission(s)	manuelle 5 rapports ; automatique à rapports variables
Accélération 0-100 km/h	10,8 secondes
Reprises 80-120 km/h	7,8 secondes
Vitesse maximale	190 km/h
Freinage 100-0 km/h	47,0 mètres (voir texte)
Consommation (100 km)	8,5 litres (ordinaire)

MODÈLES CONCURRENTS

- Dodge SX 2,0 • Ford Focus • Honda Civic
- Hyundai Elantra • Mazda3 • Mitsubishi Lancer
- Nissan Sentra

QUOI DE NEUF ?

- Modèle coupé Red Line de 200 ch
- Berline noire édition spéciale • Trois nouvelles couleurs

Renouvellement du modèle	n.d.

VERDICT

Agrément de conduite	★★★½☆
Fiabilité	★★★★☆
Sécurité	★★★★☆
Qualités hivernales	★★★½☆
Espace intérieur	★★★★☆
Confort	★★★★☆

VERSION RECOMMANDÉE

Berline automatique

Moins, c'est mieux

Partiellement retouchée l'année dernière, la grande Saturn ne fait guère preuve de plus d'originalité sur le plan esthétique que sa devancière. Alors que la première mouture singeait, par endroits, des éléments visuels de certaines européennes (Audi, Saab et Volkswagen), la nouvelle ressemble plutôt à une véritable américaine. D'ailleurs, à en juger par les commentaires recueillis auprès de la clientèle qu'elle vise (25 à 40 ans), sa ligne plus cossue ne la rajeunit pas. En revanche, elle permet à la Série L d'afficher une classe que sa devancière n'avait pas et qui, surtout, risque de plaire aux tenants de la tradition (vous devinerez qu'ils sont plus âgés) qui jugent que le classicisme est de mise dans cette catégorie.

Hormis son style plus sérieux, la Série L préfère aussi surprendre avec son contenu. En effet, la L est la première intermédiaire vendue sur ce continent à offrir un lecteur DVD pour divertir les occupants qui prendront place sur sa banquette arrière. Offert moyennant supplément, ce système de divertissement était jusqu'ici réservé aux fourgonnettes et autres utilitaires. Aussi, par rapport à ses concurrentes toujours, la Série L est aussi le seul véhicule de sa catégorie à proposer un dispositif d'information et de sécurité (OnStar). Mais à quoi bon offrir des « innovations » pareilles dans un véhicule qui, au dire de ses concepteurs, « plaît aux acheteurs… soucieux d'économies ». La question mérite d'être posée puisque la Saturn L mise à l'essai était loin d'être une aubaine. En fait, elle était suréquipée (31 405 $) et sans l'ombre d'un doute aussi peu représentative de ce que les acheteurs consentiront à payer pour l'acquérir. Même en fermant les yeux (et le portefeuille !) sur ces accessoires, la Série L est à peine moins chère que ses concurrentes qui ont sensiblement amélioré leur rapport prix/équipement. De plus, à part le coffre, cette Saturn est moins accueillante que ses rivales dans pratiquement tous les domaines de comparaison.

La présentation demeure sobre, moulée à même des matériaux d'une belle facture qui nous font oublier la piètre qualité perçue à bord des autres produits Saturn récemment essayés. Lumineux (il est vrai que le modèle d'essai était doté d'un toit ouvrant), sobrement coloré, l'habitacle est aussi invitant que les baquets avant. Faciles à régler et confortables, ces sièges vêtus de cuir (une autre option, et coûteuse celle-là) sont dotés d'éléments chauffants qui se font particulièrement apprécier lors de la blanche saison. Le tableau de bord regroupe sous votre nez une instrumentation claire et lisible, mais le rappel du rapport de la boîte automatique n'a toujours pas été convoqué. Certains déploreront que les commandes de glaces campent au pied de la console et non dans les contre-portes, que la colonne de direction n'opère que sur un seul axe (celui de la hauteur) ou encore que le levier des clignotants soit un peu court pour les petits doigts.

Certains membres de votre famille sont appelés à voyager sur la banquette arrière ? Eh bien ! ils constateront avec plaisir que l'angle des portières est suffisamment prononcé pour leur éviter toute contorsion inutile et que l'occupant de la place centrale bénéficie dorénavant d'une ceinture à trois points. Les passagers s'étonneront aussi de l'absence de véritables appuie-tête et de la distance que les fesses ont à parcourir avant d'atteindre le moelleux du coussin, tant celui-ci est ancré bas.

Adieu quatre cylindres

Sachez que pour 2004, le capot ne se soulève plus pour accueillir le moteur quatre cylindres de 2,2 litres. Seul le moteur V6 de 3 litres a désormais le droit de monter à bord. Le quatre cylindres parti, s'en va aussi la boîte manuelle. C'est donc dire que seule la transmission automatique est inscrite au catalogue.

CARACTÉRISTIQUES	
Prix du modèle à l'essai	L300 31 405 $
Échelle de prix	22 745 $ à 31 405 $
Garanties	3 ans 60 000 km / 5 ans 100 000 km
Emp. / Long. / Larg. / Haut. (cm)	270 / 484 / 200 / 144
Poids	1444 kg
Coffre / Réservoir	495 litres / 59 litres
Coussins de sécurité	frontaux et tête av., arr. (option)
Suspension avant	indépendante, jambes de force
Suspension arrière	indépendante, bras oscillants
Freins av. / arr.	disque / tambour, ABS
Antipatinage / Contrôle de stabilité	oui / non
Direction	à crémaillère, assistée
Diamètre de braquage	11,1 mètres
Pneus av. / arr.	215/55R16

MOTORISATION ET PERFORMANCES	
Moteur	V6 3 litres
Transmission	traction, automatique 4 rapports
Puissance	182 ch à 6000 tr/min
Couple	190 lb-pi à 3600 tr/min
Autre(s) moteur(s)	aucun
Autre(s) transmission(s)	aucune
Accélération 0-100 km/h	8,9 secondes
Reprises 80-120 km/h	7,9 secondes
Vitesse maximale	180 km/h
Freinage 100-0 km/h	43,4 mètres
Consommation (100 km)	10,9 litres (ordinaire)

Cette dernière égrène en douceur ses quatre rapports, mais ne supporte pas d'être brusquée. Dans ce cas, elle se met à hacher la conduite par ses passages brutaux.

Cela dit, le V6 procure des accélérations et des reprises nettement plus franches et répond «présent» peu importe l'inclinaison qu'imprime votre pied droit à la pédale d'accélérateur. Par contre, il n'est guère discret (à froid surtout) et sa consommation plus élevée conjuguée à la petitesse du réservoir d'essence (bien qu'il ait été accru de 3 litres il y a trois ans) via lequel il doit s'alimenter entraîne des arrêts plus fréquents à la station-service.

En roulant, la tenue de cap de cette Saturn apparaît assez solide, mais dès que la qualité du revêtement se dégrade, l'amortissement insuffisant pénalise à la fois l'équilibre et le confort. Alors, la précision de conduite en souffre. D'ailleurs, peu importe la qualité de la chaussée, la direction apparaît un peu engourdie et lourde. Autre désagrément, les bruits de roulement assez élevés (les pneus surtout) qui pénalisent le chapitre acoustique. En termes de maniabilité, cette Saturn fait bonne figure, mais sans plus, car son diamètre de braquage la pénalise quelque peu lorsque vient le temps de se garer. Le freinage s'est avéré facile à moduler et suffisamment puissant. Et bonne nouvelle, le dispositif antiblocage (ABS) et la traction asservie figurent désormais au rayon des équipements de série.

Hors concours

Même si elles démontrent beaucoup de bonne volonté, les transformations apportées à la Série L sont insuffisantes pour lui permettre de se mêler à la lutte serrée qui oppose les ténors de la catégorie. Reste un prix de base intéressant, surtout lorsque les promotions ont cours.

Éric LeFrançois

MODÈLES CONCURRENTS
• Ford Taurus • Honda Accord • Mitsubishi Galant
• Toyota Camry

QUOI DE NEUF ?
• Modèles L200 et LW200 supprimés
• ABS et contrôle de traction désormais de série

Renouvellement du modèle	2005/2006

VERDICT	
Agrément de conduite	★★★☆☆
Fiabilité	★★★☆☆
Sécurité	★★★★☆
Qualités hivernales	★★★★☆
Espace intérieur	★★★★☆
Confort	★★★★☆

VERSION RECOMMANDÉE
Modèle de base

▲ POUR
• Coffre spacieux • Choix inusité d'accessoires (DVD) • Tenue de route sans surprise • Familiale au catalogue

▼ CONTRE
• Bruits de roulement • Moteur vibrant à froid • Qualité de l'amortissement • Ergonomie à revoir • Silhouette vieillotte (familiale)

L'ébauche est parachevée

À une certaine époque, General Motors était souvent accusée de mettre sur le marché des véhicules à la mise au point inachevée. Celle-ci se poursuivait au fil des années grâce à de multiples correctifs et améliorations. C'est un peu ce qui s'est passé avec le VUE qui est arrivé sur le marché en 2002 et qui n'a cessé de recevoir de nombreux changements depuis. En fait, ce VUS (véhicule utilitaire sport) compact possédait de nombreuses qualités lors de son arrivée, mais était malheureusement affligé de plusieurs irritants.

Cette année, non seulement l'insonorisation et l'habitacle ont été améliorés, mais un nouveau moteur V6 de 250 chevaux a remplacé le V6 3 litres fabriqué par Opel. Mais avant de parler de mécanique, il est impératif de mentionner que cette division s'est même dotée d'une nouvelle gamme de modèles de performance présentés sous l'appellation Red Line. Pour ce qui est du VUE, ce dernier bénéfice d'une partie avant retouchée, de roues de 18 pouces, d'une suspension modifiée et abaissée de 2,6 cm. Comme il se doit, seul le moteur V6 de 250 chevaux sera offert. Et comme tous les autres modèles VUE, il pourra être commandé en version traction ou intégrale.

L'un des talons d'Achille de ce Saturn était la piètre qualité des pièces en plastique de l'habitacle. Cette année, on note une nette amélioration tandis que le tableau de bord a fait l'objet de plusieurs retouches esthétiques. Il faut également souligner que le moyeu du volant est dorénavant de forme triangulaire. Ça fait beau-

coup moins bon marché. Ce qui n'empêche pas certaines commandes d'être placées à des endroits pas très conventionnels.

L'insonorisation n'était pas le point fort du VUE non plus. En fait, il semble que les panneaux en polymère agissent comme une caisse de résonance et que les bruits sont mal filtrés. Des mesures ont été prises pour corriger cette situation, mais les ingénieurs devront continuer à plancher, car il reste des progrès à faire même si l'amélioration est notable. La même remarque s'applique au tissu des sièges. Pour une raison que j'ignore, les designers de cette division semblent avoir un faible pour les tissus chamarrés ou bariolés et je dois admettre que je ne partage pas leurs goûts. Mais pas du tout! Heureusement, les sièges sont plus confortables cette année.

La filière Honda

Si vous vous demandez d'où sort ce moteur V5 3,5 litres de 250 chevaux, n'ayez crainte, ce n'est pas le résultat de l'un de ces fameux projets de GM d'adapter une vieillerie à la tech-

nologie moderne. Ce V6 est fourni par Honda – les deux constructeurs ont signé une entente qui permet au numéro un mondial de s'approvisionner en moteurs auprès de cette compagnie nippone. Oui, il s'agit du même V6 3,5 litres qu'on trouve dans les Acura MDX et Honda Pilot. Voilà donc que le VUE vient d'acquérir certaines lettres de noblesse de façon quasiment instantanée.

N'ayez crainte, ce V6 nippon n'a rien perdu de ses qualités en étant installé sous le capot d'une Saturn. Il est toujours aussi doux, nerveux et performant. Il est de plus couplé à une boîte automatique à cinq rapports qui permet d'obtenir le meilleur de ce moteur. Un galop d'essai m'a permis de boucler le 0-100 km/h en 8,2 secondes tandis que le 80-120 km/h a été exécuté en 5,9 secondes. Bref, ce moteur transforme du tout au tout le caractère de ce modèle. Malheureusement, son brio en fait mal paraître quelques éléments. Par exemple, la suspension avant a toujours de la difficulté à négocier avec aplomb les trous et les bosses. De plus, la direction à assistance électrique est peut-être la solution de l'avenir, mais son feed-back reste artificiel. Du moins, cela ne cadre pas avec le caractère nerveux de ce V6.

Et laissez-moi vous poser la question du siècle : « Pourquoi faut-il se procurer ce

CARACTÉRISTIQUES

Prix du modèle à l'essai	V6 AWD 22 800 $
Échelle de prix	22 280 $ à 22 800 $
Garanties	3 ans 60 000 km / 3 ans 60 000 km
Emp. / Long. / Larg. / Haut. (cm)	270 / 460 / 182 / 170
Poids	1647 kg
Coffre / Réservoir	858 à 1785 litres / 62 litres
Coussins de sécurité	frontaux et latéraux
Suspension avant	indépendante, jambes de force
Suspension arrière	indépendante, multibras
Freins av. / arr.	disque / tambour, ABS
Antipatinage / Contrôle de stabilité	non
Direction	à crémaillère, assistance électrique
Diamètre de braquage	12,0 mètres
Pneus av. / arr.	235/60RS17

MOTORISATION ET PERFORMANCES

Moteur	V6 3,5 litres
Transmission	intégrale, automatique 5 rapports
Puissance	250 ch à 5800 tr/min
Couple	242 lb-pi à 4500 tr/min
Autre(s) moteur(s)	4L 2,2 litres 143 ch
Autre(s) transmission(s)	man. 5 rapports (2,2 l), CVT (2,2 l)
Accélération 0-100 km/h	8,2 secondes
Reprises 80-120 km/h	5,9 secondes
Vitesse maximale	195 km/h
Freinage 100-0 km/h	42,2 mètres
Consommation (100 km)	12,9 litres (ordinaire)

moteur pour bénéficier des freins ABS qui demeurent optionnels dans tous les autres modèles ? »

Ecotec et CVT

Mais ce ne sont pas tous les acheteurs qui vont se ruer vers les modèles V6 ou Red Line. La majorité d'entre eux opteront pour le modèle équipé du moteur quatre cylindres Ecotec couplé à une boîte manuelle à cinq rapports ou à une transmission automatique à rapports continuellement variables. L'Ecotec est un moteur moderne dont les 143 chevaux ne sont pas à dédaigner si vous roulez beaucoup en ville ou n'avez pas à transporter du matériel lourd. Par contre, il est important que vous preniez note que ce moteur est plus bruyant que la moyenne, ce qui ne s'harmonise pas tellement avec l'insonorisation perfectible de l'habitacle. La boîte manuelle Getrag à cinq rapports est bien adaptée et elle est de série dans les modèles à traction. Par contre, les personnes qui optent pour l'inté-grale et le quatre cylindres devront vivre avec la boîte automatique à rapports continuellement variables.

Si certains essayeurs ont poussé de hauts cris face à cette boîte CVT, sachez que celle-ci n'est ni pire ni meilleure que les autres présentement sur le marché. Sur la grand-route, le niveau sonore est faible et les reprises ne se font pas attendre. Par contre, vous devrez patienter quelques secondes par temps froid pour que la boîte se réchauffe quelque peu avant de partir. D'ailleurs, un témoin lumineux vous avise lorsque la température nécessaire est atteinte.

Bref, de nombreuses améliorations et nouveautés pour le Saturn VUE qui devient de plus en plus compétitif au fil des mois. Et puisque les objectifs de vente ont été dépassés l'an dernier, les nombreuses retouches de cette année sont un autre pas dans la bonne direction.

Denis Duquet

MODÈLES CONCURRENTS

• Ford Escape • Honda CR-V • Hyundai Santa Fe
• Jeep Liberty • Mazda Tribute • Subaru Forester
• Toyota RAV4

QUOI DE NEUF ?

• Moteur V6 250 ch • Modèle Red Line • Lecteur MP3
• Retouches dans l'habitacle

Renouvellement du modèle	2007

VERDICT

Agrément de conduite	★★★☆☆
Fiabilité	★★★☆☆
Sécurité	★★★★☆
Qualités hivernales	★★★★☆
Espace intérieur	★★★☆☆
Confort	★★★☆☆

VERSION RECOMMANDÉE

Red Line

▲ POUR

• **Nouveau moteur V6** • **Insonorisation améliorée**
• **Volant plus esthétique** • **Comportement routier sain** • **Boîte automatique 5 rapports**

▼ CONTRE

• **Direction électrique** • **Tissu des sièges ultra-laid** • **ABS optionnel** • **Sensible au vent latéral** • **Suspension avant bruyante**

Ramasse-poussière

Parce qu'elle n'a pas les poches aussi creuses que nombre de ses concurrents, Subaru doit non seulement faire flèche de tout bois, mais aussi explorer de nouveaux segments de marché. Et puisque la polyvalence est à la mode par les temps qui courent, Subaru a lancé, il y a un an, le Baja, son interprétation d'un véhicule multifonctions.

Comme un ballon-sonde, le prototype ST-X est venu tester l'atmosphère dans le cadre des salons automobiles. De toute évidence, l'idée a plu puisque cette étonnante camionnette à carrosserie modulable a obtenu le feu vert de la direction et connaît depuis maintenant un an les « joies » de la production en série.

Le Baja c'est, comme le suggèrent ses formes extérieures, plusieurs véhicules en un. Le constructeur japonais en dénombre trois. Le premier, une berline logeable et confortable pour quatre personnes. Le deuxième, une camionnette pratique qui autorise le transport d'objets encombrants. Reste une dernière mutation avec laquelle ce véhicule à malices affiche son côté fonctionnel : son système permanent à quatre roues motrices qui, à défaut de le transformer en un tout-terrain pur et dur, lui permet au moins d'emprunter les sentiers cailouteux.

Sur le plan esthétique, le Baja ne fait pas l'unanimité. Il est « original » pour les uns, « grotesque » pour les autres. À vous d'en débattre demain soir en célébrant l'arrivée du Nouvel An. Qu'il soit beau ou laid importe peu à la condition que le Baja livre la marchandise, à savoir : combiner la polyvalence d'une camionnette au confort d'une berline. Dans ce domaine, force est de reconnaître que le Baja rate la cible. En fait, la polyvalence du Baja tient, à mon humble avis, dans un dé à coudre. La benne est trop courte (à peine plus de 100 cm) pour transporter des charges encombrantes et le panneau « switchback » qui permet, en rabattant les dossiers des sièges arrière, de prolonger la surface de charge à l'intérieur de l'habitacle est beaucoup trop étroit (304 X 765 mm). Pratique sans doute pour les Californiens qui pratiquent le surf, mais très peu pour les skieurs québécois.

Cela dit, Subaru propose un seul niveau de finition, mais le choix entre deux transmissions (manuelle ou automatique). C'est dire à quel point le niveau d'équipements est relevé. En fait, rien ne manque au Baja : sellerie de cuir, baquets avant chauffants, climatiseur, toit ouvrant viennent tous allonger la liste des caractéristiques offertes de série. Au rayon des options, on trouve presque strictement des supports et autres accessoires destinés à rendre le Baja plus polyvalent et modulable à l'envi. Encore faut-il y mettre le prix.

Dès qu'on pose les fesses à bord, on se sent en pays de connaissance. Et pour cause, puisque la présentation intérieure est, à quelques détails près, similaire à celle d'une Outback. C'est-à-dire ? Un aménagement soigné où les principales commandes sont correctement disposées dans l'environnement immédiat du conducteur. De plus, le tableau de bord regroupe une instrumentation complète et facile à consulter. Les baquets, couverts de cuir, sont faciles à ajuster (celui du conducteur est à commande électrique), confortables et, bonne nouvelle pour les « frileux » comme moi, ils sont chauffants. À l'arrière, surprise. Il n'y a que deux places. La troisième ? Elle a disparu au profit d'une console qui permet de ranger les accessoires et autres bidules nécessaires ou pas à la vie quotidienne.

Un moteur de base souffrant

Dès que le pied droit enfonce la pédale d'accélérateur, on a l'impression que le Baja est beaucoup plus lourd qu'une Outback. Plus lourd oui, mais pas de beaucoup. Seulement 24 kilos. Tant mieux puisque le moteur 4 cylindres à plat de 2,5 litres manque de souffle pour animer cette pseudo-camionnette, surtout lorsque celle-ci est chargée. Conscients de

Prix du modèle à l'essai	Modèle de base 35 595 $
Échelle de prix	35 595 $ à 36 595 $ (2003)
Garanties	3 ans 60 000 km / 5 ans 100 000 km
Emp. / Long. / Larg. / Haut. (cm)	264 / 490 / 174 / 158
Poids	1590 kg
Longueur caisse / Réservoir	105 cm / 64 litres
Coussins de sécurité	frontaux et latéraux
Suspension avant	indépendante, jambes de force
Suspension arrière	indépendante, liens multiples
Freins av. / arr.	disque
Antipatinage / Contrôle de stabilité	non
Direction	à crémaillère
Diamètre de braquage	11,2 mètres
Pneus av. / arr.	255/60R16

MOTORISATION ET PERFORMANCES

Moteur	H4 2,5 litres
Transmission	intégrale, manuelle 5 rapports
Puissance	165 ch à 5600 tr/min
Couple	166 lb-pi à 4000 tr/min
Autre(s) moteur(s)	H4 2,5 litres suralimenté par
	turbocompresseur 210 ch
Autre(s) transmission(s)	automatique 4 rapports
Accélération 0-100 km/h	11,8 secondes
Reprises 80-120 km/h	10,2 secondes
Vitesse maximale	185 km/h
Freinage 100-0 km/h	41,2 mètres
Consommation (100 km)	12,5 litres (ordinaire)

MODÈLES CONCURRENTS

• Ford Explorer Sport Trac

QUOI DE NEUF ?

• *Moteur suralimenté offert* • *Abandon du modèle en 2004*

Renouvellement du modèle	jamais

VERDICT

Agrément de conduite	★★★☆☆
Fiabilité	★★★★☆
Sécurité	★★★★☆
Qualités hivernales	★★★★⯪
Espace intérieur	★★★☆☆
Confort	★★★⯪☆

VERSION RECOMMANDÉE

Version suralimentée bienvenue

cette lacune, les motoristes de Subaru lui greffent cette année un turbocompresseur qui permet de souffler 45 chevaux de plus (210 au total) et 69 lb-pi de couple additionnel, lesquelles sont obtenues à un régime de rotation moins élevé. C'est bien beau tout ça, mais c'est plus cher aussi. Surtout que de notre côté, nous vous recommandons de débourser la somme exigée pour retenir les services de la boîte automatique qui nous apparaît mieux adaptée à ce véhicule que la transmission manuelle dont l'embrayage manque cruellement de progressivité.

Sur la route, le Baja s'avère très civilisé. Son comportement est à la fois neutre et sûr, mais le confort de roulement n'est pas celui que l'on associe généralement aux autres produits de la marque. C'est plus ferme mais, rassurez-vous, pas inconfortable pour autant. Contrairement à un Explorer Sport Trac dont la garde au sol est sensiblement la même, le Baja possède une meilleure tenue dans les virages (absence quasi totale de roulis). De plus, son

châssis extrêmement rigide (à noter que la benne n'est pas indépendante de tout le reste) combiné à une suspension arrière complètement indépendante lui permet de rouler sur des chaussées abîmées sans valser. Et dans la neige aussi grâce à un système permanent à quatre roues motrices franchement convaincant.

La direction, pour sa part, est précise et son assistance correctement dosée. Quant au freinage, il est puissant, facile à moduler et immobilise le véhicule sur des distances étonnamment courtes.

Original, sans doute, le Baja est non seulement coûteux à acquérir mais pas aussi polyvalent qu'il le prétend. À défaut d'être proposé à un coût plus raisonnable, le Baja est de toute évidence condamné à ramasser, au pays à tout le moins, la poussière des salles d'exposition. Pas étonnant que Subaru ait décidé de le retirer du marché.

Éric LeFrançois

▲ **POUR**

• **Rouage intégral efficace** • **Concept intéressant** • **Fiabilité des composantes éprouvée**

▼ **CONTRE**

• **Système Switchback peu polyvalent**
• **Suspension rigide** • **Modèle discontinué**
• **Prix trop élevé**

Opération muscle

L'an dernier, Subaru dépoussiérait son Forester en lui apportant les retouches esthétiques qui s'imposaient. Cet hybride multifonction était toujours dans le coup en matière de comportement routier et de polyvalence, mais sa silhouette avait sérieusement besoin d'une mise à jour. Les améliorations apportées, à défaut d'être spectaculaires, ont permis à ce modèle d'afficher une silhouette un peu plus contemporaine. Toutefois, les modifications mécaniques avaient été très discrètes, tant et si bien que le moteur 2,5 litres ne produisait toujours que 165 chevaux.

Vous allez me dire que cette puissance est adéquate pour la majorité des gens. Et vous avez raison ! Le Forester est essentiellement un véhicule à vocation pratique et cette puissance est correcte. Mais nous vivons dans une période boulimique. Subaru veut se débarrasser de son image de constructeur de voiture tranquille et nous a proposé les WRX, WRX STi et Baja au cours des derniers mois pour répondre aux attentes d'une partie de sa clientèle.

Donc, le Forester, toujours jugé comme l'un des meilleurs de sa catégorie, se devait de posséder un peu plus de muscle pour être au diapason de la concurrence. D'autant plus que de nombreux clients vivant en altitude se plaignaient que leur Forester n'offrait pas beaucoup de performance. Et puisque ce modèle est l'un des plus populaires auprès des skieurs et des amateurs de plein air, mieux valait corriger la situation.

Force est d'admettre que le remède choisi a été assez spectaculaire. Les ingénieurs de Fuji Heavy Industries ont greffé un turbo au moteur quatre cylindres à plat de 2,5 litres déjà utilisé dans le modèle actuel. Cette modification nous permet de compter sur une puissance de 210 chevaux et un couple de 235 lb-pi. Cela représente une augmentation de 45 chevaux par rapport au moteur original. Et le couple a progressé de 40 %. La présence d'un échangeur d'air directement au-dessus du moteur explique cette prise d'air fonctionnelle sur le capot en aluminium. Parmi les autres changements extérieurs, les roues en alliage exclusives permettent non seulement de rehausser l'apparence de ce VUS, mais également d'accepter des roues de 16 pouces. Certains vont critiquer le choix d'un pneu de profil 60, donc assez haut, dans un véhicule capable de boucler le 0-100 km/h en un peu plus de 6 secondes. Mais il faut également tenir compte des capacités hors route de ce Subaru. Malgré ce gain de puissance dans le

modèle 2,5XT, celui-ci conserve les mêmes caractéristiques en fait de rouage intégral, ce qui lui permet de rouler en terrain accidenté. Ainsi, si vous optez pour la boîte manuelle à cinq rapports, la répartition du couple s'effectue par l'intermédiaire d'un visco-coupleur. Choisissez l'automatique et la répartition de la puissance est en continu par l'intermédiaire cette fois d'un embrayage continuellement variable à commande électronique. Ce système tient également compte du fait que le véhicule accélère ou décélère.

Spectaculaire et pratique

Cette transplantation d'un turbocompresseur a d'importantes répercussions sur les performances et l'agrément de conduite. En effet, il nous a été possible à plusieurs reprises de boucler le 0-100 km/h en 6 secondes et des poussières. Je suis persuadé que ces chiffres seraient encore plus spectaculaires si la boîte manuelle de notre voiture d'essai n'avait pas été handicapée par un levier de vitesses dont la course manquait de précision… À mon avis, la boîte automatique permet de bénéficier d'un rouage intégral plus sophistiqué, mais également de rouler dans la circulation urbaine sans devoir jurer à chaque changement de rapport.

Mais ce ne sont pas ces performances de voiture sport qui m'ont le plus impres-

CARACTÉRISTIQUES

Prix du modèle à l'essai	2,5XT 38 795 $
Échelle de prix	28 000 à 38 000 $
Garanties	3 ans 60 000 km / 5 ans 100 000 km
Emp. / Long. / Larg. / Haut. (cm)	252 / 446 / 173 / 159
Poids	1425 kg
Coffre / Réservoir	906 litres / 60 litres
Coussins de sécurité	frontaux et latéraux
Suspension avant	indépendante, jambes de force
Suspension arrière	indépendante, multibras
Freins av. / arr.	disque ABS
Antipatinage / Contrôle de stabilité	non
Direction	à crémaillère, assistance variable
Diamètre de braquage	10,6 mètres
Pneus av. / arr.	215/60H16

MOTORISATION ET PERFORMANCES

Moteur	H4 2,5 litres turbo
Transmission	intégrale, manuelle 5 rapports
Puissance	210 ch à 5600 tr/min
Couple	235 lb-pi à 3600 tr/min
Autre(s) moteur(s)	H4 2,5 litres 165 ch
Autre(s) transmission(s)	automatique 4 rapports
Accélération 0-100 km/h	6,4 secondes
Reprises 80-120 km/h	5,8 secondes
Vitesse maximale	210 km/h
Freinage 100-0 km/h	39,8 mètres
Consommation (100 km)	14,0 litres (super); 11,3 litres (165 ch)

MODÈLES CONCURRENTS

- Ford Escape • Honda CR-V • Jeep Liberty
- Mazda Tribute • Mitsubishi Outlander • Saturn VUE
- Toyota RAV4

QUOI DE NEUF ?

- Modèle 2,5XT • Moteur turbo 210 chevaux
- Intérieur révisé

Renouvellement du modèle	n.d.

VERDICT

Agrément de conduite	★★★★½
Fiabilité	★★★★☆
Sécurité	★★★★☆
Qualités hivernales	★★★★★
Espace intérieur	★★★★☆
Confort	★★★★☆

VERSION RECOMMANDÉE

2,5XT

sionné. C'est que cette cavalerie additionnelle sous le capot permet de tirer un meilleur parti du châssis de cette Subaru. Il est vrai que le roulis en virage est important et que des pneus plus larges amélioreraient la tenue de route, mais cette nouvelle énergie dynamise la conduite et son niveau d'agrément. Toutes les personnes qui ont pris place à bord dans le cadre de cet essai ont souligné que c'était juste ce qu'il fallait… Elles ont de plus fait remarquer le confort des sièges et la présentation améliorée du tableau de bord.

Il ne faut pas oublier non plus que la 2,5XT coûte au-delà de 35 000 $, ce qui aura pour effet de tempérer l'ardeur de bien des gens. Mais au moins vous en aurez pour votre argent. Il faut de plus ajouter que le modèle modifié l'an dernier nous revient pratiquement inchangé. Son moteur de 165 chevaux est adéquat pour répondre aux besoins des conducteurs qui l'auront choisi. Sa consommation est également beaucoup plus raisonnable puisque la moyenne observée lors de quelques

essais a été de 11,3 litres alors que son équivalent turbocompressé dépasse allègrement le cap des 14 litres aux 100 km en plus de nécessiter de l'essence super.

Les deux modèles sont quasiment identiques en fait de silhouette, des changements importants ayant été apportés l'an dernier, notamment avec un hayon arrière et une calandre avant redessinés. Toutefois, la présentation de l'habitacle est beaucoup plus élégante dans la version 2,5XT surtout grâce à une meilleure harmonisation des couleurs et des tissus des sièges…

Bref, le Forester revu et amélioré pour une seconde année consécutive continue d'être un bon choix dans sa catégorie en dépit de ses lignes banales. Il est également plus pratique que la familiale tout en étant aussi performant en version turbo.

Denis Duquet

▲ **POUR**

- Moteur turbo impressionnant • Performances à la hausse • Fiabilité mécanique
- Transmission intégrale • Tenue de route

▼ **CONTRE**

- Prix trop élevé (2,5XT) • Freins perfectibles
- Forte consommation • Insonorisation négligée • Passage des rapports hésitant (man.)

WRX

Trop modeste

À l'heure où certains petits véhicules hybrides comme les Vibe et Matrix commencent à capter l'attention d'un marché dominé par les colossaux VUS hauts sur pattes et où la sportive WRX attire sur elle tous les projecteurs, les Impreza « ordinaires », mues par leur débonnaire moteur de 2,5 litres, continuent leur petit bonhomme de chemin sans turbo ni tambour ni trompette d'admission.

Après la substantielle mise à niveau mécanique opérée en 2002, c'est maintenant à la carrosserie de profiter d'un petit lissage. Ses lignes légèrement plus incisives accrochent davantage le regard, mais ce n'est toujours pas demain la veille qu'elle gagnera un concours de beauté. Encore heureux qu'on ait songé à remodeler les phares, qui lui faisaient comme deux grands yeux ahuris.

Considérations esthétiques secondaires ? Soit. Mais elles n'en sont pas moins parmi les raisons qui valent à l'Impreza de jouer le rôle de « négligée ». Et c'est là une erreur, car elle mérite tout, sauf votre indifférence.

Comportement routier séduisant

L'Impreza d'entrée de gamme se décline en trois versions. La moins onéreuse, appelée 2,5 TS Sport Wagon, revêt comme son nom l'indique une carrosserie de configuration familiale. L'Outback Sport, une autre familiale, est affublée d'un look tout-terrain et pourvue d'une suspension surélevée et plus robuste ;

elle n'est cependant pas vraiment taillée pour les routes de fin du monde, comme le confirme sa garde au sol de 16 mm, un poil plus élevée que celle de la TS. Enfin, la 2,5 RS, seule berline du groupe, offre un intérieur mieux décoré et des suspensions moins flexibles.

Sous les trois capots, un seul moteur : le 2,5 litres de type « boxer » avec ses quatre cylindres à plat. Sa puissance de 165 chevaux, un peu limite dans la plus lourde Legacy, convient parfaitement à la compacte Impreza. Les accélérations sont franches, la plage d'utilisation étendue, et on ne perçoit l'essoufflement qu'à l'approche de la ligne rouge du tachymètre. En prime, sa sonorité quelque peu agaçante (agricole ?) au démarrage laisse place à un paisible murmure aux environs de 100 km/h. On en tire le plein potentiel avec la boîte manuelle à cinq rapports qui ne fait plus honte à ses réputées concitoyennes. La boîte automatique trahit pour sa part un manque de fluidité dans les changements de vitesse.

Les Subaru nous ont habitués à un comportement routier fort compétent, et l'Impreza

ne fait pas exception à ce chapitre. La direction précise et bien dosée communique franchement avec le train avant, sans pour autant rendre la tenue de cap aléatoire. Grâce à leur important débattement, les suspensions absorbent sans coup férir les meurtrissures de la route, tout en gardant les pneus en contact étroit avec le pavé. Les amortisseurs jouissent de calibrages que ne renieraient pas les marques allemandes, et il est virtuellement impossible d'en atteindre les limites.

Le freinage a fait l'objet cette année d'améliorations importantes, puisque la traditionnelle combinaison disque/tambour a été remplacée par un ensemble de quatre disques assisté d'un répartiteur de force électronique (EDB). Ajoutons que l'ABS s'impose d'office dans toutes les versions, de même évidemment que la traction intégrale. Que dire, qui ne l'ait pas déjà été, des avantages de ce mécanisme à prise constante ? Je me contenterai donc de répéter que l'adhérence fait merveille sur tout genre de surface, sous la neige, comme sous la pluie. Chaussée de bons pneus (ce qui n'est pas le cas au sortir de l'usine), l'Impreza vous donnera l'impression de coller à la route, voire à la glace.

Un accueil mitigé

L'accueil prodigué par l'habitacle inspire des sentiments mitigés. Les baquets enveloppants

2,5TS

CARACTÉRISTIQUES

Prix du modèle à l'essai	Outback Sport 26 695 $
Échelle de prix	22 995 $ à 26 995 $ $
Garanties	3 ans 60 000 km / 5 ans 100 000 km
Emp. / Long. / Larg. / Haut. (cm)	252,5 / 441,5 / 171 / 149,5
Poids	1408 kg
Coffre / Réservoir	674 à 1743 litres / 60 litres
Coussins de sécurité	frontaux
Suspension avant	indépendante, jambes de force
Suspension arrière	indépendante, jambes de force
Freins av. / arr.	disque ABS
Antipatinage / Contrôle de stabilité	non
Direction	à crémaillère, assistée
Diamètre de braquage	10,8 mètres
Pneus av. / arr.	205/55R16

MOTORISATION ET PERFORMANCES

Moteur	H4 2,5 litres turbo
Transmission	intégrale, automatique 4 rapports
Puissance	165 ch à 5600 tr/min
Couple	166 lb-pi à 4000 tr/min
Autre(s) moteur(s)	H4 2 litres suralimenté 227 ch
Autre(s) transmission(s)	manuelle 5 rapports
Accélération 0-100 km/h	9,8 secondes
Reprises 80-120 km/h	7,5 secondes
Vitesse maximale	190 km/h
Freinage 100-0 km/h	41,0 mètres
Consommation (100 km)	9,1 litres (ordinaire)

MODÈLES CONCURRENTS

- Pontiac Vibe • Suzuki Aerio • Toyota Matrix
- Toyota RAV4

QUOI DE NEUF ?

- Extérieur légèrement redessiné • 4 freins à disque
- Système de distribution électronique de force de freinage (EDB)

Renouvellement du modèle   Probablement 2005

VERDICT

Agrément de conduite	★★★★☆
Fiabilité	★★★★☆
Sécurité	★★★★☆
Qualités hivernales	★★★★⯪
Espace intérieur	★★★☆☆
Confort	★★★⯪☆

VERSION RECOMMANDÉE

2,5 TS Sport Wagon

---

sont confortables et offrent un bon soutien latéral. Les réglages en hauteur du siège du conducteur permettent à ce dernier de trouver rapidement la position qui convient. Toutefois, si les dégagements assez serrés à l'avant restent dans la norme pour ce format de voiture, ceux à l'arrière taxent le bien-être des occupants, particulièrement de celui du milieu qui criera grâce assez tôt.

Le coffre libère un volume utile qui gagnerait aussi à être augmenté, tant chez les familiales que chez la berline. Celle-ci n'offre incidemment qu'une trappe à skis en lieu et place d'un dossier de banquette fractionnable. Pour un sport plus «automobile», Subaru propose la WRX qui mérite une place de choix parmi les berlines sport. Sa grande sœur, la STi, fait d'ailleurs l'objet d'un mini match comparatif en première partie du *Guide*.

L'Impreza, comme tous les produits Subaru, a la réputation d'être onéreuse. Encore faut-il la comparer à des véhicules munis eux aussi de la traction intégrale, laquelle ajoute quelques milliers de dollars au coût d'une voiture. Offerte à un prix comparable à celui des Matrix/Vibe intégrales (sans parler des coûteux VUS), la 2,5 TS de base comporte un équipement exhaustif qui inclut la climatisation, le régulateur de vitesse, les principales assistances électriques et les rétroviseurs dégivrants. Elle paraît constituer la meilleure occasion de cette gamme Impreza, même s'il vous faut renoncer aux pneus de 16 pouces ou aux sièges avant chauffants de l'Outback.

Il reste à considérer la consommation d'essence relativement élevée et la facture salée pour les pièces de remplacement, des éléments dont tiendront compte les consommateurs disposant d'un budget plus serré, mais qui n'apparaissent pas rédhibitoires en tant que tels, compte tenu des avantages dont vous fait profiter cette modeste Impreza.

Jean-Georges Laliberté

▲ POUR

- Rouage d'entraînement impeccable
- Suspension bien calibrée • Direction précise
- Bonne résistance mécanique

▼ CONTRE

- Places arrière justes • Consommation d'essence élevée • Bruit ennuyant du moteur à bas régime • Coffre de contenance réduite

Chut ! N'en parlez pas !

La compagnie Subaru est de plus en plus reconnue pour l'excellence de ses voitures. Non seulement la technologie de celles-ci est sophistiquée et originale, mais leur fiabilité est rassurante. Mais lorsque vient le temps de parler des relations publiques, la fiche de Subaru devient beaucoup moins reluisante : les responsables de ce secteur prennent souvent des décisions douteuses. Quoi qu'il en soit, leur manque de clairvoyance nous rend service cette fois-ci dans le cas de la Legacy. La nouvelle version doit apparaître sur notre marché au printemps 2004 et il s'agit d'un modèle entièrement transformé. Jusque-là, ça va. Mais Subaru a eu l'étourderie d'effectuer une première prise de contact avec la nouvelle Legacy quasiment un an avant son arrivée sur le marché. Cela a littéralement tué le punch. Qui aura l'intention de se procurer un modèle 2004 qui se dépréciera fortement lorsque la version 2005 arrivera dans quelques mois ? Les gens du marketing doivent être très heureux.

La Subaru 2005 changera du tout au tout. Les lignes anonymes et indéterminées du modèle actuel seront remplacées par une présentation plus typée avec des angles plus prononcés. Ce n'est pas révolutionnaire, mais c'est au moins un pas dans la bonne direction. La familiale a également été redessinée et là aussi les résultats sont encourageants. Au lieu de s'associer visuellement à une familiale de la fin des années 1980, elle ressemble dorénavant à un modèle de la fin des années 1990 ! Les deux modèles offrent une fiche aérodynamique intéressante puisque le coefficient de pénétration dans l'air de la berline est de 0,20 et celui de la familiale de 0,30.

La nouvelle Legacy possède un empattement plus long de 2 cm, elle est plus longue de 3 cm, plus large de 3,5 cm et sa hauteur s'est accrue de 1,5 cm. Ce faisant, Subaru suit la tendance du marché : la plupart des nouveaux modèles sont plus longs et plus gros que ceux qu'ils remplacent. Un détail intéressant : malgré ces dimensions plus imposantes, le poids de la voiture demeure sensiblement le même.

Mais le changement le plus important est la motorisation. Jadis obligées de se contenter des 165 chevaux du moteur 2,5 litres « Boxer », les Legacy n'étaient pas reconnues pour leurs performances. Il a fallu ajouter le moteur H6 de 212 chevaux à la gamme pour assurer des temps d'accélération dignes du prix demandé. Cette fois, la GT sera équipée d'un moteur turbocompressé dérivé de celui qui équipe l'actuelle Impreza WRX STi. Avec 250 chevaux sous le capot, la Legacy ne peut plus être appelée voiture de professeur à la retraite. Encore plus intéressant pour la catégorie, ce moteur peut être équipé d'une boîte manuelle à cinq vitesses ou jumelé à la boîte automatique de type manumatique à cinq rapports. Il faut également souligner que la version japonaise sera propulsée par un moteur 2 litres dont la puissance est de 280 chevaux !

L'habitacle a été modernisé, cela va de soi, mais le tableau de bord n'a rien de révolutionnaire en fait de conception. C'est du Subaru tout craché avec une grande logique dans la disposition des commandes, une finition impeccable et une présentation générale très sage. Une fois encore, le système audio Macintosh est offert. Soulignons aussi la grande qualité des matériaux, l'excellence de la finition et la grande rigidité de la caisse. Par contre, le dégagement pour la tête aux places arrière dans la berline est plutôt juste si vous êtes grand. À ce chapitre, la familiale conviendra mieux.

Cette nouvelle plate-forme – naturellement plus rigide – permet d'optimiser le travail des suspensions MacPherson à l'avant et à bras multiple à l'arrière. Celle-ci est dorénavant dotée de pièces en aluminium. Ces éléments travaillent en harmonie avec la transmission intégrale afin d'assurer une tenue de route généralement neutre. Les roues de 17 pouces de

Legacy Outback 2005

CARACTÉRISTIQUES

Prix du modèle à l'essai	GT 2005 / n.d.
Échelle de prix	27 295 $ à 39 995 $
Garanties	3 ans 60 000 km / 5 ans 100 000 km
Emp. / Long. / Larg. / Haut. (cm)	267 / 468 / 173 / 147
Poids	1455 kg (estimé)
Coffre / Réservoir	400 litres / 65 litres (estimé)
Coussins de sécurité	frontaux et latéraux
Suspension avant	indépendante, jambes de force
Suspension arrière	indépendante, multibras
Freins av. / arr.	disque ABS
Antipatinage / Contrôle de stabilité	oui
Direction	à crémaillère, assistance variable
Diamètre de braquage	11 mètres (estimé)
Pneus av. / arr.	225/45R17

MOTORISATION ET PERFORMANCES

Moteur	H4 2,5 litres
Transmission	intégrale, automatique 5 rapports
Puissance	250 ch à 5800 tr/min
Couple	260 lb-pi à 3800 tr/min
Autre(s) moteur(s)	aucun
Autre(s) transmission(s)	manuelle 5 rapports
Accélération 0-100 km/h	6,4 secondes (estimé)
Reprises 80-120 km/h	n.d.
Vitesse maximale	210 km/h
Freinage 100-0 km/h	38 mètres (estimé)
Consommation (100 km)	12,4 litres (super)

la GT contribuent également à une meilleure adhérence en virage. Malgré tout, poussée à la limite, la voiture devient sous-vireuse.

Avec cette nouvelle GT 2005, Subaru poursuit sa transformation et se tourne de plus en plus vers la performance. Curieux changement de cap pour une compagnie qui avait surtout établi sa réputation de voiture sûre et pratique avec ses modèles Outback.

Et l'Outback alors ?

Il est certain que Subaru n'abandonnera pas son Outback. Cette version bénéficiera également des changements apportés à la berline. Dévoilée au Salon de l'auto de Francfort, la nouvelle familiale est toujours affublée d'énormes panneaux de bas de caisse, d'une suspension surélevée, de phares antibrouillards proéminents et de roues spéciales. Pourquoi changer de recette quand tout le monde est d'accord ? Première voiture hybride de son genre, elle a incité de nombreuses autres compagnies à suivre cet exemple.

Malgré d'indéniables qualités, sa conduite était assez peu intéressante en raison d'une direction quelque peu engourdie, d'un important roulis de caisse et de freins souvent spongieux. C'est pourquoi il serait sans doute plus sage d'attendre la prochaine édition afin de pouvoir bénéficier d'une version nettement améliorée tant au chapitre du confort que de la tenue de route et des performances.

Les Legacy et Outback 2004 ne connaissent que de rares retouches, car elles vont céder leur place au printemps. Si le prix est abaissé en fonction de l'arrivée du nouveau modèle, ce ne sont pas des voitures à éviter puisqu'elles sont fiables et équilibrées et que leur rouage intégral est toujours efficace. Mais vous risquez d'être déçu lorsque les exemplaires de la prochaine génération arriveront au printemps 2004. Si vous désirez jouer la carte du modèle 2004, vous avez au moins de bons atouts en main pour négocier un prix attrayant.

Denis Duquet

MODÈLES CONCURRENTS

• Audi A4 • Honda Accord • Mazda6 • Nissan Altima • Mitsubishi Galant • Toyota Camry

QUOI DE NEUF ?

• Version entièrement nouvelle • Suspension arrière avec bras en aluminium • Moteur 250 chevaux • Boîte automatique 5 rapports

Renouvellement du modèle	2005

VERDICT

Agrément de conduite	★★★★☆
Fiabilité	nouveau modèle
Sécurité	★★★★☆
Qualités hivernales	★★★★½
Espace intérieur	★★★★☆
Confort	★★★★☆

VERSION RECOMMANDÉE

GT

▲ POUR

• Moteur plus puissant • Caisse rigide
• Intérieur plus dynamique
• Traction intégrale• Boîte auto. 5 rapports

▼ CONTRE

• Prix élevé • Silhouette quelconque
• Marketing déficient • Modèle 2004 inutile

La familiale méconnue

Suzuki est le plus petit fabricant d'automobiles japonais à exporter ses véhicules en Amérique du Nord. C'est aussi l'un des pionniers dans le créneau des véhicules compacts. Les motos, les utilitaires de petit format et les berlines de taille réduite sont depuis de nombreuses années l'apanage de Suzuki en terre américaine.

I n'est pas étonnant que l'Aerio, introduite au Canada en 2002, soit a) une compacte abordable et b) une voiture mal aimée. D'ailleurs, pour tenter de faire disparaître ce dernier point, le fabricant japonais remplace cette année le 2 litres anémique de l'an dernier par une mécanique supposée être un peu plus puissante. Pour le reste, la formule reste inchangée.

Originale, dites-vous?

On ne peut pas dire de l'Aerio qu'il s'agit d'un véhicule sobre ou ordinaire. En tout cas, les ingénieurs de Suzuki ont tenté tout le contraire, la carrosserie de la compacte étant en tout point un criant appel à l'originalité. La calandre massive surplombée de phares triangulaires confère aux deux modèles, la berline et la familiale, un air de robustesse démentant les proportions diminutives de l'ensemble. La caisse aussi est massive et les roues de 14 pouces offertes dans les versions de base renforcent cet aspect.

Quant à la version familiale, baptisée Fastback, elle comporte un hayon qui donne une fin abrupte à la carrosserie. Quatre versions sont offertes : GL et GLX pour la berline, S et SX pour la familiale. Des roues en alliage de 15 pouces équipent les versions GLX et SX dès la sortie de l'usine.

D'un point de vue mécanique, l'Aerio hérite d'un nouveau quatre cylindres de 2,3 litres qui offre 10 chevaux de plus que son prédécesseur, faisant monter le total à 155. Un ajout de puissance qui sera sans doute le bienvenu et qui rassurera les acheteurs qui s'inquiétaient de l'inefficacité de l'ancien moteur. Pour tout dire, la possibilité d'opter pour un rouage intégral aurait nécessité une puissance accrue dès les débuts de l'Aerio. Seule l'Aerio GL n'est pas offerte en version à quatre roues motrices.

Une boîte de vitesses manuelle à cinq rapports est de série dans tous les modèles à deux roues motrices. Une boîte automatique à quatre rapports est optionnelle sur ces mêmes modèles, mais c'est la seule boîte offerte dans les versions à traction intégrale, tout comme c'est le cas pour le duo Pontiac Vibe/Toyota Matrix, deux concurrentes directes de la petite Suzuki.

Disons pour résumer que l'Aerio avait besoin de ces chevaux additionnels. Par contre, pour ce qui est du niveau sonore… l'habitacle est peut-être moderne et original, mais son insonorisation mériterait elle aussi quelques révisions. À deux endroits, d'ailleurs. Les bruits à l'avant du véhicule ne sont rien par comparaison aux bruits de vent que laisse filtrer le coffre de la berline, lorsque le dossier de la banquette arrière est rabattu. La familiale est affligée du même défaut.

Visuellement, c'est mieux. Le tableau de bord est très original, les cadrans sont comprimés en une seule bande triangulaire derrière le volant, qui s'arrête à la console centrale et qui est symétrique avec sa contrepartie située du côté du passager. La disposition des « cadrans » exige qu'on prenne un moment avant d'en connaître l'arrangement précis, mais le résultat est plus réussi que dans l'Echo ou l'Echo Hatchback, disons. Les contrôles sont réduits au strict minimum et la simplicité du décor n'est pas directement associable à une économie de moyens, contrairement à ce qu'en disent plusieurs détracteurs.

L'ombre au tableau est causée par l'absence d'espaces de rangement à l'avant du véhicule. Il serait normal de s'attendre à en trouver dans une familiale, tout comme c'est généralement le cas à l'arrière. Curieuse ironie du sort, car à l'arrière, on découvre avec

surprise que l'espace libéré en hauteur par la conception à la verticale de la carrosserie permet d'asseoir *pour de vrai* trois personnes sur la banquette, à condition que ces quidams soient de nature longiligne.

Tranquillement…

On ne peut pas exiger des performances éclatantes d'une compacte à vocation économique. Même en tenant compte de ce facteur, l'accélération est pénible et les reprises relèvent presque de la légende. Ce qui n'empêche pas la tenue de route d'être plutôt bonne et le véhicule de rester toujours calme. L'ajout d'une dizaine de chevaux devrait aider, mais la référence demeure le duo Vibe/Matrix, à 180 chevaux. La suspension de l'Aerio est égale à l'avant comme à l'arrière ; on peut arriver à la conclusion qu'elle a été conçue pour être capable d'accueillir une lourde charge à l'arrière. La direction est plutôt molle et ne communique pas les imprécisions de la route très fidèlement. En fait, pour les sen-

sations de conduite, référez-vous plutôt à la Mazda3, Protegé5, tiens.

Les dernières années ont offert un climat propice à l'Aerio en raison du prix au détail élevé de ses principales concurrentes. À moins de 16 000 $, la petite Suzuki peut se vanter d'être alléchante pour les budgets serrés qui lèvent le nez sur une Kia Rio RX-V, par exemple. Et l'excédent d'espace utile offert par l'Aerio Fastback peut s'avérer un atout face aux nombreuses sous-compactes cinq portes, telles l'Accent de Hyundai. Le retour de la Swift étant aujourd'hui chose faite, on ne peut pas dire que Suzuki ne s'attaque pas de front au marché des très petites voitures, mais on peut suggérer que pour un prix assez modique, l'Aerio demeure une option alternative viable dans ce créneau fort congestionné.

Alain Mc Kenna

▲ POUR

• Allure originale • Prix compétitif
• Traction intégrale

▼ CONTRE

• Habitacle bruyant • Tableau de bord hétéroclite • Freinage paresseux

CARACTÉRISTIQUES

Prix du modèle à l'essai	Fastback S 20 495 $
Échelle de prix	15 995 $ à 23 395 $
Garanties	3 ans 60 000 km / 5 ans 100 000 km
Emp. / Long. / Larg. / Haut. (cm)	248 / 435 / 172 / 154,5
Poids	1214 kg
Coffre / Réservoir	413 litres / 50 litres
Coussins de sécurité	frontaux
Suspension avant	indépendante, jambes de forcce
Suspension arrière	indépendante, ressorts hélicoïdaux
Freins av. / arr.	disque ventilé / tambour
Antipatinage / Contrôle de stabilité	non
Direction	à crémaillère
Diamètre de braquage	10,7 mètres
Pneus av. / arr.	195/55R15

MOTORISATION ET PERFORMANCES

Moteur	4L 2,3 litres
Transmission	traction, manuelle 5 rapports
Puissance	155 ch à 5400 tr/min
Couple	152 lb-pi à 3000 tr/min
Autre(s) moteur(s)	aucun
Autre(s) transmission(s)	automatique 4 rapports
Accélération 0-100 km/h	n.d.
Reprises 80-120 km/h	n.d.
Vitesse maximale	185 km/h
Freinage 100-0 km/h	40,0 mètres
Consommation (100 km)	9,4 litres (ville) (ordinaire); 7,0 litres (route)

MODÈLES CONCURRENTS

• *Chevrolet Aveo* • *Ford Focus* • *Honda Civic* • *Hyundai Elantra* • *Kia Rio* • *Mazda3* • *Pontiac Vibe* • *Toyota Matrix*

QUOI DE NEUF ?

• *Nouveau moteur*

Renouvellement du modèle	2006

VERDICT

Agrément de conduite	★★☆☆☆
Fiabilité	★★★☆☆
Sécurité	★★★☆☆
Qualités hivernales	★★★★☆
Espace intérieur	★★★★☆
Confort	★★★☆☆

VERSION RECOMMANDÉE

Fastback SX

Le retour

La Swift a presque toujours fait partie de la gamme Suzuki au Canada. Elle a même été la première voiture de ce constructeur jamais distribuée sur notre marché. Après l'arrivée du Samurai au début des années 1980, il fallait bien autre chose à offrir et cette petite trois portes avait eu pour mission de séduire le public. Si sa silhouette était sympathique, son petit moteur trois cylindres devait travailler très fort pour suivre le flot de la circulation et les interventions de la boîte de vitesses étaient continuelles. Heureusement, ce petit moulin à coudre était très fiable et ses propriétaires avaient de la difficulté à se souvenir comment fonctionnaient les pompes à essence tant les visites à la station service étaient espacées.

Mais c'était hier! De nos jours, Suzuki compte sur une gamme passablement complète de VUS et avait besoin d'étoffer sa gamme de voitures. C'est là qu'entre en scène la Swift⁺ de la nouvelle génération. Vous avez remarqué qu'il y a le signe + après le nom de façon à bien souligner qu'il s'agit d'une version qui en offre davantage que la dernière voiture à porter ce nom.

Inutile de le dissimuler, cette Suzuki a des airs de famille avec la Chevrolet Aveo, et vous n'avez pas la berlue puisqu'il s'agit de sœurs jumelles ou presque. Suite au rachat d'une partie du conglomérat Daewoo par General Motors, une nouvelle compagnie a été créée, GM DAT pour General Motors Daewoo Auto Technology. Et puisque GM et Suzuki sont partenaires dans plusieurs initiatives, les deux se partagent quelques produits Daewoo sur

différents marchés. Au Canada, Chevrolet commercialise l'Aveo en version cinq portes et berline quatre portes tandis que Suzuki se concentre sur la *hatchback*. Toutes ces voitures sont des versions dérivées de la Daewoo Kalos dont la carrosserie a été dessinée par Giugiaro. La *hatchback* est plus réussie que la berline et elle cadre bien avec les autres modèles de Suzuki au Canada. Un autre avantage d'offrir un modèle qui est déjà sur certains marchés, c'est que les risques d'ennuis mécaniques sont moindres. Et si cela peut vous rassurer, malgré les déboires de Daewoo au Canada, ceux-ci n'ont jamais été causés par une conception mécanique déficiente ou un manque de fiabilité.

Mécanique moderne

Animée par un moteur de 1,6 litre à quatre cylindres, 16 soupapes et DACT développant 105 chevaux, la nouvelle Swift⁺ ne sera pas

larguée par ses concurrentes sur la route. De plus, au fil des ans, ces petites sous-compactes sont devenues de plus en plus agréables à piloter et la Swift⁺ appartient à cette catégorie. La compagnie affirme qu'elle est conçue pour le pur plaisir de conduire. C'est grandement exagéré, mais elle ne vous décevra pas à ce chapitre non plus. Et si ses dimensions vous inquiètent en fait d'habitabilité, vous pouvez vous rassurer, car elle est l'une des plus spacieuses de sa catégorie. Elle peut accueillir jusqu'à cinq passagers et comprend des sièges avant avec dossiers rabattables à plat ainsi qu'un dossier de siège arrière 60/40, facilitant le chargement d'une foule d'articles. Soulignons au passage que l'utilisation d'un dossier avant droit se repliant vers l'avant est une astuce de chargement qui devient de plus en plus répandue. Il faut rendre hommage à Volvo qui a été le premier constructeur à utiliser cette configuration dans la V70.

Pour convaincre la clientèle que cette nouvelle venue est une bonne affaire en raison d'un bon rapport prix/équipement, la Suzuki Swift⁺ est dotée d'une foule de caractéristiques qui seront appréciées au fil des jours et des mois: servo-direction, phares à halogène, console de plancher centrale avant, appuie-tête arrière et espaces de rangement pratiques pour les objets tels que lunettes de soleil et

CARACTÉRISTIQUES	
Prix du modèle à l'essai	Base 13 495 $
Échelle de prix	13 495 $ à 16 595 $
Garanties	3 ans 60 000 km / 5 ans 100 000 km
Emp. / Long. / Larg. / Haut. (cm)	145 / 388 / 167 / 149
Poids	1070 kg
Coffre / Réservoir	n.d. / 45 litres
Coussins de sécurité	frontaux et latéraux
Suspension avant	indépendante, jambes de force
Suspension arrière	demi-ind., poutre défromante
Freins av. / arr.	disque / tambour
Antipatinage / Contrôle de stabilité	non
Direction	à crémaillère, assistée
Diamètre de braquage	9,78 mètres
Pneus av. / arr.	185/60R14

MOTORISATION ET PERFORMANCES	
Moteur	4L 1,6 litre
Transmission	traction, manuelle 5 rapports
Puissance	105 ch à 5800 tr/min
Couple	107 lb-pi à 3600 tr/min
Autre(s) moteur(s)	aucun
Autre(s) transmission(s)	automatique 4 rapports
Accélération 0-100 km/h	11,9 secondes (estimé)
Reprises 80-120 km/h	10,2 secondes (estimé)
Vitesse maximale	185 km/h
Freinage 100-0 km/h	n.d.
Consommation (100 km)	8,3 litres (ordinaire)

MODÈLES CONCURRENTS

• Chevrolet Aveo • Hyundai Accent • Kia Rio • Toyota Echo

QUOI DE NEUF ?

• Nouveau modèle

Renouvellement du modèle	Nouveau modèle

VERDICT

Agrément de conduite	★★★✬☆
Fiabilité	nouveau modèle
Sécurité	★★★✬☆
Qualités hivernales	★★★★✬☆
Espace intérieur	★★★★✬☆
Confort	★★★☆☆

VERSION RECOMMANDÉE

Version S

gobelets. Et pour ajouter au confort, elle est également équipée d'un dispositif de réglage de la hauteur pour le siège du conducteur. Voilà qui est à noter car dans cette catégorie, les modèles de base sont souvent très dépouillés afin d'assurer une meilleure rentabilité. Il ne faut pas se surprendre de la présence de deux coussins gonflables standard à l'avant. Par contre, ce ne sont pas toutes les voitures de cette catégorie qui sont équipées de ceintures de sécurité en trois points avec rétracteur à blocage d'urgence sur tous les sièges. Et même si nos hivers ne sont plus aussi rigoureux qu'auparavant, un chauffe-moteur est offert en équipement de série.

Voilà pour le modèle de base. Les personnes qui désirent un peu plus de luxe et de confort pourront se payer la version « S » dont l'équipement est plus complet. Parmi les caractéristiques de série offertes dans ce modèle, soulignons les glaces et les serrures à commande électrique, les phares anti-brouillards ainsi qu'un déflecteur arrière qui donne un peu plus de charme à la silhouette. Elle arrive aussi équipée avec un système de téléverrouillage et une alarme antivol. Puisque la clientèle ciblée est surtout jeune, le lecteur CD est de type MP3.

Toyota dans la mire

La Swift⁺ est offerte à compter de 13 495 $, ce qui la place directement dans les plates-bandes de la Toyota Echo. Et il n'est pas erroné de se demander si Toyota n'a pas importé ce modèle en exclusivité canadienne pour contrer la présence du duo Suzuki Swift-Chevrolet Aveo sur notre marché. Si le pouvoir de commercialisation de Suzuki est de beaucoup inférieur à celui de Toyota, Chevrolet est en mesure de livrer une lutte de tous les instants et propose même la version berline.

Mais pour plusieurs nostalgiques, le retour de la Swift⁺ les fera pencher en faveur de Suzuki.

Denis Duquet

▲ POUR	▼ CONTRE
• Silhouette réussie • Mécanique éprouvée	• Faible diffusion • Moteur un peu juste
• Bonne habitabilité • Équipement complet	• Boîte automatique discutable
• Prix compétitif	• Absence de version berline

Nouvelle approche

Cette année, Suzuki lance deux voitures. Voilà qui mérite d'être mentionné haut et fort. En plus de la Swift+, un petit _hatchback_ qui s'apprête à venir jouer dans les plates-bandes de la Toyota Echo, la famille Suzuki accueille la Verona, une berline intermédiaire qui permet à cette marque d'offrir une «grosse» auto à ses clients.

Cette nouvelle venue ressemble beaucoup à la Chevrolet Epica et il ne s'agit pas d'une illusion d'optique puisque les deux sont semblables. General Motors et Suzuki étant en effet partenaires dans le rachat d'une partie de l'empire industriel Daewoo, la Verona est dorénavant produite par la nouvelle compagnie GMDAT ou «General Motors Daewoo Auto Technology». Sa silhouette est classique et ne choque personne. Reste à voir comment Suzuki s'y prendra pour convaincre les acheteurs d'opter pour la Verona par rapport à la Chevrolet Epica. De plus, on remarque un air de famille plutôt discret avec les autres modèles de Suzuki.

Malgré sa silhouette quelque peu anonyme, la Verona ne manque pas d'arguments pour convaincre les acheteurs. Il faut tout d'abord parler de son prix qui est de 22 995 $. La Verona devient l'une des intermédiaires les plus économiques à l'achat, puisque son équipement est des plus complets. En effet, il comprend un volant de direction inclinable à commande électrique, un régulateur de vitesse

et un climatiseur. Ajoutons que ce nouveau modèle est pourvu d'une console centrale avec espace de rangement, d'un accoudoir central arrière escamotable et d'un dossier de siège arrière rabattable 60/40. Cette dernière caractéristique est fort appréciée des sportifs pour transporter leurs skis ou autres objets encombrants dans le coffre.

Il n'y a pas que les sportifs qui sont choyés. Les audiophiles ne seront pas insensibles à une chaîne audio AM/FM associée à un lecteur de CD/cassette avec égaliseur et six haut-parleurs. Sur une note plus pratique, la Verona est également équipée de phares halogènes, de glaces et de serrures à commande électrique, ainsi que de rétroviseurs chauffants à réglage électrique. Pour les amateurs de véhicules plus luxueux, le modèle GLX offre des freins ABS avec système de traction asservie, des phares antibrouillards, un toit ouvrant en verre à commande électrique, la climatisation automatique, un siège du conducteur à commande électrique réglable en huit points et des jantes en aluminium. Et si vous craignez de vous faire voler votre bijou, la présence d'un système de téléverrouillage associé à un sys-

tème antivol devraient vous permettre de dormir l'âme en paix.

Même si la compagnie nous jure que la fiabilité mécanique de tous ses produits est supérieure à la moyenne, elle offre le programme «Protection avantage sécurité» qui garantit le dépannage gratuit pendant une période de cinq ans sans limite de kilométrage. Que vous soyez au Canada ou dans le territoire continental des États-Unis, si vous devez faire remorquer votre véhicule à cause d'une collision ou de bris mécaniques, si vous avez besoin d'un survoltage, si vous êtes en panne de carburant, si vous avez laissé vos clés dans votre véhicule, si vous avez une crevaison ou si votre véhicule est embourbé et que cela nécessite un treuil pour le remettre sur la route, vous êtes couvert par le service d'assistance routière Avantage Sécurité. Voilà qui devrait rassurer les personnes qui pourraient être inquiètes par le manque de référence en fait de fiabilité de ce modèle. D'ailleurs, les produits Daewoo, dont est issue la Verona, ont toujours présenté une mécanique fiable, et cette nouvelle Suzuki ne devrait être problématique à ce chapitre. Mais mieux vaut prévenir que guérir.

Mécanique originale

Présentement, seuls quatre véhicules sur notre marché sont équipés d'un moteur six cylindres

CARACTÉRISTIQUES	
Prix du modèle à l'essai	Base 22 995 $
Échelle de prix	22 995 $ à 25 695 $
Garanties	3 ans 60 000 km / 5 ans 100 000 km
Emp. / Long. / Larg. / Haut. (cm)	270 / 477 / 181 / 145
Poids	1533 kg
Coffre / Réservoir	n.d. / 65 litres
Coussins de sécurité	frontaux et latéraux
Suspension avant	indépendante, jambes de force
Suspension arrière	indépendante, multibras
Freins av. / arr.	disque
Antipatinage / Contrôle de stabilité	non
Direction	à crémaillère, assistée
Diamètre de braquage	10,4 mètres
Pneus av. / arr.	205/65R15

MOTORISATION ET PERFORMANCES	
Moteur	6L 2,5 litres
Transmission	traction, automatique 4 rapports
Puissance	150 ch à 5800 tr/min
Couple	177 lb-pi à 4000 tr/min
Autre(s) moteur(s)	aucun
Autre(s) transmission(s)	aucune
Accélération 0-100 km/h	10,9 secondes
Reprises 80-120 km/h	9,3 secondes
Vitesse maximale	195 km/h
Freinage 100-0 km/h	42,7 mètres
Consommation (100 km)	11,3 litres (ordinaire)

MODÈLES CONCURRENTS

• *Chevrolet Epica* • *Dodge SX 2,0* • *Hyundai Sonata*
• *Kia Magentis*

QUOI DE NEUF ?

• *Nouveau modèle*

Renouvellement du modèle	*Nouveau modèle*

VERDICT

Agrément de conduite	★★★☆☆
Fiabilité	*nouveau modèle*
Sécurité	★★★★☆
Qualités hivernales	★★★★☆
Espace intérieur	★★★★☆
Confort	★★★☆☆

VERSION RECOMMANDÉE

GLX

en ligne monté transversalement. Les deux premiers se trouvent chez Volvo. Il y a d'abord eu la S80 en 1998 et ensuite le XC90 dévoilé l'an dernier. Voilà que la Verona de même que la Chevrolet Optra arrivent sur notre marché avec un moteur six cylindres monté en position nord-sud. Sa cylindrée est de 2,5 litres et sa puissance de 150 chevaux. Ce qui est un peu mince compte tenu de la présence d'une culasse de 24 soupapes qui permet généralement de développer plus de puissance. Heureusement le couple est quand même adéquat avec 177 lb-pi de couple. Ce qui devrait permettre de bonnes accélérations initiales et des reprises incisives.

Toujours sur le plan de la fiche technique, soulignons la présence de freins à disque aux quatre roues. Il faut ajouter que les freins ABS ne sont pas disponibles pour le modèle de base, mais sont de série dans la version GLX. Comme les autres voitures de cette catégorie, la suspension avant est de type à jambes de force tandis que la suspension arrière est indépendante et de type à liens multiples.

Prix compétitif

Non seulement Suzuki se donne une berline de format intermédiaire afin de diversifier sa clientèle, mais elle adopte aussi une politique de commercialisation qui a été appliquée avec succès par les autres constructeurs coréens. Il s'agit de mettre sur le marché une voiture dont les dimensions et les caractéristiques sont semblables aux autres de cette classe, mais dont le prix est très compétitif en fonction du niveau d'équipement.

S'il est difficile de justifier la présence de l'Epica dans le catalogue de Chevrolet, c'est tout le contraire pour Suzuki qui avait grand besoin d'infusion de sang neuf. En quelques mois, elle a augmenté son catalogue de berlines des deux tiers. Ce qui offre un meilleur équilibre par rapport aux nombreux modèles VUS

Denis Duquet

▲ POUR
• Silhouette élégante • Équipement très complet • Prix compétitif • Tenue de route équilibrée • Bonne garantie

▼ CONTRE
• Fiabilité inconnue • Réseau de concessionnaires limité • Moteur un peu poussif • Absence de boîte manuelle

COUP DE POING

Suzuki Grand Vitara

P'tit trio va loin…

Inutile de se le cacher, 95 % des VUS présentement en circulation ne mettront jamais les pneus à côté de la route. Qui irait foutre une bébelle de plusieurs dizaines de milliers de dollars dans la boue jusqu'aux vitres ? Heureusement, ceux qui veulent faire ça sans se ruiner peuvent compter sur le trio Chevrolet Tracker, Suzuki Vitara et Grand Vitara.

Les Chevrolet Tracker et Suzuki Vitara sont, à quelques sigles et jeux d'options près, des jumeaux identiques. Cette année, la version deux portes est éliminée du catalogue. En même temps, exit le moteur quatre cylindres de 2 litres. Désormais, qui dit Tracker ou Vitara dit V6 2,5 litres de 165 chevaux. Personne ne devrait pleurer ces disparitions, sauf peut-être quelques irréductibles de la conduite hors route qui appréciaient ses 134 lb-pi de couple disponibles à seulement 3000 tr/min.

Le couple, c'est important…

Le V6, lui, livre son couple maximal de 162 lb-pi à 4000 tr/min. Si ces derniers chiffres ne vous disent rien, sachez que le couple, c'est important. Ma conjointe me le rappelle quelquefois… Le *torque*, puisque c'est sous ce nom que le couple est le mieux connu, se révèle fort utile, surtout en conduite hors route. Plus le couple est disponible à bas régime, plus il permet de se sortir plus facilement d'un tracé difficile. À cet égard, les Vitara/Tracker et Grand Vitara

imposent le respect. Leur système à quatre roues motrices débrayable n'est sans doute pas ce qui se fait de plus sophistiqué sur la planète, mais il n'en demeure pas moins efficace.

Les Vitara et Tracker six cylindres, à l'instar du Grand Vitara, se montrent donc agréables à conduire sur la route tout en demeurant respectables à côté. Même si le V6 se tire bien d'affaire, la transmission automatique de notre Grand Vitara d'essai rouspétait, quelquefois avec véhémence, lors du passage de la première à la deuxième vitesse. Sur la console, on retrouve un bouton « power ». Ne vous attendez surtout pas à une poussée de nitro si vous enfoncez ce bouton. Son rôle consiste simplement à ordonner à la transmission de conserver le régime moteur lors du passage des vitesses, surtout lorsque le véhicule doit remorquer une charge. À noter que le poids maximal que le Grand Vitara peut traîner est de 900 kilos (2000 livres).

Sur la route, entendons-nous pour débarrasser les Vitara/Tracker et Grand Vitara de l'étiquette « sport ». Ils sont agréables à con-

duire, certes, mais le roulis apparaissant dans une courbe négociée un peu trop rapidement pousse le conducteur à relever le pied aussitôt. Sur les trous et les bosses qui constellent notre réseau routier québécois, la suspension se dandine et louvoie sans trop de gêne mais sans jamais se montrer aussi capricieuse que celle du XL-7, plus long. La direction floue n'aide pas vraiment la situation. Sur une note plus amusante, notons que les Tracker, Vitara et Grand Vitara s'auto-arrosent. C'est-à-dire qu'au passage du pneu avant droit dans le moindre trou d'eau, le pare-brise est immédiatement éclaboussé !

Puisque le quatre cylindres est abandonné, il faut tout de même respecter une certaine hiérarchie pour que le Grand Vitara demeure au sommet de la gamme. À défaut d'être vraiment plus grand que les autres, l'habitacle du Grand Vitara se montre sans l'ombre d'un doute plus contemporain que celui du Vitara. Le premier hérite, à quelques détails près, du tableau de bord du XL-7 et le deuxième doit encore se contenter d'une planche dessinée par un homme des cavernes. Dans le Grand Vitara mis à l'essai, le chauffage peinait à réchauffer l'habitacle et les commandes pour les essuie-glaces avant et arrière étaient facilement inverties par votre humble et merveilleux serviteur. De

CARACTÉRISTIQUES

Prix du modèle à l'essai	Grand Vitara 25 195 $
Échelle de prix	21 995 $ à 28 595 $
Garanties	3 ans 60 000 km / 5 ans 100 000 km
Emp. / Long. / Larg. / Haut. (cm)	248 / 418 / 178 / 172
Poids	1870 kg
Coffre / Réservoir	1267 l (sièges arrière rabattus) / 64 l
Coussins de sécurité	frontaux
Suspension avant	indépendante, jambes de force
Suspension arrière	essieu rigide, bras longitudinaux
Freins av. / arr.	disque / tambour
Antipatinage / Contrôle de stabilité	non
Direction	à crémaillère
Diamètre de braquage	10,6 mètres
Pneus av. / arr.	235/60R16

MOTORISATION ET PERFORMANCES

Moteur	V6 2,5 litres
Transmission	4X4, automatique 4 rapports
Puissance	165 ch à 6500 tr/min
Couple	162 lb-pi à 4000 tr/min
Autre(s) moteur(s)	aucun
Autre(s) transmission(s)	manuelle 5 rapports
Accélération 0-100 km/h	10,3 secondes
Reprises 80-120 km/h	10,7 secondes
Vitesse maximale	170 km/h
Freinage 100-0 km/h	42,3 mètres
Consommation (100 km)	15,2 litres (ordinaire)

MODÈLES CONCURRENTS

- Ford Escape • Honda CR-V • Jeep Liberty • Kia Sorento
- Pontiac Aztek • Saturn VUE • Subaru Forester

QUOI DE NEUF ?

- Modèles 2 portes et moteur 4 cylindres abandonnés
- Détails de présentation • Transmission automatique
et climatiseur offerts dans tous les modèles

Renouvellement du modèle	n.d.

VERDICT

Agrément de conduite	★★★☆☆
Fiabilité	★★★☆☆
Sécurité	★★★⯪☆
Qualités hivernales	★★★⯪☆
Espace intérieur	★★⯪☆☆
Confort	★★★☆☆

VERSION RECOMMANDÉE

Grand Vitara JLX

---

plus, malgré quelques appliques d'imitation de titane qui créaient un impact visuel rafraîchissant, nous ne pouvons passer sous silence la piètre qualité de la finition. Du tissu des sièges arrière mal coupé à la console qui bouge dès qu'on actionne le levier de vitesses en passant par une moulure de pare-brise installée à la va-vite, disons qu'on a déjà vu mieux. Pourtant, la finition extérieure ne s'attire aucun commentaire négatif.

Mais il n'y a pas que des points négatifs, pardi ! Les sièges avant se révèlent confortables en dépit d'un support latéral à peu près inexistant et il s'avère aisé de trouver une bonne position de conduite. Cependant, je n'ai pas encore compris pourquoi le siège pouvait s'approcher jusqu'à pratiquement toucher le tableau de bord. Les conducteurs mesurant moins de 1 mètre sont tout de même assez rares... Si les concepteurs pouvaient récupérer cet espace vers l'arrière, les conducteurs de près de 2 mètres leur en seraient reconnaissants. Quant aux places

arrière, notez que la faible largeur du véhicule n'autorise que le transport de deux personnes, de préférence pas trop portées à se plaindre... Une troisième personne héritant de la place médiane pourrait devenir très violente, très rapidement. À oublier.

Tendance vers le haut de gamme

Même si les Vitara/Tracker et Grand Vitara font partie de la catégorie des VUS, « véhicules utilitaires sport », je les classerais plutôt dans la catégorie VUAIMPS « véhicules utilitaires abordables et intelligents mais pas sport ». Cette année, le retrait du quatre cylindres marque peut-être le début de la fin du mot « abordable ». Je souhaite sincèrement que Suzuki (et Chevrolet) n'embarquent pas, au cours des prochaines années, dans une escalade de puissance et, bien entendu, de prix.

Alain Morin

▲ **POUR**

- Excellent rapport 4X4/prix • Châssis costaud
- Tableau de bord agréable • Jolie frimousse
- V6 bien adapté

▼ **CONTRE**

- Sièges arrière pénibles • Finition couci-couça
- Transmission automatique brusque • Freins un peu justes • Sportivité à peu près nulle

COUP DE POING

Marketing, quand tu nous tiens...

Les services de marketing des différents constructeurs automobiles ont le bras long. Dans certains cas, ils se permettent de hausser la puissance réelle des moteurs (Hyundai, Mazda et Ford entre autres). Dans d'autres cas, comme chez Suzuki, ils abusent carrément de leur pouvoir. Au véhicule le plus dispendieux de la gamme Suzuki, ces gens sans scrupules ont donné le nom de XL-7 pour «eXtra-Long» 7 occupants. XL-4 aurait été suffisant.

Le XL-7 s'avère, en fait, un Grand Vitara dont l'empattement a été allongé de 32 cm et la longueur totale de 48,5 cm. Par contre, la largeur est demeurée la même, soit 178 cm, ce qui nous fait penser que plus on étire un élastique, plus il rétrécit... Cela donne aussi l'impression qu'il est plus long encore! Pour compenser le poids supplémentaire, Suzuki a donné à son XL-7 un moteur plus puissant, soit un V6 de 2,7 litres développant 185 chevaux et 180 lb-pi de couple à 4000 tr/min, soit deux chevaux de plus que l'année dernière. Même si le XL-7 se montre un peu plus vivant que son géniteur, il ne faudrait surtout pas en faire l'achat pour s'éclater au volant. Le XL-7, essayé en plein hiver québécois il faut l'avouer, a démontré de bien belles qualités mais aussi quelques défauts...

Un saut dans le temps

À l'extérieur, sa bouille sympathique, retouchée cette année, lui permet d'attirer bien des regards. La finition se montre correcte même si quelques caoutchoucs mal ébavurés apparaissent çà et là. L'ouverture des portières avant – qui pourraient posséder des pentures plus généreuses – donne sur un habitacle étroit mais fort moderne. Depuis l'arrivée des modèles 2003, les Suzuki XL-7, et Grand Vitara par ricochet, ont droit à un tout nouveau tableau de bord, ce qui n'est pas un luxe. De l'âge de pierre, Suzuki vient d'entrer dans le XXIe siècle! La beauté, la fonctionnalité et la qualité y sont. Bravo. À l'avant, les occupants sont assis haut et la visibilité s'avère sans reproche. Les sièges confortables, le volant au pourtour généreux et les belles appliques de faux bois donnent le ton. Dommage qu'à la moindre courbe les passagers avant se promènent de gauche à droite à cause d'un manque flagrant de support latéral des sièges. De plus, les conducteurs de grande taille déploreront le manque de recul des sièges avant. Les deux personnes qui occupent la banquette médiane sont tout de même bien servies, mais une troisième se sentira choisie par une quelcon-

que force surnaturelle pour expier tous les péchés de la Terre. Pour ce qui est de la triste banquette arrière, offerte uniquement dans les XL-7 JLX Plus et Limited, je ne vois personne d'autre que Bernard Voyer pour s'y rendre... Mais sans doute qu'il aurait moins de difficulté à surmonter l'Everest!

Moi, ça me laisse froid...

Les commandes de chauffage sont heureusement devenues rotatives depuis l'année dernière, mais les gros boutons gagneraient à être juste un petit peu plus profonds. Avec de gros gants, il est quelquefois difficile de les manipuler avec précision. De plus, le chauffage n'a pas impressionné outre mesure (il faut avouer que le pauvre a été rudement éprouvé, l'essai s'étant déroulé une semaine où la température la plus chaude fut de – 12 °C!). Pour la première fois en 25 années de conduite, j'ai constamment eu froid aux genoux! De plus, même au débit maximum pendant une bonne période de temps, le pare-brise parvient à peine à se dégivrer complètement.

Dès les premiers tours de roues sur le beau manteau blanc de la nature, une constatation s'impose. Quatre bons pneus à neige tout de suite! À moins que vous n'aimiez conduire avec les quatre roues motrices continuellement engagées, contribuant ainsi un

CARACTÉRISTIQUES

Prix du modèle à l'essai	JLX 29 795 $
Échelle de prix	27 495 $ à 34 095 $
Garanties	3 ans 60 000 km / 5 ans 100 000 km
Emp. / Long. / Larg. / Haut. (cm)	280 / 466 / 178 / 173
Poids	1680 kg
Coffre / Réservoir	1050 l (3ᵉ banquette repliée) / 64 l
Coussins de sécurité	frontaux
Suspension avant	indépendante, jambes de force
Suspension arrière	essieu rigide, bras longitudinaux
Freins av. / arr.	disque / tambour
Antipatinage / Contrôle de stabilité	non
Direction	à crémaillère
Diamètre de braquage	11,8 mètres
Pneus av. / arr.	235/60R16

MOTORISATION ET PERFORMANCES

Moteur	V6 2,7 litres
Transmission	intégrale, manuelle 5 rapports
Puissance	185 ch à 6000 tr/min
Couple	180 lb-pi à 4000 tr/min
Autre(s) moteur(s)	aucun
Autre(s) transmission(s)	automatique 4 rapports
Accélération 0-100 km/h	10,2 secondes
Reprises 80-120 km/h	9,3 secondes
Vitesse maximale	180 km/h
Freinage 100-0 km/h	40,3 mètres
Consommation (100 km)	15,1 litres (ordinaire)

MODÈLES CONCURRENTS

• Ford Escape • Honda CR-V • Hyundai Santa Fe
• Jeep Liberty • Kia Sorento • Mazda Tribute
• Mitsubishi Outlander • Nissan Xterra • Pontiac Aztek

QUOI DE NEUF ?

• Retouches esthétiques à l'extérieur • Commande de la boîte de transfert relocalisée • Moteur légèrement plus puissant • Boîte auto. 5 rapports offerte dans tous les modèles

Renouvellement du modèle	n.d.

VERDICT

Agrément de conduite	★★☆☆☆
Fiabilité	★★★☆☆
Sécurité	★★★★☆
Qualités hivernales	★★★☆☆
Espace intérieur	★★★☆☆
Confort	★★★★☆

VERSION RECOMMANDÉE

JLX

peu plus aux profits des compagnies pétrolières. Dans le meilleur des mondes, des pneus à neige et le mode quatre roues motrices enclenché devraient vous permettre d'affronter la plupart des intempéries. D'ailleurs, sur chaussée glacée, il existe deux XL-7. Avec les seules roues arrière motrices, l'arrière valse comme la queue d'un chien retrouvant son maître après une semaine d'absence et les freins ABS, au fonctionnement particulièrement désagréable, interviennent trop rapidement. Dès que les quatre roues motrices sont engagées, le véhicule devient beaucoup plus stable et l'ABS se civilise. En conduite hors route, le système 4X4 à temps partiel est fort efficace et peut être enclenché à la volée, c'est-à-dire qu'il n'est point besoin de stopper le véhicule pour ce faire. Le seul bémol vient de la longueur hors normes du XL-7. Sur un terrain très accidenté, le fond accroche joyeusement.

Sur route dégagée, le XL-7 s'avère confortable, mais les trous et les bosses ont tôt fait de mêler la suspension qui ne sait plus si elle doit réagir verticalement ou horizontalement! À l'occasion, ce comportement schizophrène peut surprendre et même devenir dangereux. Cette même suspension n'aime pas la provocation. Elle s'écrase mollement à la moindre sollicitation du volant, qui, en passant, n'est pas un parangon de sensibilité. Le roulis décourage toute sportivité.

Le XL-7 compte pour 60 % des ventes de VUS chez Suzuki et s'adresse à une famille avec un ou deux enfants. Même si le service de marketing de Suzuki voudrait bien nous le faire prendre pour un autobus capable de traverser une forêt tropicale, la réalité est tout autre. Il s'agit d'un véhicule pour gens sédentaires à la recherche d'un plus grand espace de rangement et d'un peu plus de traction que la moyenne. Comme le dit le proverbe : considérez le XL-7 pour ce qu'il est et vous en serez bien satisfait.

Alain Morin

▲ POUR

• Silhouette sympathique • Tableau de bord moderne • Équipement correct • Véhicule confortable • Tenue de route prévisible

▼ CONTRE

• 3ᵉ banquette utopique • Traction délicate sur chaussée glissante • Chauffage paresseux • Emplacement ridicule du cric

Discret mais doué

Bien que bourré de qualités, le 4Runner n'arrivait plus à se défendre contre une horde de nouveaux modèles. Et au moment même où l'on croyait que Toyota allait abandonner ce VUS, voilà qu'une version entièrement transformée est apparue l'an dernier. Le modèle 2003 venait corriger les lacunes qui étaient reprochées à son prédécesseur, à savoir un habitacle assez peu logeable, un moteur un peu juste au chapitre de la puissance et une tenue de route qui faisait assez peu d'efforts pour amortir les trous et les bosses. Bref, il s'agissait d'un spectaculaire retour en forme.

D'autant plus que deux nouveaux groupes propulseurs étaient offerts. Pour la première fois dans l'histoire du 4Runner, un moteur V8 était disponible. Il s'agissait du moteur V8 4,7 litres utilisé dans plusieurs autres véhicules à vocation utilitaire, notamment le Tundra. Avec ses 235 chevaux, il n'était plus question de critiquer le manque de puissance. L'autre groupe propulseur est un moteur V6 de 4 litres produisant 245 chevaux et couplé à une boîte automatique à quatre rapports.

Et il ne faut pas oublier de souligner que la silhouette tristounette du modèle 2002 a été remplacée par une carrosserie nettement plus de notre époque. La même remarque s'applique au tableau de bord qui est moderne et généralement bien agencé. Par contre, les commandes de la climatisation ne semblent pas plaire à tout le monde. Ces boutons rotatifs sont dotés de petites ailettes sur lesquelles il faut appuyer pour augmenter la température

de l'habitacle ou régler la soufflerie. Au début, on se dit qu'on va s'habituer et que cette configuration est plutôt « songée ». Mais, à l'usage, ces commandes exigent toujours un temps de réflexion avant de déterminer la marche à suivre. Cela devient agaçant au fil des semaines. Toujours au chapitre des commandes, la course crantée du levier de vitesses ne fait pas l'unanimité. S'il est vrai que sa présence évite d'effectuer des passages de rapports non prévus, ce parcours en zig-zag n'est pas tellement apprécié lorsque nous sommes pressés.

Comme tout produit Toyota qui se respecte, le 4Runner bénéficie d'une finition impeccable et de la présence de matériaux de première qualité. Le hayon arrière est toutefois lourd à manœuvrer, et la présence d'une assistance motorisée pour l'ouvrir et le fermer serait la bienvenue. Ajoutons aussi que les sièges sont confortables bien que leur support latéral soit moyen. Un dernier détail avant de conclure ce tour de l'habitacle : la soute à bagages est pourvue d'une tablette amovible

qui permet de répartir les objets sur deux niveaux de chargement. C'est ingénieux et surtout pratique.

Traction et consommation

Depuis l'an dernier, le 4Runner s'est joint au « Club des V8 » grâce à la présence du très sophistiqué moteur V8 de 4,7 litres ronronnant discrètement sous le capot. Noblesse oblige, il est couplé à une transmission automatique à cinq rapports. Ce moteur s'est révélé doux, fiable et silencieux. De plus, le passage des rapports est assez rapide, une caractéristique qui n'est pas toujours l'apanage des boîtes automatiques de Toyota. Par contre, si son rendement est supérieur à la moyenne, il en est de même pour sa consommation de carburant qui a parfois flirté avec une moyenne de 20 litres aux 100 km lorsque le mercure ne voulait pas dépasser la barre des -20 degrés Celsius. Mais, tout compte fait, la moyenne a été d'un peu moins de 15 litres aux 100 km. C'est élevé certes, mais pas nécessairement hors norme compte tenu de la catégorie et de la cylindrée du moteur.

Les puristes doivent certainement lever le nez sur le rouage intégral à commande électronique du 4Runner. Pour ces purs et durs, il faut des leviers, des essieux verrouillables et tout le tralala. Ici, rien de tout cela, mais un seul bouton au tableau de bord. Cette simpli-

CARACTÉRISTIQUES	
Prix du modèle à l'essai	LTD 53 545 $
Échelle de prix	39 220 $ à 50 830 $
Garanties	3 ans 60 000 km / 5 ans 100 000 km
Emp. / Long. / Larg. / Haut. (cm)	279 / 480 / 187 / 174
Poids	2005 kg
Coffre / Réservoir	n.d. / 87 litres
Coussins de sécurité	frontaux, latéraux et tête
Suspension avant	indépendante, leviers triangulés
Suspension arrière	essieu rigide, ressorts pneumatiques
Freins av. / arr.	disque ABS
Antipatinage / Contrôle de stabilité	oui / oui
Direction	à crémaillère, assistance variable
Diamètre de braquage	11,7 mètres
Pneus av. / arr.	265/70R17

MOTORISATION ET PERFORMANCES	
Moteur	V8 4,7 litres
Transmission	intégrale, automatique, 5 rapports
Puissance	235 ch à 4600 tr/min
Couple	320 lb-pi à 3400 tr/min
Autre(s) moteur(s)	V6 4 litres 245 ch
Autre(s) transmission(s)	automatique 4 rapports (V6)
Accélération 0-100 km/h	9,8 secondes
Reprises 80-120 km/h	8,4 secondes
Vitesse maximale	185 km/h
Freinage 100-0 km/h	42,3 mètres
Consommation (100 km)	16,9 litres (ordinaire)

cité exagérée en apparence s'est traduite par un comportement exceptionnel sur la neige et en conduite hors route. Ce système à commande électronique dérivé de celui du Sequoia a également impressionné lors du match hivernal portant sur la traction et la glisse au début de cet ouvrage.

La suspension pneumatique à hauteur variable a toutefois été un point d'interrogation. Parfois, elle réagissait comme prévu tandis qu'elle demeurait immuable en d'autres circonstances. Même la lecture du manuel du propriétaire ne nous a pas permis de trouver une solution à ce mystère. C'est dommage car cet accessoire, lorsqu'il fonctionne, s'avère un élément valable, surtout l'hiver alors qu'il permet de rouler sur des routes enneigées sans risque de s'enliser. Un autre bémol est l'étroitesse du marchepied qui s'est avéré plus décoratif que pratique. Comme tout bon VUS qui se respecte, les rétroviseurs extérieurs assurent une excellente visibilité. Encore faut-il les utiliser puisqu'un essayeur étourdi n'a

jamais vu un piquet placé derrière le véhicule avec les résultats que vous devinez. Il faudrait sans doute ajouter au 4Runner la même télévision de recul que celle disponible dans le RX 330.

On se calme

Sur la route, le 4Runner n'a pas l'agilité d'une Camry, mais son comportement routier est prévisible tandis que sa transmission intégrale permet de rouler en toute sécurité, peu importe l'état de la chaussée. Par contre, vous devrez vous soumettre à la dictature du système de stabilité latérale qui, de concert avec la transmission intégrale et les freins, vous empêche de «faire des folies». Et c'est tant mieux.

Sans être le plus stylé, le plus performant et le plus excitant à conduire, le Toyota 4Runner est d'une ennuyante efficacité.

Denis Duquet

MODÈLES CONCURRENTS

- *Chevrolet TrailBlazer • Ford Explorer • GMC Envoy*
- *Jeep Grand Cherokee • Kia Sorento • Mercedes-Benz ML320 • Mitsubishi Montero • Nissan Pathfinder*

QUOI DE NEUF ?

- *Modèle entièrement transformé l'an dernier*
- *Changements mineurs en 2004*

Renouvellement du modèle	2007

VERDICT

Agrément de conduite	★★★★☆
Fiabilité	★★★★★
Sécurité	★★★★⯪
Qualités hivernales	★★★★★
Espace intérieur	★★★★☆
Confort	★★★★☆

VERSION RECOMMANDÉE

Modèle de base

▲ POUR

- Rouage intégral efficace • Mécanique robuste et fiable • Espaces de rangement
- Moteur V6 à découvrir

▼ CONTRE

- Boîte 4 rapports avec V6 • Consommation très élevée • Sélection complexe des options
- Suspension réglable peu convaincante

À quoi bon ?

Oui, l'Avalon existe toujours. Et, franchement, on se demande un peu pourquoi, car la gamme de Toyota semble actuellement assez équilibrée et complète pour se passer de ses services. Mais la réalité, apparemment, est tout autre.

Elle remet donc les roues sur scène pour une autre tournée – est-ce la dernière ? – des salles d'exposition des concessionnaires de la marque. Je ne sais pas si vous irez la voir, mais sachez que moi, je reste bien au chaud.

Au cas où vous ne l'auriez pas remarqué, l'Avalon a changé de look en 2003. Rien de majeur toutefois. Si vous recherchez la nouveauté cette année, vous serez déçu, il n'y a rien à voir. Soulevez le capot si cela vous chante, mais vous retrouverez toujours ce bon vieux 3 litres. D'une puissance de 210 chevaux, ce moteur six cylindres bénéficie du système de distribution à calage variable intelligent (VVT-i) de Toyota, qui permet d'améliorer la réponse, la puissance, le couple et l'économie de carburant, tout en réduisant les émissions. Souple et feutrée, cette mécanique n'a rien d'un foudre de guerre. Ce moteur s'arrime toujours à une transmission automatique à quatre rapports dont la principale qualité est d'exécuter discrètement son travail.

Avant de prendre la route, un mot sur les origines de cette berline qui dérive étroitement de la Camry. Pas de la présente génération, entièrement nouvelle, mais bien de la précédente dont la conception remonte à plus d'une douzaine d'années déjà. Vous en conviendrez, dans les circonstances, il est difficile de faire du neuf avec du vieux et surtout, malgré les efforts de développement consacrés, de rendre ce châssis aussi rigide et performant que celui élaboré l'avant-veille.

D'ailleurs, il suffit d'observer ses réactions aux lacets de la route pour comprendre que l'Avalon est taillée pour les grands boulevards. Sa direction légère comme une plume et ses éléments suspenseurs élastiques ne la prédestinent pas à jouer les équilibristes. À quoi bon ? Cette Toyota cherche plutôt à se faire apprécier pour le silence et le confort de roulement qu'elle procure. D'ailleurs, à ce sujet, reconnaissons sa capacité à survoler les imperfections de la route et à ne jamais troubler la quiétude des occupants qui séjournent dans sa cabine. Saluons également ses efforts pour maîtriser ses mouvements de caisse dans les virages. Et si, à tout hasard, il vous venait à l'esprit de vouloir chatouiller ses limites, il est rassurant de savoir qu'une panoplie de béquilles électroniques veille à votre sécurité. En effet, outre un antipatinage, un antiblocage et un répartiteur électronique de la force de freinage, l'Avalon compte également de série un dispositif chargé de minimiser voire d'enrayer le sous-virage ou le survirage. Êtes-vous rassuré maintenant ?

Pourquoi payer plus ?

Au dire de la direction canadienne du constructeur japonais, l'Avalon constitue la berline de luxe abordable que seule Toyota pouvait construire. Vrai ou faux ? Disons qu'à plus de 45 000 $ (le prix de notre modèle d'essai), l'Avalon n'est pas à proprement parler une aubaine. Il existe en effet des automobiles de conception américaine aussi confortables et aussi spacieuses que cette Toyota et, de surcroît, financièrement plus accessibles. En revanche, aucune n'offre, à prix égal, une liste aussi complète d'accessoires et surtout aucune, malgré ce que prétendent les sondages, ne procure une tranquillité d'esprit comparable (qualité de construction, fiabilité, durabilité, etc.). Ça se paie.

Cependant, depuis le renouvellement de la Camry, on se demande ce qui peut bien justifier l'acquisition d'une Avalon ? Son espace intérieur ? Vrai, mais pas dans tous les domaines puisque la Camry offre plus de dégagement pour la tête (à l'arrière) et aussi un coffre plus volumineux. Et la Camry dans sa tenue la plus luxueuse (XLS V6 avec groupe B) coûte

CARACTÉRISTIQUES

Prix du modèle à l'essai	XLS 45 560 $
Échelle de prix	45 560 $
Garanties	3 ans 60 000 km / 5 ans 100 000 km
Emp. / Long. / Larg. / Haut. (cm)	272 / 487 / 182 / 146,5
Poids	1570 kg
Coffre / Réservoir	450 litres / 70 litres
Coussins de sécurité	frontaux et latéraux
Suspension avant	indépendante, jambes de force
Suspension arrière	indépendante, jambes de force
Freins av. / arr.	disque ABS
Antipatinage / Contrôle de stabilité	oui
Direction	à crémaillère, assistée
Diamètre de braquage	11,5 mètres
Pneus av. / arr.	205/60R16

MOTORISATION ET PERFORMANCES

Moteur	V6 3 litres
Transmission	traction, automatique 4 rapports
Puissance	210 ch à 5800 tr/min
Couple	220 lb-pi à 4400 tr/min
Autre(s) moteur(s)	aucun
Autre(s) transmission(s)	aucune
Accélération 0-100 km/h	9,6 secondes
Reprises 80-120 km/h	7,8 secondes
Vitesse maximale	210 km/h
Freinage 100-0 km/h	42,0 mètres
Consommation (100 km)	12,2 litres (ordinaire)

près de 10 000 $ de moins qu'une Avalon. D'accord, les passagers qui prendront – aisément – place sur la banquette arrière auront l'impression de séjourner dans une limousine, mais seront-ils prêts à couvrir une partie de vos mensualités?

Équipement complet

À l'exception des tapis protecteurs, tout ce que vous voyez à l'intérieur d'une Avalon est offert de série. C'est donc dire que la sellerie de cuir (chauffante), les appliques de simili-bois (on jurerait du vrai), le rétroviseur extérieur du conducteur à atténuation électrochromique, les essuie-glaces qui s'activent dès qu'une goutte de pluie touche le pare-brise figurent tous sur la liste des accessoires de série.

Cadrans analogiques, accessoires carrés, lisière de (simili) bois qui zèbre toute la console centrale… on a vu et revu ce tableau de bord mille et une fois chez les américaines dites cossues. Ça ne révolutionne rien (bien au contraire), mais ça semble réconforter quelques

tenants de la tradition. Si les commandes sont généralement toutes disposées dans l'environnement immédiat du conducteur, il n'en va pas de même pour le panneau d'information multifonctions ancré à la cime du tableau de bord. Pas plus lisible qu'il n'en faut, ce panneau est difficilement accessible. Les baquets avant sont confortables, mais offrent peu de support et les espaces de rangement sont, quant à eux, en nombre suffisant.

Si autrefois, l'Avalon pouvait se révéler une bonne affaire par rapport à une Camry complètement équipée, ce n'est plus le cas aujourd'hui! Compte tenu du prix demandé, ne vaut-il pas mieux se gâter un peu avec une automobile au label plus prestigieux? Une Lexus ES 300, par exemple!

Éric LeFrançois

MODÈLES CONCURRENTS

• Buick Le Sabre • Mercury Grand Marquis
• Mitsubishi Diamante

QUOI DE NEUF?

• Aucun changement majeur

Renouvellement du modèle	2005

VERDICT

Agrément de conduite	★★★☆☆
Fiabilité	★★★★⯨
Sécurité	★★★★☆
Qualités hivernales	★★★⯨☆
Espace intérieur	★★★★☆
Confort	★★★★☆

VERSION RECOMMANDÉE

XLS ou rien

▲ POUR

• Douceur de roulement • Qualité de l'assemblage et de la finition
• Dégagement intérieur • Fiabilité éprouvée

▼ CONTRE

• Conduite anesthésiante • Rapport prix/prestige
• Direction molle et engourdie
• Où est le V6 3,3 litres?

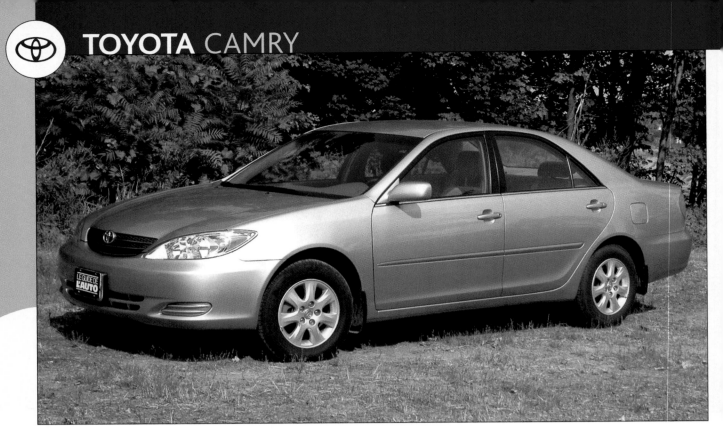

225 chevaux en renfort

La Camry est un long roman à succès qui n'en finit plus chez Toyota. Depuis des lustres, ce modèle représente dans le domaine automobile ce qui se fait de mieux en matière de fiabilité et de durabilité. Au fil des ans, cette compacte grand format a su séduire des centaines et des centaines de milliers d'automobilistes. À preuve. Année après année, la Camry demeure l'une des voitures les plus vendues en Amérique du Nord.

Même si la concurrence exerce une pression permanente sur l'équipe d'ingénieurs attitrée au développement et à la fabrication de la Camry, ces derniers ont toujours su tirer leur épingle du jeu pour que la Camry demeure la référence des références en matière de la qualité de fabrication. J'exagère? À peine. D'ailleurs, l'ingénieur en chef exécutif japonais de la nouvelle Solara 2004, Shigeki Terashi, nous a mentionné le plus sérieusement du monde en entrevue «que la plus grande rivale du coupé Solara était la Camry» et non pas les coupés allemand et japonais. Nous avons souri avant de réaliser qu'il faisait allusion à la qualité de fabrication. En d'autres mots, M. Terashi ne s'est pas gêné pour nous confier qu'il existait une rivalité entre les travailleurs de Georgetown au Kentucky chargés d'assembler la Solara et la Camry. À savoir lequel des deux groupes obtiendrait la meilleure note des dirigeants pour la qualité de l'assemblage.

Quand on sait que les intervalles entre les pièces composant l'habitacle de la nouvelle Solara (tableau de bord, intérieure des portières, etc.) ont été réduits de 1,5 mm à 0,5 mm. On peut supposer que les mêmes critères d'assemblage ont été appliqués pour la Camry. Une tolérance aussi minime en dit long sur la qualité et l'esprit de fabrication de Toyota. Et inutile d'ajouter que certains constructeurs auraient avantage à s'en inspirer.

Moteurs plus puissants

Outre sa bonne réputation en matière de fiabilité, la Camry n'a jamais misé sur ses accélérations et sa tenue de route pour faire des conquêtes. Même si ses performances ne sont pas vilaines, elle a toujours laissé cette chasse gardée à sa rivale de toujours, la Honda Accord. Pour courtiser les acheteurs, la Camry mise plutôt sur son confort et son silence de roulement. Toutefois, pour éviter de se faire distancer par les performances de plus en plus élevées de ses rivales, les concepteurs de la Camry ont pris l'initiative de lui boulonner des nouveaux moteurs V6 plus puissants et une nouvelle boîte de vitesses automatique plus moderne.

Il y a quelques mois déjà, Toyota avait annoncé que la puissance de son V6 de 3 litres passaient de 192 à 210 chevaux. Une décision tout à fait justifiée si la Camry voulait demeurer dans la foulée des 240 chevaux des moteurs V6 de l'Accord et de l'Altima et des 220 chevaux de celui de la Mazda6. En plus d'un bloc-moteur en alliage d'aluminium plus léger, le nouveau 3 litres de la Camry bénéficie du système sophistiqué de distribution à calage variable intelligent (VVT-i) des soupapes mis au point par les motoristes de Toyota et d'un nouveau dispositif de commande électronique du papillon des gaz qui améliore la douceur de fonctionnement à tous les régimes.

Conscient que malgré l'augmentation de la puissance du 3 litres, il se pouvait que la Camry soit boudée par les amateurs de conduite sportive, les motoristes ont décidé de lui greffer en renfort le nouveau V6 de 3,3 litres à tout faire de Toyota. Déjà utilisé dans la Sienna, le Lexus RX 330 et le récent coupé Solara, la version installée sous le capot de la Camry développe 225 chevaux. Ce qui est amplement suffisant pour chauffer ou faire mordre la poussière aux ténors de la catégorie. Par ailleurs, les deux moteurs V6 peuvent être couplés à une nouvelle boîte automatique à cinq rapports à commande électronique (ECT). Intelligente, celle-ci est programmée pour s'adapter au comportement du conduc-

CARACTÉRISTIQUES

Prix du modèle à l'essai	LE 25 295 $
Échelle de prix	24 800 $ à 36 540 $
Garanties	3 ans 60 000 km / 5 ans 100 000 km
Emp. / Long. / Larg. / Haut. (cm)	272 / 481 / 180 / 149
Poids	1435 kg; 1520 kg (SLE V6)
Coffre / Réservoir	498 litres / 70 litres
Coussins de sécurité	frontaux et latéraux
Suspension avant	indépendante, jambes de force
Suspension arrière	essieu rigide, jambes de force
Freins av. / arr.	disque / tambour ABS
Antipatinage / Contrôle de stabilité	non (option XLE V6)
Direction	à crémaillère, assistance variable
Diamètre de braquage	11,1 mètres
Pneus av. / arr.	205/65R15 / 215/60R16

MOTORISATION ET PERFORMANCES

Moteur	4L 2,4 litres DACT
Transmission	traction, automatique 4 rapports
Puissance	157 ch à 5600 tr/min
Couple	163 lb-pi à 4000 tr/min
Autre(s) moteur(s)	V6 3 l 210 ch;
	V6 3,3 l 225 ch (SE V6)
Autre(s) transmission(s)	auto. 5 rapports (V6),
	man. 5 rapports (SE V6)
Accélération 0-100 km/h	9,7 s (4L); 7,9 s (3 litres)
Reprises 80-120 km/h	6,5 s (3 litres)
Vitesse maximale	185 km/h
Freinage 100-0 km/h	39,6 mètres (XLE V6)
Consommation (100 km)	9,5 litres (ordinaire);
	11,3 litres (V6)

MODÈLES CONCURRENTS

- Chrysler Sebring • Honda Accord • Hyundai Sonata
- Kia Magentis • Mazda6 • Nissan Altima
- Volkswagen Passat

QUOI DE NEUF ?

- V6 3,3 litres avec boîte manuelle 5 rapports • Boîte automatique 5 rapports avec V6 • Lecteur 6 CD dans le tableau de bord

Renouvellement du modèle	2006

VERDICT

Agrément de conduite	★★★☆☆
Fiabilité	★★★★⯪
Sécurité	★★★★☆
Qualités hivernales	★★★★☆
Espace intérieur	★★★★☆
Confort	★★★⯪☆

VERSION RECOMMANDÉE

LE

teur en contrôlant la sélection des vitesses et en maximisant les points de changement de rapport. Quant aux boîtes automatique à quatre rapports et manuelle à cinq vitesses, question d'économie, elles restent en service et sont jumelées au quatre cylindres de 2,4 litres.

Si les accélérations et les reprises montent d'un cran, le comportement routier demeure le même. Fidèle à sa réputation de grosse compacte ouatée, la Camry favorise le confort des occupants plutôt que la conduite sportive. Et ce n'est pas les propriétaires de Camry qui vont s'en plaindre puisqu'ils privilégient justement cette japonaise à cause de sa capacité hors du commun à filtrer les trous et les bosses. Par ailleurs, la direction est souple et précise. Alors que le freinage est au-delà de tout soupçon.

Vie à bord

Même si le tableau de bord de la Camry est loin de susciter l'émerveillement, celui-ci demeure l'un des plus fonctionnels de la catégorie. Qui plus est, son design à l'américaine (ou en retrait) permet aux passagers avant de profiter de beaucoup d'espace. Seule la version SE avec ses cadrans sur fond titane égaye son habitacle austère. Si les sièges avant manquent de support, à l'arrière, la banquette offre un dégagement généreux et confortable. Quant au coffre, il est l'un des plus vastes de sa catégorie.

Conclusion

L'augmentation de la puissance du V6 de 3 litres et l'addition d'un V6 de 3,3 litres permettront à la Camry de conserver ses parts de marché face aux assauts de la Nissan Altima, de la récente Mazda6 et la nouvelle championne des ventes de la catégorie : la Honda Accord. Toutefois, pour reconquérir son titre, la Camry aurait besoin d'un léger remodelage de sa carrosserie et de son habitacle. Rendez-vous donc l'an prochain !

Jean-François Guay

▲ POUR

- Choix de moteurs • Fiabilité exemplaire
- Finition sans reproche • Banquette arrière spacieuse • Silence de roulement

▼ CONTRE

- Prix élevé (XLE V6) • Tableau de bord triste
- Comportement routier ennuyeux • Silhouette trop discrète

En perte de vitesse

La part du marché automobile dévolue aux coupés sport a fondu comme la calotte glaciaire au cours des dernières décennies. L'offre devant en principe s'ajuster à la demande, qui aurait pu prédire, lors du lancement de la Toyota Celica de septième génération en l'an 2000, que celle-ci aurait à batailler quatre ans plus tard contre une horde de nouveaux et redoutables compétiteurs ?

Depuis lors, en effet, plusieurs fabricants ont suivi la nouvelle tendance consistant à élaborer une version sport de leur berline compacte grand public. C'est ainsi que les MazdaSpeed, Nissan Sentra SE-R, Honda Civic SiR et autres Ford Focus SVT proposent des caractéristiques résolument sportives, tout en bénéficiant de l'attrait dévolu aux marques à grande diffusion. De plus, leur habitabilité est souvent supérieure à celle d'un coupé, ce que même un célibataire finira par trouver avantageux.

Il n'y a pas 36 façons de parer à ces arguments pour un coupé sport, il faut offrir un style et des performances inspirants. C'est le défi que tente de relever la Celica.

Un manque de substance

Deux versions sont offertes : la GT, au tempérament réservé, et la GT-S, plus bagarreuse. La première reçoit un moteur quatre cylindres de 1,8 litre délivrant un couple identique à celui d'une Toyota Corolla, et seulement 10 chevaux

de plus, ce qui en dit long sur ses capacités « athlétiques ». Non seulement la puissance restreinte laisse l'amateur de vitesse sur sa faim, mais le couple limité à bas régime n'autorise que des accélérations et des reprises assez tranquilles.

Le même engin, dans la GT-S, a été préparé de façon à développer 180 chevaux. À 100 chevaux par litre, il s'agit certes d'une belle réussite technique, mais ce surcroît de puissance n'est disponible que dans la dernière partie du tachymètre, et le couple est à peine plus costaud que dans la GT. Résultat : il vous faut constamment ramer avec le levier de vitesses pour que le moteur exprime son potentiel. C'est encore pire qu'avec les moteurs Honda, pourtant réputés pour leur caractère pointu ; il ne se passe rien avant 4500 tr/min, et le petit engin ne prend vraiment son envol que 1500 tours plus haut. Maintenant, imaginez-vous un instant sur la neige, chaussé de larges pneus quatre saisons, comme j'ai eu le « privilège » de l'expérimenter : autant jouer avec une grenade dégoupillée !

La boîte manuelle à six rapports de la GT-S se manie heureusement comme un charme. Une automatique à quatre rapports avec commandes de changement séquentiel au volant arrive en option, et il faut bien sûr l'éviter, considérant la nécessité de pousser constamment le moteur pour en extirper la substantifique moelle. La GT reçoit pour sa part une boîte manuelle à cinq vitesses agréable à manœuvrer ou une automatique (sans changement séquentiel) bien adaptée à ses 140 chevaux, mais c'est à se demander, avec les performances quelconques obtenues, à quoi peut bien servir un coupé sport !

Dommage que les groupes motopropulseurs ne soient pas plus inspirants, car la Celica s'avère plaisante à conduire. La plate-forme partagée avec la Matrix et la Corolla fait preuve de rigidité, tandis que les suspensions indépendantes se montrent aussi fermes que précises dans leurs guidages. Les réactions sont vives, la direction est rapide et bien assistée, et l'adhérence ultime assez élevée, malgré une évidente tendance au sous-virage. Le système de freinage de la GT-S (quatre disques munis de l'ABS et d'un répartiteur de la force de freinage) assure des arrêts courts, stables et faciles à doser. La GT, qui n'est décidément pas équipée pour veiller tard, se contente pour sa part de la combinaison disque/tambour (avec ABS en option).

Rien pour écarquiller les yeux

D'inspiration «New Edge Design», les lignes de la Celica témoignent d'une belle maîtrise des formes, encore que son côté «pliage origami» laisse assez froid ; aucun risque de délire collectif sur son passage ! On observe la même tendance avec l'aménagement intérieur, qui obéit aux lois du genre (pédalier d'aluminium, cadrans vivement illuminés et joli volant à trois branches dans la GT-S) sans que l'enthousiasme ne soit au rendez-vous, en raison d'un environnement somme toute assez banal.

Hormis l'insonorisation qu'on souhaiterait plus imperméable, la finition est sans reproche, les commandes sont disposées «ergonomiquement» et les espaces de rangement nombreux et bien conçus. Le coffre de bonne contenance s'agrandit par le fractionnement 50-50 du dossier de la banquette, et devrait donner satisfaction à un couple qui voyage en week-end. Les symboliques places arrière accueillent des passagers... de passage. Par contre, les sièges avant vous enveloppent confortablement.

L'économique GT arrive assez bien équipée : climatiseur, principales assistances électriques, sans oublier le lecteur CD et une sono à six haut-parleurs. La GT-S, outre des pneus de 16 pouces reflétant son caractère plus sportif, ajoute la sellerie de cuir, le régulateur de vitesse, un système sonore JBL à huit haut-parleurs et le toit ouvrant électriquement. Dommage qu'on n'ait pas trouvé assez d'espace pour des coussins latéraux, surtout si l'on songe qu'il s'agit d'une petite voiture destinée à être conduite nerveusement.

Bref, la Celica ne constitue sans doute pas une mauvaise affaire, mais elle a de plus en plus de mal à se démarquer dans son environnement chaudement concurrentiel. L'Acura RSX, par exemple, offre un équipement plus riche et une puissance supérieure, pour quelques centaines dollars de moins. Un exemple qui illustre à lui seul la perte de vitesse de la Toyota.

Jean-Georges Laliberté

▲ POUR

• Bon comportement routier • Version de base GT bien équipée • Bonne fiabilité • Valeur de revente soutenue • Allure dynamique

▼ CONTRE

• Boîte automatique mal adaptée (GT-S) • Places arrière exiguës • Performances décevantes (GT) • Visibilité arrière restreinte

CARACTÉRISTIQUES

Prix du modèle à l'essai	GT-S 33 245 $
Échelle de prix	24 645 $ à 33 245 $
Garanties	3 ans 60 000 km / 5 ans 100 000 km
Emp. / Long. / Larg. / Haut. (cm)	260 / 433 / 173,5 / 130,5
Poids	1134 kg
Coffre / Réservoir	365 litres / 55 litres
Coussins de sécurité	frontaux
Suspension avant	indépendante, jambes de force
Suspension arrière	indépendante, double bras triangulé
Freins av. / arr.	disque ABS
Antipatinage / Contrôle de stabilité	non
Direction	à crémaillère, assistance variable
Diamètre de braquage	10,9 mètres
Pneus av. / arr.	205/50R16

MOTORISATION ET PERFORMANCES

Moteur	4L 1,8 litre
Transmission	traction, manuelle 6 rapports
Puissance	180 ch à 7600 tr/min
Couple	130 lb-pi à 6800 tr/min
Autre(s) moteur(s)	4L 1,8 litre 140 ch
Autre(s) transmission(s)	manuelle 5 rapports, automatique 4 rapports
Accélération 0-100 km/h	7,7 secondes
Reprises 80-120 km/h	5,8 secondes (4ᵉ)
Vitesse maximale	210 km/h
Freinage 100-0 km/h	39,0 mètres
Consommation (100 km)	9,5 litres (super)

MODÈLES CONCURRENTS

• Acura RSX • Honda Accord coupé • Hyundai Tiburon
• Mitsubishi Eclipse • VW Golf GTI

QUOI DE NEUF ?

• Quelques changements dans les options
• Nouvelles couleurs

Renouvellement du modèle	Probablement 2006

VERDICT

Agrément de conduite	★★★☆☆
Fiabilité	★★★★⯪
Sécurité	★★★☆☆
Qualités hivernales	★★⯪☆☆
Espace intérieur	★★⯪☆☆
Confort	★★★☆☆

VERSION RECOMMANDÉE

GT

Une grande dans la cour des petites

Elle en a fait du chemin, la petite Corolla, depuis ses tout premiers pas en 1966. Combien de kilomètres accumulés par les quelque 30 millions d'exemplaires vendus de par le monde ? Tout aussi spectaculaires sont les mutations qu'elle a connues au fil de ses évolutions successives. Il semble loin le temps où un petit moulin de 61 chevaux propulsait l'humble sous-compacte originaire d'un pays reconnu pour ses produits bon marché.

Depuis sa création, la Corolla n'a cessé de grossir et de s'embourgeoiser, comme sa grande sœur la Camry à qui elle ressemble d'ailleurs de plus en plus. Sa dernière révision, en 2003, a ainsi fait place à une Corolla plus grande, plus confortable, et au comportement routier plus compétent que jamais. Certes, le sex-appeal ne fait toujours pas partie de son vocabulaire, mais la proposition qu'elle vous fait est si adroitement formulée que le gros bon sens de son argumentation s'impose immanquablement avec toute son implacable évidence. En d'autres mots : 30 millions de personnes ne peuvent pas toutes s'être trompées !

D'une rassurante intégrité

La nouvelle Corolla a donc vu ses dimensions augmenter dans tous les sens. Les occupants bénéficient de plus d'espace, surtout aux places arrière qui accueillent deux adultes en tout confort. Le coffre fait quant à lui presque jeu égal avec la Honda Accord, classée pourtant dans la catégorie intermédiaire ! En

somme, par son habitabilité bien exploitée, la Corolla fait figure de « grande » qui continue à jouer dans la cour des petites.

Mais ce qui fait la particularité de la Corolla repose d'entrée de jeu sur la remarquable intégrité d'un châssis qu'elle partage avec la Matrix et la Pontiac Vibe. À partir de là, pas d'élément en soi qui la distancerait de la compétition, si ce n'est que tout semble avoir été mesuré, ajusté et assemblé avec la plus grande rigueur en vue de bonifier l'expérience de conduite. Il en résulte une impression de douceur et de solidité comparable à celle qu'on éprouve à bord d'une berline de classe supérieure.

Les suspensions à jambes de force à l'avant et à poutre de torsion à l'arrière n'ont sans doute rien de révolutionnaire, mais leur calibrage idéal procure une agréable douceur de roulement sur tout type de pavé, sans pénaliser la conduite. La tenue de cap en ligne droite s'effectue comme sur un long fleuve tranquille, alors que les barres stabilisatrices avant et arrière contribuent à lui donner de l'aplomb en virage. On ne parle pas vraiment

d'agilité, mais les roulis sont circonscrits à l'intérieur de limites plus étroites, et ses réactions, aisément maîtrisées.

Les pneus de 15 pouces font maintenant partie de l'équipement d'origine dans toutes les versions, et si la servo-direction isole encore des sensations de la route, elle reste tout de même bien dosée, et elle a gagné en précision. Les disques ventilés à l'avant et les tambours à l'arrière confèrent une puissance d'arrêt sûre et fiable, à moins que vous tiriez une remorque. En équipement de série dans la version LE, le système ABS opère conjointement avec le répartiteur électronique de force de freinage (EBD), qui optimise la pression exercée sur chacune des roues.

Le moteur à levée et à calage variable des soupapes (VVT-i) de 1,8 litre a bénéficié de quelques raffinements qui ont permis d'augmenter sa puissance de 125 à 130 chevaux. Les accélérations et les reprises qu'ils procurent suffisent amplement à vous tirer d'embarras, mais il se montre un peu bruyant en montée de régime. La transmission manuelle à cinq rapports qui l'accompagne d'office permet d'exploiter au mieux son potentiel, tandis que la boîte automatique s'exécute en douceur, et selon un étagement qui favorise l'économie d'essence au détriment des performances.

Un intérieur feutré

L'habitacle transmet lui aussi une rassurante impression de solidité. Cabine bien insonorisée, matériaux de qualité, montages serrés et aménagement sobrement stylisé, tout concourt à la sérénité des lieux, même les sièges, dont le maintien et le confort améliorés impressionnent favorablement pour la catégorie.

La CE de base ne vient pas exactement dégarnie, puisqu'elle offre les rétroviseurs à commande électrique et une radio AM-FM avec lecteur CD, mais on souhaiterait plus de générosité dans ces petits détails qui adoucissent le quotidien, par exemple des ajustements en hauteur pour le siège du conducteur. L'édition 2004 a été dotée de moulures latérales de couleurs assorties ; c'est sans doute un début…

La version dite « sport » qui partage la même fiche technique que les autres arbore un aileron arrière et un groupe de jupes qui, ma foi, ne lui donnent pas mauvaise mine.

Sa décoration intérieure, assez austère malgré quelques garnitures en cuir et le plaisant effet de contraste obtenu avec les cadrans blancs, risque cependant de vous déprimer à la longue. L'équipement de base inclut le climatiseur, une sonorisation plus performante et le contrôle électrique des verrous, mais pas l'assistance pour les glaces, ni le régulateur de vitesse, ni même l'ABS. On retrouve heureusement ces équipements dans la plus luxueuse LE, dont la planche de bord se pare de garnitures de similibois qui lui donnent un air cossu. La « totale » ajoute la sellerie en cuir, les coussins gonflables latéraux et le toit ouvrant. De quoi vous faire oublier que vous roulez dans une Corolla !

La transformation de cette compacte économique en petite Camry a été, on le voit donc, adroitement menée, et tout semble indiquer que sa fiabilité légendaire sera une fois de plus au rendez-vous.

Jean-Georges Laliberté

▲ POUR

- Conduite agréable • Confort en progrès
- Bonne habitabilité • Fiabilité exemplaire
- Comportement routier compétent

▼ CONTRE

- Moteur un peu bruyant • Version sport peu attrayante • Prix non négociables
- Habitacle terne • Lignes banales

CARACTÉRISTIQUES

Prix du modèle à l'essai	LE 20 865 $
Échelle de prix	15 310 $ à 20 865 $
Garanties	3 ans 60 000 km / 5 ans 100 000 km
Emp. / Long. / Larg. / Haut. (cm)	260 / 453 / 170 / 148
Poids	1175 kg
Coffre / Réservoir	390 litres / 50 litres
Coussins de sécurité	frontaux et latéraux (opt.)
Suspension avant	indépendante, jambes de force
Suspension arrière	poutre déformante
Freins av. / arr.	disque / tambour (ABS opt.)
Antipatinage / Contrôle de stabilité	non
Direction	à crémaillère, assistée
Diamètre de braquage	10,7 mètres
Pneus av. / arr.	195/65R15

MOTORISATION ET PERFORMANCES

Moteur	4L 1,8 litre
Transmission	traction, automatique 4 rapports
Puissance	130 ch à 6000 tr/min
Couple	125 lb-pi à 4200 tr/min
Autre(s) moteur(s)	aucun
Autre(s) transmission(s)	manuelle 5 rapports
Accélération 0-100 km/h	9,5 secondes
Reprises 80-120 km/h	8,8 secondes
Vitesse maximale	190 km/h
Freinage 100-0 km/h	40,0 mètres
Consommation (100 km)	7,5 litres (ordinaire)

MODÈLES CONCURRENTS

- Ford Focus • Honda Civic • Hyundai Elantra
- Mazda3 Sport • Nissan Sentra • Saturn Ion
- Volkswagen Jetta

QUOI DE NEUF ?

- Modifications apportées aux groupes d'options

Renouvellement du modèle	2005

VERDICT

Agrément de conduite	★★★☆☆
Fiabilité	★★★★★
Sécurité	★★★☆☆
Qualités hivernales	★★★☆☆
Espace intérieur	★★★☆☆
Confort	★★★☆☆

VERSION RECOMMANDÉE

LE

Bonne, pas chère et un grain de beauté en boni

Compte tenu de l'aversion des automobilistes américains pour les modèles *hatchback*, Toyota a décidé de créer une version exclusivement canadienne de sa populaire Echo en la dotant d'une carrosserie à hayon arrière. Celle que *Le Guide de l'auto* décrivait jusqu'ici comme « laide, bonne et pas chère » ajoute maintenant un grain de beauté à son portrait global. L'Echo Hatchback est notre nouveau coup de cœur dans la catégorie des petites voitures économiques et abordables.

omme les Québécois sont nettement plus branchés en matière de bagnole que nos voisins du sud, ils apprécient les qualités des *hatchback* sous toutes leurs formes et particulièrement dans la catégorie des compactes et sous-compactes. Nous avons d'ailleurs souvent été pénalisés dans le passé puisque plusieurs modèles semblaient interdits de séjour sur notre marché. Par exemple, la moitié des Toyota Echo vendues au Canada le sont dans notre province même si la plupart des acheteurs ne sont pas nécessairement emballés par la silhouette pour le moins étrange de ce modèle. Pendant ce temps, les Européens et les Japonais bénéficiaient de la Yaris ou de la Vitz, une voiture nettement plus élégante que son hayon avait bannie du marché nord-américain. Du moins jusqu'à ce que Toyota Canada décide de s'affranchir de son grand frère américain pour nous offrir un modèle exclusif au Canada : l'Echo Hatchback !

Une Yaris améliorée !

Même si les dirigeants de Toyota au Canada insistent pour préciser qu'il ne s'agit pas d'une Yaris, pas besoin d'être un grand expert pour constater que ces deux modèles se ressemblent étrangement. D'ailleurs, lors du dévoilement de ce nouveau modèle à Toronto, tous les journalistes présents croyaient qu'il s'agissait de la version européenne construite en France.

Si Toyota Canada insiste pour parler d'un modèle exclusif, c'est que l'Echo Hatchback est fabriquée au Japon et qu'elle a connu suffisamment de modifications tant sur le plan mécanique que sur le plan de l'équipement qu'il n'est pas erroné de parler d'un modèle à part. Par contre, la silhouette aguichante de la Yaris originale a été conservée, ce qui est l'élément le plus important.

Le verdict est unanime : cette sous-compacte a de quoi faire craquer le plus imperturbable des acheteurs. Le secret de cette esthétique ensorceleuse est l'absence de porte-à-faux à l'arrière qui nécessite l'utilisation d'ailes se prolongeant dans le pare-chocs arrière. À l'avant, le capot plongeant

qui nous assure d'une bonne maturité sur le plan mécanique. Et encore là, elle est équipée du même moteur quatre cylindres 1,5 litre de 108 chevaux qui propulse la berline. Ce quatre cylindres est le seul de sa catégorie à offrir une telle fiche technique. En plus de posséder un bloc en alliage léger, il se distingue par un allumage par bobine, deux arbres à cames en tête et le calage infiniment variable des soupapes. La boîte manuelle à cinq rapports est de série tandis que l'automatique à quatre rapports à commande électronique est en option.

associé à une grille de calandre trouée et encadrée par des blocs optiques très sophistiqués lui donne beaucoup d'allure pour une voiture au prix aussi mince. D'ailleurs, toutes les personnes rencontrées dans le cadre de cet essai nous ont affirmé qu'elles trouvaient cette Toyota irrésistible.

Vous vous demandez sans doute comme moi pourquoi la compagnie n'a pas tout simplement appelé cette nouvelle venue de son nom original plutôt que de l'identifier comme une Echo Hatchback. La réponse est simple. L'Echo jouit déjà d'une bonne réputation sur notre marché et on a préféré développer une famille de modèles de ce nom plutôt que de repartir à neuf avec une nouvelle identification. De plus, quoi faire avec la berline si on avait utilisé le nom Yaris pour les trois et cinq portes ? La simplicité a prévalu sur la diversité.

Bien équipée

Même si la Hatchback est une nouvelle voiture sur notre marché, elle est commercialisée en Europe et au Japon depuis 1999, ce

L'Echo Hatchback est offerte en versions trois portes et cinq portes. Malgré notre perception visuelle qui nous laisse croire que le cinq portes est plus long, les deux modèles sont identiques presque en tout point tant en fait de longueur, d'empattement et de largeur que de hauteur. Et si vous craignez que la silhouette plutôt verticale ait un impact négatif sur le coefficient de pénétration dans l'air, sachez que celui-ci est de 0,29, une statistique impressionnante.

Il ne faut pas se surprendre si l'essieu arrière est demi-indépendant en raison de la présence d'une poutre déformante. Comme dans toute petite voiture qui se respecte, la suspension avant est à jambes de force. Et, bonne nouvelle, les freins ABS sont de série dans tous les modèles de même que des coussins de sécurité pour le conducteur et le passager. Pas

TOYOTA ECHO HATCHBACK

trop mal pour une voiture dont le prix de base n'est que de 12 995 $.

La Hatchback cible une clientèle jeune qui aime bien personnaliser sa voiture et Toyota a pris les moyens de répondre à ses attentes. Par exemple, la radio n'est pas installée en usine mais chez le concessionnaire puisque les clients ont le choix entre la radio AM-FM-Cassette de la version de base et trois autres chaînes audio de meilleure qualité. Mais ce n'est que la pointe de l'iceberg

de la personnalisation puisque la compagnie prévoit offrir plus d'une cinquantaine d'accessoires approuvés et installés par le concessionnaire. Puisque chaque élément est vendu à la pièce, il sera possible de s'amuser à modifier son auto au fur et à mesure des semaines et des mois. Parmi les éléments les plus intéressants, il faut mentionner des roues en alliage, des barres de suspension anti-rapprochement, des systèmes d'échappement sport, des déflecteurs, un collecteur

d'admission haute performance et la liste est très longue.

Elle ne déçoit pas

Il est fréquent qu'une voiture à la silhouette accrocheuse nous déçoive par des performances en retrait et un comportement routier couci-couça. Puisque ce *hatchback* est une version dérivée de la berline, comme cette dernière, il offre des prestations routières légèrement supérieures à la moyenne. Mais

---

Contrepartie

En cette période d'extravagance, l'automobile nous est présentée sous les formes les plus audacieuses. Plus de technologie et plus de puissance, c'est la règle. La conséquence directe est palpable puisque le prix des voitures ne cesse d'augmenter. Heureux de constater que Toyota est sensible aux us et coutumes de certaines régions du monde. Par leur caractère, les Canadiens sont plus sensibles que d'autres à l'environnement et c'est loin d'être un défaut. L'arrivée de la petite Echo Hatchback lance un nouveau souffle de fraîcheur qui rappelle l'arrivée des Japonais en sol nord-américain il y a bien des années. Mais malgré le grand nombre de qualités énumérées par Denis Duquet dans la description ci-haut, force est d'admettre que le propriétaire d'une Echo devra se convaincre qu'il a bien fait d'acquérir une voiture économique, bon marché et assez mignonne au détriment de la passion. Faut-il vous rappeler que l'automobile est un bien essentiellement émotif et que dans ce créneau, l'émotion n'est pas souvent au catalogue?

Visuellement, la version hatchback *de l'Echo est beaucoup plus réussie que les berlines deux ou quatre portes et c'est à se demander pourquoi le constructeur n'a pas présenté celle-ci au tout début. Pour le reste, chapeau à Toyota pour cette réalisation. La preuve est faite que tous les constructeurs sont en mesure de concevoir une voiture moderne avec une mécanique à la fine pointe de la technologie, un comportement routier et des performances élevées ainsi qu'une carrosserie agréable à regarder tout en maintenant un prix raisonnable. C'est sûrement la voiture la plus intéressante présentée cette année compte tenu de la situation économique et du prix de l'essence à la pompe.*

Jacques Deshaies

il faut décortiquer ce jugement. Parmi les points plus positifs, il faut souligner le rendement du moteur qui ne se fait pas prier pour boucler le 0-100 km/h en moins de 10 secondes, des distances de freinage très courtes et une consommation d'essence fort modeste. Il faut toutefois souligner que la hauteur de ce véhicule nous incite à la prudence dans les virages alors que les lois de la physique se manifestent. Bien entendu, cette verticalité rend l'Echo aussi sensible aux vents latéraux. De plus, le moteur grogne un peu en accélération. Si la boîte manuelle est très satisfaisante avec un étagement bien adapté et des passages de rapports francs, il est important de souligner que la boîte automatique à quatre rapports fait très bon ménage avec ce moteur en dépit du couple un peu juste de ce dernier. Si vous aimez la silhouette et n'appréciez pas une boîte manuelle, vous serez à peine pénalisé au chapitre de la conduite et de la consommation de carburant avec l'automatique.

Citadine dans l'âme, l'Echo se faufile aisément dans la circulation grâce à son moteur bien adapté tandis que ses dimensions permettent de la stationner sur une pièce de monnaie. Ajoutons que la visibilité est également bonne. Enfin, il faut également souligner qu'il est facile de prendre place à bord et d'en sortir en raison de l'assise élevée des siège rendue possible grâce à la hauteur de cette voiture. Naturellement, le dégagement pour la tête n'est pas un problème, même à l'arrière. Toutefois, dans le modèle trois portes, il faut une certaine dose d'agilité pour accéder au siège arrière. Malgré tout, quatre adultes peuvent prendre place confortablement dans cet habitacle aux espaces de rangement nombreux. La banquette arrière ne peut cependant accommoder que deux occupants, car elle possède en sa partie centrale une petite console dotée d'un porte-verres.

Enfin, les places avant sont moyennement confortables et le support latéral est correct, sans plus. Il faut mentionner que la finition est impeccable, la qualité des matériaux bonne et les commandes à la portée de la main. Comme c'est la tendance, les cadrans indicateurs sont regroupés dans une nacelle placée au centre de la planche de bord et orientée en direction du pilote. Certains ont de la difficulté à s'adapter à cette configuration, mais les ingénieurs soulignent que la consultation est plus aisée de la sorte. Les avis sont partagés à ce sujet, mais tous apprécieraient la présence d'un compte-tours dans tous les modèles Echo.

Bref, l'Echo Hatchback est une belle réussite, sinon notre coup de cœur de l'année. Son arrivée signifie l'élimination du coupé. La berline partage la même mécanique et poursuit sa carrière avec une silhouette qui est loin de faire l'unanimité, mais il y aura toujours des partisans des véhicules trois espaces. Mais pour le beau, bon, pas cher, c'est la version Hatchback qui l'emporte haut la main.

Et la berline alors?

Eh bien, c'est du pareil au même en fait de tableau de bord et de comportement routier. Elle se différencie seulement par une silhouette qui ne fait vraiment pas l'unanimité. En revanche, plusieurs la préféreront pour son coffre séparé de l'habitacle.

Denis Duquet

CARACTÉRISTIQUES

Prix du modèle à l'essai	LE 14 600 $
Échelle de prix	12 995 $ à 17 300 $
Garanties	3 ans 60 000 km / 5 ans 100 000 km
Emp. / Long. / Larg. / Haut. (cm)	237 / 373 / 166 / 150
Poids	1250 kg
Coffre / Réservoir	205 litres / 45 litres
Coussin de sécurité	frontaux
Suspension avant	indépendante, jambes de force
Suspension arrière	demi-ind., poutre déformante
Freins av. / arr.	disque / tambour ABS
Antipatinage / Contrôle de stabilité	non
Direction	à crémaillère, assistance variable
Diamètre de braquage	9,9 mètres
Pneus av. / arr.	175/65R14

MOTORISATION ET PERFORMANCES

Moteur	4L 1,5 litre
Transmission	traction, manuelle 5 rapports
Puissance	108 ch à 6000 tr/min
Couple	105 lb-pi à 4200 tr/min
Autre(s) moteur(s)	aucun
Autre(s) transmission(s)	automatique 4 rapports
Accélération 0-100 km/h	9,5 secondes
Reprises 80-120 km/h	8,8 secondes (3e)
Vitesse maximale	180 km/h
Freinage 100-0 km/h	40,0 mètres
Consommation (100 km)	7,6 litres (ordinaire)
Niveau sonore	Ralenti: 43,6 dB
	Accélération: 72,7 dB
	100 km/h: 68,1 dB

MODÈLES CONCURRENTS

• Chevrolet Aveo • Hyundai Accent • Kia Rio
• Suzuki Swift+

VERDICT

Agrément de conduite	★★★☆☆
Fiabilité	★★★★⯨
Sécurité	★★★★⯨
Qualités hivernales	★★★☆☆
Espace intérieur	★★★★☆
Confort	★★★☆☆

VERSION RECOMMANDÉE

RS 5 portes

▲ POUR

• Silhouette enjôleuse (*hatchback*) • Moteur sophistiqué • Fiabilité assurée • Places arrière spacieuses • Plusieurs options intéressantes

▼ CONTRE

• Centre de gravité élevé • Faible couple
• Sensible au vent latéral • Berline 4 portes peu élégante • Tableau de bord controversé

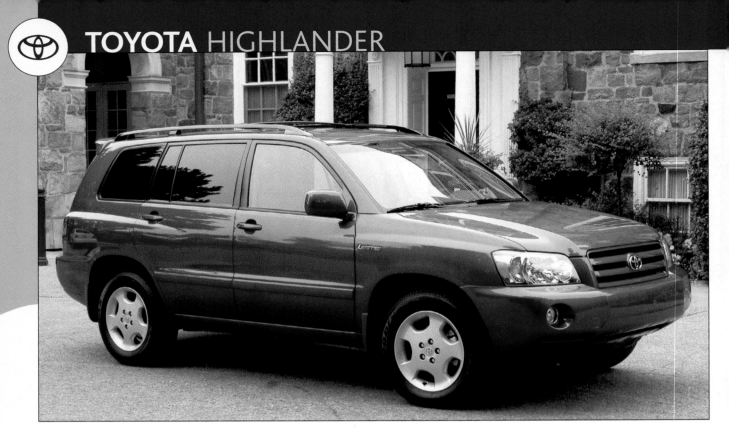

Un élève modèle

Si Toyota domine année après année les palmarès de ventes, c'est qu'elle fait preuve d'une très grande prudence dans la conception de ses modèles en se limitant à des recettes qui ont fait leurs preuves. Il suffit d'élaborer un modèle de façon classique pour ne pas choquer ni décontenancer la clientèle. La même politique s'applique autant à la présentation extérieure qu'intérieure tandis que la mécanique doit être, avant tout, fiable. Le Highlander respecte cette ligne de pensée à merveille et il n'est pas surprenant de constater que ses propriétaires en sont généralement très satisfaits.

La meilleure preuve de cela est le témoignage d'un ami hyper exigeant en ce qui concerne ses véhicules. La moindre petite vibration, le plus petit bruit le rendent hors de lui. Il s'est procuré un Highlander l'an dernier et il est à court de qualificatifs pour me faire part de sa satisfaction. Une chose est certaine, rares seront celles et ceux qui auront à redire de la fiabilité mécanique.

Cela ne signifie pas nécessairement que des améliorations ne doivent pas être apportées. Par exemple, cette année, le moteur V6 3 litres est remplacé par le V6 3,3 litres du Lexus RX 330. Autant le moteur quatre cylindres 2,4 litres que le nouveau moteur V6 3,3 litres sont capables d'en prendre. Ils sont également doux, leur consommation est dans la bonne moyenne et les rapports en fait de fiabilité les placent parmi les durs de durs. Le premier est couplé à une nouvelle boîte automatique à cinq rapports qui permet d'économiser plus de carburant que précédemment. Le second est toujours relié à la transmission automatique à quatre rapports Super ECT qui ne devrait vous causer aucun souci. Par contre, elle est quelque peu paresseuse alors que les passages des rapports inférieurs sont parfois hésitants. Toujours au chapitre de la mécanique, ses origines de berline expliquent la présence d'un essieu arrière indépendant, de freins à disque aux quatre roues et d'une carrosserie monocoque.

Entre-deux

Pour harmoniser sa palette de modèles, Toyota a inséré le Highlander entre le petit RAV4 et le 4Runner. Sa silhouette nous porte à croire qu'il s'agit d'un vrai tout-terrain, mais il ne faut pas se leurrer, même si une garde au sol de 15 cm permettrait d'aspirer à des randonnées hors route un peu plus agressives que la moyenne. Mieux vaut chasser cette idée puisque le rouage intégral est beaucoup mieux adapté à la circulation sur des routes enneigées que pour dompter des ornières et des canaux d'irrigation.

Les stylistes de Toyota ne sont pas nécessairement reconnus pour leur audace et cette réputation les poursuit avec cette grosse familiale haute sur pattes. Une fois encore, une solution de compromis a été adoptée avec une silhouette moins agressive que celle du RAV4 et moins anonyme que celle du Sequoia. Avec pour résultat que le Highlander passe généralement inaperçu sur la route. Il est toutefois fort probable que cette retenue lui permettra de bien vieillir sur le plan esthétique. Un élément à considérer compte tenu que les Toyota profitent d'une longévité supérieure à la moyenne. Bien entendu, l'habitacle est de même mouture bien que sa présentation soit plus agressive avec sa grande console centrale garnie de bois et encadrée de deux buses de ventilation. Le levier de vitesses se trouve sur l'excroissance de la planche de bord, ce qui permet de laisser un espace entre les deux sièges avant. Et il faut souligner que les places arrière sont confortables et le dégagement pour les jambes supérieur à la moyenne. Cette année, il est même possible de commander en option une troisième rangée de sièges.

La sagesse même

Il est souvent dit qu'il ne faut pas juger un bouquin par sa couverture. Mais dans le cas du Highlander, il faut se fier aux apparences. Cette grosse familiale a l'air d'un véhicule de promenade bien paisible et c'est justement là sa personnalité. Grâce à son excellente insonorisation, à la douceur de son moteur et à une suspension surtout réglée en fonction du confort, elle est appréciée lors de longs trajets, peu importent les conditions climatiques. Les sièges sont suffisamment confortables pour rouler longtemps tandis que le comportement routier demeure rassurant même lorsque la vitesse excède les limites légales. Mais il ne faut pas trop pousser lorsque les conditions de la route se dégradent ou quand les courbes deviennent plus serrées. Vous allez rapidement découvrir les limites du châssis et serez alors heureux de savoir que le système de stabilité latérale est efficace. Malheureusement, vous devrez pour cela vous trouver au volant

de la version à moteur V6 à traction intégrale, la seule à l'offrir en option. Il faut par ailleurs être vigilant dans le choix des groupes d'options, car certains font grimper la facture. Il est aussi sage de commander le moteur V6, davantage en mesure de vous permettre d'utiliser plus facilement la capacité de la soute à bagages et la possibilité d'accommoder cinq occupants dans un bon confort. Le quatre cylindres risque d'être parfois un peu juste, surtout lorsqu'il est commandé avec l'intégrale.

En fait, s'il fallait trouver un défaut à ce Highlander, ce serait surtout un prix réel assez corsé, car le modèle de base risque de vous laisser sur votre appétit et de vous inciter à commander des options qui font rapidement grimper la facture. La preuve que rien n'est parfait.

Denis Duquet

▲ POUR

• **Fiabilité rassurante** • **Habitacle confortable**
• **Suspension bien adaptée** • **Moteur V6**
• **Tenue de route sans surprise**

▼ CONTRE

• **Moteur quatre cylindres un peu juste**
• **Rouage intégral vieillot** • **Groupes d'options onéreux** • **Coussins latéraux non offerts**

CARACTÉRISTIQUES

Prix du modèle à l'essai	V6 AWD 39 995 $
Échelle de prix	32 330 $ à 46 055 $ (2003)
Garanties	3 ans 60 000 km / 5 ans 100 000 km
Emp. / Long. / Larg. / Haut. (cm)	271 / 468 / 182 / 168
Poids	1775 kg
Coffre / Réservoir	909 à 2304 litres / 75 litres
Coussins de sécurité	frontaux
Suspension avant	indépendante, jambes de force
Suspension arrière	indépendante, jambes de force
Freins av. / arr.	disque ABS
Antipatinage / Contrôle de stabilité	oui
Direction	à crémaillère, assistance variable
Diamètre de braquage	12,6 mètres
Pneus av. / arr.	225/70R16

MOTORISATION ET PERFORMANCES

Moteur	V6 3 litres
Transmission	intégrale, automatique 4 rapports
Puissance	230 ch à 5600 tr/min
Couple	242 lb-pi à 3600 tr/min
Autre(s) moteur(s)	4L 2,4 litres 155 ch
Autre(s) transmission(s)	aucune
Accélération 0-100 km/h	8,6 s; 11,3 s (4L)
Reprises 80-120 km/h	7,9 s; 10,3 s (4L)
Vitesse maximale	180 km/h
Freinage 100-0 km/h	39,6 mètres
Consommation (100 km)	13,1 l; 10,9 l (4L) (ordinaire)

MODÈLES CONCURRENTS

• Acura MDX • Chevrolet TrailBlazer • Ford Explorer
• GMC Envoy • Honda Pilot • Nissan Murano

QUOI DE NEUF ?

• Troisième siège optionnel
• Moteur V6 3,3 litres

Renouvellement du modèle	2005

VERDICT

Agrément de conduite	★★★☆☆
Fiabilité	★★★★☆
Sécurité	★★★☆☆
Qualités hivernales	★★★★☆
Espace intérieur	★★★★☆
Confort	★★★★☆

VERSION RECOMMANDÉE

V6 AWD

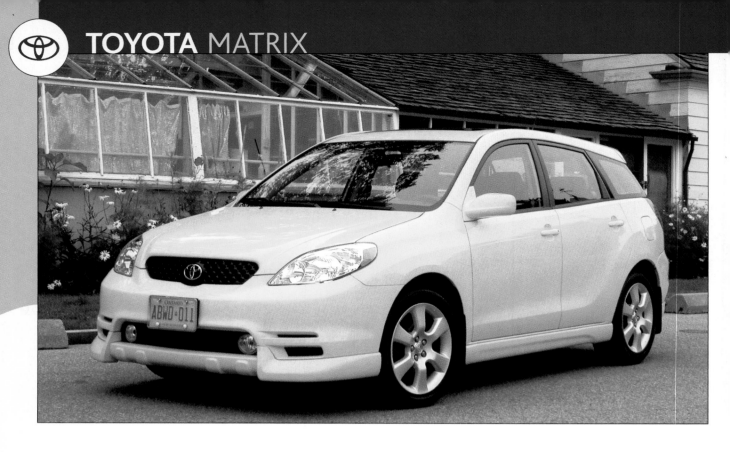

Entre Corolla, RAV4 et Celica

L'équipe marketing de Toyota a joué à fond la carte du phénoménal, l'an dernier, afin d'intéresser les consommateurs à la nouvelle Matrix. L'effet de curiosité qu'on a voulu créer n'aurait pas été moindre s'il s'était agi d'un nouveau spécimen animal, mi-bête, mi-humain, doté de pouvoirs extraordinaires.

La réalité est moins complexe qu'on ne pourrait le croire. À la base, la Matrix partage les gènes de la Corolla. En version quatre roues motrices, elle vient jouer dans les plates-bandes de l'utilitaire compact RAV4. Enfin, sous l'appellation XRS, elle emprunte les principaux éléments mécaniques de la sportive Celica.

Sa propre personnalité

C'est bien sûr à la Corolla que notre mutant s'apparente le plus. La Matrix est pratiquement une Corolla familiale : même châssis, même moteur de 1,8 litre, mêmes organes mécaniques. Mais là où une «pure» familiale se serait contentée de reprendre les lignes de la berline en y intégrant un arrière protubérant en porte-à-faux, la Matrix a choisi de suivre ses propres règles. Elle concède à la Corolla plus de 16 cm en longueur, mais elle est aussi plus large, plus haute, et ses lignes jeunes contrastent avec la silhouette bourgeoise de son aînée.

À l'intérieur aussi, la Matrix obéit à ses propres canons. D'entrée de jeu, les sièges bien rembourrés montrent une assise élevée qui facilite l'accès à bord et qui permet d'accroître l'espace pour les jambes, à l'avant comme à l'arrière. À l'arrière, le dossier de la banquette se rabat en tout ou en partie, de façon à aménager une surface de chargement complètement plane. Le plancher de la soute à bagages recouvert de plastique rigide est parcouru de deux glissières parallèles auxquelles se rattachent des dispositifs d'ancrages amovibles servant à immobiliser vos divers bagages, bicyclette y comprise. Le siège avant du passager est aussi équipé d'un dossier rabattable, de sorte que la Matrix peut loger des objets mesurant jusqu'à huit pieds de longueur. S'ajoutent à cela de pratiques réceptacles de toutes formes, et en nombre suffisant.

La planche de bord s'inspire des tendances visuelles que les appliques de (faux) titane sur fond d'aluminium brossé (tout aussi faux) ont mises à la mode, avec des boutons ostentatoires qui se manipulent aisément. Et si certains plastiques affichent un aspect plutôt raide, les tissus des sièges, eux, créent une bonne impression. Ajoutons encore la finition de haut niveau, et nous avons là tous les ingrédients d'un habitacle où il fait bon séjourner.

Routière conviviale, talent limité

Sous le capot, on retrouve le fiable et économique moteur 1,8 litre de la Corolla. Avec ses 130 chevaux, il se montre assez vif dans vos promenades de tous les jours, mais les trajets pentus et les lourdes charges lui alourdissent les jambes. Un couple plus abondant, ou en tout cas autrement réparti, le rendrait mieux apte à remplir sa tâche. La transmission manuelle à cinq rapports se manie aisément, tandis que l'automatique à quatre rapports vous contentera dans la plupart des situations, si ce n'est que les circuits montagneux vous pousseront à désactiver la surmultiplication.

La Matrix présente un comportement routier agréable et rassurant. La caisse rigide et les pneus de 16 pouces contribuent à la bonne stabilité des trajectoires en conduite normale. Les suspensions réglées pour le confort nivellent bien les inégalités, sauf sur chaussée exagérément bosselée, et si la direction n'est pas spécialement bavarde, elle fait au moins preuve de précision. Sur route sinueuse, elle perd de son assurance, victime de la mauvaise influence de ses amortisseurs trop lâches et de son centre de gravité plus élevé.

Les versions à traction intégrale utilisent un visco-coupleur (plutôt qu'un différentiel central, comme dans le RAV4) qui distribue jusqu'à 50 % de la puissance moteur aux roues arrière lorsque celles d'en avant

CARACTÉRISTIQUES

Prix du modèle à l'essai	Traction XR 21 025 $
Échelle de prix	16 745 $ à 24 640 $
Garanties	3 ans 60 000 km / 5 ans 100 000 km
Emp. / Long. / Larg. / Haut. (cm)	260 / 435 / 177,5 / 154
Poids	1220 kg
Coffre / Réservoir	428 à 1506 litres / 50 litres
Coussins de sécurité	frontaux
Suspension avant	indépendante, jambes de force
Suspension arrière	poutre déformante
Freins av. / arr.	disque / tambour (ABS opt.)
Antipatinage / Contrôle de stabilité	non
Direction	à crémaillère, assistée
Diamètre de braquage	10,8 mètres
Pneus av. / arr.	205/55R16

MOTORISATION ET PERFORMANCES

Moteur	4L 1,8 litre
Transmission	traction, manuelle 5 rapports
Puissance	130 ch à 6000 tr/min
Couple	125 lb-pi à 4200 tr/min
Autre(s) moteur(s)	1,8 VVTL-i 173 ch (XRS);
	4L 1,8 litre 123 ch
Autre(s) transmission(s)	auto. 4 rapports,
	man. 6 rapports (XRS)
Accélération 0-100 km/h	10,5 secondes
Reprises 80-120 km/h	12 secondes (4e)
Vitesse maximale	180 km/h
Freinage 100-0 km/h	39,0 mètres
Consommation (100 km)	6,9 litres (ordinaire)

MODÈLES CONCURRENTS

• Chrysler PT Cruiser • Ford Focus • Mazda3 Sport
• Pontiac Vibe • Subaru Impreza Outback • Suzuki Aerio

QUOI DE NEUF ?

• Deux nouvelles couleurs • Modifications mineures
apportées à l'équipement de série et optionnel

Renouvellement du modèle	n.d.

VERDICT

Agrément de conduite	★★★☆☆
Fiabilité	★★★★☆
Sécurité	★★★★☆
Qualités hivernales	★★★★☆
Espace intérieur	★★★★☆
Confort	★★★★☆

VERSION RECOMMANDÉE

Traction, XT

patinent. À défaut de permettre de s'aventurer sans peur sur des terrains difficilement praticables, une telle configuration favorise l'économie d'essence et assure une bonne traction en hiver. Notons toutefois que la TI est pénalisée par la puissance de son moteur qui régresse à 123 chevaux, alors que son poids, lui, grimpe d'une centaine de kilos. Complètement antinomique…

La Matrix tente de séduire les conducteurs aux prétentions sportives avec une version plus mordante, la XRS, dotée d'un moteur de 173 chevaux. Performances et plaisir de conduite ne sont hélas! pas au rendez-vous. La faute en revient en partie au moteur qui se réveille seulement à partir de 4500 tr/min, obligeant ainsi le conducteur à le cravacher avec le levier de vitesses (manuelle six rapports), mais il y a plus : la Matrix ne possède carrément pas les aptitudes pour jouer le rôle qu'on voudrait ici lui donner, pneus de 17 pouces ou non. Ceux qui désirent tout de même disposer de plus de puissance qu'avec le moteur

de base auront intérêt à considérer l'ajout d'un compresseur volumétrique disponible un peu plus tard dans l'année chez le concessionnaire (voir le texte sur la Pontiac Vibe).

Bref, la Matrix dispose sous une forme ou l'autre de bons arguments à faire valoir auprès d'un public jeune et à l'affût des nouvelles tendances. La traction et la traction intégrale se déclinent toutes deux en version de base et XR, alors que la XRS (traction) ne se présente que sous une seule dotation, plus luxueuse. Il vaudra la peine, au moment d'orienter votre choix, de faire la comparaison avec la Vibe, différemment équipée et garantie, et probablement moins onéreuse.

Jean-Georges Laliberté

▲ POUR

• Habitacle fonctionnel • Conduite rassurante (AWD) • Confort des suspensions • Fiabilité sans histoire

▼ CONTRE

• Performances très modestes (AWD) • Prix corsé (XRS) • Moteur pointu (XRS) • Reprises léthargiques (man. 5) • Certains matériaux clinquants

Prise 2

Applaudie par tout ce que l'Amérique compte d'écologistes, la berline hybride de Toyota, la Prius, a été boudée par la clientèle. Malgré son taux de pollution minimal et une consommation à faire rêver tous les Séraphin de ce monde, il ne s'en est vendu qu'une poignée d'exemplaires au cours des quatre dernières années (1000 dans tout le Canada). Toyota ne baisse pas pavillon pour autant et récidive avec ce que l'on pourrait appeler, sans jeux de mots, la Prius prise 2.

R affinée mais surtout plus joliment emballée, cette petite « écolo » joue la carte de la haute technologie et de la séduction. Une bien belle combinaison qui se traduit par une carrosserie cinq portes de type *liftback* à hayon arrière incliné (plutôt que vertical comme dans une *hatchback*) affichant un coefficient de traînée extrêmement bas de 0,26. La nouvelle Prius ne se contente pas de faire la belle ; elle a aussi grandi dans tous les sens par rapport au modèle de première génération avec un volume intérieur (2724 litres) très près de celui d'une voiture intermédiaire comme la Camry (2880 litres). Toyota ne se gêne d'ailleurs pas pour comparer ces deux modèles en soulignant qu'une Camry à moteur quatre cylindres coûte approximativement le même prix qu'une Prius, mais que cette dernière peut vous faire économiser 500 $ en essence annuellement pour la même distance parcourue.

Plus mignonne et plus habitable, la nouvelle Prius, vendue au même prix que l'ancienne (29 990 $), devrait enfin pouvoir sortir de l'anonymat.

Ses attributs ne s'arrêtent pas là puisqu'elle se targue d'être la championne de l'économie et de la protection de l'environnement. Son système hybride combinant un moteur à essence à un moteur électrique a été optimisé, ce qui lui donne désormais une puissance de 143 chevaux dont 76 proviennent du quatre cylindres à essence de 1,5 litre et 67 du groupe électrique. Ce dernier se distingue par son couple très élevé (295 lb-pi à 1500 tr/min) qui, en ville, permet d'obtenir des accélérations immédiates à basse vitesse. La puissance est acheminée aux roues motrices avant par une transmission de type CVT (à rapports variables) à sélecteur électronique. Son petit *joy stick* exige toutefois une bonne période d'adaptation compte tenu du fait que le levier une fois enclenché revient à sa position originale.

Précisons ici que c'est principalement le moteur électrique qui fait le gros du travail en ville tandis que le moteur à essence vient le seconder au moment des reprises

réalisé dans de telles conditions a permis de faire la lumière là-dessus. Je dirais que la plus grande amélioration de la nouvelle Prius est la transparence de son système hybride. On perçoit très peu les diverses transitions entre le moteur électrique et celui à essence ou la récupération du freinage. Sur l'autoroute surtout, la Prius antérieure donnait lieu à une sorte de va-et-vient plutôt agaçant. Le conducteur attentif notera à l'occasion de petits à-coups, mais ce n'est pas dramatique. Ce qui l'est plus est la prépondérance du poids (65 %) sur

sur l'autoroute. De là une consommation plus faible en ville qu'en rase campagne.

Le branchement, oubliez ça

La particularité la plus intéressante des voitures hybrides (et le message que Toyota se doit de faire passer) est qu'elles n'ont pas besoin d'être branchées. Les 26 modules du groupe de batteries sont rechargés tantôt par le moteur à essence tantôt par le récupérateur de l'énergie générée par chaque freinage.

Si la technologie est impressionnante, qu'en est-il dans la vraie vie, en ville, à la campagne ou en montagne ? Notre essai

l'essieu avant. La suspension en prend pour son rhume sur mauvaise route et le confort en souffre légèrement. Le châssis ne m'est pas apparu conforme aux standards habituels de Toyota avec une rigidité très perfectible. Peut-être s'agissait-il d'une lacune propre aux voitures de préproduction qui nous furent confiées ? Chose certaine, de meilleurs pneus que les Good Year Integrity pourraient certainement atténuer la rugosité du train avant.

En ville ou sur l'autoroute, la puissance est parfaitement satisfaisante ; en terrain montagneux, c'est un peu juste. Chose certaine, si c'est l'agrément de conduite qui est votre priorité, il vaudrait peut-être mieux regarder ailleurs. Assis dans la Prius, l'espace disponible est bel et bien celui d'une intermédiaire (ou presque), mais la sensation de conduite demeure celle d'une petite voiture. Les sièges sont néanmoins confortables,

Contrepartie

Vous connaissez tous la technique de marketing pratiquée par certains fabricants de produits informatiques. Quelques mois après avoir mis en marché l'ordinateur le plus puissant et le mieux équipé, ils en « sortent » un autre qui rend le précédent instantanément obsolète. Et ce, pour le même prix.

C'est un peu la même histoire avec la nouvelle Prius. Toyota l'annonce comme étant plus grande, plus puissante, plus économique et moins polluante. Et tout ça pour le même prix. Du jamais vu dans l'histoire de l'automobile depuis la Ford modèle A. Le plus surprenant dans toute cette histoire, c'est que c'est la vérité. La Prius 2004 relègue presque la précédente au statut d'objet de curiosité. Elle accélère comme une voiture « normale », elle freine aussi beaucoup plus progressivement. Sa taille permet d'embarquer quatre (cinq ?) occupants en tout confort, et son vaste coffre est très pratique avec son compartiment sous le plancher.

Par ailleurs, j'ai quelques réserves en ce qui concerne la profondeur de la planche de bord qui donne l'impression (comme dans une New Beetle) d'être assis sur le siège arrière. L'écran central pourtant bien visible pèche par son inutile complexité (il affiche la consommation par segments dans le temps) et aussi parce qu'il fonctionne par la pression des doigts ; je déteste les traces de doigts, qui font négligé.

Ses performances s'avéreront suffisantes pour la majorité des conducteurs, et sa consommation homéopathique rassure ma conscience (parfois) écolo. Son comportement routier me semble en nette progression, mais sa direction artificielle et ses pneumatiques très ordinaires à cote de vitesse S me laissent sur ma faim.

En fait, cette Prius se distingue tellement dans son segment que je me demande comment réagira la concurrence, à mon avis complètement larguée. Finalement, je me pose toujours la même question : vais-je attendre la prochaine génération avant de faire le grand saut ?

Jean-Georges Laliberté

CARACTÉRISTIQUES

Prix du modèle à l'essai	de base 29 990 $
Échelle de prix	Un seul prix + les options
Garanties 3 ans 60 000 km / 5 ans 100 000 km (8 ans batt.)	
Emp. / Long. / Larg. / Haut. (cm)	270 / 444,5 / 172,5 / 149
Poids	1310 kg
Coffre / Réservoir	459 litres / 45 litres
Coussin de sécurité	frontaux et latéraux
Suspension avant	indépendante, jambes de force
Suspension arrière	poutre de torsion, barre stabilisatrice
Freins av. / arr.	disque, assistés avec répartiteur freinage
Antipatinage / Contrôle de stabilité	oui / option
Direction	à crémaillère, assistée
Diamètre de braquage	10,2 mètres
Pneus av. / arr.	185/65R15

MOTORISATION ET PERFORMANCES

Moteur	essence 1,5 litre,
	électrique 50 kW à aimant permanent
Transmission	traction, CVT à sélecteur électronique
Puissance	76 ch à 5000 tr/min (ess.)
	67 ch 1200-1540 tr/min (élect.)
Couple	82 lb-pi (ess.) 295 lb-pi 0-1200 tr/min (élect.)
Autre(s) moteur(s)	aucun
Autre(s) transmission(s)	aucune
Accélération 0-100 km/h	10,8 secondes
Reprises 80-120 km/h	8,3 secondes
Vitesse maximale	170 km/h
Freinage 100-0 km/h	44,3 mètres
Consommation (100 km)	4,3 litres (ordinaire)
Niveau sonore	Ralenti : 38,7 dB
	Accélération : 72,4 dB
	100 km/h : 69,5 dB

MODÈLES CONCURRENTS

• *Honda Civic Hybrid*

VERDICT

Agrément de conduite	★★☆☆☆
Fiabilité	nouveau modèle
Sécurité	★★★☆☆
Qualités hivernales	★★★☆☆
Espace intérieur	★★★★☆
Confort	★★★⯪☆

VERSION RECOMMANDÉE

De base avec VSC (contrôle de stabilité) et Smart Key

mais on regrette que la visibilité arrière soit aussi pénible à cause de cet aileron qui vient séparer en deux la lunette. À part un petit écran de 7 pouces qui peut servir au système de navigation optionnel ou afficher le fonctionnement de la batterie et des deux moteurs, le tableau de bord est plutôt moche. Très profond, il est recouvert d'une immense étendue de plastique noire assez lugubre. Le plastique brillant sur le cendrier et la radio détonne aussi dans le portrait. Une autre option amusante est le système Smart Key qui permet d'ouvrir les portières et d'appuyer sur le bouton de lancement du moteur en ayant simplement une télécommande dans vos poches ou, madame, dans votre sac à main. Un petit emprunt à Mercedes plutôt sympathique. Finalement, le coffre n'est pas très haut, mais il comporte une astuce sous la forme d'un coffret secret aménagé dans le plancher.

La Prius 2004 devrait réveiller un peu tous ceux qui militent pour le bien de la planète et les gens qui en achèteront une devraient l'apprécier. Mais ils l'apprécieraient davantage si notre cher gouvernement mettait un peu la main dans ses goussets pour aider financièrement, comme en Ontario et en Colombie-Britannique, ceux dont les gestes sont à la hauteur de leurs convictions. Mais ne comptez pas là-dessus… c'est plus payant de donner des contraventions.

Jacques Duval

▲ POUR

• Performances en progrès • Meilleure habitabilité • Faible consommation • Fonctionnement hybride peu notable • Bons sièges

▼ CONTRE

• Levier de vitesses désagréable • Châssis peu rigide • Mauvaise visibilité arrière • Remplacement des batteries onéreux

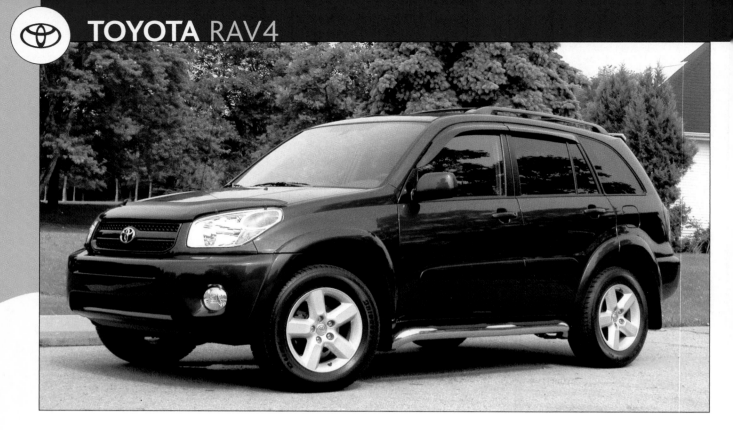

Amplement suffisant !

On est porté à oublier que le RAV4 existe. Ce modèle semble disparaître dans l'ombrage des modèles Highlander, 4Runner et Sequoia, tous plus gros, plus chers et affichant une soif insatiable. C'est probablement l'un des principaux obstacles que cet utilitaire compact doit affronter pour trouver sa place dans un marché toujours axé sur des véhicules au gabarit imposant et à la facture élevée. Il y a de l'espoir cependant puisque l'on note un intérêt croissant pour des modèles plus polyvalents et mieux adaptés à la vie citadine. Et il faut avouer que cette petite Toyota a tout ce qu'il faut pour se faire une place au soleil.

L a présente édition est la seconde génération et marque un progrès par rapport à la première cuvée, même si celle-ci était une pionnière pour l'époque. Heureusement, sa silhouette caricaturale a été remplacée par une autre beaucoup mieux réussie. Elle prouve, entre autres, que les stylistes maison sont capables de concevoir des lignes élégantes, voire innovatrices. Placez ce Toyota à côté d'un Subaru Forester et même d'un Honda CR-V, tous deux redessinés depuis l'arrivée du RAV4, et plusieurs vont accorder leur vote au Toyota.

Au lieu de garnir les parois latérales d'un immense panneau de bas de caisse comme c'est souvent le cas dans cette catégorie, les stylistes ont opté pour une baguette de protection très large et en relief. De plus, tandis que les glaces latérales vont en s'amenuisant vers l'arrière, cette languette fait l'inverse en s'élargissant, ce qui donne beaucoup de dynamisme à la silhouette. Les phares

elliptiques surplombent un large pare-chocs intégrant des phares antibrouillards. On a retenu, en plein centre du pare-chocs, une prise d'air qui est elle-même sectionnée par une barre transversale.

L'une des marques de commerce visuelles de ce véhicule est son pneu de secours ancré sur la porte arrière et recouvert d'une housse rigide. Cette porte est à battants et les charnières sont placées du côté droit, ce qui oblige à faire un détour lorsqu'on est stationné le long du trottoir. Il faut toutefois souligner que le seuil de chargement est très bas, ce qui constitue un avantage lorsque vient le temps de charger et de décharger des objets lourds. De plus, le dossier de la banquette arrière est muni de crochets rétractables qui permettent d'y accrocher des sacs d'épicerie, une astuce simple et combien appréciée ! Fini les sacs en plastique qui se déplacent à chaque virage tout en se vidant de leur contenu.

Comme pour la caisse, les stylistes ont eu le coup de crayon heureux dans la conception du tableau de bord. Cette fois, la pièce de résistance est une console centrale de forme trapézoïdale dont le pourtour est maintenu en place par des vis bien en évidence. Des éléments de couleur gris argent, la texture des plastiques, les buses de ventilation, tout se conjugue pour donner une impression de modernisme et de véhicule à vocation spécialisée. Les cadrans à fond blanc, eux aussi bien en évidence, viennent équilibrer la présentation générale. Le compte-tours, placé en plein centre, se démarque des autres et tente de convaincre du caractère sportif du RAV4. Les sièges sont moyennement confortables tandis que l'accès à bord est facilité par des portes larges et un seuil assez bas.

Curieusement, ce modèle a toujours été affligé d'une finition moins attentionnée que la moyenne des autres Toyota. Comparé à d'autres modèles de la même catégorie, ça peut toujours aller, mais ce constructeur nous a habitués à mieux.

Plus gros, plus puissant

Les ingénieurs de Toyota ont toujours préféré des moteurs pas trop poussés, et ce, contrairement à leurs collègues de chez Honda qui tentent de tirer la moindre parcelle

CARACTÉRISTIQUES	
Prix du modèle à l'essai	auto. groupe C 29 870 $
Échelle de prix	24 400 $ à 30 000 $
Garanties	3 ans 60 000 km / 5 ans 100 000 km
Emp. / Long. / Larg. / Haut. (cm)	249 / 419 / 173 / 168
Poids	1305 kg
Coffre / Réservoir	678 litres / 56 litres
Coussins de sécurité	frontaux
Suspension avant	indépendante, jambes de force
Suspension arrière	indépendante, multibras
Freins av. / arr.	disque
Antipatinage / Contrôle de stabilité	non
Direction	à crémaillère, assistance variable
Diamètre de braquage	10,7 mètres
Pneus av. / arr.	235/60R16

MOTORISATION ET PERFORMANCES	
Moteur	4L 2,4 litres
Transmission	intégrale, automatique 4 rapports
Puissance	161 ch à 5700 tr/min
Couple	165 lb-pi à 4000 tr/min
Autre(s) moteur(s)	aucun
Autre(s) transmission(s)	manuelle 5 rapports
Accélération 0-100 km/h	9,2 secondes
Reprises 80-120 km/h	7,5 secondes
Vitesse maximale	180 km/h
Freinage 100-0 km/h	42,0 mètres
Consommation (100 km)	10,1 litres (ordinaire)

MODÈLES CONCURRENTS

• Honda CR-V • Hyundai SantaFe • Mazda Tribute
• Saturn VUE • Subaru Forester • Suzuki Grand Vitara

QUOI DE NEUF ?

• Lecteur AM/FM/CD/MP3
• Freins à disque avant/arrière (versions C et LTD)
• Nouveau moteur 2,4 litres

Renouvellement du modèle	2005

VERDICT	
Agrément de conduite	★★★☆☆
Fiabilité	★★★★★
Sécurité	★★★★☆
Qualités hivernales	★★★★★
Espace intérieur	★★★☆☆
Confort	★★★☆☆

VERSION RECOMMANDÉE

Boîte automatique groupe d'équipement C

---

de puissance de tous leurs moteurs. Cette année, au lieu de gonfler le moteur 2 litres utilisé jusque-là, les ingénieurs ont opté pour le moteur quatre cylindres de 2,4 litres du Highlander dont les 161 chevaux donnent une nouvelle vitalité au RAV4.

Une boîte à considérer

La plupart des gens ont tendance à associer ce moteur avec la boîte automatique à 4 rapports. Mais il ne faut pas ignorer la boîte manuelle à 5 rapports qui donne plus de verve au RAV4 tout en assurant une diminution de la consommation de carburant. Comme dans la plupart des modèles de cette catégorie, le système intégral transmet le couple aux roues avant jusqu'à ce que le manque d'adhérence en transfère une partie aux roues arrière.

Si conduire un RAV4 de la première génération donnait l'impression de se trouver au volant d'un jouet, son successeur s'avère beaucoup plus sérieux. Le centre de gravité est relativement bas et la voie est large pour la catégorie. De plus, la suspension est bien calibrée. Elle n'est pas molle au point de causer du roulis dans les virages, tout en n'affichant pas une fermeté affectant le confort. La puissance du moteur ne fait plus partie des points d'interrogation de bien des acheteurs. Avec une puissance presque identique au moteur 2,4 litres du Honda CR-V, les deux adversaires de toujours se livrent duel à finir au chapitre des accélérations et des reprises. Le RAV4 possède un léger avantage sur le Honda et son moteur semble travailler moins fort. Mais il faut admettre que la différence est minime entre les deux.

Le RAV4 actuel est à considérer surtout si on limite le choix des options et que l'on adopte la boîte manuelle. Ce modèle n'est pas du genre à séduire au premier contact, mais son équilibre général, sa durabilité potentielle et une consommation de carburant plutôt modeste devraient en convaincre plusieurs.

Denis Duquet

▲ POUR

• Mécanique fiable • Tenue de route saine
• Habitacle attrayant • Places arrière adéquates • Finition sérieuse

▼ CONTRE

• Moteur bruyant • Prix élevé de certaines versions • Puissance du moteur un peu juste
• ABS optionnel

Un p'tit gros

Au tournant du millénaire, la direction de Toyota a décidé que ce constructeur occuperait une plus grande place dans le secteur des camionnettes et des VUS. En quelques mois à peine, cette marque a réussi à offrir une gamme complète de véhicules utilitaires de toutes grandeurs. Et puisque les gros VUS ont la cote chez nos voisins du sud, il fallait donc un véhicule utilitaire sport grand format pour rivaliser avec les Chevrolet Tahoe, Ford Explorer et tutti quanti.

La façon de procéder dans cette catégorie est de faire appel à un châssis de camionnette sur lequel repose une carrosserie cinq portes. Les ingénieurs de Toyota n'ont pas rompu cette tradition puisqu'ils disposaient des éléments nécessaires pour le faire. En effet, la camionnette Tundra, reconnue pour son confort, était un produit de toute dernière génération. Il a suffi de remplacer les ressorts elliptiques par des ressorts hélicoïdaux afin d'obtenir une suspension plus sophistiquée et plus confortable. Le choix de cette plate-forme a eu des retombées négatives : puisque cette camionnette est plus petite que celle de ses concurrents, le Sequoia est moins large. Il en résulte un véhicule moins encombrant dans la circulation et donc moins intimidant à stationner. Par contre, cette étroitesse a pour effet de limiter l'espace disponible pour la troisième rangée de sièges, une banquette 50/50 à laquelle on n'accède que grâce à une certaine dose d'agilité. À ce chapitre, le Sequoia n'est ni meilleur ni pire que ses principaux concurrents dont le siège est tout aussi inconfortable en plus d'empiéter sur l'espace réservé aux bagages. Il faut également de bons muscles pour déplacer les deux éléments de cette banquette dont le système d'arrimage est solide mais difficile à enclencher.

Un « petit gros »

Même si Toyota a décidé d'identifier ce véhicule du nom de l'arbre le plus imposant qu'on trouve sur notre continent, sachez que celui-ci n'est pas le plus gros sur le marché. Il doit céder ce titre aux Chevrolet Suburban, Cadillac ESV et autres dérivés qui ont un avantage d'environ 28 cm sur le japonais en fait de longueur hors tout. Le Sequoia fait figure de petit chez les gros. Mais soulignons que rares seront les personnes qui devront laisser des bagages derrière elles, car la capacité de chargement s'avère plus que généreuse avec ses 1670 litres.

Comme c'est le cas dans toute Toyota, les éléments sont de très belle venue et la finition impeccable. Certains concurrents devraient suivre cet exemple, car plusieurs VUS vendus encore plus cher nous font tiquer par la présence de pièces de qualité douteuse. La tradition Toyota en fait de présentation est respectée avec un tableau de bord passablement sobre. Comme dans les RAV4 et 4Runner, la partie centrale de la planche de bord est constituée d'un centre de commande de forme ovale regroupant les réglages de la climatisation de même que ceux de la chaîne audio. Il faut d'ailleurs souligner cette année que cette dernière a été nettement améliorée dans la version de base SR5. Produit par JBL, il comprend 10 haut-parleurs, une commande pour les occupants des places arrière, des casques d'écoute sans fil de même qu'un ampli plus sophistiqué. Cette même version comprend également un porte-bagages de série de même qu'un toit ouvrant et une fiche 115 volts en 2004.

Même si le tableau de bord est plus sobre qu'original, il est adéquat tant du point de vue esthétique que pratique. Les cadrans indicateurs à fonds rétro éclairés sont modernes et plus faciles à consulter le soir que le jour. Un dernier détail : non seulement le volant à quatre branches est élégant, mais il se prend également bien en main. Par contre, tout comme le tableau de bord, il ressemble à s'y méprendre à celui de la camionnette Tundra !

Passe partout en douceur

Il est certain que personne ne devrait envisager d'acheter un Sequoia pour son agrément de conduite et sa tenue de route. Comme c'est le cas de tous les autres VUS de cette catégorie, la suspension est sèche et la tenue de route correcte, sans plus. Il s'agit d'une grosse caisse qui est agile en proportion de ses dimensions, mais les gens devraient prendre en considération la qualité générale de l'assemblage et la fiabilité de la mécanique avant toute autre chose. Vient ensuite un magnifique moteur V8 4,7 litres à double arbre à cames en tête de 240 chevaux dont la douceur fait l'envie de toute la concurrence. Il est couplé à une boîte automatique à quatre rapports au raffinement à l'égal du moteur.

Ses performances en conduite hors route sont sans doute supérieures à celles de ses concurrents nord-américains en raison d'un rouage d'entraînement intégral comprenant un système antipatinage dont les algorithmes permettent de se tirer assez facilement de plusieurs embûches. Par contre, ces mécanismes à bouton-pression doivent être bien compris par le conducteur et il faut laisser au système le temps d'entrer en fonction. Plusieurs impatients ont grippé la mécanique en s'obstinant à appuyer à répétition sur ces boutons. Précisons que la garde au sol du Sequoia est de 21,6 cm, soit la même que celle du Chevrolet Tahoe. Par contre, celle du Ford Expedition n'est que de 17,8 cm.

Malgré une silhouette quelque peu pépère, un prix corsé et une distribution relativement confidentielle, les qualités traditionnelles des produits Toyota devraient compenser aux yeux de plusieurs.

Denis Duquet

▲ POUR

• Caisse solide • Finition impeccable • Système électronique de traction • Passage des rapports en douceur • Moteur doux et puissant

▼ CONTRE

• Consommation élevée • Dimensions encombrantes • 3e banquette peu confortable • Silhouette banale

CARACTÉRISTIQUES

Prix du modèle à l'essai	SR5 49 250 $
Échelle de prix	53 650 $ à 63 500 $
Garanties	3 ans 60 000 km / 5 ans 100 000 km
Emp. / Long. / Larg. / Haut. (cm)	300 / 518 / 191 / 187
Poids	2390 kg
Coffre / Réservoir	834 litres (avec 3e siège) / 100 litres
Coussins de sécurité	frontaux et latéraux
Suspension avant	indépendante, barres de torsion
Suspension arrière	essieu rigide, bras longitudinaux
Freins av. / arr.	disque ABS
Antipatinage / Contrôle de stabilité	oui
Direction	à crémaillère, assistance variable
Diamètre de braquage	12,9 mètres
Pneus av. / arr.	265/70R16

MOTORISATION ET PERFORMANCES

Moteur	V8 4,7 litres
Transmission	intégrale, automatique 4 rapports
Puissance	240 ch à 4800 tr/min
Couple	315 lb-pi à 3400 tr/min
Autre(s) moteur(s)	aucun
Autre(s) transmission(s)	aucune
Accélération 0-100 km/h	8,5 secondes
Reprises 80-120 km/h	7,4 secondes
Vitesse maximale	190 km/h
Freinage 100-0 km/h	43,0 mètres
Consommation (100 km)	12,2 litres (ordinaire)

MODÈLES CONCURRENTS

• Chevrolet Tahoe • Dodge Durango
• Ford Expedition • GMC Yukon

QUOI DE NEUF ?

• Nouvelle couleur • Version SR5 dotée d'une nouvelle chaîne audio, d'un porte-bagages, de sièges avant à commande électrique et d'écouteurs arrière sans fil

Renouvellement du modèle	2005/2006

VERDICT

Agrément de conduite	★★★☆☆
Fiabilité	★★★★★
Sécurité	★★★★★
Qualités hivernales	★★★★★
Espace intérieur	★★★★☆
Confort	★★★★☆

VERSION RECOMMANDÉE

SR5

Cent fois sur le métier...

Il ne fait aucun doute que si la deuxième génération de Sienna commercialisée depuis le printemps 2003 avait été en mesure de participer à notre match comparatif des fourgonnettes l'an dernier, elle aurait fait bien meilleure figure (la victoire qui sait?) que sa devancière qui, rappelons-le, s'est classée au dernier rang. C'est dire tout le travail accompli par Toyota qui vient non seulement de réaliser une fourgonnette qui chouchoute ses occupants avec plus de talent, mais qui révèle également des qualités routières qu'on ne lui connaissait pas autrefois.

La famille n'en finit pas de grandir. Les véhicules non plus. À chaque nouvelle génération, ils gagnent des millimètres pour offrir plus de confort, plus d'espace, plus de puissance. Plus d'agrément quoi!

Pour faire comme tout le monde, la Sienna, la deuxième du nom, s'allonge de 200 millimètres par rapport à son prédécesseur, occupe plus d'espace sur la route et prend près de 100 kg. Alors pour conserver de bonnes performances, la Sienna s'offre un moteur plus costaud. Le V6 de 3 litres cède sa place à un 3,3 litres plus puissant. Délivrant 230 chevaux, cette mécanique s'apprécie pour sa douceur de fonctionnement, sa progressivité et son niveau sonore particulièrement bien contenu. Rapide? Disons que les reprises apparaissent plus convaincantes encore que les accélérations. Au cours de notre essai, nous avons enregistré une moyenne de 12,6 litres aux 100 km (parcours mi-ville, mi-route), ce qui apparaît tout à fait raisonnable. Ce qui l'est

tout autant est son réservoir, toujours de 79 litres, qui lui permet une autonomie appréciable.

Telle une force tranquille qui ne procure presque aucune sensation de vitesse, la Sienna file à vive allure en toute tranquillité. Et avec un silence de marche tel qu'il est inutile de hausser la voix pour discuter. De bonnes

notes vont également à la transmission automatique qui l'accompagne et qui compte désormais cinq rapports au lieu de quatre.

Bien sûr les 1800 kg limitent l'agilité, mais aucune fourgonnette de cette taille ne peut revendiquer pareille maniabilité. Elle se conduit avec facilité et pratiquement comme une berline. D'ailleurs, son diamètre de braquage a été réduit d'un mètre pour faciliter les manœuvres dans les espaces restreints. Sa direction conjugue à merveille douceur et précision de conduite, mais quelques-uns lui reprocheront une certaine légèreté à vitesse élevée.

Stable en courbes, cette Toyota peut compter sur une tenue de cap de premier

rétroviseur central grand angle inauguré par la défunte Windstar de Ford et qui autorise une surveillance discrète (et ô combien nécessaire parfois) des sièges des deuxième et troisième rangées. Et que dire des glaces des portes latérales qui, tout comme celles de la Mazda MPV, peuvent s'abaisser. Les enfants adorent.

Le tableau de bord, bas, pas trop profond et sans aspérité, dissimule plusieurs espaces de rangement. D'apparence sobre et épuré il regroupe sous les yeux du conducteur une instrumentation complète (le compte-tours figure

ordre sur l'autoroute qui vous conduit à votre destination vacances. Les dépassements des camions la laissent de marbre et seuls les forts vents latéraux nécessitent des corrections au volant. La caisse prend peu de roulis et la monte pneumatique, plus généreuse, assure un meilleur confort de roulement. En fait il n'y a que la suspension arrière qui éprouve un peu de mal à filtrer toutes les trépidations sur les petites irrégularités, spécialement aux places arrière et à vide.

Bref, en ce qui concerne le comportement routier, la Sienna apparaît comme l'une des fourgonnettes les plus fréquentables et les plus silencieuses de l'heure.

L'argent fait le bonheur

Même si le coefficient de traînée aérodynamique de la nouvelle Sienna est remarquablement bas, ses formes restent très conventionnelles et moins affirmées que celles de la Quest (Nissan), sa nouvelle rivale. À cela s'ajoute un aménagement intérieur fortement inspiré de la concurrence. Comme ce mini-

maintenant de série dans la version CE) et facile à consulter. La Sienna prend également grand soin de son ergonomie. La colonne de direction, aujourd'hui réglable dans les deux axes (elle était autrefois seulement inclinable), permet de se mitonner une position de conduite agréable, toujours à bonne distance des principales commandes. On regrettera tout juste que les commandes de la radio ne soient plus dupliquées sur le volant de la version CE, comme c'était le cas l'année dernière.

Pour séduire toute la famille, Toyota a mis l'accent sur l'équipement. Et ce, dès la CE, la version la plus abordable financièrement. On note par exemple que les glaces latérales arrière s'entrouvrent désormais manuellement alors que celles à l'avant, sont dotées de commandes électriques. Il y a aussi le régulateur de vitesse qui figure aujourd'hui sur la liste des

TOYOTA SIENNA

accessoires de série, tout comme le ver-rouillage centralisé avec télécommande. Tous ces équipements étaient inexistants dans la version CE vendue l'an dernier. Bref, la direction de Toyota prétend que la Sienna s'est enrichie de 3000 $ d'équipements supplé-mentaires. Cependant, pour un véhicule qui se prétend conçu autour des enfants, plusieurs équipements se refusent de monter à bord des versions dites plus économiques comme un mécanisme d'assistance des portières cou-lissantes pour éviter aux petits comme aux grands de devoir les manœuvrer. Et que dire de cet autre «assistant» électrique qui nous per-met d'oublier que le hayon est un peu lourdaud. Autre mesquinerie sur le plan de la sécurité passive: les coussins de sécurité latéraux ainsi que les rideaux gonflables qui ne protègent que les passagers de la plus chère des versions, la XLE. Et ce n'est pas tout, les phares au xénon – une autre bonne idée –, le dispositif antipa-tinage, le contrôle de stabilité électronique, le sonar de stationnement (précieux, voire indis-pensable) sont autant d'accessoires que vous ne pourrez même pas vous offrir, même en option, dans la version CE. Et je ne vous parle pas du régulateur de vitesse au laser com-plètement inutile, vu notre climat. Pis encore, impossible d'obtenir non plus un système de divertissement dans les versions dites «éco-nomiques». Ce dernier, permettant de vision-ner des DVD à bord n'est offert qu'avec le groupe d'options Limited (5265 $), lequel n'est

Contrepartie

Il est vrai que la nouvelle Sienna se vend parfois très cher pour une version tout équipée et que les modèles à prix plus abordable ne peuvent pas toujours être dotées des options désirées. Mais cette facture un peu plus corsée s'explique également par la qualité des matériaux, de la mécanique, de la peinture et même d'un comportement routier sans surprise. Curieusement, de nos jours, les gens veulent toujours avoir des modèles complètement équipés, mais sans payer pour leur juste valeur. Dans ce contexte, certaines marques proposent des freins ABS, mais ceux-ci ne sont pas nécessairement efficaces. Le client est cependant rassuré de constater la présence de cet accessoire sur la liste d'équipement de série de son véhicule. Il découvrira souvent trop tard que le système est d'une efficacité limitée.

La compagnie Toyota a toujours mis la priorité sur la fiabilité et la durabilité au détriment des gadgets et des accessoires inutiles ou encore d'un tape-à-l'œil de pacotille. La Sienna ne sera jamais sans doute la plus vendue ou la plus populaire, mais elle offre une qualité supérieure à bon prix. Pour les accessoires de luxe, ils pourraient quand même être un peu plus généreux dans la disponibilité des options.

Denis Duquet

accessible qu'aux acheteurs de la version XLE (prix de base de 43 600 $).

Question habitabilité, la Sienna en offre plus que sa devancière dans pratiquement tous les domaines. Tous, sauf le volume du coffre, une fois toutes les banquettes en place. En revanche, on se réjouit que la troisième banquette, un peu basse selon les enfants qui l'ont essayée, se fractionne et se «perd» aisément dans le plancher.

Les fauteuils ancrés au centre du véhicule (la version huit passagers adopte une banquette dont la partie centrale peut s'avancer de 170 mm) coulissent, s'inclinent ou se décrochent facilement, mais leur poids ne rend pas leur transport à la portée de tous les bras. Surtout celui qui campe au centre à droite à cause de la ceinture intégrée. Ce dernier, contrairement à son voisin de gauche, peut se déplacer vers l'intérieur pour ceux qui aiment voyager «collé-collé». Dommage que Toyota n'ait pas profité de cette refonte pour aller encore plus loin et rendre l'habitacle plus convivial encore. Pourquoi ne pas permettre aux baquets de la deuxième rangée de pivoter, par exemple?

Pas donnée!

Tout compte fait, les progrès de cette deuxième génération sont dans un plaisir de conduite accru, une grille d'accessoires renforcée et une convivialité plus aboutie que jamais. Tout ce qu'il faut en somme pour en faire une fourgonnette agréable à vivre. Est-ce suffisant pour faire oublier à la vaste majorité des consommateurs qui recherchent une fourgonnette dont le prix est égal ou inférieur à 31 000 $ que plusieurs accessoires (précieux) ne sont pas du voyage? Si tel est le cas, vous serez sans doute dans l'obligation de casser la tirelire de vos enfants pour mieux leur faire apprécier la randonnée.

Éric LeFrançois

CARACTÉRISTIQUES

Prix du modèle à l'essai	CE 30 000 $
Échelle de prix	30 000 à 51 965 $
Garanties	3 ans 60 000 km / 5 ans 100 000 km
Emp. / Long. / Larg. / Haut. (cm)	303 / 508 / 197 / 175
Poids	1870 kg
Coffre / Réservoir	1234 à 4216 litres / 79 litres
Coussin de sécurité	frontaux et latéraux (XLE)
Suspension avant	indépendante, jambes de force
Suspension arrière	poutre de torsion
Freins av. / arr.	disque / tambour, ABS
Antipatinage / Contrôle de stabilité	oui (LE, XLE)
Direction	à crémaillère, assistance variable
Diamètre de braquage	11,2 mètres
Pneus av. / arr.	215/65R16

MOTORISATION ET PERFORMANCES

Moteur	V6 3,3 litres
Transmission	traction, automatique 5 rapports
Puissance	230 ch à 5600 tr/min
Couple	242 lb-pi à 3600 tr/min
Autre(s) moteur(s)	aucun
Autre(s) transmission(s)	aucune
Accélération 0-100 km/h	9,3 secondes
Reprises 80-120 km/h	8,2 secondes
Vitesse maximale	200 km/h
Freinage 100-0 km/h	44,0 mètres
Consommation (100 km)	12,6 litres (ordinaire)
Niveau sonore	Ralenti: 40,5 dB
	Accélération: 66,7 dB
	100 km/h: 70,5 dB

MODÈLES CONCURRENTS

• Chevrolet Venture • Dodge Caravan • Ford Freestar
• Honda Odyssey • Kia Sedona • Mazda MPV
• Nissan Quest • Pontiac Montana

VERDICT

Agrément de conduite	★★★★☆
Fiabilité	nouveau modèle
Sécurité	★★★★☆
Qualités hivernales	★★★★☆
Espace intérieur	★★★☆☆
Confort	★★★☆☆

VERSION RECOMMANDÉE

CE

▲ POUR

• Soucis du détail • Qualité et réputation de Toyota • Équipement complet et prix attractif (CE) • Habitacle confortable et silencieux

▼ CONTRE

• Pneumatiques bruyants (intégrale)
• Fourchette de prix en altitude • Groupe d'options à revoir • Silhouette sobre

La voiture des indécis

Comparativement à la façon dont fonctionnent les constructeurs allemands, l'élaboration d'un coupé de luxe à vocation sportive est assez particulière chez les constructeurs japonais. Exception faite du récent coupé G35 d'Infiniti, il en résulte toujours une voiture de compromis qui nous laisse souvent sur notre appétit. En courtisant à la fois les acheteurs de coupés et de berlines, la deuxième génération de la Solara joue encore le rôle du politicien qui tente de séduire les deux côtés de l'électorat. Résultat, le coupé Toyota aura du mal à obtenir des votes et ne devrait faire des gains qu'auprès des indécis qui hésitent entre une berline sport de taille intermédiaire et un vrai coupé sport.

L'existence même de la Solara remonte à une vieille tradition des constructeurs automobiles consistant à offrir une berline et un coupé élaborés sur la même plate-forme. Depuis la disparition du coupé Chrysler Sebring l'an dernier, le seul duo potable encore en lice, outre le tandem des deux Honda Accord, était les modèles TL et CL d'Acura. Concernant ces derniers, le lancement d'une berline TL entièrement redessinée en 2004 a montré la sortie au coupé CL dont les ventes laissaient à désirer. Malgré tout, il serait surprenant que Toyota réussisse à atteindre son objectif d'écouler 3100 Solara au pays. Des prévisions plus qu'optimistes pour un coupé qui est loin de bouleverser les modèles déjà en place.

Une carrosserie unique

Comparativement aux modèles berline et coupé Accord qui ont en commun de nombreux éléments visuels, la Solara propose une silhouette qui se distingue de la Camry. Certes, les deux carrosseries ont des airs de famille, mais elles ne partagent aucune pièce outre quelques détails.

La Solara préfigure ce à quoi pourrait ressembler la prochaine Camry dont le remaniement est prévu pour 2006. Malgré sa refonte, la Solara conserve un goût de saveur maison. En effet, elle emprunte la jupe avant cisaillée et les portières sculptées de la Matrix, les phares en amande de la Sienna et les feux arrière de la Lexus SC 430. Oui, je sais. Les goûts ne se discutent pas. Toutefois, précisons que ce coupé est beaucoup plus joli à voir rouler sur les routes qu'au repos dans une salle de montre.

Une plate-forme connue

Les ingénieurs chargés de développer la Solara ont pris comme point de départ la plate-forme des modèles Camry, Highlander et Lexus RX 330. L'utilisation de ce châssis permet à la Solara d'être plus longue, plus large et plus haute que sa devancière, alors que son empattement gagne 5 cm. Les dimensions accrues de la Solara se traduisent par un habitacle aux proportions plus généreuses pour les passagers. Ceux-ci profitent d'un meilleur dégagement pour la tête, les épaules, les hanches et les jambes. À l'arrière, la banquette est de loin la plus accueillante de la catégorie et offre autant d'espace sinon plus que certaines berlines de taille comparable. Le coffre est également imposant et dispose d'une banquette arrière divisée 50/50. Toutefois, l'absence de tirettes à l'intérieur du coffre pour rabattre les dossiers constitue un oubli impardonnable. En effet, les usagers doivent pénétrer dans l'habitacle et jouer au contorsionniste pour avoir accès aux manettes situées de chaque côté des appuie-tête de la banquette arrière. Attention à votre dos !

À peine audible

Le nouveau moteur passe-partout de Toyota, le V6 de 3,3 litres, anime les versions SE V6 et SLE V6. Fougueux et silencieux, celui-ci convient parfaitement à la personnalité réservée des récentes Sienna et RX 330. Boulonné dans la Solara, ce puissant V6 est d'une discrétion absolue. Il est dommage que les ingénieurs n'aient pas cru bon d'installer un système d'échappement à la sonorité plus musclée. Au

CARACTÉRISTIQUES	
Prix du modèle à l'essai	SLE V6 35 800 $
Échelle de prix	26 800 $ à 35 800 $
Garanties	3 ans 60 000 km / 5 ans 100 000 km
Emp. / Long. / Larg. / Haut. (cm)	272 / 489 / 182 / 143
Poids	1560 kg
Coffre / Réservoir	488 litres / 70 litres
Coussins de sécurité	frontaux et latéraux
Suspension avant	indépendante, jambes de force
Suspension arrière	essieu rigide, jambes de force
Freins av. / arr.	disque, ABS et EBD
Antipatinage / Contrôle de stabilité	oui
Direction	à crémaillère, assistance variable
Diamètre de braquage	11,1 mètres
Pneus av. / arr.	215/55R17

MOTORISATION ET PERFORMANCES	
Moteur	V6 3,3 litres
Transmission	traction, semi-automatique 5 rapports
Puissance	225 ch à 5600 tr/min
Couple	240 lb-pi à 3600 tr/min
Autre(s) moteur(s)	4L 2,4 litres 157 ch
Autre(s) transmission(s)	automatique 4 rapports
Accélération 0-100 km/h	7,5 s; 10 s (4L)
Reprises 80-120 km/h	n.d.
Vitesse maximale	220 km/h
Freinage 100-0 km/h	n.d.
Consommation (100 km)	11,7 litres (ordinaire);
	10,1 litres (4L)

MODÈLES CONCURRENTS

• Acura CL • Chevrolet Monte Carlo • Honda Accord coupé

QUOI DE NEUF ?

• Nouveau modèle

Renouvellement du modèle	Nouveau modèle

VERDICT

Agrément de conduite	★★★☆☆
Fiabilité	données insuffisantes
Sécurité	★★★★☆
Qualités hivernales	données insuffisantes
Espace intérieur	★★★☆☆
Confort	★★★★☆

VERSION RECOMMANDÉE

SE V6

---

ralenti, le moteur est si doux que l'on a peine à l'entendre tourner.

Couplés à une boîte semi-automatique à cinq rapports, les 225 chevaux du V6 vous collent au siège en réalisant des chronos inattendus, et ce, tant en accélération qu'en reprise. De même, la tenue de route gagne du galon grâce à son châssis plus rigide, et les quatre freins à disque permettent des arrêts sécuritaires et rectilignes. Malgré tout, l'adrénaline n'est pas au rendez-vous tellement l'ambiance est feutrée. Après réflexion, la désignation grand-tourisme est celle qui convient le mieux à la Solara. Son comportement ouaté n'est pas sans rappeler celui du coupé Lexus SC 400 des années 1990. Comme aux beaux jours de celui-ci, les ingénieurs de Toyota ont conservé le même objectif : atteindre à n'importe quel prix la perfection technique, et ce, au détriment du comportement routier habituellement réservé à une sportive.

La version SE est propulsée par le moteur quatre cylindres de 2,4 litres et 157 chevaux de la Camry. S'il convient à la vocation économique de cette dernière, il n'est pas à son mieux dans la Solara où ses prestations sont plutôt moyennes. Sa présence n'a pour but que d'offrir un modèle d'entrée de gamme sous la barre des 27 000 $. Une aubaine si l'on considère l'équipement de série de la SE et si l'on compare son prix à celui de l'an dernier.

Par ailleurs, nous avons été impressionnés par l'insonorisation de l'habitacle. Qui plus est, l'élégance du tableau de bord s'inspire de la gamme Lexus et ridiculise la présentation austère de la Camry. Comme dans la récente Sienna, le confort des sièges est devenu une véritable obsession pour Toyota qui n'a rien ménagé dans leur conception, et ce, pour le bien-être des passagers.

Somme toute, la Solara est loin d'être une mauvaise voiture. Au contraire, elle est probablement la plus fiable et la plus raffinée des coupés sport abordables.

Jean-François Guay

▲ POUR

• Présentation intérieure • Finition irréprochable • Vaste habitacle • Performances intéressantes (V6) • Prix compétitif (SE 4L)

▼ CONTRE

• Conduite aseptisée • Suspension molle
• Rabattement de la banquette compliqué
• Véhicule lourd • Puissance un peu juste (4L)

Question de priorités

Les dirigeants de Volkswagen sont des gens conservateurs. Comment expliquer autrement la longévité des Coccinelle et, plus récemment, celle des Golf ? En effet, une Golf de cinquième génération vient tout juste d'être dévoilée au Salon de Francfort. On parle de la retrouver chez les concessionnaires au début de 2004, sans doute en tant que modèle 2004 ½ ou 2005. Mais connaissant la propension de Volks à nous faire languir, demeurons calmes et... attendons en admirant les photos de la future Golf.

Pour l'instant, concentrons-nous sur l'édition actuelle qui nous revient pratiquement inchangée. Même si la partie avant a été modernisée au fil des années, l'arrière est toujours aussi massif, en particulier à cause des énormes piliers C. Les pneus, qui pourraient difficilement se trouver plus aux coins qu'ils ne le sont présentement, affirment encore davantage cette impression de solidité. L'intérieur non plus ne change pas. Les sièges avant se montrent d'une confortable fermeté et s'ajustent en profondeur et en hauteur, tout comme le volant. Pourtant, j'ai eu beaucoup de difficulté à trouver une bonne position de conduite, et ce, dans deux Golf essayées. C'est le prix à payer quand on a un beau corps comme le mien... En passant, la roulette servant à modifier l'inclinaison du dossier est hyper difficile à atteindre et à tourner. Si l'œil a de la difficulté à se faire aux affreux cendriers orange (dans un environnement noir !), il se réjouit toujours du très bel éclairage bleu et rouge du tableau de bord la nuit venue. Peu importe que la Golf possède deux ou quatre portes, il faut continuellement se battre avec des charnières trop dures et des rétroviseurs extérieurs trop petits. À l'arrière, dans la version à deux portes, les fenêtres ne s'ouvrent pas. Cela causerait moins de problèmes si nous parvenions à moduler correctement la température à l'intérieur de l'habitacle. Le test s'étant déroulé par temps de canicule, il fallait que les passagers avant gèlent pour que ceux situés à l'arrière soient à l'aise. L'hiver, ce doit être le contraire...

Les Golf sont toujours mues par le moteur 2 litres apparu il y a une dizaine d'années. Certes, cet engin n'obtiendra jamais de médaille pour son fonctionnement doux et silencieux mais il s'acquitte bien de sa tâche, soit celle de déplacer le véhicule. Ceux qui recherchent uniquement un moyen de transport seront bien servis par ce moteur de 115 chevaux qui assure des performances satisfaisantes et des reprises fort acceptables. Volks offre aussi, en option dans les modèles GL et GLS, le 1,9 TDI (turbodiesel à injection) remanié cette année pour fournir 100 chevaux (comparativement à 90 les années passées) et un couple impressionnant de 177 lb-pi. Il s'agit cependant de données préliminaires. Ce moteur est fortement recommandé à ceux qui parcourent des distances importantes.

Ce qui est bien avec une Golf, c'est la tenue de route. Même la version de base, équipée de pneus fort ordinaires, en donne pour son argent au conducteur le moindrement sportif. Certes, on peut pousser la voiture au point de découvrir son comportement sous-vireur, mais qui a vraiment envie de flirter avec son destin ? Les quatre freins à disque se montrent solides, mais leur très mauvaise réputation de «colleux» professionnels (à l'arrière surtout) nous incite à vous recommander un entretien très, très suivi.

Folle GTI

L'austérité toute allemande peut s'éclater à l'occasion. Et c'est dans la GTI qu'elle le fait. Tout en demeurant visuellement sage, cette dernière offre des moteurs qui le sont un peu moins, soit le 1,8 turbo et le VR6. *Le Guide de l'auto* a pu essayer une version 20e anniversaire équipée du 1,8 turbo (1,8T pour les intimes) développant 180 chevaux et un couple de 173 lb-pi disponible à moins de 2000 tr/min, chaussée d'énormes pneus à

Volkswagen Golf 2005

CARACTÉRISTIQUES

Prix du modèle à l'essai	berline CL 19 245 $
Échelle de prix	17 950 $ à 34 150 $
Garanties	4 ans 80 000 km / 5 ans 100 000 km
Emp. / Long. / Larg. / Haut. (cm)	251 / 419 / 173,5 / 144
Poids	1296 kg
Coffre / Réservoir	500 litres / 55 litres
Coussins de sécurité	frontaux et latéraux
Suspension avant	indépendante, jambes de force
Suspension arrière	indépendante, poutre déformante
Freins av. / arr.	disque ABS
Antipatinage / Contrôle de stabilité	option / non
Direction	à crémaillère, assistée
Diamètre de braquage	10,9 mètres
Pneus av. / arr.	195/65R15

MOTORISATION ET PERFORMANCES

Moteur	4L 2 litres
Transmission	traction, manuelle 5 rapports
Puissance	115 ch à 5200 tr/min
Couple	122 lb-pi à 2600 tr/min
Autre(s) moteur(s)	4L 1,9 TDI 100 ch ; V6 2,8 l 200 ch
Autre(s) transmission(s)	auto. 4 rapports ; man. 6 rapports
Accélération 0-100 km/h	11,6 secondes
Reprises 80-120 km/h	10,7 secondes (4e)
Vitesse maximale	192 km/h
Freinage 100-0 km/h	40,2 mètres
Consommation (100 km)	11,1 litres (ordinaire)

MODÈLES CONCURRENTS

• Ford Focus • Hyundai Elantra • Mazda3 • Mitsubishi Lancer • Nissan Sentra • Suzuki Aerio • Toyota Corolla

QUOI DE NEUF ?

• Moteur TDI plus puissant • Nouvelles couleurs et nouvelles roues • Version R32

Renouvellement du modèle	2005

VERDICT

Agrément de conduite	★★★½☆
Fiabilité	★★☆☆☆
Sécurité	★★★★☆
Qualités hivernales	★★★★☆
Espace intérieur	★★★½☆
Confort	★★★★☆

VERSION RECOMMANDÉE

GTI 1,8T

---

taille très basse (des Michelin Pilot Sport 225/40ZR18, à plus de 200 $ l'unité). Grâce au moteur et aux pneus, mais aussi grâce à une transmission manuelle à six rapports, à des suspensions recalibrées et, ma foi, pas si inconfortables qu'on pourrait le croire, ainsi qu'à des sièges Recaro, la GTI se révèle drôlement agréable à conduire. Piloter serait un verbe plus approprié. Les accélérations sont franches, une fois le court temps de réponse du turbo passé. La transmission manuelle se manie joyeusement même si le profane confond souvent la sixième et la quatrième vitesse. Quant à la tenue de route, elle satisfera les plus blasés. Et pourtant…

À ne pas laisser entre toutes les mains !

Je suis de plus en plus convaincu qu'une loi devrait interdire la possession d'une telle machine à quiconque n'a pas suivi, avec succès, la formation nécessaire pour bien maîtriser à la fois la puissance du moteur et le taux d'hormones qui vient avec. Après tout, on est refusé pour un emploi si on n'est pas suffisamment compétent… Imaginez que le moteur VR6 est encore plus puissant de 20 chevaux ! Et que dire de la R32 qui nous arrivera au début de 2004 avec ses 237 chevaux… Le pire, c'est que les GTI sont relativement abordables. Par exemple, l'édition 20e anniversaire coûtait moins de 35 000 $.

Malgré tout le plaisir que peut procurer une Golf, il ne faut jamais perdre de vue la très piètre fiabilité de ces Volkswagen construites au Mexique. Demandez à n'importe quel propriétaire d'une Volks et vous en entendrez des histoires d'horreur. Au moins, la garantie mérite maintenant son nom avec ses 4 ans ou 80 000 km. Je ne suis pas un apôtre de la location mais dans certains cas, il s'agit de la seule façon d'avoir du plaisir sans en subir les conséquences… Mais si vous détestez les problèmes, regardez ailleurs.

Alain Morin

▲ POUR

• Version GTI 1,8T amusante • Tenue de route colossale • Confort apprécié • Équipement complet • Superbe feed-back du volant

▼ CONTRE

• Fiabilité hypocrite • VR6 mal adapté • Moteur 2 litres bruyant • Quelques craquements inopportuns

Hic! Hic! Hic! Jettaaah!

La Jetta nous revient pratiquement inchangée cette année, sauf pour de modestes retouches à sa carrosserie, en attendant la refonte très attendue de sa petite sœur. Elle a beau se donner des airs (et des prix) de grande, elle demeure néanmoins tributaire de la petite Golf, puisqu'elle partage sa plate-forme et la plupart de ses organes mécaniques.

La gamme des berlines se décline en modèles GLS, GLI et TDI, tandis que la familiale nous arrive en versions GLS et TDI seulement. Au moment de mettre sous presse, Volkswagen ne pouvait confirmer la reconduction de la berline Wolfsburg édition 2004, mais la GLX disparaît. Cette année encore, nous avons droit au débonnaire 2 litres quatre cylindres huit soupapes de 115 chevaux, au dynamique 1,8T alimenté par un petit turbo lui permettant d'offrir 180 chevaux et à un turbodiesel de 1,9 litre qui offrira 100 chevaux bien ronds (par rapport aux 90 du présent TDI) et surtout, un couple de 177 lb-pi, un réel progrès comparativement à 155 actuellement. Sans oublier le VR6 de 200 chevaux qui tracte exclusivement la GLI.

Quatre types de boîtes sont au programme. Tout d'abord, une manuelle cinq rapports qui peut faire route avec les moteurs à quatre cylindres, une automatique à quatre rapports qui en option se lie au 2 litres, une automatique séquentielle Tiptronic à cinq rapports pour la berline 1,8T et le TDI, la familiale 1,8T devant se contenter d'une simple automatique à cinq rapports. Quant à la GLI, elle s'offre le luxe d'une manuelle six vitesses.

Bien garnies, elles dégarnissent le portefeuille

Les berlines GLS peuvent recevoir un des deux quatre cylindres à essence ou le turbodiesel. Bien entendu, leur dotation de base demeure proportionnelle à la puissance de leur moteur. La version 2 litres fait assez bonne figure à cet égard puisqu'elle comprend déjà quatre freins à disque régulés par un ABS assez grossier tout de même, puisqu'il ne comprend que trois canaux, l'air climatisé, le régulateur de vitesse, une chaîne stéréo avec lecteur de cassettes et de CD à huit haut-parleurs, des coussins gonflables frontaux et latéraux, et j'en passe. L'habitacle présente des matériaux de valeur et un design d'un goût certain. Il apparaît cependant un peu étroit, surtout aux places arrière, mais le coffre est extrêmement logeable. Le hic, car il y en a un (et même plus, mais on y verra un peu plus loin), c'est que le prix de départ s'établit à plus de 24 000 beaux dollars. Avec un moteur de 115 chevaux!

Vous me direz que les Jetta sont le fier produit de l'ingénierie allemande et qu'elles tiennent la route mieux que les japonaises, sans parler des américaines. Soit, mais encore faut-il qu'elles tiennent, mais dans le sens de «se tenir en état de fonctionner», ce qui n'est malheureusement pas toujours le cas à long terme, car la liste des dysfonctionnements s'allonge. C'était le deuxième hic. Le troisième concerne la qualité très discutable du service «consenti» par les concessionnaires et le prix de certaines pièces, comme le litre d'huile à transmission automatique à 27 $. À ce tarif, elle doit être millésimée.

Malgré tout, celle qui représente le meilleur compromis demeure sans doute la GLS avec le moteur 1,8T, mais son tarif d'attaque se situe à plus de 26 000 $. Elle ajoute quand même l'antipatinage et un différentiel à glissement limité, mais avec la boîte Tiptronic, elle franchit le cap des 27 000 $. Néanmoins, ses 180 chevaux répondent présent en chœur à votre appel, mais vous devrez bien tenir les guides, car l'effet de couple ressenti dans le volant en pleine accélération demande concentration. Pour le reste, il tourne avec douceur et consomme raisonnablement même s'il réclame du super. Le diesel offre moins de puissance que le vieux 2 litres, en émettant encore au départ, particulièrement en hiver, un bruit genre castagnettes fêlées. Il fume aussi

CARACTÉRISTIQUES

Prix du modèle à l'essai	GLS WAGON 1,9 TDI 27 035 $
Échelle de prix	24 260 $ à 31 150 $
Garanties	4 ans 80 000 km / 5 ans 100 000 km
Emp. / Long. / Larg. / Haut. (cm)	251,5 / 441 / 173,5 / 148,5
Poids	1416 kg
Coffre / Réservoir	962 à 1470 litres / 55 litres
Coussins de sécurité	frontaux et latéraux (tête opt.)
Suspension avant	indépendante, jambes de force
Suspension arrière	demi-indépendante, poutre de torsion
Freins av. / arr.	disque ABS
Antipatinage / Contrôle de stabilité	oui (1,8T) / oui (GLI)
Direction	à crémaillère, assistée
Diamètre de braquage	10,9 mètres
Pneus av. / arr.	195/65R15

MOTORISATION ET PERFORMANCES

Moteur	4L 1,9 turbodiesel
Transmission	traction, manuelle 5 rapports
Puissance	90 ch à 3750 tr/min
Couple	155 lb-pi à 1900 tr/min
Autre(s) moteur(s)	4L 2 litres 115 ch ; 4L 1,8T 180 ch ; VR6 200 ch
Autre(s) transmission(s)	auto. 4 rapports, Tiptronic 5 rapports ; man. 6 rapports
Accélération 0-100 km/h	12,8 s ; 7,2 s (1,8T)
Reprises 80-120 km/h	9,5 s (4e) ; 7,2 s (1,8T)
Vitesse maximale	175 km/h ; 210 km/h (1,8T)
Freinage 100-0 km/h	43,0 mètres
Consommation (100 km)	5,3 litres (diesel) ; 8,6 litres (1,8T)

MODÈLES CONCURRENTS

• Acura 1,7EL • Chrysler PT Cruiser • Ford Focus
• Honda Civic • Mazda3 • Subaru Impreza • Toyota Corolla

QUOI DE NEUF ?

• Moteur diesel porté à 100 ch avec transmission Tiptronic 5 rapports disponible • Carrosserie légèrement modifiée • Nouveau tableau de bord «Combi» • Nouvelles couleurs et tissu pour les sièges (GLS et GLI)

Renouvellement du modèle	2005

VERDICT

Agrément de conduite	★★★★☆
Fiabilité	★★☆☆☆
Sécurité	★★★★☆
Qualités hivernales	★★★★☆
Espace intérieur	★★★☆☆
Confort	★★★★☆

VERSION RECOMMANDÉE

GLS 1,8T Wagon

---

un peu, et il sent parfois mauvais (j'ai un oncle comme ça), et réussit péniblement le 0-100 km/h en 2 secondes de plus que le pauvre 2 litres. Mais grâce à son couple très costaud, les reprises sont toniques, en attendant la nouvelle version 100 chevaux qui devrait mieux répondre à nos attentes, surtout qu'on pourra lui adjoindre la Tiptronic cinq vitesses. Sa consommation s'établit en moyenne à un peu plus de 5 litres aux 100 km, mais vous devrez évaluer soigneusement votre kilométrage annuel pour prendre la bonne décision.

Pratiques familiales

Les versions familiales arborent toutes le logo GLS, et arrivent avec n'importe quel moteur, sauf le VR6. Les rivales sont peu nombreuses et elles disposent d'une soute de bonne dimension, près de deux fois et demie celle de la berline, même si la familiale Ford Focus fait encore mieux. Grosso modo, il vous faudra débourser 1000 $ de plus que pour une

quatre portières. Quant à la GLI, son moteur VR6 de 200 chevaux n'en fait pas nécessairement la bombe que l'on attendait. Il fait plutôt dans le civilisé, même si sa boîte manuelle à six rapports se laisse guider avec désinvolture. Sa dotation de base s'enrichit de roues en alliage de 17 pouces, d'un système de stabilité électronique et d'une suspension sport. Le prix d'entrée est pour le moment fixé à plus de 31 000 $, mais son comportement routier particulièrement affûté vous fera probablement oublier ce «détail».

En somme, la Jetta se destine à une clientèle assez sélecte, qui ne jure que par les œuvres du génie allemand, sans se soucier de la piètre compétence de la main-d'œuvre mexicaine qui en réalise l'assemblage. Et disposée à payer le prix fort, même pour son entretien. Hiiic !!!

Jean-Georges Laliberté

▲ POUR

• Comportement routier compétent • Allure européenne rafraîchissante • Familiale pratique • Diesel nouveau cru prometteur

▼ CONTRE

• Fiabilité incertaine • Service concessionnaire indifférent • Qualité de construction problématique • Places arrière exiguës

Lentement mais sûrement

Avec Volkswagen, il faut souvent s'armer de patience. Il aura d'abord fallu attendre près de cinq ans avant que la New Beetle, introduite à l'aube de 1998, consente à se décoiffer. Et maintenant que ce sympathique petit cabriolet est prêt à jouer les salons de bronzage sur quatre roues, il risque de vous flanquer un bon coup de soleil tellement il met du temps à se déplacer du point A au point B. À moins que vous n'optiez pour la version 1,8 T.

Affligée de l'antédiluvien quatre cylindres de 115 chevaux, la New Beetle Cabrio mise à l'essai lors du lancement à South Beach, en Floride, et sur les routes du Québec est, sans l'ombre d'un doute, la voiture la plus lente sur le marché. Encore là, votre patience sera rudement mise à l'épreuve. Fort heureusement, une version à moteur 1,8 T de 150 chevaux est aussi proposée, ce qui permet de ranger notre calendrier et de ressortir le chrono pour mesurer les accélérations. Blague à part, sachez que la Cabrio, en version automatique, s'alanguit pendant 17,3 secondes avant d'atteindre les 100 km/h après un départ arrêté. Un peu plus et on envoyait la nouvelle au *Livre des records Guinness.* Oui, Mesdames et Messieurs, cette Coccinelle fleurie aime mieux flâner que sprinter. Plus lourd d'une centaine de kilos que la berline, le cabriolet met rudement en évidence la vétusté du rachitique moteur 2 litres qui peine sous son capot avant. Plusieurs acheteurs plus avides de grand air et de soleil que de performances s'en contenteront, surtout que le modèle d'entrée de gamme est proposé à 29 250 $ alors qu'il faudra allonger près de 6000 $ additionnels pour ne pas avoir à réciter son chapelet au moment de doubler un retardataire. Pour adoucir la facture de 35 950 $, la GLX 1,8 T bénéficie non seulement de 35 chevaux supplémentaires, mais aussi de roues de 16 pouces en alliage et de sièges en cuir qui, après une longue exposition au soleil, risquent de se transformer en sièges très chauffants. Ayoye ! Dans les deux cas, la puissance rejoint les roues avant motrices au moyen d'une boîte de vitesses manuelle à cinq rapports ou d'une transmission automatique aussi à cinq rapports en version normale alors que l'option Tiptronic vous en offre six. La première, incidemment, attelée au moteur 2 litres, permet de retrancher 4 secondes au 0-100 km/h tout en étant d'un maniement agréable.

Silencieuse et sûre

Ces choses-là étant dites, la New Beetle Cabrio n'est pas dépourvue de qualités. La capote est suffisamment étanche et bien insonorisée pour que l'on n'ait pas l'impression d'être dans un lave-auto quand on roule par temps de pluie. Confort quasi assuré. Bravo aussi pour cette lunette arrière dégivrante en verre plutôt qu'en plastique, un luxe qui fait souvent défaut dans certains cabriolets beaucoup plus onéreux. Comme la première Beetle cabriolet lancée en 1949 et dont 330 000 exemplaires furent vendus, la version 2004 hérite d'un toit qui, une fois abaissé, vient s'empiler au-dessus du coffre arrière. Ce n'est pas particulièrement jojo et l'installation du cache-capote est plutôt casse-pieds mais, au moins, la tradition est respectée. Autres irritants : votre ceinture de sécurité vous donne d'agaçantes petites tapes dans le dos sous l'effet de la turbulence quand les glaces sont abaissées et que le toit l'est aussi ; les seuils de porte, lorsqu'ils sont sales, deviennent des «ruine-pantalons» en imprimant sur ceux-ci de belles taches qui feront le bonheur des buanderies.

Si l'absence d'un arceau de sécurité comme celui de la Golf Cabrio peut s'avérer une source d'inquiétude, les acheteurs seront rassurés d'apprendre que deux petits arceaux invisibles intégrés aux appuie-tête arrière sont prêts à bondir si jamais la voiture menace de se retourner. À propos de la Golf Cabrio, elle passe son tour cette année et ne reviendra sur le marché qu'un an ou deux (ou trois ?) après l'apparition du modèle de

cinquième génération l'an prochain. Volkswagen n'est pas pressée, rappelez-vous.

S'il est un domaine où la New Beetle Cabrio va à l'encontre de la philosophie de son constructeur, c'est dans le fonctionnement de son toit à commande électrique. Le temps d'un petit feu rouge et, presto, le tour est joué.

Même si l'on peut faire asseoir deux personnes à l'arrière, sachez que celles-ci seront au coude à coude. Quant au coffre à bagages, il est si minuscule qu'il serait plus sage d'en parler comme d'un coffre à gants.

Hymne au soleil

Une randonnée de quelques centaines de kilomètres m'a permis d'apprécier pleinement cette petite machine à bronzer. Même si elle est construite à Puebla, au Mexique, cette Volkswagen tête nue bénéficiait d'un assemblage soigné qu'aucun bruit de caisse n'est venu assombrir. À son volant, sous un soleil généreux, on n'a nullement envie de vérifier sa tenue de route (plutôt surprenante), son frei-

nage (un peu longuet) ou sa maniabilité. On assume que tout cela est très convenable comme dans la New Beetle ordinaire. Rappelons ici toutefois que ce modèle, tout comme la Golf et la Jetta, est affligé d'une fiabilité douteuse qui a incité plusieurs utilisateurs à ne plus jamais remettre les pieds dans une Volks. Ayant conduit une New Beetle coupé accusant 40 000 km au compteur, j'aurais cru qu'elle en avait près du double tellement elle paraissait fatiguée (bruits de caisse, usure apparente des composantes intérieures et une sorte de vieillissement prématuré de l'ensemble).

En bout de ligne, l'agrément de conduite, tel qu'on l'entend habituellement, est très mince et la somme de plaisir que l'on éprouve au volant est étroitement liée aux fluctuations du baromètre. Par beau temps, la New Beetle Cabrio est géniale. Par temps de pluie, bah…

Jacques Duval

CARACTÉRISTIQUES

Prix du modèle à l'essai	Cabriolet GLS 29 250 $
Échelle de prix	29 250 $ à 35 950 $
Garanties	4 ans 80 000 km / 5 ans 100 000 km
Emp. / Long. / Larg. / Haut. (cm)	251 / 408 / 172 / 150
Poids	1398 kg
Coffre / Réservoir	201 litres / 55 litres
Coussins de sécurité	frontaux et latéraux
Suspension avant	indépendante, jambes de force
Suspension arrière	demi-indépendante, essieu déformant
Freins av. / arr.	disque ABS
Antipatinage / Contrôle de stabilité	oui / option
Direction	à crémaillère, assistée
Diamètre de braquage	10,9 mètres
Pneus av. / arr.	205/55R16

MOTORISATION ET PERFORMANCES

Moteur	4L 2 litres
Transmission	traction, automatique 5 rapports
Puissance	115 ch à 5400 tr/min
Couple	122 lb-pi à 2600 tr/min
Autre(s) moteur(s)	4L 1,8 litre turbo 150 ch
Autre(s) transmission(s)	manuelle 5 rapports, Tiptronic
Accélération 0-100 km/h	17,3 s; 13,1 s (man.)
Reprises 80-120 km/h	12,1 secondes (man.)
Vitesse maximale	170 km/h
Freinage 100-0 km/h	41,8 mètres
Consommation (100 km)	8,0 litres (ordinaire)

MODÈLES CONCURRENTS

- Acura RSX • Honda Civic Si • MINI Cooper
- Mitsubishi Eclipse

QUOI DE NEUF ?

- Nouvelles jantes de 17 pouces en option
- Sièges sport en cuir • Phares au xénon en option

Renouvellement du modèle	n.d.

VERDICT

Agrément de conduite	★★★⯪☆
Fiabilité	★★⯪☆☆
Sécurité	★★★★☆
Qualités hivernales	★★★⯪☆
Espace intérieur	★★☆☆☆
Confort	★★★⯪☆

VERSION RECOMMANDÉE

1,8 T

▲ POUR

- Cabriolet étanche et silencieux • Bon comportement routier • Excellents sièges avant
- Toit rapide (cabrio) • Silhouette sympathique

▼ CONTRE

- Moteur 2 litres lymphatique • Piètre visibilité
- Coffre quasi inutile • Flottement des ceintures (cabrio)

Mais jusqu'où vont-ils aller?

Jusqu'où iront-ils? C'est la question qui nous vient immédiatement à l'esprit lorsqu'on consulte la liste des modèles Passat offerts pour l'année 2004. On dirait la ritournelle de La souris verte: 5 variantes, 4 moteurs, 3 transmissions, 2 configurations, 2 rouages d'entraînement (oups!) et 1 seule Passat... Et en plus, elle partage sa plate-forme et des éléments mécaniques avec des cousines Audi et Seat. En voilà une éloquente démonstration de convergence!

Pour l'année-modèle 2004, elle étend encore son emprise en ajoutant un moteur diesel à la GLS de base, le seul d'ailleurs dans ce segment chaudement agité. Il s'agit d'un quatre cylindres 2 litres à 16 soupapes avec quatre injecteurs-pompes qui libérera 134 chevaux et un couple athlétique de 236 lb-pi à seulement 1750 tr/min. Il niche déjà sous le capot de la nouvelle Audi A3, et on rapporte que sa douceur et son silence de fonctionnement convaincront les «anti-diesel» des mérites de cette option.

L'autre grande nouveauté concerne l'annonce du mariage entre le rouage d'entraînement 4Motion et le moteur turbo 1,8T, qui sera consommé dans les modèles GLS. Même s'il offre 10 chevaux de moins que dans les Jetta, soit 170, on lui reconnaît sa douceur et ses reprises vitaminées. Quant au système 4Motion, il regroupe des composantes presque identiques à celles qui ont fait la renommée du système Quattro d'Audi, soit les diffé-

rentiels électroniques EDL et le fameux Torsen au centre. Il arrive de plus accompagné d'une suspension entièrement indépendante à l'arrière, plus efficace que la poutre déformante en usage dans les tractions.

Continuons la ritournelle des moteurs. Le troisième est un V6 2,8 litres 30 soupapes d'origine Audi, officiant dans les GLS et les GLX plus richement équipées, qu'il ne faut pas confondre avec le VR6 des Jetta et des Golf (la convergence amène parfois certaines bizarreries). Ses 190 chevaux demeurent en retrait par rapport à la concurrence qui en affiche jusqu'à 245 (Nissan Altima), surtout qu'il carbure au super, tout comme le 1,8T d'ailleurs.

Warning à la W8

Le dernier, et non le moindre, est le W8 4 litres de 270 chevaux. On se demande bien ce qu'il fait dans cette flottille de galères de moyen tonnage. Il faut dire qu'il arrive avec la procession complète des équipements, incluant le système 4Motion, de belles boiseries, du cuir odorant, le système OnStar, de puissants

phares au xénon, un ordinateur de bord et un système de stabilité électronique. Il ne lui manque que les roues de 17 pouces, la suspension sport et une boîte manuelle six vitesses, offertes quand même moyennant supplément. Ses performances déçoivent dans l'ensemble (0-100 km/h en 8,5 secondes) pour une voiture de ce standing et de ce prix, et elles expliquent peut-être la mévente de cette version, mais il ne faut pas s'attendre à des miracles avec un rapport poids/puissance aussi moyen.

Contrairement à la plupart des autres berlines de format moyen, la Passat arrive aussi sous forme de familiale, et mue par tous les moteurs, incluant le W8. Cette configuration offre une soute de grande dimension, comparable à celle de plusieurs gros VUS, mais ceux-ci ont l'air d'éléphants sur une piste de danse par rapport à cette agile allemande lorsque la route devient sinueuse. Chacune des Passat offre en effet un comportement routier de bon niveau, les versions familiales étant légèrement mieux équilibrées que les berlines, et les 4Motion encore plus rassurantes. Les tractions sous-virent finalement plus facilement, lorsque la vitesse excède l'adhérence des pneumatiques, mais la caisse n'accuse jamais un roulis alarmant et les grandes courbes s'avalent avec aplomb. En fait, la Passat voyage exceptionnellement bien sur l'autoroute, car ce type de parcours ne taxe pas trop ses

CARACTÉRISTIQUES

Prix du modèle à l'essai	Wagon GLX 4Motion V6 / 44 650 $
Échelle de prix	29 550 $ à 54 575 $
Garanties	4 ans 80 000 km / 5 ans 100 000 km
Emp. / Long. / Larg. / Haut. (cm)	270 / 468 / 175 / 150
Poids	1704 kg
Coffre / Réservoir	1019 à 1546 litres / 62 litres
Coussins de sécurité	frontaux et latéraux (tête opt.)
Suspension avant	indépendante, leviers triangulés
Suspension arrière	indépendante, multibras
Freins av. / arr.	disque ABS
Antipatinage / Contrôle de stabilité	oui / option
Direction	à crémaillère, assistée
Diamètre de braquage	11,4 mètres
Pneus av. / arr.	205/55R16

MOTORISATION ET PERFORMANCES

Moteur	V6 2,8 litres
Transmission	intégrale, automatique Tiptronic 5 rapports
Puissance	190 ch à 6000 tr/min
Couple	206 lb-pi à 3200 tr/min
Autre(s) moteur(s)	4L 2 litres turbodiesel 134 ch ;
	4L 1,8 litre turbo 170 ch
Autre(s) transmission(s)	man. 5 ou 6 rapports (W8)
Accélération 0-100 km/h	9,5 secondes
Reprises 80-120 km/h	7,5 secondes
Vitesse maximale	210 km/h
Freinage 100-0 km/h	41,0 mètres
Consommation (100 km)	13,0 litres (super)

MODÈLES CONCURRENTS

• Audi A4 et A6 • BMW Série 3 • Honda Accord • Mazda6
• Nissan Altima et Maxima • Toyota Camry et Avalon

QUOI DE NEUF ?

• Nouveau moteur diesel 2 litres • Nouvelle 4Motion 1,8T
• Nouvelles couleurs

Renouvellement du modèle	2005

VERDICT

Agrément de conduite	★★★★☆
Fiabilité	★★★½☆
Sécurité	★★★★☆
Qualités hivernales	★★★★½
Espace intérieur	★★★★☆
Confort	★★★★☆

VERSION RECOMMANDÉE

GLX 4Motion Wagon

---

amortisseurs qu'on peut parfois accuser d'une certaine mollesse. La direction vous renseigne fidèlement sur les limites de l'adhérence et les imperfections de la route, mais sans jamais vous déranger même si le revêtement se dégrade sérieusement. Le freinage confié à quatre disques et à un ABS de meilleur calibre que celui des Jetta autorise des distances d'arrêt moyennes, mais sa constance saura vous rassurer.

Un habitacle très réussi

Un dénominateur commun à toutes les Passat demeure l'aménagement particulièrement réussi de l'habitacle. Pas une des représentantes de la concurrence ne lui arrive à la cheville à ce chapitre. La qualité des matériaux vous flattera l'œil et le bout des doigts, leur facture vous convaincra de leur solidité, et même la couleur crème de certains plastiques semble rafraîchissante dans ce monde parfois gris souris. Le tissu « velours » recouvrant les fauteuils change lui aussi cette année, et ce

ne peut être que pour le mieux. Le cuir offert dans les versions GLS et arrivant d'office avec la GLX respire bien, mais la fermeté de l'assise demeure surprenante pour les non-initiés aux allemandes. Tous trouveront par ailleurs une bonne position de conduite, car le siège du conducteur s'ajuste en hauteur et le volant en hauteur et en profondeur. L'espace ne fait pas défaut, même à l'arrière, bien que la large console centrale à l'avant frictionne avec trop d'insistance le genou du conducteur.

Même si sa fiabilité semble en net progrès par rapport aux désastreuses premières éditions, elle reste moyenne, mais au bout du compte, la Passat constitue une belle grande routière, offrant habitabilité et confort, bien construite et habilement finie. Mais à quand la version camionnette ?

Jean-Georges Laliberté

▲ POUR

• Lignes attrayantes • Comportement routier sain • Bonne habitabilité (Wagon) • Traction intégrale fantastique • Moteur diesel intéressant

▼ CONTRE

• Consommation importante • Version W8 trop discrète • Prix corsés • V6 faiblard

L'insurmontable défi

Volkswagen voit grand, trop grand peut-être. Après la Passat W8 de 55 000 $, la marque de Wolfsburg propose cette année une nouvelle berline ultraluxueuse d'environ 100 000 $, la Phaeton, destinée à ravir des parts de marché à des modèles aussi prestigieux que la Mercedes-Benz S430 ou la BMW 745i. Grosse commande, comme on dit chez nous. Tellement grosse en fait que chez les analystes du marché automobile, personne ne croit en la faisabilité d'un tel projet.

La voiture qui est au centre de ce défi considérable n'est pas dépourvue de qualités, loin de là. et il est certain qu'elle est très comparable à ses rivales lorsqu'il est question de performances, de comportement routier ou de confort. Là où le bât blesse toutefois, c'est au chapitre de l'image et il faudra avoir vendu plus que des réfrigérateurs à des Esquimaux pour réussir à convaincre un client de faire un chèque dans les six chiffres pour une voiture issue d'une marque qui a toujours été synonyme d'économie. La partie semble perdue d'avance.

On aura beau encenser la Phaeton et s'extasier sur l'usine de Dresde où elle est construite, elle n'a pas fait d'étincelles depuis son apparition sur le marché européen et son avenir reste incertain. La création de ce modèle est d'autant plus incompréhensible qu'il sera appelé à concurrencer un autre membre de la grande famille Volkswagen, l'Audi A8. Au mieux, les ventes de Phaeton se feront aux dépens du modèle haut de gamme de la firme d'Ingolstadt.

Des lettres de noblesse

Bien que la ligne donne l'impression que l'on a affaire à une Passat bourrée de stéroïdes, il s'agit d'une voiture entièrement nouvelle faisant appel à un châssis inédit. Deux versions sont offertes jusqu'ici (empattement normal et allongé), mais il est question d'un modèle supersport appelé R60 qui hériterait du moteur W12 6 litres de la Bentley Continental GT dont on pense extraire 600 chevaux.

La Phaeton actuelle rejoint, à quelques centimètres près, les dimensions de ses concurrentes de Stuttgart et de Munich, mais elle s'avère plus lourde malgré la présence de panneaux d'aluminium pour les portières, le capot avant et le couvercle du coffre. Cet embonpoint est sans doute ce qui explique que le moteur W12 de 6 litres ne semble pas aussi performant que le laissent supposer ses 420 chevaux. Les accélérations sont franches et les reprises énergiques, mais BMW et Mer-

cedes obtiennent des résultats similaires avec des V8 de cylindrée inférieure. Cette imposante mécanique est gérée par une transmission automatique Tiptronic à cinq rapports qui, dans les versions européennes, est contrôlée par des palettes placées derrière le volant comme dans les Ferrari. Toutefois, contrairement à la boîte séquentielle des voitures italiennes qui est une boîte manuelle sans embrayage, celle de la Phaeton est une automatique dont les boutons Tiptronic ont été remplacés par des palettes. On ignore également si les autres moteurs offerts en Europe (dont le V8 4,2 litres de 330 chevaux de l'Audi A8 2004 et un V10 turbodiesel de 313 chevaux) seront offerts chez nous.

Ajoutons à cela le système de traction intégrale 4Motion et une suspension pneumatique offrant deux niveaux de hauteur et quatre réglages d'amortissement allant de «confort» (souple) à «sport 2» (très ferme) et on aura à peu près fait le tour de tout ce qui donne à la Phaeton ses lettres de noblesse.

Stabilité et silence

La plus grande qualité de la voiture risque malheureusement de passer inaperçue auprès des conducteurs d'ici en raison de nos limites de vitesse. Conformément à une entente tacite entre les constructeurs allemands (à l'exception de Porsche), Volkswagen a limité la vitesse

Prix du modèle à l'essai empat. court	95 000 $ (estimé)
Échelle de prix	n.d.
Garanties	n.d.
Emp. / Long. / Larg. / Haut. (cm)	288 / 505,5 / 190 / 145
Poids	2319 kg
Coffre / Réservoir	500 litres / 90 litres
Coussins de sécurité	frontaux, latéraux av./arr. et tête
Suspension avant	pneumatique, essieu 4 bras
Suspension arrière	indépendante, essieu à trapèze
Freins av. / arr.	disque ventilé, ABS
Antipatinage / Contrôle de stabilité	oui
Direction	à crémaillère, assistance variable
Diamètre de braquage	12,0 mètres
Pneus av. / arr.	235/50R18

MOTORISATION ET PERFORMANCES

Moteur	V12 6 litres 48 soupapes
Transmission	intégrale, automatique 5 rapports
Puissance	420 ch à 6000 tr/min
Couple	406 lb-pi à 3000 tr/min
Autre(s) moteur(s)	V8 4,2 l 330 ch, V10 TDI 313 ch
Autre(s) transmission(s)	manuelle 6 rapports (Europe)
Accélération 0-100 km/h	6,8 secondes
Reprises 80-120 km/h	5,5 secondes
Vitesse maximale	250 km/h (limitée)
Freinage 100-0 km/h	n.d.
Consommation (100 km)	18,0 litres (super)

MODÈLES CONCURRENTS

• Audi A8 • BMW 760 • Mercedes-Benz S600

QUOI DE NEUF ?

• *Nouveau modèle*

Renouvellement du modèle	*Nouveau modèle*

VERDICT

Agrément de conduite	★★★★☆
Fiabilité	nouveau modèle
Sécurité	★★★★⯪
Qualités hivernales	★★★★⯪
Espace intérieur	★★★★⯪
Confort	★★★⯪☆

VERSION RECOMMANDÉE

Modèle à empattement court

de pointe de la Phaeton à 250 km/h, mais il est rassurant de savoir que le châssis a été étudié pour des vitesses frôlant les 300 km/h. Plusieurs sprints sur l'*autobahn* entre 220 et 250 km/h m'ont permis de découvrir l'étonnante stabilité de la voiture à très grande vitesse. J'irais même jusqu'à dire que la nouvelle limousine de VW surpasse ses concurrentes à ce chapitre. Un autre domaine où elle devance ses rivales est celui du niveau sonore qui est remarquablement faible grâce à la présence de glaces latérales à vitrage double et de triples joints d'étanchéité pour les portières.

Le comportement en virage est également impressionnant et sans avoir l'agilité d'une berline sport, la Phaeton n'accuse pas un roulis exagéré. Ce n'est qu'au freinage que la voiture est pénalisée par son poids ; l'avant a tendance à piquer du nez lors d'un freinage intensif.

À l'intérieur, l'équipement est pléthorique, si bien que la voiture est dotée de deux batteries, l'une pour le démarreur et l'autre pour les multiples accessoires qui font partie de l'équipement de série ou optionnel. Il y a bien sûr le centre de commandes «Infotainment» qui regroupe le système de navigation par satellite, la chaîne stéréo, la climatisation, l'ordinateur de bord et que sais-je encore. Ce que j'ai retenu surtout de ces deux jours au volant de la Phaeton, c'est l'attention accordée à de petits détails comme les charnières du coffre à bagages en métal poli ou encore les articulations des accoudoirs arrière qui sont en chrome massif. Tout cela dégage une impression de qualité qui montre bien que Volkswagen a fait son travail sérieusement.

En bout de ligne, force est d'admettre que la Phaeton est une excellente voiture qui répond impeccablement à la définition d'une voiture de luxe haut de gamme. Malheureusement, il lui manque un patronyme de prestige et l'emblème VW pourrait représenter un insurmontable défi.

Jacques Duval

▲ POUR

• Comportement routier étonnant • Habitabilité de limousine • Haut niveau de sécurité • Finition et équipement somptueux

▼ CONTRE

• Poids élevé • Rapport prix/prestige discutable • Plongée au freinage • Puissance peu évidente • Réactions sèches sur mauvaise route

La « Jeepwagen »

Volkswagen ne s'était jamais aventuré hors route, sur les sentiers maintenant battus par d'innombrables VUS. Pourtant, ce créneau s'avère toujours aussi lucratif, et le lancement de la superbe Phaeton semble avoir donné l'impulsion initiale nécessaire pour élargir encore une fois le domaine d'activité traditionnel du constructeur de la « voiture du peuple ».

Toutefois, concevoir une plate-forme toute nouvelle exige des investissements colossaux, et c'est pour cette raison que le géant de Wolfsburg a choisi de s'associer avec Porsche (pour le Cayenne) en vue de partager les coûts de développement du châssis et de certaines pièces du rouage d'entraînement. Le résultat ressemble à un croisement entre une Passat familiale surélevée et une Phaeton, et le nom retenu par Volkswagen est le Touareg, prononcer « twareg », et non pas « tour-regg » comme le font les États-Uniens qui s'approprient présomptueusement les mots comme ils tentent de le faire avec le reste de la planète. Cette exotique appellation est le pluriel de « targui » qui désigne une personne appartenant à la population nomade du Sahara de race blanche parlant le berbère, reconnue pour son esprit d'indépendance.

Tout un arsenal technologique

Le nouveau 4X4 propose deux moteurs, soit un V6 3,2 litres ouvert à 15 degrés, ou le V8 4,2 litres développé par Audi mais spécialement modifié pour la présente application. Les deux versions reçoivent le système 4MOTION exclusif à Volkswagen, qui consiste en une traction intégrale à puissance également répartie entre les deux essieux, dotée d'une seconde gamme de rapports courts, et d'une distribution du couple variable. Comme dans les Audi Quattro, le différentiel central se bloque électroniquement (EDL), et vous pouvez aussi retenir cet indispensable mécanisme pour

l'arrière (en option). Les deux variantes proposent aussi un antipatinage dédié à chaque roue, et un système de retenue moteur assisté (EBC). Un système de stabilité électronique (ESP), une fonction d'assistance dans les pentes descendantes (HDC) et de retenue dans les ascendantes (HRC) complète la dotation de base. Bien entendu, le freinage puissant et endurant est assuré par quatre gros disques assistés d'un ABS et régulé par un système de répartition entre les deux extrémités (EDB).

Les Touareg ont recours à des suspensions indépendantes avec ressorts en acier, remplacés en option par des boudins pneumatiques permettant de modifier l'assise du véhicule (ou

de bonne qualité, mais l'assise de la banquette pour les passagers arrière est malheureusement placée trop bas.

Un V6 qui peine, un V8 peinard

Une seule boîte automatique Tiptronic à six vitesses identique à celle du Cayenne prend en charge avec douceur et efficacité les changements de rapports. Toutefois, lorsque boulonnée au V6, il ne faut pas espérer de miracle avec seulement 220 chevaux pour déplacer une masse de plus de 2300 kg.

la hauteur de la caisse) à six positions différentes ainsi qu'à des amortisseurs à ajustements continus avec trois modes de fermeté. Les similitudes avec le Porsche Cayenne Turbo apparaissent évidentes sur ce point. Les cotes de l'habitacle des deux demi-frères sont presque identiques, sauf pour le volume du coffre du Volkswagen beaucoup plus important. La cabine se pare de matériaux valorisants (aluminium et bois véritable), et le montage de toutes les composantes semble extrêmement bien réalisé.

Le séjour à bord s'écoule agréablement puisque même dans la version V6, de nombreux équipements vous entourent de soins. On y trouve entre autres les assistances électriques d'usage, la climatisation automatique à deux zones (quatre zones en option), le toit ouvrant électriquement et un ordinateur de bord multifonctions. Le système sonore comprend un lecteur CD, mais le chargeur (en option) qui peut en contenir six, se trouve malheureusement dans le coffre à bagages. Les sièges confortables du V6 se drapent d'un tissu

Soyons un peu méchants, et disons que le rapport poids/puissance est du même ordre que celui d'un Chevrolet Tracker quatre cylindres ou d'une Kia Rio. En clair, les accélérations et les reprises avec quatre adultes à bord s'effectuent avec langueur, mais une langueur pour laquelle vous auriez déboursé 52 000 $.

Par ailleurs, le moteur V8 Audi fait honneur au châssis qui demeure stoïque sous tous les terrains. Souple, puissant, doux et silencieux, il prend place sous le capot accompagné de sièges en cuir d'une fermeté toute germanique avec de nombreux réglages électriques, des roues de 18 pouces, et divers ajouts qui vous réconfortent d'avoir allongé 8000 $ en supplément.

La suspension à ressort d'acier procure un comportement routier assez neutre, sans roulis

Contrepartie

Bob Lutz, le réformateur de GM, avait bien raison quand il a dit que l'intérieur du VW Touareg semblait avoir été façonné par une équipe d'ébénistes et d'orfèvres qui avaient sué sang et eau pour créer une ambiance de luxe, de richesse et de précision. Je partage tout à fait son avis et si je détestais un peu moins les VUS, j'achèterais le 4X4 de Volkswagen uniquement pour admirer béatement son tableau de bord. Passionné de montres, j'ai l'impression en le regardant de faire face à un présentoir de fines pièces d'horlogerie suisse. Bon, assez discuté de bon goût. Côté pratico-pratique, ce quatre pattes est à bout de souffle avec son anémique V6 qui, pour faire oublier sa léthargie, fait rétrograder la transmission automatique dès que l'ombre d'une pente se pointe à l'horizon. Chose certaine, vous pourrez sans doute draguer les filles avec ce Touareg mais rien d'autre, si ce n'est une Jetta TDI à l'occasion. Et l'option du V8 coûte la peau des fesses. Imaginez ce que ce sera avec le V10 turbodiesel. La direction m'a semblé lente à réagir tout comme la transmission automatique à six rapports. Comme si l'on n'était pas encore assis assez haut, ce brave engin possède une suspension pneumatique qui peut hausser encore plus la garde au sol. Pourquoi ? Sans doute pour passer par-dessus les billots qu'un camion aura laissé choir sur la 20 un de ces jours.

J'ai aussi invoqué beaucoup d'objets sanctifiés à essayer de décoder les données de l'ordinateur de bord sur le petit écran central. Je cherche encore Info 690 sur la bande AM de l'appareil de radio. Oui, d'accord, je ne suis pas très habile et plutôt très en retard avec ce genre de machins. Je soupçonne toutefois que je ne suis pas le seul. Mais si c'est le cousu-main qui vous impressionne, vous n'en finirez plus de contempler le beau tapis du compartiment à bagages et même de la boîte à gants. Avec le V8 peut-être ?

Jacques Duval

CARACTÉRISTIQUES	
Prix du modèle à l'essai	V8 60 550 $
Échelle de prix	52 100 $ à 60 550 $
Garanties	4 ans 80 000 km / 4 ans 80 000 km
Emp. / Long. / Larg. / Haut. (cm)	285,5 / 475 / 193 / 173
Poids	2404 kg
Coffre / Réservoir	878 à 2010 litres / 100 litres
Coussin de sécurité	frontaux, latéraux et tête
Suspension avant	indépendante, jambes de force
Suspension arrière	indépendante, bras inégaux
Freins av. / arr.	disque ABS
Antipatinage / Contrôle de stabilité	oui
Direction	à crémaillère, assistée
Diamètre de braquage	11,6 mètres
Pneus av. / arr.	255/55VR18

MOTORISATION ET PERFORMANCES	
Moteur	V8 4,2 litres
Transmission	intégrale Tiptronic séquentielle 6 rapports
Puissance	310 ch à 6200 tr/min
Couple	302 lb-pi à 3000 tr/min
Autre(s) moteur(s)	V6 3,2 litres 220 ch
Autre(s) transmission(s)	aucune
Accélération 0-100 km/h	7,6 s ; 9,4 s (V6)
Reprises 80-120 km/h	6,8 s ; 12,0 s (V6)
Vitesse maximale	210 km/h ; 195 km/h (V6)
Freinage 100-0 km/h	37,0 mètres
Consommation (100 km)	15,0 litres (super)
Niveau sonore	n.d.

excessif, avec une certaine tendance au sous-virage à la limite, surtout avec le V8. Les liaisons au sol (pneumatiques) n'apportent pas un progrès très net à ce chapitre, mais, les sacs gonflés au maximum pour affronter des obstacles majeurs, le très compétent baroudeur se «targue» de figurer parmi les meilleurs puisque sa garde au sol atteint 30 cm (Hummer H2 : 26,7 cm).

En attente du V10

En somme, le Touareg remplit bien ses engagements, à des tarifs réalistes pour une production allemande à série assez limitée. Mais avant de poser votre signature au bas du contrat, sachez qu'au cours de l'année 2004, un moteur V10 fera une apparition que l'on prédit fracassante. Avec ses 5 litres de cylindrée,

ce turbodiesel qui sévit déjà en Europe développe 310 chevaux comme le V8, mais singulièrement un couple dévastateur de 558 lb-pi à 2000 tr/min, en plus d'être sobre comme un chameau. Pas surprenant quand on a pour maître un targui.

Jean-Georges Laliberté

MODÈLES CONCURRENTS
• Acura MDX • BMW X5 • Land Rover Discovery
• Lexus RX 330 • Mercedes-Benz ML350

VERDICT	
Agrément de conduite	★★★★☆
Fiabilité	nouveau modèle
Sécurité	★★★★½
Qualités hivernales	★★★★½
Espace intérieur	★★★★☆
Confort	★★★½☆

VERSION RECOMMANDÉE
V8

▲ POUR
- Capacités de franchissement de haut niveau
- Équipement complet • Moteur V8 impeccable
- Coffre gigantesque

▼ CONTRE
- Moteur V6 mal adapté • Fiabilité inconnue
- Allure discutable • Masse imposante
- Complexité redoutable

Sexy suédoise

Ne l'oublions pas, il était une époque où le design des produits Volvo relevait davantage du char d'assaut que de l'automobile. Au tournant du millénaire, les coupé et cabriolet C70 ont heureusement contribué à faire disparaître cette corrélation, grâce à un dessin plus fluide et plus élégant. Introduite en 1997 dans le blockbuster hollywoodien *The Saint* aux côtés de l'acteur Val Kilmer, la gamme C70 ne cesse depuis de battre de l'aile. Pas bénie des dieux, la voiture du Saint…

Le coupé originel a d'ailleurs pris le chemin du purgatoire l'an dernier, le chœur des incantations en sa faveur, à savoir l'intérêt des acheteurs, étant tombé à plat. Nous reste donc le cabriolet, et encore. L'élimination cette année du cinq cylindres turbo à basse pression ne laisse plus aux intéressés qu'une unique motorisation, soit le cinq cylindres turbo à haute pression. Bref, 2004 ne sera pas une année-charnière pour l'élégant cabriolet suédois. Petites nouveautés au menu, une nouvelle couleur extérieure baptisée « poussière de lune » et une sellerie de cuir blanc pour l'intérieur.

Uddevalla 1, Ingolstadt 0

C'est avec étonnement qu'on constate que la carrosserie de l'actuelle C70, construite à Uddevalla, en Suède, date déjà de 1996. Le cabriolet, lancé en 1999, reprend exactement les lignes du coupé dont il s'inspire. La calandre carrée est le seul élément visuel extérieur traditionnel, puisque la ligne plongeante de la caisse et les feux arrière arrondis ont fait à l'époque figure de virage à 180° philosophique pour Volvo.

Sous cette carrosserie se retrouvent de nombreux éléments de sécurité visant à compenser pour les carences typiques d'un cabriolet. La caisse est renforcée de poutrelles afin de la rendre plus rigide, tandis que deux arceaux de sécurité déployables automatiquement à l'arrière de l'habitacle assurent la protection des occupants en cas de renversement du véhicule. Une déviation latérale de 40° ou longitudinale de 72° (!) déclenche les arceaux, le tout en moins de 0,2 seconde. Les concepteurs d'Audi se sont inspirés de ce mécanisme pour l'A4 cabriolet, une concurrente introduite l'an dernier.

D'ailleurs, ce n'est pas la seule similitude que l'on retrouve entre les deux homologues, puisque l'A4 reprend également le même concept de dissimulation du toit, lorsqu'il est abaissé. Celui-ci se rabat sous un panneau qui s'agence bien avec l'intérieur de la décapotable.

Sur le plan de la mécanique, l'allemande d'Ingolstadt a encore du chemin à faire pour rattraper la scandinave, le moteur turbo de la C70 étant de loin plus agréable à utiliser que le V6 de l'A4. Offert en option l'année dernière, ce cinq cylindres turbo de 2,3 litres à position transversale prend toute la place en 2004, reléguant dans l'oubli l'autre turbo à basse pression de 197 chevaux. Celui-ci était plus souple et plus doux et semblait mieux convenir à la configuration de la voiture, mais les ingénieurs de Volvo ont décidé d'opter pour le muscle.

Notons qu'en 2003, les deux moteurs avaient déjà gagné quelques chevaux de plus, l'actuel cinq cylindres passant de 236 à 242 chevaux. Pour en apprécier pleinement la puissance, il est nécessaire d'en apprivoiser les caprices. Le turbocompresseur n'est pas exactement du genre à porter des gants blancs, son apport énergétique étant soudain et tardif. Avec la boîte manuelle à cinq rapports qui est offerte de série et 200 kilos en moins, on est bien loin de la lourdeur d'une A4 cabriolet! En fait, on est tout aussi loin de la finesse d'une BMW 330Ci.

Uddevalla contre Graz en finale

Du point de vue ergonomique, il apparaît évident que Volvo est l'un des chefs de file dans l'art de dessiner un habitacle réussi. Les sièges avant chauffants à huit réglages électriques

CARACTÉRISTIQUES

Prix du modèle à l'essai	63 995 $
Échelle de prix	63 995 $
Garanties	4 ans 80 000 km / 4 ans 80 000 km
Emp. / Long. / Larg. / Haut. (cm)	266 / 472 / 182 / 143
Poids	1564 kg
Coffre / Réservoir	229 litres / 68 litres
Coussins de sécurité	frontaux et latéraux
Suspension avant	indépendante, jambes de force
Suspension arrière	indépendante à triangulation
Freins av. / arr.	disques à antiblocage
Antipatinage / Contrôle de stabilité	oui
Direction	à crémaillère, assistée
Diamètre de braquage	11,7 mètres
Pneus av. / arr.	225/50R16

MOTORISATION ET PERFORMANCES

Moteur	5L 2,3 litres turbo (haute pression)
Transmission	traction, manuelle 5 rapports
Puissance	242 ch à 5400 tr/min
Couple	243 lb-pi à 2400 tr/min
Autre(s) moteur(s)	aucun
Autre(s) transmission(s)	automatique 5 rapports
Accélération 0-100 km/h	7,2 secondes
Reprises 80-120 km/h	6,2 secondes
Vitesse maximale	234 km/h (estimée)
Freinage 100-0 km/h	40,0 mètres
Consommation (100 km)	10,0 litres (super)

sont un exemple de confort, mais il ne faut pas négliger l'attention apportée à la banquette arrière, plus spacieuse et plus confortable que la décevante moyenne de ce qu'on trouve dans les cabriolets à quatre places.

L'accès à toutes les commandes est un jeu d'enfant pour le conducteur. La manipulation du toit escamotable, entièrement automatisée, se fait à l'aide d'une seule touche, qui prend du même coup en charge les glaces latérales. Le toit se glisse dans le coffre, réduisant sensiblement l'espace utile de ce dernier. Autre aspect négatif de ce toit, la lunette arrière est très étroite, ce qui n'est pas le cas des angles morts causés par les larges bandes de tissu qui l'encadrent.

Lorsque le toit est en place, l'habitacle devient très silencieux. Cela permet de découvrir une autre qualité cachée des véhicules de la marque Volvo, la chaîne audio. Un système à 12 haut-parleurs de 400 watts avec capacité ambiophonique Dolby Pro Logic. Comme le dit si bien Rémy Girard dans *Le déclin de l'empire américain*, « C'est pas d'la tarte, ça ! ».

Conçu dans les froides landes scandinaves, le cabriolet C70 se doit d'être aussi utilisable en hiver. L'étanchéité de la toile ne semble pas faire de doute quant à sa résistance à la neige. Les systèmes d'aide à la traction devraient se charger du reste. Un système antipatinage de série se voit secondé par un régulateur de traction dans le modèle à transmission automatique.

Enfin, pour pousser plus loin la comparaison, il sera intéressant de voir où se situe la nouvelle 9[3] décapotable de Saab dans ce créneau. Deux suédoises décapotables, toutes deux munies d'un turbo... Voilà un match comparatif qui devrait en intéresser plusieurs ! Sérieusement, la liste d'améliorations techniques apportées à la nouvelle 9[3], son prix qui devrait être très concurrentiel et la refonte de sa carrosserie sont autant de rides qui marquent l'état vieillissant de l'autre suédoise, la C70. C'est le Saint qui doit se creuser la tête !

Alain Mc Kenna

MODÈLES CONCURRENTS

• *Audi A4 cabriolet* • *BMW 330Ci* • *Mercedes-Benz CLK*
• *Saab 9[3]*

QUOI DE NEUF ?

• *Une seule motorisation offerte* • *Couleur de carrosserie «poussière de lune» et sellerie de cuir blanc*

Renouvellement du modèle	n.d.

VERDICT

Agrément de conduite	★★★★☆
Fiabilité	★★★☆☆
Sécurité	★★★⯪☆
Qualités hivernales	★★☆☆☆
Espace intérieur	★★★☆☆
Confort	★★★☆☆

VERSION RECOMMANDÉE

Une seule version

▲ POUR

• **Belle apparence** • **Sécurité accrue pour un cabriolet** • **Mécanique puissante** • **Banquette utile**

▼ CONTRE

• **Design un peu usé** • **Visibilité arrière minimale** • **Prix élevé**

SLD 315

COUP DE POING

Est-ce bien une Volvo ?

La tendance à la concentration de l'industrie automobile entre les mains de quelques gros constructeurs a conduit à un multiculturalisme croissant dans la production automobile, et la Volvo S40 en constitue l'exemple patent. Fabriquée par une société d'origine suédoise, mais qui appartient à des intérêts américains (Ford), la S40 est assemblée dans une usine des Pays-Bas, sur une base empruntée à la japonaise Mitsubishi Carisma. Faut-il se surprendre qu'elle éprouve de légers problèmes d'identité ?

Offerte en configuration berline (S40) ou familiale (V40), cette compacte justifie son prix assez élevé par un raffinement qui la situe dans le créneau d'entrée des berlines de luxe, avec tout ce que cela signifie en termes d'image, d'opulence et de comportement routier. Non seulement elle rate sa cible, mais ses places arrière étriquées l'éliminent presque d'office comme véhicule familial. Or, son tempérament tranquille et son allure effacée ne cadrent guère avec le style d'un célibataire ou d'un jeune couple. Restent les autres, qui n'ont pas besoin d'un habitacle spacieux, pour qui la sécurité constitue un critère essentiel et qui désirent s'offrir absolument une Volvo neuve.

Une voiture ancienne

Le projet s'est teinté dès le départ d'un certain flou artistique, avec le choix de la plate-forme Mitsubishi conçue à l'intention première d'une compacte économique (la Carisma) dont les ambitions étaient forcément plus modestes que celles de la S40. En somme, le temps et l'argent ont imposé à Volvo une plate-forme qui n'avait pas toute l'intégrité souhaitable. Ajoutons que 10 années ont maintenant passé depuis sa mise en service originale, et vous aurez une idée du retard à combler.

En Amérique, où elle est présente depuis l'année 2001, elle n'offre qu'une seule motorisation : un quatre cylindres turbo basse pression de 1,9 litre qui abrite un attelage de 170 chevaux. Ses performances sont convenables, et le turbo lui confère une agréable souplesse, comme en fait foi son couple maximal atteint à 1800 tr/min, une performance hélas ! assombrie par le léger délai qui marque son temps de réaction. Sa transmission automatique à cinq rapports propose trois modes : économique, sportif et hiver, le dernier permettant de pondérer les accélérations sur chaussée glissante. Elle fonctionne avec douceur et n'a pas grand-chose à se faire pardonner, sinon de ne pas être accompagnée d'une bonne boîte manuelle qui accommoderait les conducteurs plus impulsifs.

La S40/V40 se défend assez bien sur la route grâce à sa stabilité correcte à vitesse de croisière s'il ne vente pas trop, à son comportement sans surprise et à sa direction précise, mais le tranchant de ses réactions dynamiques n'est guère affûté. Elle manifeste assez tôt sa tendance au sous-virage, et accuse un solide roulis dans les courbes. L'amortissement progressif favorise une douceur de roulement enviable, même si les suspensions peuvent cogner assez durement au passage des profondes saignées. Les freins à disque assistés de l'ABS et du répartiteur électronique de la force de freinage procurent des arrêts rectilignes mais plus longs que la moyenne. La sécurité active est complétée par un système de stabilité dynamique (DSA) qui réagit au patinage des roues motrices en y apportant le correctif approprié. Efficace, mais on préférerait un train avant accrocheur.

Le trait dominant chez la Volvo S40 réside dans sa capacité à vous emmener sur de longues distances sans vous fatiguer. La douceur de ses suspensions y est pour beaucoup, bien sûr, tout comme son habitacle bien insonorisé qui filtre efficacement les bruits du dehors, hormis quelques perturbations éoliennes se manifestant à vitesse de croisière. Mais on s'en voudrait de ne pas accorder tout le crédit qui revient aux sièges avant. Confortables, soutenants, ils réchauffent même votre pos-

CARACTÉRISTIQUES	
Prix du modèle à l'essai	V40 31 495 $
Échelle de prix	31 495 $ à 35 295 $
Garanties	4 ans 80 000 km / 4 ans 80 000 km
Emp. / Long. / Larg. / Haut. (cm)	256 / 454 / 172 / 142
Poids	1280 kg
Coffre / Réservoir	471 à 1421 litres / 60 litres
Coussins de sécurité	frontaux, latéraux et tête
Suspension avant	indépendante, jambes de force
Suspension arrière	indépendant, multibras
Freins av. / arr.	disque ABS
Antipatinage / Contrôle de stabilité	oui
Direction	à crémaillère, assistée
Diamètre de braquage	10,6 mètres
Pneus av. / arr.	195/60R15

MOTORISATION ET PERFORMANCES	
Moteur	4L 1,9 litre turbo
Transmission	traction, automatique 5 rapports
Puissance	170 ch à 5500 tr/min
Couple	177 lb-pi à 1800 tr/min
Autre(s) moteur(s)	aucun
Autre(s) transmission(s)	aucune
Accélération 0-100 km/h	9,0 secondes
Reprises 80-120 km/h	8,5 secondes
Vitesse maximale	200 km/h
Freinage 100-0 km/h	44,0 mètres
Consommation (100 km)	9,1 litres (super)

térieur en hiver. Les places arrière, on l'a dit, sont moins accueillantes en raison du faible dégagement aux jambes ; à l'inverse, le coffre est étonnamment vaste, et le volume de charge passe du simple au double dans la familiale, avec les dossiers arrière rabattus.

Un sentiment d'ennui

À l'image de sa silhouette banale, la S40 propose un habitacle dont l'aménagement, pour être fonctionnel, inspire un certain sentiment d'ennui. La présentation monotone fait suremploi de plastiques d'apparence terne, du moins dans la version de base, puisque les voitures équipées de l'ensemble LE ont droit à des matériaux plus nobles. Les accessoires de ce groupe d'options ne sont pas vendus individuellement et il vous faut prendre nécessairement l'ordinateur de bord pour avoir droit aux roues de 16 pouces, au système de stabilité et à la sellerie de cuir, ce qui de toute façon semble un *must* pour une voiture de luxe. Mais alors, son prix se rapproche dangereusement

des 40 000 $, et il n'y a que le siège du conducteur qui ait les réglages électriques. Songeons à ce que l'on pourrait s'offrir ailleurs pour un déboursé semblable...

Reste l'arsenal de protection : coussins frontaux, latéraux, rideaux gonflables pour la tête, fauteuils avant conçus pour protéger du «coup de lapin», pas d'erreur, c'est bien une Volvo, mais une Volvo datant des premiers efforts du constructeur suédois pour dynamiser sa gamme, et qui à ce titre commence à se faire obsolète. La prochaine génération devrait voir le jour dès l'an prochain, sur une plate-forme que partagerait la Ford Focus, et éventuellement une Mazda. Encore la mondialisation. Attendez donc de voir ce qu'elle nous réserve...

Jean-Georges Laliberté

MODÈLES CONCURRENTS
• Audi A4 • BMW Série 3 • Saab 9³ • Volkswagen Passat

QUOI DE NEUF ?
• Version SE regroupant les principales options

Renouvellement du modèle	2005

VERDICT	
Agrément de conduite	★★☆☆☆
Fiabilité	★★★☆☆
Sécurité	★★★★☆
Qualités hivernales	★★★☆☆
Espace intérieur	★★☆☆☆
Confort	★★★☆☆

VERSION RECOMMANDÉE

V40 avec groupe d'options SE

▲ POUR	▼ CONTRE
• Roulement confortable • Sièges avant accueillants • Bonne sécurité passive • Moteur souple • Comportement routier stable	• Plate-forme à revoir • Places arrière étriquées • Absence de boîte manuelle • Délai de réaction du turbo

Cinq sympathiques cinq cylindres

La Volvo S60 ratisse encore plus large cette année avec une gamme très complète qui se décline en cinq versions, soit la tranquille 2,4, la 2,5T à deux ou quatre roues motrices, la costaude T5 et la nouvelle sportive R. On remarque la disparition du moteur 2,4 turbo que personne ne regrettera.

On a voulu donner à ces berlines aux lignes distinctives et attrayantes l'apparence d'un coupé sport avec une ligne de toit particulièrement fuyante vers l'arrière. L'habitacle de généreuse dimension présente un ensemble de matériaux de bonne qualité, à la facture sans reproche. L'ergonomie ne prête pas flanc à la critique, sauf pour les contrôles de la radio qui exigent la consultation préalable du manuel d'instructions. Les fauteuils à l'avant offrent un confort et un soutien dignes de mention, et le cuir dont certains sont tendus respire la classe. Le grand coffre s'agrandit par le dossier fractionnable de la banquette arrière.

Un credo : la sécurité avant tout
Chaque version protège de façon extrêmement efficace ses occupants, adultes ou enfants. On y trouve en effet des coussins gonflables frontaux, latéraux et pour la tête, cinq appuie-tête rembourrés (ceux des sièges avant se déplaçant vers la tête des passagers dans l'éventualité d'une collision par l'arrière), des cein-tures à mécanisme de tension pyrotechnique, des sièges pour enfants intégrés à l'arrière, et j'en passe.

À la base, la 2,4 arrive avec un moteur 2,4 litres atmosphérique de 168 chevaux. Les accélérations et les reprises qu'il procure sont pour le moins tranquilles puisqu'il doit déplacer une masse de 1440 kilos et qu'il atteint son couple maximum à 4500 tr/min. À pleine charge, il vous faudra donc planifier très soigneusement vos dépassements. Sa dotation de base comprend principalement l'ABS et un antipatinage, des roues en alliage (de 15 pouces seulement), des sièges chauffants (tissu) réglables en hauteur, l'air climatisé automatique en deux zones, et les principales assistances électriques. Son comportement routier peut être qualifié poliment de prévisible, mais les étroits pneus de section 65 ne vous permettront pas beaucoup de fantaisie. En un mot, ses performances générales justifient difficilement un prix d'attaque de plus de 36 000 $, à moins que le critère «sécurité» arrive au sommet de votre liste de priorités.

Offerte en version traction ou intégrale, la 2,5 T reçoit un autre cinq cylindres appuyé par un turbo à basse pression qui lui donne une vigueur opportune. Ses 208 chevaux et surtout son couple abondant à très bas régime (236 lb-pi à 1500 tr/min !) justifient presque à eux seuls le prix d'entrée plus raide de 5000 $. Surtout que vous aurez aussi droit à des pneumatiques de taille 16 pouces, à un toit ouvrant électriquement et à une boîte automatique à cinq rapports (séquentielle Geartronic pour l'intégrale, mais malheureusement, pas de manuelle) très soyeuse, mais lente à rétrograder. Toutefois, vous devrez encore allonger votre mise pour le cuir et d'autres équipements luxueux. La version intégrale rendra vos déplacements encore plus sécuritaires et elle apparaît mieux équilibrée que les tractions, moins sous-vireuse, et aussi confortable.

Une T5 sans AWD, dommage
Quant à la T5, elle s'anime avec autorité grâce à une variante du même moteur ramené à une cylindrée de 2,3 litres, appuyé par un turbo haute pression qui lui permet de claironner ses 247 chevaux. Elle réussit à abattre le 0-100 km/h en 6,8 secondes avec la manuelle, (l'automatique séquentielle est aussi disponible) mais curieusement, elle manque de coffre à bas régime par rapport à la 2,5 T. En pleine accélération cependant, l'effet de couple prononcé sur les roues avant nous fait regretter l'absence d'une AWD.

Prix du modèle à l'essai	*S60R 59 995 $*
Échelle de prix	*36 495 $ à 59 995 $*
Garanties	*4 ans 80 000 km / 4 ans 80 000 km*
Emp. / Long. / Larg. / Haut. (cm)	*271,5 / 461 / 180 / 143*
Poids	*1637 kg*
Coffre / Réservoir	*424 litres / 70 litres*
Coussins de sécurité	*frontaux, latéraux et tête*
Suspension avant	*indépendante, jambes de force*
Suspension arrière	*indépendante, multibras*
Freins av. / arr.	*disque ABS*
Antipatinage / Contrôle de stabilité	*oui*
Direction	*à crémaillère, assistance variable*
Diamètre de braquage	*13,0 mètres*
Pneus av. / arr.	*235/40YR18*

MOTORISATION ET PERFORMANCES

Moteur	*5L 2,5 litres turbo*
Transmission	*intégrale, auto. séquentielle 5 rapports*
Puissance	*300 ch à 5500 tr/min*
Couple	*258 lb-pi à 1950 tr/min*
Autre(s) moteur(s)	*5L 2,4 l 168 ch; 5L 2,5 l 208 ch;*
	5L 2,3 l 247 ch
Autre(s) transmission(s)	*man. 6 rapports;*
	man. et auto. 5 rapports
Accélération 0-100 km/h	*7,5 s; 5,7 s (man. 6)*
Reprises 80-120 km/h	*6,0 s; 7,5 s (man. 6, 4e)*
Vitesse maximale	*250 km/h*
Freinage 100-0 km/h	*36,0 mètres*
Consommation (100 km)	*14,5 litres (super)*

MODÈLES CONCURRENTS

• Audi A4 3,0 et S4 • BMW Série 3 et M3 • Jaguar X-Type • Lexus IS 300 • Mercedes-Benz Classe C

QUOI DE NEUF ?

• Moteur 2,5T remplace le 2,4T • Direction ZF Servotronic dans certaines versions • Instruments légèrement différents • Phares bi-xénon en option partout • Nouvelles couleurs

Renouvellement du modèle — 2006

VERDICT

Agrément de conduite	★★★★☆
Fiabilité	★★★½☆
Sécurité	★★★★½
Qualités hivernales	★★★★☆
Espace intérieur	★★★★½☆
Confort	★★★★½☆

VERSION RECOMMANDÉE

2,5T AWD

Une « R » comme dans rrrapide !

Depuis le printemps dernier, quelques «Volvophiles» privilégiés peuvent s'offrir une version R de la S60. Modestement habillée d'une robe légèrement altérée par rapport à celle de ses sœurs, elle cache bien ses attributs. On y trouve en effet le même bloc cinq cylindres 2,5 litres, mais nourri au lait de Walkyrie par un gros turbo lui permettant d'offrir 300 chevaux.

Tenter de faire passer cette frénésie par les seules roues avant serait comme vouloir apprendre à un cobra royal à faire du patin à roues alignées. Par conséquent, elle adopte aussi la traction intégrale, via la boîte automatique Geartronic, ou une manuelle à six rapports fort bien étagée. Elle dispose aussi de la nouvelle technologie «4C» pour : «concept de châssis à contrôle continu» permettant à un puissant ordinateur de bord d'interagir avec toutes les assistances électroniques, incluant les suspensions et les freins Brembo de 330 mm. La dureté des amortisseurs peut être ajustée 500 fois par seconde, et le conducteur peut choisir entre trois réglages de suspensions, soit : confort, sport, ou sport évolué. De très raides Pirelli P Zero Rosso en taille 18 pouces s'assurent de bien vous coller au bitume, mais un système de stabilité électronique efficace veille au grain. Même si on la destine à une lutte directe avec la BMW M3 (333 chevaux) et la nouvelle Audi S4 (340 chevaux), le combat reste inégal, tant sur le plan des performances que du comportement routier, mais il ne faut pas perdre de vue que son prix de 60 000 $ représente une «économie» de près de 15 000 $ par rapport à la BMW et de 8000 $ sur la S4.

En somme, les S60 demeurent fidèles à la philosophie initiale du constructeur suédois, soit d'offrir des voitures bourgeoises, éminemment pratiques et sécuritaires, tout en permettant à certains conducteurs de s'éclater avec la R.

Jean-Georges Laliberté

▲ POUR

• Performances endiablées (S60R) • Freinage puissant • Système AWD commode • Gamme étendue • Sécurité passive impressionnante

▼ CONTRE

• Rareté (S60R) • Places arrière exiguës • Performances timides (2,4) • Radio mal conçue • Suspensions raides (T5 et R)

La mère vieillissante

La Volvo S80 représente pour le moment le sommet de la gamme Volvo, en attendant une hypothétique S100 qui serait elle-même dérivée d'une future V90. Comme vous le constatez, les remplaçantes se pressent au portillon, car la S80 a virtuellement fait son temps.

Elle est en effet la « mère » d'une bonne partie de la famille Volvo. Parmi ses rejetons, on compte en effet la S60, la V70 et la XC90, la S40 étant plutôt l'enfant « adultérin » ayant résulté d'une aventure éphémère avec un partenaire asiatique (Mitsubishi). Cette grande berline élégante se pose comme une option alternative séduisante à ses adversaires allemandes et japonaises, et compte sur une architecture originale pour se faire remarquer.

Depuis sa conception, elle se présente sous forme de traction, avec des moteurs transversaux. Le défi semblait de taille, car ses rivales utilisent leurs roues arrière pour assurer un comportement routier de haut niveau, et la longueur de ses moteurs six cylindres en ligne ne favorise pas une implantation facile entre les roues avant, ni un diamètre de braquage restreint.

Tenez le volant !

Concrètement, la S80 n'a pas réussi à s'imposer vraiment depuis son arrivée. Elle fait donc l'objet cette année d'une remise en forme, avec le restylage très discret de sa partie avant, incluant ses projecteurs, et l'ar-

rivée de la compétente suspension 4C à deux réglages, soit confort et sport, déjà disponible dans les S60 et V70 R. Qui plus est, elle doit recevoir un peu plus tard cette année le système de traction intégrale ainsi que le moteur turbo cinq cylindres de 208 chevaux empruntés aux S60 et V70 2,5T. En fait, ce groupe motopropulseur devrait pouvoir corriger un défaut majeur du comportement de la S80, soit son effet de couple prononcé qui fait en sorte que le volant tire à gauche et à droite lorsque vous accélérez fortement.

La S80 arrive à la base avec un six cylindres de 194 chevaux qui ne vous agacera pas trop par son influence négative dans la direction. Par ailleurs, même si sa douceur et son silence ne peuvent être pris en défaut, sa puissance assez limitée vous embarrassera par rapport à la concurrence dans le même créneau. Les gens de Volvo y avaient d'ailleurs pensé à l'origine, puisque le même bloc-moteur reçoit l'assistance de deux petits turbos dans la T6, qui lui permettent de mieux respirer et de relâcher 268 chevaux. Ils procurent des performances et des reprises de bon niveau, mais vous devrez serrer bien fort le beau volant recouvert de

cuir si vous ne voulez pas être déporté en accélérant à fond. Alors, pourquoi payer pour toute cette puissance, si elle demeure inutilisable ? La transmission automatique (avec mode hiver dans la 2,9, et séquentielle Geartronic dans la T6) à quatre rapports commence à paraître un peu larguée parmi les boîtes semblables offertes par la concurrence, qui en comptent cinq, six et même sept chez Mercedes. Elle passe les vitesses en douceur (après tout, elle est empruntée à GM), mais l'espacement entre les rapports demeure trop considérable.

Un habitacle luxueux et sécuritaire

Heureusement, la cabine « sauve les meubles », car elle présente un environnement qui soigne ses occupants aux petits oignons. L'équipement demeure à la hauteur de son statut de porte-étendard de la marque puisqu'il comprend l'air climatisé automatique à deux zones et toutes les assistances électriques usuelles. Les fauteuils chauffants tendus d'un cuir qui vous ravira le nez et le popotin s'ajustent électriquement dans huit sens. L'ergonomie satisfait dans l'ensemble, mais le volant cache le mécanisme de la clef de contact et l'interrupteur pour les antibrouillards. Il intègre en revanche des commandes pratiques pour le régulateur de vitesse et la chaîne audio. Cette dernière ne manque

pas de puissance, mais son fonctionnement pas très orthodoxe exige une période de familiarisation. Il importe de souligner que la banquette arrière accommode avec confort trois adultes de taille normale et que son dossier se replie pour dégager encore plus d'espace vers le coffre déjà très spacieux.

Comme dans toutes les productions Volvo, la sécurité passive des occupants demeure la préoccupation fondamentale des concepteurs de la S80. On retrouve en effet des coussins gonflables frontaux, latéraux dans les fauteuils avant, et pour la tête des occupants assis près des portières, des fauteuils avant équipés du système WHIPS qui protègent leurs passagers dans l'éventualité d'une collision par l'arrière. La S80 comporte aussi cinq ceintures de sécurité avec mécanisme de tension pyrotechnique. La visibilité panoramique du conducteur peut aussi être améliorée en abaissant électriquement les appuie-tête arrière si la banquette est inoccupée. Quant à la sécurité active, elle est

assurée dans la 2,9 par un antipatinage perfectionné entrant en action à toutes vitesses (STC), appuyé dans la T6 par un système de stabilité électronique (DSTC).

Sur l'autoroute, la S80 rassure aussi par son comportement stable, sinon placide. Elle négocie avec une bonne tenue les longues courbes, mais les petites routes sinueuses la font paraître lourdaude et mal à l'aise. Sa direction assez précise témoigne cependant mal de la nature du revêtement et de l'adhérence disponible. Le freinage demeure puissant et endurant en conduite normale, et l'ABS joue son rôle sans trop de fausses alertes.

En somme, la S80 arrive au bout de sa course. Elle évolue parmi des concurrentes tellement compétentes que son rapport prix/performances/équipement apparaît moins attrayant. À tout prendre, la « future » version AWD semble la mieux équilibrée, mais vous feriez encore une meilleure affaire avec une S60 2,5T.

Jean-Georges Laliberté

CARACTÉRISTIQUES

Prix du modèle à l'essai	2,9 / 54 895 $
Échelle de prix	54 895 $ à 62 895 $
Garanties	4 ans 80 000 km / 4 ans 80 000 km
Emp. / Long. / Larg. / Haut. (cm)	279 / 482 / 183 / 145
Poids	1584 kg
Coffre / Réservoir	403 litres / 80 litres
Coussins de sécurité	frontaux, latéraux et tête
Suspension avant	indépendante, jambes de force
Suspension arrière	indépendante, multibras
Freins av. / arr.	disque ABS
Antipatinage / Contrôle de stabilité	oui / non
Direction	à crémaillère, assistée
Diamètre de braquage	12,0 mètres
Pneus av. / arr.	225/55R16 ; 225/50R17 (T6)

MOTORISATION ET PERFORMANCES

Moteur	6L 2,9 litres
Transmission	traction, automatique 4 rapports
Puissance	194 ch à 5200 tr/min
Couple	207 lb-pi à 3900 tr/min
Autre(s) moteur(s)	6L biturbo 268 ch
	(5L 208 ch bientôt)
Autre(s) transmission(s)	Geartronic séquentielle 4 rapports
	(intégrale bientôt)
Accélération 0-100 km/h	8,3 s ; 7,2 s (T6)
Reprises 80-120 km/h	7,3 s ; 5,8 s (T6)
Vitesse maximale	225 km/h
Freinage 100-0 km/h	39,0 mètres
Consommation (100 km)	12,0 litres (super)

MODÈLES CONCURRENTS

• Acura RL • Audi A6 • BMW Série 5 • Infiniti M45
• Mercedes-Benz Classe E

QUOI DE NEUF ?

• Quelques retouches à la carrosserie • Version intégrale plus tard dans l'année • Instruments genre S60R
• Suspension « 4C » disponible

Renouvellement du modèle	Probablement 2005

VERDICT

Agrément de conduite	★★★★☆
Fiabilité	★★★☆☆
Sécurité	★★★★★
Qualités hivernales	★★★★☆
Espace intérieur	★★★★☆
Confort	★★★★☆

VERSION RECOMMANDÉE

2,9

▲ POUR

• Excellente sécurité passive • Confort des suspensions • Freinage compétent • Bonne finition • Image BCBG rassurante

▼ CONTRE

• Voiture accusant son âge • Effet de couple important • Fiabilité inquiétante • Moteur 2,9 litres juste • Boîte à 4 rapports dépassée

Mythe et réalité

Le succès commercial de ces familiales doit plus à la réputation de sérieux de la marque et à son image sécurisante qu'à leur volume intérieur et à leur polyvalence. Cette affirmation paraîtra sans doute sévère à l'oreille des consommateurs – et ils sont nombreux – qui considèrent la V70 et ses dérivées comme étant le nec plus ultra des déplacements familiaux.

Si vous recherchez une familiale de plus de 40 000 $, il y a de bonnes chances que la V70 de Volvo se trouve parmi les candidates sur votre liste d'achat. Notre véhicule d'essai disposait du groupe Titanium (5800 $), soit une sellerie de cuir de couleur graphite avec siège du passager télécommandé (celui du conducteur l'est déjà), un rétroviseur intérieur à gradation automatique, un siège pour enfant intégré, des roues en alliage de 17 pouces, une galerie de toit, des baguettes de flanc et des pare-chocs de couleur argent qui s'harmonisent joliment à la seule couleur disponible : gris titane.

Peu importe la version retenue, la V70 ouvre grand ses portes pour nous accueillir. S'installer à son bord, c'est d'abord apprécier le dessin et le moelleux des sièges. On y trouve vite sa place grâce aux multiples ajustements disponibles et à une colonne de direction à la fois inclinable et télescopique. L'intérieur est moins massif qu'auparavant, mais tout aussi bien fini et orné, selon les versions, de bois aux essences colorées ou d'un fini aluminium qui égaye l'habitacle. Cette Volvo sait mettre à l'aise et offre un tableau de bord sobre et valorisant. Bien finie et correctement équipée, elle n'est cependant pas à l'abri des critiques. On regrette par exemple la mauvaise réception radio, l'instrumentation sommaire, l'étroite lunette qui rend la marche arrière parfois délicate et l'ergonomie toujours perfectible des commandes (sièges, radio, ordinateur de bord).

Sans être limité, l'espace intérieur n'a rien d'impressionnant pour un véhicule de ce gabarit, notamment en ce qui concerne le dégagement des jambes à l'arrière. En revanche, on appréciera la possibilité d'incliner les dossiers de la banquette pour piquer une sieste ou accroître l'espace cargo sans avoir à les rabattre complètement. Au cours de sa refonte, la V70 n'a guère progressé au chapitre du volume utilitaire. Les divers aménagements ont beau être pratiques (d'autres constructeurs, comme Saab, savent faire mieux), le rapport contenance-encombrement demeure peu avantageux.

Les grands espaces

À défaut d'offrir un comportement précis ou vif, la V70 est une routière équilibrée et sécurisante. Si le train avant manque de précision à cause de sa lourdeur et d'une assistance de direction peu empressée d'alléger la tâche, cela n'empêche pas la V70 d'être parfaitement assise en courbe, une fois placée. Son poids important la rend pataude dans les enchaînements, mais son train arrière rivé au sol donne la sensation que rien ne peut perturber sa trajectoire.

En ville, les fleurs lancées à cette familiale se fanent très rapidement. Ses généreuses dimensions extérieures, conjuguées à un diamètre de braquage franchement handicapant, rendent la V70 peu à l'aise dans la cité. La faute incombe en grande partie à la position transversale du moteur.

Sur route dégradée, la qualité des sièges sauve, en partie, un confort altéré par des suspensions trépidantes dans de trop nombreuses circonstances. À l'arrière, les passagers souffrent davantage, d'autant que leurs sièges, du fait de leur dessin et de leur position près de l'essieu, s'avèrent moins confortables. C'est souvent le cas des familiales en conduite à vide. La V70 s'est révélée moins sautillante et tout aussi stable en virage avec cinq personnes à bord et quelque 100 kilos de bagages.

CARACTÉRISTIQUES

Prix du modèle à l'essai	V70 AWD 45 495 $
Échelle de prix	37 495 $ à 59 995 $
Garanties	4 ans 80 000 km / 4 ans 80 000 km
Emp. / Long. / Larg. / Haut. (cm)	276 / 471 / 180 / 153
Poids	1485 kg
Coffre / Réservoir	1061 à 2023 litres / 80 litres
Coussins de sécurité	frontaux et latéraux
Suspension avant	indépendante, jambes de force
Suspension arrière	indépendante, multibras
Freins av. / arr.	disque ABS
Antipatinage / Contrôle de stabilité	oui (optionnel)
Direction	à crémaillère, assistance variable
Diamètre de braquage	11,9 mètres
Pneus av. / arr.	205/55R16

MOTORISATION ET PERFORMANCES

Moteur	5L 2,5 litres turbo
Transmission	intégrale, automatique 5 rapports
Puissance	208 ch à 6000 tr/min
Couple	236 lb-pi à 1500 tr/min
Autre(s) moteur(s)	5L 2,4 l 168 ch ;
	5L 2,3 l turbo 247 ch ; 5L 2,5 l turbo 300 ch (R)
Autre(s) transmission(s)	man. 5 ou 6 rapports (R)
Accélération 0-100 km/h	8,9 s ; 7,3 s (T5), 6,7 s (R)
Reprises 80-120 km/h	7,3 secondes
Vitesse maximale	200 km/h ; 250 km/h (R)
Freinage 100-0 km/h	42,7 mètres
Consommation (100 km)	10,9 litres (super)

MODÈLES CONCURRENTS

- Audi Allroad • BMW 325 Touring • Lexus Sportcross
- Mercedes-Benz Classe C 4Matic • Saab 9⁵
- Subaru Outback • VW Passat W8

QUOI DE NEUF ?

- Modèle V70R • Moteur 2,5T de série dans la V70 AWD
- Direction améliorée • Nouvelles couleurs • Phares
au bi-xénon en option • Nouveaux groupes d'option

Renouvellement du modèle	2006

VERDICT

Agrément de conduite	★★★⯨☆
Fiabilité	★★★☆☆
Sécurité	★★★★⯨
Qualités hivernales	★★★★⯨
Espace intérieur	★★★⯨☆
Confort	★★★⯨☆

VERSION RECOMMANDÉE

Le modèle de base suffit si vous n'êtes pas pressé

La préférence de la V70 va à l'autoroute où elle file, et vite à part ça. Attention toutefois sur chaussée mouillée où la V70 a montré l'un de ses principaux défauts : la motricité. Par chance que l'antipatinage veille au grain. Grâce à cette béquille électronique d'une discrétion exemplaire, la V70 devient très saine. Sans le voyant lumineux qui scintille au tableau de bord, on se rendrait à peine compte de son intervention, ce qui permet de rouler à bon rythme avec un sentiment de sécurité certain.

Un joyau

Sous le capot est dissimulé un joyau : un moteur cinq cylindres de 2,5 litres suralimenté par turbocompresseur de 208 chevaux. Désormais de série dans le modèle d'entrée de gamme, cette mécanique est surtout appréciée pour son couple accru. C'est, en effet, un régal de disponibilité et de force contenue. Relativement peu impressionnant, car élastique et très linéaire, ce moteur vous emmène toujours avec force. On lui reprochera

seulement de ne pas économiser les 80 litres de super qui se trouvent dans son réservoir d'essence. La transmission automatique à cinq rapports qui l'accompagne semble un peu lente, mais son agrément est fort acceptable. Et le freinage ? Puissant, mordant et endurant. Que demander de plus ?

Familiale très prisée, la V70 est taillée pour les grands espaces. D'un comportement sûr et très performante avec son cinq cylindres turbo onctueux, la V70 mise sur le sentiment de sécurité qui naît à son bord. Les petits budgets préféreront la version de base à cette version endimanchée qui, avec les taxes, franchit la barre des 50 000 $. À ce prix, il existe des véhicules plus polyvalents, plus homogènes. « Et sûrs », dites-vous ? Oui, aussi.

Il ne faut pas oublier la V70 XC qui est la réplique suédoise de la Subaru Outback. Empattement plus haut, présentation distincte et prix plus corsé. Pour le reste, c'est une V70 AWD. À vous de décider !

Éric LeFrançois

▲ POUR

- Rapport qualité/prix version de base
- Mécanique plus musclée • Qualité d'assemblage • Confort des fauteuils avant

▼ CONTRE

- Coffre pas si spacieux que ça
- Plutôt une XC90 !
- Pneus bruyants • Fiabilité perfectible

La sécurité avant tout

Comparativement au BMW X5, à l'Infiniti FX45 et au récent Porsche Cayenne, le Volvo XC90 n'a pas été conçu dans l'esprit d'égaler les performances d'une berline sport, mais plutôt sur la base traditionnelle de la marque suédoise reconnue pour « la sécurité de ses véhicules ». Voilà un thème qui a longuement défrayé les manchettes au cours des dernières années.

En effet, de nombreux groupes de pression (religieux notamment) américains et européens ont fait campagne pour que l'on boycotte ou réglemente l'utilisation des utilitaires sport. En plus d'être énergivores, on reproche à ces mastodontes d'être à l'origine d'accidents mortels. Il est facile d'imaginer les dégâts causés par un gros utilitaire lors d'un impact avec une petite voiture. Le mouvement anti-VUS est encore plus répandu en Europe où les sous-compactes occupent la grande majorité du marché. Sensibles à ce genre d'arguments, les ingénieurs de Volvo ont usé de leur savoir-faire pour tenter d'améliorer la sécurité du XC90 face à ses vis-à-vis.

Une conception sécuritaire

Comme les utilitaires sport possèdent une garde au sol éléphantesque, leurs pare-chocs et autres éléments structuraux sont boulonnés à une hauteur plus élevée que celle des autres véhicules. Même si les voitures modernes possèdent des poutres protectrices et des zones de déformation conçues pour dissiper l'éner-

gie en cas de collision, ces éléments s'avèrent presque inutiles face à un gros utilitaire. Pour réduire les dommages causés aux autres véhicules, le sous-châssis de la suspension avant du XC90 est complété par une traverse inférieure dissimulée derrière le becquet aérodynamique avant et positionnée à la hauteur du pare-chocs d'une voiture conventionnelle. De même, la ligne douce de la carrosserie dépourvue de pièces en saillie a été dessinée dans le but de réduire les risques de blessure aux piétons et aux cyclistes. De plus, le capot déformable est censé amortir le choc advenant qu'un individu y soit projeté. Des tests ont prouvé que Volvo avait vu juste. Toutefois, personne de l'équipe du *Guide de l'auto* ne s'est porté volontaire pour expérimenter le tout…

De par leur conception, les utilitaires sport sont plus susceptibles de capoter. Pour réduire un tel risque, le XC90 est le premier véhicule de sa catégorie à être équipé d'un système de contrôle de stabilité du roulis (RCS). Dès que le dispositif anticipe un angle de roulis critique, celui-ci sollicite le régulateur de contrôle dynamique de la stabilité (DSTC) qui réduit la force motrice

des roues jusqu'à ce que la stabilité soit rétablie. Puisque tout système d'aide à la conduite a ses limites et qu'un capotage demeure toujours possible, les passagers sont également bien protégés en cas de retournement. En effet, certaines parties de la structure du toit ont été renforcées d'acier au bore, un alliage quatre à cinq fois plus résistant que l'acier ordinaire. De même, un rideau gonflable s'étend aux trois rangées de sièges et épouse le contour des vitres latérales en cas d'impact.

Le XC90 est équipé de série d'un rouage intégral Haldex similaire à celui de la S60. Dès que les roues motrices avant patinent, le système dirige instantanément jusqu'à 95 % du couple vers les roues arrière. Ce dispositif agit de concert avec le système DSTC qui freine automatiquement la roue en perte de traction pour reporter le couple vers celle qui en possède le plus. Malgré les prétentions de Volvo, nous avons été en mesure de constater que le système n'intervient pas aussi rapidement que prévu, soit en moins de $1/7$ de tour de roue ! Malgré tout, le système assure une motricité permettant de rouler en toute quiétude sur les routes hivernales. Toutefois, ne croyez pas que le XC90 vous fera grimper aux arbres. Dépourvu d'une boîte de transfert à rapport court, il n'a pas les prétentions d'un Land Rover. Cependant, il a le mérite de déclasser l'imprévisible rouage intégral du

CARACTÉRISTIQUES	
Prix du modèle à l'essai	2,5T 58 945 $
Échelle de prix	54 495 $ à 59 995 $
Garanties	4 ans 80 000 km / 4 ans 80 000 km
Emp. / Long. / Larg. / Haut. (cm)	286 / 480 / 189 / 174
Poids	2046 kg
Coffre / Réservoir	1178 à 2403 litres / 70 litres
Coussins de sécurité	frontaux, latéraux et tête
Suspension avant	indépendante, jambes de force
Suspension arrière	indépendante, multibras
Freins av. / arr.	disque ABS, EBD, EBA
Antipatinage / Contrôle de stabilité	oui
Direction	à crémaillère, assistance variable
Diamètre de braquage	11,9 mètres
Pneus av. / arr.	225/70R15

MOTORISATION ET PERFORMANCES	
Moteur	5L 2,5 litres turbocompressé
Transmission	intégrale, automatique 5 rapports
Puissance	208 ch à 5100 tr/min
Couple	280 lb-pi à 1800 tr/min
Autre(s) moteur(s)	6L 2,8 litres biturbo 268 ch
Autre(s) transmission(s)	automatique 4 rapports (6T)
Accélération 0-100 km/h	10,4 secondes
Reprises 80-120 km/h	9,1 secondes
Vitesse maximale	200 km/h (6T)
Freinage 100-0 km/h	n.d.
Consommation (100 km)	14,6 litres (super)

MODÈLES CONCURRENTS

- Acura MDX • BMW X5 • Lexus RX 330
- Mercedes-Benz ML320 • Volkswagen Touareg

QUOI DE NEUF ?

- Liste des options allongée

Renouvellement du modèle	n.d.

VERDICT

Agrément de conduite	★★★★☆
Fiabilité	★★★☆☆
Sécurité	★★★★★
Qualités hivernales	★★★★☆
Espace intérieur	★★★★☆
Confort	★★★★☆

VERSION RECOMMANDÉE

2,5T

BMW X5, et ce, tant sur les surfaces glacées qu'en terrain accidenté.

Selon la version, le XC90 est animé par un cinq cylindres turbocompressé à basse pression de 208 chevaux ou un six cylindres biturbo avec échangeur air-air de 268 chevaux. Dans les deux cas, la puissance est un peu juste pour déplacer cette masse de 2000 kg. Qui plus est, Volvo semble contrariée par les performances de son nouveau rival allemand à moteur V8, le Volkswagen Touareg. On s'attend donc que les dirigeants de Volvo introduisent un moteur huit cylindres d'ici la fin de 2004.

À cause de ses dimensions et de son long diamètre de braquage, on se sent plus à l'aise sur les grands boulevards que dans les rues étroites du centre-ville en XC90. Par ailleurs, la suspension est sèche mais confortable, et le freinage assure des distances d'arrêt sécuritaires. Soulignons aussi que le XC90 a connu des problèmes d'amortisseurs et que les modèles 2003 n'ont pas un dossier fiabilité sans tache.

Un intérieur signé Volvo

Pour les habitués de la marque, ajoutons que l'habitacle s'inspire de celui des familiales V70/XC70. Toutefois, contrairement à certains produits dans lesquels on a la désagréable surprise de trouver des pièces Ford (boutons de la radio, commandes de lève-glaces, etc.), les véhicules Volvo se démarquent de ceux de la maison mère (Ford est propriétaire de Volvo) en ne partageant pas leurs pièces. Fidèle à leur réputation, les sièges avant figurent parmi les plus confortables et sécuritaires de l'industrie. Quant à la troisième banquette, elle est étroite et a été conçue pour accueillir des passagers ne mesurant pas plus de 1,60 m.

Il faut espérer que les autres manufacturiers s'inspirent des dispositifs de sécurité et d'aide à la conduite du XC90, ingénieusement conçus, pour élaborer les prochaines générations de VUS. Les groupes de pression et autres n'en seront que plus heureux !

Jean-François Guay

▲ POUR

- Dispositifs de sécurité • Lignes réussies
- Habitacle confortable et polyvalent
- Finition soignée

▼ CONTRE

- Absence d'un V8 • Puissance du V6 un peu juste • Aptitudes hors route limitées
- Boîte automatique lente (T6)

Chevrolet
Avalanche

Chevrolet
Colorado

Chevrolet
Silverado

Dodge
Dakota

Dodge
Ram

Ford
Explorer
Sport Trac

Ford
F-150

Ford
Ranger

GMC
Canyon

GMC
Sierra

Mazda
Série B

Nissan
Frontier

Nissan
Titan

Toyota
Tacoma

Toyota
Tundra

Les
camionnettes

Le caméléon

L'arrivée du Chevrolet Avalanche a suscité beaucoup d'engouement auprès des gens. Comme pour tout ce qui est nouveau, ils voulaient voir et constater par eux-mêmes comment ce véhicule se métamorphosait en grosse camionnette grâce à sa paroi arrière amovible. Lors de mon premier essai de ce gros Chevrolet à l'été 2001, j'ai été obligé d'en démontrer les multiples facettes au moins une dizaine de fois en une semaine. En général, l'attrait de ces gadgets s'estompe après quelques mois, le public se lassant une fois l'élément de nouveauté passé. Pas cette fois.

Puisque l'Avalanche est plus populaire que jamais, c'est le signe que ce gros VUS possède des qualités intrinsèques qui dépassent le stade du gadget. Un peu comme l'outil multi-usages initialement proposé par la compagnie Leatherman qui est devenu un accessoire indispensable pour bien des amateurs de bricolage ou de plein air. C'est également le sort réservé à ce Chevrolet dont les caractéristiques sont appréciées. Il s'agit d'une valeur sûre et non d'une « gugusse » dont on se lasse. En effet, peu importe la situation, il semble toujours possible de trouver une solution à nos problèmes de transport.

Le VUS d'abord

En général, les véhicules qui tentent de concilier les meilleures qualités d'une catégorie et d'une autre ne sont qu'un compromis irritant et rien d'autre. Ce n'est certainement pas le cas de l'Avalanche qui peut être utilisé en tant que VUS sans aucun problème. Son châssis emprunté à celui du Silverado est toujours la référence et il assure la robustesse et la garde au sol nécessaires pour passer presque partout. De plus, le système de transmission intégrale Autotrac est simple et efficace. Une rangée de boutons placés à la gauche du conducteur permet de passer en mode 4X4 ou 4X2 grâce à la touche appropriée bien qu'il soit plus sage d'utiliser le mode 4X2 la plupart du temps afin d'économiser le carburant.

Un frigo avec ça

Avec la boîte de chargement d'une longueur de 1,6 mètre de l'Avalanche, il est possible de transporter beaucoup de bagages. De plus, les parois latérales sont spécialement aménagées afin de servir d'espaces de rangement. Il est même possible de les remplir de glace pour y transporter aliments ou boissons, tant qu'à y être, les résultats d'une partie de pêche. La présence d'un orifice de drainage permet à l'eau provenant de la fonte de la glace d'être évacuée. Pour plus de sécurité, les couvercles de ces bacs de rangement sont verrouillables. De plus, les trois éléments qui servent à fermer le dessus de la caisse de chargement s'enlèvent facilement et peuvent être remisés le long de la paroi de la caisse. Une fois en place, ils protègent contre les voleurs car ils sont verrouillés. Ils sont de plus suffisamment robustes pour permettre à un adulte de marcher dessus.

Compte tenu du gabarit de cet hybride, il n'est pas surprenant de constater qu'il offre une habitabilité impressionnante. Les places avant s'avèrent confortables même si une large console sépare les deux sièges. La position de conduite est bonne et elle peut être améliorée grâce à un jeu de pédalier réglable. Les places arrière sont également confortables malgré un dossier un peu trop vertical. Somme toute, deux adultes ne s'y sentiront pas à l'étroit. Enfin, il faut lever la jambe passablement haut pour prendre place à bord. Heureusement, un marchepied suffisamment large facilite les choses.

Ce qui m'impressionne le plus chez l'Avalanche, c'est le confort de la suspension. Cette année, j'ai conduit des berlines dont la suspension était moins confortable. D'ailleurs, sur l'autoroute, il faut surveiller l'indicateur de vitesse pour ne pas se faire prendre en faute tellement le confort, les dimensions générales

CARACTÉRISTIQUES

Prix du modèle à l'essai	1500 AWD 44 590 $
Échelle de prix	38 420 $ à 41 665 $
Garanties	3 ans 60 000 km / 3 ans 60 000 km
Emp. / Long. / Larg. / Haut. (cm)	330 / 563 / 202 / 187
Poids	2575 kg
Longueur caisse / Réservoir	160 à 247 cm / 117 litres
Chargement / Remorquage	600 kg / 3674 kg
Coussins de sécurité	frontaux et latéraux
Suspension avant	indépendante, barres de torsion
Suspension arrière	essieu rigide, ressorts hélicoïdaux
Freins av. / arr.	disque ABS
Antipatinage / Contrôle de stabilité	oui
Direction	à billes, assistée
Diamètre de braquage	13,9 mètres
Pneus av. / arr.	265/70R16

MOTORISATION ET PERFORMANCES

Moteur	V8 5,3 litres
Transmission	4X4, automatique 4 rapports
Puissance	295 ch à 5200 tr/min
Couple	330 lb-pi à 4000 tr/min
Autre(s) moteur(s)	V8 8,1 litres 320 ch
Autre(s) transmission(s)	aucune
Accélération 0-100 km/h	10,9 secondes
Reprises 80-120 km/h	7,4 secondes
Vitesse maximale	180 km/h
Freinage 100-0 km/h	47,8 mètres
Consommation (100 km)	15,3 litres (ordinaire)

MODÈLES CONCURRENTS

• Cadillac Escalade EXT • Ford F-150 SuperCrew

QUOI DE NEUF ?

• Système de freins Hydroboost • Nouvelles couleurs
• Modèle sans parois de bas de caisse

Renouvellement du modèle	2006

VERDICT

Agrément de conduite	★★★★☆
Fiabilité	★★★★☆
Sécurité	★★★★☆
Qualités hivernales	★★★★☆
Espace intérieur	★★★★☆
Confort	★★★★☆

VERSION RECOMMANDÉE

1500 AWD

---

et l'insonorisation gomment toute perception de vitesse. Il faut également ajouter que les 295 chevaux du moteur V8 5,3 litres assurent des temps d'accélération qui ont du mordant.

Et si jamais vous vous perdez en forêt, il vous sera possible de déployer la tente disponible en option. Celle-ci s'installe dans la boîte et vous permet de dormir au sec et sans doute au chaud. Mais armez-vous de patience, car l'opération se révèle assez complexe.

La camionnette ensuite

Même en mode VUS, l'Avalanche constitue déjà une camionnette capable de répondre aux besoins d'une famille de bricoleurs, car autant sa profondeur que sa largeur compensent pour le manque de longueur. C'est là qu'intervient le système Midgate. Une fois la banquette arrière repliée vers l'avant, il est possible d'enlever la lunette arrière dans un premier temps et de la remiser en bas de la paroi. Par la suite, cette dernière peut à son tour basculer vers l'avant pour recouvrir la banquette et constituer un plancher. En quelques secondes, vous bénéficiez d'une camionnette dotée d'une caisse de chargement d'une longueur de 2,5 mètres. Avec un peu d'ingéniosité et de planification, une fois la transformation effectuée, on peut transporter des objets de toutes sortes et de toutes dimensions. Un VTT, une petite moto, des outils de construction, des poutres de bois et la fameuse feuille de contreplaqué. Une fois la partie arrière de la cabine ouverte, l'infiltration d'air, de sable ou même de neige est minimale. Par contre, en hiver, c'est plutôt frisquet.

Il est également vrai que les places arrière deviennent inutilisables, mais c'est le prix à payer pour cette polyvalence. À vous de décider si cela convient à vos besoins. Incidemment, l'Avalanche peut être également commandé sans les abominables garnitures de bas de caisse.

Denis Duquet

▲ POUR

• Suspension confortable • Conception ingénieuse • Multiples espaces de rangement • Tenue de route saine

▼ CONTRE

• Centre de gravité élevé • Prix corsé • Dimensions encombrantes • Forte consommation d'essence • Freinage perfectible

La relève impressionne

Vous avez certainement remarqué que les changements ne sont pas tellement fréquents dans la catégorie des camionnettes compactes. En fait, les Chevrolet S-10 et GMC Sonoma se retirent après une carrière de plus de deux décennies. L'explication de cette longévité est simple. Cette catégorie n'a pas la même popularité que celle des grosses camionnettes et sa rentabilité est également plus faible. Et puisque la majorité des compagnies présentes dans ce créneau espacent les changements de modèles, la plupart préférant apporter des modifications partielles au fil des années, c'est plutôt calme en fait de nouveautés.

L'arrivée des nouvelles Chevrolet Colorado et GMC Canyon risque de venir perturber cette tranquillité puisque ces deux camionnettes possèdent l'équilibre et la modernité mécanique nécessaires pour inquiéter la concurrence.

Une approche logique

Il est toujours quelque peu ironique de parler de style à propos des camionnettes qui sont des outils de travail. Pourtant, tous les spécialistes vous diront que l'apparence joue un rôle important dans le processus décisionnel des gens. Les designers du Canyon et du Colorado ont joué la carte de la sagesse lorsqu'ils ont dessiné la silhouette de ces deux camions. Ils ont résisté à l'attrait d'un style trop futuriste et ne sont pas tombés dans le panneau de l'immobilisme. Comme pour le Silverado et le Sierra, ils ont réussi à concevoir une présentation extérieure juste ce qu'il faut qui met surtout l'accent sur la calandre. Dans les deux cas, l'utilisation, dans la plupart des versions, de larges bandes chromées transversales assure l'impact visuel voulu. D'autant plus que la présence d'un pare-chocs proéminent vient équilibrer la présentation. Des bordures de roue en relief ont également pour effet de rompre la monotonie des longues parois latérales.

L'habitacle est de même inspiration. Le tableau de bord n'a pas été dessiné en vue d'une utilisation éventuelle dans un film de science-fiction. La présentation est sobre, moderne et pratique. Comme le veut la tendance actuelle, une console verticale placée en plein milieu de la planche de bord abrite les commandes de la climatisation, de la radio et deux buses de ventilation. Celle de la Canyon est davantage en évidence. Il faut par ailleurs souligner que la texture des plastiques, la qualité des matériaux et la finition marquent un net progrès par rapport aux S-10/Sonoma. Dans toutes les versions essayées dans le cadre de la présentation, les sièges se sont révélés confortables même si un peu plus de support latéral aurait été apprécié.

Contrairement à certaines compagnies qui ont abandonné la production de la cabine régulière, GM retient cette configuration. Elle se révèle même plus spacieuse cette année, car elle est plus longue de 10 cm. Ajoutons en même temps que l'empattement des versions à cabine allongée est 7 cm plus long que celui des S-10/Sonoma. Il en résulte une cabine plus confortable qui est déclinée en trois configurations : cabine simple, allongée ou multiplace. En plus des coussins de sécurité frontaux, ces camionnettes peuvent être équipées en option d'un rideau de sécurité latéral. Toujours au sujet de l'habitacle, le modèle à cabine allongée propose des boîtes de rangement sous les strapontins arrière. Ceux-ci sont plus confortables qu'auparavant, mais ne conviennent qu'à de courts déplacements. La banquette arrière de la cabine multiplace assure un bien meilleur confort. Elle peut même être rabattue à plat afin de favoriser le transport d'objets dans la cabine. Enfin, la porte de la caisse de chargement peut être immobilisée à mi-course, ce qui permet de servir de point d'appui pour le transport d'objets longs.

Prix du modèle à l'essai	cabine allongée n.d.
Échelle de prix	n.d.
Garanties	3 ans 60 000 km / 3 ans 60 000 km
Emp. / Long. / Larg. / Haut. (cm)	319 / 526 / 171 / 164 /
Poids	1670 kg
Longueur caisse / Réservoir	184 cm / 74 litres
Chargement / Remorquage	957 kg / 1814 kg
Coussins de sécurité	frontaux et tête (opt.)
Suspension avant	indépendante, ressorts hélicoïdaux
Suspension arrière	essieu rigide, ressorts elliptiques
Freins av. / arr.	disque ABS
Antipatinage / Contrôle de stabilité	non
Direction	à crémaillère, assistée
Diamètre de braquage	12,4 mètres
Pneus av. / arr.	225/70R15

MOTORISATION ET PERFORMANCES

Moteur	5L 3,5 litres
Transmission	4X4, automatique 4 rapports
Puissance	220 ch à 5600 tr/min
Couple	225 lb-pi à 2800 tr/min
Autre(s) moteur(s)	4L 2,8 litres 175 ch
Autre(s) transmission(s)	manuelle 5 rapports (4L)
Accélération 0-100 km/h	9,1 secondes (estimée)
Reprises 80-120 km/h	7,9 secondes (estimé)
Vitesse maximale	185 km/h (estimé)
Freinage 100-0 km/h	42,7 mètres
Consommation (100 km)	11,1 litres (V6) (ordinaire)

MODÈLES CONCURRENTS

- Dodge Dakota • Ford Ranger • Mazda Série B
- Nissan Frontier • Toyota Tacoma

QUOI DE NEUF ?

- *Nouveau modèle entièrement transformé*
- *Deux nouveaux moteurs • Nouveau châssis*

Renouvellement du modèle	Nouveau modèle

VERDICT

Agrément de conduite	★★★★☆
Fiabilité	nouveau modèle
Sécurité	★★★★☆
Qualités hivernales	★★★½☆
Espace intérieur	★★★★☆
Confort	★★★★☆

VERSION RECOMMANDÉE

V6, 4X4, cabine allongée

Des nouvelles importantes

Voici un autre signe que les temps ont changé chez GM : d'habitude, les ingénieurs auraient reçu l'ordre de moderniser des moteurs à bout de souffle. Pas cette fois ! En fait, ce duo hérite de deux nouveaux moteurs : un quatre cylindres de 2,8 litres et un cinq cylindres en ligne de 3,5 litres. Le premier produit 175 chevaux, ce qui en fait le plus puissant moteur quatre cylindres de la catégorie. Quant au moteur 3,5 litres, sa puissance est de 220 chevaux. Ces nouveaux venus sont dérivés du moteur six cylindres en ligne des Chevrolet TrailBlazer et autres variantes de ce tout-terrain.

Une toute nouvelle boîte manuelle à cinq rapports fabriquée par la compagnie Aisin est livrée de série avec le 2,8 litres tandis que le cinq cylindres ne peut être livré qu'avec l'automatique à quatre rapports. Comme il se doit, le nouveau châssis de type échelle est beaucoup plus rigide en torsion.

Mais le plus impressionnant est le comportement routier du Canyon comme du Colo-rado. Peu importe le type de cabine choisi, ces camionnettes offrent une tenue de route saine, une insonorisation améliorée et des moteurs dont le rendement est à souligner. La combinaison du moteur quatre cylindres et de la nouvelle boîte manuelle impressionne. Avec ses 175 chevaux, ce moteur de 2,8 litres est capable d'accélérations vives. Et cette boîte manuelle est non seulement bien étagée, mais les passages des rapports sont précis tandis que la course du levier est courte pour une camionnette. Le moteur cinq cylindres possède une sonorité à part et est sans équivalent dans cette catégorie.

Malgré tous ces progrès, une ombre au tableau. La capacité de remorquage n'est plus que de 1815 kilos alors qu'elle était de 2268 kilos auparavant. Pourtant, la camionnette est plus solide. Nonobstant ce bémol, ces deux nouvelles camionnettes sont dorénavant la référence de la catégorie.

Denis Duquet

▲ POUR

- Plate-forme efficace • Moteurs modernes
- Boîte manuelle exquise • Habitacle pratique
- Finition améliorée

▼ CONTRE

- Silhouette conservatrice • Modèle de base dépouillé • 4 cylindres un peu juste
- Sautillement de l'arrière sur mauvaise surface

La puissance en fête

De nos jours, il est impossible de considérer les camionnettes uniquement comme des outils de travail. En plus de leur vocation originale, elles sont devenues des véhicules de tourisme permettant à toute une famille d'aller en camping et aux amateurs de plein air de se rendre en des endroits éloignés avec une grande quantité de bagages. Les versions à vocation sportive sont devenues monnaie courante. L'an dernier, le GMC Sierra Denali permettait de concilier luxe, performances et caractère sportif. Cette année, c'est au tour du Chevrolet Silverado de mettre ses baskets avec l'arrivée au milieu de 2003 de la version SS.

En fait, la popularité des camionnettes est telle que c'est avec le Silverado que Chevrolet a décidé de relancer ses modèles SS, ou Super Sport, si populaires au milieu des années 1960. On ne s'est pas contenté d'affubler celui-ci de quelques artifices comme l'écusson SS sur les sièges avant ou le long des flancs de la caisse. Les ingénieurs nous ont concocté un authentique véhicule sport capable de transporter des bottes de foin, des billes de bois ou encore une moto solidement ancrée en plus d'offrir des performances qui auraient fait l'envie des meilleures sportives il n'y a pas si longtemps.

Le modèle choisi pour cette conversion à la vie sportive est la version à cabine allongée et caisse courte, un choix très approprié car, peu importe le modèle, il faut une cabine capable d'accueillir des bagages ou encore des occupants aux places arrière. Mais le plus important est la présence sous le capot d'un moteur V8 6 litres de 345 chevaux assurant des accélérations impressionnantes puisque nous avons bouclé le 0-100 km/h en un peu plus de 7 secondes. Pour tirer profit de toute cette cavalerie, ce gros V8 est relié à une transmission intégrale essentielle dans les circonstances. Même lors des tests d'accélération, les roues arrière n'ont pratiquement pas patiné, d'autant plus que le différentiel arrière est autobloquant. Certains auraient aimé voir une boîte automatique à cinq rapports, mais celle à quatre vitesses actuelle accomplit du bon boulot. Et côté freinage, les pneus de 20 pouces travaillent de concert avec les freins à disque aux quatre roues pour immobiliser ce bolide sur moins de 40 mètres.

Donc, pas besoin de s'inquiéter des performances et du manque de traction sur les surfaces à faible adhérence, cette nouvelle cuvée SS s'avère exemplaire. Et la suspension est bien calibrée compte tenu de la vocation de cette camionnette. Il est certain que l'arrière sautille sur mauvaise route, mais c'est tout de même raisonnable. Par contre, le centre de gravité élevé vient gommer en partie l'agrément de conduite tout comme une direction un peu trop floue au centre.

Malgré tout, le Silverado SS est une camionnette d'un bel équilibre qui réussit à conserver son caractère pratique en plus d'offrir un comportement routier sain. Et sa présentation extérieure a fait son effet auprès des gens de mon entourage. Même les « anti-camions » devaient admettre qu'il avait de la gueule.

Une astuce pour abaisser la consommation

Cette année, General Motors dévoile également son premier camion Flex Power qui ne sera commercialisé qu'auprès de l'industrie et des parcs de véhicules pour la première année. Il est quand même important de souligner sa présence, car il fournit de bons indices quant à la volonté de GM de réduire la consommation de ses gros camions. Même si la documentation fait état d'un véhicule hybride, il ne s'agit pas d'un groupe propulseur associant un moteur électronique et un autre à combustion interne.

En fait, le camion ne compte que sur un moteur conventionnel pour sa propulsion, mais des modules de contrôle électronique coupent le moteur dès que le camion est immobilisé ou lorsque le conducteur lève le pied de l'accélérateur à basse vitesse. La transmission automatique est réglée de manière que le convertisseur de couple entre en action dès le 2e rapport en certaines circonstances. Parmi les autres caractéristiques propres à cette nouvelle génération de camionnettes, il faut mentionner une direction à assistance électro-hydraulique, un démarreur à moteur électrique et la présence d'un système d'alimentation électrique de 120 volts de 20 ampères pouvant fonctionner en tout temps. Sans être un hybride à proprement parler, ce groupe propulseur permettra de réaliser des économies de carburant pouvant aller jusqu'à 20 %.

Parmi les autres innovations en 2004, les Silverado et Sierra pourront être commandés pour la première fois en version à cabine multiplace dans la catégorie des modèles 1500. Cette offre permet à GM de combler une lacune par rapport à la concurrence qui propose de tels véhicules depuis un certain temps.

Enfin, qu'il s'agisse d'un gros modèle à roues arrière doubles ou d'une version 1500 à moteur V6, le tableau de bord du Silverado ou du Sierra est un exemple du genre. Il est vrai que celui du nouveau Ford F-150 est devenu la référence à plusieurs chapitres, mais il faut souligner le caractère fonctionnel et pratique du duo de GM et le confort des sièges dans la plupart des modèles. Par contre, le confort des places arrière des modèles à cabine allongée est juste acceptable, surtout pour des personnes de taille moyenne.

La famille Silverado/Sierra s'est étoffée davantage en 2004, ce qui lui permet de concurrencer la nouvelle génération de Ford F-150 et de Dodge Ram sans oublier bien sûr le nouveau Nissan Titan conçu pour répondre aux exigences des acheteurs traditionnels.

Denis Duquet

CARACTÉRISTIQUES

Prix du modèle à l'essai	Silverado SS 54 495 $
Échelle de prix	19 995 $ à 39 380 $
Garanties	3 ans 60 000 km / 3 ans 60 000 km
Emp. / Long. / Larg. / Haut. (cm)	364,5 / 578 / 207 / 184
Poids	2377 kg
Longueur caisse / Réservoir	243 cm / 98 litres
Chargement / Remorquage	1596 kg / 4854 kg
Coussins de sécurité	frontaux et latéraux
Suspension avant	indépendante, barres de torsion
Suspension arrière	essieu rigide, ressorts elliptiques
Freins av. / arr.	disque ABS
Antipatinage / Contrôle de stabilité	oui / non
Direction	à crémaillère, assistée
Diamètre de braquage	14,4 mètres
Pneus av. / arr.	275/55R20

MOTORISATION ET PERFORMANCES

Moteur	V8 6 litres
Transmission	intégrale, automatique 4 rapports
Puissance	345 ch à 5200 tr/min
Couple	380 lb-pi à 4000 tr/min
Autre(s) moteur(s)	V6 4,3 l 200 ch ; V8 4,8 l 285 ch ; V8 5,3 l 295 ch
Autre(s) transmission(s)	manuelle 5 ou 6 rapports
Accélération 0-100 km/h	7,2 secondes
Reprises 80-120 km/h	5,2 secondes
Vitesse maximale	175 km/h
Freinage 100-0 km/h	39,9 mètres
Consommation (100 km)	16,8 litres (ordinaire)

MODÈLES CONCURRENTS

• Ford Lightning • GMC Denali • Dodge Ram SRT-10

QUOI DE NEUF ?

• Version 1500 à cabine multiplace • Modèle hybride

Renouvellement du modèle	2006

VERDICT

Agrément de conduite	★★★★☆
Fiabilité	★★★★☆
Sécurité	★★★★☆
Qualités hivernales	★★★★☆
Espace intérieur	★★★★☆
Confort	★★★★☆

VERSION RECOMMANDÉE

1500 LT 4RM cabine allongée moteur V8 5,3 litres

▲ POUR

• **Silhouette accrocheuse • Performances musclées • Cabine confortable • Finition améliorée • Modèle 1500 à cabine multiplace**

▼ CONTRE

• **Consommation élevée**
• **Dimensions encombrantes • Prix corsé (SS)**
• **Volant archaïque (SS) • Moteur V6 inutile**

Sur mesure

Il faut se méfier quelque peu de la silhouette et de la présentation extérieure de la Dakota, la plus grosse des camionnettes dans la catégorie des compactes. Sous ses allures vraiment trop discrètes par rapport à celles de la Dodge Ram, nous retrouvons une camionnette bourrée de qualités dont les dimensions répondront aux besoins de bien des utilisateurs. D'ailleurs, si vous prenez soin de bien déterminer l'utilisation anticipée de votre prochaine camionnette, il y a de fortes chances que vous découvriez que les dimensions et les caractéristiques de la Dakota soient ce qu'il vous faut.

Cette année, seulement deux moteurs sont au programme, mais il ne faut pas s'en plaindre pour autant. Le moteur V8 5,9 litres de 250 chevaux a été relégué aux oubliettes et le seul V8 offert dans la Dakota est le V8 4,7 litres. Non seulement ce moteur est plus moderne que le vieux 5,9 litres, mais ce dernier était affligé d'une consommation de carburant hors normes. Ses 235 chevaux sont amplement suffisants pour la plupart des tâches, tout comme sa capacité de remorquage de 3016 kg (6650 livres). De plus, tandis que la boîte automatique à quatre rapports du V8 5,9 litres était handicapée par des passages saccadés des rapports, la boîte automatique à cinq vitesses du 4,7 litres s'avère très performante. Bref, personne ne regrettera ce moteur à la conception fort ancienne.

Le petit V6 de 3,9 litres tire également sa révérence, remplacé par le moteur V6 3,7 litres d'une puissance de 210 chevaux qui est aussi

offert dans le modèle Ram. Une transmission manuelle à cinq rapports est de série tandis que l'automatique à quatre rapports est optionnelle. Il ne faut pas ignorer ce moteur V6 dont la puissance est suffisante pour la plupart des utilisations tout en étant nettement moins gourmand que le V8. Et il faut mentionner que sa capacité de remorquage maximale de 2040 kg (5300 livres) est fort impressionnante.

Multiplicité

Puisque les camionnettes de presque toutes les catégories sont achetées aussi bien pour le travail que pour les loisirs, le nombre de modèles ne cesse de croître. Par exemple, la Dakota peut être commandée en cabine simple, allongée et multiplace. Naturellement, le niveau d'équipement varie selon les modèles et le prix payé. Il est certain que le modèle à cabine simple est surtout utilisé pour répondre aux besoins des entreprises. En revanche, la cabine allongée peut accommoder un adulte

ou deux enfants sur de courtes distances grâce à un strapontin placé derrière les sièges avant. Ce n'est pas le grand luxe, mais c'est tout de même correct. Mais la pièce de résistance demeure le modèle Quad Cab dont les quatre portières régulières permettent aux passagers avant et arrière d'accéder facilement à leurs places. Bien que la Dakota soit plus courte que la Ram de configuration identique, les occupants de la banquette arrière de la première ont pratiquement autant de dégagement pour les jambes et la tête.

En fait, la seule description des options des longueurs de caisse, de ponts arrière et de suspensions différentes prendrait plusieurs pages dans cet ouvrage. Contentons-nous des données élémentaires en soulignant que la caisse courte mesure 165 cm et sa version longue 30 cm de plus.

Un brin de sagesse

L'an dernier, il était possible de commander la Dakota en version R/T qui était propulsée par le tonitruant moteur V8 5,9 litres de 250 chevaux. Une présentation spéciale, une suspension abaissée et un échappement moins restrictif en faisaient une machine très performante. Cette année, avec la disparition de ce moteur, la version R/T est éliminée du catalogue. Serait-ce que les planificateurs de Dodge soient devenus plus sages ou sont-

CARACTÉRISTIQUES

Prix du modèle à l'essai	Quad Cab 4X4 35 595 $
Échelle de prix	23 020 $ à 31 230 $
Garanties	3 ans 60 000 km / 7 ans 115 000 km
Emp. / Long. / Larg. / Haut. (cm)	332 / 497 / 182 / 164
Poids	1905 kg
Longueur caisse / Réservoir	165 cm / 91 litres
Chargement / Remorquage	545 kg / 3016 kg
Coussins de sécurité	frontaux
Suspension avant	indépendante, leviers triangulés
Suspension arrière	essieu rigide, ressorts elliptiques
Freins av. / arr.	disque
Antipatinage / Contrôle de stabilité	non
Direction	à crémaillère, assistée
Diamètre de braquage	12,6 mètres
Pneus av. / arr.	215/75R15

MOTORISATION ET PERFORMANCES

Moteur	V8 4,7 litres
Transmission	4X4, automatique 5 rapports
Puissance	235 ch à 4800 tr/min
Couple	295 lb-pi à 3200 tr/min
Autre(s) moteur(s)	V6 3,7 litres 210 ch
Autre(s) transmission(s)	man. 5 rapports ;
	auto. 4 rapports (3,7 l)
Accélération 0-100 km/h	8,4 secondes
Reprises 80-120 km/h	7,5 secondes
Vitesse maximale	175 km/h
Freinage 100-0 km/h	44,8 mètres
Consommation (100 km)	14,3 litres (ordinaire)

MODÈLES CONCURRENTS

- Chevrolet Colorado • GMC Canyon
- Nissan Frontier Crew • Toyota Tundra

QUOI DE NEUF ?

- Moteur V6 3,7 litres • Moteur V8 5,9 litres discontinué • Sièges baquets de série dans Quad Cab

Renouvellement du modèle	2005

VERDICT

Agrément de conduite	★★★★☆
Fiabilité	★★★½☆
Sécurité	★★★½☆
Qualités hivernales	★★½☆☆
Espace intérieur	★★★★☆
Confort	★★★★☆

VERSION RECOMMANDÉE

Quad Cab SLT

ils tout simplement en train de concocter une réplique à la Ram SRT-10 dont le moteur V-10 de 500 chevaux vous garantit des sensations fortes ? Qui sait ?

Revenons à la Dakota. Ce n'est pas parce que la version « Furieux de la route » n'est plus au catalogue qu'il faille l'ignorer. Bien au contraire. Cette camionnette nous surprend toujours par la solidité de la carrosserie, une finition toujours en progrès et une suspension capable d'avaler facilement les trous et les bosses. Le modèle qui s'acquitte le mieux de cette tâche est la version Quad Cab dont l'empattement plus long permet de rouler sans ennui sur une route en mauvais état. Bien entendu, lorsque la caisse est vide, le train arrière a tendance à se trémousser si le conducteur tente de pousser un peu fort. Mais aussi longtemps qu'on conduit dans les limites de la raison et du jugement, cette camionnette possède un comportement routier très prévisible. Il faut souligner que le moteur V6 de 3,7 litres est bien adapté à la catégorie bien

qu'il soit parfois bruyant. Par contre, les distances de freinage s'avèrent un peu plus longues que ce qu'on anticipait, et ce, même avec notre modèle d'essai qui était équipé des freins à disque ABS aux quatre roues. Les modèles deux roues motrices sont immobilisés par des freins à tambours à l'arrière et le système ABS leur est dédié. Si possible, commandez quatre freins à disque avec ABS aux quatre roues.

En terminant, un mot sur le tableau de bord et sur l'habitacle en général. Ceux-ci sont d'une trop grande sobriété. Il est vrai qu'une camionnette est un outil de travail, mais un peu plus d'imagination serait apprécié. Toutefois, les matériaux et la finition se révèlent exemplaires, tout comme l'accès aux commandes.

La Dakota ne possède pas une silhouette qui fait tourner les têtes comme la Ram, mais elle est l'une des meilleures camionnettes sur le marché à tout point de vue.

Denis Duquet

▲ POUR

- **Nouveau moteur V6 • Suspension confortable**
- **Fiabilité à la hausse • Cabine Quad Cab pratique • Tenue de route sans surprise**

▼ CONTRE

- **Habitacle banal • Freins à tambour dans certains modèles • Suspension arrière rétive**
- **Coussins de sécurité latéraux absents**

Dodge Ram SRT-10

Une classe à part

Au cours des dernières années, la gamme des camionnettes Ram a effectué une specta-culaire remontée au chapitre des ventes. Jadis le parent pauvre sur le marché des camions pleine grandeur, sa silhouette agressive et des caractéristiques inédites ont poussé le Ram à l'avant-scène, et ce sont sans doute les succès de Dodge qui ont incité Toyota et Nis-san à sauter dans l'arène. Après avoir redessiné les modèles de la catégorie 1500 il y a deux ans, Dodge passa aux versions pour usage intensif qui ont été remodelées en 2003. Tant et si bien que la famille Ram est devenue l'une des plus complètes de la catégorie. Et il faut ajouter que leur silhouette de très gros camion, leur cabine ultrapratique et la pos-sibilité d'opter pour des moteurs diesels de marque Cummins placent ces Dodge dans une classe à part. Sans être carrément au-dessus du lot, ils représentent une belle solu-tion de rechange.

Au fil des années, les modèles de catégorie 2500 et 3500 se sont grandement raffinés. Jadis d'im-posantes bêtes de somme, ces versions proposent dorénavant le même confort et le même luxe que les 1500. Ce qui explique sans doute pourquoi plusieurs propriétaires de grosses roulottes les choisissent pour tracter leur maison sur roues. Depuis des années, le moteur diesel de Cummins s'est taillé une fort enviable répu-tation non seulement pour sa durabilité, mais pour ses capacités de travail. Ce six cylindres en ligne de 5,9 litres produit 250 chevaux et 460 lb-pi de couple en version atmosphérique et 55 chevaux de plus avec l'addition d'un turbo. Ce moteur à haut rendement se démar-que encore plus par son couple démoniaque de 550 lb-pi à 1400 tr/min. De quoi dépla-cer des montagnes, ou presque. Par con-tre, cette version n'est présentement livrée qu'avec une boîte manuelle à six rapports.

En lisant cela, on peut imaginer que toute cette puissance alliée à une boîte manuelle donne un tempérament sportif à ce modèle. Oubliez vite cette idée ! Cette combinaison est conçue pour le travail et les rapports de boîte ne sont pas tellement de nature spor-tive. Ce qui n'empêche pas ce groupe pro-pulseur d'être sans égal.

Mais à moins d'avoir des besoins très par-ticuliers ou encore d'exploiter une entreprise de construction, il serait plus sage d'opter pour le nouveau moteur V8 Hemi 5,7 litres d'une puissance de 345 chevaux. Mieux encore, celui-ci peut être associé à une boîte automatique à cinq vitesses offrant deux rap-ports de 2e dans le but de faciliter la montée

de pentes de forte inclinaison. Initialement réservé aux 2500 et 3500, le Hemi est égale-ment offert dans les modèles 1500, et il s'agit de la meilleure combinaison possible dans la famille Dodge en fait de puissance, de per-formances et de raffinement. Et si pour vous camion rime avec boîte de vitesses manuelle, sachez que ce 5,7 litres peut être commandé avec une unité à cinq rapports qui est beau-coup plus civilisée que celle couplée au moteur turbodiesel Cummins.

Il ne faut pas oublier de mentionner que quatre autres moteurs peuvent être sélec-tionnés en fonction de vos besoins : un V6 3,7 litres pour les travaux légers, un V8 4,7 litres pour la majorité des utilisateurs et le V8 de 5,9 litres pour les nostalgiques. Le V10 Magnum tire quant à lui sa révérence.

Sobre et pratique

Curieusement, autant les stylistes ont voulu nous en mettre plein la vue au chapitre de la silhouette, autant ils ont été discrets lors-que est venu le temps de concevoir l'habi-tacle. La raison de ce choix esthétique s'ex-plique facilement, selon eux. Même si les camionnettes sont de plus en plus utilisées comme véhicule de tourisme, leur vocation première est d'être un outil de travail. Il faut donc que l'habitacle soit à la fois pratique et confortable avant de tenter de nous impres-

CARACTÉRISTIQUES

Prix du modèle à l'essai	1500 Quad Cab 39 595 $
Échelle de prix	27 495 $ à 48 080 $
Garanties	3 ans 60 000 km / 7 ans 115 000 km
Emp. / Long. / Larg. / Haut. (cm)	333 / 546 / 181 / 174
Poids	2215 kg
Longueur caisse / Réservoir	162 cm / 91 litres
Chargement / Remorquage	717 kg / 2812 kg
Coussins de sécurité	frontaux et tête
Suspension avant	indépendante, leviers triangulés
Suspension arrière	essieu rigide, ressorts elliptiques
Freins av. / arr.	disque ABS
Antipatinage / Contrôle de stabilité	non
Direction	à crémaillère, assistée
Diamètre de braquage	12,6 mètres
Pneus av. / arr.	245/70R17

MOTORISATION ET PERFORMANCES

Moteur	V8 5,7 litres
Transmission	propulsion, automatique 4 rapports
Puissance	345 ch à 5400 tr/min
Couple	375 lb-pi à 4200 tr/min
Autre(s) moteur(s)	V8 5,9 l 245 ch ; V8 4,7 l 235 ch ;
	V6 3,7 l 215 ch ; V10 8,3 l 500 ch
Autre(s) transmission(s)	man. 5 rap. ; auto. 5 rap. (5,7 l)
Accélération 0-100 km/h	8,3 secondes
Reprises 80-120 km/h	6,8 secondes
Vitesse maximale	180 km/h
Freinage 100-0 km/h	46 mètres
Consommation (100 km)	14,8 litres (ordinaire)

MODÈLES CONCURRENTS

• Chevrolet Silverado • Ford F-150 • GMC Sierra
• Nissan Titan • Toyota Tundra

QUOI DE NEUF ?

• Modèle SRT-10 • Nouvelle boîte automatique avec
moteurs cummins • Système de navigation

Renouvellement du modèle	2006

VERDICT

Agrément de conduite	★★★★☆
Fiabilité	★★★★☆
Sécurité	★★★★☆
Qualités hivernales	★★★☆☆
Espace intérieur	★★★★☆
Confort	★★★★☆

VERSION RECOMMANDÉE

Ram 1500 Quad Cab V8 5,7 l Hemi

sionner par une présentation «songée». Cette approche explique les cadrans indicateurs sagement placés côte à côte, les gros boutons noirs pour la majorité des commandes et des sièges confortables. Cette recherche du confort fonctionnel a incité les concepteurs des Ram de la dernière génération à les équiper d'un pédalier à réglage électrique. Pour plusieurs, la cabine de leur camion sert également de bureau, ce qui explique la présence d'un immense accoudoir central qui peut être utilisé comme pupitre. Il y a même suffisamment d'espace de rangement pour y placer votre ordinateur portable. Une fois relevé, il permet à un adulte de taille moyenne de prendre place au centre. Mais n'allez pas trop loin, car cette place s'avère assez peu confortable.

Les places arrière des modèles à cabine allongée sont correctes. Mais leur confort est relégué au second plan lorsqu'on découvre que le siège se relève pour faire place à un espace de rangement et à un support repliable en acier.

Le Ram nouvelle mouture s'est beaucoup amélioré en ce qui concerne l'intégrité de la caisse, la rigidité du châssis et le comportement routier. La suspension redessinée il y a deux ans offre un bon compromis entre le confort et la tenue de route même si l'essieu arrière sautille toujours sur mauvais revêtement. Mais à part le Toyota Tundra qui franchit ce test avec brio, toutes les autres camionnettes intermédiaires sont affligées du même défaut lorsqu'elles ne sont pas chargées.

Et la famille Ram sera encore plus spactaculaire avec l'arrivée de la version SRT-10 avec son moteur V10 8,3 litres emprunté à la Viper. Ses 500 chevaux assurent une vitesse de pointe de 250 km/h et un temps de 5,4 secondes pour le 0-100 km/h. Wow !

Denis Duquet

▲ POUR

• Moteur 5,7 l Hemi • Cabine pratique
• Bonne tenue de route • Choix de modèles
• Version SRT-10 • Look macho

▼ CONTRE

• Moteur 5,9 litres • Centre de gravité élevé (4X4) • Siège arrière peu confortable (Quad Cab) • Pneus 20 pouces difficiles à remplacer

Processus d'élimination

Le marché de l'automobile est plus compétitif que jamais. Si un modèle ne réussit pas à se démarquer parmi une pléthore de véhicules de toutes sortes, il est de facto relégué aux oubliettes. C'est justement le sort qui a été réservé à l'Explorer Sport deux portes qui n'est plus au catalogue. Et c'est presque tant mieux, car ce VUS était dépassé autant dans son comportement routier que dans ses performances.

I semble que les ingénieurs de Ford aient décidé de cesser de chercher une solution au comportement routier plutôt décevant de ce modèle dont la suspension avant semblait toujours avoir la bougeotte. De plus, les véhicules deux portes, qu'il s'agisse d'une berline ou d'un tout-terrain, ne sont pas tellement populaires.

Le seul Explorer à essieu rigide sur le marché demeure donc le Sport Trac qui utilise toujours le même châssis que la camionnette Ranger. S'il a survécu, c'est non seulement que son comportement routier est nettement plus intéressant que celui du défunt modèle deux portes, mais que sa configuration fort originale convient aux besoins de bien des gens qui ne savent pas quoi choisir entre une camionnette régulière ou un VUS.

Le Sport Trac a le même châssis autonome qu'une camionnette et il en possède également la suspension arrière à essieu rigide et ressorts elliptiques. Par contre, sa caisse de chargement est plus courte que celle d'un Ranger, mais ses 127 cm de lon-

gueur suffisent la plupart du temps. Il faut se rappeler que cet Explorer excentrique cible surtout des personnes utilisant ce modèle pour leurs besoins personnels et non pour des fins commerciales. Lorsqu'il leur faut transporter des objets plus longs, il est possible d'utiliser une rallonge de plateau amovible qui permet d'étirer la longueur de chargement de 61 cm pour une longueur totale de 1,8 m, soit 6 pi. Pas surprenant que plusieurs considèrent le Sport Trac comme une version quatre portes du Ranger.

Par ailleurs, sa silhouette plus sophistiquée que celle du Ranger de même que la possibilité d'associer le moteur V6 4 litres à une transmission intégrale permettent de le considérer comme un VUS plus original que la moyenne. Mais comme tout ce qui est solution de compromis, le Sport Trac risque d'être perçu comme une mauvaise camionnette par les amateurs du genre et comme un tout-terrain bien moyen par les mordus de cette option. Mais si vous avez besoin d'un petit camion de temps à autre pour vos projets de bricolage ou si vous devez vous

rendre à votre camp de pêche ou de chasse sur une route mal entretenue, le Sport Trac s'avère une solution intéressante.

Il faut préciser que la caisse de cette camionnette est réalisée dans un matériau composite qui résiste aussi bien aux chocs qu'à la rouille. Ce matériau a permis aux stylistes de sculpter les parois avec des passages de roues plus larges. Pour assurer la sécurité des bagages ou protéger certains matériaux contre les intempéries, la caisse peut être recouverte de trois panneaux amovibles. Si l'idée est bonne, un détail est agaçant alors que la poignée de verrouillage est placée à plat sur le dessus du coffre. Non seulement cela la rend plus propice à des infiltrations d'eau, mais elle est aussi plus vulnérable aux chocs. De plus, ces panneaux ne sont pas tellement faciles à enlever et à manipuler.

Pas pire ! Pas pire !

Cette expression illustre bien l'appréciation générale de ce véhicule polyvalent qui ne manque pas d'atouts dans son jeu. La cabine est d'une habitabilité supérieure à la moyenne et ses places arrière sont plus confortables que plusieurs qu'on trouve pourtant dans des modèles plus gros et plus luxueux. Et si le tableau de bord ne gagnera pas de prix pour son design, soulignons qu'il

CARACTÉRISTIQUES

Prix du modèle à l'essai	Sport Trac 4X4 37 285 $
Échelle de prix	33 395 $ à 37 285 $
Garanties	3 ans 60 000 km / 3 ans 60 000 km
Emp. / Long. / Larg. / Haut. (cm)	319 / 523 / 182 / 178
Poids	1975 kg
Longueur caisse / Réservoir	127 cm / 85 litres
Chargement / Remorquage	680 kg / 2404 kg
Coussins de sécurité	frontaux et tête
Suspension avant	indépendante, leviers triangulés
Suspension arrière	essieu rigide, ressorts elliptiques
Freins av. / arr.	disque ABS
Antipatinage / Contrôle de stabilité	non
Direction	à crémaillère, assistée
Diamètre de braquage	13,1 mètres
Pneus av. / arr.	235/70R16

MOTORISATION ET PERFORMANCES

Moteur	V6 4 litres
Transmission	intégrale, automatique 5 rapports
Puissance	210 ch à 5200 tr/min
Couple	240 lb-pi à 3000 tr/min
Autre(s) moteur(s)	aucun
Autre(s) transmission(s)	aucune
Accélération 0-100 km/h	9,9 secondes
Reprises 80-120 km/h	7,6 secondes
Vitesse maximale	190 km/h
Freinage 100-0 km/h	42,3 mètres
Consommation (100 km)	12,8 litres (ordinaire)

MODÈLES CONCURRENTS

• Dodge Dakota • Nissan Frontier • Toyota Tacoma

QUOI DE NEUF ?

• Tableau de bord revu • Système audio plus puissant
• Version XLT Premium Monochrome

Renouvellement du modèle	2006

VERDICT

Agrément de conduite	★★★☆☆
Fiabilité	★★★☆☆
Sécurité	★★★★☆
Qualités hivernales	★★★★☆
Espace intérieur	★★★☆☆
Confort	★★★☆☆

VERSION RECOMMANDÉE

XLT 4X4

est pratique, avec des commandes bien disposées. Cette année, les cadrans indicateurs ont été modifiés de façon à devenir plus faciles à consulter. Il s'en dégage également une impression de qualité des matériaux et de solidité qui tranche avec certains concurrents. Et si les sièges avant sont trop mous et offrent un support assez moyen, il est facile de remédier à cette situation en optant pour le groupe d'équipement Confort qui permet d'obtenir de meilleurs sièges. Toujours au chapitre des options, il est possible de commander des rideaux latéraux de sécurité.

Le V6 4 litres de 210 chevaux est bien adapté à toutes les tâches anticipées. De plus, cette année, il a subi plusieurs améliorations de ses composantes afin d'atténuer le niveau sonore et de réduire sa consommation de carburant, l'un des points faibles de ce moteur par le passé. Ce V6 est couplé à une boîte de vitesses automatique à cinq rapports qui est bien adaptée et qui fait sa part pour tempérer l'appétit du moteur en hydrocarbures. Et la direction se tire bien d'affaire en matière de précision, de feedback et d'assistance.

Sur une route au revêtement lisse et sans bosses, le Sport Trac nous impressionne par ses bonnes manières, son confort et son caractère pratique. Malheureusement, si l'essieu arrière rigide permet de remorquer un poids de plus de 2400 kilos et de profiter d'une bonne capacité de chargement, ses ressorts elliptiques ne font pas bon ménage avec les chaussées dégradées. Le tout se manifeste par des ruades du train arrière et des secousses ressenties dans la cabine.

Cette caractéristique et un prix élevé sont les deux faiblesses majeures de ce véhicule aussi intéressant que polyvalent.

Denis Duquet

▲ POUR

• Moteur performant • Boîte auto. 5 rapports
• Bonne qualité d'assemblage • Places arrière confortables • Boîte de chargement étanche

▼ CONTRE

• Forte consommation • Train arrière instable
• Prix élevé • Monte pneumatique discutable
• Marchepied inutile

Le camion de 2 milliards

Les succès de la nouvelle camionnette F-150 sont cruciaux pour la compagnie Ford qui doit se refaire une santé financière et recouvrer la confiance des acheteurs. Le F-150 est non seulement le véhicule le plus vendu en Amérique du Nord, mais également dans le monde. En 2002, Ford a vendu en Amérique plus de camionnettes de classe F que la somme combinée des unités vendues par les compagnies BMW, Mercedes et Volkswagen. Cette camionnette représente 23 % des ventes totales de Ford. Il n'est donc pas surprenant d'apprendre que le constructeur de Dearborn a déboursé plus de 2 milliards de dollars canadiens pour assurer le développement du F-150 2004.

Plus que dans tout autre véhicule, le châssis d'une camionnette est de première importance. Par exemple, celui des Chevrolet Silverado/GMC Sierra a été considéré comme étant ce qui se faisait de mieux depuis quelques années et les ingénieurs de Ford ont complètement redessiné celui de la Série F afin de rattraper son retard sur le plan technique. Pour obtenir les chiffres de rigidité voulus, les poutres en forme de C du modèle précédent ont été remplacées par des poutres fermées, beaucoup plus rigides. De plus, afin d'améliorer la tenue de route et le confort, les amortisseurs arrière ont été placés à l'extérieur des longerons pour assurer une assise plus large, augmentant la stabilité en virage. Il faut également noter que les ressorts elliptiques sont plus larges que précédemment. La section avant a été conçue nettement plus costaude dans le but de constituer une assise rigide de la suspen-

sion avant et de la boîte du mécanisme de direction. Dans les versions 4X4, les barres de torsion avant ont été abandonnées au profit des ressorts hélicoïdaux tandis que la direction est dorénavant à crémaillère, comme dans les 4X2.

Toutes ces « améliorations » ont un effet sur le poids du véhicule qui est dorénavant plus lourd de 250 kilos, ce qui aura certainement une influence sur la consommation de carburant. De plus, comme la boîte de chargement arrière est plus haute de 5,8 cm, cela signifie une capacité de charge accrue, une autre source potentielle de consommation additionnelle. Soulignons au passage que la porte de chargement arrière de la caisse est dotée d'une barre de torsion qui en facilite la fermeture et l'ouverture.

Deux moteurs sont au catalogue de cette nouvelle venue. Le premier est bien connu, car il s'agit de l'incontournable moteur V8 4,6 litres Triton d'une puissance de 231 chevaux. Si

vous désirez plus de muscles, vous devrez jeter votre dévolu sur un nouveau moteur V8. Il faut toutefois s'entendre sur le terme « nouveau », car il s'agit d'une version dérivée du bloc modulaire utilisé par Ford depuis plusieurs années. Cette fois, sa cylindrée est de 5,4 litres, sa puissance de 300 chevaux et son couple de 365 lb-pi. Si le bloc est connu, les culasses sont toutes nouvelles. Réalisées en alliage léger, elles comprennent trois soupapes par cylindre : deux d'admission et une d'échappement. Et lorsque la nouvelle version du Lightning sera sur le marché plus tard en 2004, l'ajout d'un compresseur portera la puissance à 500 chevaux !

Confort et robustesse

L'ancien F-150 avait été critiqué pour les rondeurs de ses lignes qui ne convenaient pas tellement à un camion selon certains. Les purs et durs parlaient d'une « camionnette pour les mauviettes ». La leçon a été retenue et la nouvelle génération est beaucoup plus équarrie avec ses parois latérales presque plates, son imposante grille de calandre de même que de gros écussons Ford à l'avant comme à l'arrière. La partie inférieure des fenêtres comprend une dépression en sa partie avant, comme dans les modèles Super Duty. Autre caractéristique digne de mention, la cabine simple dite « classique », avec sa paroi arrière

CARACTÉRISTIQUES

Prix du modèle à l'essai	SuperCab XLT 36 795 $
Échelle de prix	27 135 $ à 41 295 $
Garanties	3 ans 60 000 km / 5 ans 100 000 km
Emp. / Long. / Larg. / Haut. (cm)	343 / 581 / 200 / 185
Poids	2320 kg
Longueur caisse / Réservoir	183 cm / 102 litres
Chargement / Remorquage	1315 kg / 4310 kg
Coussins de sécurité	frontaux
Suspension avant	indépendante, leviers triangulés
Suspension arrière	essieu rigide, ressorts elliptiques
Freins av. / arr.	disque ABS
Antipatinage / Contrôle de stabilité	non
Direction	à crémaillère, assistée
Diamètre de braquage	14,1 mètres
Pneus av. / arr.	265/60R18

MOTORISATION ET PERFORMANCES

Moteur	V8 5,4 litres
Transmission	propulsion, automatique 4 rapports
Puissance	300 ch à 5000 tr/min
Couple	365 lb-pi à 3750 tr/min
Autre(s) moteur(s)	V8 4,6 litres 231 ch
Autre(s) transmission(s)	aucune
Accélération 0-100 km/h	8,5 secondes
Reprises 80-120 km/h	7,2 secondes
Vitesse maximale	190 km/h
Freinage 100-0 km/h	43,4 mètres
Consommation (100 km)	14,5 litres (ordinaire) (estimé)

MODÈLES CONCURRENTS

- Chevrolet Silverado • Dodge Ram • GMC Sierra
- Nissan Titan • Toyota Tundra

QUOI DE NEUF ?

- Nouveau modèle • Châssis plus rigide
- Moteur V8 5,4 litres SACT • Cabine redessinée
- Caisse plus profonde

Renouvellement du modèle	Nouveau modèle

VERDICT

Agrément de conduite	★★★★☆
Fiabilité	nouveau modèle
Sécurité	★★★★☆
Qualités hivernales	★★★☆☆
Espace intérieur	★★★★☆
Confort	★★★★☆

VERSION RECOMMANDÉE

STX SuperCab

directement collée à la banquette, est disparue. La version régulière a été allongée de 15 cm afin d'offrir un espace de rangement derrière les places avant. Par contre, les modèles SuperCab à cabine allongée et SuperCrew à cabine multiplace sont de retour.

Malgré la multitude d'améliorations sur le plan mécanique, le changement le plus spectaculaire se situe dans la cabine. Non seulement le tableau de bord est le plus élégant jamais concocté dans une camionnette, mais il est offert en trois variations en fonction du modèle choisi. De plus, les sièges sont de belle apparence et très confortables. La même remarque s'applique à la banquette arrière du modèle SuperCrew. Il faut également ajouter que l'insonorisation est améliorée de même que la qualité des matériaux et de l'assemblage.

Le moteur 5,4 litres semble moins nerveux que ses 300 chevaux nous porteraient à le croire. Mais il se tire quand même bien d'affaire et sa présence vous assure une capacité

de chargement de 1315 kg et une capacité de remorquage de 4310 kg. Sur la route, la direction a gagné en précision et en feed-back par rapport au modèle 2003. Il faut également souligner que la suspension arrière s'accommode mieux des trous et des bosses. Par contre, ce nouveau « F » est plus gros, plus lourd et plus long, ce qui lui enlève un peu de sa maniabilité. En revanche, sur la grandroute, il se révèle silencieux et confortable. Malgré le fait qu'il possède toute la robustesse voulue, la présence de modèles ultraluxueux nous porte à croire que Ford s'est quelque peu désintéressée du marché des camionnettes de travail, les dures de dures. Pourtant, le modèle XL a toutes les caractéristiques nécessaires pour abattre de gros travaux sans trop devoir payer pour du luxe inutile. Il ne reste plus qu'à espérer que la fiabilité de ce nouveau produit sera au rendez-vous.

Denis Duquet

▲ POUR

- **Silhouette moderne • Habitacle réussi**
- **Moteur V8 5,4 litres • Choix de modèles**
- **Suspensions améliorée**

▼ CONTRE

- **Gain de poids • Absence de moteur V6**
- **Consommation peu améliorée**
- **Absence de coussins latéraux**

Fontaine de jouvence

Il y a un peu plus de 20 ans que le Ford Ranger existe et il a toujours été l'un des meneurs de sa catégorie. En fait, il domine le marché de la camionnette compacte depuis plus de 16 ans et il figure toujours sur la liste des 10 véhicules les plus vendus aux États-Unis. Depuis l'arrivée de la camionnette Mazda Série B dérivée du Ranger, les modèles proposés par la compagnie nippone ont toujours eu une silhouette un peu plus dynamique.

C'est sans doute pourquoi le Ranger fait l'objet de plusieurs modifications esthétiques cette année afin de rajeunir ses formes et son habitacle. Au chapitre de l'esthétique, il est certain que ces changements permettent d'obtenir une association visuelle avec le nouveau F-150. Le capot est bombé en sa partie centrale et cette section se termine sur une grille de calandre renouvelée. Celle-ci est à bandes horizontales dans le modèle 4X2 et à nids d'abeille pour les 4X4. Parmi les autres modifications extérieures, notons que les pare-chocs ont été redessinés.

Il ne faut pas se fier à cette énumération, car si vous jetez un coup d'œil aux photos, vous verrez que le modèle 2004 ressemble encore au 2003. En observant de près, il est toutefois possible de détecter les changements apportés. Les modifications ne sont pas plus spectaculaires dans l'habitacle. On y a mis de nouveaux cadrans indicateurs et un nouveau volant ainsi que des tissus des sièges moins tristes.

En résumé, ces quelques retouches permettent de mettre le Ranger un peu plus au goût du jour. Si cela ne suffit pas, il existe un important catalogue d'options afin de faciliter la tâche des personnes désireuses de personnaliser leur camionnette davantage. Il est, par exemple, possible de commander l'ensemble fumeur, politiquement incorrect et comprenant un cendrier de teinte harmonisée avec allume-cigare. Le groupe hors route 4X4 fait plus sérieux avec un rapport de pont 4,10, des amortisseurs pour conduite hors route, des plaques de protection sous le véhicule et des jantes de 16 pouces en aluminium.

Bien entendu, il ne faut pas oublier de mentionner que le Ranger est offert avec une cabine simple ou allongée à portes d'accès de chaque côté. De nombreuses variantes en fait de présentation extérieure sont aussi au catalogue.

Prêt à travailler

Il ne faut pas se laisser leurrer par ces possibilités d'équipement supplémentaire, ces chaînes audio plus puissantes et ces sièges en cuir. Le Ranger est toujours demeuré un outil de travail depuis son arrivée sur le marché au début des années 1980. Son châssis de type échelle a même été renforcé à quelques reprises pour répondre aux demandes des clients qui voulaient que soient améliorées sa capacité de chargement et de remorquage. D'ailleurs, une version équipée du moteur V6 4 litres et des accessoires spéciaux de remorquage peut tracter environ 2700 kilos, ce qui est tout de même à souligner. Le revers de cette médaille est que ces ressorts elliptiques arrière associés à ce châssis rigide ne font pas toujours bon ménage avec les mauvaises routes alors que l'arrière sautille allègrement. Ce qui permet en même temps d'apprécier la solidité de la cabine qui semble faite toute d'un bloc. En général, car il y a des exceptions, les bruits de caisse ne font pas partie du vocabulaire d'un propriétaire de Ranger.

Sur le plan des moteurs, les versions plus économiques deux roues motrices sont équipées d'un moteur quatre cylindres 2,3 litres de 143 chevaux qui convient fort bien à la personne prévoyant n'utiliser cette camionnette que pour des travaux légers. Il est associé de série à une boîte manuelle à cinq rapports dont la longue course du levier témoigne du caractère industriel du Ranger. Si manipuler un long bras de vitesses vous laisse indifférent, vous allez

CARACTÉRISTIQUES

Prix du modèle à l'essai	XLT 4X4 SuperCab 27 895 $
Échelle de prix	19 385 $ à 26 785 $
Garanties	3 ans 60 000 km / 5 ans 100 000 km
Emp. / Long. / Larg. / Haut. (cm)	320 / 512 /172 / 171
Poids	1680 kg
Longueur caisse / Réservoir	183 cm / 88 litres
Chargement / Remorquage	572 kg / 2522 kg
Coussins de sécurité	frontaux
Suspension avant	indépendante, leviers asymétriques
Suspension arrière	essieu rigide, ressorts elliptiques
Freins av. / arr.	disque / tambour ABS
Antipatinage / Contrôle de stabilité	non
Direction	à crémaillère, assistée
Diamètre de braquage	12,4 mètres
Pneus av. / arr.	225/70R15

MOTORISATION ET PERFORMANCES

Moteur	V6 4 litres
Transmission	propulsion, automatique 5 rapports
Puissance	207 ch à 5250 tr/min
Couple	238 lb-pi à 3000 tr/min
Autre(s) moteur(s)	V6 3 litres 154 ch ; 4L 2,3 litres 143 ch
Autre(s) transmission(s)	manuelle 5 rapports
Accélération 0-100 km/h	9,2 secondes
Reprises 80-120 km/h	8,3 secondes
Vitesse maximale	175 km/h
Freinage 100-0 km/h	43,8 mètres
Consommation (100 km)	13,6 litres (ordinaire)

MODÈLES CONCURRENTS

- Chevrolet Canyon • GMC Colorado • Mazda Série B
- Nissan Frontier • Toyota Tacoma

QUOI DE NEUF ?

- Capot redessiné • Nouvelle grille de calandre
- Nouveau volant • Système audio plus puissant
- Cadrans indicateurs modifiés

Renouvellement du modèle	2006

VERDICT

Agrément de conduite	★★★☆☆
Fiabilité	★★★★☆
Sécurité	★★★☆☆
Qualités hivernales	★★☆☆☆
Espace intérieur	★★★☆☆
Confort	★★★☆☆

VERSION RECOMMANDÉE

Edge 4X4 SuperCab

apprécier la boîte automatique à cinq rapports qui est d'un fonctionnement exemplaire.

Deux V6 sont au catalogue et je dois vous avouer que le V6 3 litres est une solution de compromis qui permet d'inscrire un moteur V6 à la fiche technique de certains modèles mieux nantis en fait d'équipement. Le choix le plus intéressant est le V6 4 litres dont la configuration mécanique est nettement plus raffinée que celle du 3 litres à soupapes en tête. Il est plus souple, plus silencieux et son rendement n'est pas à dédaigner.

Même si de nombreuses améliorations apportées au fil des ans ont raffiné la suspension, insonorisé l'habitacle et civilisé le comportement routier, le Ranger est toujours affecté par une suspension relativement sèche et une cabine pas trop spacieuse à l'avant tandis que les strapontins arrière du modèle à cabine arrière ne peuvent servir à accommoder des adultes que sur de courtes distances. Il est de plus difficile de s'y installer. Mieux vaut les réserver à des enfants ou encore utiliser l'espace derrière les sièges avant pour y remiser du matériel et des bagages.

Le tableau de bord est de facture conservatrice, mais ses commandes sont faciles à déchiffrer tandis que les nouveaux cadrans indicateurs à fond blanc s'avèrent de consultation aisée à défaut d'être terriblement attrayants. Une bonne note en passant à la commande de sélection du mode d'entraînement qui est à la portée de la main. D'ailleurs, les versions quatre roues motrices de ce petit utilitaire sont à retenir.

En attendant sa révision en profondeur en 2006, le Ranger ne se porte pas trop mal malgré des origines qui remontent aux années 1980. Ce qui n'empêchera pas les nouvelles camionnettes Chevrolet Colorado et GMC Canyon de General Motors de venir gruger les parts de marché du Ranger.

Denis Duquet

▲ POUR

- **Moteur V6 4 litres • Boîte automatique à 5 rapports • Tenue de route correcte • Valeur de revente intéressante • Châssis solide**

▼ CONTRE

- **Consommation élevée • Suspension ferme • Silhouette dépassée • Strapontins arrière inutiles (Supercab) • V6 3 litres décevant**

Un marché congestionné

Il est tout de même curieux de constater que les constructeurs japonais proposent presque autant de camionnettes compactes que leurs homologues nord-américains. Dans ce clan, Ford et GM sont de la partie tandis que Chrysler a préféré opter pour un modèle de taille intermédiaire avec le Dakota. Pour leur part, Toyota, Nissan et Mazda leur font une solide concurrence tandis que le Subaru Baja est plutôt une familiale transformée qu'une authentique camionnette. Et en parlant de compromis, il faut placer le Mazda de Série B à cheval sur la clôture puisqu'il s'agit d'un Ford Ranger revu et corrigé par les gens d'Hiroshima.

Il n'est donc pas surprenant de retrouver d'étranges similitudes entre ces deux modèles. Le tableau de bord est l'élément le plus frappant à ce chapitre. Les deux camionnettes partagent la même planche de bord. Par exemple, le module central abritant les commandes de la climatisation et de la chaîne audio est identique avec ses deux buses de ventilation en partie supérieure, la radio au centre et les commandes du climatiseur en bas. Même la serrure servant à débrancher le coussin de sécurité du passager est identique. Bref, Mazda n'a eu qu'à choisir un volant moins tristounet pour égayer l'ambiance. Les tissus des sièges sont également différents chez Mazda, une autre bonne note car l'habitacle du Ford Ranger affiche une présentation assez sage. Toujours au sujet de l'esthétique, les stylistes de Mazda ont réussi à donner une silhouette un peu plus branchée au Série B en dessinant une calandre plus équilibrée, un pare-chocs élégant et des phares de route aux allures plus ludiques.

Bonne nouvelle !

Si la silhouette se rapproche un peu trop de celle du Ford Ranger, la bonne nouvelle est que ce dernier est l'un des plus robustes sur le marché. Son châssis de type échelle est suffisamment costaud avec sept renforts transversaux dans les versions régulières et huit dans les modèles Cab Plus. De plus, comme c'est la coutume dans la catégorie, l'essieu arrière rigide est relié au châssis par des ressorts elliptiques à deux phases et des amortisseurs à gaz haute pression. Cela permet de transporter des charges pouvant aller jusqu'à 753 kg avec les modèles 4X2 B4000 et B3000 4X2. Soulignons au passage que les modèles 4X4 sont équipés d'une suspension avant à barres de torsion tandis que les propulsions ont une suspension avant à bras inégaux triangulés.

Cette année encore, le Dual Sport est de retour. Il s'agit d'un modèle 4X2 empruntant le châssis de la version quatre roues motrices. Ce subterfuge a pour effet d'obtenir l'allure du 4X4 sans en payer le prix en termes de confort et de consommation de carburant. Cela vous surprend ? Pour ma part, dans notre société où le trompe-l'œil est roi, cela me paraît presque normal. Et pas nécessaire de blâmer Mazda, la compagnie ne fait que répondre aux impératifs du marché.

Puisque aucun changement majeur n'est apporté à la Série B, les trois moteurs de l'an dernier sont de retour. Le B2000 est donc propulsé par le quatre cylindres 2,3 litres d'une puissance de 143 chevaux. Il ne faut pas ignorer ce «petit quatre», car son couple suffit pour certains travaux intermédiaires et sa consommation de carburant est certainement beaucoup plus attrayante que celle du V6 3 litres de la version B3000. Celui-ci est non seulement plus gourmand, mais sa capacité de remorquage est presque similaire à celle du 2,3 litres. Bref, si vous tenez à bénéficier de la douceur d'un V6, le 4 litres à SACT vous convient. Ses 207 chevaux font sentir leur présence tant en accélération que lors des dépassements tout en ne vous pénalisant que de quelques centilitres aux 100 km par rapport au V6 3 litres. Il faut

d'ailleurs souligner que seul le moteur 4 litres est offert avec la transmission intégrale. Par contre, tous les moteurs peuvent être commandés avec la boîte de vitesses manuelle à 5 rapports. Celle-ci est bien étagée pour une transmission de camionnette, mais oubliez toute aspiration sportive. À la base, peu importe le niveau d'équipement, les représentants de la Série B sont des outils de travail capables d'en prendre. La majorité des gens qui choisissent une camionnette pour leur utilisation personnelle devraient opter pour la boîte automatique à 5 rapports. Celle-ci est un exemple de douceur et ce rapport supplémentaire permet de réduire la consommation d'essence.

Le pour et le contre
Le meilleur modèle de toute gamme de produits est celui qui convient à vos besoins. Si vous recherchez un véhicule pour votre utilisation personnelle, le meilleur choix serait une version B4000 à cabine allongée

avec transmission automatique. Cochez le groupe d'équipement Plus pour bénéficier de sièges baquets plus confortables et d'une chaîne audio plus étoffée. Il n'est pas nécessaire de se procurer la transmission intégrale à tout prix. En plus de payer plus cher à l'achat, on se retrouve avec une consommation d'essence plus élevée et un agrément de conduite mitigé. En plus, il ne faut pas oublier que l'essieu rigide arrière ne fait pas nécessairement bon ménage avec les routes en mauvais état. Il se dérobe facilement tandis que la forte rigidité du châssis a un effet négatif sur le confort de l'habitacle.

Pour l'instant, cette camionnette demeure compétitive avec les autres de sa catégorie. L'arrivée imminente des modèles Colorado et Canyon de GM devrait toutefois provoquer certains remous dans ce créneau du marché assez tranquille depuis quelques années.

Denis Duquet

CARACTÉRISTIQUES

Prix du modèle à l'essai	B-4000 SE cab. all. 27 895 $
Échelle de prix	17 000 $ à 29 000 $
Garanties	3 ans 80 000 $ / 5 ans 100 000 $
Emp. / Long. / Larg. / Haut. (cm)	320 / 512 / 176 / 165
Poids	1680 kg
Longueur caisse / Réservoir	183 cm / 88 litres
Chargement / Remorquage	571 kg / 1570 kg
Coussins de sécurité	frontaux
Suspension avant	indépendante, leviers asymétriques
Suspension arrière	essieu rigide, barres de torsion
Freins av. / arr.	disque / tambour, ABS
Antipatinage / Contrôle de stabilité	non
Direction	à crémaillère, assistée
Diamètre de braquage	12,4 mètres
Pneus av. / arr.	225/70R15

MOTORISATION ET PERFORMANCES

Moteur	V6 4 litres
Transmission	propulsion, automatique 5 rapports
Puissance	207 ch à 5250 tr/min
Couple	238 lb-pi à 3000 tr/min
Autre(s) moteur(s)	V6 3 l 154 ch ; 4L 2,3 l 143 ch
Autre(s) transmission(s)	manuelle 5 rapports
Accélération 0-100 km/h	10,9 secondes
Reprises 80-120 km/h	8,4 secondes
Vitesse maximale	175 km/h
Freinage 100-0 km/h	42,8 mètres
Consommation (100 km)	13,5 litres (ordinaire)

MODÈLES CONCURRENTS

• Chevrolet S-10 • Ford Ranger • GMC Sonoma
• Nissan Frontier • Toyota Tacoma

QUOI DE NEUF ?

• Aucun changement majeur

Renouvellement du modèle	2006

VERDICT

Agrément de conduite	★★★☆☆
Fiabilité	★★★★☆
Sécurité	★★★☆☆
Qualités hivernales	★★☆☆☆
Espace intérieur	★★★☆☆
Confort	★★★☆☆

VERSION RECOMMANDÉE

SE cabine allongée 4X2

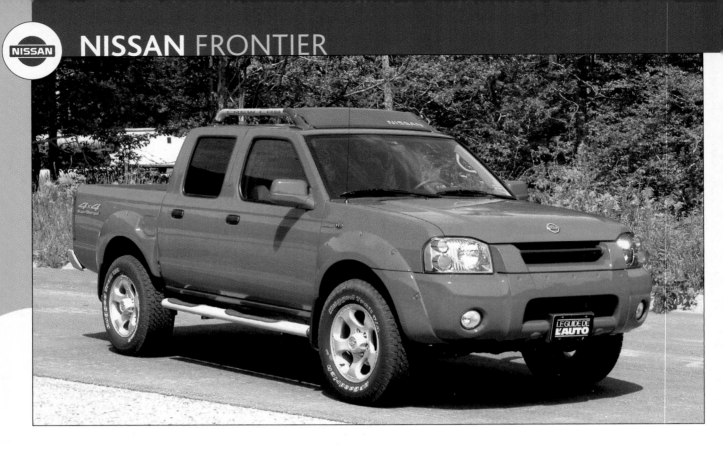

Ouvrez grand

Il est curieux de constater jusqu'à quel point la perspective d'un produit peut changer au fil des années. Lorsque le Frontier est apparu au tournant de la dernière décennie, Nissan parvenait à peine à se maintenir en affaires et ses ressources ne permettaient pas le développement intensif d'une nouvelle camionnette et d'un nouveau moteur V6. Cette nouvelle venue était donc sage comme une image sous tous les aspects. Seuls sa finition sérieuse et un prix très compétitif prêchaient en sa faveur.

La compagnie Nissan a connu une spectaculaire remontée et le Frontier n'est plus le parent pauvre de la catégorie. Ce modèle peut dorénavant être considéré comme le digne successeur des camionnettes Nissan qui ont toujours innové à plus d'un point de vue. En fait, Nissan a littéralement inventé la catégorie en 1959 et a par la suite proposé le premier camion ½ tonne de cette classe. En 1977, le modèle King Cab à cabine allongée a constitué une autre première pour ce constructeur.

Plein ciel

Au gré de la remontée de la compagnie sur le marché, une toute nouvelle présentation est apparue en 2001. Cette camionnette était jusque-là considérée comme nulle côté apparence, mais cette nouvelle silhouette a permis de transformer la chrysalide en papillon. De plus, le modèle à cabine simple a été tout simplement aboli. Encore là, ce constructeur nippon a joué un rôle de précurseur. Aucun autre

manufacturier n'avait osé un tel geste. Cette année toutefois, le nouveau Ford F-150 adopte la même politique. Le Frontier se décline donc en version King Cab à cabine allongée et en modèle quatre portes.

Après des débuts plutôt modestes, le Frontier se démarque maintenant de ses concurrents par plusieurs originalités. L'une d'entre elles est le toit rétractable Open Sky qui s'ouvre sur toute sa longueur si on le désire. Les ingénieurs ont remplacé le traditionnel panneau en acier de cet accessoire par une toile qui se rétracte à la distance voulue. Il est facile d'y voir l'influence de Renault puisque ce constructeur français a installé ce type de toit ouvrant dans plusieurs de ses modèles au cours des années.

Il semble que les concepteurs aient souffert de la folie des grandeurs, car non seulement le Frontier possède le toit ouvrant le plus grand sur le marché, mais la caisse de chargement offerte en option dans la version King Cab est la plus longue de sa classe. Avec ses 189 cm, elle permet de transporter presque

autant de matériel qu'une camionnette pleine grandeur. Mais s'il est avantageux de pouvoir charger son véhicule de beaucoup d'objets, il faut également être en mesure de déplacer cette charge additionnelle sans problème. Malheureusement, le moteur V6 3,3 litres de 170 chevaux n'est pas tellement bien adapté et se révèle avare de puissance et passablement rugueux. Les performances de ce V6 n'impressionnent pas tellement et le pilote aura la sensation, même allégé, qu'une bonne partie des chevaux-vapeurs annoncés sont en vacances.

La solution semble bien évidente : il suffit de commander la version suralimentée de ce V6 pour bénéficier du muscle nécessaire, car il produit 210 chevaux. Malheureusement, une fois de plus, la théorie est contredite par la pratique. Malgré une puissance supplémentaire de 40 chevaux, le résultat manque toujours de vigueur. Lorsqu'on passe d'un moteur à l'autre, on a l'impression que seul le son a changé.

Curieusement, le moteur quatre cylindres 2,4 litres satisfait beaucoup plus. Il est bruyant comme tous les moteurs de camion de Nissan, solide comme le roc, et ses 143 chevaux ne sont pas de la frime. Il est possible de coupler ce quatre cylindres à une boîte manuelle à cinq rapports ou à une automatique à cinq rapports. Par contre, il ne peut être commandé dans les modèles 4X4 et à cabine multiplace.

Autre innovation !

Il ne faut pas non plus oublier de souligner que le modèle Desert Runner adopte la suspension et la présentation extérieure d'une version 4X4 tout en demeurant un modèle 4X2. Si je ne m'abuse, Nissan a été le premier constructeur à proposer une telle duperie sur le marché. À constater avec quel empressement la concurrence a emboîté le pas, il faut croire que cette combinaison pour le moins incongrue remporte le succès. C'est une preuve de plus que les achats de véhicules, même ceux à vocation pratique, ne sont pas toujours dictés par la logique et le gros bon sens.

Curieusement, il me semble étrange que tous ces ingénieurs démontrant une telle capacité d'innovation ne soient pas en mesure de concocter une camionnette aussi agréable à conduire qu'à regarder. Il ne faut pas croire pour autant que le résultat soit catastrophique. En fait, le véhicule assure une tenue de route très honnête. Mais son apparence sportive nous laisse sur notre appétit lorsqu'on prend

le volant. Les moteurs sont bruyants et la direction à billes assez imprécise. Quant aux sensations de conduite, elles ne se révèlent guère excitantes. Je sais, c'est une camionnette et pas une voiture sport. Mais diantre, pourquoi l'affubler d'une silhouette pareille si le plaisir de conduire a été oublié dans l'équation ? D'autant plus que le tableau de bord très stylisé accentue l'impression première. Et à propos de l'habitacle, si les sièges avant s'avèrent corrects pour la plupart des gens, les places arrière sont assez peu confortables, avec un dégagement pour les jambes pas impressionnant.

Malgré ces quelques bémols, il ne faut pas oublier que la gamme Frontier est très diversifiée en plus de comporter des modèles innovateurs.

Denis Duquet

▲ POUR

• Silhouette moderne • Mécanique fiable
• Caisse arrière de grande capacité • Toit ouvrant original • Tableau de bord esthétique

▼ CONTRE

• Châssis démodé • Moteurs essoufflés
• Tenue de route dépassée
• Places arrière souffrantes

CARACTÉRISTIQUES

Prix du modèle à l'essai cab. multiplace SC V6	36 498 $
Échelle de prix	24 000 $ à 36 500 $
Garanties	3 ans 60 000 km / 5 ans 100 000 km
Emp. / Long. / Larg. / Haut. (cm)	333 / 533 / 180 / 133
Poids	2459 kg
Longueur caisse / Réservoir	189 cm / 73 litres
Chargement / Remorquage	584 kg / 2 669 kg
Coussins de sécurité	frontaux
Suspension avant	indépendante, leviers triangulés
Suspension arrière	essieu rigide, ressorts elliptiques
Freins av. / arr.	disque ABS / tambour ABS
Antipatinage / Contrôle de stabilité	non
Direction	à billes, assistée
Diamètre de braquage	11,8 mètres
Pneus av. / arr.	265/65R17

MOTORISATION ET PERFORMANCES

Moteur	V6 3,3 litres à compresseur
Transmission	propulsion, automatique 4 rapports
Puissance	210 ch à 4800 tr/min
Couple	246 lb-pi à 2800 tr/min
Autre(s) moteur(s)	V6 3,3 l 170 ch ; 4L 2,4 l 143 ch
Autre(s) transmission(s)	manuelle 5 rapports
Accélération 0-100 km/h	11,2 secondes
Reprises 80-120 km/h	175 km/h
Vitesse maximale	41,3 mètres
Freinage 100-0 km/h	14,1 litres (ordinaire)
Consommation (100 km)	

MODÈLES CONCURRENTS

• Chevrolet Canyon • Ford Ranger • GMC Colorado
• Mazda Série B • Toyota Tacoma

QUOI DE NEUF ?

• Aucun changement majeur

Renouvellement du modèle	n.d.

VERDICT

Agrément de conduite	★★★⯪☆
Fiabilité	★★★★⯪
Sécurité	★★★⯪☆
Qualités hivernales	★★★☆☆
Espace intérieur	★★★⯪☆
Confort	★★★☆☆

VERSION RECOMMANDÉE

Cabine multiplace 4X4 SC-V6

Nissan voit gros

Lorsque les gens veulent mettre l'accent sur l'ampleur d'un projet, les dimensions d'un édifice ou l'importance d'un défi, ils utilisent souvent l'épithète « titanesque ». Chez Nissan, le fait d'appeler la nouvelle camionnette Titan n'est pas le fruit du hasard. Non seulement ses dimensions sont similaires à celles des leaders de la catégorie que sont les Chevrolet Silverado/GMC Sierra, Ford F-150 et Dodge Ram, mais c'est tout un défi à relever que de tenter de se faire une place au soleil dans un marché où les acheteurs de camions sont parmi les plus fidèles à une marque. Dans cette catégorie surtout dominée par la clientèle masculine, on est un « gars de Ford », de Chevrolet ou de Dodge pour la vie ou presque.

Fière de ses nombreux succès commerciaux au cours des 18 derniers mois, la direction du numéro deux japonais se déclare confiante de pouvoir se tailler une certaine part du marché nord-américain des camions de catégorie ordinaire. Malgré tout, les responsables du marketing ne rêvent pas en couleur. Ils prévoient une part du marché de 1 % à 2 % au cours des deux premières années et de 2 % à 4 % au cours des troisième et quatrième années.

Pour atteindre ces objectifs, les concepteurs ont décidé de se lancer dans cette aventure avec un produit spécifiquement conçu pour notre marché. Le Titan est une camionnette fortement inspirée de ses rivales nord-américaines autant sur le plan des dimensions et de l'esthétique que de la mécanique.

Il faut souligner que Nissan a joué un rôle important dans la popularité des camionnettes compactes sur notre continent et qu'elle possède donc toute l'expérience nécessaire pour s'attaquer à un nouveau marché. La recette est simple. Il suffit de déterminer quels sont les éléments les plus appréciés par les acheteurs des produits concurrents en plus d'effectuer plusieurs enquêtes auprès du public.

Le F-150 japonais

Le résultat: une camionnette dont les dimensions sont similaires à celles du Ford F-150 et du Chevrolet Silverado. De plus, les ingénieurs ont développé un moteur V8 5,6 litres d'une puissance de 305 chevaux, assurant une capacité de remorquage de 4320 kilos. Le Titan sera commercialisé au début de 2004 et sera offert en version King Cab à cabine allongée et en version cabine multiplace. Le King Cab se démarque de ses concurrents par la présence d'un panneau d'accès arrière s'ouvrant à un angle de 180° afin de faciliter l'accès à la cabine. Toujours au chapitre des innovations, il faut souligner la présence d'un espace de rangement dans la partie inférieure de la paroi latérale, juste derrière la roue arrière.

Ces mêmes ingénieurs ont certainement effectué des heures supplémentaires pour développer une boîte de chargement à la fois robuste et pratique. Par exemple, il s'agit de la première camionnette à être dotée d'une couche de protection appliquée en usine. Selon Nissan, les boîtes de protection en plastique entraînent de la corrosion, car elles sont faciles à perforer et laissent ensuite pénétrer l'eau qui demeure emprisonnée entre le revêtement et le plancher. L'apprêt appelé Durabed est constitué de deux composantes qui se transforment en un élastomère résistant à la chaleur, à la lumière et à l'humidité. Cet enduit sert également de couche antidérapante en plus d'agir comme matériau insonorisant. Mais ce n'est pas tout puisque la caisse de chargement est également dotée du système Utili Track qui permet d'ancrer plus efficacement les objets transportés. Il s'agit de cannelures rivées sur le plancher ainsi que sur les parois latérales et frontales dans lesquelles glissent des crochets pouvant être verrouillés. Il devient alors possible d'attacher sans problème les objets les plus hétéroclites. Malheureusement, la boîte la plus longue mesure 198 cm. Ceux qui désirent une boîte de 243 cm devront aller voir ailleurs.

CARACTÉRISTIQUES	
Prix du modèle à l'essai	XE n.d.
Échelle de prix	n.d.
Garanties	3 ans 60 000 km / 5 ans 100 000 km
Emp. / Long. / Larg. / Haut. (cm)	355 / 569 / 200 / 194
Poids	2252 kg
Longueur caisse / Réservoir	198 cm / 100 litres
Chargement / Remorquage	767 kg / 4263 kg
Coussins de sécurité	frontaux et tête (opt.)
Suspension avant	ind., doubles leviers triangulés
Suspension arrière	essieu rigide, ressorts elliptiques
Freins av. / arr.	disque ABS
Antipatinage / Contrôle de stabilité	non
Direction	à crémaillère, assistance variable
Diamètre de braquage	14,0 mètres
Pneus av. / arr.	245/75R17

MOTORISATION ET PERFORMANCES	
Moteur	V8 5,6 litres
Transmission	propulsion, automatique 5 rapports
Puissance	305 ch à 4900 tr/min
Couple	385 lb-pi à 3600 tr/min
Autre(s) moteur(s)	aucun
Autre(s) transmission(s)	aucune
Accélération 0-100 km/h	7,8 secondes
Reprises 80-120 km/h	6,2 secondes
Vitesse maximale	185 km/h
Freinage 100-0 km/h	44,6 mètres
Consommation (100 km)	16,3 litres (ordinaire)

L'exemple du Ram

Le Dodge Ram était une camionnette pratiquement rayée du marché jusqu'à l'arrivée d'un modèle de conception audacieuse en 1994. Cette nouvelle présentation avait transformé le marché et accru les ventes des camions Dodge. Nissan adopte une approche similaire avec le Titan dont la silhouette ne passe pas inaperçue. Il possède également la cabine la plus spacieuse de la catégorie avec une capacité totale de 1180 litres. Ce qui explique pourquoi les places arrière du modèle King Cab à cabine allongée sont confortables bien que le dégagement pour les jambes soit un peu juste. Par ailleurs, le modèle à cabine multiplace est le plus spacieux sur le marché et les occupants des places arrière peuvent y prendre leurs aises. De bonnes notes également pour le tableau de bord qui est esthétique et pratique à la fois.

Sur la route, le Titan est capable de faire match égal avec la plupart de ses concurrents. La direction est précise, la suspension arrière correcte et le moteur V8 capable de boucler le 0-100 km/h en moins de 8 secondes tandis que la boîte automatique à cinq rapports ne s'attire aucun reproche. Dans les versions 4X4, la boîte de transfert est enclenchée au moyen d'un bouton placé sur la console centrale. Il est possible de choisir entre les modes suivants : 2Hi, 4Hi et 4Lo. En plus de posséder la robustesse voulue et un rouage intégral efficace, l'angle d'attaque est de 32°, le meilleur de sa catégorie.

Le Nissan Titan ne manque pas d'arguments pour convaincre les acheteurs. Reste à savoir si ce sera suffisant pour attirer les irréductibles propriétaires de camionnettes des autres marques. L'enjeu est de taille. Et il faut ajouter que Toyota vient de jeter un pavé dans la mare avec son Tundra plus gros qu'auparavant.

Denis Duquet

MODÈLES CONCURRENTS

• Chevrolet Silverado • Dodge Ram • Ford F-150
• GMC Sierra • Toyota Tundra

QUOI DE NEUF ?

• Nouveau modèle • Moteur V8 5,6 litres • Version King Cab et cabine multiplace • Meilleure habitabilité de l'industrie

Renouvellement du modèle	Nouveau modèle

VERDICT	
Agrément de conduite	★★★☆☆
Fiabilité	nouveau modèle
Sécurité	★★★★☆
Qualités hivernales	★★★☆☆
Espace intérieur	★★★★½
Confort	★★★★☆

VERSION RECOMMANDÉE

SE 4X4

▲ POUR	▼ CONTRE
• Moteur puissant • Habitacle spacieux • Silhouette agressive • Portes arrière ingénieuses (King Cab) • Habile hors route	• Dimensions encombrantes • Consommation élevée • Certains matériaux à revoir • Boîte courte seulement

La qualité parle

Teddy Roosevelt, un ancien président américain et un homme d'action par-dessus tout, a déjà déclaré : « Parlez peu, mais armez-vous d'une bonne trique. » Ce qui signifie que les gestes sont plus importants que la parole. Ça semble être la devise chez Toyota. En effet, cette compagnie fait rarement des annonces tonitruantes. En revanche, elle nous surprend au détour avec l'arrivée d'un modèle revu et corrigé comme le Tundra cette année. Même si le Tacoma n'a pas eu droit à une révision aussi spectaculaire, plusieurs modifications apportées au cours des dernières années ont permis d'étoffer la gamme et de livrer ainsi une lutte de tous les instants aux modèles concurrents dans ce créneau du marché.

La plupart des gens voient Toyota comme une compagnie très conservatrice. Ce fut peut-être le cas il y a quelques années, mais plus maintenant. Par exemple, sa direction n'a pas craint d'éliminer de son catalogue le modèle à cabine simple en 2002 tout en proposant une version à cabine quatre portes, comme le veut la tendance actuelle. De plus, la popularité des modèles 4X2 offrant les mêmes caractéristiques qu'une version 4X4, mais sans transmission intégrale, a complètement transformé le marché. Toyota a réagi avec le PreRunner qui dispose des mêmes éléments que la version 4X4 avec la même garde au sol, les plaques de protection, les crochets d'arrimage, tout sauf les quatre roues motrices. Il peut être livré avec le moteur quatre cylindres 2,7 litres de 150 chevaux ou le V6 3,4 litres de 190 chevaux. Détail intéressant, le PreRunner est la seule version offerte avec le modèle à cabine multiplace.

Il ne faut pas oublier de mentionner que le modèle Xtracab « conventionnel » est équipé de série du moteur quatre cylindres 2,4 litres de 142 chevaux. Il ne peut être livré qu'avec la boîte manuelle à cinq rapports et la transmission intégrale ne peut être commandée avec ce moteur. Les deux autres peuvent être couplés à un rouage 4X4 et à une boîte automatique.

Inutile de souligner que le choix logique en fait de groupe propulseur est le V6 compte tenu du poids de presque 2 tonnes de cette camionnette compacte et de la possibilité de remplir la caisse de chargement d'objets lourds. D'ailleurs, en parlant de caisse, deux longueurs sont disponibles, celle de 189 cm dans les modèles Xtracab et une autre de 156 cm dans le DoubleCab. Dans ce cas, vous pouvez transporter cinq personnes et moins de bagages. Avec le modèle à cabine allongée, seuls deux enfants peuvent prendre place à l'arrière, car les petits strapontins destinés à accueillir les passagers ne sont pas tellement confortables. Ils servent uniquement pour dépanner à l'occasion et presque exclusivement d'espace de rangement.

Un outil sophistiqué

Même si la liste des options disponibles est fort longue et que la présentation de l'habitacle se raffine d'année en année, le châssis du Tacoma est robuste. On a l'impression de se trouver au volant de quelque chose d'indestructible. Curieusement, le marché a pris la tendance du confort et du luxe, même dans le segment des camionnettes. Et Toyota suit fort bien ce mouvement avec ses multiples variantes. Mais les éléments capables de faire de ses camionnettes un outil de travail sont toujours là. N'ayez pas crainte d'abuser de la mécanique du Tacoma, elle est capable d'en prendre. Cette nature laborieuse se traduit également par une suspension plus ferme que confortable, ce qui rend assez désagréable tout trajet prolongé sur un mauvais revêtement. L'arrière sautille et la direction engourdie n'arrange rien. Nous sommes par contre ébahis par la rigidité de la caisse et l'absence de bruits. Par la même occasion, nous déplorons le fait que les sièges avant soient trop bas et qu'ils offrent peu de support latéral. De plus, la position de conduite devrait être révisée, car on se lasse lors d'un long trajet. Les occupants

des places arrière du modèle DoubleCab espèrent pour leur part que les ingénieurs vont modifier l'angle du dossier arrière qui est trop incliné vers l'avant. Le problème vient d'être réglé dans le Tundra et on ose espérer que le même remède sera appliqué au Tacoma.

Toyota a réussi avec succès la modernisation de plusieurs de ses modèles qui avaient de plus en plus de difficulté à se défendre contre des concurrents plus modernes et plus performants. Le 4Runner a connu une cure de jouvence l'an dernier, le Tundra est sérieusement révisé cette année tandis que le RAV4 bénéficie maintenant d'un surplus de puissance. Avec sa silhouette quasiment rétro, son tableau de bord d'une autre époque et une cabine assez peu confortable, le Tacoma est en lice pour être rajeuni dans un avenir assez rapproché.

Il ne faut cependant pas le rayer de votre liste. Tel que mentionné précédemment, une version DoubleCab à moteur V6 n'est pas un vilain choix, surtout quand on connaît la fia-

bilité mécanique et la valeur de revente des véhicules de cette marque. De plus, il est possible de personnaliser votre Tacoma par l'intermédiaire des accessoires TRD à vocation sportive. Si vous l'avez oublié, TRD est l'acronyme de **T**oyota **R**acing **D**evelopment.

Il faut également prendre le temps de souligner que les modèles 4X4 sont très efficaces en conduite tout-terrain. Les ingénieurs de Toyota préfèrent toujours un levier monté sur la console pour passer en mode 4X4, car il s'agit d'un rouage intégral à temps partiel. Bien entendu, la robustesse de cette transmission intégrale se prête fort bien aux activités extrêmes de 4X4.

Denis Duquet

CARACTÉRISTIQUES

Prix du modèle à l'essai	PreRunner Dual Cab 36 795 $
Échelle de prix	22 500 $ à 37 000 $
Garanties	3 ans 60 000 km / 5 ans 100 000 km
Emp. / Long. / Larg. / Haut. (cm)	309 / 513 / 169 / 172
Poids	1575 kg
Longueur caisse / Réservoir	159 cm / 70 litres
Chargement / Remorquage	825 kg / 1587 kg
Coussins de sécurité	frontaux
Suspension avant	indépendante, leviers triangulés
Suspension arrière	essieu rigide, ressorts elliptiques
Freins av. / arr.	disque / tambour (ABS opt.)
Antipatinage / Contrôle de stabilité	non
Direction	à crémaillère, assistée
Diamètre de braquage	13,5 mètres
Pneus av. / arr.	265/70R16

MOTORISATION ET PERFORMANCES

Moteur	V6 3,4 litres
Transmission	propulsion, automatique 4 rapports
Puissance	190 ch à 4800 tr/min
Couple	220 lb-pi à 3600 tr/min
Autre(s) moteur(s)	4L 2,7 litres 150 ch;
	4L 2,4 litres 142 ch (4X2)
Autre(s) transmission(s)	manuelle 5 rapports
Accélération 0-100 km/h	11,2 s; 12,3 s (150 ch)
Reprises 80-120 km/h	9,0 secondes
Vitesse maximale	165 km/h
Freinage 100-0 km/h	45,6 mètres
Consommation (100 km)	13,6 litres (ordinaire);
	11,3 litres (150 ch)

MODÈLES CONCURRENTS

• Chevrolet Colorado • Ford Ranger • GMC Canyon
• Mazda Série B • Nissan Frontier

QUOI DE NEUF ?

• Roues 16 pouces dans version 4X4 • Nouvelle couleur de caisse • Réaménagement des groupes d'option

Renouvellement du modèle	2005

VERDICT

Agrément de conduite	★★★☆☆
Fiabilité	★★★★★
Sécurité	★★★★☆
Qualités hivernales	★★★★☆
Espace intérieur	★★★★☆
Confort	★★★★☆

VERSION RECOMMANDÉE

XTracab V6 4X4

▲ POUR

• Matériaux de qualité • Assemblage de précision • Châssis robuste • Cabine quatre portes • Efficacité hors route

▼ CONTRE

• Tableau de bord vieillot • Système d'options confus • Suspension très ferme • Volant trop bas • Direction floue au centre

L'anti-américain

Malgré son imposant réseau de concessionnaires et des ressources illimitées, Toyota n'a jamais osé attaquer les constructeurs américains sur leur terrain de prédilection, soit celui des grosses camionnettes. Si les manufacturiers nippons ont pavé la voie aux modèles compacts, ils ont toujours évité de produire des modèles similaires aux Ford F-150 et Chevrolet Silverado. Il aura fallu l'audace de Nissan avec son nouveau modèle Titan pour que cette situation se produise. Il aura fallu l'audace de Nissan avec son nouveau modèle Titan pour que cette situation se produise. C'est sans doute ce qui a incité Toyota à répliquer en modifiant les dimensions du Tundra.

En effet, cette année, celui-ci est plus long, plus large et plus spacieux. Le modèle Double Cab possède un empattement plus long de 3 cm, sa longueur a progressé de 33 cm tandis que sa hauteur a gagné 7,7 cm. Enfin, soulignons que la caisse est plus profonde de 10,2 cm. Sans être spectaculaires, ces augmentations de dimensions font toute une différence en fait d'habitabilité.

Les grands bénéficiaires seront les occupants des places arrière. Ils auront autant d'espace que les passagers arrière d'un Sequoia. De plus la banquette est confortable, et son dossier est inclinable en plus de pouvoir être séparé en mode 60/40. Il faut également ajouter que la lunette arrière assistée à ouverture verticale avec dégivreur est la seule de sa catégorie. Elle est empruntée au Sequoia, le plus gros VUS de la famille Toyota.

Avec son habitacle qui semble avoir été emprunté à une berline et une finition de limousine, il a tout pour intéresser la personne qui cherche un véhicule pratique, mais qui soit aussi suffisamment confortable pour être utilisé comme véhicule personnel.

Une recette connue

Le numéro un japonais a atteint des sommets en fait de chiffres de vente et de satisfaction de la clientèle en proposant une silhouette assez générique, un habitacle confortable et une mécanique aussi fiable que sophistiquée dans pratiquement tous ses modèles. Le Tundra répond à cette définition à la lettre. Si les stylistes des autres compagnies tentent de dessiner des camionnettes dont la silhouette se démarque, ça semble être le contraire chez Toyota avec une présentation extérieure on ne peut plus sobre. Cela permettra au Tundra de ne pas se démoder sur le plan visuel au fil des ans.

L'habitacle du Tundra n'a rien à envier à celui d'une automobile. Non seulement la finition est pratiquement sans faille, mais la qualité des matériaux s'avère exemplaire. Il faut également ajouter des sièges avant confortables avec un support pour les cuisses supérieur à la moyenne. Cependant, la présentation du tableau de bord n'affiche pas une élégance à tout casser. En fait, seul le volant de type sportif et des cadrans à fond blanc ajoutent un brin d'originalité.

Malheureusement, les places arrière du modèle quatre portes ne sont pas tellement confortables en raison d'un dossier légèrement incliné vers l'avant qui devient un irritant majeur lors de longues randonnées.

Tout en douceur

Les mécaniques de Toyota sont reconnues pour leur fiabilité, mais aussi pour leur raffinement. C'est ainsi que le Tundra a été la première camionnette de cette catégorie à être équipée d'un moteur V8 à double arbre à cames en tête. Ce V8 de 4,7 litres offre également une douceur remarquable. À tel point qu'on croit avoir une turbine sous le capot au lieu d'un moteur à combustion interne. Ses 245 chevaux expliquent pourquoi le 0-100 km/h est bouclé en 8 secondes et des poussières tandis que les reprises sont aussi nerveuses. Et ces chiffres seraient encore

CARACTÉRISTIQUES

Prix du modèle à l'essai	Double Cab 39 895 $
Échelle de prix	24 500 $ à 41 500 $
Garanties	3 ans 60 000 km / 5 ans 100 000 km
Emp. / Long. / Larg. / Haut. (cm)	329 / 584 / 191 / 189
Poids	2495 kg
Longueur caisse / Réservoir	189 cm / 101 litres
Chargement / Remorquage	825 kg / 318 kg
Coussins de sécurité	frontaux
Suspension avant	indépendante, leviers triangulés
Suspension arrière	essieu rigide, ressorts elliptiques
Freins av. / arr.	disque / tambour, ABS
Antipatinage / Contrôle de stabilité	non
Direction	à crémaillère, assistance variable
Diamètre de braquage	13,5 mètres
Pneus av. / arr.	245/70R16

MOTORISATION ET PERFORMANCES

Moteur	V8 4,7 litres
Transmission	propulsion, automatique 4 rapports
Puissance	245 ch à 4800 tr/min
Couple	320 lb-pi à 3400 tr/min
Autre(s) moteur(s)	V6 3,4 litres 190 ch
Autre(s) transmission(s)	aucune
Accélération 0-100 km/h	8,3 s ; 10,9 s (V6)
Reprises 80-120 km/h	7,2 secondes
Vitesse maximale	175 km/h
Freinage 100-0 km/h	40,3 mètres
Consommation (100 km)	13,6 litres (ordinaire)

MODÈLES CONCURRENTS

- Chevrolet Silverado • Dodge Dakota • Dodge Ram
- Ford F-150 • GMC Sierra

QUOI DE NEUF ?

- Révision des groupes d'options
- Climatiseur de série dans certains modèles
- Nouvelle banquette arrière • Dimensions accrues

Renouvellement du modèle	2006

VERDICT

Agrément de conduite	★★★½☆
Fiabilité	★★★★★
Sécurité	★★★★☆
Qualités hivernales	★★★★☆
Espace intérieur	★★★☆☆
Confort	★★★☆☆

VERSION RECOMMANDÉE

Accès V8 4X4 Limited

---

meilleurs si la boîte automatique à quatre rapports répondait plus vivement aux sollicitations de l'accélérateur. Mais les ingénieurs ont préféré plus de douceur, ce qui explique cette paresse.

Il ne faut pas non plus ignorer le moteur V6 de 3,4 litres. Ses 190 chevaux suffisent à la tâche si vous ne prévoyez pas transporter des objets très lourds et il peut être associé à une boîte manuelle à cinq rapports. Cela permet d'obtenir une meilleure consommation de carburant, car le moteur V8, comme tous les autres de cette puissance et de cette cylindrée, s'avère gourmand.

Mais il n'y a pas que les moteurs qui soient doux. La conduite de cette camionnette nous surprend car, malgré la présence de ressorts elliptiques tentant de maintenir l'essieu arrière rigide sur la route, les trous et les bosses sont avalés comme si de rien n'était. Il est facile de constater que les ingénieurs ont utilisé une grande quantité de blocs amortisseurs, mais le résultat justifie leur présence. Par contre,

le châssis en souffre légèrement et ne suit pas toujours le rythme. Heureusement que le feedback de la direction à assistance variable compense quelque peu et contribue à l'agrément de conduite.

Ce choix en faveur du confort pénalise le comportement du camion lors de manœuvres d'urgence. Trop mollement amorti, l'arrière se déhanche de façon spectaculaire lors d'un changement de cap rapide. Et si jamais vous devez freiner d'urgence, sachez que la pédale de frein spongieuse n'est pas de nature à vous rassurer. Mieux vaut garder vos distances.

Camionnette quasiment urbaine, le Tundra se révèle un compromis intéressant pour la personne qui recherche une bonne capacité de chargement, une mécanique fiable et des dimensions qui ne donnent pas l'impression d'être au volant d'un train routier. Son prix est peut-être plus élevé que la moyenne, mais sa qualité d'ensemble le justifie.

Denis Duquet

▲ POUR

- Dimensions modifiées • Finition impeccable
- Moteur V8 • Cabine bien insonorisée
- Suspension confortable

▼ CONTRE

- Pédale de frein spongieuse • Prix élevé de certains modèles • Tableau de bord tarabiscoté
- Train arrière parfois instable

Une future lectrice du
Guide de l'auto

Achevé d'imprimer au Canada
sur les presses de l'imprimerie Intergloble Inc.